AVANT-PROPO

Ce manuel est conforme au programme des deux années de la classe préparatoire économique et commerciale voie économique. Il a pour objectif de permettre aux étudiants d'acquérir les savoirs et savoir-faire nécessaires pour se préparer avec efficacité aux concours.

Notre souci est de proposer aux étudiants un ouvrage de base et de référence qui pourra les accompagner durant leurs études. Les auteurs sont tous des professeurs expérimentés qui enseignent (ou ont enseigné) dans les classes préparatoires économiques et commerciales. Pédagogues passionnés par leur métier, ils connaissent les méthodes qui contribuent à la réussite des étudiants qui leurs sont confiés. Lors des concours, les candidats doivent faire preuve de rigueur, ils doivent structurer leur travail et éviter les verbiages ; les auteurs ont bâti ce manuel dans cette optique, privilégiant à chaque fois les analyses en profondeur aux phrases « choc ».

Afin de rendre notre ouvrage encore plus efficace et opérationnel, nous y avons inclus certains instruments propres à faciliter le travail des étudiants : on trouvera dans chaque chapitre des sujets corrigés, une liste de sujets parus aux concours, de nombreuses citations, une chronologie et une bibliographie ; deux index – notions et noms propres – clôturent le livre.

Destiné en priorité aux étudiants des classes préparatoires voie économique, cet ouvrage s'adresse aussi à tous ceux qui veulent enrichir leur réflexion sur les problèmes économiques contemporains.

Marc Montoussé

SOMMAIRE

Analyse économique et historique des sociétés contemporaines

Serge d'Agostino

Agrégé de sciences sociales
Professeur de chaire supérieure au lycée Camille Vernet de Valence

Patrice Bonnewitz

Agrégé de sciences sociales
Professeur en classe préparatoire au lycée Saint-Étienne de Strasbourg

Jérôme Buridant

Agrégé d'histoire
Maître de conférences à l'université de Reims Champagne-Ardenne

Pierre-André Corpron

Agrégé de sciences sociales
Professeur de chaire supérieure au lycée J.-B. Corot de Savigny-sur-Orge

Arcangelo Figliuzzi

Agrégé de sciences sociales
Professeur de chaire supérieure au lycée Montaigne de Mulhouse

Luc Mezza

Agrégé de sciences sociales
Professeur en classe préparatoire au lycée Michelis d'Amiens

Marc Montoussé

Agrégé de sciences sociales
Docteur en économie

Ouvrage dirigé par
Marc Montoussé

ISBN 978 2 7495 0939 6

www.editions-breal.fr   27-29, avenue de Saint-Mandé, 75012 Paris

3

CROISSANCE ET DÉVELOPPEMENT AU XXᵉ SIÈCLE
par Luc Mezza

I

LES CROISSANCES DU XXᵉ SIÈCLE : LES ENSEIGNEMENTS DE L'HISTOIRE ÉCONOMIQUE

II

DES ENTREPRISES ACTRICES DE LA CROISSANCE

III

LES ANALYSES DE LA CROISSANCE AU XXᵉ SIÈCLE

4

FLUCTUATIONS ET CRISES
par Pierre-André Corpron

I

CYCLES COURTS ET CRISES ÉCONOMIQUES

II

CYCLES LONGS : « RESPIRATIONS DE L'HISTOIRE » OU « CRÉATIONS DE L'ESPRIT » (AFTALION)

5

MONNAIE ET FINANCEMENT DE L'ÉCONOMIE
par Pierre-André Corpron

I
LA MONNAIE ET SA PLACE DANS L'ÉCONOMIE

II
LA CRÉATION MONÉTAIRE ET SON CONTRÔLE

III
LE FINANCEMENT DE L'ÉCONOMIE

6

LE RÔLE DE L'ÉTAT DANS LA VIE ÉCONOMIQUE ET SOCIALE
par Luc Mezza

I
LE POIDS ÉCONOMIQUE DE L'ÉTAT, MESURE ET INTERPRÉTATIONS THÉORIQUES

II
DIVERSIFICATION DES INTERVENTIONS DE L'ÉTAT : DE LA PREMIÈRE INDUSTRIALISATION AUX ANNÉES 1970

III

30 ANS DE REMISE EN CAUSE DES INTERVENTIONS
DE L'ÉTAT ET MAINTENANT ?

7

LES DIFFÉRENTES FORMES
DE STRUCTURE SOCIALE
par Patrice Bonnewitz

I

ÉLÉMENTS DE SOCIOLOGIE

II

PRINCIPES ET CRITÈRES
DES CLASSIFICATIONS SOCIALES

III

LES TRANSFORMATIONS DES STRUCTURES
SOCIALES (XIXᵉ-XXᵉ SIÈCLES)

8

L'INTERNATIONALISATION
DES ÉCONOMIES
par Serge d'Agostino

I

L'ÉVOLUTION DU COMMERCE INTERNATIONAL
DEPUIS LA PREMIÈRE RÉVOLUTION INDUSTRIELLE

II

L'ORGANISATION DES ÉCHANGES MONDIAUX ET LA CONSTRUCTION D'ESPACES ÉCONOMIQUES RÉGIONAUX DEPUIS 1945

III

LE RÔLE DES FIRMES MULTINATIONALES DANS L'ÉCONOMIE MONDIALE

9

LES PAIEMENTS INTERNATIONAUX
par Arcangelo Figliuzzi

I

LE SYSTÈME MONÉTAIRE INTERNATIONAL : DE L'ÉTALON-OR AUX CHANGES FLOTTANTS

II

LA GLOBALISATION FINANCIÈRE

DÉSÉQUILIBRES ET POLITIQUES ÉCONOMIQUES ET SOCIALES EN ÉCONOMIE OUVERTE

L'exemple des principaux pays développés à économie de marché depuis 1945
par Serge d'Agostino

LES GRANDS DÉSÉQUILIBRES ET LES POLITIQUES ÉCONOMIQUES ET SOCIALES DESTINÉES À Y FAIRE FACE

LES CAUSES DES DÉSÉQUILIBRES MACROÉCONOMIQUES DANS LES PDEM DEPUIS 1945

LE CHANGEMENT SOCIAL CONTEMPORAIN DANS LES PAYS DÉVELOPPÉS À ÉCONOMIE DE MARCHÉ

par Patrice Bonnewitz

DÉVELOPPEMENT ÉCONOMIQUE ET MUTATIONS DÉMOGRAPHIQUES

LES TRANSFORMATIONS DES NIVEAUX DE VIE ET DES MODES DE VIE

LA MOBILITÉ SOCIALE (ILLUSTRÉE À PARTIR DU CAS FRANÇAIS)

12

LES STRATÉGIES DE DÉVELOPPEMENT
par Serge d'Agostino

I
CARACTÈRE ET CAUSES
DU SOUS-DÉVELOPPEMENT

II
LA PLACE DES PED DANS L'ÉCONOMIE MONDIALE

III
LES STRATÉGIES DE DÉVELOPPEMENT

Les corrigés des sujets ont été rédigés soit par l'auteur de chaque chapitre soit par Marc Montoussé.

CHAPITRE

1

LE CADRE GÉNÉRAL
DES ACTIVITÉS ÉCONOMIQUES
ET SOCIALES

S'interroger sur le cadre général des activités économiques suppose de fournir préalablement une définition de l'économie, même si celle-ci ne peut être considérée comme unique.

On peut ainsi proposer celle de l'économiste français Edmond Malinvaud : « *L'économie est la science qui étudie comment des ressources rares sont employées pour la satisfaction des besoins des hommes vivant en société ; elle s'intéresse, d'une part, aux opérations essentielles que sont la production, la distribution et la consommation des biens, d'autre part, aux institutions et aux activités ayant pour objet de faciliter ces opérations* » (*Leçons de théorie microéconomique*, Dunod, 2005). L'objet de la science économique est donc l'étude à partir des actes de production, de répartition, de distribution et de consommation des richesses, de la manière dont les hommes vivant en société font face au problème de la rareté des ressources. Mais cette définition témoigne également de la nécessité de tenir compte de l'environnement, du cadre dans lequel naissent et se développent les activités économiques. En effet, il a existé et existe aujourd'hui encore différentes manières de produire, de répartir et de consommer ; ainsi peut-on distinguer, selon la nature de la production, des économies agraires ou industrielles. Mais on peut aussi classer les économies selon leurs caractéristiques institutionnelles et leur logique de fonctionnement : on différenciera ainsi le système capitaliste du système collectiviste. Confronter les systèmes aux organisations permet de mesurer l'écart entre les aspects théoriques et la réalité empirique. Enfin, le travail, quelle que soit la définition de l'économie retenue, est au cœur des activités économiques. Sans travail, pas de production ni de consommation, ce qui amène à s'interroger sur les relations entre population et travail et impose de tenir compte du cadre démographique dans lequel s'exercent les activités économiques et sociales. Il s'agira de fournir des principes élémentaires d'analyse démographique et d'étudier les relations entre croissance démographique et croissance économique, ainsi que de révéler les effets de la croissance économique sur une composante de la population totale : la population active.

LES GRANDES FONCTIONS ÉCONOMIQUES

Les grandes fonctions de l'économie sont les opérations qui permettent, *in fine*, de satisfaire les besoins humains. Si tous les économistes s'accordent sur leur nature, il faut néanmoins observer que, selon le cadre de raisonnement dans lequel ils s'inscrivent, l'accent sera mis sur l'une ou l'autre de ces fonctions. Par ailleurs, le nombre des fonctions retenu peut varier. Nous n'en considérerons que trois : la production, la répartition, la consommation, en excluant volontairement les échanges extérieurs.

A LA PRODUCTION

La notion de production n'est pas sans ambiguïté car elle désigne à la fois un processus, l'acte de produire qui consiste en une combinaison de facteurs de production, et le résultat de ce processus que l'on peut exprimer en quantités physiques (tonnes d'acier, nombre de clients servis…) ou en valeur. Or, tant le résultat que le processus font l'objet d'approches spécifiques.

1. – Définitions conventionnelles dans le cadre de la comptabilité nationale

a. — Une définition restrictive

■ L'évaluation monétaire

Dans le cadre du Système européen de comptabilité (SEC), utilisé par l'ensemble des pays de l'Union européenne depuis 1999, la comptabilité nationale définit la production comme l'activité exercée sous le contrôle et la responsabilité d'une unité institutionnelle combinant des ressources en main-d'œuvre, capital, biens et services pour fabriquer des biens ou fournir des services, et comme le résultat de cette activité. Une unité institutionnelle est un centre élémentaire de décision économique caractérisé par une unicité de comportement et une autonomie de décision dans l'exercice de sa fonction principale. Une unité est dite institutionnelle dès lors qu'elle dispose d'une autonomie de décision dans l'exercice de sa fonction principale et d'une comptabilité complète, ou au moins qu'elle est en mesure d'en établir une pertinente du point de vue économique ou juridique.

L'évaluation de la production s'opère à partir d'une unité monétaire. En raison de l'évolution des prix au cours du temps, il est indispensable de distinguer les évaluations en termes nominaux (en monnaie courante ou en « valeur ») de celles en termes réels (en monnaie constante ou en « volume »). Une grandeur est ainsi exprimée en valeur ou en volume selon que l'unité monétaire a été déflatée (corrigée des effets de l'inflation) ou non. Il convient donc de dissocier, lorsqu'on étudie l'évolution de la valeur d'une production, l'effet-prix de l'effet-volume.

■ Les composantes de la production

La production fait l'objet d'une distinction entre la production marchande, mesurée par la valeur des biens et services vendus sur le marché, et la production non marchande, dont deux composantes sont distinguées. La première est appelée « production pour usage final propre » qui est, pour l'essentiel, la production de services de logements par les propriétaires occupant le logement qu'ils possèdent (mesurée par des « loyers imputés » : ceux qu'ils devraient verser s'ils étaient locataires) et de services non marchands correspondant à l'emploi par les ménages de domestiques salariés (mesurés par les salaires versés). La seconde partie est dénommée « autre production non marchande » et représente des services mis gratuitement ou presque à la disposition des usagers par les administrations (école, défense nationale, éclairage public, signalisation routière, etc.) ; ces services non marchands sont financés par l'impôt et sont évalués en fonction des coûts de production engagés par les administrations. Les comptes nationaux du SEC 95 retracent la production non officielle qui émane de l'économie souterraine ou informelle (travail au noir, etc.) sauf si elle est illégale (prostitution, trafic de drogues prohibées…).

b. — La mesure de la production

■ De la valeur ajoutée au PIB

Le principe de calcul de la production qui consiste à prendre en compte des valeurs ajoutées et non l'addition des productions apparentes (mesurée par le chiffre d'affaires ou valeur des ventes) résulte des relations se nouant entre les différentes entreprises au cours du processus productif. La détermination des valeurs ajoutées permet d'éviter certains doubles comptes et d'établir une évaluation correcte de la valeur nouvelle créée par une entreprise ou un ensemble d'entreprises.

La valeur ajoutée est la contribution productive des entreprises et des administrations. Elle est mesurée par la différence entre la production apparente et les produits utilisés au titre des consommations intermédiaires. La production apparente se détermine en partant du chiffre d'affaires de l'entreprise, c'est-à-dire de la production vendue sur le marché à laquelle on ajoute – s'ils augmentent – ou on retranche – s'ils diminuent – les variations de stocks. Ces calculs sont effectués à partir des prix hors taxes (HT).

Dans le SEC, l'agrégat de production est le produit intérieur brut (PIB). Son montant est égal à la somme des valeurs ajoutées réalisées par les différents secteurs institutionnels ou les différentes branches d'activité. À la différence de la valeur ajoutée, évaluée hors taxes, le PIB est exprimé « aux prix du marché ». Il implique donc d'ajouter la TVA aux prix hors taxes. La nouvelle évaluation impose de retrancher les subventions perçues pour certaines productions (notamment les produits agricoles et les transports collectifs) et d'ajouter les impôts sur les produits payés par certains producteurs (notamment dans le secteur de l'énergie). Par ailleurs, le PIB repose sur un critère de territorialité : il mesure la production des résidents sur le territoire national, quelle que soit leur nationalité. Ainsi :

PIB = somme des valeurs ajoutées brutes + impôts sur les produits
– subventions sur les produits

À la différence du PIB, qui ne porte que sur l'activité des unités productives résidentes (installées dans le pays depuis au moins un an), le produit national brut (PNB) prend en compte l'activité des unités nationales, résidentes ou non. Il englobe ce qui est produit à l'étranger par une unité nationale excluant l'activité des unités étrangères résidentes sur le territoire national. Sur le plan pratique, ces estimations sont effectuées à l'aide des flux de revenus primaires impliqués par de telles situations.

PNB = PIB + revenus du travail et de la propriété reçus du reste du monde
– revenus de même nature versés au reste du monde.

■ **Les limites du PIB**

En dépit des perfectionnements qui lui ont été apportés au fil des décennies, la comptabilité nationale continue de rencontrer de nombreuses difficultés liées à l'observation de la vie économique. Il en est ainsi de la non prise en compte des effets externes négatifs (pollution par exemple). Logiquement, dans la mesure où elles sont imputables à une activité productive, ces charges devraient être intégrées aux coûts de production à proportion du préjudice causé à la collectivité. Cela reviendrait à « internaliser les effets externes » de l'activité productive dans le calcul économique. Malgré les progrès de l'économie de l'environnement, cette question demeure ouverte. Dans certains cas, le problème inverse se pose : certaines dépenses collectives engagées dans le seul objectif de protéger l'environnement ou de le maintenir en l'état (prévention des incendies de forêt, retraitement des eaux usées, recyclage des produits toxiques) sont comptabilisées positivement dans les agrégats de production.

Le PIB pose aussi des difficultés méthodologiques. Du fait de l'évolution des prix relatifs, les PIB subissent des distorsions statistiques. Ainsi, en général, les prix des services ont-ils tendance à augmenter plus fortement que ceux des produits industriels et des produits agricoles ; un pays très agricole subit une sous-estimation de son PIB par rapport à un pays au secteur tertiaire très développé. De même, il existe une difficulté d'opérer des comparaisons internationales en raison de l'évolution des taux de change. Dans un contexte international de variation de ces taux, les fluctuations de cours entre les monnaies nationales sont de nature à fausser, parfois dans des proportions importantes, les comparaisons dans l'espace. Pour tenter de surmonter ces difficultés, les comparaisons internationales sont exprimées en parité de pouvoir d'achat (PPA), méthode de calcul utilisée qui consiste à choisir un panier de produits commun aux pays étudiés. L'expression de la valeur de celui-ci dans les différentes monnaies permet de déterminer un taux de conversion en « parités de pouvoir d'achat ». Cela permet d'éliminer sur longue période les effets de l'inflation et de la dépréciation monétaire, cette dernière ayant pour conséquence de majorer les PIB ou les PNB nominaux des pays inflationnistes et à monnaie faible.

Malgré ses limites, le PIB demeure néanmoins le meilleur indicateur du niveau de la production.

2. – Produire : une combinaison des facteurs de production

a. — Les différents facteurs de production

■ **Le travail**

Il se rattache à tous les apports d'origine humaine, au sens le plus large du terme, qui entrent dans le processus de production. À l'échelle microéconomique, il correspond au nombre de salariés ou d'heures travaillées. À l'échelle macroéconomique, il équivaut à la population active.

Il est nécessaire de compléter ces renseignements par des données plus qualitatives : niveau de qualification et de formation du personnel, âge, sexe, secteur d'activité (*cf.* III).

■ **Le capital et son accumulation**

Le *capital technique* (ou physique) désigne l'ensemble des moyens matériels (terrains, bâtiments, machines, matières premières, énergie…) utilisés pour produire. Au sens technique, le capital se décompose en capital fixe (permettant de concourir à plusieurs opérations productives) et en capital circulant (détruit au cours du processus productif). La comptabilité nationale définit le capital fixe productif comme l'ensemble (le stock) de matériel et de constructions utilisé afin de produire des biens et des services.

L'opération d'accumulation de capital est *l'investissement*, c'est-à-dire la formation brute de capital fixe (FBCF) suivant le terme de la comptabilité nationale : acquisitions moins cessions d'actifs fixes réalisées par les producteurs résidents. Les actifs fixes sont les actifs corporels ou incorporels issus de processus de production et utilisés de façon répétée ou continue dans d'autres processus de production pendant au moins un an. La FBCF inclut désormais une fraction des investissements immatériels : les logiciels et les œuvres artistiques et littéraires destinés à entrer dans un circuit commercial. En revanche, la recherche-développement et les dépenses de formation du personnel restent exclues.

■ D'autres facteurs ?

La comptabilisation et la définition des facteurs de production est une question qui divise les économistes, selon le courant théorique auquel ils se rattachent. Les économistes classiques retenaient traditionnellement deux facteurs de production : le travail et le capital au sens du capital technique, en y incluant la terre et l'ensemble des facteurs naturels. Cependant, les études ultérieures ont conduit à considérer le *progrès technique* comme un troisième facteur. Enfin, un quatrième, selon certains économistes contemporains, serait *l'information*.

b. — La combinaison des facteurs de production

■ Un outil d'analyse : les fonctions de production

Les fonctions de production établissent une liaison quantitative et causale entre une production et les facteurs utilisés afin d'obtenir cette production. Sous leur forme la plus générale, elles peuvent s'écrire symboliquement comme suit : $Q = f(F)$, où Q désignant la production, F les facteurs de production. Les fonctions de production reliant la production aux facteurs travail et capital peuvent s'écrire sous la forme simplifiée suivante : $Q = f(L, K)$, L désignant le facteur travail, K le facteur capital.

On peut calculer divers ratios significatifs à partir de la fonction de production. La combinaison productive se caractérise par son intensité capitalistique, c'est-à-dire le rapport entre la quantité de capital et la quantité de travail. On parle de substitution du capital au travail lorsque l'intensité capitalistique de la combinaison productive s'élève. Le coefficient moyen de capital est le rapport entre le capital et la production ; il représente la quantité de capital nécessaire à la production d'une certaine quantité de produit.

On distingue deux grandes familles de fonctions de production reposant sur des hypothèses économiques différentes : les fonctions à facteurs complémentaires où les technologies utilisées imposent une combinaison donnée de facteurs de production et ne permettent pas de substitution entre les facteurs ; la production est alors limitée par le facteur le moins abondant. Elles sont utilisées dans les modèles de croissance d'inspiration keynésienne ; les fonctions à facteurs substituables où un même volume de production peut être obtenu par des combinaisons différentes de facteurs. Elles sont utilisées dans les modèles de croissance d'inspiration néoclassique.

■ L'efficacité de la combinaison productive

Les économistes utilisent la notion de rendement factoriel pour décrire l'évolution de la production lorsque est modifiée la quantité de facteur de production employée. Dans l'hypothèse d'une fonction de production à un facteur variable parfaitement divisible et à un facteur fixe, il est possible de déterminer l'évolution de la production et de la productivité marginale du facteur variable. On peut distinguer trois phases d'évolution des rendements factoriels : des rendements croissants correspondent à une production qui augmente plus vite que le facteur, des rendements constants se traduisent par une augmentation de la production au même rythme que celle du facteur, et des rendements décroissants signifient que l'augmentation de la production est proportionnellement plus faible que celle du facteur de production. Cette évolution de la production s'explique par celle de la productivité marginale du facteur variable. Elle mesure la variation de la quantité produite pour une variation infiniment petite (infinitésimale) de la quantité de facteur. Or, selon les auteurs néoclassiques, pour un état donné des techniques, si on utilise une quantité croissante d'un facteur de production, tous les autres facteurs étant fixes, la productivité marginale de ce facteur doit baisser à un moment ou à un autre. Telle est la loi des rendements décroissants.

Afin d'illustrer cette loi, on peut par exemple imaginer un champ à cultiver (facteur fixe) sur lequel on embauche chaque jour un ouvrier agricole supplémentaire (facteur variable). La production augmentera plus vite avec deux ouvriers qu'avec un ou bien trois ouvriers. En effet, un nombre trop faible de travailleurs ne permet pas de tirer le meilleur parti de la surface cultivée. Plus généralement, tant qu'on n'a pas atteint le rapport capital/travail idéal, la productivité d'une heure de travail supplémentaire (la productivité marginale) augmente. Mais une fois ce rapport atteint, si on augmente la quantité de travail, la production continuera à progresser, mais nécessairement moins vite que dans la phase précédente où les facteurs fixes étaient sous-utilisés.

Dans l'hypothèse d'une fonction de production simplifiée à deux facteurs substituables (travail et capital), on met en évidence l'existence de rendements d'échelle. En effet, lorsque les deux facteurs augmentent simultanément, l'échelle de production est modifiée : les rendements d'échelle expriment alors la relation entre la variation de la production et la variation des facteurs.

Ces outils utilisés par les économistes néoclassiques constituent une formalisation simplifiée de la production mais ils ne rendent pas compte de la multiplicité des processus à l'œuvre dans l'unité de production, parfois assimilée à une « boîte noire ».

B RÉPARTITION ET REDISTRIBUTION DES REVENUS

La répartition des revenus est l'ensemble des opérations qui concourent à la distribution du revenu national entre les agents économiques. L'analyse économique distingue la répartition primaire, qui correspond à la rémunération des agents économiques ayant participé à la production, de la répartition secondaire ou redistribution, qui vise à modifier la première, notamment dans le but de réduire les inégalités de revenu.

1. – La répartition primaire rémunère les facteurs de production

a. — *Les différentes formes de revenu et leur évolution*

■ **Revenu du travail, du capital, revenus mixtes**

Le revenu global de la nation ou revenu national, contrepartie du produit national, est la somme des revenus primaires perçus par les différents secteurs de l'économie. Le revenu primaire est composé du revenu dont disposent les unités résidentes du fait de leur participation directe à des processus de production et des revenus de la propriété.

Si on s'intéresse aux revenus primaires des ménages, en négligeant les revenus des autres agents économiques, il est possible de distinguer trois grands postes. La rémunération des salariés correspond à tous les versements effectués et avantages fournis par les employeurs au titre de la rémunération du travail. Les revenus de la propriété sont les revenus que reçoit le propriétaire d'un actif financier ou d'un actif corporel non produit en échange de sa mise à la disposition d'une autre unité institutionnelle. Ils comprennent principalement les dividendes versés par les sociétés, les intérêts et les loyers des terrains (les loyers des logements, actifs corporels produits, sont considérés comme des paiements d'un service). Les revenus des entreprises individuelles (agriculteurs, commerçants, artisans, professions libérales) sont des revenus mixtes puisqu'ils rémunèrent à la fois un travail et un capital ; ils contiennent deux éléments indissociables : la rémunération du travail effectué par le propriétaire et éventuellement les membres de sa famille, et son profit en tant qu'entrepreneur.

■ **Le partage du revenu national**

Si on assimile le revenu national à un gâteau à partager entre ceux qui ont participé à sa réalisation, il est intéressant de connaître la part revenant à chacun et son évolution. Il est possible d'appréhender ce partage à travers deux comparaisons : celle de l'excédent brut d'exploitation par rapport à la rémunération des salariés dans les entreprises (tableau 1), celle des revenus d'activité par rapport aux revenus du capital dans le revenu primaire des ménages (tableau 2).

Tableau 1 – Partage de la valeur ajoutée des sociétés et des entreprises individuelles non financières en France (en %)

	1978	1980	1985	1990	1995	2000	2004	2008
Rémunération des salariés	58,8	60,2	59,4	56,4	57,9	58,2	58,4	57,5
EBE (excédent brut d'exploitation)	20	19,4	22,2	26,2	26,6	26,8	26,5	31,8
Revenu mixte des entreprises individuelles	19,1	18,4	16,3	14,8	12,2	11,3	11,5	7,3
Impôts nets de subventions	2,1	2	2,1	2,6	3,2	3,7	3,6	3,4

Source : *Insee, bases 1995 et 2000 des comptes nationaux.*

Depuis le début des années 1980, la part des salaires dans la valeur ajoutée avait régulièrement diminué. Le milieu des années 1990 semble marquer l'arrêt de ce mouvement, témoignant d'un partage des fruits de la croissance plus favorable aux salariés.

Tableau 2 – Rémunération des salariés en France

	1978	1980	1985	1990	1995	2000	2004	2007
Rémunération des salariés	72,8	73,3	72,4	71,0	70,5	71,9	71,1	70,34
Revenus nets de la propriété	5,4	5,8	7,2	8,5	9,4	9	8,9	8,88

Source : *Insee, TEF.*

On constate que la part de la rémunération des salariés dans le revenu primaire est relativement stable. En revanche, les revenus de la propriété des ménages ont vu leur part fortement progresser depuis les années 1980. La hausse des taux d'intérêt dans les années 1980 et les perspectives de plus-values boursières et immobilières dans les années 1980 et 1990 expliquent la croissance des revenus du patrimoine.

b. — La détermination des revenus primaires : le cas des salaires

■ **L'apport des théories : analyse néoclassique et analyse keynésienne**

La répartition des revenus est au cœur des analyses économiques mais leurs réponses divergent notablement.

Dans le cadre de l'analyse néoclassique, le mécanisme de fixation des salaires repose exclusivement sur le mécanisme du marché, supposé de concurrence pure et parfaite. L'offre de travail est fonction du salaire réel. La quantité de travail offerte par les actifs dépend d'un arbitrage entre l'utilité apportée par un gain supplémentaire et la désutilité correspondant à une perte de temps de loisir. La quantité de travail demandée dépend du calcul rationnel de l'entreprise qui requerra une unité de travail supplémentaire dans la seule mesure où sa productivité marginale est supérieure à son coût (salaire). L'agrégation des ces comportements et leur confrontation sur le marché du travail aboutiront à la fixation d'un salaire réel qui équilibre l'offre et la demande de travail.

L'analyse keynésienne s'oppose à l'analyse néoclassique ; elle remet en cause l'existence d'un marché du travail fixant les salaires : ceux-ci sont le produit de la négociation collective entre salariés et patronat. L'issue de ces négociations dépend, en partie, de l'état du marché du travail. En effet, la résistance à la baisse des salaires réels est d'autant plus forte que le chômage est faible. La courbe d'offre de travail est d'abord horizontale, ce qui signifie qu'une baisse de l'emploi, (ou une augmentation du chômage) n'a aucune influence sur le salaire réel qui est indépendant du niveau de l'emploi. Ensuite, au-delà du plein emploi, la courbe d'offre de travail est une fonction croissante de l'emploi, car les salaires nominaux augmentent plus vite que les prix. Keynes adresse ainsi une critique radicale à la théorie néoclassique selon laquelle le marché du travail détermine le niveau du salaire réel. Le salaire réel dépend du volume d'emploi et de la demande effective.

■ **Approche empirique**

Les déterminants du salaire sont, dans la réalité, plus nombreux que ceux que laissent entrevoir l'analyse théorique. De nombreuses variables interfèrent qui rendent compte des inégalités de niveaux de salaire : la formation et la qualification, le sexe, la négociation collective, les conditions de travail (les conditions de travail les plus dures sont associées aux rémunérations les plus faibles), le prix de la sécurité de l'emploi – les salariés préfèrent une rémunération stable plutôt que fluctuante, acceptant pour cela qu'elle soit inférieure à leur productivité (théorie des contrats implicites) – et la productivité moyenne du travail : il y a une corrélation entre la valeur ajoutée par heure de travail et le salaire moyen. Par ailleurs, il convient de tenir compte de l'action des pouvoirs publics : les règles de droit social (salaire minimum), les décisions prises par l'État employeur (son action sur les salaires de la fonction publique), les politiques économiques (comme la rigueur salariale en 1982) influencent le niveau et l'évolution des revenus.

2. – La redistribution peut modifier la répartition primaire

a. — Logiques et fondements de la redistribution

■ **Les logiques de la redistribution**

La distribution observée à un moment donné dans un pays n'est pas seulement le résultat d'un mécanisme spontané, mais est influencée par une politique délibérée d'organismes privés et de l'État, qui s'efforcent de réduire l'inégalité et d'aider les personnes défavorisées. Cet effort trouve sa dynamique dans la divergence observée entre les jugements de valeur que la société porte en matière de distribution équitable ou juste du revenu (et de la fortune) et celle qui résulte du libre jeu des forces du marché. On peut donc considérer qu'il existe des déficiences du marché en matière de redistribution, à la fois du revenu et de la fortune. Dès lors, l'État a une dimension allocative par le biais de la redistribution qui se définit comme l'ensemble des opérations visant à modifier la répartition primaire des revenus par des prélèvements obligatoires effectués sur certains agents (impôts et cotisations sociales) et le versement à d'autres ou aux mêmes de revenus de transferts (prestations sociales en espèce ou en nature).

■ Les formes de la redistribution : verticale/horizontale

On peut distinguer deux types de redistribution. La redistribution horizontale opère des transferts de revenus qui ne sont pas motivés par la hiérarchie des revenus primaires. Elle cherche à maintenir les ressources des individus atteints par des risques sociaux (maladie, chômage…). Elle a une fonction de solidarité (entre générations, entre individus ayant un emploi et ceux au chômage, entre bien-portants et malades… La protection contre les risques de maladie, d'accident, d'invalidité, de chômage, l'aide aux familles, le droit à la retraite constituent ce qu'on appelle « la protection sociale ». La redistribution verticale s'opère, elle, entre individus et catégories sociales ayant des revenus différents ; elle vise donc à réduire l'inégalité des revenus, essentiellement par le biais de la fiscalité. La distinction entre redistribution horizontale et verticale est une distinction méthodologique. Dans le fonctionnement concret du système redistributif, les deux aspects sont étroitement imbriqués.

b. — *Du revenu primaire au revenu disponible*

■ Les prélèvements obligatoires

Le mécanisme redistributif montre le passage du revenu primaire des ménages au revenu disponible par le jeu des prélèvements et réaffectations

Les prélèvements obligatoires correspondent à l'ensemble des contributions obligatoires (impôts, taxes, cotisations sociales) collectées auprès des agents économiques par les administrations publiques (administrations publiques centrales, de sécurité sociale, collectivités locales) et l'Union européenne.

■ Les prestations sociales

Les prestations sociales sont des allocations (revenu en espèce) ou des fournitures (revenu en nature) versées à un assuré social ou à un ayant droit conformément à la réglementation (remboursements de soins médicaux, les allocations familiales, les allocations de chômage, etc.). Certaines prestations sont contributives, c'est-à-dire que leur versement et/ou leur montant sont liés au paiement préalable de cotisations. D'autres sont non contributives, c'est-à-dire qu'elles sont versées aux individus même s'ils ne peuvent pas se couvrir contre les risques sociaux par le paiement de cotisations ou de primes d'assurance. Ces dernières relèvent en général de l'aide sociale. Les prestations relèvent de quatre domaines relatifs à la santé, à la vieillesse, à la famille et au chômage.

■ Le revenu disponible des ménages

Le revenu disponible est la part du revenu qui reste à la disposition des ménages après le paiement des impôts et cotisations sociales d'une part, et la perceptions de prestations sociales d'autre part. On relève les relations essentielles suivantes :

Revenu disponible des ménages = (revenus primaires + revenus de transferts)
– (impôts directs + CSG + cotisations sociales)

La comparaison entre les revenus primaires et les revenus disponibles permet de fournir une première analyse des mécanismes redistributifs. On observe ainsi que les inégalités entre revenus primaires sont plus importantes qu'entre revenus disponibles. Dès lors, les catégories favorisées (professions indépendantes et cadres supérieurs) apparaissent en moyenne lésées par le jeu redistributif, puisque leur revenu disponible moyen est inférieur à leur revenu primaire moyen. À l'inverse, les catégories défavorisées (ouvriers et employés) y gagnent, puisque leur revenu s'améliore en moyenne sensiblement par le biais du mécanisme redistributif.

3. – Les inégalités de revenu

a. — Déciles et rapports interdéciles : mesure de la dispersion

■ Les instruments de mesure

L'étude des inégalités repose sur différents concepts et instruments de mesure. Il convient d'abord de distinguer disparité et dispersion. La première désigne un écart entre différents éléments d'un même ensemble ; elle consiste à mesurer l'écart existant entre la valeur moyenne d'un caractère statistique de deux groupes différents. La disparité des salaires, par exemple, se mesure en comparant le salaire moyen des cadres et des professions intellectuelles supérieures à celui des ouvriers ou des professions intermédiaires. La dispersion permet de mesurer l'écart existant entre les valeurs extrêmes prises par un caractère statistique d'une distribution statistique donnée. Par exemple, on peut mesurer entre quelles valeurs extrêmes s'étendent les revenus de l'ensemble des ménages français. Ainsi, la dispersion des revenus mesure les écarts entre les x % les plus riches, et les y % les plus pauvres.

En général, les observations sont classées par déciles. Un décile est la valeur d'un caractère qui partage l'effectif total d'une série en dix groupes égaux, les valeurs de la série étant classées par ordre croissant, notés D1 à D9. On obtient ainsi plusieurs rapports. Tout d'abord, le rapport interdéciles, soit (D9/D1), rapport entre le revenu (D9) au-dessus duquel sont situés les ménages les mieux payés et le revenu (D1) en dessous duquel sont rémunérés les 10 % des ménages les moins bien payés. Dès lors, toute augmentation du rapport (D9/D1) signifie que l'éventail des revenus s'élargit. Cette approche peut être affinée en rapportant les déciles extrêmes D9 et D1, au décile médian D5 c'est-à-dire le salaire en dessous (ou au-dessus) duquel se trouvent 50 % des ménages.

■ L'évolution contemporaine

Comment les salaires, qui représentent de très loin la plus importante source de revenu des ménages, sont-ils répartis ? En France, la dispersion des salaires est la suivante :

Tableau 3 – Rapports interdéciles en France

	1967	1973	1980	1984	1986	1990	1993	1994	1999	2004	2006
Rapport D9/D1	4,1	3,6	3,26	3,09	3,16	3,22	3,07	3,04	3,01	2,9	2,9

Source : OTTAVJ C, *La répartitions des revenus*, Litec, 1991 et Insee, TEF (salaires secteurs privé et semi-public).

Ces statistiques témoignent d'une évolution contrastée des inégalités salariales. Le mouvement de resserrement des salaires a été régulier depuis le début des années 1960, la dispersion des salaires a continué de se réduire de 1980 à 1984. Du milieu des années 1980 au début des années 1990, le rapport s'accroît. Mais depuis le milieu des années 1990, la dispersion des salaires se réduit.

En revanche, les écarts avec le revenu médian s'accroissent légèrement :

Tableau 4 - Les écarts à la médiane

	1982	1984	1986	1990	1993	1994	1999	2004	2006
D1/D5	0,61	0,63	0,62	0,62	0,64	0,64	0,65	0,66	0,68
D9/D5	1.94	1,93	1,96	1,98	1,98	1,96	1,97	1,99	1,98

Source : OTTAVJ C, *La répartitions des revenus*, Litec, 1991 et Insee, TEF (salaires secteurs privé et semi-public).

On observe que le décile inférieur (D1) représentait de façon assez stable 62 % du salaire médian jusqu'au début des années 1990 ; depuis, cette proportion augmente, témoignant d'une légère ouverture de l'éventail des salaires « par le bas ». Par ailleurs, le décile supérieur (D9) tend à s'écarter de la médiane, le rapport (D9/D5) passant de 1,94 en 1982 à 1,98 en 2006. Il y a donc bien eu un élargissement de l'éventail des salaires « par le haut » depuis le début des années 1980.

b. — Courbe de Lorenz et coefficient de Gini : la mesure de la concentration

À partir des déciles, on peut faire une représentation graphique, la courbe de Lorenz, qui mesure la concentration, c'est-à-dire la part du revenu ou du patrimoine total dont dispose telle proportion d'individus. La courbe de Lorenz est une courbe de fréquences cumulées. En abscisses sont portés les pourcentages cumulés des titulaires de revenus (de 0 à 100 %, du point A au point C) ; en ordonnées, sont portés les pourcentages cumulés de revenus (de 0 à 100 %, du point A au point D). La parfaite égalité commanderait que 10 % des agents touchent 10 % des revenus, 20 % des agents reçoivent 20 % des revenus, etc. La ligne de parfaite égalité serait donc représentée par le segment AB. *A contrario*, la « parfaite » inégalité serait représentée par la ligne brisée ACB. La réalité se situe entre AB et ACB et est représentée par la courbe de Lorenz sur le graphique ci-dessous.

Ainsi l'inégalité sera d'autant plus forte que la courbe s'éloignera de la ligne (AB) de parfaite égalité. L'inégalité peut donc être mesurée par la surface (S) comprise entre le segment (AB) et la courbe de Lorenz. On en tire le coefficient de Gini (G) défini par la formule suivante :

$$G = \text{Surface S/Surface ABC}$$

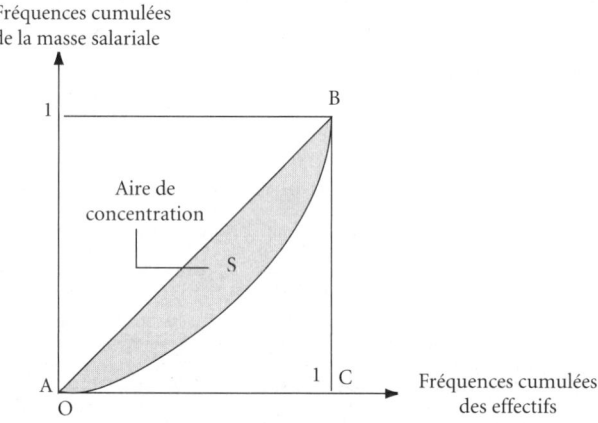

Figure 1 - Courbe de Lorenz

Les constats empiriques montrent que les revenus d'activité non salariaux, et surtout les revenus du patrimoine, sont beaucoup plus inégalement répartis que les salaires. Typiquement, la part des revenus du patrimoine perçue par les 10 % des ménages les plus riches représente 50 % des revenus du patrimoine perçus par l'ensemble des ménages, tout comme d'ailleurs la part du patrimoine total possédée par les 10 % les plus riches, alors que la part de la masse salariale reçue par ces mêmes 10 % se situe suivant les pays entre 20 % et 30 %.

C LA CONSOMMATION

La consommation est un concept facile à définir mais difficile à mesurer. Sa fonction économique a été valorisée par le courant keynésien qui l'a considérée comme un des instruments essentiels de préservation de l'emploi. L'étude de ses composantes et de ses déterminants n'en est que plus utile.

1. – Les diverses composantes de la consommation

a. — Typologie des consommations

■ **Selon la nature des biens**

La consommation, opération économique, est l'utilisation immédiate de biens ou de services détruits par ce processus. Les biens matériels, dont la production et la consommation sont séparées dans le temps, sont palpables et stockables. Les services, biens immatériels, sont impalpables et non stockables, impliquant une production et une consommation simultanées. L'étude de la structure de la consommation des ménages conduit à regrouper leurs consommations en différents postes.

■ **Selon la destination**

Les biens de consommation servent à la satisfaction directe des besoins des agents économiques puisqu'ils sortent définitivement du circuit productif, leur consommation est dite finale. Par convention, les ménages sont supposés consommer immédiatement les biens qu'ils achètent ou qui leur sont fournis gratuitement, y compris les biens durables (automobiles, électroménager). Les biens intermédiaires sont les biens ou les services détruits ou transformés au cours d'un cycle de production ; leur consommation est dite intermédiaire.

b. — De la consommation finale à la consommation effective

■ **La consommation finale**

La consommation finale des ménages mesure la valeur des biens et des services, marchands ou non marchands, utilisés pour la satisfaction directe des besoins humains « individuels » En plus des dépenses faites par les ménages, elle comprend l'autoconsommation de produits alimentaires, les avantages fournis par les employeurs à leurs salariés ou par l'armée aux militaires, les loyers fictifs des logements occupés par leurs propriétaires ou par les personnes logées gratuitement. Les services non marchands comptabilisés au titre de la consommation finale des ménages comprennent les paiements partiels des ménages aux administrations privées (séances de ciné-club, spectacles amateurs, offices religieux) ou publiques (hôpitaux, crèches, organismes d'enseignement, musées, théâtres…). S'y ajoutent les services domestiques fournis par le personnel salarié employé par les ménages (employés de maison, nourrices, concierges…).

La consommation finale des administrations comprend la valeur des services non marchands produits par les administrations publiques et privées, déduction faite des paiements partiels effectués par les ménages pour la fourniture de ces services. Parmi les services non marchands, on distingue les services purement collectifs (police, justice…) des services individualisables, c'est-à-dire dont le bénéficiaire peut être précisément défini (enseignement, santé).

■ **La consommation effective**

Dans la nouvelle base européenne, qui prend comme référence l'année 1995, une seconde notion de consommation des ménages est définie. Leur « consommation effective » est obtenue en ajoutant à la dépense de consommation à la charge des ménages les dépenses supportées par la collectivité et individualisables. Ainsi, les sommes engagées pour la santé et l'éducation font partie de la consommation effective des ménages, mais pas les dépenses pour l'administration générale, la défense nationale ou la sécurité. Ces dernières sont retracées dans un poste intitulé « consommation collective ». La consommation effective sera l'indicateur global permettant d'apprécier l'évolution du niveau de vie. Elle permettra aussi les comparaisons internationales, la part socialisée de la consommation étant très différente selon les pays.

2. – Les analyses économiques de la consommation

a. — L'approche microéconomique

■ La détermination de l'équilibre du consommateur

Dans l'analyse de la consommation, l'intention d'achat relève d'une étude du comportement individuel du consommateur, c'est-à-dire de la microéconomie. Empiriquement, la demande est une intention d'achat qui dépend d'un grand nombre de variables : le prix du bien, le revenu de l'individu, le sexe du demandeur, son âge, sa profession, sa religion, son lieu de domicile, etc. Mais, en théorie, l'économiste suppose que toutes les variables sont données sauf deux : le prix et le revenu. On examine alors comment chaque individu, supposé identique, se comporte lorsque le prix varie pour une demande à l'égard d'un produit, puis pour plusieurs produits. Cette analyse est basée sur la rationalité et l'autonomie du consommateur. Celui-ci consomme des biens parce qu'ils lui sont utiles – ils lui permettent de satisfaire un besoin.

Pour la consommation d'un produit, le consommateur dispose d'une quantité donnée de monnaie qu'il échange contre le bien qu'il ne possède pas. Lorsque le demandeur a acquis ce bien à un certain prix, il lui reste moins d'argent. La valeur qu'il accorde à une unité de monnaie est alors plus grande tandis que celle accordée à une deuxième unité d'un bien qu'il possède déjà est plus faible. C'est la loi de l'utilité marginale décroissante : chaque unité additionnelle du bien représente une valeur monétaire de plus en plus faible. Par conséquent, le demandeur ne se dessaisira d'un même montant de monnaie que pour avoir une quantité plus importante du bien. La règle de l'achat optimal consiste à acheter la quantité de bien pour laquelle le prix est égal à l'utilité marginale du bien. On admet que l'utilité marginale est la préférence du consommateur et qu'elle s'exprime en monnaie. Le barème de la demande indique les quantités que le consommateur est prêt à acheter à différents prix. De ce barème, on peut passer à la courbe de demande dont la forme montre que la demande évolue dans le sens inverse du prix du bien.

Dans le cas de la consommation de plusieurs produits, le consommateur doit opérer des choix. En effet, la rareté des ressources se traduit, pour le consommateur, par un revenu limité. Il est donc tenu de faire des choix dans l'utilisation de ce revenu. L'analyse microéconomique montre que l'optimum du consommateur est atteint lorsque le revenu est utilisé pour obtenir un panier de biens et de services qui maximise le niveau de satisfaction.

■ Demande, prix et revenu

L'analyse microéconomique étudie également les comportements des consommateurs lorsque les variables déterminantes que sont les prix et le revenu se modifient.

Lorsque le prix d'un bien varie, deux effets se produisent : un effet prix (effet de substitution) et un effet revenu. Le premier mesure la variation de la consommation d'un bien consécutive au changement de son prix relatif, pour un revenu réel constant. Cet effet est toujours négatif :

la variation du prix relatif d'un bien par rapport aux autres biens substituables entraîne toujours une variation en sens inverse de sa consommation. Quant à l'effet revenu, il mesure les conséquences de la variation des prix sur le pouvoir d'achat du consommateur : pour un revenu monétaire (nominal) inchangé, le pouvoir d'achat (revenu réel) de l'individu augmente lorsque le prix d'un bien est moins élevé, et diminue si le prix s'élève. Cette variation du revenu réel influence donc la consommation.

L'évolution du revenu affecte également la consommation. Sur le plan quantitatif, une variation du revenu, toutes choses égales par ailleurs, se traduit par une variation de même nature de la consommation et modifie également la structure de la consommation. Les premières observations ayant permis des mesures ont été faites par Ernst Engel en 1857. Le statisticien allemand a effectué son étude auprès d'un échantillon de 150 ménages en Belgique. Les lois d'Engel indiquent que les biens alimentaires ont une élasticité-revenu comprise entre 0 et 1, ce qui signifie que lorsque le revenu augmente, leur consommation aussi mais moins que le revenu. Les biens de type habillement ou logement ont une élasticité-revenu proche de 1 : les dépenses suivent le rythme de croissance du revenu ; ceux de loisirs et santé ont une élasticité revenu supérieure à 1 et leurs dépenses augmentent plus vite que le revenu.

b. — L'analyse macroéconomique

■ La fonction de consommation keynésienne

Keynes pose comme principe que la variable déterminante fondamentale de la consommation est le revenu global. Dans son optique, la consommation des ménages constitue en effet non seulement la composante largement dominante (entre la moitié et deux tiers) du revenu national, mais aussi et surtout sa composante stable et prévisible. La fonction de consommation est définie dans la *Théorie générale*, sous la forme d'une « *loi psychologique fondamentale* », selon laquelle « *en moyenne et la plupart du temps, les hommes tendent à accroître leur consommation à mesure que leur revenu croît, mais non d'une quantité aussi grande que l'accroissement du revenu* ». Ainsi, lors d'une hausse du revenu, la consommation croît mais moins que ne le permet l'augmentation des revenus. Pour étayer cette argumentation, Keynes introduit deux rapports : la propension marginale à consommer – rapport entre l'accroissement de la consommation et l'accroissement du revenu – et la propension moyenne à consommer qui est le rapport entre la consommation et le revenu. Toutes deux sont décroissantes lorsque le revenu croît. Dès lors, a long terme, la part du revenu consacré à la consommation diminue au profit de celle consacrée à l'épargne.

■ La critique de la fonction de consommation keynésienne

L'hypothèse du revenu permanent, avancée par Milton Friedman, s'oppose radicalement à la théorie de la consommation keynésienne, qu'il juge idéologique. Selon Friedman, Keynes ignore le fait que le consommateur dresse des plans de dépenses sur de longues périodes. La consommation n'est alors déterminée que partiellement par le revenu courant (présent) car le souvenir et les prévisions des revenus passés et futurs sont également pris en compte. La somme pondérée et actualisée de ces trois revenus, passés, présents et futurs, constitue le revenu permanent soit le revenu que l'individu, compte tenu de sa situation, de ses capacités personnelles et de ses anticipations, estime obtenir dans le futur. Le revenu permanent détermine la consommation permanente selon une proportionnalité qui dépend uniquement du taux d'intérêt à long terme, lequel est supposé connu, donc constant. Par conséquent, la propension moyenne à consommer qui définit cette proportionnalité est constante.

La théorie du cycle de vie, initialement formulée par F. Modigliani (1963) est basée sur l'épargne et le patrimoine ; elle rompt avec l'analyse keynésienne qui considère l'épargne comme un acte négatif. Comme en témoigne la figure 2, cette théorie oppose différentes périodes de la vie. D'une part, deux, la jeunesse (A) et la vieillesse (C), durant lesquelles la consommation est supérieure au revenu. La première, caractérisée par l'absence de patrimoine, s'accompagne d'un flux d'endettement (écart entre la courbe de consommation et de revenu). La vieillesse est caractérisée par une diminution du patrimoine jusqu'à son extinction : les retraités y puisent pour consommer. L'autre période dite intermédiaire est celle durant laquelle le revenu est supérieur à la consommation, qui permet ainsi de constituer un patrimoine par l'épargne réalisée durant la période d'activité (B). Ainsi, l'épargne n'est accumulée qu'en vue d'une consommation ultérieure ; elle est une consommation différée. Dès lors, Modigliani peut conclure à l'absence de diminution de la propension à consommer à long terme.

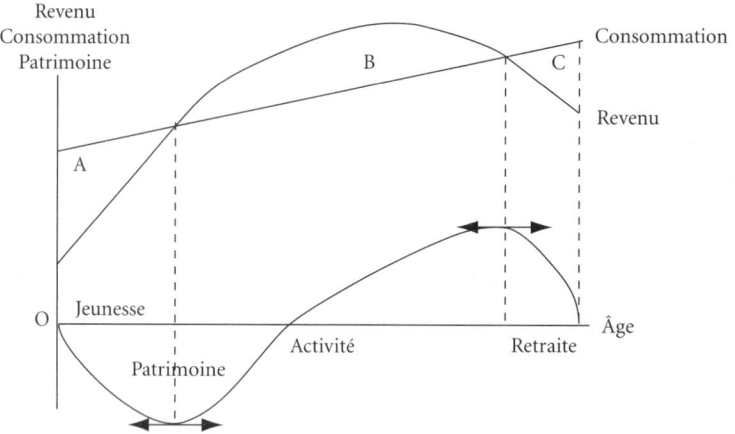

Figure 2 - Diagramme du cycle de vie

II

LES DIFFÉRENTES FORMES D'ORGANISATION ÉCONOMIQUE ET SOCIALE

La manière dont les hommes s'organisent et la nature des rapports qu'ils entretiennent dans les différents actes économiques de production, de répartition, d'échange et de consommation constitue un système ou une organisation économique. Un système est une représentation abstraite, un modèle, permettant une description et une compréhension d'ensembles économiques réels. C'est un ensemble structuré et cohérent, c'est-à-dire que les éléments sont organisés ou agencés d'une manière particulière. Ces éléments sont les institutions, les moyens techniques, les représentations économiques et sociales. Un régime (ou organisation) économique renvoie à l'application pratique du système. La diversité des formes d'organisation économique et sociale peut être envisagée en comparant principes et logiques de fonctionnement. C'est le cas lorsqu'on oppose le capitalisme au communisme.

A   SYSTÈMES ET ORGANISATIONS CAPITALISTES

Le capitalisme en tant qu'idéal type (ou forme pure) est un système articulant des traits spécifiques qui en font son originalité : il s'agit de ses composantes systémiques. Pourtant, cette vision synchronique, qui décrit les éléments du système de manière intemporelle, doit s'accompagner d'une analyse historique : les formes concrètes du capitalisme sont le produit d'une longue évolution et se sont manifestées de manière diverse selon les espaces géographiques.

1. – Les composantes systémiques du capitalisme

a. — L'idéologie

■ **Le libéralisme économique**

Le libéralisme est né au XVIIIᵉ siècle. Il érige en principe fondamental la liberté individuelle, c'est-à-dire l'autonomie et la libre initiative des individus dans l'organisation de leur propre existence. Sur le plan économique, il défend la liberté de la propriété privée, la libre concurrence, la liberté du travail. Le libéralisme a favorisé l'expansion du capitalisme. Il est le cadre de la croissance économique du XIXᵉ siècle, mais surtout il a permis le développement du capital et de la grande entreprise. Mais libéralisme et capitalisme ne sont pourtant pas synonymes. En effet le libéralisme n'est pas un système économique mais un modèle de fonctionnement et de régulation. Le système capitaliste peut être plus ou moins libéral.

■ L'utilitarisme

L'utilitarisme est un courant de pensée, caractérisé par Bentham, moraliste anglais (1748-1832), et fondé sur les principes suivants : le comportement et le choix des individus rationnels résultent d'un calcul visant à maximiser la quantité de plaisir et à minimiser la quantité de peine, le bonheur étant défini comme la différence entre les plaisirs et les peines. On peut qualifier d'utilitariste toute théorie qui présuppose que le comportement de l'individu s'explique par la maximisation d'un intérêt matériel. Il en découle le principe de l'*Homo œconomicus* : les choix effectués résultent du souci de tirer le meilleur parti des ressources dont il dispose compte tenu des objectifs qui lui sont propres et qui sont supposés être hiérarchisés et cohérents.

b. — *Les structures institutionnelles et techniques*

■ La propriété privée des moyens de production

Une caractéristique fondamentale du capitalisme, sa structure juridique et son fondement, réside dans la propriété privée des moyens de production. Le capital est propriété privée, c'est-à-dire propriété d'individus, de particuliers. Les entreprises au sein desquelles se réalise la production sont des entreprises privées et non des entreprises publiques. Elles peuvent être des entreprises individuelles (propriété d'un seul individu) ou des sociétés. La société par actions caractérise le capitalisme.

Au niveau des structures techniques, le capitalisme repose sur le machinisme, emploi systématique et général de la machine et des nouvelles techniques issues de la recherche, à tous les niveaux de la production. La mécanisation a des conséquences précises : une division du travail accentuée (décrite par Adam Smith dans sa fameuse « manufacture d'épingles »), l'accroissement de la productivité, l'élargissement des marchés.

■ Le rôle de l'État

Les économistes se réclamant du libéralisme économique préconisent de limiter l'action économique de l'État. Ainsi, pour la majorité d'entre eux, l'État ne doit pas intervenir car il perturberait les mécanismes du marché et détruirait l'allocation optimale des ressources qu'il assure. En effet, les prix qui se fixent sur le marché fournissent le système d'information le plus complet pour orienter les décisions des agents économiques. Néanmoins, ils reconnaissent la nécessité d'un « État-gendarme » cantonné aux fonctions régaliennes (défense, justice, police). D'autres, au contraire, pensent que l'État est obligé d'intervenir dans les situations où le marché est défaillant ou impuissant comme pour les biens collectifs. On appelle « effets externes » les conséquences (positives ou négatives) de l'activité d'un agent économique sur d'autres agents économiques, qui ne sont pas prises en compte par le système des prix et échappent au marché. On distingue les effets externes positifs (par exemple l'éducation qui permet aux individus de devenir des salariés plus productifs) et les effets externes négatifs (comme la pollution). Or, dans la théorie néoclassique, chaque agent est supposé n'affecter la situation des autres que par des relations marchandes, ce qui ne tient pas compte justement de ces effets externes.

c. — *La régulation par les mécanismes de marché*

■ Les conditions : la concurrence pure et parfaite

Le fonctionnement du système capitaliste repose sur des marchés. Le capitalisme est un système d'économie de marché. Sur le plan théorique, le marché de concurrence pure et parfaite sert de référence. La concurrence est pure si trois conditions sont réunies : l'atomicité de l'offre et de la demande (il doit exister une multitude d'acheteurs et de vendeurs sur le marché, de taille comparable, de telle façon qu'aucun d'entre eux ne puisse influencer la détermination du prix du bien), l'homogénéité du produit échangé (les produits disponibles sur le marché doivent être parfaitement standardisés), la fluidité ou libre entrée sur le marché (tout agent doit pouvoir, à tout moment et sans contrainte, formuler une offre ou une demande). La concurrence est qualifiée de pure et parfaite quand, de plus, sont réunies deux autres conditions : la transparence de l'information (les offreurs et les demandeurs disposent d'une information parfaite et gratuite sur les conditions du marché et notamment sur les prix des produits) et la mobilité des facteurs de production (ceux-ci doivent pouvoir à tout moment se déplacer du marché d'un produit à celui d'un autre produit). Ces distinctions ne doivent pas faire perdre de vue ce qui constitue l'essence de la concurrence : la situation de compétition, de confrontation, déclarée ou possible, entre un nombre plus ou moins élevé de vendeurs et d'acheteurs.

■ Les mécanismes : prix et équilibre du marché

Dans la situation de concurrence pure et parfaite, le mode de fixation d'un prix d'équilibre de marché (p*) repose sur le jeu de la loi de l'offre et de la demande. Les demandeurs, supposés rationnels, déterminent les quantités qu'ils désirent acheter en tenant compte du prix auquel ils peuvent se procurer une unité de la marchandise recherchée. La fonction de demande (D) est une fonction décroissante des prix. Les quantités apportées sur le marché sont d'autant plus importantes que le prix proposé est élevé. La fonction d'offre (O) peut donc se définir comme une fonction croissante des prix. Le prix déterminé par l'intersection des fonctions d'offre et de demande constitue le prix d'équilibre du marché qui garantit la meilleure satisfaction des intérêts des offreurs et des demandeurs compte tenu des prix qu'ils sont respectivement prêts à accepter. Ceux-ci constituent un immense système d'information qui doit assurer l'autorégulation. Le libre jeu de l'initiative individuelle, dans un cadre concurrentiel, conduit au plus grand bien social. C'est « la main invisible » (c'est-à-dire le marché) qui fait coïncider la recherche de la satisfaction individuelle et l'intérêt général.

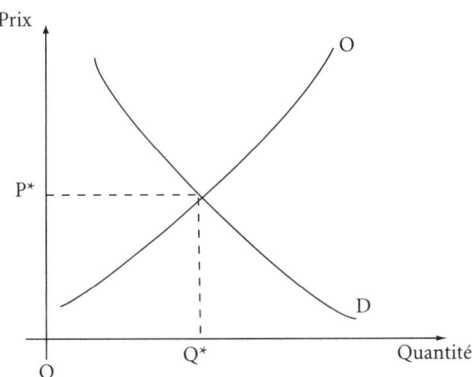

Figure 3 - L'équilibre sur le marché

2. – L'évolution historique et la diversité géographique des capitalismes

a. — *Approche historique*

■ La thèse de Braudel

L'interprétation la plus globalisante de ce qui constitue l'essence du capitalisme est due à l'historien français Fernand Braudel dans un de ses ouvrages majeurs, *Civilisation matérielle, économie* *et capitalisme, XVe-XVIIIe siècle* (1979). Pour Braudel, il n'existe pas de système économique unifié parce que l'activité économique est décomposée en trois niveaux. Le premier est celui de la « vie matérielle », partie de l'activité économique traditionnelle, souvent basée sur le troc et l'autoconsommation. Le deuxième niveau est celui du marché qui, lui-même, peut se décomposer en deux sous-niveaux : le premier, *l'authentique économie de marché*, représente les échanges locaux ; la concurrence y est réelle car les consommateurs et les producteurs sont directement confrontés, et le second, *la sphère de circulation*, représente des échanges moins directs car des marchands servent d'intermédiaires entre les producteurs et les consommateurs. Le troisième niveau est *le capitalisme* qui résulte du développement de l'économie de marché ; mais il en est une perversion car il est une sorte de contre-marché qui enfreint les lois de la concurrence. Le capitalisme n'est donc pas un système économique car il n'est que l'un des trois niveaux qui composent toute économie, il prend simplement de plus en plus d'importance au détriment des deux autres niveaux.

Ainsi, « *entre le XVe et le XVIIIe siècle, la zone de cette vie rapide qu'est l'économie de marché n'a cessé de s'élargir. Le signe qui l'annonce et le prouve, c'est, à travers l'espace, la variation en chaîne des prix des marchés* ». Braudel considère que le capitalisme est monopoliste, international et basé sur des inégalités. De plus, non seulement le capitalisme est largement antérieur à la révolution industrielle, mais il apparaît comme une logique « transhistorique » capable de s'incarner dans des formations économiques très différentes.

■ **Le capitalisme historique selon I. Wallerstein**

Dans son ouvrage, *Le Capitalisme historique* (2e édition, 2002), I. Wallerstein propose, dans la filiation de K. Marx, les éléments suivants pour caractériser le capitalisme concret et les conditions de son extension. La spécificité du capitalisme réside d'abord dans le fait que le capital financier et physique est accumulé sans fin, suivant ainsi une « *loi d'auto-expansion* ». Par ailleurs, il suppose l'extension des processus marchands ou « marchandisation » : le capitalisme réclamait « *l'extension des processus marchands non seulement dans l'échange, mais aussi dans la production, dans la distribution et l'investissement… [Il a] impliqué un mouvement irrépressible de transformation de toute chose en marchandise, une véritable marchandisation du monde* ». Le moteur du système est le profit, rendu possible par l'échange inégal entre capitalistes et salariés et entre pays. Son développement s'est néanmoins accompagné de conditions permissives que sont les structures étatiques et culturelles. Mais le système bute sur deux contradictions : celle qui oppose les capitalistes entre eux pour la recherche du profit (la concurrence tue la concurrence) et celle de la recherche permanente de nouveaux débouchés qui conduit à des crises et des guerres. Loin d'être une marche régulière vers le progrès, la révolution industrielle aurait été une longue transition entre le système féodal et un système « absurde et dangereux » : absurde parce qu'il repose sur une accumulation qui n'a d'autre but qu'elle-même ; dangereuse parce qu'il détruit la société qui l'accepte.

■ **L'école de la régulation**

Pour ce courant de pensée français (représenté, entre autres, par Robert Boyer, Michel Aglietta, André Orlean, Alain Lipietz), le capitalisme se caractérise par la succession de régimes d'accumulation différents auxquels correspondent des modes de régulation spécifiques. Ainsi, il est possible de définir trois types de configurations : le capitalisme concurrentiel, en vigueur au XIXe siècle et jusqu'aux années 1930, caractérisé par la prééminence des mécanismes marchands ; le capitalisme monopoliste issu de la crise de 1929 qui s'impose après 1945 jusqu'aux années 1980 et qui repose sur l'intervention multiforme de l'État ; enfin, depuis les années 1980, le capitalisme patrimonial caractérisé par la prédominance de la logique financière.

b. — Les expériences nationales

■ **Des « économies mixtes »**

Au XXe siècle, le capitalisme devient de plus en plus administré. Les interventions de l'État dans l'économie se multiplient à partir de la guerre de 1914, puis en réponse à la crise des années 1930. Pendant la période des Trente Glorieuses, le système capitaliste devient un système administré, le marché ne fonctionne librement que lorsque l'État l'accepte. En revanche, depuis les années 1980, on observe un regain de libéralisme. Il n'en demeure pas moins que les économies capitalistes apparaissent, a des degrés variables, comme des économies mixtes, terme qui désigne un type d'organisation où l'activité économique est régie simultanément par l'État et par le marché.

La propriété des moyens de production est répartie entre le secteur privé et l'État qui contrôle les administrations publiques et les entreprises publiques. Par ailleurs, la régulation de l'économie est assurée à la fois par le marché et par l'État. Le marché joue un rôle important dans la mesure où les prix sont des indicateurs de rareté, des signaux de régulation. Mais il est fréquent que l'État régule et contrôle le marché, selon des degrés divers.

■ **Des formes de capitalisme variables**

La place accordée aux mécanismes marchands et la spécificité des institutions nationales permettent de dresser des typologies du capitalisme, aux caractéristiques différentes selon les auteurs et les approches.

Dans *Capitalisme contre capitalisme* (1991), Michel Albert oppose, le capitalisme anglo-saxon et le capitalisme rhénan. Le premier est essentiellement le système économique des États-Unis et de la Grande-Bretagne ; il est profondément libéral. Les interventions de l'État sont limitées au minimum. Les agents économiques sont rationnels au sens classique du terme, c'est-à-dire que leur première motivation est le gain à court terme. Celle-ci provoque de nombreux effets pervers : les entreprises ne sont pas considérées comme des moyens de production, mais comme des moyens de faire du profit. Au capitalisme anglo-saxon, Albert oppose le capitalisme rhénan. Cette forme que l'on trouve en Allemagne et dans une moindre mesure au Japon, valorise le consensus social et la solidarité. L'État et la concertation entre les agents occupent un rôle important ; les stratégies des entreprises sont à long terme, qui recherchent le développement plutôt que le gain rapide. Les salaires sont fixés non par le marché, mais selon d'autres modalités (conventions collectives, ancienneté…) : la force de travail est un bien mixte. Le capitalisme rhénan est moins inégalitaire que le capitalisme anglo-saxon. Alors qu'aux États-Unis la pauvreté n'est pas un problème politique puisqu'elle est considérée comme une sanction du marché, la lutte contre l'exclusion est systématique dans les pays rhénans et la fourniture de biens collectifs (santé, éducation…) y est mieux assurée.

Plus récemment, Bruno Amable, dans *Les Cinq Capitalismes* (2005), distingue le capitalisme néolibéral (proche du modèle anglo-saxon de Michel Albert) ; le capitalisme européen continental (que l'on pourrait, sous certaines conditions, assimiler au modèle rhénan) ; le modèle social-démocrate ; le capitalisme « méditerranéen » ; et le capitalisme asiatique. Ces types de capitalisme se différencient par des formes institutionnelles particulières dans les domaines de la concurrence sur les marchés de produits, du marché du travail et de la relation d'emploi, de la protection sociale, du système éducatif et du système financier. Surtout, les complémentarités institutionnelles associées à ces formes particulières sont spécifiques, définissant bien des types de capitalisme distincts.

B SYSTÈMES ET ORGANISATIONS SOCIALISTES : DU MODÈLE À LA RÉALITÉ

L'expérience de l'URSS, modèle unique de 1917 à 1945, a focalisé l'approche de ce système, considéré comme une alternative au capitalisme. De 1945 à 1989, les nombreuses expériences (une trentaine) ont montré qu'il existait plusieurs régimes et organisations collectivistes. Les cas actuels de la Chine, de la Corée du Nord, de Cuba notamment, montrent encore que diverses applications sont possibles. Mais la multiplication des difficultés économiques de l'URSS et de ses satellites a permis d'en révéler les dysfonctionnements systémiques ayant conduit à un retour à l'économie de marché.

1. – Le modèle socialiste rapidement confronté à de nombreuses limites

a. — Un modèle présenté comme une alternative au capitalisme

■ Une idéologie critique : le marxisme-léninisme

Ce système trouve ses origines dans la pensée socialiste du XIXe siècle, en particulier dans le courant dit du socialisme scientifique animé par Karl Marx (1818-1883) et Friedrich Engels (1820-1895). Le marxisme est une critique du système capitaliste libéral, les contradictions de ce système devant aboutir inéluctablement à sa destruction. En effet, selon Marx, « *le développement de la grande industrie sape, sous les pieds de la bourgeoisie, le terrain même sur lequel elle a établi son système de production et d'appropriation. La bourgeoisie produit avant tout ses propres fossoyeurs. Sa chute et la victoire du prolétariat sont également inévitables* ». Au mode de production capitaliste se substituera le mode de production socialiste. Mais Marx développe fort peu la description de ce que pourrait être un tel mode de production. À partir de divers éléments répartis sur l'ensemble de son œuvre, on peut déterminer les trois caractéristiques principales. La propriété des entreprises passe aux prolétaires. Un État subsistera, assurant la régulation économique à la place du marché. Enfin, le pouvoir serait fondé sur la *dictature du prolétariat*.

À ce mode de production se substituera le communisme qui permettrait de donner, selon une formule célèbre, « à chacun selon ses besoins ». Ensuite on assisterait à une internationalisation du système, conduisant, à terme, à l'abolition des frontières et des différences nationales. Enfin, l'État dépérirait progressivement, car la monnaie, l'armée, la police perdraient progressivement toutes raisons d'être, en fonction des progrès de la production.

Les premiers dirigeants de l'URSS, bien avant leur accession au pouvoir, ont fait référence à de multiples reprises aux écrits de Marx et d'Engels. Mais ils ont dû élaborer de toutes pièces une théorie pratique de l'économie socialiste. Ainsi, c'est beaucoup plus Lénine que Marx qui a posé les bases de la construction de l'organisation économique socialiste. Rapidement, apparaissent sous sa plume des principes distincts de ceux énoncés par Marx et Engels. Cette rupture avec les premières idées marxistes sera encore plus nette à la fin de la NEP (Nouvelle politique économique entre 1921 et 1927 qui marque une pause dans l'édification du socialisme et une restauration partielle des mécanismes de marché), quand Staline ordonnera une collectivisation autoritaire et accélérée de l'économie ainsi que le lancement d'une planification très centralisée. Il convient donc de parler de marxisme-léninisme pour qualifier le courant de pensée qui a influencé la mise en place d'une économie socialiste. Cette influence est considérable et tout à fait déterminante.

■ Des structures institutionnelles originales

La caractéristique fondamentale du système d'organisation économique appelée économie socialiste est la suppression de la propriété privée des moyens de production et son remplacement par différentes formes possibles de propriété collective. La collectivisation a toujours été considérée comme un élément essentiel du communisme. La collectivisation soviétique a connu différentes phases – celle du « communisme de guerre » (1917-1921) mais surtout celle de la période stalinienne, à partir de 1928. C'est dans l'agriculture que cette politique a été la plus dure car elle rencontra l'opposition des paysans riches, les koulaks. Le recours à la force et aux déportations de populations eut raison de leur opposition. Cette politique accélérée de collectivisation n'en a pas moins laissé subsister par la suite une diversité de situations dans le régime de la propriété des moyens de production.

Deux formes coexistent : l'étatisation (l'État est propriétaire des moyens de production) et la propriété coopérative. L'agriculture en fournit un exemple illustratif : les sovkhozes étaient des fermes d'État dépendant des ministères techniques, dont les dirigeants étaient désignés par le pouvoir central et la main-d'œuvre salariée sur la base d'un contrat de travail soumis à un taux de rémunération légal. Les kolkhozes étaient des coopératives d'exploitation et de production privées de la propriété du sol mais disposant de facilités de gestion : dirigeants élus (sur proposition du parti) par les kolkhoziens, paysans rémunérés en fonction de la quantité de travail fournie.

La deuxième caractéristique du modèle socialiste est l'existence d'une économie centralisée et planifiée. Dans l'optique des planificateurs, le marché qui repose sur des millions de décisions décentralisées, est anarchique. Il ne génère que déséquilibres, gaspillages conduisant à la surproduction et au chômage. Au contraire, la décision centrale planifiée est rationnelle : un décideur unique fixe les quantités à produire, la nature de la production, l'arbitrage entre consommation et investissement, la répartition sectorielle de la production et la répartition des revenus. La planification stalinienne en apparaît comme l'archétype. Elle est centralisée, autoritaire et impérative : l'entreprise n'a pas d'autonomie de gestion ni de décision ; les prix sont fixés centralement ; ils ne renseignent pas les producteurs sur l'état de la demande mais expriment les désirs et les choix des planificateurs. Le Plan est très ambitieux : les objectifs sont tendus, c'est-à-dire utilisant au maximum les ressources disponibles, ou supposées disponibles ; ils sont donc difficiles à réaliser. La planification est doublement déséquilibrée : les priorités se font au détriment de l'agriculture et au profit de l'industrie ; au sein de celle-ci, le secteur A (biens de production) est hypertrophié aux dépens du secteur B (biens de consommation) et des investissements sociaux. Elle est extensive : la croissance est obtenue par une augmentation des facteurs de production : la campagne est un véritable réservoir de main-d'œuvre indispensable à l'industrie. Elle est autarcique : les échanges entre l'URSS et les pays étrangers sont limités à leur plus simple expression.

b. — Les limites du modèle dans le cas des ex-pays de l'Est

■ **Des dysfonctionnements systémiques**

On peut relever trois problèmes structurels des économies planifiées : la pénurie, les cycles d'investissements et le marchandage, l'économie seconde. L'économiste hongrois J. Kornai dans *Socialisme et économie de la pénurie* (1980), considère que la pénurie en économie socialiste est un phénomène structurel. Ainsi, « *pour l'entreprise capitaliste classique c'est normalement la contrainte de la demande qui est limitative, alors que pour l'entreprise socialiste traditionnelle c'est la contrainte de ressources* ». Mais en raison de l'existence de prix administrés, les prix ne peuvent fournir d'indicateur de rareté. Le rationnement se fait donc par les quantités et non par les prix. On doit donc recourir à toute une série d'indicateurs tant quantitatifs que qualitatifs pour révéler l'existence de pénuries : les pertes entraînées par les délais d'attente (heures passées dans les files d'attente), les retards dans la réalisation des investissements (quantités non produites), les pénurie de matières premières, de matériaux de construction, de pièces détachées, etc.). La pénurie trouve son origine dans le mode d'affectation centrale des ressources qui aboutit à une structure de marché particulière, celle d'un marché de vendeurs, déconnectée de la demande.

L'analyse de l'investissement en économie socialiste remet en cause plusieurs idées, tout d'abord celle d'un taux de croissance équilibré de l'investissement, ensuite celle selon laquelle l'existence de fluctuations serait imputable soit à une mauvaise application des décisions centrales, soit à des oscillations accidentelles. Fondamentalement, le niveau d'investissement est déterminé par le marchandage autour du plan macroéconomique entre trois acteurs : les entrepreneurs qui ne sont pas jugés sur leur rentabilité mais sur leur capacité à réaliser le plan, ce qui se traduit par une soif insatiable d'investissement ; les ministères de branche, afin d'atteindre les objectifs d'investissement fixés par le pouvoir central, cherchent à les faire accepter par les entreprises ; en retour, ils acceptent les projets provenant de la base. Le pouvoir central accepte apparemment ces comportements de la part des ministères de branche et des entreprises par manque de temps résultant du caractère plus ou moins permanent du processus de planification. Ces différents facteurs créent une forte tension sur l'investissement en raison du dépassement du volume d'investissement contenu dans le plan quinquennal par rapport au projet de plan initial. Le cycle de l'investissement se décompose en quatre phases. La phase ascendante où de nombreux projets d'investissement sont préparés ; la phase d'accélération : les dépenses d'investissement dépassent la moyenne car les demandes de financement pour les investissements antérieurs et en retard s'ajoutent aux demandes de financement des nouveaux investissements. La phase d'arrêt : le gouvernement intervient pour décélérer le cycle en imposant de fortes contraintes sur les dépenses d'investissement. La phase de décélération : sous la pression du pouvoir central, le mouvement de décélération s'accompagne d'importantes restrictions.

La prétention du plan à vouloir contrôler l'ensemble des processus économiques s'est toujours heurtée à un certain nombre de difficultés qui ont eu pour effet de maintenir, dans et hors du cadre de la planification, des espaces d'autonomie pour les agents économiques. Une économie seconde s'est développée. Ces activités, qualifiées de diverses manières (non officielles, privées, immergées, souterraines, noires, etc.) sont difficiles à apprécier. Face à leur développement, le gouvernement a une position ambiguë. Il sait que c'est une déviation par rapport au plan et à la loi mais il est enclin à les tolérer.

■ Des performances macroéconomiques déclinantes

Les économies socialistes ont connu des crises récurrentes de nature différente de celles qui frappent les économies de marché. La crise s'observe à travers quelques indicateurs macroéconomiques tel que le fléchissement du taux de croissance du produit matériel net dès les années 1960. Associés à ces indicateurs quantitatifs, on trouve d'autres éléments d'ordre qualitatif tels que les nombreuses pénuries et le développement des activités parallèles. Fondamentalement, ces difficultés traduisent l'impossible transition de la croissance extensive à la croissance intensive. Les statistiques montrent, en effet, qu'à partir des années 1960, le taux de croissance de la productivité du travail et du capital a également commencé à décliner D'une part, les réserves de main-d'œuvre se sont progressivement taries. D'autre part, dans presque tous les pays, les taux de croissance de l'investissement étaient en régression, induisant une baisse de l'efficacité du capital. On constate un vieillissement du stock de capital, d'autant plus que l'investissement cherche plus à accroître le stock des machines existantes qu'à moderniser les équipements ou à intégrer de nouvelles technologies. Enfin, le facteur organisationnel explique également les faiblesses de la productivité.

■ L'inefficience des réformes

Dès 1965, la réforme Liberman cherche à intensifier la croissance. Les objectifs de cette réforme sont d'améliorer la qualité des produits, d'augmenter la productivité des entreprises et d'assouplir la planification en donnant plus d'autonomie aux entreprises. Mais cette réforme est un échec relatif car les entreprises sont encore essentiellement jugées sur la quantité produite et non sur la qualité et parce que la stimulation matérielle des travailleurs n'a que peu d'effets en raison des faibles possibilités de consommation. La réforme de 1979 prend le contre-pied de celle de 1965 ; elle vise, contrairement à celle de 1965, à renforcer l'autoritarisme de la planification. Ainsi, l'autonomie des entreprises est limitée ; afin de lutter contre le gaspillage, un nouvel indice, la valeur ajoutée, est utilisé pour juger les entreprises. De plus, les travailleurs sont encadrés dans des brigades de travail, l'idée étant de les responsabiliser à l'intérieur d'un groupe de travail plutôt que de les stimuler matériellement. Cette réforme est, comme la réforme Liberman, un échec.

En 1985, Gorbatchev met en œuvre une nouvelle réforme qui comporte deux volets : un volet économique, la *perestroïka* et un volet social, la *glasnost*. La perestroïka est une « restructuration » de l'économie consistant à donner plus d'autonomie aux entreprises, à faire jouer certains mécanismes de marché afin d'instaurer ainsi une sorte de « socialisme de marché » : prix et salaires plus flexibles, retour progressif à la propriété privée dans l'agriculture, création de petites entreprises privées dans les services. La glasnost est la réforme politique qui accompagne la perestroïka ; les événements ont montré que la liberté donnée par le pouvoir soviétique s'est retournée contre lui, aboutissant à l'implosion des systèmes socialistes et à leur transition à l'économie de marché.

2. – La transition vers l'économie de marché

a. — Les conditions requises

L'implosion du socialisme soviétique et européen est patente à la fin des années 1980 et au début des années 1990. Les pays de l'Est abandonnent le système socialiste pour adopter l'économie de marché. Mais la problématique de la transition sera radicalement différente selon que le point de départ est plus ou moins ancien et selon que l'imprégnation collectiviste est plus ou moins forte : ainsi, elle sera plus aisée dans les pays d'Europe centrale et orientale (PECO) que dans l'ex-URSS où l'état de désorganisation généralisée, l'affaiblissement du pouvoir central, l'absence d'une longue tradition démocratique rendent l'expérience plus difficile et plus incertaine. Mais dans les deux cas, les points de passage obligés de la transition sont l'élaboration ou la reconstruction d'un État de droit, la responsabilisation des acteurs et la maîtrise du cadre macroéconomique. Comme pour les pays en développement, les recommandations correspondent aux principes libéraux du « consensus de Washington » : ajustement structurel et stabilisation conjoncturelle.

Les réformes structurelles à mettre en œuvre sont nombreuses. Il convient d'abord de fonder un environnement propice au développement de l'économie de marché. Celui-ci suppose une transformation des comportements individuels et l'affirmation d'un État de droit. En effet, l'économie de marché repose sur l'existence de catégories marchandes ; mais elles ne fonctionnent que si les structures mentales sont ajustées à cet environnement. Il convient donc de rompre avec les pratiques de l'*Homo soviéticus* marqué par la longue lutte des communistes contre l'initiative individuelle et la tradition de la vie communautaire dans l'agriculture traditionnelle. L'entrée dans l'économie de marché implique une modification des mentalités. Mais elle ne peut s'opérer efficacement que si la liberté individuelle est garantie et si la législation assure un cadre juridique adéquat. L'État de droit est une nécessité pour l'économie de marché.

Ensuite, le développement de la propriété privée est apparu comme le symbole du retour à l'économie de marché. La privatisation des entreprises a été partout une des priorités des réformes. Avec des variantes d'un pays à l'autre, outre les cas de restitution aux anciens propriétaires ou de leur indemnisation, la « petite privatisation » du commerce de détail, de restaurants, etc. s'est faite généralement en premier et sous forme de vente aux enchères. En revanche, la « grande privatisation » ou « privatisation massive » des entreprises publiques d'une certaine taille a été lancée sous trois formes qui coexistèrent dans les différents pays, avec une prédominance marquée pour l'une ou l'autre selon les pays : rachat par le management (Hongrie) ou les employés, vente à des investisseurs tiers (Hongrie), quasi don pur et simple d'actions d'entreprises publiques dénommé privatisation par coupons (République tchèque, Russie, Lettonie, Lituanie).

Pour autant, on s'aperçut qu'il ne suffisait pas de privatiser des entreprises en changeant leur statut juridique et en réformant le droit de propriété. Il convenait de privatiser l'économie dans son ensemble, c'est-à-dire d'étendre les règles de concurrence et de maximisation du profit à tous les agents économiques. Dès lors, il convenait des créer de véritables marchés du travail, de réformer les systèmes financiers, de modifier les modalités d'intervention de l'État en instaurant un système de protection sociale et un système fiscal.

Parallèlement aux réformes structurelles, la nécessité d'une politique de stabilisation conjoncturelle s'imposa. Le choc provoqué par les événements de 1989 provoqua une dégradation des indicateurs macroéconomiques : chute de la production, croissance de l'inflation, du chômage, aggravation des déséquilibres extérieurs.

b. — La diversité des situations actuelles

Les résultats conjoncturels des pays d'Europe centrale et orientale (PECO) se révèlent diversifiés, comme en témoigne le tableau suivant ; néanmoins, la perspective de l'adhésion à l'Union européenne a indéniablement provoqué une convergence des indicateurs, contrainte imposée aux pays devant, à terme, adopter la monnaie unique :

Tableau 5 – Indicateurs conjoncturels de quelques PECO et pays de la CEI en 1998 et en 2007

Pays d'Europe centrale et orientale (PECO)	Niveau du PIB 1998 = 100		Croissance du PIB (en %)		Inflation (en fin d'année) (en %)		Balance courante (en % du PIB)		Taux de chômage (en %)	
	1998	2008	1998	2007	1998	2007	1998	2007	1998	2007
Hongrie	95	136	4,6	1,2	13,5	8	− 3,1	− 6,4	7,9	7,4
Pologne	118	178	4,8	6,8	10	2,5	− 4,5	− 4,8	10,2	8,5
Rép. tchèque	97	142	− 1,0	6,1	9,0	3	− 3,1	− 3,1	7,5	5,3
Estonie	77	147	5,0	7,2	6,0	6,6	− 10,6	− 17,8	5,1	4,7
Slovénie	103	156	4,0	6,8	7,0	3,6	− 0,4	− 4,8	14,6	4,8
Lituanie	63	120	3,0	9,8	4,2	5,7	− 15,1	− 14,5	6,9	4,3
Bulgarie	66	114	4,0	6,2	10,0	8,4	− 0,8	− 25,4	14,2	6,2
Lettonie	58	118	4,0	10	4,6	10,1	− 8,6	− 22,3	9,2	6,2
Roumanie	78	128	− 5,0	6	45	4,8	− 6,4	− 14,4	10,3	4,1
Slovaquie		164	4,2	10,4	6,7	2,8	− 9,7	− 4,8	12,6	11,0
Pays de la Communauté des États indépendants (CEI)	Niveau du PIB 1998 = 100		Croissance du PIB (en %)		Inflation (en fin d'année) (en %)		Balance courante (en % du PIB)		Taux de chômage (en %)	
	1998	2008	1998	2007	1998	2007	1998	2007	1998	2007
Russie	55	108	− 5,0	8,1	150	9,1	1,4	5,9	11,3 [*]	5,7
Ukraine	37	70	0,0	7,9	22,0	12,8	− 2,9	− 4,1	3,7	6,4

[*] 1997.

Source : BERD, Transition Report 2009 : *transition in crisis ?*, novembre 2009 et http://www.ebrd.com/country/sector/econo/stats/index.htm

À ce jour, le bilan de la transition vers l'économie de marché s'avère contrasté. Pour les PECO, l'intégration à l'Union européenne peut être interprétée comme marquant la fin de la transition ; pour d'autres, notamment les pays de la CEI, des spécificités institutionnelles empêchent de considérer que l'économie de marché s'est définitivement imposée ; enfin, le cas de la Chine révèle, comparativement, que l'économie de marché peut s'imposer dans un système aux spécificités nationales marquées.

Les débuts du processus de transition ont surpris les observateurs du fait d'évolutions non anticipées. Sur le plan conjoncturel, on a observé une dégradation des indicateurs, correspondant à une « récession transformationnelle » (Kornai) ; sur le plan structurel, outre les retards du processus de privatisation, ses caractéristiques en furent inattendues : dans de nombreux pays on a assisté à l'extension de la propriété détenue par les membres de l'entreprise, employés ou *managers*, résultat problématique aux yeux de l'économie standard. Par ailleurs, une variété frappante des sentiers de changement macroéconomique et institutionnel est apparue, les formes nationales émergentes de capitalisme postsocialiste se révélant fortement différenciées : thérapie de choc en Pologne ou gradualisme ailleurs. Mais pour 10 PECO, l'intégration à l'Union européenne (8 au 1er mai 2004 et 2 au 1er janvier 2007) marque une étape historique essentielle qui révèle que les objectifs initiaux du consensus de Washington ont été atteints. Néanmoins, ces pays ne bénéficieront pleinement des politiques communautaires qu'en 2014 (PAC, libre circulation des travailleurs). Certains auteurs, qui, comme Wladimir Andreff, adoptent une démarche institutionnaliste, soulignent la persistance de spécificités dans ces pays, tels que le chômage transitionnel ou l'insuffisant enracinement des *managers*, éléments qui témoignent de l'inachèvement de la transition.

Le principal pays de la CEI, la Russie, présente une situation plus contrastée. La crise russe d'août 1998, au-delà des facteurs conjoncturels qui l'ont déclenchée, refléta l'incapacité à construire une économie décentralisée et concurrentielle. La multiplication des arriérés de paiements et celle des paiements en nature ainsi que l'impuissance de l'État à appliquer le droit ont conduit progressivement à une démonétisation de l'économie et à l'asphyxie des banques de l'État. Aussi, la Russie oscille-t-elle entre un capitalisme dévoyé selon les libéraux et une dictature mafieuse selon les interventionnistes qui déplorent la démission de l'État. À ce jour, la réforme du secteur bancaire est une des mesures nécessaires en vue d'une croissance diversifiée et durable à moyen terme. Mais les risques institutionnels persistent et la politique économique semble à présent s'orienter vers une sorte de capitalisme supervisé par l'État, comme en témoigne la « re-nationalisation » d'actifs stratégiques.

La stratégie de réforme chinoise a été aux antipodes du consensus de Washington, et la trajectoire du changement observée dans ce pays est contraire aux principales thèses du courant dominant, telles que le caractère non soutenable de toute réforme de l'économie socialiste, la perversité du changement graduel, la nécessité d'opérer d'un seul coup l'ouverture extérieure et le passage à la convertibilité, la priorité qui doit revenir à la privatisation et à l'extension des marchés financiers, le caractère inévitable d'une « récession transformationnelle », etc. Est-ce l'affirmation de l'existence d'un « socialisme de marché » spécifique ou celle d'une nouvelle forme de capitalisme ?

POPULATION ET TRAVAIL

L'accroissement de la population mondiale à un rythme sans précédent depuis la fin du XVIIIᵉ siècle ne pouvait manquer de susciter de multiples questionnements. D'abord, comment expliquer cette évolution ? Ensuite, comment subvenir aux besoins de tous ces hommes ? Il reviendra à la démographie, science qui a pour objet l'étude des mouvements de populations humaines, de leurs dimensions, structures, évolution et de leurs caractères généraux, envisagés surtout d'un point de vue quantitatif mais aussi qualitatif, de répondre à la première interrogation. Quant à la seconde, seul le travail humain est en mesure de satisfaire aux besoins.

A ■ L'ÉVOLUTION DE LA POPULATION : FAITS ET MODÈLES

La mesure de l'évolution de la population dans un but scientifique nécessite l'élaboration d'outils et d'indicateurs pertinents qui doivent rendre compte des situations passées, présentes et futures. Le modèle de la transition démographique apparaît comme un outil permettant de répondre à cette triple exigence.

1. – Les outils de l'analyse démographique

a. — Le mouvement de la population

■ Une double approche
Les indicateurs succincts rapportent des événements démographiques à l'ensemble de la population. Des indicateurs plus précis sont construits selon une double logique : longitudinale et transversale. Dans l'approche longitudinale, l'observation porte sur des événements qui se sont réellement déroulés dans les différentes générations : c'est une approche rétrospective. Dans l'approche transversale, on construit une génération fictive en lui appliquant les taux de fécondité ou de mortalité observés aux différents âges à une date donnée. Au total, chaque approche présente un intérêt mais aussi des limites.

■ Les indicateurs relatifs aux décès
Le taux de mortalité est le nombre de décès pendant une année rapporté à la population moyenne. C'est un indicateur simple mais fruste. Il ne tient pas compte de la structure par âge de la population. On élimine le biais dû au vieillissement en construisant le quotient de mortalité par âge : c'est le nombre de décès à l'âge i rapporté à la population de cet âge au début de l'année. Le quotient de mortalité par âge suit une courbe en U : la mortalité par âge diminue de la naissance jusque vers l'âge de 10-12 ans, puis augmente de nouveau. On se retrouve donc en face d'une grande quantité (une centaine) de quotients, ce qui fait du quotient de mortalité par âge un indicateur très peu synthétique. C'est la raison pour laquelle on utilise l'espérance de vie qui est la

durée de vie moyenne probable d'une génération fictive de nouveau-nés. On la calcule en appliquant à une génération de nouveau-nés les quotients de mortalité par âge actuels. La durée moyenne de vie est le nombre moyen d'années qu'une génération a effectivement vécu ; indicateur longitudinal, il ne peut être calculé qu'après l'extinction de la génération. Enfin, la mortalité infantile est la mortalité des enfants de moins d'un an.

■ **Les indicateurs relatifs aux naissances**

Le taux de natalité correspond au nombre de naissances pendant une année rapporté à la population moyenne. Cet indicateur ne tient pas compte des caractéristiques par âge et par sexe de la population dont sont issues les naissances. Dans une population où la proportion des personnes âgées est élevée, on doit s'attendre à ce que, toutes choses égales par ailleurs, le taux de natalité soit plus faible que dans une population en moyenne plus jeune, car ce sont surtout les jeunes qui ont des enfants. Pour corriger le taux de natalité, on rapporte le nombre de naissances à la population féminine en âge de procréer (de 15 à 49 ans) : on obtient ainsi le taux de fécondité générale. Ce taux laisse subsister le biais induit par la structure par âge au sein de la population. Il faut donc à son tour le corriger en calculant le taux de fécondité selon l'âge, indicateur transversal qui correspond au nombre de naissances engendrées par les femmes d'un même âge, rapporté à l'effectif des femmes de cet âge. Mais le grand nombre de taux de fécondité selon l'âge (49 −15 = 34) ne permet pas une vision synthétique du comportement de toutes les femmes en âge de procréer. C'est pourquoi on utilise l'indicateur synthétique de fécondité (ISF) ou indicateur conjoncturel de fécondité qui est la somme des taux de fécondité selon l'âge. Cet indicateur est sensible au calendrier de la fécondité : si un grand nombre de femmes retardent le moment où elles mettent au monde des enfants, l'ISF aura tendance à baisser, sans pour autant que le nombre d'enfants qu'elles auront en définitive ne diminue nécessairement. Ce nombre d'enfants effectivement engendrés est mesuré par la descendance finale, qui est un indicateur longitudinal. Cet indicateur est le seul pertinent pour parler du « renouvellement des générations » puisqu'il comptabilise les enfants effectivement mis au monde.

■ **Les mouvements migratoires**

Afin de connaître l'évolution totale de la population, il convient d'ajouter aux taux d'accroissement naturel le solde migratoire égal à la différence entre l'effectif des immigrants et celui des émigrants. Les migrations ont toujours existé dans l'histoire mais les flux se sont inversés depuis le XIXe siècle. Au XIXe siècle, les migrants quittent l'Europe, en avance dans le processus d'industrialisation, pour les pays neufs aux ressources peu exploitées. Au XXe, la situation s'est inversée et les régions les plus pauvres sont des pays d'émigration alors que les pays d'immigration sont les pays riches.

b. — *La structure de la population : par âge et par sexe : les pyramides des âges*

■ **Les effets de structure**

La pyramide des âges est une représentation statistique permettant de rendre compte de la distribution par âges et sexes d'une population. La structure par âge affecte la natalité et la mortalité dans un pays donné et donc le taux d'accroissement de la population. Une population où les jeunes représentent une tranche d'âge importante par rapport à l'effectif total a un taux de natalité supérieur à celui d'une population vieillissante, même si chaque femme en âge de procréer n'a pas plus d'enfants. Le taux de mortalité a tendance à être plus élevé si les personnes âgées représentent une proportion importante de la population totale.

▪ La mesure du vieillissement démographique

Le premier des cas présentés dans la figure ci-dessous (base large) concerne les pays où la natalité est forte, la mortalité plutôt importante, mais où les jeunes générations tendent à dominer et la population à s'accroître. Le deuxième exemple (urne) montre une population en diminution car la natalité décroît : les adultes sont plus nombreux que les jeunes. Le cas de l'ogive (exemple 3) est en fait une situation intermédiaire dans la mesure où les jeunes générations remplacent à peine les adultes : c'est donc le cas d'une population stationnaire ou en voie de vieillissement.

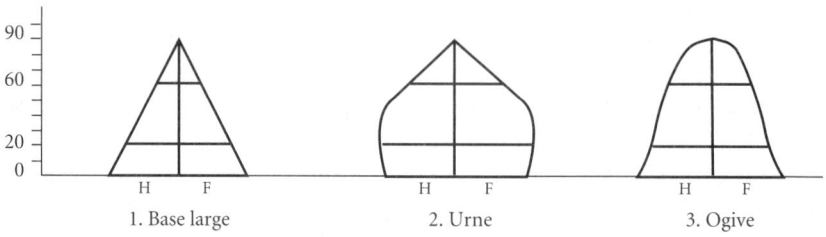

Figure 4 – Pyramide des âges type

▪ Une synthèse de l'histoire démographique d'une population

La pyramide des âges reflète l'histoire d'une population. Elle fait apparaître directement les générations soumises à une surnatalité (par exemple celles d'un baby-boom) ou à une surmortalité (celles qui ont combattu pendant les guerres). De même, les déficits de naissances (faibles effectifs aux âges correspondants) dus aux guerres sont particulièrement visibles (larges échancrures dans la pyramide).

2. – Le modèle de la transition démographique

a. — Description du modèle

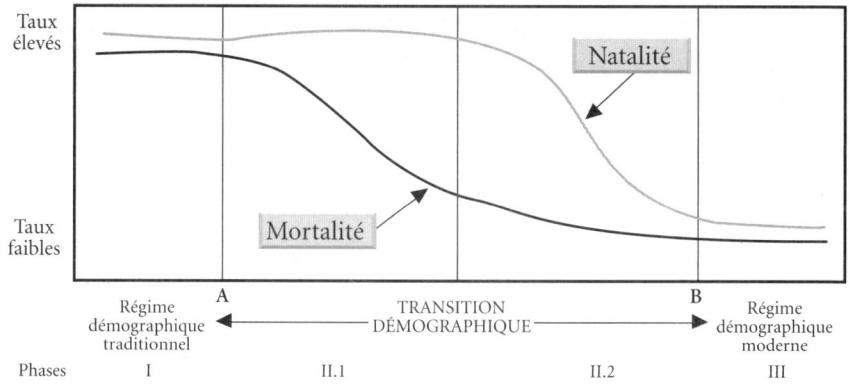

Figure 5 - Le modèle de la transition démographique

La transition démographique désigne le passage d'un régime traditionnel d'équilibre démographique à mortalité et natalité fortes vers un régime moderne d'équilibre démographique à mortalité et natalité basses. Ce modèle de l'évolution des populations a été proposé en 1934 par Adolphe Landry (1874-1956), homme politique et démographe, dans son ouvrage précurseur, *La Révolution démographique* (1934). Un régime démographique se caractérise par trois paramètres : le niveau de la natalité, le niveau de la mortalité et le niveau de l'accroissement naturel (soit la différence entre natalité et mortalité).

■ **L'ancien régime démographique**

Le régime démographique préindustriel se caractérise par une natalité et une mortalité élevées, 35 à 40 pour mille pour la natalité, 30 à 35 pour mille pour la mortalité et un accroissement naturel faible : 0 à 5 pour mille (qui peut d'ailleurs être négatif). Ces taux se caractérisent de surcroît par une forte variabilité, en fonction des aléas climatiques, des épidémies, des guerres, etc. qui régulent « naturellement » l'effectif de la population qui ne progresse guère. Les femmes sont soumises à un régime de fécondité dite naturelle, qui voudrait qu'elles aient autant d'enfant qu'elles peuvent en porter ; de fait, l'ISF nécessaire à la reproduction d'une génération est supérieur à 4, le taux de mortalité infantile étant voisin de 200 pour mille.

■ **La transition**

Elle s'opère en deux phases. La première se caractérise par le maintien de la natalité à un niveau élevé associée à un déclin de la mortalité ; le taux d'accroissement naturel est donc élevé. Dans la seconde phase, on observe un déclin de la natalité qui s'ajuste à la mortalité et, corrélativement, une diminution du taux d'accroissement naturel. Au total, la transition démographique est caractérisée par sa durée et par son amplitude (écart entre le taux de natalité et le taux de mortalité). Le produit de la durée et de l'amplitude fournit le multiplicateur transitionnel.

■ **Le régime démographique moderne**

Dans le régime démographique posttransitionnel, les taux de natalité, de mortalité et d'accroissement naturel sont bas et stables : la natalité et la mortalité avoisinent 10 à 12 pour mille. L'accroissement de la population est donc faible : de 0 à 5 pour mille. On a ainsi rejoint le niveau des taux d'accroissement naturel qui prévalait avant le début de la transition.

Mais au regard des évolutions depuis les dernières décennies du XXᵉ siècle, la pertinence du modèle de la transition démographique pose problème. D'une part, la stabilisation du niveau de la mortalité est contredite par les observations empiriques ; les gains d'espérance de vie repoussent sans cesse les limites de la mort, en dépit d'inégalités manifestes entre continents ou milieux sociaux. D'autre part, la baisse de la fécondité a été bien plus rapide et se poursuit pour atteindre des niveaux non anticipés, y compris dans des zones non occidentales, niveaux ne permettant plus d'assurer le remplacement des générations (1,3 enfant par femme au Japon, 0,8 à Hong-Kong). Dès lors, la non stabilisation des paramètres fondamentaux du modèle rend l'affirmation de la réalisation d'un équilibre post-transitionnel plus que problématique. Certains auteurs (Dirk van de Kaa et Ron Lesthaeghe) parlent de la « seconde transition démographique » pour désigner ce nouveau régime. Entamé au centre et au sud de l'Europe depuis plusieurs décennies, il apparaît comme une tendance lourde difficilement réversible.

b. — Les variables explicatives

■ **De la baisse de la mortalité**

Dans les pays développés, deux facteurs concoururent à la baisse de la mortalité. Les transformations économiques qui se produisent en Europe vers le milieu du XVIIIe siècle permirent à la population de ne plus se heurter à la rareté des ressources et à des prix élevés des denrées alimentaires. Ces transformations sont essentiellement liées à la révolution agricole et à la révolution industrielle qui en est en partie issue. L'accès à des denrées alimentaires en quantité et en diversité retarda ainsi la mort. Les famines disparurent peu à peu, les carences et les disettes récurrentes reculèrent. Avec elles, ce sont les épidémies et bientôt les endémies qui devinrent rares et moins meurtrières. Peu à peu, la population subit moins de manques et les crises économiques d'Ancien Régime, qui agissaient sur la croissance démographique via la mortalité, s'estompèrent. Les facteurs médicaux, hygiéniques ou sanitaires se développèrent à la fin du XIXe siècle. C'est d'ailleurs surtout en cette fin du XIXe siècle que la mortalité infantile diminua. Cette révolution hygiénique et sanitaire passe par l'augmentation du niveau de vie et du niveau d'instruction, et l'amélioration de l'équipement médico-social : au cours du XIXe siècle, les égouts se généralisèrent lentement dans les villes, ainsi que l'eau courante, tandis que le savon, le coton devinrent accessibles.

Dans les pays en développement, les pays développés appliquèrent des programmes hygiéniques et sanitaires qui firent reculer massivement la mortalité : ils exportèrent des techniques « de masse » portant aussi bien sur les règles d'hygiène collective que sur l'utilisation de désinfectants et d'antibiotiques produits à grande échelle, tandis que l'Organisation mondiale de la santé (OMS) procédait à des campagnes de vaccination. Mais cette baisse de la mortalité s'effectua en dehors de tout contexte de transformations agricoles et économiques : elle était en quelque sorte exogène au système économique et social des pays sous-développés, qui n'étaient pas préparés à un tel bouleversement.

■ **De l'évolution de la natalité**

Si la tendance de la mortalité est une diminution régulière et irrésistible à long terme, l'évolution de la natalité est plus complexe et s'effectue en deux temps. On peut avancer plusieurs explications d'ordre démographique pour comprendre le maintien de la natalité. D'une part, les effets de structure de la population : la baisse de la mortalité aux âges jeunes a fait croître le poids des classes d'âges jeunes et donc féconds. Même en réduisant le nombre d'enfants par femme, ces groupes féconds dont le poids relatif augmente peuvent fort bien mettre au monde un nombre d'enfants plus important que celui issu de la génération précédente ; le nombre de naissances et le taux de natalité peuvent donc rester élevés. D'autre part, la durée de la période de fécondité des femmes s'allonge : « par le bas » car on assiste à une baisse de l'âge au mariage à partir de la fin du XVIIIe siècle, liée à l'industrialisation, « par le haut » en raison de l'augmentation de l'espérance de vie dans les classes d'âge fécondes : au lieu de mourir, ou d'être stérile à 30 ans, on vit et on procrée plus longtemps. Enfin, le célibat décline. Quant à la baisse de la natalité, elle se diffuse du haut au bas de la société, en suivant une hiérarchie liée aux revenus et aux statuts sociaux. Ainsi, en Europe, la baisse affecte d'abord les familles nobles (dès le XVIIe et le XVIIIe siècle) puis les familles de la haute et surtout de la petite bourgeoisie (artisans et commerçants notamment), enfin les familles rurales et ouvrières, restées encore hors du processus (à la fin du XIXe siècle dans le cas européen). Comme ces familles forment, et de loin, l'immense majorité de la population pendant la période de la transition, c'est essentiellement de leur comportement que dépendirent le début et la durée de la seconde phase de la transition.

En France, la natalité a baissé de façon précoce. Outre les interprétations mentionnées ci-dessus, des facteurs spécifiques ont été invoqués. La France « invente » la famille moderne, dont la structure et la dynamique sont organisées autour de l'enfant rare. Pour Philippe Ariès, le « sentiment de l'enfance » apparaît aux XVIIᵉ et XVIIIᵉ siècles dans la bourgeoisie. Les mariages sont plus tardifs et la bourgeoisie serait précocement malthusienne. On a aussi mentionné la multiplication des petits paysans propriétaires qui, devant des règles d'héritage instituant un partage plus égalitaire des terres, auraient réduit leur descendance. Enfin, on a avancé le recul des pratiques religieuses depuis la Révolution française.

B   LES CONTROVERSES DÉMOGRAPHIQUES

Les conséquences économiques de l'augmentation de la population puis de son ralentissement ont suscité d'âpres débats. La forte croissance démographique est-elle un frein ou un moteur de la croissance économique ? Corrélativement, le vieillissement de la population n'est-il pas responsable du déclin économique ? Malthusiens et populationnistes proposent des réponses différentes à ces interrogations, et les vérifications empiriques ne permettent pas toujours de trancher avec certitude, même si elles permettent d'écarter certains arguments.

1. – Malthusianisme et populationnisme s'opposent

a. — Les auteurs classiques

■ **Thomas Robert Malthus (1766-1834)**
Malthus, pasteur, constate dans son *Essai sur le principe de population* (1798) que la production de nourriture augmente de manière arithmétique ; elle apparaît comme une fonction linéaire du temps et repose sur l'existence de rendements décroissants dans l'agriculture. La population, quant à elle, soumise à un régime de fécondité naturelle suit une progression exponentielle : « *lorsque la population n'est arrêtée par aucun obstacle, elle va doublant tous les vingt-cinq ans, et croît de période en période selon une progression géométrique* ». Il en découle « la loi de population » de Malthus : malgré leur croissance, les ressources sont insuffisantes par rapport aux besoins de la population. La misère et la sous-alimentation s'installent.

Un équilibre ne pourra intervenir que si la mortalité permet de stabiliser la natalité, ou bien si la natalité baisse au point de ne pas dépasser la mortalité. Le premier cas correspond à l'existence d'obstacles destructifs : l'augmentation des décès par les guerres ou la misère assure l'ajustement. Mais pour Malthus, il convient de privilégier les obstacles préventifs qui permettent à la population de s'ajuster d'elle-même aux ressources. Pour cela, deux voies sont possibles. La première consiste à avoir recours aux pratiques contraceptives. Mais Malthus la réprouve et la considère comme relevant du vice, la sexualité étant détournée de son rôle naturel, qui est, pour la morale chrétienne, la procréation. La seconde, qu'il appelle de ses vœux, est le mariage tardif, accompagné de la chasteté prénuptiale et de restrictions de la pratique sexuelle des couples, une fois qu'un nombre raisonnable d'enfants est atteint. Il préconise une limitation volontaire des naissances fondée sur la contrainte morale.

■ Karl Marx (1818-1883)

Karl Marx s'oppose aux thèses de Malthus. D'une part, il refuse l'idée même de loi naturelle : s'il existe des lois économiques qui s'imposent aux hommes, indépendamment de leur volonté et de la conscience qu'ils en ont, ces lois n'ont rien d'universel ou de naturel. On ne peut les définir que pour chaque mode d'organisation sociale de la production et pour chaque période déterminée de l'histoire humaine : les lois existent, mais elles sont historiquement déterminées. Dès lors, la surpopulation envisagée par Malthus, n'est pour Marx que la conséquence du fonctionnement du mode de production capitaliste. Elle est donc relative (et non absolue) et représente la population excédentaire par rapport aux besoins des capitalistes, « l'armée de réserve industrielle ». Marx dévoile ainsi une contradiction du mode de production capitaliste : le développement des forces productives (croissance de la population) entre en contradiction avec les rapports sociaux de production (l'accumulation croissante de capital au détriment du travail).

b. — Les problématiques contemporaines

■ Les approches théoriques : les effets controversés

La croissance démographique a d'abord des effets sur le marché du travail. Elle agit sur l'approvisionnement en main-d'œuvre puisqu'elle détermine le nombre d'actifs et fournira la main-d'œuvre dont le système productif a besoin. Mais la croissance démographique n'est indispensable que dans le cas d'une croissance économique de type extensif. Aujourd'hui, dans le cadre d'une croissance intensive, cette affirmation est à nuancer. Tout d'abord parce qu'une croissance démographique faible, en « libérant » les femmes des tâches domestiques liées au grand nombre d'enfants, peut les rendre disponibles pour se porter sur le marché du travail : les flux qui alimentent le stock de population active ne sont donc pas seulement d'ordre démographique, ils dépendent aussi des comportements d'activité. D'autre part, les flux de population active ne coïncident pas nécessairement avec les besoins du système productif : en Europe, depuis les années 1970, la croissance démographique faible n'empêche pas l'existence d'une population active largement sous-utilisée. La croissance démographique intervient également dans la restructuration du système productif : une population en croissance forte facilite a priori l'introduction d'activités nouvelles sans que cela se fasse nécessairement au détriment des activités anciennes et des actifs qui y travaillent.

La croissance démographique affecte également la taille des marchés et génère des effets sur l'offre et la demande de biens et services. Elle influence directement la demande car une naissance augmente immédiatement la consommation. De plus, on attend d'une population nombreuse qu'elle fournisse aux entreprises un marché dont la grande taille permet de trouver des débouchés et de créer des emplois. C'est oublier toutefois que la taille du marché résulte aussi du revenu par personne.

La croissance démographique agit aussi sur l'offre de biens et services. Deux thèses s'opposent : on sait que pour les classiques, pour Ricardo peut-être plus encore que pour Malthus, la croissance démographique forte mène à l'asphyxie progressive du système productif du fait des rendements décroissants. Dans l'analyse contemporaine, on invoque de façon plus générale, l'épuisement des terres, les « coûts de l'encombrement » tels que la pollution, la désertification et l'exploitation trop intensive des ressources naturelles. Ester Boserup s'est opposée dans les années 1960 à cette vision des choses en insistant sur la « pression créatrice » que la croissance de la population faisait subir au système productif : face aux rigidités de la nature, l'homme est contraint d'inventer de nouveaux modes d'exploitation, en passant par exemple d'une agriculture extensive à une agriculture intensive. La poussée démographique pourra aussi stimuler l'introduction d'innovations nécessaires à une meilleure efficacité de l'activité productive. Cela sera d'autant plus vrai que la population jeune apportera avec elle des savoirs et savoir-faire qui permettront d'introduire dans le système productif des procédés nouveaux. Dans le même sens, les théoriciens de la croissance économique ont justifié par la théorie des grands marchés les effets positifs d'un grand nombre d'habitants sur le système productif : on attend d'une population nombreuse qu'elle permette des économies d'échelle et la division du travail, une meilleure allocation des facteurs de production, travail et capital, et une accentuation de la concurrence. Mais il ne faut pas confondre espace et nation : tous les avantages des grands marchés peuvent être retrouvés en accentuant l'intégration économique entre nations et en ouvrant les économies les unes aux autres.

■ **Les vérifications empiriques : études géographiques et économétriques**

Peut-on trouver du côté des vérifications empiriques de quoi trancher dans le débat entre populationnistes et malthusiens ? L'expérience européenne peut fournir une comparaison intéressante. Au XIXᵉ siècle, la croissance démographique de la France fut notoirement plus faible que celle des autres pays européens, ce qui permet d'étudier si cela fut un atout ou un handicap. Pour Alfred Sauvy, il ne fait pas de doute que la croissance économique française n'a pas été favorisée par une croissance démographique faible : la mortalité infantile française est restée au XIXᵉ siècle autant sinon plus importante en France qu'ailleurs, alors qu'on aurait pu s'attendre à ce que ces enfants sans fratries larges soient mieux soignés et mieux entourés ; la faible densité aurait dû permettre, selon le raisonnement ricardien, de ne pas mettre en exploitation des terres aux rendements faibles, et de concentrer les moyens disponibles pour améliorer les rendements des terres fertiles. Or les rendements des principales cultures (blé, seigle, orge, avoine, pomme de terre) ont crû plus faiblement en France qu'en Allemagne par exemple ; celle-ci n'a donc pas été pénalisée par la loi des rendements décroissants sur laquelle aurait dû venir buter son développement en raison de sa croissance démographique élevée ; le faible poids des investissements démographiques aurait dû profiter à l'investissement productif et à la croissance industrielle ; on sait que cela n'a pas été le cas, puisque à la fin du XIXᵉ siècle, la croissance du produit industriel allemande rattrape et dépasse celui de la France. La rareté de la population active aurait dû pousser à mettre en place un système productif capitalistique ; or les entreprises françaises restent au XIXᵉ siècle, comme au XXᵉ siècle, peu concentrées et sous-capitalisées, avec un processus de croissance qui restera très peu intensif jusqu'à la Seconde Guerre mondiale. On peut déduire de ces observations, comme le fit Sauvy, que la croissance démographique faible du XIXᵉ siècle, a été un frein qui ne permit pas à la France de mettre en place un système productif moderne capable de rivaliser avec le « modèle » allemand – du moins jusqu'à la Seconde Guerre mondiale, lorsque débute précisément une croissance démographique forte.

Dans le cas des relations entre croissance démographique et croissance économique dans les pays en développement, on ne peut que mentionner l'incertitude des régressions économétriques, la corrélation existant dans certains pays mais non dans d'autres (*cf.* chap. 12).

2. – Les enjeux démographiques contemporains

a. — Le vieillissement au Nord

■ **Mécanismes et indicateurs**

Le vieillissement se mesure par l'augmentation du poids des personnes âgées dans l'ensemble d'une population. Ainsi, une population vieillit de deux façons : soit par la baisse de la natalité, soit par la baisse de la mortalité. La mesure du vieillissement est fondée sur la proportion de personnes âgées (+ de 60 ans ou plus de 65 ans) dans la population totale (*cf.* tableau 6). Mais l'indicateur le plus approprié pour mesurer les enjeux du vieillissement démographique est le ratio de dépendance vieillesse qui est le rapport entre les inactifs âgés (+ de 60 ans) et les classes d'âge d'actifs de 0,45 en 2005, ce ratio passerait à 0,71 en 2050 en France.

Tableau 6 - Répartition de la population par groupe d'âges en France métropolitaine
(% de la population totale)

	1901	1921	1941	1961	1981	2001	2006	2007	2008	2009
Moins de 20 ans	34,3	31,3	32,3	32,6	30,3	25,4	24,8	25	24,9	24,8
20 – 59 ans	53	54,8	51,3	50,5	52,4	54	54,3	53,9	53,6	53,0
60 ans et plus	12,7	13,9	16,4	16,9	17,3	20,6	20,9	21,1	21,6	22,2
dont 75 et plus	2,5	2,8	3,5	4,4	5,8	7,4	8,2	8,3	8,5	8,7

Source : Insee, bilan démographique.

Il y a un quasi-consensus pour estimer qu'une reprise notable de la fécondité est peu vraisemblable dans un avenir prévisible en Europe. De même, il y a accord pour estimer que la réduction des différences de mortalité entre pays va se réduire, dans un mouvement de convergence vers le haut, en dépit des exceptions observées en Europe de l'Est.

■ **Les effets économiques du vieillissement**

Ces effets peuvent être étudiés à différents niveaux.

Le lien entre vieillissement et productivité est loin d'être simple. D'un côté, on considère que le rajeunissement est indispensable pour intégrer le progrès technique au sein du collectif de travail. L'âge est certainement un facteur figeant les procédés et le niveau technique. Mais, d'un autre côté, l'expérience est irremplaçable. Chaque entreprise a besoin d'une mémoire capable de transmettre les acquis de dizaines d'années de pratique. C'est le rôle des travailleurs âgés.

Les relations entre le vieillissement et l'épargne sont plus complexes que ne l'envisage la théorie classique. Selon « l'hypothèse du cycle de vie » de Franco Modigliani, la désépargne caractérise la vieillesse. Cette théorie rend assez bien compte du comportement d'une population relativement jeune, comme celle des États-Unis, peu disposée à l'épargne, alors qu'une population vieillissante, comme celle du Japon, épargne beaucoup. Mais cette relation n'est pas vérifiée en France et dans les pays où prévaut le système de retraites par répartition. Les retraités continuent d'épargner car à l'individualisme supposé par Modigliani, se substitue l'altruisme et la solidarité entre les générations.

Les relations entre vieillissement et évolution des dépenses de santé doivent également être étudiées en détail. L'idée selon laquelle ces dépenses ne peuvent qu'exploser avec le vieillissement reste répandue et est fondée sur un raisonnement intuitif exact : le montant des dépenses augmente avec l'âge. Mais il est possible d'imaginer que les progrès techniques du secteur médical réduiront le coût des soins et compenseront ainsi l'effet du vieillissement. De même, on peut envisager un recul de la morbidité : l'âge auquel les dépenses de santé s'accroissent se décale dans le temps, neutralisant ainsi les effets du vieillissement.

Le vieillissement affecte également le financement des régimes de retraites. Un système de retraite repose sur le principe de la mutualisation des risques, c'est-à-dire l'assurance. Il existe deux systèmes de base. La répartition consiste à faire payer les pensions des retraités actuels par les actifs actuels. En revanche, dans un système par capitalisation, le capital garanti à l'échéance est directement lié aux versements faits par l'assuré ou par un tiers pour le compte de l'assuré. L'équilibre du financement du régime de la retraite par répartition, en vigueur en France, repose sur le rapport entre les générations d'actifs et celles de retraités. Ainsi, en France, à partir de 2005, les gros effectifs nés au début du baby-boom auront 60 ans alors que les actifs seront entièrement constitués par des générations creuses. La dégradation sera très rapide et nécessite une solution d'ici là.

Diverses voies sont envisageables. On peut imaginer d'augmenter le nombre de cotisants en puisant dans les réserves de main-d'œuvre par l'accroissement du travail féminin, la réduction du chômage, le retard de l'âge du départ à la retraite ou encore de faire appel à l'immigration pour remplacer en tout ou partie une fécondité insuffisante. Il est aussi possible de proposer des aménagements internes des systèmes de retraite. Dans un système de retraite par répartition, où une génération cotise pour entretenir la génération précédente, il existe trois moyens d'agir sur les transferts en direction des retraités : augmenter les prélèvements, c'est-à-dire les cotisations prélevées sur les actifs, diminuer le niveau relatif des prestations versées aux retraités, relever l'âge de cessation d'activité. On peut aussi intégrer une part de capitalisation.

b. — La maîtrise de la fécondité au Sud et un vieillissement accéléré

■ Les craintes des années 1960 et leurs conséquences

Dans les années 1960, l'horreur du retour de la sombre prédiction de Malthus se profilait : dans la course entre l'accroissement des subsistances et l'accroissement de la population, celle-ci serait vaincue et de terribles fléaux devraient détruire les surplus de population. Les espoirs de progrès risquaient de s'effondrer dans la trappe malthusienne en raison de trois risques majeurs de déséquilibres : le déséquilibre des ressources hypothéquées par la surcharge démographique, le déséquilibre écologique provoqué par la généralisation dans le Tiers Monde des gaspillages de l'économie capitaliste et le déséquilibre géopolitique, les zones de forte densité du globe risquant de déverser leur trop-plein sur les zones de faible densité. Des cris d'alarme furent lancés par le club de Rome en 1972 avec la publication du rapport Meadows inspiré par le *Massachusetts Institut of Technology* et intitulé *Halte à la croissance*, dont le contenu suscita des prises de positions passionnelles et lors de la conférence mondiale sur la population de Bucarest (1974), au cours de laquelle les pays développés, et au premier chef les États-Unis, essayèrent de faire adopter par les pays sous-développés des programmes intensifs de réduction de la natalité par le contrôle des naissances.

■ Actuellement, la question du vieillissement démographique se pose avec acuité

Aujourd'hui, plusieurs constats doivent être faits. Depuis les années 1980, les prédictions malthusiennes semblent déjouées : le produit par tête ne s'est pas effondré (du moins globalement et sur la moyenne période) ; il a plutôt augmenté dans certaines aires ; ainsi, la croissance démographique n'a pas été le frein annoncé à la croissance économique, car celle-ci n'a pas été bloquée par des investissements démographiques. Si la pauvreté subsiste encore largement à l'échelle de la planète, elle ne semble plus être due à une démographie trop vigoureuse. Les causes en sont multiples. On peut mentionner un nouvel environnement qui favorise la baisse de la natalité. Le modèle familial proposé est celui du couple plutôt que celui de la lignée, du clan ou de la famille patriarcale. Le déracinement provoque l'abandon des valeurs traditionnelles, et l'exode des populations rurales vers les mégalopoles, plus ouvertes à l'occidentalisation, débouche sur un alignement des régimes démographiques. Par un effet de mimétisme toujours observé, les nouveaux arrivants alignent à court terme leur comportement démographique sur le régime des régions d'accueil. Les comportements natalistes commencent à s'infléchir et les prémices de la fin de la transition démographique apparaissent déjà dans le Sud. Elle est appelée à évoluer encore à la baisse.

Dès lors, les réflexions s'orientent vers la problématique du vieillissement de la population mondiale qui s'accompagnera d'une diminution de la population mondiale vers le milieu du XXIᵉ siècle. De fait, le vieillissement démographique va être beaucoup plus rapide au Sud qu'au Nord. Alors qu'aujourd'hui l'humanité compte 10 % de personnes de 60 ans et plus, on estime que ce taux sera de 21 % à l'horizon 2040. En 1950, il y avait 200 millions de personnes âgées dans le monde ; aujourd'hui, elles sont 600 millions ; vers 2050, elles seront 2 milliards. Soit une multiplication par 10 en un siècle ; ainsi, pour la première fois dans l'histoire de l'humanité, les plus de 60 ans seront plus nombreux que les moins de 20 ans. Cette évolution aura des conséquences sur de nombreux aspects : épargne, croissance économique, solidarité intergénérationnelle, dépenses de protection sociale, fiscalité, marché du travail…

C   LES MUTATIONS DE LA POPULATION ACTIVE

La population active fournit les ressources en main-d'œuvre pour le système productif. Mais « l'activité » fait l'objet d'une définition conventionnelle et la mesure du nombre d'actifs et d'inactifs mérite quelques précautions. Parallèlement, les mutations du système productif affectent l'évolution quantitative et qualitative de la population active.

1. – La population active : les ressources en main-d'œuvre

a. — Une catégorie socialement construite

■ **Les définitions de l'Insee**

Depuis le recensement de 1954, « *la population active comprend les personnes qui déclarent exercer ou chercher à exercer une activité professionnelle* » ; il s'agit en général d'une activité rémunérée, c'est-à-dire d'une activité qui concourt directement ou indirectement à la production de biens et de services marchands ou non-marchands. Elle regroupe la population active occupée et les chômeurs « *au sens du Bureau international de travail* » (BIT). La somme de ces deux populations donne la population active dite « au sens du BIT ».

La population active occupée est mesurée chaque année par l'enquête sur l'emploi. Elle comprend toutes les personnes (âgées de 15 ans ou plus) au travail au cours de la semaine de référence de l'enquête, qu'elles soient salariées, à leur compte ou qu'elles aident un membre de leur famille dans son travail. Elle comprend également les personnes pourvues d'un emploi mais temporairement absentes la semaine de référence pour un motif tel que maladie (moins d'un an), congé payé, conflit du travail, formation, etc., ainsi que les appelés au service national.

■ **Des définitions conventionnelles**

La notion d'activité renvoie à celle de travail. Or, dans nos sociétés, le travail a trois caractéristiques essentielles. D'une part, il fait l'objet d'une évaluation monétaire : quel que soit son agrément, on considère qu'il n'est pas effectué pour lui-même, mais pour les biens et les services qu'il permet d'acquérir directement ou indirectement. D'autre part, il s'agit principalement d'un travail salarié, ce qui implique d'occuper un emploi. Enfin, de cette deuxième caractéristique découle « l'invention du chômage ». Au total, les économistes considèrent comme travail, les activités marchandes. Échappent donc à la définition économique du travail, les activités non marchandes (travail domestique, militant, bénévole) et, dans les PED, des formes d'esclavage, de peines de travail obligatoire. La classification des individus dans la population active repose donc sur des conventions.

b. — Les données chiffrées : des précautions de lecture

■ La détermination des taux d'activité

Plusieurs modalités de calcul sont possibles. Le taux d'activité est le rapport actifs/effectifs de l'ensemble de la population (exprimé en %). Mais, dans ce cas, le taux d'activité peut baisser ou diminuer uniquement à cause de l'augmentation ou de la diminution de la natalité qui gonfle la population totale d'individus nécessairement inactifs. Ainsi, par convention, on retire alors les jeunes pas assez âgés pour être actifs et le taux d'activité devient le rapport entre la population active et la population en âge de travailler (en %). Celle-ci est fonction de l'âge légal de la scolarité obligatoire et de l'âge de la retraite ; mais ceux-ci varient. Pour simplifier les comparaisons, on peut retenir de manière conventionnelle le rapport population active/population âgée de quinze ans à 64 ans (en %). Ces différentes conventions modifient les résultats.

■ Le brouillage des frontières

La définition de la population active dit que certains actifs exercent une activité profession-nelle et que d'autres cherchent à en exercer une. Cela suppose que les trois catégories – l'emploi, le chômage, l'inactivité – sont strictement disjointes, une personne ne pouvant appar-tenir à deux catégories en même temps. L'évolution des trente dernières années a rendu de plus en plus difficile, et donc partiellement arbitraire, le tracé des frontières entre ces trois situations. La norme de l'emploi salarié, stable, à temps plein tend a se modifier avec le développement des formes d'emploi non salarié et la diversification croissante des statuts des salariés (développement des emplois précaires). La catégorie des chômeurs est également moins homogène et ses frontières sont floues avec le développement du sous-emploi, des chômeurs découragés ou encore des tra-vailleurs à temps partiel contraint. L'inactivité elle-même peut poser question : la politique de l'em-ploi a pour effet de faire passer statistiquement des chômeurs dans l'inactivité, par exemple lorsqu'ils suivent un stage de formation (ils sont provisoirement indisponibles pour l'emploi) ou lorsqu'ils passent en préretraite (ils renoncent à chercher un emploi).

2. – L'évolution de la population active depuis deux siècles en France

a. — Évolution quantitative : du nombre d'actifs à l'activité

■ Une croissance irrégulière

Au début du XIXe siècle, repérée dans les concepts actuels, la population active se serait élevée à 12,9 millions de personnes, dont près de 4,5 millions de femmes, soit un peu plus du tiers. Le nombre total d'actifs augmente durant tout le XIXe siècle, mais de moins en moins rapidement ; proche de + 0,6 % l'an vers 1800, il est inférieur à + 0,3 % à l'aube du XXe siècle. Toutefois, ce ralentissement est surtout le fait des hommes : la part des femmes dans la population active progresse à partir de 1850 pour atteindre 36 % à la veille de la Première Guerre mondiale. Le diagnostic habituel – l'offre de travail n'a commencé à croître en France qu'au début des années 1960, sous l'effet conjoint du baby-boom et du décollage de l'activité féminine salariée – n'est donc pas exact replacé dans le très long terme.

Durant les années 1910-1960, il y eut un très long palier où la population active resta stable : en 1911, sur un territoire amputé de l'Alsace-Lorraine, le nombre d'actifs est même légèrement plus important que cinquante ans plus tard, en 1962. Par rapport à ce palier, la croissance des trente-cinq dernières années offre bien un contraste saisissant. Mais auparavant, durant tout le xixᵉ siècle, l'augmentation a également été sensible, faisant passer le nombre d'actifs de moins de 13 millions en 1806 à plus de 20 millions en 1911.

À partir du début des années 1960, la population active progresse donc de nouveau fortement (+ 1 % par an durant les années 1960 et 1970) pour dépasser aujourd'hui 27,5 millions d'actifs (27,8 millions en 2007). Au xxᵉ siècle, l'importance relative des femmes dans la population active a d'abord reculé (36 % en 1911, 34 % en 1962), puis elle a véritablement décollé, atteignant 47,2 % en 2007. De fait, au cours des trente-cinq dernières années, le mouvement est net : d'un côté une population active masculine qui plafonne à partir des années 1970 – aux alentours de 14 millions (14,7 millions en 2007) –, de l'autre un nombre de femmes actives en pleine expansion – moins de 7 millions il y a trente ans, plus de 13 millions aujourd'hui (13,1 millions en 2007).

■ Les facteurs explicatifs

Au xixᵉ siècle et jusqu'à la Première Guerre mondiale, le nombre d'actifs augmente régulièrement, bien que de moins en moins vite à partir de 1850 ; l'augmentation comme son inflexion sont principalement imputables à des facteurs démographiques ; de 1910 à 1960-1965, la population active, malgré quelques fluctuations, est stable ; l'incidence des taux d'activité (c'est-à-dire des comportements) est, durant ces cinquante années, négative. Depuis 1965, le nombre d'actifs augmente rapidement, renouant avec la tendance du xixᵉ siècle, et même la dépassant ; en dépit de l'accroissement de l'activité féminine, l'effet des taux d'activité demeure négatif car la vie active se « raccourcit aux deux bouts » ; la croissance du nombre d'actifs est donc, pour l'essentiel, due à l'incidence de l'évolution démographique.

Indépendamment de ces variations de longue période, l'offre de travail dépend aussi de variations plus conjoncturelles. La situation du marché du travail et la demande de travail des entreprises incitent les ménages à offrir ou non leur travail. C'est ainsi qu'en période de récession, les chômeurs peuvent se décourager et les inactifs en âge de travailler peuvent ne pas présenter leur offre. La population active se restreint ou n'augmente pas autant que le permettrait la population en âge de travailler.

b. — Les transformations qualitatives : la structure de la population active

■ Salarisation et féminisation

Les salariés représentent 53 % des actifs en 1900, 62 % en 1950 et 89,2 % en 2007, les non-salariés baissent donc de 47 % à environ 11 % perdant plus des deux tiers de leurs effectifs. Le salariat naquit avec la révolution industrielle et ne cessa de se développer avec la disparition massive des exploitations agricoles au profit des entreprises industrielles ou de services et des administrations. En revanche, depuis la crise, un mouvement inverse s'opère : un nombre non négligeable de chômeurs créent leur propre entreprise, des statuts précaires semi-indépendants se développent pour favoriser l'adaptation de l'effectif au marché sans avoir à licencier (système des *self employed* fréquent au Royaume-Uni).

La féminisation de la population active apparaît comme une donnée structurelle. L'activité féminine permet d'assurer l'indépendance des femmes lorsqu'elles sont célibataires et d'augmenter les revenus quand elles vivent en couple ou en famille monoparentale. Mais l'explication tient aussi à la structure du marché du travail. D'un côté les femmes occupent massivement les emplois « féminisés » des secteurs secondaire et surtout tertiaire ; d'un autre côté, elles sont de plus en plus nombreuses à des niveaux de qualification et dans des professions où elles étaient peu nombreuses. L'élévation du niveau de formation des femmes et les mutations socioculturelles constituent ainsi les facteurs explicatifs essentiels.

■ **Les mutations sectorielles**

Le secteur primaire est caractérisé par un déclin continu. Si la baisse relative de ce secteur commença au début du xixᵉ siècle, la croissance de la population active agricole s'est poursuivie jusqu'aux années 1860. Mais depuis les années 1870, le secteur primaire ne regroupe plus la majorité absolue de l'effectif de la population active, même s'il resta le secteur le plus important jusqu'aux années 1920. Bien après celle qui se produisit dans les autres pays aujourd'hui développés, la baisse absolue et relative du secteur primaire s'est accélérée après la Seconde Guerre mondiale.

Le secteur secondaire a connu une évolution contrastée marquée par une croissance puis un ralentissement. Au début du xxᵉ siècle il poursuivit sa croissance du xixᵉ, à tel point que de 1926 à 1931 il fut le secteur le plus important des trois. Mais la crise des années 1930, la guerre de 1939-1945 et les difficultés de la reconstruction firent stagner la population active dans l'industrie, si bien que le niveau atteint au début des années 1930 (7,2 millions d'actifs représentant 36,2 % de la population active au recensement de 1931) ne devait être retrouvé qu'au début des années 1960 (7,1 millions d'actifs représentant 36,1 % de la population active en 1962). Par la suite, les effectifs et le poids du secteur secondaire augmentèrent de nouveau et parvinrent à des niveaux relativement élevés : 8,3 millions d'actifs et près de 40 % de la population active totale en 1974. C'est alors qu'une cassure se produisit : depuis 1974, le secteur secondaire a vu ses effectifs et son poids relatif diminuer irrémédiablement pour finalement ne représenter que 20,3 % de la population active en 2007.

Enfin, la croissance du secteur tertiaire fut ininterrompue. Depuis le début du xxᵉ siècle, elle accompagna celle de l'emploi industriel dont les effectifs furent cependant toujours plus importants que ceux du secteur tertiaire jusqu'aux années 1930. Après la Seconde Guerre mondiale, la croissance du secteur tertiaire s'accéléra. À partir des années 1970, il occupa plus de la moitié de la population active, mais fut surtout désormais le seul à créer des emplois, à tel point qu'il occupe aujourd'hui plus des trois quarts de la population active en France (76,4 % en 2007). Afin de comprendre l'irrésistible montée des activités de service, il faut tenir compte de la croissance de la demande et des faibles gains de productivité.

Ce chapitre permet de révéler les difficultés de l'analyse économique et historique. Il rappelle que les activités économiques et sociales s'inscrivent dans un cadre, qu'elles ne se déroulent pas dans un vide économique et social, mais dans un environnement, caractérisé par des institutions particulières. Il montre aussi que l'analyse économique repose sur des principes méthodologiques spécifiques, à visée scientifique ; l'étude des principales fonctions économiques a révélé un certain nombre d'opérations nécessaires à l'élaboration d'une étude des faits économiques et sociaux. Le principe qui conduit à parler et à distinguer des faits économiques, des faits sociologiques, etc., constitue une catégorisation, c'est-à-dire une démarche scientifique ou raisonnée de simplification de cette globalité appelée activité des hommes dans la société. Or, ce travail de catégorisation révèle une part d'arbitraire et de conventions : il en va ainsi de la définition de la production, de l'activité, de l'emploi, etc. Une autre difficulté renvoie aux méthodes employées et notamment à l'articulation entre le macro et le microéconomique qui correspondent à des niveaux différents d'abstraction. Une telle opposition est présente dans l'étude des fonctions économiques telles que la production, la consommation ou la répartition. Enfin, ce chapitre introductif montre que l'étude des activités économiques et des faits démographiques peut être théorisée et modélisée. Mais les modèles élaborés révèlent des clivages théoriques, tant entre économistes qu'entre démographes. Dès lors, les données de l'analyse théorique doivent être confrontées aux faits ; d'où l'importance de la prise en compte du contexte, de l'environnement et du cadre dans lequel ces activités se déroulent.

CHRONOLOGIE

1798. — Première édition de l'*Essai sur le principe de population* de T. R. Malthus.

1800. — La population mondiale est estimée à 1 milliard de personnes.

1917. — Révolution russe sous la direction de Lénine.

1918-1920. — Période du « Communisme de guerre » en URSS.

1924. — Prise de pouvoir de Staline en URSS.

1928-1932. — Collectivisation à marche forcée en URSS.

1930. — La population mondiale s'élève à 2 milliards de personnes.

1946. — Création de la comptabilité nationale en France.

1951. — Jean Bourgeois-Pichat crée le concept de transition démographique.

1953. — Mort de Staline; Nikita Khrouchtchev accède au pouvoir en URSS.

1964. — N. Khrouchtchev remplacé par L. Brejnev en URSS.

1965. — Réforme économique en URSS: réforme Liberman.

1974. — Première conférence mondiale sur la population à Bucarest.

1979. — Nouvelle réforme économique en URSS.

1976. — SECN: système élargi de comptabilité nationale en France.

1982. — Mort de L. Brejnev remplacé par Y. Andropov en URSS.

1984. — Mort de Y. Andropov remplacé par K. Tchernienko en URSS.

1984. — Deuxième conférence mondiale sur la population à Mexico.

1985. — Mort de K. Tchernienko remplacé par M. Gorbatechev en URSS.

1986. — Réforme économique en URSS: perestroïka.

1989. — Chute du mur de Berlin.

1991. — Fin de l'URSS et création de la CEI (Communauté des États indépendants).

1994. — Troisième conférence mondiale sur la population au Caire.

1999. — SEC: système européen de Comptabilité nationale dans les pays de l'Union européenne.

2000. — La population de la planète passe le cap de 6 milliards d'êtres humains.

2004. — Adhésion de 8 PECO à l'UE (Estonie, Hongrie, Lettonie, Lituanie, Pologne, République slovaque, République tchèque, Slovénie).

2005. — La population de la planète dépasse 6,5 milliards d'êtres humains.

2007. — Adhésion de la Bulgarie et de la Roumanie à l'UE; la Slovénie devient le treizième pays de la zone euro le 1er janvier 2007.

2009. — La Slovaquie adopte l'euro (1er janvier).

BIBLIOGRAPHIE

CHASTELAND (J.-C.) et CHESNAIS (J.-C.), *La Population mondiale*, INED, 2003.

CLERC (D.), *Déchiffrer l'économie*, La Découverte, 2007.

JESSUA (C.), *Le Capitalisme*, PUF, coll. « Que sais-je ? », 2006.

VALLIN (J.), *La Population française*, La Découverte, 2004 (5ᵉ édition).

Pour approfondir

COLAS (D.) (dir.), *L'Europe postcommuniste*, Paris, PUF, 2002.

FLOUZAT (D.) et PONDAVEN (C.), *Économie contemporaine. Tome I. Les fonctions économiques*, PUF, coll. Thémis, 2004.

INED, *Populations. L'état des connaissances. La France. L'Europe.* Le monde, La Découverte, 1996.

MARCHAND (O.) et THÉLOT (C.), *Le Travail en France 1800-2000*, Nathan, coll. Essais et Recherches, 1997.

PIRIOU (J.-P.), *La Comptabilité nationale*, La Découverte, coll. Repères, 2008.

Webographie

Insee : les indicateurs macroéconomiques www.insee.fr

BERD : données statistiques sur la transition dans les PECO

http://www.ebrd.com/country/sector/econo/stats/index.htm

INED : les données sur la population en France et dans le monde

http://www.ined.fr/

SUJETS CORRIGÉS

Unité et diversité du capitalisme. (ESSEC, 2005)

I **Le capitalisme est un système économique dont les composantes systémiques spécifiques fondent l'unité**

A. — Des éléments systémiques qui constituent les fondements de l'émergence et de l'affirmation du capitalisme

1. — Les fondements sociopolitiques
– Propriété privée, liberté du travail et liberté d'entreprise sont au fondement du capitalisme. Pour la « Nouvelle École historique », D. North et R. W. Fogel, la qualité des institutions est au fondement du développement du capitalisme industriel.
– Des conditions sociales sont requises : le développement d'un « esprit » du capitalisme (Max Weber) et le désencastrement de l'économie des autres sphères d'activité (Polanyi) ; l'émergence de nouveaux groupes sociaux (entrepreneurs-innovateurs ou bourgeoisie et prolétariat).

2. — Les fondements idéologiques du capitalisme : le libéralisme et l'utilitarisme
– La liberté individuelle est le fondement du libéralisme (Adam Smith). L'intervention de l'État est limitée. Mais le système capitaliste peut être plus ou moins libéral.
– De l'utilitarisme (Bentham) découle la figure de l'*homo œconomicus*. L'intérêt bien compris de chacun doit ainsi permettre la satisfaction des besoins de tous.

3. — Les fondements économiques du capitalisme : recherche du profit et régulation marchande
– Accumulation du capital, innovation et division du travail dans l'industrie, dans les services et au niveau mondial (DIT/DIPP) permettent de maximiser le profit. Pour le courant marxiste, la logique capitaliste est fondée sur l'exploitation.
– Le capitalisme est un système d'économie de marché. Sur un marché de concurrence pure et parfaite, la confrontation de l'offre et de la demande aboutit à une situation d'équilibre partiel (Marshall) ou général (Walras).

B. — Un système économique caracterisé par une expansion qui en fait un système à vocation universelle

1. — L'expansion historique
– Pour F. Braudel, le troisième niveau de l'activité économique, le capitalisme, résulte du développement de l'économie de marché (entre le XVe et le XVIIIe siècle). Pour I. Wallerstein, le capitalisme est régi par une « loi d'autoexpansion » et une « marchandisation du monde ».
– Pour Rosa Luxemburg, le capitalisme implique l'impérialisme et mène inévitablement à la guerre.
– Pour Lénine, les grandes firmes tentent d'investir sur les marchés étrangers pour contrecarrer la baisse tendancielle du taux de profit.

2. — L'extension géographique ou spatiale
– Pour Jacques Adda, la mondialisation est l'emprise du capitalisme sur l'espace mondial par l'internationalisation du capital productif (multinationalisation) et de la finance (globalisation financière).
– Fernand Braudel et Immanuel Wallerstein montrent que le capitalisme s'accompagne du développement d'« économies-monde ». Charles Kindleberger développe une théorie de la stabilité hégémonique.

C. — Une plasticité qui en assure la permanence : un capistalisme toujours vivant en dépit des multiples prédictions qui en annoncent la fin et des crises qu'il a toujours reussi à surmonter

1. — Les prédictions déjouées
– Pour David Ricardo, l'évolution de la répartition des revenus à long terme va aboutir à l'État stationnaire. Pour Marx, la disparition du capitalisme est inéluctable en raison des contradictions économiques et sociales qui le minent.

– Pour Schumpeter, le capitalisme va s'autodétruire du fait de la disparition de l'esprit d'innovation des entrepreneurs. Pour P. Artus et M.-P. Virard, la logique actionnariale centrée sur le court terme va détruire les sociétés humaines.

2. — Une exemplaire résistance aux crises
– Les crises capitalistes prennent des formes renouvelées mais le capitalisme survit.
– La reconnaissance du caractère cyclique du capitalisme remet en cause le postulat de sa « crise finale » et témoigne de sa capacité de résistance.
– Mais le capitalisme nécessite une intervention étatique tant conjoncturelle que structurelle. Le marché n'est pas un mécanisme spontané, il est institutionnalisé (Polanyi).

II Une diversité multiforme

A. — La diversité historique des formes du capitalisme

1. — Des stades de développement différents
– Henri Sée distingue le capitalisme financier du Moyen Âge, le capitalisme commercial du XVIᵉ siècle, le capitalisme industriel de la fin des XVIIIᵉ et XIXᵉ siècles, le capitalisme moderne du XXᵉ siècle.
– Braudel propose une histoire du capitalisme dont les formes successives ont été le capitalisme agraire, le capitalisme marchand, le capitalisme financier, le capitalisme industriel. Pour les marxistes, capitalisme marchand, capitalisme financier, capitalisme industriel se succèdent.

2. — De nouvelles formes historiques en gestation
– Les transformations liées à la tertiarisation et aux nouvelles technologies laissent croire à l'émergence d'une société postindustrielle, immatérielle ou de l'information.
– Dans l'*Histoire du capitalisme* (1981), Michel Beaud voit dans le développement du secteur tertiaire et le rôle grandissant de la science, le passage d'un capitalisme industriel à un capitalisme « technoscientifique ».

B. — Des degrés divers de libéralisme

1. — L'école de la régulation différencie le capitalisme par les modes de régulation
– Pour l'école de la régulation le capitalisme se caractérise par la succession de régimes d'accumulation différents auxquels correspondent des modes de régulation spécifiques (combinaison d'un régime d'accumulation et de formes institutionnelles).
– Le capitalisme concurrentiel est en vigueur au XIXᵉ siècle et jusqu'aux années 1930. Le capitalisme monopoliste, issu de la crise de 1929, s'impose après 1945 jusqu'aux années 1980.
– Le capitalisme patrimonial triompherait depuis les années 1980.

2. — Michel Albert oppose deux types de capitalisme fondés sur des spécificités nationales
– Le capitalisme anglo-saxon est essentiellement le système économique des États-Unis et de la Grande-Bretagne ; il est profondément libéral.
– Le capitalisme rhénan (Allemagne, Japon) valorise le consensus social et la solidarité. L'État et la concertation entre les agents détiennent un rôle important ; les stratégies des entreprises sont des stratégies à long terme.

C. — Des spécificités institutionnelles

1. — La théorie de la « diversité des capitalismes » développée par Hall et Soskice
– La structure institutionnelle d'une économie particulière offre des avantages aux entreprises : possibilité d'effectuer des économies d'échelle, de profiter d'externalités de réseaux, de s'appuyer sur une flexibilité de la main-d'œuvre ou sur une modération salariale, etc.
– Les modes de coordination envisageables au sein d'une économie permettent de distinguer deux types de capitalisme : l'« économie de marché libérale » et l'« économie de marché coordonnée ».

2. — Les complémentarités institutionnelles : les cinq capitalismes selon Bruno Amable
– Les types de capitalisme se différencient par des formes institutionnelles particulières dans les domaines de la concurrence sur les marchés de produit, du marché du travail et de la relation d'emploi, de la protection sociale, du système éducatif et du système financier.
– Amable distingue le capitalisme néolibéral, le capitalisme européen continental, le modèle social-démocrate, le capitalisme méditerranéen et le capitalisme asiatique.

Commentez cette phrase de F. Braudel : « L'image de l'histoire du monde de 1400 ou 1450 à 1850-1950, c'est celle d'une égalité ancienne qui se rompt sous les effets d'une distorsion multiséculaire commencée dès la fin du xive siècle. Tout est secondaire par rapport à cette ligne dominante. »

Remarques introductives :

– Cette distorsion multiséculaire est celle du capitalisme.

– Attention à éviter toute confusion entre capitalisme et libéralisme.

– Il est nécessaire de définir le capitalisme et de se demander si l'expansion de celui-ci suit réellement une tendance lourde multiséculaire.

I L'expansion multiséculaire du capitalisme rompt l'égalité ancienne

A. — L'expansion multiséculaire du capitalisme…

Que l'on situe les débuts du capitalisme à la fin du xviiie ou bien avant (comme F. Braudel), c'est de toute façon au xixe qu'il a connu sa plus forte expansion.

1. — « Le capitalisme serait un niveau de l'activité économique prenant de plus en plus d'importance par rapport aux autres étages. » (F. Braudel).

Pour Braudel, « le capitalisme est tout sauf un système économique » :

– L'activité économique se décompose en trois étages ou niveaux : la vie matérielle, le marché et le capitalisme.

– Le troisième niveau est en expansion par rapport aux deux autres, et cette expansion s'est fortement accélérée au cours du xixe siècle.

2. — Au xixe, le libéralisme a permis l'épanouissement du capitalisme

– La doctrine libérale des xviiie et xixe (auteurs classiques comme Smith, Malthus et Ricardo, et néoclassiques comme Walras et Jevons)…

– … est appliquée au xixe (abolition du système féodal, abrogation des corporations, diminution du protectionnisme, etc.)…

– … et permet l'expansion du capitalisme (développement du grand capital et de la grande entreprise mais aussi du salariat).

B. — … serait à la base du développement des inégalités

Braudel considère que le capitalisme est international, monopolistique et source d'inégalités.

1. — Inégalités internationales

– Selon Braudel, le capitalisme est international. Il est l'expression de la domination d'un pays ou d'un groupe de pays sur d'autres pays. Braudel emploie le terme d'économie-monde pour illustrer cette réalité. Une économie-monde se compose d'un centre dominant (Venise puis la Hollande puis l'Angleterre puis les États-Unis), de zones intermédiaires et surtout de larges zones périphériques, dominées et exploitées.

– Le capitalisme triomphant du xixe a conquis le reste du monde en le colonisant.

2. — Inégalités nationales

– Le capitalisme est, selon Braudel, monopoliste ; le développement de l'étage supérieur de l'activité économique peut s'effectuer au détriment des autres niveaux et accentuer une désarticulation de l'économie.

– Le capitalisme est fondé sur la propriété privée des moyens de production ; il conduit donc à une séparation entre ceux qui les possèdent et ceux qui ne disposent que de leur travail. L'expression de cette séparation est le salariat qui suppose d'après Marx, l'exploitation des travailleurs. Pour Marx le capitalisme doit obligatoirement mener à la paupérisation de la classe ouvrière.

Or, cette paupérisation, qui devait mener à une mise en cause du système, ne s'est pas produite ; le capitalisme est doué d'une grande adaptabilité.

II L'expansion multiséculaire du capitalisme est une tendance lourde de l'histoire, elle ne subit que des mises en cause et des ruptures partielles

A. — Malgré des mises en cause partielles...

Le capitalisme n'est pas un ordre naturel, il est l'objet de mises en cause théoriques mais aussi de rejets.

1. — Le système capitaliste n'est pas un ordre naturel permettant toujours un fonctionnement harmonieux de l'économie

– Le système a connu des mises en cause théoriques plus ou moins virulentes :
  • Un rejet partiel de la part des socialistes utopiques du XIXe.
  • Un rejet global de la part de K. Marx.
  • Un rejet global de la part de Lénine qui considère que l'impérialisme « stade suprême du capitalisme » conduit une grande partie du monde à l'exploitation.
– Le système capitaliste a connu des crises graves : si les crises cycliques ne rompent pas le trend général de la croissance et ne mettent pas en cause le système économique, la crise de 1929 a été considérée par les marxistes comme une crise du système. Ils ont vu dans les caractéristiques de cette crise, les trois contradictions fondamentales du capitalisme qui devaient selon Marx le mener à sa perte.

2. — Le système capitaliste n'est pas le seul système économique. La mise en place d'autres systèmes économiques a pu mettre en question son universalisme

– Mise en place d'un mode de production socialiste :
  • Propriété collective des moyens de production.
  • Fonctionnement différent : planification alors que le mode de fonctionnement principal du capitalisme est l'économie de marché.
– Voies originales de développement dans certains PED :
  • Mise en place d'un système proche du système socialiste dans certains PED (exemple : Algérie).
  • Refus par un assez grand nombre de PED de l'économie-monde capitaliste (mais aussi de l'économie-monde socialiste) et choix du non-alignement.

B. — ... la tendance multiséculaire de l'expansion du capitalisme perdure

Les ruptures ne sont que partielles, l'expansion multiséculaire du capitalisme se poursuit et le système fait preuve d'une grande adaptabilité.

1. — L'expansion du capitalisme n'est pas mise en cause, bien au contraire. Le système capitaliste est celui qui à l'heure actuelle paraît le plus viable et le plus efficace

– Échecs du système socialiste et retour au capitalisme de certains pays, l'économie-monde socialiste disparaît ; l'économie-monde capitaliste se diffuse à l'ensemble du globe.
– C'est l'intégration dans l'économie-monde capitaliste qui permet le développement de certains PED (PNI).
– Les privatisations dans les PDEM renforcent le capitalisme.

2. — Le système capitaliste fait preuve d'une grande adaptabilité

– La crise de 1929 n'était pas la crise du capitalisme, mais d'après la théorie de la régulation, la crise d'un mode de fonctionnement du capitalisme : le libéralisme.
– Le capitalisme a su s'adapter ; son mode de fonctionnement a changé : les interventions massives des États eurent surtout lieu en réponse à la crise des années 1930. Avec le New Deal ou les politiques de grands travaux, le libéralisme est mis en cause, l'État vient au secours du système capitaliste. Keynes a légitimé les actions de l'État en expliquant que si le système capitaliste est le seul système économique viable, il ne fonctionne qu'imparfaitement et peut, par exemple, être source de sous-emploi. L'État doit donc intervenir pour corriger les problèmes qui pourraient être générés par le libre fonctionnement du système (c'est-à-dire par le libéralisme). Pendant la période des Trente Glorieuses, le système capitaliste devient un système administré, le marché ne fonctionne librement que lorsque l'État l'accepte. Ses interventions sont constantes et assurent la régulation économique en complément du marché.
– Depuis le début des années 1980, face à la crise actuelle, le fonctionnement du capitalisme se libéralise de nouveau.

Conclusion

La tendance lourde de l'histoire est donc bel et bien l'expansion d'un capitalisme.

Commentaire de cette phrase de Jean Bodin (1530-1596) : « il n'y a de richesse ni de force que d'hommes ».

Introduction :

– Il est important de bien comprendre le sujet afin de pouvoir bâtir une problématique convenable. Il ne s'agit pas d'étudier les liens pouvant exister entre la production et les richesses et se demander ainsi si la production est toujours source de richesses, mais plutôt d'étudier les liens entre le travail et la richesse. Dire que seule la production peut être considérée comme une richesse ne peut donc former le cœur du devoir, ce n'est qu'un passage obligé dans le cadre d'une démonstration plus large.

– Possibilité en début d'introduction de mettre en évidence un paradoxe : la monnaie semble être une richesse (c'est du moins ce que croient la plupart des ménages) alors qu'il est virtuellement possible d'en créer sans limite.

– Nécessité de définir le terme de richesse et d'introduire J. Bodin. Il est possible de rappeler que l'étude des sources de la richesse est un débat important de la théorie économique comme en témoigne le titre du livre de A. Smith.

– Bâtir sa problématique sur le fait que si l'homme est nécessairement à la base de toute richesse, il n'est pas une condition suffisante à la création de richesses.

I — L'homme est nécessairement à la source de toute richesse…

A. — La richesse n'est pas monétaire et ne peut se définir que par rapport aux besoins de l'homme

1. — La monnaie n'est pas une source de richesse

– La monnaie a trois fonctions :
• intermédiaire dans les échanges ;
• réserve de valeur ;
• mesure des valeurs.

Si elle permet de conserver les valeurs et donc d'épargner, elle ne constitue pas une valeur en elle-même ; elle permet simplement d'effectuer des achats, qu'ils soient différés ou non.

– Les mercantilistes croyaient que l'enrichissement était surtout monétaire, mais les physiocrates et les classiques ont démenti cette théorie. Ainsi, Malthus pensait que donner de l'argent aux pauvres ne servait à rien lorsque la pauvreté provenait d'un manque général de blé.

De plus Jean Bodin a expliqué, dès le XVIᵉ siècle, que trop d'or ou plus généralement de monnaie réduit le pouvoir d'achat. Il est en effet vérifiable que chaque grande découverte d'or conduisait à une hausse des prix.

2. — La richesse ne se définit que par les besoins humains, or seuls les produits sont aptes à les satisfaire

– Jean Fourastié définissait la science économique comme « la science qui a pour objet la production, la consommation et l'échange de biens et de services rares ». Selon lui, l'homme travaille pour rendre consommable la nature et ainsi satisfaire ses besoins.

– Même si tous les économistes ne sont pas d'accord pour dire que la valeur des marchandises provient de leur utilité, tous s'accordent à penser que l'utilité (degré de satisfaction du besoin) est une condition préalable nécessaire à la valeur. La richesse ne peut donc n'être définie que par rapport aux besoins humains ; être riche signifie être en mesure de disposer de biens et de services aptes à satisfaire les besoins.

– « Il n'y a de richesse […] que d'hommes » ne serait-ce que parce que la richesse dépend des besoins primaires et sociaux de l'homme. La richesse est donc le produit, et la source de la richesse est donc la production.

B. — L'homme est nécessaire à la production et donc à la création de richesses

1. — L'homme est l'élément de base de l'activité productive

– L'homme est un facteur de production nécessaire, il n'est pas possible de produire sans lui. Quesnay considérant que seul le produit agricole pouvait être considéré comme une production, pensait que les travailleurs de la terre étaient à la base de la production. Smith, quant à lui, pensait que tous les travailleurs produisant des biens étaient créateurs de richesse.

– Selon les classiques seul le travail de l'homme peut créer la richesse, en effet selon eux (cette théorie sera reprise par K. Marx) le travail est seul créateur de valeur : la valeur des marchandises dépend de la quantité de travail nécessaire pour les produire. Dans la théorie de Ricardo, le capital n'est considéré que comme du travail indirect ou cristallisé pour reprendre l'expression de Marx.

Que le travail soit considéré comme la seule variable productrice (les classiques et Marx) ou comme l'une des deux variables (les néoclassiques), il est de toute façon absolument nécessaire à toute production.

2. — La croissance est fortement dépendante du facteur humain

Non seulement l'homme est à la base de l'activité productive mais, en plus, la quantité produite et donc la croissance dépend en grande partie de lui.

– L'homme fournit les débouchés à la production. Ainsi la croissance démographique au XIXᵉ ou pendant les Trente Glorieuses fut un facteur non négligeable de croissance.

– L'homme fournit la main-d'œuvre. Ainsi dans le cadre d'une croissance extensive, une croissance démographique importante favorise la croissance économique. C'est le cas général de la première étape de croissance économique : début du XIXᵉ pour la France et années 1970 pour les PNI d'Asie de Sud-Est. De plus, la façon d'organiser le travail a des incidences importantes sur la production et la croissance (*cf.* division du travail de Smith).

II — ... mais il n'est pas une condition suffisante à la création de richesses

A. — La création de richesses ne dépend pas que de l'homme

1. — Elle dépend aussi de la dotation en ressources naturelles et de l'utilisation de l'autre facteur de production : le capital

Si le travail est nécessaire, il n'est pas suffisant :
– La dotation en ressources naturelles joue un grand rôle dans l'enrichissement d'un pays :
• le rendement agricole ne dépend pas que du travail mais aussi de la fertilité de la terre ;
• les ressources minérales peuvent être à la base de grandes richesses (exemple type du pétrole). Dans ce cas, quoique nécessaire, le travail est marginal dans la création de valeur.

– Pour produire, le facteur capital est fondamental. C'est de lui dont dépend la productivité du travail. Plus la technique est avancée, plus le facteur travail est productif. De plus, le facteur capital prend un rôle croissant avec l'intensification de la croissance.

2. — La croissance est due à la conjonction d'un grand nombre de facteurs

Les pays les plus riches ne sont pas forcément les plus peuplés, de nombreuses conditions doivent être réunies pour que dans une économie la richesse augmente :
– Des facteurs structurels : la quantité de travail ne suffit pas, il faut des mentalités propices au développement, une certaine instruction. Il faut aussi pouvoir disposer de capital financier et donc d'une épargne nécessaire, d'un secteur bancaire…
– Des facteurs conjoncturels : la croissance dépend aussi d'un grand nombre de facteurs conjoncturels, souvent liés à la situation internationale : taux d'intérêt, taux de change, taux d'inflation, tendance conjoncturelle de la demande, de l'épargne…

Le travail est donc loin de n'être que le seul facteur de richesse. De plus, les hommes ne sont pas tous productifs.

B. — Les hommes ne sont pas tous créateurs de richesses

1. — Les hommes ne produisent pas tous

– Seuls les actifs occupés sont productifs, or la population comprend aussi les inactifs et les « sans emploi à la recherche d'un emploi ». Une population en âge de travailler trop nombreuse par rapport à la production (qui dépend d'un grand nombre de facteurs) peut empêcher certains individus d'être productifs. Ainsi le chômage touche en France en 2010 environ 10 % de la population active.

– Il peut exister un déséquilibre entre production et population (*cf.* Malthus). Une population nombreuse n'est pas forcément une source de richesse, elle peut même constituer un blocage à une croissance économique harmonieuse (cas de certains PED).

2. — Toute production n'est pas une richesse effective

Si la richesse est forcément le résultat de la production, dans certains cas la production n'est pas une source de richesses.

– Lors des crises de surproduction : si l'offre est supérieure à la demande pour des raisons structurelles comme la faiblesse des salaires (*cf.* Marx) ou pour des raisons conjoncturelles, crise de 1929 et crise boursière par exemple, la production perd de sa valeur et n'est plus (ou est moins) une source de richesses.

– Lorsqu'un produit est en surabondance : ainsi dans les pays socialistes, la priorité donnée aux biens de production conduisait à une production pléthorique de ceux-ci et à un gaspillage. Dans ce cas, la production peut ne pas être une source de richesse.

La production ne peut être source de richesse que lorsqu'elle répond à des besoins effectifs.

Conclusion

Seule la production est source de richesses, or le travail de l'homme est nécessaire à la production, mais :
– la production ne dépend pas que du travail ;
– les hommes ne travaillent pas tous ;
– la production n'est une richesse que si elle satisfait les besoins humains, ce qui n'est pas toujours le cas.

QUELQUES SUJETS DE CES DERNIÈRES ANNÉES

Les sujets portant sur ce chapitre introductif sont rares aux concours.

Il est toutefois possible de citer (en plus des sujets corrigés) :
L'évolution des consommations privées et collectives dans le monde depuis un demi-siècle. (HEC, 1993)

Innovation et emploi dans les pays industrialisés depuis le début du XIXᵉ siècle. (HEC, 1999)

Progrès technique et emploi. (ESSEC, 2009)

LA CROISSANCE ÉCONOMIQUE AU XIXe SIÈCLE

Devant la succession des événements, l'historien, comme l'économiste, cherche des bases solides, des périodes caractéristiques limitées par des ruptures nettes et tranchées. La modernité ne prend pas naissance avec l'ère industrielle. Sur de nombreux points, les phénomènes qui triomphent au XIXᵉ siècle comme le capitalisme, les systèmes bancaires, les formes de crédit, et même l'industrie, sont déjà en gestation à partir de la Renaissance, même s'ils ne bouleversent pas fondamentalement les équilibres anciens. À l'inverse, les formes économiques traditionnelles, comme la proto-industrie ou les crises d'Ancien Régime subsistent encore longtemps, comme les témoins d'un vieux monde qui ne veut pas encore mourir.

La seconde moitié du XVIIIᵉ siècle, cependant, est marquée par des évolutions décisives. Accélérant le cours de l'histoire, une succession de progrès techniques permet progressivement d'assurer une croissance plus soutenue et plus intensive que par le passé. Confortées par les évolutions démographiques et agricoles, les innovations deviennent l'un des plus puissants facteurs de changements, permettant de dépasser les contradictions de l'ancien régime économique. La technique s'impose au XIXᵉ siècle, remettant en question les fondements mêmes de l'économie traditionnelle. L'industrie connaissant un essor sans précédent, le concept de révolution industrielle a dominé la plupart des analyses depuis les années 1840. De ce point de vue, la fin du XVIIIᵉ siècle marque bien le début du passage de l'ère préindustrielle à l'ère industrielle. Avec la technique, l'activité économique devient le principal moteur de l'histoire, entraînant dans son sillage de profondes transformations sociales, construisant de nouvelles organisations spatiales, modifiant rapidement les équilibres environnementaux.

Le XIXᵉ siècle est aussi marqué par un renouvellement de la pensée économique. Si la pensée libérale qui émerge à cette époque se démarque nettement de la pensée économique du Moyen Âge subordonnée à des valeurs religieuses et de la pensée mercantiliste qui était au service du Prince, elle éclôt dès le début du XVIIIᵉ siècle.

UNE CROISSANCE D'UN TYPE NOUVEAU

Les sociétés préindustrielles connaissaient une croissance faible, de l'ordre de 0,5 % par an, scandée par des crises profondes qui remettaient souvent totalement en question les acquis antérieurs. À partir des années 1720, cette croissance s'accélère dans la plupart des pays d'Europe occidentale, pour atteindre un rythme d'environ 2 % par an au cours du XIXᵉ siècle. Ce rythme est certes modeste par rapport à ceux enregistrés au cours du XXᵉ siècle, mais il marque le passage à un type de croissance nouveau, continu et plus soutenu, caractéristique des sociétés industrielles.

A À LA BASE : LA RÉVOLUTION INDUSTRIELLE ET SES CONSÉQUENCES

Le concept de révolution industrielle est attribué à l'économiste libéral français Adolphe Blanqui (1798-1854). S'il n'en est pas le créateur, Karl Marx l'a rapidement propagé, avec tout le succès que l'on sait. Cette notion supposait que le processus de croissance, intimement lié aux innovations technologiques des années 1780, avait brutalement bouleversé tous les équilibres du passé, remettant rapidement en question les structures de production comme l'organisation sociale. En 1960, dans *Les étapes de la croissance économique*, l'économiste américain Walt Whitman Rostow reprenait cette notion à son compte en faisant du « décollage » ou *take-off* la phase décisive et rapide du développement. Les recherches récentes ont considérablement corrigé cette conception en montrant que cette croissance est un phénomène continu, au départ assez lent, qui ne connaît pas d'accélération brutale à la fin du XVIIIᵉ siècle. Pour autant, le rôle de l'industrialisation, incontestable, reste au centre de toutes les analyses.

Révolution française et révolution industrielle anglaise

« Tandis que la Révolution française faisait ses grandes expériences sociales sur un volcan, l'Angleterre commençait les siennes sur le terrain de l'industrie. La fin du XVIIIᵉ siècle y était signalée par des découvertes admirables, destinées à changer la face du monde et à accroître d'une manière inespérée la puissance de leurs inventeurs.

La génération contemporaine, plus occupée de recueillir les profits de ces conquêtes, que d'en rechercher les causes, ne paraît pas avoir apprécié à leur juste valeur les embarras qu'elles traînaient à leur suite. Cette transformation du travail patriarcal en féodalité industrielle, où l'ouvrier, nouveau serf de l'atelier, semble attaché à la glèbe du salaire, n'alarmait point les producteurs anglais, quoiqu'elle ait un caractère de soudaineté bien capable de troubler leurs habitudes. Ils étaient loin de prévoir que les machines leur apporteraient tant de puissance et tant de soucis. Le paupérisme ne leur apparaît pas encore sous les formes menaçantes qu'il a revêtues depuis, et les métiers mécaniques n'avaient pas développé cette puissance de travail qui devait être momentanément si fatale

à tant de travailleurs. Cependant, à peine éclose de ces deux hommes de génie, Watt et Arkwright, la révolution industrielle se mit en possession de l'Angleterre. »
Adolphe Blanqui, *Histoire de l'économie politique en Europe depuis les Anciens jusqu'à nos jours*, Paris, Guillaumin, 1837.

1. – Une série d'innovations

a. — Un changement de système énergétique

■ Les inerties du système énergétique préindustriel

Le système énergétique antérieur à la révolution industrielle dissocie la production d'énergie mécanique de celle d'énergie calorifique. Le mouvement est apporté aux deux tiers par l'énergie musculaire, humaine ou animale, et pour un tiers seulement par les moulins, éoliens et surtout hydrauliques. Ce système, presque figé depuis le XIIIe siècle, présente des limites évidentes. La puissance développée reste faible et le travail est soumis aux caprices de la nature, interrompu durant les périodes de crue et d'étiage ou durant les tempêtes et l'absence de vent. D'un autre côté, l'énergie calorifique est exclusivement apportée par le bois. Les produits ligneux assurent à la fois la cuisson des aliments, le chauffage domestique, la chauffe des fours verriers ou des hauts fourneaux. Mais l'offre de bois n'est pas élastique. Au XVIIIe siècle, la production forestière ne suffit plus à répondre à la croissance de la demande.

■ Le difficile passage au charbon

En raison de la faiblesse de sa couverture boisée (près d'1/20e du territoire), la Grande-Bretagne est la première à s'engager dans l'emploi du charbon. Il est vrai que cette ressource y est abondante et facilement exploitable. La seconde moitié du XVIIIe siècle est une période de recherche frénétique de charbon, mais les obstacles à sa diffusion sont importants. C'est qu'il n'est pas simple de passer d'un système énergétique à un autre. Les activités où le passage au charbon de terre est aisé sont en définitive assez rares : séchage du sel, production de briques et de tuiles… Dans la plupart des cas, l'emploi de houilles grasses conduit à une diminution de la qualité des produits : le malt des brasseries est inutilisable, le verre est noirci, l'acier est plus cassant. Il faut d'abord mettre au point de nouveaux procédés techniques pour précipiter le mouvement. L'utilisation du charbon suppose aussi que soient résolus les problèmes d'exploitation. Les veines les plus riches sont souvent profondes et les remontées des nappes phréatiques constituent longtemps un sérieux handicap. L'évacuation des eaux, appelée l'*exhaure*, est facilitée par la mise au point de la « pompe à feu » de Newcomen (1712). C'est aussi dans les mines que sont mis au point les premiers rails, d'abord en bois, pour faciliter le déplacement des charrois. Les techniques d'abattage, en revanche, restent encore artisanales, le mineur continuant à manier la pointerolle.

Dans les pays moins bien dotés en charbon que la Grande-Bretagne, l'énergie hydraulique reste cependant la base de l'industrie jusqu'aux années 1860. En France, les cours d'eau fournissent à cette date encore plus des deux tiers de la puissance installée, essentiellement dans le textile et la meunerie. La vapeur anime surtout des moteurs d'appoint, d'emploi intermittent. Les deux énergies ne s'équilibrent que dans les années 1880, moment où l'électricité vient à point prendre le relais. L'industrie textile est longtemps rétive au charbon de terre : c'est une énergie sale, qui nécessite l'emploi d'un personnel plus qualifié et rend l'usine dépendante des approvisionnements extérieurs. Seule la sidérurgie, implantée à proximité des bassins houillers et requérant des puissances énergétiques supérieures à celles des installations classiques, passe rapidement au charbon. L'équipement hydromécanique des rivières françaises, déjà très dense à la veille de la Révolution, croît donc sensiblement au xixᵉ siècle. L'amélioration des caractéristiques des roues et des turbines permet d'accroître considérablement leur rendement, qui passe de 10 chevaux-vapeur à 100 ou 200. L'énergie hydraulique ne constitue donc pas une preuve d'archaïsme. Elle est, autant que le charbon, un atout pour l'industrialisation.

La révolution charbonnière ne se généralise vraiment qu'au milieu du xixᵉ siècle. Le complexe houille-vapeur-fer, mis en place dans les années 1780 en Angleterre et associé au chemin de fer dans les années 1830, conduit à un accroissement spectaculaire des besoins charbonniers. L'abaissement des coûts de transport tout autant lié à la voie ferrée qu'au canal rend alors rentable l'exploitation minière. À ce moment, le charbon est effectivement devenu « le pain de l'industrie ». À partir des années 1850, la production charbonnière mondiale augmente de moitié tous les dix ans, double tous les dix-sept ans. En 1840, l'Europe extrait environ 40 millions de tonnes par an. Vingt ans plus tard, elle en sort 100 millions et les États-Unis 15 millions. La Grande-Bretagne, qui bénéficie des ressources les plus abondantes, en extrait encore presque les deux tiers.

b. — Des innovations dans les techniques de production

La révolution industrielle est essentiellement une révolution technique. L'innovation s'avère décisive en induisant des gains de productivité substantiels et en générant de nouvelles branches industrielles. Au départ extensive, la croissance économique prend au fil du temps un caractère intensif.

■ À l'origine de la mécanisation : la machine à vapeur

La machine à vapeur est le résultat d'une longue gestation. En 1687, le Français Denis Papin (1647-1714) met au point une machine comportant un piston et destinée à alimenter en eau les bassins du château de Kassel, en Allemagne. En 1707, il fabrique aussi un petit bateau à vapeur, actionné par des roues à aubes. Ces machines encore très rudimentaires ne fonctionnent cependant qu'à l'état de maquettes. Il faut attendre la mise au point de la pompe de l'Anglais Thomas Newcomen (1663-1729) pour passer du prototype à l'application pratique. Cette machine, opérationnelle dès 1712, met en mouvement un balancier qui actionne une pompe assez puissante pour faire remonter 500 litres d'eau à la minute, à 45 mètres de profondeur. Le système repose sur un principe simple. La vapeur fait remonter un piston abaissant le balancier vers la nappe d'eau. Après injection d'eau froide dans le cylindre, la vapeur se condense, aboutissant à la chute du piston qui relève le balancier actionnant la pompe. Cette pompe remporte un rapide succès dans toute l'Europe, même si elle comporte encore des défauts. Les pertes thermiques conduisent à n'utiliser qu'un quart de l'énergie produite par la vapeur. La puissance développée reste faible (environ 6 chevaux) et n'autorise qu'un mouvement de translation. Entre 1764 et 1776, l'ingénieur écossais James Watt (1736-1819) met au point une machine qui corrige ces problèmes, en inventant le condenseur. Les améliorations ultérieures comme la machine à double effet où la vapeur agit alternativement sur les deux faces du piston, le régulateur à boules assurant au moteur une vitesse constante ou le système bielle-manivelle permettant de convertir le mouvement transversal en mouvement rotatif, autorisent l'application de cette nouvelle machine à la plupart des industries comme la métallurgie (1776), la filature (1785) ou le tissage (1789). Les brevets de Watt, pris en 1769, tombent dans le domaine public en 1800. La généralisation de ces machines est cependant assez lente. En plus des difficultés potentielles d'approvisionnement en combustible, la vapeur reste longtemps une énergie difficile à maîtriser. Les chaudières à haute pression, d'abord construites en fonte, sont sujettes à rupture et les risques d'explosion sont grands. Avec la modernité, le monde découvre aussi le risque industriel.

■ **La branche la plus dynamique : l'industrie textile**

L'industrie textile est la branche qui connaît la plus forte croissance au cours du XIXᵉ siècle. Dynamisé par la hausse de la population et par l'apparition de nouvelles normes de consommation, ce domaine connaît des changements radicaux dans les technologies mises en œuvre comme dans l'organisation de sa production. C'est l'activité où la mécanisation est la plus précoce et la plus avancée.

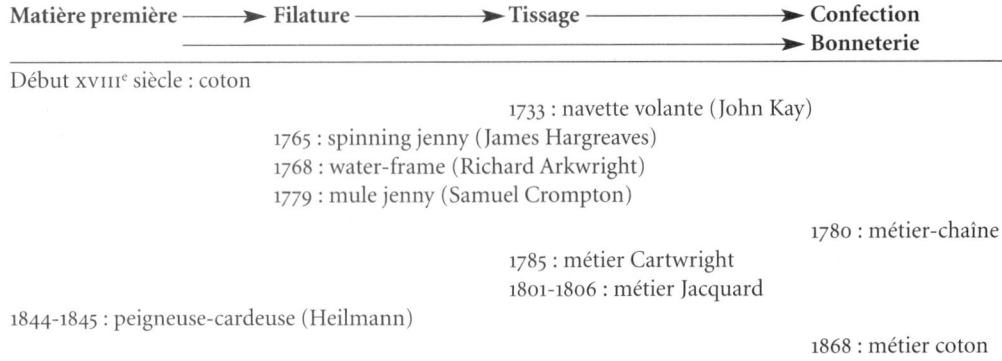

Figure 1 - Dans l'industrie textile : des innovations en chaîne

Au début du XVIIIᵉ siècle, le coton tend à prendre le relais des fibres traditionnelles comme la laine ou le lin. La mode des cotonnades, confortée par le développement des plantations coloniales, relance l'industrie textile et génère des arrivages massifs en provenance du Nouveau Monde. L'invention de la *navette volante* par le Britannique John Kay (1704-apr. 1764) est une première réponse à la hausse de la demande. Sur un métier à tisser traditionnel, la largeur du tissu était limitée par celle des bras de l'artisan, qui faisait passer sa navette d'une main dans l'autre. En actionnant la navette par un jeu de ficelles, il est désormais possible de produire des tissus de grande largeur dans le même espace de temps. Cette invention rompt l'équilibre traditionnel entre tissage et filature. Les tisseurs demandent une quantité croissante de fils impossibles à fournir avec la technique archaïque du rouet. En 1765, Hargreaves élabore la *jenny*, sorte de rouet perfectionné, encore actionné par la force musculaire, pouvant produire huit fils à la fois. Avec l'énergie hydraulique, Sir Richard Arkwright (1732-1792) obtient quelques années plus tard des gains de productivité bien plus importants ; la mise au point de la *water-frame* marque réellement le passage à l'âge industriel, du petit artisanat à la grande unité de production. La *mule jenny* de Samuel Crompton (1753-1834) est un aboutissement. Actionnée par l'eau ou la vapeur, elle combine les avantages des deux machines précédentes en actionnant près de quatre cents broches à la fois. Le tissage prend alors du retard sur la filature. Cartwright le comble rapidement en adaptant la machine de Watt au métier à tisser, mais son invention met plus de quarante ans à s'imposer. La croissance de la main-d'œuvre rurale, désormais permise par la transition démographique, rend les évolutions moins pressantes en permettant une croissance extensive. Le système mécanique mis au point par Joseph-Marie Jacquard (1752-1834), perfectionnant la machine de Jacques Vaucanson (1745) en lui adjoignant un dispositif à cartons perforés, répond mieux aux besoins en permettant la reproduction de motifs compliqués, à la mode du moment.

■ L'ère du fer et de l'acier

Les progrès de la sidérurgie sont directement issus des efforts des maîtres de forge pour substituer le charbon de terre au charbon de bois. Utilisé de longue date, ce dernier produit des fers de bonne qualité, alors que la houille, longtemps mal maîtrisée, souvent grasse et contenant du soufre, donne des fers cassants et irréguliers. En 1709, le maître de forges britannique Abraham Darby (1677-1717) a l'idée d'employer du coke, qui n'est autre qu'un charbon purifié. Plus résistant mécaniquement, il peut être utilisé en plus grande quantité avec des températures plus élevées. Mais cette innovation n'est décisive qu'en Angleterre. Bien mieux dotés, les sidérurgistes français restent longtemps rétifs au changement. La sidérurgie au bois double sa production entre 1809 et 1856, date à laquelle elle atteint son apogée. Cette réticence à passer au charbon n'est pas une preuve d'inertie, mais une adaptation aux contraintes et aux avantages du moment. Dans le même temps, les améliorations techniques permettent de diminuer le prélèvement en combustible de 20 %. Après des débuts laborieux, la sidérurgie « à l'anglaise » ne s'impose véritablement en France qu'après 1860, quand la mise en exploitation des houillères du Pas-de-Calais, les progrès des transports ferroviaires et les nouvelles techniques de décarburation la rendent véritablement rentable. Car la qualité des produits finis ne dépend pas uniquement de la matière première mais des moyens mis en œuvre pour passer de la fonte à l'acier. Contenant une proportion trop importante de carbone, la fonte est en effet incapable de supporter de trop fortes contraintes : elle casse. La décarburation de la fonte, étudiée scientifiquement par Réaumur, était par le passé réalisée par l'alternance chauffe-martelage. Découvert par Henry Cort en 1784, le *puddlage* permet de produire des quantités plus importantes d'acier. La fonte de première fusion est amenée dans un four spécial, puis brassée énergiquement avec des oxydants, avant d'être retravaillée par *cinglage*, c'est-à-dire par battage à chaud. La véritable révolution technique n'est cependant apportée qu'au milieu du XIXe siècle par l'invention des convertisseurs. Les convertisseurs Bessemer (1855) et Martin-Siemens (1865) permettent d'insuffler de l'air sous pression dans la fonte en fusion, entraînant la combustion des impuretés comme le carbone ou le silicium. Apparu en 1878, le four Thomas fonctionne sur le même principe mais comporte un revêtement basique qui permet de traiter les fontes phosphoreuses. Ce procédé est décisif dans le développement industriel de certaines régions en Suède (Laponie, Bergslagen), aux États-Unis (lac Supérieur) ou en France (Lorraine).

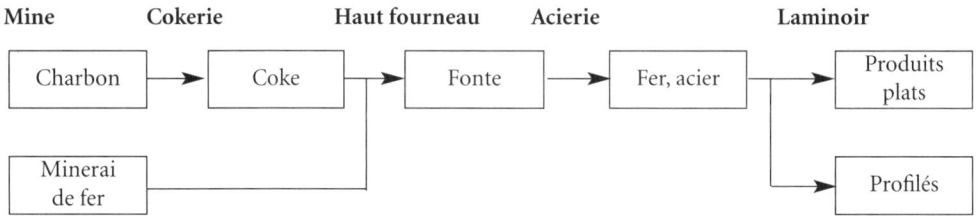

Figure 2 - Les étapes de la fabrication de l'acier

■ L'apparition de nouvelles branches industrielles

L'innovation est aussi à l'origine du développement de nouvelles activités, qui prennent une importance considérable dans la croissance économique en stimulant les entreprises situées en amont ou en diversifiant leur production. Les fabricants de machines-outils, d'abord britanniques puis belges, allemands et suisses, sont souvent à l'origine des fabricants de machines textiles, comme le Belge Cockerill, implanté à Liège. Les usines de matériel ferroviaire demandent une quantité considérable de fer, de fonte, d'acier et de bois. Dans la plupart des cas, les premiers chemins de fer sortent des ateliers sidérurgiques (Krupp, Schneider). Progressivement naissent des entreprises plus spécialisées comme la Société des Batignolles à Paris ou l'entreprise Baldwin à Philadelphie. La sidérurgie est aussi à l'origine du développement de l'industrie de l'armement, qui connaît un essor spectaculaire après 1870, d'abord en France et en Allemagne, puis dans le reste de l'Europe. En dehors du textile, les industries de consommation connaissent une croissance plus faible. Cette première phase d'industrialisation repose encore essentiellement sur l'industrie de base et sur les biens d'équipement.

L'ère de l'acier est enfin celle de la chimie. L'industrie chimique est issue des recherches scientifiques d'abord induites par les besoins de l'industrie textile et de l'agronomie. Le blanchiment des textiles est ainsi à l'origine de la découverte du chlore par le Suédois Scheele en 1774, puis des travaux du chimiste français Claude de Berthollet, conduisant à sa fabrication industrielle dans l'usine de Javel dès 1789. La chimie connaît un essor accru autour de 1840 avec la production d'engrais minéraux (phosphates, potasse) et l'apparition de la chimie organique qui voit son origine dans l'étude des propriétés du carbone. Des colorants artificiels sont élaborés à partir d'aniline ou de l'alizarine. Le celluloïd, produit à base de cellulose et de camphre, est la première matière plastique artificielle, utilisée par exemple pour la fabrication des peignes ou des jouets. La dynamite, composée à partir de la nitroglycérine, est découverte en 1866 par Alfred Nobel (1833-1896) et connaît immédiatement des applications en Allemagne.

c. — Des innovations dans les techniques de transport

■ **À l'origine d'un nouvel élan dans les années 1840 : la construction des chemins de fer**

Les chemins de fer sont le fruit d'une accumulation de plusieurs innovations. Les premiers rails en métal apparaissent sur le site de la fonderie royale du Creusot en 1782. En 1814, les frères Robert et George Stephenson réussissent à mettre au point une véritable locomotive à vapeur, en démontrant le principe de l'adhérence des roues métalliques sur des rails lisses. En 1825, les premiers trains relient Darlington à Stockton, à la vitesse de 20 km/h. En France, le chemin de fer est essayé en 1827 sur la ligne Andrézieux - Saint-Étienne. Les grandes lignes commerciales apparaissent presque immédiatement, entre Liverpool et Manchester (1830) puis entre Saint-Étienne et Lyon (1832). Les années 1840 sont marquées par un prodigieux essor du chemin de fer, d'abord en Grande-Bretagne où il est à l'origine d'une deuxième phase de croissance, puis en Belgique et en France. On adopte presque partout les caractéristiques techniques britanniques, comme le sens de circulation ou l'écartement des voies, qui correspond à la norme des houillères (1,435 m). La poursuite des recherches conduit à une amélioration continue des performances : vitesse (40 à 75 km/h vers 1880), poids tracté (plus de 200 t en 1865), économie, sécurité. L'équipement en voies ferrées modifie considérablement les données économiques. Durant de nombreuses années, il joue un rôle moteur dans la construction mécanique et la sidérurgie. Le rail est aussi partout l'instrument d'unification des marchés intérieurs, le moyen de désenclaver les territoires en abaissant considérablement les prix des transports.

■ **Un instrument de mondialisation des flux économiques : le steamer**

Le navire à vapeur est le premier instrument de mondialisation des flux économiques. Pour des raisons de facilité, les essais d'adaptation de la machine à vapeur au navire commencent sur les rivières. En 1807, Robert Fulton (1765-1815) fait naviguer le *Clermont*, équipé de roues à aubes, sur l'Hudson entre New York et Albany. Cette technique, bien adaptée aux cours d'eau comme le Mississippi, s'avère d'une efficacité limitée en haute mer, tant en raison de ses faibles performances qu'à cause de sa fragilité. De fait, les premiers steamers, qui effectuent des services réguliers à partir des années 1820, associent toujours la voile et la vapeur, celle-ci principalement utilisée comme appoint. C'est surtout l'invention de l'hélice par le Français Frédéric Sauvage (1786-1857), en 1832, qui rend la machine à vapeur utilisable dans la navigation hauturière. L'allongement des navires, l'emploi du fer puis de l'acier pour la carène, améliorent leurs capacités hydrodynamiques et doublent les cargaisons emportées en abaissant considérablement le coût du fret. L'amélioration des performances est accélérée. Au début du XIXᵉ siècle, un parcours Londres-New York demande plus d'un mois, en fonction du vent. En 1830, ce temps est déjà ramené à 14 jours. En 1860, les liaisons ne demandent plus que 9 jours, performance qui ne sera plus améliorée par la suite. Mais la concurrence entre les clippers, nouveaux navires à voile, fins de carène, apparus vers 1840, et les steamers dure longtemps. Les navires à voile, issus d'une vieille tradition maritime, assurent toujours les trafics courants. Les steamers nécessitent un personnel aux qualifications différentes tout en étant étroitement dépendants des possibilités d'approvisionnement en charbon des ports. Jusqu'aux années 1870, nombre de marins considèrent encore la vapeur comme un moyen de propulsion intéressant mais secondaire.

Les grandes innovations de la deuxième révolution industrielle

La « Grande Dépression » de 1873-1896 est suivie d'une phase de croissance soutenue jusqu'aux années 1930. Cette reprise est essentiellement due à une deuxième révolution industrielle, qui repose sur de nouvelles innovations techniques :

– **Le moteur à explosion** : le Français Joseph-Étienne Lenoir en 1860-1861, puis l'Allemand Nicolas-August Otto en 1863-1864 réalisent les premiers moteurs utilisant les gaz produits par la combustion de l'essence.

– **L'automobile** : ce nouveau moteur est adapté à des véhicules par les Allemands Carl Benz et Gotlieb Daimler. Les premiers véhicules à essence sont construits en France par Panhard et Levassor à partir de 1891, puis aux États-Unis par Henry Ford au tout début du XXᵉ siècle.

– **L'avion** : en 1890, le moteur à explosion est adapté par Clément Ader pour mettre au point le premier avion. L'utilité de ce nouvel engin est démontrée en 1909 lors de la traversée de la Manche par Louis Blériot, puis en 1913 par Roland Garros qui traverse la Méditerranée.

– **La pétrochimie** : ces moyens de transport nécessitent des produits nouveaux (huiles, essences) tout en relançant les industries issues de la première révolution industrielle (sidérurgie, textile).

– **L'électricité** : la découverte de la pile par Alexandre Volta, vers 1800, puis celle du télégraphe électrique par Samuel Morse en 1844, marquent les tout débuts de l'électricité. L'invention de la dynamo par Gramme, en 1869, celle du transport par fil par Dèprez, en 1882, puis la mise au point du transformateur permettent ensuite une utilisation à plus grande échelle du courant électrique, produit par l'hydraulique (la « houille blanche ») et par la combustion du charbon ou du pétrole dans des centrales thermiques.

2. – D'importants changements structurels

a. — Le triomphe de l'entreprise capitaliste

■ Le capitalisme : une notion ambivalente

La notion de capitalisme a d'abord été mise en avant par les économistes marxistes. Le capitalisme était alors défini comme un système économique caractérisé par la propriété privée des moyens de production, par opposition au socialisme, où la propriété serait collective. De cette inégalité découlerait *ipso facto* le partage de la société en deux classes, la bourgeoisie propriétaire des moyens de production et le prolétariat, qui ne possède que sa force de travail. Les auteurs libéraux, qui préfèrent la notion d'économie de marché, ont surtout insisté sur le rôle de la concurrence entre les agents économiques, et sur le rôle de la loi de marché dans les processus de régulation. Cet angle d'analyse met surtout en avant l'importance de l'initiative privée dans le développement économique.

Les historiens de l'école des *Annales* ont bien montré que le capitalisme n'était pas né au XIXᵉ siècle mais qu'il plongeait ses racines dans une histoire bien plus ancienne. Déjà embryonnaire à l'époque médiévale, il naît véritablement au XVIᵉ siècle avec le développement des échanges maritimes lié aux progrès de la navigation hauturière, à la découverte des nouveaux mondes et au déplacement du centre de gravité économique de la Méditerranée vers l'Europe atlantique. C'est le capitalisme marchand qui est à l'origine des formes nouvelles de crédit comme les lettres de change et l'escompte ou des billets de banque. Le capitalisme industriel prend quant à lui surtout naissance au XVIIᵉ siècle, avec l'apparition de grandes manufactures, souvent sous la forme de sociétés par actions. Analysant en détail toutes ces évolutions, Braudel a donné une définition particulière du capitalisme dans l'ouvrage cité chapitre 1, *Civilisation matérielle, économie et capitalisme, XVᵉ-XVIIIᵉ siècle*. Selon lui, l'économie se divise en deux niveaux. Le premier est représenté par l'économie de marché, qui constitue un système concurrentiel s'autorégulant naturellement. Le capitalisme constitue quant à lui le niveau supérieur des échanges, dominé par les très riches négociants, les grands capitaines d'industrie et les financiers. « *Cette position haute, au sommet de la société marchande, est probablement la réalité majeure du capitalisme étant donné ce qu'elle autorise : le monopole de droit ou de fait, la manipulation des prix.* » Leur stratégie vise donc à s'affranchir des règles du marché pour constituer un marché privé, un « contre-marché » en profitant de monopoles.

Le capitalisme au sens de Fernand Braudel

« Finalement, si j'ai jeté le mot *capitalisme* dans le débat, à propos d'une époque où on ne lui connaît pas toujours droit de cité, c'est avant tout parce que j'avais besoin d'un mot autre que celui d'*économie de marché* pour désigner des activités qui s'avèrent différentes. Mon intention n'était certes pas d'introduire le loup dans la bergerie. Je savais bien – tant les historiens l'ont répété déjà et à bon escient – que ce mot de combat est ambigu, terriblement chargé d'actualité et, virtuellement, d'anachronisme. Si, contre toute prudence, je lui ai ouvert la porte, c'est pour de multiples raisons […].

Vous ne disciplinerez, vous ne définirez le mot *capitalisme*, pour le mettre au seul service de l'explication historique, que si vous l'encadrez sérieusement entre les deux mots qui le sous-tendent et lui donnent son sens : *capital* et *capitaliste*. Le *capital*, réalité tangible, masse de moyens aisément identifiables, sans fin à l'œuvre ; le *capitaliste*, l'homme qui préside ou essaie de présider à l'insertion du capital dans l'incessant processus de production à quoi les sociétés sont toutes condamnées ; le *capitalisme* c'est, en gros (mais en gros seulement), la façon dont est conduit, pour des fins peu altruistes d'ordinaire, ce jeu constant d'insertion […].

Vous accepterez, sans trop de difficulté, qu'il puisse y avoir au moins deux formes d'économie dite de marché (A, B), discernables avec un peu d'attention, ne serait-ce que par les rapports humains, économiques et sociaux qu'elles instaurent. Dans la première catégorie (A), je verserai volontiers les échanges quotidiens du marché, les trafics locaux ou à faible acheminement : ainsi le blé, le bois qui s'acheminent vers la ville proche ; et même les commerces à plus large rayon, lorsqu'ils sont réguliers, prévisibles, routiniers, ouverts aux petits comme aux grands marchands […].

Dès qu'on s'élève dans la hiérarchie des échanges, c'est le second type d'économie qui prédomine et dessine sous nos yeux une "sphère de circulation" évidemment différente. Les historiens anglais ont signalé, à partir du xve siècle, l'importance grandissante, à côté du marché public traditionnel – le *public market* –, de ce qu'ils baptisent le *private market*, le marché privé ; je dirais volontiers, pour accentuer la différence, le *contre-marché*. »

Fernand Braudel, *La dynamique du capitalisme*, Arthaud, 1985, p. 49-56.

■ L'épanouissement de l'entreprise capitaliste au xixe siècle

Le capitalisme connaît une expansion extraordinaire à partir de la fin du xviiie siècle. Cette expansion est favorisée par la mise en application des politiques libérales préconisées en France par les physiocrates et surtout en Grande-Bretagne par les classiques. L'abandon des politiques mercantilistes conduit au désengagement de l'État, à l'abolition progressive d'une partie des barrières réglementaires et douanières et à l'instauration d'une plus grande liberté du travail. Dans son principe, le système capitaliste est caractérisé par le régime de la libre concurrence, qui suppose la non-intervention de l'État dans l'organisation du travail. Comme les prix, les salaires sont soumis aux règles du marché et devraient fluctuer librement en fonction de l'offre et de la demande.

Les formes d'entreprises sont extrêmement nombreuses. Initialement se sont surtout développées des *sociétés en nom collectif*, où les associés étaient solidairement responsables des biens de l'entreprise, et les *sociétés en commandite*, distinguant les associés responsables et les simples bailleurs de fonds. Mais l'entreprise capitaliste prend surtout la forme de la *société anonyme par actions*, qui permet d'investir avec un minimum de risques. La vente d'actions, apparue au xviie siècle avec les premières bourses d'Amsterdam et de Londres, permet de réunir une importante masse de capitaux sans recourir à l'intermédiation bancaire. La société est dite *anonyme* parce que les associés ne sont pas responsables sur leur propre fortune, les dettes sociales n'étant gagées que par les biens matériels acquis par l'entreprise. Ces sociétés sont généralement définies par des règlements édictés au milieu du xixe siècle : 1856 en Grande-Bretagne, 1863 et 1867 en France, 1870 en Allemagne.

b. — Une concentration accrue

■ Le passage du *domestic system* au *factory system*

La révolution industrielle est aussi le fruit d'une évolution radicale des structures de production. Les anciens modes de travail étaient dominés par le *domestic system*, c'est-à-dire par l'atelier familial. Cette organisation très souple permettait souvent d'associer plusieurs activités comme le travail aux champs et le tissage ou la filature. Elle générait une industrie diffuse, extrêmement dispersée sur le territoire. L'économie préindustrielle n'ignorait pas le regroupement des ouvriers mais cette forme de travail restait limitée à certaines manufactures qui mettaient déjà en œuvre des techniques très élaborées, comme les verreries ou les manufactures de tapisseries. La mécanisation conduit à passer au système usinier ou *factory system*. Il rassemble dans un même lieu un nombre important d'ouvriers, autour de machines actionnées par une source principale d'énergie (vapeur ou hydraulique). Cette concentration technique assure avant tout des économies d'échelle. Elle permet une plus grande division du travail et permet un agrandissement de la taille des unités de production.

■ Une concentration du capital

L'essor du factory system s'accompagne d'une concentration financière de plus en plus poussée. L'innovation avait souvent été initiée par des « capitaines d'industrie » dynamiques et ambitieux, comme Ignace de Wendel (1741-1795) ou Eugène Schneider (1805-1875) en France, Alfred Krupp (1812-1887) en Allemagne. Les unités de production restaient encore modestes, au sein d'un système relativement concurrentiel. Au fil du temps, le développement des entreprises est à la fois assuré par une croissance interne, c'est-à-dire par une augmentation de leur taille par l'élargissement des parts de marché, et par une croissance externe, c'est-à-dire par des regroupements issus de fusions, d'absorptions ou d'ententes. À la fin du XIXe siècle, les participations croisées peuvent ainsi prendre la forme allemande du *Konzern*, plus caractéristique d'une concentration verticale où les entreprises bénéficient encore d'une relative indépendance, ou celle, plus contraignante, du *Trust*, présente aux États-Unis avant son interdiction en 1887. En France, les sociétés se regroupent plutôt en *cartels*, qui sont des ententes sur le volume de production et les prix de vente, par exemple au sein du Comité des Forges (1864). Ces changements d'échelle sont rendus nécessaires par le progrès technique et le coût croissant du matériel. Ils peuvent être aussi précipités par le jeu de la concurrence ou par les crises économiques éliminant les entreprises les plus fragiles, notamment lors de la « Grande Dépression » de 1873-1896. Les grandes firmes qui s'en dégagent portent des noms connus : Boussac ou Schneider en France, Thyssen, Bayer, Siemens, Krupp ou B.A.S.F. en Allemagne, Bell, Edison, Dupont de Nemours aux États-Unis.

Trois grands types de concentration

– La concentration verticale : l'entreprise contrôle toute la filière de la matière première à la distribution du produit fini.

– La concentration horizontale : l'entreprise regroupe des activités de même niveau de production.

– La concentration conglomérale : l'entreprise se diversifie en investissant dans des secteurs sans rapports directs entre eux.

■ Une concentration spatiale

L'essor économique se caractérise par le déclin de l'industrie diffuse au profit de grandes régions industrielles. Cette concentration spatiale est en partie liée à la fourniture des matières premières comme le charbon et le minerai de fer. L'exploitation houillère est un moteur puissant d'industrialisation. Pour abaisser les coûts de transport, les industriels s'implantent sur les bassins miniers comme dans le Lancashire ou le Northumberland en Grande-Bretagne, le Hainaut en Belgique ou la vallée de la Ruhr en Allemagne. L'industrie lourde, intimement liée à l'exploitation minière, donne naissance aux *black countries* associant chevalets de mine, terrils, corons et complexes sidérurgiques. Ces régions à l'époque attractives, riches et dynamiques, drainent les hommes sur de longues distances. Les liens entre la fourniture de matière première et le développement économique ne sont pas cependant systématiques. Les houillères du Pas-de-Calais ou du nord des Lowlands (Écosse) n'attirent pas encore la sidérurgie, celles du Pays de Galles se développent même parallèlement à la fuite de la métallurgie.

Affranchie de la fourniture de produits pondéreux, l'industrie textile est beaucoup moins dépendante des matières premières. L'industrie cotonnière se développe toutefois de préférence près des ports de Liverpool, Glasgow, Rouen et Elbeuf, puis, plus tardivement, dans la vallée du Rhin. Le plus souvent, les héritages industriels, le savoir-faire et le coût de la main-d'œuvre restent déterminants. Le travail de la laine domine encore dans les grandes régions textiles de l'époque préindustrielle, comme le Yorkshire, la Hollande, les Flandres ou la Champagne. Il tend en contre-partie à disparaître des régions rurales moins avancées, où il restait jadis très diffus et étroitement associé à l'économie familiale. Au total, la révolution industrielle tend ici aussi à accroître la concentration régionale.

3. – Des formes d'industrialisation différentes

a. — Dans les pays à industrialisation précoce : une croissance lente

■ En Grande-Bretagne : une révolution tranquille

La révolution industrielle britannique est de loin la plus précoce. Contrairement à ce qu'on imaginait par le passé, les études récentes ont cependant montré qu'elle a pris la forme d'un processus lent, progressif, qui n'a pas bouleversé les contemporains. À partir du milieu du XVIIIe siècle, le taux de croissance de la production industrielle atteint environ 3 % par an, pour revenir à un rythme de 2 % après 1830. Il n'y a pas eu de croissance exponentielle de la production, ni de discontinuité particulière dans les années 1780. Cette rupture est uniquement symbolique. Elle correspond à la mise au point de la machine à vapeur de Watt, mais ne peut être assimilée à un véritable take-off, au sens de W. W. Rostow. La transition entre l'économie traditionnelle et l'économie industrielle commence certainement même plus tôt, dans les années 1750, mais se prolonge au moins jusqu'en 1820. À partir des années 1840, la construction des réseaux de chemin de fer relance l'économie en assurant une deuxième phase de croissance. Cet essor économique est conforté par le faible engagement de l'État. Au XVIIIe siècle, les institutions britanniques sont déjà différentes de celles des autres pays d'Europe, se caractérisant notamment par l'absence de centralisation et de privilèges économiques. En raison de leur avance technique, les Britanniques restent longtemps protégés de la concurrence extérieure pour la fourniture de produits manufacturés. Le désengagement de l'État, qui s'accélère au cours du XIXe siècle avec le développement des idées libérales, est ici un facteur de croissance en favorisant les initiatives privées.

■ En France : une croissance sans take-off

La France rentre plus tardivement dans la révolution industrielle, alors qu'elle avait une croissance comparable à celle de la Grande-Bretagne au début du XVIIIe siècle. Sur le plan économique, la Révolution française représente une véritable catastrophe, qui nécessite plus d'un quart de siècle pour être effacée. En fixant à la terre la majorité de la population rurale, elle tend par ailleurs à retarder son exode tout en maintenant durablement les formes d'industrie traditionnelle. La croissance économique ne reprend vraiment qu'à partir de la Restauration (1815-1830) pour se prolonger jusqu'aux années 1860, si on fait abstraction de son arrêt momentané entre 1846 et 1851. Contrairement à l'Angleterre, la mécanisation industrielle et la construction des réseaux de chemin de fer assurent donc simultanément la croissance. Jusqu'aux années 1870, la France bâtit un système dualiste qui juxtapose un système de production moderne et performant et des structures anciennes toujours vivaces. Plus encore que sa voisine d'outre-Manche, la France connaît une croissance lente sans véritable take-off, un développement sans révolution. Durant de nombreuses années, les industriels français restent préoccupés par leur retard vis-à-vis de l'Angleterre. Ils cherchent avant tout à le combler par des transferts de technologie, tout en s'adaptant à la diversité des conditions nationales telles que la rareté de l'énergie. En l'absence de charbon, certaines régions défavorisées ont ainsi conservé des systèmes hydrauliques relativement efficaces. La sidérurgie au bois se maintient aussi très longtemps. Ce n'est qu'au cours de la Grande Dépression (1873-1896) que sont définitivement abandonnées les formes traditionnelles de production, pour un système véritablement moderne. Malgré l'essor des idées libérales, le désengagement de l'État est plus faible qu'en Grande-Bretagne. L'administration continue d'exercer une action de tutelle sur une grande partie de l'activité économique, par exemple en matière minière ou ferroviaire. Par la procédure d'autorisation, elle contrôle toute création de société anonyme jusque 1863. Elle maintient aussi un protectionnisme rigoureux au moins jusqu'aux années 1850.

b. — Dans les pays à industrialisation plus tardive : une croissance rapide

■ Les États-Unis : des conditions spécifiques

Jusqu'à la guerre de Sécession (1861-1865), le développement économique américain est étroitement associé à la conquête de l'espace. De nouveaux États sont incorporés au territoire, comme la Louisiane (1803), la Floride (1819) ou la Californie (1848). Entre 1789 et 1865, la surface des États-Unis passe de 2,5 millions de km^2 à près de 8 millions. La conquête du *Far west* est une œuvre de longue haleine, rendue possible par l'afflux massif d'immigrants. Entre 1815 et 1860, ils sont 5 millions qui entrent aux États-Unis, dont 55 % d'origine britannique et 30 % d'origine allemande. Leur arrivée, alliée à un taux de natalité élevé qui s'explique par leur jeunesse, tend à augmenter considérablement le niveau de la population, qui atteint 31,5 millions en 1865. Cette main-d'œuvre abondante et dynamique est à l'origine d'un développement économique rapide, conforté par un cadre réglementaire limité, favorisant la libre entreprise.

Entre les années 1845 et la guerre civile, les États-Unis connaissent leur première phase d'industrialisation. L'industrie se développe essentiellement dans les États du Nord-Est. Elle repose d'abord sur l'énergie hydraulique, très abondante en Nouvelle-Angleterre, qui permet l'installation de nombreuses usines textiles. Dans les Appalaches, l'industrialisation s'appuie davantage sur le charbon et le fer. La thèse la plus classique veut que la guerre de Sécession ait joué un rôle essentiel dans le développement industriel en assurant le triomphe du capitalisme au détriment de l'ancienne aristocratie esclavagiste. La réalité est cependant plus nuancée, car à court terme, la guerre civile tend plutôt à perturber, sinon à interrompre, le mouvement d'industrialisation des précédentes décennies. Cette crise surmontée, les États-Unis traversent la Grande Dépression sans dommage, pour devenir un grand pays industrialisé.

■ En Allemagne, au Japon et en Russie : une industrialisation encouragée par l'État

Les spécificités du développement des États à industrialisation tardive, outre les États-Unis, ont été étudiées dans les années 1960 par l'historien britannique A. Gerschenkron (*Economic Backwardness in historical Perspective*). Ces États ne disposent généralement pas des atouts de la France et de la Grande-Bretagne : ce sont souvent des États jeunes (Allemagne, Italie), enclavés (Russie), insuffisamment unifiés (Allemagne), en retard sur le plan des structures sociales et administratives (Russie, Japon). Ces handicaps, joints à la concurrence des États les plus avancés, bloquent tout espoir d'une industrialisation spontanée. L'État tend alors à se substituer aux initiatives privées pour assurer le financement et les choix des investissements, tout en assurant un « protectionnisme éducateur » comme le préconisait l'économiste allemand Friedrich List (1789-1846), afin de protéger les industries naissantes. Cette politique est appliquée de manière caractéristique en Allemagne, au Japon et en Russie.

L'Allemagne est un pays jeune, qui réalise son unité au cours du XIXe siècle. L'intégration des États germanophones commence sur le plan commercial par une unification douanière, le

Deutscher Zollverein (Union douanière allemande, 1834-1871). Cette unification se fait autour de la Prusse, en partie à l'initiative de Friedrich List. Elle s'étend par étapes à l'ensemble de l'Allemagne, malgré l'opposition de l'Autriche. En 1854, le Zollverein s'étend presque partout à l'exception de certains États du Nord. Les années 1860 correspondent déjà à une phase d'industrialisation accélérée, largement favorisée par l'unification économique. La construction de chemins de fer est particulièrement stimulée, avec un effet d'entraînement induit sur d'autres secteurs comme la sidérurgie. L'unité politique vient seulement après la guerre de 1870, qui aboutit à la proclamation de l'unité allemande dans la galerie des glaces au château de Versailles, le 18 janvier 1871. Avant cette date, le rôle des autorités n'était déjà pas insignifiant. Vis-à-vis de l'extérieur, les États allemands pratiquaient déjà une sorte de « protectionnisme éducateur ». Avec l'unification et la crise de 1873, l'État s'engage de manière encore plus nette dans une politique de substitution aux initiatives privées, désormais défaillantes. Le Reich est à l'origine d'une masse considérable d'investissement, tant dans l'éducation, les transports, que dans les mines ou la sidérurgie. Le modèle d'industrialisation allemand associe donc étroitement investissements publics et initiatives privées. Cette formule favorise la sortie de crise. Au tournant des années 1880, l'Allemagne est déjà une grande nation industrielle qui aborde la deuxième révolution technologique de manière conquérante.

Dans la seconde moitié du XIXe siècle, le Japon est le seul pays d'Orient à tenter une industrialisation sur le modèle occidental. En 1868, l'arrivée sur le trône d'un jeune empereur, Mutsu-Hito (1867-1912), met fin à une période d'instabilité. Ce souverain proclame l'ouverture d'une ère nouvelle, l'ère Meiji ou « gouvernement éclairé ». Une réforme administrative est d'abord mise en place, qui se traduit par le déplacement du gouvernement de Kyoto à Tokyo. Le Yen est créé en 1871 et la Banque du Japon en 1882. L'État assure les transferts de technologies en prenant en charge la construction d'industries variées (textile, chantiers navals, sidérurgie, etc.) ainsi que la mise en place des infrastructures ferroviaires et portuaires, posant les bases de l'industrialisation à venir. Comme en Allemagne, le gouvernement japonais se substitue momentanément aux initiatives privées afin d'assurer le décollage de l'économie.

Les tsars de Russie Alexandre II (1855-1881) et Nicolas II (1894-1917) tentent au même moment une industrialisation d'un modèle similaire. Mais les obstacles à surmonter sont plus grands. Le pays connaît encore des structures institutionnelles et sociales propres au système féodal, qui entravent considérablement tout progrès économique. L'insuffisance de structures bancaires, le manque d'initiatives privées expliquent aussi l'aggravation relative du retard russe. Le tsar Alexandre II ne supprime le servage qu'en 1861 et prolonge cette mesure en 1864 par une réorganisation administrative et juridique de grande ampleur. Le gouvernement russe cherche aussi à accélérer l'industrialisation par l'appel à des capitaux étrangers (par exemple, par les emprunts russes). Entre 1861 et 1873 s'implantent les premières compagnies ferroviaires et les premières banques, mais elles sont trop fragiles et sont vite balayées par la crise de 1873. Le passage à une économie moderne reste balbutiant, sinon hasardeux jusqu'aux années 1880-1890.

Malgré ces différences de modèles, la révolution industrielle est donc un processus qui conduit à un changement radical dans les techniques et les formes d'organisation de la production. Ce processus, qui génère pour la première fois de grandes différences de développement entre les pays, peut être considéré comme un tournant unique dans l'histoire des hommes.

La révolution industrielle est l'un des principaux moteurs du passage d'une économie traditionnelle, de faible croissance et fragile, à une économie moderne et développée. Le problème des origines de ce processus d'industrialisation a suscité des débats nombreux qui sont encore loin d'être clos.

1. – Le rôle essentiel des hommes

a. — *Transition démographique et croissance de la population*

La démographie ancienne se marque sur le long terme par un très faible accroissement naturel. À court terme, la population connaît un équilibre relatif des taux de natalité et de mortalité autour de valeurs élevées. Le taux de natalité s'approche de 40 % et le taux de mortalité est un peu inférieur, autour de 35 %. Ces valeurs sont très fluctuantes en fonction du contexte. Les famines et les épidémies entraînent des crises démographiques marquées par de graves *clochers de surmortalité*, où les décès l'emportent nettement sur les naissances, ainsi que par une chute de la nuptialité. Cette démographie se régule de manière homéostatique, par l'équilibre de forces contraires. La très forte mortalité est compensée par une forte fécondité. L'absence de contraception est contrebalancée par un âge tardif au mariage, par la chasteté préconjugale ou par le célibat d'une partie de la population (prêtres, domestiques…).

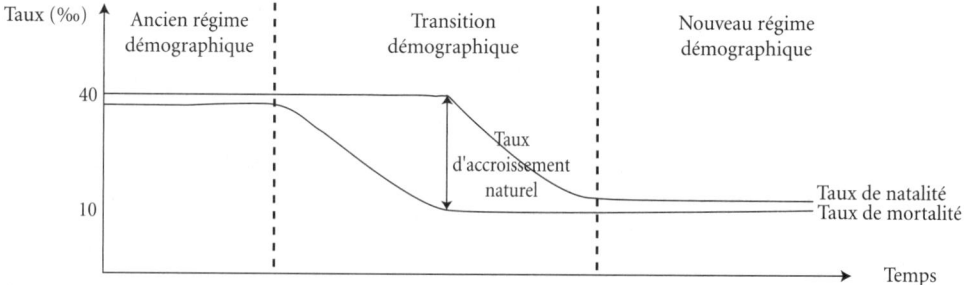

La transition démographique est le passage d'un régime démographique de type ancien (fort taux de natalité, fort taux de mortalité) à un régime démographique de type récent (faible taux de natalité, faible taux de mortalité). Lors de la transition démographique, le taux d'accroissement naturel tend à augmenter, puis à diminuer.

Figure 3 - Le concept de transition démographique

Cette forme de régulation s'effondre à partir du XVIIIe siècle, d'abord en France, dès les années 1720, ensuite en Grande-Bretagne, vers 1750. La transition démographique débute par une baisse sensible du nombre des décès, qui s'explique par un recul des grandes causes de mortalité qui frappaient au XVIIe siècle : déplacements de la guerre hors des frontières jusqu'à la période révolutionnaire, disparition de la peste après 1720-1721, intervention des autorités lors des périodes de disette, progrès relatifs de l'obstétrique et des soins donnés aux nourrissons, etc. Au XIXe siècle, ce recul de la mort est accéléré par les progrès de la médecine tels que la vaccination antivariolique, découverte empiriquement par le médecin anglais Edward Jenner (1749-1823) en 1796. D'une manière générale, la vie mieux maîtrisée, l'éloignement de la mort sont déjà la conséquence d'une forme de développement économique. Cette baisse de la mortalité ne s'accompagne pas d'une chute immédiate de la fécondité, en raison de l'inertie des mentalités. En France, la baisse des conceptions est cependant assez précoce, puisqu'elle s'observe dès les années 1750. En 1778, le démographe Jean-Baptiste Moheau (1745-1794) dénonce déjà des « *funestes secrets* » qui conduisent à la limitation des naissances. En Grande-Bretagne, au contraire, l'amélioration de la conjoncture conduit à une hausse temporaire des naissances de 1750 à 1820. La natalité se stabilise à un niveau élevé (environ 37 %) jusqu'en 1875 et ne régresse durablement qu'ensuite. Ce décalage entre la baisse de la mortalité et celle de la mortalité conduit à une hausse spectaculaire du taux d'accroissement naturel, donc du niveau de la population. Cette hausse n'est, bien entendu, pas partout égale, et les différences géographiques entre les régions en avance et les zones en retard sont grandes. À terme, ce mouvement se généralise cependant à l'ensemble de l'Europe qui voit sa population tripler en un siècle et demi.

Tableau 1 - La population de quelques états européens (1750-1900)
(en millions d'habitants)

	1750	1800	1850	1900
France	23	27,3	35,7	38,9
Grande-Bretagne	7,4	15,0	22,9	38,0
Allemagne	17 ?	23,0	35,9	56,3
Italie	13,6	18,1	24,0	32,4
Russie d'Europe	14,5	36,0	57,0	103,0
Europe	140	187	266	420

b. — Un phénomène accélérateur : la « révolution agricole »

Cherchant à comprendre l'origine de l'écart entre les pays du tiers monde et les pays développés, l'économiste Paul Bairoch a analysé les mécanismes qui ont permis la révolution industrielle, en mettant en avant le rôle essentiel de la révolution agricole (*Le Tiers Monde dans l'impasse*, Paris, 1971). Selon lui, la révolution agricole est un préalable à la révolution industrielle. Elle joue un rôle important dans la mesure où elle conforte la transition démographique en mettant fin aux famines et aux disettes. Sous cet angle même, « *la révolution industrielle est avant tout une révolution agricole qui, dans les sociétés où elle s'est produite, a permis et suscité un développement sans précédent du secteur industriel et minier* ».

Cette « révolution », qui est en réalité un processus lent et progressif, repose d'abord sur l'amélioration des méthodes culturales. La modification des assolements conduit à abandonner la jachère qui stérilisait le tiers ou la moitié des terres arables. Dès le début du XVIIIe siècle, certains grands propriétaires anglais y mettent fin en la remplaçant par des plantes fourragères comme le trèfle, le sainfoin ou la luzerne. Pourvoyeuses d'azote, ces légumineuses permettent à la fois de reconstituer les sols et de maintenir un élevage important, producteur à son tour de fumures. Il est aussi possible de compléter ces nouvelles rotations par l'introduction de plantes sarclées comme le navet ou la pomme de terre. Le changement d'assolement est facilité par l'évolution des structures agraires, notamment par le mouvement des *enclosures*, très important en Angleterre entre 1760 et 1830. La suppression et le partage des biens communaux, souvent initiés par les *landlords*, peuvent être réalisés avec l'accord des habitants, voire sans leur consentement sur l'intervention de la Chambre des Communes. Ce mouvement n'est pas directement à l'origine de l'exode rural, comme on le croyait par le passé, mais il conduit à des changements structurels profonds. Mettant fin à la gestion communautaire des finages, il permet la concentration des exploitations et le remembrement des terres, désormais clôturées, conduisant à l'émergence d'une grande propriété animée d'une logique de rentabilité. À ces évolutions s'ajoutent des progrès dans la sélection des semences, dans la sélection génétique des animaux, et l'emploi croissant des engrais naturels puis chimiques, qui font considérablement augmenter la productivité agricole.

Pour Paul Bairoch, les progrès agricoles sont le moteur du démarrage industriel. L'apparition de nouveaux profits a accéléré la mécanisation et la diffusion d'instruments agricoles plus puissants et plus perfectionnés. Les charrues en acier, comme la charrue de Dombasle (vers 1820), la charrue défonceuse de Bonnet ou le Brabant bisoc, permettent de travailler le sol en profondeur. Le rouleau brise-mottes est inventé en 1840 en Angleterre par Croskill. Des faucheuses-moissonneuses, des faneuses mécaniques comme celle de Nicholson (vers 1860) sont mises au point pour faciliter les récoltes. Les batteuses mécaniques à vapeur font leur apparition dans les fermes dès les années 1840. Cette amélioration de l'outillage agricole conduit à une très forte augmentation de la demande en fer, à l'origine de l'essor de la sidérurgie et des industries mécaniques, parfois même avant l'invention du chemin de fer.

Cette interprétation fait de la révolution agricole un « *déterminisme* » qui rend « *difficile, sinon impossible, un démarrage substantiel sans développement préalable ou, du moins, concomitant de l'agriculture* ». On notera toutefois que ce modèle, élaboré à partir de l'exemple britannique, est parfois démenti ou du moins très nuancé par les faits. Les agriculteurs britanniques sont effectivement les premiers à avoir relevé le défi de la croissance démographique. Mais en France, la révolution agricole est longtemps un « *faux semblant* » (Michel Morineau). Malgré la prospérité de certaines régions comme les Flandres ou le Cambraisis, la croissance agricole ne compense nullement la pression démographique avant 1840. À cette date, le monde des campagnes est encore un « monde plein », qui souffre cruellement de la surpopulation. Il faut attendre le milieu du XIXe siècle pour que des évolutions similaires à celle de l'Angleterre se généralisent, alors que la révolution industrielle est déjà commencée. En Allemagne ou au Japon, enfin, les progrès agricoles n'ont pas du tout eu la même importance.

c. — Le poids des mentalités

Plus anciennement, le sociologue allemand Max Weber (1864-1920) avait insisté sur une autre cause de l'essor du capitalisme, liée aux mentalités. Dans *L'éthique protestante et l'esprit du capitalisme* (1905), ce sociologue notait que le capitalisme contemporain était plus qu'une forme particulière de production, et correspondait à une révolution culturelle, dont les sources étaient à rechercher dans une révolution du système de valeurs. Il remarquait aussi que le capitalisme s'était d'abord répandu dans des régions protestantes comme la Grande-Bretagne, les Pays-Bas et l'Allemagne, mettant ce phénomène en relation avec le poids de la religion. Dans les pays catholiques, le salut s'obtient par les œuvres et par l'imitation du Christ. La richesse et le profit sont moralement condamnés dans la mesure où ils éloignent le fidèle de cet idéal. Dans les pays protestants, le salut est obtenu dès la naissance, par la prédestination. La réussite sociale est, comme la foi, une preuve de la volonté divine : la religion ne condamne pas l'enrichissement et l'esprit d'entreprise. Au contraire, « *la répugnance au travail est le symptôme d'une absence de grâce* ». Gaspiller son temps est assimilé à un péché et « *chaque heure perdue est soustraite au travail qui concourt à la gloire de Dieu* ». L'idéal restant ascétique, les mentalités poussent enfin au réinvestissement systématique des profits, et non à leur utilisation pour une jouissance immédiate.

En ce sens, les valeurs du « protestantisme ascétique » rejoignent exactement celles du capitalisme. Si cette interprétation est séduisante, elle gomme tout autant de nuances et n'explique pas pourquoi certaines régions catholiques comme les Flandres, le Brabant, l'Artois ou la Lorraine se sont développées au même rythme et au même moment que des régions protestantes.

2. – Le moteur de la croissance : le processus d'innovation

Si la révolution industrielle a pu être favorisée par des phénomènes connexes qui ont pu accélérer la croissance économique, l'innovation est à l'origine de l'ensemble du processus d'industrialisation. Son rôle est incontestable, même si son origine reste encore controversée.

a. — L'accumulation primitive

L'accumulation primitive est une notion d'origine marxiste, qui désigne le processus produisant les conditions nécessaires à la naissance du capitalisme. Ce processus prend en partie la forme d'une accumulation de capitaux, soit par le commerce colonial, soit par la vente des surplus agricoles permis par l'accroissement des rendements. Mais l'accumulation primitive peut prendre aussi la forme d'une concentration des terres. Selon cette optique, le mouvement anglais des *enclosures* est interprété comme une victoire des grands propriétaires fonciers sur la petite paysannerie, conduisant à la disparition des petits exploitants sans titres (*cottagers*) qui viennent gonfler la masse des prolétaires. Cette accumulation est déjà la manifestation d'une logique capitaliste. L'abandon de la simple reproduction du capital pour son accroissement permet un développement jusqu'alors inconnu des forces productives en augmentant les possibilités d'investissement.

Les thèses de l'économiste libéral américain W. W. Rostow s'appuient d'une certaine manière sur une analyse un peu comparable, même si leur portée est fondamentalement différente (*Les étapes de la croissance économique*, 1960). Pour assurer son take-off, toute société doit passer, à l'exemple de la Grande-Bretagne, par une étape préalable au développement. Les transformations agricoles sont d'autant plus décisives qu'elles permettent de nourrir une population croissante tout en dégageant des profits nécessaires pour financer les investissements, accroître la demande de produits industriels, permettre à l'État de s'engager dans une grande politique d'infrastructures, etc. L'étape du démarrage économique, ou take-off est alors franchie lorsque le taux d'épargne et d'investissement passe de 5 à 10 % du revenu national.

b. — La proto-industrialisation et l'accumulation de savoir-faire

Poussant leurs investigations sur des périodes plus longues, les historiens ont aussi insisté sur les héritages, souvent anciens, en termes de savoir-faire, de formation et de concentration de la main-d'œuvre. La première révolution industrielle marque une rupture dans les systèmes de production, mais il va de soi que l'industrie n'apparaît pas *ex nihilo* au XIXᵉ siècle. L'époque dite « préindustrielle » connaît des formes spécifiques d'industrie, même si les activités de transformation restent encore minoritaires dans l'économie. Il est possible de distinguer trois types d'activités industrielles : la grande industrie manufacturière (verreries, tapisserie de luxe…), l'artisanat urbain et la proto-industrie. Le modèle de la proto-industrialisation a été proposé par l'historien américain F. Franklin Mendels en 1969 (*Industrialization and Population Pressure in XVIIIth Century*

Flanders). Forgé à partir du mot grec *protos* (premier), le terme désigne l'une des premières formes d'industrie, antérieure à la révolution industrielle.

Cette notion doit satisfaire à quatre exigences :

– Il s'agit d'une industrie rurale, réalisée dans le cadre du domestic system, qui fournit aux populations paysannes des ressources supplémentaires pour assurer leur subsistance.

– Il existe une complémentarité entre la proto-industrie et les structures agricoles. L'activité industrielle est saisonnière et s'intercale entre les travaux des champs, le paysan travaillant pour son propre compte ou pour le compte de grandes exploitations.

– Les relations entre villes et campagnes restent étroites : le travail est commandé par des marchands urbains ou par des propriétaires fonciers cherchant à diversifier leurs revenus. Les dernières phases d'élaboration du produit sont souvent faites en ville par des artisans plus spécialisés.

– Contrairement à l'artisanat traditionnel, la production finale est destinée à un marché extra-régional et parfois même extranational.

Avant la mécanisation, le textile représente l'exemple le plus abouti d'activité proto-industrielle. Dès le XVIe siècle, les ateliers ruraux se chargent des opérations les plus simples, nécessitant le moins de capitaux, comme la filature ou le tissage du lin et du chanvre. La proto-industrie fournit des ressources complémentaires, corrigeant le déséquilibre entre l'insuffisance des activités agricoles et la surcharge démographique. Les liens de dépendance avec la ville sont souvent complexes. Dans le plus simple des cas, les marchands urbains entretiennent des relations directes avec les fileurs-tisserands des campagnes. En général, un fabricant urbain apporte la matière première, puis revend les toiles à un négociant qui les fait apprêter avant de les commercialiser. Dans tous les cas, le travailleur rural ne maîtrise ni la fourniture, ni la vente. Pris entre l'amont et l'aval, il apporte surtout sa force de travail, 20 à 50 % moins chère qu'à la ville. L'artisanat urbain, souvent intégré dans le cadre de corporations, se charge donc essentiellement des apprêts et de la finition, qui nécessite davantage de technicité et dégage une plus haute valeur ajoutée.

On observe assez souvent cette phase préliminaire proto-industrielle dans les grandes régions européennes qui s'industrialisent au XIXe siècle, ce qui laisse supposer que cette étape les prépare à l'industrialisation proprement dite. La proto-industrie enrichit non seulement le marchand urbain, mais aussi une partie du monde rural, principalement les plus riches agriculteurs et les propriétaires fonciers. L'accumulation de capitaux rend alors plus facile le passage à la constitution d'ateliers et à la mécanisation. Cette forme d'activité est aussi un apprentissage du négoce, et c'est à cette école que se recrutent les premiers patrons d'industrie. En contrepartie, la multiplication des ateliers ruraux modifie l'équilibre démographique en permettant le maintien sur place de la population en surplus. La proto-industrie entretient et aggrave le surpeuplement rural et son corollaire, le morcellement des terres. En ce sens, « *la proto-industrie est fille de la misère* » (Denis Woronoff). Paradoxalement, cette situation difficile est souvent un atout pour l'industrialisation, car ces régions présentent l'avantage de fournir une main d'œuvre assez qualifiée, peu exigeante et d'un coût modeste.

Le modèle proposé par Franklin Mendels a suscité de nombreuses polémiques, notamment parce qu'il ne peut s'appliquer systématiquement à toutes les régions. La proto-industrie a effectivement cédé la place à l'industrie dans les Flandres, la Rhénanie ou l'Alsace. Mais la Bretagne, l'Irlande ou l'ouest du bassin de Londres, qui connaissaient de multiples formes d'activités proto-industrielles, n'ont pas réussi à passer à des formes d'activité plus élaborées. Tous les spécialistes, cependant, sont d'accord pour reconnaître les liens entre la densité des ateliers domestiques et la pression démographique. La question essentielle reste le rapport entre la formation de la main-d'œuvre et le progrès technique. Si la simultanéité des phénomènes, dans le temps comme dans l'espace, suggère une relation, on objectera toutefois que les techniques et les modes d'organisation mis en œuvre dans les petits ateliers domestiques et dans les fabriques mécanisées diffèrent souvent du tout au tout.

c. — L'innovation comme solution à des phénomènes de blocages

L'économiste autrichien Joseph Alois Schumpeter avait remarqué, dès 1912, que la conjoncture économique des pays développés était étroitement en relation avec l'innovation (*Théorie de l'évolution économique*, Éd. française 1935). Initiée par l'entrepreneur, l'innovation peut prendre différentes formes :

– de nouvelles énergies et de nouvelles matières premières (coton, charbon et acier) ;

– de nouvelles méthodes de production ou de nouveaux procédés commerciaux (mécanisation, factory system) ;

– de nouveaux produits (engrais chimiques…) ;

– de nouveaux débouchés (colonies, pays en cours d'industrialisation) ;

– de nouvelles formes de gestion des entreprises (Konzern).

Ces innovations surviennent par « grappes » ou « essaims » et se généralisent par diffusion, entraînant l'économie dans une croissance cyclique. La révolution industrielle n'est donc pas un processus uniforme et linéaire. En Grande-Bretagne, par exemple, la croissance de la fin du XVIIIe siècle repose surtout sur la diffusion de la machine à vapeur et du métier à tisser. Cette croissance, on l'a vu, est relancée dans les années 1840 par la construction des réseaux de chemin de fer et l'essor spectaculaire de la sidérurgie, mais elle s'essouffle au bout d'une trentaine d'années, lorsque le pays est équipé. Il faut alors attendre le milieu des années 1890 pour que de nouvelles innovations comme l'électricité et le moteur à explosion puissent générer une croissance nouvelle. L'innovation est alors vue comme une réponse à une conjoncture déprimée : « *Chaque conjoncture prend essor dans une branche ou dans quelques branches* […]. *Les premiers entrepreneurs suppriment les obstacles pour les autres, non seulement dans la branche de production où ils apparaissent, mais aussi, ils les suppriment* ipso facto *dans les autres branches de production* ».

Si cette théorie tente d'expliquer le caractère cyclique des innovations de l'ère industrielle, elle ne répond pas totalement au problème de l'origine première des révolutions industrielle, énergétique et agricole. Le changement technique ne correspond pas à un bouleversement complet des formes de production, mais à des adaptations successives. Jusqu'au milieu du XIXe siècle, les liens entre la technologie et les sciences restent limités. Les innovations techniques ne résultent pas encore de découvertes scientifiques révolutionnaires, mais d'une accumulation d'innovations mineures, de laborieuses mises au point, qui en induisent d'autres en cascade, transformant en profondeur, mais à un rythme lent, le système technique antérieur.

Le plus souvent, l'innovation est le remède à un déficit structurel. L'essor du XIXe siècle fait suite à une période de croissance déjà affirmée au XVIIIe siècle. L'industrialisation n'est donc pas directement à l'origine du processus de croissance, même si elle tend considérablement à la renforcer. Mais cette croissance préindustrielle reste limitée par les contradictions du système économique et technique d'Ancien Régime : croissance démographique sans révolution agricole, croissance industrielle sans révolution énergétique. L'accroissement démographique s'accomplit en effet sous le signe d'une forte tension alimentaire. Cette tension est déjà patente dans les années 1770. En 1774, alors que la France et l'Italie manquent de grains, la Grande-Bretagne interrompt définitivement ses exportations céréalières vers le continent. En raison des secours prodigués par les édiles, les famines régressent dans de nombreux pays au profit des disettes. Mais la détérioration des récoltes entre 1768 et 1775, en 1789, 1793-1795, 1815-1816 ou, pire encore, 1846-1847, témoigne de manière récurrente du fragile équilibre entre les ressources et la population. Cette tension alimentaire conduit bon gré mal gré à recourir à des aliments de substitution, déjà connus de longue date mais dont la nécessité d'emploi ne s'était pas partout imposée : sarrasin, maïs, pomme de terre pour les plus connus. En maintenant des prix élevés jusqu'aux années 1870, elle est le plus fort moteur des innovations agricoles. Dans la seconde moitié du XIXe siècle, la perspective d'une pénurie alimentaire s'éloigne pas à pas, d'abord en Angleterre, puis en France et dans le reste de l'Europe. En ce sens, la « révolution agricole » peut être interprétée comme une réponse à la crise alimentaire induite par la transition démographique. Au cours du XVIIIe siècle, la hausse de la population, la démocratisation relative du chauffage et la croissance de la production industrielle tendent par ailleurs à faire considérablement augmenter la consommation de bois. La production forestière ne suit plus et le prix du combustible connaît une croissance exponentielle, obligeant une partie des consommateurs à se rabattre sur des ersatz de bois comme la tourbe. Le progrès industriel est fruit de la nécessité. La crise forestière, totalement incompressible, conduit bon gré mal gré à changer de système énergétique en adaptant les appareils au charbon de terre. En ce sens, la « révolution énergétique et technologique » peut aussi être interprétée comme une réponse à la crise forestière.

Dans le détail, les rapports sont bien sûr plus complexes. Le progrès technique tend à être autocorrélé, c'est-à-dire qu'il génère d'autres progrès à la chaîne. Dans le textile tout particulièrement, les progrès d'un secteur créent un goulot d'étranglement dans le secteur complémentaire, engendrant une suite d'innovations d'amont en aval. Dans la seconde moitié du XVIIIe siècle, la succession rapide des inventions tend à démontrer l'idée que l'innovation constitue le moyen de mettre fin à des engorgements qui se présentent de manière successive dans des activités complémentaires. Il faut toutefois noter que le goulot d'étranglement n'apparaît seulement que lorsque d'autres contraintes, comme la raréfaction ou le coût du travail, ne permettent plus une autre affectation des ressources, car l'innovation résulte aussi de la dotation particulière en main-d'œuvre ou en matière première. Ici, l'abondance des hommes, la prise en compte de leur savoir-faire, conduisent à maintenir des modes de production traditionnels, encore rentables. Là, la rareté du travail et l'abondance des ressources naturelles, la cherté d'une source d'énergie et le faible coût d'une autre précipitent les orientations. L'innovation dépend alors davantage des conditions locales que d'un mouvement général inexorable. S'explique alors la longue dualité entre un secteur « moderne » qui ne dégage souvent pas de bénéfices substantiels immédiats, et un secteur « traditionnel », qui bénéficie encore de nombreux atouts et ne cède la place que lentement.

La notion de révolution industrielle a surtout été remise en cause en raison de la relative lenteur des changements. Les évolutions, souvent précoces, s'étalent sur une période qui dépasse le siècle et ne s'imposent véritablement que dans les années 1880 au moment où s'annonce déjà une nouvelle phase, plus rapide, de progrès technologiques. Durant ce temps, les anciennes formes de production ont souvent réussi à se maintenir, parfois à prospérer, avant d'être mises à mal par la Grande Dépression des années 1873-1896. Le XIXe siècle maintient une économie originale, marquée par sa dualité, qui fait la transition entre l'ancien régime économique et les violents bouleversements du XXe siècle. Cependant, par bien des côtés, ce concept conserve encore toute sa pertinence. L'économie entre dans un âge de progrès techniques accélérés qui se poursuit jusqu'à aujourd'hui. Origine majeure de la hausse de productivité, l'innovation bouleverse l'ensemble des équilibres anciens. Étroitement liée aux progrès agricoles, la révolution industrielle induit des changements structurels majeurs, notamment sur le plan de la répartition spatiale et sectorielle de la main-d'œuvre. Au cours du XIXᵉ siècle, les pays en cours d'industrialisation rentrent dans une nouvelle ère, marquée par des logiques économiques fondamentalement différentes de celles du passé. Ces évolutions profondes posent aussi la question du choix d'un système économique, en stimulant la réflexion théorique.

LA NAISSANCE DE L'ÉCONOMIE POLITIQUE

La pensée économique moderne s'est constituée au XIXᵉ siècle. Dès la fin du XVIIIᵉ siècle, Adam Smith avait jeté les bases du courant libéral contemporain ; mais avant lui, les mercantilistes recherchaient déjà les moyens d'enrichir les nations et les physiocrates prônaient le libéralisme.

A LA CONSTITUTION DE LA PENSÉE ÉCONOMIQUE

Les deux premiers grands courants économiques sont le courant mercantiliste et le courant physiocrate. Tous deux sont très différents l'un de l'autre car, selon le premier, l'État doit forcément intervenir dans l'économie alors que selon le second, il existe un ordre naturel qu'il ne faut pas perturber.

1. – Le courant mercantiliste

a. — Les principes généraux du mercantilisme

Le mercantilisme est un courant économique qui a débuté au XVIᵉ siècle et a duré jusqu'au XVIIIᵉ siècle. Les mercantilistes considèrent que la richesse est avant tout monétaire et fondée sur la possession des métaux précieux. Ils pensent que l'État doit intervenir dans l'économie pour favoriser cet enrichissement monétaire.

La pratique mercantiliste diffère suivant les pays :

– Le premier mercantilisme est espagnol ; c'est un mercantilisme « chryshédoniste » (le plaisir provient de l'or) ou « bullioniste » (du mot anglais, *bullion*, signifiant lingot) qui considère qu'il faut accroître les richesses en or grâce aux mines des colonies et surtout l'empêcher de quitter les frontières. Bodin avait critiqué cette conception de l'enrichissement en mettant en évidence que ce qui donne sa valeur à l'or est la rareté.

– Selon le mercantilisme anglais, il faut exporter le plus possible aux prix les plus élevés, et importer le moins possible. Cela permet de dégager un excédent commercial qui fait rentrer de l'or dans le pays. Le mercantilisme anglais est donc avant tout un mercantilisme protectionniste dont les deux mesures les plus symboliques sont les *corn laws* de 1773 qui interdisent toute importation de blé et les actes de navigation de Cromwell de 1651 qui interdisent toute importation acheminée par des bateaux autres que les bateaux anglais ou de la nationalité du pays exportateur.

– Selon le mercantilisme français, il faut développer l'activité manufacturière. Les importations doivent se limiter aux matières premières, tandis qu'il faut exporter des produits manufacturés à prix élevé. Le mercantilisme français, qui a connu son apogée avec le colbertisme, préconise donc un protectionnisme sélectif et une politique industrielle de création et de développement de manufactures d'État et de manufactures royales.

b. — *La pensée de trois mercantilistes français : Antoine de Montchrestien, Jean Bodin et Jean-Baptiste Colbert*

■ La pensée de Jean Bodin (1530-1596)

Penseur politique français, Jean Bodin s'intéresse à la vie de la cité et cherche à trouver une réponse à l'ensemble des problèmes de son temps. Il a notamment écrit *La réponse aux paradoxes de Malestroit* et *Les six livres de la République*.

La pensée de Bodin se différencie de celle de son époque car il affirme que l'abondance des métaux précieux n'est pas un facteur d'enrichissement. Au contraire, celle-ci provoque une augmentation des prix et donc n'enrichit pas réellement le pays.

« *La principale cause qui enchérit toutes choses en quelque lieu que ce soit est l'abondance de ce qui donne estimation et prix aux choses* ». Ainsi, Bodin annonce la théorie quantitative de la monnaie. Selon lui, « *il ne faut jamais craindre qu'il y ait trop de sujets, trop de citoyens : il n'y a de richesses ni force que d'hommes* ». C'est donc la croissance démographique qui fait la prospérité et le dynamisme des nations. Cette pensée a pu servir d'argument à tout un courant antimalthusien, alors que Bodin apporte surtout une vision humaniste de la politique et de l'économie, en démontrant que la vraie richesse n'est pas forcément matérielle et que la force d'un pays réside toujours dans le dynamisme de sa population.

■ La pensée d'Antoine de Montchrestien (1575-1621)

À la suite d'un duel meurtrier, Antoine de Montchrestien s'enfuit en Angleterre en 1605 par crainte de la justice. À cette occasion, il est frappé par le contraste qui existe entre la prospérité de la Grande-Bretagne et les difficultés de l'économie française. Son ouvrage, *Traité d'Économie politique*, a donc pour but de donner des conseils afin de redresser l'économie de la France.

Il considère que les problèmes proviennent d'un déficit de la balance du commerce. Selon lui, la vraie richesse résulte de la quantité de biens dont une économie dispose : « *ce n'est point l'abondance d'or et d'argent, la quantité de perles et de diamants, qui fait les États riches et opulents ; c'est l'accommodement des choses nécessaires à la vie* ». Si les métaux précieux sont nécessaires, c'est parce qu'ils sont indispensables aux échanges : « *il faut de l'argent et, n'en ayant point en notre crû, il faut en avoir des étrangers* ». Il pense qu'il sort davantage de métaux précieux de France qu'il n'en rentre car les traités de commerce ne sont pas équitables et défavorisent la France au profit des autres pays. La politique royale doit donc chercher à rétablir la balance du commerce. En effet, la France dispose de nombreux atouts : la population y est abondante, les terres fertiles, les sources de richesses nombreuses, mais tout cela doit être mis en valeur. Pour ce faire, l'État doit intervenir dans trois directions principales :

– Il faut favoriser l'établissement de manufactures, ce qui permet non seulement de réduire les importations, mais aussi d'accroître les exportations.

– Il faut renforcer la réglementation. Celle-ci doit défavoriser les marchands étrangers grâce à de lourdes taxes et à la prohibition de certains produits. Il faut aussi réglementer les métiers pour supprimer les fraudes et les défauts de fabrication.

– Le roi doit assurer l'essor du commerce maritime car la marine est un gage de puissance et de gloire. Pour cela, il faut créer des compagnies de commerce à l'image de la Compagnie des Indes orientales et mener une politique d'expansion coloniale.

La politique protectionniste, manufacturière et coloniale préconisée par Montchrestien a été timidement engagée par Henri IV, mais elle n'est réellement appliquée qu'un demi-siècle plus tard par Jean-Baptiste Colbert.

■ La pensée de Jean-Baptiste Colbert (1619-1683)

Contrôleur général des finances, secrétaire d'État à la maison du roi et à la marine, Colbert a conduit une politique industrielle et commerciale.

« Le commerce, universellement, consiste en la liberté à toutes personnes d'acheter et vendre, et en la multiplicité des acheteurs. Tout ce qui tend à restreindre la liberté et le nombre de marchands ne peut rien valoir. » Les principes de Colbert sont donc très libéraux. Pourtant, il considère que l'État a de nombreux devoirs :

– L'État doit favoriser le retour à la stabilité économique intérieure. Pour cela, il doit gérer sainement l'économie en se gardant de s'endetter ; la collecte des impôts doit être centralisée et faite avec rigueur.

– L'État doit *« mener une guerre d'argent contre tous les États de l'Europe »*. La quantité de monnaie en circulation en Europe étant relativement stable, tout progrès économique national se fait au détriment d'autres nations. En effet, pour qu'un pays s'enrichisse, la balance du commerce doit être excédentaire et pour cela, l'État a un rôle qui tient en trois points : *« augmenter l'argent dans le commerce public en l'attirant des pays d'où il vient, en le conservant au-dedans du royaume et en empêchant qu'il n'en sorte et en donnant aux hommes les moyens d'en tirer profit »*. Cela est facilité par la situation de la France : *« Ce royaume a tout généralement en soi-même, si l'on excepte très peu de choses ; mais il n'en est pas de même des États qui lui confinent : ils n'ont ni vin, ni blé, ni sel, ni chanvre, ni eau-de-vie et il faut de toute nécessité qu'ils aient recours à nous pour en avoir »*.

– L'État doit mener une politique protectionniste dont les principales modalités sont le relèvement systématique des droits de douane – notamment afin de protéger les nouvelles industries – et l'interdiction d'exporter des céréales.

– L'État doit encourager la création de manufactures et de compagnies de commerce. Cela devrait permettre d'augmenter la production et les exportations et de faire baisser les importations.

– L'État doit améliorer les infrastructures et stimuler l'exploitation des ressources nationales.

Colbert est à la fois un théoricien et un praticien. Il pose les bases des pratiques interventionnistes et réglementaristes d'une tradition « colbertiste » de l'État en France qui subsiste encore de nos jours. Mais sa politique sera critiquée par les physiocrates qui lui reprochent un poids trop important de l'État et qui s'opposent à l'interdiction d'exporter des grains.

2. – Les prémices de la pensée libérale : l'école physiocrate

C'est au XVIIIe siècle que commence à émerger une pensée réellement libérale.

a. — Un annonciateur de la physiocratie : Richard Cantillon

Au début du XVIIIe siècle, la pensée mercantiliste domine encore. Sans s'en affranchir totalement, Richard Cantillon est un des premiers économistes à s'en démarquer :
– il pense que la richesse provient de la terre et du travail ;
– il croit en l'ordre naturel ; l'économie s'équilibre naturellement et les prix contribuent à cet équilibre ; même la population s'équilibre naturellement aux besoins de l'économie car les migrations, la mortalité et la nuptialité dépendent des ressources mises à disposition ;
– la répartition des activités s'explique par le jeu des marchés et des prix.

Lu et diffusé par l'entourage de François Quesnay, l'*Essai sur la nature du commerce en général*, le principal ouvrage de Cantillon, influence les physiocrates qui développent la primauté de la terre.

b. — L'école physiocrate

Les physiocrates, menés par François Quesnay (1694-1774) réagissent contre les mercantilistes car ils pensent que l'enrichissement monétaire ne doit pas être l'objectif de l'économie ; seules les productions agricoles constituent de véritables richesses.

L'agriculture est la seule activité qui permette de produire un surplus au-delà des matériaux utilisés, c'est-à-dire un « produit net ». L'activité manufacturière est stérile car elle transforme les richesses, mais n'en crée pas ; la seule utilité de l'industrie est de fournir à l'agriculture des biens de production que les physiocrates nomment « avances » et dont l'utilisation permet d'augmenter les rendements. Avec les physiocrates, la richesse devient matérielle et non plus, comme l'affirmaient les mercantilistes, uniquement monétaire.

Le *Tableau économique* (1758) de Quesnay représente la circulation des flux réels et monétaires et constitue donc la première tentative de circuit économique et de comptabilité nationale. Par le jeu des échanges, les dépenses des uns sont les gains des autres. Les physiocrates distinguent trois classes d'agents économiques liés entre eux : la classe des agriculteurs qui est la classe productive ; la classe des propriétaires fonciers ; la classe urbaine qu'ils nomment classe stérile.

Dans l'exemple proposé par Quesnay, les agriculteurs produisent l'équivalent de 5 milliards en produits agricoles ; ils conservent l'équivalent de 2 milliards pour pourvoir à leur entretien et pour faire des « avances » à la terre ; en vendent les 3 milliards restants aux deux autres classes. Grâce à cette vente de 3 milliards, ils peuvent payer le produit net (création nette de marchandise qui constitue le revenu des propriétaires) et acheter à la classe stérile des produits finis, qui serviront d'avances.

Les avances qui comprennent l'achat d'outils, d'engrais et de semences permettent le progrès agricole ; Quesnay considère que ces avances peuvent être menacées par des taxes trop lourdes qui grèvent le revenu des agriculteurs, par les dépenses non agricoles de la classe stérile et de celle des propriétaires si elles sont trop fortes et par le manque de liberté d'exporter des produits agricoles. Il est nécessaire de réduire les impôts et d'assurer la liberté de l'économie.

Les physiocrates sont les premiers libéraux ; ils considèrent que l'État ne doit pas intervenir dans l'économie et qu'il doit respecter les lois physiques qui la guident (d'où le nom de « physiocrates »). Les intérêts individuels et surtout ceux des agriculteurs sont conformes à l'intérêt général. Il faut respecter l'ordre naturel de l'économie et respecter la propriété privée.

Les physiocrates sont libre-échangistes et s'opposent au protectionnisme de Colbert qui limite les exportations de blé. Ils considèrent au contraire qu'il faut favoriser les exportations de blé et l'augmentation du prix des produits agricoles afin d'encourager les agriculteurs à accroître leur production et donc le produit net. Ils sont à l'origine de trois avancées considérables de la pensée économique : ils sont les premiers libéraux, ils prônent l'enrichissement matériel et non monétaire et ils ont créé le premier circuit économique.

B LA CONSTITUTION DU COURANT LIBÉRAL MODERNE

Le libéralisme repose sur deux principes fondateurs :
– Le respect de l'ordre naturel. L'État ne doit pas intervenir dans l'économie. Ce point de vue déjà présent chez les physiocrates, se retrouve chez les classiques qui défendent le libéralisme et le libre-échangisme et chez les néoclassiques qui pensent que si les conditions de la concurrence pure et parfaite sont respectées, l'économie est en équilibre général et l'optimum est atteint.
– Les comportements individuels s'agrègent harmonieusement. Chaque individu, en recherchant son intérêt personnel, œuvre « inintentionnellement » pour l'intérêt général. Les libéraux sont des utilitaristes car ils affirment que la motivation principale de chacun est de chercher à maximiser son utilité c'est-à-dire son degré de satisfaction et que la société idéale est celle qui permet de maximiser l'utilité totale.

1. – Les classiques anglais

La révolution industrielle au XVIIIᵉ siècle révèle un nouveau courant de pensée, fondement de la pensée économique moderne. Les idées principales de l'école classique sont l'harmonie des intérêts individuels, le respect de l'ordre naturel et donc la nécessaire non-intervention de l'État dans l'économie.

a. – Le fondateur de l'économie libérale moderne : Adam Smith (1723-1791)

Les premiers travaux d'Adam Smith sont philosophiques : il affirme que l'homme est un être social qui recherche d'abord à se rendre sympathique et à faire approuver ses comportements par ses proches.

Adam Smith est avant tout le fondateur du libéralisme moderne. Il considère que, contrairement à ce qu'affirment les mercantilistes, la véritable richesse n'est pas l'or, mais le produit que l'on peut consommer. La richesse provient donc de la production matérielle ; le but de l'ouvrage de Smith (*Recherches sur la nature et la cause de la richesse des nations*, 1776) est de déterminer les moyens d'accroître cette production afin d'enrichir la nation.

■ **La valeur des marchandises**
Pour Adam Smith, il faut distinguer la valeur en usage de la valeur en échange. La valeur en usage résulte de l'utilité de la marchandise et la valeur en échange exprime la faculté que donne la possession de cette marchandise pour acheter d'autres marchandises ; la valeur en échange représente donc le prix réel de la marchandise. « *Il n'y a rien de plus utile que l'eau, mais elle ne peut presque rien acheter ; à peine y a-t-il moyen de rien avoir en échange. Un diamant au contraire n'a presque aucune valeur quant à l'usage, mais on trouvera fréquemment à l'échanger contre une très grande quantité d'autres marchandises.* »

La valeur en échange des marchandises provient du travail nécessaire à leur production. Lorsque quelqu'un achète une marchandise, il achète en réalité le travail d'autrui. « *Le travail est la mesure réelle de la valeur échangeable de toute marchandise.* » La valeur des marchandises provient donc de la quantité de travail nécessaire pour les produire.

L'unité utilisée lors de l'achat d'une marchandise n'est pas le travail, qui est pourtant la mesure réelle de la valeur, car chaque unité de travail n'est pas identique. On utilise donc l'or et l'argent qui sont des marchandises dont la valeur résulte de la quantité de travail nécessaire pour les extraire et pour les apporter sur le marché.

Les métaux précieux ne peuvent mesurer la valeur réelle des marchandises ; le travail est leur prix réel. « *Par exemple, chez un peuple de chasseurs, s'il en coûte habituellement deux fois plus de peine pour tuer un castor que pour tuer un daim, naturellement un castor s'échangera contre deux daims et vaudra deux daims.* »

■ Comment augmenter la richesse des nations ?

Le premier moyen d'augmenter la production est de diviser le travail. Par son célèbre exemple de la manufacture d'épingles, Smith montre que la division du travail est le facteur principal de l'accroissement de la productivité. Trois raisons principales expliquent que la division du travail permet d'augmenter la force productive :

– l'accroissement de l'habileté : « *la division du travail, en réduisant la tâche de chaque homme à quelque opération très simple et en faisant de cette opération la seule occupation de sa vie, lui fait acquérir nécessairement une grande dextérité* » ;

– le temps gagné à ne pas passer continuellement d'une tâche à une autre ;

– l'emploi des machines que la division du travail rend possible.

Le deuxième moyen est de laisser les individus s'enrichir, car en œuvrant pour leur intérêt personnel, ils enrichissent la nation tout entière : c'est la fameuse notion de la « main invisible ».

Pour s'enrichir, il faut aussi se procurer les produits aux meilleurs prix. Sur le marché intérieur, cela peut être permis par la concurrence que se livrent les différentes industries. Il est aussi possible d'acheter à l'extérieur ce qui y est moins cher. Smith préconise donc le libre-échange et il comprend que celui-ci mène inévitablement à la spécialisation internationale qui est fortement souhaitable car elle permet d'optimiser les avantages de chaque pays. Il montre ainsi (cette théorie sera appelée plus tard *théorie des avantages absolus*) que chaque pays a intérêt à se spécialiser dans les produits pour lesquels il est le plus avantagé (ceux qui nécessitent le moins de travail pour les produire). « *Quels que soient les pays entre lesquels s'établit le commerce, il procure à chacun de ces pays deux avantages distincts. Il emporte ce superflu du produit de leur terre et de leur travail pour lequel il n'y a pas de demande chez eux, et à la place il rapporte en retour quelque autre chose qui y est demandée.* »

Smith croit au nécessaire respect de l'ordre naturel. L'économie s'équilibre automatiquement et l'État ne doit pas intervenir dans son fonctionnement. Le rôle de cet État minimal se limite à trois fonctions, deux régaliennes et une tutélaire : l'État doit à la fois protéger la nation contre les autres nations (armée), les individus contre l'injustice et l'oppression (justice et police) et s'occuper des travaux d'infrastructures nécessaires pour le développement économique et non rentables pour le secteur privé comme le creusement des canaux ou la construction des ponts.

L'analyse de Smith est d'une grande richesse ; de nombreux auteurs s'en sont inspirés, comme bien sûr le courant classique, mais aussi Marx qui lui emprunte notamment sa théorie de la valeur-travail. C'est dans le courant libéral que l'influence de Smith est la plus forte : l'utilitarisme, l'autorégulation du marché, la théorie quantitative de la monnaie… trouvent leur source dans l'œuvre de Smith. Pourtant, il faut noter que Smith propose un libéralisme modéré ; il accepte certaines interventions de l'État, par exemple dans les échanges extérieurs – il préconise le protectionnisme quand une industrie est nécessaire à la défense du pays, ou en représailles envers une nation protectionniste et il pense qu'il faut ouvrir les frontières progressivement afin de ne pas faire disparaître soudainement des activités – ou pour promouvoir l'éducation des plus déshérités.

b. — Thomas Robert Malthus (1766-1834) et la loi sur la population

En 1795, à Speenhamland, village du centre de l'Angleterre, les juges du Comté décident de créer une sorte de revenu minimum, qui peut même compléter le salaire lorsqu'il est insuffisant. Malthus, pasteur et économiste britannique libéral, s'oppose à ces aides sociales dans son livre paru en 1798 *Essai sur le principe de population*. Il y explique que la pauvreté est due au manque de blé, or ce n'est pas les lois pour les pauvres qui fabriquent du blé ; elles accroissent même la pauvreté en encourageant la natalité.

La loi de la population de Malthus rejette toute action sociale de l'État qu'il accuse de nuire à la régulation démographique. En l'absence d'obstacle à sa croissance, l'augmentation de la population suit une progression géométrique tous les 25 ans, tandis que celle de la production suit une simple progression arithmétique : « *la race humaine croîtrait comme les nombres 1, 2, 4, 8, 16, 32, 64, 128, 256 ; tandis que les subsistances croîtraient comme ceux-ci : 1, 2, 3, 4, 5, 6, 7, 8, 9* ».

Les pauvres sont donc en surnombre et, comme l'écrit Malthus dans la première édition de son ouvrage (ce passage a été supprimé dans les éditions postérieures) : « *Un homme qui est né dans un monde déjà possédé, s'il ne peut obtenir de ses parents la subsistance qu'il peut justement leur demander, et si la société n'a pas besoin de son travail, il n'a aucun droit de réclamer la plus petite portion de nourriture et, en fait, il est de trop au banquet de la nature ; il n'y a pas de couvert vacant pour lui* ».

Deux obstacles permettent de limiter la croissance de la population, les obstacles destructifs et les obstacles privatifs. Les premiers résultent d'une autorégulation de la population. Si celle-ci croît trop fortement par rapport aux ressources dont elle dispose, des famines, des épidémies liées à la sous-alimentation et des guerres dues à la concurrence pour le sol se développent obligatoirement. Cette situation provoque l'augmentation de la mortalité et la « *misère extrême* ». Seuls des obstacles privatifs permettraient de ne pas en arriver là. Il s'agit des actions conscientes des hommes afin de réduire la natalité. Malthus refuse la contraception qu'il considère comme un vice, mais il préconise « *la contrainte morale* » qui consiste dans la réduction des naissances grâce au recul de l'âge du mariage (lui-même ne s'est marié qu'à 38 ans) et la chasteté prénuptiale. Cette solution ne pouvant être imposée autoritairement, il est nécessaire que les pauvres l'adoptent volontairement en se rendant compte que leur intérêt est de diminuer leur natalité. Pour cela, Malthus croit en « *l'utilité de la misère* » et il préconise la suppression de toute charité en faveur des pauvres, pour ne pas les encourager dans leur comportement nataliste : « *Les lois sur les pauvres tendent manifestement à accroître la population, sans rien ajouter aux moyens de subsistance. […] Le vice radical de tous les systèmes de cette nature est d'empirer le sort de ceux qui ne sont pas assistés, et de créer un plus grand nombre de pauvres* ».

Malthus n'envisage pas que la natalité puisse diminuer grâce au changement de mentalités induit par le développement économique. Il n'envisage pas non plus la possibilité que la pression démographique soit un facteur d'augmentation de la demande et de la production car il considère que cette dernière est limitée par des rendements décroissants (« *à mesure que la culture s'étend, les additions annuelles, qu'on peut faire au produit moyen, vont continuellement en diminuant avec une sorte de régularité »*).

Il a toutefois fortement marqué l'histoire de la pensée. Ses thèses sur la sélection naturelle de la population en font un des pères du darwinisme. Il est un précurseur des théoriciens de l'offre (Laffer, Gilder…) qui craignent que les aides sociales et la redistribution encouragent l'oisiveté. Malthus est aussi l'un des premiers économistes à se rendre compte de l'importance de la demande comme stimulant de la production ; ce qui infirme pourtant en partie son principe de population. Dans ses *Principes d'économie politique* publiés en 1820, Malthus s'oppose à J.-B. Say (voir plus loin). Selon lui, l'offre ne crée pas forcément la demande, car une partie des revenus peut être épargnée, ce qui peut provoquer un recul de l'activité économique. Il pense que la loi des débouchés est fausse car les produits ne s'échangent pas uniquement contre des produits, mais beaucoup s'échangent contre du travail ; or certains travaux sont improductifs (comme ceux des domestiques) alors que d'autres sont productifs. Par ailleurs, l'épargne est souvent trop forte : les entrepreneurs capitalistes épargnent une partie importante des revenus qu'ils perçoivent. Il résulte de tout cela que le niveau de la production et le niveau de la demande ne sont pas nécessairement identiques. Le système capitaliste peut donc craindre une insuffisance de débouchés.

c. — La théorie de la répartition et le libre-échangisme de David Ricardo (1772-1823)

Dans *Les principes de l'économie politique et de l'impôt* paru en 1817, l'économiste classique anglais David Ricardo présente sa conception de l'économie. Son ouvrage se compose de deux parties : la première est pessimiste car Ricardo explique que l'économie tend vers un état stationnaire, la seconde est beaucoup plus optimiste puisqu'il y explique les moyens pour reculer l'échéance de cet état stationnaire.

■ La théorie de la répartition

La théorie de la répartition se fonde sur la « théorie de la valeur travail » que Ricardo a reprise à Smith en l'approfondissant. Selon cette théorie, la valeur d'échange des marchandises dépend de la quantité de travail nécessaire pour les produire. Ricardo affirme qu'il faut prendre en considération le travail direct (celui qui produit directement la marchandise) et le travail indirect qui a été nécessaire pour produire les outils et machines. De plus, la valeur travail des marchandises s'établit sur la base des conditions de production les plus difficiles et il est aussi nécessaire de prendre en compte les différences de qualification des travailleurs.

Selon Ricardo, trois catégories sociales se partagent trois sortes de revenu. Les salariés vendent leur travail et reçoivent en contrepartie un salaire de subsistance. Ricardo reprend donc la « loi d'airain » déjà formulée par Turgot qui affirme que le salaire est celui qui permet tout juste de nourrir le travailleur, ainsi que sa famille. Ricardo explique qu'un salaire inférieur est impossible et qu'un salaire supérieur inciterait à la natalité (il reprend la loi de Malthus), augmenterait à terme l'offre de travail et conduirait donc par la loi du marché à une baisse du salaire. Donc *« le prix naturel du travail »* est le montant du salaire permettant *« aux travailleurs de subsister et de perpétuer leur espèce sans variation de leur nombre »*.

Les capitalistes reçoivent un profit égal à la différence entre la valeur des marchandises (qui dépend de la quantité de travail) et le montant des salaires versés. Les propriétaires fonciers reçoivent une rente déterminée par l'écart de rendement de leur terre par rapport à celui de la terre la moins fertile (cette dernière ne donne pas lieu à un paiement de rente). En effet, la valeur des marchandises provenant de la quantité de travail nécessaire pour les produire, le prix du blé dépend de la quantité de travail mise en œuvre sur la terre la moins fertile. Les autres terres vendent le blé au même prix, mais utilisent moins de travail ; c'est cet écart qui est à la base de la rente des propriétaires fonciers.

Selon Ricardo, à long terme, la croissance économique deviendra nulle. Pour faire face à l'accroissement de la demande induit par l'augmentation de la population (loi sur la population de Malthus), il est nécessaire de cultiver de nouvelles terres de moins en moins fertiles, dont le rendement est donc décroissant. Les terres moins fertiles nécessitant plus de travail pour les cultiver, le prix du blé augmente ainsi que, par voie de conséquence, les salaires puisque l'achat de blé est nécessaire à la subsistance. Il en résulte que la rente foncière versée aux propriétaires fonciers s'accroît, au détriment des profits qui diminuent. Or, le profit étant la motivation principale de la production, celle-ci tend vers un état stationnaire c'est-à-dire la situation d'une économie sans croissance.

■ **Pour le libre-échange et la spécialisation**

La seule façon d'écarter le spectre de l'état stationnaire est de stopper l'augmentation du prix du blé de façon à stopper celle des salaires. Pour cela, il faut abolir les *corn laws* (lois interdisant toute importation de blé de façon à protéger les agriculteurs britanniques – elles furent abolies en 1846, 23 ans après la mort de Ricardo) et libéraliser tous les échanges.

Ricardo affirme que le libre-échange et la spécialisation sont toujours favorables, même pour les pays les moins compétitifs. Il justifie en effet le libre-échange par ce qui sera appelé « la loi des avantages comparatifs ». Selon cette loi, quelle que soit la situation d'un pays, la spécialisation et l'échange international procurent un gain. Les pays ont intérêt à se spécialiser dans les produits pour lesquels ils sont les plus avantagés ou les moins désavantagés. C'est ce qu'il explique en prenant l'exemple du vin et du tissu comme produits et le Portugal et l'Angleterre comme pays. Le Portugal est avantagé pour les deux produits, mais il a intérêt à se spécialiser dans la production de vin car son avantage comparatif y est le plus élevé, et la Grande-Bretagne a intérêt à se spécialiser dans la production de tissu car c'est pour ce produit que son désavantage comparatif est le plus faible. Pour que les deux pays gagnent à l'échange international, il suffit que le rapport d'échange international se situe entre le rapport des coûts de chaque pays.

Le commerce ne peut pas être source de déséquilibres durables car la balance des comptes extérieurs s'équilibre automatiquement. Un déficit de celle-ci provoque, en effet, une sortie d'or qui fait baisser les prix intérieurs et rend donc le pays plus compétitif, d'où une augmentation des exportations et une diminution des importations. Au contraire, un excédent provoque une entrée d'or qui fait augmenter les prix intérieurs et qui nuit donc à la compétitivité.

La théorie de Ricardo porte aussi sur l'intervention de l'État, notamment par le biais de l'impôt. Il faut limiter les prélèvements élevés qui sont forcément préjudiciables à l'économie. Ils nuisent à l'investissement lorsqu'ils taxent le capital, et à l'épargne lorsqu'ils taxent le revenu. L'emprunt et la dette publique ne sont pas des solutions car l'État devra de toute façon mettre en place des prélèvements nouveaux pour les rembourser et payer les intérêts (c'est ce que l'on appelle le « principe d'équivalence ricardien »).

L'œuvre de Ricardo a consolidé le courant libéral. L'approche ricardienne a ouvert la voie à ceux qui voulaient faire de l'économie politique une discipline détachée de toute considération morale.

d. — *John Stuart Mill (1806-1873) et le progrès social*

John Stuart Mill (*Principes d'économie politique*, 1848) est un des représentants de l'école classique et il adhère à ses principes généraux comme l'utilitarisme et le « laisser-faire », mais il préconise un certain réformisme social. Ainsi, il prône l'émancipation des femmes, la réglementation de la durée de travail, l'aide aux pauvres et surtout l'instruction publique gratuite et de qualité pour tous. Seule cette instruction peut permettre une « *association des ouvriers et des entrepreneurs* » pour le bien de tous. Pour lui, « *le meilleur état pour la nature humaine est celui dans lequel personne n'aspire à devenir plus riche et ne craint d'être renversé en arrière par les efforts que font les autres pour se précipiter en avant. Je ne vois pas pourquoi il y aurait lieu de se féliciter de ce que les individus, déjà plus riches qu'il n'est besoin, doublent la faculté de consommer des choses qui ne leur procurent que peu de plaisir autrement que comme signe de richesse* ».

John Stuart Mill a formulé l'équation de la théorie quantitative de la monnaie, qui sera reprise plus tard par Fischer, selon laquelle la quantité de monnaie multipliée par sa vitesse de circulation est égale au niveau général des prix multiplié par le nombre de transactions. Il prolonge aussi la théorie des avantages comparatifs de Ricardo en précisant le prix d'échange des biens dans les échanges internationaux. À l'intérieur de la fourchette des rapports de coûts comparatifs (rapport de coûts de chaque pays), le prix des produits dépend de l'importance de la demande adressée pour chaque produit.

Comme Ricardo, Mill pense que l'économie va déboucher sur un état stationnaire. Mais lui ne le craint pas et affirme au contraire que ce sera le moment où la société, n'étant plus obsédée par la poursuite de l'intérêt personnel, pourra se consacrer à des plaisirs intellectuels et moraux.

L'école classique anglaise a posé les fondements de la théorie économique moderne. Elle a annoncé Marx qui a repris la théorie de la valeur travail et la tendance à la baisse du taux de profit, mais surtout l'école néoclassique qui en constitue un prolongement et qui ne s'en éloigne réellement que par la définition d'une nouvelle théorie de la valeur.

2. – Les néoclassiques

C'est au troisième tiers du XIXe siècle que le courant néoclassique est né. Cette école a fondé une certaine conception de l'économie : la microéconomie. Les trois principaux fondateurs de l'économie néoclassique sont le Français Léon Walras (1834-1910), l'Anglais William Stanley Jevons (1835-1882) et l'Autrichien Carl Menger (1840-1921). Leurs travaux seront poursuivis et approfondis par de nombreux économistes, notamment Alfred Marshall (1842-1924) et Vilfredo Pareto (1849-1923).

Pour introduire les néoclassiques, il est nécessaire de présenter une théorie charnière entre les écoles classique et néoclassique, celle du français Jean-Baptiste Say (1767-1832). Malgré sa volonté de se présenter comme un disciple de Smith et bien qu'il soit un contemporain des classiques, Say préfigure à maints égards l'école néoclassique.

Dans sa loi des débouchés, il explique que les produits s'échangent contre les produits et que l'offre crée sa propre demande. Puisque toute production se transforme en revenus qui eux-mêmes se transforment en demande, la surproduction est impossible. Cette théorie qui annonce l'équilibre général des néoclassiques sera reprise par des théoriciens contemporains : les théoriciens de l'offre.

J.-B. Say annonce aussi les néoclassiques par sa loi de la valeur ; selon lui, la valeur des marchandises ne dépend pas de la quantité de travail nécessaire pour les produire, mais de leur utilité, c'est-à-dire de la satisfaction qu'elles procurent au consommateur.

Il offre une nouvelle définition à la production : il ne la limite plus à la création de biens matériels (comme le faisait Smith), mais il considère que certaines activités de services sont productives.

a. — Un renouveau de la théorie de la valeur

Les premiers néoclassiques s'opposent à la théorie classique de la valeur travail. Ainsi, Jevons affirme que « *le simple fait qu'il y a beaucoup de choses telles que des livres, des monnaies et des antiquités, etc., rares et anciennes, qui ont des grandes valeurs et que l'on est absolument incapable de produire actuellement, détruit la notion que la valeur dépend du travail* ». Ceux-ci, comme Dupuit, Gossen ou Jevons, voient dans l'utilité marginale la cause de la valeur ; ils ont compris qu'il ne fallait pas raisonner en terme d'utilité totale ou moyenne, mais en terme d'utilité marginale, c'est-à-dire de degré de satisfaction procuré par la dernière unité consommée. Chaque consommateur n'achète un produit que s'il lui procure davantage d'utilité que ne lui coûte en désutilité son prix. Or chaque unité consommée supplémentaire a une utilité inférieure à la précédente puisque le besoin correspondant est moins impérieux ; l'utilité marginale est donc décroissante. Ainsi, Jevons affirme que « *la valeur d'un produit divisible* […] *est* […] *mesurée, non par son utilité totale mais par l'intensité du besoin que nous avons d'en avoir davantage* ».

Progressivement, le néoclassiques vont affirmer que la valeur est déterminée par le marché. Selon Walras, la valeur provient de la rareté qu'il définit comme l'utilité et la quantité limitée des marchandises. Les marchandises doivent répondre à un besoin. L'économiste n'a pas à juger de ce besoin. Ainsi, dans son livre *Éléments d'économie politique pure*, Walras affirme-t-il « *qu'une substance soit recherchée par un médecin pour guérir un malade, ou pour un assassin pour empoisonner sa famille, c'est une question* […] *tout à fait indifférente* ». Ce qui est disponible en quantité illimitée (l'air, la lumière, la chaleur…) n'a pas de valeur. Il ne sert à rien de mettre de côté ou de vouloir s'approprier ce qui est illimité.

Walras ne distingue pas, comme les classiques, valeur d'usage et valeur d'échange. Pour lui, la seule valeur qui existe est la valeur d'échange, mais ses fondements sont l'utilité et la quantité limitée. La définition de Walras lève le paradoxe de l'eau et du diamant de Smith : l'eau, quoique très utile, n'a pas ou a peu de valeur si on la trouve en quantité illimitée (elle en aura beaucoup en revanche si elle est rare, comme en plein désert) ; quant au diamant, Walras refuse de dire qu'il est peu utile, puisque tout bien, même superflu, satisfaisant un besoin est utile. De plus, étant en quantité limitée, il a une valeur d'échange élevée.

La valeur des marchandises est une valeur d'échange qui se mesure en conséquence par les prix. Le prix en question est celui qui est pratiqué lors de l'échange ; c'est donc le prix d'équilibre qui permet d'égaliser l'offre et la demande.

L'objectif de l'économie politique pure sera alors d'étudier la détermination des prix et donc d'étudier les conditions d'échange (offre et demande). Chaque prix et donc chaque valeur dépendent « *de l'obtention par chaque échangeur du maximum d'utilité et ensuite de l'égalité de la quantité demandée et de la quantité offerte de chaque marchandise par tous les échangeurs* ».

Comme le soulignera Pareto, la théorie de Walras contient un paradoxe : d'un côté, ce dernier donne une cause unique à la valeur des marchandises, la rareté, et de l'autre il considère que le prix, qui mesure la valeur, provient des conditions d'équilibre et donc à la fois de la demande et de l'offre. Marshall affirme que, comme les deux lames des ciseaux, les coûts et l'utilité se conjuguent pour déterminer le prix d'équilibre.

À partir de là, ce sont les prix qui donnent la valeur des biens ; prix et valeur se confondent et les théories de la valeur disparaissent au profit des théories de la détermination des prix. Effectivement, alors que la théorie de la valeur représentait un débat central de la pensée économique jusqu'à la fin du XIXe siècle, ce débat a largement perdu de son importance au XXe siècle.

b. — L'équilibre général

Léon Walras explique que si les conditions de la concurrence pure et parfaite sont réunies, c'est-à-dire si l'ordre naturel est respecté, l'économie se maintient automatiquement en équilibre.

Par hypothèse, la concurrence est parfaite : Walras affirme que « *comme en mécanique pure, on suppose d'abord des machines sans frottement* ». De plus, les agents économiques sont des *Homo œconomicus*, c'est-à-dire des êtres rationnels qui cherchent à maximiser leur profit s'ils sont producteurs et à maximiser leur satisfaction s'ils sont consommateurs. Ils sont capables de décider en connaissance de cause et donc de prévoir les conséquences de chacune de leurs décisions. Pour l'individu, la rationalité suppose donc une conscience objective de son intérêt et une capacité à juger et à anticiper parfaitement.

La fixation des prix s'effectue par tâtonnements grâce à l'action d'un crieur (ou commissaire priseur). Un prix est donné au hasard par le crieur qui compte alors le nombre d'offres et de demandes correspondant à ce prix. Si l'offre est supérieure à la demande, un nouveau prix plus faible est proposé ; si la demande est supérieure à l'offre, c'est un nouveau prix plus élevé qui est crié. Le processus de tâtonnement se poursuit jusqu'à ce que soit trouvé un prix qui permette d'égaliser l'offre et la demande, les échanges s'effectuant à ce prix d'équilibre.

L'équilibre est général car il se réalise de façon interdépendante sur les marchés des biens et des services, de la production et de la monnaie. L'équilibre général n'est pas une situation fixe, mais une situation en continuelle mouvance. Le déséquilibre d'un des trois marchés bouleverse l'ensemble, mais la loi du marché implique une tendance générale de retour à l'équilibre.

Walras montre que l'équilibre général est mathématiquement possible car il existe un système de prix qui égalise l'offre et la demande sur tous les micromarchés en même temps. Il explique qu'il existe autant d'équations (équations d'offre, équations de demande et équations d'équilibre entre l'offre et la demande) que d'inconnues (quantités et prix) et donc que le système peut avoir une solution. L'équilibre général est donc possible.

c. — Le marginalisme des néoclassiques

Les néoclassiques sont des utilitaristes dans le sens où ils considèrent que toutes les actions des individus sont motivées par la recherche de leur intérêt personnel.

Pour déterminer quelles sont les motivations des individus, les néoclassiques utilisent une méthode de raisonnement : le marginalisme. Les racines de ce raisonnement se trouvent dans la théorie de la rente foncière de Ricardo. L'idée est que les agents économiques rationnels ne raisonnent pas sur des quantités globales, mais sur des quantités additionnelles. Ainsi, le consommateur rationnel consomme jusqu'à ce que son utilité marginale (degré de satisfaction apportée par la dernière unité consommée), qui décroît au fur et à mesure de la consommation, soit égale au prix.

Les facteurs de production sont rémunérés à leur productivité marginale. Elle est égale au produit qu'une unité additionnelle de facteurs permet d'obtenir. En effet, le producteur rationnel embauche tant que la production du dernier salarié est supérieure au salaire qu'il lui verse, c'est-à-dire jusqu'à ce que la productivité marginale (qui est décroissante) soit égale au salaire. De la même façon, il achète de nouvelles machines tant que la productivité marginale de celles-ci est supérieure à leur coût.

Pour maximiser son profit, le chef d'entreprise doit comparer ce que lui coûte chaque unité supplémentaire (coût marginal) avec le gain qu'elle lui procure (prix de vente). Le prix de vente s'impose au producteur et est stable sur courte période. Le coût marginal est le coût induit par la production d'une unité supplémentaire. Le coût marginal est une fonction décroissante puis croissante de la quantité produite. Le producteur rationnel produit tant que le coût marginal est inférieur au prix de vente. La quantité optimale est donc celle qui égalise le coût marginal avec le prix de vente.

Au début du xxᵉ siècle des auteurs comme Pareto ou Pigou vont prolonger la théorie néoclassique en créant *l'économie du bien-être*. Celle-ci définit l'optimum, c'est-à-dire selon Pareto « *le plus grand bien-être possible aux individus de la collectivité* » et montre que dans certains cas (présence d'externalités par exemple) l'intervention de l'État peut être souhaitable.

Les néoclassiques proposent donc une analyse de l'économie basée sur les comportements des agents économiques ; ils sont les fondateurs de la microéconomie.

Au xixᵉ siècle la théorie libérale (classique et néoclassique) est dominante ; il n'en demeure pas moins que certaines hétérodoxie la rejettent.

C   HÉTÉRODOXIES : REJET DU LIBÉRALISME ET REJET DU CAPITALISME

Certains auteurs rejettent de façon plus ou moins radicale le libéralisme et/ou le capitalisme. C'est Karl Marx qui formulera la critique la plus complète.

1. – Les premières mises en cause du libéralisme et du capitalisme

Au xixᵉ siècle, les premières mises en cause portent sur un aspect bien particulier du libéralisme : le libre-échangisme. Dupont-White fut l'un des rares auteurs à préconiser une intervention de l'État pour les affaires intérieures.

a. — La critique du libre-échange

Frédéric List (1789-1846), économiste allemand, passe une partie de sa vie aux États-Unis et remarque que, malgré ses grandes ressources, ce pays ne réalise pas son take-off du fait de sa dépendance vis-à-vis de la Grande-Bretagne.

Dans le *Système national d'économie politique*, il reconnaît que le libre-échange procure des avantages en terme de prix, mais il pense qu'il est aussi nécessaire de considérer l'appareil industriel national. L'industrialisation est une nécessité économique et sociale et elle ne peut être promue que par la mise en place de mesures protectionnistes.

Ainsi, pour développer les forces productives, il peut être nécessaire de protéger les industries naissantes de façon à ce qu'elles ne soient pas étouffées par la concurrence étrangère avant d'être arrivées à maturité. « *Nous faisons avec la protection douanière un sacrifice à la valeur qui sera récompensée par le développement d'une force productive, laquelle assure à la nation pour le futur, non seulement un flux important et ininterrompu de biens matériels, mais aussi l'indépendance industrielle en cas de guerre.* »

La théorie de List ouvre la voie à l'école historique allemande et au courant institutionnaliste. Elle fonde, par ailleurs, les stratégies d'industrialisation mises en œuvre dans certains pays à « industrialisation tardive ».

Henry Carey (1793-1879), économiste américain, remarque une corrélation très nette entre les périodes de renforcement du protectionnisme et celles d'accroissement de la prospérité nationale. Il devient un opposant farouche au libre-échange, considérant qu'il tend à maintenir les États-Unis dans la position de colonie anglaise.

b. — L'intervention nécessaire de l'État pour Dupont-White

Charles Brook Dupont-White (1807-1878) est un économiste français qui s'oppose au libéralisme qu'il accuse d'appauvrir les travailleurs. Il pense que le travail est une marchandise périssable que le travailleur doit absolument vendre jour après jour ; il ne peut pas stocker cette marchandise. Le contrat de travail est donc inégal car le travailleur n'a pas d'autre choix que d'accepter de travailler, et cela quel que soit le salaire offert.

Il pense également que le machinisme, en diminuant la demande de travail, tend à défavoriser les travailleurs, à créer du chômage et à faire tendre les salaires à la baisse. Les travailleurs sont victimes des crises périodiques de surproduction.

Le libéralisme risque, selon lui, de provoquer une révolution sociale. L'État doit donc intervenir pour sauvegarder le système. Il doit mettre en œuvre « *la charité dans les lois* » en menant une politique d'assistance publique, d'enseignement populaire et de couverture des travailleurs contre les risques de crise de surproduction par la formation d'un fonds d'assurance. Il affirme dans *Essai sur les relations du travail avec le capital* que « *l'humanité est meilleure dans l'État que dans les individus ; elle s'épure, parce qu'elle s'élève, dans cet être collectif* ».

Dupont-White s'oppose aussi au libre-échangisme et développe des thèse proches de celles de Liot.

c. — Les socialistes utopiques

Les socialistes utopiques s'opposent au système capitaliste qu'ils jugent inhumain. Ils proposent des sociétés basées sur la coopération et l'entraide.

Claude-Henry de Rouvroy, comte de Saint-Simon (1760-1825), a écrit *Du système industriel* en 1822. Sa fameuse parabole annonce bien sa théorie : si la France perdait ses 50 meilleurs mathématiciens, ses 50 meilleurs chimistes, ses 50 meilleurs poètes, ses 50 meilleurs industriels, ses 50 meilleurs banquiers, etc., en tout 3 000 personnes, le mal serait irréparable. En revanche, si elle perdait tous les princes, tous les préfets, tous les cardinaux, tous les propriétaires, etc., soit 30 000 personnes, le dommage causé ne serait pas durable. Il faut donc donner le pouvoir à ceux qui détiennent la compétence et qui sauront l'orienter dans le sens du progrès.

Saint-Simon pense que le progrès économique et technique provient essentiellement de la classe industrielle qu'il faut laisser administrer le pays. « *La classe industrielle est la classe fondamentale et nourricière de la société.* »

Le saint-simonisme a fortement marqué le XIXe siècle, car de nombreux saint-simoniens se sont rendus célèbres par leurs actions ; c'est le cas des frères Pèreire qui créèrent en 1852, la première grande banque moderne, le Crédit mobilier ou de Michel Chevalier qui négocia le traité franco-anglais de libre-échange signé en 1860. Ensuite, le saint-simonisme est devenu une véritable religion célébrant le progrès par des rites et des chants.

Charles Fourier (1772-1837) croit que les sociétés suivent une évolution linéaire inexorable, que l'on peut caractériser par plusieurs étapes dont les principales sont l'étape primitive, la sauvagerie, le patriarcat, la barbarie, la civilisation et l'harmonisme. Pour hâter le passage à l'étape ultime, il faut créer des exemples d'harmonisme dans le cadre des phalanstères ; ce sont des communautés de 1 800 individus dans lesquelles les caractères des membres se complètent (il faut par exemple réunir ceux qui aiment commander avec ceux qui aiment être dirigés). Fourier détermine 810 modèles d'individus qu'il suffit d'associer savamment afin d'atteindre l'harmonie.

Pierre-Joseph Proudhon (1809-1865) s'oppose à la propriété (« *La propriété c'est le vol* ») qu'il considère injuste et illégitime. Selon lui, elle crée le paupérisme et est contraire aux principes d'égalité et de liberté. Il rêve d'une société constituée de communautés locales, à taille humaine. Il pense que chacun doit posséder une part du capital de l'entreprise et bénéficier des fruits de son travail. Il est l'un des créateurs de la mutualité. Dans *Manuel d'un spéculateur à la Bourse*, il déclare : « *Rendre l'ouvrier copropriétaire de l'engin industriel et participant aux bénéfices au lieu de l'y enchaîner comme un esclave, qui oserait dire que telle ne soit pas la tendance du siècle ?* ».

Robert Owen (1771-1858) est le propriétaire d'une grande manufacture de coton en Écosse. Il pense qu'il est nécessaire de développer l'instruction car l'homme est avant tout le fruit de son éducation. Il est à l'origine de nombreuses réalisations et a notamment transformé sa manufacture en usine modèle avec des jardins particuliers, une durée du travail réduite, une école et un jardin d'enfants et, pour les adultes, des cours du soir.

Historien et économiste suisse, Jean-Charles Léonard Sismonde de Sismondi (1773-1842) est un disciple de Smith, mais il stigmatise les dysfonctionnements de l'économie de marché qui peuvent nuire au bonheur humain et entraver l'essor de la richesse des nations. Il explique en effet dans *Nouveaux principes d'économie politique* (1819) que le développement économique s'appuie sur les inégalités entre riches et pauvres et conduit donc au creusement de ces inégalités. Il affirme que l'offre ne crée pas la demande et donc que les crises de surproduction sont possibles. La finalité de l'économie politique étant la satisfaction du bonheur de l'homme, l'intervention des pouvoirs publics est, sous certaines conditions, souhaitable. Le gouvernement doit « *chercher l'ordre qui assurera au pauvre comme au riche une participation à l'aisance, aux douceurs, au repos de la vie* ».

2. – Karl Marx

Karl Marx (1818-1883), sociologue, philosophe et économiste d'origine allemande a fondé une critique du capitalisme. Ses ouvrages principaux sont *Le Manifeste du parti communiste* (1848) rédigé avec F. Engels (1820-1895) et, son œuvre maîtresse, *Le Capital* qui parût à partir de 1867.

a. — *Le matérialisme historique*

Chaque société doit passer par des stades bien déterminés que Marx nomme « modes de production ». Ces différents stades sont : le communisme primitif, l'esclavagisme, le féodalisme, le capitalisme, le socialisme et le communisme. Le socialisme est une étape transitoire vers le communisme qui est une société d'abondance sans classes sociales ni État.

Chaque mode de production peut être défini par un rapport de production et par des forces productives. Les forces productives sont l'ensemble des ressources matérielles (matières premières, outils, machines, entreprises) et des ressources humaines (la main-d'œuvre caractérisée à la fois par le nombre de travailleurs et par leurs qualifications) qui interviennent dans la production.

Les rapports de production sont les rapports de propriété sur les ressources matérielles et les relations entre les différents agents qui participent d'une façon ou d'une autre à l'activité productive. De ces rapports de production naissent les rapports d'exploitation. La classe sociale qui ne possède que sa force de travail doit la mettre au service de la classe qui a la propriété des moyens de production. De cette exploitation dérive la lutte des classes.

Marx considère que le mode de production détermine l'ensemble des relations sociales : l'infrastructure (base économique) détermine une superstructure juridique, politique, sociale et culturelle qui conditionne les hommes et détermine leur conscience.

Chaque mode de production engendre ses propres contradictions ; dans un premier temps, les rapports de production favorisent le développement des forces productives, puis peu à peu ils font obstacle à leur expansion. Il faut alors, changer de mode de production pour libérer les forces productives. Le mode de production féodal a ainsi succédé au mode de production esclavagiste, avant de céder la place au capitalisme. Caractérisé par la propriété privée des moyens de production et donc par l'opposition entre la bourgeoisie et le prolétariat, ce mode de production a, dans un premier temps, permis un développement considérable des forces productives (croissance économique importante) avant de connaître des crises industrielles.

Marx affirme que « *l'histoire de toute société jusqu'à nos jours, c'est l'histoire de la lutte des classes* ».

b. — Les classes sociales

Trois critères permettent de définir, selon Marx, une classe sociale :

– Une classe sociale est définie par sa place dans les rapports de production. Marx oppose les classes sociales qui sont propriétaires des moyens de production et celles qui ne possèdent que leur capacité à travailler, c'est-à-dire leur force de travail.

– Une classe sociale est aussi définie par la conscience de classe, c'est-à-dire le sentiment d'appartenir à un groupe ayant des intérêts communs. Tout groupe social ne développe pas une conscience de classe. Ainsi, Marx affirme que les paysans, repliés sur leur ferme familiale entretiennent peu de relations entre eux et n'ont pas l'impression d'avoir des intérêts communs. Ils forment une classe « en soi » (ils occupent une place déterminée dans les rapports de production), mais pas une classe « pour soi » (ils n'ont pas conscience du rôle qu'ils pourraient jouer).

– Une classe sociale entretient des rapports conflictuels avec d'autres classes. Ainsi, dans le mode de production capitaliste, les bourgeois qui possèdent les moyens de production et les prolétaires qui ne possèdent que leur force de travail, sont en lutte.

Marx distingue plusieurs classes sociales (7, voire 8), mais toutes ces classes n'ont pas le même rôle historique. Seule l'opposition entre les bourgeois et les prolétaires suffit à rendre compte de la logique du système capitaliste. Le capitalisme devrait mener à une bipolarisation sociale et à l'effacement progressif des autres classes : la plupart des individus composant la société devraient se prolétariser tandis qu'une minorité d'individus devraient s'enrichir et intégrer la bourgeoisie.

c. — La dynamique du capitalisme

Marx affirme qu'« *au fond du système capitaliste, il y a la séparation radicale du producteur d'avec les moyens de production* ».

Selon la conception marxiste, le système capitaliste repose sur des rapports de production bien définis : la propriété privée des moyens de production et le salariat.

Deux classes antagonistes s'opposent : les bourgeois qui possèdent les moyens de production et les prolétaires qui vendent leur force de travail. Ces deux classes sont en lutte car leurs intérêts divergent. Les prolétaires sont exploités par les capitalistes qui les rémunèrent en dessous de la valeur réelle de leur production. Seul le travail est une source de valeur ; le profit (appelé plus-value par Marx) provient de la différence entre la valeur des marchandises produites par le travail et le salaire (appelé valeur de la force de travail par Marx). La plus-value constitue donc une ponction sur la valeur créée par le travail.

Le salaire est un salaire de subsistance, tout juste suffisant pour permettre aux ouvriers et à leurs familles de survivre. Le capitaliste tente d'augmenter au maximum sa plus-value ; pour cela, il dispose de trois moyens : il peut augmenter l'intensité et la durée du travail (plus-value absolue), augmenter la productivité du travail (plus-value relative) ou vendre durant un temps limité les marchandises à un prix supérieur à leur valeur (plus-value extra).

Marx rejette le capitalisme qui, selon lui, génère sa propre contradiction. En effet, il conduit à la paupérisation de la classe ouvrière et donc à l'aggravation de la lutte des classes. Cette paupérisation est due à l'exploitation à outrance et à la création « *d'une armée industrielle de réserve* » composée de chômeurs qui permettent d'assurer la flexibilité de la production. En raison de la paupérisation de la population salariée, les débouchés sont faibles. Pourtant les capitalistes pour accroître leur profit continuent à augmenter la production. Cette situation entraîne une tendance à la surproduction surtout visible lors des crises qui paupérisent encore plus les ouvriers.

La recherche de gains de productivité, et la concurrence entre les capitalistes augmentent la composition organique du capital, c'est-à-dire l'intensité capitalistique (pour une même production, le capitaliste utilise de plus en plus de capital et de moins en moins de travail). Or seul le travail est créateur de richesses et donc source de profit. En diminuant sa part dans la composition organique du capital, le capitaliste diminue donc son taux de profit. La tendance à la baisse du taux de profit est la contradiction suprême du capitalisme.

Le capitalisme doit donc disparaître et laisser la place au socialisme qui lui-même annonce le communisme.

À la fin du XIXe siècle, deux grands courants s'opposent radicalement : le libéralisme et le marxisme. Durant le XXe siècle, la théorie économique va se renouveler avec notamment, l'apparition d'un troisième courant qui accepte le capitalisme, mais prône l'intervention de l'État : le courant keynésien.

CHRONOLOGIE

1709. — Fonte au coke par Abraham Darby.

1712. — « Pompe à feu » de Newcomen.

1733. — Navette volante de John Jay.

Vers 1750-1780. — Début de la révolution industrielle britannique.

1750. — Parution de *Essai sur la nature du commerce en général* de Richard Cantillon.

1758. — Parution du *Tableau économique* de François Quesnay.

1760-1830. — Mouvement des enclosures en Angleterre.

1764-1776. — Mise au point de la machine à vapeur de Watt.

1768. — Water-frame de Richard Arkwright.

1776. — Parution de *Recherches sur la nature et les causes de la richesse des nations* de Adam Smith.

1785. — Métier à tisser Cartwright.

1798. — Première parution de *Essais sur le principe de population* de Thomas Robert Malthus.

1807. — Navire à vapeur de Robert Fulton.

1814. — Locomotive de Stephenson.

1817. — Parution *Des principes de l'économie politique et de l'impôt* de David Ricardo.

1834-1871. — *Deutscher Zollverein*.

1844. — Télégraphe électrique de Samuel Morse.

1847. — Parution du *Manifeste du parti communiste* de Karl Marx et Friedrich Engels.

1855. — Convertisseur Bessemer.

1860-1864. — Mise au point des moteurs à explosion de Joseph-Étienne Lenoir et de Nicolas-August Otto.

1867. — Parution du *Capital* de Karl Marx.

1868-1912. — Ère Meiji au Japon.

1873-1896. — Grave crise économique appelée la « Grande Dépression ».

1874. — Parution de *Éléments d'économie politique pure* de Léon Walras.

1890. — Premier vol de l'*Éole* de Clément Ader.

BIBLIOGRAPHIE

DENIS (H.), *Histoire de la pensée économique*, PUF, coll. Thémis, 1994.

LÉON (P.) (dir.), *Histoire économique et sociale du monde, tomes 3 et 4*, A. Colin, 1978.

LESOURD (J.-A.) et GÉRARD (C.), *Nouvelle histoire économique, tome 1, le XIXᵉ siècle*, A. Colin, 1992.

MONTOUSSÉ (M.) (dir.), *Histoire de la pensée économique*, Bréal, coll. Grand Amphi, 2000.

MONTOUSSÉ (M.) (dir.), *Histoire des faits économiques*, Bréal, coll. Introduction à l'économie, 2007.

MONTOUSSÉ (M.) (dir.), *50 fiches de lecture. Les livres majeurs de l'Antiquité au XIXᵉ siècle en économie, sociologie, histoire économique*, Bréal, 1999.

RIOUX (J.-P.), *La révolution industrielle, 1780-1880*, Le Seuil, 1971.

VILLEY (D.) et NÊME (C.), *Petite histoire des grandes doctrines économiques*, Litec, 1992.

SUJET CORRIGÉ

SUJET

La révolution agricole fut-elle un préalable nécessaire à la révolution industrielle ?

Introduction :
– nécessité de définir le terme de révolution ; ainsi, le caractère brutal d'une révolution s'oppose au caractère progressif d'une évolution.
– nécessité de bien préciser le sens du terme « préalable nécessaire » : si la révolution agricole est un préalable nécessaire à la révolution industrielle cela signifie que sans révolution agricole, une révolution industrielle ne peut jamais se déclarer.

I ■ La révolution agricole fut un facteur favorisant l'apparition de la révolution industrielle…

A. — Généralement antérieure à la révolution industrielle, la révolution agricole l'aurait favorisée en lui fournissant les facteurs de production nécessaires

1. — Selon Rostow : « des changements révolutionnaires dans la productivité agricole sont une condition essentielle pour la réussite du take-off »
En effet :
– une économie ayant une agriculture sous-développée ne peut pas escompter un développement industriel : les famines et les crises démographiques constitueraient un obstacle à toute croissance ;
– une antériorité de la révolution agricole sur la révolution industrielle est généralement remarquable :
  • c'est le cas de la Grande-Bretagne où la plupart des grandes innovations techniques dans l'agriculture sont antérieures à 1750 alors que le déclenchement de la révolution industrielle peut être situé en 1780 ;
  • c'est aussi le cas de l'Allemagne qui a connu sa révolution agricole au début du XIXᵉ siècle et son démarrage industriel vers 1840 ;

  • c'est aussi le cas des pays scandinaves qui ont connu leur révolution agricole dans la première moitié du XIXᵉ siècle et leur démarrage industriel vers 1870.

2. — Cette antériorité s'explique par le fait que grâce à la révolution agricole, l'agriculture aurait pu fournir à l'industrie les facteurs de production (facteur d'offre) nécessaires à son essor
– de la main-d'œuvre : grâce aux augmentations de productivité dans l'agriculture et au processus de concentration agricole dû au mouvement des enclosures, l'agriculture aurait fourni une partie de la main-d'œuvre industrielle nécessaire au *take-off* ;
– du capital : la révolution agricole a permis d'augmenter fortement les revenus des propriétaires fonciers et des gros agriculteurs. Le profit ainsi créé a pu être en partie investi dans l'industrie ;
– des biens intermédiaires : en lui fournissant des biens intermédiaires, l'agriculture a favorisé le développement d'une partie de l'industrie de transformation : ainsi, la forte augmentation de la production agricole de laine a favorisé le développement du secteur textile lainier.

B. — Grâce à la révolution agricole, l'agriculture a fourni des débouchés croissants à l'industrie

1. — Pour se moderniser et augmenter sa productivité, l'agriculture a consommé une quantité croissante de produits industriels
Paul Bairoch considère que l'agriculture est le « facteur déterminant de l'amorce du développement » ; selon lui l'augmentation de la productivité agricole « semble être à la base du développement cumulatif de l'Angleterre et ensuite de certains pays européens au cours des XVIIIᵉ et XIXᵉ siècles ».
En effet l'augmentation de la productivité agricole a nécessité une consommation accrue de fer pour le

matériel agricole : bandages de roues et ferrures de chevaux par exemple. La croissance de la métallurgie induite par ces nouveaux débouchés a permis l'éclosion d'un processus cumulatif de développement industriel : la métallurgie nécessite du charbon et le développement de moyens de transport…

Par le jeu des consommations intermédiaires, la croissance est un cercle vertueux.

2. — La révolution agricole a induit une augmentation de la demande de biens de consommation industriels

– l'augmentation des revenus des agriculteurs provoque l'augmentation de leur consommation de produits industriels (textile par exemple) ;

– grâce à la baisse des prix des produits agricoles, une partie plus importante du revenu (aussi bien des agriculteurs que des non-agriculteurs) peut être destinée à l'achat de produits manufacturés.

La révolution agricole a donc largement favorisé l'apparition de la révolution industrielle, mais cela ne signifie pas qu'elle ait été une étape nécessaire ou suffisante.

II … mais elle ne fut pas un préalable nécessaire

A. — La révolution agricole n'a joué qu'un rôle marginal en ce qui concerne l'approvisionnement de l'industrie en facteurs de production

1. — L'exode rural ne peut être considéré comme un facteur important de la naissance de la grande industrie

– L'exode rural fut en réalité relativement faible ; de nombreux pays n'ont pas connu d'enclosure ni de mouvement important de concentration agricole et il semble que les enclosures britanniques se soient davantage traduites par une augmentation du prolétariat agricole que par un exode rural massif.

– La main-d'œuvre industrielle croissante était surtout nourrie par la croissance démographique urbaine.

– L'abondance de main-d'œuvre n'est pas forcément favorable à la révolution industrielle. Au contraire, la pénurie de main-d'œuvre qu'a connu l'Angleterre tout au long du XVIIIᵉ et jusqu'en 1815 a été un puissant stimulant de l'innovation et du progrès technique.

2. — l'agriculture n'a fourni que peu de capital à l'industrie

– Peu de transferts de capitaux ont eu lieu entre l'agriculture et l'industrie ; la plupart des propriétaires fonciers et des gros agriculteurs préféraient les placements moins risqués : terre, emprunts d'État ou même or.

– À ses débuts, l'industrie ne nécessitait que peu de capitaux du fait de la faible dimension des unités de production ; l'autofinancement et certains capitaux provenant du commerce colonial ont, dans l'ensemble, suffi. Au contraire il semble même que se sont parfois des capitaux d'origine industrielle qui ont servi à l'achat de domaines fonciers.

– Les effets de l'augmentation de la production agricole sur les industries de transformation de produits agricoles doivent aussi être nuancés ; ainsi, le textile cotonnier a connu au XIXᵉ une croissance bien plus importante que le textile lainier. Dans ce cas, c'est davantage l'industrie qui par sa demande a un effet positif sur la production de matières premières, que le contraire.

B. — Si par son effet sur la demande de produits industriels, la révolution agricole a favorisé la révolution industrielle, elle n'est néanmoins un préalable ni nécessaire ni suffisant

1. — La révolution agricole ne fut pas une condition suffisante au take-off

La croissance ne peut dépendre d'un unique facteur ; elle résulte de la conjonction d'un grand nombre de facteurs favorables. Selon Rostow, les conditions préalables du démarrage sont nombreuses : développement de l'instruction, développement d'un secteur bancaire, développement des transports…

À elle seule, la révolution agricole ne peut être à la source de la révolution industrielle ; d'ailleurs les 30 années (environ) qui séparent la fin de la révolution agricole en Grande-Bretagne et le début de la révolution industrielle le démontrent nettement. Il a fallu que d'autres variables parviennent à maturité pour que l'industrie, à son tour, puisse connaître sa révolution.

2. — La révolution agricole ne fut pas non plus une condition nécessaire au take-off

Par son effet sur la demande, la révolution agricole a largement favorisé l'éclosion de la révolution industrielle mais cela ne signifie pas qu'elle en soit une étape préalable nécessaire :

– La France n'a pas réellement connu de révolution agricole, mais plutôt une évolution tout au long du XVIIIᵉ siècle qui se poursuit pendant la première partie du XIXᵉ (tout au moins entre environ 1815 et 1860) ; elle a pourtant connu une révolution industrielle.

– Le démarrage de la grande industrie en Russie s'est produit dans les années 1890 alors que la révolution agricole n'a réellement débuté qu'à la veille de la Première Guerre mondiale.

Dans ce cas, le rôle de moteur de la demande industrielle n'a donc pas été tenu par l'agriculture mais, d'après A. Gerschenkron, par l'État qui a mis en place des stratégies de substitution.

Conclusion

La révolution agricole est un facteur favorisant mais ni suffisant ni nécessaire.

QUELQUES SUJETS DE CES DERNIÈRES ANNÉES

Rares sont les sujets qui portent uniquement sur ce chapitre aux concours, car les sujets à dimension historique portent aussi sur le xxᵉ siècle.

« Même si une conjonction de circonstances doit avoir été présente pour fournir la base de l'industrialisation, un seul des facteurs représente une condition suffisante, parce que lui seul pouvait induire les autres. Ce facteur est la technologie. » J. F. Gaski (ESC, 2003)

Les expériences d'industrialisation avant 1914 montrent-elles que la technologie est condition suffisante du décollage ? (ESC, 2003)

La concentration industrielle est-elle toujours un obstacle à la concurrence (vous appuierez vos assertions sur des exemples tirés de l'histoire économique depuis 1850) ? (ESCP-EAP, 2006)

La lutte contre la pauvreté depuis le début du xixᵉ siècle dans les pays développés. (HEC, 2007)

CROISSANCE ET DÉVELOPPEMENT AU XXe SIÈCLE

Le xxe siècle apparaît comme exceptionnel au regard de toute l'histoire de la croissance : c'est non seulement le siècle des Trente Glorieuses décrites par Jean Fourastié, mais aussi de trois autres périodes de transformations économiques et sociales qui ont apporté des contributions non négligeables à l'enrichissement collectif : la Belle Époque, les « années folles », et… la fin du siècle qui est celle de la « Nouvelle économie ». Une telle progression quantitative de la production qui sera détaillée en premier lieu, appelle des interrogations sur son origine qu'historiens, sociologues ou économistes ont tenté de lever par des analyses de l'entreprise, et des théories de la croissance présentées respectivement en deuxième et troisième partie.

I

LES CROISSANCES DU XXe SIÈCLE : LES ENSEIGNEMENTS DE L'HISTOIRE ÉCONOMIQUE

L'analyse historique de la croissance économique met en évidence un phénomène cumulatif mais irrégulier dont les étapes constituent des avancées dans la lutte contre la rareté. Aussi, la périodisation de la croissance est-elle importante dans la recherche des causes de la croissance économique. Dans une première partie, on verra comment la croissance du xxe siècle se replace dans une perspective plus longue qui est celle de l'industrialisation ; ensuite seront spécifiées les caractéristiques des croissances du xxe siècle, avant de présenter la phase de croissance actuelle qui a débuté au cours des années 1990.

A LA CROISSANCE ÉCONOMIQUE, DONNÉES GLOBALES

Les données quantitatives sur la croissance économique sont aujourd'hui produites régulièrement et avec des méthodologies suffisamment homogènes pour permettre un suivi et des comparaisons internationales. Mais elles ne sont disponibles que depuis peu au regard du temps long de l'histoire de la croissance et ne permettent qu'une connaissance très approximative des croissances du passé. Des séries statistiques de PIB, défini comme la somme des valeurs ajoutées produites à l'intérieur d'un territoire, ne peuvent être reconstituées que depuis 1945, date à laquelle les grands pays industrialisés ont commencé à se doter d'un appareil de comptabilité nationale. Les données de la première moitié du xxe siècle n'ont pas la même fiabilité, et *a fortiori* celles du xixe ou des siècles précédents pour lesquels on dispose seulement de données sectorielles et fragmentaires ne pouvant fournir d'informations globales que par reconstructions et extrapolations.

1. – Le siècle de la croissance, séries longues de Maddison

Dans son étude *L'économie mondiale 1820-1992. Analyse et statistiques* publiée à l'OCDE en 1995, A. Maddison se livre à une reconstitution de taux de croissance sur très long terme et à l'échelle mondiale. Il met en évidence les *trends* (tendances générales) de la croissance économique, inégaux suivant les périodes et les régions. Toutefois, ses données montrent que le XXᵉ siècle a bien été, plus que les précédents, celui de la croissance économique.

a. — Les données

Se démarquant des approches analytiques en termes d'étapes de la croissance économique (telle que celle de W. W. Rostow) ou de cycles longs (observés par Kondratieff), Maddison se place dans l'optique d'une étude empirique et tente de recomposer des périodes homogènes du point de vue du trend de croissance mondial. Si les deux derniers siècles écoulés se distinguent des précédents en ce qu'ils permettent un accroissement progressif du PIB par habitant grâce à un taux de croissance économique durablement supérieur au taux de croissance démographique, le XXᵉ siècle offre par l'accélération de la croissance des perspectives nouvelles : c'est le siècle de l'enrichissement d'une partie du monde.

Tableau 1 - Phase de croissance par région, 1820-1992
(moyenne anuelle des taux de croissance cumulés)

	1820-1870	1870-1913	1913-1950	1950-1973	1973-1992	1820-1992
PIB						
Europe occidentale	1,7	2,1	1,4	4,7	2,2	2,2
« Pays neufs » (1)	4,3	3,9	2,8	4,0	2,4	3,6
« Europe du Sud »	1,0	1,5	1,3	6,3	3,1	2,1
Europe de l'Est	1,6	2,4	1,6	4,7	− 0,4	2,0
Amérique latine	1,5	3,3	3,4	5,3	2,8	3,0
Asie (2)	0,2	1,1	1,0	6,0	5,1	1,9
Afrique	0,4	1,1	3,0	4,4	2,8	1,9
Monde	1,0	2,1	1,9	4,9	3,0	2,2
Population						
Europe occidentale	0,7	0,7	0,5	0,8	0,3	0,6
« Pays neufs » (1)	2,8	2,1	1,2	1,5	1,0	1,9
« Europe du Sud »	0,3	0,4	0,9	1,4	1,4	0,8
Europe de l'Est	0,9	1,3	0,4	1,2	0,7	0,9
Amérique latine	1,3	1,8	1,9	2,7	2,3	1,8
Asie (2)	0,1	0,6	0,9	2,1	1,9	0,9
Afrique	0,3	0,7	1,9	2,4	2,9	1,3
Monde	0,3	0,8	0,9	1,9	1,8	1,0
PIB par habitant						
Europe occidentale	1,0	1,3	0,9	3,9	1,8	1,5
« Pays neufs » (1)	1,4	1,8	1,6	2,4	1,4	1,7
« Europe du Sud »	0,6	1,1	0,4	4,9	1,7	1,4
Europe de l'Est	0,7	1,0	1,2	3,5	− 1,1	1,1
Amérique latine	0,2	1,5	1,5	2,5	0,5	1,1
Asie (2)	0,1	0,6	0,1	3,8	3,2	1,0
Afrique	0,1	0,4	1,0	2,0	− 0,1	0,6
Monde	0,6	1,3	0,9	2,9	1,2	1,2

1. États-Unis, Canada, Australie et Nouvelle-Zélande.

2. Y compris l'Océanie.

Source : A. Maddison « L'économie mondiale 1820-1992 », OCDE, 1995, in *Problèmes économiques*, nº 2510-2511, 5-12 mars 1997

b. — Interprétations

Maddison divise le xxᵉ siècle en trois périodes :

– 1913-1950 est une époque où la croissance est perturbée par deux guerres mondiales et une crise économique majeure, ce qui explique que le trend de croissance soit inférieur à la tendance séculaire.

– 1950-1973 est un *âge d'or* de la croissance, caractérisé par un fort dynamisme dans toutes les régions du monde.

– 1973-1992 est une période de décélération, mais qui n'affecte pas aussi gravement la croissance que l'ont laissé entendre beaucoup de commentateurs de « la crise de 73 » : le taux de croissance annuel moyen de l'Europe occidentale est ramené à son niveau moyen de 1820-1992 tandis que la croissance mondiale reste importante notamment en raison du dynamisme de la région Asie.

On voit ainsi que la perception du phénomène de croissance économique dépend étroitement du point d'observation retenu et du niveau considéré comme « normal » à un moment donné, mais qui ne renvoie finalement qu'à un passé récent. De plus, toute périodisation de la croissance est par essence plus ou moins arbitraire dans la mesure où elle dépend du choix des points de retournement. Ainsi, si on veut se référer aux pays développés à économie de marché, un autre découpage temporel que celui de Maddison est couramment retenu pour caractériser le xxᵉ siècle faisant alterner phase de croissance et de difficultés :

– 1896-1929 regroupe ce qu'ont été la Belle Époque à partir du redémarrage achevant « la grande dépression » de la fin du xixᵉ jusqu'à 1914, puis les années 1920 appelées « années folles » pour la France ou *roaring twenties* aux États-Unis, dans un même trend de croissance, interrompu par la Première Guerre mondiale.

– 1948-1973 est la période des Trente Glorieuses baptisée ainsi par J. Fourastié pour l'exceptionnelle hausse des niveaux de vie moyens qu'elle a permise. Elle intervient comme une phase de renouveau économique et social après la dépression des années 1930 et les destructions du second conflit mondial.

– La décennie 1990, avec « les dix glorieuses » de l'économie des États-Unis, puis le redémarrage de la croissance européenne à partir de 1997 augurent-ils d'une troisième phase de croissance longue à la charnière du xxᵉ et du xxiᵉ siècle ? Le changement technologique générant un dynamisme de nouvelles activités, une réorganisation des plus anciennes et une décrue du chômage plaident en faveur de cette interprétation.

2. – Le mécanisme d'enrichissement collectif par les gains de productivité

La croissance n'est pas un phénomène homothétique : l'accroissement de la quantité produite s'accompagne d'une transformation des produits tout autant que des méthodes de production.

a. — La croissance des productions entraîne leur diversification

Le processus de diversification de la production s'accélère à mesure que les capacités de production augmentent, avec les nouveaux moyens techniques fournis par la révolution agricole, la première révolution industrielle, puis la deuxième au début du xxᵉ siècle et la troisième que nous connaissons actuellement. Le processus est à chaque fois le même : les gains de productivité permettent de lever le verrou de la rareté et de faire baisser les prix, ce qui rend possible la saturation des besoins anciens et fait apparaître des besoins nouveaux générateurs d'une nouvelle demande solvable. C'est à cette nouvelle demande que devra répondre la production en croissance ; une croissance durable ne peut donc s'accomplir sans diversification ni remplacement des techniques et produits anciens par de nouveaux, suivant le mécanisme de la destruction créatrice mis en évidence par J. Schumpeter.

C. Clark dans *Les conditions du progrès économique* met en évidence le déplacement de la demande des produits agricoles vers les produits industriels après 1945. Une fois que la demande en biens de consommation industriels aura été satisfaite par la montée du taux d'équipement des ménages, un nouveau déplacement de la demande s'effectuera vers les services dont la part dans la consommation augmente fortement à partir des années 1960, comme en témoignent les évolutions des coefficients budgétaires des ménages. La célèbre loi du statisticien E. Engel qui prévoyait que le coefficient budgétaire de l'alimentation devait décroître avec l'augmentation du revenu des ménages trouve dans cette évolution une nouvelle confirmation. Le changement de la structure de la demande détermine donc une baisse de la part de la production du secteur primaire, puis du secteur secondaire, au profit du tertiaire dans la valeur ajoutée totale.

b. — Des gains différentiels de productivité

Selon les branches et les secteurs d'activité, les gains de productivité ont été et sont acquis plus ou moins rapidement suivant les moyens techniques disponibles et les plus ou moins grandes possibilités d'amélioration de l'organisation de la production. J. Fourastié distingue le secteur primaire caractérisé selon lui par un progrès technique moyen, du secteur secondaire où le progrès technique est rapide, et du secteur tertiaire dans lequel il est lent. Cette caractéristique est à l'origine de sa classification de l'activité en trois secteurs.

D'autre part, l'augmentation de la production dans chaque secteur d'activité dépend de la capacité à susciter de nouvelles demandes par diversification des productions. Compte tenu des évolutions conjointes de la demande et de la productivité, J. Fourastié explique les évolutions différenciées des effectifs employés selon les secteurs d'activité, en fonction de la relation :

emploi = production/productivité apparente du travail

L'agriculture, avec une croissance lente de sa production et un progrès technique moyennement rapide, a connu une baisse importante de ses effectifs employés.

L'industrie, avec une croissance forte puis moyenne de la demande et un progrès technique rapide, a connu un effectif croissant jusqu'au milieu des années 1970, et décroissant depuis.

Les services caractérisés par une forte croissance de la demande et un progrès technique lent ont généré d'importantes créations nettes d'emploi au xxe siècle et en particulier depuis 1945.

c. — Une baisse du niveau général des prix exprimés en temps de travail

Dans *Pourquoi les prix baissent*, J. Fourastié montre que les prix réels des produits, c'est-à-dire exprimés en salaire horaire de manœuvre, baissent à long terme en raison des gains de productivité qui permettent d'économiser le travail. Il y a donc une augmentation constante du niveau de vie du manœuvre et *a fortiori* des autres composantes de la population qui ont un pouvoir d'achat encore supérieur. Toutefois, la baisse des prix n'est pas identique suivant les secteurs : elle est très forte dans le secteur industriel, où le progrès technique est rapide, et faible dans le secteur des services pour lequel le progrès technique a été beaucoup plus lent. J. Fourastié compare le miroir dont le prix exprimé en temps de travail s'est effondré, aux services du coiffeur dont le prix est resté stable parce qu'ils nécessitent autant de travail humain qu'il y a deux siècles.

3. – Résultat : une hausse globale de l'emploi et des transferts sectoriels de population active

a. — À long terme, la productivité alliée de l'emploi

La productivité n'élimine pas le travail mais certains postes de travail dans certaines productions. Alfred Sauvy en expose les raisons dans la théorie du déversement : les gains de productivité issus de la mécanisation, s'ils peuvent effectivement conduire à réduire l'emploi dans une usine ou une branche, généreront une série d'effets qui conduiront à une création nette d'emplois dans d'autres centres de production ou branches. Les emplois perdus peuvent être partiellement compensés par des créations dans les branches produisant les machines, (mais pas intégralement, sinon la mécanisation n'aurait aucun effet réel sur la productivité), et donner lieu à une augmentation de l'activité de la branche ou d'autres branches par la baisse des prix qui en résulte.

Une autre source de création d'emploi réside dans l'affectation des gains de productivité à des hausses de revenus versés par l'entreprise, bien qu'il faille dans ce cas examiner la répartition de ces gains entre le salarié, sous forme de salaire, l'actionnaire, sous forme de dividendes, et le consommateur, sous forme de baisse de prix.

Globalement l'emploi total a augmenté : de moins de 13 millions d'actifs en 1806, à plus de 19 millions en 1896, l'économie française compte en 1990 plus de 22 millions d'actifs occupés.

b. — Du primaire au secondaire et du secondaire au tertiaire

Des transferts massifs de population active résultent des mécanismes précédents :

Tableau 2 - Répartition de la population active par secteur en %

	Agriculture	Industrie	Tertiaire
1806	65,1	20,4	14,5
1896	42,5	31,4	26,1
1949	29,6	33,1	37,3
1974	15,6	37,4	47
1990	6,1	29,3	64,6

Source : Jacqueline Fourastié, « Deux siècles de travail en France », *Futuribles*, nov. 1991.

Toutefois le transfert de population active qui a réduit en 1997, pour la France, la part du secteur primaire à moins de 4 % des emplois et fait croître les emplois tertiaires jusqu'à représenter plus de 70 % de l'ensemble, est à relativiser. En effet il résulte pour partie de l'externalisation d'activités qui étaient autrefois effectuées en interne dans les entreprises industrielles : entretien des locaux, maintenance des machines, restauration d'entreprises, expertise comptable, ingénierie... (*cf.* III).

Par ailleurs, il devient de moins en moins exact de considérer globalement que les gains de productivité sont plus forts dans l'industrie que dans l'agriculture et que le progrès technique agricole est lui-même plus rapide que dans le tertiaire. Les techniques employées dans l'agriculture sont en évolution rapide et bénéficient de plus en plus des progrès de l'électronique, de l'informatique et des biotechnologies. Sinon, comment pourrait-on expliquer la désertification des campagnes qui accompagne les surplus agricoles ? Concernant le secteur tertiaire, J. Gadrey propose de le diviser en trois types d'activités pour percevoir l'impact réel du progrès technique : le tertiaire qui effectue des opérations sur les biens (nettoyage, réparation, transport, distribution), le tertiaire qui traite l'information (transactions bancaires, assurances, administration, télécommunication…), et le tertiaire qui rend des services à la personne (soins, formation, conseils divers, spectacles vivants…). Le premier connaît un progrès technique et des gains de productivité non négligeables, tandis que le deuxième en connaît de très importants. Seul le troisième ne peut donner lieu à des gains de productivité sensibles. Là se trouve sans doute le gisement d'emplois vers lequel la poursuite du déversement entraînera la population active. D. Cohen y voit « *la substitution de la production de l'homme par la terre (agriculture) par la production de l'homme par l'homme (éducation, santé)* ». Mais comme le plus souvent une même activité tertiaire donne lieu à deux ou trois catégories de service, la mise en perspective des évolutions à venir reste difficile (par exemple le secteur bancaire a informatisé le traitement de l'information mais développe ses activités de conseil financier).

B LES TEMPS FORTS DE LA CROISSANCE AU XXᵉ SIÈCLE

Le XXᵉ siècle présente un trend de croissance supérieur à celui de tous les siècles précédents. Ce taux annuel moyen, supérieur à 3,5 % pour l'ensemble du monde et supérieur à 3 % pour l'Europe occidentale résulte de l'alternance de brillantes périodes de croissance avec les reculs très importants dus aux deux conflits mondiaux, à la dépression qui a suivi le krach boursier de 1929.

1. – La croissance de la Belle Époque : les bases d'un capitalisme nouveau

La reprise économique qui met fin à la grande dépression du dernier quart du XIXᵉ siècle s'amorce de manière insensible à partir de 1890. La croissance n'en fut pas moins vigoureuse à partir de 1900, permettant une augmentation globale du produit de 50 % environ dans les pays industrialisés sur la période 1890-1913, ce qui suppose un taux moyen annuel proche de 2 %.

a. — Les indicateurs d'une croissance nouvelle

Les séries statistiques annuelles de M. Lévy-Leboyer font état d'un redémarrage de l'investissement industriel, du produit industriel et agricole dès 1890 pour la France. T. Markovitch situe le redémarrage de la production industrielle en 1892, tandis que Carré-Dubois et Malinvaud retiennent la date de 1896. Le dynamisme des innovations est également repérable à la montée des dépôts de brevets dès le début de cette période.

Mais ce sont les données monétaires et financières qui attestent le plus nettement de cette période de croissance. En France, la masse monétaire double entre 1895 et 1913, ce qui excède largement le niveau de la croissance économique : de façon plus certaine, les prix, après avoir baissé jusqu'en 1896, sont désormais orientés à la hausse, tant pour la France que pour les autres puissances. Si la hausse des salaires nominaux suffit à peine à compenser la hausse des prix, le niveau des profits atteint des sommets entre 1909 et 1913, tandis que la création des sociétés par actions, l'émission d'actions et d'obligations connaissent un fort dynamisme.

b. — La deuxième révolution industrielle modifie les structures économiques

Les progrès de l'industrialisation sont portés par de nouveaux secteurs : en Angleterre et en France mais plus encore en Allemagne et aux États-Unis, les industries métallurgiques, chimiques et électriques connaissent des taux de croissance de plus de 6 % par an et supplantent le chemin de fer dont le montant des investissements est en baisse, une fois le réseau construit.

Les produits nouveaux sont nombreux, de l'automobile à l'aluminium en passant par les débuts de l'aviation et le cinéma. Ce dynamisme permet des créations d'emplois industriels du fait que la production augmente à un rythme supérieur à celui de la productivité apparente du travail qui avoisine les 2 % par an. Cette hausse est permise par un important effort d'investissement dans l'outillage industriel; à la différence des machines installées lors de la première révolution industrielle, les équipements sont beaucoup plus lourds, les nouvelles industries motrices étant caractérisées par un plus fort coefficient capitalistique que naguère le textile. Cela explique le développement de la société par action, la concentration, et plus généralement de la grande entreprise, seule capable de mobiliser des masses importantes de capitaux, en particulier en Allemagne et aux États-Unis (*cf.* III).

Une course aux débouchés extérieurs accompagne la nouvelle croissance. Le retour du protectionnisme dans les années 1880 et son accentuation progressive jusque vers la fin du siècle n'empêchent pas l'augmentation des mouvements internationaux de marchandises entre grandes puissances mais aussi avec le domaine colonial de chacune d'elles. Dans le cas de la France, les exportations de produits industriels ont doublé de la période 1897-1901 à celle de 1909-1913 et représentent une part croissante des débouchés, tandis que dans le même temps la valeur des importations rapportée au produit industriel augmentait aussi.

2. – Les années folles : des bases étroites pour une croissance fragile

Les analyses des périodes de la Belle Époque et des années folles montrent une très forte continuité de ces deux croissances coupées par la guerre, tant au niveau du *trend* que des mécanismes et des orientations.

a. — *L'unité du trend de croissance de la Belle Époque et des années folles*

La guerre de 1914-1918 a ramené la production des pays européens au niveau de 1890, soit une perte de production approximative de 50 % qui représente un taux de croissance annuel moyen de − 8,5 %. Pour la France, J.-C. Asselain (*Histoire économique de la France*) montre que partant de ce niveau très bas, la production industrielle et le revenu national retrouvent leur niveau de 1913 dès 1924 et la poursuite de la croissance pendant les années 1920 permettra à l'économie française de rejoindre sa droite de *trend* : en 1929, le niveau de production atteint est le même que s'il y avait eu progression régulière de 1913 à 1929, soit une progression d'un tiers.

Les années 1920 montrent donc une poursuite et un approfondissement de l'industrialisation qui avaient porté la croissance d'avant-guerre, particulièrement en France où un certain retard avait été accumulé par rapport à l'Allemagne ou aux États-Unis. La dimension industrielle du premier conflit mondial a accéléré la modernisation de l'appareil productif, bien qu'une grande partie du potentiel productif ait été détruite dans les pays ayant connu les combats sur leur sol et que les difficultés de reconversion à une économie de paix aient constitué des handicaps initiaux.

b. — *Mécanismes et orientations de la croissance des années 1920*

Des gains de productivité importants (de l'ordre de 3 % par an dans les secteurs de pointe) sont permis par le passage à la production en grande série, générant des économies d'échelle. Ces mutations supposent un fort niveau d'investissement qui ne peuvent plus être autofinancés comme ils l'étaient avant-guerre, en dépit de l'augmentation des profits. Les taux d'investissement augmentent dans tous les grands pays industrialisés au cours des années 1920 pour atteindre 20 % en fin de période, ce qui préfigure les niveaux de l'après deuxième guerre. Le marché boursier va participer activement au financement des entreprises avec des émissions d'actions et d'obligations qui augmentent dans de fortes proportions dans l'ensemble des pays industrialisés, facilitant l'essor de la grande entreprise par croissance interne et concentration (formation de trusts aux États-Unis, *cf.* III).

L'organisation de l'entreprise se modernise avec la diffusion du taylorisme et du fordisme. Les progrès de la productivité sont également liés aux transferts de population active des secteurs à basse productivité vers les secteurs à forte productivité. En France, par exemple, l'exode rural s'accélère qui permet l'arrivée de 710 000 travailleurs industriels supplémentaires de 1913 à 1929. Au sein de l'industrie française, on constate une diminution des effectifs employés dans le textile, l'habillement et le cuir au profit du secteur automobile, de la chimie et des industries électriques et mécaniques.

De nouvelles sources d'énergie sont disponibles. Avec l'électricité, la mécanisation industrielle progresse et se diffuse par l'installation de moteurs électriques plus performants et moins encombrants que les machines à vapeur. Aux États-Unis, l'industrie pétrolière dominée par la *Standart Oil* de Rockefeller trouve des débouchés dans le raffinage qui fournit le carburant du premier parc automobile du monde, et l'alimentation de centrales thermiques.

La demande joue également un rôle de stimulant de la croissance. Après une crise de reconversion de la production vers des activités civiles, les besoins issus de la reconstruction dopent les marchés intérieurs des pays européens et les profits vont augmenter régulièrement, soutenant un effort croissant d'investissement. La demande ne se limite pourtant pas à la période de reconstruction car la croissance est également portée par une demande de consommation des ménages en nette augmentation par rapport à l'avant-guerre. Sans pouvoir encore parler de consommation de masse, sauf aux États-Unis où elle connaît ses débuts, il faut voir dans les progrès de la demande à la fois une compensation après les privations de la guerre, mais également l'effet d'une hausse du pouvoir d'achat permise par la baisse des prix des biens de consommation industriels dont l'automobile est le symbole : les gains de productivité dans le secteur automobile permettent de faire baisser le prix réel de plus de 40 % de 1921 à 1930. L'électroménager en est à ses débuts et le téléphone se répand : en 1900, Paris ne compte que 30 000 abonnés, après 1920 l'augmentation est de 40 000 à 50 000 par an. La fabrication du caoutchouc et l'industrie pneumatique se développent dans le sillage de l'automobile. Les progrès de l'industrie chimique débouchent sur la fabrication industrielle de l'aspirine (brevetée par Bayer) ou de textiles artificiels.

3. – Des États moins libéraux et des institutions internationales plus libérales au service de la croissance de l'après-guerre

La croissance enregistrée pendant les années 1920 avait été brillante et peut à plus d'un titre être comparée à celle, exceptionnelle, des Trente Glorieuses. Mais cette croissance est restée déséquilibrée dans le domaine monétaire, financier au plan international, et dans celui de la production par rapport à la consommation aux plans nationaux. L'éclatement d'une bulle spéculative sera le révélateur de ces déséquilibres et le catalyseur d'un effondrement sans précédent. Selon les libéraux, cette crise a été interprétée comme le résultat du non-respect des lois du marché tandis que pour les partisans d'un interventionnisme étatique, elle est le produit d'un déficit de régulations économiques. C'est sur cette seconde interprétation que sera construite la croissance de l'après-Seconde Guerre mondiale.

a. — La croissance des Trente Glorieuses sans précédent historique

■ **Une croissance générale quoiqu'inégale**

À la fin de la guerre, les situations économiques des pays capitalistes sont très différentes. Les États-Unis n'ont pas davantage connu que lors du premier conflit mondial la guerre sur leur sol, à l'exception de Pearl Harbor, et disposent de capacités de production qui sont à la fois les premières du monde et intactes. Les pays européens au contraire, ainsi que le Japon, ont subi des destructions massives. Pour la France, la période des années 1930 s'est soldée par un bilan économique nul au sens propre du terme, puisque les années de dépression ont été globalement compensées par une reprise en fin de période. La Seconde Guerre mondiale a provoqué un bilan encore plus catastrophique que la première. En s'en tenant aux seules pertes matérielles, la production française a été réduite de 50 %, ce qui ramène le pays à la situation de 1890. C'est par rapport à ce point bas que s'inscrit pour la France la plus forte croissance de son histoire économique.

Ces pays sont donc confrontés à la nécessité et souvent à l'urgence de la reconstruction, qui dans les premières années s'accompagne de pénuries imposant la poursuite du rationnement mis en place pendant la guerre. Mais les performances productives sont partout telles qu'elles permettent, sinon de lever immédiatement tous les goulots d'étranglement, du moins d'assurer les populations que cette fois « *la prospérité est au coin de la rue* » (affirmation du président Hoover peu après le krach boursier de 1929 et démentie pendant les années 1930). Rappelons les niveaux de croissance atteints pendant cette période :

Tableau 3 - Taux de croissance annuel moyen du PIB en volume entre 1958 et 1974

Japon	10	Italie	5,2
États-Unis	4,4	France	5,4
RFA	4,4	Royaume-Uni	2,2

Tableau 4 - Taux de croissance annuel moyen de la production industrielle en volume entre 1959 et 1974

Japon	12,35	États-Unis	4,4
France	6,01	RFA	5,4
Royaume-Uni	2,6		

L'accélération de la croissance est donc générale au sein du monde capitaliste développé, et la croissance industrielle est partout plus rapide que la croissance globale, sauf aux États-Unis. Mais il ne faut pas perdre de vue le caractère inégal de la croissance ; le produit intérieur japonais est multiplié par 4,6 pendant que le produit anglais connaît une hausse de moins de 42 %. La France se situe dans le peloton de tête de la croissance mondiale ; si on considère la croissance de l'ensemble de la période des Trente Glorieuses (qui n'en compte en fait que 25, de 1948 à 1973) au taux annuel moyen de 5,5 %, la croissance globale obtenue est de 281 % soit un coefficient multiplicateur de 3,81 de son PIB. Le monde anglo-saxon a donc moins profité de cette croissance.

La décomposition en sous-périodes décennales montre une tendance à l'accélération de la croissance. Les cycles Juglar (voir chapitre 4) sont de faible amplitude et semblent même pratiquement s'effacer pour la France. Cette évolution était interprétée à l'époque comme le signe tangible de la capacité de la politique économique à « lisser le trend » c'est-à-dire à réduire voire annuler les périodes de ralentissement économique. De là à penser que la croissance était sous contrôle et que la politique économique pouvait désormais guider le trend, il y avait un grand pas qui a été parfois franchi imprudemment, comme devait le révéler la crise de 1973.

■ Dans le respect approximatif des grands équilibres

Le haut degré de confiance accordé aux politiques économiques provenait aussi du fait que la croissance était équilibrée et respectait les quatre « grands équilibres » définis par N. Kaldor. Les grands équilibres – faible inflation, plein emploi, équilibre ou faible déficit budgétaire, équilibre du commerce extérieur – sont représentés graphiquement par un carré qui devient alors « magique ».

La hausse des prix est générale mais l'inflation reste modérée sur la période : on parle alors d'« inflation rampante ». Bien que des tensions inflationnistes se soient manifestées ponctuellement, de façon internationale entre 1945 et 1948 du fait des pénuries non encore résolues, de 1951 à 1953, lors de la guerre de Corée, ou dans un contexte national comme en France en 1958, puis consécutivement aux accords de Grenelle de 1969, des politiques de freinage de l'activité parvinrent à les contenir.

Le commerce extérieur tend généralement vers l'équilibre pour chacun des grands pays industrialisés. Toutefois, l'Allemagne et le Japon parviendront, grâce à leur productivité, à accumuler des excédents croissants, provoquant un déficit chez leurs partenaires, en particulier les États-Unis.

Le déficit budgétaire reste modéré tout comme le niveau de la dette publique, en raison de la croissance qui fait augmenter régulièrement les rentrées fiscales, et aussi grâce à l'inflation qui déprécie la dette. Le déficit budgétaire est alors le résultat voulu d'une politique de soutien de l'activité quand elle manifeste des signes de ralentissement et qui peut être réduit facilement par une politique inverse quand le besoin s'en fait sentir.

Enfin, le chômage est très faible sur toute la période du fait de l'effacement des cycles. Il a été fait appel largement à des travailleurs immigrés pour compenser la baisse des taux d'activité féminine.

■ Au service des niveaux de vie

Le pouvoir d'achat des ménages progresse dans tous les pays : en une trentaine d'années, les revenus réels sont multipliés par quatre et la population accède à la consommation de masse. J. Fourastié, par sa comparaison célèbre de deux villages, *Madeire* et *Cessac*, présentant des écarts de développement considérables alors qu'il s'agit du même village de Douelle-en Quercy à trente ans d'intervalle, met en évidence les changements de mode de vie.

Les années 1950 sont celles du premier équipement de nombreux ménages européens en biens de consommation durables : la radio, l'automobile, la machine à laver le linge, le réfrigérateur, la télévision se diffusent progressivement suivant une courbe en S qui indique que le taux d'équipement des ménages progresse lentement lors de la phase de lancement du produit, puis s'accélère lorsque la production en grande série permet de réduire son prix de vente, et enfin ralentit quand le seuil de saturation du marché est proche.

La diffusion des biens de consommation, la montée en puissance du salariat, l'uniformisation des modes de vie urbains et ruraux, ainsi que la réduction des inégalités par la création du Salaire minimum interprofessionnel garanti (1950), les conventions collectives et la redistribution de revenus sociaux, favorisent une homogénéisation sociale. Une classe moyenne se développe rapidement, alimentée par le nombre croissant de cadres moyens, techniciens, employés ou même ouvriers qualifiés, qui accèdent à la propriété privée du logement, à l'automobile, aux loisirs. À l'opposé, les paysans disparaissent progressivement au profit d'une catégorie d'agriculteurs moins nombreux mais mieux formés et mieux équipés (*cf.* H. Mendras, *La fin des paysans*, 1967).

b. — Des États interventionnistes au service de la croissance

En Europe, les politiques structurelles vont occuper une large place et témoignent d'une volonté de préparer et d'aménager les conditions de la croissance future autant que d'une méfiance à l'égard du marché. Les dépenses publiques liées à la reconstruction, les vastes programmes de nationalisation accomplis en Angleterre et en France, la planification indicative française (le Commissariat général au plan est créé en 1946 et placé sous la direction de Jean Monnet), les politiques industrielles, de la recherche, et de l'aménagement du territoire, la politique structurelle des revenus, sont autant d'instruments à la disposition de l'État au service de ses objectifs de reconstruction puis de modernisation.

Les politiques conjoncturelles menées dans l'après-guerre sont inspirées par le keynésianisme qui proposait un mode de coordination des politiques monétaires et budgétaires, considérées comme des instruments au service d'une action contre-cyclique visant à limiter les fluctuations de la conjoncture. Ainsi, lorsque l'économie se trouvait en situation de ralentissement, le déficit budgétaire et une politique monétaire expansive devait permettre de relancer l'activité (Royaume-Uni, 1954-1955). Au contraire, en cas de surchauffe, un retour vers l'équilibre budgétaire associé à une limitation de la masse monétaire était censé réduire les tensions inflationnistes, comme ce fut le cas lors des plans de stabilisation Pinay (1952 et 1958). Une adaptation fine de la politique économique conjoncturelle devait ainsi assurer une régulation fine de l'économie et limiter les aléas du marché. L'alternance rapprochée de ces deux types de politique pratiquée notamment en Angleterre fut nommée *stop and go*.

c. — Des organisations internationales qui favorisent l'ouverture des marchés

Face à des déséquilibres financiers encore plus importants que ceux de l'après première guerre, les États-Unis proposent un plan d'aide financière devant éviter de retomber dans les ornières des réparations qui avaient empoisonné le climat international des années 1920 et pourrait de nouveau empêcher toute réconciliation franco-allemande. Par ailleurs, cette aide devait permettre un redémarrage plus rapide de l'économie de l'Europe de l'Ouest, et freiner d'autant la progression des idées et du modèle économique soviétique. Versée sous forme d'aide militaire, de dons et de prêts à long terme, cette aide a principalement servi les premières années à financer les importations européennes de produits américains. Pour assurer la distribution de ces fonds, a été créée en 1948 l'Organisation européenne de coopération économique (OECE) qui en 1960 deviendra l'Organisation de coopération et de développement économique (OCDE).

De 1950 à 1958, l'Union européenne des paiements (UEP) fonctionna pour pallier les difficultés posées par l'inconvertibilité des monnaies européennes. Dans le cadre de le Banque des règlements internationaux (BRI), fut instituée une chambre de compensation multilatérale des créances et dettes intra-européennes de façon à limiter les sorties de devises et à encourager les échanges au sein de l'Europe.

Les accords de Bretton Woods (1944) posent les bases du système monétaire international qui devait assurer le financement des déficits de balance des paiements que la reconstruction n'allait pas manquer de produire, le développement des échanges et la stabilité des taux de changes, toutes choses qui avaient cruellement fait défaut dans l'entre-deux-guerres. Seuls deux pays participent activement à la négociation : l'Angleterre et les États-Unis. Plutôt que le projet de Keynes qui proposait la création d'une monnaie mondiale (le *Bancor*) et d'une banque centrale mondiale, fut adopté le projet américain de H. White qui supposait une dose beaucoup moins forte de supranationalité dans son fonctionnement, puisqu'il instaurait le dollar comme pivot du nouveau système avec la définition d'une parité or pour la monnaie américaine, et d'un taux de change fixe des autres monnaies par rapport au dollar. Ainsi devait être assurée la stabilité des changes. Le Fonds monétaire international (FMI) était chargé, lui, de l'aide à accorder aux pays en difficulté au moyen d'un système de crédits tirés sur les réserves du Fonds, qui proviennent des dotations versées par les pays membres en fonction de leur PIB. Toutefois, cet étalon de change or ne put commencer à fonctionner qu'à partir de 1958, faute de quantités suffisantes de dollars détenues par les banques centrales européennes.

Le Gatt (*General agreement on tariffs and trade*) est un accord international signé en 1947 par vingt-trois nations qui s'engagent à respecter un certain nombre de règles visant à favoriser l'échange international, considéré comme un moyen de stimuler la croissance et de servir les intérêts mutuels des participants. Les règles édictées par le Gatt obéissent donc aux principes libre-échangistes.

Ces différentes instances internationales sont des créations de l'après-guerre qui ont fait avancer la coopération internationale dans leur domaine respectif de compétence. Elles n'ont pas, bien entendu, permis d'éviter tous les problèmes mais ont fourni un lieu pour tenter de les traiter. Le plan Marshall avait vocation à disparaître une fois son rôle accompli; l'UEP a constitué une préfiguration de l'unification monétaire européenne; le Gatt a été remplacé par l'Organisation mondiale du commerce (OMC) qui est dotée de davantage de prérogatives. Les accords de Bretton Woods ont été emportés par les tempêtes monétaires de 1971, mais le FMI reste le gardien d'un système monétaire de plus en plus difficile à contrôler. Sans elles, l'économie internationale, qui constitue un vecteur essentiel de la croissance mondiale, n'aurait pas connu le développement qui a été le sien, et on n'imagine pas comment elle pourrait se réguler aujourd'hui sans leur intervention ou celle de leurs successeurs.

C VERS LA CROISSANCE DU XXIᵉ SIÈCLE ?

Après vingt ans de « *croissance molle* » selon l'expression de J.-P. Fitoussi, qui ont fait réapparaître le chômage de masse, un dynamisme productif nouveau porte la croissance américaine pendant la décennie 1990. Un nombre croissant d'économistes y voit l'effet d'une « nouvelle économie » qui aurait vocation comme les révolutions technologiques précédentes à se développer et à s'étendre. Au-delà du terme qui prête à discussion, c'est la perspective d'une nouvelle phase de croissance longue qui se profile, si les risques de rupture de ce nouveau trend sont écartés.

1. – Le début d'une croissance longue ?

Alors que les années 1970 avaient été celles du rattrapage de l'économie américaine par l'Europe et le Japon, et que pendant les années 1980 la croissance européenne faisait jeu égal avec la croissance américaine tandis que le Japon conservait le taux le plus rapide de croissance parmi les pays industrialisés, les années 1990 voient le retour des États-Unis en position de leader économique mondial : l'effondrement du contre-modèle soviétique à la fin des années 1980, puis la capacité à générer plus de croissance que le capitalisme rhénan ou nippon (32 % de croissance cumulée pendant les années 1990 contre 16 % pour l'Union européenne, et 12 % pour le Japon), en font pour certain un modèle sans rival. Toutefois, l'économie américaine, au-delà des richesses créées, n'est pas sans points faibles et un nouveau processus de rattrapage est sans doute déjà à l'œuvre.

a. — Les « *Dix Glorieuses* » *américaines*

Dans les années 1990, les États-Unis ont connu la phase de croissance la plus longue et la plus forte de leur histoire, hormis les huit années 1961-1969, période qualifiée d'« activisme keynésien », et de celles de la « révolution de l'offre » 1982-1990. La croissance américaine a été tout au long des années 1990 largement supérieure à celle de la France et de l'Union européenne comme on peut le voir ci-après :

Tableau 5 - Taux de croissance du PIB en volume

Hausse PIB	1990	1991	1992	1993	1994	1995	1996	1997	1998	1999	2000	1991-2000
États-Unis	1,8	0,5	3,0	2,8	4,0	2,8	3,6	4,2	4,3	4,2	4,9	3,3
France	2,5	1,0	1,2	-0,9	1,8	1,9	1,0	1,9	3,2	3,0	3,7	1,8
CEE/UE	3,0	1,8	1,0	-0,4	2,7	2,5	1,7	2,6	2,7	2,5	3,4	2,0

Source : OCDE.

Les explications de ce différentiel de croissance peuvent d'abord être recherchées du côté d'un *policy mix* américain qui aurait su s'adapter au mieux à la conjoncture en favorisant la croissance tout en contenant les tensions inflationnistes. Alors que l'Europe supportait une politique monétaire rigoureuse consécutivement à la réunification allemande et au traité de Maastricht et ne parvenait pas faute de croissance à rééquilibrer ses budgets publics, la politique monétaire menée par A. Greenspan, président du *Federal reserve system* (FED), aurait permis par sa souplesse et son pragmatisme d'entretenir une croissance forte génératrice de rentrées fiscales permettant un retour à l'équilibre budgétaire, puis des excédents substantiels en fin de période.

Tableau 6 - Croissance de la productivité apparente du travail

	1990	1991	1992	1993	1994	1995	1996	1997	1998	1999
États-Unis	1,1	1,2	3,7	0,5	1,3	0,9	2,5	2,0	2,8	2,9

Source : Bureau of Labor Statistics, 2000.

Si on doit à R. Solow (prix Nobel d'économie 1987) la réflexion suivant laquelle « *les ordinateurs sont partout* [...] *sauf dans les statistiques de PIB* », il semble qu'elle vaille surtout pour la première moitié des années 1990 dans le cas de l'économie américaine. En effet, après un délai assez long durant lequel les investissements considérables réalisés en équipements électroniques et en immatériels (recherche et développement, logiciels…) n'ont pas semblé produire de gains de productivité notables, le progrès technique se traduit en terme de productivité du travail à partir de 1996. Cela tient aux coûts de mise en œuvre de ces nouveaux moyens de production, aux coûts des équipements et de la main-d'œuvre à former et à embaucher pour les faire fonctionner, aux réorganisations internes à l'entreprise qu'ils supposent (*cf.* II), aux dysfonctionnements lors de la mise au point de technologies récentes… Par ailleurs, les gains issus de ces nouvelles technologies ne se chiffrent pas forcément en baisse des coûts ou en augmentation de la valeur ajoutée, mais aussi, dans le tertiaire notamment, par une diversification du service rendu, une plus grande capacité de réaction de l'entreprise face aux besoins du client (*cf.* J. Gadrey, *Services : La productivité en question,* Desclée de Brouwer, 1996), toute chose que la comptabilité d'entreprise saisit et mesure mal. Mais passé un certain délai qui aux États-Unis se chiffre à cinq années environ, l'effort massif d'investissement dans les nouvelles technologies, (croissance de l'investissement dans les technologies de l'information supérieure à 15 % par an de 1992 à 2000), finit par produire des résultats.

Ce délai avec lequel la hausse de la productivité du travail suit les investissements visant à informatiser le processus de production pourrait expliquer que la croissance américaine a été extensive jusqu'en 1996, avec la création massive d'emplois de mauvaise qualité, puis soit devenue plus intensive au cours de ces dernières années. En tout état de cause, cette inflexion du trend de productivité, après une longue période de ralentissement commencée à la fin des années 1960, invite à ne pas sous-estimer le phénomène technologique et son corollaire organisationnel dans la vague de croissance actuelle.

b. — Le redémarrage européen à la fin des années 1990

À partir de 1997 l'Europe voit à son tour la croissance s'installer en commençant par le Royaume-Uni et la France.

Tableau 7 - Taux de croissance du PIB en volume

	1997	1998	1999	2000	2001	2002	2003	2004	2005
UE 15	2,6	2,9	3,0	3,9	1,9	1,1	1,1	2,3	1,5
All.	1,8	2,0	2,0	3,2	1,2	0,0	− 0,2	1,2	0,9
France	2,2	3,5	3,2	4,0	1,9	1,0	1,1	2,3	1,2
RU	3,0	3,3	3,0	3,8	2,4	2,1	2,7	3,3	1,9
EU	4,5	4,2	4,4	3,7	0,8	1,6	2,5	3,9	3,2
Japon	1,6	− 2,0	− 0,1	2,9	0,2	0,3	1,4	2,7	1,9

Source : Eurostat.

Le taux de croissance européen, sans atteindre les niveaux exceptionnels que connaissent les pays émergents, est robuste et indique un changement de trend. Le krach boursier survenu en 2000 consécutif à l'explosion d'une bulle spéculative sur les titres liés à l'Internet et à la téléphonie n'a fait que ralentir la croissance pendant dix-huit mois. Certains pays de l'Europe centrale et orientale intégrés à l'UE en 2004 sont eux aussi des pays émergents qui connaissent une croissance très forte : Estonie, Lettonie, Lituanie, Hongrie. La croissance japonaise apparaît singulièrement plus faible, la crise bancaire retardant la reprise.

Le dynamisme européen se manifeste conjointement sur l'investissement qui augmente plus vite que le PIB permettant au taux d'investissement d'atteindre 20,5 % en 2000, et la consommation des ménages qui progresse à un rythme moyen d'environ 3 % par an. Pendant cette période de redémarrage, la vive expansion des exportations couvre la hausse des importations, ce qui permet de conserver un excédent pour le commerce des biens et services. C'est le signe de la bonne adaptation de l'offre européenne à la demande mondiale et de sa présence sur les créneaux porteurs de la nouvelle économie. La dépréciation de 25 % de l'euro par rapport au dollar de 1999 à 2000 facilite alors les exportations mais le cours du baril de pétrole a déjà entamé sa remontée, le prix unitaire passant de 10 $ au début de 1990 à 35 $ au 4e trimestre 2000. L'appréciation de 30 % de l'euro par rapport à son cours de lancement et le doublement du prix du pétrole n'entameront pas la capacité de l'UE à dégager des excédents dans ses échanges extérieurs sur biens et services (plus de 50 milliards d'euros en 2004).

La croissance économique de la fin du siècle permet un essor de la création d'emplois et une baisse sensible du chômage européen.

Tableau 8 - Évolution de l'emploi aux États-Unis et en Europe

	1988-1995		1995-2002	
	Emplois créés en millions	Croissance annuelle de l'emploi	Emplois créés en millions	Croissance annuelle de l'emploi
États-Unis	11,0	1,2	12,4	1,3
Union européenne à 15	2,0	0,2	14,2	1,3

Source : Eurostat.

Malgré le dynamisme de la demande interne et externe, l'inflation reste sous contrôle en Europe avec une tendance annuelle inférieure à 2,5 % pour l'ensemble de la zone. Cela peut être attribué aux gains de productivité obtenus grâce aux gains de productivité liés aux changements technologiques en cours. Bien que globalement les progrès de productivité soient inégalement répartis en Europe, les plus faibles progressions étant celles de l'Espagne (– 0,3 %), de l'Italie (0,7 %) et des Pays-Bas (0,8 %), les meilleures celles de l'Irlande (5,4 %) l'Autriche (2,7 %) et la France (2,3 %), on ne peut sur la période considérée que constater que l'Europe « s'accroche » à l'économie américaine, plus qu'elle ne « décroche ».

Tableau 9 - Taux de croissance annuels de la productivité horaire du travail en %

	États-Unis	UE 15	UE15 sans Italie, Espagne, Pays-Bas
1995-2002	2,3	1,7	2,3

Source : Groningen Growth and Development Centre Data Base.

Ainsi plusieurs indicateurs macroéconomiques semblent indiquer que le processus de transformation économique engagé aux États-Unis tend à se propager en Europe avec six à sept ans de retard et font de l'Europe une région de forte croissance potentielle. Examinons maintenant quelles sont les caractéristiques de cette « nouvelle économie ».

2. – Les bases d'une croissance nouvelle

a. — Les facteurs d'une croissance durable

Il semble que les progrès technologiques en cours de diffusion actuellement possèdent bien le caractère « rayonnant » que J. A. Schumpeter attribuait aux innovations majeures qui seules étaient susceptibles d'entraîner une réorganisation de l'économie. En effet, on a pu comparer les effets de la diffusion des TIC (technologies de l'information et de la communication) intégrant la combinaison du traitement de l'information par l'informatique, et sa transmission au sein de réseaux de plus en plus vastes et intégrés (Internet), à celle du réseau ferré construit au milieu du XIX⁰ siècle. Lors de leurs mises en place, ces réseaux font un appel massif aux équipementiers concernés : sidérurgie, métallurgie, construction mécanique pour le chemin de fer, et aujourd'hui, producteurs d'ordinateurs et de logiciels, de fibres optiques et de relais, de satellites et de téléphones, etc., qui innovent en mettant sur le marché des produits nouveaux permettant d'emprunter ces réseaux. Une fois en place, l'utilisation rapidement croissante de ceux-ci a fait émerger par concentration-élimination de grandes compagnies de chemin de fer au XIX⁰, tandis qu'aujourd'hui, une lutte à l'issue encore incertaine oppose différents fournisseurs d'accès aux réseaux informationnels : compagnies de téléphones, chaînes de télévision, portails internet. Enfin, les services fournis irriguent un très grand nombre de branches : ce ne sont plus seulement les marchandises et les hommes qui peuvent aujourd'hui circuler plus facilement comme avec le chemin de fer mais l'information sous toutes ses formes, écrite, sonore ou d'images, qui permet d'échanger plus et en particulier économiquement. Des débouchés nouveaux s'ouvrent à mesure que le nombre des connectés augmentent et on assiste par exemple à l'expansion du « e-commerce » dont l'élément le plus dynamique est actuellement le commerce entre les entreprises (*B to B* pour *business to business*), dont 50 % s'effectue déjà sur Internet. Pour ne pas se laisser distancer sur de nouveaux marchés, et pour gagner en efficacité productive, en disposant d'une information en temps réel sur les stocks, les matériels, le personnel ou les clients, qui dispensent de travailler avec des stocks de précaution coûteux, un nombre croissant d'entreprises, y compris dans « l'économie traditionnelle », est amené à investir dans ces nouveaux réseaux, et donc à se réorganiser en fonction de ces nouveaux outils.

Ainsi la « Nouvelle économie » est le terme employé pour désigner la dynamique issue de l'irruption et de la généralisation des TIC (et dans une moindre mesure des progrès des biotechnologies). Certains prédisent donc une vague de prospérité comparable à celle connues lors des précédentes révolutions industrielles, conformément à l'interprétation schumpétérienne des cycles longs : le processus de destruction créatrice serait de nouveau à l'œuvre, avec une réallocation rapide du capital vers les activités les plus productives.

Le rapport du Conseil d'analyse économique rédigé par D. Cohen et M. Debonneuil, intitulé *Nouvelle économie*, fait état d'un retard de six à sept ans de la France et de l'Europe sur les États-Unis, et appelle à un effort important non seulement dans la diffusion et l'assimilation des nouvelles technologies mais aussi dans la recherche-développement et la production, afin d'éviter que des rentes de situation ne s'installent en faveur des entreprises et des pays innovateurs.

b. — La croissance se concentre dans les pays émergents

Le risque de rupture du trend de croissance porté par la Nouvelle économie s'est réalisé en 2008 sous la forme inattendue d'un krach du secteur immobilier américain qui s'est transformé en crise bancaire mondiale par le relai de la titrisation des crédits hypothécaires à risque. Si le mode de déclenchement de chaque nouvelle crise surprend toujours, la fragilité de la situation était connue : l'édition précédente de cet ouvrage mentionnait en 2007 les craintes des économistes d'un krach boursier ou d'un nouvel emballement des prix des matières premières.

Bien que la croissance potentielle mondiale reste forte à moyen terme en raison des innovations liées au 5e Kondratieff, l'activité économique subit des chocs de plus en plus fréquents et d'une ampleur croissante (voir tableau 7) :

Tableau 7 – Taux de croissance en volume et projections

Régions et pays	2007	2008	Projection 2009	Projection 2010
Monde	5.2	3.0	-1.1	3.1
Économies avancées	2.7	0.6	-3.4	1.3
États-Unis	2.1	0.4	-2.7	1.5
Zone Euro	2.7	0.7	-4.2	0.3
Allemagne	2.5	1.2	-5.3	0.3
France	2.3	0.3	-2.4	0.9
Japon	2.3	-0.7	-5.4	1.7
Royaume-Uni	2.6	0.7	-4.4	0.9
Économies émergentes	8.3	6.0	1.7	5.1
En Afrique	6.3	5.2	1.7	4.0
PECO	5.5	3.0	-5.0	1.8
Russie	8.1	5.6	-7.5	1.5
Asie en développement	10.6	7.6	6.2	7.3
Chine	13.0	9.0	8.5	9.0
Inde	9.4	7.3	5.4	6.4
ASEAN-5 (1)	6.3	4.8	0.7	4.0
Moyen-Orient	6.2	5.4	2.0	4.2

(1) Indonésie, Malaisie, Philippine, Thaïlande, Vietnam.

Source : FMI : *Perspectives de l'économie mondiale*, octobre 2009.

L'économie mondiale est entrée en récession en 2008 et le PIB mondial a reculé en 2009 pour la première fois depuis la Seconde Guerre mondiale, tandis que la baisse du commerce mondial atteignait -12%. Toutefois ces baisses sont restées beaucoup plus limitées que lors de la crise de 1929 ce qui s'explique par les actions vigoureuses des pouvoirs publics menées dans les pays avancés et de nombreux pays émergents, qui ont permis d'éviter les faillites bancaires en chaîne (plans de sauvetage) et soutenu la demande (plans de relance) évitant le spectre d'une dépression mondiale.

La chute de l'activité concerne inégalement les pays suivant leur exposition aux conséquences de l'effondrement du secteur immobilier et de la crise bancaire. Les économies avancées ont connu un freinage plus brutal que la moyenne mondiale et connaîtront sans doute un recul plus marqué de leur production en 2009, avant de redémarrer plus lentement en 2010 d'après les projections du FMI. On peut constater que les États-Unis, pays où a démarré la crise, connaissent un redémarrage plus dynamique que la zone Euro. La baisse de la production dans l'ensemble de l'Europe a été le résultat d'un effondrement de la demande intérieure (notamment en matière d'investissement) et d'une diminution des échanges dans une région fortement intégrée. Le retournement brutal de l'expansion des prix des actifs, notamment dans l'immobilier, a fortement freiné l'activité en Espagne, en Irlande et au Royaume-Uni et dans plusieurs autres pays, dont certaines économies émergentes. L'Islande a été frappée de plein fouet et depuis l'effondrement de son secteur financier elle reçoit l'appui du FMI. La sortie de la récession ne permet pas une amélioration de la situation sur le marché du travail, le chômage devant continuer à augmenter dans les économies développées en 2010.

La crise actuelle va accélérer le phénomène de rattrapage qui est à l'œuvre entre les pays émergents et les pays développés en raison du différentiel des taux de croissance observés et attendus entre ces deux groupes. La crise s'est propagée dans les économies émergentes mais leur croissance s'est révélée plus robuste et a beaucoup moins faibli que celle des vieux pays industrialisés, en particulier en Asie. Au début de la crise les exportateurs d'Asie avaient été durement touchés par l'effondrement de la demande extérieure. La production industrielle de la Corée, de Singapour, et de Taiwan accusait à la fin 2008 une contraction record d'environ 25 % par rapport à l'année précédente. Seules la Chine, l'Indonésie et l'Inde ont échappé à une grave récession, grâce à une vaste politique de relance et, dans le cas de l'Inde, à une moindre dépendance à l'égard des exportations. Le rapide retournement de conjoncture observé depuis peu est remarquable et peut être attribué à la dynamique interne de cette région et à son commerce intra-zone (notamment via la reconstitution de stocks par l'économie chinoise) ainsi qu'au retour des capitaux occidentaux attirés par des opportunités de croissance supérieure qui augmentent la liquidité et dynamisent l'investissement.

Des « destructions créatrices » libèrent des potentialités de croissances nouvelles qui ne peuvent se réaliser qu'en levant le verrou de l'offre mais aussi de la demande à partir de réarrangements économiques, sociaux, géopolitiques… En ce sens l'étude de la croissance renvoie au mode de régulation du capitalisme, ainsi que le montre M. Aglietta dans son article *Le capitalisme de demain* (Notes de la fondation Saint-Simon, n° 101, novembre 1998) : « La croissance n'est pas en elle-même une finalité sociale. Un même taux de croissance tendanciel peut recouvrir des sociétés bien différentes. Certaines sont des cauchemars, d'autres des matrices de l'épanouissement humain ; des sociétés dictatoriales ou démocratiques ; des sociétés secrétant inégalités et exclusions ou des sociétés protégeant les salariés des risques économiques ; des sociétés dévorées par la cupidité dans la poursuite sans frein de l'enrichissement individuel ou des sociétés déployant des systèmes collectifs de solidarité. »

II

DES ENTREPRISES ACTRICES DE LA CROISSANCE

Les entreprises sont des acteurs essentiels des processus de changement économiques et sociaux à l'œuvre dans les pays capitalistes. L'examen de leurs évolutions montre les effets de l'organisation du tissu productif sur la croissance économique : en ce qui concerne leur structure interne, les entreprises se dotent de moyens toujours plus performants pour traiter des flux de matière mais aussi, et cela est de plus en en plus important, des flux d'information, sans que la grande dimension soit nécessairement un critère d'efficience. À l'heure de l'entreprise en réseau, les relations interentreprises acquièrent une place de premier plan, ce qui suscite de nouvelles formes de concentration présentées en second lieu.

A DE LA PETITE À LA GRANDE ENTREPRISE

L'histoire des gains de productivité réalisés en deux siècles est liée à celle de l'organisation de l'entreprise, c'est-à-dire à sa structure interne. La concentration, dans ses dimensions techniques et financières, a joué un rôle majeur dans les changements de l'organisation du travail, et jusqu'à une période récente, dans l'accroissement de la taille des unités de production.

1. – La petite entreprise, structure élémentaire du système productif

Point de départ de l'aventure industrielle et symbole du capitalisme entrepreneurial, la petite entreprise conserve aujourd'hui une place importante dans les systèmes productifs les plus concentrés.

a. — L'entreprise unité de production spécialisée

L'entreprise est un mode d'organisation récent de la production qui se développe avec la Révolution Industrielle. Historiquement les premières entreprises au sens de prises de risques économiques sont commerciales (les grandes compagnies commerciales maritimes au XVIIᵉ siècle), tandis que la production reste cantonnée dans le cadre familial ou dans celui des corporations. Les premiers entrepreneurs sont des intermédiaires, des courtiers en travail : on lui passe des commandes fermes de biens ou de services, il recherche les ouvriers qui vont produire chacun une partie de cette commande et il s'assure de la bonne livraison. Les « marchands-fabricants », dans le contexte de la proto-industrie décrite par Franklin Mendels, distribuent la matière première en milieu rural au domicile des paysans-ouvriers qui disposent de leurs outils et même de leurs machines (métier à tisser par exemple) et récupèrent le produit fini qu'ils se chargent de commercialiser.

Ce sont les insuffisances de ce mode de production, caractérisé par une faible division du travail, l'absence du contrôle de l'usage des matières premières et de l'exécution de la tâche, le faible niveau de mécanisation, qui pousseront au XIXᵉ siècle au développement de lieux spécifiquement dédiés à la production, aptes à accueillir un nombre croissant d'ouvriers équipés de machines de plus en plus coûteuses, de l'atelier à l'usine moderne. Ces infrastructures vont demander des apports croissant en capital nécessitant des évolutions des formes juridiques des entreprises, des sociétés de personne, à la forme intermédiaire de la société en commandite, puis aux sociétés de capitaux du XIXᵉ siècle, sans oublier le rôle important joué par les sociétés coopératives qui représentaient 30 % des entreprises manufacturières en Angleterre entre 1830 et 1850.

Les formes nouvelles n'ont pas fait disparaître les anciennes car cette diversité juridique s'adapte à l'extrême variété des structures des entreprises : secteur d'activité, chiffre d'affaires, effectifs, capitaux propres, type de contrôle du capital, société indépendante ou filiale d'un groupe… En 2007 la moitié des entreprises sont des entreprises individuelles (très nombreuses dans le commerce et l'artisanat), tandis que l'autre moitié est organisée en personne morale (SARL, SA).

En 2007, 60 % des entreprises en France n'ont aucun salarié. Plus de 90 % des entreprises ont moins de 10 salariés (ci qui correspond à l'appellation « Très petites entreprises » ou TPE, les petites et moyennes entreprises (PME) étant d'après la définition de l'INSEE celles qui emploient moins de 250 personnes et qui ont un chiffre d'affaires annuel inférieur à 50 millions d'euros ou un total de bilan n'excédant pas 43 millions d'euros). Les grandes entreprises de plus de 250 salariés ne représentent qu'environ 0,1 % du nombre total des entreprises : moins de 500 entreprises ont plus de 2000 salariés.

b. — Une structure économique réactive

Les pays d'industrialisation précoce (Royaume-Uni, France) ont vu la mise au point de la plus grande partie des innovations techniques qui devaient porter la croissance et les transformations économiques du XIXᵉ siècle. L'entrepreneur innovateur ou même imitateur est selon Schumpeter le personnage clé du processus de changement social, pour son rôle d'impulsion ou de diffusion du changement organisationnel.

La grappe d'innovations qui est à l'origine des transformations productives du début du XXᵉ siècle, regroupées sous l'appellation de deuxième révolution industrielle, va être l'occasion d'une redistribution des parts de marché en fonction de la capacité à produire les objets nouveaux tels que l'ampoule électrique, l'automobile, l'essence, les textiles synthétiques, la matière plastique, etc. L'évolution technologique a des effets ambivalents sur la dimension des unités de production. Les innovations ne sont plus le fait d'amateurs éclairés ou de bricoleurs inventifs, mais requièrent les connaissances de spécialistes formés dans les écoles d'ingénieurs. Aussi, l'origine sociale des innovateurs est-elle moins diversifiée que dans la période précédente. De plus, la mise au point et le passage au stade de la production exigent davantage de capitaux (sidérurgie, industries mécaniques et électriques, chimie, caoutchouc). Néanmoins ces innovations restent le fait d'individus ou d'équipes restreintes et sont souvent mises en œuvre dans le cadre de petites entreprises au départ, même si elles sont appelées à connaître une croissance exponentielle ; de nombreux inventeurs vont être à l'origine de la création d'entreprises considérables : Bell, Edison, Siemens, Bayer… Mais, en France et en Angleterre en particulier, le processus de concentration reste limité à quelques secteurs (sidérurgie et chimie).

Les débuts de l'industrie automobile décrits par J.-L. Loubet sont à cet égard emblématiques : la production automobile a commencé par le stade artisanal, dans de petits ateliers rassemblant les métiers nobles du travail à façon du métal, du bois, du cuir, mécaniciens, ajusteurs, etc. La production débute en 1890 en France en Angleterre et en Allemagne avec l'apparition d'un grand nombre de petits producteurs, issus de la fabrication de cycles (Peugeot, Morris), ou fabricants de machines (De Dion Bouton, Panhard, Levassor), ateliers d'usinage (Daimler, Benz). En 1913, l'industrie automobile française compte 155 producteurs pour une production annuelle de 45 000 autos environ. Ce n'est qu'après la guerre de 1914-1918 que la production automobile européenne va s'industrialiser, suivant le modèle de l'entreprise de l'Américain Henry Ford, avec notamment André Citroën, grand fabricant d'obus qui se lance dans l'automobile en 1918.

c. — Un dynamisme qui ne se dément pas

■ Des « start-up » pour une troisième révolution industrielle

La petite entreprise est également impliquée dans les changements technologiques et économiques actuels. Les nouveaux secteurs moteurs que sont les secteurs de l'électronique, de l'informatique, des télécommunications et des biotechnologies, regroupés sous l'appellation de « nouvelle économie », doivent une grande partie de leur dynamisme, au grand nombre de PME qui innovent, commercialisent un bien ou un service nouveau. Ces activités sont susceptibles de générer des taux de croissance annuels à deux chiffres pour les ventes de ces « jeunes pousses » ; pour conquérir le marché avant que l'innovation perde son attrait, le fondateur a souvent besoin d'ouvrir son capital à des actionnaires prêts à assumer les risques importants de la création d'entreprise innovante (*business angel*), contre la perspective de profits importants, conférée par la quasi-absence de concurrence sur de nouveaux marchés.

La trajectoire idéale est ensuite d'être rapidement cotée sur le Nouveau marché ou mieux encore au Nasdaq américain, pour lever de nouveaux capitaux et accélérer la croissance. Plus tard, lorsque la croissance s'est stabilisée, le fondateur pourra éventuellement se désengager et revendre son entreprise à un groupe. Plus rarement, l'entreprise poursuivra son développement de façon autonome jusqu'à parfois atteindre à son tour une grande dimension. Tel a été le cas de Microsoft, ex-petite entreprise au début des années 1970 qu'une trajectoire météoritique a propulsé au premier rang de la capitalisation boursière mondiale début 2000.

Mais les start-up n'ont pas le monopole du dynamisme. Toutes ne sont pas promises à un grand avenir, et certaines ont d'ailleurs été très vite transformées en « start-down » par le ralentissement de l'activité dans le secteur de l'électronique et des télécoms au cours de l'année 2000. Dans les secteurs plus traditionnels, les PME sont aussi capables d'adaptations.

Plusieurs éléments statistiques indiquent que les entreprises de petite taille restent de moins en moins à l'écart du processus général de modernisation de l'appareil productif. En 2005 les entreprises de 20 à 250 salariés ont réalisé 40 % de leurs ventes à l'exportation ce qui représentait 16,5 % du total des exportations françaises.

■ La PME au cœur du renouvellement du tissu productif

La création d'entreprise est un autre signe du dynamisme de la petite entreprise. De 2000 à 2008, 200 000 à 300 000 entreprises se créent chaque année, tandis que 40 000 environ disparaissent, soit presque 10 % du total. En permanence des entreprises apparaissent alors que d'autres disparaissent, le tissu productif composé des entreprises est donc vivant et participe pleinement au processus de destruction créatrice décrit par J. Schumpeter.

Plus de 85 % des entreprises se créent sans salarié. Depuis 2002, le nombre de créations d'entreprises sans salarié a progressé de 57 % alors que celui des créations avec au moins un salarié n'a augmenté que de 14 %. À la faveur des dispositifs facilitant la création d'entreprise, des chômeurs ont été incités à créer leur entreprise tout d'abord pour assurer leur propre emploi. D'autre part la pratique de l'externalisation des fonctions non stratégiques par les grandes entreprises a pu aussi conduire à des licenciements suivis de création d'entreprises individuelles sous-traitantes. L'impact sur l'emploi de la création d'entreprise est donc loin d'être négligeable surtout si l'on considère le taux de survie à 5 ans des entreprises nouvellement créées qui est de 52% selon l'INSEE en 2007.

Les périodes de changement technologiques sont favorables à la création d'entreprises et à leur développement, en offrant des possibilités de remettre en cause les positions établies sur les marchés en faisant émerger des idées nouvelles. Il est peut-être plus surprenant de constater que la crise de 2008 a fait accélérer la création d'entreprise en 2009 : +65,3 % sur les douze derniers mois, selon l'INSEE. Le statut d'autoentrepreneur qui facilite la création d'entreprises individuelles depuis le 1er janvier 2009 est une des explications, à coté des opportunités que la crise peut apporter : entreprises à reprendre, baisse des coûts des équipements, des loyers de bureau, taux d'intérêt faibles, encouragements fiscaux…

Toutefois en dépit du dynamisme de la petite entreprise les marchés sont de plus en plus dominés par de grandes entreprises.

2. – L'essor de la grande entreprise

Si la petite entreprise domine numériquement, la grande entreprise domine économiquement comme le montre le tableau suivant sur les contributions des entreprises à la valeur ajoutée :

Tableau 8 – Poids des entreprises selon leur taille en termes de valeur ajoutée en 2005 (en %)

Nombre de salariés :	0 à 19	20 à 249	250 ou plus
IAA	21,3	14,1	64,6
Industrie et énergie	9,3	13,4	77,4
Construction	52,1	22,9	24,9
Commerce	34,6	17,0	48,4
Transports	11,8	12,7	75,5
Services	28,2	12,5	59,2
Éducation, santé, action sociale	72,2	15,0	12,8
Total	26,9	14,6	58,5

Sources : DGI ; Insee ; DCASPL.

La montée en puissance de la grande entreprise s'est effectuée à partir du XIXe siècle, plus ou moins rapidement suivant les pays.

Le développement de la taille de l'entreprise correspond au processus de développement de toute organisation qui faute de croître risque de péricliter. Aussi est-il inéluctable de voir sur un marché certaines entreprises accumuler des moyens de production tandis que d'autres sont éliminées, suivant le processus de sélection que constitue la concurrence. Lorsque l'accroissement des parts de marché induit progressivement l'augmentation des moyens de production, on parle de croissance interne. La croissance externe est le pari d'accélérer ce processus en procédant à des rachats d'entreprises (prises de participation, absorption, fusion) qui fourniront d'emblée les moyens de production permettant l'accroissement des parts de marché.

Il a résulté de ces deux formes de croissance une concentration accrue dans tous les systèmes productifs des pays industrialisés, bien qu'elle ait été, suivant les cas, plus ou moins précoce et importante. Atteignant des dimensions considérables par des stratégies de concentration verticale (regroupement d'entreprises situées de l'amont à l'aval d'une même filière) et horizontale (regroupement d'entreprises produisant un produit donné), c'est l'entreprise américaine qui constituera le modèle à suivre pour conquérir les marchés à partir du début du xxᵉ siècle.

a. — La concentration verticale, une économie de coûts de transaction

Dans la théorie néoclassique, l'entreprise n'est appréhendée que comme une unité de décision cherchant à maximiser son profit en fonction des prix du marché et de ses ressources. Il ne s'agit pas d'une théorie de l'entreprise dont le fonctionnement interne est ignoré mais d'une *théorie du producteur*, c'est-à-dire d'une théorie de l'allocation des ressources. L'entreprise n'est donc considérée que comme une « boîte noire » dans laquelle entrent des ressources et ressortent des biens sans que l'on sache ce qu'il s'y passe en interne.

La théorie de R. Coase sur « *la nature de la firme* » enrichit ce modèle en expliquant l'apparition de l'entreprise et donc sa fonction. L'agent économique aura recours à l'entreprise lorsqu'elle lui permettra d'obtenir les mêmes produits que le marché à un moindre coût en internalisant des activités et en supprimant ainsi les coûts de transactions liés aux mécanismes de marché. L'agent économique compare donc les coûts de l'organisation entrepreneuriale aux coûts du marché et choisit la meilleure solution. C'est donc l'imperfection des mécanismes de marché qui, en générant des coûts de transaction, est à l'origine de la création d'entreprises. Il en résulte que la frontière entre le marché et la firme sera déterminée par un calcul rationnel.

Prolongeant l'approche de Coase, O. E. Williamson va s'intéresser aux facteurs à l'origine des coûts de transaction, qu'il identifie comme étant l'opportunisme dans les transactions et la situation d'incertitude dans laquelle se trouve l'agent au moment de passer un contrat. Dans une telle situation, il peut alors devenir efficient d'intégrer un fournisseur à l'entreprise en contrôlant l'approvisionnement plutôt que de devoir subir les coûts de transaction générés par un échange marchand avec lui. Ainsi, l'absorption d'un fournisseur serait-elle une réponse rationnelle à l'imperfection de l'information sur les marchés.

S. Hymer reprenant la thèse de Coase va l'appliquer au commerce international et montre qu'il peut être préférable sur un marché mal connu, donc générateur de coûts supplémentaires, de développer une filiale de production plutôt que d'exporter le produit et d'avoir à le commercialiser par un intermédiaire. Le développement de la firme multinationale s'explique donc aussi par les imperfections du marché.

Ainsi on a observé que de plus en plus de firmes ont tenté d'améliorer leur position sur le marché en pérennisant des relations économiques par une intégration de ces agents. Un des premiers exemples de concentration verticale a été celui de la Standart Oil de J. D. Rockefeller.

b. — La recherche d'économie d'échelle par la concentration horizontale

L'allongement des séries de production permet dans de nombreux cas de réduire le coût unitaire du produit. Ce constat, effectué dès la première révolution industrielle, peut s'expliquer par les réductions de prix obtenues auprès des fournisseurs sur les consommations intermédiaires ou même les équipements du fait qu'ils sont achetés en grandes quantités. Il en est de même pour le transport ou le coût du crédit qui peuvent être obtenus dans des conditions plus avantageuses. Par ailleurs, la production en série a permis la mise au point de nouvelles méthodes d'organisation du travail qui ont fait augmenter la productivité apparente du travail. Ces phénomènes cumulés produisent des rendements d'échelle croissants, ce qui signifie que la production augmente plus vite que les moyens de production employés, permettant ainsi une réduction des coûts unitaires.

Les grandes firmes se trouvent donc avantagées par rapport aux plus petites en termes de coûts de production, dans les secteurs ou les périodes où les produits sont peu différenciés. Le prix jouera un rôle primordial pour la conquête des parts de marché, et la recherche d'économie d'échelle poussera les entreprises à accroître leur taille en rachetant des concurrents sur le même marché de façon à augmenter conjointement capacité de production et débouchés : il s'agit de concentration horizontale.

c. — *Autres stratégies de concentration*

■ Le *Konzern* allemand

Concentration verticale et horizontale ne sont pas exclusives l'une de l'autre : le *Konzern* cumule les deux logiques. Tout d'abord, les entreprises se sont dotées en interne des structures qui faisaient défaut dans leur environnement : services commerciaux faute de réseaux préexistants, intégration en amont des fournisseurs pour réduire les incertitudes de l'approvisionnement. De plus, pour compenser l'étroitesse du marché intérieur, ces entreprises ont été amenées à étendre la gamme des produits fabriqués et à s'associer avec le secteur bancaire en raison de la faiblesse du marché financier.

L'entreprise Krupp, productrice d'acier, métallurgiste mais aussi fabricant de pièces pour les locomotives et de canons, ou la firme Jacobi, Haniel et Huyssen qui possédait des mines de charbon, des hauts fourneaux, une fonderie, des laminoirs, une fabrique de machines et un chantier naval, en sont des exemples.

Il est caractéristique de constater que le développement industriel allemand s'est construit sur l'industrie lourde et que ce pays présente l'exemple de formes poussées de concentration, en particulier par rapport au Royaume-Uni et à la France, conduisant à une cartellisation du marché : Krupp et Thyssen dominent la sidérurgie et l'armement qui en dépend, Bayer et A.E.G. la chimie. Le coefficient de capital plus élevé exigé par ces activités n'est alors pas étranger à un degré de concentration industrielle supérieur.

■ La concentration conglomérale

Dans l'après-guerre, la forme de la concentration a évolué aux États-Unis : les fusions horizontales (sur un marché donné), puis verticales (vers l'amont ou vers l'aval) ayant été rendues de plus en plus difficiles par l'action fédérale antitrust, on a observé le développement de fusions conglomérales qui ont bientôt constitué l'essentiel des acquisitions. Il s'agit d'opérations visant à réunir sous la même direction des activités sans relations productives entre elles, constituant des entreprises à la fois multiproduits et multimarchés. Les entreprises souvent de taille assez modeste cherchaient à se protéger contre les aléas sectoriels et à assurer une plus grande stabilité de leurs profits. Les industries les plus concernées ont été celles qui souffraient d'une instabilité des ventes, voire d'une tendance au déclin : l'aéronautique, l'équipement industriel, les composants automobiles, l'équipement ferroviaire et le textile. Il ne s'agit plus de limiter les coûts de transaction ou les coûts de production mais d'appliquer une stratégie de diversification des actifs, qui était jusque là plutôt réservée à la gestion de portefeuilles boursiers.

Cette diversification peut aller très loin : A. Beitone, M. Parodi et B. Simler dans *L'économie et la société française au second xxᵉ siècle* (t. 1, Coll. U, A. Colin), citent l'exemple de L.T.V. (Ling-Temco-Voigt), 38ᵉ société américaine en 1967 et 14ᵉ en 1969 (classement de *Fortune*, New York), qui produisait des aéronefs, des conserves, des médicaments, des articles de sport, louait des automobiles, etc., puis, en 1968, faisait une offre publique pour acquérir la 5ᵉ entreprise sidérurgique américaine, Jones & Laughin. Dans la majorité des branches, les quatre premières sociétés ont augmenté leur pourcentage de la production totale de la branche, accentuant l'oligopolisation de l'économie américaine.

Toutefois, contrairement à ce qui était parfois annoncé au cours des années 1960, la PME n'a pas été éliminée par la grande entreprise. Les changements d'environnement intervenus au cours des années de crise ont au contraire développé les relations de complémentarité entre ces deux catégories d'acteurs économiques.

B DES RELATIONS ÉCONOMIQUES PLUS DENSES AU SEIN DU SYSTÈME PRODUCTIF

Dans un système, les relations entre les éléments ont souvent plus d'importance que les éléments eux-mêmes : les transformations du tissu productif ne peuvent être seulement appréhendées du seul point de vue du nombre et de la taille des entreprises. Les problèmes nouveaux rencontrés par la grande entreprise ainsi que les limites inhérentes à la petite taille ont dans un contexte concurrentiel exacerbé, conduit à envisager de nouvelles formes de concentration, permettant peut-être de concilier les économies de la grande dimension et la réactivité de la PME.

1. – Poursuite de la concentration sous de nouvelles formes

Dans la seconde moitié du xxᵉ siècle, le mouvement de concentration s'approfondit dans les branches ayant déjà connu des phases de concentration et s'étend à de nouvelles branches. La concentration s'y déroulera en plusieurs vagues au cours des années 1960 à 1980, puis prendra une nouvelle dimension dans les années 1990.

a. — Limitation de la concentration technique

Contrairement à la tendance qui avait prévalu jusqu'alors, on constate dans les années 1990 une tendance à la réduction de la taille des établissements, ce qui renvoie à une logique de déconcentration technique. En effet, les économies d'échelle que permettait de réaliser l'augmentation de taille de l'entreprise, tant au niveau de la production que dans le domaine du traitement de l'information, atteignent leurs limites.

L'observation montre une rupture avec la tendance séculaire d'augmentation du poids économique et social de la grande entreprise : la part de l'emploi dans les PME est en augmentation depuis le milieu des années 1970. Les *Données sociales* de l'Insee 1999 indiquent que les établissements de plus de 500 salariés occupaient 21 % des effectifs en 1975 contre 11 % en 1996. Les établissements de moins de 10 salariés sont en revanche passés dans le même temps de 18 à 26 %.

Mais cette réduction de l'importance des grandes entreprises dans l'emploi (et pour partie la tertiarisation de la production), n'est qu'apparente et résulte aussi de l'accroissement de relations diverses entre grandes et petites structures distinctes au plan juridique. Une synthèse de ces évolutions est proposée dans l'ouvrage de L. Boltanski et E. Chiapello, *Le Nouvel esprit du capitalisme* (Gallimard, 2000).

b. — Le développement de la filialisation

Le nombre des acquisitions et des fusions n'a cessé d'augmenter au cours des Trente Glorieuses, dans les PDEM. Au cours des années 1980 et 1990, le mouvement s'amplifiera sous de nouvelles formes pour répondre à de nouveaux besoins.

Le nombre de groupes est ainsi passé de 1 300 fin 1980 à 6 700 fin 1995 sous l'impulsion des micro-groupes (moins de 500 salariés) dont le nombre a été multiplié par huit; l'effectif d'entreprises contrô-lées est passé de 9 200 à 44 700, ce qui représente seulement 2 % des deux millions d'entreprises mais un salarié sur deux, plus de 60 % de la valeur ajoutée, les trois quarts des immobilisations corporelles et 87 % des capitaux propres. Les groupes de plus de 10 000 personnes, passant de 73 à 84, ont accru le nombre de leurs filiales qui passe de 40 en 1980 à 125 en 1995, alors que l'effectif moyen de chacune d'elles régressait de 310 à 210 personnes. Ces grands groupes représentent à eux seuls un quart de la main-d'œuvre, la moitié des capitaux fixes et la moitié des profits bruts d'exploitation. En fait, un emploi sur trois dans les PME dépend d'un groupe.

Au cours des dernières années, les grandes firmes continuent à dominer les marchés mon-diaux ; si la taille moyenne des unités de production industrielle s'est réduite, la taille et le poids économique des groupes qui les contrôlent continuent à s'accroître par un processus de concen-tration qui concerne tous les secteurs d'activité.

Toutefois le rythme de ces opérations est fortement marqué par la conjoncture boursière et financière : les vagues de fusion-acquisition ont été particulièrement intenses au cours de la décen-nie 90 puis se sont réduites après le choc boursier de l'an 2000 pour reprendre ensuite et être à nouveau brutalement diminuées en 2008. Le volume des fusions-acquisitions n'avait pas été aussi bas en 2009 depuis cinq ans malgré quelques opérations telles que BNP-Fortis, Pfizer-Wyeth en passant par Fiat-Chrysler.

c. — Le développement de la sous-traitance et des autres relations interentreprises

L'essor de l'entreprise individuelle provient de la transformation du salarié en sous-traitant, tout comme l'accroissement des PME correspond à l'externalisation de fonctions d'exécution (net-toyage, gardiennage, transport, restauration), voire de services plus stratégiques (expertise comp-table, publicité, services informatiques...) autrefois regroupés dans la firme. Cela explique la montée des services marchands dans l'activité globale : en 1970, ils représentaient la moitié de la valeur ajoutée et des effectifs de l'industrie manufacturière alors qu'en 1990, leur poids écono-mique et dans l'emploi étaient à peu près équivalents. Les services aux entreprises ont notamment connu la plus forte croissance, représentant en 1990 une valeur de 50 % supérieure à celle des services aux ménages, alors qu'elles étaient égales en 1970.

La mise en réseau d'entreprises juridiquement indépendantes (par le franchisage) est une stra-tégie mise en œuvre dans le commerce de détail (alimentation, habillement...) ainsi que dans le secteur des services aux particuliers (laveries, pressing, salons de coiffure, promotion immobilière, hôtellerie, location de voiture, restauration rapide...), permettant de partager suivant les cas, une enseigne, une centrale d'achat, des investissements en publicité et parfois même un système informatique de référencement des produits, le contrôle qualité, l'agencement du magasin...

Il faut aussi prendre en compte les autres formes de relations interentreprises plus ou moins stables (alliances, joint-ventures) qui tendent à faire partager le poids des investissements les plus lourds ou les plus risqués tels que la recherche et le développement, l'investissement direct à l'étranger, etc.

2. – Analyse des causes de ces évolutions

a. — *Réduction des coûts de transaction et déconcentration technique*

La croissance de l'unité de production, passée un certain seuil, génère des coûts supplémentaires qui réduisent la compétitivité de l'entreprise et donc sa rentabilité dans un environnement devenu plus concurrentiel au début des années 1970. Le manque de motivation et de responsabilisation occasionné par le travail à la chaîne provoque, avec l'insatisfaction du monde ouvrier, absentéisme et turn-over, ainsi que des malfaçons coûteuses à réparer en bout de chaîne. De plus, la circulation de l'information se fait mal au long de la pyramide hiérarchique et des phénomènes de goulots d'étranglement témoignent de l'insuffisante décentralisation du système informationnel dans des structures de grandes dimensions. Là encore en résultent dilution des responsabilités et gaspillage des ressources. Ces difficultés vont trouver de nouveaux modes de résolution grâce à la révolution électronique.

Les « cathédrales ouvrières » que constituaient par exemple les usines géantes de l'automobile ont vu leurs effectifs fondre rapidement sous le coup de la robotisation qui a réduit les effectifs affectés à la chaîne de production ; plus globalement, l'informatisation des données comptables mais aussi techniques et commerciales et leur intégration dans des systèmes informationnels globaux les rendant disponibles en temps réels partout dans l'entreprise où elles sont requises, a réduit les personnels chargés du traitement de l'information et du contrôle de la production.

Une part des tâches dites « non stratégiques » autrefois effectuées en interne, est externalisée : contrairement au mouvement observé par Coase puis Williamson, l'entreprise recule actuellement au profit du marché. On peut suggérer que la même théorie explique le mouvement inverse à partir d'une réduction des coûts de transaction (les services informationnels sont disponibles par les réseaux électroniques et les services de maintenance ont été considérablement flexibilisés) et d'une augmentation des coûts internes (salariaux notamment). Toutefois, des mouvements contraires sont observés quand les coûts de transaction sont amenés à augmenter : la convergence technologique de la numérisation des flux de données suscite des rapprochements entre opérateurs de télécom et groupes de médias contrôlant les contenus qui seront proposés sur Internet (par exemple la fusion AOL-Time-Warner). Dans ce cas, il s'agit d'une nouvelle forme de concentration verticale entre le réseau de circulation de l'information et le contenu véhiculé, qui s'apparente à une économie de coûts de transaction amenés à devenir très importants pour deux partenaires très dépendants l'un de l'autre.

b. — *De nouvelles économies d'échelle*

Quelques grands groupes se lancent dans des opérations de diversification, pour généralement se repositionner sur des marchés qui paraissent plus prometteurs tels que ceux de la « nouvelle économie » (Vivendi Universal se développe dans la communication et les médias après s'être consacrée pour l'essentiel au traitement de l'eau). Mais la plus grande partie des opérations visent à se recentrer sur le métier d'origine (Rhône-Poulenc vend ses activités pétrochimiques et se recentre sur les produits pharmaceutiques et phytosanitaires) pour bénéficier au maximum des réductions de coûts générés par la spécialisation et faire face à l'effort d'investissement requis par l'accroissement d'échelle de la production. Afin d'atteindre la taille critique, les entreprises sont dorénavant conduites à mener des opérations de concentration au niveau international.

Les groupes industriels cherchent à partager les coûts devenus énormes de la recherche-développement comme la mise au point d'un nouveau moteur diesel en commun par Renault et Nissan d'ici 2003. Dans les biotechnologies, la pharmacie ou le pétrole, il en est de même. Dans les services tels la banque ou l'assurance, l'accès au client passe par des réseaux d'agence ou des portefeuilles de clients qu'il est beaucoup plus facile d'acheter que de se constituer progressivement, surtout à l'étranger.

La déréglementation couplée à une mutation technologique sont également de puissants facteurs d'internationalisation comme on le voit pour les services téléphoniques : à l'origine de la restructuration mondiale de ce secteur, il y a la déréglementation américaine avec la décision en 1982 de démanteler ATT en sept opérateurs locaux. Puis, la privatisation et l'ouverture à la concurrence ont stimulé l'innovation avec l'arrivée du téléphone mobile qui a totalement relancé le marché. Le montant des investissements requis suscite des opérations de rachat (rachat de Orange, opérateur de mobile anglais par France Télécom par exemple).

c. — Ouverture économique et concentration

Le processus d'ouverture économique, européenne tout d'abord puis mondiale, a pris une part déterminante dans le processus de concentration. On peut remarquer qu'en France, la concentration marque une nette accélération à partir de l'ouverture du Marché commun. Dès 1958, la politique économique du général de Gaulle va s'attacher à favoriser les opérations de concentration de manière à adapter l'économie française à la contrainte extérieure. Dans *Histoire économique de la France*, J.-C. Asselain note : « *L'idée directrice est que seuls des groupes de "dimension internationale" sont capables de mener l'effort d'investissement, de recherche, d'innovation, et de pénétration commerciale nécessaire pour affronter la concurrence internationale. L'objectif essentiel de la politique du gouvernement consiste donc à faciliter "la création ou le développement de groupes à capitaux français de taille internationale"* ». La France partant d'une structure productive, peu concentrée en moyenne, va rattraper une bonne partie de son retard (dans la chimie : Péchiney-Ugine-Kuhlmann, Rhône-Poulenc, et Saint-Gobain – Pont-à-Mousson, ce dernier groupe étendant même ses activités aux travaux publics et à l'électronique ; la sidérurgie connaît d'importantes restructurations qui vont constituer trois grands groupes Wendel-Sidelor, Denain-Nord-Est-Longwy et Creusot-Loire…).

Dans les années 1980, l'ouverture du marché des capitaux, et le mouvement de déréglementation vont être à l'origine d'opérations de fusion-acquisition d'une ampleur croissante et inégalée entre groupes internationaux à la conquête de parts du marché mondial.

Les évolutions de l'appareil productif français sont particulières du fait des interventions de l'État lors des nationalisations de 1981-1982, puis des deux vagues de privatisation, 1985-1986, puis 1992-1993. Si la première stratégie répondait clairement à l'objectif de garder un contrôle national des entreprises (d'après le mot de F. Mitterrand : « *je nationalise pour qu'on ne m'internationalise pas* »), la seconde a toutefois prévu des garde-fous pour que le contrôle étranger soit limité : les *noyaux durs* d'actionnaires prévus par É. Balladur devaient conserver pendant deux ans au moins de façon à stabiliser 20 à 30 % du capital des privatisées. Les privatisations ont en tout état de cause ouvert de nouvelles possibilités de fusions-acquisitions qui ont modifié en profondeur les formes de contrôle du capital productif, et permis des prises de participation étrangères en France et françaises à l'étranger.

L'intégration des firmes au niveau européen va être favorisée par l'Acte unique (1986) et le traité de Maastricht (1992), puis le passage à l'euro (1999 pour les opérations boursières notamment). Le regroupement des firmes européennes entre elles a commencé avec des rachats de firmes de petits pays par celles de grands pays (Total-Pétrofina, Lyonnaise des eaux-Tractebel). L'échec de l'OPA de Deutsch Telekom sur Telecom Italia ou les réactions défensives suscitées par l'OPA de Vodafone sur Mannesmann montrent les difficultés rencontrées, les champions nationaux n'étant pas encore prêts à accepter de jouer les seconds rôles ou à se diluer dans une structure plus large, même si cela apparaît à moyen terme inéluctable. C'est la raison pour laquelle des regroupements nationaux ont été privilégiés (Total-Elf, Carrefour-Promodès, Royal Bank of Scotland-National Westminster Bank...), ou que s'effectuent parfois des alliances avec des groupes extérieurs à l'Union européenne (Renault-Nissan, Péchiney-American Can, ou en 2000 Vivendi-Universal).

d. — Course au gigantisme sur le marché mondial

Les grandes entreprises se sont engagées dans un processus de mondialisation de leurs activités. La présence sur les marchés des PDEM passe de plus en plus par l'exportation de capitaux et il est souvent plus facile et rapide de racheter une entreprise étrangère que de s'implanter à partir d'une création. Aussi la production va-t-elle être réorganisée à l'échelle internationale. Les sociétés qui occupent les premières places ont un degré d'internationalisation élevé. On constate que les records de fusions-acquisitions sont battus d'année en année : elles représentaient 85 milliards de dollars courants en 1991 et près de dix fois plus en 1999. Les investissements directs à l'étranger (IDE) considérablement développés les activités des firmes multinationales (FMN) au point qu'un tiers du commerce mondial est aujourd'hui intrafirme. Les plus grosses opérations de concentration menées depuis 1998 ont été les suivantes :

Tableau 9 - Les dix plus importantes fusions-acquisitions de l'histoire

	Acquéreur	Cible	Montant (millions $)	Secteur d'activité	Année de réalisation
1	Vodafone	Mannesmann	202.785	Télécommunications	2000
2	AOL	Time Warner	181.568	Communication	2001
3	AT&T	BellSouth	89.432	Télécommunications	2006
4	Pfizer	Warner-Lambert	88.771	Pharmacie	2000
5	Exxon	Mobil	85.125	Pétrole	1999
6	Glaxo Welcome	SmithKline Beecham	78.775	Pharmacie	2000
7	Travelers	Citycorp	72.558	Banque et assurances	1998
8	Comcast	AT&T Bd.	72.041	Câble opérateurs	2002
9	Bell Atlantic	GTE	71.323	Télécommunications	2000
10	SBC	Ameritech	70.394	Télécommunications	1999

Source : *Thomson Financial*, 2007.

La recherche des économies d'échelle et des économies d'intégration verticale se poursuit tandis que d'autres mobiles se font plus prégnants : la nécessité d'atteindre une taille critique face à la concurrence exacerbée, l'accès à de nouveaux marchés géographiques ou sectoriels (déréglementation des télécom, du transport aérien…), la compétition technologique (certaines OPA donnant accès aux brevets des concurrents), le contrôle de ressources, ou des logiques financières. Ces vagues de fusions-acquisitions bien qu'en hausse tendancielles sont rythmés par les chocs boursiers (2000, 2008) qui réduisent temporairement les capacités d'achat des entreprises mais ouvrent aussi de nouvelles opportunités avec la baisse des cours des actions.

Toutefois, ce mouvement d'internationalisation des entreprises n'a pas encore fait apparaître de firmes réellement mondialisées. Un certain nombre de caractéristiques telles que la nationalité de l'actionnariat dominant, la nationalité de l'équipe dirigeante, le lieu d'implantation du siège social, la géographie des stratégies d'investissement permettent encore d'associer un critère de nationalité aux plus grandes entreprises.

La capacité d'adaptation des entreprises au xxᵉ siècle ne résulte pas seulement d'une recherche de gains individuels à court terme comme le supposait la théorie néoclassique du producteur en concurrence pure et parfaite. Elle est un produit collectif, issu de compétitions mais aussi de collaborations, entre des individus, des collectifs de travail, des entreprises, des branches et leurs représentants, de l'économie privée et de l'État. La prise en compte de ces comportements plus diversifiés et plus complexes a débouché sur de nouveaux schémas théoriques tels que ceux de la théorie des jeux (cas où la situation de chacun des acteurs dépend du comportement de l'autre) ou de la relation d'agence (cas où règne une incertitude sur le degré de qualité avec lequel une tâche commandée par un agent sera exécutée par un autre). Les notions d'interaction et de confiance apparaissent donc comme de plus en plus importantes pour appréhender le fonctionnement global du système productif.

III

LES ANALYSES DE LA CROISSANCE AU XXᵉ SIÈCLE

Au-delà des événements par lesquels la croissance s'illustre au cours de l'histoire, l'analyse économique étudie les mécanismes générateurs de croissance et tente d'en fournir une représentation modélisée aussi fidèle que possible. Les progrès de cette démarche permettent une meilleure prise en compte des sources et des limites de la croissance ; mais beaucoup reste à faire, du fait de l'ampleur de la tâche qui recouvre en fait tout l'enjeu de la science économique moderne bâtie depuis les classiques et des difficultés rencontrées par la modélisation de phénomènes mettant en jeu un grand nombre de variables.

A CROISSANCE ÉQUILIBRÉE NÉOCLASSIQUE OU CROISSANCE DÉSÉQUILIBRÉE KEYNÉSIENNE ?

Après la Seconde Guerre mondiale, la croissance va rapidement effectuer son retour. Si bien que le débat des années 1930 sur la possibilité d'atteindre un équilibre de plein emploi va être remplacé par la question de savoir si le sentier de croissance de l'économie converge vers le point d'équilibre ou non, au niveau maximal de production autorisé par le plein emploi des facteurs. La controverse théorique entre économistes keynésiens et orthodoxes se déplace de l'existence d'un équilibre statique à celle d'un équilibre dynamique. Mais, sous une forme nouvelle, c'est encore la capacité des mécanismes de marché à réguler l'économie qui est en jeu.

1. – La croissance déséquilibrée : le modèle de Harrod

Chronologiquement, ce sont les économistes keynésiens qui ont les premiers abordé le problème de l'instabilité de la croissance, et en particulier l'anglais Harrod et l'américain Domar.

a. — La modélisation keynésienne de la croissance

L'égalité de l'épargne (S) et de l'investissement (I) est nécessairement réalisée dans la théorie keynésienne : $I = S$

Or, par définition, on a : $I = v\,\Delta Y$

car v est le coefficient de capital, c'est-à-dire le rapport entre le capital fixe et le montant de la production, ou encore l'inverse de la productivité moyenne du capital. Il exprime l'état de la technologie. Donc $v = K/Y$ et aussi $v = \Delta K/\Delta Y$

or $\Delta K = I$

donc $v = I/\Delta Y$

donc $I = v\,\Delta Y$

D'autre part, l'épargne réalisée est par définition égale à la propension moyenne à épargner que multiplie le revenu : S = sY

On en déduit : $v\Delta Y = sY$ et $\Delta Y/Y = s/v$

d'où, si l'on nomme g le taux de croissance : $\Delta Y /Y : g = s/v$

Cela signifie donc que le taux de croissance effectif de l'économie dépend du rapport entre l'épargne constatée et le coefficient de capital : cette égalité est nommée équation fondamentale de la croissance.

Or le modèle de Harrod distingue le taux de croissance effectif g du taux de croissance justifié g_w, (w pour *warranted*, c'est-à-dire garanti ou justifié), qu'il définit comme « *le taux qui s'il se réalise, laisse tous les participants satisfaits de n'avoir produit ni plus, ni moins que le montant correct* » (Harrod, *Essay in Dynamic Theory*). Il s'agit donc du cas dans lequel les anticipations des agents économiques, notamment celles de l'entrepreneur dont dépend la demande effective dans la théorie keynésienne, sont réalisées.

Il considère enfin g_n le taux de croissance naturel permettant le plein emploi de la main d'œuvre égal au taux de croissance de la population active.

b. — La croissance « sur le fil du rasoir »

La croissance telle qu'elle est décrite par Harrod est menacée par deux types de déséquilibre dans lesquels elle peut basculer.

Taux de croissance effectifs et justifiés ont tendance à diverger en cas d'erreur de prévision des entrepreneurs. S'ils ont sous-estimé le niveau de demande effective résultant de leurs investissements, ils vont constater un taux effectif de croissance g supérieur au taux requis gw. Ils sont donc incités à augmenter leurs investissements, ce qui aura pour effet de creuser l'écart entre g et g_w. Dans le cas d'une erreur inverse, par surestimation de la demande, le freinage de l'investissement aura pour conséquence de rendre g de plus en plus inférieur à g_w. Il en résulte donc une instabilité fondamentale de la croissance qui tend à s'éloigner de son sentier d'équilibre.

En second lieu le taux de croissance effectif g et le taux de croissance de plein emploi étant déterminés par des variables indépendantes, il n'y a en général aucune raison pour que ces deux taux coïncident. Si le taux naturel est inférieur au taux effectif, une croissance équilibrée durable ne sera possible faute de ressources suffisantes. Si, au contraire, le taux naturel est supérieur au taux effectif, une croissance équilibrée est possible à condition que les anticipations des entrepreneurs soient justes, mais elle s'accompagnera le plus souvent de chômage.

c. — Limites

Comment alors expliquer que la croissance d'après-guerre s'effectue dans le plein-emploi ? La non-coïncidence des taux naturels et effectifs dans le modèle keynésien provient d'une surdétermination du modèle. La levée de celle-ci peut s'effectuer en rendant une variable supplémentaire endogène dans le modèle, pour que g_w s'égalise avec g_n : soit le taux d'épargne s par le biais de changements dans la répartition, ce qui sera la démarche suivie par Kaldor et l'école de Cambridge, soit le coefficient de capital v en envisageant l'hypothèse de substituabilité des facteurs de production, ce qui sera fait par Solow et l'école néoclassique. Ces solutions conduisent à prendre en compte d'éventuels mécanismes de régulation permettant d'atteindre une croissance équilibrée réalisant durablement le plein emploi des facteurs de production.

2. – Répartition et croissance équilibrée chez les postkeynésiens

Les économistes keynésiens de l'université de Cambridge (N. Kaldor, J. Robinson, L. Pasinetti) vont au cours des années 1950 et 1960 proposer des modèles de croissance équilibrée, susceptibles d'expliquer la stabilité de la croissance observée pendant cette période, à partir d'une propension à épargner dépendante de la répartition des revenus.

a. — Hypothèses sur le taux d'épargne

On considère que le revenu national Y se partage entre salaires W et profits P :
$$Y = W + P$$
L'épargne globale dépend de la répartition entre salaires et profits dans la mesure où les comportements d'épargne diffèrent suivant le type de revenu perçu :

$S = s_w W + s_p P$ avec s_w la propension à épargner des salariés et s_p celle des détenteurs de profits.

En appelant s la propension globale à épargner

$s = S/Y = s_w W/Y + s_p P/Y$

$\quad = s_w (Y - P)/Y + s_p P/Y$

$\quad = s_w (1 - P/Y) + s_p P/Y$

$\quad = s_w - s_w P/Y + s_p P/Y$

$\quad = s_w + (s_p - s_w)P/Y$

On voit donc que le taux d'épargne est une fonction linéaire de la part des profits dans le revenu national.

b. — La croissance équilibrée n'entraîne pas forcément le plein emploi

Puisque s est une fonction linéaire de P/Y, le taux de croissance effectif $g = s/v$ est aussi une fonction croissante de la part des profits. Cependant, les profits ne peuvent capter tout le revenu national : il existe un taux de profit d'équilibre qui correspond à un niveau collectivement accepté par la société, à partir duquel un mécanisme régulateur se manifeste.

Le retour du taux de profit à son niveau d'équilibre ne signifie pas que le plein emploi soit nécessairement atteint. En effet, le taux de croissance justifié n'a aucune raison d'être exactement égal au taux de croissance de plein emploi : une croissance équilibrée n'assure pas nécessairement le plein emploi.

3. – La croissance équilibrée néoclassique : Solow et la règle d'or

Les modèles néoclassiques, et en particulier celui de Solow (*cf. A contribution to the theory of Economic Growth*, 1956), vont au contraire représenter une croissance équilibrée à partir d'un coefficient de capital rendu flexible.

a. — Des hypothèses plus réalistes ?

Solow introduit dans son modèle une fonction de production macroéconomique homogène de degré 1, à facteurs substituables, conformément aux hypothèses néoclassiques standard. Les fonctions de production de type Cobb-Douglas ont toutes les propriétés nécessaires à la présentation de l'équilibre de production néoclassique : continuité, dérivabilité, rendements marginaux décroissants. C'est pourquoi elles sont le plus souvent utilisées.

Soit $Y = L\alpha K^{1-\alpha}$ avec $0 < \alpha < 1$, L la quantité de travail et K la quantité de capital, une fonction de production macroéconomique homogène de degré 1 ; le calcul des dérivées partielles de la fonction Y donne :

$$\delta Y/\delta L = \alpha \text{ et } \delta Y/\delta K = 1 - \alpha$$

On vérifie donc en appliquant le théorème d'Euler :

$$Y = \alpha L + (1 - \alpha)K$$

avec α qui représente la part du revenu national rémunérant le facteur travail, c'est-à-dire les salaires, et $1 - \alpha$ qui représente la rémunération du capital, c'est-à-dire les profits.

On voit que les facteurs sont rémunérés à leur productivité marginale, conformément à l'hypothèse de concurrence pure et parfaite.

Le modèle de Harrod est rejeté par Solow et l'école néoclassique en raison de l'hypothèse de non-substituabilité des facteurs, jugée non réaliste. L'hypothèse de substituabilité des facteurs de production est plus conforme selon l'école néoclassique à la réalité du fonctionnement des économies de marché, car il est toujours possible de remplacer un facteur rare et donc cher par un autre plus abondant. Sous cette hypothèse, le coefficient de capital v devient flexible, ce qui rend possible l'adéquation du taux de croissance effectif g avec le taux de croissance de la population active et donc le plein emploi.

Toutefois, la représentation de la production nationale et de sa croissance par une fonction de production macroéconomique obtenue par agrégation de fonctions de production microéconomique est dépendante de conditions d'agrégation très strictes. Des limitations ont été mises en évidence par les économistes cambridgiens autour de J. Robinson et P. Sraffa : impossibilité d'une mesure purement physique du stock de capital, car le prix du capital dépend des conditions de la répartition, et impossibilité de classer de façon monotone les techniques selon leur intensité capitalistique.

b. — La « règle d'or » de la croissance équilibrée

Puisque la fonction de production est homogène de degré 1, il est possible de raisonner en grandeurs relatives, toutes les variables étant exprimées en grandeurs par tête :

$$Y/L = F (K/L, L/L) = F (K/L, 1)$$

ou en notant y le produit par tête et k le capital par tête : $y = f(k)$

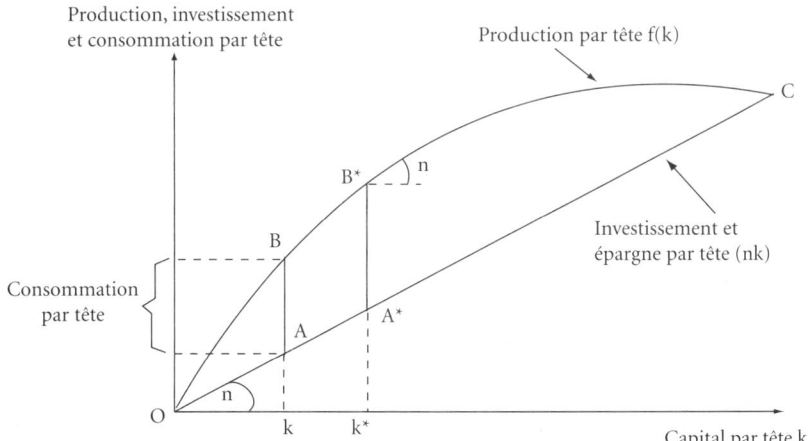

Figure 1 - Évolution du produit par tête

– La fonction y est à rendements décroissants : y tend donc vers une asymptote horizontale quand k augmente.

– La droite nk représente le niveau d'investissement requis pour maintenir constant le capital par tête sachant que la population active augmente au taux n.

– La dérivée y'= f'(k) représente pour chaque valeur de k le taux de croissance de y ou encore la productivité marginale de k.

– On a, comme dans le modèle de Harrod : $Y = C + I$ et $Y = C + S$ donc $I = S$ et $Y/L = C/L + I/L$ c'est-à-dire produit/tête = consommation/tête + investissement/tête. On voit donc que l'accroissement du taux d'investissement (ou ce qui revient au même, du taux d'épargne), fait augmenter le produit par tête, mais réduit la part consommée de cette production.

– Le montant de capital par tête qui assure le niveau de consommation par tête le plus élevé à la population doit pondérer au mieux ces deux effets opposés. Graphiquement, c'est celui pour lequel la tangente à y est parallèle à nk. À ce niveau, on a bien la productivité marginale du capital qui est égale au taux de croissance de l'économie, et au taux de croissance de la population active : $y' = F'(k) = n$.

Or, en concurrence pure et parfaite, chaque facteur de production est rémunéré à sa productivité marginale : la productivité marginale du capital représente donc la rémunération du capital par tête soit le taux de profit, l'autre partie du produit par tête couvrant le taux de salaire.

Parmi les régimes permanents de croissance au taux naturel, le sentier optimal maximisant la consommation par tête, nommé « règle d'or de l'accumulation » vérifie les caractéristiques suivantes :

1. La productivité marginale du capital est égale au taux de croissance de l'économie.

2. La consommation par tête est égale au taux de salaire et le taux de profit par tête est égal au taux d'investissement.

Solow répond ainsi au premier problème posé par Harrod : il existe un régime permanent de croissance équilibrée au taux naturel qui assure le maintien du plein emploi. La flexibilité du rapport capital/produit permet au taux justifié de prendre une valeur quelconque et donc en particulier celle du taux naturel : l'égalité $g = s/v = n$ devient possible car $v = K/Y$ est flexible.

De plus cette « croissance d'âge d'or » est stable. En effet, les mécanismes d'ajustement des marchés du capital et du travail permettront par le mécanisme des prix relatifs du travail et du capital, au coefficient de capital de s'ajuster au niveau tel que g soit égal à n. Si on suppose par exemple que $g = s/v > n$, alors le facteur travail deviendra rare, ce qui tendra à faire augmenter le salaire moyen. À moyen terme, il en résultera une substitution du capital au travail, faisant augmenter mécaniquement le coefficient de capital v. Le taux de croissance effectif g ne pourra que ralentir pour rejoindre le niveau de n. Inversement, si g est inférieur à n, c'est le capital qui deviendra relativement rare et cher, déclenchant un mouvement de remplacement du capital par des embauches de travailleurs permettant de rejoindre le niveau de plein emploi.

Selon Solow « *la substitution du travail et du capital constitue un instrument pratique et raisonnable en particulier sur une échelle de temps qui dépasse le court terme* ». L'ajustement se réalise donc par une modification des prix de facteurs, à condition que les autorités n'interviennent pas pour contrer les lois du marché. On retrouve ainsi la confiance néoclassique dans les mécanismes de marché transposée ici dans un raisonnement dynamique : non seulement il existe un sentier de croissance optimale, mais de plus les mécanismes de marché sont capables de faire converger les trajectoires de l'économie vers ce sentier.

Les recherches ultérieures (dont notamment les modèles de Von Neumann et de Kurz) préciseront les conditions étroites dans lesquelles cette convergence est possible, relativisant les conclusions de Solow.

c. — Limite de la croissance ou limite du modèle de Solow?

Si le modèle de Solow permet d'envisager une croissance stable dans le plein emploi comme celle des Trente Glorieuses, il rend difficilement compte de certaines autres caractéristiques de cette période.

En effet, l'augmentation de la production par tête telle qu'elle est envisagée par Solow n'est pas continue mais se heurte à un état stationnaire à partir duquel le niveau de vie par habitant stagne (partie horizontale de la courbe y). La forme de cette courbe est inhérente aux hypothèses du modèle néoclassique, selon lequel les rendements marginaux des facteurs sont décroissants (ici le facteur capital), ce qui veut dire que l'investissement faisant augmenter le capital par tête accélère la baisse de la productivité marginale du capital.

Un corollaire de cette prévision devrait être l'observation d'un rattrapage du niveau de vie des pays développés par les pays en développement, quand la productivité marginale du capital et la croissance des pays riches se met à stagner. Or ni l'une ni l'autre de ces évolutions n'est venue confirmer ce modèle. Pour que le modèle puisse expliquer notamment la poursuite de la hausse du niveau de vie par habitant, il faut réintroduire dans le modèle le progrès technique, ce qui a été tenté de diverses façons, à partir du modèle de Solow tout d'abord, puis dans le cadre d'analyses nouvelles.

B | LE PROGRÈS TECHNIQUE, PROBLÈME CENTRAL DES THÉORIES DE LA CROISSANCE

Le rythme et la durée exceptionnels de la croissance entre 1945 et 1973 ont favorisé la vision de la croissance comme un processus de développement indéfini dans lequel le progrès technique jouait un rôle majeur.

1. – L'introduction du progrès technique dans les fonctions de production macroéconomiques

Le progrès technique dans son sens le plus large regroupe toutes les transformations subies dans le temps qui permettent de repousser la frontière de production. La fonction de production devient alors une fonction du temps suivant la formulation générale :

$$Y_t = F(K_t, L_t, t)$$

a. — Le progrès technique augmentant le produit

Si on considère que le progrès technique augmente le produit à quantité de facteurs inchangée, il est noté :

$$Y_t = A_t\, F(L_t, K_t, t) \text{ avec } dA/dt > 0$$

Cela signifie que l'effet de progrès technique est séparable de la contribution du capital et du travail à la production. Il est donc indépendant de l'investissement et est issu de mesures de réorganisation de la production (nouvelle organisation du travail, restructuration des unités de production…). On parle alors de « progrès technique autonome ».

b. — Le progrès technique augmentant les facteurs

Si on considère que le progrès technique augmente les facteurs, la fonction de production devient :

$$Y_t = F(A_t\,L_t, B_t\,K_t), \text{ avec } dA/dt > o \text{ et } dB/dt > o$$

Ce type de progrès technique est permis par les investissements qui renouvellent le capital technique ou améliorent la formation du personnel de façon à augmenter la productivité des facteurs. Dans ce cas, on parle de « progrès technique incorporé » aux facteurs de production.

Dans la réalité, il n'y a pas séparation stricte de ces deux types de progrès technique, car le plus souvent il n'y a pas de progrès technique autonome sans équipement nouveau et formation du personnel, tandis que le progrès technique incorporé s'accompagne de nouvelles organisations de la production. Cependant, cette classification permet d'analyser les effets du progrès technique en particulier sur la répartition, lorsque la distribution des revenus est concurrentielle.

2. – Les déterminants du progrès technique

Indépendamment des modalités d'action du progrès technique, il importe de savoir d'où provient ce dernier pour comprendre les mécanismes de la croissance économique. Deux hypothèses ont été envisagées.

a. — Le progrès technique exogène

L'hypothèse d'exogénéité consiste à traiter le progrès technique comme indépendant de toute variable économique et survenant uniquement en fonction du temps.

Le modèle de Solow a constitué le premier exemple d'intégration d'un progrès technique exogène par la fonction :

$$Y_t = A_t\, F(L_t, K_t)$$

Dans le modèle de Solow, la croissance du produit provient de l'accroissement des quantités de facteur travail et de capital utilisées dans l'économie, mais aussi de l'accroissement de l'efficience qui est issue du progrès technique. La poursuite de la croissance au-delà de l'état stationnaire mentionné précédemment devient alors possible. Pourtant une difficulté subsiste : puisque les facteurs sont rémunérés suivant leur productivité marginale et que la somme des revenus distribués égale la valeur totale du produit (règle d'épuisement du produit), le progrès technique n'est pas financé. Tout se passe donc comme s'il était un bien libre et gratuit qui ne serait produit par personne. L'activité de recherche et de développement n'est donc pas distinguée de l'investissement classique. Et pourtant, le progrès technique existe ! C'est la raison pour laquelle il est considéré comme un « miracle exogène » dont le modèle ne fournit aucune explication.

Cette représentation du progrès technique est peu satisfaisante car il y a de fortes raisons de croire qu'il est sinon produit, du moins orienté par l'activité économique.

b. — Le progrès technique incorporé

Pour éviter l'hypothèse précédente, on est amené à supposer que le progrès technique est incorporé aux équipements productifs, ou qu'il repose sur une meilleure formation des travailleurs. Il faut alors tenir compte de la « génération » des facteurs, c'est-à-dire de la date de première utilisation, donc de son âge. Des modèles à génération de facteurs ont ainsi été développés intégrant dans le raisonnement la date de l'investissement à l'origine du facteur, la période d'utilisation, le nombre de générations en activité. Le produit total résulte alors de la sommation des contributions productives des différentes générations de facteurs. Notons que le progrès technique incorporé à un facteur peut revêtir une forme quelconque : augmentant le produit, augmentant un facteur ou même les deux, car les améliorations d'un facteur peuvent retentir sur l'utilisation de l'autre.

Ce sont ces différentes pistes théoriques qui vont être testées par de nombreux travaux économétriques s'attachant à évaluer la contribution des divers facteurs de la croissance économique d'après-guerre.

3. – L'analyse économétrique des contributions à la croissance

Les taux de croissance du produit, de l'efficience productive, des quantités de travail et de capital, étant sous certaines réserves mesurables, ainsi que la part des salaires et des profits dans le produit national, il est possible de calculer la contribution de chacun des facteurs à la croissance économique.

a. — La mise en évidence d'un résidu de croissance attribué au progrès technique

Les premiers résultats obtenus par Solow estimaient la contribution du progrès technique à la croissance américaine à 1 % de 1909 à 1929 et à 2 % de 1929 à 1949. De façon générale, la méthode consistant à mesurer la contribution du progrès technique comme étant celle qui n'est pas expliquée par l'accroissement des quantités de travail ou de capital, conduit à lui attribuer plus de 50 % de la croissance observée dans les pays développés. Il est dès lors gênant de ne pouvoir mesurer le principal facteur de croissance que de manière résiduelle : « *l'importance* (du résidu) *peut être prise comme une mesure de notre ignorance des causes de la croissance économique* » (M. Abramovitz). Aussi, les travaux ultérieurs vont-ils s'efforcer d'analyser ce résidu pour réduire la part inexpliquée de la croissance.

b. — Tentatives de décomposition du résidu

La démarche de décomposition du résidu a donné lieu a la mise en relief de la dimension qualitative des facteurs de production, par opposition aux estimations de Solow qui ne retenaient que la quantité des facteurs. Pour ce faire, des modèles à génération de facteurs, permettant d'évaluer les effets de la scolarisation croissante des générations successives de travailleurs, ou la modernisation progressive des équipements ont été utilisés, suivant l'hypothèse du progrès technique incorporé.

Une autre approche consiste à prendre en compte les effets des réallocations sectorielles de facteurs de production entre secteurs à productivité différente (telles que celles qui par exemple résultent de l'exode rural) sur l'efficacité globale de l'appareil productif. Dans la même logique, des essais de mesure des économies d'échelle ont été menés. Dans ces deux cas, les gains de productivité ne sont pas imputables à un facteur en particulier mais à des effets d'interaction.

Les études de Carré, Dubois et Malinvaud, pour la France ou de Denison et Poullier pour la France et les États-Unis procèdent de cette démarche de décomposition du résidu.

Tableau 10 - Décomposition du taux de croissance du produit

Pays	France	France	États-Unis
Auteurs	Carré, Dubois, Malinvaud	Denison, Poullier	Denison, Poullier
Période	1951-1969	1950-1962	1950-1962
Croissance	5 %	4,7 %	3,36 %
Emploi	0	0,08	0,9
Durée du travail	− 0,1	− 0,02	− 0,17
Qualité du travail	0,4	0,39	0,39
Volume du capital	1,1	0,79	0,83
Rajeunissement du capital	0,4	0	0
Réallocation des facteurs	0,6	0,95	0,29
Intensité de la demande	0,1	1	0,36
Application plus rapide des connaissances	0	0,75	0
« Résidu »	2,5	0,76	0,76

Source : « Tableau de synthèse », P.-Y. Hénin, *Macrodynamique, fluctuation et croissance*, 1980.

Ces trois estimations montrent la faible part de la croissance imputée aux quantités de facteurs, tandis que la qualité de ces facteurs est appréhendée pour le travail à travers l'âge moyen des travailleurs et leur qualification, pour le capital par la date d'entrée en service du matériel. Le résidu de croissance est interprété comme la conséquence du « *progrès des connaissances* ». L'excédent du résidu français sur le résidu américain dans l'étude de Carré, Dubois et Malinvaud serait dû à la réduction du « *gap* (écart) technologique » entre les deux pays.

Ces résultats s'avèrent toutefois partiels car ils laissent subsister un résidu, et assez fragiles car ils dépendent des conventions adoptées dans le calcul.

c. — La critique du résidu

Plutôt que de rechercher l'origine de ce résidu de croissance, certains économistes ont contesté son existence. Pour Jorgenson et Griliches, le résidu n'est que le produit d'erreurs de mesure : dans une optique strictement néoclassique, ils tentent de démontrer que la croissance du produit doit se ramener à la croissance des facteurs à conditions que ces derniers soient correctement mesurés. Les corrections apportées conduisent à réévaluer la part du capital dans l'explication de la croissance, et à réduire le résidu à 0,1 % ; cette contribution a elle-même été critiquée.

C   LA PRISE EN COMPTE DES EFFETS EXTERNES

La prise en compte des effets externes dans les modèles de croissance va permettre d'éclairer de nouveaux aspects des mécanismes de la croissance. Par effets externes, on désigne toute incidence que peut avoir l'activité économique sur d'autres agents que ceux qui y sont directement impliqués. Les théoriciens de la croissance endogène analysent les effets externes positifs du progrès technique, permettant de concilier rendements croissants et marchés concurrentiels. Par ailleurs, la limitation des ressources énergétiques fossiles, puis la montée des problèmes environnementaux vont susciter l'intégration à l'analyse des effets externes négatifs de l'activité économique et reposer le problème des limites de la croissance sous une forme nouvelle.

1. – Effets externes positifs et croissance endogène

L'incapacité des modèles de croissance néoclassiques à expliquer la croissance observée a conduit à l'ajout de l'hypothèse d'un progrès technique dit exogène, par ce qu'il déplaçait la fonction de production sans explication sur son origine. Afin de surmonter cette imperfection, il fallait donc revenir sur l'hypothèse des rendements d'échelle constants, sur laquelle s'appuyait toute l'analyse néoclassique standard, avec l'équilibre concurrentiel.

a. — Rendements croissants, effets externes et concurrence

Pour comprendre pourquoi l'hypothèse des rendements d'échelle constants qui cadrait si mal avec la réalité observée fut seulement remise en cause dans les années 1980, il faut rappeler qu'elle était considérée comme une des conditions nécessaires de la situation de concurrence parfaite : pour préserver l'hypothèse d'atomicité de l'offre, il fallait raisonner sur des rendements marginaux de facteurs décroissants (faute de quoi l'entreprise la plus grande a les coûts les plus bas et finit par éliminer ses concurrents). Dès lors, comment envisager une situation dans laquelle les rendements croissants ou constants du capital ne débouchent pas sur l'absence de concurrence ? La solution consistait alors à introduire dans l'analyse les effets externes positifs du progrès technique.

Si on suppose que le progrès économique génère des effets externes positifs sur l'ensemble de l'économie, toute entreprise qui investit et accroît son capital par travailleur augmente non seulement sa productivité marginale mais aussi celle des autres firmes. En conséquence, la productivité marginale sociale du capital est supérieure à la productivité marginale privée des entreprises. On parvient ainsi à concilier des rendements marginaux croissants ou constants au niveau macroéconomique avec des rendements marginaux décroissants au niveau microéconomique. La poursuite de la croissance à long terme s'explique alors en préservant les conditions nécessaires à l'existence de la concurrence.

b. — Les facteurs des effets externes positifs

Différents facteurs peuvent concourir à la diffusion d'effets externes positifs tels que l'accumulation des connaissances technologiques (modèle de P. Romer), les dépenses d'infrastructures publiques (R. Barro), l'accumulation du capital humain (R. Lucas).

Il existe des externalités générées par l'accumulation des connaissances qui peuvent profiter à la collectivité dans la mesure où elles sont mises à disposition sous la forme de brevets. De même, les dépenses d'infrastructures (ports, ponts réseaux de télécommunication…) sont sensées profiter à l'activité économique générale et donc permettre une élévation de la productivité collective. L'accumulation de capital humain sous la forme de système de formation initiale et continue performants est aussi de nature à faire augmenter l'efficacité collective d'une économie. De plus, le modèle de R. Lucas fait dépendre l'externalité de la qualité moyenne des échanges entre agents productifs, ce qui implique qu'un même individu qualifié sera d'autant plus productif que son environnement est composé d'individus qualifiés. Ces éléments constituent autant d'explications à l'absence de rattrapage des pays du Nord par le Sud, contrairement aux prévisions du modèle de Solow : les capitaux ainsi que les individus les plus qualifiés y trouvent de meilleures conditions de valorisation.

c. — L'État réhabilité pour son action structurelle en faveur de la croissance

L'État qui contribue largement à la formation de ces effets externes se voit donc conforté de façon nouvelle par des contributions s'inscrivant dans la lignée néoclassique, mais identifiées comme appartenant à une « nouvelle macroéconomie ».

En raison de ces effets externes positifs, la productivité marginale sociale du capital sera supérieure à la productivité marginale du capital privé. Il revient donc à l'État d'effectuer les investissements qui vont permettre d'atteindre un optimum social supérieur à l'optimum privé. Si certains de ces auteurs comme R. Lucas ont tenté de démontrer que les politiques monétaires discrétionnaires de soutien de la demande étaient condamnées à l'échec, ils défendent ici des politiques pouvant améliorer l'offre. Suggérer que la politique économique pouvait modifier durablement le rythme de croissance après lui avoir contesté toute capacité à le modifier transitoirement, tel n'est pas le moindre paradoxe de ces nouvelles théories de la croissance.

2. – Effets externes négatifs et limites de la croissance

Le trend de croissance observé depuis la révolution industrielle de la fin du XVIIIe siècle et plus encore la période des Trente Glorieuses ont conduit à considérer le progrès économique comme « normal ». Ses effets positifs sur l'emploi et les niveaux de vie moyens sont apparus indispensables, tout particulièrement lorsqu'ils ont commencé à faire défaut, notamment lors de la crise de 1973. Cependant, l'étude des conditions de la croissance tout autant que la rupture survenue à partir de 1973 ont fait resurgir la problématique des limites de la croissance. Par ailleurs, les « dégâts de la croissance » sont apparus de plus en plus évidents, des problèmes environnementaux posant la question de la croissance « soutenable ».

a. — Le rapport du club de Rome

Le rapport du club de Rome en 1972, qui regroupe des chercheurs américains du M.I.T (J. Forrester) et divers européens (dont D. Meadows), est novateur. Il prévoit que les limites de la croissance seront atteintes à partir de 2015 pour le produit industriel par habitant, et en 2030 pour la production agricole. La dégradation des conditions de vie sur la planète sera alors très rapide, si bien qu'en 2100, la population mondiale devrait avoir régressé à son niveau de 1970 ! Ce modèle mondial de prévision prend la forme d'un modèle de simulation qui s'éloigne des modèles économiques en ce qu'il prend en compte non seulement la population et le capital, mais aussi l'agriculture, le secteur des ressources non renouvelables (pétrole et minerais), et la pollution. À la différence des modèles d'optimisation, il compare des solutions alternatives et permet d'étudier des solutions de compromis. Les résultats obtenus par ce modèle sont issus des interactions (liaisons directes et rétroactions) entre ces cinq facteurs, d'après des comportements observés dans le passé ; des variantes sont calculées suivant différentes hypothèses concernant le rythme du progrès technique ou les politiques sociales. Au-delà des résultats nécessairement fragiles, (la contrainte pétrolière ayant en réalité agit par les prix de manière beaucoup plus rapide que prévu…), ces simulations font apparaître que la poursuite de la croissance à long terme suppose des aménagements importants, ou que les retournements ne sont pas nécessairement accompagnés de signaux précurseurs, et encore moins de mécanismes de correction spontanés.

b. — *Effets externes négatifs et croissance soutenable*

Pour l'analyse économique orthodoxe, l'eau, l'air, la lumière du soleil sont des biens libres, c'est-à-dire disponibles sans effort productif et en si grandes quantités qu'ils ne sont pas soumis à la loi de la rareté, et ne font pas l'objet d'une appropriation. En tant que tels, ils échappent au domaine de la science économique telle qu'elle est définie par L. Robbins : « *la science de l'affectation des ressources rares à des besoins alternatifs* ». Toutefois, l'extension des activités économiques a accru de façon exponentielle les prélèvements opérés sur les ressources naturelles, au-delà des capacités de régénération du milieu, faisant apparaître qu'il s'agit de moins en moins de biens libres (raréfaction de l'eau douce, pêche industrielle faisant disparaître les bancs de poissons…). Pour ne pas épuiser ces ressources et compromettre les activités économiques qui en dépendent, et plus fondamentalement les équilibres de la biosphère, il importe donc de prendre en compte la consommation de ces ressources dans le processus de la croissance.

Le concept d'« externalité » introduit dans les années 1920 par A.-C. Pigou offre une première solution à ce problème. Dans la mesure où l'activité économique d'un agent provoque des nuisances aux autres agents qui ne donnent pas lieu à paiement sur un marché, Pigou propose de taxer l'agent responsable de l'externalité négative, afin d'intégrer dans son coût de production les consommations réelles. Ainsi pourraient être pris en compte les phénomènes de pollution et plus généralement de consommation de biens naturels non appropriés. Chargée de l'expression des préférences collectives « *la puissance publique peut en raison de l'insuffisance de l'information des agents, du caractère collectif des risques encourus, ou de sa responsabilité vis-à-vis des générations futures exercer une action tutélaire sur le fonctionnement des marchés* » (J.-F. Noël, *Économie et écologie*, Autrement, n° 159, 1995).

Une autre solution est proposée par ceux qui refusent cette extension de la fiscalité et du rôle de l'État. Suivant la démarche théorique de R. Coase qui en 1960 voit dans des droits de propriété mal définis l'origine des externalités, l'économiste canadien Dales lancera en 1968 l'idée de créer des marchés de droits à polluer, sur lesquels des quotas de rejets pourraient être échangés entre firmes polluantes. Les entreprises pour lesquelles cela coûte moins cher de dépolluer que d'acheter ces quotas réduisent leur pollution, tandis que les autres achètent sur le marché des quotas en quantité suffisante pour « couvrir » leurs rejets. Une fois ces marchés mis en place, ce sont donc des préférences d'agents économiques individuels solvables qui s'exprimeront.

Faute d'internaliser par l'une ou l'autre de ces méthodes les effets externes négatifs de l'activité économique, les biens d'environnement dont la valeur n'est pas prise en compte par les calculs économiques privés sont sacrifiés. À un terme difficile à préciser compte tenu de la complexité des phénomènes en jeu (par exemple, l'effet de la diminution de la couche d'ozone, ou de l'augmentation de la teneur de l'atmosphère en gaz carbonique), c'est la poursuite de la croissance et plus fondamentalement les conditions de vie à la surface de la planète qui sont en jeu. Il importe donc suivant l'argumentation déployée par R. Passet de replacer le raisonnement économique à sa juste place : « *Pensée dans les limites de la sphère la plus étroite, la science économique débouche sur la définition de combinaisons et de conduites optimales qui peuvent être parfaitement valables du point de vue de la production, de l'échange et de la consommation, mais ne se réfèrent qu'à une partie des motivations humaines et n'ont rien à voir avec les mécanismes qui régissent le fonctionnement du milieu naturel* » (cf. *L'économique et le vivant*, 1979).

Les choix en matière de consommation de biens environnementaux, qu'ils soient exprimés par le biais de préférences individuelles sur des marchés ou par des réglementations nationales et internationales, devront respecter en premier lieu des normes environnementales déterminées en fonction de critères non économiques (par exemple à l'aide des analyses entropique et éco-énergétique). Ce n'est que dans un deuxième temps que les instruments économiques retrouvent leur pertinence pour atteindre ces normes au moindre coût économique, les lois de l'économie devant respecter celles de la biosphère et non l'inverse. La notion de « développement soutenable » popularisée en 1987 par le rapport Brundtland de la Commission mondiale sur l'environnement et le développement, qui consiste à assurer le maintien des systèmes économiques et de la biosphère sur le long terme, ne peut se limiter à la prise en compte de la dégradation de l'environnement comme un coût à internaliser mais implique un changement de mode de raisonnement en matière de croissance.

Le ralentissement économique des années 1970 a pu faire croire à « la fin de la croissance » ou fournir pour seul horizon le retour à « l'âge d'or » des Trente Glorieuses. Le redémarrage récent de la croissance en appui sur le progrès technique peut produire l'illusion inverse d'une résolution spontanée des déséquilibres du chômage de masse, de la fracture sociale ou des problèmes écologiques. Or ce processus caractéristique des organisations humaines n'offre ni retour en arrière, ni résolution de problèmes sans faire apparaître de nouvelles difficultés. La croissance économique n'est pas un temps d'où les difficultés économiques seraient absentes, mais un temps au cours duquel elles sont déplacées. La comparaison des différentes périodes de croissance du XXᵉ siècle, du rôle joué par l'entreprise au sein d'un cadre institutionnel fluctuant, a montré combien chacune est différente des autres et productrice de situations nouvelles. Si J.-P. Fitoussi (*Revue de l'OFCE*, 1996), rappelle que trois catégories de facteurs, portent la croissance, « *(a) l'élévation du niveau moyen d'éducation et de compétence des populations, (b) le progrès technique, (c) la recherche incessante de nouveaux modes de coopération et d'organisation de la société* », c'est pour insister sur la diversité des combinaisons possibles.

CHRONOLOGIE

1400-1992. – La production par habitant a été multipliée par 33 dans les pays qui se sont industrialisés selon les estimations d'A. Maddison et par un facteur 5 au XXe siècle.

1913-1992. – Le taux de croissance réel de l'économie mondiale a été de 3 % par an contre seulement 1,15% de 1820 à 1913 selon Maddison.

1913-1992. – Le taux de croissance réel de l'économie de l'Europe occidentale a été de 2,5 % par an de 1913 à 1992 contre seulement 1,9 % par an de 1820 à 1913 selon Maddison.

1870-1992. – Le nombre d'emplois dans l'économie américaine est passé de 14,7 à 119,2 millions, dans l'économie japonaise de 18,7 à 64,4 millions, dans l'économie allemande de 10,3 à 29,1 millions, dans l'économie française de 17,8 à 22,6 millions.

1870-1992. – La durée annuelle du travail est passée de 3 000 heures par an à moins de 1 600 aux États-Unis en Allemagne et en France et à 1 800 heures au Japon.

1870-1992. – La productivité apparente du travail a été multipliée par plus de 40 au Japon, par 20 en France et en Allemagne, et par 10 aux États-Unis, traduisant un phénomène de rattrapage des pays suiveurs par rapport aux pays leaders.

1806. – L'emploi agricole représente les deux tiers de l'emploi total en France.

1912 14 AVRIL. – Naufrage du Titanic.

1926. – L'emploi tertiaire devient plus important que l'emploi agricole en France.

1929 24 OCTOBRE. – Krach de Wall-Street.

1945-1973. – Les « Trente Glorieuses », expression due à J. Fourastié (ouvrage *Les Trente Glorieuses, ou la révolution invisible de 1946 à 1975* publié en 1979), et désignant les années de croissance exceptionnelles connues par les PDEM de la fin de la 2e guerre mondiale au 1er choc pétrolier.

1949. – L'emploi tertiaire devient plus important que l'emploi industriel en France.

1969 20 JUILLET. - Neil Armstrong est le premier homme à marcher sur la Lune.

1973. – Premier choc pétrolier.

1975. – L'emploi secondaire commence à régresser en pourcentage de l'emploi total en France.

1975. – La France franchit le seuil de 1 million de chômeurs.

1987. – Publié en 1987 par la Commission mondiale sur l'environnement et le développement, le Rapport Brundtland (ayant pour titre *Notre Avenir à Tous*) définit le concept de développement durable comme un mode de développement qui répond aux besoins du présent sans compromettre la capacité des générations futures de répondre aux leurs.

2005. – L'emploi tertiaire représente 70 % des emplois dans les pays industrialisés.

2009. – Plus forte récession mondiale depuis la crise de 1929.

BIBLIOGRAPHIE

BELTRAN (A.) et GRISET (P.), *La croissance économique de la France 1815-1914*, A. Colin, coll. Cursus, série Histoire, 1994.

BONCŒUR (J.) et THOUEMENT (H.), *Histoire des idées économiques, t. 2. De Walras aux contemporains*, Nathan, coll. Circa, 1996.

CARRÉ (J.-J.), DUBOIS (P.) et MALINVAUD (E.), *Abrégé de la croissance française*, Seuil, coll. Points Économie, 1973.

COMBEMALE (P.) et PARIENTY (A.), *La productivité*, Nathan, coll. Circa, 1994.

FOURASTIÉ (J.), *Les Trente Glorieuses ou la révolution invisible*, Hachette, coll. Pluriel, 1998.

GADREY (J.), *L'économie des services*, La Découverte, coll. Repères, 1992.

GUELLEC (D.) et RALLE (P.), *Les nouvelles théories de la croissance*, La Découverte, coll. Repères, 1996.

MARCHAND (O) et THÉLOT (C.), *Deux siècles de croissance en France*, Insee, coll. Études, 1991.

MÉDA (D.), *Qu'est-ce que la richesse?*, Aubier, coll. Alto, 1999.

PASSET (R.), *L'économique et le vivant*, Petite bibliothèque Payot, 1983.

« Croissance économique (La) », *Problèmes économiques*, n° 2510-2511, 5-12 mars 1997.

« Entreprise fin de siècle, nouveaux défis? (L') », *Problèmes économiques*, n° 2591-2592, 18-25 novembre 1998.

« État de l'économie 2000, les nouveaux ressorts de la croissance (L') », *Alternatives économiques*, hors série n° 44, 2e trimestre 2000.

« Nouvelle odyssée du capitalisme (La) », *Problèmes économiques*, n° 2704-2705, 14-21 mars 2001.

« L'entreprise », *Alternatives économiques,* Hors série n° 79, 1er trimestre 2009.

SUJETS CORRIGÉS

De la fin du XVIIIe siècle au début des années 1970 : caractères originaux de la croissance française. (Ecricome, 1992)

I De la fin du XVIIIe jusqu'à la Première Guerre mondiale : après un départ plus tardif que celui de la Grande-Bretagne, la croissance française peut se caractériser par une certaine atonie ainsi que par des structures économiques intermédiaires

A. — La croissance a débuté plus tardivement en France qu'en Grande-Bretagne

1. — Alors que dès la fin du XVIIIe siècle, l'économie française semble prête à décoller…
À la fin du XVIIIe siècle, on ne peut pas déceler une grande infériorité de l'économie française par rapport à l'économie britannique. En effet :
– proto-industrialisation assez forte, surtout dans le textile ;
– développement industriel important dû à la conception colbertiste du mercantilisme ;
– puissance maritime et commerciale.

2. — … elle accuse un retard important par rapport à la Grande-Bretagne
– pour des raisons conjoncturelles…
• guerres napoléoniennes ;
• blocus.
– … mais surtout structurelles et sociales.
• des mentalités moins adaptées qu'en Grande-Bretagne : différence de religion (*cf.* Max Weber) et principes plus ou moins libéraux ;
• une société plus rigide : mobilité sociale et géographique moins forte qu'en Grande-Bretagne ;
• un cadre institutionnel plus rigide : un pouvoir moins démocratique ;
• un marché moins ouvert : marché cloisonné, population surtout rurale et s'accroissant faiblement.

=> La croissance ne débutera réellement qu'à partir de 1815 mais elle sera plutôt lente et sans take-off.

B. — La croissance française est relativement atone et sans accélération

1. — Contrairement à d'autres pays s'industrialisant, la France n'a pas connu de take-off
– Pas de réelle révolution agricole précédant l'industrialisation mais plutôt une évolution agricole l'accompagnant.
– Pas de forte croissance démographique opérant une pression sur la demande de biens de consommation et fournissant une main-d'œuvre importante : la natalité a baissé bien plus tôt en France que dans les autres pays et donc la croissance démographique au XIXe siècle y a été bien plus faible.
– Moins d'initiative privée qu'en Grande-Bretagne et moins d'initiative étatique que dans les pays à industrialisation tardive.

2. — La croissance française du XIXe siècle semble plus lente que celle des autres pays
– La relative atonie de la croissance française (1,6 % de taux de croissance moyen annuel de la production entre 1870 et 1913 contre 2,9 % pour l'Allemagne ou 2,2 % pour la Grande-Bretagne) peut être expliquée par les raisons précédentes (faible accroissement démographique, structure économique encore très agricole).
– Mais cette atonie doit être nuancée car les écarts sont moins importants lorsqu'on compare les taux de croissance de la production par tête et non de la production totale.
=> La croissance en France est donc plus lente que celle de ses partenaires.

C. — Les structures économiques françaises sont intermédiaires entre celles de la Grande-Bretagne et celles des pays à industrialisation plus tardive

1. — Un modèle de croissance intermédiaire (J.-C. Asselain)…
– L'État a tenu un rôle modéré alors que celui-ci était très faible en Grande-Bretagne et très important dans les pays à industrialisation tardive.
– Alors qu'en Grande-Bretagne les banques sont spécialisées et en Allemagne universelles, la France aura successivement connu ces deux formes d'organisation bancaire.
– Certaines caractéristiques économiques sont proches du modèle britannique (faible degré de concentration par exemple) ou du modèle de développement des pays à industrialisation tardive (faible rôle de l'agriculture par exemple).

2. — … a peut-être privé la France de certains moteurs de la croissance
– Selon A. Gerschenkron, les pays à industrialisation tardive mettent en place des stratégies de substitution : l'État se substitue à l'initiative privée, les capitaux bancaires à l'autofinancement et l'épargne étrangère à l'épargne nationale.
– La France semble, par rapport à la Grande-Bretagne, avoir connu une insuffisance de l'initiative et du financement privés, mais pas assez forte pour que se mettent en place des stratégies de substitutions offrant d'autres bases à la croissance.
=> Si la croissance française au XIXᵉ se caractérise par un faible dynamisme, elle sera au contraire forte pendant la période de l'après-Seconde Guerre mondiale.

II De la Première Guerre mondiale aux années 1970 : après la période de déséquilibres de l'entre-deux-guerres, la croissance française devient particulièrement forte mais inflationniste

A. — Du fait de l'importance des déséquilibres conjoncturels de l'entre-deux-guerres, les caractères propres de la croissance française sont difficiles à déterminer

1. — La croissance française ne semble pas avoir des caractères spécifiques dans l'entre-deux-guerres…

– Dans les années 1920, la France a opté pour une politique d'inflation et de dépréciation monétaire qui a d'abord favorisé la croissance, puis a provoqué une perte de confiance dans la monnaie rendant nécessaire la stabilisation Poincaré.
– La situation française n'est pas spécifique. Il est difficile de tirer des généralités concernant les conjonctures et les politiques économiques menées à cette époque. Les différents pays suivent des voies différentes, mais aussi fortement instables.

2. — … sinon une entrée dans la crise mais aussi une sortie plus tardive
– L'économie française entre avec retard dans la crise des années 1930.
– L'économie française s'enlise dans la crise.
=> Si les déséquilibres de l'entre-deux-guerres sont importants, l'économie française entre, après la Seconde Guerre mondiale dans une période de croissance exceptionnelle.

B. — À partir de la fin de la Seconde Guerre mondiale, la croissance française devient une des plus fortes des pays de l'OCDE

1. — La croissance particulièrement forte de l'économie française…
– Pendant les Trente Glorieuses, la croissance en France est particulièrement forte puisqu'elle est largement supérieure à celle de la moyenne des autres pays de l'OCDE ; elle est juste inférieure à celle du Japon et de l'Allemagne (mais supérieure à celle de l'Allemagne à partir de 1960).
– Comme les autres pays, la France bénéficie d'une croissance démographique importante (due au baby-boom et à l'immigration), d'un mode de croissance fordiste et de l'augmentation des échanges internationaux.

2. — … est favorisée par certains caractères originaux (mis en évidence par Carré, Dubois et Malinvaud)
– Nécessité de rattraper son retard par rapport aux autres nations industrialisées.
– Un État plus présent que dans la plupart des autres pays de l'OCDE : nationalisations, planification et financement public.
=> Une croissance plus importante et dopée par de l'inflation.

C. — La croissance française des Trente Glorieuses est particulièrement inflationniste et source de déséquilibres extérieurs

1. — Elle est particulièrement inflationniste
– La France apparaît pendant cette période plus menacée par l'inflation que la plupart des autres pays de l'OCDE.
– Ces tensions inflationnistes sont dues à la pression salariale qui joue sur les coûts, la pression de la demande due aux dépenses importantes de consommation et d'investissement et à l'importance du crédit dans le financement de l'économie.

2. — Elle se caractérise aussi par une tendance aux déséquilibres extérieurs
Exceptée l'économie japonaise, l'économie française est celle qui, des membres de l'OCDE, est la plus sensible aux déséquilibres extérieurs :
– L'inflation érode la compétitivité des entreprises françaises.
– L'appareil de production français présente des caractères originaux qui ont tendance à renforcer la contrainte extérieure : spécialisation en créneaux et comportement résiduel à l'exportation.

SUJET
II

À quels changements les grandes entreprises capitalistes ont-elles dû procéder pour se développer dans l'économie mondiale ? (Ecricome, 2006)

Remarques : Le sujet porte sur les transformations des grandes firmes survenues tout au long du XXe siècle et plus particulièrement lors des trente dernières années dans le contexte de la mondialisation économique. Il faudra montrer comment les évolutions de l'organisation des grandes entreprises résultent d'un processus d'adaptation à l'environnement économique et social, mais aussi comment en retour ces acteurs essentiels du système capitaliste exercent des effets structurants.

I Concurrence et concentration

A. — La concentration, une réponse à la concurrence internationale

1. — Les avantages de la concentration horizontale et verticale
– La naissance de la grande entreprise s'explique selon R. Coase dans « La Nature de la firme » par la volonté d'éviter les coûts de transaction, dus à l'imperfection des marchés. La Standart Oil de J. D. Rockefeller est un des premiers exemples de concentration verticale intégrant toute une filière de production dans une firme.
– La recherche des économies d'échelle par l'allongement des séries produites entraînera dès la fin du XIXe siècle des opérations de concentration horizon-

tale dans les secteurs de la sidérurgie, de l'armement puis au début du XXe siècle, de l'automobile.

2. — Les nouvelles formes de la concentration
– Dans les années 1970-1980 les entreprises des PDEM vont connaître le freinage de leurs débouchés du fait du ralentissement de la croissance et de la concurrence des Nouveaux pays industriels, ce qui les contraint à de profondes restructurations.
– À partir des années 1990 les statistiques montrent une tendance à la déconcentration technique ce qui témoigne des limites rencontrées dans la recherche des économies d'échelle : au-delà d'un seuil, la taille de l'usine devient une source de gaspillage, tant au niveau de l'utilisation de la main d'œuvre que dans la gestion des flux matériels.
– Les nouvelles formes d'organisation du travail inspirées du « toyotisme » et fondées sur l'implication croissante du travailleur supplantent progressivement la chaîne fordiste. La baisse des coûts de transaction rend plus efficaces des groupes recentrés sur leur « cœur de métier ».

B. — Le développement de la firme-réseau

1. — Le rôle des ACR, et de la libération des mouvements de capitaux
– La concurrence ne peut plus pour l'essentiel des secteurs industriels être qualifiée de « pure et parfaite »

dès le début du xxᵉ siècle. Les statistiques de parts de marché et de pourcentage de l'emploi dans les branches montrent que quelques firmes représentent l'essentiel de la production dans chaque pays. Avec la formation des accords commerciaux régionaux dans l'après-Seconde Guerre mondiale les opérations de concentration vont s'intensifier pour former « des champions nationaux ». Dans la décennie 1980, facilitées par la libération des mouvements des capitaux, les fusions-acquisitions transfrontalières vont se multiplier, faisant émerger des oligopoles mondiaux.

2. — NTIC, déréglementation et fin des monopoles naturels
– Le changement technologique est également un puissant facteur de mutation de l'entreprise. Certaines innovations ouvrent des marchés nouveaux et modifient radicalement les conditions de la concurrence : c'est le cas de la téléphonie mobile qui remet progressivement en cause les monopoles naturels détenus dans chaque pays par les opérateurs historiques de la téléphonie fixe.
– La déréglementation et l'ouverture à la concurrence offrent également des opportunités pour de grands groupes privés dans les secteurs du transport aérien, de la distribution d'eau, de l'électricité…
– La disponibilité de l'information en temps réel, l'abaissement du coût du transport permettent aux entreprises multinationales de développer une stratégie de localisation en fonction des avantages que présentent différents territoires : disponibilité d'une main-d'œuvre bon marché ou d'une main-d'œuvre très qualifiée, proximité des matières premières, taille du marché, paradis fiscal…

II La libéralisation financière a induit de nouvelles formes de gouvernance des entreprises

A. — Les opportunités de la globalisation financière

1. — La désintermédiation bancaire permet le développement de la finance directe
– Encouragés par l'augmentation de la valeur des titres (plus-values), les épargnants, ménages et entreprises, ont retrouvé le chemin des marchés financiers, mettant ainsi à la disposition des entreprises les capitaux que celles-ci ne désiraient plus emprunter auprès des banques à cause de la hausse des taux réels d'intérêt (diminution rapide de l'inflation).

2. — La titrisation ouvre des possibilités de financement inédites
– La multiplication des titres émis sur le marché financier (obligations convertibles, actions à dividende prioritaire, marchés dérivés…) permet de rendre les actifs plus liquides et de trouver des investisseurs qui assument les risques financiers du développement de l'entreprise. Le montant des capitaux levés annuellement est en très forte augmentation jusqu'en 2000.

B. — Mode de financement et structures du pouvoir dans les grandes entreprises

1. — Financement bancaire de l'investissement et contrôle managérial
– J. K. Galbraith utilise le concept de technostructure pour analyser la structure du pouvoir dans les grandes sociétés américaines des années 1960. Le financement essentiellement bancaire de l'investissement rend relativement indépendants les gestionnaires des propriétaires des entreprises, ce qui tend à faire passer l'impératif de rentabilité au second plan par rapport au développement de l'entreprise, ou encore à privilégier les accords avec les syndicats afin de préserver le climat social.

2. — Financement boursier et contrôle actionnarial
– Pour des raisons démographiques, et parce que la libéralisation financière a provoqué une complexité et un risque accru dans la gestion de patrimoines financiers, les gestionnaires d'épargne pour le compte des épargnants des pays riches ont fait reculer la gestion directe. Ils sont devenus les acteurs prépondérants de la finance globale. Aux États-Unis, les fonds de pension détiennent 60 % des entreprises américaines et en France 40 % du CAC 40 est la propriété d'actionnaires étrangers dont une bonne partie est composée de fonds de pension anglo-saxons.
– Les fonds de pension n'ont qu'un objectif : maximiser le rendement de l'épargne de leurs mandants, compte tenu du niveau de risque que ceux-ci sont prêts à assumer. En raison du poids de ces derniers dans les conseils d'administration, l'objectif des dirigeants doit donc être la maximisation de la valeur de l'entreprise pour ses actionnaires, donc de la rentabilité des fonds propres.
– Pour les économistes régulationnistes (Michel Aglietta, André Orléan), ces nouveaux critères de gestion relèvent d'un « capitalisme patrimonial ».

Causes et conséquences de la tertiarisation des économies avancées. (HEC, 2004)

Remarques :
– Le secteur tertiaire constitue de loin le plus important secteur de l'économie des PDEM, tant sur le plan de l'emploi que sur le plan de la production (PIB).
– Cette prépondérance accrue du secteur des services reflète une transformation socioéconomique tout aussi importante que l'a été le passage d'une économie agraire à une économie industrielle. Il s'agit d'analyser les facteurs ayant provoqué cette évolution et d'envisager ses conséquences économiques et sociales en cours et prévisibles. Ce changement est souvent présenté comme une désindustrialisation ou comme l'apparition d'une société postindustrielle. Quelle est la pertinence de ces différentes interprétations ?

I Les facteurs de la tertiarisation

A. — L'accroissement de la part du tertiaire dans la production et l'emploi des pays avancés s'explique par des facteurs de demande et d'offre

1. — Le déplacement de la demande
– Les services représentent en 2005 en France les trois quarts de la production et de l'emploi. Cela signifie que des transferts massifs de population active ont eu lieu depuis le secteur primaire vers le secondaire et le tertiaire jusqu'en 1975, puis au détriment des secteurs primaire et secondaire vers le secteur tertiaire.
– Une des causes déterminantes de la croissance de l'emploi dans les services provient selon C. Clark de l'évolution de la consommation finale. À mesure que le niveau de vie moyen augmente, la part des produits industriels puis celle des services augmentent dans la consommation des ménages.

2. — Les gains différentiels de productivité
La vitesse à laquelle les progrès techniques se développent n'est pas la même dans toutes les activités. J. Fourastié distingue un secteur agricole à progrès technique moyennement rapide, un secteur industriel à progrès technique très rapide et un secteur des services à progrès technique lent. D'autre part la création d'emplois dans chacun de ces secteurs dépend des croissances respectives de la production et donc de la demande, et de la productivité apparente du travail. Le secteur tertiaire qui connaît à la fois une forte hausse de la demande qui lui est adressée et un faible progrès de sa productivité par travailleur est donc fortement créateur d'emplois des années 1950 aux années 1980.

B. — L'intervention de l'État a favorisé le développement du secteur tertiaire non marchand puis marchand

1. — L'État-providence
Les services non marchands sont, au sens de la comptabilité nationale, gratuits ou quasi gratuits, c'est-à-dire que leur prix de vente ne finance que 50 % au plus de leur coût de production, le reste étant à la charge de l'État. Ils sont essentiellement fournis par l'Éducation nationale et le secteur public hospitalier, qui ont connu une forte hausse de l'emploi au cours des quarante dernières années. La demande des biens supérieurs tels que l'éducation et la santé augmente avec le niveau de vie général des populations, mais son financement collectif a permis l'extension des consommations dans toutes les catégories sociales.

2. — La libéralisation des échanges et la déréglementation
L'ouverture mondiale du marché des services, mise en œuvre par l'OMC, a créé de nouvelles opportunités pour les entreprises de services. Ainsi, les exportations internationales de services ont crû annuellement à un rythme double en moyenne de celui des marchandises au cours des vingt dernières années. Comme les services des secteurs traditionnel et non commercial sont peu susceptibles d'être exportés, cette accélération provient selon toute probabilité des secteurs du transport, de la banque et de l'assurance, et des télécommunications ; le processus de déréglementation ayant accentué cette tendance.

II Les effets économiques et sociaux de la tertiarisation

A. — La thèse de la désindustrialisation est contestable

1. — *La croissance de la production industrielle se poursuit*

L'augmentation de la production des services ne s'est pas accompagnée d'une réduction de la production industrielle : depuis 1975, alors que la part de la production industrielle régressait en France, la croissance de la production industrielle ne s'est pas interrompue. Sur la période 1999-2005 la valeur ajoutée industrielle a crû de 13 % en volume d'après les données de l'Insee. Il n'y a donc pas eu remplacement d'une production industrielle par une production de services comme le laisserait supposer le concept de désindustrialisation.

2. — *Le développement des services dépend de l'industrie*

Le progrès technologique a contribué à la complexification des tâches dans l'ensemble des secteurs d'activité, obligeant les entreprises à une certaine spécialisation. Cela explique en grande partie le développement spectaculaire des services aux entreprises. Ainsi, une partie du déclin du secteur secondaire dans l'économie serait attribuable au transfert d'une quantité d'emplois des industries productrices de biens vers les industries de services, suivant le principe de l'externalisation. Après la publicité, le conseil, l'ingénierie, l'expertise comptable, la réparation des machines, ce sont des activités plus courantes telles que la comptabilité ou le standard téléphonique, l'entretien des locaux ou le gardiennage, qui sont confiées à des intervenants extérieurs à l'entreprise.

B. — Les caractéristiques d'une société post-industrielle

1. — *Tertiarisation et économie de la connaissance*

– Une société postindustrielle continue donc de produire des biens industriels, mais ces produits ont une plus forte intensité en capital et en travail qualifié que dans la période fordiste, seul moyen de rester présent sur le marché mondial face à la concurrence des pays émergents.

– La ressource qui assure un avantage compétitif aux producteurs n'est plus matérielle (matière première, métal précieux, source d'énergie), mais immatérielle : information, savoir-faire, connaissance. La chaîne de la valeur devient de plus en plus dépendante de la capacité à innover et à rester sur la frontière technologique. Les stratégies d'acquisition et de développement du « capital cognitif » par les individus et les organisations sont au cœur du processus de croissance et passent par les systèmes éducatifs, l'enseignement supérieur, la formation continue, les activités de recherche et de développement, la veille technologique…

2. — *Tertiarisation et inégalités croissantes*

– R. Reich propose une typologie des travailleurs dans la société postindustrielle : le premier groupe qu'il appelle « manipulateur de symboles » produit la connaissance dont a besoin la société ; il est composé de chercheurs et d'experts, d'artistes, de concepteurs dans les domaines les plus variés. Cette catégorie tire profit de la mondialisation car son travail reste rare et peut être valorisé sur des marchés de plus en plus vastes.

– À l'autre extrémité de l'échelle sociale se trouvent les « travailleurs routiniers » qui sont fournisseurs de travail peu qualifié dans l'industrie ou les services exposés à la concurrence des pays à bas salaire (par exemple les opérateurs informatiques, les opérateurs de centres d'appels) et menacés par les délocalisations. D. Cohen rappelle dans *Richesse du monde, pauvreté des nations* que le salaire des travailleurs les moins qualifiés a baissé de 30 % aux États-Unis, tandis qu'en France c'est le chômage des non-qualifiés qui bondissait de 1970 à 1990.

Les sociétés salariales sont soumises depuis trente ans à une dynamique inégalitaire : « les économies productrices d'idées sont plus inégalitaires que celles qui produisent des objets ».

SUJET IV

Dans quelle mesure les mutations techniques et les changements institutionnels de l'entreprise depuis le début du XXe influent-ils sur les relations du travail et l'action syndicale? (ESCL, 1990)

I La mise en place des principes techniques et organisationnels du fordisme a, au cours du XXe siècle, contribué à l'instauration de relations du travail coercitives favorisant les conflits sociaux et le développement de l'action syndicale

A. — La mise en place des principes techniques et organisationnels du fordisme a, au cours du XXe siècle, contribué à l'instauration de relations du travail coercitives…

1. — La mise en place des principes techniques et organisationnels du fordisme a, au cours du XXe siècle…
– Organisation du travail contraignante de Taylor et Ford.
– Concentration et salarisation de la population active : les entreprises sont de taille plus grande et sont donc moins souples.
– Diffusion de la mécanisation : la machine a souvent une utilisation moins souple et plus contraignante que l'outil.

2. — … contribué à l'instauration de relations du travail coercitives
L'organisation scientifique du travail (OST) a considéré le travail au même titre que le capital productif, c'est-à-dire comme un facteur de production purement technique. L'objectif est de conditionner le travail d'exécution en ne lui laissant aucune marge d'autonomie et d'initiative. Les relations professionnelles sont donc fortement coercitives ; les ouvriers ne participent pas aux décisions concernant l'entreprise et leur propre travail, ils doivent se contenter d'exécuter.

B. — … favorisant les conflits sociaux et le développement de l'action syndicale

1. — Les conflits sociaux se multiplient
Dès le début des années 1970, la parcellisation, le travail répétitif, la pénibilité, l'ingratitude des tâches ne sont plus acceptés docilement. L'emploi déqualifié est de plus en plus dévalorisé par l'évolution des normes sociales et l'augmentation du niveau d'instruction.
Les réactions négatives des ouvriers au début des années 1970 se développent : turn-over, coulage, malfaçons, gaspillage, absentéisme et conflits sociaux.

2. — L'action syndicale se développe
Depuis le début du XXe siècle et jusque dans les années 1970, le pouvoir syndical tend globalement à se développer.
Les salariés ne pouvant s'exprimer directement dans l'entreprise, le font indirectement par le biais de leurs syndicats qui deviennent les interlocuteurs privilégiés du patronat.

II Depuis le début des années 1970, de nouvelles organisations du travail et contraintes de production tendent à modifier les relations du travail en les rendant moins conflictuelles

A. — Depuis le début des années 1970, de nouvelles organisations du travail et contraintes de production tendent à modifier les relations du travail

1. — De nouvelles organisations du travail et contraintes de production…
Face à la crise de l'organisation traditionnelle du travail, certaines entreprises mettent en place de nouvelles formes d'organisation du travail qui

nécessitent, de la part des salariés, plus de responsabilité et d'autonomie.

De nombreuses entreprises s'automatisent, permettant au processus de production de se dérouler sans intervention humaine directe. De cette façon, des emplois d'exécution et de faible qualification dans l'industrie, tels qu'ils avaient été institués par l'OST tendent à disparaître. Cela rend nécessaire la conception et l'adoption de nouvelles organisations du travail.

Les flux tendus nécessitent une certaine adaptabilité des salariés et donc une organisation du travail et des relations professionnelles plus souples et moins coercitives.

2. — ... tendent à introduire des relations du travail plus participatives

Depuis le début des années 1970, les entreprises se rendent progressivement compte de la nécessité de gérer leur personnel différemment. À la suite du Japon, certaines entreprises tentent d'instaurer une communication plus directe, de supprimer certains échelons hiérarchiques et de former des groupes d'expression dans lesquels les salariés volontaires donnent leur avis sur certains aspects du fonctionnement de l'entreprise. Non seulement l'avis du personnel peut impulser certaines améliorations, mais cela permet surtout de l'impliquer dans la vie de l'entreprise ; il se sent plus concerné par celle-ci et est donc plus productif. Les groupes d'expression les plus courants sont les cercles de qualité. De plus en plus, le personnel prend directement part à la détermination des moyens à mettre en œuvre afin d'atteindre les objectifs fixés.

B. — L'action syndicale est en crise en raison de relations du travail moins conflictuelles et de problèmes d'adaptation aux mutations économiques et sociales

1. — Les syndicats connaissent une crise...

– Une baisse du taux de syndicalisation. On estime que le taux de syndicalisation français, de 20 % environ durant les années 1960, est actuellement largement inférieur à 10 %.

– Une baisse de l'audience syndicale. Les mots d'ordres syndicaux sont de moins en moins suivis :
• les conflits, qu'ils soient localisés ou généralisés, sont de moins en moins nombreux ; les salariés sont de moins en moins prêts à suivre un mot d'ordre de grève ;
• la part des suffrages exprimés en faveur des listes présentées par les syndicats lors des élections professionnelles baisse (élections de délégués du personnel, de membres du comité d'entreprise, élections prud'homales).

2. — ... due à des relations du travail moins conflictuelles et à un problème d'adaptation aux mutations économiques et sociales

La mise en œuvre d'une gestion plus directe du personnel a, en partie, court-circuité l'action des syndicats. Le syndicalisme était fondé sur la divergence d'intérêts entre la direction et le personnel alors que les nouvelles gestions mettent l'accent sur la nécessité d'une coopération pour défendre le bien commun qu'est l'entreprise. La prise en compte du facteur humain dans l'entreprise, mais aussi la mise en question de la vision marxiste d'une société divisée en deux groupes opposés et en lutte, ont permis une diminution sensible des conflits dans l'entreprise. Le développement d'une économie postindustrielle, la diminution de la part de l'industrie et des grandes entreprises dans l'appareil productif effritent la classe ouvrière sur laquelle était traditionnellement fondé le syndicalisme.

La crise a développé le chômage et des formes particulières d'emploi. Les actifs, chômeurs ou occupant un emploi précaire, ne sont pas suffisamment insérés dans la vie professionnelle pour se syndiquer ou être prêts à suivre des mots d'ordres syndicaux.

La récession rend difficile l'action syndicale, car du fait de la situation difficile des entreprises, les revendications ont moins de chance d'aboutir.

Il existe encore des conflits dans l'entreprise, mais ils sont moins nombreux et prennent souvent de nouvelles formes (émergence des coordinations, lutte pour la défense de l'emploi...).

QUELQUES SUJETS DE CES DERNIÈRES ANNÉES

De nombreux sujets aux concours portent sur ce chapitre. Nous donnons ci-après des exemples de sujets portant sur la croissance au xxe siècle uniquement et d'autres ayant aussi une large dimension historique et donc portant aussi en partie sur le xixe siècle.

Pourquoi la croissance? La croissance pour quoi? (ESSEC, 1999)

L'entrepreneur dans l'invention et dans le développement du capitalisme. (Ecricome, 1999)

Analyser l'évolution des conceptions de l'entrepreneur et de son rôle depuis le début du xixe siècle. (ESC, 1999)

En vous aidant de l'analyse économique et historique, vous apprécierez le rôle de la concentration des entreprises dans le développement économique depuis le milieu du xixe siècle. (HEC, 2000)

La recherche de la grande dimension est-elle inéluctable pour l'entreprise dans le système capitaliste? (Ecricome, 2000)

Existe-t-il une spécificité économique et sociale française depuis le début de l'industrialisation? (Ecricome, 2000)

Les conséquences économiques des guerres (vous examinerez cette question en faisant appel à la théorie économique et en faisant référence aux événements historiques depuis 1900). (ESSEC, 2003)

Selon le FMI, la croissance économique mondiale de 1987 à 2006, a connu un doublement du PIB mondial réel durant cette période. Comment expliquez-vous ce rythme élevé de croissance? (ESC, 2006)

L'évolution de l'organisation du travail et ses liens avec la croissance économique. (ESSEC, 2007)

La place des PME dans l'économie des pays à économie de marché aujourd'hui. (ESC, 2008)

FLUCTUATIONS ET CRISES

Pour repérer les mouvements cycliques de l'économie, l'historien-économiste dispose de séries statistiques portant sur des agrégats (Production, Investissement…) ou sur des prix (prix de gros ou de détail, salaires, taux d'intérêt…). Ces données peuvent provenir des résultats de la comptabilité nationale, pour la deuxième moitié du XXe siècle, ou de reconstitutions réalisées à partir de données fragmentaires pour le XIXe siècle et au-delà. Angus Maddison a ainsi produit des reconstitutions de grandeurs économiques pour de nombreux pays jusqu'au début du XIXe siècle et a même élaboré quelques statistiques millénaires.

Les données brutes laissent rarement apparaître les cycles économiques. Elles mélangent en effet de multiples informations. Pour simplifier, on peut considérer que le mouvement économique est le résultat de quatre phénomènes :
– le trend, T, qui représente la tendance économique de long terme ;
– le cycle, C, de durée variable ;
– les variations saisonnières, S présentant également des caractères cycliques, mais avec une nette composante saisonnière ;
– les aléas, A, comme les grèves, les guerres, les chocs…
Le mouvement économique d'ensemble peut alors s'écrire : $M = T + C + S + A$.

La technique de repérage des cycles consiste à éliminer tous les éléments impurs (trend, aléas, saisonniers) pour ne retenir que le caractère purement cyclique. En apparence, la technique semble simple, mais elle est parfois critiquée. Certaines méthodes utilisées afin d'éliminer les trends peuvent avoir pour effet de générer des mouvements cycliques. Slutsky a ainsi montré en 1927, qu'à partir d'une suite de nombres au hasard (il a utilisé les numéros gagnants de la loterie du Commissariat du peuple à la finance !), on peut obtenir n'importe quelle évolution cyclique en effectuant un lissage avec des moyennes mobiles.

Depuis le XIXe siècle, de nombreux auteurs ont mis en évidence des cycles de longueur variable. Clément Juglar (*Des crises commerciales et de leur retour périodique en France, en Angleterre et aux États-Unis*, Paris, 1862) a été le premier à repérer et interpréter des mouvements cycliques de l'économie au XIXe siècle. Les périodes de prospérité économique sont suivies de périodes de « liquidation », purgeant les excès de la croissance.

D'autres cycles ont par la suite été mis en évidence et, en reprenant une célèbre distinction établie par Schumpeter (*Business cycles*, 1939), on retient généralement trois types de cycles : cycles Kitchin ou cycles mineurs d'une durée moyenne de 40 mois ; cycles Juglar ou cycles majeurs d'une durée de 8 ans (6 à 10) et cycles Kondratieff ou cycles longs (50 ans). On estime que 1 Kondratieff = 6 Juglar = 18 Kitchin.

Le cycle majeur se caractérise par quatre phases au cours desquelles les variables réelles et les variables monétaires évoluent de façon concordante :
– **Expansion, essor, prospérité**. Tous les indicateurs progressent : les prix, les profits, les salaires, la production, le commerce, l'emploi. La hausse des prix et des profits traduit une demande insatisfaite.
– **Crise**. Période brève, souvent un krach (parfois très facilement daté, parfois moins net), où la tendance se renverse. Le terme de « crise » est souvent employé pour désigner toute la phase qui suit le retournement.
– **Dépression**. On assiste à une baisse cumulative de tous les indicateurs. La diminution des prix provoque des difficultés pour les entreprises, qui licencient, baissent les salaires provoquant une contraction de la demande.

– **Reprise**. Contrairement à la crise, c'est rarement un événement brusque. Elle est d'abord partielle, limitée à quelques domaines d'activité, puis se généralise.

Le terme « récession », autrefois utilisé pour désigner le ralentissement de la croissance est aujourd'hui largement employé pour qualifier la contraction de l'activité. C'est un glissement progressif correspondant à l'usage du mot anglais et l'Insee définit la récession comme un recul de l'activité pendant deux trimestres consécutifs.

Le cycle Kondratieff se caractérise par une phase de croissance d'environ 25 ans, suivie d'une phase de dépression, ou de croissance ralentie, de 25 ans. Il peut être mis en évidence à partir de séries de prix et parfois de production.

La superposition des différents types de cycles rend souvent difficile le repérage des fluctuations. Juger de l'importance d'une dépression est souvent délicat. Ce n'est qu'avec le recul que l'historien peut déterminer si une crise marque le début d'une dépression longue ou n'est qu'un accident de parcours de la croissance.

Les interprétations des cycles sont diverses. Les économistes se sont intéressés d'abord aux cycles courts, ceux qui apparaissent comme liés aux crises économiques présentés en première partie. L'analyse des cycles longs abordée en deuxième partie est davantage liée à l'étude de la croissance de long terme – les cycles apparaissant alors comme des « respirations de l'histoire ».

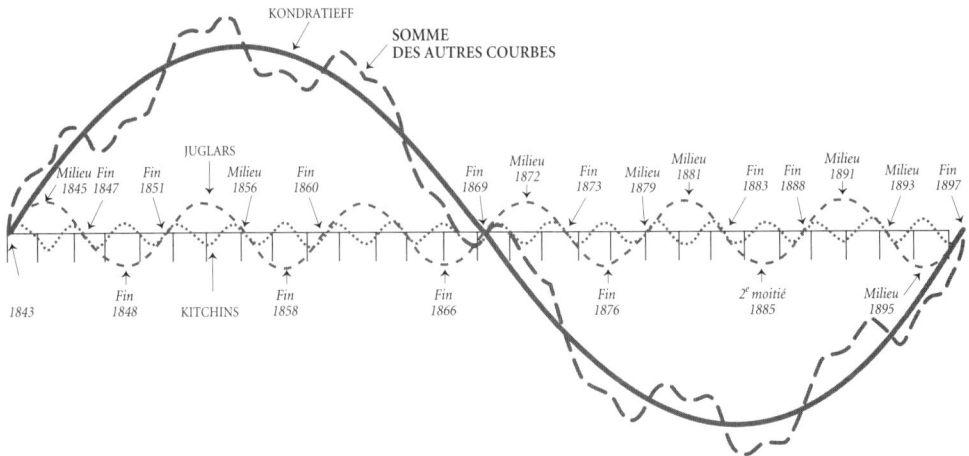

Source : Claude Jessua, *Histoire de la théorie économique*, PVT 1991.

Figure 1 - La combinaison des trois cycles

I

CYCLES COURTS ET CRISES ÉCONOMIQUES

Le XIXᵉ siècle marque l'apparition du « rythme capitaliste ». Alors que les économies préindustrielles étaient soumises à des aléas agricoles, le poids croissant de l'industrie finit par imposer une nouvelle origine aux crises économiques.

La régularité avec laquelle les crises se produisent a conduit les observateurs à élaborer des théories des fluctuations. Ces analyses des cycles peuvent se découper en deux grandes familles. Pour certains économistes, les origines des cycles sont exogènes. L'économie réagit à un choc extérieur et le cycle traduit seulement les mouvements nécessaires pour retrouver l'équilibre, c'est pourquoi on parle également de « cycles à l'équilibre ». Pour d'autres, la croissance est naturellement cyclique. Le cycle est indissociable de l'évolution économique et il trouve son origine au cœur du fonctionnement du système économique.

A CRISES ET CYCLES DEPUIS LE XIXᵉ SIÈCLE

1. – L'émergence d'un cycle industriel au XIXᵉ siècle

a. — « *Les économies ont les crises de leurs structures* » *(Labrousse)*

La crise d'Ancien Régime a été particulièrement étudiée par Camille-Ernest Labrousse (*Esquisse du mouvement des prix et des revenus en France au XVIIIᵉ siècle*, 1933) à partir de la situation française en 1788-1789. Pour lui, les crises économiques et sociales qui frappent les sociétés d'Ancien Régime sont d'origine frumentaire. Les variations du prix du blé se répercutent sur l'ensemble des activités et sont responsables de la plupart des révoltes ou des révolutions.

Le point de départ de la crise est une mauvaise récolte, liée le plus souvent à un accident climatique. La pénurie de grains génère une hausse considérable du coût des denrées. Il n'est pas rare que les prix doublent lors de la phase de pénurie.

La crise touche d'abord le monde rural. Même les gros propriétaires, dégageant un surplus commercialisable, ne sont pas épargnés. La hausse du prix ne compense pas la diminution des quantités vendues et leurs recettes diminuent. Ces grands propriétaires, qui embauchent traditionnellement une grande partie de la main-d'œuvre rurale, réduisent leur demande de moissonneurs, de batteurs… et vont rogner sur les salaires. Les petits agriculteurs, qui ont souvent besoin d'acheter du blé, vont devoir le payer plus cher et réduire leur consommation d'autres produits. Ils ne peuvent pas compter sur les revenus annexes procurés par le *domestic system*, car les salaires versés aux fabricants connaissent plutôt une diminution. Quant aux journaliers, dont le pain représente une grande partie de la dépense, ils sont touchés à la fois par la diminution de leur pouvoir d'achat et par la montée du chômage rural.

C'est la diminution du pouvoir d'achat rural qui déclenche la crise industrielle. La réduction des débouchés dans le monde rural se traduit par une diminution de l'emploi et des rémunérations dans l'industrie. D'une crise de sous-production agricole, on passe à une crise de surproduction industrielle. Baisse des salaires et des profits, hausse du prix du pain aggravée par un stockage spéculatif du grain, montée du chômage et de la mendicité. La situation dans les villes est alors pire que celle des campagnes. C'est au moment de la *soudure*, lorsque les réserves sont épuisées et avant les nouvelles moissons, qu'éclatent souvent les mouvements de révolte.

La crise mixte est caractéristique d'une économie en transition. Le facteur déclenchant est encore d'origine agricole, mais les conséquences industrielles et financières sont plus importantes. L'installation de la dépression est largement liée aux mouvements boursiers spéculatifs, aux conséquences de la réduction des dépenses publiques sur les programmes de grands travaux et sur la métallurgie, aux politiques monétaires restrictives. Labrousse considère ainsi que la crise de 1847 est caractérisée par « *la persistance de l'ancien processus de tension et l'apparition d'un processus nouveau. C'est un cumul de déséquilibres : déséquilibre naturel de la vieille économie des grains et des textiles ; déséquilibre artificiel de la nouvelle économie métallurgique* » (*1848-1830-1789 : Comment naissent les révolutions, Actes du Congrès historique du centenaire de la révolution de 1848*, PUF, 1948).

La crise industrielle trouve son origine directement dans l'activité industrielle. Le facteur déclenchant de la crise est souvent un krach financier, conséquence d'une vague spéculative. Une période d'euphorie (spéculation sur le chemin de fer, découverte d'or…) précède le krach, mais la surproduction conduit à un brusque retournement de situation. La dépression est souvent amplifiée par les règles strictes de la gestion monétaire. La contraction du crédit favorise la généralisation de la crise. Elle se transmet ensuite à l'étranger via les marchés des changes et le commerce. Les monnaies étant convertibles en or, les difficultés d'un pays se traduisent par des mouvements d'or qui déstabilisent les marchés. La diminution des importations a pour effet d'exporter la crise chez les partenaires commerciaux.

b. — Chronologie des cycles et crises jusqu'en 1929

Ce qui frappe particulièrement lorsqu'on observe la croissance du XIXᵉ siècle, c'est la régularité avec laquelle se produisent des crises. 1825, 1836, 1847… tous les 10 ans survient un krach boursier qui marque le début d'une période de dépression. Le tableau 1 montre bien que l'histoire économique est rythmée par ces « accidents ».

Cette régularité temporelle se double d'une régularité concernant le déroulement du cycle. La période d'expansion, liée à des événements particuliers (découverte d'or, spéculation sur une matière première, boom des travaux publics), favorise une montée des marchés boursiers. Puis survient un krach et la dépression s'installe.

Le premier pays à connaître la crise, le « *pays-guide* » selon l'expression d'Henri Guitton, est généralement l'économie dominante. C'est donc l'Angleterre qui est la source de la plupart des crises du XIXᵉ siècle, mais la montée en puissance des pays neufs, à la fin du siècle, déplace l'origine géographique des crises qui naissent de plus en plus souvent aux États-Unis, en France ou en Allemagne.

Tableau 1 - Les cycles et les crises au XIXᵉ siècle

Crise	Cycle associé (1)	« Pays-guide »	Caractéristiques de l'expansion	Caractéristiques de la crise et de la dépression
1825	1819-1832	Angleterre	Spéculation sur les activités minières en Amérique latine. Débuts des chemins de fer. Poursuite de la révolution industrielle dans le textile.	Brutale baisse des prix, déficit extérieur britannique et panique financière le 17 décembre 1825 à Londres, l'une des premières de l'Histoire. La crise touche ensuite la France en raison des difficultés de la sidérurgie souffrant de la concurrence britannique.
1836	1832-1842	Angleterre	Développement des chemins de fer qui exerce des effets d'entraînement sur la métallurgie. Croissance de l'industrie textile : doublement du nombre de métiers à tisser mécaniques entre 1830 et 1835. Forte spéculation foncière aux États-Unis.	Problèmes d'approvisionnement dans le textile anglais provoquant une hausse du prix du coton. Les sorties d'or vers les États-Unis entraînent une hausse des taux d'intérêt en Grande-Bretagne. La crise se propage aux États-Unis par le biais des crédits consentis aux exportateurs de coton. Crise sociale : mouvement chartiste.
1847	1842-1852	Angleterre	Investissements massifs dans les chemins de fer, forte spéculation (Grande-Bretagne, France). Effets d'entraînement sur la métallurgie.	• Crise agricole : grande famine d'Irlande (1845), difficultés en France et en Grande-Bretagne. Importantes répercussions sociales et industrielles (industrie textile touchée). • Crise financière : largement liée à la spéculation sur les chemins de fer (France, Angleterre). Krach en 1847, faillites de compagnies de chemin de fer et de banques. Crise aggravée par les mécanismes de l'étalon-or (le *Banking Act* de 1844 a renforcé les contraintes de l'émission monétaire). • Crise de régulation : le développement du salariat, l'apparition des mouvements ouvriers posent la question des rapports entre le capital et le travail. Les faillites bancaires amènent à reconsidérer l'organisation bancaire et le financement de l'économie.

(1) Les dates de retournement des cycles à la hausse sont plus difficiles à repérer que les dates des crises. La reprise est rarement un phénomène brutal.

Crise	Cycle associé (1)	« Pays-guide »	Caractéristiques de l'expansion	Caractéristiques de la crise et de la dépression
1857	1852-1861	États-Unis	On a un véritable boom mondial. Développement des chemins de fer, de la construction navale, du télégraphe, grands travaux d'urbanisation (Paris d'Haussmann). Essor facilité par les nouvelles organisations bancaires (exemple du Crédit mobilier des frères Pereire fondé en 1852) et par les découvertes d'or en Californie (1848) et en Australie (1849) qui permettent d'accroître l'offre de monnaie.	Les premiers signes apparaissent avec la diminution des profits dans les mines d'or et dans les compagnies ferroviaires. La baisse de la demande se répercute sur les principales industries (métallurgie, chemins de fer). Le krach boursier a lieu le 22 août 1857 à New York, et la panique financière se poursuit jusqu'à fin octobre. La crise américaine se propage très rapidement à l'Angleterre et à la France.
1866	1861-1869	Angleterre	Croissance dans les secteurs des biens de production et des biens de consommation (le textile reste à l'écart, pénalisé par la hausse du prix du coton liée à la guerre de Sécession). Extension du commerce international et du libre échangisme (Traité de commerce franco-anglais de 1860).	Faillite de la maison *Overend Gurney* à Londres en raison des difficultés des chemins de fer anglais et américains. Menaces sur de nombreuses maisons de la City sauvées par l'intervention de la Banque d'Angleterre. Rapatriement des capitaux placés à l'étranger provoquant des difficultés chez les débiteurs. En France la crise est marquée par la faillite du Crédit mobilier.
1873	1869-1878	Allemagne, Autriche	Expansion américaine depuis 1865 (fin guerre de Sécession), forte progression du réseau ferroviaire. Forte croissance en Europe centrale (Allemagne, Autriche) liée aux indemnités de guerre versées par la France et au potentiel industriel de l'Alsace-Lorraine annexée. Forte spéculation. La France reste à côté de cette expansion (défaite de 1870).	Le krach se produit en Allemagne et en Autriche en mai 1873, et aux États-Unis en septembre 1873. Faillite de la banque Jay Cooke and Co. L'Angleterre est touchée par la baisse de ses exportations et les retraits de fonds détenus par des étrangers. La France ne subira que plus tard les effets de ce ralentissement. Crise qui marque l'entrée dans « la Grande Dépression ».
1882	1878-1886	France	Reprise plus précoce aux États-Unis, essor vigoureux en France tiré par les travaux publics : plan Freycinet (1878) de développement des chemins de fer et des canaux.	Crise financière : krach de l'Union générale (1882). Dépression entre 1883 et 1885 en France. La crise s'étend aux USA vers 1884.

Crise	Cycle associé (1)	« Pays-guide »	Caractéristiques de l'expansion	Caractéristiques de la crise et de la dépression
1890	1886-1896	Angleterre	Expansion tirée par la construction navale et ferroviaire. Croissance des investissements à l'étranger (Grande-Bretagne), surtout vers l'Amérique latine. Fortes concentrations industrielles aux États-Unis.	1890 : faillite de la banque Baring liée à ses investissements argentins. C'est l'intervention de la Banque d'Angleterre et la City qui sauvent la Baring et évitent une panique générale. Les États-Unis ne sont vraiment touchés qu'en 1893 avec de nombreuses faillites de chemins de fer et une crise financière. L'industrie métallurgique est touchée, le chômage s'accroît.
1907	1896-1908	États-Unis	Croissance ininterrompue aux États-Unis, mais crise en Europe en 1900. Développement de l'énergie électrique, de la chimie, du téléphone et toujours des chemins de fer et de la construction navale.	Crise financière et bancaire, très sévère aux États-Unis en raison de la fragilité d'un système bancaire sans banque centrale. Se propage rapidement en Europe. Nette mais brève dépression à partir de 1908.
1913	1908-1921 (?)	Allemagne, France	Croissance tirée par les dépenses d'armement, la sidérurgie, l'automobile.	Crise dans la sidérurgie allemande qui se répercute sur la France et l'Angleterre. La guerre relance l'activité économique. Elle est suivie, en 1920-21, d'une crise de reconversion sévère mais de courte durée.
1929	1921-1939	États-Unis	Prospérité américaine, difficultés européennes. Très forte croissance américaine, les « Roaring Twenties », liée aux gains de productivité (travail à la chaîne), aux débuts de la consommation de masse (développement du crédit à la consommation), à des taux d'intérêt faibles. Forte spéculation boursière à partir de 1926. Difficultés monétaires en Europe : hyper-inflation allemande, politique de déflation en Grande-Bretagne, stabilisation Poincaré en France.	Krach boursier à New-York le 4 octobre 1929 : le « Jeudi noir ». Effondrement bancaire américain et début d'une grande dépression liée à l'insuffisance des débouchés (crise de surproduction ou de sous-consommation selon les analystes). Internationalisation de la crise par les mouvements de capitaux et le commerce. Dépression particulièrement sévère en Allemagne, moindre en Grande-Bretagne (comparée aux piteuses années 1920) ou en France. Véritable crise structurelle qui amène une profonde transformation de l'organisation économique : intervention de l'État, nouveau rapport salarial…

c. — *Deux crises majeures : 1873 et 1929*

Parmi les crises précédentes, deux se révèlent particulièrement importantes car elles marquent à la fois le retournement d'un cycle court et d'un cycle long. La crise de 1873 correspond à l'entrée dans la « Grande dépression » de la fin du XIXᵉ siècle. La crise de 1929, bien que se situant au XXᵉ siècle, présente de nombreuses caractéristiques des crises du XIXᵉ siècle. On peut ainsi la considérer comme la dernière crise du capitalisme du XIXᵉ siècle.

Ces deux crises sont au confluent de l'étude des fluctuations économiques. On peut les considérer simplement comme des retournements de cycles Juglar ou au contraire voir en elles les sommets de phases de croissance des cycles Kondratieff. Pour les « théoriciens de la régulation », elles correspondent au changement de mode de régulation.

■ **La crise de 1873**

La crise de 1873 marque l'entrée dans la « Grande Dépression ». Il ne faut pas entendre par ce terme une véritable diminution de la richesse des économies, mais seulement un ralentissement de la croissance. La production industrielle ou de services ne progresse plus que lentement, alors que l'agriculture est sévèrement touchée. Cette période de croissance ralentie se prolonge jusqu'à la fin du siècle. Les reprises constatées ne sont que limitées et de nouvelles crises, en 1882 puis en 1890, contribuent à maintenir la récession.

Le krach de 1873 met fin à une période de prospérité très importante. Les années 1850-1870, qui correspondent pour la France à la *Fête impériale* du Second Empire, sont le théâtre d'une croissance forte liée au développement des chemins de fer, à l'ouverture des marchés internationaux, à une nouvelle organisation bancaire. Le capitalisme du XIXᵉ siècle, celui de l'industrie, est arrivé à maturité. Pour la première fois, le choc provient des économies du centre de l'Europe et traduit la montée en puissance des pays nouvellement industrialisés. Les marchés boursiers de Berlin ou de Vienne ont été dopés par les indemnités versées par la France à l'issue de la guerre de 1870 et les économies d'Europe centrale sont en pleine croissance.

La crise se propage rapidement aux autres puissances industrielles. La Grande-Bretagne est particulièrement touchée. Son agriculture et son industrie vieillissante, soumises à la concurrence des pays neufs en raison du libre-échange, subissent le choc de plein fouet. Les vieilles économies européennes sont largement atteintes par la récession, tandis que les économies des pays neufs – États-Unis, Allemagne – ne sont que faiblement touchées. La France reste relativement épargnée. La perte de l'Alsace et de la Lorraine a réduit son potentiel économique dans la période de boom et la crise ne la frappe que plus tard, au début des années 1880.

La déflation, s'accentue pendant la « Grande Dépression ». Les prix de gros et les profits s'effritent sensiblement tandis que les salaires nominaux résistent à la baisse, ce qui contribue paradoxalement à améliorer la situation des ouvriers. Cette diminution des prix traduit la situation d'un marché d'offreur sur lequel les vendeurs ont du mal à écouler leur production. Le phénomène est accentué par la concurrence qui conduit chacun à rechercher des gains de productivité pour réduire les coûts.

Le malaise social est une constante de la période. Le chômage progresse sensiblement, même si aucune statistique officielle ne le mesure, en France, avant le recensement de 1896. La hausse du salaire réel ne doit pas cacher qu'une partie des ouvriers est sans emploi. La chute des prix réduit les revenus des entrepreneurs individuels et des agriculteurs. La relative amélioration de la situation ouvrière est compensée par la dégradation de la situation dans les campagnes. En raison de la faible élasticité de la consommation alimentaire, la croissance des revenus ouvriers ne profite pas aux agriculteurs. Ceux-ci sont en plus atteints par des aléas typiquement agricoles. La crise du phylloxera, touchant la vigne, puis des difficultés céréalières, ont rendu l'agriculture fragile dès les années 1860. La situation du monde rural contribue au retour du protectionnisme au cours des années 1880. En France, la loi Méline de 1892 a ainsi essentiellement pour objet de protéger les ruraux.

La crise ne se dénoue véritablement qu'à la fin du siècle. La reprise économique, accompagnée d'une augmentation des prix et des salaires, ouvre la période de la Belle Époque.

■ La crise de 1929

De façon classique, la crise débute par un krach boursier qui met fin à une forte période de spéculation. L'économie américaine tourne à plein au cours des années 1920, alors que l'Europe connaît une situation plus difficile liée aux problèmes monétaires.

Aux États-Unis, entre 1922 et 1929, la production industrielle et le revenu national progressent de près de 50 %. La production d'automobiles augmente de 33 % entre 1923 et 1929. La consommation de pétrole, d'acier, de caoutchouc et la construction des routes s'en trouvent accrues. Les occasions d'investissement sont nombreuses et le taux d'investissement représente plus de 20 % du PNB. Le chômage reste à un niveau faible, de l'ordre de 2 % (sauf en 1924 où il atteint 4,5 %). L'expansion repose essentiellement sur des gains de productivité dans l'industrie (+ 22% de 1920 à 1922, + 10 % de 1923 à 1925, + 3 % de 1925 à 1929). Ils proviennent essentiellement de la mise en place de la production en grande série par l'application des principes de Taylor et de Ford.

Simultanément, les bases de la consommation de masse tendent à se mettre en place. Les revenus augmentent tandis que les prix de nombreux produits industriels diminuent. Le recours à la vente à crédit se développe, particulièrement pour l'automobile. Cependant la consommation de masse a encore des limites. La hausse du salaire réel est insuffisante pour garantir des bases durables à la demande : entre 1920 et 1929, les profits, les intérêts et les rentes progressent de 45 % alors que les salaires ne gagnent que 13 %. De plus, la prospérité nouvelle ne touche que certains secteurs (automobile, électricité) alors que les activités traditionnelles (agriculture, textile, chemin de fer) restent largement à l'écart des progrès.

L'économie américaine profite également des faibles taux d'intérêt qui sont pratiqués pour ne pas nuire au retour britannique à l'étalon-or. Les Américains voient d'un bon œil la tentative des Anglais de restaurer un système monétaire international conforme aux principes qui ont prévalu au XIXe. La conférence de Gènes (1922) a ainsi édicté les règles d'un système monétaire international reprenant en partie les mécanismes de l'étalon-or, et l'Angleterre va s'attacher à revenir à la parité de la livre sterling d'avant 1914. Elle mène donc une sévère politique de déflation accompagnée de taux d'intérêt élevés tandis que les États-Unis réduisent les leurs.

Tous ces éléments contribuent à favoriser le développement d'un intense mouvement spéculatif. Jusqu'au début 1928, la hausse des cours suit celle des profits. Puis la spéculation, assise sur une pyramide de dettes, s'intensifie. Les grandes entreprises, les boursiers, mais aussi une grande partie de la population empruntent auprès des banques pour acheter des titres. Celles-ci prêtent à 12 % alors qu'elles empruntent au *Federal Reserve* à 5 %. Tant que les cours montent, tous les agents sont gagnants. Mais le retournement brutal provoque la faillite des emprunteurs et de leurs créanciers.

Le krach a lieu le jeudi 24 octobre (*Jeudi noir*), et se poursuit dans les semaines suivantes. Il emporte avec lui l'essentiel du système bancaire américain dont le morcellement accroît la fragilité. Pour décourager la spéculation, jugée immorale par une partie de l'opinion publique, la banque centrale souhaite maintenir une politique stricte et interdit le refinancement. Les entreprises sont frappées directement par la perte des sommes engagées dans la spéculation, mais surtout par la contraction, qui suit immédiatement, de la demande des ménages. Les ventes à crédit diminuent, ce qui touche particulièrement l'automobile, secteur en pleine expansion.

La dépression qui suit le krach est particulièrement profonde et elle se propage rapidement aux autres pays industrialisés. La production industrielle américaine diminue de presque 50 % et les prix de gros de 30 % entre 1929 et 1932. Le commerce international se contracte de manière brutale, tandis que le chômage explose. Il reste comme le phénomène marquant de cette crise. Les images des files de chômeurs devant les soupes populaires ont marqué profondément les mémoires collectives. La montée du chômage, accompagnant la dépression, n'a pas été suivie d'un reflux symétrique lors de la reprise et les années 1930 sont marquées par la permanence d'un taux de chômage élevé.

Cette crise marque un tournant dans les analyses des crises et dans les politiques économiques. La naissance du courant keynésien et la remise en cause du dogme néoclassique de l'impossibilité des crises, ont profondément renouvelé la pensée économique. La crise de 1929 marque également le début d'une intervention plus grande des États dans l'économie. L'idée d'une régulation étatique de la croissance et des crises s'impose peu à peu. Le New Deal américain de Roosevelt, le programme économique du Front populaire en France sont les symboles de ce rôle nouveau des États. Mais la relance a aussi pu être obtenue en Allemagne aux prix d'une militarisation de l'économie, de la suppression des droits individuels et du totalitarisme. Les difficultés économiques des années 1930 sont également responsables de la marche vers la Seconde Guerre mondiale.

2. – Cycles et crises depuis 1945

a. — Les cycles depuis 1945

La période qui s'ouvre après la Seconde Guerre mondiale marque une nette réduction des cycles économiques. La tendance de longue période s'est retournée par rapport à l'entre-deux-guerres. Les Trente Glorieuses correspondent à la plus importante période longue de croissance de l'ère industrielle. Cette quasi-disparition des cycles se retrouve dans les préoccupations des économistes. Les crises et les fluctuations ne représentent plus un objet d'étude intéressant et les analyses se portent sur la croissance, son origine ou encore les conditions de sa stabilité.

Les fluctuations économiques ne sont pas complètement éliminées, mais le rythme traditionnel du cycle Juglar, marqué par une chute tous les 10 ans environ, fait place à un « cycle de croissance », d'amplitude faible et ponctué de simples récessions. Elles sont brèves, quelques mois seulement, et de faible intensité. Le creux du cycle correspond le plus souvent à un simple fléchissement de la croissance et non à une baisse absolue. On observe bien des reculs trimestriels mais les réductions annuelles du PIB sont très rares.

Le retour de la crise, dans les années 1970, a redonné une actualité à la problématique des cycles et a conduit à un renouvellement important des interprétations théoriques.

Dans une étude de l'OFCE, Monique Fouet (« Observations et diagnostics économiques », *Revue de l'OFCE*, juin 1993) repère cinq cycles, d'un pic à l'autre, entre les années 1960 et la fin des années 1980.

Cycle 1 : du milieu à la fin des années 1960.

Cycle 2 : de la fin des années 1960 au premier choc pétrolier (1973).

Cycle 3 : du premier choc pétrolier au second (1979).

Cycle 4 : du second choc pétrolier au contre-choc pétrolier (1986).

Cycle 5 : du contre-choc pétrolier à la fin des années 1980.

On peut également repérer un cycle à partir des années 1990. Après un net ralentissement de l'activité au début des années 90, la croissance repart dès 1992 aux États-Unis. La croissance se poursuit à un niveau élevé jusqu'à la fin de la décennie. Un nouveau ralentissement se produit au début des années 2000 mais les États-Unis retrouvent rapidement une forte croissance. L'Union européenne connaît une évolution de même nature, mais décalée dans le temps et d'ampleur moins importante. La crise financière qui débute en 2007-2008 aux États-Unis et se diffuse rapidement provoque la première contraction longue de l'activité depuis la Seconde Guerre mondiale.

Il apparaît cependant que les différentes économies ne sont pas soumises à des cycles de la même manière. M. Fouet a dressé le palmarès des pays cycliques en combinant les critères d'ampleur/intensité d'une part, régularité d'autre part. L'*ampleur* est mesurée par la somme des valeurs absolues des écarts par rapport à la tendance. L'*intensité* est le rapport entre l'ampleur et le nombre de trimestre du cycle. Ces indicateurs mesurent l'importance du cycle et donnent des classements équivalents. La *régularité* combine des informations d'ampleur et d'intensité entre les cycles. Ces critères ne sont pas toujours convergents. Ainsi le Japon présente un cycle ample/intense mais peu régulier. À l'inverse les Pays-Bas connaissent un cycle extrêmement régulier mais fort peu ample/intense.

Au total, certaines économies, comme les États-Unis ou le Royaume-Uni présentent des caractères cycliques très marqués. D'autres, tels le Japon, les Pays-Bas, le Canada ou l'Allemagne, apparaissent comme modérément cycliques. En revanche, la France, l'Italie ou l'Espagne ne présentent pas de caractère cyclique significatif dans la période contemporaine.

b. — La crise de la fin du xxe siècle

Le premier choc pétrolier de 1973 est traditionnellement considéré comme le moment d'une rupture dans la croissance. Aux taux de croissance très élevés des Trente Glorieuses succèdent des années de croissance ralentie. Comme pour la Grande Dépression de la fin du xixe siècle, on ne peut pas parler d'une crise longue, uniforme. On peut ainsi discerner trois cycles, d'ampleur variable, alternance de phases de récession suivies de reprises plus ou moins prononcées. Mais on ne retrouve pas de période longue de croissance forte.

■ Le premier choc pétrolier et ses effets inflationnistes et déflationnistes

Le premier choc pétrolier, déclenché par l'OPEP à l'occasion de la guerre du Kippour, est le détonateur d'une crise qui touche des économies rendues fragiles par l'épuisement des facteurs de la croissance des Trente Glorieuses. D'octobre 1973 à janvier 1974, les prix sur les marchés internationaux du pétrole – qui représente de beaucoup la principale source d'énergie dans le monde – quadruplent. Le choc pétrolier a des conséquences diverses sur l'activité économique. Selon J.-C. Asselain (*Histoire économique du xxe siècle : La réouverture des économies nationales*, 1995), il génère des effets inflationnistes, mais provoque aussi un ralentissement de l'activité par des mécanismes de nature déflationniste. Ces deux éléments se conjuguent pour provoquer la « stagflation ».

L'accroissement des prix du pétrole provoque d'abord **un choc inflationniste**. La flambée des cours du brut rejaillit en effet sur les coûts des entreprises. Elle provoque une inflation importée et une ponction sur les richesses des pays industrialisés. Le prélèvement extérieur qui s'opère sur ces économies est quasiment équivalent aux réparations demandées à l'Allemagne au lendemain de la Première Guerre mondiale. On en connaît les effets déséquilibrants. L'inflation contribue également à exacerber les conflits autour de la répartition des revenus. Certains acteurs économiques peuvent se prémunir contre l'inflation et cherchent à anticiper les augmentations de prix. Ainsi, en France, les salaires nominaux ont continué à progresser en dépit du ralentissement de l'activité et de la montée du chômage. Asselain estime que l'influence du choc pétrolier sur le dérapage inflationniste est très importante. D'autres auteurs, en revanche, la considèrent comme mineure. Lorenzi, Pastré et Tolédano (*La crise du xxᵉ siècle*, 1980), par exemple, estiment que l'inflation était déjà très largement présente dans les pays occidentaux et que le choc pétrolier n'a fait qu'accentuer des tendances préexistantes.

Mais le choc pétrolier exerce également un effet dépressif, de nature **déflationniste** sur l'activité économique. Il passe par trois composantes. D'abord un ralentissement de l'activité économique. La production ne chute pas mais le ralentissement de la croissance est sensible avec toutes les conséquences en termes de distribution de revenus et de consommation. Ensuite, le prélèvement de richesses au profit des pays pétroliers se traduit par un gonflement de l'épargne mondiale. En effet, ces pays, peu peuplés pour la plupart, accumulent la « manne pétrolière » et il en résulte une augmentation de la propension mondiale à épargner. Dans une logique keynésienne, cela ne peut que faire baisser le niveau de la demande globale. Enfin, la chute des profits et la faiblesse de la croissance se conjuguent pour réduire le volume de l'investissement. Les effets d'entraînement sur l'activité (*cf.* le multiplicateur) et en termes de vieillissement de l'appareil productif sont importants. Il faut cependant noter que la bonne résistance de la consommation des ménages et l'action des pouvoirs publics contribuent à réduire l'ampleur des processus dépressifs. À partir de 1976, la croissance se stabilise à un niveau inférieur de moitié à celui des Trente Glorieuses, tandis que l'inflation reste élevée et que le chômage progresse. On arrive alors à une situation économique nouvelle baptisée **stagflation** ou encore « **infession** » (Triffin).

■ Du second choc pétrolier au contre-choc pétrolier : de la croissance zéro à la reprise

La fin des années 1970 est marquée par deux phénomènes qui conditionnent la situation économique des années 1980 : le second choc pétrolier et le retournement de la politique monétaire américaine. Les années 1980 vont alors s'ouvrir sur la plus sévère récession de l'après-guerre. Moins brutale que celle de 1975, elle est nettement plus durable.

Le second choc pétrolier se produit au cours de l'année 1979. Il a pour origine la révolution iranienne, puis le conflit entre l'Iran et l'Irak qui réduisent l'offre. Les prix du pétrole font plus que doubler en un an. De plus, la montée du dollar entre 1980 et 1985 fait l'effet d'un troisième choc pour les non-Américains. Les conséquences sont de même nature que celles de 1973. Dérapage inflationniste et ralentissement de l'activité.

Pourtant, le deuxième changement notable de la période vient brouiller la donne. Dès 1979, on assiste à un retournement brutal de la politique monétaire américaine, bientôt suivie par les autres pays occidentaux. Depuis 1971 et l'instauration des changes flottants, le dollar s'était beaucoup déprécié par rapport aux autres monnaies. Il avait connu des périodes de fluctuations importantes de son cours. Avant le premier choc pétrolier, il était plutôt attaqué à la baisse. Puis, avec la flambée du baril, il est redevenu une monnaie recherchée pour financer le surcoût des importations. Ensuite, le mouvement de baisse a repris jusqu'à la fin des années 1970. En octobre 1979, à la fin du mandat de Carter et sous l'impulsion de son président, Paul Volcker, le *Federal Reserve System* se rallie aux thèses monétaristes, suivant de quelques mois l'exemple britannique. Il abandonne la politique de contrôle des taux d'intérêt qu'il menait jusqu'alors et opte pour des objectifs quantitatifs de croissance de la masse monétaire. L'objectif final de la politique monétaire n'est plus de soutenir la croissance mais de lutter contre l'inflation. Principale conséquence de cette politique monétaire restrictive, les taux d'intérêt s'envolent. Les taux réels, négatifs au cours des années précédentes en raison de l'inflation, redeviennent nettement positifs. La banque centrale américaine ne relâchera la pression que deux fois. En 1982 d'abord, pour mettre fin à la récession dans laquelle l'économie était tombée, en 1985, ensuite, afin d'éviter que ne s'interrompe la reprise alors en plein développement.

En même temps, la politique budgétaire se révèle plutôt expansionniste. Le programme économique de Reagan prévoit des réductions d'impôts destinées à favoriser l'investissement et l'épargne privée, en rétablissant les profits des entreprises fortement atteints par l'inflation et le ralentissement des affaires. Mais les diminutions de dépenses publiques restent limitées et le développement de l'« initiative de défense stratégique », qui fait de l'espace un élément de la défense, pèse sur le budget fédéral.

La combinaison d'une politique budgétaire laxiste et d'une politique monétaire restrictive aboutit à une montée des taux d'intérêt sans précédent depuis la Seconde Guerre mondiale. Elle attire sur le marché américain les capitaux du monde entier et le dollar entame une ascension ininterrompue jusqu'en 1985. Les États-Unis retrouvent la « douce insouciance » des années d'après-guerre. Ils font financer leurs déficits par les capitaux étrangers.

La hausse du dollar est certes favorable pour le reste du monde aux exportations vers les États-Unis, mais elle provoque une augmentation du coût des produits importés, en particulier du pétrole. La progression des taux d'intérêt impose aux autres pays des politiques monétaires restrictives s'ils ne veulent pas être eux-mêmes victimes de crises des paiements. Ainsi, les États-Unis finissent par imposer leur loi aux autres économies. La toute puissance américaine, mise à mal depuis les années 1960, s'en trouve restaurée. Les politiques économiques à contre-courant, comme la relance française de 1982, se révèlent des échecs et la conversion aux politiques monétaires restrictives est partout effective à partir de 1983.

L'impact de ces mesures est d'abord négatif. La croissance économique est cassée. Les États-Unis connaissent une profonde crise en 1982. La première moitié des années 1980 est celle de la « croissance zéro » pour les pays industriels. Les pays en développement sont eux très durement touchés par la hausse des taux d'intérêt et par celle du dollar. La crise de l'endettement de 1982 frappe les pays qui paraissaient les plus prometteurs en multipliant la charge de leur dette. Partout le chômage s'intensifie. Dans les pays de l'OCDE, on recense 30 millions de chômeurs en 1982. Dans ce tableau plutôt négatif, le seul aspect positif concerne l'inflation. Le mécanisme de la désinflation se met en place et se poursuivra jusqu'à la fin du siècle.

Les États-Unis amorcent une longue phase de croissance dès 1983. Mais il faut attendre le milieu des années 1980 pour que la reprise se confirme en Europe. À la fin des années 1980, les quatre indicateurs retenus par Kaldor pour son « carré magique » sont de nouveau au vert. La croissance repart avec des taux proches de ceux des Trente Glorieuses. Le chômage marque une réduction sensible surtout dans les pays anglo-saxons. La désinflation se poursuit. Les échanges extérieurs s'améliorent peu à peu, profitant à la fois du contre-choc pétrolier, de la baisse du dollar (même si le marché américain devient moins facile à pénétrer) et des effets de la politique de désinflation compétitive. Pourtant les conditions de la croissance restent encore instables. Les sources de déséquilibres perdurent même s'ils ne compromettent pas la vigueur de la reprise.

Le krach boursier de 1987 fait peser une grande incertitude sur la pérennité de la croissance. Le spectre de 1929 n'est jamais très loin. On assiste au dégonflement brutal d'une bulle spéculative liée à la montée des taux d'intérêt. La hausse des taux américains a déprécié les placements sur les marchés obligataires, car les taux y sont fixes, et a provoqué un gonflement du marché des actions. Des capitaux du monde entier viennent alors se placer sur le marché américain. Dans un système de liberté de circulation des capitaux, aucun pays ne peut accepter de voir ses capitaux s'expatrier vers les États-Unis sous prétexte que la rémunération y est plus élevée. Une guerre des taux s'engage alors et contribue à généraliser la hausse des taux d'intérêt.

Il suffit d'un catalyseur, un niveau de déficit extérieur américain très élevé laissant croire à une politique de baisse du dollar, pour que le krach se produise, le 19 octobre 1987 à Wall Street. Il est largement amplifié par les procédures automatiques de gestion de portefeuille. Les ordinateurs se mettent à vendre tout seuls! Par contagion, le choc se répercute sur les autres grandes places boursières.

Ce krach a paradoxalement été favorable à la poursuite de la croissance économique. Les autorités monétaires ont tenu compte des leçons du passé et les erreurs de la crise de 1929 n'ont pas été reproduites. La politique monétaire a été largement assouplie pour éviter le manque de liquidités, ce qui a contribué à doper la croissance des années suivantes, tout en provoquant aussi quelques effets inflationnistes. Dans ce contexte, le mini-krach d'octobre 1989 n'est qu'une péripétie. Ces largesses se paieront cependant dans les années 1990 par le retour à des politiques plus rigoureuses de gestion de la masse monétaire.

Les variations du dollar continuent à déstabiliser les marchés des changes. Les accords du Louvre de 1987 permettent de le stabiliser quelques temps. Puis le krach boursier précipite sa chute de nouveau. En 1988, les interventions des banques centrales parviennent à soutenir le billet vert. En 1989, la montée des taux d'intérêt provoque une nouvelle flambée malgré les déficits américains. C'est le mini-krach d'octobre 1989 qui stoppe sa progression. Ces brusques variations du dollar contribuent à rendre difficiles les prévisions à long terme des entreprises. Leurs stratégies d'investissement sont tributaires de leur possibilité de pénétration du marché américain.

La mondialisation de l'économie et surtout son volet financier, la *globalisation financière*, sont également source d'instabilité. Le développement des mouvements internationaux de capitaux, rendu possible par la *déréglementation*, le *décloisonnement* des marchés (limitations des distinctions entre banques commerciales et banques d'investissement) et la *désintermédiation* (accroissement de la part du financement direct par émission de titres sur le marché financier), «les 3 D» d'Henri Bouguinat, devait permettre une réduction du coût des financements et une meilleure distribution des capitaux entre pays et secteurs d'activité. En fait la globalisation s'est traduite par une instabilité croissante des marchés des changes et une croissance des phénomènes spéculatifs. Le montant des transactions sur les marchés financiers et sur le marché des changes n'a plus de rapport direct avec le financement de la production et des échanges internationaux. Il correspond à une multiplication des opérations d'arbitrage entre titres et monnaies, et repose sur le développement de nouveaux instruments financiers favorisant les opérations de couverture de risque, mais conduisant également à développer la spéculation. Les mouvements de capitaux deviennent largement autonomes, obéissent à leur propre logique et contribuent au développement de bulles spéculatives.

Les conditions sont donc en place pour que des déséquilibres s'accentuent, ce qui se produit dans la période suivante.

■ Les années 1990-2000: le retour des cycles?

À la phase de croissance rapide de la fin de la décennie 80, succède une récession généralisée au début des années 1990, suivie d'une reprise en ordre dispersée.

L'économie américaine est la première à entrer en récession dès le début de 1990, avant la guerre du Golfe, et un an et demi avant l'Europe et le Japon. La crainte du retour de l'inflation conduit les autorités monétaires à augmenter les taux d'intérêt. L'Europe poursuit sa croissance sous l'impact de la réunification allemande, tandis que le Japon profite encore de la politique monétaire expansive de la fin des années 1980 mais au prix du développement d'une vague spéculative.

La croissance repart aux États-Unis dès 1993 alors que l'Europe et le Japon entrent à leur tour dans la récession. Les effets positifs de la réunification allemande s'essoufflent dès 1992, alors que les difficultés monétaires apparaissent. L'Allemagne durcit sa politique monétaire pour éviter un dérapage inflationniste et les autres pays suivent pour ne pas voir leur monnaie dévaluée par rapport au mark. Les crises au sein du Système Monétaire Européen en 1992 et 1993 témoignent de ces tensions monétaires. La construction de l'Union Monétaire Européenne, par le biais des critères de convergence, impose aux pays européens des politiques strictes dans les domaines monétaire et budgétaire. Ces politiques pèsent sur la croissance des pays les plus en retard. Au Japon, le dégonflement de la bulle spéculative au début des années 90 se produit sans krach boursier, mais pas sans ralentissement de l'activité économique. L'économie japonaise n'arrive pas à sortir des conséquences de la crise financière, bancaire et immobilière du début de la décennie. En dépit de plusieurs plans de relance, l'activité économique reste languissante et ce n'est qu'après 2003 que la croissance japonaise dépasse à nouveau 2 %.

Aux États-Unis la longue phase de croissance jusqu'à la fin du siècle s'explique largement par le développement des activités liées aux nouvelles technologies de l'information et de la communication. Une politique monétaire très pragmatique, menée par Alan Greenspan, permet d'éviter les surchauffes inflationnistes sans casser le processus de croissance. Le gonflement d'une bulle financière liée aux nouvelles technologies fait cependant craindre des difficultés et l'atterrissage de l'économie américaine se produit en 2001. Ce n'est qu'à partir de 1997 que l'Europe bénéficie de l'impact de la croissance américaine et de la baisse des taux d'intérêt. Elle retrouve des taux de croissance très élevés (plus de 4 % en France entre 1998 et 2000) mais subit le contrecoup de la crise américaine dès le début des années 2000.

L'économie américaine redémarre assez rapidement, retrouve des taux de croissance supérieurs à 2,5 % en 2003 et 2004, puis commence de nouveau à ralentir. La crise des *subprimes*, qui se déclenche dès l'été 2007 avant d'atteindre son paroxysme en septembre 2008, plonge les États-Unis dans la récession. L'Europe suit difficilement la reprise américaine du début de la décennie. La France, comme l'Allemagne connaissent une croissance ralentie et ne retrouvent respectivement des taux supérieurs à 2 % qu'en 2004 et 2006. Le Royaume-Uni ou l'Espagne affichent quant à eux une bien meilleure santé, mais connaissent le même mouvement cyclique. La contagion de la crise américaine plonge les économies européennes dans la récession dès 2009. L'économie japonaise, exsangue dans les années 1990 retrouvait juste des taux de croissance proche de 2 % lorsqu'elle a été touchée par la récession mondiale.

B. LES CYCLES COMME CONSÉQUENCES DE CHOCS EXOGÈNES

1. – L'impossibilité des crises dans l'analyse classique

Dans la tradition classique et néoclassique, la crise n'a pas de place. L'économie est naturellement dans une situation stable. Les marchés ou d'autres mécanismes assurent spontanément l'équilibre.

a. — La Loi de Say : fondement de l'impossibilité des crises de surproduction

On trouve chez Jean-Baptiste Say l'idée que les crises de surproduction sont impossibles. C'est la célèbre *loi des débouchés*. Pour Say, c'est l'offre qui crée sa propre demande. « *La presque totalité des produits d'une nation se distribue, non en nature, mais en argent, aux personnes dont ils composent les revenus. […] Puisque la valeur produite a été distribuée en argent, tous ceux qui ont pris part à cette distribution sont obligés, pour la consommer, de la transformer, par un nouvel échange, en objet de consommation : c'est-à-dire d'acheter des choses qui doivent servir à satisfaire tous leurs besoins* » (*Cours complet d'économie politique*, 1840). L'achat d'un produit ne peut être fait qu'avec la valeur d'un autre produit. Say déduit de son raisonnement l'impossibilité des crises générales de surproduction. Plus la production est importante, plus la demande sera importante : « *Un produit terminé offre dès cet instant, un débouché à d'autres produits pour tout le montant de sa valeur* ».

La pensée classique se retrouve très largement dans cette idée que les crises sont impossibles si on laisse l'économie fonctionner librement. Elles ne sont alors analysées que comme des accidents, les conséquences de chocs extérieurs imprévisibles ou d'un fonctionnement imparfait des marchés (pour les néoclassiques) et contre lesquels il est illusoire de lutter.

Certains auteurs se sont cependant élevés dès le XIXᵉ siècle contre cette vision de l'économie. Malthus rejette ainsi la loi des débouchés. On trouve chez lui les premières analyses en termes de « demande effective ». L'égalité de l'offre et de la demande n'est pas nécessairement réalisée. Sismondi critique également la loi des débouchés, « *la consommation n'est point la conséquence directe de la production* ». Il étudie les crises et considère qu'elles proviennent de la répartition des richesses. Le capitaliste cherche toujours à produire au coût le plus faible, quitte à pénaliser la consommation.

b. — Les prolongements par les auteurs néoclassiques

Les analyses en termes d'équilibre général, développées par Walras au XIXᵉ siècle, enracinent dans la pensée néoclassique l'idée de l'impossibilité des crises. L'économie est présentée comme un ensemble de marchés, sur lesquels se confrontent des offres et des demandes. Quantités et prix d'équilibre sont simultanément déterminés, sur tous les marchés. Si les mécanismes de la concurrence parfaite sont présents, cette vision de l'économie ne laisse effectivement aucune place à la crise et encore moins aux cycles économiques.

La « théorie du déséquilibre », développée dans les années 1970 (en France par Malinvaud ou Benassy), a repris le principe des marchés tout en admettant que des déséquilibres puissent se produire en raison de la rigidité des prix. Elle réalise ainsi une tentative de synthèse entre les raisonnements keynésiens et walrasiens. Les rationnements des agents sur certains marchés les conduisent à modifier leurs offres et leurs demandes sur d'autres. Des situations de déséquilibre sont alors possibles et différentes formes de crises sont analysées : inflation contenue, chômage classique et chômage keynésien. Mais on reste dans un cadre où la crise provient essentiellement d'un choc exogène.

2. – Les cycles à l'équilibre : du « cheval à bascule » à la nouvelle école classique

Face à la régularité des crises, l'école néoclassique a cependant développé une argumentation conservant l'idée d'un équilibre initial de l'économie sur laquelle se produisent des chocs, exogènes, parfois purement aléatoires. Les cycles se produisent en raison des comportements rationnels d'optimisation des agents et traduisent le retour à l'équilibre.

Ragnard Frisch (1933) s'est intéressé à la manière dont l'économie peut réagir à la suite de chocs, mettant en évidence la nécessité de distinguer l'impulsion et la propagation. Reprenant une formule de Wicksell, il affirme : « *si vous frappez un cheval à bascule avec un bâton, le mouvement du cheval sera très différent de celui du bâton.* ». Un coup frappé sur un cheval à l'équilibre suffit à engendrer un mouvement d'oscillation. La longueur du cycle est fonction de la structure du cheval alors que l'intensité et l'amplitude des fluctuations sont déterminées par l'importance de l'impulsion.

Le parallèle peut être fait avec l'économie. La réponse à des chocs extérieurs provoque des fluctuations en raison de la structure de l'économie, même si l'équilibre est la situation normale.

Mais la propagation du choc, si elle provoque les fluctuations, ne permet pas d'en expliquer la régularité. Pourtant, Frisch montre que l'introduction de phénomènes aléatoires dans un modèle déterministe permet de générer des cycles. Des coups de bâtons irréguliers sur le cheval produisent néanmoins des ondulations.

À partir des années 1970, en réaction à la pensée keynésienne, apparaît la nouvelle école classique. Elle souhaite expliquer les cycles par les comportements d'optimisation d'agents rationnels. Ce sont les réactions des agents aux impulsions extérieures qui permettent d'expliquer le cycle.

Il s'agit, comme le dit Abraham Frois (*Instabilité, cycles, chaos*, 1995), de « *comprendre pourquoi – et non pas simplement « comment » – le cheval à bascule réagit au coup de bâton* ».

L'essentiel de l'explication des cycles dans ce cadre provient d'un « *processus de substitution intertemporelle en information imparfaite* ». Face à une modification de son environnement, par des chocs d'origine monétaire ou réelle, l'agent réagit en modifiant dans le temps son offre ou sa demande. L'imprécision de l'information dont il dispose conduit à des situations non optimales.

a. — Les chocs monétaires

Le fondateur de l'analyse monétaire des chocs à l'équilibre est Lucas (1973). Il n'est pas le premier à donner une explication monétaire des cycles, puisque Friedman et Schwartz (*Histoire monétaire des États-Unis*, 1967) ont mis en avant que des variations de l'offre de monnaie pouvaient être à l'origine des crises. Les politiques de relance monétaire (politiques keynésiennes par exemple) font augmenter les liquidités. Face à cette situation, les agents réagissent en se débarrassant de leur monnaie excédentaire (achat de titres ou consommation). La conséquence est simplement une augmentation des prix des titres et des actifs réels permettant de revenir à l'équilibre. Les autorités monétaires doivent donc avoir des règles strictes de gestion de la masse monétaire. L'offre de monnaie doit suivre l'évolution de la production, ne pas l'entraver, mais ne pas non plus la dépasser.

Pour Lucas, l'offre de monnaie est constituée de deux ensembles : une composante systématique, dépendant de la production antérieure et une composante aléatoire. C'est la composante imprévisible de l'offre de monnaie qui est à l'origine du cycle. En effet, les agents anticipent la composante systématique et la prennent en compte dans les comportements d'optimisation. Elle ne génère donc pas de choc.

Face à des variations aléatoires de l'offre de monnaie, les agents sont confrontés à un double problème : la hausse des prix est-elle permanente ou transitoire ? Est-elle localisée ou concerne-t-elle l'ensemble des prix ?

■ Hausse permanente ou transitoire

Lucas considère que les réactions des agents sont différentes selon qu'ils anticipent le caractère permanent ou passager de la hausse des prix. Si les changements sont perçus comme permanents, les conséquences seront limitées. En revanche, des changements perçus comme provisoires provoquent des variations de l'offre. En effet, si le prix de vente du jour est considéré comme plus élevé que le prix de vente du lendemain, les agents ont tout intérêt à accroître immédiatement leur offre, à effectuer une substitution intertemporelle. Par exemple, si le salaire augmente de façon provisoire, l'offreur de travail a intérêt à travailler maintenant et à reporter son loisir à plus tard.

■ Hausse générale ou localisée

Le problème posé ici est celui de la perception de la hausse des prix. L'agent ne sait pas nécessairement si la hausse qu'il constate concerne tous les prix ou seulement celui qui l'intéresse pour un produit donné. Dans le premier cas, elle est nécessairement sans effet. Si elle ne concerne que son produit, la hausse du prix exerce un effet incitatif.

En conséquence, seule une augmentation de prix résultant d'un choc monétaire, *provisoire* et perçue comme *spécifique à un bien*, conduit le producteur à accroître son offre.

Le cycle découle de la réaction des entreprises à l'augmentation des prix, qu'elles interprètent comme une augmentation de leurs prix relatifs. Elles réagissent donc en augmentant leur offre. Puis, prenant conscience de l'erreur commise, elles ajustent leurs productions pour retrouver le niveau normal. Elles baissent alors les stocks en dessous de l'optimum et y reviennent progressivement. Le cycle provient donc de la réaction des agents à un choc exogène sur l'offre de monnaie.

b. — La théorie du cycle réel (TCR)

Les analyses en termes de cycle réel, développées à partir des années 1980 aux États-Unis, veulent montrer que l'impact de chocs réels sur une économie à l'équilibre suffit à produire des caractéristiques cycliques proches de celles de l'économie américaine. Il ne s'agit pas d'affirmer que la monnaie n'influence pas l'activité, mais qu'elle n'est pas nécessaire afin d'expliquer les fluctuations.

L'origine des chocs peut être diverse : variations de la productivité, augmentation ou diminution des dépenses gouvernementales par exemple. Le principe de base est que si « *l'effet de substitution intertemporel* » est suffisamment fort, un choc faible peut avoir des conséquences importantes.

Les premiers modèles mis en œuvre sont ceux de Kydland et Prescott (1982) et de Long et Plosser (1983), ces derniers étant à l'origine de l'appellation « cycle réel ». Ils reposent sur l'impact d'un choc de productivité, ayant des conséquences à la fois sur l'offre et sur la demande. Face à un accroissement de productivité, le travailleur peut réagir en affectant à sa consommation le surplus de revenu obtenu. L'effet est alors transitoire et limité. Mais il peut également réagir en modifiant son offre de travail en arbitrant entre présent et futur. Il peut décider de travailler plus aujourd'hui pour avoir plus de loisirs le lendemain. L'impact global dépend donc du niveau de l'effet de substitution intertemporel. Pour les entreprises, le même mécanisme peut provoquer des variations de l'offre de biens. Il est compliqué par les délais de production et donc par le jeu de l'investissement (Kydland et Prescott).

La théorie du cycle réel est en rupture avec les analyses traditionnelles des cycles sur trois points (*cf.* Abraham Frois, *ibid.*) :

– Alors que les cycles sont conçus comme un écart par rapport à un trend, elle les analyse simplement comme une variation du trend. Les mécanismes de la croissance et ceux de la crise sont identiques.

– Pour la théorie keynésienne, le cycle est un déséquilibre. Pour la TCR, c'est simplement la manifestation d'un processus d'adaptation d'une économie à l'équilibre.

– La politique monétaire est sans effet dans cette analyse, alors qu'on la retrouve au cœur des analyses traditionnelles.

La mécanique du cycle repose, comme dans tous les cycles à l'équilibre, sur le fait que les agents réagissent à un choc de manière à revenir à la situation initiale. Leurs réactions les conduisent à converger peu à peu vers un équilibre, par le biais de fluctuations amorties.

Ces analyses s'accrochent à une vision purement exogène des cycles, réfutent toute légitimité aux interventions publiques, et raisonnent dans un cadre idéal où les agents réalisent des optimisations intertemporelles pour décider de leur activité. De ce fait, elles prêtent le flanc à la critique. Ainsi, Pierre-Alain Muet écrit « *Le lecteur s'étonnera sans doute que des économistes aient consacré autant de temps à construire des modèles sophistiqués pour expliquer que les fluctuations de l'emploi au cours du cycle sont pleinement volontaires et que ce que certains considèrent comme le malheur des chômeurs, n'est en fait que le reflet de leurs goûts pour les loisirs.* » ou encore, reprenant une formule de Mankiw, « *Quel conjoncturiste ou chef d'entreprise prendrait au sérieux l'idée selon laquelle la récession américaine de 1982 résulta d'une baisse brutale du progrès technique ! Les constructeurs de modèles de cycles réels devraient parfois regarder les enquêtes de conjoncture ou même simplement lire les journaux* » (*Croissance et cycles. Théories contemporaines*, 1994).

3. – Le cycle selon Hayek : causes monétaires et réelles

L'analyse hayekienne du cycle est originale au sens où elle combine les aspects monétaires et réels. On peut la classer parmi les approches exogènes dans la mesure où Hayek (*Prix et production*, 1931) privilégie l'impact d'une variation autonome de la masse monétaire pour expliquer le cycle. Hayek s'est opposé à Keynes dans l'analyse de la crise des années 1930, car pour lui elle repose sur une insuffisance de l'épargne alors que Keynes met au contraire l'accent sur l'excès d'épargne.

a. — Le principe du « détour de production »

Hayek s'inscrit dans la tradition de l'école autrichienne. Il emprunte à Böhm-Bawerk l'idée de « détour de production » et reprend chez Wicksell la distinction entre *taux d'intérêt naturel* et *taux d'intérêt monétaire*. Le taux d'intérêt naturel correspond à l'équilibre entre l'épargne et la demande de capital alors que le taux d'intérêt monétaire est déterminé par l'importance de la masse monétaire.

Le principe du « détour de production » repose sur l'idée que la production a deux buts : créer des biens de consommation permettant la satisfaction des consommateurs et créer des biens de production permettant de fabriquer les biens de consommation. La structure productive dépend des prix relatifs des deux types de biens.

Une augmentation de l'épargne, et donc une baisse du taux d'intérêt du marché, se traduit par un allongement du processus de production. Il est avantageux pour les entreprises d'utiliser plus de capital pour produire car son coût est faible. Mais l'allongement du processus de production peut également résulter d'une augmentation de la masse monétaire.

b. — Le déroulement du cycle

Les deux cas évoqués ci-dessus n'ont pas les mêmes conséquences sur l'activité économique. L'accroissement volontaire de l'épargne résulte d'un choix des consommateurs, qui arbitrent entre leur consommation immédiate et leur consommation future. La baisse du taux d'intérêt qui en résulte pousse les entreprises à investir. Il s'ensuit un allongement du détour de production jusqu'à ce que les prix relatifs rétablissent l'équilibre.

Une création monétaire provoque également une baisse des taux d'intérêt. Les entreprises sont incitées à investir (allongement du détour de production), mais la consommation des ménages ne faiblit pas. La raréfaction des moyens nécessaires à la consommation provoque une augmentation des prix des biens de consommation. C'est par la hausse des prix que se réalise l'épargne forcée permettant de revenir à la situation initiale. On aboutit à une situation d'excès de biens de production alors que les ménages doivent faire face à une pénurie de biens de consommation. Les prix des biens de production s'effondrent alors que ceux des biens de consommation augmentent. Il y aura alors un « *coup d'accordéon* » (Kaldor) permettant de revenir à la situation première : c'est le démarrage de la crise.

Le cycle se retourne lorsque les autorités monétaires décident de réduire la création de monnaie en raison de pressions inflationnistes. Le mécanisme inverse se met alors en marche. L'accordéon se referme et on assiste à une réduction du processus de production. De nombreux investissements apparaissent comme non rentables et la crise se développe.

Une fois que le processus est enclenché, il doit aller à son terme et rien ne sert d'essayer artificiellement de lutter contre la récession. Hayek reste très favorable à une vision minimaliste du rôle de l'État.

C LES EXPLICATIONS ENDOGÈNES DES CYCLES

Pour de nombreux auteurs, le cycle ne peut pas s'expliquer seulement par l'influence de chocs extérieurs. La croissance est naturellement cyclique, en raison de la structure même de l'économie et pas de chocs aléatoires contre lesquels on ne peut rien. Cette posture théorique conduit d'ailleurs à justifier une intervention publique pour réduire l'ampleur des fluctuations ou gérer au mieux les conséquences des crises.

Les explications peuvent être regroupées en trois grandes catégories. La première, la plus largement représentée, repose sur les mécanismes de l'accumulation du capital. L'investissement est ainsi au cœur de nombreuses explications des fluctuations. La deuxième met en avant le rôle des prix et la manière dont les ajustements, plus ou moins rapides, des prix peuvent générer des oscillations. La troisième attribue une origine monétaire aux cycles.

1. – La dynamique de l'accumulation du capital

L'investissement est l'une des rares opérations économiques à exercer un effet à la fois sur l'offre et sur la demande. Il détermine la capacité productive des entreprises mais apparaît également comme la composante la plus volatile de la demande. Il n'est donc pas surprenant de le retrouver parmi les facteurs explicatifs des fluctuations.

a. — L'analyse marxiste, les schémas de la reproduction du capital et la baisse tendancielle du taux de profit

L'analyse marxiste des cycles est très largement inachevée. On ne trouve chez Marx qu'une explication des crises qui, pour lui, sont une composante inéluctable du système économique. En étudiant les mécanismes de la reproduction du capital, Marx recherche les conditions d'une croissance équilibrée et montre qu'elles n'ont que peu de chances d'être réalisées. La crise est donc très probable et la *loi de la baisse tendancielle du taux de profit* ne fait que renforcer son inéluctabilité.

Marx divise l'appareil productif en deux sections. La première représente les biens de production, et la seconde les biens de consommation. Dans le schéma de la reproduction simple, Marx recherche les conditions d'un état stationnaire, la plus-value étant intégralement dépensée sous forme de biens de consommation. Le schéma de la reproduction élargie (une partie de la plus-value va permettre d'accroître le potentiel de production) montre ce que doivent être les relations entre les sections pour qu'une croissance régulière soit possible. La conclusion est que l'économie est en équilibre lorsque la demande de biens de consommation émanant de la section 1 est équivalente à la demande de biens de production émanant de la section 2. La croissance équilibrée n'est donc possible qu'au prix d'un rapport harmonieux entre les productions des différentes sections.

Le taux de profit est défini chez Marx par le rapport entre la *plus-value* (pl) et l'ensemble du capital avancé (*capital constant*, noté c, défini comme la somme de la dépréciation du capital et des matières premières nécessaires pour produire et *capital variable*, noté v, correspondant aux salaires versés aux travailleurs).

$$\pi = \frac{pl}{c+v}$$ qui peut encore s'écrire $\pi = \frac{pl/_v}{c/_v + 1}$ où *pl/v* représente le *taux de plus-value* (ou taux

d'exploitation) et *c/v la composition organique du capital.*

Selon Marx, la composition organique du capital connaît une progression rapide pendant la croissance. Les salaires progressent peu, alors que le progrès technique conduit à une augmentation du nombre d'équipements par travailleur. Le taux de plus-value peut également croître, en raison en particulier du progrès technique, mais Marx estime qu'il ne peut augmenter que faiblement. Ainsi, le taux de profit ne peut que diminuer à long terme.

Marx voit dans les crises la preuve de l'inéluctable déclin du capitalisme. Elles sont l'expression de la contradiction fondamentale du système. On peut cependant voir dans son analyse des mécanismes permettant d'expliquer des cycles. En période d'expansion la demande de travail s'accroît, réduisant d'autant l'armée industrielle de réserve. Il en résulte une augmentation des salaires, rendant l'exploitation plus difficile (stagnation de pl/v), une hausse de la composition organique du capital et une réduction des profits. Celle-ci pèse sur l'accumulation du capital et donc sur la croissance. On assiste alors à un renversement de conjoncture et la crise s'installe. Pendant la dépression, la montée du chômage pèse alors sur les salaires et du capital est détruit, ce qui permet la restauration des profits et la reprise de l'activité.

Les disciples de Marx, en particulier Lénine, ont vu dans le développement de l'impérialisme une manière de restaurer temporairement le profit. « *Dans les pays arriérés, les profits sont habituellement élevés, car le capital y est rare, le prix de la terre relativement faible, et les matières premières bon marché.* […] *La nécessité de l'exportation de capital s'explique par le fait que, dans quelques pays, le capitalisme a dépassé le stade de la maturité et (en raison du retard de l'agriculture et de la pauvreté des masses), le capital ne peut trouver à s'investir profitablement* » (*L'impérialisme. Stade suprême du capitalisme*, 1917, chapitre 4).

b. — *L'analyse keynésienne et le rôle de l'efficacité marginale du capital*

C'est à la fin de la *Théorie générale de l'emploi, de l'intérêt et de la monnaie* (1936), dans une *note sur le cycle économique*, que Keynes aborde la question des fluctuations. Pour lui, le cycle économique est lié aux variations de l'efficacité marginale du capital, notion qui reprend l'idée du *taux de rendement interne* cher aux financiers (*cf.* encadré).

Dans la dernière phase du boom, les taux d'intérêt montent en raison de la demande de monnaie (pour motifs de transaction et surtout de spéculation). Face à cette situation, les agents expriment leur préférence pour la liquidité, ce qui contribue encore à faire monter les taux d'intérêt.

Dans le même temps l'efficacité marginale du capital se retourne, lorsque « *la désillusion s'abat sur un marché surévalué et trop optimiste* ». Cela provoque une contraction de l'investissement. Le phénomène est aggravé par la montée des taux d'intérêt, mais Keynes considère que l'élément important est la chute de l'efficacité marginale du capital. C'est pourquoi, d'ailleurs, il est si difficile d'enrayer la baisse. « *Il n'est pas facile de ranimer une efficacité marginale du capital qui est en fait gouvernée par l'état d'esprit capricieux et déréglé des milieux d'affaires.* » Une réduction des taux d'intérêt est favorable à une reprise mais ne suffit pas à la déclencher.

La chute de l'efficacité marginale du capital peut se répercuter sur la propension à consommer. Elle provoque en effet une forte baisse des cours des actions, ce qui peut conduire à une réduction de la dépense des ménages (effet de richesse). Keynes considère ainsi qu'aux États-Unis, où les ménages s'intéressent à la bourse, la hausse des cours est « *une condition quasi essentielle de l'existence d'une propension à consommer suffisante* ». Il faut attendre que les conditions de la restauration de l'efficacité marginale soient réunies pour que la reprise se produise. C'est la « *longévité des biens durables* [et] *les coûts de conservation des excédents de stocks qui expliquent que la période descendante ne soit pas d'un ordre de grandeur fortuit,* […] *mais qu'elle témoigne d'une certaine régularité et reste comprise entre des limites rapprochées, disons trois et cinq ans* ».

Cette situation ne peut que légitimer une intervention de l'État. Lui seul peut contrer les effets dépressifs du cycle par une politique de baisse des taux d'intérêt et de restauration de l'efficacité marginale du capital. Il faut surtout éviter que la dépression s'installe. « *Le vrai remède au cycle économique ne consiste pas à supprimer les booms et à maintenir en permanence une semi-dépression, mais à supprimer les dépressions et à maintenir en permanence une situation voisine du boom.* »

Rappels sur l'actualisation

• **Valeur future d'une somme actuelle**

$$S = P (1 + i)^n$$

S : valeur future d'une somme actuelle, P : valeur actuelle, i : taux d'intérêt, n : nombre de périodes

• **Valeur présente d'une somme future**

$$P = \frac{S}{(1 + i)^n}$$

Cette formule donne la valeur actualisée d'une somme future.

Si on est en présence de recettes futures attendues à des dates différentes, la formule se décompose de la façon suivante :

• **Valeur présente d'une suite de sommes futures**

$$P = \frac{S_1}{1 + i} + \frac{S_2}{(1 + i)^2} + \frac{S_3}{(1 + i)^3} + \ldots + \frac{S_n}{(1 + i)^n}$$

L'efficacité marginale du capital

Le taux de rendement interne ou efficacité marginale du capital est obtenu en appliquant la formule d'actualisation des recettes futures. Mais, au lieu d'utiliser un taux d'intérêt prédéterminé (externe), on cherche quel est le taux « e » qui égalise la valeur actualisée des recettes futures et le montant initial de l'investissement.

L'efficacité marginale du capital est *« le taux d'escompte qui, appliqué à une série d'annuités constituée par les rendements escomptés de ce capital pendant son existence entière, rend la valeur actuelle des annuités égales au prix d'offre de ce capital »*. (Keynes, *Théorie générale…, op. cit.*, chapitre 11).

$$I = \frac{S_1}{1 + e} + \frac{S_2}{(1 + e)^2} + \frac{S_3}{(1 + e)^3} + \ldots + \frac{S_n}{(1 + e)^n}$$

Pour un projet d'investissement donné, l'efficacité marginale du capital dépend :

– Du coût initial de l'investissement. Toute mesure permettant de réduire le coût de l'investissement augmente l'efficacité marginale du capital. Exemples : Baisse du prix des biens d'investissement, aides fiscales à l'investissement.

– Du volume du fonds que rapporte cet investissement pendant sa durée d'usage ; une hausse des revenus liés à l'investissement accroît l'efficacité marginale du capital alors qu'une baisse de ces revenus la fait diminuer. Exemple : une hausse du prix du produit vendu l'augmente, alors qu'une augmentation des coûts de production la réduit.

– De la distribution de ces revenus dans le temps ; si l'essentiel des recettes se concentre sur les premières périodes d'utilisation, l'efficacité marginale du capital augmente. Exemple : une politique fiscale d'amortissement dégressif.

La décision d'investissement des entreprises découle de la comparaison de l'efficacité marginale du capital et du taux d'intérêt. Si l'entreprise ne possède pas initialement les fonds nécessaires au paiement des équipements, elle devra emprunter. Le taux d'intérêt représente alors le coût de l'emprunt. Si elle dispose de réserves financières, le taux d'intérêt mesure un coût d'opportunité. C'est ce qu'elle aurait pu gagner en plaçant ses fonds. Dans tous les cas, l'investissement n'est décidé que si l'efficacité marginale du capital est supérieure au taux d'intérêt.

c. — L'oscillateur de Samuelson

Le modèle de l'oscillateur de Samuelson (1939) combine l'effet multiplicateur, facteur de stabilité et l'effet accélérateur, générateur d'instabilité.

Samuelson décrit l'économie à partir de trois équations.

– Une identité comptable relie le niveau du revenu (Y) et les dépenses de consommation (C), d'investissement (I) et la dépense gouvernementale (G) : $Y_t = C_t + I_t + G$.

– La consommation dépend linéairement du revenu de la période précédente : $C_t = c\,Y_{t-1}$.

– La fonction d'investissement repose sur un mécanisme d'accélération (voir encadré) : $I_t = \text{ß}(C_t - C_{t-1})$.

Le modèle peut alors s'écrire : $Y_t - c\,(1 + \text{ß})Y_{t-1} + \text{ß}cY_{t-2} - G = 0$.

On est présence d'une équation de récurrence du second ordre dont la solution dépend des paramètres du modèle. Selon les valeurs de c et ß, quatre situations sont envisageables : convergence monotone vers un niveau d'équilibre déterminé par le multiplicateur, divergence monotone qui s'éloigne inexorablement de l'équilibre, fluctuations amorties convergeant progressivement vers l'équilibre, oscillations explosives autour de l'équilibre.

Dans ce modèle il est très difficile de concevoir des fluctuations auto-entretenues. Elles ne correspondent qu'à un cas particulier ($c = 1/\text{ß}$). Or, les cycles observés ne sont jamais explosifs, et rarement amortis.

C'est en introduisant des contraintes supplémentaires et en renonçant aux hypothèses de linéarité des relations, que Hicks construit en 1950 un oscillateur véritablement cyclique. Les contraintes portent sur les formes de l'investissement : à côté d'un investissement induit par les variations de la demande, il introduit un *investissement autonome* regroupant les investissements publics, ceux directement liés aux innovations et ceux réalisés sur des plans à long terme. Il prend également en compte un *investissement de remplacement*. Hicks montre alors que la production est bornée par un plafond (maximum de la croissance compte tenu de la progression de la population active et de la productivité) et un plancher (investissement induit nul, le multiplicateur ne s'applique qu'à l'investissement autonome), faisant ainsi apparaître des fluctuations auto-entretenues.

Le multiplicateur

Le principe du multiplicateur keynésien repose sur un effet de revenu. La dépense d'un agent génère un revenu pour un autre agent, qui va lui-même dépenser, etc. Le supplément de revenu peut être soit consommé soit épargné. C'est cette répartition, par l'intermédiaire de la propension marginale à consommer, qui détermine le niveau du multiplicateur d'investissement.

Le supplément de dépense peut provenir de la consommation ou de l'investissement :

$$\Delta Y = \Delta C + \Delta I$$

or $\Delta C = c.\Delta Y$ avec c représentant la propension marginale à consommer.

$$\Delta Y = c.\Delta Y + \Delta I$$

$$\Delta Y = \frac{1}{1-c}\,\Delta I$$

L'effet multiplicateur est donc d'autant plus grand que la propension marginale à consommer est importante.

Denizet a montré que si le supplément d'investissement n'est pas reproduit de période en période, alors l'effet multiplicateur s'arrête rapidement. Le revenu national revient à son niveau initial lorsque l'effet de relance est terminé.

La formalisation d'un multiplicateur dans un modèle économétrique se traduit simplement par une relation linéaire ou affine entre la consommation et le revenu antérieur :

$$C_t = c.\,Y_{t-1}$$

L'accélérateur

Le principe de l'accélérateur, mis en évidence par A. Aftalion (1913) et J.M. Clark (1917) repose sur l'existence d'un effet de capacité. S'il existe une liaison stable entre le niveau de la demande et les équipements nécessaires (coefficient de capital constant), alors toute hausse de la demande entraîne une augmentation de l'investissement.

Supposons que le coefficient de capital (K/Y) soit de 3. Le tableau suivant montre l'évolution nécessaire du stock de capital et donc l'investissement induit.

Demande	Équipement nécessaire	Investissement induit	Taux de croissance de la demande	Taux de croissance de l'investissement
100	300			
103	309	9	3 %	
110	330	21	6,8 %	133 %
125	375	45	13,6 %	114 %
130	390	15	4,0 %	− 66 %
130	390	0	0 %	− 100 %

Les variations de l'investissement sont plus amples que celles de la demande. Un simple ralentissement de la croissance de la demande suffit à provoquer une diminution des investissements.

La modélisation du phénomène s'écrit : $I_t = \beta(C_t - C_{t-1})$.

L'effet accélérateur repose sur plusieurs hypothèses qui viennent réduire son impact :

– Il n'existe pas de capacité de production inemployée. L'effet ne joue à plein que si les entreprises sont obligées d'augmenter leur capital pour faire face à l'accroissement de la demande. Dans l'hypothèse, courante lors d'une récession, où les entreprises disposent de capacités de production inemployées, l'effet ne joue pas.

– Le coefficient de capital est stable au cours du temps, ce qui suppose que les gains de productivité sont réduits.

2. – La dynamique des prix

Les mouvements des prix sont parfois invoqués pour expliquer les fluctuations de l'activité. Les variations de prix se répercutent sur les quantités produites ou demandées, mais des surréactions se produisent liées aux délais d'ajustement des quantités.

a. — Le mécanisme du Cobweb

Le modèle de la toile d'araignée (dit Cobweb) est un exemple très simple de cycle généré par les mécanismes de prix. Il repose sur l'idée que les marchés présentent une certaine rigidité. Les prix et les quantités ne s'ajustent pas immédiatement. L'offre a besoin d'un certain délai pour réagir aux variations de prix. La décision de production est par exemple prise en fonction des prix à la période t, mais le produit n'arrivera sur le marché que plus tard. La demande en revanche est supposée dépendre du prix de la période courante.

Le modèle peut s'écrire :

$O_t = aP_{t-1} + b$
$D_t = -c\,P_t + d$
Avec a, b, c, d, > 0

L'offre est ainsi une fonction croissante du prix et la demande une fonction décroissante. Un tel mécanisme peut générer des fluctuations dont l'ampleur dépend des pentes des fonctions d'offre et de demande.

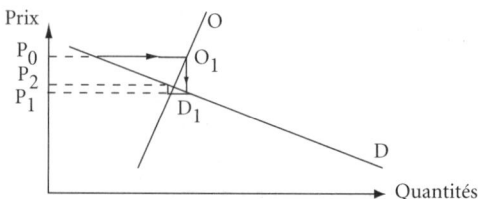

Figure 2 - Oscillations amorties

L'offre à la période 1 dépend du prix à la période 0. On suppose cette offre supérieure à la demande, ce qui provoque une baisse du prix ($P_1 < P_0$). À ce prix plus faible, les entreprises sont disposées à moins offrir et à la période 2 on se retrouve avec une offre, dépendant de P1, inférieure à la demande. Le prix monte alors et le mécanisme se poursuit. Si la pente de la courbe d'offre (attention aux axes inversés) est inférieure à celle de la courbe de demande (a < c), le système converge. Dans le cas contraire, il diverge. Les fluctuations sont auto-entretenues dans le cas particulier où a = c.

Si la pente de la courbe d'offre est inférieure à celle de la courbe de demande (c < a), le système converge. Dans le cas contraire, il diverge. Les fluctuations sont auto-entretenues dans le cas particulier où a = c.

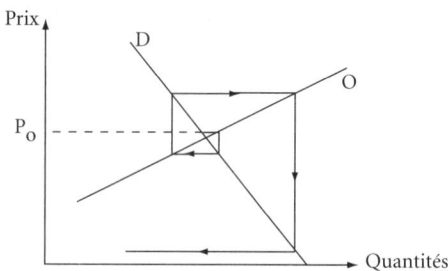

Figure 3 – Oscillations amplifiées

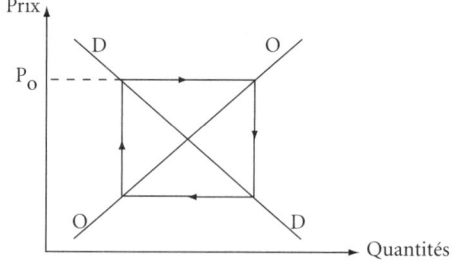

Figure 4 – Oscillations auto-entretenues

On peut compliquer les mécanismes du Cobweb en introduisant des délais d'ajustement à la fois sur l'offre et la demande.

b. — Déséquilibre du marché du travail : le modèle de Goodwin

Goodwin (1967) a transposé à l'analyse des cycles le modèle « proie-prédateur » de l'analyse biologique ou écologique. Cette approche montre que l'évolution de deux populations antagonistes suit un cheminement cyclique, autour d'une valeur d'équilibre. La hausse du nombre de prédateurs provoque une diminution des proies, ce qui conduit à une baisse des prédateurs et, par la suite, à une prolifération des proies, etc.

La transposition à l'économie se fait en supposant deux classes antagonistes luttant pour la répartition des revenus. C'est du partage entre salaires et profits que dépend le cycle économique. Il repose sur les variations du salaire réel, dépendant inversement du chômage.

Une baisse du chômage entraîne une hausse des salaires. Lorsque celle-ci dépasse les gains de productivité, les profits diminuent, ce qui provoque une diminution de l'investissement et le ralentissement de la croissance. La montée du chômage, qui résulte du ralentissement économique, se traduit par une diminution du salaire réel, le rétablissement des profits et donc la reprise de l'investissement génératrice de croissance.

À long terme, les fluctuations se font autour d'un point d'équilibre correspondant à un taux de profit, un taux de chômage et une répartition du revenu national constants. On est donc bien en présence d'un cycle endogène, débouchant sur des fluctuations auto-entretenues.

Ce modèle a eu une grande popularité parmi les économistes des années 1980, lors du débat sur le niveau des salaires et des profits dans la valeur ajoutée. Il est cependant surprenant de constater que la transposition de la proie et du prédateur conduit à ce que les salariés soient les prédateurs (par le biais du niveau des salaires) alors que les capitalistes (qui déterminent le niveau de l'emploi) apparaissent comme les proies.

3. – Le rôle de la monnaie

L'importance de la monnaie pour expliquer les crises économiques est mise en avant dès le XIXᵉ siècle. Le précurseur de l'analyse des crises qu'est Juglar s'attache particulièrement aux explications liées au comportement des banques. D'autres auteurs, comme Hawtrey, vont s'intéresser plus précisément aux mécanismes de l'étalon-or et à leurs conséquences sur les crises économiques. Aujourd'hui, on met plutôt en avant les effets déstabilisants des crises financières pour l'activité économique.

a. — Juglar et Hawtrey

Juglar précise, dans les premières pages de son ouvrage consacré aux crises commerciales, que l'origine des crises se trouve dans le comportement des banques : « *Les guerres, les révolutions, les changements de tarif, les emprunts, les variations de la mode, de nouvelles voies au commerce. Nous avons dit plus haut ce que nous pensions de ces causes, dont nous ne méconnaissons pas l'importance, et combien souvent elles produisaient des effets différents. Nous trouvons quelque chose de plus constant, de plus régulier dans l'examen des escomptes et de la réserve métallique des banques.*

Le développement exagéré des escomptes et la diminution de la réserve métallique des banques, de même que la diminution des escomptes et l'abondance de l'encaisse, paraissent, depuis 1800 du moins, présenter une concordance tellement parfaite, qu'il serait difficile de ne pas remarquer et signaler cette solidarité. » (*Des crises commerciales et de leur retour périodique en France, en Angleterre et aux États-Unis*, Paris, 1862).

Dans une période d'expansion, les banques accordent facilement des crédits qui contribuent à alimenter les feux de la croissance. Lorsqu'elles réduisent leurs crédits, en général en raison de leurs difficultés à se refinancer auprès de la banque centrale, elles provoquent le retournement de conjoncture.

Juglar considère la crise comme normale et salutaire. Elle traduit selon lui un mécanisme de « liquidation » de la prospérité, un assainissement du système économique. Comme la fièvre chez le malade, elle permet de guérir les affections. « *La gravité des crises est en rapport avec le développement de la richesse du pays. C'est une temps d'arrêt qui, après une hausse de plusieurs années où la spéculation finit par prendre la première place, permet au commerce régulier de reprendre son allure normale après s'être débarrassé d'une imprudente spéculation. Aussi à aucune époque ne voit-on un pareil entrain, plus de facilité dans les affaires, plus de confiance et de sécurité qu'après la liquidation des crises. Comme leur nom l'indique, ce sont des accidents fâcheux, mais, comme dans les maladies ils préparent un état meilleur en rejetant au dehors tout ce qui était impur.* »

On doit à Hawtrey (*Trade and credit*, 1928) une analyse précise des crises monétaires au XIXᵉ siècle, dans le régime de l'étalon-or. Pour lui « *le cycle est un phénomène purement monétaire* » dont l'élément déterminant est le crédit et la disponibilité monétaire. Lorsque les banques disposent de liquidité, les taux d'intérêt sont faibles, ce qui stimule les emprunteurs. Hawtrey considère d'ailleurs que les principaux artisans de la reprise économique sont les grossistes, les marchands. Ils vont chercher à accroître leurs stocks, en profitant du faible coût des crédits, et adressent donc une demande aux fabricants. La coexistence de faibles taux d'intérêt et de prix croissants (première phase du cycle traditionnel du XIXᵉ siècle) pousse les entrepreneurs à investir, en s'endettant. L'expansion est alors enclenchée.

Ce sont les contraintes de l'étalon-or qui provoquent le retournement. Dans un tel régime, les banques centrales sont tenues de respecter un rapport strict entre la masse monétaire en circulation et le stock d'or dont elles disposent. Ces obligations sont intangibles car elles dépendent seulement de la quantité d'or en circulation et des découvertes éventuelles. Une forte croissance économique se traduit par une croissance de la masse monétaire. Les banques centrales réagissent alors en élevant leurs taux d'escompte, ce qui se répercute sur les possibilités de création monétaire des banques commerciales. La restriction des crédits qui s'ensuit fait basculer l'économie dans la dépression.

La baisse des prix n'incite pas les négociants à augmenter leurs stocks tandis que les forts taux d'intérêt pénalisent l'investissement des entreprises. La dépression s'amplifie alors. Mais la réduction des demandes d'emprunt, les remboursements des crédits antérieurs et la baisse des prix contribuent à rendre moins pesantes les contraintes monétaires. Tout est alors en place pour qu'un nouveau cycle démarre. Pour Hawtrey, c'est donc le système de l'étalon-or qui est responsable des crises et des fluctuations du XIXᵉ siècle. Il va même jusqu'à considérer que la suppression de la convertibilité-or permettrait d'éviter les crises.

b. — Les crises financières

L'histoire économique depuis le XIXᵉ siècle nous a montré que la majorité des crises avaient pour origine un choc monétaire ou financier. Les crises financières peuvent prendre plusieurs formes : crises bancaires, crises de change, crises boursières, crises immobilières, crises obligataires et crises de la dette souveraine. Toutes ces formes sont présentes dans les dernières décennies et se conjuguent souvent pour provoquer des crises économiques sérieuses. On peut considérer que la sphère financière est déconnectée de l'économie réelle et que les crises financières ne font que «purger» l'économie (*cf.* l'analyse de Juglar au XIXᵉ, ou le comportement de la Réserve fédérale américaine en 1929), mais les faits économiques nous obligent à reconnaître que les crises financières se traduisent le plus souvent par des crises économiques sérieuses. La contagion à l'économie réelle passe par différents canaux :

– Le *credit crunch* : La crise bancaire provoque une contraction de l'offre de crédit. Les banques deviennent plus exigeantes sur les conditions d'obtention de prêts. Les entreprises ne peuvent plus se financer (financement de l'investissement ou crédit à court terme). Les particuliers obtiennent plus difficilement les crédits immobiliers et les prêts à la consommation. Cela finit par provoquer une réduction de la consommation et de l'investissement.

– Les effets de richesse. L'effondrement des cours des titres, ainsi que de la valeur des biens immobiliers conduit les ménages à réduire leur consommation et à accroître leur épargne pour tenter de reconstituer la valeur de leur patrimoine. À cela s'ajoute la perte potentielle pour les retraités liée aux difficultés des fonds de pension. Les entreprises réduisent également leurs investissements.

– La crise de confiance : on est alors dans une logique de prophétie auto-réalisatrice. Les entreprises craignant la diminution de la demande, réduisent leurs investissements, provoquant la chute de l'activité, la contraction des revenus… Les ménages, par crainte de la récession augmentent leur épargne, réduisent leur consommation et alimentent la baisse de la demande.

– La transmission internationale de la crise se fait par la contraction du commerce international et/ou par des effets de taux de change.

La crise des *subprimes* amorcée dès 2007 a parfaitement mis en évidence la combinaison de ces différents mécanismes pour transformer une crise de l'immobilier américain en une crise bancaire et boursière mondiale, puis une récession généralisée. Il n'est d'ailleurs pas impossible qu'elle soit suivie par un choc sur les marchés obligataires et la question de la dette des États se pose dès la fin 2009 avec la Grèce. Elle impose aux pays européens de trouver de nouvelles modalités d'intervention, soulignant les limites des procédures mises en place dans les années 1990. Il n'est pas impossible que d'autres pays soient touchés, et cette crise au sein de l'Union européenne illustre les difficultés de fonctionnement d'une union monétaire sans coordination suffisante des politiques économiques.

La crise financière peut être également interprétée comme une composante du cycle économique et là encore la fin de la décennie 2000 confirme les analyses plus anciennes. C'est à Fisher (1933) et à Minsky (1975) que l'on doit cette approche, considérant que la crise financière se produit au retournement du cycle. Fisher a mis en avant le lien entre le surendettement des agents et la crise. Pour lui c'est la coexistence d'un surendettement et d'un contexte de déflation qui explique le mécanisme de la crise de 1929.

Dans la phase de croissance les profits anticipés sont nettement supérieurs aux taux d'intérêt. L'effet de levier accroît alors la rentabilité des capitaux empruntés. Il peut en résulter un surendettement. Lorsque les impératifs de remboursement à court terme deviennent trop importants pour les agents un retournement des anticipations se produit. La liquidation brutale de la dette provoque la dépression. Les agents, autant les spéculateurs que les entreprises, liquident leurs actifs pour faire face à leurs échéances. Il s'en suit une contraction de la masse monétaire (le remboursement des crédits correspond à une destruction monétaire) accentuée par une diminution de la vitesse de circulation de la monnaie. La dépression se poursuit par la baisse des prix qui ne fait qu'accroître la valeur relative de la dette des entreprises et contribue à faire chuter les profits. La déflation aggrave ainsi la situation du surendettement « *chaque dollar de dette encore impayé devient plus lourd* […] *plus les débiteurs remboursent, plus ils doivent.* » La baisse de la production et de l'emploi se répercute sur les anticipations des agents et la crise ne s'arrête que lorsque la majeure partie de la dette est éliminée.

Minsky reprend l'idée du surendettement et montre comment le financement de l'économie se modifie au cours du cycle, débouchant sur la crise. Il distingue trois types de structure d'endettement : *hedge finance, speculative finance, Ponzi finance*. La première correspond à une couverture intégrale de la dette par les revenus (c'est le financement prudent). Dans le second cas seuls les intérêts sont couverts, mais pas le capital. La troisième correspond au financement le plus risqué : les *Ponzi game*, du nom du spéculateur du début du XXᵉ siècle Charles Ponzi, sont des opérations dites de «cavalerie», les emprunts servent à rembourser les dettes et qui ne sont pas sans rappeler les pratiques du banquier Law au XVIIIᵉ siècle. C'est ce type de financement pyramidal qui est également à l'origine de la spectaculaire faillite de Bernard Madoff en 2008.

Au cours du processus de croissance, les structures s'enchaînent. Dans la phase ascendante, les opportunités de profit poussent les emprunteurs à s'endetter. Ceci peut se traduire par une évolution d'une structure de financement prudent vers une structure spéculative. L'apparition d'une structure Ponzi provient de la hausse des taux d'intérêt et du fait que les agents sont obligés de céder une partie de leurs actifs pour honorer leurs dettes. Cette cession d'actifs se traduit par une chute des prix, une hausse de la valeur réelle de la dette et une aggravation de leur situation. La chute de la production apparaît alors et elle se produit tant que les positions des agents ne se sont pas assainies.

CYCLES LONGS : « RESPIRATIONS DE L'HISTOIRE » OU « CRÉATIONS DE L'ESPRIT » (AFTALION)

Si Nicolaï Kondratieff est passé à la postérité, il le doit largement à Joseph Schumpeter. C'est en effet ce dernier qui a donné le nom de Kondratieff aux cycles longs d'une durée de 50 ans dont il cherchait à expliquer les mécanismes. Pourtant, Kondratieff n'est pas le premier à émettre l'hypothèse de l'existence de fluctuations longues. Dès le XIXᵉ siècle, W.S. Jevons (1884) émettait l'hypothèse de leur existence et pensait qu'ils étaient liés aux tâches solaires. Au début du XXᵉ siècle, le Néerlandais Van Gelderen (1913) ou le Français Lescure (1914) ont également l'intuition de l'existence de ces ondes longues rythmant l'histoire du capitalisme.

Les travaux de Kondratieff, menés dans les années 1920 dans le cadre de l'Institut de la conjoncture qu'il dirigeait, mettent en évidence des « *grands cycles* » d'une durée de 50 ans. Cette vision cyclique du capitalisme, renaissant régulièrement de ses cendres, ne cadre pas avec l'hypothèse d'une crise finale et ces travaux participent de la mise à l'écart de Kondratieff.

L'existence des cycles longs n'est pas clairement démontrée et de vives polémiques ont eu lieu à ce sujet. Pour certains, les « Kondratieff » ne sont que des vues de l'esprit, des créations statistiques sans lien avec la réalité. Pour d'autres, au contraire, ils donnent un sens à la croissance, permettent d'expliquer les grandes crises et sont les véritables « respirations de l'histoire ». La durée de la dernière longue récession, faisant suite aux Trente Glorieuses, a redonné une nouvelle vigueur aux analyses en termes de cycles longs. Le tournant du siècle, marqué par un retour de la croissance et par l'émergence de la « Nouvelle économie », donne une nouvelle actualité au cycle Kondratieff. On ne compte plus, ces dernières années, les références qui y sont faites, et la perspective d'une nouvelle période de croissance de 25 ans éclaire d'un jour nouveau la reprise de la fin du xxe siècle.

A   LA POLÉMIQUE SUR L'EXISTENCE DES CYCLES LONGS

1. – Le repérage des cycles Kondratieff : une tâche délicate

a. — La démarche de Kondratieff

L'analyse des cycles longs par Kondratieff repose sur un important travail de collecte et de traitement de données statistiques. Il utilise des séries longues de prix, de salaires, de production, de taux d'intérêt disponibles pour quelques pays au xixe siècle. C'est donc essentiellement sur l'Angleterre, la France et partiellement les États-Unis que porte son étude. Les cycles ne sont pas immédiatement visibles sur les données brutes et il leur fait subir un traitement statistique simple. Il commence par harmoniser les données en divisant, lorsque cela présente un intérêt, par la taille de la population. Cette manipulation permet de tenir compte de la croissance réelle et des modifications de territoire fréquentes au cours du siècle. Il élimine ensuite le trend, la tendance générale (*Secular trend*), en utilisant une méthode de régression (il dit utiliser au maximum des courbes de degré 2, exceptionnellement 3). Ce travail effectué lui permet de déterminer une courbe de croissance théorique de la variable sur le long terme. Les écarts entre la courbe réelle et la courbe théorique constituent les fluctuations. Ce sont bien des écarts par rapport à une tendance qui ne signifient pas nécessairement une diminution de la variable associée.

Ces fluctuations synthétisent les effets des cycles courts, longs et des aléas. Afin de ne conserver que les « grands cycles », Kondratieff soumet les séries obtenues à des moyennes mobiles de façon à lisser les résultats et à éliminer les cycles des affaires. Il choisit une période de 9 ans correspondant à la durée moyenne estimée des « Juglar ». Il met alors en évidence des cycles longs, d'une amplitude de 48 à 60 ans, décelés dans les séries de prix des marchandises, de l'intérêt du capital, du salaire nominal, du commerce extérieur, de l'extraction et la consommation de houille, de la production de fonte et de plomb, etc. Il reconnaît également que certaines séries ne présentent pas de caractère cyclique (consommation de coton en France, production de laine et de sucre aux États-Unis, etc.).

La synchronisation relative de la plupart des séries observées le conduit à « esquisser les limites les plus probables des grands cycles » :

Tableau 2 - Les « grands cycles » selon Kondratieff

I	1. Vague ascendante du premier cycle : de la fin des années 1780 ou du début des années 1790 jusqu'aux années 1810-1817.
	2. Vague descendante du premier cycle : des années 1810-1817 jusqu'aux années 1844-1851.
II	1. Vague ascendante du second cycle : des années 1844-1851 aux années 1870-1875.
	2. Vague descendante du second cycle : des années 1870-1875 aux années 1890-1896.
III	1. Vague ascendante du troisième cycle : des années 1891-1896 aux années 1914-1920.
	2. Vague descendante probable du troisième cycle à partir des années 1914-1920.

Source : Kondratieff, *Les grands cycles de la conjoncture*, Economica, 1992.

Les enseignements de l'histoire, conduisent Kondratieff à formuler quatre lois empiriques du développement des grands cycles. Ces lois doivent permettre de mieux comprendre leur fonctionnement, même s'il précise bien qu'elles ne permettent pas de les expliquer.

– Première loi : « *Avant le début de la vague ascendante de chaque grand cycle, et parfois à son tout début, on observe des transformations importantes dans les conditions fondamentales de la vie économique de la société. Ces transformations se traduisent, en général, selon des combinaisons variables, par de profonds changements dans les techniques de production et d'échange (eux-mêmes précédés par des inventions ou découvertes techniques importantes), par un changement des conditions de la circulation monétaire, par un rôle croissant de pays nouveaux dans la vie économique mondiale, etc. ».*

Le premier cycle correspond ainsi à la révolution industrielle et aux profondes mutations des rapports de production qui l'ont accompagnée. Le deuxième est précédé par une série de grandes inventions techniques (perfectionnement de la locomotive, invention du télégraphe, progrès de l'électricité, etc.), il s'accompagne d'importantes découvertes d'or et est marqué par l'émergence des États-Unis sur le marché mondial. Le troisième suit les découvertes importantes dans le domaine de l'électricité ou de la sidérurgie. Cette approche, mettant l'accent sur le rôle du progrès technique, préfigure l'analyse que Schumpeter fit ensuite des cycles longs.

– Deuxième loi : « *Les périodes de vagues ascendantes des grands cycles sont, en règle générale, bien plus riches en bouleversements sociaux (révolutions, guerres) que les périodes de vagues descendantes* ».

– Troisième loi : « *la vague descendante s'accompagne d'une longue dépression dans l'agriculture* ».

– Quatrième loi : « *Les grands cycles de la conjoncture ont le même processus dynamique de développement que les cycles moyens, avec leurs phases de croissance, de crise et de dépression. Pour cette raison, les cycles moyens semblent, en quelque sorte, se couler dans les vagues des grands cycles* ». La conséquence de ce phénomène est que « *les cycles moyens d'une phase descendante d'un grand cycle doivent se caractériser par une durée et une amplitude particulières des dépressions, et par la brièveté et la faiblesse des phases de croissance. Ceux qui appartiennent à une vague ascendante de grand cycle doivent présenter les caractères contraires* ».

À l'appui de cette loi Kondratieff présente les données de Spiethoff (1925) :

Tableau 3 - Croissance et dépression au cours des « grands cycles »

Périodes de grand cycle	Nombre d'années de croissance	Nombre d'années de dépression
Phase descendante 1822-1843	9	12
Phase ascendante 1843-1874	21	10
Phase descendante 1874-1895	6	15
Phase ascendante 1895-1912	15	4

Source : Kondratieff, *Les grands cycles de la conjoncture, op. cit.*, p. 148.

Kondratieff rejette l'idée selon laquelle des événements fortuits puissent être à l'origine des cycles. Il montre que les changements des techniques, les guerres ou les révolutions, l'entrée de nouveaux territoires dans l'orbite mondiale, les oscillations de l'extraction de l'or ne sont pas des phénomènes aléatoires. Ils peuvent toujours s'expliquer par les modifications du contexte socio-économique, par les mécanismes de marché (l'or est une marchandise et « *comme toute marchandise, il a un prix de revient à la production* »).

Les grands cycles ont donc une origine non aléatoire. L'explication qu'en donne Kondratieff repose essentiellement sur les mécanismes de l'investissement (*cf.* infra, II, B, 2, a).

b. — Une existence contestée

L'existence des grands cycles est contestée dès la présentation des travaux de Kondratieff. Les premiers contradicteurs sont des économistes soviétiques. Les critiques portent largement sur la méthode utilisée pour faire apparaître les cycles, et sur leur réalité concernant les variables réelles.

Sur le plan méthodologique, les travaux de Kondratieff posent le problème de la création artificielle du cycle par le traitement statistique. En effet sa méthode consiste d'abord a éliminer le trend. Ce choix implique que les cycles longs se définissent par rapport à une tendance séculaire qu'il considère comme une situation d'équilibre. Le calcul du trend se fait par la méthode des moindres carrés appliquée avec des fonctions de degré 1, 2 ou 3. Le choix de la fonction résulte le plus souvent d'un a priori du statisticien et la fonction choisie peut absorber ou au contraire créer une oscillation. Dans le processus d'élimination du trend, le fait que Kondratieff ne dispose dans ses séries que d'un cycle et demi ou deux pose problème. La tendance est bien évidemment différente si on ajuste un cycle et demi ou deux cycles. De plus, le lissage par des moyennes mobiles peut également être à l'origine de fluctuations (c'est l'effet Slutsky).

En ce qui concerne les résultats obtenus, Kondratieff met nettement en évidence des cycles sur les prix. Mais il raisonne ensuite sur les variables monétaires en valeur courante. Les fluctuations observées des salaires ou des chiffres d'affaires du commerce extérieur peuvent alors simplement traduire les mouvements des prix. La mise en évidence des fluctuations longues est plus difficile sur les variables réelles. Les séries de production étudiées ne présentent pas toutes de variations cycliques. Les cycles observés n'ont qu'une ampleur réduite, parfois à la limite de la précision statistique. Le caractère international des ondes longues est également contesté. La synchronisation des économies est loin d'être évidente au XIXᵉ siècle et la régularité des cycles n'est pas parfaite.

En dépit de toutes ces critiques, les travaux de Kondratieff sont passés à la postérité. Il n'est pourtant pas le seul à s'être intéressé aux cycles longs et les études sont nombreuses, dès les années 1930, pour vérifier ou infirmer leur existence. Les outils les plus modernes de l'analyse statistique ont ainsi été utilisés. La période d'étude a pu être allongée de trois quarts de siècle, permettant d'augmenter le nombre de cycles. Pour autant, l'existence des cycles Kondratieff n'est pas démontrée, leur inexistence non plus.

2. – Les cycles Kondratieff dans l'histoire du capitalisme

Les différents travaux sur le cycle long conduisent à une périodisation de la croissance marquée par une succession de phases d'accélération de la croissance suivies de périodes de croissance ralentie. La plupart des auteurs ayant travaillé sur le cycle long aboutissent à des périodisations proches comme le montre le tableau suivant.

Tableau 4 - Les différentes périodisations des cycles longs

	1er cycle Révolution industrielle		2e cycle « bourgeois »/ railroadization		3e cycle néomercantiliste/ 2e révolution industrielle	
	A	B	A	B	A	B
Kondratieff (1929)	1790↗	1810-1817↘	1844-1851↗	1870-1875↘	1890-1896↗	1914-1920↘
Simiand (1932)	1789	1812-1818	1850	1875	1896-1897	1926-1928
Schumpeter (1939)	1787	1813-1814	1842-1843	1869-1870	1897-1898	1924-25/1939
Imbert (1959)	1787-1789	1814	1848-1852	1873	1896	1920-26/1932-35
Bouvier (1974)			1840	1865	1897	1913
Amin (1975)	1815	1840	1850	1870	1890	1914-1948
Rostow (1978)	1790	1815	1848	1873	1896	1920-1935
Mandel (1980)		1826	1847	1873	1893	1913/939-48
Dockès et Rosier (1983)	1789	1815-1817	1849-1850	1873	1895	1919/1939-45

Bosserelle, *Le cycle Kondratieff, théories et controverses*, Masson, 1994.

Une périodisation plus large, incluant la seconde moitié du XXe siècle, permet de placer un quatrième cycle long. La phase A (selon la notation de Simiand) correspond alors aux Trente Glorieuses, tandis que les années qui suivent le choc pétrolier de 1973 marquent le début d'une phase B. On trouve ainsi imbriqués depuis le XIXe siècle, des cycles courts et des cycles longs.

Tableau 5 - Cycles longs et cycles courts

Cycles longs	Crises des cycles Juglar	
	Phase A	Phase B
1er Kondratieff : 1780/90-1844/51	1788 (↗) ; 1815-18 (↘)*	1825 ; 1836 ; 1847 (↗)
2e Kondratieff : 1844/51-1890/96	1857 ; 1866 ; 1873 (↘)	1882-84 ; 1890-93 (↗)
3e Kondratieff : 1980/96-1920-/1939	1907 ; 1913 ; 1929 (↘)	1929…
4e Kondratieff : 1945-1996	1973 (↘)	1980-82 ; 1991-1993/96

*Les symboles ↗ et ↘ indiquent les crises qui marquent les retournements des cycles longs. Pour la phase A du 4e Kondratieff, on n'a pas fait figurer de crise, en raison du manque d'homogénéité entre les pays. Certains connaissent plusieurs récessions, d'autres ne sont véritablement marqués que par la crise de 1973.

a. — Le premier Kondratieff : la révolution industrielle

Le premier Kondratieff, du moins le plus ancien repéré dans le capitalisme, correspond à la période de la révolution industrielle. Il est marqué par le développement du capitalisme marchand, le recul du poids de l'agriculture, l'apparition d'innovations permettant d'accroître la production et la productivité du travail et par l'existence de capitaux autorisant des investissements dans l'industrie.

La phase ascendante de ce cycle est liée aux effets des innovations dans le textile et à l'utilisation de la machine à vapeur. Les progrès réalisés dans le textile, qui touchent alternativement la filature et le tissage, permettent de faire sauter les goulots d'étranglement et induisent une forte augmentation de la production. Dans le même temps, l'utilisation de la vapeur permet de disséminer les lieux de production et de les dissocier des sources d'énergie hydraulique. Elle provoque également une modification de l'organisation du travail.

Pour P. Gilles, deux éléments expliquent la phase descendante de ce premier cycle : une crise des « conditions d'exploitation », marquée par une forte résistance ouvrière (luddisme, mouvement chartiste) et une crise structurelle résultant de l'asymétrie entre le développement des fabriques et la production encore artisanale des machines.

b. — Le deuxième Kondratieff : le « cycle bourgeois »

Le deuxième cycle Kondratieff, celui que Schumpeter appelle le cycle « bourgeois », est très largement lié au développement des nouveaux moyens de transport et aux progrès de la sidérurgie. L'extension du réseau de chemin de fer a des effets d'entraînement sur l'ensemble de l'économie. Il induit une forte demande en direction de la sidérurgie, tout en structurant l'espace et en ouvrant des débouchés à l'agriculture et à l'industrie. C'est incontestablement le grand chantier de la seconde moitié du XIXe siècle. Dans le même temps, les progrès techniques sont nombreux dans la sidérurgie ou la chimie et consacrent l'avènement de la production industrielle dans ces secteurs. La productivité du travail s'accroît et les salaires réels progressent. Le réseau bancaire se modifie de façon à permettre le financement d'investissements de plus en plus importants, tandis que la structure juridique des entreprises s'adapte à ces nouvelles contraintes de financement en autorisant la société anonyme.

La crise de 1873 marque l'entrée dans la phase descendante du deuxième Kondratieff. Les effets d'entraînement du chemin de fer commencent à s'estomper et la montée de nouveaux concurrents, États-Unis et Allemagne, déstabilise les anciennes puissances. L'économie britannique, qui a dominé le XIXe siècle, voit sa supériorité industrielle contestée même si elle reste de très loin la principale puissance financière mondiale.

c. — Le troisième Kondratieff : le cycle néomercantiliste

Le troisième cycle Kondratieff débute au tournant du XXe siècle et s'achève dans la « Grande crise » de 1929. Il est marqué par une montée des tensions et par la concurrence entre les principales puissances industrielles.

Le capitalisme industriel se concentre. C'est l'émergence des trusts, des cartels, des ententes qui permettent aux entreprises de maîtriser les prix. Les économies américaine et allemande sont ainsi le symbole de la concentration industrielle et financière et des nouvelles formes de la concurrence.

Les relations internationales sont marquées par deux mouvements opposés. D'une part, les principales puissances appliquent un protectionnisme sévère. D'autre part, elles recherchent, par le biais du colonialisme, des marchés protégés et des approvisionnements garantis.

De nouveaux progrès techniques contribuent à révolutionner la production, en particulier l'utilisation de l'électricité. Mais ce sont surtout les changements dans l'organisation du travail qui permettent une augmentation de la productivité. L'organisation scientifique du travail (Taylor) puis l'avènement du travail à la chaîne (Ford) permettent la production de masse.

La crise de 1929 symbolise les contradictions qui sont apparues dans la phase ascendante du cycle. La contrainte des débouchés pèse sur la production. Les salaires n'ont pas suivi la hausse de la productivité et la sous-consommation est inévitable. De plus, le système monétaire international du XIXᵉ siècle, centré sur l'or et sur la livre sterling, ne fonctionne plus. Les États-Unis ont remplacé la Grande-Bretagne comme principal détenteur d'or, mais le dollar n'est pas capable de supplanter la livre comme monnaie internationale.

d. — Le quatrième Kondratieff : des Trente Glorieuses aux « Vingt Médiocres »

Le quatrième Kondratieff débute après la Seconde Guerre mondiale et couvre toute la seconde moitié du XXᵉ siècle.

Sa phase ascendante correspond aux Trente Glorieuses et repose sur la conjonction de plusieurs facteurs :

– Une organisation des échanges internationaux stable, fondée sur les accords du Gatt et sur le système monétaire international (SMI) de Bretton Woods.

– Une organisation du travail permettant d'importants gains de productivité (travail à la chaîne), mais assortie d'une progression des revenus salariaux et d'une protection sociale permettant la consommation de masse.

– Une intervention publique importante, dans une tradition keynésienne, visant à assurer une croissance économique forte et le plein emploi même s'il faut le payer par l'inflation.

La crise du SMI, l'épuisement d'un modèle fondé sur les gains de productivité et la croissance de la consommation, et les remises en question du rôle de l'État expliquent le retournement des années 1970.

B LES EXPLICATIONS DU CYCLE LONG

En admettant que la question de l'existence des cycles longs soit tranchée, la problématique la plus intéressante reste posée. Pourquoi ces vagues longues ? Comment expliquer les retournements ? De nombreuses explications existent et mettent l'accent sur des mécanismes endogènes ou exogènes.

1. – Les explications exogènes des fluctuations longues

L'existence de fluctuations longues de la conjoncture ne débouche pas automatiquement sur une conception cyclique de l'évolution économique. La notion de cycle suppose l'existence d'un mécanisme endogène provoquant le retournement. Pourtant des explications des « ondes longues » existent mettant l'accent sur le rôle de phénomènes aléatoires, et permettant d'expliquer les grandes vagues, sans pour autant y voir un caractère inéluctable.

a. — L'explication par les guerres et les mouvements sociaux

De nombreux auteurs, particulièrement dans la période de l'entre-deux-guerres, ont attribué l'origine des cycles longs aux guerres. On se souvient que Kondratieff a lui-même souligné que les mouvements sociaux, révolutions, guerre étaient plus nombreux dans la phase de hausse, mais il considérait qu'ils étaient la conséquence du cycle long plutôt que sa cause. Akerman ou Hansen, ont également souligné que les guerres se produisent dans les phases d'expansion du cycle.

L'Allemand Ciriacy-Wantrup (1936) considère au contraire que la guerre joue un rôle déterminant dans le cycle. Pour lui, la guerre et sa préparation favorisent la demande de biens d'équipement militaires et contribuent à l'augmentation de la production. En effet, pour financer les dépenses, les gouvernements sont peu regardants sur la gestion monétaire. On a alors les mêmes effets que lors d'un afflux d'or. La fin des hostilités se traduit par une diminution des crédits militaires et des dépenses et par un retour à l'orthodoxie monétaire. Il en résulte alors une dépression. La périodicité des cycles s'explique par des effets de génération. Ceux qui ont connu la guerre deviennent les garants de la paix et il faut attendre la génération suivante pour que les sentiments belliqueux s'exacerbent et poussent à la guerre. Ce schéma, s'il cadre à peu près avec le XIXᵉ siècle, ne peut pas s'appliquer à la Seconde Guerre mondiale. Les générations qui l'ont provoquée avaient connu la précédente guerre. De plus, elle n'a pas été suivie d'une période de dépression, mais au contraire d'une période de croissance exceptionnellement longue.

b. — Cycle long, découvertes d'or et gestion monétaire

La quantité de monnaie en circulation a souvent été invoquée pour expliquer les cycles longs. Oparine, l'un des premiers contradicteurs de Kondratieff, a ainsi fait référence aux analyses menées dans les années 1910 par Cassel (voir la critique d'Oparine aux thèses de Kondratieff dans *Les grands cycles de la conjoncture*, Economica, 1992).

Pour Gustav Cassel, si les prix augmentent c'est que la quantité de monnaie en circulation est supérieure à ce qui est nécessaire pour acquérir les marchandises produites. Il repère deux années pour lesquelles les indices de prix sont égaux (1850 et 1910) et en déduit qu'à ces deux dates le rapport entre la quantité d'or et les marchandises sont équivalents. Il postule alors qu'une croissance constante de la quantité d'or entre les deux dates permettrait d'assurer les échanges et il compare cette série théorique aux quantités réelles d'or en circulation. Il remarque ensuite que les variations du niveau général des prix reflètent celles de la quantité relative d'or. Ce sont les découvertes d'or en Californie (1847) et en Australie (1851) qui expliquent la croissance des prix lors du deuxième Kondratieff. De même, les découvertes du Transvaal (1890) et du Klondike (1896) correspondent à la phase ascendante du troisième Kondratieff.

François Simiand ou Léon Dupriez perfectionnent l'approche de Cassel en l'élargissant à l'ensemble de la gestion monétaire. L'accroissement du stock d'or permet une augmentation du crédit et une baisse du taux d'intérêt favorisant la croissance de l'investissement. Inversement, la contrainte monétaire pèse dans les phases descendantes, provoque une hausse des taux d'intérêt et pénalise l'investissement.

Cette analyse présente l'avantage de parfaitement coller aux dates : 1848, 1896. En revanche, elle ne permet pas d'expliquer de façon satisfaisante le cycle précédent et perd de sa pertinence lorsque la monnaie scripturale remplace la monnaie métallique. Même si la référence à l'or reste au centre du système, les mécanismes de la création monétaire se complexifient.

2. – Les explications endogènes du cycle

Les analyses suivantes développent une conception endogène du cycle au sens où les conditions du retournement sont inhérentes à la phase précédente. La période de prospérité est porteuse de la crise et du ralentissement, tandis que la phase B voit se mettre en place les conditions de la croissance future. La notion de « cycle », avec tout ce qu'elle suppose de régularité, est alors fondamentale.

a. — Le rôle de l'investissement : la thèse de Kondratieff

Kondratieff développe une analyse des cycles centrée sur l'investissement. Il distingue trois types de biens, en fonction de la durée et des moyens nécessaires à leur production. On a ainsi des biens qui n'exigent qu'un temps court et relativement peu d'investissements (biens de consommation, beaucoup de matières premières). D'autres *« fonctionnent plus longtemps et leur production exige un temps plus long et des investissements plus importants, la majorité des outils de production, par exemple. D'autres encore, d'une troisième catégorie, les biens capitaux essentiels, fonctionnent plusieurs dizaines d'années, et leur production exige beaucoup de temps et d'énormes investissements. Par exemple, les grands bâtiments, la construction de grandes lignes de chemins de fer, de canaux, les gros travaux d'aménagement, etc. »*

Si Marx expliquait les cycles courts par l'usure et le remplacement des machines, Kondratieff fait du remplacement des « biens capitaux essentiels » le moteur des fluctuations longues. *« La phase ascendante d'un grand cycle est liée au renouvellement et à l'extension des biens capitaux fondamentaux, à un changement radical et à un regroupement nouveau des principales forces productives de la société. »*

Mais pour réaliser ce renouvellement, on doit disposer de capitaux très importants. Il faut donc que l'accumulation du capital ait atteint un volume suffisant. C'est donc l'existence d'une épargne abondante qui conditionne le renouvellement de ces biens capitaux.

Le cycle chez Kondratieff est ainsi lié à la comparaison d'un niveau d'épargne et d'un niveau d'investissement. En début de cycle, l'épargne abondante permet des taux d'intérêt faibles et favorise l'investissement. Puis, au cours de la vague ascendante, les taux d'intérêt montent, car *« l'investissement de capitaux dans les grands équipements coûteux conduit à une hausse de la demande de capitaux. La courbe de la demande se rapproche de plus en plus du niveau de celle de l'accumulation, et finit par le dépasser. D'où une tendance au renchérissement du capital et à la hausse du taux d'intérêt »*. Il finit par en résulter une réduction des investissements et l'amorce de la phase descendante. La dépression se poursuit jusqu'à la reconstitution d'une épargne suffisante afin de provoquer une nouvelle phase de croissance.

b. — Cycles longs et progrès technique : l'analyse de Schumpeter

L'analyse la plus célèbre des cycles longs est certainement celle de Schumpeter (*Théorie de l'évolution économique*, 1912 ; *Business cycles*, 1939). Il a non seulement popularisé le terme de cycle Kondratieff, mais a également fourni une explication cohérente des cycles centrée sur le rôle de l'innovation, c'est-à-dire l'application productive d'une invention. Schumpeter en distingue ainsi cinq formes : nouveau produit, nouveau débouché, nouvelle méthode de production, nouvelle source d'approvisionnement, nouvelle organisation de la production.

C'est la recherche du profit qui est à l'origine de l'innovation. En effet, elle permet aux innovateurs de bénéficier d'une situation temporaire de monopole et ainsi de dégager des profits importants. Ils introduisent les nouveautés et sont à l'origine de la phase de croissance. Le premier cycle (1789-1848) est ainsi associé au textile et à la machine à vapeur, le deuxième (1848-1896) au chemin de fer et à l'acier, le troisième (1896-1929) est lié aux industries électrique, chimique et automobile.

Durant la phase ascendante, les innovations se diffusent au sein du système productif par l'action des imitateurs. Ces derniers, attirés par les perspectives de profit copient les procédés introduits par les innovateurs. Ils contribuent à la croissance, mais les profits se réduisent au fur et à mesure de la diffusion de l'innovation. La crise finit alors par être inéluctable.

Pendant la phase de décroissance, les entreprises les moins dynamiques font faillites, tandis que de nouvelles innovations apparaissent. Ce sont elles qui seront à la source de la période suivante de croissance. C'est le processus de destruction créatrice.

Les à-coups de la croissance proviennent du fait que les innovations ne sont pas introduites continûment, mais « par grappes ». Les analyses récentes se sont interrogées sur cet aspect du cycle. Comment expliquer que les innovations apparaissent de manière intermittente et pas comme un flux continu ? Mensch, en 1975, distingue par exemple plusieurs types d'innovations (fondamentales, de perfectionnement et les pseudo-innovations) :

– Les innovations fondamentales sont le moteur des phases ascendantes des cycles longs. Elles sont introduites pendant la phase de dépression et apparaissent « en grappes ». Leur épuisement conduit à une situation d'« impasse technologique ».

– Les innovations de perfectionnement sont introduites dans la phase ascendante. Elles améliorent les techniques de production, permettant le prolongement de la croissance, mais n'autorisent pas la sortie de l'impasse technologique.

– Les pseudo-innovations apparaissent en fin de phase ascendante et reposent essentiellement sur des différenciations de produit permettant de lutter contre la saturation des marchés.

c. — Cycles longs et régulation économique

Les approches centrées sur les analyses de la régulation économique ont fait une place particulière aux mouvements longs. Cependant les différentes conceptions de la régulation n'ont pas la même vision des fluctuations. Pour certains, il existe des cycles longs, au sens où des mécanismes endogènes provoquent la crise et la reprise. Pour d'autres, seule la crise est endogène, aucun mécanisme ne garantit le retour à la croissance qui ne survient que par hasard.

■ **La régulation par suraccumulation-dévalorisation**

Développée par Boccara au début des années 1970 et reprise par Fontvieille, cette théorie est un prolongement de la thèse de Marx sur les lois du développement et intègre des éléments de la loi de baisse tendancielle du taux de profit.

Lors de la phase de croissance, le taux de profit élevé favorise une accumulation du capital. Pour assurer sa rémunération, il faut que la plus-value augmente également, ce qui est rendu possible par les progrès de la productivité ou l'accroissement du temps de travail. Mais il en résulte une augmentation du poids relatif du capital dans le processus productif et une tendance à la suraccumulation, c'est-à-dire à un excès de capital par rapport à la masse de plus-value disponible. « *Sur la fin de la phase ascendante la poussée revendicative, les grèves, les troubles sociaux et parfois la guerre traduisent le fait que le mode de fonctionnement du système touche à ses limites. Dans ces conditions, non seulement il n'est plus possible de faire progresser le taux de plus-value pour compenser les hausses de la composition organique du capital mais les luttes imposent même des reculs. Ce qui n'était que tendance à la suraccumulation se transforme alors en suraccumulation structurelle à l'origine de l'inversion de l'évolution des profits.* (Fontvieille) »

Lors de la phase décroissante il se produit d'abord une dévalorisation conjoncturelle du capital. La baisse des prix, l'élimination des entreprises non rentables, réduisent la valeur du capital disponible. Parallèlement, ce processus se traduit par une montée du chômage et des tentatives de substitution de capital au travail, ce qui a pour effet d'accentuer la tendance à la suraccumulation.

Puis apparaissent des transformations plus radicales des processus de production, avec la recherche d'innovations et de transformations sociales. On assiste alors à une véritable dévalorisation structurelle du capital, qui finit par autoriser une reprise de la croissance.

On voit que dans cette approche, l'ensemble du processus est endogène. La crise comme la reprise résultent des transformations de la régulation.

■ Cycles longs et « théorie de la régulation »

La seconde approche, développée par Aglietta ou Boyer, relie le mouvement long de l'économie à la succession de différents modes de développement. Les grandes périodes de croissance correspondent au fonctionnement harmonieux d'un mode de développement tandis que les phases de décroissance s'expliquent par sa crise. Le mode de développement est composé d'un régime d'accumulation et d'un mode de régulation.

Le mode de régulation désigne l'ensemble des mécanismes qui permettent la reproduction d'ensemble du système. Le régime d'accumulation représente « *l'ensemble des régularités assurant une progression générale et relativement cohérente de l'accumulation du capital, c'est-à-dire permettant de résorber ou d'étaler dans le temps les distorsions et déséquilibres qui naissent en permanence du processus lui-même* » (Boyer, *La théorie de la régulation : une analyse critique*, 1986). Il a pour vocation de définir les conditions de l'organisation de la production, l'horizon temporel de valorisation du capital permettant de dégager les principes de gestion, le partage de la valeur, la composition de la demande sociale, les modalités d'articulation avec les formes non capitalistes. Toutes ces régularités peuvent s'exprimer à travers des *formes institutionnelles*. Boyer en distingue cinq, dont les trois premières sont fondamentales.

1 : Les formes de la contrainte monétaire, c'est-à-dire la manière dont est organisée la création de monnaie et son contrôle.

2 : Les configurations du rapport salarial déterminent les relations au sein du monde du travail. On peut retenir cinq composantes : les types de moyens de production, les formes de la division sociale et technique du travail, les modalités de mobilisation et d'attachement des salariés à l'entreprise, les déterminants du revenu salarial, le mode de vie des salariés.

3 : Les formes de la concurrence précisent les relations entre les producteurs sur les marchés.

4 : Les modalités d'adhésion au régime international, définissent les règles qui organisent les relations entre les États pour les échanges de marchandises et les mouvements financiers.

5 : Les formes de l'État permettent de mettre en évidence la nature des relations entre l'État et le capital, les modalités de l'intervention publique plus ou moins importante selon les époques.

Les formes institutionnelles contribuent à la cohérence et à la stabilité du système, mais elles peuvent également le faire entrer en crise. C'est ainsi que ces auteurs distinguent deux ou trois grandes étapes dans le développement du capitalisme depuis le XIXe siècle. *L'accumulation extensive* accompagnée d'une *régulation concurrentielle* domine au XIXe et au début du XXe siècle. Elle est fondée sur de faibles gains de productivité, le rôle moteur de la formation du capital, la concurrence entre les entreprises. La période de l'entre-deux-guerres marque un tournant dans le mode de développement. L'accumulation du capital devient plus intensive, les progrès de la productivité autorisent la production de masse, mais les conditions de la consommation de masse ne sont pas réalisées. La crise de 1929 est ainsi une grave crise du mode de régulation qui voit progressivement se transformer les formes institutionnelles. *L'accumulation intensive* couplée à une *régulation monopoliste* domine la période des Trente Glorieuses. La croissance s'appuie sur une combinaison de la production de masse et de la consommation de masse. Le *fordisme* repose sur des gains de productivité, une distribution de revenus permettant d'assurer les débouchés de la production et une intervention importante de l'État dans la vie économique et sociale.

Dans cette approche, la crise est endogène, car elle provient d'un épuisement des fondements de la croissance. Elle peut provenir du régime d'accumulation – ce sont les crises les plus graves – ou du mode de régulation. En revanche, rien ne permet d'affirmer l'inéluctabilité du retournement à la hausse. L'émergence de nouvelles formes institutionnelles est indéterminée. Nul mécanisme ne vient garantir que la reprise va se produire. L'analyse des transformations des formes institutionnelles est simplement le meilleur indicateur pour les économistes de l'importance des changements en cours.

Au terme de cette présentation, il ressort que les fluctuations économiques, longues ou courtes, constituent un phénomène majeur de l'analyse économique. Les explications sont nombreuses, diverses et rendent bien compte des manières différentes de concevoir l'économie. On retrouve tous les grands paradigmes théoriques, avec des conclusions très différentes quant aux origines des cycles et à la manière de les traiter.

Les cycles, longs ou courts, conditionnent également la vie politique. Les fluctuations conjoncturelles et la manière d'y répondre sont une préoccupation centrale des gouvernements et des responsables politiques. Le moindre ralentissement de l'économie est considéré comme pouvant compromettre les élections suivantes, tandis que les gouvernants se glorifient du retour de la croissance.

Les ondes longues conditionnent également les choix économiques et politiques structurels. Si on est entré dans une phase ascendante d'un Kondratieff, avec une croissance économique forte assurée pour plusieurs décennies, un certain nombre de problèmes structurels peuvent se résoudre sans douleur. Le financement des retraites des baby-boomers, par exemple, ne se pose pas dans les mêmes termes selon que la croissance future sera forte ou faible.

CHRONOLOGIE

1790-1850. — Premier cycle Kondratieff.

1825. — Panique boursière à Londres.

1836. — Crise économique en Angleterre.

1847. — Krach financier. Début d'une crise importante.

1850-1896. — Second cycle Kondratieff.

1857. — Krach financier à New York.

1862. — Interprétation des cycles courts par Clément Juglar : *Des crises commerciales et de leur retour périodique en France, en Angleterre et aux États-Unis.*

1866. — Faillite bancaire (Overend Gurney) à Londres.

1873. — Krach en Allemagne, Autriche (mai) et aux États-Unis (septembre). Faillite de la banque Jay Cooke & Co. Début de la Grande Dépression de la fin du XIXe siècle.

1882. — Krach de l'Union générale en France.

1890. — Faillite de la banque Baring à Londres.

1896-1939/1945. — Troisième cycle Kondratieff.

1907. — Crise financière et bancaire aux États-Unis.

1925. — Publication des travaux de Kondratieff, *Les grands cycles de la conjoncture.*

1929. — Krach boursier à New York. Début de la grande crise des années 1930.

1936. — Keynes : Publication de *Théorie générale de l'emploi de l'intérêt et de la monnaie.*

1939. — Schumpeter publie *Business cycles.*

1945-1996. — Quatrième cycle Kondratieff.

1945-1973. — Les Trente Glorieuses. Croissance forte, marquée par des récessions de courte durée.

1973. — Premier choc pétrolier.

1979. — Second choc pétrolier et changement de cap de la politique monétaire américaine.

1987. — Krach boursier aux États-Unis, et contagion dans le monde. Effets limités.

1990-1993. — Ralentissement conjoncturel aux États-Unis, puis en Europe. Reprise dès 1992 aux États-Unis.

1997-1998. — Crises financières en Asie, Russie, Brésil.

1997-2000. — Forte croissance en Europe et aux États-Unis. Début d'une cinquième Kondratieff ?

2001-2003. — Récession. Reprise rapide aux États-Unis, pas en Europe.

2007. — Premières difficultés bancaires et boursières annonçant la crise de *subprimes.*

2008. — Contagion de la crise vers toute la sphère financière. Faillites bancaires. Krach boursier et financier en septembre. Premières mesures de relance dès l'automne.

2009-2010. — Crise de la dette souveraine : Grèce.

BIBLIOGRAPHIE

ABRAHAM-FROIS (G.), *Les fluctuations économiques, analyses contemporaines*, Economica poche, 1995.

ABRAHAM-FROIS (G.) et BERREBI (E.), *Instabilité, cycles, chaos*, Economica, 1995.

AGLIETTA (M.), *La crise*, Michalon, 2009.

ARTUS (P.), BETBÈZE (J.-P.), DE BOISSIEU (C.), CAPELLE-BLANCARD (G.), *La crise des subprimes*, Rapport n° 78 pour le Conseil d'analyse économique, 2008, http://www.cae.gouv.fr.

BOSSERELLE (É), *Les nouvelles approches de la croissance et du cycle*, Dunod, coll. Topos, 1999.

BOSSERELLE (É), *Le cycle Kondratieff, théories et controverses*, Masson, 1994.

BOYER (R.), *La théorie de la régulation : une analyse critique*, La Découverte, 1986.

BOYER (R.), DEHOVE (M.), PLIHON (D.), *Les crises financières*, rapport n° 50 pour le Conseil d'Analyse économique, 2004, http://www.cae.gouv.fr.

FITOUSSI (J.-P.) et SIGOGNE (P.), *Les cycles économiques* (2 tomes), PFNSP, 1994.

GILLES (P.), *Crises et cycles économiques*, A. Colin, coll. Cursus, 1996.

KONDRATIEFF (N.), *Les grands cycles de la conjoncture*, Economica, 1992, (préf. de L. Fontvielle).

KRUGMAN (P.), *Pourquoi les crises reviennent toujours*, Seuil, 2009.

MUET (P.-A.), *Croissance et cycles, théories contemporaines*, Economica poche, 1994.

SCANDELLA (L.), *Le Kondratieff, essai de théorie des cycles longs économiques et politiques*, Economica poche, 1998.

VOISIN (M.), *Les fluctuations économiques*, A. Colin, coll. Synthèse, 2000.

SUJETS CORRIGÉS

SUJET
I

Rôle de l'investissement dans la croissance et les crises.

Nécessité de définir croissance et crise ainsi qu'investissement (rappeler les différentes sortes d'investissement).
Bâtir la problématique sur le paradoxe apparent :
– l'investissement est un facteur important de croissance ;
– l'investissement est à la source de certaines crises (surinvestissement).

I L'investissement est nécessaire à la croissance…

A. — Il est possible de remarquer une corrélation entre l'investissement et la croissance…

1. — Il y a une liaison directe entre l'investissement et la croissance
– Pour Rostow, le doublement du taux d'investissement est la condition principale du *take-off*.
– La période des Trente Glorieuses est une période de très forte croissance économique et d'investissement important (croissance fordiste).
– À partir de 1973, la croissance ralentit et l'investissement diminue. Les pays qui ont les taux d'investissement les plus élevés (Japon, par exemple) sont les pays qui connaissent les taux de croissance les plus forts (ou les moins faibles).
2. — L'investissement évolue parallèlement au cycle
– Les phases d'expansion (aussi bien cycles Juglar que Kondratieff) sont des phases de fort taux d'investissement.
– Mais surtout, Schumpeter explique les phases ascendantes des cycles Kondratieff par les grappes d'innovations et de progrès techniques. Or l'investissement est le moyen de la mise en place du progrès technique (*cf.* les cinq sortes d'innovations citées par Schumpeter).

B. — … car l'investissement est non seulement un facteur d'offre mais aussi une composante de la demande

1. — L'investissement est un facteur d'offre
– L'investissement net correspond à l'augmentation du capital, or le capital est l'un des deux facteurs de production. L'investissement a donc un effet mécanique direct sur la croissance (fonction de Cobb Douglas). Son rôle est mesuré par la productivité.
– Pour affiner le rôle de l'investissement sur la croissance, nécessité de différencier les deux composantes de l'investissement net :
• L'investissement de capacité a un effet direct de croissance. Lorsque l'accumulation est surtout extensive (les investissements sont surtout des investissements de capacité), la croissance est extensive (cas de la première partie du XIXᵉ siècle).
• L'investissement de productivité a un effet indirect sur la croissance, il permet d'améliorer la compétitivité et est à la base du cercle vertueux de la croissance (*cf.* croissance fordiste). Lorsque l'accumulation est surtout intensive (les investissements sont surtout des investissements de productivité), la croissance est dite intensive (cas de la période appelée Trente Glorieuses).
2. — L'investissement est une composante de la demande
– La demande totale est composée de la demande de consommation et de la demande d'investissement. L'investissement est une demande de biens d'équipement et de services (cas de l'investissement immatériel) et a donc un effet *ex ante* sur la croissance (sauf en cas d'importation des produits investis).
– L'investissement a un effet multiplicateur sur la demande et la production.

II **… mais il n'est pas suffisant, et donc lorsque d'autres conditions de croissance ne sont pas réunies, certains investissements peuvent amplifier ou même générer des crises**

A. — L'investissement n'étant pas une condition suffisante à la croissance, des situations de surinvestissement sont possibles

1. — Si l'investissement est une condition nécessaire à la croissance, il n'est pas une condition suffisante
– Les capacités de production (production potentielle) ne sont pas uniquement déterminées par le facteur capital mais aussi par le travail. De plus, à la suite de Solow, Carré, Dubois et Malinvaud ont démontré que la croissance ne peut être expliquée uniquement par le jeu du capital et du travail et qu'il faut tenir compte d'un facteur résiduel.
– La croissance effective ne résulte pas seulement de la quantité de facteurs de production. Il faut aussi tenir compte de ce qui motive la croissance : la demande, la confiance en l'avenir, le profit escompté…

2. — Si l'investissement, quoique nécessaire à la croissance, ne la conditionne pas entièrement, des situations de surinvestissement (trop de capital par rapport à la croissance effective) sont possibles
– La surproduction qui est à la base du retournement de cycle (Juglar et Kondratieff) ne dure réellement que peu de temps (les entreprises ajustent rapidement leur production à la demande) ; les crises de surproduction sont des situations de surinvestissement où les capacités de production sont supérieures à la production effective qui a subi un retournement de conjoncture du fait d'autres facteurs (demande, pénurie de monnaie, crise financière…).
– Le surinvestissement (ou suraccumulation) amplifie la crise :
• diminution de la productivité du capital du fait de sa sous-utilisation ;
• baisse des taux de profit qui décourage les entreprises et génère des anticipations pessimistes ;
• baisse de la rentabilité financière qui génère des tensions financières.

B. — Certains types d'investissement peuvent dans certaines situations amplifier ou même être à la source des crises

1. — Les investissements de productivité peuvent générer des déséquilibres économiques
– Selon la théorie de la régulation, des investissements de productivité ont pu être à la source de la grande dépression et surtout de la crise de 1929 : tant que la croissance était extensive, la régulation concurrentielle était efficace mais l'intensification de la croissance crée un déséquilibre entre l'offre et la demande car les salaires sont déterminés par le marché et ne suivent pas les gains de productivité.
– Les investissements de productivité, quoique nécessaires, peuvent être source de sous-emploi si les autres conditions d'un cercle vertueux de croissance ne sont pas réunies, par exemple en cas de saturation de la demande, d'anticipations pessimistes ou si des partenaires commerciaux étrangers dégagent des gains de productivité plus importants.

2. — Des investissements peuvent être mal financés ou mal dirigés
– Selon les monétaristes, tout investissement n'est pas souhaitable. Pendant les Trente Glorieuses, l'investissement a profité de l'effet de levier (taux d'intérêt inférieur à la rentabilité économique de l'investissement) ; une part importante de celui-ci a été financé par l'emprunt bancaire et donc la création monétaire. L'investissement, dans ce cas, est facteur d'inflation et donc de déséquilibres (il peut avoir un effet de ralentissement de la croissance si l'inflation nuit à la compétitivité extérieure des entreprises).
– Des investissements surdimensionnés ou mal dirigés ont induit des déséquilibres importants dans les PED :
• problèmes financiers, difficultés ou même impossibilité de remboursement de la dette ;
• croissance déséquilibrée (stratégie des industries industrialisantes) qui, à terme, peut générer une récession ;
• investissement dans des technologies inadaptées en optant pour un raccourci technologique trop rapide…

III **Quoiqu'il en soit, l'investissement est une solution pour relancer la croissance en période de crise**

A. — L'investissement est un instrument des politiques économiques contre la crise

Toutes les politiques luttant contre la crise ont pour objectif la relance de l'investissement…

1. — … qu'elles soient de type keynésiennes…
– Volonté d'augmentation de l'investissement en tant que composante de la demande (par exemple, politiques anticrise des années 1930 ou politiques de relance de 1981 en France).
– moyens :
  • baisse des taux d'intérêt afin d'augmenter l'investissement financé par l'emprunt ;
  • investissement étatique.

2. — … ou inspirées par la théorie de l'offre
– Volonté d'augmenter l'investissement en tant que facteur d'offre, la demande étant considérée comme une résultante de la production (loi de débouchés de J.-B. Say), exemple des politiques menées depuis le début des années 1980.
– Moyens :
  • favoriser le profit grâce à la modération des salaires et des impôts afin d'augmenter l'investissement autofinancé ;
  • favoriser l'épargne en freinant la redistribution.

B. — Les investissements sont nécessaires à la restructuration économique

1. — La crise est une étape de la croissance dans la mesure où elle sanctionne le surinvestissement
– Schumpeter définit la croissance comme un « processus de destruction créatrice qui révolutionne incessamment de l'intérieur la structure économique en détruisant continuellement des éléments vieillis et en créant continuellement des éléments neufs ». Il ne faut pas seulement considérer la quantité d'investissement mais aussi ses caractéristiques et sa qualité.
– La crise permet de restructurer l'économie, elle sanctionne les éléments vieillis et en surnombre de l'investissement ; la création d'investissements neufs est à la base de la nouvelle phase d'expansion.

2. — Même en situation de surinvestissement, il est paradoxalement nécessaire d'investir
Les nouveaux investissements permettent une restructuration de l'économie :
– De nouveaux types d'investissements :
  • investissements dans les procédés automatiques : informatique, télématique, robotique… ;
  • investissements immatériels.
– Des investissements dans de nouvelles branches. Il s'agit de restructurer l'économie dans des produits fondamentaux à haute intensité technologique et pour lesquels la demande mondiale est forte (aérospatiale, biotechnologie, nucléaire…).

Les crises économiques sont-elles un facteur de régulation dans les économies de marché ? (EME-IESC, 1990)

– Le terme régulation signifie maintien ou retour à l'équilibre.

– Le terme régulation dans le cadre du sujet englobe aussi bien les ajustements conjoncturels (la crise est le moyen de retrouver un équilibre) que les changements structurels (la crise est le moyen de la mise en place d'un nouveau mode de régulation).

– Paradoxe apparent : comment la crise qui peut se définir par un déséquilibre économique peut-elle être considérée comme facteur de rééquilibrage ?

I Les crises peuvent contribuer à un réajustement conjoncturel…

A. — L'économie ne s'autorégulant pas parfaitement…

1. — L'ordre naturel et l'équilibre général des libéraux…
La flexibilité parfaite des prix devrait permettre des ajustements constants.

2. — … est mis en cause :
– par les faits (existence de déséquilibres) ;
– par la théorie (Keynes, Malinvaud…).
=> Le marché ne fonctionne pas parfaitement.

B. — … les crises permettent de jouer le rôle de régulation conjoncturelle dans les économies de marché…

1. — Elles sont l'outil d'un retour à l'équilibre et d'un assainissement de l'économie (cf. théorie des cycles)
Après une surchauffe de l'économie elles :
– permettent la baisse des prix ;
– réajustent l'offre et la demande.

2. — En sanctionnant les « éléments vieillis » (Schumpeter), elles sont l'occasion d'un assainissement et d'une restructuration de l'économie et permettent la mise en place d'éléments neufs qui devraient être à la base d'une nouvelle phase d'expansion

Elles sanctionnent :
– vieilles industries ;
– équipements obsolètes et surinvestissement ;
– organisations de la production (et surtout du travail) périmées.

II … ainsi qu'à la mise en place d'un nouveau mode de régulation…

A. — La crise des années 1930 rend possible une réadaptation des structures économiques (théorie de la régulation)

1. — La crise des années 1930 marque la fin d'un mode de régulation concurrentiel inadapté…
– Un mode de régulation inadapté (mode de régulation concurrentiel) conduit à la crise.
– Les solutions à la crise débouchent sur une nouvelle régulation (mode de régulation monopolistique).

2. — … et permet donc la mise en place d'un nouveau mode de régulation, facteur de croissance et d'équilibre relatif
Régulation étatique, compromis salarial et même croissance fordiste sont les conséquences indirectes de la crise des années 1930 et des solutions mises en place pour l'enrayer.

B. — La crise actuelle serait la crise du mode de régulation monopoliste

1. — La crise des années 1970-1980 peut être analysée comme la conséquence d'un mode de régulation qui devient à son tour inadapté
– Crise de l'État-providence.
– Crise de la productivité et de la croissance fordiste.

2. — Cette crise pourrait déboucher sur un nouveau mode de régulation, facteur d'une nouvelle croissance
– Retour à un mode de régulation concurrentiel ?
– Nouveau mode de régulation introduisant un nouveau rapport salarial dans l'entreprise (mode participatif de gestion de la main-d'œuvre par exemple) ?

III ... mais toute crise n'est pas facteur de régulation

A. — Même lorsqu'elles permettent des réajustements, les crises sont avant tout des déséquilibres économiques souvent source de grandes difficultés sociales

1. — Les crises sont surtout des déséquilibres économiques qui souvent tendent à s'auto-entretenir
– Un déséquilibre, même s'il conduit à un nouvel équilibre, n'en est pas moins un déséquilibre. D'où la nécessité de nuancer le terme de régulation.
– La spirale récessionniste tend à prolonger la crise ; il est donc nécessaire de nuancer le rôle d'assainissement des crises.

2. — Les crises conduisent à de grandes difficultés sociales
– Chômage et sous-emploi.
– Misère et exclusion (exemple : crise de 1929 et dans une mesure moindre, crise actuelle).

B. — Seules les crises classiques semblent permettre les ajustements conjoncturels ; les autres crises n'ont pas cette propriété

1. — Les crises à antécédence agricole (Labrousse) et les crises mixtes ne sont pas des crises de réajustement
Leurs causes sont exogènes, elles ne proviennent pas d'un déséquilibre endogène de l'économie

2. — Depuis la Seconde Guerre mondiale, les crises ne semblent plus jouer ce rôle de régulation
– L'État a une action contra-cyclique, il devient l'instrument privilégié de la régulation.
– La durée de la crise actuelle, avec notamment dans certains pays européens le maintien d'un taux de chômage élevé, semble nuancer le rôle d'ajustement que pourrait tenir cette crise.

SUJET
III

Les rythmes de l'innovation expliquent-ils fondamentalement les rythmes de l'économie ? (ESCP, 2003)

I Les rythmes de l'innovation sont les moteurs de la dynamique économique

A.— L'innovation facteur de croissance économique

1. — Schumpeter
Au début du xxe siècle, il fait de l'innovation le facteur essentiel de ce qu'il appelle « l'évolution économique » (*Théorie de l'évolution économique*, 1912). Pour lui, la dynamique de l'économie est liée à l'introduction de l'innovation. Elle est la justification principale du profit et est le résultat d'un processus endogène.

2. — Les travaux de comptabilité de la croissance (Denison 1962, Carré-Dubois-Malinvaud 1972, Solow 1956...)
Ils montrent que la croissance des facteurs de production n'explique qu'une partie de la croissance économique. Le résidu, permettant de mesurer la productivité globale des facteurs, explique souvent près de la moitié de la croissance observée.

3. — Les modèles de croissance équilibrée
À l'instar de celui de Solow, ils font d'un progrès technique exogène, tombé du ciel, la source de la croissance économique.

4. — Les théories de la croissance endogène
Dans les années 1980, elles retrouvent certaines intuitions de Schumpeter, en faisant de la recherche-développement une source essentielle de la croissance.

B. — Le progrès technique, moteur des fluctuations économiques

1. — Schumpeter ne se place pas seulement dans une analyse de la croissance économique
L'évolution économique englobe pour lui tous les éléments de la dynamique et en particulier les crises et

les cycles. Les cycles économiques (*Business Cycles*, 1939) s'expliquent par l'innovation. Il explique particulièrement les cycles longs de Kondratieff par l'introduction, puis l'épuisement d'innovations fondamentales : machine à vapeur et textile, chemin de fer… L'introduction des innovations fournit à l'entrepreneur une situation de monopole et lui garantit donc des profits. Cette réussite attire des imitateurs qui diffusent l'innovation. Il en résulte un processus de croissance, mais les effets de l'innovation finissent par s'épuiser et une crise apparaît. C'est pendant cette crise que de nouvelles innovations voient le jour, en grappe, et que les conditions de la reprise se réalisent. On a ainsi un processus de destruction créatrice qui vient rythmer l'histoire du capitalisme.

2. — La thèse de Schumpeter
Elle a été prolongée sur la deuxième moitié du XXe et de nombreux auteurs ont approfondi ses travaux : Mensch, Freeman…

3. — D'autres analyses ont également mis l'accent sur les chocs technologiques
La théorie du cycle réel (Kydland et Prescott, 1982) suppose qu'un choc technologique permet d'expliquer les cycles économiques à partir du comportement d'optimisation des agents économiques. Les ajustements intertemporels qu'ils réalisent sont à l'origine de variations de l'activité.

II Mais d'autres analyses sont possibles

A. — Le rôle de la monnaie

1. — Explications monétaires des cycles longs
– Travaux de Cassel au début du XXe siècle. Explications liées aux découvertes d'or. Les découvertes d'or au XIXe siècle (Californie 1847, Klondike 1896) se traduisent par un accroissement de la masse monétaire. Cela permet d'expliquer l'accélération des hausses de prix pendant les décennies suivantes. Cela colle avec les descriptions des cycles longs qui sont largement mis en évidence à partir de séries de prix et plus difficilement sur des séries déflatées.
– Dépassement de ces analyses par Simiand et Dupriez qui élargissent l'explication à l'ensemble de la gestion de la masse monétaire et aux cycles de l'activité. Les découvertes d'or permettent un assouplissement de la politique monétaire, en particulier une baisse des taux d'intérêt ce qui est favorable à l'investissement et conduit alors à accélérer la croissance

économique. Le resserrement de la politique monétaire, lorsque la contrainte de l'or se fait sentir, serait à l'origine des ralentissements.

2. — Explications monétaires des cycles courts
Les travaux pionniers de Juglar (1862) dans l'étude des cycles reposent sur le rôle des banques et du crédit. Pour lui les cycles économiques qu'il observe au XIXe siècle sont liés au comportement des banques. Dans une période d'expansion, les banques accordent facilement des crédits, ce qui amplifie le phénomène de croissance. En revanche, lorsqu'elles sont confrontées à une contrainte de refinancement, elles réduisent brutalement le crédit provoquant la contraction de l'activité. Hawtrey (1928) fait du mécanisme de l'étalon-or le responsable des mouvements cycliques de l'activité. La contrainte de la couverture métallique de l'émission monétaire oblige les autorités monétaires à réduire le crédit, provoquant la crise.

B. — Le rôle des investissements

1. — Investissement et cycle long chez Kondratieff
Kondratieff distingue parmi le capital les équipements en fonction de leur durabilité. Certains d'entre eux lui paraissent particulièrement importants car ils ont une durée de vie très longue, mais nécessitent des investissements extrêmement importants. Ce sont les « biens capitaux essentiels » : infrastructures, chemins de fer… Leur développement est à l'origine d'un processus de croissance, mais tarit l'épargne disponible et fait monter les taux d'intérêt. Une phase décroissante s'amorce alors. Elle permet de reconstituer l'épargne qui sera nécessaire au renouvellement de ces biens capitaux essentiels.

2. — Investissement, moteur des cycles courts
Dans la « note sur le cycle économique » à la fin de la *Théorie générale*, Keynes fait de l'investissement le moteur des cycles économiques courts. La baisse de l'efficacité marginale du capital, provoquée par un retournement des anticipations des agents, parfois pour des raisons irrationnelles, engendre un effondrement de l'investissement. Par des effets multiplicateurs une dépression s'installe et il est très difficile de lutter contre elle. C'est la durée de vie des équipements et les coûts de conservation des stocks qui expliquent que la reprise se produise au bout de 3 à 5 ans.

C. — D'autres éléments déterminants

1. — Les politiques économiques

Les politiques économiques, conjoncturelles ou structurelles peuvent être à l'origine de la croissance et des fluctuations. Le rythme de l'économie peut être lié à des politiques structurelles : aménagement du territoire, grands travaux, politique de recherche-développement, politique d'éducation… Les théories de la croissance endogène ont largement développé ces approches. Les politiques conjoncturelles peuvent également contribuer au rythme de l'économie : les politiques contra-cycliques, de relance ou de stabilisation, peuvent conduire à une réduction des fluctuations, mais peuvent également accentuer les cycles si elles sont menées à contretemps.

2. — Les approches institutionnelles

Les courants institutionnalistes privilégient le rôle des institutions dans les mécanismes de croissance. Pour North, les institutions sont l'ensemble des contraintes informelles (tabous, code de conduites…) ou formelles (lois, constitutions…) qui structurent les relations politiques, économiques et sociales. Elles permettent de réduire l'incertitude dans les échanges et déterminent les coûts de transaction et de production. Certaines institutions sont plus favorables que d'autres à la croissance et leur analyse permet d'expliquer pourquoi certains pays connaissent une croissance forte et d'autres pas. On peut ainsi expliquer que la croissance diffère d'un pays à l'autre, d'une période à l'autre. L'École de la régulation montre que chaque régime de croissance est associé à un mode de régulation particulier. Pour Boyer, la croissance repose sur un régime d'accumulation qui peut être caractérisé par cinq formes institutionnelles fondamentales. Lorsque le régime d'accumulation entre en crise, la croissance économique ralentit.

3. — Les mouvements spéculatifs

Ils viennent perturber le rythme de la croissance et peuvent générer des cycles. Ils sont largement inhérents au fonctionnement du capitalisme, ont ponctué les deux derniers siècles, mais sont à l'origine d'emballements de l'activité mais également de crises. Les années 1925-1940 aux États-Unis en témoignent, mais elles ne sont pas les seules dans l'Histoire des deux derniers siècles.

SUJET
IV

Les solutions de la crise des années 1930 sont-elles les causes de la crise des années 1970 ? (ESSEC, 1990)

I Les solutions de la crise des années 1930 pourraient être considérées comme les causes de la crise des années 1970

A. — L'intervention contra-cyclique et structurelle de l'État, solution à la crise des années 1930, est accusée par les libéraux d'être une cause de la crise actuelle

B. — La régulation monopoliste, la rigidité des prix et les hausses des salaires qu'elle induit ; solution à la crise des années 1930, est accusée par les libéraux d'être une cause de la crise actuelle

II Mais si l'intervention de l'État et la régulation monopoliste ne sont plus en mesure d'assurer la croissance, ils ne sont néanmoins pas les facteurs de la crise

A. — L'intervention de l'État, même si elle est peu efficace pour enrayer la crise et si elle freine les ajustements, n'est pas l'origine de la crise actuelle

B. — La régulation monopoliste était efficace dans un contexte de croissance, elle ne l'est plus dans un contexte de crise ; elle n'est néanmoins pas la cause de la crise, même si elle est inadaptée lorsque les gains de productivité sont faibles et le chômage important

SUJET
V

Toute crise économique n'apparaît-elle pas aussi comme une crise de l'analyse économique ? (ESSEC, 1998)

I Les deux crises majeures du XXᵉ siècle ont induit une crise de l'analyse économique dominante

A. — La crise des années 1930 a provoqué la crise de la théorie néoclassique traditionnelle

1. — L'incapacité de l'analyse néoclassique à expliquer la crise…
2. — … et à proposer de voies de sortie efficaces…
3. — … a provoqué la crise de la théorie néoclassique et l'émergence de la théorie keynésienne

B. — La crise des années 1970 a provoqué la crise de la théorie keynésienne

1. — L'incapacité de l'analyse keynésienne à expliquer la crise…
2. — … et à proposer de voies de sortie efficaces…
3. — … a provoqué la crise de la théorie keynésienne et l'émergence d'un renouveau libéral (néolibéraux et nouveaux économistes classiques)

II Mais les crises économiques ne provoquent pas toujours un renouvellement complet de l'analyse

A. — Les crises mineures peuvent être perçues comme des ajustements nécessaires ne mettant en cause aucune théorie

1. — Les crises à antécédence agricole et les crises classiques ne remettent pas en question l'analyse économique
2. — La théorie des cycles…
3. — … renouvelée par la théorie des cycles réels propose des explications à ces crises d'ajustement

B. — Les crises majeures n'invalident pas toute l'analyse économique

1. — La science économique n'est pas une science exacte qui ne tolère qu'une vérité : plusieurs théories opposées peuvent coexister et contribuer à l'explication de la crise
2. — Les théories évoluent de façon à prendre en compte les nouvelles données de la réalité économique : ainsi l'école néokeynésienne renouvelle en partie l'école keynésienne ; l'école des cycles réels s'inspire de la nouvelle économie classique de Lucas qui elle-même renouvelle le monétarisme
3. — Il existe des grilles d'analyse (théorie de la régulation par exemple) permettant d'expliquer les différents types de crises majeures

QUELQUES SUJETS DE CES DERNIÈRES ANNÉES

Les crises du capitalisme au XXᵉ siècle. (ISC-ESLSCA, 1996)

La recherche de la productivité est-elle une solution à la crise de l'emploi dans les économies capitalistes ? (Ecricome, 1998)

En quoi les crises économiques et financières majeures marquent-elles une étape dans le développement économique et social (on se placera dans une double perspective historique, depuis le début du XIXᵉ siècle, et économique) ? (HEC, 2002)

Analyser le rôle des crédits bancaires dans le financement de l'économie depuis les années 1850. (ESC, 1999)

Préserver la concurrence : un facteur essentiel de régulation du capitalisme ? (Ecricome, 2004)

En quoi les crises économiques et financières majeures marquent-elles une étape dans le développement économique et social ? (on se placera dans une double perspective historique, depuis le début du XIXᵉ siècle, et économique) (HEC, 2002)

L'ouverture internationale a-t-elle modifié fondamentalement la nature des crises financières ? (ESCP, 2008)

CHAPITRE 5

MONNAIE ET FINANCEMENT
DE L'ÉCONOMIE

Bien peu de domaines économiques sont à la fois aussi familiers et aussi méconnus que la monnaie. Instrument nécessaire de la vie quotidienne dans de nombreuses sociétés, elle suscite de fréquentes interrogations et de non moins fréquentes incompréhensions. « *La monnaie est créée par l'État.* » « *Les billets et les pièces qui se trouvent dans nos poches, ont pour contrepartie le stock d'or détenu dans les banques centrales.* » « *Il y a plus de monnaie sous forme de billets que sur les comptes à vue.* » « *Les banques accordent des crédits en prêtant les dépôts des autres clients.* » Autant d'affirmations courantes et pourtant fausses. C'est dire si les mécanismes sont mal compris.

La monnaie est source de pouvoir, elle permet d'acquérir des biens ou services, mais elle est également le symbole du pouvoir. Le droit de battre monnaie est l'une des prérogatives du souverain. La monnaie est ainsi le garant de l'unité nationale. On ne peut pas payer avec sa monnaie dans un autre pays. Ou lorsqu'on le peut c'est que le pays dont elle est originaire exerce une domination sur les autres. Le dollar américain, accepté parfois comme moyen de paiement, est le symbole de la puissance économique des États-Unis.

Phénomène complexe, l'influence de la monnaie sur l'ensemble de l'économie est l'objet de nombreuses controverses. Les grands courants théoriques s'opposent de manière claire et souvent radicale sur la conception de la monnaie et sur son rôle dans l'économie. Cette opposition se retrouve dans la manière de gérer la création monétaire, dans les attentes vis-à-vis de la politique monétaire. On analysera en premier lieu la place de la monnaie dans l'économie et la société avant de présenter dans une deuxième partie les mécanismes de la création monétaire et de son contrôle, puis on s'intéressera au financement de l'économie et à l'évolution des systèmes financiers.

LA MONNAIE ET SA PLACE DANS L'ÉCONOMIE

Sous des formes diverses, la monnaie est un instrument permettant de répondre à des besoins économiques et sociaux. L'étude de ses formes et ses fonctions renvoie une image de la société. Les rôles qu'elle joue, l'influence qu'elle peut avoir sur l'organisation économique, sur la croissance ou les crises font l'objet de nombreuses controverses.

A   LES FORMES ET LES FONCTIONS DE LA MONNAIE

L'étude des fonctions de la monnaie et de ses formes est indissociable de l'évolution historique de la société. D'une période à l'autre, de nouvelles fonctions apparaissent, liées aux transformations de la société. Le processus de dématérialisation qui paraît évident au cours des derniers siècles s'explique par des changements économiques et sociaux importants.

1. – Les fonctions de la monnaie

L'étude des fonctions de la monnaie peut se faire sous un angle exclusivement économique. C'est l'analyse traditionnelle, qui met l'accent sur la supériorité de l'organisation monétaire de l'économie par rapport au troc. Pourtant, il ne faut pas négliger une approche sociologique qui permet de comprendre la nature de la monnaie.

a. — Les fonctions traditionnelles de la monnaie

■ Les trois fonctions classiques

L'analyse fonctionnaliste de la monnaie répertorie trois fonctions. La distinction remonte à Aristote et est devenue très « classique », même si elle fait récemment l'objet de discussions.

La première des fonctions traditionnelles de la monnaie est de servir d'**unité de compte** ou d'**étalon de valeur**, c'est-à-dire évaluer la valeur des biens et services. La monnaie permet d'exprimer le prix des produits dans une unité commune et introduit en ce sens une simplification des comptes des agents. Dans une économie non monétaire, le nombre de « rapports d'échange » progresse rapidement en fonction du nombre de biens. Supposons une économie à n biens. Chacun de ces biens peut s'échanger avec les $n-1$ autres. Il y a donc $n(n-1)$ prix relatifs à déterminer. Même en considérant que les prix relatifs de deux produits s'expriment de façon symétrique, il reste encore $n(n-1)/2$ rapports d'échange. L'introduction d'une unité de compte (qui prend le nom de *numéraire* si son propre prix est égal à 1) en réduit considérablement le nombre. On passe à $n-1$ dans le cas évoqué ci-dessus.

Les partisans de la thèse fonctionnaliste voient dans la monnaie un moyen de simplifier les échanges lorsque le troc devient trop complexe.

Deuxième fonction, la monnaie est un **intermédiaire des échanges** ou **équivalent général** : elle est ici perçue comme un moyen de rompre les relations bilatérales d'une économie de troc. Dans une telle économie, les échanges ne peuvent se réaliser que lorsque deux conditions sont simultanément réalisées :
– les individus qui souhaitent échanger disposent chacun du bien (ou service) désiré par l'autre ;
– les deux protagonistes sont d'accord sur le rapport d'échange des produits.

La nécessité de cette « double coïncidence des désirs » rend l'échange aléatoire. La monnaie permet de rompre cette relation en dissociant les échanges dans le temps ou dans l'espace. Elle est acceptée par tous comme un équivalent général, permettant ensuite d'acquérir les produits souhaités.

Troisième fonction, la monnaie est une **réserve de valeur**. La fonction d'équivalent général impose que la monnaie garantisse la valeur des biens dans le temps. La monnaie est ainsi, selon l'expression de Keynes *« un lien entre le présent et l'avenir »*. Cette fonction est tellement liée à la précédente que certains économistes, comme Jean-François Goux, considèrent que la monnaie ne remplit que deux fonctions : unité de compte et intermédiaire des échanges. Le fait d'être une réserve de valeur est une qualité de la monnaie, pas une fonction. Par ailleurs, elle possède une autre qualité : la « liquidité ». Elle permet d'acquérir immédiatement n'importe quel bien ou service.

■ Les conséquences de ces fonctions sur la définition de la monnaie : les agrégats de monnaie

C'est en fonction de ces qualités de la monnaie que sont définis des agrégats monétaires. Au sens strict, seuls les actifs liquides sont de la monnaie. Eux seuls permettent d'acquérir les biens et services. Mais les agents détiennent sous forme moins liquide des réserves de valeur qu'ils peuvent transformer rapidement en liquidités. Cela conduit donc à retenir des formes diverses de monnaie selon leur degré de liquidité.

Les agrégats monétaires permettent de mesurer la quantité de monnaie en circulation dans une économie. Ils sont classés selon un critère de liquidité décroissante et leur nombre a varié, au cours des dernières décennies, entre trois et quatre. Actuellement, la Banque centrale européenne (BCE) recense trois agrégats de monnaie M1, M2, M3 inclus les uns dans les autres :

– M1, représente la monnaie au sens strict. C'est l'ensemble des moyens de paiement directement utilisables par les agents économiques. Il est composé de la monnaie fiduciaire (billets et pièces en circulation) et de la monnaie scripturale détenue sur les dépôts à vue.

– M2, correspond à une vision plus large de la monnaie. En plus de M1, il comprend les engagements susceptibles de se transformer rapidement, et sans coût, en instruments de paiement. Ainsi, les sommes détenues par les ménages sur des livrets de caisse d'épargne peuvent très rapidement être mobilisées pour réaliser des achats.

– M3 est l'agrégat large utilisé par la Banque centrale européenne. C'est également celui que la banque surveille et pour lequel elle s'est donné un objectif de progression. Au-delà de M2 il englobe des actifs émis à court terme, peu risqués et transformables en moyens de paiement.

Tableau 1 - Agrégats monétaires pour l'Eurosystème en milliards d'euros, fin mars 2010

M3 : 9 322

M1 : 4 571	M2 : 8 222		Pensions : 340
Billets et pièces 776	Dépôts à terme (durée ≤ 2 ans) : 1 815		Titres d'OPCVM monétaires et
Dépôts à vue : 3 795	Dépôts remboursables avec préavis ≤ 3 mois : 1 836		instruments du marché monétaire : 626
			Titre de créance (durée ≤ 2 ans) : 134

Source : Banque de France, *stat. info*, 30 avril 2010.

b. — La monnaie comme rapport social

L'analyse précédente de la monnaie s'intéresse exclusivement à ses fonctions. La monnaie est présentée comme un instrument permettant de simplifier les échanges entre les individus et dont l'usage s'impose avec le développement des échanges marchands. C'est laisser de côté une question essentielle : qu'est ce qui fonde la confiance dans l'unité monétaire ? Hormis les monnaies en or, la valeur intrinsèque de l'objet qui sert de monnaie est quasiment nulle. Quelle est la valeur de la feuille de papier imprimée en billet de banque ? Quelle est la valeur d'une écriture dans des comptes ? Pourtant, les agents lui accordent une certaine valeur, un pouvoir d'achat. C'est donc que la monnaie repose en grande partie sur une relation de confiance.

Seuls des agents liés par une croyance forte dans l'avenir de leur communauté peuvent accepter de la monnaie en échange de leurs biens ou comme rémunération de leur travail. La fuite devant la monnaie, caractéristique des hyper-inflations, repose toujours sur une crainte devant l'unité monétaire et sur une méfiance envers les institutions chargées de son émission (gouvernement, État, etc.). Il en est ainsi en Allemagne au début des années 1920, comme en Amérique latine dans les années 1980 ou dans les pays de l'Est au cours des années 1990. La banqueroute de Law ou la faillite des assignats à l'époque de la Révolution française montrent que sans une relation de confiance, la survie d'une monnaie fiduciaire est impossible.

Plus fondamentalement encore, certains économistes tels qu'Aglietta et Orléan (*La violence de la monnaie*, 1982), mettent en avant la « violence de la monnaie ». Reprenant les thèses de René Girard, ils considèrent que la monnaie est une manière de substituer l'échange marchand au rapt.

Elle permet de se procurer légalement ce que l'on souhaite acquérir. C'est une manière d'exorciser la violence.

Mais la monnaie ne permet pas de tout se procurer. Dans toutes les sociétés existe un certain nombre d'interdits, de tabous qu'il n'est pas possible de transgresser. Ainsi, la loi française interdit d'acheter du sang ou un organe. Ces échanges restent des dons.

La monnaie est ainsi un « fait social total », impliquant toutes les dimensions du social.

2. – La dématérialisation de la monnaie : un processus trop évident

La thèse fonctionnaliste, conduit à une vision linéaire de l'histoire de la monnaie. Le processus de dématérialisation est une réponse aux besoins croissants de monnaie pour faire face aux échanges marchands. Mais les différentes formes de monnaie continuent le plus souvent à coexister : la monnaie scripturale n'a pas fait disparaître les billets qui coexistaient déjà avec les pièces.

a. — Le processus de dématérialisation

■ De la monnaie marchandise à la monnaie métallique

Les premières formes de monnaies auraient eu pour support des biens de toutes sortes. Selon Jean-Michel Servet, certaines haches préhistoriques étaient tellement fines qu'elles se seraient cassées à la première utilisation et ont donc une fonction non utilitaire. Elles constituent des « paléo-monnaies ». De manière plus certaines, de nombreuses marchandises ont ainsi servi de numéraire : coquillages, bétail, sel, fève de cacao, etc.

Le bien servant de monnaie doit, dans l'idéal, présenter des caractéristiques particulières :
– accepté par tous ;
– non périssable pour constituer une réserve de valeur ;
– divisible pour faciliter l'acquisition de petites quantités de biens ;
– suffisamment rare pour permettre l'« achat » de beaucoup de marchandises sans être obligé de transporter une grande quantité de monnaie.

On comprend mieux alors pourquoi les métaux précieux et l'or ont longtemps servi de monnaie d'échange.

La monnaie métallique peut prendre plusieurs formes. La monnaie pesée (des lingots dont on pesait le poids avant de réaliser une transaction) apparaît en Égypte ou à Babylone. Plus tard, les lingots sont divisés en pièces, plus facilement transportables et permettant d'acquérir des quantités plus réduites. Les pièces sont enfin frappées par les autorités, politiques ou religieuses, qui en garantissent la teneur en métaux précieux. Portant l'effigie d'un souverain, elles n'ont cours que dans une zone géographique limitée (ce qui confirme le rôle social de la monnaie) et le pouvoir de battre monnaie fait partie des prérogatives régaliennes.

La pièce d'or, d'argent, de bronze ou d'un alliage quelconque est ainsi l'instrument de paiement le plus répandu de la Rome antique au XIXe siècle. Sa valeur faciale reflète sa teneur en métal, mais ce n'est pas toujours le cas. Les pièces récentes n'ont plus de référence à un poids de métal précieux. Elles sont devenues de véritables monnaies fiduciaires.

■ De la monnaie métallique à la monnaie fiduciaire

L'apparition du billet se fait en plusieurs étapes et s'inscrit dans une logique de simplification et de sécurité. Les premiers billets ne sont que des certificats de dépôt d'or dans des banques. Ils répondent aux besoins des marchands qui, soucieux de ne pas déplacer des grandes quantités d'or, le confient à une banque. Le certificat de dépôt en leur possession, ils peuvent voyager et se rendre chez le correspondant de leur banquier, qui leur fournira la contrepartie du billet.

On peut dater l'apparition du billet moderne à 1656, lorsque le Suédois Palmstruck décide de combiner les certificats de dépôt et l'escompte des lettres de change. Au lieu de remettre des espèces métalliques aux détenteurs de lettres de change demandant l'escompte, il propose des billets portant engagement d'un remboursement en monnaie métallique. Ces billets présentent de nombreux avantages pour les particuliers. Anonymes, directement transmissibles, ils sont remboursables immédiatement en monnaie métallique. C'est ainsi qu'ils se mettent à circuler directement, sans se transformer en monnaie métallique.

Constatant que ces billets n'étaient jamais tous en même temps transformés en monnaie métallique, les banquiers prennent l'habitude d'en émettre plus que ce que leur stock de métal ne leur permet. On est donc en présence d'une véritable monnaie fiduciaire, reposant entièrement sur la confiance, sur la crédibilité de la banque qui émet les billets.

Les billets acquièrent ensuite le cours légal et le cours forcé. Le premier désigne l'obligation faite à tous les agents économiques d'accepter le billet comme moyen de paiement. Le second signifie que la convertibilité du billet en monnaie métallique n'est plus possible. C'est généralement au moment de graves crises financières, liées aux guerres par exemple, que le cours forcé est introduit (1848 ou 1870 par exemple).

■ De la monnaie fiduciaire à la monnaie scripturale

La monnaie scripturale représente une étape importante dans le processus de dématérialisation. Elle apparaît très tôt dans l'histoire bancaire et a précédé l'invention des billets. Ce n'est pourtant qu'au XXe siècle qu'elle s'impose pour les particuliers.

La monnaie scripturale correspond simplement à un jeu d'écriture dans les livres de compte des banques. On peut, grâce à elle, effectuer les règlements des opérations entre les agents sans utiliser des pièces ou des billets et donc la considérer comme un simple moyen de mise en circulation d'une monnaie métallique ou fiduciaire. Mais elle permet également d'accorder des crédits, par simple écriture d'une créance et d'une dette dans les comptes de la banque. La monnaie scripturale peut alors prendre son autonomie par rapport aux autres formes de monnaie et elle devient un élément essentiel de la création monétaire.

Les instruments qui permettent de faire circuler la monnaie scripturale sont nombreux : chèques, cartes de crédit, titre interbancaire de paiement, virements… La monnaie électronique, sous forme de porte-monnaie électronique ou de porte-monnaie virtuel, est assimilée par la BCE à une monnaie scripturale, car elle a pour contrepartie des dépôts bancaires. Cependant, ces porte-monnaie électroniques sont plus que les simples instruments de paiement que sont les chèques ou les cartes bancaires, puisqu'ils garantissent instantanément la solvabilité de leur utilisateur (comme les pièces et les billets).

b. — Une évolution contestée

La présentation précédente donne l'impression d'une progression inéluctable vers des formes de monnaie dématérialisées. Elle est conforme à la thèse fonctionnaliste.

Pourtant, il faut nuancer cette idée. Tout d'abord, le processus de dématérialisation n'est pas aussi net qu'il le paraît. La coexistence de formes monétaires différentes est fréquente. Ainsi, l'apparition de la monnaie scripturale n'a pas fait disparaître les monnaies fiduciaires. Son essor est indissociable du besoin de crédit. Sinon, pièces et billets suffisent pour les acquisitions courantes. La monnaie électronique ne s'implante que très lentement alors qu'elle présente des qualités évidentes.

La dématérialisation n'est pas non plus un mouvement inéluctable et linéaire. Les périodes de retour en arrière sont fréquentes. Ainsi, le retour à l'or lorsque des tensions apparaissent, voire l'utilisation de biens comme unité de compte (cigarettes américaines ou bas de soie dans l'Europe de l'après-guerre), rappellent que la monnaie repose essentiellement sur la confiance. Que le lien psychologique s'effrite et la monnaie, ciment social, disparaît également.

3. – Du franc à l'euro : brève histoire monétaire française

La première utilisation du *franc* remonte au milieu du XIVe siècle, lorsque Nicolas Oresme invente une nouvelle monnaie, stable, qui doit permettre de financer la rançon du roi Jean le Bon, prisonnier des anglais. En 1795 le franc devient l'unité monétaire nationale, mais ce n'est qu'en 1803 que le franc germinal (28 mars 1803) rompt avec l'organisation monétaire de l'Ancien Régime qui voyait coexister plusieurs unités monétaires.

a. — Le franc germinal et le bimétallisme

Le franc germinal poursuit la tradition bimétalliste française. La monnaie est définie, à la fois par un poids d'or et d'argent. Un franc représente 5 g d'argent à 900/1 000 et 20 F équivalent à 6,450 g d'or. On peut frapper 155 pièces de 20 F dans un kilo d'or à 900/1 000. Il en résulte une parité or-argent de 15,5 pour 1. Le bimétallisme fonctionne plutôt mal à partir de la seconde moitié du XIXe siècle, et cela dans tous les pays qui l'ont adopté, du fait de sa faiblesse constitutionnelle. En effet, les découvertes d'or et d'argent ne se produisent pas en parallèle, introduisant une dissymétrie entre les valeurs des deux métaux précieux. De plus, l'argent n'est pas accepté comme moyen de paiement par les pays monométallistes pour régler les déficits extérieurs. Il n'est accepté qu'à la valeur commerciale du métal, nettement déprécié par rapport à l'or. Ce dernier quitte donc les pays bimétallistes pour converger vers les pays monométallistes. Ce mouvement est amplifié par les opérations spéculatives. Il suffit d'acheter de l'argent, à sa valeur commerciale dans un pays monométalliste, de l'exporter vers un pays bimétalliste et de l'y faire frapper (la frappe des pièces est libre). Il ne reste plus qu'à échanger les pièces d'argent contre les pièces d'or, au taux légal. L'opération peut recommencer en utilisant l'or pour acquérir de l'argent métal dans un pays monométalliste. Si l'écart entre les deux métaux dépasse le coût du transport et de la frappe, un mouvement spéculatif peut naître. Tout cela a pour conséquence une augmentation de la circulation monétaire en argent et une disparition de l'or, thésaurisé ou expédié à l'étranger. On a à l'œuvre la loi de Gresham qui veut que « *la mauvaise monnaie chasse la bonne* ». Ce bimétallisme devient de plus en plus difficile à faire fonctionner dans la deuxième moitié du XIXe siècle, lorsque l'étalon-or s'impose dans le monde. La France parvient à le maintenir tant bien que mal jusqu'en 1914, mais dans les faits, c'est l'étalon-or qui s'instaure.

b. — L'entre-deux-guerres

La valeur du franc germinal est en moyenne restée constante jusqu'en 1914. En revanche, la Première Guerre mondiale ouvre une période d'inflation, de divergences internationales, qui conduisent à d'importantes modifications de parités. La montée de l'inflation en France et une dégradation du taux de change du franc ont raison du cartel des gauches arrivé au pouvoir en 1924. Le cours de la livre sterling, qui était de 25,22 F en 1914, atteint 50 F en 1924, 90 F en janvier 1925, 130 F en janvier 1926 et 240 F en juillet 1926. Afin d'éviter le déclenchement d'une hyper-inflation, comme celle connue par l'Allemagne en 1923, Raymond Poincaré met en place une politique de déflation classique : équilibre budgétaire, remboursement à la Banque de France des avances consenties au Trésor, achat de livres sterling sur le marché des changes. L'aspect psychologique de la stabilisation est également important : le franc se redresse sur les marchés des changes dès la nomination de Poincaré et avant toute décision de sa part. La stabilisation de fait s'effectue avant la fin de 1926, mais la nouvelle définition du franc, instaurant la convertibilité-or, ne se fait que le 25 juin 1928 : c'est le franc Poincaré. Comparé à sa valeur d'avant-guerre, la nouvelle grille de parité entérine une dévaluation de 4/5e du franc par rapport à la livre.

Si le franc de 1928 est nettement sous-évalué par rapport à la livre, favorisant par ce biais les exportations françaises, la situation s'inverse au cours des années 1930. La dévaluation de la livre (1931) puis du dollar (1934) conduisent à une surévaluation du franc. Cela est accentué par l'attachement de la France au bloc de l'or. Avec quelques pays européens (Suisse, Belgique, Italie, Pays-Bas, Luxembourg, Pologne), la France conduit une politique de déflation, espérant devenir compétitive par la baisse des prix et garantissant la convertibilité-or de sa monnaie. Si cette politique se traduit par un accroissement considérable du stock d'or (la France détient en 1933 le quart de l'or mondial), elle nuit à la compétitivité des entreprises françaises et ne facilite par le retour à la croissance.

La dévaluation de la monnaie française, devenue inévitable, se produit le 1er octobre 1936, quelques mois après l'arrivée au pouvoir du Front populaire. Le franc Poincaré laisse la place à un « franc élastique » (franc Auriol). En effet, la valeur de la monnaie est définie par une fourchette de poids d'or (entre 43 et 49 mg d'or fin). La suppression, dès 1937, de la limite maximale de dépréciation autorisée amène le flottement de la devise française. En 1938, le franc abandonne l'étalon-or et est rattaché à l'étalon-sterling. Les deux monnaies flottent ensemble vis-à-vis du dollar.

c. — Le franc dans l'Europe

Le retour à la convertibilité externe du franc ne se fait qu'en 1958, mais il est déjà transférable à l'étranger dans le cadre de l'Union européenne des paiements dès 1950. En 1958, le « franc Pinay » vaut 1,8 mg d'or fin. Il laisse la place en 1960 au « nouveau franc ». L'ordonnance du 27 décembre 1958 stipulait qu'« à compter d'une date fixée au plus tard le 1er janvier 1960, il sera créé une nouvelle unité monétaire française dont la valeur sera égale à 100 F ». Le franc est de nouveau dévalué en 1969 (franc Giscard), puis l'abandon de la convertibilité-or, le flottement généralisé des monnaies dans les années 1970, rendent toute comparaison à l'or illusoire.

Dans le même temps, la France est largement impliquée dans le projet communautaire européen. Le traité de Rome, ne prévoit pas la constitution d'une Europe monétaire, mais la question se pose rapidement. Dans une zone de libre-échange, avec une liberté de plus en plus grande de circulation des marchandises, toute variation du cours des monnaies se répercute sur la compétitivité des pays et peut être considérée comme déloyale. La conférence de La Haye en 1969 évoque pour la première fois la possibilité de création d'une union monétaire. Une échéance est fixée (1980) et un rapport est demandé à un groupe d'experts dirigé par le luxembourgeois Pierre Werner. Son texte, remis en 1970, présente toutes les étapes du passage à une monnaie unique.

Mais l'éclatement du système monétaire international vient perturber le calendrier. L'abandon de la convertibilité-or, le flottement généralisé des monnaies, les amples fluctuations du dollar qui rejaillissent sur les monnaies européennes (quand le dollar baisse le mark monte) rendent impossible la marche vers une monnaie unique. L'Europe se contente alors de tenter de stabiliser les changes entre les monnaies. C'est le Serpent monétaire européen, créé par les accords de Bâle (12/04/1972). Pourtant, au cours des années 1970 apparaissent les premiers éléments de ce qui sera le Système monétaire européen (SME). Le Fonds européen de coopération monétaire (Fecom) est créé en 1973 et permet d'effectuer les opérations de compensation entre les banques. C'est l'embryon d'une banque centrale européenne. Une unité de compte commune, l'ECU, voit également le jour. Si le Serpent monétaire doit être considéré comme un échec au regard de son objectif immédiat (stabiliser les taux de change), son expérience sera précieuse lors de la création du SME.

En 1979, les membres de la Communauté européenne décident de renforcer les mécanismes de fixation des changes dans la zone. Au niveau international, les accords de la Jamaïque (1976) ont consacré l'abandon de la référence à l'or, le flottement généralisé des monnaies, mais également la possibilité de réaliser un flottement concerté dans le cadre d'unions régionales. Le SME connaît des premières années mouvementées avec de nombreuses modifications de parités (9 entre 1979 et 1986). Le manque de coordination des politiques suivies provoque les réaménagements monétaires. Dans la seconde moitié des années 1980, la convergence des taux d'inflation et des politiques monétaires entraîne une plus grande stabilité. C'est alors que le projet de monnaie unique réapparaît. La réalisation du « grand marché », permettant la libre circulation des biens et services, des hommes et des capitaux est favorable à l'établissement d'une monnaie unique. La décision politique est prise lors du traité de Maastricht (1992), ratifié ensuite par la plupart des États. Alors que la réalisation des « critères de convergence » paraissait presque impossible en 1993, justifiant entre autres les attaques spéculatives contre les monnaies européennes, le processus de rapprochement se poursuit dans la deuxième moitié des années 1990. Les institutions monétaires se mettent en place, avec la création de la Banque centrale européenne. Les taux de change sont irrévocablement fixés. Le 1er janvier 1999, l'euro voit le jour et les monnaies de 11 pays ne sont plus que des subdivisions de l'euro. Au 1er janvier 2002, les monnaies nationales s'effacent et l'euro fiduciaire s'applique dans la zone. La zone euro comprend aujourd'hui 15 membres après les entrées de la Grèce (2001), la Slovénie (2007), Chypre et Malte (2008) et la Slovaquie (2009).

B — MONNAIE ACTIVE OU MONNAIE-VOILE : LES CONTROVERSES SUR L'INFLUENCE DE LA MONNAIE

La question de l'influence de la monnaie sur l'économie réelle est un classique de la littérature économique. Pour les partisans de la dichotomie, la monnaie n'a pas d'impact sur les variables réelles. Elle n'est qu'un voile jeté sur les échanges et le seul impact que peut avoir la création monétaire est l'inflation. Pour d'autres, en revanche, la monnaie est active. Les sphères monétaires et réelles ne sont pas indépendantes.

Cette opposition n'est pas sans importance car elle conditionne le contrôle de la création monétaire. Si la monnaie n'est pas neutre, la politique monétaire a un sens. Dans le cas contraire, une politique monétaire est sans effet sur les variables réelles et ne doit servir qu'à lutter contre l'inflation.

1. – La monnaie-voile ou le quantitativisme classique

La théorie de la monnaie-voile remonte aux origines de la pensée classique. La réflexion sur la nature de la monnaie ou sur l'origine de l'inflation marque l'apparition de la pensée préclassique et le déclin du mercantilisme. Elle est ensuite systématisée par les auteurs classiques du XIXe siècle.

a. — Les prémices du quantitativisme : la recherche de l'origine de l'inflation

L'Europe du XVIe siècle est touchée par une « grande inflation ». Elle est certes modérée car les prix ne progressent en moyenne qu'à un rythme inférieur à 2 % par an, mais elle modifie la répartition des richesses au détriment des titulaires de revenus fixes et au profit de la bourgeoisie marchande.

C'est l'étude de ce phénomène qui marque un profond changement dans l'analyse monétaire. L'approche traditionnelle, représentée par Malestroit (1566), attribue cette inflation à la diminution de la quantité de métal précieux contenue dans la monnaie.

Jean Bodin (1568) est souvent considéré comme le fondateur de la théorie quantitative. Il en a au moins l'intuition. En réponse à Malestroit, il affirme que la hausse des prix est largement due à l'afflux de métaux précieux en Europe. L'accroissement de la quantité d'or et d'argent en circulation ne se traduit pas par une hausse de la richesse globale, mais par une augmentation des prix. Mais il met également en avant des explications non monétaires : disette, ententes et monopoles de producteurs, effets d'imitation. Bodin est ainsi le premier à relier la hausse des prix et l'accroissement de la masse monétaire.

b. — L'école classique : stricte gestion monétaire et loi de Say

L'analyse de Ricardo est un exemple parfait d'analyse dichotomique. Pour lui, la loi de Say gouverne la production de biens et de services. « *Un produit terminé offre dès cet instant, un débouché à d'autres produits pour tout le montant de sa valeur* ». Les prix relatifs sont déterminés, selon la théorie de la valeur-travail, par les quantités de travail nécessaires à la production. Le niveau absolu des prix dépend seulement de la quantité de monnaie en circulation. Une augmentation de la masse monétaire indépendante des besoins de la production se traduit par une augmentation du niveau général des prix.

C'est la querelle bullioniste du début du XIXᵉ siècle qui cristallise en Grande-Bretagne le débat sur la nature de la monnaie et sur les relations entre monnaie et prix. En 1797, l'Angleterre suspend la convertibilité-or de sa monnaie en raison des troubles politiques en Europe. À partir de 1808, la livre se déprécie et un débat a lieu sur l'origine de cette dépréciation. Un rapport est demandé par la Chambre des communes (*Bullion Report*, 1810), mais deux thèses s'affrontent qui traduisent des différences de conception quant à la nature de la monnaie et aux règles devant présider à la création monétaire.

La thèse de la Banque d'Angleterre (ce qui deviendra la *Banking School*) repose sur une conception endogène de la monnaie. La création monétaire n'est qu'une réponse à une demande globale des agents. La dépréciation de la livre et l'inflation ont des causes réelles, liées aux guerres et aux déséquilibres des paiements qu'elles ont provoqués.

La thèse défendue par Thornton dans le rapport du *Bullion Committee* est que l'inflation provient d'un accroissement de la masse monétaire. C'est également l'analyse qu'en fait Ricardo dès 1809. Pour lui, l'émission de papier-monnaie inconvertible est la source de la hausse des prix. Il convient donc de revenir à une gestion stricte de l'émission monétaire assurant une couverture-or à la monnaie-papier en circulation (*Currency school*).

Cette opposition entre l'école de la banque et l'école de la circulation se prolonge jusqu'au milieu du XIXᵉ siècle. La victoire de la *Currency School* se traduit par l'adoption du *Banking Act* de 1844 (ou *Peel's Act*) qui impose à la Banque d'Angleterre une couverture-or de l'émission monétaire. La monnaie est neutralisée.

c. — La formulation du quantitativisme : l'équation de Fisher

C'est en 1911 qu'Irving Fisher (*Le pouvoir d'achat de la monnaie*, 1911) présente sous forme d'équation la théorie quantitative de la monnaie.

$$M.V + M'.V' = P.T$$

M représente la quantité de monnaie fiduciaire, M' la quantité de monnaie scripturale, V et V' sont les vitesses de circulation respectives des deux formes de monnaie. P correspond au niveau général des prix et T au montant des transactions.

Cette équation, déjà évoquée par John Stuart Mill, est en fait une identité comptable. Le terme de droite représente la valeur des échanges, tandis que celui de gauche correspond à la quantité totale de monnaie, compte tenu de la vitesse avec laquelle elle change de mains.

Pour donner une portée explicative à cette équation, il faut poser plusieurs hypothèses. D'abord, la constance des vitesses de circulation qui sont censées dépendre des habitudes de paiement, des comportements des agents. Ensuite, l'absence d'impact de la quantité de monnaie sur le volume des transactions. C'est la vision dichotomique qui prévaut. Enfin, il existe un rapport stable entre la monnaie scripturale et la monnaie métallique. Les banques conservent des réserves en monnaie métallique en proportion de la monnaie scripturale.

Face à une augmentation de la production mondiale d'or, on observe une croissance de la monnaie fiduciaire. La progression de la monnaie scripturale se fait dans les mêmes proportions. Du fait de la constance des vitesses de circulation et de l'absence d'effet sur le volume des transactions, l'augmentation de la quantité de monnaie se traduit par une augmentation des prix. « *Un volume supérieur de monnaie achetant le même volume de marchandises, il faut que les prix montent* » (Fisher, *L'illusion de la monnaie stable*, 1927).

2. – La monnaie active   *(Sans dichotomie → influencé par le taux d'intérêt (Knut))*

Les analyses de la monnaie active voient le jour dès le XVIIIe *(18e)* siècle. Un auteur comme Richard Cantillon met l'accent sur l'effet bénéfique que peut avoir la monnaie sur l'activité économique. Plus tard, Knut Wicksell ou Irving Fisher considèrent que la monnaie exerce un effet sur l'économie réelle. Mais c'est sans conteste l'œuvre de Keynes qui symbolise la thèse de la monnaie active.

a. — *Taux d'intérêt et demande de monnaie chez Keynes* *20e*

L'analyse de la monnaie est au cœur du raisonnement keynésien. Entre 1923 et 1936, la plupart des publications de Keynes ont trait à la monnaie : *Essai sur la réforme monétaire* (1923), *Traité sur la monnaie* (1930), *Théorie générale de l'emploi de l'intérêt et de la monnaie* (1936). La position de Keynes vis-à-vis de la monnaie évolue au cours du temps. Il passe d'une acceptation du quantitativisme à sa critique.

La notion keynésienne de l'intérêt diffère de celle de l'école classique. Pour ces derniers, le taux d'intérêt est déterminé sur le marché du capital (des titres) sur lequel une offre d'épargne et une demande de capitaux (pour l'investissement) se confrontent. Le taux d'intérêt est ainsi le prix du capital. Pour Keynes le taux d'intérêt est le prix de la monnaie. Il est le résultat de la confrontation d'une offre et d'une demande de monnaie et exprime la « *récompense pour la renonciation à la liquidité* ».

Keynes distingue trois motifs à la détention de monnaie, qui déterminent la *préférence pour la liquidité*.

1 - Motif de transaction. Les agents économiques détiennent de la monnaie afin d'effectuer leurs achats. Il distingue ici deux catégories :

– motif de revenu : « *Une première raison de conserver de la monnaie est de combler l'intervalle entre l'encaissement et le décaissement du revenu* » ;

– motif professionnel : « *On conserve de la monnaie pour combler l'intervalle entre l'époque où on assume des frais professionnels et celle où on encaisse le produit de la vente* ».

2 - <u>Motif de précaution</u> : « *Le souci de parer aux éventualités exigeant une dépense soudaine, l'espoir de profiter d'occasions non prévues d'achats avantageux, et enfin le désir de garder un avoir de valeur nominale immuable pour faire face à une obligation future stipulée en monnaie sont autant de nouveaux motifs à conserver de l'argent liquide* » (*Théorie générale de l'emploi de l'intérêt et de la monnaie*, 1936).

3 - <u>Motif de spéculation</u> : l'objectif du spéculateur est de réaliser une <u>plus-value</u>, en achetant des titres bon marché et en les revendant plus cher. Si le prix des titres est jugé trop élevé, on cesse d'acheter et on préfère détenir de la monnaie. La spéculation est ainsi un arbitrage entre monnaie et détention de titres. Cet arbitrage est <u>lié au taux d'intérêt</u>. Si le taux d'intérêt est bas, les agents anticipent sa croissance. Celle-ci doit se traduire par une diminution du prix des titres (par exemple, les nouvelles obligations émises vont rapporter plus que les anciennes dont le prix doit baisser) et ils vont donc conserver des encaisses liquides. On peut même se trouver dans une situation où le taux d'intérêt est tellement faible que tous les agents détiennent des liquidités. « *Il se peut que, une fois le taux d'intérêt tombé à un certain niveau, la préférence pour la liquidité devienne virtuellement absolue, en ce sens que presque tout le monde préfère l'argent liquide à la détention d'une créance qui rapporte un taux d'intérêt aussi faible* ». C'est le phénomène de la « trappe à liquidité » selon l'expression de Robertson.

Au total, la fonction de demande de monnaie dépend du niveau du revenu pour les deux premières composantes, et du taux d'intérêt pour la troisième.

b. — Le rôle central du <u>taux d'intérêt</u> : variable d'intégration entre les sphères monétaire et réelle

Le taux d'intérêt est une variable centrale pour supprimer la dichotomie et réaliser l'<u>intégra-tion des sphères monétaire et réelle</u>.

On l'a vu, le taux d'intérêt fait partie des <u>déterminants de la demande de monnaie.</u> Mais il exerce également une influence dans la sphère réelle, en <u>conditionnant le montant de l'investisse-ment</u>. En effet, la décision d'investir dépend de la comparaison de l'efficacité marginale du capital et du taux d'intérêt. Lorsque l'efficacité marginale du capital est supérieure au taux d'intérêt, l'en-trepreneur va investir, qu'il dispose d'une épargne propre pour financer son investissement ou qu'il ait besoin d'emprunter. Dans le premier cas, il est ramené à un arbitrage entre investissement et placement. S'il investit, cela lui rapporte l'efficacité marginale du capital ; s'il prête son argent (pla-cement), il perçoit une somme déterminée en fonction du taux d'intérêt. Dans le second cas, le taux d'intérêt représente le coût de l'acquisition de la monnaie, qu'il compare donc au rendement de l'investissement.

La présence du taux d'intérêt dans le monde monétaire et dans le monde réel conduit à la rup-ture de la dichotomie. La monnaie n'est plus neutre et la <u>politique monétaire</u> peut donc avoir un sens pour agir sur les variables réelles. Elle ne garantit pas seulement la stabilité du niveau général des prix mais <u>peut exercer un effet de relance ou de stabilisation.</u>

3. – Le retour de la monnaie-voile ?

À partir des années 1970, on a assisté à une <u>remise en cause du raisonnement keynésien</u>. La <u>montée simultanée de l'inflation et du chômage</u>, les <u>dérèglements monétaires internationaux</u>, l'<u>im-possibilité des politiques d'inspiration keynésienne</u> à venir à bout du ralentissement conjonctu-rel… ont favorisé le <u>retour à une conception plus classique de la monnaie.</u> La critique néoclassique a remis en avant l'ancienne théorie quantitative de la monnaie, sans pour autant revenir totalement à la thèse de la dichotomie. Même si pour certains la monnaie est neutre dans tous les cas (la nouvelle école classique), d'autres auteurs admettent qu'elle exerce un effet sur l'économie réelle. Mais cet effet est jugé seulement transitoire, de court terme (Friedman) ou même considéré comme négatif et donc à éviter soigneusement (Hayek).

a. — Le monétarisme friedmanien : la monnaie est neutre sur le long terme

Milton Friedman reprend les principes de l'analyse quantitative, mais en admettant la possibilité que la monnaie soit active à court terme. Tout dépend des anticipations que font les agents. S'ils sont victimes d'illusion monétaire, alors les variations de la masse monétaire peuvent influencer les variables réelles. Dans le cas contraire, elles ne se traduisent que par la hausse des prix.

C'est en critiquant la courbe de Phillips que Friedman énonce ses arguments. Cette relation, présentant la possibilité d'un arbitrage entre l'inflation et le chômage, est un élément du socle théorique justifiant les politiques keynésiennes. Pour Friedman, la baisse du chômage provient du fait que l'inflation réduit le montant du salaire réel, incitant les entreprises à utiliser davantage de facteur travail. Cette vision est conforme à l'image néoclassique du marché du travail sur lequel l'offre et la demande de travail s'ajustent, déterminant le niveau d'emploi et le salaire réel. Cependant, il ne peut y avoir baisse du salaire réel que si les agents n'anticipent pas correctement la hausse des prix. Si les salariés se rendent compte que leur pouvoir d'achat a baissé, ils réduisent leur offre de travail ou revendiquent afin d'obtenir des augmentations de salaires nominaux, et on revient alors au niveau initial du salaire réel.

L'inflation ne peut donc avoir qu'un effet de court terme sur le chômage. À long terme, la courbe de Phillips est verticale. On ne peut pas descendre en dessous du taux de chômage naturel et toute tentative se solde seulement par une accélération de l'inflation.

Ces arguments conduisent Friedman à considérer qu'il faut rendre sa neutralité à la monnaie. Pour ce faire, la politique monétaire doit se donner pour objectif d'assurer une progression de la masse monétaire compatible avec la croissance des échanges et de la production. Cela doit conduire les autorités monétaires à se fixer des règles précises, destinées à favoriser les anticipations des agents.

b. — La NEC : la superneutralité de la monnaie

La vision de la nouvelle école classique (NEC) est plus radicale que celle de Friedman. Ces nouveaux classiques (Lucas, Wallace, Sargent, Barro, etc.) nient toute possibilité d'action à la monnaie et réactualisent la thèse de la monnaie-voile. Prenant appui sur la théorie des anticipations rationnelles, ils estiment que les agents ne sont jamais victimes d'illusion monétaire. Dans le modèle friedmanien, les anticipations sont adaptatives. Cela signifie que les agents corrigent leurs anticipations en fonction de leurs erreurs passées, mais aussi qu'ils se trompent toujours ! C'est contre cette idée que s'élève l'analyse des anticipations rationnelles. Les agents sont supposés réaliser leurs anticipations en intégrant toutes les informations à leur disposition. Ils n'ont donc, en moyenne, aucune raison de se tromper.

Dans ce cas, toute politique monétaire est inefficace puisque ses effets sont parfaitement anticipés. Elle n'a aucun impact sur les variables réelles et ne se traduit que par l'inflation. À l'extrême limite, une politique aléatoire pourrait avoir un impact, mais ce n'est plus de la politique économique.

c. — *Hayek : la nécessaire neutralisation de la monnaie*

L'analyse de Hayek est originale dans la mesure où il considère que la monnaie n'est pas neutre, mais qu'elle est nocive et qu'il convient donc de neutraliser le plus possible ses effets.

Pour lui, la monnaie est active, à court comme à long terme. Son influence ne se traduit pas seulement par une variation du niveau général des prix, mais par une modification des prix relatifs. Tous les prix ne varient pas dans les mêmes proportions, ce qui conduit à une modification de la structure productive et renforce l'instabilité conjoncturelle (*cf.* chapitre 4).

Face à ces cycles économiques liés aux variations de la masse monétaire, Hayek cherche les moyens de neutraliser la monnaie. Pour lui la seule manière consiste à abandonner complètement la politique monétaire. Il évoque même la possibilité de privatiser la monnaie. Des banques privées émettraient des monnaies, sous le seul contrôle du marché. Le jeu de la concurrence permettrait de sélectionner les monnaies solides et éliminerait les monnaies mal gérées.

II

LA CRÉATION MONÉTAIRE ET SON CONTRÔLE

Qui crée la monnaie et comment ? La réponse à ces questions est délicate et la création monétaire est un processus souvent considéré comme mystérieux. D'autant plus mystérieux que la réponse, les banques créent de la monnaie à partir de rien, est très largement contraire à l'intuition.

Une fois compris le mécanisme de la création de monnaie, une deuxième question se pose immédiatement : comment le contrôler ? Comment éviter que la création monétaire ne s'emballe ? Comment les gouvernants peuvent-ils gérer la quantité de monnaie en circulation ?

A   LA CRÉATION MONÉTAIRE

La première image que l'on a de la création monétaire est celle de la planche à billets et des imprimeries de la banque centrale. Pourtant elle ne représente qu'une fraction limitée de la création de monnaie et bien d'autres agents disposent du pouvoir de créer de la monnaie.

1. – Le pouvoir de création monétaire : qui crée de la monnaie ?

Le pouvoir de création monétaire est en fait partagé entre plusieurs agents. Si la banque centrale en est le plus souvent considérée comme la détentrice, c'est qu'elle a la capacité de contrôler la quantité de monnaie en circulation. Elle doit cependant partager avec les banques de second rang (les banques commerciales) la possibilité de créer de la monnaie. Ces dernières en réalisent d'ailleurs la plus grande partie. Il faut enfin prendre en considération le cas particulier du Trésor public qui, en qualité de banquier de l'État, dispose également de ce pouvoir.

a. — Les banques commerciales

La création monétaire des banques commerciales est liée à leur activité de crédit. On imagine souvent qu'une banque se contente de prêter à un agent les sommes qu'elle a collectées auprès d'autres agents. Elle ne serait dans ce cas qu'un simple intermédiaire entre un prêteur et un emprunteur. En réalité, lorsqu'une banque accorde un crédit à un agent, elle crédite son compte et crée, par ce biais, un droit à utilisation d'une certaine quantité de monnaie. Ce droit ne prive aucun autre agent. Il y a création monétaire lorsqu'une banque accorde un crédit et destruction de monnaie lors du remboursement. Plus généralement, une banque crée de la monnaie lorsqu'elle acquiert un actif non monétaire (réel, si elle achète un immeuble ; financier dans le cadre d'opérations d'escompte ou de prêts) en créditant le compte d'un agent. C'est ainsi par le biais d'une créance sur elle-même que la banque crée de la monnaie. On voit bien ici que la confiance joue un rôle essentiel dans le processus de création monétaire.

Dans une économie simplifiée, avec une seule banque, le pouvoir de création monétaire paraît illimité. Rien n'empêche une banque de créer de la monnaie, sauf le risque de perte de confiance des titulaires de comptes. Si aucune contrainte de conversion dans une autre unité monétaire ne pèse sur la banque, elle peut créer autant de monnaie qu'elle le souhaite. En réalité, les banques sont soumises à plusieurs types de contraintes. Tout d'abord, il n'y a que rarement une seule banque ! Or les unités monétaires des différentes banques ne sont pas identiques. Elles ont la même valeur, mais ne sont pas directement transférables. Lorsqu'une entreprise et son salarié n'ont pas leurs comptes dans la même banque, celle de l'entreprise doit se procurer des unités monétaires acceptées par celle du salarié : de la monnaie banque centrale (appelée encore base monétaire), sous forme de billets ou de monnaie scripturale. Cette contrainte vient limiter le pouvoir de création monétaire des banques. Cela constitue une fuite dans leurs circuits monétaires. À cette limite, liée à la multiplicité des banques, il faut rajouter des normes imposées par les autorités monétaires. Dans le cadre de la politique monétaire, pour contrôler la quantité de monnaie en circulation, elles obligent les banques commerciales à détenir des réserves, sous forme de monnaie banque centrale. Chaque fois que les banques accordent des crédits, et créent par ce biais de la monnaie, elles doivent se procurer de la monnaie banque centrale. Cela représente un coût et peut les dissuader d'accorder trop facilement des crédits.

b. — La banque centrale

Largement reconnu, le pouvoir de création monétaire de la banque centrale est pourtant moins important que celui des banques de second rang. Elle crée de la monnaie dans plusieurs cas :

– Lorsqu'elle opère la conversion de devises étrangères. Certaines opérations liées au commerce extérieur, exportations de marchandises, entrées de capitaux, afflux de touristes, etc. donnent lieu à des entrées de devises sur le territoire national. Les agents demandent donc leur conversion en monnaie nationale. Ces devises se retrouvent dans le circuit des banques commerciales qui demandent la conversion en monnaie nationale à la banque centrale. En fin de compte, la banque centrale opère une monétisation de la créance.

– Lorsqu'elle accepte de reprendre à son compte des créances monétisées par les banques commerciales. Ces dernières, face à un besoin de liquidités, peuvent demander à la banque centrale d'échanger des titres qu'elles détiennent contre de la monnaie banque centrale. Cela peut se faire par le biais du réescompte, ou par des interventions sur le marché monétaire.

– Dans certains cas, la banque centrale peut consentir des avances à l'État (au Trésor public en fait). Elle se comporte alors comme les banques commerciales vis-à-vis de leurs clients. Cette pratique a été interdite dans le cadre communautaire depuis 1993. Elle peut toujours se porter acquéreur de bons du Trésor, dans le cadre d'une action de refinancement bancaire, mais elle ne peut plus directement financer un déficit public. Cette mesure s'inscrit dans le cadre de l'indépendance des banques centrales et est destinée à éviter toute monétisation d'un déficit budgétaire jugée dangereusement inflationniste.

c. — Le Trésor public

En tant que banquier de l'État, le Trésor public peut exercer une activité de création monétaire. Celle-ci est aujourd'hui limitée par le fait qu'il ne peut plus monétiser les déficits publics. Il est cependant chargé de l'émission de la monnaie divisionnaire (les pièces). À ce titre, il reçoit de la banque centrale la contre-valeur des pièces frappées sous son autorité. Mais la création est liée aux besoins de la circulation monétaire et dépend, en fin de compte, des décisions de la Banque centrale.

Au total ce sont de nombreux organismes qui disposent du pouvoir de création monétaire. Au sein de l'Europe, la BCE tient à jour une liste des institutions financières monétaires (IFM) qui comprend :
– les banques centrales ;
– les établissements de crédit résidents, définis comme « une entreprise dont l'activité consiste à recevoir du public des dépôts ou d'autres fonds remboursables et à octroyer des crédits pour son propre compte » ;
– toute autre institution financière dont l'activité consiste à recevoir du public des dépôts et/ou de proches substituts des dépôts et qui consent, pour son propre compte (au moins en termes économiques), des crédits et/ou effectue des placements en valeurs mobilières.

d. — Les contreparties de la masse monétaire

La présentation précédente permet de comprendre les origines de la création monétaire et donc les contreparties de la masse monétaire. La BCE retient l'agrégat M3 et opère une distinction entre la création monétaire d'origine externe (créances sur les non résidents) et celle d'origine interne (créances sur l'économie). Il faut cependant tenir compte du fait qu'une partie de ces financements se fait sur des ressources longues des IFM. Il convient donc de retrancher les « exigibilités à long terme des IFM » pour obtenir M3.

Tableau 2 - Contreparties de M3 fin mars 2010 (en milliards d'euros)

Ressources non monétaires des IFM (à déduire) : 7 109	
Divers : – 166	Concours aux administrations publiques : 2 979
M3 = 9 322	Concours au secteur privé : 13 029
	Créances nettes sur l'extérieur : 589

Source : Banque de France, *stat. info*, 30 avril 2010.

2. – Les mécanismes de la création monétaire

S'il est un domaine délicat dans la compréhension des mécanismes monétaires, c'est bien celui de la création de la monnaie. Il est pourtant fondamental car il conditionne l'analyse du rôle de la monnaie et de la politique monétaire.

a. — Un exercice pour comprendre

On se propose ici de rendre compte du principe de la création monétaire à travers un exercice simple mettant en présence quelques entreprises, deux banques et la banque centrale.

Première étape : *ouverture des comptes.*
– l'entreprise A a un compte à la banque 1 : ce compte est vide ;
– l'entreprise B a déposé 1 000 euros en billets à la banque 1 ;
– l'entreprise C a un compte à la banque 1 : ce compte est vide ;
– l'entreprise D a déposé 500 euros (en billets) à la banque 2 ;
– l'entreprise E a un compte à la banque 2 : sur ce compte elle dispose de 500 euros correspondant à un crédit que la banque lui a accordé.

Le tableau ci-dessous retrace les opérations.

Banque 1		Banque 2	
Actif	Passif	Actif	Passif
	Compte A : 0	Caisse : 500	Compte D : 500
Caisse : 1 000	Compte B : 1 000	Crédit accordé à E : 500	Compte E : 500
	Compte C : 0		

Pour les banques, les comptes bancaires des agents correspondent à des engagements. Ils sont donc au passif. On voit ici que la contrepartie de cette monnaie scripturale peut être un dépôt en billets, mais également le résultat d'un crédit accordé à un agent.

Deuxième étape : *l'entreprise A achète pour 1 000 euros de marchandises à B. B accepte de n'être payée que trois mois plus tard et A lui signe une lettre de change.*

On est ici en présence d'une opération commerciale courante. L'entreprise A n'a pas la trésorerie nécessaire pour régler ses achats. Elle compte certainement sur des rentrées futures, en vendant sa production par exemple, afin de pouvoir payer ses fournisseurs. B accepte de n'être payée que trois mois plus tard, car c'est la seule possibilité pour que A lui achète son produit. Mais pour se prémunir contre tout défaut de paiement de la part de A elle demande une lettre de change, qui constitue un engagement de A à payer, à l'échéance, les sommes dues.

Troisième étape : *quelques jours plus tard, B ayant besoin d'argent fait escompter la lettre de change par sa banque moyennant un intérêt de 50 euros.*

Dans cette étape intervient l'opération d'escompte. L'entreprise B se tourne vers sa banque pour obtenir des liquidités. La banque lui fournit les liquidités souhaitées en échange de la lettre de change qui représente une créance que détenait B. L'entreprise B accepte de perdre 50 € pour disposer immédiatement de l'argent dont elle a besoin. Ces 50 € représentent pour elle un intérêt débiteur, comme si elle demandait un crédit.

La banque se fera payer la lettre de change à l'échéance et réalise un bénéfice de 50 € sur l'opération d'escompte.

Banque 1		Banque 2	
Actif	Passif	Actif	Passif
Caisse : 1 000	Compte A : 0	Caisse : 500	Compte D : 500
Lettre de change : 1 000	Compte B : 1 950	Crédit accordé à E : 500	Compte E : 500
	Compte C : 0		
	Bénéfice : 50		

Les 950 € crédités au compte de B correspondent à une création monétaire. On voit nettement ici que le fait de créditer le compte de B de 950 € ne retire aucune disponibilité monétaire à un autre agent. La banque crée de la monnaie *ex nihilo*. Le caractère fiduciaire de la monnaie (même s'il s'agit ici d'une monnaie scripturale) apparaît nettement dans cet exemple. La valeur de la monnaie créée par la banque repose uniquement sur la confiance que les agents ont en son pouvoir d'achat et, plus généralement, sur la capacité de remboursement du premier débiteur, l'entreprise A.

Quatrième étape : *B achète à C pour 400 euros de marchandises.*

Banque 1		Banque 2	
Actif	Passif	Actif	Passif
	Compte A : 0		
Caisse : 1 000	Compte B : 1 550	Caisse : 500	Compte D : 500
Lettre de change : 1 000	Compte C : 400	Crédit accordé à E : 500	Compte E : 500
	Bénéfice : 50		

Cette opération se traduit par un simple jeu d'écriture dans les comptes de la banque. Dans le cas où il n'existe qu'une seule banque, la circulation de la monnaie ne pose aucun problème. De même, la création monétaire n'est limitée que par les conversions éventuelles en monnaie banque centrale.

Cinquième étape : *B achète à D pour 500 euros de marchandises.*

Cette opération pose ici un problème technique puisqu'elle fait intervenir deux banques différentes. Les unités monétaires des deux banques sont différentes, même si elles ont un taux de conversion de 1 pour 1. Les banques ne peuvent se payer entre elles que par l'intermédiaire de monnaie banque centrale. Les opérations concernant plusieurs banques se traduisent donc par des créances et des dettes entre banques. Elles doivent se solder par une circulation de monnaie banque centrale sous forme de billets ou par l'intermédiaire des comptes que les banques commerciales ont l'obligation de détenir auprès de la banque centrale.

Banque 1		Banque 2	
Actif	Passif	Actif	Passif
	Compte A : 0		
Caisse : 1 000	Compte B : 1 050	Caisse : 500	Compte D : 1 000
Lettre de change : 1 000	Compte C : 400	Crédit accordé à E : 500	Compte E : 500
	Bénéfice : 50	Avoir sur la banque 1 : 500	
	Dette envers la banque 2 : 500		

Il serait cependant très coûteux pour les banques d'effectuer ces règlements chaque fois que des agents mettent en présence plusieurs banques. Elles attendent donc d'avoir des opérations en sens inverse afin d'effectuer des compensations.

Sixième étape : *E achète pour 500 euros de marchandises à A.*

Banque 1		Banque 2	
Actif	Passif	Actif	Passif
Caisse : 1 000	Compte A : 500	Caisse : 500	Compte D : 1 000
Lettre de change : 1 000	Compte B : 1 050	Crédit accordé à E : 500	Compte E : 0
~~Avoir sur la banque 2 : 500~~	Compte C : 400	~~Avoir sur la banque 1 : 500~~	~~Dette envers la banque 1 : 500~~
	Bénéfice : 50		
	~~Dette envers la banque 2 : 500~~		

Les créances et les dettes entre les banques s'annulent : c'est la compensation. Ici la compensation est parfaite puisque les créances et les dettes sont de même montant. Dans la réalité, les banques effectuent deux à deux toutes les opérations de compensation et ne règlent que les soldes en monnaie banque centrale.

Septième étape : *B achète à D pour 1 000 euros de marchandises, C achète à D pour 400 euros de marchandises.*

Actif	Passif	Actif	Passif
	Compte A : 500		
Caisse : 1 000	Compte B : 50	Caisse : 500	Compte D : 2 400
Lettre de change : 1 000	Compte C : 0	Crédit accordé à E : 500	Compte E : 0
	Bénéfice : 50	Avoir	
	Dette envers la banque 2 : 1 400	sur la banque 1 : 1 400	

On est ramené au cas précédent de l'étape 5.

Huitième étape : *à la suite de l'opération précédente, la banque 1 doit verser à la banque 2 les sommes correspondantes.*

On est dans le cas où, après compensation par exemple, un solde reste à verser. Lorsqu'une banque n'a pas assez de monnaie banque centrale à sa disposition, elle doit s'en procurer. Pour cela, elle peut vendre des titres sur le marché monétaire ou en faire réescompter par la banque centrale. C'est le refinancement.

Ici, la banque 1 dispose de 1 000 € en billets (caisse) alors qu'elle doit verser 1 400 €.

On suppose qu'elle vend son titre sur le marché monétaire contre de la monnaie banque centrale (pour simplifier on considère ici qu'elle reçoit un versement en billets). Bien évidemment, l'acquéreur du titre (banque centrale ou autre banque qui dispose de ressources en monnaie centrale) le paye en dessous de sa valeur nominale. On considère ici que la décote représente 30 €.

Actif	Passif	Actif	Passif
	Compte A : 500		
Caisse : 1970	Compte B : 50	Caisse : 500	Compte D : 2 400
Lettre de change : 0	Compte C : 0	Crédit accordé à E : 500	Compte E : 0
Perte : 30	Bénéfice : 50	Avoir sur la banque 1 :	
	Dette envers la banque 2 : 1 400	1 400	

Actif	Passif	Actif	Passif
Caisse : 570	Compte A : 500	Caisse : 1900	Compte D : 2 400
Lettre de change : 0	Compte B : 50	Crédit accordé à E : 500	Compte E : 0
Perte : 30	Compte C : 0		
	Bénéfice : 50		

Neuvième étape : *D achète à A pour 1 000 euros et à E pour 500 euros. On suppose que les sommes correspondantes sont versées en billet entre les banques.*

Actif	Passif	Actif	Passif
Caisse : 1570	Compte A : 1 500		
Lettre de change : 0	Compte B : 50	Caisse : 900	Compte D : 900
Perte : 30	Compte C : 0	Crédit accordé à E : 500	Compte E : 500
	Bénéfice : 50		

Dixième étape : *le détenteur de la lettre de change la présente à l'échéance, et E rembourse son crédit.*

À l'échéance, le détenteur final de la lettre de change en demande le paiement. La banque 1 débite le compte de l'entreprise A du montant de la lettre de change (1 000 €) et verse la monnaie Banque centrale correspondante (ici des billets, mais dans les faits, tout se réalise par des opérations sur les comptes que les banques détiennent auprès de la banque centrale). Cela se traduit par une réduction de la masse monétaire en circulation. La monnaie créée au moment de l'escompte de la lettre de change est détruite. Le remboursement du crédit correspond également à une destruction monétaire, symétrique de la création monétaire initiale.

Actif	Passif	Actif	Passif
	Compte A : 500		
Caisse : 570	Compte B : 50	Caisse : 900	Compte D : 900
Lettre de change : 0	Compte C : 0	Crédit accordé à E : 0	Compte E : 0
Perte : 30	Bénéfice : 50		

b. — Multiplicateur ou diviseur de crédit?

La création monétaire dépend de la capacité des banques à accorder des crédits. On a vu que dans le cas où n'existe qu'une seule banque, le pouvoir de création monétaire est illimité. En fait, les banques doivent faire face à des contraintes de liquidité. Elles doivent se procurer de la monnaie Banque centrale pour répondre aux besoins de la compensation et aux fuites que constituent les demandes de billets de leur clientèle.

Tout crédit accordé se transforme en dépôt, mais la banque n'est pas obligée de détenir la contrepartie de toute cette somme sous forme de réserve. Tous les agents ne demandent pas en même temps la conversion de leurs dépôts en billets, toute la monnaie scripturale ne se traduit pas par des fuites dans le circuit de la banque. Il existe alors des réserves excédentaires, susceptibles d'être prêtées. C'est alors toute une succession de crédits et de dépôts qui donnent lieu à une nouvelle création monétaire comme le présente le tableau ci-dessous.

On suppose que la banque accorde initialement un crédit de 1000 euros, qui se transforme donc en dépôt équivalent. Pour faire face à ses besoins en monnaie centrale, la banque constitue des réserves pour 20 %, soit 200 €. Elle dispose donc de 800 € de réserves excédentaires qui vont générer une nouvelle vague de crédit.

Périodes	Crédits	Dépôts	Réserves	Excédent
1	1000	1000	200	800
2	800	800	160	640
3	640	640	128	512
4	512	512	102,4	409,6
…	…	…	…	…

On voit que la quantité totale de monnaie créée est largement supérieure au montant du crédit initial.

Cette quantité est égale à la somme des montants déposés soit :

M = 1000 + 800 + 640 + 512 + …

M = 1000 + (1000 × 0,8) + (1000 × 0,8²) + (1000 × 0,8³) + …

M = 1000 (1 + 0,8 + 0,8² + 0,8³ + …

La somme (1 + 0,8 + 0,8² + 0,8³ + …) a pour limite $\dfrac{1}{1-0,8}$, on arrive donc au résultat suivant :

$$M = 1000 \times \frac{1}{1-0,8} = 5000$$

Il apparaît que la quantité de monnaie créée est un multiple du crédit initial et de la monnaie banque centrale en circulation. En effet, le montant des réserves totales détenues par les banques est 200 + 160 + 128 + … soit 1000.

Cette approche conduit à mettre en avant le rôle joué par les réserves, sous forme de base monétaire, dans la création de monnaie. Le multiplicateur de crédit est égal à l'inverse du coefficient de réserve. Toute augmentation des sommes que les banques doivent détenir réduit leur possibilité de créer de la monnaie. L'action sur la liquidité bancaire est alors un élément central de la politique monétaire (*cf. infra*, II, C).

Mais le même mécanisme peut s'analyser d'une autre manière. On peut considérer que les banques décident du montant de leurs crédits et qu'elles cherchent ensuite à se procurer la monnaie centrale dont elles ont besoin. Elles accordent des crédits pour répondre aux sollicitations de leur clientèle, puis elles se refinancent auprès de la banque centrale ou sur le marché monétaire. On se situe alors dans une logique de diviseur de crédit. Dans ce cas, la politique monétaire est plus délicate à mener. Les banques ayant déjà accordé les crédits, toute action sur leur liquidité risque de mettre en danger leur solvabilité. La marge de manœuvre des autorités monétaires est donc très réduite.

B LE CADRE THÉORIQUE DES POLITIQUES MONÉTAIRES

Dès que les conjoncturistes décèlent un ralentissement de la croissance ou une menace de reprise de l'inflation, les milieux financiers, mais également les entreprises, scrutent la réaction des banques centrales. La manière dont la Réserve fédérale américaine ou la Banque centrale européenne y répondent témoigne de l'importance de la politique monétaire. À coups de baisse ou de relèvement d'1/4 de point de leurs taux d'intérêt, les banques centrales espèrent enrayer le ralentissement conjoncturel ou limiter les tensions inflationnistes. La crise financière amorcée en 2007 a donné un nouveau cadre aux interventions des banques centrales. Face à l'ampleur du choc elles ont dû massivement fournir des liquidités au système bancaire, éviter l'asphyxie du marché interbancaire et ont ainsi développé des politiques « non conventionnelles ».

1. – Une politique monétaire : pour quoi faire ?

À quoi sert la politique monétaire ? En supposant qu'elle ait une efficacité, ce que contestent certaines analyses, il faut se demander quels sont les objectifs poursuivis.

a. — Les objectifs dépendent des conceptions théoriques de la monnaie

La politique monétaire consiste à réguler le niveau de la masse monétaire en fonction de différents objectifs. Mener une politique monétaire suppose qu'on en attende certains résultats. Ainsi, les analyses théoriques de la monnaie rejaillissent sur l'existence et la forme de la politique monétaire.

■ La vision quantitativiste de la politique monétaire

Pour les courants hérités du quantitativisme, les variations de la masse monétaire sont sans effet sur les variables réelles. Elles sont en revanche susceptibles de provoquer des variations des prix et donc l'inflation. L'objectif final poursuivi est la stabilité des prix tandis que la croissance de la masse monétaire est un objectif intermédiaire. Le taux d'intérêt est alors une variable dépendante. Afin de réduire la création de monnaie, les autorités monétaires acceptent une hausse des taux d'intérêt.

Les versions les plus extrêmes de la théorie de la monnaie-voile recommandent même l'absence de politique monétaire.

■ La vision keynésienne de la politique monétaire

Pour les keynésiens, la monnaie n'est pas neutre. La dichotomie chère aux classiques est rompue par le rôle du taux d'intérêt. Appartenant à la sphère monétaire et à la sphère réelle, il réalise une intégration entre les deux mondes. Il devient donc possible d'utiliser la politique monétaire comme un instrument de la relance ou de la stabilisation de l'économie. L'objectif final à atteindre s'exprime alors par un taux de croissance, ou un niveau d'emploi. L'objectif intermédiaire est représenté par un niveau de taux d'intérêt. La masse monétaire est alors une variable dépendante, déterminée. En se donnant un objectif de taux d'intérêt, les autorités monétaires laissent la quantité de monnaie s'ajuster.

b. — Une politique monétaire soumise à des contraintes

Des précédents éléments, on déduit qu'il est impossible de chercher à contrôler simultanément les taux d'intérêt et la masse monétaire. On est en présence de deux variables dépendantes dont l'évolution est inverse. Si on veut maîtriser la croissance de la masse monétaire, il faut accepter de laisser les taux d'intérêt s'ajuster. Inversement, une politique centrée sur le contrôle du taux d'intérêt doit abandonner tout espoir de réguler la quantité de monnaie en circulation.

Des contraintes supplémentaires apparaissent en économie ouverte. Aux objectifs de stabilité interne s'ajoutent ceux du taux de change et/ou de l'équilibre extérieur. En effet, une progression de la masse monétaire plus rapide que celle des autres pays, des taux d'intérêt plus faibles, ou un différentiel d'inflation positif, doivent se traduire par une dégradation du taux de change.

Ces contraintes sont résumées dans la présentation du triangle d'incompatibilité (Mundell). Il y a trois objectifs incompatibles que peuvent suivre les États : la stabilité des taux de change, la liberté de circulation des capitaux, une politique monétaire autonome. En effet, mener une politique monétaire différente des autres se traduit nécessairement par un ajustement du taux de change (à la hausse ou à la baisse) si les capitaux circulent librement. Afin de garantir la fixité du taux de change tout en conservant son autonomie monétaire il est nécessaire de contrôler les mouvements des capitaux.

L'évolution monétaire des pays développés au cours des dernières décennies s'est traduite par une plus grande liberté de circulation des capitaux qui se déplacent aujourd'hui à la vitesse des télécommunications, sur des marchés financiers ouverts en permanence. C'est donc entre l'autonomie de la politique monétaire et la stabilité des changes que les États doivent choisir. La réponse est ici très différente selon les pays. Les États-Unis ont manifestement choisi de conserver leur autonomie monétaire. Le dollar n'a jamais conservé une valeur stable très longtemps au cours des vingt-cinq dernières années, alternant des phases de forte croissance et de grande faiblesse vis-à-vis des autres monnaies occidentales. La situation européenne est très différente. Le choix de la stabilité des changes, dans le cadre du SME, s'est traduit par la nécessité d'harmoniser les politiques monétaires. Les tendances parfois divergentes au sein de l'Europe ont provoqué des réaménagements monétaires ou d'importantes tensions sur les monnaies. Paradoxalement, le choix de la monnaie unique rend une relative autonomie à la politique monétaire européenne. En liant irrévocablement les monnaies les unes aux autres, la politique monétaire n'a plus à faire face aux contraintes de change et peut donc exprimer ses différences par rapport aux États-Unis ou au Japon.

2. – Règle ou politique discrétionnaire

La conduite de la politique monétaire est souvent réduite à un choix entre l'application d'une règle ou d'une politique discrétionnaire : *Rules or discretion*.

a. — L'origine du débat

Une fois encore, on retrouve ici l'opposition entre les partisans d'une vision dichotomique ou intégrationniste de la monnaie. Le débat concerne cette fois les modalités de la politique monétaire.

Une politique de règle consiste à se fixer des objectifs, de moyen ou long terme, dans la conduite de la politique monétaire. Il s'agit par exemple de définir un objectif de croissance de la masse monétaire et de s'y tenir.

Une politique discrétionnaire consiste au contraire à agir au coup par coup, en fonction de l'état de la conjoncture ou de l'inflation. Cela ne signifie pas qu'il n'y ait pas d'objectif à long terme, mais il s'agit surtout d'une régulation conjoncturelle.

On peut considérer que l'origine des politiques de règles remonte aux mécanismes de l'étalon-or. Mais c'est surtout au monétarisme friedmanien que l'on doit l'idée de se fixer des objectifs, pluriannuels, de croissance de la masse monétaire.

Les politiques discrétionnaires s'inscrivent plutôt dans une logique keynésienne. Le réglage fin de la conjoncture (*fine tuning*) vise à répondre rapidement aux transformations de l'état de l'économie. Les autorités monétaires peuvent réagir, presque au jour le jour, en fonction de la situation économique. La politique monétaire est ainsi asservie aux objectifs réels.

b. — Les avantages attendus d'une politique de règle : « Rules rather than discretion »

Plusieurs arguments sont avancés pour rendre compte des effets positifs d'une politique de règle plutôt que d'une politique discrétionnaire.

Le premier argument, avancé par Friedman, repose sur l'existence de délais entre l'information, la prise de décision et les effets de la politique. Les décisions prises par les autorités monétaires se font à partir d'informations sur le passé, les résultats de l'activité économique n'étant pas connus en temps réel. De plus, la politique monétaire met du temps à exercer un effet sur l'activité (même dans le court terme). Ainsi, une politique discrétionnaire risque d'avoir un effet au moment où elle ne sert plus à rien. Ou pire, elle peut contribuer à accentuer l'ampleur des fluctuations conjoncturelles.

Le deuxième argument repose sur les idées de réputation et de crédibilité. En s'en tenant aux objectifs fixés à l'avance, la banque centrale assure sa réputation et sa crédibilité. La première découle de la cohérence de sa politique. La seconde de l'écart entre les résultats et les annonces. Si la banque centrale n'est pas crédible, les agents ne modifient pas leurs anticipations et la politique n'a aucune influence.

Tout ce qui permet d'assurer la crédibilité de la banque centrale est considéré comme positif. Ainsi, son indépendance vis-à-vis du pouvoir politique et des échéances électorales est souhaitable. Celle de la Banque de France en 1993, dans le cadre de la construction de l'Union monétaire européenne est présentée par les monétaristes comme le garant de sa crédibilité.

Le fonctionnement de la politique monétaire américaine conduit cependant à nuancer l'efficacité des politiques de règles. Au cours des années 1990, la politique suivie par la Réserve fédérale américaine, sous la houlette d'Alan Greenspan, est considérée comme particulièrement crédible : elle a réussi à maîtriser l'inflation sans casser la croissance. Et pourtant la *Fed* n'applique pas une politique stricte de règle monétaire. Elle ne respecte pas un objectif de croissance de la masse monétaire et ne cesse de modifier les taux d'intérêt. Face au ralentissement de la conjoncture américaine à la fin de l'an 2000, les autorités monétaires n'ont mis que peu de temps à baisser les taux. Pas question de casser la croissance. On est véritablement en présence d'une politique très souple, pariant certes sur la disparition des tensions inflationnistes, mais nullement enfermée dans des règles strictes.

Le débat porte alors plutôt sur la nature de la règle. Au lieu d'utiliser des règles passives, immuables, on se fixe des règles actives. Elles ont pour but d'assurer la crédibilité sur le long terme, mais en laissant la possibilité d'une action à court terme. Ce sont des règles contingentes, c'est-à-dire qu'elles doivent prévoir tous les événements possibles et les solutions à y apporter.

Un exemple de règle activiste est la *règle de Taylor*. Le taux d'intérêt réel que contrôle la banque centrale, selon cette règle (i_{tay}), dépend du taux d'intérêt « normal » (i^*, le taux d'intérêt réel de longue période par exemple, « dans des conditions monétaires neutres »), du différentiel d'inflation ($p - p^*$, écart entre l'inflation observée et l'objectif d'inflation) et du différentiel de croissance (écart entre la croissance observée et la croissance potentielle, *output gap*), soit :

$$i_{tay} = i^* + p + 0{,}5\ (p - p^*) + 0{,}5\ (y - y^*)$$

Ainsi, autour d'un objectif central qui est le taux d'intérêt permettant de maîtriser l'inflation, on peut ajuster la politique monétaire en fonction de variables conjoncturelles. Une hausse de l'inflation ou une croissance trop forte se traduisent par une montée du taux d'intérêt pour éviter la surchauffe, et inversement, en cas de croissance faible ou de risque de déflation.

3. – La place de la politique monétaire

La politique monétaire fait partie de la panoplie des instruments que les gouvernements ont eus à leur disposition, dans la deuxième moitié du XXᵉ siècle, afin d'assurer la régulation conjoncturelle. Conjointement à la politique budgétaire et à des politiques structurelles (planification, politique industrielle, etc.), les États ont utilisé l'arme monétaire pour rechercher une croissance stable. La théorie keynésienne fournit un cadre de référence à l'action des politiques conjoncturelles. Il s'agit d'utiliser le budget et la monnaie pour réaliser l'arbitrage entre l'inflation et le chômage, dont la courbe de Phillips assure un soubassement théorique.

L'action des différents instruments n'est pas symétrique. Ainsi, la politique budgétaire est particulièrement efficace pour relancer l'économie. Il est relativement facile d'accroître le déficit budgétaire, tandis que la réduction des dépenses publiques est plus difficile. La politique monétaire s'avère plus efficace pour stabiliser que pour relancer. Une hausse des taux d'intérêt suffit à réduire la création monétaire et à décourager l'investissement, alors que la baisse des taux n'exerce que très lentement ses effets. Les gouvernements peuvent ainsi avoir un pied sur l'accélérateur budgétaire tout en maintenant l'autre sur le frein monétaire.

Pourtant, ce *policy mix* se heurte dans les années 1970 à la montée de la stagflation, et l'arrivée de la pensée monétariste se traduit par une volonté de neutralisation de la politique monétaire.

a. — Vers une neutralisation de la politique monétaire

C'est au cours de la deuxième moitié des années 1970 que la politique monétaire change d'objectif et d'instruments. Alors qu'elle avait pour but de favoriser la croissance, en cherchant à maintenir des taux d'intérêt faibles, elle bascule soudainement vers un objectif de maîtrise de l'inflation au moyen d'un contrôle de la masse monétaire. Ce retournement apparaît dans un contexte de dérapage inflationniste et de ralentissement conjoncturel. La stagflation, coexistence d'une faible croissance génératrice de chômage et d'une inflation élevée, échappe à la logique des thérapeutiques keynésiennes traditionnelles. Ainsi, tous les grands pays industriels commencent à se donner des objectifs de croissance de la masse monétaire : l'Allemagne en 1974, les États-Unis en 1975, le Royaume-Uni et la France en 1976. Mais c'est en 1979 que se produit le grand changement. La nomination à la tête de la Réserve fédérale américaine de Paul Volcker traduit ainsi l'influence de la pensée monétariste.

L'application d'un objectif strict de contrôle de la masse monétaire provoque une forte progression des taux d'intérêt. Dans un premier temps, l'économie américaine subit les conséquences de ce renchérissement du coût du crédit et entre en récession. Il faut que la réserve fédérale assouplisse sa politique en 1982 pour permettre la reprise. Pourtant la désinflation s'amorce et les deux décennies qui suivent sont caractérisées par une inflation maîtrisée.

Dans le sillage des États-Unis, les autres pays adoptent ce type de politique. La montée des taux d'intérêt américains attire les capitaux aux États-Unis et provoque la hausse du dollar face à toutes les autres monnaies. Les autres pays n'ont que le choix de laisser filer leur monnaie ou de s'aligner sur les taux américains. La France résiste jusqu'en 1983, prenant le risque d'une relance à contre-courant de son économie. Le creusement du déficit commercial, les dévaluations successives de sa monnaie, l'obligent en 1983 à un choix : rester dans la Communauté européenne et renoncer à mener une politique monétaire autonome, ou sortir de l'Europe. Ce dilemme, forme simplifiée du triangle d'incompatibilité, est tranché en faveur de l'adhésion européenne.

La France s'engage alors dans la voie de la désinflation compétitive. Il s'agit d'obtenir l'amélioration du solde extérieur par l'obtention d'un taux d'inflation plus faible que celui des partenaires commerciaux, alors que la pratique habituelle consistait à dévaluer la monnaie. Cette politique s'est traduite par la fixation d'objectifs de croissance de la masse monétaire et d'inflation. Elle est symbolisée également par l'ouverture progressive du marché des capitaux français, l'abandon de l'encadrement du crédit et par la généralisation d'interventions à l'open market plutôt que par le réescompte (1986).

L'adhésion de la France au monétarisme s'est réalisée avec l'ardeur des nouveaux convertis. Alors que dans les années 1990 la politique américaine fait preuve du plus grand pragmatisme, la politique monétaire française est restée fidèle à une stricte orthodoxie monétaire. La meilleure preuve en est donnée dans les années qui ont suivi la réunification allemande. Pour la financer, l'Allemagne a besoin de capitaux extérieurs, ce qui se traduit par une montée des taux d'intérêt et une tendance à l'appréciation du mark. La France refuse alors de modifier la parité du franc par rapport au mark, symbole de la réussite de la politique de désinflation compétitive et gage du choix, très politique, de la marche vers la monnaie unique. Cela la conduit à suivre la montée des taux d'intérêt allemands, pénalisant la croissance et contribuant à accroître l'ampleur de la récession conjoncturelle qui la frappe déjà.

Cette orthodoxie monétaire française a cependant contribué à rendre possible la construction de l'Union économique et monétaire, même s'il faut reconnaître que la reprise de la croissance, dans la deuxième moitié des années 1990, a largement contribué à la réalisation des critères de convergence.

b. — Quelle politique monétaire pour l'Europe? Zone monétaire optimale et politique économique

Depuis le 1er janvier 1999, la conduite de la politique monétaire en Europe a été transférée à la Banque centrale européenne. Les États ont abandonné leur souveraineté monétaire au profit d'une banque centrale supranationale et indépendante. Ils conservent par ailleurs leur liberté d'action dans le domaine budgétaire, mais dans un cadre fixé par le Pacte de stabilité et de croissance. Les déficits publics ne peuvent pas dépasser 3 % du PIB, leur financement monétaire est interdit et la dette publique ne doit pas excéder 60 % du PIB. On est alors conduit à se demander si les États peuvent encore réagir face à des chocs déstabilisant leur économie.

Cette question renvoie à l'analyse des zones monétaires optimales initiée par Robert Mundell dès les années 1960. Pour lui, une zone monétaire est optimale lorsqu'il y a une mobilité des facteurs de production. Face à un choc asymétrique, portant sur une partie seulement de la zone, ce sont les mouvements de capitaux et les migrations de travailleurs qui réalisent les ajustements qui ne peuvent pas passer par les modifications des taux de change.

Il paraît évident que l'Union européenne ne répond pas encore aux critères des zones monétaires optimales. Si la circulation des capitaux est importante, celle des travailleurs est limitée, en grande partie pour des raisons linguistiques. Pourtant, la probabilité des chocs asymétriques est relativement importante. On peut très bien imaginer qu'une crise touche particulièrement un pays (la fièvre aphteuse en Grande Bretagne par exemple au début 2001). De même, la réaction face à un choc global peut être différente d'un pays à l'autre provoquant des asymétries. Les différences dans les structures productives, dans les modes de financement de l'économie, dans les processus d'ajustement des salaires et des prix sont importantes.

La disparition des politiques monétaires autonomes dans chacun des États fait peser sur le budget toute la charge de l'ajustement conjoncturel. De plus la faiblesse du budget communautaire ne permet pas d'en répartir le poids sur tous les pays.

C – Un retour de la politique monétaire ?

Face à la crise financière qui débute en 2007 les banques centrales ont joué un rôle essentiel dans le sauvetage du système bancaire et elles ont probablement contribué à éviter le scénario catastrophe de la crise de 1929. Pour cela, elles ont considérablement baissé les taux d'intérêt, les amenant pratiquement à zéro (pour la Fed). Cependant, la baisse des taux d'intérêt n'est pas ici un instrument suffisant pour relancer l'activité. La situation économique est proche de ce que Keynes décrivait comme la « trappe à liquidité ». Les agents préfèrent détenir de la monnaie plutôt que des titres et la politique de relance monétaire est sans effet. Les banques centrales ont alors développé des mesures dites « non conventionnelles » fondées sur l'accroissement de la base monétaire et la modification des canaux de transmission de la politique monétaire.

Dès l'été 2007, les principales banques centrales des pays développés ont injecté massivement des liquidités dans le système bancaire. Il s'agissait d'éviter l'asphyxie du marché monétaire en permettant aux banques de se refinancer et de continuer à se prêter mutuellement des liquidités. Cette action a été essentielle à la fin de l'année 2008 pour éviter l'effondrement des systèmes bancaires.

Mais les banques centrales ont également modifié le canal de transmission de la politique monétaire. Au lieu d'injecter simplement des liquidités vers les banques (*quantitative easing*) elles en ont fourni directement aux agents non bancaires, en rachetant des titres émis par exemple par des entreprises (*credit easing*). C'est particulièrement le cas de la Réserve fédérale américaine, mais également de la Banque d'Angleterre et de manière moins importante de la BCE. En agissant ainsi, les banques centrales contournent les banques dans le financement de l'économie lorsque ces dernières ne transmettent plus correctement les impulsions de la politique monétaire. Elles cherchent également à retrouver un moyen d'action sur les taux d'intérêt à long terme qui ont beaucoup moins baissé que les taux à court terme. En effet, les besoins de financement publics explosent en lien avec les déficits et les politiques de relance, et cela pousse les taux longs à la hausse.

La politique monétaire est donc sortie dans les deux dernières années du cadre strict qui lui avait été assigné au cours des dernières décennies. L'objectif de lutte contre l'inflation est passé, provisoirement peut-être, au second plan derrière la volonté de relancer l'activité économique. Même la très orthodoxe Banque centrale européenne a rapidement réagi pour éviter l'effondrement des systèmes financiers. Les leçons de la faillite des banques centrales en 1929 a été retenue.

C LES INSTRUMENTS DES POLITIQUES MONÉTAIRES

Pour réaliser les objectifs assignés à la politique monétaire, les autorités monétaires disposent d'un arsenal de mesures plus ou moins efficaces. Les instruments sont les mêmes que l'on se place dans une logique monétariste ou keynésienne. C'est simplement la manière de les utiliser qui diffère. En revanche, leur efficacité dépend de la structure du financement de l'économie. En fonction des changements de mode de financement, les techniques utilisées pour contrôler la création monétaire ont évolué.

1. – Les principaux instruments

La politique monétaire consiste essentiellement à maîtriser la création de monnaie. Que l'on veuille contrôler la quantité de monnaie en circulation ou faire varier le taux d'intérêt, le moyen est toujours le même. Il faut agir sur le pouvoir de création monétaire des institutions financières. Il y a deux façons d'intervenir : une action par le refinancement bancaire, c'est-à-dire en jouant sur les besoins de monnaie banque centrale des banques commerciales et une intervention de nature réglementaire, en imposant aux banques des contraintes qui limitent leur pouvoir de création monétaire.

a. — L'action sur le refinancement bancaire

L'action sur le refinancement bancaire représente la principale forme du contrôle de la création monétaire. On a vu précédemment que les banques doivent se procurer de la monnaie banque centrale pour faire face aux « fuites », dans leur circuit monétaire, que constituent les retraits de la clientèle sous forme de billets, mais également les opérations de compensation. Dans ce dernier cas, la situation peut être contrastée puisque la banque peut se trouver amenée à détenir plus de monnaie centrale qu'elle ne le désire si elle est excédentaire en compensation.

Deux outils sont à la disposition des autorités monétaires pour agir sur le refinancement bancaire : le réescompte et l'open market. Dans les deux cas, il s'agit de jouer sur le coût du refinancement pour inciter les banques à réduire ou augmenter leur création monétaire.

■ Le réescompte

Le réescompte est certainement l'instrument le plus ancien de la régulation monétaire. Il a longtemps été, en France, le dispositif essentiel de la politique monétaire, mais il est aujourd'hui pratiquement abandonné. On a vu précédemment que les banques peuvent créer de la monnaie par monétisation d'une créance. C'est par exemple le cas lors de l'escompte d'un effet de commerce, traite ou lettre de change. Le réescompte est une opération de même nature. La banque commerciale, qui dispose d'une lettre de change par exemple, peut demander à la banque centrale de lui fournir la contre-valeur de ce titre, moyennant paiement d'un intérêt qui s'appelle le taux de réescompte.

C'est par la manipulation de ce taux de réescompte que la banque centrale peut agir sur la création monétaire via les banques. Une hausse de ce taux rend le refinancement plus onéreux et incite les banques à conserver leurs effets de commerce. Il se répercute sur le taux d'escompte qu'elles pratiquent vis-à-vis de leurs clients. Un taux d'escompte plus élevé incite les entreprises à conserver leurs lettres de change. Plus généralement, la valeur du taux de réescompte détermine l'ensemble des taux d'intérêt que les banques demandent à leurs clients pour toutes les opérations de crédit.

La banque centrale peut doubler ce mécanisme par l'introduction d'un plafond de réescompte. Il s'agit d'un montant maximal qu'elle est prête à réescompter, tout dépassement étant impossible ou se traduisant par un coût encore plus élevé.

■ **L'open market**

Cette action passe par l'intermédiaire du marché monétaire, c'est-à-dire du marché des capitaux à court terme. Sur ce marché interviennent les banques, la banque centrale, mais également des agents non financiers. On y échange des titres contre de la monnaie banque centrale. Une banque qui a besoin de monnaie centrale se la procurera en vendant des titres, alors qu'un agent qui dispose d'un excédent de base monétaire cherchera, au contraire, à obtenir des titres qui rapportent un intérêt.

Sur ce marché, la banque centrale dispose d'un pouvoir plus important que celui des autres agents : elle peut créer de la monnaie centrale. Son action passe par des achats ou ventes de titres. Si elle veut accroître la liquidité bancaire, elle achète des titres, injectant ainsi de la monnaie banque centrale dans le circuit monétaire. Il en résulte une baisse du taux d'intérêt. Si elle souhaite au contraire réduire la masse monétaire, elle vend des titres, réduit donc la base monétaire et provoque une hausse du taux d'intérêt.

Dans la réalité, la banque centrale ne réalise que rarement des opérations définitives d'achats et ventes. Elle se contente de « prendre en pension » des titres, ce qui correspond à des cessions temporaires d'actifs. La propriété de l'actif est transférée, mais l'opération se dénoue par une rétrocession du titre à une date ultérieure. La différence entre le prix d'achat et de rachat constitue l'intérêt perçu par le prêteur.

b. — L'action réglementaire

Les mesures réglementaires visent à encadrer le pouvoir de création monétaire des banques à sa source. La plus simple consiste à définir le montant des crédits que les banques ont le droit d'accorder : c'est l'encadrement du crédit. Mais on peut également imposer aux banques de détenir des réserves obligatoires, ce qui modifie la valeur du multiplicateur de crédit.

■ **L'encadrement du crédit**

Il s'agit d'une procédure administrative de contrôle de la création monétaire effectuée par les banques. Les autorités monétaires définissent le montant maximal ou le rythme de progression des crédits que les banques sont susceptibles d'accorder. Cette méthode permet de contrôler la création monétaire sans manipuler les taux d'intérêt. Elle repose sur un mécanisme de rationnement des quantités (crédits) plutôt que sur les variations de prix (taux d'intérêt).

On est en présence d'une procédure, a priori efficace, mais très lourde. Il y a une grande variété des types de crédit. Les encadrer tous impose un carcan très contraignant mais évite toutes les dérogations et contournement possibles de la législation. De plus, dans une économie ouverte, ce type de restriction devient très difficile à mener et cet instrument a été abandonné au cours des années 1980.

■ **Les réserves obligatoires**

Les mécanismes de la création monétaire ont montré que la quantité de monnaie créée est un multiple de la base monétaire. Cela est vrai que l'on raisonne en terme de multiplicateur ou de diviseur de crédit. Le multiplicateur de crédit est l'inverse du coefficient de réserve. Une augmentation des réserves, sous forme de monnaie centrale, que les banques sont tenues de réaliser, réduit la valeur du multiplicateur. L'action peut être relativement souple. On peut imposer des réserves sur les dépôts, sur les crédits, sur certaines formes de crédits seulement, etc. Cet instrument n'est efficace que s'il s'accompagne d'une action sur le coût du refinancement. Si les banques peuvent se procurer des réserves à faible coût, une hausse du taux de réserves obligatoires est sans effet.

2. – Le choix des instruments dépend de la structure du financement de l'économie

Le choix des instruments est lié à leur efficacité. Celle-ci dépend très largement de l'organisation du système monétaire et financier. Sans se lancer dans les développements abordés ultérieurement, on distingue aujourd'hui traditionnellement les économies de marché de capitaux et les économies d'endettement.

a. — Les instruments en économie de marché de capitaux

Une économie de marché de capitaux se caractérise par la prépondérance de la finance directe. Les entreprises ont recours aux marchés pour financer leurs investissements, tandis que les banques se refinancent essentiellement sur le marché monétaire. L'organisation financière des États-Unis est essentiellement de ce type. Depuis les années 1980, l'Europe s'est engagée sur cette voie. On a vu se développer le rôle des marchés financiers dans le financement des entreprises.

L'analyse de ce type de marché a été faite par les monétaristes américains Brunner et Meltzer. La régulation de la création de monnaie y passe par une action sur la base monétaire. Les instruments privilégiés sont alors l'*open market*, les réserves obligatoires et des actions indirectes sur la demande de monnaie (action sur le taux de change ou le taux d'intérêt).

b. — Les instruments en économie d'endettement

En économie d'endettement, les banques font appel de manière systématique à la banque centrale pour assurer leur refinancement. Cette dernière se trouve alors en situation de prêteur en dernier ressort. L'offre de crédit des banques est illimitée car leur refinancement est automatique et à un coût inférieur à ce que rapportent les crédits. La banque centrale ne peut que difficilement contraindre les banques commerciales, sauf à mettre en péril leur liquidité. L'économie française jusqu'au début des années 1980 est caractéristique de cette situation.

Parmi les instruments utilisés, domine l'encadrement du crédit. Seule une mesure de nature contraignante peut limiter l'octroi de crédit par les banques. Puis vient la politique de réescompte dont l'effet est limité par les pratiques des banques. Les réserves obligatoires sont également utilisées et fonctionnent comme en économie de marché de capitaux.

3. – Les instruments mis en œuvre dans le cadre de l'Union économique et monétaire

Au cours des années 1990, l'Europe s'est engagée dans la voie de l'Union économique et monétaire (UEM). Ainsi, a-t-on assisté à la création de l'Institut monétaire européen (1994) qui a donné naissance à la Banque centrale européenne (BCE). C'est elle qui décide aujourd'hui de la politique monétaire européenne et dispose pour ce faire d'un certain nombre d'instruments bien définis.

a. — Les agents de la politique monétaire

Depuis le 1er janvier 1999, l'organe chargé de la mise en œuvre de la politique monétaire en Europe est le Système européen de banques centrales (SEBC), composé de la BCE et des banques centrales nationales des pays membres de l'Union européenne. Mais comme tous les pays membres n'ont pas adhéré aux mécanismes de la monnaie unique, la BCE distingue l'« eurosystème », appelé fréquemment « zone euro », et le SEBC. Le Mécanisme de change européen 2, (MCE2) lie à l'euro les monnaies de certains pays ne participant pas à l'Union monétaire.

Les organes de décision de la BCE sont :

– Le Conseil des gouverneurs, qui comprend les membres du directoire et les gouverneurs des banques centrales nationales participant à l'Eurosystème. Il décide la politique monétaire.

– Le Directoire est composé du président de la banque, du vice-président et de quatre autres membres. Tous sont nommés d'un commun accord par les chefs d'État des pays membres et disposent d'un mandat de 8 ans non renouvelable. Il est chargé de l'application de la politique décidée par le Conseil des gouverneurs.

– Le Conseil général est composé du président de la BCE, du vice-président et des gouverneurs des banques centrales des pays de l'Union européenne, même celles qui ne participent pas à l'Eurosystème. Il exerce une fonction consultative et prépare l'entrée de nouveaux participants à l'Eurosystème.

La Banque centrale européenne est par nature indépendante des pouvoirs politiques des différents États. Elle a pour objectif principal de « maintenir la stabilité des prix ». Mais elle peut également poursuivre des objectifs plus généraux. « *Sans préjudice de son objectif principal, qui est d'assurer la stabilité des prix, l'Eurosystème apporte son soutien aux politiques économiques générales dans la Communauté européenne et agit conformément au principe d'une économie de marché ouverte, comme le stipule le traité instituant la Communauté européenne.* » (*La Banque centrale européenne*, Document de présentation édité par la BCE). Cela laisse la porte ouverte à des interprétations différentes de la politique monétaire, même si la BCE affirme que son objectif reste de maintenir l'inflation autour de 2 %.

b. — Les instruments de politique monétaire de l'Eurosystème

Pour atteindre ses objectifs, le SEBC dispose d'une panoplie d'instruments qui entrent dans le cadre de la présentation générale abordée ci-dessus. Seuls certains types d'instruments sont bien sûr utilisés. Les décisions sont prises par la BCE, mais ce sont les banques centrales nationales qui sont chargées de leur application.

■ **Opérations d'open market**

Les opérations d'open market sont particulièrement importantes dans le fonctionnement de la BCE. C'est conforme au développement d'une économie de marché de capitaux en Europe.

Le SEBC dispose de cinq instruments techniques, de deux procédures, et les opérations peuvent être regroupées en quatre catégories.

Les cinq instruments sont :

– Les opérations de cession temporaire. Il s'agit d'achats ou de ventes de titres dans le cadre d'accords de pension (la propriété du titre est transférée à l'acheteur, dans le cadre d'un accord de rétrocession) ou de prêts garantis (une sûreté opposable est constituée sur l'actif mais, sous réserve du remboursement du prêt, l'actif demeure la propriété du débiteur).

– Les opérations fermes. Elles correspondent à des achats ou ventes de titres par le SEBC. Elles impliquent le transfert de la propriété du titre, sans qu'une rétrocession y soit liée.

– L'émission de certificat de dette. La BCE peut émettre des certificats de dette qui constituent une créance sur le SEBC et sont négociables sans restriction. Ils sont émis, de manière régulière ou irrégulière, pour réduire les liquidités sur le marché monétaire. Ils sont émis à un montant inférieur au niveau du nominal et sont remboursés à leur valeur nominale à l'échéance. La différence correspond à l'intérêt reçu par le prêteur.

– Les opérations d'échange de devises. L'Eurosystème achète (ou vend) des euros au comptant contre une monnaie étrangère et, simultanément, les revend (ou les rachète) à terme à une date prédéterminée.

– Les reprises de liquidités en blanc. L'Eurosystème peut inviter les institutions financières des pays de l'Union (appelées les « contreparties ») à placer des liquidités sous forme de dépôts à terme rémunérés auprès de la banque centrale nationale de leur pays. L'objectif est de retirer des liquidités du marché monétaire.

Les relations entre le SEBC et les autres organismes financiers se font au moyen de deux procédures :

– Les « appels d'offre ». Ils s'adressent à l'ensemble des contreparties et consistent à leur proposer des liquidités. Ils sont qualifiés de normaux lorsqu'ils s'exercent dans un délai de 24 heures et de rapides lorsque le délai est ramené à une heure.

– Les procédures bilatérales. Elles impliquent le SEBC et une banque.

Au final, la combinaison de tous ces éléments permet de dresser une typologie des opérations d'open market laissant apparaître quatre cas.

– Les opérations principales de refinancement. Elles consistent essentiellement en opérations de cession temporaire, sont effectuées par les banques centrales nationales, par voie d'appels d'offre normaux et sont destinées à fournir de manière régulière des liquidités au système financier.

– Les opérations de financement à plus long terme. Elles apportent un complément de liquidité au système financier par cession temporaire d'actifs à échéance de 3 mois. Elles sont exécutées par les banques centrales nationales, par voie d'appels d'offre normaux et n'ont pas pour objet d'émettre des signaux à l'intention du marché.

– Les opérations de réglage fin. Elles sont destinées à assurer le pilotage des taux d'intérêt et à gérer la situation de la liquidité sur le marché. Elles doivent notamment atténuer les effets sur les taux des variations de la liquidité. Les instruments peuvent être des opérations temporaires ou fermes, des échanges de devises ou des reprises de liquidités en blanc. Elles font généralement l'objet de procédures bilatérales ou d'appels d'offre rapide.

– Les opérations structurelles. Elles ont pour but d'ajuster la position structurelle du SEBC vis-à-vis du secteur financier. Elles prennent la forme d'émission de certificats de dette ou d'opération de cession temporaire ou à terme. Les deux premières sont menées sous la forme d'appels d'offre normaux, la troisième selon des procédures bilatérales.

■ Les facilités permanentes

Les facilités permanentes permettent de fournir ou de retirer des liquidités au jour le jour. Ces opérations n'ont pas le caractère systématique de l'open market, mais jouent un rôle important car elles permettent d'encadrer les taux d'intérêt du marché monétaire.

Deux instruments sont ici utilisables :

– La facilité de prêt marginal. Elle permet aux banques d'obtenir de la banque centrale des liquidités à 24 heures, à un taux déterminé en échange d'actifs pris en pension. Le taux d'intérêt pratiqué constitue un plafond pour le taux d'intérêt au jour le jour. Une banque qui a besoin de liquidités sait qu'elle peut les trouver, au plus cher, au taux proposé par la banque centrale.

– La facilité de dépôt. Les banques qui disposent de liquidités peuvent les déposer pour 24 heures, à un taux prédéterminé, auprès des banques centrales nationales. Le taux constitue un plancher pour le taux d'intérêt au jour le jour : une banque qui dispose de liquidités sait qu'elle peut les placer, au minimum, au taux proposé par la banque centrale.

Les taux de ces facilités encadrent donc, en temps normal, les taux d'intérêt courts sur le marché monétaire et sont des signaux pour les opérateurs. Ils encadrent également le taux de l'opération principale de refinancement, le « refi ».

■ **Les réserves obligatoires**

Le mécanisme des réserves obligatoires oblige les établissements de crédit à constituer des réserves auprès du SEBC. Le montant de réserves obligatoires est déterminé en fonction d'éléments de leurs bilans. L'objectif est ici de créer un besoin structurel de liquidités réduisant le multiplicateur de crédit, mais assurant également le fonctionnement des mécanismes de refinancement. Le système ayant besoin impérativement de liquidités, les instruments du refinancement sont efficaces.

Chaque établissement doit s'assurer qu'il détient bien, en moyenne, les réserves demandées. Cette procédure permet de réguler les variations du taux d'intérêt en autorisant les banques à détenir moins de réserves une journée si, en moyenne, elles réalisent les objectifs imposés. On évite alors de les voir demander des liquidités un jour et s'en débarrasser le lendemain.

III

LE FINANCEMENT DE L'ÉCONOMIE

La question du financement de l'économie englobe celle de la création monétaire, mais ne s'y réduit pas. Il s'agit de comprendre comment des agents ayant des besoins de financement font appel à l'épargne dégagée par d'autres agents, ou à la création monétaire. Les formes du financement sont multiples et conditionnent largement la structure de l'économie. Pour répondre à ces besoins de financement les réponses apportées, au cours des deux derniers siècles, par les pays développés à économie de marché, sont très diverses.

A LES FORMES DU FINANCEMENT

S'intéresser au financement renvoie à de multiples opérations économiques. On peut financer les investissements des entreprises, leurs dépenses commerciales courantes, l'investissement en logement des ménages, les dépenses de consommation des ménages, les besoins de financement des administrations publiques. La manière dont est organisé le financement se traduit par des structures économiques et financières très différentes qui conditionnent l'impact des politiques économiques.

1. – Financement direct ou indirect

Afin de financer leurs investissements, les entreprises ont recours à plusieurs sources. Interne tout d'abord, lorsqu'elles se servent de leurs ressources propres, profits accumulés par exemple. C'est l'autofinancement. Mais elles font également appel à un financement externe. C'est ici qu'opère la distinction traditionnelle entre financement direct et indirect. Le premier met directement en présence le prêteur et l'emprunteur. Les ménages, par exemple, souscrivent directement aux titres émis par les entreprises sur les marchés financiers. Le second nécessite l'intervention d'un intermédiaire, à qui les ménages confient leur épargne et qui prête aux entreprises. Cet intermédiaire financier réalise le plus souvent en même temps une opération de transformation, car il prête à long terme des ressources disponibles seulement à court terme.

a. — La finance directe : le financement par les marchés de capitaux

Dans ce contexte les agents disposant d'une capacité de financement accumulée antérieurement, une épargne, la mettent à la disposition d'autres agents à besoin de financement. L'échange peut se réaliser par l'intermédiaire des marchés de capitaux qui existent sous deux formes : marché financier et marché monétaire.

Le premier est le « lieu », très largement dématérialisé, où s'échangent des titres mobiliers contre de la monnaie. C'est un marché des capitaux à long terme. On distingue deux segments sur ce marché. Un marché primaire correspondant aux émissions de titres nouveaux, actions ou obligations, et un marché secondaire sur lequel se négocient des titres déjà émis, un « marché de l'occasion », qu'on appelle la Bourse.

Le marché monétaire est un marché de capitaux de court terme. Il assure quotidiennement la liquidité du système financier. S'y confrontent les offres et les demandes de monnaie de différents types d'agents : banques, entreprises, banque centrale. À partir du début des années 1970, c'est sur ce marché que s'effectue l'essentiel du refinancement bancaire en France. Mais il passe encore par des relations bilatérales entre la banque centrale et les banques commerciales. Il faut attendre les réformes du milieu des années 1980 pour qu'il devienne un véritable marché des capitaux à court terme, comme c'était le cas en Grande-Bretagne ou aux États-Unis. Au niveau européen, les interventions sur le marché monétaire constituent l'instrument privilégié de la Banque centrale européenne.

b. — Le financement indirect : intermédiation financière et crédit

Le financement indirect suppose qu'un intermédiaire financier s'interpose entre le prêteur et le demandeur. Il réalise alors une intermédiation de bilan puisqu'il inscrit à son passif une dette envers les agents à capacité de financement et à son actif une créance sur les agents à besoin de financement.

Deux situations différentes peuvent se présenter :

– Les institutions financières (banques, caisses d'épargne…) collectent des sommes auprès des agents à capacité de financement (les ménages pour simplifier) et prêtent aux entreprises ou à l'État. Elles réalisent le plus souvent en même temps une transformation du terme, collectant à court terme pour prêter à long terme.

– Les intermédiaires financiers créent également de la monnaie afin d'assurer le financement. Cette monnaie, créée à l'occasion d'une opération de crédit est endogène à l'économie. On retrouve ici une distinction sur la nature de la monnaie déjà évoquée dans le cadre de la controverse entre la *Banking school* et la *Currency school*.

2. – Économie de marché et économie d'endettement

Les considérations précédentes sur les modes de financement conduisent à la distinction, désormais classique entre économie de marché et économie d'endettement.

a. — Une distinction devenue classique

On attribue traditionnellement à John Hicks la paternité de cette opposition entre économie de marchés financiers et économie d'endettement (*overdraft economy*).

Trois critères sont retenus :

– Le mode de financement de l'économie. Dans une économie d'endettement c'est principalement la finance indirecte qui domine, alors que le financement direct correspond à l'économie de marchés financiers.

– Les modalités de fixation des taux d'intérêt. En économie de marché de capitaux, les taux d'intérêt sont flexibles et déterminés par l'offre et la demande sur le marché. En économie d'endettement, ils dépendent des décisions de la banque centrale et sont donc fixés administrativement.

– Le sens de la causalité entre masse monétaire et monnaie banque centrale. En économie de marché de capitaux, s'applique la logique du multiplicateur de crédit. Les banques créent de la monnaie comme un multiple d'une base monétaire constituée de la monnaie centrale. La monnaie est alors exogène et la politique monétaire permet de contrôler la masse monétaire. En économie d'endettement, les banques accordent des crédits et se refinancent ensuite auprès de la banque centrale, que ce soit par le réescompte ou sur le marché monétaire. C'est la logique du diviseur de crédit qui prévaut. La banque centrale se trouve cantonnée dans un rôle de prêteur en dernier ressort contraint. La politique monétaire est inefficace pour maîtriser la croissance de la masse monétaire.

b. — Une réalité parfois différente

On considère souvent que l'économie française était le prototype d'une économie d'endettement et qu'elle a évolué au cours des dernières décennies vers le modèle américain d'une économie de marché. Mais cette vision est trop simplifiée pour rendre compte de la réalité des processus.

Jean-François Goux (*Économie monétaire et financière*, 1998) est ainsi conduit à proposer une classification des systèmes financiers utilisant trois critères : l'importance relative de la finance directe et indirecte, le mode de détermination des taux d'intérêt (marché, gouvernement, institutions financières), les manières d'intervenir des gouvernements sur les marchés monétaires et financiers. Il détermine ainsi trois types de systèmes :

– un système fondé sur les marchés de capitaux dans lequel l'allocation des ressources se fait selon l'offre et la demande ;

– un autre reposant sur le crédit ou la banque avec des taux d'intérêt administrés par le gouvernement ;

– le troisième ayant également pour fondement le crédit ou la banque, mais libéralisé, avec concurrence des marchés financiers ou domination des institutions financières.

« *Cette nouvelle classification permet de caractériser l'évolution du système financier français, non comme la transformation brutale d'une économie d'endettement en une économie de marché de capitaux, mais de manière beaucoup plus modeste et réaliste comme le passage d'un système financier fondé sur la banque et administré à un système financier qui reste fondé sur la banque mais qui est désormais libéralisé.* »

B L'ÉVOLUTION DES SYSTÈMES FINANCIERS DEPUIS LE XIXe SIÈCLE

Les deux derniers siècles ont été marqués par l'avènement de la société industrielle. Celle-ci nécessite un secteur bancaire puissant assurant le financement de l'économie. Les transformations des systèmes financiers ont accompagné celles de l'activité économique.

1. – Organisation bancaire et révolution industrielle

Les banques ne naissent pas avec la révolution industrielle. Les banquiers du Moyen Âge accompagnent le développement du commerce, assurent la conversion des monnaies, soutiennent la trésorerie des souverains. Mais la révolution industrielle qui se produit en Grande-Bretagne à la fin du XVIIIe siècle bouleverse les modes de financement de l'économie. Elle se traduit par une croissance de la production, par des investissements plus importants, par un commerce intérieur et extérieur accru, etc. Tous ces éléments amènent peu à peu une modification du rôle des banques. Cependant, les transformations bancaires sont lentes et elles ne sont vraiment visibles que dans la seconde moitié du XIXe siècle.

a. — Le rôle minime des banques dans la première révolution industrielle

Les banques ne participent que de façon réduite au financement de la première révolution industrielle, car les entreprises s'autofinancent largement. La première activité à connaître le décollage est le textile. Il s'agit d'une industrie légère, dans laquelle le montant des investissements est réduit et les profits élevés. Les machines textiles s'apparentent à des « jouets mécaniques » selon l'expression d'Ernest Labrousse. Paul Bairoch a calculé qu'il suffit d'avancer 4 à 5 mois de salaire masculin moyen pour mettre au travail un ouvrier. Il n'est donc pas nécessaire de recourir à un financement externe.

Si elles ne financent pas les investissements, les banques accordent en revanche des crédits à court terme pour l'exploitation commerciale des entreprises par exemple. Les frais fixes sont importants, il faut payer les matières premières, assurer le transport des marchandises, opérer une jonction entre les recettes et les dépenses. Les banques contribuent à la trésorerie des entreprises, escomptent les lettres de change, mais ne s'engagent pas à long terme.

L'organisation bancaire, héritée du Moyen Âge, correspond à ce qu'on appelle en France la *Haute Banque* à laquelle s'apparentent les *merchant banks* anglais. Il s'agit d'un ensemble de banques qui pour la plupart existaient avant la Révolution française, fonctionnent sur leurs ressources propres et exercent des activités traditionnelles : financement du commerce, prêts aux États. Leur participation aux activités industrielles est réduite jusqu'aux années 1830-1840.

b. — La révolution bancaire du milieu du XIXe siècle

La profonde transformation du système bancaire qui voit le jour au milieu du XIXe siècle est largement liée au développement du chemin de fer. La nécessité de réaliser des investissements colossaux, dont la rentabilité ne peut être assurée que sur le long terme, impose une modification des modes de financement. Le précurseur de cette véritable révolution bancaire en France est Laffitte qui veut créer dès 1825 une « *société commanditaire de l'industrie* ». Il s'agit de constituer une société, au capital considérable de 100 millions, capable de participer au financement des investissements dans les chemins de fer, les mines ou la sidérurgie. Le projet est un échec, mais l'idée est ensuite reprise.

C'est au milieu du XIXe siècle, après la grande crise des années 1847-1848 qui a balayé le système bancaire, qu'apparaissent les principales innovations. Les frères Pereire créent, en 1852, le Crédit mobilier. C'est une banque au capital important, dont l'objectif est de financer des projets novateurs, parfois risqués. Le Crédit mobilier s'engage ainsi dans la construction des chemins de fer, les travaux d'Haussmann, le commerce extérieur. Il subit une grave crise en 1867, mais ouvre la voie de la grande transformation bancaire. En quelques années naissent des nouvelles banques, au capital énorme et drainant des multiples petits dépôts : Crédit lyonnais (1863), Société générale

(1864). Leurs réseaux, qui se développent en suivant l'extension du chemin de fer, leur permettent de récupérer l'épargne de la bourgeoisie provinciale.

La question de la spécialisation bancaire se pose rapidement au cours du XIXᵉ siècle. Il s'agit de la distinction entre banques de dépôts et banques d'affaires. Très tôt, l'Angleterre opte pour la spécialisation, tandis que les autres pays développent la banque à tout faire. Il faut attendre la crise de 1882 et la faillite de l'Union générale, pour que la France s'engage dans la voie de la spécialisation bancaire. C'est l'application de la doctrine Germain, le fondateur du Crédit lyonnais, qui veut que les banques disposent en caisse ou en réserves rapidement mobilisables du montant des dépôts à vue ; elles peuvent ainsi faire face aux demandes de remboursements en cas de crise de confiance. Seules les banques qui reçoivent des dépôts à long terme peuvent donc accorder des crédits à long terme.

L'Allemagne ou les États-Unis, avec deux situations très différentes, restent en revanche fidèles à la banque à tout faire. L'Allemagne dispose d'un appareil bancaire très concentré et fortement lié aux milieux industriels, tandis que les États-Unis vivent dans une relative anarchie bancaire. Ils disposent d'une multitude de banques, des grandes et des petites, émettant des billets… et pas de banque centrale.

2. – La diversité des modes de financement dans le second XXᵉ siècle

Le système bancaire issu du XIXᵉ siècle a largement souffert de la crise des années 1930. L'organisation bancaire, le financement de l'économie, la gestion de la monnaie ont été considérés souvent comme responsables de l'ampleur de la crise. La période qui s'ouvre après la Seconde Guerre mondiale est donc marquée par des réorganisations financières importantes. Plusieurs voies sont empruntées par les pays industriels, entre économie d'endettement et économie de marché de capitaux.

a. — La France et le Japon : modèles de l'économie d'endettement

La France peut être considérée comme le modèle d'une économie d'endettement au cours des Trente Glorieuses et jusqu'au début des années 1980.

■ **Un système contrôlé par l'État et une spécialisation bancaire**

Les nationalisations bancaires de 1945 ont donné à l'État les moyens d'utiliser la monnaie et la politique monétaire comme instruments de politique économique. Les banques participent donc à la politique industrielle en finançant les activités prioritaires (énergie, sidérurgie, agriculture, exportation…). Le système bancaire est organisé en réseaux cloisonnés : c'est la règle de la spécialisation bancaire qui prévaut jusqu'à la réforme Debré-Haberer de 1967.

■ **Un financement des entreprises presque exclusivement bancaire**

La part du financement bancaire en ce qui concerne l'investissement atteint 60 % en 1974. L'étroitesse des marchés des capitaux oblige les entreprises à recourir au crédit bancaire pour financer leurs activités. Cette faiblesse des marchés des capitaux s'explique d'une part par le comportement des ménages qui privilégient une épargne courte (livrets d'épargne) et, d'autre part, par l'importance des émissions de titres publics (emprunts d'État, bons du Trésor) qui assèchent le peu d'épargne longue qui reste.

■ **La banque centrale comme prêteur en dernier ressort contraint**

La banque centrale joue un rôle essentiel dans ce contexte. Elle assure le refinancement des banques commerciales par le biais du réescompte. Elle se trouve en situation de prêteur en dernier ressort, mais contraint. Si elle refuse de fournir les liquidités nécessaires, le système bancaire est menacé de faillite. Elle ne peut que faiblement maîtriser la création monétaire. On est dans la logique du diviseur de crédit, celle d'une création monétaire endogène au système économique sur laquelle la politique monétaire a peu de prises.

L'économie japonaise présente également les caractéristiques d'une économie d'endettement. Les banques sont au cœur de l'organisation productive. Les grands groupes industriels comportent en leur sein une structure bancaire qui se charge du financement des activités commerciales et de l'investissement. L'investissement colossal réalisé après la Seconde Guerre mondiale (les taux d'investissement atteignent 30 %) a été en partie financé par création monétaire et crédit bancaire. Il faut également rajouter l'important besoin de financement de l'État assuré par l'épargne des ménages et la création monétaire. La Banque du Japon joue également, comme en France, le rôle de prêteur en dernier ressort.

b. — Les États-Unis et l'économie de marchés financiers

L'économie américaine représente le modèle d'une économie de marchés financiers. Le financement des entreprises y est assuré essentiellement par les marchés. Les banques commerciales, mais également des institutions financières non bancaires (fonds de pensions par exemple) souscrivent les titres des entreprises. Ce sont des titres courts, qui financent l'activité commerciale, mais également des titres engageant sur le long terme (actions ou obligations) qui assurent le financement d'une partie de l'investissement.

La banque centrale intervient sur le marché monétaire, par le biais de l'open market, afin d'assurer la liquidité bancaire. Elle apparaît comme beaucoup moins contrainte qu'en économie d'endettement et la politique monétaire retrouve une relative efficacité.

3. – La globalisation financière : désintermédiation et nouvelle révolution bancaire

Au cours des années 1980 on a assisté à un bouleversement de l'organisation financière et bancaire. Les contraintes pesant sur les économies d'endettement amènent à des réformes structurelles et la globalisation financière, marquée par l'ouverture internationale des marchés des capitaux, affecte toutes les économies.

a. — Les contraintes de l'économie d'endettement

L'économie d'endettement a été un puissant levier de la croissance. Le recours systématique au crédit a permis de financer des investissements importants et a assuré également le développement de la consommation de masse (crédit à la consommation).

Mais, à partir des années 1970, cette structure économique bute sur la contrainte de l'inflation. L'économie d'endettement est en effet, par nature, inflationniste. Les banques accordent des crédits et se refinancent ensuite. Elles n'ont donc aucune raison de réduire le développement des crédits, tant que la banque centrale assure son rôle de prêteur en dernier ressort. On a vu que cette dernière ne peut que difficilement contraindre les banques, sauf à prendre le risque de mettre en péril la stabilité du système. La masse monétaire progresse donc au rythme des crédits bancaires, ce qui alimente l'inflation. Celle-ci est d'ailleurs perçue de façon plutôt positive, puisqu'elle ronge les dettes.

Les contraintes apparaissent avec le surendettement des agents. Face à la montée des charges financières, les profits des entreprises diminuent. L'endettement public, lié à la persistance de déficits budgétaires, s'accroît lourdement. La solution inflationniste devient de plus en plus difficile à assumer dans un contexte international marqué par le développement de politiques anti-inflationnistes. Le différentiel d'inflation se traduit par une perte de compétitivité des produits nationaux et par un creusement du déficit commercial.

b. — *La globalisation financière : avantages et inconvénients*

Le mouvement amorcé au milieu des années 1980 s'inscrit dans le cadre général de la globalisation financière caractérisée par les 3D : déréglementation (assouplissement des règles régissant le fonctionnement des marchés et les mouvements internationaux de capitaux), décloisonnement (constitution d'un marché international des capitaux, suppression de la distinction entre banque de dépôts et banque d'affaires), désintermédiation. Cette dernière se traduit par le développement de la finance directe, par l'accroissement du rôle des marchés de capitaux dans le financement des entreprises et des États. Les entreprises ont de plus en plus recours à l'autofinancement de leurs investissements, ce qui a été rendu possible par le retournement à la hausse des profits et la baisse de la part des salaires dans la valeur ajoutée. La forte croissance des marchés financiers leur permet de trouver des acquéreurs lors des émissions de titres. Sur ces marchés se présente l'épargne des ménages, via les Organismes de placement collectif en valeurs mobilières (OPCVM) comme les SICAV (Sociétés d'investissement à capital variable), mais on y trouve également des investisseurs institutionnels, tels que les sociétés d'assurance ou les fonds de pension anglo-saxons. Des entreprises y interviennent aussi dans le cadre de leurs stratégies d'acquisition, de concentration.

La globalisation financière a permis de modifier les sources de financement de l'investissement, a favorisé une meilleure circulation des capitaux dans le monde et a sans doute contribué à la maîtrise de l'inflation. Elle est pourtant également source d'instabilité financière. Le développement des marchés des capitaux s'est accompagné d'une croissance des phénomènes spéculatifs. Ces derniers ont concerné les monnaies, comme dans le cadre des attaques contre les monnaies européennes entre 1992 et 1995. Ils prennent également la forme de raids menés sur certaines entreprises dans le seul but de réaliser des plus-values lors du démantèlement de l'entreprise. L'apparition de nombreuses innovations financières, permettent à certains agents de se couvrir contre les risques, sans pour autant les faire disparaître. Ils sont seulement transférés à d'autres agents dans le cadre d'activités spéculatives. Une faillite retentissante comme celle de la Barings (1995), mais également les mini-krachs de 1987 et 1989, le e-krach de 2000 montrent que les bulles spéculatives finissent toujours par se dégonfler. La crise des *subprimes*, à partir de 2007, a remarquablement montré les limites de ces innovations financières. Les montages financiers complexes (titrisation des créances, dérivés de crédit…) a permis la dilution du risque mais a généré un risque systémique. La plupart des grands opérateurs financiers se sont retrouvés impliqués dans des activités risquées, plus ou moins volontairement et sans pouvoir mesurer leur impact. L'explosion de la bulle spéculative sur l'immobilier américain a provoqué une catastrophe financière et bancaire qui s'est transformée en crise économique mondiale.

La faillite des mesures de contrôle (règles prudentielles, agences de notation…), conduit à poser à nouveau la question de la régulation des marchés financiers. Dès 1972, Tobin souhaitait l'instauration d'une taxe sur les transactions financières internationales. Ce plaidoyer en faveur des « grains de sables jetés dans les rouages de la finance internationale » a retrouvé une nouvelle force depuis 2008. Alors qu'il était l'apanage des organisations altermondialistes, de nombreuses voix s'élèvent aujourd'hui pour réclamer des mesures de régulation plus strictes de la finance mondiale.

CHRONOLOGIE

1795. — Le franc est l'unité monétaire française.

1797. — Inconvertibilité-or de la livre sterling qui donnera naissance à la controverse bullionniste (1809-1811).

1800 (13 février). — Création de la Banque de France.

1803. — Instauration du bimétallisme or-argent (28 mars). Création du franc germinal (7 avril).

1844. — *Banking Charter Act*, instaure en Grande-Bretagne les règles strictes de gestion monétaire dans le cadre de l'étalon-or.

1848. — Monopole de l'émission de monnaie pour la Banque de France.

1852. — Création du Crédit mobilier par les frères Pereire, marque le début de la révolution bancaire en France.

1865. — Union latine. Coopération monétaire des pays bimétallistes (France, Italie, Belgique, Suisse).

1876. — Abandon partiel du bimétallisme (le bimétallisme boiteux) et instauration de fait de l'étalon-or.

1882. — Faillite de l'Union générale, généralisation de la spécialisation bancaire en France (la doctrine Germain).

1925 (13 mai). — Restauration de la convertibilité-or de la livre sterling, à sa parité de 1914.

1926 (fin juillet). — Début de la stabilisation Poincaré.

1928 (2 juin). — Création du franc Poincaré.

1931 (21 septembre). — Dévaluation de la livre sterling et abandon de l'étalon-or par la Grande-Bretagne.

1934 (30 janvier). — Dévaluation du dollar ; cours fixé à 35 $ l'once d'or. Dans les faits, les États-Unis ont abandonné l'étalon-or et le dollar flotte depuis mars 1933.

1936 (24 juillet). — Prise de contrôle de l'État sur la Banque de France.

1936 (1er octobre). — Dévaluation du franc.

1945 (2 décembre). — Nationalisations de la Banque de France et des quatre principales banques de dépôt. Réaffirmation de la spécialisation bancaire.

1960 (1er janvier). — Instauration du nouveau franc.

1966-67. — Premières réformes pour assouplir les conditions de la spécialisation bancaire en France (Debré-Haberer).

1970. — Rapport Werner précisant les modalités de la création d'une monnaie unique européenne.

1971 (15 août). — Fin de la convertibilité-or du dollar.

1972 (12 avril). — Instauration du Serpent monétaire européen.

1976 (7-8 janvier). — Accords de la Jamaïque : généralisation des changes flottants et abandon de la convertibilité-or des monnaies.

1979 (10 mars). — Entrée en vigueur du Système monétaire européen.

1982 (11 février). — Nationalisations bancaires en France.

1984. — Début des réformes bancaires en France : fin de la spécialisation, ouverture des marchés des capitaux, etc. Passage progressif vers une économie de marchés financiers.

1987. — Première privatisation bancaire (Paribas). D'autres suivent : Société générale, CCF, BNP, etc.

1992 (7 février). — Traité de Maastricht. Adoption du principe d'une monnaie unique. Référendum de ratification en France le 20 septembre.

1992-1993. — Importantes spéculations monétaires en Europe.

1993. — Indépendance de la Banque de France.

1994. — Création de l'*Institut monétaire européen*, instance provisoire qui devient la Banque centrale européenne le 1er janvier 1999.

1999 (1er janvier). — Naissance de l'euro et entrée en fonction de la Banque centrale européenne.

2002 (1er janvier). — L'euro comme seule monnaie dans douze pays de l'Union européenne.

2004. — Entrée de la Slovénie, la Lituanie et l'Estonie dans le MCE2.

2005. — Entrée dans le MCE2 de Chypre, la Lettonie, Malte, la Slovaquie.

2007. — Entrée de la Slovénie dans l'euro. Début de la crise des *subprimes* aux États-Unis.

2008. — Entrée de Chypre et Malte dans l'euro. Crise financière et bancaire (septembre).

2009. — Entrée de la Slovaquie dans l'euro. La crise financière se transforme en crise économique ; début d'une crise de la dette souveraine en Grèce.

BIBLIOGRAPHIE

AGLIETA (M.), *Macroéconomie financière*, La Découverte, coll. Repères, 1995.

AGLIETTA (M.) et ORLÉAN (A.), *La violence de la monnaie*, PUF, 1982.

AGLIETTA (M.), *La crise*, Michalon, 2009.

ARTUS (P.), BETBÈZE (J.-P.), DE BOISSIEU (C.), CAPELLE-BLANCARD (G.), *La crise des subprimes*, Rapport n° 78 pour le Conseil d'analyse économique, 2008, http://www.cae.gouv.fr.

BASSONI (M.) et BEITONE (A.), *Monnaie, théories et politiques*, Sirey, 1994.

BÉZIADE (M.), *La monnaie et ses mécanismes*, La Découverte, coll. Repères, 1989.

BOYER (R.), DEHOVE (M.), PLIHON (D.), *Les crises financières*, rapport n° 50 pour le Conseil d'Analyse économique, 2004, http://www.cae.gouv.fr.

FLOUZAT (M.), *Économie contemporaine. Tome 2 : Les phénomènes monétaires*, PUF, 13ᵉ éd., 1995.

GOUX (J.-F.), *Économie monétaire et financière*, Economica, 1998 (actualisé sur internet http://sceco-nte.univ-lyon2.fr/jfgoux/).

LAVIGNE (M.) et POLLIN (J.-P.), *Les théories de la monnaie*, La Découverte, coll. Repères, 1997.

PATAT (J.-P.), *Histoire de l'Europe monétaire*, La Découverte, coll. Repères, 1998.

« Bourse et marchés financiers », *Cahiers français*, n° 301, mars 2001.

« La monnaie », *Alternatives économiques*, hors série n° 45, 3ᵉ trimestre 2000.

« Monnaie et politique monétaire », *Cahiers français*, n° 267, juillet 1994.

« Monnaie et politique monétaire en Europe », *Cahiers français*, n° 297, juillet 2000.

« Le financement de l'économie », *Cahiers français,* n° 331, mars/avril 2006.

SUJETS CORRIGÉS

**SUJET
I**

*L'épargne, dit-on, favorise dans l'immédiat les capitalistes et à
terme les travailleurs. À l'aide d'exemples historiques, discutez
cette affirmation. (ESSEC, 1982)*

**I L'épargne est généralement favorable
aux agents économiques
en particulier, et à la croissance
économique en général**

A. — L'épargne favorise généralement les capitalistes dans l'immédiat et les travailleurs à terme

*1. — Elle favorise généralement les capitalistes
dans l'immédiat*

– Elle les favorise car elle permet de financer l'investissement et la croissance des entreprises ; elle est donc nécessaire à la réalisation d'un profit. Cette épargne productive provient, soit de l'entreprise elle-même (base de l'autofinancement), soit des autres agents économiques (dans ce cas, des institutions financières et le marché financier permettent le transfert).

– Au début du XIXᵉ siècle, l'épargne provenait essentiellement des entreprises elles-mêmes car leurs besoins en capitaux étaient peu importants.

– Puis au cours de la seconde partie du XIXᵉ siècle, les besoins en capitaux des capitalistes deviennent croissants, le financement s'externalise, les entreprises font de plus en plus appel à l'épargne des autres agents économiques.

*2. — Elle favorise généralement les travailleurs
à terme*

– Les ménages (et donc les travailleurs) ont généralement des capacités de financement ; une partie plus ou moins importante de leur revenu est consacrée à l'épargne qui est soit thésaurisée (épargne improductive), soit placée (épargne productive).

– L'épargne semble défavorable au travailleur dans l'immédiat car elle est une renonciation à une consommation immédiate. Elle lui est favorable à terme car elle est une consommation différée et parce qu'elle est une source de revenus lorsqu'elle est placée. La décision d'épargner privilégie le long terme sur le temps présent (épargne de précaution par

exemple), et dépend selon Friedman du revenu supposé de toute la vie (théorie du revenu permanent).

B. — L'épargne est une condition pour une croissance économique équilibrée, elle profite donc indirectement à tous les agents économiques

1. — Elle est une condition à la croissance

– Toute croissance nécessite un financement. Ce financement provient soit d'une épargne préalable, soit du crédit et de la création monétaire. L'épargne est donc une source de croissance. L'épargne a par exemple été un facteur nécessaire d'industrialisation et de croissance lors de la seconde phase d'industrialisation ; les pays qui en manquaient ont dû faire appel aux capitaux étrangers.

– L'épargne profite à tous les agents économiques qui, grâce à la croissance, voient leurs revenus augmenter (salaires et profits) et plus particulièrement aux travailleurs qui occupent les emplois créés (phrase du chancelier Schmidt : « […] les investissements de demain sont les emplois d'après-demain »).

*2. — Elle permet une croissance équilibrée et
non inflationniste*

– Durant les Trente Glorieuses, l'épargne a joué un rôle moins important, notamment en France :
  • les capacités de financement ne couvrent plus les besoins de financement. L'épargne des ménages se ralentit, ne serait-ce que parce que la redistribution horizontale rend moins nécessaire l'épargne de précaution ;
  • une partie non négligeable de l'investissement est financée par la création monétaire.

Mais cette croissance est inflationniste ; l'économie semble vivre au-dessus de ses moyens. Cette économie d'endettement est une des causes de la crise des années 1970.

– Depuis les années 1980, l'épargne semble être réhabilitée. Le financement provient maintenant essentiellement d'une épargne préalable :
• celle des entreprises qui s'autofinancent ;
• celle des ménages qui sont de plus en plus présents sur le marché financier.
Ce retour du rôle central de l'épargne a été l'un des facteurs décisifs de la désinflation que connaissent les PDEM depuis le milieu des années 1980.

II   … mais l'épargne peut aussi, en période de crise ou lorsqu'elle est mal utilisée, défavoriser les agents économiques

A. — Trop d'épargne ou une épargne improductive peuvent être défavorables à l'économie

1. — Trop d'épargne peut être défavorable à l'activité économique
– « Vertus privées, vices publics » écrivait Keynes au sujet de l'épargne, retournant ainsi la fable de Mandeville. En période de crise, l'épargne peut, selon Keynes, être défavorable à l'activité économique. En effet, l'épargne est tout ce qui dans le revenu échappe à la consommation et donc à la demande des ménages. De plus, l'épargne n'est pas indispensable à l'investissement qui peut, en partie, être couvert par la création monétaire.
Trop d'épargne neutralise l'effet multiplicateur de l'investissement par la diminution de la propension marginale à consommer.
– Le problème de la politique monétaire des Trente Glorieuses est peut-être l'utilisation d'une façon quasi systématique des mesures (faiblesse des taux d'intérêt induisant une forte création monétaire par exemple) qui ne sont propices qu'à des périodes de forte crise.

2. — Toute épargne n'est pas productive
– Une partie de l'épargne peut être thésaurisée et donc quitter le circuit économique, ce qui, constituant un manque à gagner pour l'investissement ou

la consommation, met en cause la loi des débouchés de J.-B. Say et peut conduire à un déséquilibre entre l'offre et la demande. Keynes considère que cette épargne tombe dans la trappe à liquidités. Trois motifs peuvent inciter les ménages à préférer la liquidité : précaution, transaction et spéculation.
– L'épargne placée sur le marché financier échappe parfois à l'investissement. Si l'achat d'actions ou d'obligations sur le marché primaire (marché de l'émission de titres) permet le financement de l'activité, la spéculation sur le marché secondaire, non seulement ne joue pas ce rôle, mais en plus peut devenir source de déséquilibres aussi bien financiers que réels (krach financier de 1929 ou dans une moindre mesure celui de 1987).

B. — L'épargne peut ne pas profiter, à terme, aux épargnants

1. — L'épargne peut subir des crises financières
– Tous les placements sont plus ou moins risqués. Les placements sur le marché financier, malgré les nouveaux produits financiers, sont plus risqués que les placements en banque. Mais aucun n'est à l'abri d'une crise financière.
– Par exemple, en 1929, la chute des cours a non seulement ruiné les épargnants qui étaient entrés sur le marché financier mais aussi une partie de ceux qui avaient placé leur épargne dans les banques ayant fait faillite.

2. — L'épargne peut être érodée par l'inflation
– Qu'elle soit placée ou thésaurisée, l'épargne ne favorise pas toujours, à terme, l'épargnant. L'inflation, en diminuant la valeur de la monnaie, érode forcément la valeur des réserves.
– Ainsi, l'hyper-inflation allemande en 1921 a ruiné une partie des épargnants et l'inflation de la crise actuelle les a fortement défavorisés, surtout lorsque les taux d'inflation ont dépassé les taux d'intérêt nominaux.

L'endettement est-il un facteur de croissance ou un facteur de crise? Vous tenterez de répondre à cette question en vous référant à l'expérience historique des pays figurant au programme. (ESCAE, 1988)

Introduction

– Nécessité de définir l'endettement et de présenter les deux moyens pour le financer : l'épargne préalable d'une part ; le crédit et la création monétaire d'autre part.

– Idée générale : l'endettement est souvent nécessaire à la croissance, mais si la croissance induite est trop faible ou inadaptée, la sanction est le surendettement qui, lui, est facteur de crise.

I — L'endettement est souvent nécessaire à la croissance...

A. — L'endettement a été un facteur de croissance au XIXe siècle

1. — Un facteur de croissance pour les entreprises lors de la deuxième phase d'industrialisation

– Le financement des entreprises de la première industrialisation est surtout interne et le rôle de l'endettement est marginal (les emprunts sont essentiellement des emprunts à court terme pour couvrir les besoins de trésorerie).

– L'endettement prend un rôle considérable dans le développement des entreprises de la deuxième industrialisation : les besoins de financement des entreprises sont accrus du fait de l'augmentation de la taille des unités de production (nouvelles activités comme le chemin de fer et concentration nécessaire à la compétitivité des entreprises).

– Le financement des entreprises s'externalise ; elles font de plus en plus appel au secteur bancaire (qui se développe fortement) et aux marchés de capitaux.

2. — Un facteur de croissance pour les pays à industrialisation plus tardive

– Le recours à l'endettement externe permet de compenser les insuffisances de l'épargne nationale pour le financement du développement (thèse de A. Gerschenkron).

– L'endettement international permet la transmission de la croissance des pays prêteurs aux pays emprunteurs qui pourront se développer et devenir prêteurs à leur tour.

– Les exemples de la Russie mais surtout du Japon et des États-Unis montrent l'importance du rôle de ces transferts de capitaux dans le développement ; une corrélation entre les périodes d'importation des capitaux et les phases de croissance peut être remarquée.

B. — L'endettement a joué un rôle central dans la croissance de l'après-Seconde Guerre mondiale

1. — L'endettement international a joué un rôle non négligeable

– Le plan Marshall (composé de prêts et de dons) a joué un rôle considérable dans la reconstruction et le démarrage de la croissance des Trente Glorieuses en Europe.

– C'est en s'endettant auprès d'organisme publics mais aussi de banques privées que certains PED ont pu s'industrialiser (cas de pays d'Amérique latine depuis les années 1950-1960 et de pays d'Asie du Sud-Est depuis la fin des années 1960).

– Les pays qui appartenaient au bloc socialiste comptent aussi aujourd'hui sur l'endettement pour suppléer leur manque de capitaux et ainsi financer leur développement.

2. — L'endettement et le crédit ont dopé la croissance des Trente Glorieuses

– Du fait des investissements massifs des entreprises (croissance fordiste, substitution du capital au travail...), de la forte croissance de la consommation des ménages (consommation de masse, croissance démographique...) et des dépenses importantes des États (infrastructures, dépenses sociales...), le recours à l'endettement est à cette époque considérable.

– L'endettement est accentué par de faibles taux d'intérêt réels qui provoquent un effet de levier de l'endettement (taux d'intérêt réel inférieur au taux de rentabilité économique) et par l'inflation qui favorise les agents emprunteurs.

– L'endettement est financé par le crédit et la création monétaire car les capacités de financement ne parviennent plus à couvrir les besoins de financement. L'économie devient une économie d'endettement.

II ... Mais un surendettement, dû à un ralentissement de la croissance ou à une croissance déséquilibrée conduit à la crise

A. — À partir des années 1970, les économies sont victimes de l'effet boomerang

1. — Le ralentissement de la croissance conduit au surendettement

Lorsque l'endettement permet la croissance et le développement, il génère les moyens de rembourser la dette, mais s'il est mal utilisé ou si pour des raisons exogènes la croissance ralentit, les agents économiques se retrouvent en situation de surendettement. Ainsi le surendettement est dû à l'endettement mais aussi au ralentissement de la croissance du fait de la crise :

– Le surendettement des entreprises est important à la fin des années 1970 en France ; il est dû au ralentissement de la croissance des débouchés, à la diminution de leur taux de marge et à la baisse de l'autofinancement.

– Le surendettement de certains ménages est aggravé par le chômage et le ralentissement du pouvoir d'achat.

– Le surendettement de l'État résulte de l'aggravation des déficits budgétaires dus à la crise et aux politiques keynésiennes et est accentué par l'effet de boule de neige.

2. — Un endettement financé par le crédit est source d'inflation et de déséquilibres

– Trop d'inflation nuit aux équilibres extérieurs :
• détérioration de la balance commerciale qui peut conduire à un ralentissement de la production ;
• fuite des capitaux ;
• détérioration de la balance des paiements.

– L'inflation entame la confiance en la monnaie et peut conduire à des anticipations pessimistes.

– La nécessaire lutte contre l'inflation (M. Friedman) risque de conduire à un ralentissement de la croissance et de l'emploi.

B. — Le surendettement international sanctionne une utilisation non optimale des emprunts

1. — Si l'environnement international peut être propice à l'aggravation de la dette...

La dette internationale et surtout celle des pays du Tiers Monde a fortement augmenté dans les années 1980. Cela est dû à différents facteurs :

– hausse des taux d'intérêt et du dollar (entre 1980 et 1985) ;

– tendance à la dégradation des termes de l'échange des pays du Tiers Monde ;

– ralentissement de la croissance mondiale.

2. — ... le surendettement dépend de l'usage des sommes empruntées

L'utilisation des emprunts est décisive car elle conditionne les possibilités de remboursement de la dette (tous les pays ne peuvent émettre de la monnaie nationale comme les États-Unis).

– Le surendettement des PDEM sanctionne une croissance déséquilibrée ou peu compétitive.

– Le surendettement des PED sanctionne une stratégie de développement inadaptée :
• dépenses de prestige ou de fonctionnement des États (cas de nombreux pays d'Afrique noire) ;
• industrialisation tournée vers le marché intérieur qui ne permet pas de dégager les ressources nécessaires au remboursement (cas de nombreux pays d'Amérique latine).

– Lorsque l'utilisation de la dette permet aux pays de dégager les ressources nécessaires pour la rembourser, le surendettement est évité (cas de l'industrialisation tournée vers les exportations de certains pays d'Asie du Sud-Est).

L'euro : étape ou aboutissement ? (Ecricome, 2001)

I L'aboutissement d'un processus d'intégration économique

A. — Pourquoi une union monétaire ?

1. — Permettre les comparaisons de prix
Les prix des produits sont libellés dans des unités monétaires différentes, ce qui rend les comparaisons très difficiles pour les consommateurs.

2. — Supprimer les coûts de conversion
Ils sont une entrave au commerce à l'intérieur de la zone : avec 15 pays membres (14 monnaies différentes) ce sont 105 taux de change qu'il faut quotidiennement établir. Les échanges sont limités par la nécessité de convertir les monnaies et par les coûts liés aux prélèvements bancaires sur les conversions.

3. — Éviter les effets des variations de taux de change
Ils ont marqué les dévaluations compétitives des années 1970 et ont posé des problèmes importants à la politique agricole commune (montants compensatoires monétaires).

4. — Retrouver une certaine autonomie de la politique monétaire, dans un cadre communautaire
Au cours des années 1980, les politiques monétaires ont été contraintes de s'aligner sur la politique allemande, elle-même influencée par la politique américaine. L'union monétaire permet à l'Europe d'avoir une politique monétaire commune, moins influencée par l'extérieur.

B. — Un processus qui a commencé dans les années 1970

1. — À l'origine de la création européenne
Le problème ne se pose pas réellement car on est dans un régime de changes fixes. Les marges de fluctuations possibles dans le cadre des accords de Bretton Woods (1944) ont été encore réduites pour la CEE.

2. — La question de la monnaie unique
Elle se pose à la fin des années 1960 : le rapport Werner (1970) détaille les étapes du passage à une monnaie unique en 10 ans. L'éclatement du système de Bretton

Woods (1971), le flottement généralisé des monnaies dans les années 1970 rend ce projet irréalisable.

3. — L'Europe crée le Serpent monétaire européen en 1972
Elle cherche par ce biais à lier entre elles les monnaies européennes. C'est largement un échec car ce sont les monnaies les plus faibles qui supportent le plus le poids des ajustements.

4. — Le Système monétaire européen (SME)
Il naît en 1979 et tire en partie les leçons de l'échec du serpent. Les monnaies sont liées entre elles par des procédures bilatérales. La nécessité de rester dans les marges incombe à tous. Des crédits entre pays sont possibles. Après une période d'instabilité des changes, le système se stabilise dans la seconde moitié des années 1980. Le projet de monnaie unique est réanimé en 1989.

C. — Le passage à l'Union économique et monétaire

1. — Les critères de convergence
Le traité de Maastricht (1992) conditionne l'adhésion à la monnaie unique à la réalisation de critères de convergence portant sur le taux d'inflation, le taux d'intérêt, la dette publique, le déficit budgétaire, l'absence de dévaluation récente. Les deux premiers visent à aligner les politiques monétaires des États, tandis que les deux suivants contraignent la politique budgétaire. Un déficit budgétaire de 3 % est compatible avec une stabilisation de la dette à 60 % du PIB lorsque la croissance nominale du PIB avoisine les 5 % (3 % en volume et 2 % d'inflation).

2. — Les étapes du traité de Maastricht
Les étapes prévues et finalisées lors du Conseil européen de Madrid en 1995 ont été très largement respectées en dépit des problèmes économiques survenus : indépendance des banques centrales dès 1993 ; création d'un Institut monétaire européen, véritable embryon de la Banque centrale européenne en 1994 ; convergence progressive des économies ; décision concernant les pays susceptibles d'adhérer à l'Union monétaire en 1998 ; entrée en vigueur de l'euro et création de la Banque centrale européenne

dès le 1ᵉʳ janvier 1999. Les autres monnaies continuent à exister jusqu'en 2002, mais elles ne sont que des subdivisions de l'euro qui devient la seule monnaie cotée sur le marché des changes.

3. — Pacte de stabilité et fonctionnement de la politique monétaire commune

Avant même la création de l'euro, les règles du jeu pour la période suivant sa mise en place sont définies lors du Conseil européen de Dublin et entérinées par le traité d'Amsterdam : le Pacte de stabilité et de croissance prolonge les critères de convergence pour la période qui suit la mise en place de l'euro. Les pays signataires s'engagent à revenir à l'équilibre budgétaire et prévoient des sanctions pour les pays qui ne respectent pas les conditions fixées.

II L'euro n'a été qu'une étape et de nouvelles évolutions sont nécessaires

A. — L'élargissement de l'euro

1. — L'élargissement géographique

– L'euro a été mis en place par seulement 11 pays, puis rapidement 12 et aujourd'hui 13 avec l'entrée de la Slovénie. Mais l'Europe comprenait déjà 15 membres en 1999 et aujourd'hui 27 : il n'y a donc que moins de la moitié des pays membres de l'Union européenne qui ont l'euro comme monnaie commune.

– Le problème est différent pour les pays qui étaient depuis longtemps membres de l'Union européenne et pour ceux qui viennent nouvellement d'adhérer. Pour des raisons internes certains pays n'ont pas souhaité adopter l'euro alors qu'ils respectaient les critères de convergence : Royaume-Uni, Danemark et Suède. D'autres pays sont entrés dans l'Union européenne depuis 2004, mais ne satisfaisaient pas encore les conditions pour adhérer à l'euro, ou ne le souhaitaient pas encore.

– Un nouveau mécanisme de change a donc été créé qui s'est substitué à l'ancien Système monétaire européen : le mécanisme de change européen II (MCE2). Il permet de maintenir les monnaies dans des marges de fluctuations de ± 15 % autour de cours pivots définis par rapport à l'euro et doit préparer la convergence des économies en vue de l'adhésion. La participation à ce mécanisme n'est cependant pas obligatoire. Ainsi, le Royaume-Uni et la Suède n'y participent toujours pas, tandis que certains des nouveaux pays membres y ont adhéré dès 2004. Le Danemark a signé quant à lui un accord prévoyant des marges beaucoup plus faibles de ± 2, 25 %.

Cela pose le problème de la coexistence de monnaies différentes alors que les biens et services circulent très librement dans la zone. Les problèmes qui ont conduit à l'élaboration de la monnaie unique ne sont donc pas tous réglés. Les distorsions des politiques monétaires peuvent conduire à des divergences de croissance, d'inflation…

2. — La place de l'euro dans le monde

– L'euro peut-il se substituer au dollar ? La question mérite d'être posée. La zone euro représente une entité économique et commerciale puissante, dont la monnaie paraît capable de rivaliser avec le dollar. En adoptant une politique monétaire commune ces pays retrouvent finalement une relative autonomie de leur politique monétaire, à l'égard des États-Unis. C'est la question du triangle d'incompatibilité de Mundell. Dans un monde où les capitaux circulent librement, on ne peut pas avoir simultanément des changes fixes et une politique monétaire autonome. Le flottement de l'euro par rapport au dollar permet ainsi d'avoir une politique monétaire, commune dans la zone, mais qui peut être différente de celle des États-Unis. Le taux de change du dollar par rapport à l'euro s'est ainsi apprécié jusqu'en 2002 avant de plonger de nouveau.

– Le poids commercial de la zone euro peut faire de sa monnaie un instrument de paiement international concurrent du dollar. Instrument de règlement pour les échanges internationaux, mais également instrument de réserve. Sur ces deux plans le chemin est encore long. Les réserves détenues en euro par des pays étrangers à la zone, sont très largement inférieures à leurs avoirs en dollars. Ainsi, la Chine ou le Japon continuent de privilégier le dollar en dépit de l'affaiblissement de la monnaie américaine au cours des dernières années.

B. — Monnaie unique et zone monétaire optimale : l'euro fragilise l'Europe

1. — La difficulté de mener une politique économique commune dans une zone non homogène

– Les États ont perdu simultanément les leviers essentiels de la politique conjoncturelle. La politique monétaire et la politique de change ont été transférées à l'Union monétaire, tandis que la politique budgétaire est contrainte par le Pacte de stabilité et de croissance.

– Une telle situation est acceptable pour les États si tous connaissent des conditions économiques équivalentes. Or la croissance économique, l'inflation, le chômage ne sont pas les mêmes partout. Un pays en récession alors que le reste de la zone est en expansion ne peut pas accepter une politique monétaire trop restrictive. De plus, les contraintes qui pèsent sur la politique budgétaire l'empêchent de réagir par un accroissement du déficit. Un choc asymétrique, touchant une partie seulement de la zone pose donc des problèmes particuliers.

2. — La théorie des zones monétaires optimales (ZMO) développée initialement par Mundell dès 1961, permet d'analyser les conséquences de chocs asymétriques

– Une zone monétaire est « optimale » au sens de Mundell lorsque les conséquences d'un choc asymétrique se résorbent spontanément, sans qu'il y ait besoin de recourir à la politique monétaire. Par exemple, un choc sur une partie des États-Unis se traduit par une montée du chômage qui provoque des déplacements de population active et de capital. Face à la récession, les chômeurs et les investissements quittent l'État pour aller vers une zone plus attractive. Les conséquences du choc tendent à se résorber spontanément par la migration des facteurs de production.
– Dans le cadre de l'Union européenne, la mobilité du facteur capital est très grande, mais pas celle du travail. Les barrières linguistiques et culturelles sont un frein à la mobilité de la main-d'œuvre.
– L'absence de recours possible aux politiques conjoncturelles risque de provoquer des mécanismes de *dumping* social, les États n'ayant pas d'autre solution que le moins-disant social pour essayer de lutter contre les effets du choc.

C. — Quelles orientations possibles ?

1. — Améliorer l'optimalité de la zone euro
– Selon Mundell, pour améliorer l'optimalité d'une zone il convient de favoriser la mobilité des facteurs et/ou d'accroître la flexibilité des salaires. En l'absence de dévaluation, la baisse des salaires peut avoir les mêmes effets sur la compétitivité extérieure.
– Selon Kenen il faut réduire la possibilité de chocs asymétriques. Pour cela il est nécessaire que les économies soient le plus diversifiées possibles, peu spécialisées. Ainsi la probabilité qu'un choc concerne une partie seulement de la zone sera réduite. L'Europe est en partie engagée dans ce sens. L'importance du commerce intrabranche le montre. Mais l'élargissement de la zone, vers des pays moins avancés et qui cherchent à exploiter des avantages comparatifs risque d'accroître ce type de risque.

2. — Donner à la politique budgétaire un poids plus important au niveau de l'Union
La politique budgétaire est contrainte au niveau des États. Face à un choc un État ne peut que difficilement réagir par la politique budgétaire en raison des critères du Pacte de stabilité. Deux voies sont possibles :
– Améliorer la coordination des politiques budgétaires. C'est en partie la voie choisie par le biais du Pacte de stabilité et de croissance, mais elle est abordée essentiellement sous un aspect restrictif, contraignant et pas dans le sens d'une lutte contre les chocs conjoncturels. Une politique de relance concertée est-elle envisageable face à un choc de grande ampleur ? Comment assurer la coordination des politiques alors qu'aucune institution officielle n'en est chargée ?
– Donner au budget communautaire une place plus importante. C'est la voie d'un « fédéralisme budgétaire ». Un budget « fédéral », comme c'est le cas aux États-Unis, pourrait compenser les effets d'un choc asymétrique. Cela pourrait se faire en transférant au budget communautaire des dépenses qui sont actuellement du ressort des États. Ce n'est pas actuellement à l'ordre du jour.

3. — Améliorer l'Europe sociale
Pour éviter les risques de *dumping* social, les politiques de moins-disant social, il paraît nécessaire d'harmoniser les politiques sociales européennes. Actuellement on est loin du compte et c'est certainement l'un des enjeux des prochaines années. L'Europe s'est engagée dans la voie d'un élargissement de grande ampleur avec l'entrée des pays de l'Est européen. Alors que l'Union monétaire s'est faite entre des pays à niveaux de vie, de salaires, de consommation, proches, les nouveaux pays présentent des situations très différentes. C'est par l'harmonisation des politiques sociales que les risques de *dumping* social seront évités. Mais sur quelles bases doit se faire cette harmonisation ? Par le haut au risque de pénaliser les pays émergents dont la productivité ne permet pas d'assurer salaires et protection sociale élevée ? Par le bas, mais dans ce cas ce sont les anciens pays européens qui feront les frais d'une construction monétaire dont ils ont été les principaux artisans.

Jusqu'à quel point et par quel mécanisme le système financier peut-il résoudre ou reporter dans le temps les déséquilibres réels ? (ESSEC, 1988)

Remarque : Il faut comprendre par « système financier » la sphère monétaire dans son ensemble.

I Le système financier semble pouvoir résorber les déséquilibres réels...

A. — La création monétaire et le développement du crédit peuvent favoriser la croissance

1. — Les politiques keynésiennes de lutte contre la récession sont des politiques de création monétaire et de diminution des taux d'intérêt

Elles permettent de :
– favoriser la demande en augmentant les moyens de paiement mis à la disposition des agents économiques ;
– favoriser l'investissement financé par emprunt.

2. — L'endettement a dopé la croissance des Trente Glorieuses et a eu ainsi une action contra-cyclique

Il a dopé la consommation des ménages, les dépenses de l'État et les investissements des entreprises, et a donc été facteur de croissance.

L'injection de monnaie dans le circuit économique permet à la demande de dépasser la production et donc de la tirer vers le haut.

B. — Une inflation limitée facilite la croissance de la production

1. — L'inflation accompagne les périodes de croissance

Exemples : cycles Kondratieff et période des Trente Glorieuses.

La courbe de Phillips montre la symétrie entre inflation et chômage ; l'inflation serait donc le prix à payer pour résorber le chômage.

2. — L'inflation soutient l'expansion

Elle favorise le crédit et les agents structurellement emprunteurs.

Elle facilite les arbitrages sociaux.

C. — Les interventions des autorités monétaires, en améliorant la compétitivité-prix des entreprises, semblent aider à la résorption des déséquilibres extérieurs

1. — La dévaluation compétitive

Baisse du taux de change (dévaluation ou dépréciation) => amélioration de la compétitivité => hausse des exportations et baisse des importations.

Elle est souvent utilisée dans le cadre d'une politique de relance pour contrecarrer les effets de l'inflation.

2. — La désinflation compétitive

Baisse du différentiel d'inflation => amélioration de la compétitivité => hausse des exportations et baisse des importations.

Elle est utilisée dans le cadre d'une politique restrictive.

II ... mais en réalité, il ne fait que les reporter et peut même les accentuer

A. — L'inflation et l'endettement sont à terme une source de déséquilibres

1. — Trop d'inflation est, à terme, facteur de crise

L'inflation nuit aux équilibres extérieurs.

L'inflation entame la confiance et conduit à des anticipations pessimistes (théorie monétariste).

2. — L'endettement a, à terme, un effet de boomerang

Le surendettement des agents économiques alourdit leurs charges financières et peut donc induire une baisse de leurs dépenses de consommation et d'investissement.

Sa fonction de soutien à la demande est donc limitée dans le temps.

B. — Les solutions monétaires ne sont pas des solutions durables pour les déséquilibres extérieurs

1. — La dévaluation a de nombreux effets pervers

Elle peut conduire à une fuite des capitaux.

Elle renchérit les importations et peut donc ne pas améliorer le solde commercial.

Elle est inflationniste.

Elle est donc une solution à court terme mais qui risque de ne faire que reporter le déséquilibre.

2. — La désinflation compétitive améliore les déséquilibres extérieurs mais peut, à terme, accentuer les déséquilibres intérieurs

Elle améliore le solde commercial mais ne résout pas le déséquilibre car le déterminant principal de la compétitivité n'est pas un phénomène monétaire mais un phénomène réel : la productivité.

Elle peut être coûteuse en termes de croissance et d'emplois.

C. — Le développement du marché financier peut entraîner des déséquilibres réels

1. — Une forte « financiarisation » de l'économie peut être source de dysfonctionnements économiques

Inciter les entreprises au placement financier plutôt qu'à l'investissement.

Favoriser les raids financiers plutôt que des restructurations industrielles.

2. — Le développement de la bulle financière peut générer des déséquilibres financiers qui ont des répercussions sur l'économie réelle

Un krach boursier déséquilibre l'économie réelle en diminuant les créances et en raréfiant la monnaie (crises de 1929 et de 2009 par exemple).

Conclusion

Les interventions monétaires ne sont efficaces qu'à court terme, dans le cadre d'une politique conjoncturelle ; la monnaie n'a pas de valeur intrinsèque, elle est un leurre et comme tous les leurres, son effet est superficiel et non durable.

QUELQUES SUJETS DE CES DERNIÈRES ANNÉES

Peut-il exister une croissance sans épargne ? (Ecricome, 1998)

La mutation du système financier depuis le milieu des années 1980 en France. (ESC, 1998)

Les circuits de financement de l'économie française depuis 1914. (ISC-ESLSCA, 1998)

Analyser le rôle des crédits bancaires dans le financement de l'économie depuis les années 1850. (ESC, 1999)

En vous aidant de l'analyse économique et historique, étudiez l'efficacité des modes de financement des économies des pays avancés. (HEC, 2005)

L'inflation est-elle toujours et partout un frein à la croissance économique dans les pays développés ? (ESCP, 2007)

Les banques centrales ont-elles eu et ont-elles aujourd'hui une influence décisive sur l'activité économique ? (ESCP, 2009)

Depuis 1945, dans quelle mesure l'endettement des agents économiques a-t-il été un facteur de croissance pour les PDEM ? (Ecricome, 2009)

LE RÔLE DE L'ÉTAT
DANS LA VIE ÉCONOMIQUE
ET SOCIALE

Les organisations économiques et sociales sont souvent comparées les unes aux autres selon leur degré de libéralisme, estimé en fonction du partage de l'influence respective des deux régulateurs que sont le marché et l'État. Or, contrairement à ce que pourrait laisser supposer de tels classements, l'intervention de l'État dans la vie économique et sociale n'est pas une variable économique qui résulterait d'un calcul rationnel recherchant l'efficacité maximale. Le degré de cette intervention n'est pas un curseur que l'on pousse sur le tableau de bord de l'économie. La définition qu'on donne de l'État, la diversité des formes d'intervention possible, la difficulté de la mesure des interventions et plus encore de leurs conséquences, place le rôle de l'État en amont de la politique économique et en aval des questions de philosophie politique. Dans cette position intermédiaire entre l'organisation de la société et l'organisation de l'économie, l'appréhension du rôle de l'État fait appel aux théories économiques mais aussi à l'Histoire qui montre en de nombreux cas que la pratique s'est éloignée de la théorie.

I

LE POIDS ÉCONOMIQUE DE L'ÉTAT, MESURE ET INTERPRÉTATIONS THÉORIQUES

La question de la mesure de la place occupée par l'État dans la vie économique n'est ni neutre ni désintéressée : elle s'inscrit dans le débat qui oppose pour simplifier libéraux et partisans de l'interventionnisme (bien que les positions en cette matière soient avant tout affaire de degré), qui a vu s'imposer depuis les années 80 les défenseurs du marché.

A **LA MESURE DE L'IMPORTANCE GLOBALE DE L'ÉTAT DANS LA VIE ÉCONOMIQUE**

Mesurer l'intervention de l'État et son évolution peut sembler une démarche « scientifique » et « objective » avant de porter une appréciation sur le « trop » ou le « pas assez » d'État. Toutefois, on verra qu'établir une mesure rigoureuse est difficile et qu'un classement des pays sur une échelle de l'interventionnisme (ou *a contrario* du libéralisme), l'est plus encore. Les interventions de l'État sont multiformes, aussi est-il nécessaire de présenter les indicateurs statistiques disponibles, avec leurs résultats et leurs limites, avant d'aborder des typologies des différentes interventions étatiques.

1. – Des indicateurs statistiques pour mesurer les interventions de l'État, et leurs limites

La traduction financière des actions économiques et sociales de l'État, sous la forme des prélèvements obligatoires ou des dépenses publiques rapportées au PIB, fournit des indicateurs de l'intervention de l'État, même s'ils sont loin d'être parfaits, car ne sont alors retracées que les actions qui engagent un budget.

a. — *Dépenses publiques et prélèvements obligatoires en augmentation de la fin du XIXᵉ siècle aux années 1960*

Tableau 1 - Les dépenses publiques (en % du PNB)

États-Unis		Royaume-Uni		Allemagne	
1890	7,1	1890	8,9	1891	13,2
1913	8,5	1913	12,4	1913	14,8
1922	12,6	1923	24,2	1925	25
1927	11,7	1929	23,9	1929	30,6
1932	21,3	1932	28,6	1932	36,6
1940	22,2	1938	30	nd	
1948	23	1950	39	1950	40,8

Source : R. Musgrave, *Fiscal system*, 1969.

D'après ces données apparaît la montée des dépenses publiques à l'occasion des deux guerres mondiales et de la crise de 1929. Mais si l'extension des interventions étatiques peut sembler logique dans des circonstances exceptionnelles, il reste à expliquer pourquoi elles ne reviennent pas au niveau initial une fois la crise passée. Ce phénomène appelé *effet de cliquet* serait dû, selon A. T. Peacock et J. Wiseman, à des *effets de déplacement* qui rendent le maintien des dépenses publiques nécessaire en raison des charges liées à la reconstruction, et le niveau des prélèvements obligatoires acceptable par un effet d'accoutumance.

La France ne fait pas exception et connaît la même évolution que l'ensemble des pays industrialisés comme l'illustre le tableau 2.

Tableau 2 - Le volume et le poids des dépenses publiques en France

	1872	1920	1950	1968
Volume des dépenses publiques (base 100 en 1938)	21	70,4	203	520,8
Dépenses publiques en % du revenu national	11,6	26,5	49,4	63

Source : G. Terny, C. André et R. Delorme, *Économie et statistique*, Insee, mars 1973.

b. — *Progression de la dépense étatique, puis stabilisation sur la période 1995-2005*

Depuis les années 1960, on peut observer une nouvelle tendance à la hausse puis une stabilisation des indicateurs dans les différents pays qui conservent toutefois des niveaux de dépenses et de prélèvements assez différents comme le montre les tableaux page suivante.

Tableau 3 - Les dépenses publiques de 1960 à 1980 (en % du PIB)

Période	France	Allemagne	Royaume-Uni	États-Unis	Japon
1961-1973	34,0	32,8	31,2	28,8	14,1
1974-1980	40,1	42,4	38,6	31,4	22,1

Source : Ramsès 1997, banque de données avril 1996, IFRI, Dunod, septembre 1996.

Les Trente Glorieuses ont été celles de la mise en place de l'État-providence en Europe, Royaume-Uni compris, tandis que les dépenses sociales restaient en retrait de ce niveau aux États-Unis malgré le projet de « New society » du président L. B. Johnson et plus encore au Japon. Les années de crise ont elles aussi fait augmenter les diverses formes d'intervention.

Tableau 4 - Part des dépenses publiques dans le PIB en %

Années	France	Allemagne	Royaume-Uni	États-Unis	Japon
1980	46,6	47,9	44,7	33,8	30,8
1985	53,3	46,3	45,9	36,5	31
1990	50,7	44,5	42,2	36,5	32,1
1995	55,2	49,4	44,6	36,4	36,1
2000	52,7	45,9	37	33,6	38,6
2002	54	48,6	40,9	35,6	38,6

Source : OCDE in *Les Notices de la documentation française*, juillet 2004.

La dépense publique constitue pour une part le reflet des choix de politiques publiques et de degré d'intervention de l'État dans l'économie : le modèle libéral, anglo-saxon, s'oppose ainsi au modèle européen continental, plus interventionniste. Comparés aux autres pays de l'OCDE, les pays de l'Union européenne se singularisent par le poids des dépenses publiques : celles-ci représentent en moyenne 48 % du PIB en 2002, contre 45 % en moyenne au sein de l'OCDE, 35,6 % … aux USA et 38,6 % au Japon. Cependant il faut relativiser la portée de ces classements : il existe des problèmes de mesure des dépenses publiques pour les comparaisons internationales, qu'il s'agisse du niveau ou de la composition des dépenses publiques :

– Certains pays ont recours à des dépenses fiscales au lieu d'engager des dépenses directes. Pour la France on peut citer le système du quotient familial qui réduit les impôts sur le revenu des familles. Les dépenses fiscales sont importantes dans certains pays. À titre d'illustration, aux États-Unis, les dépenses fiscales au titre de l'impôt sur le revenu se sont élevées à environ 8 % du PIB au seul niveau fédéral en 2002. En France la loi TEPA du 21 août 2007 qui combine la détaxation des heures supplémentaires et des allègements fiscaux pour les contribuables les plus aisés, coûte 14 milliards d'euros en année pleine.

– Le recours à des régimes d'assurance privés (obligatoires et/ou volontaires) pour la retraite, le chômage et/ou les soins de santé ne sont pas par définition comptabilisés dans les dépenses publiques mais restent néanmoins à la charge des ménages : fonds de pension privés aux États-Unis et dans un grand nombre de pays, assurances maladie privées en Corée, au Japon, en Suisse…

Ainsi au Japon ou aux États-Unis, le niveau des dépenses publiques apparaît notablement plus bas qu'en Europe. Mais la réintégration des cotisations « volontaires » (tout aussi indispensables en terme de protection que les cotisations obligatoires dans les pays où la protection sociale est collectivisée), réduit fortement les écarts observés entre pays dits « libéraux » et pays considérés comme « interventionnistes ».

Des travaux menés au sein de l'OCDE ont montré que la prise en compte de ces facteurs aboutit à réduire l'écart des ratios de dépenses dans le PIB entre les États de plus de 40 %. Une telle prise en compte aboutit d'ailleurs à un classement différent des pays pour le ratio dépenses sociales / PIB : les États-Unis étaient en 2002 le 3e pays avec le taux brut de dépenses sur PIB le plus bas, mais le 10ᵉ sur un groupe de 18 étudiés, si l'on s'intéresse à l'ensemble des dépenses sociales nettes rapportées au PIB.

L'augmentation de la part des dépenses publiques dans le PIB s'est accompagnée d'une hausse des impôts destinée à les financer et, depuis 1975, de déficits publics récurrents mais limités, ces derniers ayant justifié la mise en œuvre de politiques de « maîtrise » des dépenses publiques. Plus tard les engagements européens de la France contraindront à un effort supplémentaire de contrôle des finances publiques (Pacte de stabilité et de croissance de 1997).

Les gouvernements ont tenté de contenir la progression des dépenses publiques dès la seconde moitié des années 1970, la France procédant à contre-courant à une relance keynésienne en 1981-82. Mais ce n'est que dans la deuxième moitié des années 1980 ou dans les années 1990 que la stabilisation est intervenue dans l'OCDE, à l'exception du Japon, victime d'une panne de sa croissance, et des pays émergents qui se dotaient de systèmes de protection sociale.

c. — Un retour massif et temporaire de l'État ?

À la veille de la crise bancaire de 2008 déclenchée par le krach des *subprimes* aux États-Unis, la stabilisation des dépenses de l'État en pourcentage du PIB apparaît donc fragile et inégale suivant les pays, car tributaire de périodes de croissance soutenues. Ainsi, la France affichait pour l'année 2007 le deuxième niveau de dépenses publiques le plus élevé parmi les pays industrialisés, derrière la Suède, selon un rapport de l'OCDE rendu public jeudi 22 octobre 2009.

Entendues au sens large, les dépenses publiques en France (État, protection sociale, collectivités locales) représentent plus de 52 % de son produit intérieur brut (PIB) alors que la moyenne des pays de l'OCDE se situe à 42 %. Avec 54 %, la Suède occupe le haut du classement, devançant de loin l'Allemagne (45 %), la Grande-Bretagne (44 %) ou les États-Unis (36,4 %).

Les soldes budgétaires des grands pays industrialisés qui s'étaient redressés sur la période 1995-2000 connaissent une dégradation inégale de 2000 à 2005 quand la croissance faiblit.

Tableau 5 - Déficit budgétaire en % du PIB

Années	94	95	96	97	98	99	00	01	02	03	04	05	06	07
France	-5,5	-5,5	-4,0	-3,3	-2,6	-1,8	-1,5	-1,6	-3,2	-4,1	-3,6	-3,0	-2,4	-2,7
Allemagne	-2,3	-9,7	-3,3	-2,6	-2,2	-1,5	1,3	-2,8	-3,6	-4,0	-3,8	-3,3	-1,5	0,1
Japon	-4,2	-5,1	-5,1	-4,0	-11,2	-7,4	-7,6	-6,3	-8,0	-7,9	-6,2	-6,7	-1,4	-2,4
RU	-6,8	-5,8	-4,2	-2,2	-0,1	0,9	3,7	0,6	-2,0	-3,7	-3,7	-3,3	-2,7	-2,8
USA	-3,6	-3,1	-2,2	-0,8	0,4	0,9	1,6	-0,4	-3,8	-4,8	-4,4	-3,3	-2,2	-2,9
Zone Euro	-4,9	-7,6	-4,3	-2,7	-2,3	-1,4	0,0	-1,8	-2,6	-3,1	-3,0	-2,5	-1,3	-0,6
OCDE	-4,2	-4,8	-3,2	-1,8	-2,0	-0,8	0,2	-1,3	-3,3	-4,0	-3,4	-2,8	-1,3	-1,4

Source : OECD Factbook 2009 http://dx.doi.org/10.1787/544013122721

Ce qui tend à alourdir la dette publique dans les grands pays industrialisés :

Tableau 6 - Déficit budgétaire en % du PIB

Années	94	95	96	97	98	99	00	01	02	03	04	05	06	07
France	60,2	63,0	66,7	69,1	70,7	67,1	65,9	64,4	67,4	71,5	74,1	76,0	71,5	70,1
Allemagne	46,5	55,7	58,8	60,3	62,2	61,5	60,4	59,7	62,1	65,3	68,7	71,1	69,4	65,5
Japon	79,4	86,7	94,0	100,5	113,2	127,0	135,4	143,7	152,3	158,0	165,5	175,3	171,9	170,6
RU	46,8	51,6	51,2	52,0	52,5	47,4	45,1	40,4	40,8	41,2	43,5	46,1	46,0	46,9
USA	71,1	70,7	70,0	67,6	64,5	61,0	55,2	55,2	57,6	60,9	61,9	62,3	61,7	62,9
Zone Euro	69,1	72,4	77,5	79,6	80,3	78,5	75,3	73,9	74,2	75,1	75,9	77,0	74,7	71,4
OCDE	68,2	70,0	72,0	72,3	72,9	72,2	69,5	69,8	71,7	74,0	75,6	77,4	76,0	75,0

Source : OECD Factbook 2009 http://dx.doi.org/10.1787/544023448651

L'intervention massive de l'État à partir de l'année 2008 a certes permis d'éviter la crise systé-mique et un enlisement dans la dépression du type de celui de 1929, mais cela a été obtenu au prix d'un coût budgétaire très lourd. À partir d'une situation hétérogène, équilibre budgétaire pour l'Allemagne, faible endettement pour l'Angleterre, comparés au déficit budgétaire français ou à la dette publique japonaise, la crise bancaire de 2008 va provoquer de profonds déséquilibres des comptes publics. Du fait des budgets alloués aux plans de sauvetage des banques, aux plans de relance et des effets de la récession sur les recettes fiscales et sociales, un effet de ciseaux se met en place.

Le déficit public de l'ensemble de la zone euro s'est creusé de 1,4 points de PIB, à - 2 % en 2008. Cette dégradation des finances publiques, que l'on peut juger globalement faible au vu de l'impor-tance du choc, recouvre toutefois des situations hétérogènes entre les différents États membres. Les soldes publics se sont ainsi fortement dégradés en Irlande et en Espagne (respectivement -7,4 et -6 points, à -7,2 % et -4,1 % du PIB fin 2008), soit dans les pays ayant accumulé des déséquilibres internes importants au cours de ces dernières années (immobilier, construction et crédit). Toutefois la montée des déficits devrait s'accentuer dans les deux années à venir en raison de l'impact budgé-taire différé des mesures de relance. Pour la France, le ratio déficit public/PIB devrait atteindre des niveaux extrêmement élevés en 2009 et 2010, -8,3 % et -8,5 %, après -3,4 % en 2008.

En conséquence, les taux d'endettement public sont repartis à la hausse. La dette publique de l'ensemble de la zone euro est ainsi passée de 71 % du PIB en 2007, son plus bas niveau depuis 1992, à 75 % fin 2008. Les études du FMI indiquent que le déficit budgétaire américain est passé de -2,9 % à -6 % du PIB en 2008 et prévoient -12 % pour 2010, la dette continuant de déraper jusqu'à 108 % en 2014. La dette publique de la France pourrait atteindre 90 % du PIB en 2011.

Tableau 7 - Prévisions soldes budgétaires et dettes en % du PIB

Prévisions en % du PIB	Solde public 2009	Solde public 2010	Solde public 2011	Dette publique 2009	Dette publique 2010	Dette publique 2011
UEM	-6,7	-7,2	-6,7	79,0	85,6	88,4
Allemagne	-4,1	-5,3	-5,0	73,0	76,0	79,0
France	-8,3	-8,5	-7,7	77,0	85,0	90,0
Italie	-5,5	-6,0	-4,9	115,1	120,3	122,2
Belgique	-5,9	-5,9	-5,9	97,2	101,2	104,0
Irlande	-12,5	-14,7	-14,6	65,8	82,9	96,2
Grèce	-12,7	-12,3	-12,9	112,6	125,0	135,5

Source : Commission européenne, Crédit Agricole in Eclairages Crédit Agricole Mensuel, n° 138, décembre 2009.

Partie I ■ Le poids économique de l'État, mesure et interprétations théoriques

Une nouvelle fois les nécessités des temps de crise rendent inévitables et donc acceptables des niveaux croissants d'intervention budgétaire des états. L'effet de cliquet de Peackock et Wiseman jouera-t-il encore, une fois la crise passée ? Au-delà de ces interventions exceptionnelles, les gouvernements affichent en tous cas une volonté de réduction des déficits et de la dette, dès que la reprise sera solidement installée. Toute la difficulté consiste à établir un juste milieu entre le retrait prématuré des interventions publiques, qui compromettrait les progrès accomplis dans la stabilisation financière et le redressement économique, et la persistance de ces mesures pendant une période trop longue, qui risquerait de mettre à mal les bilans publics.

En effet ces niveaux de dettes publiques commencent à soulever des inquiétudes en terme de soutenabilité des finances publiques. Ils pourraient notamment entraîner une augmentation des primes de risques, et donc des taux d'intérêt sur les emprunts d'États, ce qui alourdirait davantage le service de la dette. On peut citer le cas de la Grèce dont la notation a été dégradée successivement par les trois grandes agences Fitch, puis Standard and Poor's et Moody's en raison de ses niveaux de déficit et de dettes fin 2009. Le risque d'enclenchement d'une spirale haussière dite « effet boule de neige » n'est pas exclu. En effet, les niveaux élevés atteints par les ratios de dette conduisent à un alourdissement de la charge de la dette qui, en l'absence de mesures d'assainissement, creuse les déficits qui alimentent en retour les stocks de dettes...

À terme cela limite la capacité d'un État à conduire une politique budgétaire active, l'augmentation des charges de la dette entraînant une érosion progressive des marges de manœuvre budgétaires. D'autre part, les générations futures auront à supporter le poids de la dette. Enfin, un risque de tensions au sein de la zone euro surgira en cas de divergence durable dans les trajectoires des finances publiques des différents États.

La situation est évidemment jugée différemment par les économistes keynésiens dont fait partie J .P. Fitoussi. La dette publique doit être appréciée non pas en elle-même mais en regard des investissements et de l'efficacité des dépenses qu'elle permet. Un État n'a aucune obligation à tendre vers un endettement nul, à la différence d'un ménage qui doit rembourser ses dettes de son vivant. La transmission d'un niveau donné d'endettement de génération en génération au sein d'une collectivité nationale n'est pas en soi problématique : la jeune génération « hérite » du produit des investissements publics (en éducation, infrastructures…), en même temps que du remboursement majoré des intérêts. Toute la question est de savoir si ces dépenses sont créatrices de richesses nettes pour la société. Chaque français en 2007 doit supporter au titre de la dette publique un passif de 19 500 euros. Mais si l'on intègre dans le calcul les actifs financiers et physiques détenus par les administrations publiques et dont les français sont collectivement propriétaires chaque français dispose d'un actif net de 12 500 euros.

2. – Des typologies de l'intervention de l'État pour apprécier son rôle

Mais au-delà de la mesure, se pose le problème de l'interprétation des dépenses publiques. Car il y a dépenses et dépenses : un euro dépensé par l'État n'a pas les mêmes conséquences sur le fonctionnement du marché suivant sa destination et peut entraîner des mises en causes plus ou moins importantes des principes censés régir les économies capitalistes. Les interventions étatiques ont souvent été regroupées selon leur objectif c'est à dire par fonction. C'est alors le critère de la nature de la dépense publique qui est utilisé.

Afin d'éclairer le rôle de l'État, des économistes ont proposé différentes typologies d'intervention.

a. — Dépenses liées et non liées

L. Fontvieille (*Évolution et croissance de l'État français de 1815 à 1969*, 1976) distingue «les dépenses non liées » c'est à dire la Défense nationale, Affaires étrangères, Justice, Police, Prison, Administration générale…) et « les dépenses liées » à l'économie (interventions économiques et sociales, investissements, éducation…). Tandis que les premières représentaient 75 % du total jusqu' en 1930, les secondes augmentent fortement et se diversifient dans la deuxième moitié du siècle pour représenter plus de 60 %des dépenses publiques.

b. — Fonctions d'allocation, de redistribution et de régulation

Pour R. Musgrave (*Theory of Public Finance*, 1959) les actions de l'État moderne s'inscrivent dans le cadre de trois fonctions :

1. *La fonction d'allocation* se traduit par des dépenses qui sont engagées afin de produire des biens et des services (production de biens et services non marchands par les administrations publiques, et aussi, dans le cas français, les dotations en capital aux entreprises publiques).

2. La *fonction de redistribution* occasionnée par le versement de revenus secondaires aux personnes (sécurité sociale pour l'essentiel et aides sociales diverses) ou d'aides aux entreprises (subventions).

3. La *fonction de régulation* intervenant plus sensiblement depuis les politiques économiques keynésiennes, mais de façon plus ou moins prononcée depuis les débuts du capitalisme industriel sous forme de réglementations diverses, qui n'engagent pas spécifiquement de dépenses si ce n'est sous la forme des dépenses d'allocation (politique de grands travaux par exemple), ou de redistribution (les aides sociales sont des soutiens à la consommation).

Cette classification donne au constat de la montée des dépenses de l'État une interprétation moins interventionniste que celle de Fontvieille. En effet, la part des dépenses de redistribution, qu'elles soient le fait de l'État central, des collectivités locales ou des organismes de sécurité sociale, représente plus de 60 % des dépenses totales. Or ces dépenses constituent une atteinte plus limitée aux mécanismes de marché que les dépenses d'allocation qui elles, empiètent plus directement sur le domaine du marché en produisant à sa place. La socialisation de l'économie n'est donc pas aussi avancée que le laisseraient supposer les chiffres d'un État dépensant plus de la moitié de la richesse nationale. Toutefois, certains économistes contestent ce jugement en estimant que l'activité réglementaire de l'État peut être assimilée à une production de biens collectifs, ce qui conduit à réévaluer la fonction d'allocation de l'État.

c. — Opérations de transfert

La position du libéral J.-J. Rosa est encore plus tranchée : ces trois fonctions de l'État moderne doivent en fait être considérées comme produisant essentiellement des opérations de transferts entre agents privés. La fonction de redistribution, définie par Musgrave comme un vaste système de prélèvements et de reversements, répond incontestablement à cette conception. Mais, selon Rosa, la production de services publics produit également des transferts, des agents non consommateurs vers les agents consommateurs de ces services, comme dans le cas de l'éducation. La réglementation produite par l'État serait, elle aussi, productrice de transferts dans la mesure où l'observance de ces règles induit des comportements économiques contraints qui favorisent les intérêts de certains agents et en desservent d'autres : il fournit l'exemple du port obligatoire du casque en moto qui garantit un marché aux fabricants de casques. Cette vision de l'État agissant pour des intérêts particuliers sinon privés, est proche de celle des libéraux américains qui sera présentée plus loin.

d. — Fonctions minimales, intermédiaires et interventionnistes

La Banque mondiale propose un autre classement incorporant une graduation des interventions du simple accompagnement du marché à sa contestation au moins partielle dans le domaine économique et social.

Tableau 8 - Les interventions de l'État : classement de la Banque mondiale

	Pour remédier aux dysfonctionnements des marchés			Pour assurer l'équité sociale
Fonctions minimales	*Fournir des biens publics purs :* Défense Ordre public Protection de la propriété Stabilité macroéconomique Santé publique			*Protéger les pauvres :* Programmes de lutte contre la pauvreté Secours aux sinistrés
Fonctions intermédiaires	*Se soucier des externalités :* Éducation de base Protection de l'environnement	*Réglementer les monopoles* Réglementation des services d'intérêt public Politique antitrust	*Combler les lacunes de l'information :* Assurance (santé, vie, retraites) Réglementations financières Protection du consommateur	*Fournir une assurance sociale :* Retraites par redistribution Allocations familiales Assurance chômage
Fonctions de type interventionniste	*Coordonner les activités du secteur privé :* Promotion du marché Renforcement des filières			*Assurer une redistribution :* Redistribution des actifs

Source : Banque mondiale, Rapport sur le développement dans un monde, 1997 : *L'État dans un monde en mutation.*

Au-delà des problèmes techniques posés par les comparaisons internationales, un fait demeure : celui de la montée de l'intervention de l'État au cours des deux derniers siècles. Faut-il s'en inquiéter et craindre pour la pérennité du seul système capable d'organiser les échanges après l'effondrement des économies de l'Est ? C'est largement une question de conception du capitalisme : selon les économistes libéraux, il est par essence une économie de marché et les atteintes de l'État doivent rester sévèrement limitées ; pour d'autres, et notamment des économistes qui ont étudié les évolutions de long terme tels F. Braudel et K. Polanyi, le capitalisme ne s'est jamais résumé à une économie de marché comme état de nature mais comme une construction historique ayant associé des mécanismes marchands, des forces sociales et l'État. Toutefois c'est sur la base de la confiance dans les mécanismes autorégulateurs du marché, et sur la dénonciation des perturbations occasionnées par les interventions excessives de l'État, qu'a eu lieu une « révolution libérale » à la fin des années 1970.

B LES INTERPRÉTATIONS THÉORIQUES D'UN INTERVENTIONNISME CROISSANT

De façon concomitante à la montée de l'intervention de l'État se poursuit le débat théorique sur sa légitimité et son efficacité. Le rôle reconnu à l'État diffère suivant les courants théoriques, mais le caractère nécessaire de son extension s'impose de la révolution industrielle jusqu'à l'après-Seconde Guerre mondiale.

1. – La reconnaissance libérale d'un interventionnisme étatique limité

a. — L'État-gendarme d'A. Smith

Selon A. Smith, c'est en poursuivant son intérêt personnel que l'individu est conduit à servir les intérêts de la société dans laquelle il vit, poussé par une « main invisible ». Aussi l'État n'a-t-il pas *a priori* à intervenir dans l'activité économique, si ce n'est en favorisant les conditions dans lesquelles peut s'épanouir l'initiative individuelle, c'est-à-dire un cadre libéral favorable à l'activité économique (Smith est favorable par exemple à la suppression des corporations, ainsi qu'à l'instauration du libre-échange). Toutefois, cela ne signifie pas que l'État doive être absent : ce que A. Smith nomme « *devoirs du Souverain* » dans *La richesse des nations* constitue pour lui l'ensemble des tâches qu'un État soucieux du développement économique se doit d'assumer. Les trois fonctions qu'il énumère sont à l'origine de la conception libérale du rôle de l'État dans une économie de marché, passée à la postérité sous le nom d'*État-gendarme*.

« *Le premier des devoirs du Souverain, celui de protéger la société contre la violence et l'invasion d'autres sociétés indépendantes, ne peut se remplir qu'à l'aide d'une force militaire.* » C'est donc la fonction de défense nationale, de protection des frontières qui incombe à l'État, seul capable d'assumer les charges croissantes de l'armement moderne et de mettre en œuvre une force armée plus efficace qu'une défense civile, et moins dangereuse pour les libertés qu'une milice.

« *Le second devoir du souverain, celui de protéger autant qu'il est possible, chacun des membres de la société contre l'injustice ou l'oppression de tout autre membre de cette société, c'est-à-dire d'établir une administration de la justice…* » La fonction de justice nécessaire à la liberté individuelle et au respect du droit de propriété est également appelée à générer des coûts croissants à mesure que le niveau de richesse progresse dans la société.

La prise en charge des travaux nécessaires à la collectivité mais dont la rentabilité est insuffisante pour l'initiative privée, relève également de l'intervention étatique : dans le troisième devoir du souverain, Smith classe les dépenses d'infrastructures et d'équipement collectifs nécessaires à la circulation des hommes des marchandises et à l'essor du commerce, telles que les routes, ponts, ports, canaux, etc., mais aussi les dépenses d'éducation du peuple (lire, écrire, compter) qui sont susceptibles de faire reculer l'ignorance et « *d'écarter les plus affreux désordres* ».

b. — L'État corrige les imperfections du marché : l'économie du bien-être

C'est entre 1862 et 1874, que Jevons, Menger et Walras posent les bases de l'analyse néoclassique qui approfondit l'étude des mécanismes de marché. Il s'agit d'un système théorique global qui se constitue sur une cinquantaine d'années à partir de la contribution de nombreux auteurs et dont la synthèse dans le modèle néoclassique standard met en évidence les caractéristiques d'autorégulation et d'optimalité d'une économie de marché vérifiant les conditions de la concurrence pure et parfaite. Dans le modèle standard, l'équilibre se réalise spontanément pourvu que l'État n'intervienne pas de façon intempestive. Mais de Cournot présentant dès 1838 le conflit d'intérêt entre l'entreprise et le consommateur dans le cas du monopole, à Walras dont l'étude de l'équilibre général le porte à distinguer économie théorique et économie réelle, le courant néoclassique est loin d'avoir ignoré les imperfections du marché.

L'économie du bien-être se développe sur les bases de l'optimum de Pareto selon lequel, en situation de concurrence pure et parfaite, le marché permet d'atteindre une situation dans laquelle aucun agent producteur ou consommateur ne peut voir sa situation améliorée sans dégrader la situation d'un autre. Mais ce raisonnement est incapable de trancher entre tous les optimums possibles. L'arbitrage entre les différents optimums fait alors appel à une fonction de « *bien-être social* » (P. A. Samuelson) qui exprime un jugement de valeur sur les différents états possibles et relève alors d'une instance collective : l'État. Samuelson traite des situations dans lesquelles la solution de marché n'est pas la meilleure en raison de spécificité du bien ou service concerné, dans le cas des biens collectifs qui ont la caractéristique d'être *non rivaux* : la consommation par un individu ne réduit pas celle qui reste disponible pour un autre, comme pour l'éclairage public ou la défense nationale. Aucune tarification individualisée n'étant possible sans coût prohibitif, seul l'État peut mettre en œuvre cette production.

Les situations de monopole naturel caractérisées par la quasi-impossibilité de mettre en concurrence plusieurs entreprises pour la fourniture d'un bien ou d'un service, en raison des gaspillages dus à la redondance des équipements (deux compagnies ferroviaires sur une même ligne, deux réseaux électriques pour une même zone desservie…) appellent également selon M. Allais une intervention de l'État soit par nationalisation soit par réglementation du prix.

Pigou dans l'ouvrage *The Economic of Welfare* (1920), recommande la prise en compte des effets externes de l'activité économique, ou externalités, qui font que le produit marginal net social s'éloigne du produit marginal net privé. Il y a externalité quand l'activité économique d'un agent a des conséquences positives ou négatives sur d'autres agents sans donner lieu à des compensations monétaires sur un marché. L'État devra dans ces cas mettre en place un système de compensations, subventions en faveur des responsables d'effets externes positifs pour la collectivité (reboisement, cheminée d'usines limitant la pollution…), et taxes pour ceux qui occasionnent des effets externes négatifs (pollution, bruit, dégradations diverses), ou de réglementations interdisant certaines externalités négatives, de façon à faire coïncider les produits marginaux nets sociaux et privés comme on le voit dans l'exemple suivant fourni par Pigou : « *Mais la meilleure illustration, peut-être, d'exemple où le produit net privé dépasse le produit social, est fourni par le travail des femmes en usine, particulièrement durant les périodes qui précèdent et suivent immédiatement leur accouchement ; car on ne saurait douter que ce travail, s'il rapporte des gains aux femmes elles-mêmes, ne cause de graves dommages à la santé de leurs enfants* ». La démarche inaugurée par Pigou a ouvert un vaste champ d'action pour l'État, que les problèmes environnementaux ont réactualisé avec le débat sur le mode d'intervention le plus efficace dans ce domaine : réglementations, taxations et subventions, ou plus récemment introduction du concept de marché des droits à polluer.

2. – L'État vu par les auteurs critiques du capitalisme

a. — L'État élément de la « *superstructure* » selon K. Marx

Si pour Marx l'Histoire est le produit de l'affrontement entre dominants et dominés qui traverse les différents modes de production, les différents États qui se sont succédé ont toujours été les instruments de la domination d'une classe sur une autre (cette conception historique de l'État est exposée par Engels en 1878 dans l'*Anti-Dühring*). Au cours des épisodes révolutionnaires européens de 1848, l'État a montré par la répression qu'il était au service des intérêts capitalistes. L'ordre contre-révolutionnaire et la répression reposent en Europe sur la solidarité des classes possédantes, l'État moderne étant l'instrument de cette domination et de cette solidarité.

La montée en puissance de l'État et le perfectionnement de ses moyens d'action économique et militaire traduisent donc la nécessité d'une intervention, toujours plus vigoureuse, afin de surmonter les contradictions croissantes issues du développement industriel, qui intensifient l'antagonisme de classe entre le capital et le travail (*La guerre civile en France*, 1871). La forme étatique est donc un produit des rapports de production qui constituent la base ou l'*infrastructure* de la société. Plus généralement, c'est toute l'organisation politique, (la république démocratique bourgeoise, reposant sur le suffrage universel et le mécanisme des partis, est pour Marx la forme normale de la *dictature de la bourgeoisie*), juridique (lois et tribunaux protégeant la propriété) et culturelle qui constituent la superstructure de la société ; Marx dans *Les luttes de classe en France* (1895) rappelle ce mot du banquier Laffitte au moment de l'arrivée au pouvoir de Louis-Philippe : « *Maintenant le règne des banquiers va commencer* ».

Ainsi l'État n'est-il pas au-dessus de la société mais en est l'expression à un moment donné de son développement. Il en résulte qu'il ne « s'éteindra »que lorsque le rapport de domination entre les classes aura lui-même disparu : c'est dans la perspective marxiste, l'avènement du communisme, société sans classe qui provoquera le dépérissement de l'État devenu sans objet.

b. — « *Loi de l'extension croissante de l'activité publique* » de A. Wagner

Les données quantitatives confirment une des rares « lois » économiques qui, énoncée au début du XXᵉ siècle, semble encore s'appliquer au début du XXIᵉ. Dans *Les fondements de l'économie politique*, publié en 1876, A. Wagner, de l'école institutionnaliste allemande, s'oppose aux libéraux mais prend aussi ses distances avec le marxisme, en affirmant la légitimité de l'intervention de l'État en matière de commerce extérieur, de mise en place et de gestion des compagnies de chemin de fer, et aussi en matière sociale : l'État doit rendre obligatoire les assurances ouvrières, y participer financièrement, c'est-à-dire mettre en place des transferts sociaux. Il ne nie pas les motivations individuelles de l'action économique mises en évidence par les libéraux et leur importance pour le dynamisme économique général, mais ces « mobiles directeurs égoïstes » doivent être limités par les institutions, qui ont pour mission de les organiser : ce sera l'idée directrice de ce courant qui se fixera la social-démocratie comme modèle social.

Il avance deux causes à l'augmentation des dépenses publiques au cours du développement. L'État est amené à intervenir de plus en plus dans le champ économique du fait de l'industrialisation et de la concentration afin de garantir une organisation efficace et, dans le champ social, par un souci de protection du monde ouvrier en extension. De plus l'augmentation des niveaux de vie permise par l'industrialisation entraîne de nouveaux besoins et de nouvelles demandes adressées à l'État : santé, éducation, culture.

Sur tous ces points, la « loi » d'A. Wagner a été confirmée au long du XXᵉ siècle. Le problème est aujourd'hui de savoir jusqu'à quelle limite cette extension peut se poursuivre sans remettre en cause les mobiles individuels de l'action économique.

3. – La conception keynésienne du rôle de l'État

a. — De nouvelles pratiques

La pensée keynésienne a été déterminante dans l'évolution du rôle économique de l'État au xxᵉ siècle. Pourtant, des politiques de dépenses étatiques d'une certaine ampleur se sont développées avant *La théorie générale de l'emploi de l'intérêt et de la monnaie*. Rappelons par exemple qu'au début de la « Grande Dépression » le plan Freycinet (1878) est mis en place pour limiter l'essoufflement du boum ferroviaire, par un programme de travaux publics. Toutefois, il ne faut pas voir dans ce programme une politique de soutien de la demande dans un contexte d'entrée en phase de dépression. Il n'en a ni l'ambition, aucune relation n'étant établie en ce sens à l'époque, ni l'ampleur, car il reste limité sectoriellement et financièrement. Au contraire, les politiques d'inspiration keynésienne ont une dimension contra-cyclique tout à fait originale lors de leurs premières mises en place : contrairement à ce qu'affirmait la théorie des cycles, la crise et la dépression ne sont plus considérées comme un assainissement nécessaire. Non seulement elles sont douloureuses socialement (en provoquant faillites et chômage) mais elles peuvent de plus entraîner l'économie dans une spirale déflationniste aux conséquences catastrophiques, pouvant mettre en danger le capitalisme lui-même. Aussi, l'intervention de l'État n'est-elle pas destinée pour Keynes à remettre en cause la logique du système capitaliste mais à corriger ses déséquilibres.

b. — Keynes impose de nouveaux raisonnements économiques

La pensée keynésienne est « révolutionnaire » dans la mesure où elle apporte une explication aux insuffisances de la régulation par le marché, et légitime théoriquement une intervention étatique qui pourra ensuite s'étoffer. Bien que celle-ci existe sous des formes diverses depuis longtemps, les concepts keynésiens de demande effective, de propension marginale à consommer, de multiplicateur d'investissement, vont renouveler l'analyse des crises et fournir des justifications aux politiques conjoncturelles contra-cycliques. Réfutant la loi de J.-B. Say suivant laquelle toute offre créé sa propre demande, rendant ainsi toute crise de surproduction globale impossible, Keynes s'appuie sur le concept d'anticipation de l'entrepreneur pour montrer que l'économie ne fonctionne pas forcément ni même ordinairement en situation d'équilibre de plein emploi. En effet, ces anticipations déterminent, suivant qu'elles sont optimistes ou pessimistes, un niveau plus ou moins élevé d'investissement privé qui va déterminer un niveau donné de demande effective, de production et finalement d'emploi qui ne s'ajustent pas nécessairement à l'effectif de la population active. Aucune force de rappel n'existant d'après Keynes ni du côté de la production, ni du côté du marché du travail, un équilibre du sous-emploi, c'est-à-dire un déséquilibre durable, a toutes les chances de s'installer. La politique monétaire mais surtout la politique budgétaire (ou une combinaison des deux) sont alors susceptibles de ramener l'économie vers un équilibre de plein emploi : en modifiant les anticipations des entrepreneurs (à la hausse) par une modification des taux d'intérêts (à la baisse) et en stimulant l'activité économique par un déficit budgétaire grâce au mécanisme du multiplicateur d'investissement. Dans la situation de 2008, l'endettement privé des ménages (américains) et des banques (contaminées par les actifs « toxiques ») déprime la demande de consommation et d'investissement. Dans un premier temps les plans de sauvetage des banques et l'abaissement du coût du crédit (proche de 0 aux États-Unis) ont permis d'approvisionner l'économie en liquidités, puis avec les plans de relance la demande publique a pris le relais de la demande privée déficiente. Cette demande publique financée par l'emprunt permet de réinjecter l'épargne qui ne s'investissait plus par peur du risque dans le circuit de la production, la dette publique réputée plus sûre se substituant à la dette privée.

DIVERSIFICATION DES INTERVENTIONS DE L'ÉTAT : DE LA PREMIÈRE INDUSTRIALISATION AUX ANNÉES 1970

A — L'ÉTAT MODERNISATEUR DES STRUCTURES ÉCONOMIQUES

L'activité économique et sociale et son organisation sont largement influencées par les grands événements historiques, tels que la Révolution française, les guerres de l'Empire, l'unité allemande ou italienne, les deux guerres mondiales, dans lesquels le pouvoir politique prend une place majeure. On n'évoquera ici que les transformations directement provoquées par l'appareil d'État sur la structure économique.

1. – La révolution industrielle : l'occasion d'interventions étatiques importantes, particulièrement dans les pays d'industrialisation tardive

Si la révolution industrielle est le produit de réactions en chaîne intersectorielles (par exemple, entre l'agriculture et l'industrie), et intrasectorielles (par exemple, entre l'activité de tissage et de filage dans le secteur textile), dans lesquelles les agents économiques sont incités à adopter de nouveaux comportements plus efficaces, il ne faut pas en conclure que les États sont restés de simples observateurs au cours de cette période. On distinguera successivement des interventions étatiques sur l'environnement économique général, puis des actions en faveur des infrastructures de transport, et enfin des productions prises en charge par l'État dans le cas de certains pays à industrialisation tardive.

a. — L'action étatique sur l'environnement économique

La Révolution française est à l'origine de profondes transformations dans les structures productives agricoles françaises qui sont elles-mêmes parties prenantes des transformations industrielles. L'abolition des droits féodaux dans la nuit du 4 août 1789, suivie de la confiscation en novembre 1789 des terres du clergé puis des nobles en fuite et de la revente des « biens nationaux » devaient permettre à des bourgeois, des exploitants plus ou moins importants voire à des petits paysans d'accéder à la propriété ou d'agrandir leur patrimoine foncier. Ce que J.-C. Asselain appelle « *l'œuvre agraire de la Révolution* » (*Histoire économique de la France*, t. 1, p. 114, Le Seuil, coll. Points Histoire, 1984) renforce une structure de petite exploitation agricole qui perdurera au-delà du XIXᵉ siècle. Cela peut contribuer à expliquer le très lent exode rural français et, partant, la langueur démographique qui lui est si spécifique.

L'action de la Révolution française sur le cadre juridique de l'activité industrielle sera encore plus nette (*cf.* P. Verley, *La Révolution industrielle*, « État et industrialisation », p. 282, coll. Folio Histoire, Gallimard, 1997). Rappelons pour mémoire quelques événements clés qui vont permettre la mise en place entre autres d'un marché du travail moderne :

– Le décret d'Allarde en mars 1791 supprime les corporations, ce qui constitue ce qu'on appellerait aujourd'hui une déréglementation, et de forte ampleur puisqu'elle consiste à autoriser la libre entreprise à tous les secteurs sans distinction.

– La loi Le Chapelier (1791) interdit toute association de salariés et d'employeurs ; elle était censée assurer l'égalité des parties en présence lors de la signature des contrats, suivant le modèle de la négociation individuelle.

– Les réglementations d'Ancien Régime sont abolies, les douanes intérieures sont supprimées.

– Le Code civil, promulgué en 1804, instaure un droit de propriété individuelle et un droit des contrats.

La libération de la création des sociétés anonymes est également une étape juridique importante même si le développement industriel a pu se poursuivre sans cette mesure qui, par exemple, n'intervient qu'en 1867 en France.

Cette période de la Révolution à l'Empire a donc été celle de la mise en place en France des bases juridiques du capitalisme industriel qui devait se développer au cours du siècle suivant. La création de la Banque de France en 1800 et l'instauration d'un système monétaire moderne fondé sur le franc germinal remarquablement stable jusqu'en 1914 complète la modernisation de l'environnement de l'activité économique. Bien que le terme de *Révolution bourgeoise* souvent utilisé, illustre bien l'orientation libérale de toutes ces mesures, il n'en reste pas moins que c'est l'appareil d'État qui a présidé à ces transformations.

b. — Les accords commerciaux internationaux

Outre son action législative, l'État intervient sur le cadre commercial. La politique douanière constitue un autre aspect important de l'intervention sur l'environnement économique. Si le xixe reste globalement un siècle protectionniste, le libre-échange marque tout de même des points avec la suppression de la loi sur les blés par l'Angleterre en 1846, et la réduction des tarifs douaniers consécutive au traité franco-anglais de 1860 (Chevalier-Cobden), et à d'autres accords bilatéraux avec la Prusse, l'Autriche, puis avec différents états européens. C'est vers le milieu du siècle que le besoin de rails métalliques lors de la construction du réseau ferré français pousse les compagnies dans le camp du libre-échange. Le rôle du Zollverein constitué à partir de 1834 de vingt-cinq États et vingt-six millions d'habitants a également joué un rôle dans l'industrialisation de la Prusse. Il n'en reste pas moins que la thèse du « *protectionnisme éducateur* » de Friedrich List (*Le système d'économie nationale*, 1841) qui faisait de l'État le promoteur d'une politique industrielle à visée nationaliste allemande, a connu un large retentissement. Ces idées s'imposeront presque continûment aux États-Unis, qui redoutent la domination de « *la petite île* » (c'est-à-dire l'Angleterre pour l'économiste américain Carey).

c. — De l'action sur les infrastructures de transport à une politique industrielle

Le chemin de fer constitue l'exemple le plus probant d'une troisième catégorie d'intervention précoce de l'État dans l'économie, cette fois encore plus directe, en tant qu'initiateur d'une modernisation des infrastructures de transport (après les travaux engagés sur les canaux et la route). Les États intervinrent partout mais diversement. Même si en tout lieu dominait l'idéologie libérale selon laquelle l'État n'avait pas à intervenir dans la vie économique, si ce n'est en tant que « gendarme », diverses situations concrètes poussèrent plus ou moins à l'intervention : l'insuffisance du capital privé en Belgique, la tradition d'une administration compétente pour s'occuper des grands travaux d'infrastructure en France, le rôle politique du chemin de fer dans les États allemands en voie d'unification (*cf.* P. Verley, *op. cit.*, « État et industrialisation en Prusse », p. 288), l'importance d'une industrie motrice dans un processus d'industrialisation à l'instigation de l'État en Russie…

L'État anglais ne fut pas présent dans la construction du réseau laissé à l'initiative privée, si ce n'est par certaines obligations imposées aux compagnies en matière de sécurité et de desserte. La France utilisa le régime de la demi-concession qui confie à l'État le choix des tracés, l'achat du terrain, la construction des voies, ouvrages d'art et gares et remet aux compagnies privées la fourniture de matériel et l'exploitation commerciale des lignes pour des durées déterminées. L'État choisit en Belgique de prendre en charge l'intégralité du projet, financé par emprunts.

Dans le cas de la Russie et du Japon, l'intervention de l'État pour la création d'un environnement favorable à l'activité industrielle va jusqu'au rattrapage technologique y compris par l'importation de technologies étrangères de la dernière génération et la mise en place d'un système de formation que pouvaient lui envier les pays de la « première vague », si bien que A. Gerschenkron a pu y voir un « avantage à l'arriération » ; la mise en œuvre de travaux d'infrastructure y a été particulièrement rapide, poussée par l'État au rang de priorité nationale et profitant des expériences étrangères. L'action de l'État a été plus directe qu'ailleurs sur les entreprises des secteurs moteurs de l'industrie lourde, allant jusqu'à la mise en place d'un dirigisme économique. Le décollage industriel de la Russie intervient à partir de 1890, sous l'action du *système de Witte*, du nom du ministre des finances en fonction entre 1893 et 1903. Cela consiste en une fiscalité ponctionnant l'épargne du monde agricole, une intensification de l'appel aux capitaux étrangers, un fort protectionnisme, une politique industrielle reposant sur des cartels, ainsi que des investissements d'État dans les transports et la sidérurgie. Le Japon de l'ère Meiji (1868-1912) est un exemple d'industrialisation à marche forcée sous la pression de l'occupation occidentale, à l'initiative de l'État. Après avoir établi la liberté de circulation et réformé le système fiscal, l'État lance des entreprises industrielles, des banques publiques des compagnies ferroviaires d'État, qui seront rétrocédées à partir de 1880 à des groupes de capitaux familiaux privés, les Zaibatsus. L'État continue néanmoins à mener la politique industrielle en étroite symbiose avec la direction de ces groupes et, le cas échéant, à investir lui-même (aciéries publiques Yawata fondées en 1897), selon une stratégie de remontée de filière.

2. – L'économie de guerre au xxᵉ siècle : réorganisation des filières de production et administration de l'économie par l'État

Les guerres du xxᵉ siècle sont les premières guerres industrielles dans le sens où les capacités de production furent déterminantes pour l'issue du conflit. Dans des situations d'économie de guerre, l'État doit assumer des responsabilités économiques allant bien au-delà des fonctions traditionnelles qui lui sont reconnues en temps de paix, allant parfois jusqu'à la prise en charge directe des secteurs concernés par l'effort de guerre.

a. — L'intervention étatique en France pendant la Première Guerre mondiale

En 1914, les capacités de production des arsenaux d'État ne pouvant suffire, le ministère de la Guerre (A. Millerand, puis A. Thomas), passe commande auprès d'entreprises privées sidérurgiques, métallurgiques et mécaniques, et réquisitionne les chantiers navals et certaines entreprises industrielles (comme Michelin) qui doivent se reconvertir dans la production pour l'armée. En effet, l'industrie française était globalement peu adaptée à l'effort qu'imposait une guerre longue : la production sidérurgique française était très inférieure à celle de l'Allemagne, tandis que l'industrie chimique ne fabriquait pas les composants nécessaires à la production d'explosifs. En revanche, les unités de production d'automobiles et d'aluminium se sont montrées efficaces. De plus, l'État n'est à cette époque pas doté des moyens d'information et d'action permettant de repérer les goulots d'étranglement et d'endiguer les crises d'approvisionnement. C'est pourquoi sont créés à partir de 1916 et surtout à l'issue de la crise sociale de 1917, des organismes intermédiaires entre les entreprises et l'État, associant entrepreneurs et hauts fonctionnaires, dotés suivant les cas d'un pouvoir consultatif ou de décision, chargés de centraliser l'information et de l'affectation des productions : offices, comités, commissions et surtout consortium deviennent des rouages essentiels de la vie économique. En 1918, il en existe plusieurs centaines, dont les plus importants sont l'Office des produits chimiques ou le comité des Forges, dont le secrétaire général, R. Pinot était devenu un ministre « bis » de l'Armement, lui seul connaissant les possibilités de production des entreprises et disposant du monopole d'achat des matières premières métallurgiques dont avait besoin le ministère. E. Clémentel, ministre du Commerce de 1915 à 1919, réquisitionne la flotte marchande et, à la demande des britanniques qui souhaitent coordonner les achats alliés, le gouvernement place sous son contrôle les importations en fonction des besoins des consortiums. À coté de ces mesures de direction de la production et des échanges extérieurs, des mesures de contrôle des prix, des mouvements de capitaux et d'augmentation des impôts sont prises.

Le contrôle public sur l'activité économique est donc très important, même si on ne peut parler de planification au sens strict, du fait du pouvoir partagé entre l'État et le regroupement patronal du secteur. De plus, l'interventionnisme ne se traduit pas par une montée du secteur d'État au détriment des entreprises privées. La régulation instaurée durant cette période relève d'un dosage d'étatisme et de corporatisme corrigeant les effets pervers du marché, manifestes au début du conflit et qui menaçaient de faire s'effondrer « l'arrière » par des désorganisations et des spéculations sur les approvisionnements.

Si les aspects les plus marquants de la tutelle de l'État sur l'appareil économique sont supprimés dès la fin du conflit (action menée par le ministère de la Reconstruction industrielle, dirigé par L. Loucheur), il restera dans l'après-guerre l'idée que le rôle des secteurs clés de l'activité devaient être placés au service de l'intérêt national. L'État accentuera son contrôle sur les secteurs du transport : aide à la reconstruction des voies ferrées en 1919 et 1920, aide financière aux compagnies en difficulté et surtout nationalisation du réseau en 1937 avec la création de la Société nationale des chemins de fer français, dans laquelle l'État est majoritaire. Il subventionne également les premières lignes aériennes civiles et organise la fusion des compagnies subventionnées en 1933. Par ailleurs, il détient la majorité du capital de la Compagnie des messageries maritimes, et de la Compagnie générale transatlantique. L'État contrôle également le secteur de l'énergie avec la création de sociétés mixtes pour la production d'hydroélectricité (Compagnie nationale du Rhône en 1921), l'octroi de concessions pour son transport (décret de 1924) ; la création de centrales thermiques doit être soumise à son autorisation et il détient des participations minoritaires dans le secteur pétrolier, puis créé en 1937 la Régie autonome des pétroles après la découverte du gisement de Saint-Marcet. Il développera des entreprises industrielles à partir des biens confisqués aux allemands (Mines de potasse d'Alsace), et procédera à des opérations de concentration (Office national interprofessionnel de l'azote). Il participera à la création d'institutions bancaires afin de soutenir les PME (Banques populaires en 1917, Crédit national en 1919, Crédit national hôtelier en 1924).

b. — Pendant le second conflit mondial

Les mêmes causes produisent les mêmes effets au cours de la Seconde Guerre mondiale, avec un dirigisme étatique encore accentué par le contexte de la défaite de juin 1940. Dès septembre 1939 avaient été institués des contrôles des prix, des salaires et du commerce extérieur. Les autorités de

Vichy, conformément à leurs options économiques et idéologiques, mettent en place une organisation corporatiste de l'économie de la France occupée, avec la structure des comités d'organisation (CO). Il s'agit d'organismes composés de membres du patronat de la branche, qui ne sont le plus souvent pas différents des cartels patronaux existant, à qui on confère à cette occasion une part de la puissance publique, puisqu'ils sont chargés de coordonner et d'affecter les productions. Toutefois, les CO ne disposent que d'un pouvoir économique limité car le ministère de la Production industrielle et l'Office central de répartition des produits industriels (OCRPI, créé par une loi du 10 septembre 1940), contrôlés par les autorités allemandes, exercent une pression sur les ressources dans le cadre de la collaboration d'État. Plutôt que de corporatisme, c'est donc de dirigisme étatique qu'il s'agit (A. Beitone, M. Parodi, B. Simler, *L'économie et la société françaises au second XXᵉ siècle*, t.1, p. 88), dont le but est avant tout de contrôler le rationnement, surtout à partir de 1941 avec l'aggravation de la pénurie. Des projets de planification sont également préparés par le gouvernement de Vichy avec la Délégation générale à l'équipement national, le *Plan d'équipement national* (1942) et la *Tranche de démarrage* (1944).

L'intervention de l'État progresse encore dans le secteur de l'énergie avec la création de la Société nationale des pétroles d'Aquitaine en 1942, et dans celui des transports parisiens en initiant le regroupement du métro et du transport de surface dans la Compagnie du métro parisien qui reste toutefois une entreprise privée.

Partageant avec les autorités de Vichy une grande méfiance à l'égard du marché, les nouvelles élites politiques du pays issues de la Résistance, reprendront à la Libération une partie des structures administratives mises en place pendant la guerre, pour les mettre au service d'un projet de modernisation économique et social : les CO sont maintenus durant la période de rationnement d'après-guerre, et P. Mendès-France au ministère de l'Économie nationale à l'automne 1944, utilise la Tranche de démarrage de Vichy, en attendant la mise sur pied d'un plan de reconstruction.

3. – Politiques structurelles et planification à la française après 1945

Il existe par-delà les clivages doctrinaux un consensus dans la classe politique française sur la nécessité de l'intervention de l'État pour promouvoir le développement économique : « *La France de la Libération est animée, bien au-delà des partis de gauche, d'un esprit anticapitaliste dont on a peine aujourd'hui à imaginer l'intensité* » (J.-C. Asselain, *op. cit.*, t. 3, p. 109). La nationalisation apparaissait donc à la fois comme le levier d'une modernisation des moyens de production, le garant de leur mise au service de l'intérêt général, et aussi comme une sanction contre les attitudes capitalistes jugées responsables de la défaite de 1940 et coupables de collaboration. Elle figurait donc dans le programme du Conseil national de la Résistance (mars 1944) pour les secteurs de l'énergie, des banques et assurances, comme un des moyens, avec la planification, de venir à bout des « *grands seigneurs féodaux de l'économie* » et de mettre en place une « *véritable démocratie économique* ». Néanmoins des oppositions séparent communistes, socialistes, républicains populaires et gaullistes sur la finalité de ces nationalisations : M. Thorez et les communistes s'y rallient tardivement en en espérant une limitation du pouvoir du capital et une avancée vers la mobilisation des masses, les socialistes y voient l'occasion de fonder une économie mixte (A. Philip, J. Moch, P. Mendès-France), tandis que pour les plus libéraux (dont les positions sont présentées dans le rapport Courtin de décembre 1943), il s'agissait seulement d'un moyen de rationaliser et de moderniser l'outil de production. C'est cette dernière orientation qui devait s'imposer lorsque le général de Gaulle, en avril 1945, trancha l'opposition entre P. Mendès-France alors ministre de l'Économie nationale et R. Pleven ministre des Finances, en la faveur de ce dernier et des thèses les moins interventionnistes.

L'intervention de l'État n'en atteindra pas moins un niveau jusque là inégalé par une large extension du secteur public et la mise sur pied de nouveaux instruments de régulation de l'économie (A. Beitone, M. Parodi, B. Simler, *op. cit.*, p. 91-100, « De 1944 au Vᵉ Plan : "Il y faut du dirigisme" »).

a. — Les nationalisations

Les nationalisations s'étendent aux secteurs clés de la reconstruction, ceux des produits de base et du crédit. Dès l'automne 1944 eurent lieu des « nationalisations sanctions » réalisées sous la pression directe des salariés et confirmées légalement par des ordonnances comme ce fut le cas pour Renault, Gnome et Rhône et les Charbonnages du Nord. De décembre 1945 à mai 1946 furent votées des lois de nationalisation à l'origine de Charbonnages de France, Électricité de France, Gaz de France, nationalisant la Banque de France et quatre grandes banques de dépôts (Société générale, Crédit lyonnais, Banque nationale du commerce et de l'industrie, Comptoir national d'escompte), de trente-quatre compagnies d'assurances. À partir de 1948 suivront la SNIAS, Air Inter, la RATP, qui viennent s'ajouter aux nationalisations du transport intervenues dans l'entre-deux-guerres (SNCF, Air France, la Compagnie générale transatlantique). Aux nationalisations s'ajoute la création d'organismes publics destinés à améliorer le fonctionnement de l'économie comme le Bureau de recherche pétrolière, le Commissariat à l'énergie atomique et le CNRS.

Les banques d'affaires échappent de justesse à la nationalisation (de même que la sidérurgie ou la chimie). La nationalisation des grandes banques de dépôt n'a pas pour autant transformé les modes de gestion et les critères d'attribution du crédit.

Ce mouvement ne concerne pas seulement la France : en Angleterre, à l'instigation du gouvernement travailliste d'Atlee, un vaste programme de nationalisation suit à peu près le même calendrier qu'en France. La banque d'Angleterre est nationalisée en 1945, l'aviation civile et les charbonnages en 1946, l'électricité, les chemins de fer, les canaux, les docks en 1947, le gaz en 1948, la sidérurgie en 1949. En Allemagne, l'État fédéral dispose du contrôle d'un secteur public important, dont la poste et le transport ferroviaire. Mais davantage que par des entreprises publiques, l'influence étatique sur l'économie passe par les relations étroites entretenues avec les entreprises privées. L. Erhart, membre du gouvernement Adenauer au ministère de l'Économie fédérale (1949-1963) puis chancelier fédéral (1963-1966) mettra en place une « *économie sociale de marché* » dans laquelle les pouvoirs publics fédéraux mais aussi des länder, des organes semi-étatiques comme les chambres de commerce et d'industrie, d'agriculture et de métiers, et des organes auxiliaires que sont les associations et comités consultatifs, prennent en charge l'élaboration, l'exécution et le contrôle de la politique économique, encadrant le jeu de la concurrence sur les marchés suivant les principes de l'ordo-libéralisme.

b. — La planification indicative

Une forme de contrôle étatique de l'économie apparaît spécifiquement française : la planification indicative. Issue du programme du CNR, sa mise en place s'effectue rapidement : le Commissariat général au plan est créé par décret le 3 janvier 1946, dirigé par J. Monnet. Le premier plan adopté en janvier 1947 couvrait la période 1945-1950 et fut prolongé jusqu'en 1953. Conformément à sa dénomination de *Plan de modernisation et d'équipement*, il se fixait comme objectif de coordonner l'activité du secteur public pour orienter les efforts de reconstruction et de poser les bases d'une croissance à long terme. Ses résultats ont été importants puisqu'il s'est révélé efficace à trois niveaux. L'élaboration de ce plan a tout d'abord permis le déblocage et l'affectation de l'aide Marshall. Il a été à l'origine du développement de « l'économie concertée » à travers les commissions du Plan qui réunissaient hauts fonctionnaires, chefs d'entreprise, syndicalistes et représentants des consommateurs. Enfin, les objectifs fixés en matière de production électrique, de charbon, d'acier de ciments ont été atteints tandis que le réseau de transport qui figurait aussi au rang des priorités était remis en état et modernisé. Ce succès tend à pérenniser l'action planificatrice de l'État avec la mise en place d'un deuxième plan sur la période 1953-1957 qui se fixe des objectifs élargis notamment en matière d'industries de transformation, puis dans les années 1960 de plans visant à corriger les déséquilibres constatés lors de l'ouverture de l'économie à la concurrence extérieure. Au-delà de la période de reconstruction et jusqu'au milieu des années 1960, le Plan, appuyé par l'action des « grands commis » de l'État issus des grands corps et nommés à la direction des grandes entreprises publiques, restera l'instrument privilégié de la modernisation de l'économie française comme en témoignent les grands programmes tels que le plan calcul, les grands programmes aéronautiques, le programme électronucléaire, etc.

La planification indicative constitue donc un mode de gestion centralisé original de l'économie qui se voulait distant à la fois du libéralisme et du plan impératif des économies collectivistes. Si on retrouve au Japon aussi un processus de planification pour orienter le développement économique, il s'agit davantage d'une présentation formelle de la politique économique que d'un mode effectif de direction : l'interventionnisme y passe moins par l'influence exercée par le Plan, que par la symbiose des milieux de la haute administration et du patronat, entretenue par le ministère du Commerce et de l'Industrie (MITI).

L'État producteur et l'État organisateur de la production sont donc des réalités du xxe siècle qui se sont conciliées avec les principes de l'économie capitaliste. La mise en place de formes diversifiées de cette intervention a répondu à des situations concrètes dans lesquelles le fonctionnement spontané du marché ne pouvait être mis en œuvre ou ne permettait pas d'atteindre les objectifs économiques requis par la collectivité nationale.

B   L'ÉTAT SOCIAL PANSE LES PLAIES DE L'INDUSTRIALISATION

Le capitalisme industriel qui s'est développé au xixe siècle dans des régimes politiques autoritaires, a alimenté de fortes tensions sociales (rappelons que la France a connu quatre révolutions en moins d'un siècle, de 1789 à 1870) qui ont porté des revendications de droits politiques et sociaux auxquelles l'État a dû répondre en réformant ses institutions et en complétant la distribution des revenus issue du marché par une redistribution plus soucieuse du sort des moins bien lotis.

1. – Les débuts de l'État social : la couverture des risques liés au travail industriel

a. — Premières mesures

Si on appelle « lois sociales » toute législation établissant de quelque manière que ce soit une protection de l'être humain au travail de manière individuelle ou collective, il faut faire remonter l'intervention de l'État-protecteur au début du xixe siècle. Les premières protections législatives sont anglaises (J. Brasseul, *Histoire des faits économiques*, t. 2, A. Colin, coll. U, p. 159-171 : « Les réformes sociales ») ; elles concernent le travail des enfants, dont la durée sera limitée à douze heures par jour en 1802 (*Peel's Factory Act*), et prescrivent également une éducation générale et religieuse dans les usines. Peu appliquées, elles sont complétées par d'autres textes restreignant davantage encore le temps de travail des enfants. En 1854 est introduite la « semaine anglaise », qui garantit le repos du samedi après-midi et du dimanche. En 1874, la durée du travail hebdomadaire sera limitée à cinquante-six heures par semaine. En 1839, la Prusse limite le travail des enfants de neuf à seize ans (dix heures par jour) et interdit le travail des enfants plus jeunes en imposant une scolarité d'au moins trois ans. La France met en place une première loi sociale en 1813 interdisant le travail des enfants dans les mines, mais c'est la loi Guizot qui, en 1841, interdit le travail des enfants de moins de huit ans, en limite la durée à huit heures entre huit et douze ans, et à douze heures entre douze et seize ans. Le travail des femmes est à son tour réglementé à partir d'une loi de 1841 en Angleterre. Napoléon III reconnaît le droit de grève en 1864, qui n'est accordé qu'en 1875 en Angleterre. La loi Waldeck-Rousseau, (ministre de l'Intérieur sous la IIIe République), abroge en 1884 la loi Le Chapelier et accorde une existence légale aux syndicats qui, dans les faits, comptent déjà 60 000 adhérents.

b. — *Fondation d'un premier système de protection sociale en Allemagne*

Les lois instituant une protection sociale au sens strict, c'est-à-dire prévoyant les conditions dans lesquelles une indemnisation pourra être versée à un ouvrier empêché de travailler sans que sa responsabilité puisse être invoquée, n'apparaissent qu'à la fin du siècle dans l'Allemagne de Bismarck. L'État-providence a donc des racines bien antérieures à l'après-Seconde Guerre mondiale.

Les premières mesures d'assurances sociales prises en faveur des ouvriers ne reposaient pas sur des justifications économiques comme ce sera le cas pour la construction de l'édifice social d'après-guerre avec le keynésianisme, mais sur des motivations politiques. L'assurance maladie obligatoire pour les ouvriers à faible salaire est en effet instituée par Bismarck en 1883, bientôt suivi par les autres pays industrialisés. On prête ce mot à Bismarck : « *Messieurs les démocrates joueront de la flûte quand le peuple se rendra compte que le souverain s'occupe mieux de ses intérêts* ». Si Bismarck et son gouvernement conservateur proposent des lois susceptibles de réduire les inégalités économiques, c'est donc pour mieux préserver un régime autocratique. Ce en quoi l'histoire lui a donné tort : les avancées sociales ne se sont pas substituées aux avancées démocratiques mais les ont accompagnées.

L'assurance maladie n'est pas une avancée sociale isolée dans l'empire allemand :

– Dès 1871 (année de la fondation du Reich), une loi couvre les accidents du travail dont la responsabilité est attribuée aux employeurs.

– Le 15 juin 1883 est votée une loi d'assurance maladie obligatoire pour les ouvriers de l'industrie dont le revenu annuel est inférieur à 2 000 marks, financée aux deux tiers par les salariés et pour un tiers par les patrons. Ces assurances sont gérées par des représentants des ouvriers et des représentants patronaux qui occupent respectivement deux tiers et un tiers des sièges. En fait, ce sont les syndicats ouvriers qui en assurent la gestion.

– Le 6 juillet 1884 une assurance invalidité permanente financée par le patronat est instituée : elle prévoit le versement d'une pension des deux tiers du salaire à l'ouvrier rendu incapable de travailler par un accident du travail. En cas de décès, une pension équivalant à 20 % du salaire plus un pourcentage supplémentaire par enfant est prévue pour sa veuve.

– En 1889 est mise en place une assurance vieillesse obligatoire à partir de 65 ans financée pour moitié par les ouvriers et pour moitié par le patronat.

– En 1911 est institué un code des assurances sociales.

On peut se demander pourquoi l'Allemagne fait figure de pionnière sur le terrain social. La forte influence du « socialisme de la chaire » (*Kathederssocialismus*, dénomination ironique rappelant ses origines chrétiennes) qui anime un fort courant antilibéral et prône le recours au droit afin de limiter les effets néfastes de l'industrialisation capitaliste n'y est sans doute pas étrangère. À la différence des socialistes français, ils ont confiance en l'État pour protéger le travailleur : A. Wagner pense que les dépenses de l'État ne peuvent qu'augmenter à mesure que les sociétés se civilisent, (ce qui restera sous le nom de la *loi de Wagner*, voir *supra*, I, B 2, b). Mais le contexte technique est sans doute plus important encore, car selon F. Ewald (*L'État providence*, 1986) la loi sur les accidents du travail répond à un besoin des sociétés industrielles. En effet, dans les sociétés préindustrielles, la responsabilité des accidents incombait à ceux qui les causaient, comme l'indique par exemple le Code civil napoléonien : le travailleur indépendant qui se blesse ne peut s'en prendre qu'à lui-même, ainsi que les ouvriers des fabriques qui travaillaient encore avec de simples outils. Lorsque l'ouvrier d'usine est amené à travailler avec des machines ou dans un environnement mécanisé, les choses changent : d'une part les blessures occasionnées peuvent être beaucoup plus graves et, d'autre part, le risque encouru ne tient plus tant aux imprudences ou maladresses de l'ouvrier qu'aux décisions de l'employeur de le faire travailler au milieu des machines. L'accident du travail constitue alors un risque nouveau qui, premièrement, doit être couvert et dont, deuxièmement, l'employeur ne peut totalement se dédouaner. Plus largement, c'est le salariat qui commence à être vu comme une situation à risque, car celui qui est obligé de vendre son travail est dans l'insécurité face à l'accident mais aussi face au chômage, à la maladie et à la vieillesse, par rapport au propriétaire foncier et aux titulaires de rentes. Lorsqu'une large partie de la population est concernée par ces risques, il convient alors que l'État prévoie et rende obligatoire un système d'assurances sociales. Telle n'est pas encore la situation en France à la même époque car la population active y est encore composée pour moitié de paysans, son système productif est fait de PME peu mécanisées, sa spécialisation industrielle est plus orientée vers l'industrie légère que vers l'industrie lourde et le patronat français est particulièrement hostile à l'intervention de l'État dans la politique sociale.

c. — Extension progressive

Quelques années plus tard, sensiblement les mêmes lois sont votées dans les pays industrialisés qui se dotent tous d'une première législation sociale avant la Première Guerre mondiale : l'assurance accident est introduite en Grande-Bretagne en 1897, en France en 1898, en Russie en 1903 ; l'assurance maladie apparaît en Belgique en 1894, en Grande-Bretagne en 1911, en 1912 en Russie mais seulement en 1930 en France. Un système de retraite est développé en Belgique en 1900, en France en 1901, en Grande-Bretagne en 1906.

Dès lors, la protection de l'individu au travail ne relève plus du bon vouloir patronal, elle est devenue un droit ; chacun doit être protégé face aux risques de perte du revenu de son travail : accident, maladie et vieillesse. La législation sociale entre dans un processus d'extension géographique et économique qui s'étend pendant les trois quarts du XXe siècle (J. Brasseul, *op. cit.*, p. 168, « L'extension des lois sociales »). Aux États-Unis, pays le plus marqué par le principe libéral de non-intervention de l'État dans l'économie, le travail des enfants de moins de treize ans est interdit par une loi fédérale en 1888. Toutefois, l'assurance maladie et l'assurance retraite y demeure plus largement qu'ailleurs du domaine de l'assurance privée. Les autres pays neufs à population anglo-saxonne mettent sur pied une législation sociale très avancée : l'Australie fixe le premier salaire minimal du monde en 1896, la Nouvelle-Zélande limite la durée du travail hebdomadaire à 48 heures pour tous dès 1901.

Des lois sociales s'appliquent également dans les colonies pour des raisons qui ne sont pas toutes sociales, les producteurs anglais redoutant par exemple la concurrence des unités de production installées en Inde où le coût du travail est moins élevé : le *Factory Act* de 1881 réglemente en Inde le travail des femmes et des enfants. D'ailleurs, l'idée d'une législation internationale protégeant le travail fait son chemin dans le cadre d'une première mondialisation de l'économie où les différences de coût du travail commencent à inquiéter, avec notamment la tenue d'une conférence en 1890 des grandes puissances à Berlin, et la création de l'Office international du travail à Bâle en 1901.

Mentionnons également au chapitre des lois sociales qui entraînent un accroissement des dépenses collectives, les avancées de l'enseignement public. La loi Guizot (ministre de l'Instruction publique sous Louis-Philippe entre 1832 et 1837) de 1833, confie aux communes la responsabilité de mettre en place et d'entretenir une école publique chargée de l'enseignement primaire. Les impôts locaux devront également financer la création d'une école normale dans chaque département. En 1882, les lois de J. Ferry instaurent le principe de l'école laïque, gratuite et obligatoire de 6 à 13 ans, enseignement sanctionné par un certificat d'études. Les instituteurs sont dorénavant payés par l'État. En Angleterre, les écoles publiques élémentaires sont créées en 1870 et elles deviennent obligatoires en 1880. Le système scolaire est généralisé très tôt en Allemagne avec les *Technische Hochschulen*. Au Japon, l'enseignement primaire devient obligatoire en 1872 avec les réformes de l'ère Meiji.

Du progrès économique permis par le libéralisme économique ou des luttes ouvrières ayant contraint par un rapport de force le patronat à des concessions sur le terrain social, quel facteur a permis ces avancées sociales ? Cette question a été fréquemment posée et les réponses sont bien entendu marquées du poids des idéologies. Toutefois, on ne peut pas ne pas remarquer que sans progrès économique, il n'y aurait eu aucun surplus pour financer quel que système de protection sociale que ce soit mais, qu'aussi bien, le patronat se serait fort bien satisfait de continuer à presser la main d'œuvre comme avant 1850. La véritable question est de savoir si le progrès économique peut continuer très longtemps sans un système de répartition primaire ou secondaire qui alimente la demande. C'est cette thèse qui est développée par Keynes et qui après 1945 est à l'origine d'un accroissement considérable des « acquis sociaux ».

2. – La couverture du chômage et de la maladie dans les années 1930

La crise économique des années 1930 et ses dégâts sociaux sont l'occasion d'une nouvelle progression des systèmes de protection sociale dans les pays capitalistes industrialisés.

a. — Aux États-Unis

Le programme social du *New Deal* apparaît comme relativement ambitieux. En dépit de fortes oppositions, le Congrès vote la loi sur la sécurité sociale (*Social Security Act*) qui établit le principe d'une retraite pour tous les Américains âgés de plus de soixante-cinq ans (*Old Age Survivors Insurance* dont les cotisations sont versées à part égale entre employeurs et employés), ainsi qu'une assurance contre le chômage (*Unemployment Insurance* financée par les employeurs). En 1938, le *Fair Labor Standarts Act* prévoit une durée légale du travail de 44 heures hebdomadaires et fixe un salaire minimal de 25 cents de l'heure. Ni la maladie, ni l'invalidité ne font partie des risques couverts, mais le gouvernement fédéral fait alors un premier pas sur le terrain de la protection sociale. L'existence des conventions collectives, librement négociées, est confirmée officiellement dans le

Wagner Act de 1935. Les mesures discriminatoires, de la part des patrons, contre les syndicats et les syndicalistes sont dorénavant réprimées, et la juridiction relative à tous ces cas est confiée à un Bureau national du travail (*National Labor Relations Board*) avec des pouvoirs étendus. Désormais, le syndicalisme se développe sans entraves. Au sein de la très conservatrice *American Federation of Labor* (A.F.L.), une opposition donne naissance, en 1935, avec John Lewis, président de la fédération des mineurs, à une nouvelle centrale syndicale, le *Congress of Industrial Organizations* (C.I.O.), qui devient autonome en 1938.

b. — En France

Le programme social du Front populaire fut à l'origine de la création d'un fonds national de chômage pour pallier les lacunes de l'indemnisation, et de la célèbre mesure de réduction de la durée hebdomadaire du travail à 40 heures en 1936 (contre 48 précédemment depuis 1919), avec maintien du salaire. Les accords Matignon de 1936 généralisent les conventions collectives, accordent deux semaines de congés payés, et instituent l'élection de délégués du personnel.

À cette époque, une vingtaine de pays dans le monde dispose d'un système d'assurance maladie qui couvre des parties plus ou moins importantes de la population. L'œuvre sociale accomplie depuis le début de l'industrialisation est donc loin d'être négligeable. L'action sociale de l'État va pourtant prendre une ampleur tout à fait nouvelle au lendemain de la Seconde Guerre mondiale.

3. – Généralisation des interventions sociales de l'État dans l'après-guerre : ensemble des risques sociaux couverts et réduction des inégalités devant le logement, l'éducation, le revenu

Lord W. Beveridge est chargé pendant la seconde guerre mondiale d'un rapport sur les assurances sociales (*Social insurances and allied services*, 1942), dans lequel il propose un système unique de sécurité sociale couvrant l'ensemble des risques sociaux afin de « *libérer l'homme du besoin* » et non plus seulement ceux liés au travail comme à la fin du xixe siècle. En 1944 il publie un ouvrage traçant les grands traits d'un programme pour le plein emploi, *Full employement in a free society*, qui constitue un rejet global des politiques orthodoxes et témoigne de méfiance par rapport au marché, concernant sa capacité à répartir équitablement les revenus et les chances de promotion sociale qu'il peut offrir. Ces idées sont reprises dans la quasi-totalité des pays développés pour mettre en place un État-providence.

a. — En Angleterre

La mise en place de l'État-providence anglais se traduit par l'adoption des lois suivantes :
– Le *Butler Act* de 1944 créé un enseignement secondaire public et gratuit et met en place un système d'allocations familiales.
– Le *National Insurance Act* de 1946 instaure les assurances chômage, maladie, retraite, décès, maternité.
– Le *National Assistance Board* est créé pour venir en aide aux pauvres.
– Le *National Health Service* place l'ensemble des professions de santé sous le contrôle de l'État.
– Le *Trade Union Act* de 1946 élargit les droits syndicaux.
– Un système d'impôts progressif sur le revenu est créé en vue de réduire les inégalités.

b. — En France

Le 4 octobre 1945 est créée par ordonnance la Sécurité sociale destinée à « *garantir les travailleurs et leurs familles contre les risques de toute nature susceptible de réduire ou de supprimer leur capacité de gain, à couvrir les charges de maternité et les charges de famille qu'ils supportent* ». L'objectif est bien de créer un régime général couvrant les risques maladie, famille et vieillesse pour toute la population, mais la loi du 22 mai 1946 limite ce « régime général » aux salariés de l'industrie et du commerce, en raison de salariés déjà couverts par un régime particulier (mineurs, marins, fonctionnaires), et de l'opposition des agriculteurs, commerçants et artisans. Cela produira la création d'une mosaïque de régimes spéciaux et de régimes autonomes qui étendront la couverture sociale à l'ensemble des Français.

À ces régimes de base se superposent des régimes complémentaires pour la retraite des cadres (AGIRC en 1947), des salariés non cadres (ARRCO en 1961), puis à destinations des indépendants. De même, en matière d'assurance maladie, des mutuelles complémentaires sont mises en place afin de compléter l'indemnisation jusqu'à 95 % ou plus des frais occasionnés.

D'autres mesures complètent progressivement le système de protection sociale :
– 1947 : extension de la Sécurité sociale aux fonctionnaires.
– 1948 : extension du régime général aux étudiants.
– 1948 : instauration d'un régime de retraites pour les artisans, les professions industrielles et commerciales, les professions libérales.
– 1950 : création du Salaire minimum interprofessionnel garanti.
– 1958 : instauration du système hospitalo-universitaire.
– 1970 : création du Salaire minimum interprofessionnel de croissance.
– 1975 : généralisation à l'ensemble de la population active de la l'assurance vieillesse obligatoire.
– 1982 : abaissement à 60 ans de l'âge de la retraite.
– 1988 : instauration du Revenu minimum d'insertion.
– 2000 : création de la Couverture maladie universelle.

c. — Aux États-Unis

Aux États-Unis, les présidents démocrates J. F. Kennedy (1960-1963) et L. Johnson (1963-1968), sont à l'origine d'une montée en puissance de l'État social dans le pays du libéralisme, avec les concepts de *Nouvelle frontière* et de *Big society* qui visaient à rendre la société américaine moins rude envers les pauvres. Les agences gouvernementales et les crédits fédéraux sont donc augmentés pour financer des programmes sociaux en expansion (il est créé un département chargé de l'aide sociale, de la santé publique et de l'éducation). Mais le système de protection sociale n'atteint pas le degré de généralité qui le caractérise en Europe, du fait des résistances que suscite la notion d'État-providence. Le programme *Medicare* assure les soins gratuits aux personnes âgées de plus de soixante-cinq ans, dans certaines conditions et dans certaines limites ; il est complété par le *Medicaid* qui est destiné aux plus pauvres. Au-delà de ces protections minimales, les pratiques en matière d'assurance maladie, chômage, d'aide aux handicapés ou d'aides alimentaires restent variables suivant les États, les collectivités locales, les branches industrielles, les professions et les entreprises qui ont la possibilité d'améliorer les droits sociaux de leurs membres. B. Clinton est élu en 1992 sur la promesse de mettre en place une couverture sociale pour l'ensemble des Américains, mais les difficultés à faire voter ce projet par le Sénat à majorité républicaine ont eu raison de l'essentiel de ce projet. C'est sous la présidence de B. Obama le 24 décembre 2009 que le projet visant à doter 40 millions d'américains qui en sont dépourvus d'une protection sociale sera finalement ratifié par le Sénat.

P. Rosanvallon fait remonter l'origine du terme d'*État-providence* à 1860 tandis que J. Marseille accorde la paternité du *Welfare state* à l'archevêque W. Temple qui, par opposition au *War State*, y voyait le moyen de développer l'Angleterre au sortir de la Seconde Guerre mondiale. Si on entend par-là la responsabilité qui incombe à l'État de venir en aide aux pauvres, cette intervention s'inscrit dans une longue tradition : elle remonte au Moyen Âge avec Saint-Louis, puis à la *Poor law* britannique de 1607, aux Ateliers nationaux de 1848, etc. Ce qui constitue véritablement la spécificité du concept, c'est la transformation de cette fonction de protection en droits collectifs, reconnus par exemple dans la déclaration des droits de l'homme de 1946. Ces pratiques longtemps condamnées par les auteurs libéraux depuis Malthus, se sont néanmoins lentement étendues avant de prendre un essor considérable lorsque la pensée keynésienne les a justifiées en tant que soutien de la demande globale. Le retour en force des idées libérales des années 1980, conjuguées aux difficultés provoquées par la crise induiront de nouvelles critiques de l'État social, qui seront abordées en troisième partie.

C L'ÉTAT RÉGULATEUR PERMET DE SURMONTER LES CRISES

Dès lors que l'intervention de l'État s'est révélée nécessaire afin d'adapter les structures de l'économie dans des circonstances exceptionnelles mais néanmoins fréquentes (révolutions industrielles, guerres, reconstructions…), ou pour remédier à des déséquilibres sociaux persistants (causés par le chômage, la maladie, l'accident, le manque de formation…), deux points essentiels de la doctrine libérale sont mis en cause : le rééquilibrage automatique par le marché et l'harmonie spontanée des intérêts. L'idée d'une intervention de l'État par des politiques conjoncturelles, c'est-à-dire agissant de façon permanente sur le processus même de création de richesses, fait son chemin.

1. – Le New Deal et les politiques de soutien de la demande des années 1930

a. — Les États-Unis

L'expression *New Deal* est tout d'abord issue d'un slogan politique qui apparaît pour la première fois dans le discours du 2 juillet 1932 du candidat démocrate F. D. Roosevelt à la présidence, sans que ce terme ne désigne encore un programme établi. Au moment où les électeurs américains sont appelés à élire un président, le pays est plongé depuis trois ans dans une crise économique sans précédent, générant augmentation des stocks de produits agricoles et chute des cours, baisse de la production industrielle mais maintien des prix, exacerbation du chômage (10 millions de chômeurs en 1932), sans que les politiques orthodoxes menées par le président H. Hoover de 1929 à 1932 soient d'un grand effet.

Le programme de Roosevelt, s'il correspond assez bien aux recommandations exprimées par Keynes deux ans plus tard en 1936 dans la *Théorie générale*, est élaboré indépendamment de lui par des conseillers qui composèrent ce qu'on appelle le *brain trust* du président.

Les historiens distinguent deux New Deal correspondant à deux étapes différentes de l'action de Roosevelt. Le premier, mis en route au cours des « Cent Jours », entre le 9 mars et le 16 juin 1933, comprend un ensemble impressionnant de mesures relatives :
– aux banques grâce à une loi d'aide aux banques avec l'appui du Système fédéral de réserve ;
– à la monnaie (Roosevelt s'était laissé persuader d'abandonner l'étalon-or (avril 1933) ;

– à l'industrie, le *National Industrial Recovery Act* voté en juin 1933, tendait à stimuler la production industrielle, d'une part, en poussant les industriels à signer des codes de loyale concurrence dans les principales branches, de l'autre en accordant aux ouvriers le droit de se syndiquer et de négocier des conventions collectives avec les producteurs ;

– à l'agriculture avec l'*Agricultural Adjustment Act* qui visait au rétablissement des prix agricoles par une réduction volontaire des productions, encouragées par des subventions fédérales ;

– à la lutte contre le chômage au moyen du *Civil Conservation Corps* (C.C.C.) qui visait à fournir de l'embauche grâce à des travaux de reforestation, de conservation du sol, de lutte contre l'érosion ;

– l'endettement des fermiers qui ne pouvaient rembourser les hypothèques contractées et qui furent aidés par la création de la *Farm Credit Administration* qui leur accordait des prêts.

Enfin, le Congrès vota la loi créant la *Tennessee Valley Authority* (T.V.A.) en mars 1933. Ce nouvel organisme recevait des pouvoirs très étendus pour régulariser le cours du Tennessee et de ses affluents, produire de l'électricité et la vendre à des tarifs très bas, attirer des fermiers, établir des industries.

Deux mesures furent invalidées en 1935 et en 1936 par la Cour suprême : le A.A.A. et le N.I.R.A. À ce moment, Roosevelt avait déjà lancé une seconde série de mesures, tournées vers l'action réformatrice plus que vers l'aide aux secteurs touchés par la crise : cette nouvelle série est souvent appelée le second New Deal.

Désormais, le New Deal se développe dans deux directions. En premier lieu, les mesures amorcées en 1933 sont poursuivies :

– La monnaie, détachée de l'or dès 1933, est dévaluée officiellement au début de 1934 : le dollar nouveau est fixé à 59,06 % de sa valeur antérieure, donc dévalué de plus d'un tiers. Les prix intérieurs remontent lentement, ce qui stimule la production et la consommation.

– Une politique de grands travaux est prise en charge par un nouvel organisme, la *Works Progress Administration* (W.P.A.), avec une dotation initiale de 1 400 millions de dollars. De 1935 à 1941 (date d'entrée en guerre des États-Unis), plus de deux millions de travailleurs furent embauchés par la W.P.A. pour des tâches aussi diverses que la plantation d'arbres, la rénovation des villes ou la confection de guides touristiques. Une branche spéciale, la *National Youth Administration* (N.Y.A.), fut consacrée à l'embauche des jeunes.

Les hommes d'affaires reprirent confiance, mais ces mesures n'eurent que des effets limités. Les mesures fondamentales, comme l'A.A.A. ou le N.I.R.A., avant même d'être invalidées, étaient très difficiles à appliquer, en raison de la résistance de fermiers ou des industriels. Une reprise sensible de la production supposait une augmentation du pouvoir d'achat, lui-même fonction de cette production et également de la monnaie. Les effets de la législation sur l'un et l'autre ne pouvaient être que lents ; aussi la reprise était-elle moins rapide que ne l'avait prévue le gouvernement, même si le chômage diminuait.

En dépit de ce train de mesures témoignant d'une intervention massive et continue, les États-Unis atteignent tout juste en 1938 leur niveau de production d'avant la crise, mais leur revenu national reste encore en deçà, et le chômage représente encore 10 % de la population active. Cependant, le New Deal a servi d'exemple dans plusieurs pays. Ainsi, la politique consistant à lutter contre la crise par une augmentation des prix et des salaires, constitua désormais une alternative aux traditionnelles politiques de déflation et inspira le Front populaire après son succès électoral de 1936.

b. — La France et l'Angleterre

À la tête d'une coalition composée de la SFIO, du PCF et du parti radical désignée Front populaire, Léon Blum vainqueur des élections du 5 mai 1936 interrompt les politiques de déflation menées sans succès depuis le début des années 1930 par une politique de relance de l'activité au moyen de hausses des salaires. La dévaluation ne figure pas dans le programme de gouvernement, pas plus que des projets de nationalisation. Les accords Matignon qui mettent fin aux grandes grèves du printemps 1936 modifient la situation politique et sociale, conduisant à la réforme du conseil d'administration de la Banque de France, aux nationalisations de la SNCF et de l'industrie d'armement, et le franc sera dévalué. Sur le versant du soutien de la demande, les salaires sont augmentés de 12 %, la durée hebdomadaire du travail passe de 48 à 40 heures, les congés payés sont mis en place et des conventions collectives obligatoires sont instituées. Après un début de reprise économique, le plafonnement de la production et l'accroissement du déficit budgétaire durant le premier semestre 1937 montrent les limites de l'expérience qui se traduisent par la chute du gouvernement Blum.

En Angleterre une politique de taux d'intérêt faibles est menée précocement à partir de février 1932, lui permettant en combinaison avec des mesures structurelles de contrôle de la production de certains secteurs industriels et agricoles de faire repartir la production et de réduire le nombre de ses chômeurs de 3 millions en 1930 à 1 million en 1938.

c. — Dans les dictatures

L'Allemagne, l'Italie et le Japon s'engagent au cours des années 1930 dans des politiques de relance qui sont en fait des politiques de puissance. Les instruments monétaires et budgétaires sont alors utilisés de façon très expansive tandis que les moyens de contrôle sur les entreprises, le système bancaire et les prix se renforcent partout, suivant des formes variées de néocorporatisme. Les programmes de dépenses étatiques y prennent une forte ampleur, ceux-ci étant essentiellement destinés à des commandes pour l'appareil de production industriel et militaire en plein essor. Le redémarrage de l'activité permet de réduire fortement le nombre des chômeurs mais s'accompagne de déficits budgétaires importants. En Allemagne, l'échec des mesures restrictives du chancelier Brüning se solde par l'arrivée au pouvoir d'Adolf Hitler à la tête du parti national-socialiste aux élections de 1933. Le dirigisme de la politique structurelle s'accompagne d'une politique de grands travaux d'équipement de 1933 à 1936 qui s'oriente vers l'industrie de l'armement à partir de 1936. Le nombre des chômeurs passe de 3,5 millions en décembre 1933 à 0,2 en 1938, mais le déficit budgétaire atteint plus de 15 % du revenu national.

Au Japon, près de la moitié des dépenses publiques est dévolue à l'armée et la production industrielle augmente de 49 % de 1932 à 1936. En Italie, l'État est l'instigateur de concentrations qui visent à renforcer un système productif retardé, par l'intermédiaire de l'*Istituto per la Ricostruzione Industriale* (I.R.I.) et d'ambitieuses commandes publiques. Ces expériences diverses ne pouvaient se poursuivre que par des visées impérialistes du fait des déséquilibres sur lesquels reposait leur croissance largement artificielle, comme en témoignent dès avant le déclenchement de la Seconde Guerre mondiale les conquêtes du Japon en Chine à partir de 1937, les interventions de l'Italie en Éthiopie en 1935 et en Espagne en 1936, et la politique de « l'espace vital » de Hitler.

2. – Les politiques conjoncturelles de l'après-guerre : instruments et pratiques

Après la guerre, le keynésianisme élargit la problématique de Keynes de l'analyse statique d'une situation de sous-emploi au problème plus général de la régulation dynamique de la croissance. La politique économique conjoncturelle se fixe désormais pour but non seulement de remédier à une crise ponctuelle, mais de maintenir l'économie sur un sentier continu de croissance. Afin de corriger les situations issues du cycle d'activité, il convient donc de mener des politiques contra-cycliques dans la durée, visant alternativement à soutenir l'activité en cas de récession et de la freiner en cas de surchauffe. Politiques de relance et de stabilisation se succèdent alors dans les grands pays industrialisés, sous l'appellation classique de *stop and go*.

a. — Le « lissage » du trend

Au cours des Trente Glorieuses, les taux de croissance moyens observés dans les pays industrialisés ont été plus fort (de 2,5 % pour l'Angleterre à 8,5 % pour le Japon, 5,5 % pour la France) que le trend de croissance de long terme (2 %) et les fluctuations globalement plus réduites bien que variables suivant les pays. Faut-il y voir un succès des politiques contra-cycliques durant cette période ou la manifestation d'une croissance exceptionnelle qui réduisait les périodes de descente du cycle ? En tout état de cause, les États se sont alors donnés les moyens de limiter les fluctuations autour du trend, à défaut de pouvoir modifier le trend lui-même qui, lui, reste dépendant des variables « lourdes » telles que les productivités du travail et du capital renvoyant aux capacités d'accumulation et plus généralement de modernisation, différentes suivant les pays : le taux de formation brute de capital fixe est resté inférieur à 20 % du PNB pendant toute la période dans l'ensemble des pays industrialisés, alors qu'il a dépassé 25 % en France et 30 % au Japon.

À côté des instruments budgétaires et monétaires utilisés depuis l'entre-deux-guerres, l'action conjoncturelle de l'État s'est étendue par une politique des revenus, une politique des taux de change et une politique des prix. L'État dispose, par l'intermédiaire du salaire minimum, de la politique salariale des agents de l'État et des entreprises publiques dans les pays où les nationalisations se sont développées (Angleterre et France), d'un levier d'autant plus important sur la masse salariale globale que le capital public est étoffé. L'État possède aussi durant cette période une relative maîtrise du taux de change qui peut être réévalué ou dévalué par rapport au dollar dans le cadre du système de Bretton Woods, ce qui peut permettre des ajustements en matière d'équilibre extérieur. Enfin, il n'hésite pas à recourir à des mesures contraignantes de blocage des prix et des salaires en période de tension inflationniste.

b. — Spécificités nationales

La politique de *stop and go*, particulièrement nette en Grande-Bretagne, est restée subordonnée à la volonté de garder une livre sterling forte : à chaque tension spéculative, le gouvernement choisit de prendre des mesures d'austérité comme en 1947, 1949, 1951, 1955 et 1960, qui ont été préjudiciables à l'investissement et à la croissance.

Aux États-Unis le stop and go fut rythmé par les alternances politiques. L'administration démocrate de H. Truman de 1945 à 1952 développa des politiques de relance par la consommation, provoquant une reprise accentuée par la guerre de Corée, le PIB augmentant de 7 % en moyenne en 1950 et 1951. La présidence républicaine de D. Eisenhower de 1953 à 1960, s'efforça au contraire de stabiliser la conjoncture et d'éviter la surchauffe par un retour à l'équilibre budgétaire et un contrôle de la masse monétaire.

En France, des tensions inflationnistes récurrentes dues successivement aux pénuries d'après-guerre, à la guerre de Corée et au vote de l'échelle mobile des salaires en 1951 (système d'indexation des salaires sur les prix), aux dépenses liées à la guerre d'Algérie, aux conséquences des accords de Grenelle, puis au premier choc pétrolier, seront à l'origine des plans de stabilisation Mayer (1948), Pinay (1952 et 1958), Giscard (1963 et 1969) et Fourcade (1974). Ces plans sont entrecoupés de mesures de relance.

Plus que les interventions sur l'environnement économique ou social de la production, la politique conjoncturelle porte atteinte au cœur même du raisonnement libéral, en contestant dans l'ensemble des pays développés, les capacités d'autorégulation du marché. La théorie keynésienne a été doublement novatrice des années 1930 à la crise de 1973 en tant que théorie de la crise et théorie des politiques anticrise. Par le rôle dominant dévolu au budget et le rôle d'accompagnement accordé à la monnaie et aux autres instruments conjoncturels, la période de l'après-guerre apparaît bien comme « keynésienne ». Toutefois l'influence de cette théorie sur la politique économique, dépendante de l'efficacité de l'État régulateur, déclinera ensuite, du moins sous cette forme d'utilisation des instruments budgétaires et monétaires.

Ayant commencé à se développer par des actions structurelles portant sur l'environnement des acteurs de l'économie, l'intervention économique de l'État a atteint son plus haut degré avec la mise en place progressive d'une régulation conjoncturelle : le marché a d'abord nécessité la mise en place d'une organisation juridique, technique, économique et sociale qui devait plus à l'aménagement étatique qu'à l'auto-organisation. Ultérieurement, le besoin d'État s'est fait sentir afin que le fonctionnement des marchés permette de se rapprocher du taux de croissance potentielle que les dotations en facteurs productifs autorisaient. Les difficultés rencontrées par la régulation keynésienne au cours des années 1970 seront l'occasion pour les libéraux de présenter cette intervention comme une anomalie. De proche en proche, la contestation de l'État régulateur s'étendra à l'État modernisateur jugé incapable d'adapter l'appareil économique à un environnement nouveau, et à l'État social accusé d'être inéquitable.

30 ANS DE REMISE EN CAUSE DES INTERVENTIONS DE L'ÉTAT ET MAINTENANT ?

Les thèses monétaristes et en particulier la réinterprétation de la courbe de Phillips par M. Friedman vont contester l'intervention étatique keynésienne en lui imputant la responsabilité de la montée de la stagflation. Les arrivées au pouvoir de M. Thatcher en 1979 et de R. Reagan en 1980 vont imposer des politiques dont l'objectif prioritaire est la lutte contre l'inflation. Effectuant un retour aux sources libérales, ces analyses considèrent plus généralement que l'État lui-même est devenu le problème majeur posé à l'activité économique. Les critiques sur la forme de l'intervention (les moyens employés) ne sont pas exclusives d'une remise en cause plus fondamentale de sa légitimité à intervenir.

A CONTESTATIONS THÉORIQUES DES INTERVENTIONS DE L'ÉTAT DANS LES ANNÉES 1980

1. – L'État au service du capital

La théorie marxiste contemporaine se trouve confrontée à un double défi dans les années 1960 et au début des années 1970 : celui d'expliquer la croissance et la montée des dépenses sociales qui remettent en cause à la fois les prévisions marxistes de crise du capitalisme et de paupérisation absolue de la classe ouvrière. L'explication proposée par P. Boccara dans *Le capitalisme monopoliste d'État*, est de voir dans les dépenses accrues de l'État, la mise à disposition de ses moyens au service du capital privé monopoliste pour limiter la baisse tendancielle du taux de profit. Ainsi, le secteur public va-t-il jouer le rôle de « béquille du capital » suivant l'expression d'Anicet Le Pors, membre du PCF.

a. — Les formes d'aide de l'État au capital privé

L'aide de l'État s'est amplifiée et diversifiée au cours de l'après-guerre, permettant au capitalisme de surmonter temporairement la « contradiction fondamentale » dénoncée par Marx. Elle prend différentes formes :
– les dépenses sociales (éducation, famille, santé) sont des prises en charges partielles du coût de formation et d'entretien de la main d'œuvre qui ne pèsent donc pas sur le capital ;
– les aides économiques aux entreprises (subventions, prêts bonifiés) réduisent leurs coûts ;
– les programmes de relance publics contrecarrent l'insuffisance de la demande privée ;
– les nationalisations permettent au capital privé concentré de faire remonter leur taux de profit en dévalorisant la partie du capital qui passe sous contrôle public, et qui tout en créant de la plus-value n'en retient pas pour lui-même (rentabilité faible ou négative).

b. — La crise du CME

La crise du CME résulte, selon P. Boccara du blocage de la croissance lors de l'entrée dans la crise en 1974 avec la montée du chômage. Le renforcement de l'action de l'État n'ayant pas produit les résultats attendus, les politiques de déflation et la montée des taux d'intérêts incitent à partir des années 1980 les capitaux privés à rechercher une rentabilité financière voire spéculative, générant des gâchis financiers et humains. Seule une réorientation de la croissance, rendue possible par de nouveaux critères de gestion des entreprises, encouragés par une vigoureuse politique étatique (investissement public en R et D, contrôle des prix, fiscalité, rôle pilote du secteur nationalisé…) permettrait une sortie de crise rapide : « *Cela autoriserait donc, à la fois l'augmentation du débouché par l'accroissement de la demande des travailleurs et des diverses fonctions collectives comme les prélèvements sociaux en favorisant ainsi l'établissement du plein emploi…* » (P. Boccara, « Pour de nouveaux critères de gestion », *Issues*, hiver 1984).

2. – L'État placé au banc des accusés par les théories néolibérales

Les théories néolibérales développent à partir des années 1970 une critique radicale des interventions de l'État et effectuent un retour aux sources de la régulation par le marché, en dénonçant les effets pervers des déficits budgétaires keynésiens, des niveaux excessifs de prélèvement obligatoires et des programmes de dépenses publiques.

a. — M. Friedman dénonce les déficits budgétaires inflationnistes

Il revient à M. Friedman d'avoir inauguré ce vaste mouvement à partir d'une réinterprétation de la courbe de Phillips qui fait porter la responsabilité de la stagflation aux politiques économiques keynésiennes de relance. Les initiatives que prend l'État pour relancer l'activité économique et faire diminuer le chômage butent sur les anticipations adaptatives des agents économiques : ceux-ci se rendent compte de l'inflation qui érode leur pouvoir d'achat et intègrent dans leur comportement les effets inflationnistes de cette politique. Revoyant leurs programmes de dépenses à la baisse lorsque « *l'illusion monétaire* » se dissipe, ils contribuent au retour de l'économie à son niveau de chômage initial, mais avec un taux d'inflation supérieur. En quoi ce raisonnement est-il novateur ?

La courbe construite en 1958 à partir de données sur le taux de croissance des salaires et le taux de chômage du Royaume-Uni sur la période 1861-1957, par deux statisticiens Phillips et Lipsey, faisait état d'une relation inverse entre le taux d'inflation et le taux de chômage. Elle était interprétée par les constructeurs de la courbe comme un effet de la baisse du taux de chômage sur la croissance des salaires et l'inflation par un mécanisme de marché classique : en période de rareté du facteur travail, les salaires montent et les prix aussi, et inversement quand les travailleurs sont en surnombre par rapport aux emplois disponibles. Cette relation justifiait les politiques de stop and go aux yeux des keynésiens : relances budgétaire et monétaire sont bénéfiques en cas de chômage mais font monter le taux d'inflation, tandis que les politiques inverses s'imposent en cas de surchauffe et de dérapage inflationniste, mais au prix d'une aggravation du chômage. La politique économique paraissait alors en mesure de déplacer la position de l'économie le long de la courbe de Phillips, permettant de choisir entre les deux maux d'un « cruel dilemme », suivant l'expression de P. Samuelson : l'inflation ou le chômage.

Friedman part de l'hypothèse que c'est l'inflation qui est à l'origine d'une baisse du chômage, via la création monétaire occasionnée par la politique de relance keynésienne. Mais cet effet n'est que temporaire, jusqu'au moment où les agents corrigent leurs comportements en fonction de l'inflation observée, provoquant un retour au niveau initial d'activité et d'emploi, mais avec un niveau d'inflation supérieur à celui qui prévalait avant la politique de relance. Les agents économiques s'adaptent à la stratégie de relance de l'État la privant de son efficacité sur le chômage : c'est le concept des anticipations adaptatives. Il en découle que l'économie ne se déplace pas le long d'une courbe de Phillips donnée mais se positionne sur une autre courbe de Phillips située au-dessus de la première et caractérisée par de plus hauts niveaux d'inflation et de chômage. Ainsi, les politiques de relance keynésiennes échouent-elles à réduire le chômage qui revient se fixer après chaque échec de la relance à son « taux naturel ». Le taux de chômage naturel est donc pour Friedman celui contre lequel il est inutile de lutter par des politiques de relance, sous peine d'augmenter l'inflation et de cumuler inflation et chômage. Son niveau dépend selon Friedman des rigidités du marché du travail qui empêcheraient de trouver le point d'équilibre de l'offre et de la demande.

À partir de la dénonciation des effets pervers de la politique de relance, on est donc ramené à la norme de l'équilibre concurrentiel du marché du travail… C'est l'intervention de l'État qui perturbe le fonctionnement du marché et dégrade la situation. En rendant l'État responsable de la stagflation, Friedman restaure le prestige du marché régulateur, bien terni depuis l'après-guerre.

C'est en référence à ces anticipations adaptatives que se bâtissent aujourd'hui les argumentaires en faveur d'un retour le plus rapide possible à l'équilibre budgétaire voire opposés aux plans de relance. En théorie, si les agents sont au courant de la montée de la dette, ils s'en inquiètent en se disant qu'il faudra la rembourser. Cette inquiétude les pousse à épargner, d'autres à partir vers des pays jugés plus sûrs, mais personne n'est incité à investir et à innover davantage, pour renforcer la croissance ! C'est plutôt le contraire : l'effet d'éviction est là. L'investissement public se fait en lieu et place du privé, il le freine, en attendant de l'empêcher, et on n'est pas sûr de son effet sur la croissance potentielle, au contraire.

b. — Les effets pervers d'une fiscalité excessive

Une deuxième étape est franchie avec les travaux des économistes de l'Offre (*Supply siders*). Il ne s'agit plus seulement de « *critiquer la critique keynésienne* » du marché comme l'a fait Friedman, mais de revenir à la loi des débouchés de J.-B. Say, suivant laquelle toute offre créé sa propre demande. Pour G. Gilder (*cf. Richesse et Pauvreté*) les réglementations diverses imposées par le gouvernement américain aux entreprises entravent l'offre, tandis que les dépenses sociales découragent le travail et encouragent le développement du nombre des assistés. A. Laffer popularise la thèse selon laquelle « trop d'impôts tue l'impôt » avec le tracé d'une courbe qui montre les évolutions des recettes fiscales en fonction du taux marginal de pression fiscale.

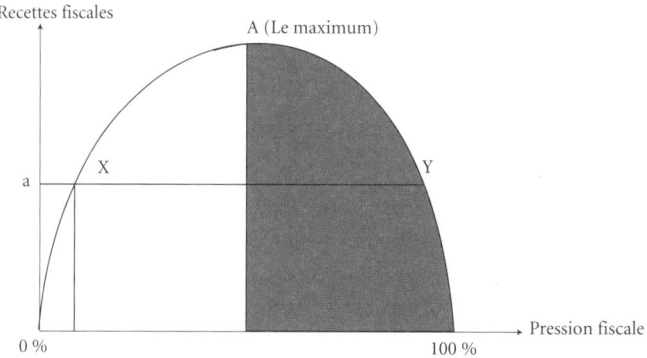

Figure 2 - La courbe de Laffer

La pression fiscale dépassant un certain seuil, des comportements de réduction de la quantité de travail fournie et d'investissements réalisés se déclenchent, provoquant un ralentissement voire une baisse de la richesse produite et, ainsi, un effet contre-productif sur le niveau des recettes fiscales. « *Si chaque fois qu'une personne va au bureau elle reçoit une facture du gouvernement plutôt qu'un chèque de son employeur, tôt ou tard la personne, même la plus riche et la plus motivée cessera de se rendre à son bureau.* » Si cet exemple de J. Hopkins a le mérite d'être explicite, il est quelque peu caricatural en confondant taux de prélèvement marginal et taux de prélèvement moyen. Il convient donc quand un État se trouve dans la seconde partie de la courbe, qu'il réduise ses taux de prélèvement marginaux, pour voir ses recettes fiscales augmenter.

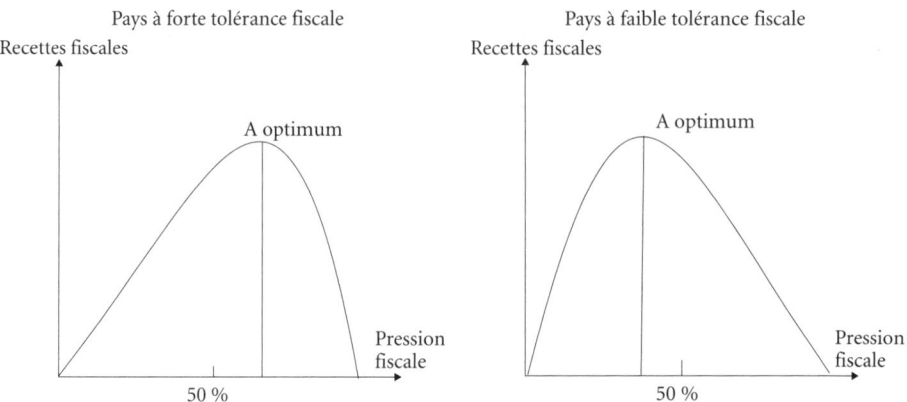

Figure 3 - La tolérance à l'impôt

Ces recommandations ont étayé théoriquement un mouvement antifiscal né en Californie au début des années 1970 et qui s'est propagé par la suite dans les différents pays occidentaux. Un certain nombre d'interrogations pèsent néanmoins sur le niveau optimal des recettes fiscales, difficile à révéler empiriquement et dont le niveau peut varier d'un pays à l'autre en fonction de sa culture et de ses préférences d'organisation sociale. Par ailleurs, sa mise en application dans l'*Economic Recovery Program* de R. Reagan ne s'est pas traduit par l'augmentation des recettes fiscales espérées. En effet ce raisonnement repose sur l'hypothèse où l'assiette des revenus soumis à l'impôt baisse plus vite que le taux d'imposition marginale n'augmente, ce qui reste à vérifier au cas par cas.

Néanmoins c'est l'idée qu'une fiscalité excessive décourage l'initiative économique qui conduit aujourd'hui encore bon nombre de gouvernements (dont celui de la France) à refuser toute augmentation des prélèvements obligatoires, alors que les dépenses publiques liées à la crise, la santé ou la vieillesse augmentent fortement.

c. — *Les dépenses publiques satisfont-elles l'intérêt général ?*

Les théoriciens de l'économie du bien-être ont admis que le marché peut ne pas fonctionner de façon parfaite dans les cas précédemment étudiés. Mais avant de remettre dans les mains de l'État la production de ces secteurs, les économistes du Public Choice, J. Buchanan et G. Tullock, proposent d'étudier comment il fonctionne lui-même pour s'assurer qu'il fera mieux. Or ils s'efforcent de démontrer que, contrairement à ce qui était supposé par l'approche traditionnelle, l'action de l'État ne s'effectue pas en fonction de l'intérêt général. L'homme politique, le fonctionnaire, le bureaucrate ne sont pas des agents économiques au-dessus des autres mais des individus qui ont leurs propres préférences et qui cherchent à maximiser leur utilité en termes de gains monétaires, mais aussi de pouvoir, de prestige… Les hommes politiques en démocratie doivent leur position aux votes des citoyens, et nos auteurs supposent qu'ils cherchent avant tout à être réélus. Ils sont donc par nature sensibles aux pressions des électeurs, des lobbies, qui les poussent à faire prendre en charge toujours plus de dépenses à la collectivité même si celles-ci ne s'imposent pas du strict point de vue de l'utilité collective. De petits groupes de pression peuvent détourner l'action publique au profit d'intérêts catégoriels étroits (M. Olson, *Logique de l'action collective*, 1966). De même la bureaucratie peut acquérir un pouvoir par rapport au gouvernement et organiser à son profit un gaspillage des deniers publics (W. J. Niskanen, 1970). Fondamentalement, cela est dû à l'extension, par l'école du Public Choice, de l'hypothèse de l'*Homo œconomicus* et du calcul coûts-avantages à tous les domaines de la vie sociale : « *les individus se comportent comme sur le marché, dans les relations politiques gouvernementales, dans les relations de groupe non gouvernementales, et en d'autres situations…* » (J. Buchanan, R. D. Tollison).

Cette réflexion débouchera sur tout un ensemble de solutions dont certaines ont été mises en place où sont à l'ordre du jour dans les démocraties occidentales, visant à encadrer et à limiter les marges de manœuvres budgétaires et administratives de l'État dans ses différentes instances : analyse de la rationalité des choix budgétaires (RCB), mise en concurrence des services publics avec les services privés, introduction de la concurrence entre les services de l'administration, politique de normes (en matière de déficit budgétaire), autonomie de la banque centrale à l'égard de l'exécutif…

Le sauvetage des banques par les États en 2008 a constitué un nouvel argument pour ceux qui critiquent la légitimité et la neutralité de l'État dans ses interventions économiques, l'argent du contribuable étant utilisé pour sauver des banquiers imprudents, socialisant ainsi les pertes alors que les gains précédents étaient privés. Mais ces acteurs étant « *too big to fail* » l'État se trouve placé devant l'obligation d'intervenir pour éviter la faillite en chaîne de l'ensemble du système financier ce qui ne peut qu'encourager par la suite de nouvelles prises de risques excessives : c'est le dilemme de « l'aléas moral ».

Une notable évolution a vu jour dans la seconde partie du XXᵉ siècle : l'État est incontestablement descendu de son piédestal d'où il était censé régler les problèmes mieux que ses administrés, en leur lieu et place. C'est donc à un État placé dans la mêlée économique et sociale que s'adressent dorénavant les critiques mais aussi des attentes accrues des citoyens contribuables, assurés sociaux, salariés et consommateurs.

B LE RETOUR À UN « ÉTAT MODESTE » ?

Afin de satisfaire des populations plus exigeantes, l'État recherche les moyens d'atteindre non plus seulement l'efficacité mais l'efficience, comme les mécanismes de marché sont censés le faire d'après les théoriciens néolibéraux. Cet objectif passe-t-il par la voie recommandée en 1987 par M. Crozier, *État modeste, État moderne* ?

1. – L'État frein à la modernisation économique : privatisation et déréglementation

Ces deux mouvements ont pris une importance variable suivant les pays et le degré de contrôle de l'appareil productif mis en place par l'État au cours des périodes précédentes. Les États-Unis ont initié un mouvement général de déréglementation mais n'ont pas été concernés par un mouvement de privatisation de grande ampleur. Le Japon engagera lui un vaste plan de privatisation, tout comme le Royaume-Uni qui pendant les mandats de M. Thatcher revient sur les nationalisations opérées dans l'après-guerre. En France, le mouvement a démarré plus tardivement (on assiste même à un mouvement contraire à la tendance générale avec les nationalisations de 1982), mais se poursuit dans la durée et au-delà des échéances électorales, à partir de 1986.

a. — Les programmes de privatisation des années 1980

La privatisation au Royaume-Uni, a concerné l'ensemble des secteurs clés de l'appareil productif avec l'énergie (British Gas et British Petroleum), l'industrie lourde et légère (British Steel, British Aerospace, Rolls Royce, Rover…), et les réseaux de services (eau, transport ferroviaire, téléphone…). En France, la première vague de privatisation concerne des entreprises industrielles (Péchiney, Saint Gobain, CGE), des sociétés de services (TF1, Havas), mais surtout des banques et des compagnies financières (Suez, Paribas, CCF, Société générale). Elle se poursuivra en 1993 par la privatisation de la BNP, d'Elf-Aquitaine, de l'UAP, puis de Usinor-Sacilor, Bull, Péchiney, et des AGF en 1995, puis par des privatisations partielles pour Total, la Seita et France Télécom.

Les arguments justifiant ces privatisations sont de plusieurs ordres. Il existe tout d'abord selon les libéraux des raisons pratiques aux privatisations.

– Les résultats financiers des entreprises publiques sont globalement médiocres au début de la mise en œuvre des programmes de privatisation. Cela tient pour les économistes proches des thèses des théoriciens de l'offre, à une incapacité structurelle de l'État à gérer des entreprises aussi bien que des actionnaires privés, en raison de l'absence de la nécessité absolue à générer du profit ou de l'aiguillon de la concurrence. Pour d'autres plus nuancés, ces résultats pouvaient aussi être imputés aux contraintes que l'État exerçait sur elles via la notion de services publics, les politiques sociales, ou leur utilisation aux fins d'une politique conjoncturelle ou structurelle macroéconomique, et qui se traduisaient par des charges supplémentaires sur le compte de résultat.

– L'État est un mauvais actionnaire : en période de changement technologique et de restructurations massives par concentrations à l'échelle européenne et mondiale, il n'a ni les moyens (particulièrement en période de croissance faible), ni le pouvoir (droit européen de la concurrence, règles de l'OMC) de fournir des concours en capital suffisants pour assurer la modernisation des entreprises publiques. Au contraire, la privatisation permet le recours au marché financier, qui toutefois ne s'effectue pas sans risques. Une des conséquences majeures de ces privatisations a été le développement de la place financière de Paris.

– Enfin les privatisations ont contribué à l'assainissement des finances publiques : au Royaume-Uni les recettes des privatisations ont été utilisées pour financer les dépenses courantes, alors qu'en France elles ont été placées depuis 1986 suivant des règles précises au *compte d'affectation des produits de la privatisation* prévoyant un partage entre des dotations en capital aux entreprises restant sous le contrôle de l'État, l'amortissement de la dette publique de l'État et l'amortissement de la dette issus des nationalisations de 1982. Le but est donc de respecter un principe d'orthodoxie financière qui veut que des opérations de diminution de patrimoine (vente d'actifs), soient utilisées à augmenter par ailleurs ce patrimoine (réduction des dettes).

De nouveaux arguments théoriques viennent remettre en cause les raisons invoquées dans le passé pour nationaliser :

– Les monopoles naturels qui justifiaient d'après les théories du bien-être la nationalisation disparaissent grâce à des évolutions technologiques permettant de réintroduire de nouveaux acteurs qui viennent concurrencer des « opérateurs historiques » comme dans le secteur du téléphone avec les communications par voies hertziennes.

– La théorie des marchés contestables de W. Baumol soutient qu'un monopole privé n'abusera pas de sa position au détriment des consommateurs tant qu'il est soumis au risque de voir arriver un nouveau concurrent qui compromettrait sa situation. De tous les critères de la concurrence pure et parfaite, c'est donc celui de libre entrée qui est véritablement indispensable à une situation de marché concurrentiel. L'État n'a plus alors selon cette thèse à nationaliser les monopoles privés sous prétexte de protéger le consommateur.

D'autre part l'État-employeur producteur délègue de plus en plus de tâches de service public à des associations (dans le secteur social notamment) ou à des entreprises privées (pour les services publics locaux en particulier), sans pour autant que ces activités relèvent désormais d'une logique marchande. Le phénomène est ancien, mais il prend de plus en plus d'ampleur.

Le secteur privé concurrentiel peut recevoir des soutiens de l'État de façon directe ou indirecte, en particulier dans la production agricole ou les aides représentent 30 % des recettes brutes d'exploitation pour la moyenne OCDE, 20 % pour les États-Unis, 35 % pour l'UE à 25 et jusqu'à 70 % pour la Suisse ou la Norvège d'après l'OCDE en 2004, ou dans l'aéronautique si l'on se réfère aux contentieux commerciaux entre Boeing et Airbus.

Le recul de l'État-employeur producteur traduit en fait davantage une profonde transformation de la nature et des modalités de l'intervention publique dans l'économie qu'un retour réel au « libre marché ».

b. — Les programmes de déréglementation

Le deuxième volet des politiques d'inspiration néolibérales destinées à redynamiser le secteur productif est la déréglementation. À l'origine de cette transformation de l'action de l'État qui substitue la régulation à la réglementation, on trouve l'idée que l'allégement des contraintes réglementaires qui pèsent sur les entreprises provoquera un regain de dynamisme qui sera finalement favorable au consommateur, notamment par l'ouverture à la concurrence. Le mouvement concerne d'abord les transports aériens routiers et ferroviaires aux États-Unis, puis s'étend au marché du travail, aux marchés financiers, et en 1984, met fin au monopole privé d'ATT. Le Royaume-Uni sera le premier pays européen à se lancer dans cette voie avec l'abandon de tout contrôle des prix, l'assouplissement des contraintes pesant sur le contrat de travail, la fin du monopole de British Telecom, l'ouverture du transport aérien à la concurrence ; elle sera suivie par la France, dans le secteur financier notamment, avec la loi bancaire de 1984 : fin du monopole des agents de changes et déspécialisation des banques. Puis viendront des déréglementations du marché du travail (suppression de l'autorisation administrative de licenciement, recours élargis aux CDD, au temps partiels et à l'intérim, au travail le week-end, au travail de nuit des femmes, le passage aux trente-cinq heures apparaissant plutôt malgré les souplesses accordées comme une « reréglementation » aux yeux des libéraux), du transport aérien, des émissions radiophoniques et de l'audiovisuel. C'est de proche en proche une large libéralisation de l'économie occidentale qui gagne aujourd'hui tous les services en réseau, c'est-à-dire, suivant les pays, les secteurs des télécommunications, de la poste, de l'électricité, du gaz…

Ce mouvement ne peut cependant s'analyser comme un simple recul de l'État au profit du marché. Il s'est accompagné d'une extension du rôle de la régulation publique dans l'économie *via* des « autorités de régulation » indépendantes de plus en plus nombreuses : en France, le Conseil supérieur de l'audiovisuel (CSA), l'Autorité des marchés financiers (AMF), l'Autorité de régulation des communications électroniques et des postes (Arcep)... Ces instances surveillent les entreprises dans les secteurs dont elles ont la charge : les prix ne peuvent être le plus souvent fixés librement, des « obligations de service public » leur sont imposées et elles sont obligées de solliciter un agrément lors d'un changement de propriétaire.

La déréglementation en matière financière correspond à un processus de libéralisation financière initié par les États, menée aux États-Unis et en Angleterre avec R. Reagan et M. Thatcher, puis reprises dans les pays développés et la plupart des pays en développement. La déréglementation désigne le processus d'assouplissement ou de suppression des réglementations nationales régissant, et restreignant, la circulation des capitaux et le remplacement de l'État par des instances professionnelles dans la gestion et le contrôle de ces marchés. Les réformes menées en France en sont une illustration avec la modernisation de la place financière de Paris, menée sous l'autorité de P. Bérégovoy en 1985, accompagnée de la suppression du contrôle du crédit (1979-1987) et du contrôle des changes (1989).

La crise bancaire de 2008 qui s'est propagée par la titrisation de créances douteuses conduit à une remise en cause de cette orientation. Nombre de gouvernements et des organisations jusque là inspirées par le néo-libéralisme tels que le FMI réclament aujourd'hui (voir le rapport « Perspectives de l'économie mondiale » d'octobre 2009) un élargissement du périmètre de réglementation afin d'englober toutes les institutions d'importance systémique. Des propositions ont été émises pour renforcer les cadres d'intervention, y compris en obligeant ces institutions à mettre sur pied des plans d'assainissement et à augmenter leurs fonds propres pour compenser leur contribution plus importante au risque systémique et en donnant aux autorités le pouvoir d'imposer des pertes aux créanciers de premier rang. Les règles d'évaluation des actifs aux cours du marché doivent être revues. Une réforme de la rémunération des traders est entreprise en vue de limiter les incitations à la prise de risques spéculatifs. D'autres propositions visent à cloisonner les activités de banque commerciale et de banque d'affaires. Mais pour y parvenir il faudra en raison de la globalisation financière, améliorer la coordination internationale en faisant converger les cadres prudentiels et réglementaires, afin de limiter les incitations à des arbitrages internationaux.

2. – L'État social inefficace : « la crise de l'État-providence »

Plusieurs facteurs sont mis en avant pour expliquer les difficultés de l'État social à partir de la crise des années 1970, mises en évidence en 1981 par le livre de P. Rosanvallon, *La crise de l'État-providence*.

a. — Une crise financière

Les dépenses de santé poursuivent quasiment mécaniquement leur hausse du fait des progrès de l'offre de soins au contenu toujours plus technologique, et de la demande qui comme pour les autres biens supérieurs augmente avec le niveau de vie général de la population. De plus, l'articulation française d'une médecine libérale et d'un système de remboursement socialisé, s'il correspond bien aux attentes des assurés sociaux, ne se prête pas facilement à une politique de maîtrise des coûts. Par ailleurs, le vieillissement démographique ainsi que l'allongement de l'espérance de vie, conduisent à un alourdissement de la charge que représente pour les actifs le versement des cotisations qui financent le système de retraite par répartition.

Le choc de la crise va agir comme un révélateur des problèmes financiers structurels du système de couverture sociale. Tout d'abord en générant plus de charges, sous la forme des aides aux chômeurs (allocations chômage), à l'emploi (prise en charge partielles ou totales des cotisations des emplois aidés), puis sous formes d'aides aux personnes les plus démunies (RMI, minima sociaux) et, ensuite, en réduisant les recettes de la protection sociale, seuls les emplois non aidés générant des cotisations « normales ».

b. — Des crises d'efficacité et de légitimité

À cette crise financière qui se manifeste par des déficits récurrents des caisses de retraite, de l'assurance maladie et de l'Unedic, se superpose, selon Rosanvallon, une crise d'efficacité dans la mesure où l'État ne parvient plus suivant le projet beveridgien à protéger les hommes du besoin, et en particulier les plus démunis d'entre eux. Les dégâts de la crise ont provoqué la sortie d'une partie des chômeurs de longue durée des systèmes de protection sociale, tandis qu'on mesurait des écarts importants de consommations de soins suivant les catégories sociales. Plus généralement, ce sont les catégories les plus favorisées qui sont le plus utilisatrices des services publics tels que l'éducation, les musées et bibliothèques, des services de santé les plus coûteux pour la collectivité (recours plus fréquent au spécialiste), jusque dans la jouissance d'un temps inégal de retraite en raison d'espérances de vie restant plus courtes pour ceux ayant occupés les fonctions les plus physiquement pénibles.

Il en résulte alors une crise de légitimité de l'État-providence, qui est une crise de la solidarité organisée par l'État, dont les causes sont à rechercher autant dans l'opacité de l'administration dans la gestion des fonds qu'elle reçoit que dans la montée de l'individualisme et des idées libérales qui poussent dans le sens d'une privatisation partielle de la protection sociale, par des contrats d'assurances privées et des systèmes de retraite par capitalisation.

Dans le but d'améliorer l'efficacité des dépenses publiques, de nombreux pays ont réexaminé les pratiques de gestion en vigueur dans le secteur public. Les résultats atteints retiennent aujourd'hui plus l'attention que le volume des ressources utilisées par un programme ou un ministère. En France, la Loi organique relative aux lois de finances (LOLF) applique le principe de gestion par objectif au budget de l'État à partir de 2006. La révision générale des politiques publiques (RGPP) lancée en France en juillet 2007 (mise en place également dans d'autres pays tels que la Suède ou le Canada) concerne tous les ministères et vise à améliorer la qualité du service rendu au citoyen tout en diminuant son coût pour le contribuable.

Mais l'expérience d'un certain nombre de pays conduit à penser qu'il n'est pas facile de construire de bons indicateurs de performances. Les objectifs facilement mesurables (quantitatifs : par exemple taux de redoublement dans le système scolaire) l'emportent souvent sur d'autres objectifs, importants, mais plus difficiles à quantifier (qualitatifs : par exemple savoirs réellement transmis aux élèves).

Étant donné que la main-d'œuvre représente le principal facteur de production des services publics, la mise en œuvre de méthodes de gestion axées sur les résultats a rendu plus pressante la réforme de la gestion des ressources humaines dans le secteur public. Dans plusieurs pays, une proportion importante de salariés du secteur public atteint l'âge de la retraite, ce qui constitue une double opportunité pour les tenants de la réforme : diminuer le nombre des fonctionnaires en ne remplaçant pas l'ensemble des partants, et proposer de nouveaux contrats de travail plus flexibles aux nouveaux recrutés.

Pour accroître la motivation des travailleurs, les éléments de promotion et de rémunération reposant sur des incitations ont été renforcés dans beaucoup de pays, tout en laissant aux gestionnaires des organismes prestataires une plus grande latitude dans leurs activités quotidiennes. Mais les systèmes de rémunération « au mérite » ont rencontré certaines difficultés dans le secteur public, en particulier lorsque les performances individuelles sont difficiles à mesurer.

Un renforcement des pressions concurrentielles sur les prestataires de services financés sur fonds publics peut favoriser une plus grande efficacité économique. À cette fin, divers instruments ont été utilisés dans les pays de l'OCDE, comme la comparaison systématique des performances (benchmarking), les appels à la concurrence pour les marchés publics et la possibilité de choix de l'utilisateur entre différents fournisseurs.

L'expérience de certains pays donne à penser que la demande de certains services financés sur fonds publics dépend de la participation financière des usagers et s'adapte en fonction de celle-ci. À titre d'illustration, les droits d'inscription dans l'enseignement supérieur sont peu élevés et s'accompagnent parfois d'aides généreuses en faveur des étudiants, sous la forme de bourses et de prêts bonifiés. Une augmentation de ces droits faciliterait le financement des universités et exercerait un effet de sélection des étudiants les plus motivés… ou des plus riches? En effet un recours accru à la participation financière des usagers peut aller à l'encontre des objectifs sociaux et d'équité.

Plus généralement la démarche de rationalisation et de maîtrise du financement du service public conduit une partie de l'opinion à craindre des remises en causes dans de nombreux domaines : réductions des effectifs des enseignants, infirmiers et policiers, redécoupage des cartes des hôpitaux, des tribunaux, des écoles élémentaires entraînant des fermetures, mise en œuvre des directives européennes relatives aux domaines de la Poste, du transport ferroviaire, de l'énergie…

Moins ou « mieux d'État » ?

Le concept de réforme de l'État recouvre deux problématiques différentes : celle de l'adaptation à une nouvelle donne démographique, technologique, économique et financière, qui se fixe à travers différents réaménagements et a pour objectif de conserver son caractère de pacte de solidarité sociale. La seconde problématique vise au contraire à remettre en cause le modèle social de l'Europe continentale, dont la France et l'Allemagne sont les représentants. Les problèmes réels de financement et l'incapacité à protéger les exclus du système social sont invoqués pour le remplacer par des systèmes d'assurances privées. Il est rendu responsable des problèmes de croissance et d'emploi par le poids excessif des prélèvements obligatoires, et plus fondamentalement par le fait que l'ordonnateur de la dépense ne soit pas un agent privé.

Au-delà de la confrontation technique sur l'efficacité respective de systèmes de protection sociale publics ou privés, de fourniture des services publics par des organismes étatiques ou par délégation, existe un autre débat sur le modèle de société qui doit échapper à l'économiste pour revenir au citoyen.

L'appréciation du rôle de l'État ne peut pas se faire sur la seule base de son engagement financier, celui-ci ayant sans doute atteint des limites proches de la soutenabilité. La réduction des déficits ne doit pas être confondue avec un désengagement de l'État. La dimension organisationnelle de l'intervention étatique (rôle d'incitation, de coordination, d'animation, de réglementation), toujours plus importante, doit contribuer, face à des structures infra-étatiques (normes comptables, codes de déontologie, firmes multinationales, fonds de pension…), ou supra-étatique (UE, G20, OMC, OMS, BIT…), à la mise en place d'un nouveau cadre pour une économie mondialisée plus respectueuse des coûts humains et environnementaux. Plutôt que de se focaliser sur le type d'instrument utilisé, il importera de savoir quels principes seront adoptés par les États pour être utilisés comme normes du fonctionnement économique à venir. L'économie mondiale reste encore un espace peu régulé comme le montrent l'existence des paradis fiscaux, du *dumping* social ou environnemental, des prix prédateurs, des krachs boursiers… Pour rester protecteur l'État a sans doute besoin aujourd'hui d'étoffer son rôle de « gendarme », ce qui ne peut se faire sans une concertation internationale renforcée.

CHRONOLOGIE

1791. — Décret d'Allarde, loi Le Chapelier.

1800. — Création de la Banque de France.

1802. — Limitation du travail des enfants à douze heures par jour en Angleterre (*Peel's Factory Act*).

1804. — Institution du Code civil en France.

1833. — La loi Guizot (ministre de l'Instruction publique sous Louis-Philippe), confie aux communes la responsabilité de mettre en place et d'entretenir une école publique chargée de l'enseignement primaire.

1834. — Création du Zollverein.

1846. — Abolition des *Corn Laws* en Grande-Bretagne.

1854. — Introduction de la « semaine anglaise » en France, qui garantit le repos du samedi après-midi et du dimanche.

1856. — Loi sur les sociétés anonymes en Grande-Bretagne.

1860. — Traité franco-anglais de libre-échange (Chevalier-Cobden).

1864. — Napoléon III reconnaît le droit de grève.

1863-1867. — Loi sur les sociétés anonymes en France.

1868. — Début de l'ère Meiji au Japon.

1874. — La durée du travail hebdomadaire est limitée à cinquante-six heures par semaine en France.

1878. — Plan Freycinet en France.

1882. — Enseignement obligatoire en France.

1884. — La loi Waldeck-Rousseau (ministre de l'Intérieur sous la IIIᵉ République), abroge la loi Le Chapelier et accorde une existence légale aux syndicats.

1888. — Premier emprunt russe en France.

1890. — *Sherman Act* aux États-Unis (loi antitrust).

1914. — *Clayton Act* aux États-Unis (loi antitrust).

1917. — Impôt sur le revenu en France.

1931. — Abandon de la convertibilité-or de la livre.

1932. — Politique de relance au Japon.

1933. — Politique de relance en Allemagne.

1933. — Premier New Deal aux États-Unis.

1935. — Second New Deal aux États-Unis.

1936. — Front populaire en France.

1936. — Durée hebdomadaire du travail ramenée à 40 heures (contre 48 précédemment depuis 1919).

1937. — Nationalisation du réseau ferré avec la création de la Société nationale des chemins de fer français.

1944. — « Nationalisations sanctions » réalisées en France sous la pression directe des salariés et confirmées légalement par des ordonnances Renault, Gnome et Rhône et les Charbonnages du Nord.

1945. — Création de la Sécurité sociale en France.

1945. — Vote des lois de nationalisation en France.

1946. — Création en France du Commissariat général au Plan.

1947. — Adoption en France du premier plan adopté en janvier 1947, qui couvre la période 1945-50 et fut prolongé jusqu'en 1953.

1950. — Création du SMIG en France.

1951. — Création de la CECA.

1957. — Création de la CEE et de l'EURATOM.

1961. — *New Economics* de 1961 aux États-Unis.

1970. — Le SMIG devient le SMIC.

1976-1980. — Plans Barre en France.

1979. — Premières privatisations en Grande-Bretagne.

1979. — Premières applications du monétarisme en Grande-Bretagne et aux États-Unis.

1982. — Lois de décentralisation en France.

1982. — Nationalisations en France.

1983. — Politique économique restrictive en France.

1986. — Premières privatisations en France.

1988. — Instauration du Revenu minimum d'insertion en France.

1995. — Entrée en vigueur des accords de Schengen (signés en 1985) sur la libre circulation des personnes et la suppression des frontières entre certains états européens.

1998. — La Cotisation sociale généralisée (CSG) devient le premier impôt direct français.

1er janvier 1999. — L'Euro devient la monnaie unique de 11 des États membres.

2000. — Couverture maladie universelle (CMU) en France.

2001. — Vote du Programme de retour à l'emploi (PARE) en France.

29 mai-1er juin 2005. — La France et les Pays-Bas disent « non » au projet de Constitution européenne.

Juillet 2007. — Lancement de la révision générale des politiques publiques (RGPP) organisant la réforme de l'État dans le but de « faire mieux et moins cher », tous les ministères étant concernés.

21 août 2007. — Loi en faveur du travail, de l'emploi et du pouvoir d'achat, abrégée « loi TEPA » et surnommée « paquet fiscal » par ses détracteurs.

Octobre 2007. — Grenelle de l'environnement, J.-L. Borloo ministre de l'Écologie réunit les ONG, entreprises, syndicats et administrations pour établir une liste de propositions en faveur du développement durable.

Février 2008. — Northern Rock 8e banque anglaise en quasi faillite est nationalisée.

Mars 2008. — L'action de la société Bear Stearns perd 80 % de sa valeur, en relation avec la crise des prêts immobiliers dite des *subprimes*. Le FED met en place un plan de sauvetage et organise son rachat par JP Morgan Chase.

Septembre 2008. — Le gouvernement américain nationalise AIG 1er assureur américain en lui accordant un prêt relai de 85 milliards de dollars en échange de 80 % de son capital, met sous tutelle les deux géants du crédit hypothécaire Freddie Mac et Fanny Mae détenteurs ou garants de 5 400 milliards de dollars de crédits hypothécaires mais la FED ne sauvera pas Lehman Brothers qui se déclarera en faillite le 15 septembre 2008.

12 octobre 2008. — Plan d'action concerté des gouvernements de la zone euro. Chaque État membre prend les mesures d'urgence nécessaires pour restaurer la confiance dans le système bancaire et financier.

16 octobre 2008. — La loi de finances rectificative pour le financement de l'économie autorise le gouvernement français à apporter sa garantie au fonctionnement du secteur bancaire français jusqu'à 360 milliards d'euros.

1ᵉʳ décembre 2008. — Entrée en vigueur du traité de Lisbonne visant à moderniser le fonctionnement de l'Union européenne élargie à 27 membres.

4 décembre 2008. — Discours de Douai du président de la République française présentant le plan de relance français.

13 février 2009. — Plan de relance américain de 787 milliards de dollars, approuvé par les deux chambres du Congrès.

24 et 25 février 2009. — Le G20 de Pittsburgh, attendu pour poser les bases d'une croissance mondiale plus saine et réformer le capitalisme en profondeur, a débouché sur des intentions communes de poursuite des plans de relance, de régulation du système financier, d'encadrement des bonus et de réformes du FMI.

24 décembre 2009. — Le Sénat américain a approuvé, jeudi 24 décembre, sa propre version de la réforme Obama du système de santé américain, visant à rendre l'assurance maladie plus accessible aux Américains. Le texte devra encore être fusionné avec celui déjà voté à la Chambre de représentants.

BIBLIOGRAPHIE

BEITONE (A.), PARODI (M.) et SIMLER (B.), *L'économie et la société françaises au second xxe siècle*, T. 1, A. Colin, 1995.

BRASSEUL (J.), *Histoire des faits économiques. T. 2 : De la révolution industrielle à la Première Guerre mondiale*, A. Colin, 1998.

CASTEL (R.), *Les métamorphoses de la question sociale*, Fayard, 1995.

CENDRON (J.-P.), *Le monde de la protection sociale*, Nathan, coll. Circa, 1996.

CROZET (Y.), *Analyse économique de l'État*, A. Colin, coll. Cursus, 1991.

FITOUSSI (J.-P.) et ROSANVALLON (P.), *Le nouvel âge des inégalités*, Seuil, 1996.

LENOIR (D.), *L'Europe sociale*, La Découverte, coll. Repères, 1994.

MARSEILLE (J.) (dir.), *L'industrialisation de l'Europe occidentale (1880-1970)*, ADHE, 1998.

PIKETTY (T.), *L'économie des inégalités*, La Découverte, coll. Repères, 1997.

ROSANVALLON (P.), *La nouvelle question sociale*, Seuil, 1995.

ROSANVALLON (P.), *La Crise de l'État-providence*, Seuil, coll. Points Essais, 1992 (nouvelle édition).

THOMAS (J.-P.), *Les politiques économiques au xxe siècle*, A. Colin, coll. Cursus, 1994 (nouvelle édition).

VERLEY (P.), *La Révolution industrielle*, Gallimard, coll. Folio Histoire, 1997.

« 50 ans de problèmes économiques », *Problèmes économiques*, 22-29 avril 1998, n° 2565-2566.

« L'État-protecteur », *Problèmes économiques*, 13 septembre 2000, n° 2679.

« L'État-régulateur », *Problèmes économiques*, 20 septembre 2000, n° 2680.

« Les Frontières de l'État. Économie et société », *Cahiers français*, II mai-juin 1995, n° 271 (La Documentation française).

SUJETS CORRIGÉS

SUJET
I

La protection sociale nuit-elle à la compétitivité des nations ? *(ESCP, 2000)*

Remarques :
Le sujet porte sur l'étude des effets de la protection sociale, c'est-à-dire de la prise en charge par la collectivité des risques sociaux, sur le système productif des pays développés dans le contexte de la mondialisation. C'est la question de l'intervention de l'État dans le domaine social qui est ici posée.

I ▮ Protection sociale et coûts de production

A. — Le financement des systèmes de protection sociale grève les coûts de production…

1. — Les pays développés ont connu une extension de la protection sociale. Le principe « bismarkien » de l'assurance professionnelle à la fin du XIXᵉ siècle a été complété par le principe de solidarité « beveridgien » dans l'après-Seconde Guerre mondiale. Limitée aux accidents du travail, la protection sociale s'est étendue progressivement à la maladie, au chômage à la vieillesse et à la famille

2. — Le financement socialisé des dépenses sociales (de 15 % du PIB aux États-Unis, à 20 % pour la moyenne de l'OCDE, et 30 % pour la Suède) génère des charges importantes pour l'entreprise. Le coût salarial, composé du salaire brut additionné des cotisations sociales payées par l'employeur est donc élevé dans les PDEM. Il compromet la création d'emplois peu qualifiés et génère du chômage

3. — Pour favoriser l'emploi des moins qualifiés l'État a été amené à prendre en charge tout ou partie des cotisations sociales des employeurs, ce qui alourdit les impôts ou le déficit budgétaire

B. — … et peut remettre en cause la compétitivité-prix des PDEM face aux pays émergents

1. — Depuis les années 1970 une nouvelle concurrence issue de pays à bas salaires fait reculer les parts de marché des anciens pays industriels. Les industries traditionnelles à forte intensité en main-d'œuvre (textile, sidérurgie…) ont disparu obligeant à des reconversions douloureuses socialement

2. — La liberté de circulation du capital permet aux FMN de délocaliser leur production vers les pays à bas salaire. Il en résulte une mise en concurrence des travailleurs les moins qualifiés du Nord avec ceux du Sud

3. — La stratégie de rattrapage technologique menée par les NPI est une menace potentielle pour les productions à haute valeur ajoutée et les emplois qualifiés des pays développés

C. — La crise économique a entraîné une crise des systèmes de protection sociale

1. — Le ralentissement de la croissance compromet le financement de dépenses en forte expansion, tandis qu'un nombre croissant de ménages sont sans protection

2. — La sauvegarde de l'État-Providence passe par la maîtrise des dépenses et l'élargissement de l'assiette des revenus soumis à cotisation sociale (France, Allemagne…)

3. — D'autres pays se sont orientés vers la remise en cause de l'État social en transférant la couverture des risques à des assurances privées, un filet de sécurité minimal pour les plus démunis restant à la charge des finances publiques (États-Unis, Royaume-Uni…)

II Protection sociale : dépense ou investissement ?

A. — La protection sociale a des effets positifs sur la productivité du travail

1. — Une population protégée socialement travaille plus efficacement. Un bon état de santé de la population participe de la qualité de la force de travail

2. — La Sécurité sociale renforce la cohésion sociale et réduit les risques de conflits sociaux. Au XXᵉ siècle elle a constitué un facteur puissant d'intégration et est considérée comme un acquis social dans de nombreux pays

3. — Finalement c'est le coût salarial unitaire qui détermine le niveau d'emploi, c'est-à-dire le rapport du coût salarial à la productivité du travail. Cela explique pourquoi l'Allemagne ou les pays nordiques et dans une moindre mesure la France ont un commerce extérieur excédentaire en dépit de coûts salariaux parmi les plus élevés du monde

B. — La relation protection sociale - croissance

1. — L'assurance maladie en favorisant l'accès aux soins a permis l'augmentation régulière de la demande interne adressée à l'industrie pharmaceutique, qui peut ensuite exporter

2. — Dans une optique keynésienne, la protection sociale évite l'appauvrissement d'une partie de la population en période de récession et contribue à stabiliser la conjoncture. L'assurance chômage permet de préserver dans une certaine mesure le niveau de consommation des chômeurs et les retraites par répartition ont fait progresser le pouvoir d'achat des retraités depuis la fin des années 1970

3. — Les exemples des pays occidentaux ainsi que de pays plus récemment industrialisés tels que la Corée du Sud montrent qu'à long terme la croissance fait augmenter le salaire direct mais aussi le salaire indirect sous forme de protection sociale. Les pays émergents en forte croissance sont donc appelés à connaître à leur tour une hausse des coûts salariaux

C. — Le concept de compétitivité des nations

1. — La compétitivité des nations ne se réduit pas à un faible coût du travail. Dans son dernier ouvrage Made in monde, *S. Berger montre que la sauvegarde des emplois industriels dans les pays développés passe par l'innovation dans le domaine des produits et des procédés*

2. — Le concept d'attractivité du territoire est utilisé pour expliquer pourquoi certains pays attirent les IDE et l'emploi. Le haut niveau des infrastructures, la qualité de la main-d'œuvre, apparaissent déterminants et expliquent pourquoi les grands pays industriels, (États-Unis, France, Allemagne…) figurent parmi les destinations privilégiées des IDE, alors que les coûts salariaux y sont élevés

3. — Une nation doit-elle être compétitive ? Le concept de compétitivité concerne les entreprises et non les États. Le choix d'un modèle social est une question politique. À l'heure de l'élargissement à l'Est de l'Union européenne, l'harmonisation de l'Europe sociale « par le haut » est réclamée au nom de la lutte contre le « dumping fiscal et social », tandis que certains proposent de protéger son marché à l'aide de tarifs douaniers s'imposant à d'autres espaces politiques n'ayant pas effectués les mêmes choix sociaux.

Conformément à la théorie libérale, l'économie du XIXe siècle pouvait-elle se passer des interventions de l'État ?

Remarques :
– Ne pas confondre ce sujet avec : « l'État intervenait-il au XIXe? ».
– Nécessité de donner une assez grande dimension théorique au devoir et de se demander si l'État au XIXe pouvait n'être que « gendarme » comme le conseillait la doctrine économique dominante.

I ■ Malgré la doctrine économique dominante, l'État a parfois dû intervenir pour soutenir le développement économique au XIXe

A. — Les interventions de l'État étaient théoriquement non souhaitables pour le développement économique

1. — Main invisible de Smith et fable des abeilles de Mandeville : il suffit de laisser les individus poursuivre leur intérêt personnel pour permettre le développement économique et l'enrichissement de la société toute entière
2. — L'action de l'État doit se limiter aux fonctions de l'État-gendarme; il ne doit intervenir que pour mettre en place les conditions favorables au développement (cadre institutionnel favorable), loi sur les sociétés ou loi antitrust, par exemple

B. — Mais les États au XIXe ont parfois dû se substituer à des initiatives privées insuffisantes

1. — Si les interventions de l'État sur le développement économique ont été moins nécessaires et moins importantes dans les pays à industrialisation précoce…
L'objectif des États des pays à industrialisation précoce n'est pas de soutenir globalement l'activité, mais ils ont eu parfois un rôle, souvent involontaire, sur le développement économique :
– lorsque certaines activités sont en difficulté, le plan Freycinet en France par exemple ;

– loi de Wagner : le développement économique entraîne nécessairement un développement de la place de l'État dans l'économie (ne serait-ce que du fait du développement des infrastructures) ;
– par la possession de certaines entreprises héritées du colbertisme (cas de la France) ;
– par les commandes de l'État (armement par exemple) qui, même sans intention, soutiennent l'activité.

2. — … l'État des pays à industrialisation tardive a souvent dû se substituer à l'initiative privée
Dans d'autres pays, l'initiative, la demande et l'épargne privées étaient déficientes ; thèse de Gerschenkron : dans les pays à industrialisation tardive, l'État a dû se substituer à l'initiative privée pour permettre le take-off et le développement.
Ces interventions de l'État ont été plus ou moins massives et plus ou moins durables (cas de l'Allemagne, de la Russie et du Japon).

II ■ Malgré la doctrine économique dominante, l'État a parfois dû intervenir pour corriger les déséquilibres extérieurs et sociaux

A. — L'État devait théoriquement respecter l'ordre naturel de l'économie et de la société

1. — Si l'ordre naturel est respecté, l'économie s'autorégule (Smith), les crises de surproduction sont impossibles (Say) et tous les marchés sont en équilibre (Walras)
2. — L'État ne doit pas intervenir pour corriger les déséquilibres
– Il ne doit pas intervenir dans les échanges internationaux (sinon pour mettre en place le libre-échange, traité franco-anglais de 1860, par exemple) car ceux-ci créent d'eux-mêmes des conditions favorables (théorie des avantages comparatifs de Ricardo) et ne peuvent être source de déséquilibres (équilibrage automatique de la balance des comptes de Ricardo).

– Il ne doit pas modifier l'ordre naturel social au risque de créer de lourds déséquilibres (Malthus).

B. — Mais, si l'État au xixe siècle n'a pas directement eu de fonctions contra-cycliques, il est intervenu de façon croissante afin de corriger les déséquilibres extérieurs et sociaux

1. — L'État est intervenu pour corriger les déséquilibres extérieurs
– actions tout au long du xixe sur les taux d'escompte afin de réguler les flux extérieurs de capitaux ;
– regain de protectionnisme à partir de 1880 (sauf en Grande-Bretagne) afin de protéger certains secteurs (List) et limiter toute dégradation des soldes commerciaux.

2. — L'État est intervenu pour corriger des déséquilibres sociaux
En raison de l'augmentation des conflits sociaux et du développement du mouvement ouvrier et contrairement aux principes libéraux, les États ont progressivement pris des fonctions d'arbitre social et ont multiplié à partir du milieu du xixe (en France et en Grande-Bretagne) les lois et les mesures sociales : conditions de travail, instruction…

Bismarck a même développé un système d'assurances sociales (maladies, accidents et vieillesse) parfois appelé « socialisme d'État » qui semble constituer une première étape de la mise en place (après 1945) d'un État-providence.

Conclusion

À la fin du xixe, les interventions de l'État sont croissantes mais il faudra attendre la Première Guerre mondiale pour que l'État agisse de façon massive dans l'économie, puis les troubles économiques de l'entre-deux guerres et surtout la crise de 1929 pour qu'il se dote d'une fonction contra-cyclique.

SUJET
III

Le passage d'un mode de régulation concurrentiel à un mode de régulation administré caractérise-t-il fidèlement l'évolution à long terme des systèmes économiques des pays capitalistes ? (ESSEC, 1989)

I Le passage d'un mode de régulation concurrentiel à un mode de régulation administré caractérise la tendance de l'évolution à long terme des systèmes capitalistes…

A. — le terme de « régulation concurrentielle » permet de caractériser le modèle de fonctionnement de l'économie du xixe siècle

1. — La concurrence et la recherche du profit individuel (main invisible de Smith) sont effectivement les moteurs de la croissance du xixe ; les États ont tendance à suivre les principes libéraux et à mettre en place un environnement propice à la concurrence et à la recherche du profit individuel
– abrogation des corporations et des monopoles royaux ;
– diminution des mesures protectionnistes ;
– diminution des mesures sociales…

2. — Les conditions de la concurrence pure et parfaite sont à peu près réunies, les prix et les salaires sont flexibles : le marché permet de réguler l'économie (équilibre général de Walras). Il n'y a pas de crise majeure

B. — À partir du début des années 1930, la régulation concurrentielle entre en crise, et une nouvelle régulation permet de caractériser le fonctionnement global de l'économie : la régulation administrée

1. — La crise de 1929 semble effectivement pouvoir être définie comme une crise de la régulation concurrentielle
Tant que la croissance était extensive, la régulation concurrentielle était efficace mais l'intensification de

la croissance (gains importants de productivité) crée un déséquilibre entre la production et la demande (les salaires sont déterminés par le marché et ne suivent donc pas les gains de productivité).

2. — Le terme de régulation monopoliste ou administrée permet de caractériser le fonctionnement de l'économie à partir de la Seconde Guerre mondiale

– L'économie est administrée par l'État (Keynes) ;
– Les prix ne sont plus flexibles :
  • existence de monopoles ;
  • syndicats et conventions collectives (les salaires ne dépendent plus du marché mais suivent plus ou moins l'évolution de la productivité).
– Le fordisme favorise la croissance.

II   … mais il ne caractérise pas fidèlement cette évolution

A. — Du fait de la crise de la régulation monopoliste, la régulation est moins administrée depuis le début des années 1980

1. — La régulation monopoliste est entrée en crise depuis le début des années 1970
– crise de la régulation étatique et de l'État-providence ;
– crise de la croissance fordiste.

2. — La régulation administrée est mise en question (néolibéraux)
– mise en place d'un nouveau rapport salarial : flexibilisation mais aussi précarisation du travail ;
– libéralisation et désengagement de l'État afin de réinstaurer des conditions concurrentielles :

• diminution du budget et du déficit budgétaire ;
• privatisation des entreprises ;
• déréglementation progressive.

B. — La théorie de la régulation peut-être nuancée car elle ne caractérise que les grandes lignes de l'évolution des systèmes capitalistes

1. — Le passage d'une régulation concurrentielle à une régulation monopoliste ne s'est pas opéré brutalement à la suite de la crise des années 1930
– La Grande Dépression annonce déjà les déséquilibres de la crise des années 1930.
– Dès la fin du XIXᵉ siècle, les états interviennent de plus en plus (application de mesures protectionnistes induite par la Grande Dépression et mesures sociales sous la pression du mouvement ouvrier). Forte intervention des États dans les pays à industrialisation tardive (A. Gerschenkron). Les interventions de l'État se multiplient à partir de la Première Guerre mondiale (économie de guerre) et demeurent importantes entre les deux guerres pour répondre aux désordres économiques et monétaires.

2. — Si le terme de régulation administré s'applique à certains aspects du fonctionnement de l'économie pendant les Trente Glorieuses, il ne faut pas oublier qu'une portion importante de l'économie satisfait aux lois du marché
– seuls certains prix sont administrés ;
– de nombreux secteurs (certains services marchands par exemple) échappent aux monopoles ;
– cette période est une période plutôt libre-échangiste.

Contrairement à ce qui est assuré par la loi de Wagner (1835-1917), l'extension de l'activité publique (État, collectivités locales) a été stoppée depuis une vingtaine d'années. Quelle analyse en faites-vous ? (ESC, 2004)

Remarque :
La « loi de l'extension croissante de l'activité publique » de A. Wagner prévoit que la dépense publique augmentera avec le progrès économique. Si cette prévision s'est vérifiée de la fin du XIXe siècle au milieu des années 1990, l'évolution est plus incertaine depuis : on constate dans les grands pays de l'OCDE, suivant les cas, une hausse, une stabilisation ou un recul du niveau des dépenses publiques exprimé en pourcentage du PIB. Faut-il y voir une remise en cause de cette loi ? Une précaution s'impose : les évolutions observées ne sont pas toujours voulues mais peuvent être subies, car un taux de croissance ne se décrète pas.

I ▪ Les grands pays capitalistes sont devenus des social-démocraties dans la seconde moitié du XXe siècle

A. — La loi de Wagner

1. — L'État et le marché complémentaires
Dans *Les Fondements de l'économie politique*, publiés en 1876, A. Wagner s'oppose aux libéraux mais prend aussi ses distances avec le socialisme révolutionnaire. Il ne nie pas les motivations individuelles de l'action économique et leur importance pour le dynamisme économique général, mais ces « mobiles directeurs égoïstes » doivent être limités par l'État, qui a pour mission de les organiser.

2. — Les domaines d'intervention de l'État selon Wagner
L'État est amené à intervenir de plus en plus dans le champ économique du fait de l'industrialisation et de la concentration pour garantir une organisation efficace, en matière de commerce extérieur, de mise en place et de gestion des compagnies de chemin de fer. Il doit intervenir aussi en matière sociale par un souci de protection du monde ouvrier en extension : l'État doit rendre obligatoires les assurances ouvrières et y participer financièrement. De plus l'augmentation des niveaux de vie permise par l'industrialisation entraîne de nouveaux besoins et de nouvelles demandes adressées à l'État : santé, éducation, culture.

B. — La loi de Wagner vérifiée

1. — Les données statistiques
Elles montrent une augmentation du niveau des dépenses publiques tout au long du XXe siècle avec des franchissements de seuil lors des guerres et des crises économiques, sans retour en arrière lorsque la croissance revient. De 10 % environ du produit national à la fin du XIXe siècle, elles ont augmenté jusqu'à atteindre environ 30 % (Japon, États-Unis), 40 % (Royaume-Uni) ou même 50 % et plus (France, Europe du Nord) suivant les pays à la fin des années 1990.

2. — Le champ d'intervention de l'État s'est élargi
Le passage d'un « État-gendarme » à un « État-Providence » se caractérise par l'ajout à des fonctions traditionnelles d'administration générale, de police, de justice, de défense nationale, d'infrastructures, de fonctions modernes de couverture des risques sociaux, de réduction des inégalités et de régulation économique. Les interventions de l'État, tant structurelles que conjoncturelles, passent par le biais du budget, de la monnaie, des lois, règlements et traités internationaux. Dans les années 1970 les grands pays industrialisés ont atteint un niveau de vie moyen très supérieur à ce qu'il était vingt ans plus tôt, avec des inégalités faibles. En ce sens on peut dire avec Wagner que l'intervention croissante de l'État accompagne le progrès de la civilisation.

II Stabilisation ou décrue des dépenses publiques : sauver la social-démocratie ou la remettre en cause ?

A. — Une réforme de l'État pour sauvegarder un modèle social protecteur

1. — La montée des contraintes financières
Le ralentissement de la croissance, la montée du chômage ainsi que le vieillissement des populations ont généré un effet de ciseaux sur les budgets publics, accroissant les dépenses et diminuant les recettes fiscales et sociales. Dans le même temps l'ouverture croissante des économies limite les possibilités d'augmentation des taux de prélèvements obligatoires et de dérapage budgétaire.

2. — Des opportunités nouvelles
Pour améliorer les services rendus avec niveau de dépenses et de prélèvements constants, certains pays entreprennent de redéfinir le périmètre d'action de l'État : il peut se désengager de la production par des programmes de privatisation lorsque des monopoles naturels disparaissent (France, Royaume-Uni), confier des missions de service public à des entreprises privées, encadrées par un cahier des charges (distribution de l'eau en France). Il peut améliorer l'efficacité de son organisation par la décentralisation, l'informatisation, et de nouvelles méthodes de gestion par objectifs. Il cherche à concilier la flexibilité nécessaire aux entreprises et la sécurité nécessaire au salarié (modèle de « flexicurité » danois).

B. — L'objectif libéral de réduction des dépenses publiques

1. — De nouvelles théories libérales dénoncent le risque de voir l'État se substituer au marché
Dès les années 1970 M. Friedman dénonce l'inefficacité et les effets inflationnistes des relances budgétaires keynésiennes. La poursuite à long terme de la hausse de la part des dépenses publiques dans le PIB provoque une augmentation similaire de la part des prélèvements obligatoires qui selon les théoriciens de l'offre va décourager les initiatives des agents économiques. De plus l'augmentation de la dette publique qui résulte des déficits budgétaires excessifs produit un effet d'éviction c'est-à-dire un prélèvement de l'épargne disponible au détriment de l'investissement privé. Enfin l'efficacité de la dépense publique est médiocre en raison de l'absence de l'impératif de rentabilité (école des choix publics).

2. — Moins d'État ?
Les programmes politiques néolibéraux se distinguent des précédents par la diminution des dépenses sociales financées par la collectivité, jugées trop coûteuses et déresponsabilisantes. La protection sociale est confiée à des assurances privées, l'État n'assurant qu'un filet de sécurité minimal. La politique économique devient dans certains pays procyclique (Espagne, Autriche) : le niveau des dépenses publiques varie avec celui des recettes fiscales et donc la croissance, ce qui permet une réduction du déficit budgétaire ou des dépenses publiques quand la croissance est faible. Toutefois les programmes de baisse d'impôts ont souvent pour conséquence des dépenses fiscales nettes, et lorsqu'ils sont combinés avec l'augmentation de dépenses militaires le déficit budgétaire s'accroît (États-Unis).

QUELQUES SUJETS DE CES DERNIÈRES ANNÉES

Avons-nous eu raison de construire notre société sur une association du secteur public et privé ? (ESSEC, 1997)

Redistribuer les revenus, est-ce un objectif légitime des gouvernements dans les pays industriels développés ? (ESSEC, 1997)

Les dépenses publiques favorisent-elles la croissance économique ? N.B. : vous appuierez votre argumentation sur l'expérience des grands pays industrialisés. (ESCP, 1997)

Comment et pourquoi l'intervention publique dans le champ économique s'est-elle transformée depuis les années 1970 dans les pays développés ? (ESC, 1997)

La protection sociale est-elle un obstacle à la compétitivité d'une nation ? N.B. : vous appuierez votre argumentation sur l'expérience des grands pays industrialisés de 1945 à nos jours. (ESCP, 2000)

Les rôles respectifs de l'État et du marché dans la répartition et la redistribution des revenus dans les pays industrialisés depuis la fin du XIXᵉ siècle. (HEC, 2001)

Intérêts et limites de l'intervention de l'État. (ESSEC, 2006)

Les prélèvements obligatoires représentent-ils un frein à la croissance économique dans les pays développés ? (Ecricome, 2007)

L'État-nation est-il en crise ? (ESSEC, 2008)

LES DIFFÉRENTES FORMES
DE STRUCTURE SOCIALE

La notion de structure sociale désigne, dans son acception la plus large, la répartition de la population en groupes sociaux différenciés dans une société à une époque donnée. Elle sous-tend que les différents éléments (les groupes sociaux) sont interdépendants, caractérisés par leur importance relative et leurs relations. Or, la définition de la nature des groupes sociaux dans les sociétés contemporaines et de leurs relations oppose les sociologues. Néanmoins, tous s'accordent pour reconnaître, comme un fait universel, l'existence d'une stratification sociale, c'est-à-dire de systèmes de différenciation sociale basés sur l'inégale distribution des ressources et des positions sociales. Les divergences d'analyse révèlent que la sociologie n'est pas une discipline unifiée et qu'elle est traversée de clivages théoriques. Pour autant, elle se présente comme une discipline scientifique dont il conviendra de présenter les principales caractéristiques. Grâce aux concepts et aux méthodes qu'elle a forgés, il sera possible d'étudier les principes et les critères des classifications sociales. Enfin, il conviendra de s'interroger sur la transformation des structures sociales depuis le début de la révolution industrielle.

ÉLÉMENTS DE SOCIOLOGIE

Science récente, la sociologie doit, pour s'autonomiser, rompre avec les approches d'autres disciplines et fonder un raisonnement novateur. Cet objectif s'inscrit dans la durée et dans la confrontation, donnant naissance à divers courants théoriques.

A LES CARACTÉRISTIQUES DU RAISONNEMENT SOCIOLOGIQUE

Toute discipline scientifique se définit traditionnellement par un objet propre et par une méthode. Dès son émergence, la sociologie repose sur un défi : affirmer la possibilité d'une étude scientifique des hommes vivant en société. Pour le relever, elle devra forger des méthodes spécifiques.

1. – L'objet de la sociologie : une étude scientifique des pratiques et des représentations sociales

a. — L'affirmation d'une connaissance scientifique du monde social

■ **Les prémisses anthropologiques : la dimension sociale de l'homme**

La sociologie repose sur quatre prémisses. D'abord, elle suppose que l'homme est un être social, impliquant qu'elle s'intéresse aux groupes dans lesquels les individus sont insérés. Ensuite, elle sous-tend que les groupes se différencient et transmettent d'une génération à l'autre les caractéristiques de leur spécificité ; il convient donc d'étudier les différences entre cultures mais aussi les différences entre groupes sociaux au sein d'une même culture. Par ailleurs, elle postule que l'homme n'est pas partout et toujours le même, rompant avec l'idée de la permanence d'une nature « humaine », obligeant la sociologie à intégrer les variations historiques et géographiques des comportements. Enfin, nombre de sociologues postulent que les rapports entre groupes génèrent le plus souvent des relations de concurrence, de contrôle et de domination.

■ **La recherche de l'objectivité : sociologie du fait social et sociologie de l'action sociale**

La sociologie se propose d'étudier la vie sociale de manière scientifique. Mais elle a semblé longtemps incertaine de sa légitimité scientifique. La recherche de l'objectivité scientifique s'est orientée dans une double direction. La sociologie a d'abord cherché à se poser à l'égale des sciences « exactes », en adoptant le modèle de scientificité développé par les sciences de la nature. Dans ce cadre, le « social » est considéré comme une « chose » dont on peut déterminer les lois par l'observation et/ou par la déduction. Une telle approche peut être dénommée « sociologie du fait social » et illustrée par la démarche d'Émile Durkheim. Une autre tradition sociologique prend pourtant naissance au XIXᵉ siècle, en plaçant « l'action sociale » au centre de ses analyses. Dans ce cadre, il s'agit de comprendre les motivations des acteurs individuels, de les situer par rapport aux relations qu'ils entretiennent entre eux dans une situation donnée, d'analyser les stratégies de ces acteurs et leurs résultats. Elle s'inscrit dans la filiation des travaux de Max Weber.

Entre ces deux pôles opposés du raisonnement sociologique, nombre d'auteurs tentent d'opérer une synthèse. Ils admettent ainsi que les propositions sociologiques sont toujours tributaires d'un contexte donné. Ils reconnaissent également que la sociologie doit tenir compte des capacités de réaction des agents à ses énoncés : à la différence de la science physique (dont les propositions n'ont pas d'incidence sur les atomes dont elle décrit le comportement), la sociologie peut contribuer, par la publication de ses résultats, à modifier la réalité dont elle parle. Il en découle que la sociologie n'est pas une science exacte ; pour autant, sa démarche respecte les principes scientifiques.

b. — La construction de l'objet : du phénomène social au fait sociologique

■ **La rupture avec le sens commun**

Le sens commun peut se définir comme l'ensemble des opinions ou des croyances admises au sein d'une société donnée ou de groupes sociaux particuliers. Il correspond aux prénotions mentionnées par Durkheim et est essentiellement composé de représentations. Ces dernières sont multiples et consistent en des modes d'appréhension du monde, des motivations, des règles de conduite, des jugements de valeur et des doctrines. Elles servent de guides et de repères dans l'activité sociale quotidienne. Mais ce sens commun expose aussi à des dangers. Il constitue un obstacle à la connaissance scientifique dans la mesure où il est au fondement d'une sociologie spontanée qui, par opposition à la sociologie scientifique, est basée sur un raisonnement reposant sur les catégories de perception propres à chaque individu, exprimé dans langage ordinaire de la vie courante. Le sociologue cherchera à construire une explication fondée sur différentes variables non perçues par les individus. Dès lors, sa première tâche sera d'écarter ces idées préconçues. Le travail scientifique reposera ainsi sur l'élaboration d'une problématique inscrite dans un champ théorique et en rupture avec le sens commun.

■ **L'élaboration des hypothèses**

Le sociologue doit ensuite construire des hypothèses et des concepts. En sociologie, l'hypothèse est une explication provisoire de la nature des relations entre deux ou plusieurs phénomènes. Son élaboration fonde la démarche hypothético-déductive. Celle-ci consiste, à partir d'hypothèses, à déduire des conséquences logiquement nécessaires entre hypothèses et conclusion ; leur validité devra être empiriquement confirmée ou infirmée. Elle s'oppose donc à l'approche inductive qui, partant des phénomènes observés, cherche à dégager des lois. La question de la scientificité se pose également avec acuité dans le langage utilisé. Contre l'illusion de la transparence du monde social et pour éviter les fausses lectures du sens commun, le langage de la sociologie, au même titre que toute autre science, doit être rigoureux et spécifique.

■ Des concepts aux variables

Le choix des variables constitue une étape supplémentaire dans la construction de l'objet. Il s'agit de repérer, parmi les données observables, les éléments dont la variation pourra accompagner ou expliquer celle du phénomène observé. Ayant procédé à cette délimitation, il devient possible, sous certaines conditions, d'étudier mathématiquement la relation en question. Il convient d'exprimer les concepts en termes d'indices empiriques. Cette opération comprend quatre phases majeures : la représentation imagée du concept, la spécification des dimensions, le choix des indicateurs observables, et la synthèse des indicateurs constituant les indices.

2. – Les différentes méthodes

a. — La multiplicité des démarches

■ Recherche théorique et recherche empirique

Le modèle de la recherche théorique demeure sans doute le fait des sciences physico-chimiques dont la mathématisation a permis très tôt de constituer un ensemble de lois dérivées à partir de quelques principes fondamentaux. En ce sens, des faits peuvent être prévus par la théorie. En sociologie, c'est loin d'être le cas et les tentatives pour produire un système axiomatisé sont rares. Les recherches empiriques sont des recherches de terrain, des recherches partant des faits. Elles sont souvent très partielles, liées à des systèmes de faits observés et décrits par des techniques particulières sur des zones limitées et dans un temps relativement court.

Néanmoins, il est erroné d'opposer les deux approches. D'abord parce qu'une recherche empirique s'inscrit toujours dans un cadre théorique (qui peut rester non formulé), sinon elle risque de reprendre à son compte des intérêts non sociologiques, ceux du sens commun. Ensuite, parce qu'elle permet le contrôle de la pertinence d'une théorie et la vérification des hypothèses. Dans ce cadre, elle peut contribuer au développement de la théorie en suscitant de nouveaux questionnements, en la refondant, la réorientant et en la clarifiant.

■ Observation et expérimentation

L'expérimentation, auréolée du prestige des sciences exactes, semble représenter la forme idéale que devrait revêtir toute démarche scientifique soucieuse de la démarche empirique. Si cette méthode consiste essentiellement à isoler des variables afin d'en maîtriser les variations, il va de soi que ce genre de situation est quasiment impossible à réaliser en sociologie. Néanmoins certains sociologues parlent de substituts à l'expérimentation en invoquant par exemple l'analyse multivariée ou encore l'analyse par simulation.

b. — Les techniques

■ Les enquêtes quantitatives

Par méthodes quantitatives, il faut entendre une technique de transformation des données en matériaux quantifiables (sondages, codages) réalisée dans un but descriptif. On peut ainsi traiter les faits sociaux comme des « choses », selon la définition célèbre de Durkheim. Pour lui, la statistique est « *une technique privilégiée pour la mise en évidence à la fois des faits sociaux et des facteurs qui les déterminent* ». L'enquête par questionnaire appréhende souvent l'identité sociale des individus :

leurs origines sociales, leurs positions, leurs diplômes, etc., afin d'établir un rapport de causalité entre une pratique étudiée et le milieu social entendu au sens large comme l'ensemble des facteurs sociaux qui influencent les pratiques.

■ **Les méthodes qualitatives**

Dans cette perspective, on ne peut résumer la société à une batterie d'indicateurs. En revanche, les discours et les pratiques des individus sont analysés et observés avec soin. Les enquêtes qualitatives permettent de mieux comprendre par quelles médiations symboliques agissent les contraintes sociales et comment les acteurs sociaux tentent de les détourner ou de les modifier. L'approche qualitative est requise d'abord pour la description des cas particuliers d'institutions, de situations ou d'individus, l'analyse des données en petit nombre, entretiens, témoignages, documents. Cette observation qualitative permet de formuler des problèmes, des hypothèses, des classifications ou typologies. Elle apporte également sa contribution aux phases exploratoires de la recherche. Enfin, elle représente souvent le seul moyen de vérifier certaines théories.

B — LES GRANDS COURANTS D'ANALYSE PROPOSENT DES GRILLES DE LECTURES DIFFÉRENTES

Née au XIXᵉ siècle, la sociologie s'inscrit dans un contexte de bouleversements sociaux et culturels majeurs. D'emblée, plusieurs traditions analytiques s'opposent au sein de la sociologie classique, qui perdurent dans les analyses contemporaines, voire se démultiplient avec de nouvelles orientations de recherche.

1. – La sociologie « classique », reflet de son époque

a. — Le contexte historique et intellectuel

■ **Les débats politiques et sociaux**

La sociologie naît dans une période (1815-1918) marquée par de profonds bouleversements. La Révolution française et les tentatives révolutionnaires qui scandent le XIXᵉ siècle ont déstabilisé l'Europe. Des idéologies antagonistes – conservatrice, libérale, solidariste, révolutionnaire – s'affrontent. Avec la révolution industrielle et le développement du capitalisme libéral naît progressivement un prolétariat urbain. La dégradation des conditions de vie des classes laborieuses soumises à une exploitation sauvage attire l'attention non seulement des associations philanthropiques, soucieuses de la « paix sociale », mais aussi des mouvements socialistes qui y voyaient la preuve de l'inhumanité du système et des instances gouvernementales elles-mêmes préoccupées par les risques d'émeutes.

Dès lors, les préoccupations des sociologues s'articulent toutes, peu ou prou, autour de la même question : comment mettre fin à l'évidente crise sociale que traverse l'Europe ? Les solutions envisagées divergent. D'un côté, les interventionnistes considèrent que la sociologie doit contribuer à guérir (ou du moins à soulager) les maux dont souffre la société. Le positivisme de Saint-Simon et d'Auguste Comte se donne pour but explicite de réformer la société afin de la rendre à l'esprit industriel ou à l'esprit positif. À l'autre extrémité, Max Weber ou Vilfredo Pareto invoquent l'impossibilité pour la science de justifier les valeurs de l'action. Durkheim occupe une position intermédiaire : certes la science doit déboucher sur une action pratique, mais cela demande du temps.

■ Les débats scientifiques

Au XIXᵉ siècle se produisirent des transformations radicales dans les domaines de la physique, qui poursuit sa mathématisation, mais surtout de la chimie et de la biologie. Les modèles de ces deux sciences servent de paradigme à la sociologie, aussi bien en France avec Saint-Simon, Comte puis l'école durkheimienne, qu'en Angleterre avec Spencer, ou en Allemagne avec Tönnies. Les notions d'organisme et de fonction, d'équilibre et de dynamisme, d'atome et de cellule formeront l'un des soubassements sur lequel s'appuieront les nouvelles sciences sociales. Mais à côté de ces approches se développent d'autres tentatives pour assigner à la sociologie des objectifs plus précis et des ambitions plus limitées fondés sur les développements d'une science historique plus ouverte aux faits. Elles inspirent les travaux de Marx ou de Weber. Mais quelle que soit l'approche, les travaux de ces sociologues sont marqués par une conception évolutionniste.

b. — Les représentants de la sociologie classique

■ Les précurseurs : Alexis de Tocqueville, Karl Marx

Pour Tocqueville (1805-1859), la démocratie aboutit à l'avènement d'un type de société caractérisée par l'égalisation des conditions, la liberté et l'individualisme. La démocratie ne concerne pas seulement le politique, c'est surtout un certain état de l'organisation sociale qui se caractérise par l'égalité entre les hommes. Contrairement aux sociétés de castes ou aux sociétés d'ordres, la démocratie suppose la disparition des différences institutionnelles entre les individus et de l'hérédité des positions. L'égalité des conditions se manifeste essentiellement sous deux aspects : la consécration juridique de l'égalité par la loi et l'esprit d'égalité qui modifie les représentations mentales des individus se reconnaissant comme semblables. La société démocratique instaure également un régime de liberté, valeur par excellence des sociétés modernes. La liberté suppose l'absence d'autorité arbitraire, la disparition du « fait du prince » : le pouvoir ne peut s'exercer que par rapport aux lois. Enfin, à mesure que les conditions s'égalisent, il se rencontre dans la société démocratique un nombre croissant d'individus disposant de suffisamment de ressources pour se suffire à eux-mêmes. De cette relative autosuffisance émerge l'individualisme qui « *est un sentiment réfléchi et paisible, qui dispose chaque citoyen à s'isoler de la masse de ses semblables, et à se situer à l'écart avec sa famille et ses amis ; de telle sorte que, après s'être ainsi créé une petite société à son usage, il abandonne volontiers la grande société à elle-même* ».

Dès lors, Tocqueville considère que les sociétés démocratiques vont être confrontées au problème des relations entre les valeurs de liberté et d'égalité. Ainsi, l'individualisme, par le repli sur la vie privée, présente-t-il deux aspects : la défense légitime de l'autonomie individuelle, et plus pernicieux, la perte du sens civique : « *Je veux imaginer sous quels traits nouveaux le despotisme pourrait se produire dans le monde : je vois une foule innombrable d'hommes semblables et égaux qui tournent sans repos sur eux-mêmes pour se procurer de petits et vulgaires plaisirs, dont ils emplissent leur âme. Chacun d'eux, retirés à l'écart, est comme étranger à la destinée de tous les autres : ses enfants et ses amis particuliers forment pour lui toute l'espèce humaine ; il n'existe qu'en lui-même et pour lui seul et, s'il lui reste encore une famille, on peut dire du moins qu'il n'a plus de patrie* ».

L'égalité des conditions associée au recul du lien social aboutit à la prise en charge étatique de l'organisation des affaires publiques. Davantage d'égalité nécessite un surcroît de puissance du pouvoir politique. La société démocratique produit le despotisme, celui-ci pouvant cependant être contré tout comme le relâchement de la conscience collective. Par la création d'institutions proches des individus, capables de répondre à leurs enjeux spécifiques tels les syndicats de métiers ou les associations locales, les agents sociaux peuvent participer à la prise de décision. Ainsi, les individus retrouvent-ils une marge de manœuvre face à l'État tout-puissant.

Karl Marx (1818-1883) a été simultanément philosophe, économiste et sociologue. Pourtant, en dehors de ses travaux sur les classes sociales, il n'a pas fourni à proprement parler de travaux sociologiques. Dès lors, l'apport de Marx est essentiellement celui d'une méthode : le matérialisme historique.

Contre la philosophie idéaliste, Marx postule que c'est en développant leur production, leur vie matérielle, que les hommes modifient leur propre réalité : « *ce n'est pas la conscience qui détermine la vie, c'est la vie qui détermine la conscience* ». Pour vivre, pour répondre aux besoins vitaux, il faut produire, c'est-à-dire lutter contre la nature. Pour cela, les hommes entrent dans des rapports nécessaires et indépendants de leur volonté : les rapports sociaux de production. Ce concept désigne les modalités selon lesquelles les hommes entrent en relation afin de produire, échanger et répartir les richesses. Les rapports sociaux de production correspondent à un certain niveau de développement des forces productives qui sont composées des travailleurs, c'est-à-dire de leur énergie physique et de leurs savoir-faire prolongés par les moyens de production résultant du travail social antérieur (machines...) En fonction de l'état des forces productives d'une société, il en résulte à l'intérieur de celle-ci des rapports sociaux particuliers : « *le moulin à bras vous donnera la société avec le suzerain, le moulin à vapeur, la société avec le capitaliste industriel* » écrit-il dans *Misère de la philosophie*. L'articulation des forces productives et des rapports de production, caractéristique d'une société à un moment donné de son histoire, constitue un mode de production ou encore ce que Marx appelle l'infrastructure. C'est autour de cette structure économique que s'organise le système social et l'idéologie (ou superstructure). L'infrastructure constitue la « *base concrète sur laquelle s'élève une superstructure juridique et politique, et à laquelle correspondent des formes de conscience sociale.* » Elle détermine donc en dernière instance les évolutions de la superstructure.

Si toute société peut être décrite à un instant donné comme un ensemble spécifique de structures, c'est de leur évolution que naîtra le changement social. En effet, Marx met en avant les tensions, la non-concordance et les contradictions caractérisant les rapports entre forces productives et rapports de production. Par exemple, c'est l'existence d'une classe de commerçants (elle-même née des contradictions des rapports de production féodaux et des grandes découvertes de la navigation) qui pousse au développement de la manufacture et de la fabrique avec l'usage de techniques révolutionnaires (la machine-outil, la vapeur). Puis c'est cette bourgeoisie aidée du prolétariat qu'elle a créé qui renverse l'ordre féodal et généralise les rapports de production capitaliste.

■ La sociologie institutionnalisée : Émile Durkheim et Max Weber

Considéré comme le père de l'école sociologique française, Émile Durkheim (1858-1917) a comme projet de faire de la sociologie une discipline scientifique à part entière afin qu'elle puisse être reconnue au sein de l'Université. Il faudra néanmoins attendre 1932 pour qu'une chaire de sociologie soit créée à la Sorbonne. L'ambition durkheimienne ne se limite pas seulement au discours universitaire, l'étude systématique de la réalité doit mener à l'apparition d'un nouveau système social fondé sur le triomphe de la raison. Aussi Durkheim apparaît-il comme le propagateur d'une nouvelle morale inspirée par la démarche scientifique.

Dans *Les Règles de la méthode sociologique* (1895), Durkheim définit l'objet et l'approche du sociologue. Les faits sociaux sont extérieurs aux individus et sont dotés d'un pouvoir coercitif. Ils ne peuvent se confondre avec les phénomènes psychiques dans la mesure où ces derniers n'apparaissent qu'au niveau de la conscience individuelle. Ils consistent, selon l'expression de Durkheim, en des manières d'agir, de penser et de sentir, extérieures à l'individu, et qui sont douées d'un pouvoir de coercition en vertu duquel ils s'imposent à lui. L'étude de ces faits repose sur une méthode spécifique. Il convient d'abord d'écarter systématiquement les prénotions, puis de considérer les faits sociaux comme des choses et enfin d'expliquer un fait social par un autre fait social en rejetant les autres types d'explications. Enfin, il est indispensable de séparer l'étude des causes d'un phénomène social de ses fonctions par rapport à l'ensemble de la société.

Tout comme Durkheim, Weber (1864-1920) est considéré comme un des pères de la sociologie contemporaine. Son œuvre éclectique couvre de nombreux champs des sciences sociales (histoire, droit, sciences politiques). Sa démarche prend le contre-pied de l'analyse de Marx (déterminisme économique) et s'oppose à la méthode durkheimienne (holisme méthodologique). La sociologie wébérienne est une sociologie compréhensive relevant de l'individualisme méthodologique. Elle se donne pour objectif d'interpréter l'action sociale dans son déroulement et dans ses effets. Par action sociale, il faut entendre tout comportement humain motivé par la signification que leur donne leur auteur. La sociologie wébérienne cherche ainsi à restituer le sens que les individus donnent à leurs activités sociales. Afin d'appréhender l'action sociale, Weber se dote d'un outil méthodologique appelé *idéaltype*. Celui-ci est une construction intellectuelle constituée d'un certain nombre de caractéristiques empruntées à la réalité du phénomène observé. Il ne se confond pas avec la réalité et n'est pas non plus une « photographie du réel ». En effet, le sociologue sélectionne certains éléments qu'il trouve dans la réalité en fonction de leur valeur significative. L'idéaltype est à mi-chemin entre le concept qui exprime une qualité commune à différents objets (par exemple le concept de classe sociale), et la théorie constituée par une suite de propositions destinées à rendre compte des faits. Deux catégories d'idéaltypes sont présentes dans les travaux de Weber. Tout d'abord celle qui a trait à une série de phénomènes délimités dans l'espace et dans le temps comme le capitalisme que Weber associe au développement du calvinisme aux XVIe et XVIIe siècles en Europe occidentale. La seconde catégorie d'idéaltype est relative à certains mécanismes, certaines structures observables à différents moments de l'évolution historique et dans des espaces géographiques différents. Ainsi en est-il de la bureaucratie comme système d'organisation de la société ou de l'autorité charismatique comme source de légitimité gouvernementale repérable aussi bien en Grèce ancienne que dans des systèmes politiques plus récents telles l'Allemagne national-socialiste ou la Russie stalinienne.

2. – La sociologie française actuelle : la pluralité des approches

a. — Les approches « holistes »

■ Pierre Bourdieu : le « structuralisme génétique »

L'habitus est un concept central de la sociologie bourdieusienne. Il assure la cohérence entre sa conception de la société et celle de l'agent social individuel : il fournit l'articulation, la médiation, entre l'individuel et le collectif. À travers cette notion, se dégage une théorie spécifique de la production sociale des agents et de leurs logiques d'action.

P. Bourdieu définit ce concept de la manière suivante : « *Les conditionnements associés à une classe particulière de conditions d'existence produisent des habitus, systèmes de disposition durables et transposables, structures structurées disposées à fonctionner comme structures structurantes, c'est-à-dire en tant que principe générateur et organisateurs de pratiques et de représentations qui peuvent être objectivement adaptées à leur but sans supposer la visée consciente de fins et la maîtrise expresse des opérations nécessaires pour les atteindre, objectivement "réglées" et "régulières" sans être en rien le produit de l'obéissance à des règles, et, étant tout cela, collectivement orchestrées sans être le produit de l'action organisatrice d'un chef d'orchestre ».*

Cette définition souligne que l'habitus est un système de dispositions durables acquis par l'individu au cours du processus de socialisation. Ces dispositions acquises dépendent avant tout de l'appartenance sociale qui structure les acquisitions et produit un habitus de classe. L'habitus est simultanément la grille de lecture à travers laquelle nous percevons et jugeons la réalité et le producteur de nos pratiques.

Dès lors, l'habitus est un facteur explicatif de la logique de fonctionnement de la société. Il en explique la structure et la dynamique. L'homogénéité des habitus au sein d'un même groupe est au fondement des différences de styles de vie au sein de la société. Les agents porteurs du même habitus n'ont pas besoin de se concerter pour agir de la même façon. De surcroît, l'habitus ajuste les chances objectives et les motivations subjectives. Il rend donc possible un ensemble de comportements et d'attitudes conformes aux inculcations et, par-là, conformes aux régularités objectives. Cette intériorisation des chances objectives joue un rôle clé dans les stratégies sociales, que ce soit à l'école, sur le marché du travail ou sur le marché matrimonial, dans la science ou en politique. L'habitus de classe a ainsi pour conséquence que les agents se comportent afin que se perpétuent les relations objectives entre classes.

■ Alain Touraine : la « sociologie de l'action »

Pour A. Touraine, une société est un ensemble de rapports sociaux. Elle est l'ensemble des relations sociales qui opposent et unissent des acteurs sociaux. Ces relations sociales sont inégales : « *Tous les rapports sociaux sont des rapports de pouvoir* ». Les acteurs sont en lutte pour le contrôle de ce que Touraine appelle l'historicité et qu'il définit comme étant « *la capacité d'une société à produire ses modèles de fonctionnement* ». Tous les acteurs ont en commun un modèle culturel qui se concrétise par des normes dans les domaines de la connaissance, de la production et de la morale, mais chacun des acteurs tente de lui donner une direction conforme à ses propres intérêts. C'est ainsi que le modèle culturel de la société industrielle, centré sur la notion de progrès, était l'enjeu d'une lutte entre la classe dirigeante pour qui le progrès ne pouvait être qu'économique et le mouvement ouvrier pour qui le progrès était avant tout social. La société programmée se substitue à la société industrielle. Nous assistons à la mise en place d'une société postindustrielle ou « programmée » dans laquelle la production et la diffusion massive de biens culturels occupent la place centrale qui avait été celle des biens industriels dans la société industrielle.

Pour analyser le changement social, Touraine privilégie une dimension de l'action, celle qui vise la transformation des relations de domination et permet des actions collectives qu'il baptise « mouvements sociaux. » Un « mouvement social » doit non seulement être en mesure de se définir (principe d'identité), de nommer son adversaire (principe d'opposition) mais également d'élaborer un projet compatible avec le modèle culturel de la société (principe de totalité). Le mouvement ouvrier a été un mouvement social car il était porteur d'un projet culturel fondé sur les valeurs de la société industrielle. Mais la décomposition de celle-ci et de sa culture a favorisé son déclin : « *Le mouvement ouvrier n'est plus le mouvement social central* ». De nouveaux mouvements sociaux se forment : les luttes antitechnocratiques (à l'image de la lutte antinucléaire), les luttes des femmes, celles des Occitans ou, encore, celles des étudiants…

b. — Approches « *individualistes* »

■ Michel Crozier : le « paradigme de l'action organisée »

De l'objet initial, l'organisation, la démarche proposée par M. Crozier se fixe pour objectif de rendre compte, dans le but de pouvoir l'accompagner ou le provoquer, du changement social au niveau global. Une organisation est composée d'acteurs dotés de rationalités spécifiques. L'acteur, individu ou groupe, se définit ainsi comme doté d'une liberté d'action. Dès lors, tout acteur, quelle que soit sa position dans l'organigramme formel de l'organisation est doté de capacités stratégiques, qui sont toujours rationnelles, mais d'une rationalité limitée et contingente. Ainsi, « *l'organisation n'est ici, en fin de compte, rien d'autre qu'un univers de conflits, et son fonctionnement le résultat des affrontements entre les rationalités contingentes, multiples et divergentes d'acteurs relativement libres, utilisant les sources de pouvoir à leur disposition* ». L'organisation est fondée sur le jeu des acteurs qui visent à maintenir ou accroître leur pouvoir ; il est à la fois l'enjeu des stratégies et sa finalité car il modifie la place respective des acteurs dans l'organisation. Le pouvoir permet de contrôler des « zones d'incertitude » et d'accroître la marge de liberté individuelle des acteurs. En effet, toute organisation est soumise en permanence à des masses d'incertitudes très élevées, techniques, commerciales, humaines, financières, etc. Celui qui les maîtrise le mieux par ses compétences et son réseau de relations, qui peut donc prévoir ces incertitudes, détient la plus grande ressource de pouvoir.

Le concept de « système d'action concret » permet de transposer l'analyse organisationnelle à celle de la société. À partir d'une étude limitée aux dysfonctionnements bureaucratiques, la réflexion s'est élargie aux organisations dans la pluralité de leurs modèles et, ainsi, à l'action collective dans sa généralité. « *La démarche initialement limitée à un type d'organisation, se fait beaucoup plus ambitieuse* » en s'élargissant à une sociologie de l'action organisée. Ce passage de la sociologie des organisations à la sociologie de l'action collective se justifie par le fait que l'étude de l'organisation conduit à l'étude générale des systèmes d'action et donc à la question de l'action collective. Par ailleurs, le paradigme organisationnel reprend et repense dans une nouvelle problématique la question traditionnelle de la relation individu/société : par le recours aux systèmes d'action se trouve écartée l'alternative du déterminisme social et de la liberté abstraite des acteurs. Le changement social est le résultat de la transformation d'un système d'action. Le changement suppose un apprentissage collectif, c'est-à-dire « *le processus à travers lequel un ensemble d'acteurs, partie prenante d'un système d'action, apprennent – c'est-à-dire inventent et fixent – de nouveaux modèles de jeu, avec leurs composantes affectives, cognitives et relationnelles.* » Le sociologue a pour vocation d'accompagner ou de provoquer le changement social.

■ Raymond Boudon : l'« actionnisme »

La définition de la sociologie proposée par R. Boudon implique une conception particulière de l'acteur social. En effet, « *la sociologie est fondamentalement [...] une discipline dont la vocation latente est de retrouver des structures générales à partir de l'analyse de phénomènes singuliers* ». Dès lors, « *l'atome logique de l'analyse sociologique est donc l'acteur individuel* ». Cet acteur est agissant et ses actions sont dotées d'une finalité. Reprenant la distinction entre actions logiques et actions non logiques de Pareto, la sociologie a pour vocation « *d'analyser la logique des actions non logiques* ». Cette analyse s'avère complexe dans la mesure où l'acteur agit dans un monde incertain et sous les contraintes de son environnement social et institutionnel, délimitant le cadre des interactions sociales. L'*Homo sociologicus* est donc placé dans des situations à structure ambiguë où « *la notion de meilleur choix est mal définie* ».

Cette définition de la sociologie implique une attention particulière à l'analyse détaillée des faits. C'est ainsi que Boudon souligne l'importance de la sociographie, c'est-à-dire des études descriptives, tout en mettant en garde sur les difficultés de l'explication qui « *n'est véritablement atteinte qu'à partir du moment où on est capable d'interpréter* [un] *phénomène comme le résultat d'actions effectuées par des agents situés dans un contexte institutionnel et social donné* ». La description de la logique des actions individuelles doit reposer sur un double critère : il faut que cette logique soit compréhensible et qu'elle n'aboutisse pas à des conséquences contradictoires avec les données observables. Interprétations de la logique de l'action (méthode qualitative) et données statistiques (méthode quantitative) s'avèrent donc complémentaires.

En considérant que « *la logique du social* » procède de l'agrégation des comportements individuels, l'individualisme méthodologique remet l'acteur au cœur de l'analyse sociologique. Il rejette tout déterminisme et s'impose de situer toute action dans son contexte. La conception de l'acteur défendue par Boudon apparaît souvent pertinente dans l'étude de phénomènes microsociologiques. Mais en dépit de ses dénégations, elle se révèle réductrice et les liens de parenté entre l'*Homo sociologicus* et l'*Homo œconomicus* semblent très étroits. Ils lui valent les critiques de paradigmes concurrents.

3. – De nouvelles orientations

a. — Des interactions aux structures sociales

■ La phénoménologie

Peter Berger et Thomas Luckmann partent des individus et de leurs interactions ; ils élargissent la sociologie de la connaissance, auparavant trop limitée à la connaissance théorique, à la connaissance ordinaire, et ainsi à l'ensemble des processus de construction sociale de la réalité. Ils partent alors de la connaissance dans la vie quotidienne et de son activation dans des situations de face-à-face. Dans cette perspective, la réalité de la vie quotidienne contient des schémas de typification en fonction desquels les autres sont appréhendés et « traités » dans des rencontres en face-à-face. Ainsi, « j'appréhende l'autre en tant qu'*homme*, qu'*Européen*, qu'*acheteur*, que *type jovial*, etc. » À la base de la connaissance savante du monde social, il y a donc la connaissance ordinaire. Le chercheur en sciences sociales qui observe le monde social est guidé par un système de pertinences différent de celui de l'acteur qui prend part directement à l'action (ce qui est pertinent pour l'un ne l'est pas nécessairement pour l'autre) ; le savant, qui veut connaître et non agir dans la situation observée, est amené à se détacher d'elle et à puiser, pour ce faire, dans le stock de connaissances disponibles propre à sa discipline scientifique (son corpus de règles de procédures, de méthodes, de techniques, de concepts et de modèle).

■ L'ethnométhodologie

Dans le mot même d'ethnométhodologie, « ethno » suggère qu'un membre dispose du savoir de sens commun de sa société, et méthodologie vise la mise en œuvre de méthodes ordinaires par un tel membre. Dans ce cadre, l'ordre, la régularité, la concordance manifestés par les phénomènes sociaux sont le résultat d'opérations interactives effectuées en situation. Ainsi, la réalité objective des faits sociaux est, contre certaines versions de Durkheim, saisie comme un accomplissement continu d'activités concertées de la vie courante.

Les études ethnométhodologiques visent les activités quotidiennes en tant que méthodes des membres pour rendre ces activités visiblement rationnelles, descriptibles (*accountable*). La recherche ethnométhodologique a été particulièrement développée dans le domaine très microsociologique de l'analyse de la conversation. En France, l'ethnométhodologie, qui a commencé à devenir une référence dans les années 1980, a davantage produit de commentaires des textes des « pères fondateurs » que des investigations empiriques poussées.

b. — Du collectif à l'individuel

■ **Construction des groupes et catégorisation sociale**

Dans les années 1980, Alain Desrosières et Laurent Thévenot, alors tous deux administrateurs à l'Insee et ayant joué un rôle important dans l'élaboration de la nouvelle nomenclature des professions et catégories socioprofessionnelles de 1982, ont développé des recherches sur le travail de catégorisation sociale à l'œuvre dans les statistiques. Parallèlement, Luc Boltanski et Laurent Thévenot ont mené une enquête de type expérimental chez des non-spécialistes sur les rapports entre des pratiques ordinaires de classement et des formes savantes telles celles mises en œuvre par l'Insee. Un des points forts de ces travaux est d'avoir montré comment le problème de la catégorisation sociale (faire rentrer le monde social dans des catégories) permet d'établir des passages entre trois sens de la notion de représentation : une représentation scientifique et technique au sens de représentativité statistique, une représentation politique, celle des partenaires sociaux représentant à une table de négociation divers groupes professionnels dont ils sont mandataires, et une représentation cognitive, une image mentale qui sert aussi quotidiennement à chacun d'entre nous pour s'identifier et identifier les personnes avec lesquelles il entre en relation.

■ **Des individus pluriels**

Le caractère pluriel de chaque individu, de ses désirs, de ses intérêts, des ressources cognitives et affectives auxquelles il fait appel ou de ses identités, a suscité ces dernières années une certaine curiosité dans le milieu des sciences sociales ; la double question de la continuité dans le temps et de l'unité dans l'espace de l'individu devient plus problématique et donc objet d'interrogations. Ces travaux montrent que les individus sont amenés à se mouvoir au sein de scènes multiples de la vie quotidienne, à travers des logiques d'action diverses, confrontés à des expériences plurielles, et mobilisent donc des aspects différents, parfois contradictoires, de leur personne.

PRINCIPES ET CRITÈRES DES CLASSIFICATIONS SOCIALES

Si tout individu peut avoir une perception intuitive des inégalités sociales en vigueur dans sa société, l'analyse scientifique des stratifications sociales passées et présentes pose de redoutables problèmes : il s'agit d'identifier la nature de la hiérarchie sociale, d'en fournir une analyse théorique et d'élaborer les outils, tels que les catégories socioprofessionnelles, susceptibles d'en rendre compte empiriquement.

A LA STRATIFICATION SOCIALE : UNE CONSTRUCTION MULTIFORME

S'il est indéniable qu'il n'existe pas de société absolument égalitaire, les formes historiques et géographiques des structures sociales sont diverses. Alors que les sociétés traditionnelles reposaient sur des stratifications de droit (castes et ordres par exemple), les hiérarchies de fait des sociétés contemporaines imposent un travail de construction des critères de différenciations pertinents.

1. – Une réalité universelle aux formes diverses

a. — L'universalité des hiérarchies sociales

■ Une construction sociale : des différences aux inégalités

Dans toute société existent des différences sociales entre individus, fondées sur divers critères. Ces critères de différenciation, permettant de classer les individus, varient dans l'espace et dans le temps. On peut distinguer des critères économiques (revenu, patrimoine), démographiques (âge, sexe), culturels (religion, appartenance ethnique), politiques (rapport au pouvoir) ou symboliques (prestige, honneur). Ces différences deviennent des inégalités car elles sont traduites en termes d'avantages ou de désavantages. Dès lors, les individus peuvent être hiérarchisés sur une échelle traduisant leur inégal accès aux ressources valorisées dans la société. La hiérarchie sociale désigne ainsi un ensemble social caractérisé par une échelle descendante de pouvoir, de privilèges, de situations qui impliquent la subordination des échelons inférieurs aux échelons supérieurs. Ainsi, étudier la stratification sociale, c'est analyser comment une société est organisée, selon quels critères elle hiérarchise les individus et les groupes sociaux auxquels ils appartiennent.

■ Division du travail et stratification sociale

Dans les sociétés traditionnelles, les critères de hiérarchisation extra-économiques prédominent. Avec le développement de la société industrielle, les critères économiques prennent une importance croissante dans l'analyse de la stratification sociale. Dès lors, la place dans la division du travail devient un critère fondamental. Pour Durkheim, la stratification serait une résultante « secondaire » d'une division du travail de plus en plus étendue. Mais c'est Marx qui fonde l'émergence des inégalités sociales sur le système économique global et type de division du travail.

Dès lors, quelle que soit leur orientation théorique, la dimension économique sera prise en compte par la majorité des sociologues dans les études de la stratification sociale contemporaines.

b. — Les formes « institutionnalisées » de stratification

■ **Les castes**

Le système des castes désigne l'organisation sociale de l'Inde traditionnelle. Le critère de hiérarchisation qui fonde l'organisation sociale est celui du degré de pureté religieuse. À partir de ce critère s'élabore une division économique, politique et sociale des différentes castes. Par ordre d'importance décroissante, on trouve, les brahmanes (prêtres, qui gèrent le sacré), les ksatriyas (guerriers et producteurs), les vaishyas (commerçants et travailleurs de la terre), les shudras (serviteurs). Les intouchables, exclus du système des castes, constituent le dernier groupe.

Chaque caste forme un groupe fermé sur lui-même : l'appartenance à une caste est héréditaire (un enfant appartient nécessairement à la caste de ses parents) ; les mariages reposent sur l'application stricte de l'endogamie. Les relations entre castes sont limitées par un système d'interdits : les contacts physiques, les relations sexuelles, les repas en commun entre membres de castes différentes sont exclus. Un intouchable, par exemple, ne peut toucher de la nourriture destinée à un membre d'une caste supérieure. Si un contact impur a lieu, il faut procéder à des rites de purification. La constitution indienne de 1947 les a abolies mais l'esprit de caste exerce encore une puissante influence sur les mentalités.

■ **Les ordres**

Les ordres sont les groupes sociaux qui composent la société d'Ancien Régime en Europe. Les groupes sont hiérarchisés en fonction du prestige ; le critère de différenciation est celui de l'honneur social attaché aux différentes fonctions. On distingue trois ordres. Le clergé qui est l'intermédiaire entre le monde divin et le monde humain ; il est chargé des affaires religieuses et détermine les principes d'organisation sociale. La fonction principale de la noblesse est d'assurer la défense du territoire. Le Tiers État, enfin, s'adonne à des tâches peu prestigieuses : agriculture, artisanat, commerce. Clergé et noblesse jouissent d'un égal prestige et disposent de privilèges : prélèvement de la dîme par le clergé, exemption d'impôt pour la noblesse, seule autorisée à porter l'épée. Ces inégalités entre les ordres sont consacrées par la loi. Dans la noblesse, le souci de la pureté du sang, de la lignée, engendre une forte endogamie. Cependant, la société n'est pas totalement rigide. La règle de l'endogamie connaît des exceptions dans la noblesse ; le passage d'un ordre à un autre n'est pas impossible, même si, dans les faits, il demeure exceptionnel : une partie de la bourgeoisie a été anoblie par le roi. En France, la Révolution de 1789 a marqué la fin de la société d'ordres. Les privilèges furent supprimés.

2. – Les difficultés méthodologiques de construction des stratifications dans les sociétés contemporaines

a. — Le choix des critères de classification

Le sociologue doit déterminer les critères de différenciation pertinents dans la société qu'il étudie. En effet, aucun critère n'est pertinent en soi : les critères de différenciation sont des produits sociaux et dépendent du système de valeurs de la société considérée. Dans les sociétés traditionnelles, la richesse matérielle apparaît comme un critère de différenciation secondaire alors que l'âge constitue un élément de classification fondamental. Le sociologue doit donc identifier les « bonnes inégalités », celles qui sont au fondement de la structure sociale de la société étudiée.

Ainsi, selon la nature et la complexité des sociétés observées, il conviendra souvent de tenir compte d'une multiplicité de variables, à la fois économiques, sociodémographiques, culturelles, religieuses, ethniques, etc.

b. — Les implications théoriques

■ Deux représentations distinctes : classes ou strates

Le sociologue doit aussi s'interroger sur la nature des ensembles d'individus qui partagent un certain nombre de caractéristiques communes : forment-ils une catégorie sociale ou un groupe social ? Une catégorie est, au sens courant, un ensemble dans lequel on range des objets de même nature. Il s'agit donc d'un ensemble d'individus ou d'objets qui ont des caractères communs. En ce sens, opérer un classement, c'est regrouper des objets ou des individus ayant des caractéristiques communes à partir d'un critère de classification. Dans le domaine de la stratification sociale, stratifier une population consiste à classer les individus qui la composent suivant un critère quelconque qui permette de les ordonner. Dans ce sens, les strates sont d'abord et fondamentalement des agrégats statistiques. Les limites d'une strate sont, par nature, un peu arbitraires et conventionnelles. Stratifier est du ressort de la description, du comptage, de la statistique. Une strate n'est donc pas synonyme de groupe. En effet, un groupe est une unité collective réelle ; il a une existence propre et implique des liens, de la communication entre ses membres. Ainsi, on peut définir un groupe comme un ensemble d'individus formant une unité sociale durable, caractérisée par des liens internes (directs ou indirects) plus ou moins intenses, une situation et/ou des activités communes, une conscience collective plus ou moins affirmée (sentiment d'appartenance, représentations propres). Cette unité est reconnue par les autres.

■ Des visions opposées de la société

La différence entre ces deux approches renvoie à une double opposition. D'abord, celle qui distingue le réalisme du nominalisme. Dans le cadre de l'approche réaliste, la connaissance saisit des réalités dont l'existence est indépendante de la pensée ; les groupes sociaux traduisent des réalités sociales objectives qu'on peut constater, voire mesurer. L'approche nominaliste considère que les catégories utilisées ne sont pas des reproductions du réel mais des créations contingentes de l'observateur ; les catégories sont des constructions intellectuelles opérées par le sociologue lui permettant de saisir et de comprendre le réel.

La seconde opposition distingue l'individualisme méthodologique et le holisme. En effet, retenir des strates, adopter la démarche « stratificationniste », c'est poser que le point de départ pertinent pour l'analyse de la société n'est pas les groupes qu'on pourrait éventuellement y trouver mais bien les individus eux-mêmes. L'accent mis sur les acteurs individuels va de pair avec une conception de l'action centrée sur la rationalité, l'intentionnalité. À l'inverse, on peut partir des groupes et poser que ce sont là les unités pertinentes dans l'analyse de la structure sociale. Il s'agit d'une interprétation de nature globalisante qui accorde une grande importance aux « déterminations structurelles ».

B L'OPPOSITION DES THÉORIES DE LA STRATIFICATION SOCIALE

Dès la naissance de la sociologie, les analyses théoriques des structures sociales divergent. Ainsi, il est possible d'opposer la théorie marxiste des classes à l'analyse wébérienne. Ces oppositions se prolongent aujourd'hui en France, comme en attestent les approches respectives de Bourdieu et de Mendras.

1. – Les approches des « pères fondateurs de la sociologie »

a. — Karl Marx : la lutte des classes

■ Les fondements socio-économiques et politiques des classes

Le fondement de la division en groupes sociaux que leur position et leurs intérêts opposent les uns aux autres se situe dans la sphère de la production, plus précisément dans « les rapports sociaux de production. » Les modes de production qui se sont succédé dans l'histoire ont toujours été marqués par le caractère antagonique des rapports de production. La base matérielle de cet antagonisme n'est autre que l'exploitation d'une classe par une autre qui extorque la plus-value. C'est ainsi que Marx peut affirmer que « *l'histoire de toute société jusqu'à nos jours est l'histoire de la lutte des classes* ».

Le mode de production capitaliste se caractérise par le fait que la production marchande devient la forme dominante d'organisation sociale de la production. Le capitalisme représente, pour Marx, la généralisation des rapports marchands à l'échelle de la société. Dans cette société, non seulement presque tous les produits du travail humain deviennent des marchandises, mais la force de travail elle-même devient une marchandise, vendue par les producteurs (prolétaires) aux propriétaires des moyens de production (la bourgeoisie). À long terme, le développement progressif des rapports capitalistes voue tous les autres groupes au déclin inéluctable. Telle est la « loi de bipolarisation » selon laquelle la structure sociale s'achemine vers une forme simple dans laquelle ne subsisteraient pratiquement que les représentants du capital et la masse du salariat.

Pour autant, une classe sociale n'est pas qu'un simple agrégat. « Une situation commune » rapproche les individus qui la partagent, « des intérêts communs » les rassemblent contre leur(s) adversaire(s). Ils ne forment pas pour autant des classes « réelles. » Cette thématique est développée par Marx dans plusieurs textes et s'applique aussi bien à la bourgeoisie, aux ouvriers ou aux paysans. Le passage de la classe virtuelle (classe en soi) à la classe réelle (classe pour soi) est subordonné à deux critères extra-économiques : l'existence ou la formation d'un lien social, l'auto-organisation politique du groupe. La masse des travailleurs se constitue en classe à travers la lutte économique puis la lutte politique. Il faut ajouter que ces processus de constitution de classes ne sont pas isolés les uns des autres : l'affirmation et le développement de la bourgeoisie, non seulement comme groupe social mais aussi comme agent prétendant à l'hégémonie, conditionnent la formation et l'affirmation parallèles de la classe ouvrière. Marx met ainsi en évidence la dimension relationnelle des classes.

■ Des réalités plus complexes empiriquement

« *La division en classes n'apparaît pas sous une forme pure* » : même en Angleterre, pays le plus avancé dans le développement du capitalisme à l'époque de Marx, « *les stades intermédiaires et transitoires estompent les démarcations précises* ». Ainsi, une société, à un moment donné de son évolution, n'est pas entièrement gouvernée par la logique d'un seul mode de production. Tel est le cas de son analyse de la société française au milieu du XIXe siècle. Marx insiste sur le développement limité du capitalisme industriel : la grande industrie est « *concentrée en quelques points disséminés* » ; le petit atelier et la boutique occupent une place importante ; l'agriculture domine et, avec elle, la rente foncière se taille une place de choix dans le revenu national. L'accent est mis par ailleurs sur l'omniprésence de l'État, qui s'explique tant par le poids du passé (centralisation monarchique antiféodale) que par les nécessités d'impulser l'unité bourgeoise de la nation. Son endettement énorme alimente les revenus de ses créanciers.

La configuration sociale est dès lors fort éloignée de la figure bipolaire. On a affaire à une pluralité de classes et de fractions de classes : une paysannerie nombreuse, pressurée par la rente et la dette, isolée, incapable de défendre ses intérêts ; une classe ouvrière relativement influente à Paris, mais un prolétariat industriel fort limité et non organisé au plan national dans le reste de la France ; une petite bourgeoisie d'artisans et de petits commerçants, menacée par la prolétarisation, également endettée ; la bourgeoisie, enfin, divisée, socialement et politiquement, en trois fractions : industrielle et commerciale – que le développement limité de l'industrie moderne empêche de dominer sa propre classe –, foncière – qui pèse lourd, surtout en province, financière (banquiers et boursicoteurs, rois du chemin de fer) – qui spécule sur les emprunts de l'État. Les luttes politiques, loin de dériver simplement de l'opposition des intérêts en présence, se déroulent, sauf exceptions, dans la confusion et le travestissement selon Marx.

b. — Les classifications sociales selon Max Weber

■ **Les classes**

La notion de classe sociale est proche de celle de Marx. Plus précisément, on peut déterminer des « situations de classes » qui différencient des groupes sociaux en fonction de leurs « chances » de se procurer les biens et les services, la société étant identifiée à un ensemble de marchés. Ces situations de classes ne forment pas le plus souvent des « communautés », c'est-à-dire des groupes conscients de leurs intérêts communs et capables d'agir en fonction de ces intérêts, car les relations interpersonnelles pouvant lier tous les individus appartenant à une même classe restent limitées. Les individus peuvent aussi passer d'une situation de classe à une autre.

À la différence de Marx, les conflits entre les classes n'ont pas de prééminence historique ou méthodologique sur les autres types de conflits, ils ne sont pas non plus appelés à disparaître et l'appartenance à une situation de classe n'a pas de conséquences mécaniques sur les pratiques et les représentations sociales des individus.

■ **Les groupes de statut**

L'apport essentiel de Weber réside dans son analyse des groupes de statut. Il y a au départ l'idée selon laquelle la société est structurée par autre chose que le marché. Des liens de nature extra-économiques associent les individus et les intègrent socialement : le statut (ou condition statutaire). Le statut est fondé sur le prestige, appelé également « honneur social ». La distribution inégale du prestige est la base d'une hiérarchie spécifique distincte de celle qui prévaut dans l'ordre économique ; elle génère la constitution de groupes de statut. Le prestige peut être défini comme « *le privilège positif ou négatif de considération sociale, revendiqué de façon efficace* » ; ce privilège est « *fondé sur le style de vie, le type d'instruction formelle* » ou encore « *le prestige de la naissance ou le prestige de la profession* ». Le prestige est donc une réalité intersubjective (considération sociale) mais dont les soubassements sont en même temps des cristallisations objectives (la naissance, l'instruction, le style de vie). À la différence des classes, ces groupes sont toujours des communautés ; les liens interpersonnels sont forts ; la tendance à l'endogamie les renforce.

■ **Les partis**

Les partis sont des organisations dans lesquelles les individus se regroupent pour le contrôle de l'État. Historiquement, les partis sont liés aux groupes de statut car ils supposent des communautés déjà constituées même si les organisations partisanes s'en détachent. À la différence des deux autres formes de classifications sociales, les partis débouchent sur l'action collective, au moins celle qui vise la conquête du pouvoir politique.

2. – Les analyses contemporaines tentent de prendre en compte la multiplicité des critères de hiérarchisation

a. — Pierre Bourdieu

■ Luttes de classes et/ou luttes de classement

L'espace social, construction multidimensionnelle, oppose diverses classes et fractions de classe selon le volume et la structure de capital. Parmi les différentes formes de capital, c'est le capital économique et le capital culturel qui fournissent les critères de différenciation les plus pertinents pour construire l'espace social des sociétés développées. Le capital économique est constitué par les différents facteurs de production (terres, usines, travail) et l'ensemble des biens économiques : revenu, patrimoine, biens matériels ; le capital culturel correspond à l'ensemble des qualifications intellectuelles, soit produites par le système scolaire, soit transmises par la famille. Dès lors, les agents sociaux se distribuent selon une double dimension. La première, verticale, consiste à hiérarchiser les groupes sociaux selon le volume de capital dont ils disposent. Ainsi pourra-t-on opposer les agents fortement dotés en capital tant économique que culturel (patrons, les membres des professions libérales, professeurs d'université) aux agents faiblement dotés (ouvriers et aux salariés agricoles). La seconde opère une distinction selon la structure du capital, c'est-à-dire l'importance respective des deux espèces de capital dans le volume total de leur capital. Aussi pourra-t-on opposer les agents sociaux pour lesquels le capital économique prédomine par rapport au capital culturel (par exemple, les patrons de l'industrie et du commerce) aux agents aux propriétés opposées (professeurs).

Plus que l'accumulation de capital économique, c'est celle du capital culturel qui devient un enjeu majeur des luttes entre groupes. Dans nos sociétés, le capital culturel joue un rôle croissant dans le mode de reproduction sociale, notamment sous sa forme scolaire. Or, l'école contribue à reproduire et à renforcer le pouvoir symbolique des dominants. De ce point de vue, les rapports sociaux sont aussi des rapports de concurrence entre des arbitraires culturels. Comme ils portent sur le champ symbolique, Bourdieu propose de les appeler des luttes de classement. « *Du fait que leur appropriation suppose des dispositions et des compétences qui ne sont pas universellement distribuées* […], *les œuvres culturelles font l'objet d'une appropriation exclusive, matérielle ou symbolique, et, fonctionnant comme capital culturel (objectivé ou incorporé), assurent un profit de distinction* […] *et un profit de légitimité, profit par excellence, consistant dans le fait de se sentir justifié d'exister.* » Dès lors, des stratégies d'accumulation de capital culturel et de reconversions de capital économique en capital culturel s'imposent.

À chaque classe sociale correspondent des pratiques et des représentations spécifiques et au sein de chaque classe existent des clivages internes. P. Bourdieu distingue trois classes :

– La classe dominante dont les membres cumulent souvent les différents types de capitaux. Mais selon la structure du capital possédé, il est possible de distinguer deux fractions opposées : la bourgeoisie ancienne, plus fortement dotée en capital économique (patrons des grandes entreprises du commerce et de l'industrie) et la bourgeoisie nouvelle (cadres supérieurs du secteur privé) plus fortement dotée en capital culturel.

– Les membres de la petite bourgeoisie occupent une position moyenne dans l'espace social. Mais des clivages existent au sein de cette classe, amenant à en distinguer trois fractions : la petite bourgeoisie en déclin, composée des artisans et commerçants ; la petite bourgeoisie d'exécution comprend pour l'essentiel les employés, les cadres moyens des entreprises privées, les techniciens, les instituteurs; la petite bourgeoisie nouvelle et la petite bourgeoisie ascendante essentiellement composée des professions culturelles.

– Les classes populaires sont situées à l'extrémité de l'espace social.

■ **Les structures sociales découpées en « champs sociaux »**

La société est un ensemble de champs sociaux, plus ou moins autonomes, traversés par des luttes entre classes. Un champ peut se concevoir comme un marché avec des producteurs et des consommateurs de biens. Les producteurs, individus dotés de capitaux spécifiques, s'affrontent. L'enjeu de ces luttes est l'accumulation de la forme de capital qui permet d'assurer la domination du champ. Le capital apparaît donc à la fois comme moyen et comme fin. La structure du champ, à un moment donné de l'histoire, témoigne donc du rapport de force entre les agents. Les indivi-dus aux positions dominantes opteront pour des stratégies de conservation. Mais certains agents peuvent aussi chercher à transformer les règles du jeu, par exemple en discréditant l'espèce de capi-tal sur laquelle repose la force de leur adversaire : il s'agit de stratégies de subversion, notamment mises en œuvre par les individus dominés. Les champs ne sont pas des espaces aux frontières stric-tement délimités, totalement autonomes : ils sont articulés entre eux. D'une part, la position des agents sociaux dans un champ est dépendante de leur position dans l'espace social ; il existe donc une homologie entre la structure sociale et les champs sociaux. En conséquence, chaque champ, bien que possédant sa propre logique et une relative autonomie, est traversé par des clivages identiques à ceux qui opposent les différentes classes.

b. — Henri Mendras : une analyse stratificationniste

■ **Une vision « cosmographique »**

H. Mendras (1927-2003) et plusieurs sociologues français, publiant sous l'anagramme Louis Dirn, proposent une autre vision des classifications sociales dans la société française actuelle. La représentation pyramidale et bipolaire de la société développée par les auteurs marxistes est remise en question : elle omet l'importance des classes moyennes dans les processus de changements sociaux. Plutôt que des classes, il y aurait des ensembles qui s'agenceraient pour former la société. Cela évoque l'image d'une constellation. Ainsi, Mendras (1994) propose-t-il une « vision cosmo-graphique de la société » : « *Regardons notre société comme un ciel où les étoiles s'organisent en constellations diverses, plus ou moins amples, plus ou moins cristallisées* ». Cette perception introduit une dynamique : « *les groupes sont des galaxies qui grossissent ou réduisent, qui deviennent brillantes, s'illuminent et illuminent leurs voisines, ou au contraire s'affaiblissent et même peuvent s'éteindre. Et ces galaxies s'organisent en deux constellations principales : populaire et centrale ; et quelques constel-lations de moindre importance : les indépendants, les techniciens, l'élite dirigeante, les pauvres, etc.* ».

Fondamentalement, deux mouvements remettent en question la vision d'une société divisée en classes sociales. D'un côté, le sentiment d'appartenance à une classe sociale s'affaiblit puisque de moins en moins de gens se disaient appartenir à la classe ouvrière ou à la bourgeoisie, et ceux qui se situaient dans la classe moyenne deviennent plus nombreux, jusqu'à être majoritaires dans l'en-semble de la population. D'un autre côté, les catégories sociales intermédiaires se multiplient. Ces deux éléments aboutissent à l'effacement de la classe moyenne elle-même, puisque, n'étant plus intermédiaire entre deux classes fortes et antagonistes, elle perd sa caractéristique propre d'être « moyenne ». Son gonflement annonce sa disparition et l'apparition de clivages nouveaux.

H. Mendras reprend l'idée de Tocqueville en affirmant qu'il n'y a plus de « classe moyenne », puisque personne ne s'intercale entre le peuple et la bourgeoisie. On assisterait donc à une « moyennisation » de la société.

■ La fin des cultures de classe

Au début du xxᵉ siècle, la société apparaissait fortement hiérarchisée selon Mendras. Elle était composée de quatre grands groupes sociaux ayant chacun ses caractéristiques particulières : les paysans, la bourgeoisie, le prolétariat et les classes moyennes. Les paysans constituaient la masse la plus importante mais restaient divisés en d'innombrables collectivités relativement indépendantes. Classe dominante, la bourgeoisie s'efforçait d'imposer ses façons de voir et de faire à l'ensemble de la société. Assurés de leur patrimoine, les bourgeois vivaient de leurs rentes plus souvent que de leur travail et jouissaient d'une sécurité dont les autres étaient privés. Les prolétaires vivaient dans une insécurité totale du lendemain, puisqu'ils vivaient entièrement du travail de leurs bras : si le chômage et la maladie les réduisaient à la misère, la mort devenait menaçante. La culture populaire qui était la leur était radicalement différente de la culture bourgeoise et des civilisations paysannes. Entre ces trois groupes majeurs, les classes moyennes étaient peu nombreuses, tiraillées entre leurs origines populaires et paysannes, et leurs ambitions bourgeoises.

Selon H. Mendras, ce portrait schématique ne correspond plus en rien au visage de la France d'aujourd'hui. Les cultures propres à chaque classe ont disparu. Les paysans ont disparu : « *le jeune agriculteur d'aujourd'hui* […] *est un producteur urbanisé qui vit à la campagne, regarde la télévision, et fait ses comptes, comme un cadre ou un commerçant des villes* […] *La civilisation paysanne est morte en France avec la dernière génération de paysans* ». La bourgeoisie a perdu ses attributs qui se sont répandus dans les autres classes ; la culture populaire est morte ; la classe moyenne n'est plus constituée en majorité de boutiquiers, d'artisans, et d'employés, mais de cadres. Une révolution sociale complète, composante de *La seconde Révolution française, 1965-1984* s'est opérée au cours du siècle. Dès lors disparaissent ces « *univers de civilisation qui englobaient toute la vie, toute la personnalité et toutes les ambitions de leurs membres* ». Aux sous-cultures de classes se substituent désormais des choix individuels. Autrefois, dans sa vie quotidienne, chaque famille s'efforçait de mettre en pratique le modèle qui était celui de la classe sociale à laquelle elle appartenait. Aujourd'hui, au contraire, le mode de vie est une construction permanente en fonction d'un objectif qui peut lui-même se transformer. C'est devenu un objet de stratégie.

Au total, les constellations majeures constitutives de la société ne sont pas homogènes. Des classifications comme le revenu, l'instruction, l'âge, les choix personnels les traversent et leurs « volumes » se modifient. Par ailleurs, l'élite dirigeante ne dirige plus mais tend à maintenir une certaine cohérence d'ensemble. Enfin, on ne peut plus parler de « classes moyennes » dans la mesure où chacun est « moyen » dans certaines dimensions de sa vie.

C CODE DES CATÉGORIES SOCIOPROFESSIONNELLES (CSP) ET CODE DES PROFESSIONS ET CATÉGORIES SOCIOPROFESSIONNELLES (PCS) : UN OUTIL DESCRIPTIF

Si les analyses théoriques ne permettent pas de fournir une lecture univoque de la hiérarchie sociale, le travail statistique mené sous l'impulsion des instances administratives après la Seconde Guerre mondiale en France va permettre d'élaborer un outil unique : le code des catégories socioprofessionnelles. Même s'il convient de le manier avec prudence en sociologie, il permet de fournir une description pertinente de l'évolution de la structure sociale.

1. – Une approche empirique différente de l'analyse en termes de classes

a. — Caractéristiques et évolutions de la nomenclature des CSP/PCS

■ **Une classification multidimensionnelle**

L'objectif de l'Insee est de « *classer l'ensemble de la population en un nombre restreint de catégories présentant chacune une certaine homogénéité sociale* ». La profession a été considérée comme le critère fondamental d'élaboration de la nomenclature ; pour en préciser le contenu, le statut juridique de l'activité (salarié/non salarié, privé/public), les qualifications, la place dans la hiérarchie, l'importance de l'entreprise, le secteur d'activité sont également pris en compte. La multiplicité de ces critères permet d'élaborer une classification multidimensionnelle qui implique une certaine hiérarchie. Par ailleurs, les statisticiens se sont efforcés de tenir compte des représentations et des pratiques sociales en cherchant à construire des groupes relativement homogènes sur le plan social. Ainsi, la nomenclature actuelle compte six catégories d'actifs : 1. agriculteurs exploitants ; 2. artisans, commerçants, chefs d'entreprise ; 3. cadres et professions intellectuelles supérieures ; 4. professions intermédiaires ; 5. employés ; 6. ouvriers.

■ **Les refontes**

La première nomenclature des CSP date de 1954 et seules quelques modifications mineures ont été introduites avant 1982, date d'une refonte substantielle accompagnée d'un changement de dénomination : Profession et catégories socioprofessionnelles. En 2003, une modification mineure de la nomenclature a été proposée (avec l'augmentation du nombre des postes classant les professions passant de 455 en 1982 à 486 actuellement). Celle-ci s'expliquait de différentes manières. Les profondes transformations économiques et sociales ont bouleversé la structure des emplois : certains emplois disparaissent, d'autres apparaissent et se développent, beaucoup voient leur profil se modifier. Ainsi, la rénovation de 2003 « a permis de regrouper des professions dont la distinction était devenue obsolète depuis 1982, et d'en éclater d'autres afin de tenir compte de l'apparition de nouveaux métiers ou de nouvelles fonctions transversales aux différentes activités industrielles » (Insee). Parallèlement, les représentations sociales évoluent et on essaie d'en tenir compte ; la nomenclature de 1954 a été soumise à des critiques concernant certains découpages (ou leur absence), les intitulés de telle catégorie ou de tel groupe (par exemple, cadres moyens), l'arbitraire de certains regroupements ; une meilleure connaissance de l'espace social, résultat de nombreuses enquêtes sociodémographiques et socio-économiques (formation et qualification des actifs, consommation et pratiques culturelles des ménages, mobilité professionnelle et intergénérationnelle…), a permis de consolider ces critiques ; enfin les progrès des techniques statistiques (procédures de codage, emploi de moyens informatiques) ont tout à la fois fait baisser le coût du travail d'enquête et permis de recueillir des informations supplémentaires.

Néanmoins, la pertinence de la nomenclature fait l'objet de débats dans le cadre du projet d'harmonisation européen des outils de description de la société.

b. — CSP et classes sociales : analyse comparative

■ **Des objectifs et des intentions différentes**

Les confusions entre CSP et classes sont fréquentes. Il est bien sûr tentant et même utile d'établir des correspondances entre CSP et classes sociales. La plupart des donnés statistiques d'ordre économique, social et culturel sur les individus et les ménages sont fournis à travers la grille des CSP. Comme par ailleurs ces CSP sont des indicateurs imparfaits mais tangibles des positions de classe, ces données représentent un instrument essentiel pour l'étude des classes. Pourtant dans la mesure même ou les principes de construction sont différents, on ne peut tenir, en règle générale, les groupes socioprofessionnels pour des classes et vice versa.

En effet, la classification socioprofessionnelle part des occupations des individus : en fonction des réponses fournies par les enquêteurs et selon les grilles élaborées par les concepteurs du code, les individus actifs partageant la même situation professionnelle sont mis en équivalence avec d'autres individus ayant une situation similaire (en termes de qualification, de position hiérarchique, de statut juridique, etc.). On progresse donc, par rassemblements successifs, des professions aux catégories et aux groupes. S'agissant des classes, deux types de démarches sont menés parallèlement : d'une part, le repérage de groupes « réels », c'est-à-dire de groupes sociaux déjà « constitués » au regard de la réalité sociale : reconnus comme tels, ils se différencient et s'opposent dans la sphère économique (rapports de propriété, relations de travail, répartition des revenus), dans les modes de vie et le champ politico-idéologique ; d'autre part, la caractérisation d'un nombre limité de situations de classe : ouvriers d'industrie, petits patrons, artisans, patrons à la tête d'une entreprise à capitaux familiaux, directeurs copropriétaires d'une banque d'affaire, cadres d'état major.

■ **L'utilisation sociologique des PCS est délicate**

L'identification sociale, ou plus précisément l'appartenance de classe, de nombreux individus n'est pas immédiate ou reste floue. Le critère professionnel ne peut jouer le rôle décisif qu'il a dans la classification en CSP. Les CSP regroupent des individus possédant des attributs sociaux communs, tout particulièrement une position socioprofessionnelle. Or, l'appartenance d'une personne à une classe sociale est doublement médiatisée. En premier lieu, par son appartenance à une famille, voire à un ménage. En second lieu, par l'ensemble de sa trajectoire sociale : son origine et ses positions sociales successives sont plus significatives que la position occupée au moment d'une enquête, qui peut n'être que transitoire. D'autre part, les CSP sont forcément plus ou moins hétérogènes. Dans une même profession se côtoient en effet des individus dont les positions dans les rapports de production peuvent être extrêmement diverses, voire franchement opposées. Certaines situations professionnelles ne sont donc pas aisément qualifiables en terme de classes : il en est ainsi de l'intitulé employé « de bureau ». Ce statut peut renvoyer aussi bien à des postes de travailleur subalterne, encadré de façon autoritaire, aux tâches répétitives, qu'aux cols blancs que la proximité spatiale de la direction peut amener à faire corps peu ou prou avec elle. Inversement, des individus exerçant des professions différentes relèvent pourtant d'une même position dans les rapports de production, et donc de classes.

Passer des CSP aux classes sociales implique également un changement essentiel de perspective. Les analyses selon les CSP ne permettent de saisir les inégalités sociales qu'en termes de répartition, d'inégal accès des individus à des biens rares que sont la fortune, le pouvoir ou encore le prestige. L'analyse classiste, du moins celle d'inspiration marxiste, dépasse ce stade pour s'intéresser aux rapports que les agents sociaux nouent entre eux dans la production de ces biens. Par exemple, elle n'en reste pas à la simple opposition descriptive entre riches et pauvres, mais tente de saisir la dynamique qui génère à la fois richesse et pauvreté, en distribuant inégalement la valeur produite entre les différents agents de la production. Par ailleurs, la question des rapports conflictuels entre classes sort totalement du champ des études menées à partir de la nomenclature des CSP. Or, les classes sociales résultent et se définissent par les luttes entre elles, qui les conduisent à se composer (à s'unifier et à s'organiser par-delà la concurrence entre individus, qui les émiette), mais aussi à se décomposer et à se recomposer en blocs sociaux rivaux. Elles résultent d'un travail d'autoproduction (d'autodéfinition pratique et symbolique) au cours de leurs luttes, qui leur permettent notamment d'affirmer leur conscience de classe.

2. – L'évolution de la structure sociale au prisme des PCS (1945-2008)

a. — Des catégories en déclin

■ Les agriculteurs

De 1945 à 2008, le poids des agriculteurs dans la population active est passé de 21 % à 1,8 %, celui des ouvriers agricoles de 7 à moins de 1 %. Cet effondrement démographique s'est accompagné de profondes transformations qualitatives : les spécificités culturelles du monde agricole se sont atténuées. Mais l'identité sociale et professionnelle agricole demeure forte, sur la base notamment des spécificités suivantes : le revenu des agriculteurs dépend en grande partie de décisions politiques, et les élus sont très attentifs à leurs électeurs agricoles ; les exploitations familiales continuent de prédominer ; les agriculteurs sont très enracinés dans leur condition, aucun autre groupe socioprofessionnel n'atteint un tel degré d'hérédité sociale ; les agriculteurs constituent le plus âgé des groupes socioprofessionnels.

■ Les indépendants non agricoles

Ce groupe est à dominante d'artisans et commerçants ; il n'a cessé de diminuer jusque dans les années 1970, ce recul de la « petite bourgeoisie traditionnelle » allant de pair avec le développement du salariat (d'exécution ou d'encadrement) et des grandes organisations industrielles ou administratives. Après 1970, l'effectif des indépendants non agricoles se stabilise. Comme dans l'agriculture, le processus de concentration se poursuit : le nombre des patrons de très petites entreprises décline, celui des unités plus importantes s'accroît. Les nouveaux venus sont nombreux dans les métiers de l'artisanat d'art, de la restauration ; ils compensent à peu près le déclin de l'artisanat et du commerce alimentaire, des tailleurs, des couturières.

■ Les ouvriers

Depuis les débuts de la révolution industrielle, la part des ouvriers dans la population active de la France s'était accrue. À partir des années 1970, elle diminue. Le noyau du groupe ouvrier, sa partie la plus typiquement ouvrière, était traditionnellement constitué par les ouvriers de l'industrie, travaillant sur des machines. L'effectif des ouvriers qualifiés et non qualifiés du secteur industriel était de plus de 3,9 millions en 1982 ; il chute à 2,4 millions en 2007. Ce recul résulte pour une part de transformations dans les manières de produire. Le nombre total d'emplois industriels diminue du fait de l'automatisation de la production. Les emplois qui subsistent présentent une technicité accrue. En revanche, les ouvriers de l'artisanat et les autres catégories d'ouvriers (chauffeurs, manutention, magasinage et transport), en excluant les ouvriers agricoles, voient leur nombre rester à peu près stable.

b. — Des catégories en expansion

■ Les cadres et professions intellectuelles supérieures

L'exercice des professions de ce groupe exige une instruction supérieure ou correspond à un rôle de direction. Le statut de salarié est prédominant, mais les professions libérales sont rattachées à cet ensemble, ainsi que les professions de l'information, des arts et des spectacles (artistes, journalistes) parmi lesquelles la distinction entre salariés et indépendants est assez peu marquée. Parmi tous les groupes socioprofessionnels, celui des cadres se distingue par le taux de croissance le plus fort (3 % par an). Il est aussi celui qui se féminise le plus rapidement : il comptait un quart de femmes en 1982, et 39,1 % en 2008. La catégorie des ingénieurs et cadres techniques d'entreprises demeure masculine à 80,1 % en 2008 ; celle des professeurs et professions scientifiques est, elle, la plus féminisée au sein de ce groupe, avec 54,4 % de femmes.

■ Les professions intermédiaires

Occuper un emploi de « profession intermédiaire » (ni cadre, ni salarié d'exécution) requiert en général une formation du niveau baccalauréat ou bac + 2. Les contremaîtres ou agents de maîtrise font exception : ce sont les formations professionnelles courtes (CAP ou BEP) qui prédominent. Les plus titrés des membres des professions intermédiaires sont les instituteurs, les infirmiers, les travailleurs sociaux : l'accès à ces emplois nécessite une formation du niveau bac + 2 au moins. Les professions intermédiaires, administratives et commerciales connaissent une croissance soutenue. Parmi ces professions, les distinctions entre professions intermédiaires et employés, ou entre professions intermédiaires et cadres, sont souvent assez ténues. En revanche, la segmentation des couches moyennes salariées et des employés en grands domaines sectoriels (professions de la santé, du travail social, de l'enseignement, de l'industrie, du commerce) est très affirmée. Le groupe statistique des professions intermédiaires est traversé par un clivage fort entre secteur public et secteur privé.

■ Les employés

Le groupe statistique des employés est le plus vaste (premier groupe en termes d'effectif et de proportion dans la population active), le plus féminisé (plus de trois quarts de femmes) et particulièrement hétérogène. Les employés exercent des fonctions diverses : travail administratif, commercial, policier, service aux personnes. Les employés ont aussi des statuts bien différents selon qu'ils sont salariés de l'État et des collectivités locales ou du secteur privé, au sein duquel la précarité est dans l'ensemble plus grande. Si la part des employés administratifs d'entreprise et des policiers et militaires dans le total des emplois décline (16 % en 1982, 9 % en 2007), celle des employés de commerce, des agents de service de la fonction publique et des personnels des services directs aux particuliers, c'est-à-dire des moins qualifiés des employés, double, passant de 10 à 20 %. Les employés administratifs ont vu leurs effectifs progresser rapidement du début des années 1950 (1,3 million) au début des années 1980 (2,8 millions). À partir des années 1980, le rythme de l'informatisation s'est accéléré et le nombre des employés administratifs s'est stabilisé, puis, dans le secteur privé, a commencé de décliner pour se stabiliser depuis 2006. Le nombre des emplois des services aux personnes a continué de s'accroître (7 % des actifs occupés en 2007).

LES TRANSFORMATIONS DES STRUCTURES SOCIALES (XIXᵉ-XXᵉ SIÈCLES)

La naissance et le développement de la société industrielle ont été accompagnés, en deux siècles, de profonds bouleversements des structures sociales. Au XIXᵉ siècle, on a assisté à l'émergence et à l'affirmation de nouvelles classes sociales, alors qu'au XXᵉ siècle, le processus de recomposition du paysage social se poursuit.

A   LES TRANSFORMATIONS SOCIALES AU XIXᵉ SIÈCLE : L'AFFIRMATION DES CLASSES SOCIALES

Si des continuités sociales peuvent être décelées entre la société d'Ancien Régime et la société industrielle, l'impression de rupture prédomine néanmoins. Ainsi, deux groupes sociaux vont progressivement se constituer comme acteurs centraux de la nouvelle société qui émerge : la bourgeoisie et le monde ouvrier. La fin du siècle s'accompagne du développement de couches qui annoncent le XXᵉ siècle : les classes moyennes.

1. – La bourgeoisie

a. — La transformation des entrepreneurs au cours du XIXᵉ siècle

■ Les entrepreneurs de la première industrialisation

T. S. Ashton note que les entrepreneurs proviennent aux débuts de l'âge industriel de tous les horizons géographiques et de toutes les classes sociales. La modestie du savoir scientifique offre des opportunités aux artisans, bricoleurs de génie. « L'accumulation primitive du capital », déterminante selon Marx, est un faux problème : dans l'industrie textile, les bâtiments utilisés dans les zones rurales, sont souvent d'anciennes granges désaffectées, des moulins, les machines sont « *des jouets mécaniques* » (Labrousse). Et les profits sont en général si importants que l'auto-investissement nourrit la croissance. Dans ces conditions, les premiers industriels du coton sont soit des négociants, les marchands fabricants du *domestic system*, soit des ouvriers qualifiés.

Tout autre est la situation des entrepreneurs des secteurs de biens de production, sidérurgie et métallurgie. Là, l'intensité en capital est plus élevée, le savoir-faire plus complexe, si bien que les maîtres de forges d'Ancien Régime sont toujours présents durant le XIXᵉ siècle : de Wendel en France, Krupp en Allemagne, Mitsubishi au Japon. La continuité prime sur la rupture.

■ Une reproduction sociale croissante

Cependant, dans tous les secteurs industriels, l'opportunité d'ascension sociale a tendance à se réduire dès le milieu du siècle. L'intensité capitalistique est en effet de plus en plus importante pour se lancer dans l'aventure entrepreneuriale, non seulement dans les branches sidérurgiques, ferroviaires, mais aussi textiles. Le savoir scientifique implique un cursus scolaire réservé à une minorité. Le monde des entrepreneurs est alors dominé soit par les enfants des premiers fondateurs, soit par ceux qui ont réussi en s'appuyant sur des réseaux familiaux. Certes, de temps à autre, une exception : Carnegie, le magnat de l'acier américain, fondateur de la Carnegie Steel est fils de tisserands écossais ; Berliet, l'un des pionniers de l'aventure automobile, est l'enfant d'un canut lyonnais. Mais, en général, l'entrepreneur de la fin du XIXe siècle sort d'une grande école, Polytechnique, Centrale en France… ou est diplômé d'une université célèbre en Allemagne ou aux États-Unis. Renault a échoué à l'École centrale, Citroën un « X », Peugeot, Panhard et Levassor sortent de l'École centrale… Tous sont des « héritiers » qui profitent des conditions socioculturelles pour réussir dans la vie des affaires.

b. — L'émergence d'une nouvelle classe dominante

■ Apogée et déclin des notables

La société française a connu un premier modèle de domination reposant sur les notables. Ils détiennent alors les leviers de commande de la vie sociale dans les domaines de la politique, de l'administration, de l'économie et de la culture. Ils se définissent par leur proximité par rapport au pouvoir et comprennent les riches propriétaires, souvent issus de la noblesse, les hauts fonctionnaires, les représentants de la haute banque. À partir du milieu des années 1850 puis surtout 1870, l'ancienne noblesse et les anciens notables voient leurs pouvoirs décliner. Politiquement, du fait de l'affermissement de la République et de la montée de nouveaux partis. Économiquement, de nombreux notables, notamment parmi les propriétaires fonciers, sont frappés par la crise agricole. Socialement, ils cherchent plus à préserver leurs acquis qu'à s'affirmer. La noblesse urbaine est de moins en moins présente dans les hautes fonctions de l'État.

■ L'émergence de nouvelles élites

Bien que ne possédant pas le pouvoir économique, de nouvelles élites contribuent à l'affirmation du modèle social de domination qui triomphe avec la IIIe République. Ce sont notamment les ingénieurs et les intellectuels. Si les premières grandes écoles d'ingénieurs datent du XVIIIe siècle, au XIXe siècle, les besoins de l'industrie suscitent la création de nouvelles écoles : École centrale (1829), École de physique et de chimie de la ville de Paris (1882), etc. Il en est de même à l'égard des activités commerciales avec la création d'établissements tels que l'École supérieure de commerce de Paris (1820), les écoles supérieures de commerce du Havre et de Rouen (1871), de Lyon et de Marseille (1872), l'École des hautes études commerciales (1881). Les idées saint-simoniennes ne sont pas étrangères à l'affirmation de ces nouvelles élites. Les intellectuels, reconnus comme tels à partir de l'affaire Dreyfus qui éclate en 1894, se recrutent parmi les hommes de lettres et les universitaires. Après la défaite de 1870, l'Université française avait fait l'objet d'une profonde réforme qui a accru notablement son prestige à la fin du XIXe siècle.

■ Triomphe bourgeois

La spécificité du XIXe est le triomphe bourgeois. Les grands industriels et les riches négociants poursuivent leur ascension sociale. Leur fortune croît rapidement et finit par dépasser celle des anciens notables. Le propre d'une classe dirigeante est d'exercer une influence supérieure à son poids numérique.

L'homogénéité de la bourgeoisie repose sur des valeurs et des comportements communs : l'épargne trouve sa place dans l'éthique bourgeoise, l'ordre dans la vie familiale et la rigueur en affaires sont des vertus cardinales. La famille patriarcale se projette dans l'entreprise patrimoniale et se prolonge dans des relations de type paternalistes. Ce mode de gestion de la main-d'œuvre ne se limite pas à l'embauche du personnel et au paiement de la force de travail ; elle vise à construire, autour de l'entreprise, un environnement social propre à en réguler les modalités. Cette stratégie englobante est évidemment variable selon les lieux, les époques, les situations. Elle se justifie par ce qui serait la mission sociale du patron, l'exercice d'une autorité tutélaire sur tous ceux qui se trouvent, directement ou indirectement, dans l'orbite de l'entreprise.

À l'époque de la Première Guerre mondiale, la société industrielle est dominée par la bourgeoisie et la moyenne bourgeoisie qui imite le comportement de cette grande bourgeoisie dont elle partage les valeurs et une certaine inquiétude devant le « monde du travail. » Ainsi, la bourgeoisie s'empare-t-elle progressivement de pouvoirs qui se renforcent mutuellement. Le pouvoir économique est fondé sur la propriété des moyens de production mais aussi sur l'organisation des grandes entreprises en groupes de pression efficaces face à l'État. Le pouvoir politique est pour un temps partagé avec l'aristocratie foncière, notamment en Grande-Bretagne et en Allemagne, mais grâce à l'emprise exercée sur l'opinion par l'intermédiaire de la presse, la bourgeoisie s'affirme partout avec le développement du régime parlementaire. Le pouvoir social augmente avec la dépendance accrue des ouvriers quand disparaissent leurs revenus tirés des activités rurales. Le paternalisme et l'autoritarisme sont érigés en système de régulation sociale et consolident l'influence de la « bourgeoisie triomphante » au début du xxᵉ siècle.

2. – Les ouvriers : de la misère aux conquêtes sociales

a. — La condition ouvrière ou « la question sociale »

■ Les multiples origines de la classe ouvrière française

Contrairement aux idées reçues, le terme de « classe ouvrière » est impropre pour désigner les travailleurs des débuts de l'industrialisation. De fait, il convient de distinguer trois catégories qui alimentent le monde ouvrier.

D'une part, on y trouve les artisans et les ouvriers paysans de la proto-industrialisation. Le compagnon, professionnel hautement qualifié, constitue la deuxième composante des travailleurs de l'industrie. Ouvrier et fier de l'être, il ne présente pas les traits du prolétaire : issu d'une longue tradition artisanale, travaillant dans de petits ateliers urbains, il est jaloux de son indépendance et change souvent d'employeur. Enfin, pour recruter des ouvriers, l'industrie va imposer le déracinement aux paysans. Dans les grandes concentrations industrielles, l'industrie nouvelle recrute sur place quand la campagne peut fournir la main-d'œuvre, ou d'emblée dans des régions lointaines où le surpeuplement est plus grave.

■ La férocité du premier xixᵉ siècle

Cette première moitié de siècle révèle l'émergence de la « question sociale ». La situation du monde ouvrier est doublement difficile. Les conditions de travail s'avèrent pénibles. Louis-René Villermé, dans le *Tableau de l'état physique et moral des ouvriers* (1840), note que dans certains ateliers de filature « *la chaleur est communément de 34 à 37 degrés dans les ateliers de parage à la mécanique et de 34 à 40 dans ceux où l'on donne certains apprêts* ». Dans l'usine, la condition ouvrière devient une position humiliante, on y perd la dignité du travail artisanal, l'indépendance du paysan. La discipline est brutale et sur le plan sanitaire, l'insalubrité et les accidents du travail se développent. La durée du travail est importante : la journée de travail, hors trajet, peut atteindre jusqu'à 16 heures, la semaine 7 jours, le repos dominical n'étant pas toujours respecté. « *Ce que les machines ont économisé de fatigue aux hommes, on l'a pour ainsi dire reporté sur cette durée, et c'est ainsi que les journées de travail sont devenues si longues.* »

Le travail des femmes et des enfants est un phénomène massif. Les conditions de vie sont d'abord marquées par la dégradation des logements, notamment celle des quartiers moyenâgeux. Surpeuplement et sous-équipement les caractérisent. Ces faits s'expliquent par la faiblesse des salaires qui s'apparentent à un revenu de subsistance.

De plus, le mode de vie des ouvriers les font apparaître comme une classe dangereuse. Au nom de la morale, les âmes charitables s'insurgent, on dénonce la promiscuité des sexes dans les taudis, les agressions sexuelles fréquentes sur les lieux de travail, notamment de la part des contremaîtres, la montée de la prostitution comme ressource ordinaire après la journée d'usine, le concubinage et les naissances illégitimes. Mais c'est l'alcoolisme qui frappe le plus : il ruine les budgets et instaure la violence dans les relations familiales. Le milieu ouvrier est perçu comme un foyer de criminalité, le thème des « classes laborieuses, classes dangereuses » fascine en littérature où la description des bas-fonds fait recette (Balzac, Hugo, Eugène Sue, Dickens) mais obsède les gouvernants qui mobilisent armée et police pour contrôler les révoltes.

■ Après 1850 : stabilisation et installation dans la société

Vers le milieu du XIXᵉ siècle, la situation des ouvriers s'améliore. Vers 1850-1860 commence une hausse continue du salaire que seules les crises et les guerres viennent freiner. Une partie des travailleurs accède à un niveau de vie décent. Le mouvement est inégal, atteint d'abord les villes, la grande industrie (mines, chemins de fer, métallurgie) et les travailleurs qualifiés. La situation du logement ouvrier s'améliore également. Dans les villes industrielles naissent les premiers logements sociaux, dus au paternalisme de certains capitaines d'industrie. Une théorie sociale a un grand succès : permettre aux ouvriers d'acquérir leur logement extirperait les idées collectivistes.

Enfin, la fin du XIXᵉ siècle marque la naissance de la protection sociale. Le libéralisme préconise la « prévoyance ». On règle donc la question sociale par les caisses d'épargne (prévoyance) et l'assurance volontaire. On agit donc, mais sans jamais oser mettre en cause les principes libéraux. Seule l'Allemagne de Bismarck jouit d'un système complet garanti par l'assurance couvrant trois risques : la maladie (1883), les accidents (1884) et la vieillesse (1889).

b. — De l'atomisation à l'organisation

■ Variété et lenteur des regroupements ouvriers

La naissance du mouvement ouvrier organisé passe par deux phases au XIXᵉ. Au tournant du siècle, les révoltes luddites qui considèrent que la machine est responsable du manque de travail se répandent et disparaissent dès les années 1820. Puis, se succèdent des tentatives variées de regroupement. Les mutuelles se multiplient en France (300 000 ouvriers en 1853, 800 000 en 1869) ; il s'agit certes de s'assurer par une cotisation contre la maladie ou le chômage, mais sous cette couverture on tente parfois des actions revendicatives. À la fin du siècle, le syndicalisme l'emporte définitivement. En Angleterre, des syndicats de métiers puis d'industrie apparaissent avant que ne s'opère, à la fin du siècle, un vaste regroupement au sein du *Trade Union Council* (T.U.C.), premier syndicat de masse. En France, la CGT (Confédération générale du travail) est fondée en 1895.

■ La naissance du mouvement socialiste

Parallèlement naissent les mouvements politiques socialistes représentant l'espoir ouvrier. Au socialisme utopique se substitue le socialisme marxiste dit scientifique. La Iʳᵉ Internationale est fondée par Marx et Engels en 1864 ; elle sombre dans la division entre marxistes et anarchistes. La IIᵉ Internationale, fondée par Engels en 1889, appuie son essor sur deux « places fortes » : l'Angleterre et l'Allemagne ; on y trouve des partis bien représentés au parlement (SPD, *Labour*), des journaux, des coopératives, des syndicats puissants. Mais à la veille de la Première Guerre mondiale, les ouvriers sont encore loin de constituer cette « classe ouvrière » à laquelle font pourtant abondamment référence les penseurs.

3. – L'essor des classes moyennes : fin xixᵉ-début xxᵉ siècles

a. — Les catégories indépendantes

■ Les petits commerçants : un milieu difficile

L'idéal républicain, à travers la thématique ambiguë des « nouvelles couches », cherche un fondement social, en dehors des paysans, dans la France des « petits » : petits commerçants, petits artisans, employés, petits fonctionnaires.

Le nombre des petits commerçants continue de croître à la fin du xixᵉ siècle, témoignant de la vitalité de ce statut social qui résiste à la prolétarisation comme aux crises. Mais à côté des effectifs, on peut noter des signes de malaise ou de régression relative. Ainsi, le petit commerce dans la capitale est le substitut temporaire à la terre et évite la déchéance définitive du salariat ou du travail d'usine non qualifié, seul accessible à ces ruraux sans métier. Ensuite, la rotation des petits commerces est considérable en raison de la mortalité des entreprises et à la stratégie temporaire de l'établissement. Enfin le montant de la fortune finale des petits commerçants, comme celui de leur enrichissement montre l'étroitesse de l'accès à la vraie bourgeoisie par ce biais. Sur le plan politique, on observe son glissement de gauche à droite.

■ Les professions libérales : le rêve d'une société sans classes ?

Dans les classifications officielles, le terme renvoie à certaines carrières publiques (les fonctionnaires les plus qualifiés, les membres du clergé, etc.) et des carrières privées (médecins, hommes de loi, professions intellectuelles et artistiques), correspondant à l'usage actuel. Selon les recensements, les professions juridiques et médicales connaissent une croissance modeste alors que les autres professions libérales connaissent une croissance beaucoup plus vive mais sans atteindre le poids démographique des professions traditionnelles. Il s'agit notamment des carrières du journalisme et de la littérature, des carrières artistiques de tout type.

Dotée d'une grande liberté professionnelle, les membres des professions libérales servent de référence à nombre d'autres groupes des classes moyennes. Ils connaissent à l'époque leur âge d'or. D'une part, leur rayonnement social s'étend grâce à une expansion contrôlée et à la conquête de nouvelles fonctions sociales ; d'autre part le système politique les place en position stratégique, d'intermédiaires obligés dans les processus de représentation de tout type : politique, associatif, culturel. En développant une idéologie fondée sur la science, elle confère aux experts libéraux une estampille quasi officielle de généralistes de la thérapie sociale avant que les techniciens de l'administration ou les professionnels de la représentation (syndicats, partis, groupes de pression) ne leur ravissent la vedette.

b. — De nouvelles catégories de salariés

■ Les employés : un nouveau prolétariat ?

Les effectifs se développent avec un décalage par rapport à l'industrialisation. Ils croissent quand les grandes sociétés émergent, que la banque, la finance, les transports, le grand commerce deviennent les éléments d'unification du marché national. L'employé est donc avant tout urbain, alors que l'ouvrier peut être disséminé en zones rurales ou dans de petites villes de mono-industrie. L'employé travaille dans des structures concentrées qui ressemblent à des administrations d'État. Les compagnies de chemins de fer ou les grandes banques multiplient les grades et les fonctions, selon un modèle militaire. Moins encore que dans l'industrie, l'esprit de revendication collectif n'est pas tolérable par les patrons.

On observe le développement d'un malaise chez les employés au début du XXᵉ siècle. Il tient à leur multiplication. À mesure que l'instruction primaire et primaire supérieure, voire secondaire écourtée, se répand, la petite qualification qui donne accès aux emplois de col blanc perd sa rareté. Il s'ensuit un écrasement de la hiérarchie des salaires notamment par rapport aux ouvriers. Leurs seuls avantages maintenus sont une plus grande sécurité et l'absence de déclin de la rémunération avec l'âge. La pratique d'un second métier, la tendance des femmes d'employés à devoir travailler, contrairement à l'éthique petite-bourgeoise, nourrissent, pour les plus mal lotis, un sentiment de déclassement.

■ Les fonctionnaires : serviteurs ou rebelles ?

La croissance massive du nombre de fonctionnaires tient à l'apparition de nouvelles fonctions de l'État. On peut estimer qu'il s'est produit un doublement du nombre de fonctionnaires entre 1858 et 1896 de 217 000 à 416 000 (militaires exclus). Dans le même temps, en quarante ans, le traitement moyen est resté médiocre.

Cet univers administratif qui se ramifie devient de plus en plus hétérogène à mesure que de nouvelles catégories apparaissent. L'employé dépeint par Balzac était un homme habitant une grande ville, presque toujours Paris, ne changeant presque pas de fonction. Cette figure classique demeure mais devient très minoritaire. Les nouveaux services sont de plus en plus implantés hors des villes, voire, pour l'enseignement primaire, quand les instituteurs deviennent aussi des fonctionnaires, dans les moindres villages, et même des hameaux.

C'est pourquoi cette période de croissance du nombre de fonctionnaires est aussi celle du développement d'un malaise. La crise des rapports entre l'État et ses employés est d'autant plus grave et prolongée que le personnel politique refuse de remettre en cause les notions héritées du bonapartisme : l'autorité absolue des chefs sur les subordonnés, la mutation d'office ou l'exclusion plus ou moins arbitraire, la centralisation qui implique une gestion nationale, donc complexe, des carrières, la hiérarchie qui creuse les écarts de salaire entre le début et la fin des fonctions ou entre catégories et multiplie les froissements et les mécontentements face à tout favoritisme.

■ Nouvelles et nouveaux venus

À la différence des maîtres des régimes précédents au statut incertain, les instituteurs et les institutrices de la République sont peu à peu dotés de tous les attributs d'un nouveau corps, version laïque du clergé. Venus souvent de familles menacées par l'évolution économique (crise agricole, disparition des petites industries rurales, déclassement de certains métiers de l'artisanat), les instituteurs et les institutrices trouvent dans cette fonction la sécurité et le cadre rassurant d'une culture clairement balisée. Ce métier jouit d'un certain prestige dans la petite bourgeoisie déclinante. Remplir cette tâche d'intermédiaire culturel se heurte à des difficultés. À l'hostilité dans le milieu paysan ou ouvrier s'adjoint la faiblesse des traitements qui impliquent, si on veut faire vivre une famille, des travaux secondaires. Beaucoup plus que celui des instituteurs, le malaise qui se développe chez les employés de l'administration des PTT est en rapport direct avec la féminisation progressive du personnel : le niveau de qualification des agents féminins est identique à celui des hommes mais les traitements sont systématiquement décalés vers le bas pour faire des économies.

B L'ÉVOLUTION DE LA STRUCTURE SOCIALE DE LA FRANCE CONTEMPORAINE

Si le XIXe siècle apparaît comme représentatif de la société de classes, la stratification sociale semble se complexifier au XXe siècle et perdre en lisibilité au début du XXIe siècle : tous les groupes sociaux subissent, avec une intensité variable, des transformations morphologiques. Dès lors, les sociologues s'opposent sur le sens de ces évolutions et s'interrogent sur la permanence ou non de l'existence de classes sociales.

1. – Les transformations morphologiques

a. — Les groupes dominants

Décrire les groupes dominants soulève divers problèmes. D'une part, les études sociologiques disponibles s'avèrent, comparativement à celles concernant le monde ouvrier, peu nombreuses. D'autre part, la terminologie employée pour désigner les groupes dominants dans la société est une question controversée. Peu à peu, le terme de « bourgeoisie » cède la place à des notions moins connotées ou plus euphémisées telles que « classes supérieures » ou « groupes dominants », voire élites. Ces modifications sémantiques renvoient également à des transformations sociales : les contours de la bourgeoisie ne sont pas aisément identifiables. Plusieurs critères sont mobilisables : le patrimoine et les revenus, mais aussi l'exercice de la domination économique, du pouvoir politico-administratif, ou le niveau culturel. Selon le choix opéré, les frontières et la nature des groupes se modifient. Néanmoins, il est possible de distinguer différents ensembles avant de s'interroger sur la nature et l'intensité des relations qu'ils entretiennent.

■ **La « grande bourgeoisie »**

Elle est d'abord caractérisée par son niveau de richesse ; il s'agit d'une classe possédante, au patrimoine souvent hérité, aux effectifs limités (estimés à 40 000 familles). Selon Michel Pinçon et Monique Pinçon-Charlot, elle demeure une classe, et même une « classe mobilisée » pour préserver sa position dominante : maîtrise des mécanismes de la reproduction sociale, contrôle de la socialisation des enfants, de l'école au mariage, mise en œuvre de stratégies pour préserver l'intégrité du groupe, choix de l'entre-soi résidentiel, éléments qui témoignent de la prise de conscience et de la défense des intérêts communs. Elle intègre également les « nouveaux patrons », enrichis de fraîche date, qui aspirent souvent à transmuer leur capital économique en capital symbolique, légitimant socialement la fortune accumulée dans l'entreprise.

■ **La classe dirigeante**

Le critère de définition et d'unification de cet ensemble est le rapport au pouvoir. Il constitue une « bourgeoisie managériale » qui regroupe aussi bien les cadres supérieurs des grandes entreprises que les hauts fonctionnaires et les dirigeants politiques. Ils ont en commun d'avoir été sélectionnés par le système scolaire, dont ils incarnent souvent l'excellence : ils sont issus des grandes écoles qui leur confèrent un titre permettant d'accéder aux grandes entreprises et/ou aux grands corps de l'État.

■ **Grande bourgeoisie et classe dirigeante : une classe dominante ?**

L'existence d'un groupe dominant unifié est controversée. Le débat renvoie à l'opposition entre une approche en terme de classes et de strates, dont l'un des avatars serait la notion d'élite.

Pour Pierre Bourdieu, classe dirigeante et classe possédante se superposent, notamment en raison des stratégies de conversion du capital économique en capital scolaire, le titre scolaire s'ajoutant désormais au titre de propriété : les grandes écoles favoriseraient la reconversion de la haute bourgeoisie dans l'encadrement supérieur, public et privé, où elle formerait de véritables dynasties. Ces travaux concluent à l'existence et à la persistance d'une « classe » de « bourgeois ».

D'autres soulignent que les classes supérieures ne forment pas un ensemble unifié et stabilisé. Tout au plus constituent-elles des élites, c'est-à-dire, selon G. Busino, « des minorités disposant, à un moment donné, d'un prestige, de privilèges découlant de qualités naturelles valorisées socialement ou de qualités acquises ». Celles-ci sont plurielles : élites politico-administratives ou économiques, mais aussi culturelles, sportives, médiatiques, etc. Dans ce cadre, deux éléments concourent à leur renouvellement : d'une part, les flux de mobilité sociale qui affectent leur composition interne et, d'autre part, l'évolution des formes de domination qui fait, historiquement, se succéder des élites diverses.

Néanmoins, la thèse de la pluralité des élites fait elle-même l'objet de controverses.

Des travaux convergents ont permis d'avancer un certain nombre de résultats. La « bureaucratisation » de l'entreprise n'a pas conduit à la mise à l'écart du pouvoir du patronat industriel. Les élites ne sont pas éclatées entre composantes concurrentes, concurrence mettant en présence notamment les hauts fonctionnaires et les dirigeants du secteur privé, mais sont fondamentalement interpénétrées, notamment par l'institution du « pantouflage ».

b. — Peut-on encore parler de « classe ouvrière » ?

■ Formation et apogée de la classe ouvrière

La formation de la classe ouvrière française s'est opérée tardivement, relativement à la Grande-Bretagne et même à l'Allemagne. Son apogée se situe au cours d'une période qui s'étend des années 1930 aux années 1960. Durant ces trois décennies, le groupe des ouvriers professionnels de la métallurgie joue un rôle central : il est porteur d'une culture de l'autonomie, menacée par la rationalisation taylorienne, et en même temps il représente l'élite de la classe capable de rayonner sur d'autres couches sociales en portant le débat sur l'ordre social et les valeurs sociétales. C'est dans les années 1950 que le poids numérique et symbolique du monde ouvrier dans la société française est le plus fort. Tous les domaines de la vie sociale sont alors marqués par cette influence. La classe ouvrière est un acteur mobilisé, politiquement et syndicalement, au cœur du « compromis fordiste ».

■ La crise de la classe ouvrière

Dès les années 1960, plusieurs facteurs remettent l'identité ouvrière en cause. L'expansion numérique du groupe s'opère sous la dominance du modèle taylorien d'organisation du travail d'usine et de l'intégration de nouveaux contingents ouvriers sans tradition industrielle (immigrés, jeunes d'origine rurale, femmes), pour lesquels le travail en usine n'est vécu que comme une étape provisoire. L'urbanisation déstructure les quartiers dans lesquels les communautés populaires de base vivaient au sein de réseaux quotidiens d'entraide et de solidarité. L'amélioration de la protection sociale comme des garanties collectives, et le développement de la consommation de masse et du crédit, autorisent un rapport moins incertain au devenir individuel, dans lequel le rapport de l'individu au groupe social se pense davantage en termes de promotion individuelle et familiale.

La crise des années 1970 marque d'abord le recul numérique des ouvriers. Il se produit sous les effets conjugués de deux processus : un facteur conjoncturel, la crise économique et le ralentissement du taux de croissance, qui s'accompagne de restructurations industrielles et du développement du chômage ; un facteur structurel s'inscrivant dans les transformations des conditions de l'activité économique et sociale et qui se traduisent par un glissement généralisé vers le haut des qualifications et par un développement de la sphère des services : « les ouvriers de services » apparaissent, moins par promotion des ouvriers que par « prolétarisation » des employés. Une « classe populaire » se substituerait à la classe ouvrière. Les modifications qualitatives du travail et des qualifications ouvrières diversifient le groupe ouvrier et bouleversent sa place dans la production.

■ **La transformation des modes de vie ouvriers : moyennisation ou marginalisation ?**

Les années 1960 constituent le tournant dans une évolution qui tend, dans une certaine mesure, à intégrer la classe ouvrière dans la société française, et du même coup, à dissoudre une partie des fondements de l'ancienne culture ouvrière. La thématique de l'embourgeoisement de la classe ouvrière se développe. Plusieurs éléments tendent à accréditer la thèse de la moyennisation, entendue comme l'atténuation des disparités économiques et l'homogénéisation des modes de vie. Il en est ainsi de la place nouvelle occupée par l'école dans la socialisation des jeunes générations, de l'insertion dans l'imaginaire de la consommation, de l'accession à la propriété du logement, de l'ouverture de nouvelles possibilités de promotion sociale, des convergences de comportements démographiques telle que la diminution de la fécondité, voire de l'affirmation d'un rapport plus gestionnaire au temps. La progression de certaines inégalités économiques et sociales depuis les années 1980 amène à s'interroger sur la pertinence du concept de moyennisation. Dès les années 1960, l'ensemble de la classe n'est pas affectée au même degré par ces processus et on observe l'amorce d'une bipolarisation qui va s'accélérer avec la crise. Alors que la fraction bénéficiant d'une bonne qualification et/ou d'un bon statut d'emploi peut, dans une certaine mesure, continuer de s'inscrire dans ce mouvement de modernisation, l'autre fraction tend à basculer dans la marginalisation ou l'exclusion sociale. Plus qu'aucun autre, ce groupe ce caractérise par la faiblesse des revenus, la précarité, le chômage. Parallèlement, on observe des représentations et des stratégies en crise : le recul du sentiment d'appartenance à une classe sociale est plus fort que dans les autres classes ; le mouvement ouvrier s'affaiblit comme en atteste l'affaiblissement des organisations syndicales les plus contestataires (CGT) et le déclin du parti communiste.

c. — Les « classes moyennes » : un ensemble disparate

■ **Les couches moyennes salariées : une « nouvelle classe » ?**

Les couches dont il est ici question renvoient, pour l'essentiel aux deux grandes catégories socio-professionnelles distinguées par l'Insee : les « professions intermédiaires » et les « cadres et professions intellectuelles supérieures ». En effet, la grande majorité des cadres supérieurs et des ingénieurs, exclus du pouvoir stratégique dans les grandes organisations, exercent à leur manière des fonctions intermédiaires entre la direction-conception, et l'exécution. Ils occupent donc des positions intermédiaires. Dès lors, ils partagent nombre de propriétés avec les professions intermédiaires.

L'expansion de ces couches et l'évolution récente des diverses composantes sont le produit d'une série de processus sociaux structurels : l'accélération des innovations scientifiques et techniques et le rôle croissant des savoirs dans toutes les activités ; la croissance du nombre de diplômés, en particulier ceux de l'enseignement supérieur ; l'évolution des besoins sociaux ; le rôle accru de l'État. Ces couches ont été présentées comme les initiatrices de nouvelles valeurs et de nouvelles normes qui reposent sur une éthique fondée sur l'hédonisme et la permissivité, composantes centrales du « libéralisme culturel ». On s'accorde également pour affirmer que ces catégories ont joué un rôle moteur dans le développement, au cours des années 1970, de nouveaux mouvements sociaux extra-professionnels autour d'enjeux urbains et locaux, de la qualité de la vie, de l'écologie, de la condition féminine, etc.

Des nuances ou des divergences apparaissent entre les auteurs quand il s'agit d'identifier plus précisément les groupes sociaux impliqués dans ces évolutions politiques et culturelles, plus encore quand il s'agit d'interpréter ces phénomènes.

■ **Les catégories d'indépendants : poursuite ou fin du déclin ?**

Les exploitants agricoles sont marqués par un triple mouvement. D'une part, leur déclin numérique se poursuit, essentiellement sous la forme des non-reprises d'exploitations, les faillites et départs en cours de vie active restent peu nombreux. D'autre part, on observe une interpénétration plus grande entre le monde rural et le monde urbain, avec l'inversion du processus de dépeuplement des communes rurales prises dans leur ensemble. Enfin, le déclin du nombre d'exploitations agricoles se poursuit.

À la différence des agriculteurs, le déclin des artisans commerçants s'est nettement ralenti, leur désenclavement social est plus ancien, et leur renouvellement par ouverture sur d'autres milieux sociaux est plus forte. Caractérisés, comme les agriculteurs, par leur conservatisme politique, leur apparition sur la scène sociale apparaît toutefois nettement moins régulière malgré une décrue démographique moins marquée.

2. — Des interprétations opposées et renouvelées

a. — La thèse de la fin des classes

Dans cette optique, il s'agit de montrer que l'éclatement des groupes sociaux tels qu'ils se sont constitués historiquement est un facteur de déclin de l'identité de classe et de transformations de la conflictualité sociale. Trois arguments peuvent être avancés.

■ **La transformation de la société et la moyennisation**

Pour Robert Castel la « société salariale » s'est peu a peu substituée à la société de classes. Dans ce cadre, les positions et les protections découlent pour l'essentiel du statut salarial et elles tendent à s'homogénéiser. La société salariale est en quelque sorte une société stabilisée. Elle n'élimine pas le conflit mais en transforme la nature : à la lutte des classes tend à se substituer une opposition plus diffuse mêlant compétition et distinction, la lutte des places. L'émergence d'une société dite postindustrielle (*cf.* A. Touraine) s'accompagne de formes d'action collective inédites, dominées par de « nouveaux mouvements sociaux », situés en dehors du conflit de classes.

Parallèlement, les Trente Glorieuses auraient impulsé une moyennisation, entendue à la fois comme un processus de réduction des inégalités (égalisation des conditions au sens d'A. de Tocqueville), d'homogénéisation culturelle et d'absorption des autres groupes sociaux (*cf.* la thèse d'Henri Mendras).

■ **De nouveaux clivages**

Dans cette optique, pour décrire les évolutions des groupes qui composent la société, les sociologues se réfèrent à d'autres critères de classifications : genre, âge, statut de l'emploi.

Venu de la sociologie anglaise (« gender »), le terme de « genre » désigne la construction sociale de l'identité sexuelle. Cela permet une lecture sociologique des enjeux propres aux différentes situations déterminées par l'appartenance sexuelle. Après une longue éclipse, la thématique des inégalités hommes-femmes est ressurgie dans les années 1980. De même, les oppositions générationnelles ont été révélées sur le plan économique en ce qui concerne la distribution du revenu, du patrimoine et de la consommation. C. Baudelot et R. Establet soulignent la plus grande concentration du pouvoir et de la richesse par les plus âgés et parlent même de gérontoclassie ; L. Chauvel dénonce la rupture du pacte générationnel dont les jeunes sont victimes. Tous les ingrédients sont réunis pour alimenter la thématique de la lutte des âges (*cf. chap. 11*).

Les transformations du statut de l'emploi durant les années 1980 vont paradoxalement conforter la thèse de l'effacement des classes sociales. D'une part, on assiste à un creusement des inégalités intragroupes selon certains économistes (J.-P. Fitoussi, D. Cohen, P. Rosanvallon, P. Artus). Ainsi, l'homogénéisation de la condition salariale est de plus en plus remise en cause : selon Robert Castel, on assiste à une « déstabilisation des stables » liée au développement rapide des formes particulières d'emploi qui touche préférentiellement des individus fragilisés sur le marché du travail. Tous sont en proie à une nouvelle insécurité sociale qui risque de déboucher sur un état d'exclusion (*cf. chap.11*). Désormais, selon S. Paugam, au conflit de classes s'est substitué un nouveau clivage opposants inclus et exclus, *insiders* et *outsiders*.

■ **L'individualisation**

L'individualisation désigne le processus d'autonomisation des individus par rapport à leurs groupes d'appartenance et/ou aux institutions. (*cf. chap. 11*).

Cette individualisation permet d'abord, dans cette optique, de rendre compte de la diversité des styles ou genres de vie. H. Mendras défend l'idée que chacun peut « construire son mode de vie ». Pour Bernard Cathelat, fondateur du Centre de communication avancée, entreprise de marketing privé, il est possible de décrire les valeurs et les modes de vie indépendamment des conditions sociales d'existence et de l'appartenance à un groupe social. L'individualisation serait également au fondement du développement des réseaux sociaux divers comme les groupes d'amis et/ou de collègues, les associations, les clubs, les réseaux de voisinage et de sociabilité des quartiers, des villages. Ainsi, à une stratification sociale hiérarchisée en un petit nombre de classes distinctes succéderait désormais une structure plus floue et plus complexe de multiples petits groupes instables. Nous serions entrés dans l'ère de la « postmodernité » avec le triomphe de l'individualisme et des non-appartenances sociales durables.

b. — La thèse de la permanence des classes

■ **Critique de la moyennisation**

La critique porte sur les trois dimensions du concept de moyennisation. D'une part, on peut considérer la permanence du mouvement de polarisation des richesses sociales, liée à l'accumulation financière manifeste au cours des années 1980 ; l'analyse de la diffusion des biens de consommation de masse est réductrice : la possession d'un même bien s'accompagne de la reproduction d'usages socialement différenciés de ce bien. La thèse de l'homogénéisation des styles de vie ne résiste pas à l'observation : des univers professionnel, culturel, résidentiel différencient les groupes sociaux. Quant à l'hypertrophie de la ou des classes moyennes, elle semble peu probable au vu des études sociologiques (J. Lojkine, *L'Adieu à la classe moyenne*, 2005 ; L. Chauvel, *Les Classes moyennes à la dérive*, 2006).

■ **Des clivages secondaires**

La pertinence des critères de substitution (jeunes/vieux, masculin/féminin, inclus/exclus) aux critères classistes est remise en cause. Il est possible de démontrer la permanence de ces derniers du fait de leur transversalité. La fragmentation sociale accrue est une idée fausse qui voile la permanence des rapports de classes.

Ainsi, les inégalités entre genres ou classes d'âge redoublent les inégalités traditionnelles plus qu'elles ne s'y substituent. Le genre comme l'âge sont des handicaps supplémentaires qui s'ajoutent à la faiblesse ou à l'absence de capital économique ou culturel. Le concept d'exclusion est critiqué ; de fait, il laisse entendre que l'exclusion aurait remplacé les antagonismes entre groupes sociaux, la domination et l'exploitation. Il vise à refouler le discours sur les inégalités et véhicule des stéréotypes. Ainsi, F. Dubet fait remarquer que la figure de l'exclu est souvent celle des jeunes de banlieue ; or, « ils sont hyperconformistes et adhèrent plus que les autres aux modèles de consommation véhiculés par les médias et les classes moyennes » ; c'est l'impossibilité de réaliser ces aspirations qui les amènent à « la rage » ou à « la haine » contre la société.

■ Des classes sans conscience de classe

La chute des effectifs ouvriers n'implique pas la disparition du groupe dès lors que l'on accepte que ses frontières ont évolué : la fragmentation des ouvriers est lié à un mouvement de tertiarisation de l'emploi ouvrier et de « secondarisation » de certains emplois d'employés ; des clivages anciens s'estompent, des identités se diluent (Michel Verret) donnant naissance à un nouvel ensemble populaire dont la proportion dans la population se caractérise par une grande stabilité depuis les années 1960 (de l'ordre de 60 %).

Louis Chauvel relève un paradoxe : les inégalités se creusent et se multiplient mais n'engendrent apparemment aucun surcroît de conflictualité. Pourtant, ce constat ne peut être analysé comme un signe de la disparition des classes sociales. Les classes sociales peuvent exister sans l'affirmation d'une conscience de classe ; la construction subjective des classes et leur réalité objective peuvent être indépendants. De surcroît, il peut y avoir un décalage temporel dans les différentes dimensions constitutives de la définition des classes sociales. Ainsi, les inégalités ont été les plus fortes au début du XIXᵉ siècle mais l'identité de la classe ouvrière ne s'affirmera qu'au début du XXᵉ siècle ; durant les Trente Glorieuses, le compromis égalitaire permet de contenir la lutte des classes ; le déclin des inégalités a émoussé la conscience de classe ; depuis les années 1970-1980, le retour des inégalités fournit des fondements objectifs à la structuration en classes même si leur visibilité est plus réduite et leur expression politique peu constituée.

Les différentes formes de structure sociale constituent un objet d'étude privilégié de la sociologie. Elles permettent d'illustrer les démarches et les paradigmes qui s'opposent dans cette discipline et de mettre ses concepts à l'épreuve des faits. Pourtant, si les sociologues s'accordent pour constater un bouleversement sans précédent du paysage social au cours des deux derniers siècles, les interprétations qu'ils proposent manquent d'unité. Or, les enjeux sont considérables compte tenu des relations qu'entretient la stratification sociale avec les autres dimensions de la vie sociale.

À la fois cause et conséquence du changement social, la nature de la structure sociale renvoie à des questions aussi fondamentales que celles des inégalités, de la reproduction et de la mobilité sociales, des conflits et des valeurs. La position dans la hiérarchie sociale reste sans doute une variable explicative majeure des pratiques et des représentations individuelles et collectives.

CHRONOLOGIE

1789. — Suppression des ordres en France.

1789. — Loi Le Chapelier qui proscrit les coalitions, en particulier les corporations.

1805-1859. — Naissance et décès d'Alexis de Tocqueville.

1818-1883. — Naissance et décès de Karl Marx.

1858-1917. — Naissance et décès d'Émile Durkheim.

1864-1920. — Naissance et décès de Max Weber.

1864. — Suppression du délit de coalition et reconnaissance de la grève.

1881. — Création de l'École des hautes études commerciales (HEC).

1884. — Légalisation des syndicats en France.

1895. — Création de la CGT.

1944. — Naissance de la Confédération générale des cadres en France.

1946. — Création du Centre national du patronat français (CNPF).

1947. — Suppression des castes en Inde.

1954. — Code des catégories socioprofessionnelles (CSP) par l'Insee.

1982. — Code des professions et catégories socioprofessionnelles (PCS) par l'Insee.

1968. — Mouvements de mai.

1989. — Création du RMI.

1998. — Le Mouvement des entreprises de France (MEDEF) se substitue au CNPF.

2003. — Refonte (mineure) du Code des PCS par l'Insee.

2009. — Création du RSA (revenu de solidarité active).

BIBLIOGRAPHIE

Ouvrages généraux

Bosc (S.), *Stratification et transformations sociales ; la société française en mutation*, Nathan, coll. Circa, 2008.

Charle (C.), *Histoire sociale de la France au XIXᵉ siècle*, Le Seuil, 1991.

Desrosières (A.) et Thévenot (L.), *Les catégories socioprofessionnelles*, La Découverte, coll. Repères, 2002.

Ferréol (G.), *Sociologie*, Bréal, 2004.

Riutort (P.), *Précis de sociologie*, PUF, coll. Major, 2004.

Pour approfondir

Bosc (S.), *Sociologie des classes moyennes,* La Découverte, coll. Repères, 2008.

Bouffartigue (P.), *Le Retour des classes sociales*, La Dispute, 2004.

Chauvel (L.), *Les Classes moyennes à la dérive*, Le Seuil, 2006.

Corcuff (P.), *Nouvelles sociologies*, Armand Colin, 2005.

Galland (O.) et Lemel (Y.), *La Société française, pesanteurs et mutations*, Armand Colin, 2006.

Lallement (M.), *Histoire des idées sociologiques. T. 1 des origines à Weber*, 2006; *T. 2 de Parsons aux contemporains*, 2005, Nathan, coll. Circa.

SUJETS CORRIGÉS

**SUJET
I**

*La nomenclature des catégories socioprofessionnelles en France :
principes de construction, intérêts et limites pour l'analyse
sociologique.*

I La construction des CSP, une tentative de représentation de l'espace social

A. — La méthode

1. — Un objectif ambitieux
L'objectif de la classification en CSP est de rassembler dans une même catégorie des individus présentant des caractéristiques sociales similaires telles que le niveau de richesse ou d'instruction, les conditions de travail, le comportement électoral, les pratiques culturelles, etc.

On suppose qu'il existe une ou des « variables explicatives » qui permettent de regrouper des individus de telle façon qu'ils présentent ces similitudes. Dans la nomenclature en CSP, c'est la profession qui a été choisie comme variable explicative. Les individus et les ménages sont dénombrés à l'aide d'une classification en 455 professions, ce à quoi on ajoute les retraités et les autres inactifs. L'idée essentielle ici est que la profession ne définit pas seulement un « métier », mais aussi un « milieu social » auquel sont corrélés de nombreuses autres variables telles que le revenu, le lieu d'habitation ou le niveau de diplôme.

2. — Des groupes aux contours nettement définis
La nomenclature des CSP vise à procéder à des regroupements homogènes. Il faut donc agréger les professions en utilisant certains critères qui permettront de tracer les contours de groupes présentant certaines ressemblances. Les principaux critères sont le statut juridique des actifs, leur qualification et le type d'activité. Ainsi, pour les « exploitants agricoles » ou les « artisans, commerçants, chefs d'entreprise », le statut est privilégié, alors que les professions libérales, qui sont également indépendantes, ont été classées dans les « professions intellectuelles supérieures » ; on a donné priorité dans ce cas à leur niveau d'instruc-

tion. De même, les employés et les ouvriers sont rangés dans des catégories différentes, bien que leur niveau d'instruction soit a priori le même ; cette fois, c'est le type d'activité qui est privilégié.

B. — Le résultat

1. — Une représentation pluridimensionnelle de la stratification sociale
La construction de la nomenclature des CSP se fait à partir de multiples critères. Ainsi, à la différence des taxinomies en vigueur dans les pays anglo-saxons, la nomenclature se refuse à adopter une représentation unidimensionnelle et hiérarchisée de l'espace social. Grâce à la multiplicité des critères mis en œuvre, les catégories permettent ainsi de déterminer des espaces d'homogénéité sociale à plusieurs dimensions. On peut montrer ainsi qu'à revenu égal, les comportements peuvent différer en fonction du statut (indépendant/salarié), ou que pour un même statut, le type d'activité (employés/ouvriers) est important. Ou encore, que pour une même activité, le type d'employeur (public/privé) sera un facteur de différenciation.

2. — Un compromis entre empirisme et nominalisme
La nomenclature des CSP est un habile compromis entre empirisme et nominalisme. Celui-ci, qui consisterait à classer les individus selon une seule échelle telle que le revenu ou le diplôme, aurait l'avantage apparent de proposer une répartition continue sur une échelle ; mais il n'est pas sûr que les catégories ainsi constituées auraient formé un groupe social. L'empirisme, pour sa part, consisterait à utiliser uniquement comme catégories celles qu'une observation superficielle procure et ne permettrait pas de savoir, au sein d'un groupe ainsi constitué, s'il existe ou non des lignes de fractures.

II — Intérêt et limites pour l'analyse sociologique

A. — Un outil largement utilisé qui permet des usages divers

1. — Un outil largement diffusé…

La nomenclature existe depuis 1954. Elle se décomposait alors en 10 groupes et 39 catégories. Amendée en 1982, la nomenclature porte désormais le nom de PCS. Les deux nomenclatures ont de nombreux points communs qui permettent d'établir une continuité entre elles. Son actualisation présente l'avantage de tenir compte des modifications enregistrées dans la structure sociale française depuis la première version de 1954. Dans ses deux versions, la nomenclature des PCS a été largement utilisée par les sociologues. Le chercheur dispose donc depuis 1954 d'une masse considérable d'informations rassemblées et traitées de manière relativement homogène.

2. — … à visée empirique

La multiplicité des usages de cette nomenclature valide son efficacité. Les champs de l'analyse sociologique qui l'utilisent sont extrêmement nombreux et variés. Les PCS sont considérées comme une variable sociologique pertinente, non seulement pour décrire les faits sociaux, mais aussi pour les comprendre. Ainsi, la nomenclature est-elle utilisée par la plupart des sociologues, quelle que soit leur méthode (holisme ou individualisme méthodologique), au grand étonnement de certains sociologues anglo-saxons pour lesquels ces « variables lourdes » relèvent d'une approche trop déterministe.

B. — Une nomenclature utilisée pour rendre compte de la structure sociale

1. — Dans une logique « stratificationniste »

Dans ce cadre d'analyse, la notion de strates s'oppose au terme de classe. En ce sens, la stratification désigne un agencement de groupes multiples, hiérarchisés en fonction de critères divers. Ainsi, la nomenclature proposée par l'Insee, fondée sur le critère de la profession, fournit une représentation parmi d'autres de la société. Mais il convient de rappeler que les dimensions économiques de la position sociale ne sont pas prises en compte (revenu, patrimoine) et qu'il est erroné d'assimiler la grille des PCS à une présentation hiérarchique des groupes sociaux.

Pour décrire les groupes sociaux à partir des PCS, il faut donc les croiser avec d'autres variables telles que les ressources matérielles dont disposent les individus, les similitudes de leurs pratiques ou leur devenir collectif. Il est alors possible de constituer différentes représentations ou « cartographies » de la société française. Ainsi, H. Mendras propose une vision « cosmographique » de la société, constituée de « constellations » et de « galaxies » sociales.

2. — Dans une analyse en termes de classes

Dans ce cadre d'analyse, les sociologues considèrent que les classes sont conscientes d'elles-mêmes, ont des projets communs à réaliser alors que les strates constituent des couches hiérarchiques sans unité collective. Les strates évoquent l'idée de couches superposées et complémentaires correspondant à une vision harmonieuse, consensuelle, de la société, alors que les classes sociales renvoient à une logique d'opposition, à une vision conflictuelle de la société. Dès lors, il est impossible d'utiliser directement les PCS pour rendre compte des positions de classes. En revanche, la nomenclature peut servir de base à une représentation en terme de classes.

Ainsi, P. Bourdieu propose une représentation originale de la structure sociale. La hiérarchie sociale est considérée comme un « espace social ». Les différentes CSP y sont distribuées selon une double dimension : le volume et la structure de capital économique et culturel détenu par les agents. La quantité de capital détenue, quelle que soit sa forme, permet de regrouper les différentes PCS en trois classes (classe dominante, petite bourgeoisie, classes populaires) ; la structure du capital (l'importance relative de capital économique ou culturel) permet de différencier des fractions de classes (ainsi, un clivage oppose la petite bourgeoisie traditionnelle plus fortement dotée de capital économique, tels les petits artisans ou commerçants) à la « nouvelle petite bourgeoisie » constitués de salariés plus diplômés.

III — Les limites

A. — Les difficultés méthodologiques

1. — La notion de profession peut s'avérer ambiguë

La détermination des professions n'est pas toujours aisée, comme le montre l'exemple canonique des « chauffeurs » (de camion, d'ambulance, de personnes, de ramassage, de taxi, etc.). Il y a donc un effort de codage à effectuer de façon à ce que les « noyaux », les « assimilés », les « cas limite inclus » et les « cas limites exclus » soient traités de façon homogène dans les enquêtes. La détermination des professions dépend également de multiples représentations qui ont cours dans la société, et dépendent des noms en usage dans les entreprises ou dans les accords sociaux : tel « ouvrier » peut très bien être ou se penser comme « employé », ou inversement, et on sait que nombre de « cadres » le sont d'abord par la grâce de conventions collectives qui leur attribue ainsi des avantages sociaux.

2. Un outil partiel

Le principe d'homogénéité sociale au fondement de la construction des CSP peut être pris en défaut. En effet, on peut observer que certaines professions peuvent avoir « une proximité sociale » mais se retrouver, de par le croisement des critères, dans des catégories socioprofessionnelles différentes. Inversement, certaines de ces catégories peuvent regrouper des professions qui ont peu de points communs du point de vue de leur comportement social. Enfin, la construction de la nomenclature à partir des professions laisse de côté certains aspects de la différenciation sociale tels que l'appartenance à une minorité ethnique, une classe d'âge ou le genre. Or on sait que dans certains cas, ces facteurs peuvent être importants : ainsi, en matière de consommation de matériel ou audiovisuel, l'âge joue plus que le niveau d'instruction ou le revenu.

B. — Les difficiles correspondances entre PCS et classe sociale

1. — L'impossible passage des CSP aux classes sociales

Il n'y a pas de correspondance univoque entre classes sociales et CSP car les individus qui en font partie peuvent être très différents à l'égard de multiples critères et de leurs pratiques sociales. Par exemple, la catégorie « cadres et professions intellectuelles supérieure » regroupe des individus qui, s'ils partagent bien un niveau de formation élevé et certaines responsabilités professionnelles, peuvent différer les uns des autres au regard du pouvoir et du patrimoine économique. En fait, les CSP, par effet d'agrégation, dissimulent derrière des moyennes des comportements très différents d'un sous-groupe à l'autre, et peuvent être en fait très hétérogène.

2. — CSP et classes sociales diffèrent dans leurs intentions et leur objet

Dans leurs intentions, les PCS sont un système statistique d'enregistrement des individus à partir de certains critères ; les groupes ainsi constitués, s'ils sont bien différents au regard de ces critères, ne sont pas nécessairement hiérarchisés. Les classes sociales, pour leur part, sont d'abord un système d'interprétation des rapports sociaux et cherchent au contraire à souligner les antagonismes et les rapports de domination entre les groupes. On pourrait dire que pour les CSP, les oppositions sont le fruit des différences, alors que pour les classes sociales, les oppositions sont d'abord des antagonismes.

L'objet d'analyse diffère. L'appartenance à une CSP se repère à l'aide de catégories empiriques et statistiques alors que l'appartenance à une classe sociale dépend aussi d'aspects peu institutionnalisés tels que le sentiment d'appartenance et la conscience de classe ; d'une certaine façon, il n'y a pas de description empirique des classes sociales. Celles-ci n'existent qu'à l'état virtuel et ne peuvent exister qu'autant qu'elles sont mobilisées dans un projet collectif.

La conception marxiste des classes sociales vous paraît-elle pertinente?
(ESC, 2001)

I **Une conception qui peut sembler pertinente dans le contexte de son émergence : la société industrielle**

A. — Les caractéristiques de la classe sociale au sens marxiste du terme sont en grande partie réunies

1. — Des situations de classes distinctes et inégalitaires : un critère objectif
– La possession ou la non possession des moyens de production caractérise objectivement deux classes sociales : la bourgeoisie et le prolétariat (assimilé au salariat). Celles-ci existent dans les faits (approche réaliste).
– La société est pyramidale et condamnée à la « bipolarisation ».

2. — Une conscience de classe en voie d'affirmation : un critère subjectif
– Le passage de la classe virtuelle (classe en soi) à la classe réelle (classe pour soi) est subordonné à l'existence ou à la formation d'un lien social et à l'auto-organisation politique du groupe.
– Du côté de la bourgeoisie, le triomphe bourgeois est incontestable à partir de la fin du XIXᵉ siècle ; du côté des ouvriers, de la fin du XIXᵉ à la fin du XXᵉ siècle, on note le développement d'une idéologie critique du capitalisme et une mobilisation ouvrière croissante.

3. — Une expression politique d'intérêts communs, surtout au XXᵉ siècle
– Pour Marx, les rapports de classes sont nécessairement conflictuels.
– L'organisation du groupe ouvrier s'affirme à la fin du XIXᵉ siècle : naissance des syndicats et des organisations politiques de défense des intérêts ouvriers.
– La visibilité politique de la classe ouvrière est forte de l'entre-deux-guerres à la fin des années 1970 (G. Noiriel) et s'exprime, entre autres, par l'existence de votes de classes et un clivage « droite-gauche » marqué dans le cas de la France.

B. — Des limites et des interrogations

1. — Chez Marx lui-même, sur le plan tant théorique qu'empirique
– Selon Marx, le schéma bipolaire est contredit par les faits car à un moment donné de son évolution, une société n'est pas entièrement gouvernée par la logique d'un seul mode de production. Tel est le cas de la société française au milieu du XIXᵉ siècle.
– Un travail productif est un travail qui génère de la plus-value, indépendamment de son contenu. Cela soulève des difficultés dont Marx lui-même est conscient.

2. — Chez des observateurs de la société industrielle avant la Seconde Guerre mondiale
– Schmoller (1897) s'oppose à la théorie marxiste et souligne l'émergence des bureaucraties d'État et de grandes entreprises qui s'accompagne du développement d'une classe moyenne qualifiée, aisée économiquement et composé de bureaucrates, managers, techniciens, experts.
– Georg Simmel (1917) voit dans l'émergence de la classe moyenne un facteur de mobilité sociale remettant en cause l'opposition entre bourgeoisie et prolétariat.

II **Une remise en cause empirique et théorique au cours des années 1960 et 1970 liée à l'émergence d'une société postindustrielle**

A. — Des mutations structurelles de la société qui rendent la position marxiste orthodoxe peu pertinente

1. — Le brouillage des classes et la moyennisation
– L'ère de la consommation de masse, l'accès du plus grand nombre à la culture, la démocratisation de l'école conduisent à l'homogénéisation des modes de vie et à l'embourgeoisement de la classe ouvrière : une « nouvelle classe ouvrière » émerge (Mallet ; Lockwood).

– La multiplication des catégories sociales intermédiaires liée au développement d'une société de services et au rôle croissant de l'État : « moyennisation » (H. Mendras) ou « nouvelles classes moyennes salariées » (A. Touraine).

2. — La position marxiste orthodoxe est difficile à tenir

– La place des « classes moyennes » remet en cause le schéma de la polarisation sociale.
– Certains auteurs tenteront de le conserver en adoptant deux positions : agréger les classes moyennes à la bourgeoisie (Baudelot, Establet et Malemort) ; dénier à la classe moyenne le statut de classe à part entière.

B. — Des analyses alternatives de la stratification semblent plus pertinentes

1. — Les nouvelles représentations de la société remettent la polarisation en cause

La sociologie redécouvre l'analyse wébérienne de la stratification sociale en s'inscrivant dans une perspective stratificationniste (Lloyd Warner, *Yankee City Series*). En France, H. Mendras propose une « vision cosmographique de la société » et Pierre Bourdieu une représentation de la société sous la forme d'un espace social multidimensionnel.

2. — Les conflits sociaux ne se réduisent pas aux conflits de classes

– Ralf Dahrendorf, dès les années 1950, avait attiré l'attention sur le pluralisme des conflits. Robert Dahl montre que la nature de la contestation s'est transformée ; c'est maintenant la grande organisation (ou la « technostructure ») qui tente d'imposer sa loi.
– Pour Alain Touraine, de nouveaux mouvements sociaux émergent, dont les acteurs, les enjeux et les formes d'action ne relèvent pas (plus) de la lutte des classes. Selon Dubet et Martuccelli, dans la société salariale des Trente Glorieuses, la « lutte des places » se substitue à la lutte des classes.
Pour Pierre Bourdieu, la lutte de classement se substitue à la lutte des classes.

III — Un renouveau de la problématique des classes avec le retour des inégalités depuis les années 1980

A. — Des inégalités socio-économiques et symboliques structurantes

1. — La dynamique inégalitaire multidimensionnelle depuis les années 1980

– Les inégalités économiques de revenu et de patrimoine perdurent. Les inégalités sociales s'observent dans de nombreux domaines : inégalités à l'école, ralentissement de la mobilité sociale ascendante, permanence de l'homogamie sociale.
– Selon certains sociologues, de nouveaux critères de différenciation émergent : on assisterait à l'apparition d'un « nouvel âge des inégalités » (Fitoussi, Rosanvallon) : aux inégalités structurelles « classiques » s'ajoutent des « inégalités dynamiques » (ruptures de trajectoires professionnelles et sociales).
– L'exclusion devient un clivage central selon certains sociologues, tels que Serge Paugam.

2. — La permanence des critères objectifs de définition des classes sociales

– La bourgeoisie, multiforme et plurielle, n'a pas disparu. La grande bourgeoisie ou bourgeoisie « patrimoniale » apparaît comme une véritable classe sociale au sens marxiste du terme selon les travaux de M. Pinçon et M. Pinçon-Charlot ; une classe dirigeante, bourgeoisie « managériale » formée de cadres supérieurs et de hauts fonctionnaires s'affirme.
– La classe ouvrière depuis les années 1970 n'a pas disparu ; des clivages anciens s'estompent donnant naissance à un nouvel ensemble populaire dont la proportion dans la population se caractérise par une grande stabilité depuis les années 1960 (de l'ordre de 60 %).

B. — Des inégalités que l'on peut analyser avec une grille de lecture « classiste »

1. — Les sociologies critiques réfutant les grilles d'analyses stratificationnistes et dévoilant l'importance des variables « classistes »

– La critique de la pertinence des critères de substitution aux critères classistes.
– La critique de la thèse de la moyennisation.
– La critique du concept d'exclusion.

2. — L'approche de Louis Chauvel : des classes sans conscience de classe

– Pour Louis Chauvel, les classes sociales peuvent exister sans l'affirmation d'une conscience de classe ; la construction subjective des classes et leur réalité objective peuvent être indépendantes.
– De surcroît, il peut y avoir un décalage temporel dans les différentes dimensions constitutives de la définition des classes sociales.

*Dégagez les objectifs et méthodes de la sociologie à partir de l'exemple
de l'étude de la consommation. (ESCP-EAP, 2000)*

I **Le sociologue doit d'abord construire son objet d'étude**

A. — La rupture avec les prénotions et les discours des autres sciences est un préalable

1. — La sociologie peut montrer que la catégorie « consommation » est le produit de l'histoire
– Des sociétés dites développées.
– De l'autonomisation de l'économie comme savoir scientifique.

2. — Les déterminants de la consommation ne sont pas individuels
– La logique utilitariste des pratiques de consommation : l'approche économique considérée comme une approche réductrice.
– Les choix individuels sont contraints, une affirmation partagée par tous les sociologues mais le degré de contrainte est variable selon que le sociologue s'inscrit dans une approche en terme de fait social (holisme) ou d'action sociale (individualisme méthodologique).

B. — Pour étudier le fait social (la consommation), la sociologie va le considérer comme une chose

1. — Le sociologue adopte une démarche hypothético-déductive
– L'étude du fait social repose sur l'élaboration d'hypothèses…
– … qui s'inscrivent dans une problématique à définir : celle-ci est une nécessité pour orienter les recherches théoriques et empiriques.

2. — Les hypothèses seront confrontées aux faits : le recueil des données
– Par des méthodes quantitatives et/ou…
– … par des méthodes qualitatives

II **La sociologie pourra ainsi démontrer que la consommation est un acte socialement déterminé**

A. — Différentes variables affectent la consommation

1. — Les variables sociodémographiques : âge et genre
– La consommation diffère selon la position des individus dans le cycle de vie et selon l'appartenance à différentes générations sociales.
– La consommation diffère selon le genre : la construction sociale des identités masculines et féminines s'accompagne de pratiques de consommations spécifiques à chaque sexe.

2. — Les variables culturelles
– Les normes de consommation diffèrent selon les aires géographiques et culturelles tant au niveau international (spécificités nationales) qu'au niveau des entités nationales (spécificités régionales).
– Les pratiques de consommation s'inscrivent dans un système de valeurs qui diffère selon les groupes : le sens de la consommation et des objets de consommation est réinterprété.

3. — Une diversité des pratiques de consommation selon les milieux sociaux
– Une homogénéisation partielle des consommations : le modèle général du rattrapage en forme de courbe logistique cache des inégalités d'accès aux biens et aux services selon les milieux sociaux.
– La consommation différentielle de biens et de services ne se réduit pas à une question de revenu et de prix : l'appartenance et la trajectoire sociale restent des variables explicatives.

B. — Mais le sociologue devra également déterminer les contraintes environnementales qui ont un impact sur les pratiques de consommation

1. — Les logiques de l'offre
– Le rôle de la publicité.
– La nature de l'appareil productif modifie la consommation selon l'intensité du progrès technique, le degré d'internationalisation…

2. — Le rôle des pouvoirs publics
– Les discours sur la consommation (campagnes médiatiques) et pratiques réglementaires influencent les pratiques de consommation.
– Accès aux biens et aux services : le développement des « consommations collectives ».
– Les réponses apportées aux organisations de défense des consommateurs peuvent orienter la consommation.

3. — La transformation des modes de vie
– Urbanisation, salarisation, féminisation modifient les besoins.
– Les mutations familiales et démographiques (structures des ménages, parcours conjugal…) affectent le volume et la nature des biens et services consommés.

III La sociologie pourra également déterminer les logiques sociales de la consommation

A. — Une logique d'intégration/exclusion macrosociale

1. — Une norme de consommation s'impose
– La « société de consommation » impose une consommation minimale pour être considéré comme « dans la norme ».

– La consommation crée du lien social : consommer est une façon de vivre ensemble et de se sentir membre de la communauté ; le non-accès à la consommation est un indicateur d'exclusion.

2. — Consommation et mode
– La mode confère une valeur symbolique aux consommations.
– La mode exerce des effets d'imposition divers selon l'âge et le sexe (exemple : les adolescents).

B. — Une logique de distinction

1. — De Veblen à Bourdieu
– « La classe de loisirs » se caractérise par sa consommation ostentatoire.
– L'habitus est au fondement des différences de styles de vie : il témoigne de la construction sociale des goûts.

2. — Les analyses individualistes
– Un consommateur libéré des pesanteurs sociales qui opérerait des choix sans contraintes : le triomphe de l'individualisme (Rochefort).
– Des pratiques guidées par les styles de vie personnels (les analyses du CCA).

C. — Les critiques de la société de consommation

1. — Une logique d'aliénation
– Marx dénonce le fétichisme de la marchandise…
– … et Baudrillard l'aliénation que provoque la société de consommation.

2. — Les critiques de la logique productiviste
– La société de consommation et la protection de l'environnement : vers une consommation raisonnée ?
– Consommation et valeurs : de nouvelles préoccupations.

QUELQUES SUJETS DE CES DERNIÈRES ANNÉES

Peu de sujets sur ce chapitre :

En vous basant sur l'exemple des « cadres », montrez les différences entre la notion de CSP (Catégorie socioprofessionnelle) et celle de classe sociale. (ESC, 1998)

La montée des couches moyennes fait-elle disparaître les classes sociales en France ? (ESC, 1998)

Les inégalités sociales face à l'école. (Question de cours, ESC, 2000)

En s'appuyant sur les exemples français ou britannique, peut-on dire que les ouvriers forment un groupe en voie d'homogénéisation jusqu'aux années 1920 ? (Question de cours, ESC, 2003)

Henri Mendras a préconisé le concept de constellation pour décrire la société française. Quel est l'intérêt de ce concept ? (Question de cours, ESC, 2004)

Comparez les méthodes sociologiques de Durkheim et de Weber. (Question de cours, ESC, 2006)

La classe comme critère de stratification sociale : analysez l'évolution de la pertinence sociologique de ce critère au XXe siècle en France. (ESC, 2007)

L'INTERNATIONALISATION
DES ÉCONOMIES

L'internationalisation des économies constatée depuis plusieurs décennies n'est pas un phénomène nouveau. Depuis deux siècles, les échanges internationaux de biens et de services se sont considérablement accrus. Jusqu'aux années 1940, le protectionnisme prévalait ; depuis, le libre-échange domine et le multilatéralisme s'étend bien que les échanges se régionalisent. En outre, l'internationalisation des économies est accentuée du fait de la multinationalisation des firmes, déjà perceptible à la fin du XIXe siècle, qui s'est accélérée.

L'ÉVOLUTION DU COMMERCE INTERNATIONAL DEPUIS LA PREMIÈRE RÉVOLUTION INDUSTRIELLE

Depuis 1800, les échanges internationaux se sont considérablement accrus : le volume du commerce international représente actuellement environ 1 000 fois celui du début du XIXe siècle.

A LE COMMERCE INTERNATIONAL JUSQU'AUX ANNÉES 1940

Jusqu'aux années 1940, les échanges internationaux de biens et de services progressent dans un contexte fortement marqué par le protectionnisme.

1. - L'évolution du commerce international jusqu'en 1940

a. — Entre 1800 et le début des années 1940, le commerce international s'accroît mais de manière irrégulière

Le volume du commerce international est multiplié par 50 entre 1800 et 1913 (selon Simon Kuznets). Au cours des phases A des cycles Kondratieff, le rythme de croissance des échanges s'accélère ; il s'amoindrit durant les phases B. En 1913, le taux d'exportation (en pourcentage du PIB) des principaux pays industrialisés est plus élevé qu'au début du XIXe siècle (malgré un recul dans le dernier quart du XIXe siècle) mais également fortement différencié. Ainsi, selon Paul Bairoch, le taux d'exportation britannique atteint 18 %, à la veille de la Première Guerre mondiale ; en France comme en Allemagne, il est de 15 %, de 12 % au Japon et seulement de 6 % aux États-Unis et en Russie.

Entre 1914 et 1940, le commerce international connaît une évolution heurtée. De 1913 à 1929, les échanges augmentent de 20 à 25 %. Cette évolution globale masque de fortes oscillations. Ainsi, le volume des échanges internationaux s'effondre en 1914 ; il se redresse ensuite jusqu'à 1920 (échanges liés à l'effort de guerre puis à la reconstruction), pour chuter de nouveau du fait de la crise de 1920-1921. Passé ce cap difficile, le commerce mondial connaît une reprise jusqu'à 1929. Entre 1929 et 1932, les échanges mondiaux reculent de 25 % en volume. Les taux d'exportation s'effondre (sauf au Japon) et retrouvent leur niveau du milieu du XIXe siècle. À la fin des années 1930, malgré la reprise économique, le volume du commerce mondial n'est que de 5 % supérieur à celui de 1913 et ne dépasse pas son niveau de 1929.

b. — Entre 1800 et le début des années 1940, la structure des échanges internationaux évolue peu

Jusqu'à 1913, les produits primaires – dont les produits agricoles et alimentaires constituent à ce moment la part la plus importante (80 %) – représentent environ deux tiers des échanges mondiaux de marchandises, les produits manufacturés ne représentent donc qu'un tiers des échanges. Les pays industriels d'Europe du Nord et de l'Ouest assurent les trois quarts des échanges mondiaux de produits manufacturés mais également le tiers de ceux de produits primaires.

Durant l'entre-deux-guerres, la composition des échanges n'est guère différente de celle d'avant 1914 : les produits manufacturés représentent 30 à 35 % du commerce international. La part des produits primaires – composés à hauteur de 70 % par des produits agricoles et alimentaires – reste donc prépondérante.

Jusqu'en 1914, le poids de l'Europe dans les échanges mondiaux décline mais reste prépondérant : 60 % en 1913. Les pays industrialisés d'Europe continentale échangent d'abord entre eux (80 % de leurs échanges). La Grande-Bretagne (15 % du commerce mondial en 1913 contre 25 % en 1850), échange à hauteur de 45 % avec l'Europe continentale et les États-Unis. Ceux-ci échangent prioritairement avec l'Europe occidentale. Le commerce russe est largement centré sur l'Europe (notamment l'Allemagne). Quant au Japon, près de la moitié de son commerce est orientée vers l'Asie, le reste vers l'Europe et les États-Unis.

Au sein du commerce international, et plus globalement de l'économie mondiale, la Grande-Bretagne exerce son hégémonie. Le déficit récurrent de sa balance commerciale est plus que compensé par les revenus qu'elle tire de sa marine marchande et de ses investissements et placements à l'étranger. Ainsi, non seulement la Grande-Bretagne peut-elle augmenter ses importations mais également accroître ses investissements extérieurs, entretenant la croissance mondiale.

Durant l'entre-deux-guerres, les pays industrialisés occupent toujours une place largement prépondérante dans les échanges mondiaux (plus de 75 %). Au cours des années 1920, le poids de l'Europe diminue (50 % du commerce mondial au lieu de 60 % en 1914) au profit des États-Unis et de l'Asie (dont le Japon). La crise des années 1930 se traduit par un recul de la part des États-Unis tandis que celle de l'Europe se stabilise et celle du Japon augmente.. D'autre part, les puissances coloniales (Grande-Bretagne, France, Japon…) consolident leurs liens commerciaux avec leurs colonies au détriment des échanges avec d'autres pays. Par exemple, la Grande-Bretagne resserre les liens avec son Empire en 1932 (conférence d'Ottawa). Le développement du commerce colonial implique l'accroissement de la part de l'Afrique, de l'Asie et de l'Océanie dans le commerce international.

Depuis la fin du premier conflit mondial, les États-Unis, dont la balance commerciale est structurellement excédentaire depuis le dernier quart du XIXe siècle, tendent à devenir puissance dominante. Mais, à la différence de la Grande-Bretagne d'avant 1914, ils refusent d'en assumer les responsabilités : ils privilégient leurs intérêts nationaux sans prendre en compte les conséquences de leur politique sur le reste du monde. Par exemple, en 1922 et en 1930, ils relèvent leurs droits de douane, tarissant les débouchés de leurs partenaires commerciaux.

La division internationale du travail (DIT) au XIXᵉ siècle

La DIT résulte de plusieurs facteurs.

– La possession de ressources naturelles et les facteurs de production disponibles (capital, travail) commandent la spécialisation de nombreux pays. Certains érigent des barrières douanières pour établir et faire évoluer leur spécialisation. C'est le cas, par exemple, aux États-Unis.

– Afin d'approvisionner les pays industrialisés en produits primaires, des firmes multinationales (FMN) occidentales orientent leurs investissements vers les zones productrices et alimentent les échanges internationaux entre pays producteurs de biens industriels, et pays producteurs de produits de base.

– La spécialisation des pays colonisés est imposée par leurs métropoles : ils exportent des produits primaires et importent des produits manufacturés. Ainsi, en 1913, 60 % des importations de l'Inde sont constituées de produits manufacturés provenant pour l'essentiel de Grande-Bretagne, en échange de matières premières dont du coton brut.

Ces différents éléments structurent l'économie mondiale.

– L'échange entre pays peu développés, exportateurs de produits primaires, et pays avancés, exportateurs de produits manufacturés, caractérise le modèle de la DIT traditionnelle. Or, ce type d'échange représente moins de 20 % du commerce mondial à la fin du XIXᵉ siècle. La DIT est donc plus complexe. De nombreux pays industrialisés sont en effet de grands exportateurs de produits primaires : par exemple, la Grande-Bretagne exporte du charbon. En outre, au cours de la seconde moitié du XIXᵉ siècle, les importations de produits manufacturés des pays avancés s'accroissent davantage que leurs importations totales.

– À la fin du XIXᵉ siècle, la DIT conduit à une organisation des échanges selon le schéma suivant : les échanges sont polarisés sur les pays développés, notamment sur l'Europe. Quarante pour cent des échanges européens sont internes (échanges intrazones). Cette proportion est de 80 % pour l'Europe continentale. Les pays industrialisés d'Europe échangent entre eux des produits manufacturés mais aussi des produits primaires qui, dans certains cas, occupent une place importante dans leurs exportations : par exemple, en 1896, 40 % des exportations françaises correspondent à ce type de produits. Dans leurs relations avec les pays moins développés, auxquels il faut rattacher la Russie, les Européens exportent des produits manufacturés en échange de produits primaires. Les États-Unis et le Japon importent des biens manufacturés et exportent des produits primaires et semi-finis. Mais, la part des produits manufacturés dans leurs exportations s'accroît.

2. – Après une longue phase de protectionnisme, le libre-échange paraît devoir se généraliser à partir des années 1840

a. — Avant les années 1840, le protectionnisme est la règle

Les pays en cours d'industrialisation protègent leurs industries naissantes. Ainsi, le décollage (*take-off*) de l'économie britannique intervient à la fin du XVIIIᵉ siècle : il est fondé sur l'essor considérable de l'industrie. Celle-ci bénéficie, depuis le début du XVIIᵉ siècle, de barrières douanières la protégeant de la concurrence étrangère. En outre, les actes de navigation de 1651 – qui seront complétés par la suite à différentes reprises – confèrent un monopole de fait aux navires britanniques pour l'approvisionnement de la Grande-Bretagne et le commerce avec ses colonies et renforcent la puissance de la marine britannique.

Au cours de la première moitié du XIXᵉ siècle, l'essor économique de la France s'opère sans véritable décollage, à l'abri de barrières douanières (en 1815, le gouvernement de Restauration opte pour le libre-échange mais doit rapidement renouer avec le protectionnisme du fait des protestations des industriels).

Sous l'égide de la Prusse, plusieurs États allemands constituent, en 1834, une union douanière, le *Zollverein* : les membres de l'union libéralisent leurs échanges commerciaux en abolissant les barrières douanières et adoptent un tarif douanier commun (celui de la Prusse) à l'égard des pays tiers. En quelques années, la quasi-totalité des États allemands adhère à cette union.

Les États-Unis fondent leur développement économique sur la mise en œuvre de stratégies protectionnistes promues, dès l'indépendance, par Alexander Hamilton (1757-1804), le secrétaire au Trésor du président Washington. L'élévation tendancielle des droits de douane est destinée à protéger l'industrie nationale de la concurrence des firmes étrangères. Malgré la décrue des droits de douane entre 1830 et 1860, la protection américaine reste relativement élevée. La tradition protectionniste américaine ne s'arrête pas à Hamilton : Henry Charles Carey (1793-1879) en est le parfait exemple. D'abord libre-échangiste, il se convertit au protectionnisme dans les années 1840, d'une part parce qu'il y voit un facteur de croissance, d'autre part parce qu'il considère le libre-échange comme un instrument de domination des Britanniques sur le monde.

À l'Est, la Russie bénéficie de la croissance britannique et française et accroît ses exportations de blé. La croissance des revenus agricoles alimente une demande de produits de l'industrie légère que des barrières protectionnistes protègent jusqu'aux années 1850. Toutefois, l'industrialisation russe souffre de nombreux handicaps (déficience des infrastructures, défaut d'innovations dans l'industrie lourde, structures sociales marquées par la féodalité…). La croissance économique est entravée et le décollage de l'économie n'interviendra véritablement qu'à la fin du XIXᵉ siècle.

Quant à l'économie japonaise, elle est, dans la première moitié du XIXᵉ siècle, essentiellement agricole. Les dirigeants japonais limitent les contacts avec l'étranger pour préserver l'indépendance nationale et non pour favoriser l'essor de l'industrie.

Enfin, les échanges entre les colonies et leurs métropoles sont sous le contrôle de ces dernières qui constituent de ce fait des zones d'échanges privilégiées, excluant en principe toute relation commerciale avec des pays tiers (pacte colonial).

b.— Dans ce contexte fortement protectionniste, la pensée économique libérale promeut le libre-échange (AC)

Dans son ouvrage *Recherche sur la nature et les causes de la richesse de nations* paru en 1776, Adam Smith (1723-1790) renoue avec la tradition libre-échangiste des physiocrates français du siècle précédent. Pour Smith, chaque pays doit se spécialiser sur les productions dont le coût unitaire est inférieur à celui prévalant dans les autres pays : « *Si un pays étranger peut nous fournir une marchandise à meilleur marché que nous ne sommes en état de l'établir nous-mêmes, il vaut bien mieux que nous la lui achetions avec quelque partie du produit de notre propre industrie, employée dans le genre dans lequel nous avons quelque avantage* ». Par exemple, si en France, la production de 100 kilogrammes de blé nécessite une heure de travail contre 2 en Grande-Bretagne, la France se spécialisera sur le blé (la France détient un avantage absolu sur le blé). En revanche, si en Grande-Bretagne, la production de 10 mètres de tissu requiert 1 heure de travail contre 2 en France, la Grande-Bretagne se spécialisera dans la production de tissu et échangera une partie de celle-ci contre du blé français (la Grande-Bretagne dispose d'un avantage absolu sur le tissu). Smith néglige le cas de figure où un pays ne dispose d'aucun avantage absolu. De plus, la spécialisation pourrait impliquer une dépendance externe sur des secteurs parfois vitaux. Smith admet qu'un pays puisse protéger son marché national en faveur d'industries liées à la défense (construction navale par exemple), à titre de représailles à l'égard de pays protectionnistes ou, enfin, lorsque l'adoption trop brutale du libre-échange se traduirait par une forte montée du chômage.

David Ricardo (1772-1823) approfondit et corrige l'analyse de Smith dans son ouvrage *Des principes de l'économie politique et de l'impôt* paru en 1817. Les pays se spécialisent dans des productions pour lesquelles ils disposent d'un avantage relatif. Si en une heure de travail, sont obtenus 5 mètres de tissu et 100 litres de vin en Grande-Bretagne et 10 mètres de tissu et 300 litres de vin au Portugal, dans les deux cas, le Portugal dispose d'un avantage absolu. Cet avantage est plus important sur le vin (3 fois) que sur le tissu (2 fois). Le Portugal dispose donc d'un avantage comparatif (ou relatif) sur le vin.

Si les Portugais exportent 300 litres de vin en Grande-Bretagne, ils pourront en échange obtenir 15 mètres de tissu alors qu'au Portugal, 300 litres de vin s'échangent contre seulement 10 mètres de tissu. Si les Britanniques exportent 5 mètres de tissu au Portugal, ils se procureront 150 litres de vin alors qu'en Grande-Bretagne, ces 5 mètres s'échangent contre 100 litres de vin. Ainsi, les deux pays ont intérêt à opter pour le libre-échange en se spécialisant, la Grande-Bretagne dans le textile et le Portugal dans le vin.

En outre, Ricardo considère le commerce international comme facteur susceptible de repousser l'échéance de l'état stationnaire : par exemple, la libre importation de blé à bas prix en Grande-Bretagne permettrait d'abaisser les salaires et d'accroître les profits donc l'investissement ; en outre, si les riches importaient librement des produits de luxe moins coûteux, ils disposeraient d'une épargne plus importante qui permettrait de financer les investissements.

Ricardo raisonne en supposant les facteurs de production immobiles entre pays (en fait, il évoque plutôt des entraves à la mobilité des facteurs et non leur immobilité). En effet, dans l'exemple précédent, la mobilité des facteurs au plan international implique que les capitalistes anglais investissent leurs capitaux au Portugal puisque les coûts unitaires y sont plus faibles, pour y produire du vin, voire du tissu. Ainsi, « *les capitalistes anglais et les consommateurs des deux pays auraient avantage à ce que le vin et le drap soient produits au Portugal, et que le capital et le travail anglais employés dans la fabrication du drap soient transférés au Portugal* ». Toutefois, selon Ricardo, les craintes réelles ou imaginaires des détenteurs de capitaux et « *la réticence de chacun à quitter son pays natal et ses proches* » freinent l'émigration du capital et incitent les capitalistes à accepter un taux de profit plus bas au sein de leur pays plutôt que d'en quérir un plus élevé à l'étranger.

De plus, Ricardo établit son modèle sur l'hypothèse de rendements d'échelle constants (les coûts unitaires sont stables quand la production augmente). En effet, s'ils étaient croissants – ce qui est fréquemment le cas dans la réalité – les entreprises pourraient éliminer tout concurrent éventuel en accroissant leur production, ce qui favoriserait la constitution de monopoles, en contradiction avec le cadre concurrentiel retenu par Ricardo. Enfin, Ricardo raisonne à techniques constantes : il ne peut donc envisager que les avantages comparatifs évoluent, se construisent, par exemple, sous l'impulsion de l'État.

Au cours des années 1840, John Stuart Mill (1806-1873) complète l'analyse de Ricardo en précisant les modalités du partage des gains issus de l'échange entre pays. La demande mondiale des produits concernés est déterminante. Si un pays offre un produit faiblement demandé au niveau mondial, il en découle des prix peu élevés et ce pays bénéficiera d'une faible part du gain global de l'échange mondial (voire un gain nul). Ce pays devra alors diversifier ses productions même s'il ne dispose pas d'un avantage comparatif maximal (ou un désavantage minimal). En revanche, si la demande est forte, les prix seront élevés et permettront au pays offreur de s'approprier une grande part du gain mondial. Mill considère donc que la loi de l'offre et de la demande est déterminante pour le partage du gain mondial. Il en conclut que l'échange profitera davantage aux pays pauvres qu'aux pays riches : en effet, ces derniers sont à l'origine d'une forte demande adressée aux pays pauvres ; en revanche, ceux-ci demandent relativement peu aux pays riches.

c. — *Des années 1840 aux années 1870 : la percée du libre-échange*

■ Le rôle précurseur de la Grande-Bretagne

La Grande-Bretagne, première nation à entrer dans l'ère de l'industrialisation, est aussi la première à opter pour le libre-échange au cours des années 1840.

Au début du siècle, Ricardo s'élève contre les *corn laws* qui interdisent les importations de céréales du fait de droits de douane dissuasifs. Il y voit un facteur de renchérissement des salaires et donc de diminution des profits et, par conséquent, des investissements. Plus tard, en 1836, l'industriel Richard Cobden fonde l'*Anti corn law league*, groupe de pression favorable au libre-échange. En 1846, le Premier Ministre Robert Peel abroge les *corn laws*. Déjà, en 1842, il avait réduit les droits de douane sur les biens d'équipement et levé l'interdiction d'exportation qui les frappait depuis le XVIIIᵉ siècle. Son successeur abolit, en 1849, l'acte de navigation protégeant les armateurs britanniques depuis le XVIIᵉ siècle.

■ L'exemple britannique est suivi par de nombreux pays

En 1860, la France et la Grande-Bretagne signent un traité de libre-échange, dont les termes sont négociés secrètement par Richard Cobden et l'ancien saint-simonien français, Michel Chevalier. Les droits de douane sont réduits et la clause de la nation la plus favorisée est instaurée : chacun des pays s'engage à appliquer à l'autre le tarif douanier le plus bas qu'il consentirait à un pays tiers.

La Russie libéralise ses échanges en 1857 ; en 1862, au nom du Zollverein, la Prusse signe avec la France un traité de libre-échange qui s'étend à la Grande-Bretagne du fait de la clause de la nation la plus favorisée incluse dans le traité franco-britannique de 1860.

En Extrême Orient, l'intervention, en 1853 et 1854, de la marine américaine commandée par l'amiral Perry impose au Japon, l'ouverture de certains ports aux navires de commerce américains. La Grande-Bretagne, la France, la Russie, obtiennent les mêmes droits à la fin des années 1850. Dès lors, plusieurs traités contraignent le Japon à réduire ses barrières douanières (sans garantie de réciprocité) : l'essor de l'industrie nippone à partir des années 1870 ne pourra donc reposer sur la protection du marché national. Pour autant, l'État ne restera pas inactif en contribuant largement à l'industrialisation du pays (financement des investissements, constitution d'entreprises publiques…).

■ L'exception américaine

Le libre-échange progresse sauf aux États-Unis où le courant protectionniste reste très présent au cours du XIXᵉ siècle. Si les droits de douane régressent entre 1830 et 1861, leur niveau est encore relativement élevé jusque vers 1850 ; au début des années 1860, ils sont nettement relevés sous la pression des industriels des États du Nord alors que les planteurs du Sud privilégiaient le libre-échange. La victoire du Nord sur le Sud à l'issue de la guerre de Sécession (1861-1865) entérine l'option protectionniste des États-Unis.

L'extension du libre-échange à compter des années 1840 est pour partie la conséquence de l'influence croissante des théories libre-échangistes. En France, par exemple, l'économiste Jean-Baptiste Say (1767-1832) contribue à la diffusion des thèses libre-échangistes ; un autre économiste, Frédéric Bastiat (1801-1850) fonde en 1846 l'association pour la liberté des échanges… Il ne faut cependant pas exagérer la portée de ces théories : d'une part, parce qu'elles sont contestées par de nombreux auteurs favorables au protectionnisme (voir *infra*, I, A, 3, b) ; ensuite, parce que d'autres préoccupations président à l'adoption du libre-échange par de nombreux pays.

Ainsi, la Grande-Bretagne bénéficie d'une avance technique lui conférant un avantage de compétitivité sur les autres pays. Le libre-échange est alors un moyen d'élargir les marchés et de renforcer ainsi la puissance industrielle des entreprises britanniques mais également la domination de la Grande-Bretagne sur le monde. Karl Marx (1818-1883) ne manque pas de souligner que l'adoption du libre-échange répond en premier lieu à la demande de la bourgeoisie d'affaires britannique soucieuse d'accroître ses profits. Plus tard, les théoriciens marxistes de l'impérialisme (Lénine par exemple) stigmatiseront le libre-échange, instrument de domination des puissances capitalistes, lesquelles se gardent bien d'ouvrir leur propre empire colonial au libre commerce (voir *infra* I, A, 3, b).

En Russie et en France, le libre-échange est au service de la volonté modernisatrice des deux empereurs (Alexandre II en Russie, Napoléon III en France). En Russie, l'échec de la première tentative de décollage entamée au cours des années 1830, à l'abri de barrières douanières, conduit le tsar à opter pour le libre-échange en 1857 et à mettre un terme aux structures féodales en 1861. En France, la signature du traité franco-britannique de 1860 est considérée par l'empereur comme le moyen de combler le retard de la France sur la Grande-Bretagne et ainsi de restaurer sa domination sur le continent. Dans les deux cas, ce ne sont pas vraiment les vertus du libre-échange sur le plan économique qui priment (ou elles ne sont pas seules à entrer en compte). Elles sont en effet au service de considérations politiques qui peuvent varier selon les circonstances : c'est ainsi que la Russie et la France renoncent au libre-échange lorsque les gouvernants jugent que les intérêts nationaux sont menacés.

Les convictions libre-échangistes des États allemands (dont la Prusse) sont aussi bornées en fonction d'intérêts nationaux. Le Zollverein est protégé par un tarif douanier commun et les accords de libre-échange avec des pays tiers ne sont signés que s'ils servent les intérêts politiques prussiens.

Quant au Japon, le fait que son marché national a été ouvert sous la contrainte suffit à montrer que les convictions libre-échangistes des dirigeants nippons sont loin d'être établies. D'ailleurs, à la fin du siècle et plus encore au cours des années 1910, le Japon ne manque pas de constituer son arsenal protectionniste dès lors que sa puissance économique et militaire est consolidée et reconnue.

Par conséquent, des considérations d'ordre sociopolitique se mêlent aux arguments strictement économiques pour justifier l'adoption du libre-échange.

3. – Des années 1870 aux années 1940, le protectionnisme redevient la règle

a. — À la fin des années 1870, le libre-échange remis en cause

Bien que précédée par les mesures de protection prises par quelques pays (Russie, Autriche et Espagne en 1877 ; Italie en 1878), c'est l'initiative allemande de 1879 qui marque véritablement l'ouverture d'une nouvelle période protectionniste : le chancelier Bismarck décrète un relèvement des barrières douanières pour des raisons politiques (alliance avec les conservateurs agrariens protectionnistes) mais également pour préserver les entreprises allemandes de la concurrence à un moment où la croissance économique mondiale ralentit (phase B d'un cycle Kondratieff). La quasi-totalité des pays suivent cette voie.

En 1881, la France protège son industrie. En 1892, les tarifs Méline instaurent une protection plus forte sur les produits de l'agriculture tout en maintenant la protection sur l'industrie. Aux États-Unis, la victoire du Nord à l'issue de la guerre de Sécession (1861-1865) se traduit par l'application de tarifs douaniers élevés culminant avec les tarifs Mc Kinley (1890) et Dingley (1897). La Russie protège son économie en 1877 et renforce son arsenal en 1891 (tarif Mendeleiev). À la fin du siècle, le Japon commence à adopter une politique similaire.

La Grande-Bretagne reste libre-échangiste. Pourtant les pressions des groupes protectionnistes ont été fortes. Ainsi, Joseph Chamberlain anime, entre 1903 et 1906, de nombreuses actions en faveur du protectionnisme : il préconise, par exemple, le resserrement des liens avec l'Empire (préférence impériale) et la substitution d'un *fair trade* au *free trade*. Mais les élections de 1906 donnent la victoire au camp libéral.

Au cours des années 1920 et 1930, le protectionniste est pérennisé. Officiellement libre-échangiste, la Grande-Bretagne adopte certaines mesures protectionnistes : le tarif Mac Kenna sur les produits de luxe (1915) est prorogé. S'y ajoutent en 1921 la protection d'industries considérées comme stratégiques pour la défense nationale. La même année, la France élève certains de ses droits. Les États-Unis font de même en 1922 (tarif Fordney-Mac Cumber). Au Japon, dont l'arsenal protectionniste a été renforcé depuis les années 1910, des mesures antidumping sont adoptées ainsi qu'une taxation des importations de produits de luxe. L'Allemagne relève ses tarifs en 1924, etc.

Après le déclenchement de la crise boursière et économique de 1929, les États-Unis relèvent leurs droits de douane (tarif Hawley-Smoot) en 1930. De nombreux pays, y compris la Grande-Bretagne qui accroît ses tarifs douaniers en 1931 et en 1932 et instaure la préférence impériale en 1932, appliquent alors des mesures analogues. De plus, le protectionnisme non tarifaire se développe : quotas d'importation, accords bilatéraux de *clearing* (similaires à des accords de troc), constitution de zones d'échanges privilégiées, notamment entre les métropoles et leurs colonies… Enfin, des dévaluations et dépréciations monétaires constituent l'équivalent de barrières douanières : dépréciation de la livre en septembre 1931, du yen en décembre 1931 et du dollar en mars 1933 (qui sera dévalué fin janvier 1934) ; tardivement, le franc suit ce mouvement (dévaluation en octobre 1936…). Il faut attendre 1934 pour que soient mis en œuvre des accords de concessions bilatérales destinés à réduire les barrières protectionnistes et à relancer les échanges mondiaux.

Les modalités du protectionnisme

– Le protectionnisme tarifaire suppose l'imposition de droits de douane grevant le prix des importations (les subventions à l'exportation peuvent être considérées comme des droits de douane négatifs favorisant les exportations). Cette forme de protectionnisme caractérise le XIXᵉ siècle. Par la suite, les mesures non tarifaires complètent la protection tarifaire.

– Le protectionnisme non tarifaire recouvre un ensemble de pratiques destinées à freiner ou à diminuer les importations sans recourir aux droits de douane : restrictions volontaires d'exportations (imposées de fait par les pays importateurs), licences d'importations (autorisations d'importer accordées par l'État), quotas ou contingents limitant le volume des importations, imposition de normes par les pays importateurs (normes sanitaires, techniques...), préférence accordée aux fournisseurs nationaux lors d'appels d'offres émanant des pouvoirs publics…

b. — Les arguments des partisans du protectionnisme

■ L'échange inégal selon Marx

Marx accepte l'hypothèse ricardienne des avantages comparatifs, fondement des échanges mondiaux. Cependant, il souligne que ces avantages ne sont pas figés et qu'ils dépendent du niveau de développement des pays. En outre, Marx voit dans l'échange international un facteur d'inégalité entre nations en raison des différences de productivité du travail. Ricardo avait également remarqué que l'échange international ne relevait pas des mêmes modalités que l'échange interne. Pour reprendre l'exemple précédemment cité, en Grande-Bretagne, 5 mètres de tissu s'échangent contre 100 litres de vin (équivalant tous deux à une heure de travail) ; au Portugal, 10 mètres de tissu (soit une heure de travail) s'échangent contre 300 litres de vin (soit une heure de travail). En revanche, au plan international, les 300 litres de vin exportés par les Portugais représentant une heure de travail s'échangent contre 15 mètres de tissu britannique soit l'équivalent de 3 heures de travail. Par conséquent, l'échange est inégal : « *le produit du travail de 100 Anglais peut être échangé contre le produit du travail de 80 Portugais* ». Mais Ricardo n'en tire aucune conséquence négative pour la Grande-Bretagne. En revanche, Marx et ses disciples y voient un facteur d'appauvrissement pour les pays les moins productifs.

■ Les théories de l'impérialisme

Prolongeant les thèses marxistes, la plupart des théoriciens de l'impérialisme développent une analyse critique de l'évolution du capitalisme. Par exemple, en 1910, l'Autrichien Rudolph Hilferding (1877-1941) présente l'impérialisme comme un trait particulier du capitalisme de monopoles qui se caractérise par une forte prégnance du capital bancaire et un interventionnisme étatique en faveur de la classe dominante (en particulier, par des conquêtes coloniales). Pour Lénine (1870-1924), la baisse des taux de profit dans les pays capitalistes les incite à étendre leur domination sur le monde entier. *L'impérialisme, stade suprême du capitalisme* (titre d'un ouvrage écrit par Lénine en 1916), « *c'est le capitalisme arrivé à un stade de développement où s'est affirmé la domination des monopoles et du capital financier ; où l'exportation de capitaux a acquis une importance de premier plan ; où le partage du monde a commencé entre les trusts internationaux et où s'est achevé le partage de tout le territoire du globe entre les plus grands pays capitalistes* ». Ceux-ci bloquent le développement des pays dominés.

Parmi les théoriciens de l'impérialisme, certains ne sont pas marxistes. Ainsi, au début du XXᵉ siècle, le Britannique John Hobson (1858-1940) lie les crises économiques à la sous-consommation ; celle-ci est la conséquence de l'inégale répartition des revenus : les titulaires de bas revenus ne peuvent consommer beaucoup et les titulaires de hauts revenus épargnent. « *L'épargne, tout en accroissant le capital existant, réduit simultanément la quantité de marchandises et de services consommés.* » Les industriels cherchent alors à l'extérieur des débouchés qui provoquent des conflits entre nations.

Ces approches confèrent au libre-échange un statut d'instrument de domination des pays développés sur les pays pauvres. Le commerce international ne peut alors être bénéfique à tous les participants aux échanges. Le protectionnisme, en revanche, peut permettre aux nations dominées d'enclencher un processus de développement fondé sur l'essor d'une industrie nationale, abritées de la concurrence des firmes des pays avancés. Cette conclusion est aussi celle Friedrich List (1789-1846) dont les thèses s'inspirent largement de celle de l'Américain Alexander Hamilton.

■ Friedrich List ne rejette pas totalement le libre-échange

Pour List, c'est l'industrie qui permet d'accroître la richesse et la puissance des nations, garanties de leur indépendance. Il est donc nécessaire que l'État intervienne et protège les industries naissantes de la concurrence des pays plus avancés (protectionnisme éducateur).

En cela, il rejoint partiellement les mercantilistes qui « *déclarèrent qu'une nation ne pouvait parvenir à la richesse qu'en exportant les produits de ses fabriques et en important des matières brutes et des denrées alimentaires* ». En revanche, il se démarque de ce courant qui n'a pas compris la nécessité du libre-échange dans certains cas. Ainsi, List soutient-il que, pour inciter les entrepreneurs à innover, le libre-échange est indispensable dès lors que le protectionnisme éducateur a permis à l'industrie d'atteindre un très haut niveau de développement. La protection ne peut donc être que transitoire : « *les restrictions ne sont qu'un moyen et la liberté est le but* ».

Le mercantilisme

Le mercantilisme ne constitue pas une doctrine homogène. Plusieurs écoles peuvent en effet être distinguées aux XVIᵉ et XVIIᵉ siècles.

– Le mercantilisme espagnol ou « bullionisme » veut œuvrer pour l'enrichissement du souverain et du pays grâce à l'accumulation d'or et d'argent qu'il convient de favoriser (L. Ortiz).

– Pour les mercantilistes français, l'industrie et le commerce sont facteur d'enrichissement (B. de Laffemas, A. de Montchrestien...).

– Le mercantilisme anglais privilégie le commerce, source d'accroissement des richesses nationales (Th. Mun, W. Petty...).

Au-delà des spécificités de chacune de ces trois approches, les thèses mercantilistes, dénoncées au XVIIᵉ siècle par les physiocrates et au XVIIIᵉ siècle par Smith, puis ensuite par Ricardo, Say..., convergent plus ou moins vers les deux points suivants :

– Les intérêts des marchands rejoignent ceux du souverain : l'enrichissement des premiers contribue à celui du roi. L'impôt permet en effet l'accumulation d'or et d'argent dans les caisses de souverain.

– L'État doit intervenir dans l'économie : il doit freiner les importations sauf celles qu'exige la production nationale, limiter les exportations des matières premières nécessaires à la production nationale, susciter le développement d'industries nationales, encourager la colonisation...

Par ailleurs, List préconise une stratégie libre-échangiste pour les grandes nations productrices et exportatrices de produits bruts, tant qu'elles n'ont pas atteint le niveau de développement permettant l'essor de l'industrie. Dès lors que ce niveau est atteint, seule l'industrie naissante doit être protégée : le commerce des produits primaires (dont les produits agricoles) doit rester régi par les principes du libre-échange. Ce schéma ne peut en aucun cas être celui des pays de la « zone torride » (les actuels pays en développement) dont la vocation est, d'une part, d'être colonisés par les grandes nations industrielles et, d'autre part, d'être spécialisés sur la production et l'exportation de produits primaires.

■ L'enracinement historique des thèses de List

Les thèses de List, fortement contestées par l'école libérale, légitiment les stratégies d'industrialisation appliquées au cours du XIXᵉ siècle par la France, l'Allemagne, les États-Unis, la Russie (alors que le Japon était contraint d'ouvrir ses frontières). Elles justifient également de nombreuses mesures protectionnistes tout au long de cette période, y compris en Grande-Bretagne, destinées à protéger des industries stratégiques. Elles intègrent en outre une dimension politique, négligée par la théorie libérale, la grandeur et l'indépendance des nations que le libre-échange pourrait menacer dès lors que leur base industrielle n'est pas assurée. De ce point de vue, les nations précitées n'ayant pas encore atteint, dans le dernier quart du XIXᵉ siècle, le niveau d'industrialisation de la

Grande-Bretagne étaient donc fondées à renouer avec le protectionnisme à un moment où la croissance mondiale ralentissait. Il ne faut pas non plus s'étonner de l'accélération du processus de colonisation au cours de cette période.

■ List ne justifie pas toutes les formes de protectionnisme

Les thèses de List ne peuvent justifier la protection de l'agriculture telle qu'elle est pratiquée par exemple en France, à la fin du XIXe siècle. En 1892, l'ancien ministre de l'Agriculture, Jules Méline, est rapporteur de la loi sur le protectionnisme à l'Assemblée nationale. Depuis les années 1870, les agriculteurs subissent une baisse des prix qui diminue d'autant leurs revenus et celui des propriétaires fonciers. Ces difficultés sont en partie attribuées au traité franco-britannique de libre-échange de 1860 qui accentue la concurrence, et au protectionnisme des autres nations qui tarit les débouchés. En 1892 sont alors votées les lois protectionnistes qui élèvent les tarifs douaniers sur les produits agricoles, mais aussi les produits industriels pour lesquels le degré de protection était cependant moins fort. Un tarif réduit était réservé aux pays qui accorderaient à la France un avantage analogue. Pour Méline, préserver l'agriculture revient à préserver l'emploi. En outre, ce secteur est le symbole de la stabilité sociale et de la propriété ; Méline se méfie de l'industrialisation qui induit la montée des revendications ouvrières et des idées socialistes. Ainsi, le protectionnisme est-il davantage destiné à mettre à l'abri une activité traditionnelle, l'agriculture, qu'à doper l'essor de l'industrie : dans cette optique, les fondements du protectionnisme ne relèvent donc pas que de l'analyse économique.

Dans les années 1920, l'Américain Franck Graham développe l'idée que non seulement le protectionnisme peut être optimal au-delà du stade des industries dans l'enfance, mais aussi que la théorie des avantages comparatifs n'implique pas forcément l'adoption du libre-échange. Supposons que l'échange intervienne entre un pays A, spécialisé sur la production d'un bien caractérisé par des rendements d'échelle croissants (bien industriel par exemple), et un pays B spécialisé sur la production d'un bien dont la production est à rendements décroissants (bien agricole ou produit brut). Le libre-échange ne sera pas profitable au pays B. En effet, l'accroissement de la production industrielle dans le pays A, consécutive à l'essor des échanges lié à la spécialisation, abaisse les coûts unitaires alors qu'elle les accroît dans le pays B, dont les échanges s'accroissent dans un premier temps. Dans le pays B, la hausse des prix relatifs des produits agricoles faisant suite à celle des coûts unitaires laminent les profits conformément à la théorie de la répartition de Ricardo (lorsque les salaires augmentent, les profits baissent et inversement). Par conséquent, les nations se spécialisant sur les produits industriels vont bénéficier de la spécialisation mais pas les nations spécialisées sur les produits agricoles (et les produits primaires en général). Une politique commerciale adaptée est donc légitimée pour contrecarrer ces effets.

Ainsi, depuis le XIXe siècle jusqu'aux années 1940, comme le souligne Paul Bairoch, « le protectionnisme est la règle, le libre-échange, l'exception ». Positivement, il contribue à l'industrialisation des grandes puissances mondiales ; négativement, il est mis en œuvre pour préserver les entreprises nationales de la concurrence d'autres firmes, en particulier en période de basse conjoncture.

B LE COMMERCE INTERNATIONAL DEPUIS LA FIN DES ANNÉES 1940

Depuis la fin des années 1940, l'évolution des échanges internationaux s'inscrit dans une tendance nettement favorable au libre-échange.

I. – L'évolution du commerce international depuis la fin des années 1940

a. — Le volume des échanges internationaux est multiplié par 30 entre 1950 et 2009

De 1948 à 1973, le volume du commerce international de biens et services septuple. Il ne recule qu'une seule fois en 1958, année de récession mondiale. Le taux de croissance des échanges dépasse 8 % par an en moyenne. Jamais, en un quart de siècle, une telle croissance n'avait été constatée. Son rythme le plus soutenu étant enregistré pendant les années 1960, l'essor du commerce mondial va donc bien au-delà d'un rattrapage compensant l'atonie des échanges des années 1930.

Au cours des 35 années suivantes, la croissance des échanges s'infléchit. Le volume du commerce mondial quintuple, soit une croissance de 5 % par an en moyenne. Il recule 4 fois (1975, 1982, 2001 et 2009) lors de récessions mondiales marquées. Cet infléchissement de l'accroissement des échanges est corrélé avec celui de la croissance mondiale.

La croissance des échanges dépasse celle du PNB mondial dont le volume a été multiplié par presque 9 depuis 1950. Le taux d'exportation mondial s'est donc accru puisque le volume des échanges a davantage augmenté (le taux d'exportation évalue les exportations en pourcentage du PIB ou du PNB). Il atteint actuellement 30 % alors qu'il était inférieur à 10 % à la fin des années 1940. Les échanges ont donc été un moteur de la croissance. L'essor du commerce international a d'ailleurs soutenu la croissance mondiale au moment où celle-ci connaissait un net ralentissement, à partir de 1974.

Cette évolution du taux d'exportation mondial est corroborée par celle des taux d'exportation nationaux. Ainsi, les exportations de biens et de services représentaient moins de 10 % du PNB français en 1950 pour atteindre aujourd'hui 27 %. Le taux d'exportation allemand est actuellement de 45 % (6 % en 1950) et celui de la Grande-Bretagne est de 30 % (10 % en 1950). Enfin, les taux d'exportation américain et japonais s'accroissent mais restent largement inférieurs à ceux des Européens (13 % pour les États-Unis ; 17 % pour le Japon ; 2 à 3 % en 1950 dans les deux cas).

b. — La structure des échanges évolue

Depuis 1948, la part des produits manufacturés dans le commerce mondial est croissante. Elle est actuellement d'environ 75 % des échanges de marchandises. Parallèlement, l'importance relative des produits primaires décline depuis 1950 (25 % des échanges de marchandises). Par ailleurs, les services occupent une place non négligeable : ils représentent environ 20 % des échanges mondiaux depuis les années 1970.

Au sein des pays développés, la part des échanges intrabranches s'accroît. Par exemple, des automobiles françaises sont exportées en Allemagne tandis que sont importées, en France, des automobiles allemandes de la même catégorie (échanges intrabranches de produits similaires mais différenciés horizontalement selon la marque ou l'image que s'en font les acheteurs) ou de gammes différentes (échanges intrabranches de produits de qualités différentes).

Une conception plus large (mais excessive) du commerce intrabranche permettrait d'inclure dans ce type d'échanges ceux qui concernent des produits relevant de stades différents du processus productif : par exemple, des boîtes de vitesse fabriquées en Espagne sont exportées en France pour équiper des véhicule Renault qui seront vendus en Espagne ; des firmes tchèques exportent des pièces détachées en Allemagne pour la construction d'automobiles qui seront exportées en République tchèque…

Ces échanges intrabranches occupent une place d'autant plus importante que le niveau de développement des pays est élevé. En revanche, les échanges Nord-Sud relève plus fréquemment de l'échange interbranche.

La Triade, c'est-à-dire selon le Japonais Kenichi Ohmae, les États-Unis (ou l'Amérique du Nord), le Japon et l'Union européenne (ou l'Europe de l'Ouest), est au centre des échanges internationaux. L'Europe de l'Ouest occupe une place prépondérante (43 % des échanges mondiaux de biens et services en 2008). L'Amérique du Nord assure 13 % du commerce mondial et le Japon, 5 % seulement. Ainsi, près de 60 % du commerce mondial relèvent des trois pôles de la Triade. Ces pays échangent d'abord entre eux. Ainsi, l'Europe de l'Ouest recourt pour une grande part (65 à 70 % de ses échanges) au commerce intrazone. L'Amérique du Nord développe également, mais dans une moindre mesure, ce type d'échanges.

La part du reste du monde dans les échanges mondiaux est donc limitée. En 1950, les PED représentaient 30 % des échanges mondiaux. En 1970, cette part est tombée à moins de 20 %. Elle remonte à presque 30 % au début des années 1980 du fait de la revalorisation des prix des produits primaires, puis chute à 22 % en 1990. Elle s'accroît par la suite et atteint 37 % en 2008, en raison du dynamisme des pays émergents d'Asie. Les PED orientent environ 55 % de leurs échanges vers la Triade, le reste correspondant à leur commerce intrazone. Quant aux pays d'Europe centrale et orientale (PECO) (hors ceux ayant adhéré à l'Union européenne) et à la Russie, ils n'assurent plus que 3 à 4 % du commerce mondial. La majeure partie de leurs échanges est centrée sur la Triade.

La division internationale du travail à la fin du xxe siècle reflète toujours la domination des pays développés

La place des pays en développement (PED) dans la DIT

– La position des PED dans la DIT évolue. La part des produits manufacturés dans les exportations de marchandises des PED atteint 75 % en 2008 contre moins de 10 % au xixe siècle ; celle des produits primaires a régressé. De plus, les exportations de produits manufacturés des PED se diversifient.

– Il faut cependant nuancer la portée de ces évolutions. Les PED ne représentent que 35 % des exportations mondiales de produits manufacturés. Ces exportations sont concentrées sur un petit nombre de pays. De plus, une partie des exportations des PED est en fait celle de filiales de FMN localisant les différents segments de production dans plusieurs pays (division ou décomposition internationale des processus productifs ou DIPP). Enfin, un grand nombre de PED sont délaissés par les FMN et participent peu au commerce international.

– Par ailleurs, les PED ne forment pas un groupe homogène. Une division verticale du travail les différencie : certains sont spécialisés sur la production et l'exportation de produits industriels courants ou se livrent à la sous-traitance des FMN (Chine, etc.) ; d'autres font évoluer leur spécialisation vers des productions industrielles de haut niveau (la Corée du Sud…) ; enfin, de nombreux PED restent spécialisés dans la production et l'exportation de produits primaires (l'Afrique et le Moyen-Orient ; l'Amérique latine est dans une situation intermédiaire).

Les pays développés sont encore au cœur de l'économie mondiale

– Contrairement au xixe siècle, où les pays aujourd'hui en développement constituaient la principale destination des investissements des FMN, ceux-ci sont plutôt orientés vers la Triade. Par ailleurs, les pays développés commercent d'abord entre eux. Comme au xixe siècle, ces pays sont à la fois exportateurs de produits primaires (60 % des produits minéraux et des produits agricoles) et de produits manufacturés. Ils concentrent l'essentiel des exportations de services.

– Les échanges croisés intrabranches entre pays industrialisés prennent de l'ampleur, ce que ne prévoit pas le schéma de la DIT traditionnelle. L'échange mondial étant polarisé sur les pays développés à structure de demande comparable, les échanges vont porter sur des produits similaires.

2. – Depuis la fin des années 1940, l'essor du libre-échange est manifeste mais les pratiques protectionnistes ne disparaissent pas

a. — La persistance de pratiques protectionnistes n'est pas contradictoire avec l'extension du libre-échange

Au sein des pays développés, l'historien et économiste britannique Angus Maddison note que l'épisode des Trente Glorieuses est associé à une renaissance du libre-échange.

La réduction des barrières douanières est nette. Les droits de douane moyens dans les pays industrialisés passent de 40 % en 1950 à un peu plus de 10 % au cours des années 1970 ; les obstacles non tarifaires reculent. Maddison y voit le résultat de la capacité des gouvernements à tirer les leçons du protectionnisme dévastateur des années 1930, mais aussi les conséquences de « *l'irrésistible pouvoir des États-Unis à imposer leurs vues dans l'immédiat après-guerre* » : en période de guerre froide, l'essor du commerce international dans un cadre libre-échangiste était de nature à doper la croissance des pays du bloc capitaliste, à resserrer leurs liens et à conforter la puissance américaine.

Depuis les années 1970, les tentations protectionnistes s'accentuent au sein des pays développés du fait du ralentissement de la croissance économique et de la concurrence plus vive sur les marchés mondiaux liée au dynamisme des pays émergents. La progression du libre-échange est alors freinée mais pas interrompue. Des barrières tarifaires sont appliquées. Outre certains « pics tarifaires » sur des produits jugés sensibles, des droits compensatoires antidumping ou des taxations appliquées à titre de représailles ne sont pas rares. Néanmoins, tendanciellement, les droits de douane moyens ont considérablement diminué depuis 1947 (voir *infra*, II, A). De plus, des barrières non tarifaires subsistent (normes techniques ou environnementales…, contingentements). Mais, le recours à de telles mesures a été limité du fait des négociations multilatérales engagées depuis 1947 (voir *infra*, II, A). En outre, par souci de transparence, des obstacles non tarifaires ont été convertis en barrières tarifaires qui progressivement diminuent.

D'autres pratiques enfin peuvent être assimilées à des mesures de protection : c'est le cas des dépréciations monétaires. Par exemple, plusieurs responsables politiques européens s'interrogent sur la politique de change des États-Unis qui depuis 2001 du fait de la dépréciation du dollar confère aux produits américains un avantage de compétitivité sur les produits européens comme l'aurait fait l'imposition de droits de douane ou l'octroi de subventions…

Ces pratiques restrictives n'ont pas atteint l'ampleur de celles des années 1930 : comme le souligne A. Maddison, depuis les années 1970, « *l'esprit de coopération mutuelle et le degré des consultations réciproques [entre les pays] ne sont pas ébranlés, ce qui constitue un contraste important avec la période 1929-1933* ».

Dans les autres pays, la promotion du libre-échange est nette depuis les années 1980.

■ Les pays en développement

Jusqu'aux années 1970-1980, un grand nombre de PED (Brésil, Argentine, Inde, Algérie, Chine…) ont mis en œuvre des stratégies de développement autocentré, privilégiant l'essor de leur marché intérieur sur l'insertion dans les échanges mondiaux ; d'autres PED ont adopté des politiques d'industrialisation fondées sur la protection des industries naissantes, en s'insérant néanmoins dans les échanges mondiaux (Corée du Sud, Taiwan…).

Toutefois, au cours des années 1980, le constat d'échec des stratégies autocentrées et la pression des grandes institutions internationales conduisent de nombreux PED à mettre en œuvre des stratégies d'insertion dans les échanges mondiaux d'inspiration libre-échangiste. Cette évolution n'exclut pas le maintien d'une relative protection. Ainsi, la Chine a-t-elle signé plusieurs accords internationaux prévoyant la réduction des barrières douanières. Mais la libéralisation n'est pas totale et l'État chinois veut encore préserver certains secteurs (réfrigérateurs, téléviseurs…) d'une concurrence internationale trop vive. À la suite de la crise asiatique de 1997-1998, la Corée du Sud, qui pratique une forme de protectionnisme éducateur depuis les années 1970, s'est engagée dans un programme de réduction de ses barrières douanières, alors que d'autres pays asiatiques, la Thaïlande et la Malaisie par exemple, ont relevé provisoirement leurs droits de douane.

■ **Les pays socialistes d'Europe de l'Est et l'URSS**

Ces pays récusaient le libre-échange jusqu'aux années 1990. Puis, alors qu'ils entament une phase de transition vers le capitalisme depuis cette date, ils optent pour le libre-échange. Cependant, l'accumulation de déficits externes a conduit les pouvoirs publics à plus de prudence et à prévoir des clauses de sauvegarde et des relèvements des droits de douane à titre temporaire. Ces pratiques ne remettent pourtant pas en cause leur ouverture sur l'extérieur, notamment en direction de l'Union européenne à laquelle adhéreront plusieurs pays d'Europe de l'Est (voir *infra* II, B, 2, b).

De manière générale, la persistance des pratiques protectionnistes tient pour une grande part au caractère opaque des mesures non tarifaires en regard de la transparence des tarifs douaniers.

■ **La persistance du protectionnisme non tarifaire**

Par exemple, l'adoption d'une norme de protection environnementale relève du souci de préserver le bien-être des générations actuelles et futures. Officiellement, il n'est donc pas question de mesures protectionnistes à l'encontre des produits étrangers non conformes à la nouvelle norme. Pourtant, cette situation équivaut à l'adoption d'un tarif douanier protecteur. Cet exemple illustre l'ambiguïté des obstacles non tarifaires qui permettent aux États d'afficher leur préférence libre-échangiste tout en dressant des obstacles aux importations. C'est notamment le cas des États dont la suprématie est remise en cause (États-Unis, Union européenne…) ou, plus conjoncturellement, par des pays qui pâtissent d'un freinage marqué de leur activité économique, comme ce fut le cas en Asie en 1997-1998. En outre, les gains attachés à l'instauration de barrières non tarifaires (mais aussi tarifaires) sont captés par des groupes d'intérêt particuliers alors que leurs coûts (notamment des prix plus élevés qu'en régime de libre concurrence ou des prélèvements fiscaux destinés au financement des subventions à l'exportation…) sont répartis sur un grand nombre d'agents économiques. Les coûts individuels du protectionnisme étant de ce fait minimisés, les réactions d'opposition de l'ensemble de la population sont peu probables. Les responsables politiques résisteront donc modérément aux pressions des lobbies protectionnistes.

■ **Le protectionnisme, fruit du dogmatisme des libre-échangistes**

Certains auteurs, par exemple en France J.-M. Jeanneney, perçoivent les pratiques protectionnistes comme les conséquences d'un dogmatisme de certains partisans du libre-échange qui nient les conséquences négatives du libre-échange, au moins à court terme : la concurrence conduit en effet à des reconversions douloureuses, à des pertes d'emplois qui, même si elle sont compensées par des créations d'emplois au plan macroéconomique, sont durement ressenties au niveau microéconomique. Par exemple, dans certaines villes du Nord ou de l'Est de la France, la concurrence internationale a laminé l'emploi dans la sidérurgie ou le textile. Niant ces difficultés, certains libre-échangistes se discréditent auprès des populations qui optent alors pour le protectionnisme. C'est pour cela que Jeanneney promeut un « *nouveau protectionnisme à l'échelle européenne* » mis en œuvre par une autorité supérieure aux États, fondé sur la transparence des tarifs douaniers dont le barème doit être diversifié en fonction des secteurs à protéger.

b. — Les théories du commerce international alimentent le débat libre-échange/protectionnisme

■ L'approche d'Eli Heckscher et de Bertil Ohlin est complétée par Paul Samuelson

Des années 1910 aux années 1930, les thèses libre-échangistes s'étaient enrichies d'éléments nouveaux : pour les Suédois Eli Heckscher (1919) et Bertil Ohlin (1933), les fondements de l'échange résident dans la disponibilité des facteurs de production : les pays ont intérêt à se spécialiser sur les productions mobilisant les facteurs de production qu'ils possèdent en abondance, et à importer les produits incorporant les facteurs de production qui leur manquent. Par exemple, le Brésil disposant de vastes étendues de terres devrait exporter des produits agricoles et importer des biens d'équipement. En revanche, la Grande-Bretagne disposant de peu de terres mais de beaucoup de capital exportera des produits industriels en échange de produits agricoles. Ainsi, Heckscher et Ohlin confortent le modèle ricardien promouvant un libre-échange fondé sur les avantages comparatifs.

Après le second conflit mondial, plusieurs auteurs complètent les thèses d'Heckscher et d'Ohlin, pour justifier le libre-échange. Ainsi, en 1948, l'Américain Paul Samuelson établit sa thèse de la convergence mondiale de la rémunération des facteurs du fait de l'extension des échanges et de l'adoption du libre-échange. Conformément aux principes énoncés par Heckscher et Ohlin, certains pays se spécialisent dans des productions *labor intensive* tandis que d'autres le seront dans des productions *capital intensive*. Pour les premiers, la hausse de la production conduit à un accroissement de la demande de travail et donc des salaires tandis que les importations à fort contenu de capital réduisent la rareté de ce dernier dont le prix relatif chute. Symétriquement, dans les pays exportant des produits à fort contenu de capital, le prix relatif de ce facteur s'accroît et celui du travail diminue. Ainsi, les prix des facteurs tendent à converger. Cette proposition constitue le théorème d'Heckscher-Ohlin-Samuelson (théorème HOS).

■ L'approche de Samuelson est sujette à critiques

Le théorème HOS repose sur des hypothèses restrictives, notamment celle d'immobilité des facteurs de production entre les nations. Il s'agit d'une simplification excessive : par exemple, la hausse du prix relatif du travail dans les pays à technique de production *labor intensive* peut parfaitement être contenue du fait de l'immigration.

De plus, l'hypothèse de rendements d'échelle constants retenue par les trois auteurs ne correspond pas à la réalité, notamment lorsque les techniques de production sont *capital intensive*. De ce fait, l'échange international peut être profitable à certains pays et non à tous, comme l'a montré, dans les années 1920, l'Américain F. Graham (voir *supra*, I, A, 3, b). Ainsi, plusieurs études indiquent que l'écart entre le PIB par habitant des pays les plus riches et celui des pays les plus pauvres s'est accentué depuis les années 1950.

En toute rigueur, ces données ne disqualifient pas le théorème HOS. En effet, la croissance du PIB (ou du PIB par habitant) ne dépend pas seulement de celle des échanges. De plus, pour les libéraux, le maintien ou le creusement des écarts sont la conséquence du non-respect des lois du marché par de nombreux pays du Tiers Monde. *A contrario*, certains pays en développement (Corée du Sud, Taiwan…) rattrapent les pays développés en s'insérant davantage dans les échanges mondiaux. Cependant, l'analyse des stratégies de développement de ces pays révèle qu'ils ont fréquemment opté pour une insertion dans les échanges peu orthodoxe puisqu'elles s'accompagnent de pratiques protectionnistes proches des principes énoncés en son temps par List. Le débat entre partisans du libre-échange et ceux du protectionnisme n'est donc pas clos.

■ Le paradoxe de Leontief

Testant la pertinence des thèses d'Heckscher et d'Ohlin sur l'économie américaine, Wassily Leontief constate au début des années 1950 que le contenu en facteur travail des exportations américaines est plus élevé que ne le laissait supposer le niveau de l'accumulation du capital aux États-Unis. Ce paradoxe est résolu dès lors que la productivité du travail est prise en compte. Si par exemple, la productivité du travailleur américain vaut 3 fois celle d'un travailleur dans un autre pays, la dotation en facteur travail des États-Unis est bien plus élevée qu'il n'y paraît (ici, 3 fois plus élevée que la dotation apparente).

Par ailleurs, plusieurs auteurs développent une approche conférant au progrès technique, le statut de facteur de production. Ainsi, pour Michael Posner (1961), l'avance technologique d'un pays, liée aux capacités d'innovations de ses firmes, est à l'origine d'un avantage comparatif temporaire, source de profits pour les innovateurs qui seront plus ou moins rapidement imités conformément au schéma décrit par Schumpeter.

Cette approche autorise la perspective de stratégies interventionnistes telles que l'État influerait sur la spécialisation nationale en prenant en charge une partie du financement de la recherche et développement, de la formation professionnelle, etc. Elle n'interdit pas la généralisation du libre-échange, facteur de diffusion des nouvelles technologies incorporées dans les produits échangés et d'extension des marchés, source d'économies d'échelle pour les entreprises innovatrices et imitatrices.

Ces théories (comme celle de Ricardo) prennent difficilement en compte le fait que des pays à structures économiques semblables commercent entre eux. Or, le commerce international intéresse en premier lieu les pays industrialisés de la Triade, développant entre eux des échanges intrabranches (voir *supra*, I, A, 1, b). Par ailleurs, les échanges sont fréquemment intragroupes (ou intra-entreprises) : ils interviennent au sein des firmes multinationales. Les maisons mères déterminent les flux d'échanges mais également les prix des transactions au sein de leur groupe. Ce type de commerce captif correspond actuellement à 35-40 % des échanges mondiaux. Ces échanges relèvent des stratégies des firmes multinationales et très partiellement des avantages comparatifs ou des dotations factorielles des pays et encore moins des règles du libre-échange, même si ces firmes multinationales œuvrent pour que soient levés les obstacles à leurs échanges et à leurs investissements.

Comment expliquer l'essor des échanges intrabranches et intragroupes ? Pour Bernard Lassudrie-Duchêne (1979), sortir du cadre théorique « 2 pays, 2 facteurs de production, 2 produits » complexifie l'analyse en termes d'avantages comparatifs : par exemple, pour chaque pays vis-à-vis de chacun des autres, il est possible de hiérarchiser les avantages comparatifs par produit : A dispose d'un avantage comparatif sur le produits X à l'égard de B mais pas vis-à-vis de C. A exportera le produit X vers B et l'importera de C. Les exportations et importations de A portent donc sur des produits similaires (ici identiques). Cependant, ce modèle n'explique qu'une partie minime des échanges intrabranches. Il faut donc recourir à d'autres explications.

Pour le Suédois Steffen Linder (1961), l'existence d'un important marché intérieur induit une demande (d'un bien ou d'une variété de produit) dont le volume et la structure sont liés au niveau de vie (demande représentative). Les firmes répondent à cette demande et bénéficient d'économies d'échelle (rendements croissants) qui élèvent leur compétitivité et dopent leurs exportations vers des pays à structure de demande proche. C'est pourquoi les pays développés échangent entre eux des produits similaires.

Bernard Lassudrie-Duchêne (1971) ajoute que les produits échangés sont sans doute similaires mais pas rigoureusement identiques du fait d'une différenciation qualitative des produits (marque, design, emballage, effet de signe…) opérée par les demandeurs (demande de différence). Par exemple, les Allemands achètent des voitures de luxe italiennes pour leur esthétique et les Italiens, des voitures de luxe allemandes pour leur robustesse (ou pour l'idée qu'ils s'en font).

Le processus de différenciation est aussi le fait des producteurs. Les biens sont différenciés selon le principe de segmentation de la clientèle. Les producteurs disposent alors d'une position analogue à un monopole. Dans chaque pays, la position de monopole des producteurs de produits différenciés les amène à se spécialiser et à élargir leurs marchés en exportant, ce qui diminue leurs coûts unitaires lorsque les rendements d'échelle sont croissants. Il en résulte un échange international de produits similaires mais différenciés.

Les FMN localisent leurs segments de production en fonction d'un calcul coûts/avantages afin de maximiser les profits (voir *infra*, III, A, 2, c). Les processus productifs sont donc divisés au plan mondial (division ou décomposition internationale des processus productifs ou DIPP). Dès lors, il ne faut pas s'étonner des échanges intrabranches : par exemple, au sein de la branche automobile, Renault localisera la production de véhicules bas de gamme (Logan) en Roumanie ou au Maroc et en exportera une partie en France. Dans le même temps, Renault exportera vers la Roumanie des voitures de gamme plus élevée fabriquées en France. Les exportations et importations françaises portent alors sur des produits similaires mais différenciés verticalement.

Les théories traditionnelles des échanges ne peuvent pas prendre en compte certaines situations pourtant très courantes, en raison de l'hypothèse trop peu réaliste des rendements d'échelle constants sur laquelle elles se fondent.

■ Les rendements d'échelle externes

Depuis les années 1970, de nouvelles théories des échanges fondées sur l'existence de rendements d'échelle croissants ont été développées. Par exemple, au sein d'un pays, les entreprises d'un secteur donné peuvent exercer leur activité dans un environnement favorable, facteur de réduction de leurs coûts unitaires lorsque la production s'accroît (économies d'échelle externes). Ainsi, dans la Silicon Valley, en Californie, les entreprises de l'électronique et de l'informatique, bénéficient de la présence d'un grand nombre de sous-traitants spécialisés, de nombreux centres de recherche, d'infrastructures autoroutières…, sources de réduction des coûts. La prise en compte des rendements d'échelle externes croissants permet d'analyser les échanges entre deux pays de même niveau de développement et dont les structures industrielles sont identiques ou voisines : dans chaque pays, l'essor des exportations implique une spécialisation sur les secteurs bénéficiant des rendements d'échelle externes les plus croissants et l'abandon des autres dont la production est remplacée par des importations. Les structures industrielles, jusqu'alors identiques, des pays participants aux échanges vont se différencier.

Ce cas de figure n'interdit pas une intervention de l'État destinée à constituer un environnement favorable aux firmes (par exemple, en finançant des infrastructures routières et ferroviaires). Cet aspect a été particulièrement étudié au cours des années 1980 par les théoriciens de la croissance endogène (R. Barro, P. Romer…) mais également, en son temps, par A. Smith.

Les pouvoirs publics peuvent également opter pour une politique protectionniste dans un ou des secteurs donnés, notamment pour des raisons stratégiques. Ainsi, au début des années 1980, le Canadien James Brander et l'Australienne Barbara Spencer justifient sur le plan théorique les subventions des États européens au projet Airbus destinées à doter la Communauté européenne d'une industrie aéronautique capable de concurrencer la firme Boeing. Cette approche est à l'origine du concept de politique commerciale stratégique que l'Américain Paul Krugman a popularisé et critiqué, notamment parce qu'il la juge porteuse de conflits commerciaux entre nations ; d'autre part, les fonds alloués aux subventions vont faire défaut à d'autres usages plus conformes aux fonctions de l'État (éducation…) et provoquer des déséquilibres sectorielles par les retombées sur les sous-traitants. C'est pour ces raisons que Paul Krugman, bien qu'il reconnaisse que le libre-échange ne soit pas aussi performant que ne le soutiennent les économistes libéraux, lui confère le statut de *second best*, c'est-à-dire en terme plus simples, de moins mauvaise des politiques commerciales.

Les nouvelles théories du commerce international

Les nouvelles théories du commerce international ne constituent pas un courant unifié (il est cependant parfois question de la nouvelle théorie du commerce international). Il s'agit plutôt d'un ensemble de travaux développés depuis une trentaine d'années par des auteurs (dont Paul Krugman qui a largement contribué à la diffusion de ces nouvelles théories) dénonçant l'irréalisme des hypothèses des théories traditionnelles issues des approches de Smith et Ricardo.

Les nouvelles théories du commerce international abandonnent l'hypothèse de concurrence parfaite retenue par les modèles traditionnels. Par exemple, le nombre d'offreurs est réduit (oligopoles) ; les produits ne sont pas homogènes mais différenciés, ce qui confère à leur producteurs un statut équivalent à un monopole ; etc. L'hypothèse de rendements d'échelle constants (ou décroissants) est également rejetée : la prise en compte des économies d'échelle (rendements d'échelle croissants) permet ainsi d'« endogénéiser » les avantages comparatifs contrairement aux théories traditionnelles : l'essor des exportations diminuant les coûts unitaires du fait des économies d'échelle créent les avantages comparatifs (dans les théories traditionnelles, les avantages comparatifs sont donnés).

Les nouvelles théories du commerce international prennent en compte le fait que le commerce international intéresse en premier lieu les pays les plus développés disposant de dotations factorielles proches, voire identiques, échangeant entre eux des produits similaires (échanges intra-branches). Par ailleurs, ces théories laissent ouvert le débat protectionnisme/libre-échange alors que les théories traditionnelles promeuvent le libre-échange. Ainsi, fondant leur analyse sur le projet Airbus mis en œuvre par les Européens, J. Brander et B. Spencer élaborent, au début des années 1980, le concept de politique commerciale stratégique montrant les avantages de mesures protectionnistes destinées à favoriser l'essor d'industries que les États jugent stratégiques.

■ Les rendements d'échelle internes

Les nouvelles théories du commerce international envisagent également l'existence de rendements d'échelle croissants internes aux entreprises. Dans ce cas, la réduction des coûts unitaires ne relève pas de leur environnement mais de l'organisation même des firmes. Cette configuration induit la constitution de monopoles nationaux. En effet, les firmes présentes sur un marché donné peuvent éliminer tout nouveau concurrent en accroissant leur production afin d'abaisser leurs coûts.

Chaque monopole national cherche à accroître son marché pour réduire ses coûts (grâce aux économies d'échelle internes) et augmenter ses profits. Mais, il se heurte à d'autres firmes disposant d'un monopole analogue sur leur propre marché. Il s'agit alors pour ces monopoles de différencier leurs produits (image de marque par exemple) pour capter une clientèle plus vaste. Ce cas permet de comprendre que des nations d'égal niveau de développement puissent produire et échanger des biens similaires mais différenciés (par exemple, des automobiles allemandes contre des automobiles françaises). Il est alors possible que l'État protège des firmes disposant d'un monopole national comme l'illustrent les projets Airbus et Ariane au niveau européen (dans ces deux exemples, sont combinées à la fois les économies d'échelle internes et externes).

Mais une politique libre-échangiste n'est pas pour autant exclue : ainsi, au cours des années 1980, l'Américain William Baumol a-t-il soutenu qu'une telle configuration peut rester concurrentielle dès lors que les marchés sont contestables, c'est-à-dire ouverts à l'arrivée de tout concurrent potentiel ou de produits importés. Le libre-échange est dans ce cas le garant de la « contestabilité » des marchés : une firme bénéficiant d'une situation de monopole sur son marché national se comportera comme si elle devait affronter des concurrents.

Par conséquent, ces nouvelles approches du commerce international ne promeuvent pas exclusivement le libre-échange mais ne le prohibent pas non plus. Elles permettent d'envisager des politiques commerciales plus pragmatiques, tenant compte des circonstances, des choix collectifs… Cette perspective autorise des politiques commerciales mixtes associant un protectionnisme sectoriel et une tendance libre-échangiste ou promouvant la constitution de zones régionales d'échanges disposant éventuellement d'un tarif douanier commun (unions douanières).

Ainsi, depuis la fin des années 1940, l'essor du commerce international intervient dans un contexte libre-échangiste malgré la persistance de certaines pratiques protectionnistes ; celles-ci sont loin d'avoir atteint leur niveau des années 1930 et n'ont pas mis en péril la croissance économique.

II

L'ORGANISATION DES ÉCHANGES MONDIAUX ET LA CONSTRUCTION D'ESPACES ÉCONOMIQUES RÉGIONAUX DEPUIS 1945

La croissance et les transformations des échanges internationaux depuis la fin des années 1940 ont été favorisées par la mise en place d'institutions promouvant le multilatéralisme et la constitution de zones régionales d'échanges.

A   L'ESSOR DU MULTILATÉRALISME DEPUIS LA FIN DES ANNÉES 1940

1. – Depuis la fin des années 1940, l'évolution du commerce international intervient dans un contexte institutionnel propre à soutenir son essor

a. — L'institution du GATT (General agreement on tariffs and trade) en 1947 favorise la croissance des échanges commerciaux

■ La genèse du GATT

Avant même la fin de la Seconde Guerre mondiale, les futurs vainqueurs réfléchissent à l'instauration d'un nouvel ordre économique mondial autour de trois questions principales :
– la question des taux de change qu'il est souhaitable de stabiliser ;
– celle du financement de la reconstruction en Europe et en Asie ;
– celle des échanges mondiaux dont il convient de favoriser la croissance.

Les réponses aux deux premières questions se traduiront par la création d'institutions nouvelles. Dans le cadre des accords de Bretton Woods (juillet 1944), le FMI doit permettre d'instaurer une discipline collective destinée à éviter les manipulations des cours du change si courantes au cours des années 1930 ; dans le même cadre, la BIRD (Banque internationale pour la reconstruction et le développement, dite aussi Banque mondiale) doit contribuer au financement de la reconstruction des économies dévastées par la guerre.

La question des échanges mondiaux se révèle plus délicate. Peu avant sa mort (12 avril 1945), Franklin D. Roosevelt envisage la création d'une Organisation internationale du commerce (OIC) chargée de promouvoir les échanges et de régler les différends commerciaux entre nations. Son successeur, le démocrate Harry S. Truman, adopte le même point de vue et contribue à l'organisation d'une conférence internationale tenue à Londres en 1946 qui établit un projet de charte de la future OIC et les fondements d'un accord sur la réduction des barrières douanières. En 1947, une deuxième conférence internationale, réunie à Genève, examine les conclusions de la conférence de Londres. Un premier accord – le *General agreement on tariffs and trade* (accord général sur les tarifs douaniers et le commerce ou AGETAC, en français) – est signé par vingt-trois pays représentant 80 % du commerce mondial de l'époque. Les parties contractantes s'engagent à négocier multilatéralement la réduction des barrières douanières : la voie du libre-échange est ouverte. Une troisième conférence, réunie à La Havane en 1948, adopte la charte constitutive de l'OIC. Mais, celle-ci n'est pas ratifiée par le Congrès américain à majorité républicaine : l'OIC ne sera donc pas instituée. Sans organisation internationale spécifique chargée de le mette en œuvre, le GATT fera l'objet de plusieurs négociations multilatérales jusqu'à 1993. La dernière négociation conduira à l'institution d'une Organisation mondiale du commerce (OMC) en 1995.

Tableau 1 - Les séries de négociations commerciales du GATT

Année	Lieu/appellation	Domaines couverts	Pays participants
1947	Genève	Droits de douane	23
1949	Annecy	Droits de douane	13
1951	Torquay	Droits de douane	38
1956	Genève	Droits de douane	26
1960-1961	Genève (négociations Dillon)	Droits de douane	26
1964-1967	Genève (négociations Kennedy)	Droits de douane et mesures antidumping	62
1973-1979	Genève (Tokyo round)	Droits de douane, mesures non tarifaires et accords plurilatéraux	102
1986-1993	Genève (Uruguay round)	Droits de douane, mesures non tarifaires, règles, services, propriété intellectuelle, règlement des différends, textile, agriculture, création de l'OMC, etc.	123

Source : GATT.

■ Principes et dérogations

Trois principes fondent le GATT :

– La non-discrimination avec la clause de la nation la plus favorisée ; traitement égal des produits importés (pas de discriminations) ; pas de subventions aux produits exportés.

– La négociation : des négociations commerciales multilatérales (NCM) ou rounds (voir tableau ci-dessus) doivent permettre, lorsque le besoin s'en fait sentir, d'amender les clauses de l'accord initial afin d'accentuer la libéralisation des échanges.

– La consolidation des résultats acquis lors des négociations : il n'est en principe pas possible de revenir à une situation antérieure dès lors que les barrières douanières sont atténuées.

Cependant, des dérogations énumérées ci-après sont prévues dans certains cas.

Des produits bénéficient de règles d'exception :

Jusqu'en 1993, les services et les produits agricoles n'entrent pas dans le champ de la libéralisation du commerce international. Par ailleurs, le recours à un protectionnisme temporaire est envisageable pour pallier des difficultés passagères de balance de paiements ou faire face à une concurrence déloyale. Enfin, il existe des clauses de sauvegarde autorisant des mesures de protection transitoires en faveur d'activités industrielles mises en danger du fait de l'ouverture des frontières. Par exemple, les accords multifibres (AMF) sont adoptés en 1974 : les pays développés établissent dans le secteur textile des contingents d'importations, négociés bilatéralement avec les pays en développement (ils ont aussi été parfois fixés unilatéralement) afin de permettre une restructuration de leur industrie textile.

L'exemption de la clause de la nation la plus favorisée :

À la demande de la conférence des Nations unies sur le commerce et le développement (CNU-CED), les PED ont pu accorder des avantages tarifaires à d'autres PED mais non aux pays développés ; en outre, le système généralisé de préférences (SGP) adopté dès 1968 mais appliqué à partir de 1971 autorise la baisse des droits de douane sur les importations des pays développés en provenance des PED, sans réciprocité et sans avoir à réduire ces droits pour des importations en provenance d'autres pays développés.

Une tolérance envers la constitution de zones d'échanges privilégiés (zones de libre-échange, unions douanières…) entre pays :

Il s'agit d'une entorse à la clause de la nation la plus favorisée puisque les membres d'une zone d'échanges réduisent les obstacles douaniers au sein de la zone sans en faire bénéficier les pays hors zone. Cependant, les termes du GATT stipulent que la constitution d'une zone d'échanges privilégiés ne doit pas se traduire par une hausse des tarifs douaniers à l'encontre des pays non-membres. De plus, l'abrogation totale des droits de douane à l'intérieur de la zone doit intervenir dans un délai « raisonnable ».

■ Le bilan du GATT

Les entraves aux échanges ont diminué (baisse des droits de douane et limitation du recours aux barrières douanières non tarifaires en tendance). Les échanges se sont accrus et ont constitué un utile moteur auxiliaire à la croissance. Lorsque la croissance a ralenti à compter des années 1970, le GATT a probablement évité le retour aux errements du début des années 1930 : les négociations multilatérales au cours des *Tokyo round* (1973-1979) et de l'*Uruguay round* (1986-1993) ont été difficiles mais elles ont cependant abouti à ce que les acquis des rounds précédents ne soient pas remis en cause et que la tendance libre-échangiste soit maintenue. Paradoxalement, le GATT relève davantage d'un « mercantilisme éclairé » selon l'expression de l'économiste américain, Paul Krugman, que du libre-échange. En effet, chaque pays préfère doper ses exportations et limiter ses importations, mais la généralisation d'un tel comportement nuirait à tous. Les négociations multilatérales permettent aux nations de prendre conscience des interdépendances générées par le commerce international et de la nécessité de réduire les barrières douanières afin que leurs partenaires commerciaux en fassent autant et ouvrent de vastes débouchés.

Le GATT s'est heurté à de nombreuses difficultés. S'il a permis la croissance économique du fait de l'essor des échanges, tous les pays n'en ont pas bénéficié à l'identique : l'essor du commerce international a largement profité aux pays développés. En outre, l'absence d'une véritable organisation internationale a rendu plus difficile la poursuite de la libéralisation des échanges dès lors qu'ils concernaient des domaines plus sensibles comme les services ou l'agriculture. Enfin, s'il a limité le recours aux pratiques protectionnistes, le GATT ne les a pas pour autant éliminées (voir *supra*, I, B, 2). Ainsi, depuis les années 1970, une forme de néoprotectionnisme a pu se développer, notamment au sein des pays développés. Par exemple, des contingents ont été appliqués à certaines importations, tels les véhicules japonais importés en France ; des accords d'autolimitation des exportations ont été imposés à certains pays (notamment le Japon) ; des normes techniques et sanitaires ont pu freiner les importations… Parfois, certains pays relèvent unilatéralement leurs droits de douane lorsqu'ils jugent que les règles de la concurrence ne sont pas respectées. Il faut ajouter qu'une part du commerce international échappe *de facto* aux règles du libre-échange : il s'agit du commerce intragroupe au sein des multinationales entre les maisons mères et leurs filiales ou entre filiales, qui représente entre 35 et 40 % des échanges internationaux.

b. — La mise en place de l'Organisation mondiale du commerce (OMC)

Après l'*Uruguay round* (1986-1993), la conférence de Marrakech (avril 1994) institue l'OMC le 1ᵉʳ janvier 1995.

■ Une nouvelle institution internationale

L'OMC est chargé de la gestion de l'accord issu de l'Uruguay Round et du règlement des conflits commerciaux entre pays. Jusqu'alors, bien que ce fut en principe prohibé, chaque pays pouvait se faire justice si d'autres ne respectaient pas les règles du GATT. Par exemple, la « section 301 » du *trade act* américain datant de 1974, recommande des mesures de rétorsion – décidées unilatéralement par les États-Unis – en cas de manquement aux principes du GATT. Le « super 301 » datant de 1988 est appliqué aux pays qui, bien que respectant officiellement les règles du GATT, sont accusés par les États-Unis de manquer aux principes et règles du *fair trade* (Inde, Brésil, Japon… ont dû en souffrir).

■ Le règlement des conflits commerciaux entre nations

Dorénavant, le règlement des différends entre pays relève de l'OMC et, plus précisément, de l'Organe de règlement des différends, l'ORD. Celui-ci est constitué des représentants des États membres de l'OMC, chacun disposant d'une voix. Sur plaintes de pays s'estimant victimes de mesures protectionnistes, il peut décider d'autoriser des mesures de rétorsion si les entraves au libre-échange sont avérées. Les pays fautifs disposent d'un délai leur permettant de modifier leur position. Au-delà, si les pratiques protectionnistes n'ont pas été corrigées, les plaignants peuvent appliquer les mesures de rétorsion.

Les infractions prévues par l'accord relèvent du *dumping*, de subventions aux exportations, de la hausse des droits de douane ou de l'érection de barrières non tarifaires non autorisées. En revanche, l'OMC n'a pas l'obligation de prendre en compte le contexte social ou économique dans lequel évoluent les pays membres dès lors qu'il n'y a pas *dumping*, subventions, etc. Par exemple, il est impossible de prendre des mesures de rétorsion contre tel ou tel pays d'Asie sous prétexte de l'exploitation du travail des femmes, des enfants ou de prisonniers, ou encore parce que les conditions de production affectent négativement l'environnement (pollutions). Rien n'oblige l'OMC à adopter la position d'autres organismes (par exemple la position de l'ONU sur le développement humain ou le développement durable).

■ Les différentes instances de l'OMC

Techniquement, une conférence ministérielle (composée des responsables politiques de tous les pays membres) se réunit au moins tous les deux ans et se substitue aux *rounds*. Elle constitue un organe de décision. De 1995 à 2009, sept conférences ont été réunies.

Le Conseil général, composé de représentants des pays membres, se réunit lorsque c'est nécessaire, en fonction des problèmes à traiter. Ce conseil est chargé de la gestion de l'organisation et d'appliquer les décisions de la conférence ministérielle. Il constitue également l'ORD. Dans tous les cas, les décisions sont prises sur la base d'une voix par État membre. Sous la conduite du Conseil général, trois conseils spécialisés supervisent le fonctionnement des accords multilatéraux dans leur domaine respectif (marchandises, services, droits de propriété intellectuelle).

L'OMC fonde son activité sur les conclusions de l'Uruguay round (1986-1993).

■ La réduction des barrières douanières

La négociation de l'Uruguay round aboutit à une nouvelle baisse des tarifs douaniers (– 40 % en moyenne). Cependant, des pics tarifaires sur certaines familles de produits et certaines barrières non tarifaires subsistent. De plus, le démantèlement des accords multifibres est programmé dans les 10 ans. De manière générale, toutes les mesures de limitation quantitative des importations doivent être abrogées. C'est par exemple le cas des contingents d'importation de voitures japonaises en France.

■ **L'extension du champ du libre-échange**

Le champ d'application de l'accord est étendu aux services : institution du GATS (*general agreement on trade in services*). Sous la pression des Européens, les productions culturelles (films, séries TV…) ont été exclues de la négociation (exception culturelle). Cette question devrait être rediscutée lors de prochaines négociations. En revanche, la question des services de télécommunication et les services financiers ont donné lieu à des accords de libéralisation, respectivement en 1998 et 1999. Dans le cadre du GATS, il est également prévu de mieux protéger les droits de propriété intellectuelle : des accords TRIPs (*Trade related intellectual property's rights*) sont inclus dans le GATS et visent à la protection des marques, des brevets, des auteurs.

Dans l'agriculture, à la suite de l'accord de Blair House à Washington (novembre 1992), les États-Unis et l'Union européenne choisissent de négocier plutôt que d'entrer en conflit ouvert (les aides agricoles ne sont pas attaquables par l'OMC au moins pour 9 ans). Il est convenu que la clause de la nation la plus favorisée devra être appliquée aux échanges de produits agricoles et les droits de douane et subventions devraient diminuer. Les contingents doivent être transformés en tarifs douaniers lesquels doivent diminuer. Par ailleurs, les soutiens internes doivent diminuer ou disparaître (par exemple, soutien aux prix agricoles, subventions aux intrants…).

Depuis sa mise en place, l'OMC présente un bilan mitigé.

■ **Des objectifs qui ont été atteints**

L'OMC est une organisation centrale dans l'économie mondiale. Le nombre de pays membres est passé de 113 en 1995 à 153 en 2009, ceux-ci représentant plus de 95 % du commerce mondial. La tendance libre-échangiste est confirmée ; des accords de libéralisation sont intervenus dans de nouveaux domaines (services financiers et services de télécommunications par exemple) ; l'agriculture est incluse explicitement dans le processus de libéralisation des échanges ; les conflits commerciaux entre nations sont gérés par l'ORD dans un cadre multilatéral qui a jusqu'alors évité le déclenchement de guerres commerciales de grande ampleur entre les nations.

Depuis la conférence ministérielle de l'OMC, réunie à Doha en 2001, la question du développement est au cœur des débats entre pays membres. L'OMC s'engage à œuvrer pour que le commerce international bénéficie aux PED, en particulier aux pays les moins avancés (PMA) dont la spécificité est reconnue depuis la Conférence ministérielle de Singapour (1996). Cette perspective commande notamment de promouvoir un traitement préférentiel de leurs exportations prévoyant la réduction des barrières douanières des pays riches sans réciprocité immédiate.

Enfin, depuis la Conférence de Seattle (1999), l'OMC noue des contacts avec les Organisations non gouvernementales (ONG) pour apaiser les tensions que suscite son action en faveur du libre-échange et prendre en compte les effets négatifs de la mondialisation sur certains pays, en particulier les plus pauvres. Le dialogue qu'entame l'OMC avec la société civile est alors potentiellement porteur d'une libéralisation des échanges plus soucieuse du bien-être des populations, en particulier celles des PMA.

L'OMC depuis 1995

1er janvier 1995 : mise en place de l'OMC.

Janvier 1996 : entrée en vigueur des accords TRIP'S sur la propriété intellectuelle.

Décembre 1996 : 1re conférence ministérielle de l'OMC à Singapour. Réaffirmation de la volonté des pays membres de promouvoir un système commercial multilatéral et de la nécessité de poursuivre la réflexion au sein de l'OMC sur la libéralisation des marchés publics et le lien entre investissements des firmes multinationales et le commerce. Plan d'action en faveur des PMA, qui invite les membres de l'OMC à accorder des avantages douaniers aux produits exportés par les PMA.

Juillet 1997 : entrée en vigueur de l'accord sur la libéralisation des technologies de l'information (ordinateurs, appareils de télécommunications, semi-conducteurs, matériel de fabrication des semi-conducteurs, disquettes, CD-ROM…).

Février 1998 : entrée en vigueur de l'accord sur la libéralisation des services de télécommunications.

Mai 1998 : 2e Conférence ministérielle de l'OMC à Genève destinée à préparer la Conférence de Seattle en 1999. Confirmation des orientations de la Conférence de Singapour.

Mars 1999 : entrée en vigueur de l'accord de libéralisation des services financiers.

Décembre 1999 : échec de la 3e Conférence ministérielle de l'OMC à Seattle. Les négociations se poursuivent à Genève au sein de l'OMC pour rapprocher les différents points de vue (en particulier ceux de l'Union européenne et des États-Unis) et mieux expliquer à l'opinion publique le rôle de l'OMC dans une économie mondialisée.

Novembre 2001 : élaboration du programme de Doha lors de la 4e Conférence ministérielle de l'OMC : le commerce international doit davantage favoriser le développement des pays en développement.

Septembre 2003 : 5e Conférence ministérielle de l'OMC à Cancun. Accord autorisant, sous certaines conditions, les PED à produire voire à exporter des médicaments génériques propres à soigner des maladies tropicales et le sida.

Décembre 2005 : 6e Conférence ministérielle de l'OMC à Hongkong. Les pays riches s'engagent à éliminer en 2013 les subventions à l'exportation dont bénéficient leurs agriculteurs. Abolition, au plus tôt en 2008, des barrières douanières érigées par les pays développés à l'encontre des PMA exportateurs de coton.

Décembre 2009 : la 7e Conférence ministérielle de l'OMC est réunie à Genève avec deux ans de retard. Les négociations destinées à relancer le programme de Doha achoppent du fait du maintien de fortes divergences entre les États-membres. Une nouvelle réunion pourrait être envisagée en 2010.

■ Des limites à l'action de l'OMC

L'ORD a dû trancher une trentaine de différends par an en moyenne (notamment entre l'Union européenne et les États-Unis), révélant la perpétuation des pratiques protectionnistes. L'OMC y voit la preuve de la volonté des États de régler leurs conflits multilatéralement plutôt que bilatéralement ou même unilatéralement. Toutefois, des pays ont préféré régler bilatéralement leurs conflits en fonction des rapports de force qui les opposent : ainsi, en 1995, les États-Unis ont négocié avec le Japon l'ouverture du marché automobile japonais aux constructeurs américains sans que cet avantage soit étendu aux constructeurs d'autres pays. Par ailleurs, des pays que l'ORD a jugé fautifs ont préféré supporter les sanctions qui leur ont été infligées plutôt que de modifier leur réglementation. C'est notamment le cas de l'Union européenne qui maintient son opposition à l'importation de viande de bœuf hormonée en provenance des États-Unis malgré les surtaxes douanières (autorisées par l'ORD) appliquées par les Américains à certains produits qu'ils importent de l'Union européenne. Par conséquent, la crédibilité de l'ORD est en jeu, d'autant plus que l'OMC étant une instance interétatique, les rapports de force entre les nations jouent pleinement en son sein : les pays développés exercent une nette domination sur les autres pays et certains d'entre eux, les États-Unis notamment, contournent les règles du multilatéralisme en multipliant les accords bilatéraux avec d'autres pays.

Par ailleurs, les négociations multilatérales tendent à devenir plus fréquemment sectorielles. De ce fait, la logique de « mercantilisme éclairé » du GATT, impliquant l'octroi de concessions réciproques intersectorielles n'est plus fondée : par exemple, la libéralisation des transports maritimes achoppe en raison des réticences des États-Unis. Le caractère sectoriel de la négociation permet difficilement de proposer des compensations (libéralisation des échanges dans d'autres secteurs) qui infléchiraient la position américaine. Les dirigeants politiques doivent alors être convaincus de la supériorité du libre-échange et ne pas conditionner son adoption par l'obtention d'avantages concédés dans tel ou tel secteur en contrepartie de la libéralisation de tel ou tel autre.

■ L'OMC fragilisée par les tensions entre les États et par une contestation externe

L'OMC parvient difficilement à résoudre les tensions entre États-membres. Ainsi, États-uniens et Européens s'affrontent sur la libéralisation de l'agriculture : les États-Unis accusent l'Union européenne de protectionnisme jugeant que la libéralisation prévue par l'Uruguay Round progresse trop lentement. De leur côté, les Européens défendent leur Politique agricole commune qu'ils ont largement amendée depuis les années 1980 dans un sens plus libéral. Ils souhaitent promouvoir une perception multifonctionnelle de l'activité agricole qui justifie les aides attribuées aux paysans pour leur rôle dans la préservation de l'environnement et de la qualité des produits alimentaires. Dans un tout autre domaine, les États-uniens souhaitent revenir sur l'exception culturelle qu'ils considèrent comme une concession temporaire accordée aux Européens. Ceux-ci en revanche, privilégient la prorogation de la clause d'exception...

Quant aux PED, plusieurs d'entre eux considèrent qu'ils sont marginalisés dans les négociations multilatérales et dans le commerce mondial ; d'autres s'opposent à une ouverture trop grande de leur économie à la concurrence des firmes originaires des pays développés et craignent une remise en cause des avantages douaniers qui leur sont concédés ; la plupart de ces pays, qui, depuis la Conférence de Cancun (2003) forment des coalitions au sein de l'OMC, réclament également le démantèlement des barrières protectionnistes maintenues par les pays développés. C'est notamment, la revendication d'un groupe de 20 PED, dont la Chine, le Brésil, l'Inde, la République Sud-Africaine, qui forment un G20.

À ces difficultés internes s'ajoutent une contestation externe animée par les mouvements citoyens et alter- ou antimondialisation qui organisent des manifestations, parfois violentes, à chaque conférence ministérielle ; ces mouvements développent en outre un discours dans lequel l'OMC apparaît comme le vecteur de la déréglementation et de la dérégulation, sources d'instabilité de l'économie mondiale et d'appauvrissement des populations. Précisément, la volonté de l'OMC de s'emparer de la négociation sur la libéralisation des investissements des firmes multinationales (après l'échec de cette négociation au sein de l'OCDE en 1998) avive les craintes des opposants à la mondialisation sans régulation.

Malgré les difficultés restant à surmonter, l'OMC offre un cadre institutionnel qui, comme l'a été le GATT, reste propice à l'essor des échanges. Cependant, l'importance de ces difficultés donne à penser qu'il faudra réformer cette organisation internationale.

B LA CONSTITUTION D'ESPACES RÉGIONAUX

Depuis la fin des années 1940, l'essor du commerce international est corrélé avec la multiplication d'espaces économiques régionaux, dont l'Union européenne représente l'exemple le plus accompli.

1. – La constitution de zones régionales d'échanges peut revêtir plusieurs formes

a. — La régionalisation des échanges résulte du rapprochement de plusieurs pays

Conformément à la typologie établie par Bela Balassa, l'intégration économique peut être plus ou moins intense. La constitution d'une zone de libre-échange constitue le premier niveau d'intégration : les barrières douanières sont progressivement abolies. L'accord de libre-échange nord-américain (Alena), signé par le Canada, les États-Unis et le Mexique en 1992 et appliqué depuis 1994, en est un exemple. C'est aussi le cas de l'ASEAN (*Association of south-east asian nations*), fondée en 1967, qui regroupe plusieurs pays d'Asie du Sud-Est : l'Indonésie, la Malaisie, les Philippines, Singapour et la Thaïlande, dès 1967, puis Brunei (1984), le Viêt-nam (1995), la Birmanie et le Laos (1997). Un accord signé en 1993, prévoit l'institution d'une zone de libre-échange entre ces pays, qui est pleinement réalisée en 2003 (ASEAN *free trade area* ou AFTA).

Lorsque les pays appartenant à une zone de libre-échange appliquent une politique commerciale commune (notamment un tarif douanier commun) aux pays tiers, ils constituent une union douanière, comme la Communauté andine (Bolivie, Pérou, Colombie, Équateur et, jusqu'en 2006, Venezuela), depuis 1995.

L'intégration économique est renforcée lorsque au sein d'une union douanière, la libre circulation des biens, des services, des capitaux et des hommes est assurée. Les pays membres de l'union constituent alors un marché commun (ou marché unique). C'est le cas, depuis 1995, du *Mercado comùn del Sur* (Mercosur) qui réunit le Brésil, l'Argentine, le Paraguay et l'Uruguay et depuis 2006, le Venezuela (depuis 1996, le Chili et la Bolivie sont associés au Mercosur par des accords de libre-échange. Il en est de même du Pérou depuis 2003, de la Colombie et de l'Équateur depuis 2004). Par ailleurs, le marché commun devient une union économique dès lors que ses membres coordonnent leurs politiques économiques. La coopération monétaire entre les pays de l'union peut aboutir à la création d'une monnaie unique : c'est le cas de l'Union européenne (UE) depuis 1999.

La constitution de zones d'échanges n'est pas un phénomène nouveau mais prend une grande ampleur depuis les années 1960. Depuis le XIXe siècle et jusqu'aux années 1950, plusieurs accords créent des zones régionales d'échanges : par exemple, en 1833, des États allemands instituent une union douanière, le Zollverein ; en 1921, c'est le cas de la Belgique et du Luxembourg ; en 1951, la France, l'Allemagne, l'Italie, la Belgique, les Pays-Bas et le Luxembourg établissent une union douanière portant sur les échanges de charbon et d'acier (Communauté européenne du charbon et de l'acier ou CECA). Ces mêmes pays signent le traité de Rome en 1957, instituant la Communauté économique européenne (voir *infra*, II, B, 2).

À partir des années 1960, le mouvement s'accélère. En Europe, outre l'entrée en vigueur de la Communauté économique européenne (CEE), l'Association européenne de libre-échange (AELE) établit, en 1960, une zone de libre-échange entre plusieurs pays européens : elle regroupe dans un premier temps, la Grande-Bretagne, la Norvège, le Danemark, l'Autriche, le Portugal, la Suède, la Suisse et le Liechtenstein ; la Finlande (1961) et l'Islande (1970) rejoindront la zone.

Certains de ces pays adhéreront à la CEE (Danemark et Grande-Bretagne en 1973, Portugal en 1986, Finlande, Suède et Autriche en 1995), réduisant l'importance de l'AELE. En 1992, elle signe l'accord de Porto avec la CEE entré en vigueur le 1er janvier 1994. Il donne naissance à l'Espace économique européen (EEE) qui instaure une vaste zone de libre-échange, voire un véritable marché unique. Aujourd'hui, l'AELE est réduite à la Suisse (qui a refusé à la suite d'un référendum en 1992, son adhésion à l'EEE), la Norvège, l'Islande et le Liechtenstein.

Depuis les années 1960, de nombreuses zones régionales d'échanges ont été constituées sur tous les continents : marché commun centre américain (1960), Pacte andin (1966), accord de libre-échange en l'Australie et la Nouvelle-Zélande (1965), Communauté économique des États d'Afrique de l'Ouest (1975), etc.

À ces formes d'intégration, il convient d'ajouter des modalités particulières correspondant à une logique interrégionale, que ne prend pas en compte la typologie de B. Balassa.

■ L'APEC et l'ASEAN

L'*Asia-pacific economic cooperation* (APEC) créée en 1989, est un forum de discussion réunissant 21 pays riverains du Pacifique (États-Unis, Mexique, Canada, Chili, Australie, Nouvelle Zélande, Papouasie – Nouvelle-Guinée, Japon, Taiwan, Chine, Corée du Sud, Russie, Pérou, Hong Kong, les membres de l'ASEAN sauf le Laos et la Birmanie). L'APEC souhaite constituer une zone de libre-échange en 2010 (pour les pays développés de l'association) ou 2020 (pour les pays en développement de l'association) et libéraliser l'investissement des firmes multinationales au sein de la zone.

■ Accords fondés sur des concessions asymétriques entre groupes de pays

À partir de 1975, la Communauté économique européenne (devenue Union européenne en 1993) accorde à soixante et onze pays d'Afrique-Caraïbes-Pacifique (ACP) l'accès au marché européen en franchise de douane sans que les pays ACP aient à accorder le même avantage aux produits européens et sans que l'Union européenne concède le même avantage à d'autres pays (accord de Lomé, plusieurs fois actualisé depuis 1975). Cette entorse à la clause de la nation la plus favorisée et au principe de réciprocité a été cependant agréée par le GATT dans un cadre plus général, celui du système généralisé de préférences (SGP) : ce processus établi par la Conférence des Nations Unies sur le commerce et le développement (CNUCED) en 1968, est destiné à favoriser l'insertion des pays en développement dans les échanges mondiaux grâce à la signature d'accords de préférence en leur faveur. Cependant, l'institution de l'OMC pourrait remettre en cause ce type d'accord. L'ORD par exemple, a donné raison aux États-Unis dans le conflit sur la banane qui l'oppose à l'Union européenne, laquelle réservait son marché aux produits provenant des ACP. Par ailleurs, si des accords de type SGP sont clairement envisagés en faveur des pays les moins avancés, les engagements de l'OMC sont plus flous en ce qui concerne les autres pays en développement. C'est d'ailleurs pour se mettre en conformité avec les principes de l'OMC que l'Union européenne a signé un nouvel accord avec les pays ACP (accord de Cotonou de juillet 2000) prévoyant la constitution de zones de libre-échange avec des groupes de pays ACP en remplacement des accords de Lomé.

■ Les accords entre zones

Plusieurs accords lient des zones d'échanges entre elles (ou à des pays). Ainsi, la Bolivie et le Chili ont signé en 1996 un accord d'association libre-échangiste avec le Mercosur. C'est aussi le cas du Pérou en 2003 puis, en 2004, de la Colombie, de l'Équateur etdu Venezuela (ce dernier devenant membre du Mercosur en 2006).

b. — La constitution de zones régionales d'échange contredit-elle les principes du libre-échange et de multilatéralisme?

Plusieurs auteurs, dont Jagdish Bhagwati, dénoncent l'effet de détournement de commerce en faveur des pays membres induit par la constitution de zones régionales d'échanges. Il en résulte une spécialisation sous-optimale en regard de celle qui prévaudrait dans un contexte de libre-échange généralisé. En outre, les pays tiers, victimes du détournement de commerce subiraient un freinage de leur croissance qui, en retour, ralentirait leurs importations et donc le commerce mondial. Le risque de conflits commerciaux majeurs serait en outre accru : les pays hors zone pourrait en effet multiplier les mesures de protection à titre de représailles.

Toutefois, d'autres auteurs insistent sur le caractère limité du détournement de trafic dans la mesure où les pays membres de la zone d'échanges commerçaient déjà essentiellement entre eux. Selon Paul Krugman, « *les accords régionaux constituent une voie par laquelle les échanges peuvent se développer. Bien sûr, ce développement pourrait consister en distorsion des courants d'échanges plutôt qu'en une véritable création, en appauvrissant ainsi le monde. Mais, [...], cela est peu probable* ». En outre, l'accroissement des échanges intrazones, même s'ils se développent, représente dans certaines unions régionales une part limitée des échanges : 20 à 25 % des échanges de l'AFTA, 15% de ceux du Mercosur, 10 % de ceux de la Communauté andine... (mais 66 % de ceux de l'Union européenne et 50 % de ceux de l'Alena). De plus, la croissance économique induite par l'essor des échanges intrazones dope les importations en provenance des pays tiers et la recherche d'économies d'échelle destinées à réduire les coûts unitaires incite à exporter vers les pays hors zone. Ainsi, la part des échanges extrazones dans le PIB des unions régionales augmente, sauf en Europe de l'Ouest. Toutefois, dans ce dernier cas, le recul relatif des échanges extrazones n'est pas un recul absolu : leur volume s'accroît.

Par ailleurs, la constitution de zones d'échanges permet aux pays membres de prendre conscience des interdépendances que suscitent les commerce international et des règles attachées à la pratique du libre-échange. Rien n'interdit alors l'intégration de nouveaux membres ni des accords entre zones d'échanges ou avec des pays. Par conséquent, la régionalisation des échanges est compatible avec le multilatéralisme.

Cependant, un « *régionalisme fédérateur* », selon l'expression de l'économiste Jean-Marc Siroën, unissant des pays autour d'un projet commun ne se réduisant pas à l'extension du libre-échange, est incompatible avec le multilatéralisme s'il relève d'une logique d'autarcie. C'est le cas de la politique agricole commune européenne destinée à assurer l'autosuffisance alimentaire de l'Europe : la protection dont bénéficie l'agriculture européenne contredit les principes du multilatéralisme et du libre-échange. Il en est de même du projet européen Airbus. Toutefois, le projet communautaire européen ne se réduit pas à ces politiques. De plus, de nombreux accords promouvant le libre-échange signé part l'Union européenne prouve que celle-ci n'est pas la forteresse que certains dénoncent : la CEE, puis l'UE, se sont largement ouvertes aux autres pays (accords avec les PED-ACP, l'AELE par la constitution de l'Espace économique européen, avec les pays d'Europe centrale et orientale, avec le Mercosur...). En outre, les modalités de son intégration économique ont participé au processus de mondialisation. Il en est ainsi, par exemple, de la libre circulation des capitaux qui a contribué à la globalisation financière. Enfin, il ne semble pas qu'il y ait eu détournement de commerce au détriment des pays tiers. La croissance des échanges européens a contribué à celle des échanges mondiaux. Par ailleurs, les politiques commerciales de l'UE mises en œuvre par la Commission de Bruxelles en fonction des orientations fixées par les dirigeants politiques des pays membres, s'inscrivent très nettement dans une tendance libre-échangiste. Par exemple, la protection dont bénéficie l'agriculture est progressivement réduite depuis l'Uruguay round. Par conséquent, dans sa globalité, le régionalisme européen est compatible avec l'essor du multilatéralisme.

En revanche, le Conseil d'assistance économique mutuelle, le CAEM (en anglais, *Council for mutual economic assistance* ou Comecon), institué en 1949, est une forme de régionalisation totalement opposée au multilatéralisme et au libre-échange. Il regroupe la Bulgarie, la Hongrie, la Pologne, la Roumanie, la Tchécoslovaquie, l'Albanie (jusqu'en 1961) et l'URSS (la RDA y adhère en 1950, la Mongolie en 1962, Cuba en 1972 et le Viêt-nam en 1978). Cette organisation, destinée officiellement à renforcer la cohésion des États membres, est un instrument de domination de l'URSS sur le camp socialiste. Les échanges intrazones sont planifiés : les exportations sont destinées à couvrir les importations indispensables. Les dirigeants socialistes se méfient du libre-échange et privilégient l'autarcie. Au début des années 1960, des tentatives pour instaurer une forme de multilatéralisme au sein du CAEM, et une division internationale socialiste du travail (DIST) entre pays socialistes enregistrent des résultats décevants. Il en est de même des échanges commerciaux avec l'Ouest au cours des années 1970. Le CAEM ne pouvait promouvoir le libre-échange et le multilatéralisme en raison des fondements des économies socialistes centralement planifiées. Il est dissout en juin 1991 alors que depuis la fin des années 1980, les pays d'Europe centrale et orientale et l'ex-URSS ont déjà redéployé leurs échanges vers l'Ouest et entamé depuis 1990-1991 leur transition vers le capitalisme.

2. – L'Union européenne, l'intégration économique régionale la plus aboutie

a. — *Conformément aux souhaits de ses promoteurs, l'intégration européenne s'est faite « à petits pas »*

Le 9 mai 1950, faisant suite aux réflexions du commissaire au plan Jean Monnet, le ministre français des Affaires étrangères, Robert Schuman, propose au gouvernement allemand « *de placer l'union de la production franco-allemande de charbon et d'acier, sous une Haute Autorité commune, et largement ouverte à la participation d'autres pays européens* ». Ce projet est concrétisé par le traité de Paris (18 avril 1951) qui institue entre six pays (l'Allemagne, la France, l'Italie, le Luxembourg, la Belgique et les Pays-Bas) une union douanière dans les secteurs du charbon et de l'acier (et du minerai de fer), la Communauté européenne du charbon et de l'acier (CECA).

Celle-ci est dirigée par une Haute Autorité, organisme supranational présidée par J. Monnet. Cette structure a permis l'expansion de la production et les reconversions industrielles. Elle a également contribué à renouer les liens entre les anciens belligérants, notamment la France et l'Allemagne. Cependant, la CECA a aussi connu quelques difficultés face aux crises charbonnières (concurrence du pétrole), à la fin des années 1950, et sidérurgiques, au cours des années 1970.

En mars 1957, la signature du traité de Rome par les six membres de la CECA, accentue l'intégration économique de l'Europe de l'Ouest, par la création de la Communauté économique européenne, la CEE (ainsi qu'Euratom dans le domaine du nucléaire).

Il s'agit d'instaurer, à long terme, un marché commun et, dans un avenir plus immédiat, une union douanière. À cet effet, le traité prévoit la suppression progressive des droits de douane et des contingents au sein de la zone et un tarif extérieur commun, à échéance de 1970. Ce fut chose faite dès juillet 1968. Il en résulte une intégration économique plus intense des six : le commerce intracommunautaire représentait 27 % des échanges de la CEE à la fin des années 1950 (12 % des échanges mondiaux) pour atteindre 52 % en 1967 (18 % des échanges mondiaux).

La politique agricole commune (PAC) et des financements spécifiques (fonds structurels) participent au processus d'intégration en instaurant une solidarité économique, financière, et même sociale, entre les membres. En effet, la PAC fixe un objectif d'autosuffisance alimentaire par un accroissement des rendements et de la production agricole. Des aides à la modernisation des exploitations agricoles, un système de prix agricoles garantis plus élevés que les prix mondiaux, une protection effective du marché européen, etc., dopent l'activité agricole. Par ailleurs, une partie du budget de la CEE finance des fonds spécifiques destinés au financement d'actions de formation, de qualification et d'insertion professionnelle (Fonds social européen créé dès 1957), de développement des régions en retard (Fonds européen de développement régional, mis en place en 1975), etc.

Par la suite, le nombre d'adhérents s'accroît : en 1973, trois pays adhèrent à la CEE : le Danemark, la Grande-Bretagne et l'Eire ; la Grèce les rejoint en 1981. L'adhésion de nouveaux membres élargit la zone d'échanges de la Communauté. Pourtant l'intégration plafonne : la part des échanges intracommunautaires est quasi stagnante jusqu'en 1984. En effet, la crise pétrolière et les déficits en résultant ont amené les Européens à chercher, hors de la Communauté, de nouveaux débouchés, notamment dans les pays de l'OPEP. Néanmoins, malgré ces difficultés, les Européens ont réussi à unir leurs efforts pour constituer un SME cohérent.

Par ailleurs, sur le plan institutionnel, la CEE rencontre de grandes difficultés du fait du processus de décision adopté : celui-ci requiert un accord unanime des pays membres, au sein du Conseil des ministres de la CEE. En outre, l'objectif assigné par le traité de Rome – la création d'un marché commun – ne paraît pas devoir être réalisé. En 1985, un *Livre blanc* publié par la Commission de Bruxelles, alors présidé par J. Delors, recense les obstacles à la progression du projet européen. Il propose des mesures pour accentuer l'intégration en promouvant l'adoption de l'Acte unique européen.

b. — L'Acte unique européen, signé par douze pays (l'Espagne et le Portugal adhéreront en 1986) amende le traité de Rome et entre en vigueur en juillet 1987

Dorénavant, un grand nombre de décisions peuvent être prises à la majorité qualifiée : un nombre de voix dépendant en partie de la taille du pays, est attribué à chaque pays membre. Dans un certain nombre de cas, il n'est plus exigé l'unanimité mais un nombre minimal de voix. Cette procédure facilite les prises de décision. En outre, le Parlement européen (dont les premières élections au suffrage universel datent de 1979) est davantage associé au processus décisionnel.

De plus, l'Acte unique prévoit la mise en œuvre d'un marché commun (marché unique) en 1993 : la réalisation des « quatre libertés » (libre circulation des marchandises, des services, des capitaux et des hommes), citées dans le traité de Rome, devient alors l'objectif à moyen terme de la CEE. L'intégration est relancée et les échanges intrazones représentent actuellement environ 65 % des échanges des pays membres.

Les institutions communautaires

– **Le Conseil européen** réunit les chefs d'État et de gouvernement des États membres et le président de la Commission. Au cours de sommets (au moins 2 fois par an), il fixe les grandes orientations, les priorités, cherche des solutions aux problèmes de fonctionnement de l'Union que le Conseil de l'Union européenne n'a pu résoudre… La présidence du Conseil européen est assurée à tour de rôle par les États membres et pour une période de 6 mois. Parallèlement, le traité de Lisbonne (ratifié en 2009) institue un président stable (mandat de 2 ans et demi, renouvelable une fois) assurant la représentation extérieure de l'UE et encadrant les travaux du Conseil de manière continue.

– **Le Conseil de l'Union européenne (ou Conseil des ministres)** réunit les ministres des États membres concernés par les dossiers, les questions, à traiter. Il se réunit aussi souvent que nécessaire. Il adopte des actes communautaires que la Commission met en application. De nombreuses décisions sont prises à la majorité qualifiée ; d'autres requièrent l'unanimité (par exemple, les question relevant de la fiscalité). Comme pour le Conseil européen, la présidence du Conseil des ministres est assurée à tour de rôle par les États membres et pour une période de 6 mois. Depuis 2010, suite à l'adoption du traité de Lisbonne, lorsqu'il réunit les membres des affaires étrangères de l'UE, le Conseil est présidé par un haut représentant de l'Union pour les affaires étrangères et la politique de sécurité commune, également vice-président de la Communion.

– **La Commission** est composée de commissaires désignés d'un commun accord par les États membres, pour une durée de 5 ans, et agréés par le Parlement. Les commissaires exercent leur fonction en toute indépendance vis-à-vis de leurs gouvernements nationaux. La Commission veille au respect des traités communautaires. Elle traduit les décisions du Conseil européen en propositions (nouvelles réglementations, nouvelles politiques…), qui sont soumises au Parlement et au Conseil de l'Union. La Commission est chargée d'exécuter les actes communautaires décidés par le Conseil de l'Union.

– **Le Parlement européen** est élu au suffrage universel direct. Le mandat d'un député européen est de 5 ans. Le Parlement arrête chaque année le budget de l'Union. Il peut renverser la Commission par une motion de censure réunissant les 2/3 des députés. Il statue sur les propositions de la Commission, conjointement au Conseil de l'Union avec lequel il partage dans de nombreux domaines, un pouvoir de codécision dans l'élaboration de la législation communautaire.

– **D'autres institutions** participent au fonctionnement de l'UE. Il s'agit de la cour de justice des Communautés européennes, de la cour des comptes, du Comité économique et sociale des Communautés européennes, du Comité des régions de l'UE, du Système européen de banques centrales, de la Banque européenne d'investissement.

Outre la mise en place du marché unique, les décennies 1990 et 200

o sont fertiles en événements qui vont dans le sens d'une intégration économique plus poussée.

c. — L'intégration s'approfondit

■ **L'élargissement de l'Union se poursuit**

Le traité de Maastricht, signé en 1992, instaure l'Union européenne (UE) en novembre 1993, prévoit l'union monétaire, mais aussi une coopération politique et juridique plus intense.

En 1994, l'Espace économique européen (traité signé à Porto, en 1992) associe l'UE et l'AELE (sauf la Suisse) dans une vaste zone de libre-échange dont la vocation est de devenir un véritable marché intégré.

En 1995, la Suède, l'Autriche et la Finlande adhèrent à l'Union. La même année, « l'agenda 2000 » développe une stratégie d'approfondissement de l'Union. Il s'agit d'élargir l'UE, en particulier vers les pays d'Europe centrale et orientale (PECO). En mars 1998, des négociations d'adhésion sont entamées avec la Pologne, la Hongrie, la République tchèque, l'Estonie, la Slovénie et Chypre. Il en est de même, depuis février 2000, avec la Slovaquie, la Bulgarie, la Roumanie, la Lituanie, la Lettonie et Malte. À l'exception de la Bulgarie et de la Roumanie dont l'adhésion à l'UE intervient en 2007, ces pays deviennent membres de l'Union en 2004. Par ailleurs, depuis 2005, des négociations d'adhésion sont entamées avec la Turquie et la Croatie. Il devrait prochainement en être de même avec la Macédoine.

■ **Les critères de Copenhague**

Depuis le sommet de Copenhague, en 1993, l'élargissement de l'UE à de nouveaux membres est conditionnée par le respect de trois catégories de critères, que la Commission de Bruxelles a précisées en 1997. La première relève du domaine politique : tout pays candidat doit disposer d'institutions garantissant la démocratie, la primauté du droit, le respect des Droits de l'homme… D'autres critères sont de nature économique : les pays candidats doivent être capables de mettre en place une économie de marché. Enfin, la troisième catégorie est destinée à vérifier la capacité des pays candidats à appliquer les acquis communautaires. Les pays retenus en vue d'un élargissement de l'UE respectent très diversement ces critères et qu'aucun ne les respecte tous. Par conséquent, il a été nécessaire de transiger sur leur application en retenant, par exemple, les efforts des différents pays pour parvenir à les satisfaire et le chemin qu'il leur reste à parcourir. Le traité de Lisbonne (ratifié en 2009) ne fait pas explicitement mention des critères de Copenhague. Toutefois, ceux-ci étant le fruit d'un accord du Conseil européen restent valides.

■ **Une succession de traités**

En 1997, les 15 pays de l'UE signent le Traité d'Amsterdam, entré en vigueur en 1999. Ce traité intègre les acquis du traité de Maastricht ; il conforte la PESC et la coopération entre les États en matière juridique et policière, notamment pour parachever la réglementation permettant la libre circulation des hommes au sein de l'Union. Le traité institue, par ailleurs, le principe de « coopération renforcée » permettant à une majorité d'États, à la condition qu'aucun autre État ne s'y oppose, d'accentuer leur coopération dans certains domaines communautaires. Le traité contient également un « volet emploi » instituant, sans véritable force contraignante, une coopération des États membres en matière de politique de l'emploi.

Au Traité d'Amsterdam succède le traité de Nice, signé en février 2001 et entré en vigueur depuis mars 2003. Il prolonge certains éléments du traité d'Amsterdam et ajoute des articles nouveaux pour tenir compte de l'adhésion prochaine de nouveaux pays : par exemple, le nombre et le mode de désignation des membres de la Commission sont revus ; il en est de même du nombre et de la répartition par pays des députés européens. Enfin, le principe de codécision est étendu à de nouveaux domaines et la procédure de coopération renforcée ne peut plus être entravée par le *veto* d'un pays membre.

Enfin, le traité de Lisbonne (2007) entre en vigueur en 2009 (en fait, sa pleine application ne sera effective qu'en 2014, voire 2017). Il prévoit l'approfondissement de l'intégration prévue par les traités précédents. Il institue en outre un Président du Conseil européen, élu à la majorité qualifiée par le Conseil européen pour un mandat de deux ans et demi et renouvelable une fois. Il est chargé de la représentation extérieure de l'UE et de l'encadrement des travaux du Conseil européen. Celui-ci désigne aussi un haut représentant pour les affaires étrangères et la PESC, vice-président de la commission et président le conseil des ministres des affaires étrangères de l'UE. La charte des droits sociaux fondamentaux fait l'objet d'une référence qui lui confère une force contraignante (sauf pour la Grande-Bretagne, la Pologne et la République tchèque). Le traité prévoit de faciliter les coopérations renforcées et instaure un droit de quitter l'Union pour les pays qui le souhaiteraient.

L'Europe économique et monétaire peut-elle devenir une Europe sociale ?

Le social n'est pas absent des traités européens, et face à la pauvreté, au chômage, aux inégalités régionales et sociales, des moyens d'intervention existent. Ainsi, le Fonds social européen (FSE) existe depuis 1957 pour faciliter l'emploi et la mobilité des travailleurs au sein de la CEE, pour favoriser l'insertion des jeunes, lutter contre le chômage de longue durée… Le FEDER (créé en 1975) permet de prendre en compte la situation des régions les moins favorisées de l'Union. Sur un autre plan, en 1989, onze des douze membres de la CEE signent la charte des droits sociaux des travailleurs qui donne des lignes directrices à respecter en matière de droit du travail et de protection sociale.

La Grande-Bretagne, alors non signataire, a agréé cette charte après l'arrivée au pouvoir de Tony Blair, en 1997. Le traité d'Amsterdam (1997) intègre un volet emploi, destiné à orienter les politiques nationales de lutte contre le chômage (lignes directrices). En 2000, les chefs d'État et de gouvernements adoptent, au sommet de Nice, une charte des droits sociaux réunissant dans un même texte les droits des citoyens de l'UE. Le traité de Lisbonne (ratifié en 2009) lui confère une force contraignante (à l'exception de la Grande-Bretagne, de la Pologne et de la République tchèque). Enfin, l'effet positif, en matière de croissance, des politiques communautaires, est aussi facteur d'amélioration sociale.

Cependant, l'impact global de ces mesures reste limité en regard des réalisations économiques des Européens : le manque de volonté politique des États, le libéralisme inspirant les choix de la Commission de Bruxelles et le poids de la culture et de l'histoire propre à chacun des membres de l'Union qui fondent les systèmes de protection sociale, expliquent ce que certains appellent le « déficit social de l'Europe ». Ainsi, le volet emploi du traité d'Amsterdam institue une coopération des États membres en matière de politique de l'emploi mais sans véritable force contraignante. De manière plus générale, le principe de subsidiarité limite l'intervention communautaire.

L'intégration européenne sur le plan social pose aujourd'hui de nombreuses questions encore sans réponses. L'harmonisation des régimes de protection sociale (et, par-là même de la fiscalité) s'effectuera-t-elle par le bas (alignement sur les régimes les moins protecteurs) ? Comment éliminer tout risque de *dumping* social notamment avec l'adhésion des PECO ? Comment développer l'action du FSE alors que les ressources budgétaires sont limitées et les contraintes du Pacte de stabilité, si fortes ? La question du budget européen, déjà posée par ailleurs, trouve encore ici motif à interrogation. Les questions autour de l'Europe sociale renvoient finalement à celles sur l'union politique.

De manière plus générale, les traités semblent ouvrir des perspectives à une intégration sociale européenne plus poussée (par exemple, en matière de droit des travailleurs, de réduction des inégalités, etc.). Cependant, le principe de « subsidiarité », inscrit dans les traités, limite l'intervention communautaire aux domaines pour lesquels l'action des gouvernements nationaux serait moins efficiente : tout approfondissement de l'intégration, notamment sur le plan social, est donc soumis à ce principe et à la volonté politique des gouvernements nationaux.

III

LE RÔLE DES FIRMES MULTINATIONALES DANS L'ÉCONOMIE MONDIALE

Une firme multinationale (FMN) exerce son activité dans plusieurs pays en fonction d'une stratégie élaborée et mise en œuvre par une maison mère et ses filiales. Cette stratégie se traduit par l'essor des investissements directs à l'étranger et, dans certains cas, alimente un processus de délocalisation de la production.

A · L'ESSOR DE LA MULTINATIONALISATION DES FIRMES DEPUIS LE XIXᵉ SIÈCLE

Les FMN développent des stratégies qui induisent des flux d'investissements et contribuent à l'accroissement des échanges.

1. – Qu'est-ce qu'une firme multinationale (FMN) ?

a. — Les différentes formes de FMN

Pour l'économiste Charles-Albert Michalet, une FMN est une entreprise, le plus souvent de grande taille qui, à partir d'une base nationale, implante plusieurs filiales dans plusieurs pays, selon une stratégie conçue par une maison mère. Il distingue trois types de stratégie :

– Les stratégies d'approvisionnement correspondent aux FMN primaires : celles-ci produisent des matières premières, des produits agricoles…, pour répondre aux besoins des industries de transformation ; les firmes pétrolières correspondent à ce modèle (jusqu'à un certain point du fait de leur diversification depuis les années 1970).

– Les stratégies de marché sont le fait de FMN qui disposent de filiales-relais produisant dans les pays étrangers plutôt que d'y exporter ; c'est par exemple le cas pour les entreprises productrices de biens de consommation durables : Toyota a implanté une filiale automobile à Valenciennes pour accroître ses parts de marché dans l'Union européenne. C'est aussi le cas de nombreuses FMN de services qui constituent aujourd'hui la part la plus importante des investissements à l'étranger provenant des pays développés. Il s'agit de banques, de compagnies d'assurances, d'institutions financières, de sociétés de commerce, d'agences de publicité, de compagnies de télécommunication, etc.

– Enfin, les FMN développent des stratégies de rationalisation, destinées à abaisser les coûts de production, notamment en implantant dans des pays à bas salaires des filiales-ateliers.

En fait, les FMN combinent plusieurs stratégies. Par exemple, Renault a racheté une entreprise roumaine d'automobiles pour produire sur place un modèle de véhicule bon marché, du fait, notamment des bas coûts de la main-d'œuvre (stratégie de rationalisation des coûts). Il s'agit également d'approvisionner les pays de l'Est et plus largement les pays en développement émergents (stratégie de marché).

Pour Michaël Porter, les FMN traditionnelles développent des stratégies « multidomestiques » mises en œuvre par des filiales bénéficiant d'une grande autonomie dans leur rapport avec la maison mère et dont les produits sont adaptés aux spécificités des marchés nationaux. En revanche, les FMN à stratégie globale sont constituées autour d'une stratégie définie « centralement » par la maison mère. Celle-ci unifie sa gamme de produits sur le marché mondial (ou sur de vastes zones).

Les filiales sont spécialisées dans la fabrication de composantes d'un produit ou du produit fini et alimentent un marché plus large que le marché sur lequel elles sont implantées ; les échanges entre filiales sont alors nombreux. Coca-Cola, Exxon, Microsoft… constituent des exemples de firmes globales, encore aujourd'hui peu nombreuses.

La distinction opérée par Porter simplifie la réalité. En fait, les FMN à vocation mondiale n'ignorent pas les spécificités nationales. La conception d'un produit mondial n'exclut pas certaines adaptations relevant de la responsabilité de « filiales régionales » ou d'unités plus déconcentrées. Par exemple, la firme Disney a dû modifier les prestations servies dans les restaurants de son parc d'attraction près de Paris, pour tenir compte des habitudes de consommation des Européens, différentes de celles des Américains. Néanmoins, la maison mère organise la production du groupe de manière à générer des économies d'échelles, par exemple en centralisant la recherche-développement, en spécialisant des filiales de manières à ce que celles-ci alimentent plusieurs unités de production du groupe et sur un marché plus vaste que celui sur lequel elles sont implantées, etc.

Cette stratégie de « glocalisation » (**glo**bal + lo**cal**) selon la formule du fondateur de la firme Sony, Akio Morita, permet aux FMN d'accroître leur efficience au sein de l'économie mondiale.

Certains économistes (Wladimir Andreff par exemple) mettent en avant le développement de nouvelles formes d'investissements (NFI) des FMN, conférant à celles-ci une nature particulière. Les NFI garantissent à la firme les effectuant un contrôle plus ou moins marqué sur les entreprises bénéficiaires de ce type d'investissement. La FMN fournit des actifs immatériels (un savoir-faire en gestion ou en matière de commercialisation, des licences, une assistance technique, une capacité d'expertise…). En contrepartie, elle peut recevoir une part minoritaire du capital de l'entreprise bénéficiaire de ces investissements, voire constituer avec cette dernière, une joint-venture. La FMN perçoit alors une partie des bénéfices s'ajoutant aux royalties sur ses apports en actifs immatériels. Il s'agit donc de faire supporter tous les risques au partenaire étranger, en matière de production, de commercialisation et même de financement, la rémunération de l'apport des actifs immatériels étant fixée *a priori*.

b. — La délimitation des groupes multinationaux est délicate

Une FMN comporte une maison mère et ses filiales. Celles-ci peuvent être détenues dans des proportions variables : certaines le sont à 100 % ; souvent, cette part est inférieure : la détention d'une part limitée de la propriété d'une entreprise peut suffire à en assurer le contrôle, dès lors que l'actionnariat est dispersé, ou que la maison mère détient une minorité de blocage (34 % des votes aux assemblées générales des actionnaires)… Par exemple, en acquérant en 1999 environ 37 % du capital de Nissan motors, Renault s'est assuré le contrôle de cette firme automobile japonaise (la participation de Renault étant à présent de 44 %). De plus, les participations croisées (dont l'architecture est fréquemment très complexe) entre filiales et maison mère et/ou entre filiales assure l'autocontrôle du groupe.

La composition d'un groupe multinational va au-delà des filiales. Par exemple, les firmes sous-traitantes juridiquement indépendantes d'un groupe sont *de facto* dépendantes économiquement de leur donneur d'ordre. Par exemple, Nike confie à plusieurs sous-traitants asiatiques la confection de chaussures de sport sur lesquelles seront apposées la marque de la FMN américaine ; Mattel commande les jouets de sa marque à des fournisseurs chinois, etc. Par ailleurs, les sous-traitants, les fournisseurs, sont hiérarchisés : certains d'entre eux sont privilégiés dans la mesure où leur fonction est jugée essentielle par le donneur d'ordre. Celui-ci noue alors des liens durables avec les fournisseurs sélectionnés, développe des relations de coopération technique, voire financière… Les autres sous-traitants sont soumis à la concurrence et ne bénéficient pas de l'assurance de relations durables avec leur donneur d'ordre.

Dans de nombreux cas, les sous-traitants sont eux-mêmes des FMN, fournisseurs de plusieurs donneurs d'ordre : par exemple, la construction des véhicules Audi (groupe Volkswagen) est assurée avec le concours de la firme américaine Lear, leader mondial du sièges auto. Enfin, les FMN nouent des relations de coopération dans certains domaines (recherche et développement, production de parties de produits en commun comme des moteurs de voitures, des boîtes de vitesse…).

Par conséquent, le périmètre officiel des groupes multinationaux ne correspond qu'imparfaitement à leur périmètre réel déterminé par leurs réseaux d'alliances, de sous-traitance…

Transnationalisation et globalisation

– Le terme globalisation est utilisé par les auteurs anglo-saxons pour traduire la constitution d'un marché mondial des biens, des services et des facteurs de production (travail et capital). Pour décrire la même réalité, d'autres auteurs, notamment français, préfèrent utiliser le terme de mondialisation (économique), réservant à la sphère financière l'usage du mot globalisation (laquelle est incluse dans la mondialisation économique).

– La transnationalisation renvoie au fait que certaines FMN tendent à devenir des firmes globales (d'où l'expression globalisation des firmes parfois utilisée) : leurs directions, elles-mêmes mondialisées, élaborent des stratégies à l'échelle de la planète (localisation des unités de production, spécialisation des filiales…), constituent des réseaux avec des sous-traitants privilégiés et/ou d'autres FMN, recourent aux marchés des capitaux globalisés…

– Ces conceptions traduisent l'effacement des frontières nationales face au jeu des acteurs (privés) de l'économie mondiale : ceux-ci réduisent le champ d'intervention des États nationaux. Cette approche est cependant contestée : les FMN globales sont peu nombreuses ; la régionalisation limite la globalisation ou la mondialisation ; les États disposent encore d'atouts, notamment lorsqu'ils coordonnent leurs interventions…

2. – L'internationalisation des économies est stimulée par les investissements directs à l'étranger des FMN

a. — Évolution des investissements directs à l'étranger (IDE) des FMN depuis le XIXᵉ siècle

Pour le FMI et l'OCDE, l'IDE se traduit par l'acquisition d'un intérêt durable dans une entreprise (existante ou entièrement créée), exploitée dans un pays autre que celui de l'investisseur. Le but de ce dernier est alors d'influer réellement sur la gestion de l'entreprise en question, afin de conquérir des parts de marché et/ou réduire les coûts de production, et non pas pour effectuer un placement financier. Ces investissements sont donc effectués dans une logique productive et/ou commerciale et non pas financière.

Plus concrètement, une opération amenant l'investisseur étranger à posséder plus de 10 % des actions et/ou des droits de vote dans une entreprise à l'étranger, est considérée comme un investissement direct.

Mais l'IDE inclut également d'autres opérations : une filiale peut parfaitement autofinancer tout ou partie des ses investissements dans le pays où elle est implantée ; elle peut aussi faire appel au marché financier du pays d'accueil (émissions d'actions). Dans ces deux cas, l'IDE ne commande pas de mouvements internationaux de capitaux.

Enfin, un investissement direct à l'étranger est un flux de capitaux mobilisés au cours d'une période. En revanche, le stock d'investissements à l'étranger est l'ensemble des avoirs des FMN à l'étranger à un moment donné (stock de capital). C'est le résultat des flux d'investissement passés.

Sur longue période, l'essor des IDE des FMN est particulièrement marqué de la fin du xixᵉ siècle à 1914 (voire aux années 1920, du fait de l'expansion des IDE américains au cours de cette décennie), et depuis les années 1980. Selon Paul Bairoch, le volume des IDE enregistré au milieu des années 1990 représenterait de 7 à 10 fois celui de 1913. Cependant, ces flux d'IDE, évalués en pourcentage du PIB mondial, sont encore en deçà de leur niveau de 1913 (1 % en 1995 contre 2 %, voire plus en 1913). Toutefois, les dernières statistiques de la CNUCED font état d'une forte croissance des IDE depuis 1995 : leur montant global serait environ de 1 700 milliards de dollars en 2008, soit environ 3 % du PIB mondial.

Quant au stock d'investissements directs à l'étranger, Bairoch l'évalue à 15 milliards de dollars environ en 1913 et à 2 700 milliards de dollars en 1995 (dollars courants). À la veille de la Première Guerre mondiale, le stock d'IDE représente entre 12 et 15 % du PIB mondial, soit davantage qu'au milieu des années 1990 (moins de 10 % du PIB mondial). Depuis 1995, l'accélération des flux d'IDE accroît de manière importante le stock d'investissements à l'étranger des FMN : il représente actuellement plus de 25 % du PIB mondial.

b. — Les caractéristiques de l'essor des IDE depuis le xixᵉ siècle

■ Jusqu'en 1914

Au cours de la seconde moitié du xixᵉ siècle, les investissements des FMN sont d'un montant limité en comparaison de celui des investissements de portefeuille (placements financiers). Ils concernent l'extraction de matières premières, l'extension des réseaux ferrés (mais dans ce cas, les prêts aux États furent plus fréquents), etc. En regard des autres pays connaissant la révolution industrielle, les États-Unis se différencient par le fait que les investissements à l'étranger de leurs FMN représentent la part majoritaire (environ les 2/3) des investissements et placements à l'extérieur. Par exemple, la firme Singer installe des filiales de production à l'étranger dans les années 1860 ; Colt (fabrique de revolvers) l'avait précédée en 1852 par l'installation d'une filiale à Londres (ce fut un échec) ; en 1905, Ford ouvre une filiale au Canada pour contourner les barrières douanières et, en 1911, cette firme s'installe en Grande-Bretagne (il n'y avait pourtant pas de barrières douanières).

En 1914, les firmes britanniques représentent 50 % du stock de capital à l'étranger des FMN. À cette époque, la part des FMN américaines est proche de 20 % et celle des FMN françaises et allemandes est un peu supérieure à 10 %. Les firmes de ces quatre pays représentent donc plus de 90 % du stock d'investissement à l'étranger des FMN.

Globalement, ces investissements correspondent à des stratégies d'approvisionnement, conduisant au développement de FMN primaires, plutôt qu'à des stratégies de marché ou de rationalisation. Cela peut expliquer que la zone géographique correspondant aux actuels pays en développement soit la destination privilégiée des investissements des FMN.

■ Entre les deux guerres

De 1918 à 1939, la part des firmes européennes dans le stock d'investissement à l'étranger décline. Les firmes nord-américaines consolident leurs positions (industries électriques, automobiles, pneumatiques…). Mais les firmes britanniques occupent encore une place majoritaire : elles représentent 40 % du stock d'investissements directs à l'étranger à la fin des années 1930, contre presque 30 % pour les FMN américaines. La destination de ces investissements est toujours centrée sur les actuels pays en développement. Globalement, la logique des investissements des FMN reste identique à celle de la phase précédente (stratégie d'approvisionnement).

■ **Après 1945**

Les flux d'investissements des FMN – originaires pour une très large part des pays industrialisés – s'orientent davantage vers les pays développés : au début des années 1960, les deux tiers du stock d'investissement à l'étranger des FMN sont localisés dans les pays développés (1/3 en 1938). Cette prééminence des pays développés, devenus zone d'accueil privilégiée des IDE, s'accentue jusqu'aux années 1980. Au cours des années 1990, les IDE à destination des pays en développement (en particulier d'Asie) s'accroissent fortement mais la plus grande part du stock d'IDE mondial reste toujours localisée dans les pays développés. Cette part se renforce depuis la crise asiatique (1997-1998) puis à partir de 2002, la part des PED s'accroît à nouveau.

Globalement, ces évolutions traduisent le fait que les FMN privilégient les stratégies de marché (firmes-relais), qui se substituent peu à peu aux stratégies d'approvisionnement (firmes primaires). L'essor important des firmes-ateliers depuis les années 1980, ne modifie pas cette tendance.

Jusqu'aux années 1960, l'hégémonie des FMN américaines est nette : en 1960, elles contrôlent plus de la moitié du stock d'investissements à l'étranger. Par la suite, les FMN allemandes, japonaises et, depuis les années 1980, françaises et britanniques, contestent cette domination. En outre, quelques-unes originaires des pays en développement (Corée du Sud, Taiwan, Malaisie…) interviennent sur les marchés mondiaux et accentuent leur présence jusqu'à la crise asiatique de 1997-1998.

c. — La croissance des IDE relève de plusieurs catégories d'explications

Au plan macroéconomique, l'essor des IDE, depuis la fin du xixᵉ siècle, reflète les nécessités de la croissance capitaliste : l'accumulation du capital exige des débouchés plus larges pour une production croissante. La concurrence entre les entreprises commande de réduire les coûts unitaires grâce aux économies d'échelle qu'autorise une production plus importante destinée à un marché plus vaste ou grâce à l'implantation d'unités de production dans des pays à bas salaires. La multiplication des zones régionales d'échanges contribue également à l'essor des IDE. Par exemple, la constitution du marché unique européen à partir de 1993 ouvre des perspectives nouvelles aux FMN, y compris extra-européenne. En fait, ce processus est entamé dès 1986, c'est-à-dire à partir du moment où l'Acte unique européen signé par les pays membres de la CEE prévoit la mise en œuvre du marché unique.

Par ailleurs, l'évolution des IDE dépend d'aspects réglementaires. Ainsi, la déréglementation des flux de capitaux depuis les années 1980 favorise-t-elle l'essor des IDE. Néanmoins, certains entraves aux IDE, certaines contraintes subsistent telles des réglementations nationales qui peuvent imposer aux filiales de s'approvisionner en biens intermédiaires, auprès de fournisseurs locaux, au détriment de fournisseurs étrangers et donc des importations. C'est pour cette raison qu'en 1998, après l'échec des négociations entamées en 1993 entre les pays membres de l'OCDE en vue d'un accord multilatéral sur l'investissement (AMI), l'OMC considère qu'il lui revient d'organiser de nouvelles discussions afin d'accentuer la libéralisation des IDE.

Au plan microéconomique, chaque entreprise désireuse de s'ouvrir sur l'extérieur privilégie l'IDE à l'exportation dès lors qu'un calcul économique coûts/avantages laisse apparaître une espérance de gains plus élevée.

■ **Le modèle OLI**

Selon John Dunning (1988), les fondements de l'internationalisation des firmes résident dans la prise en compte de trois types d'avantages :

– ceux spécifiques à la firme, liés à sa maîtrise d'une technique, à sa taille, à sa capacité à différencier ses produits… (**O**wnership advantages) ;

– ceux liés à la localisation dans tel ou tel pays : qualité des infrastructures, de la dotation factorielle, du cadre institutionnel… (*Localisation advantages*) ;

– ceux liés à la réduction « des coûts de transaction » : la proximité entre filiales et fournisseurs (ou clients) diminue les coûts. La constitution d'un groupe intégrant les différents stades du processus productif offre aussi l'opportunité de diminuer certains coûts ou de réduire l'intensité de la concurrence… (*Internalisation advantages*).

Ce schéma explicatif constitue le modèle OLI (en reprenant l'initiale de chaque type d'avantages). Si le calcul économique de la firme fait apparaître une supériorité des gains attendus du fait de l'implantation d'une filiale dans un pays tiers par rapport à l'exportation vers ce pays, l'IDE est privilégié. De ce point de vue, les deux derniers types d'avantages sont déterminants quant à la décision d'investir à l'étranger.

Par exemple, dans leur stratégie de conquête des marchés extérieurs, les groupes japonais ont très longtemps privilégié l'exportation à l'IDE. Au cours des années 1980, la valorisation du yen et la multiplication des mesures de protection à l'encontre des produits japonais en Europe et aux États-Unis, réduisent la compétitivité-prix des firmes nippones et incitent celles-ci à réduire leurs coûts de transaction (**I**). En outre, la perspective du marché unique européen et les mesures incitatives du gouvernement Thatcher en Grande-Bretagne, accroissent l'attrait qu'exerce la CEE sur les firmes japonaises (**L**). Ces considérations expliquent pourquoi les firmes nippones ont accru leurs IDE, d'autant plus que leur avantage spécifique (**O**) tendait à décroître.

■ La thèse de Raymond Vernon

Le modèle OLI est conciliable avec la thèse célèbre de R. Vernon (1966) : pour cet auteur, les FMN américaines ont développé, depuis les années 1950, des stratégies d'internationalisation liées à leur avance technique (innovations de produits et/ou de processus), constituant, à cette époque, leur avantage spécifique (**O**). Au cours des années 1950, ces FMN innovatrices constatent la saturation progressive de leur marché national ; elles exportent alors leurs produits vers l'Europe afin d'élargir les débouchés. Au cours des années 1960, la constitution de la CEE et l'émergence de firmes concurrentes européennes incitent les FMN américaines à développer leurs IDE en Europe (**L** et **I**) ; les exportations sont maintenues vers les autres zones jusqu'à ce qu'il soit plus avantageux de produire sur place (**L** et **I**). Cette évolution correspond aux différents stades du cycle de vie des produits, résumé par le schéma ci-dessous :

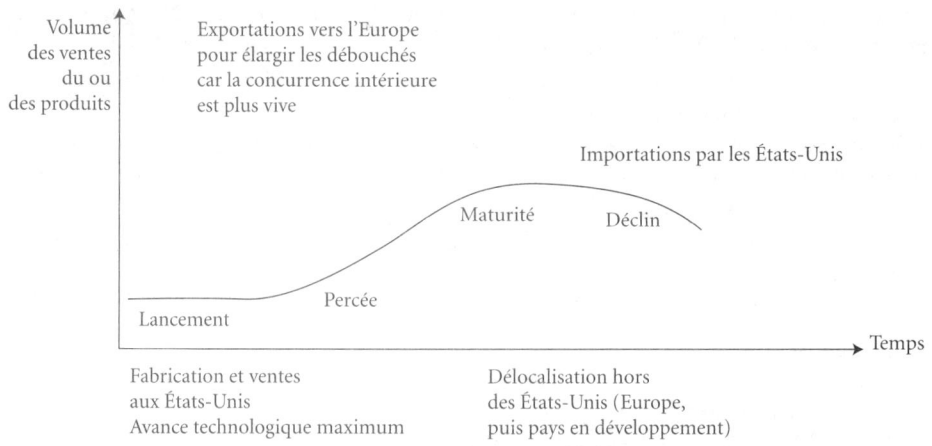

Figure 1 - Le cycle de vie des produits

d. — Les IDE sont-ils des substituts aux échanges commerciaux internationaux ?

La croissance des IDE peut nuire aux échanges. Lorsque la maison mère d'une FMN décide d'implanter une filiale dans un pays pour y accroître sa part de marché, elle réduit logiquement ses exportations vers ce pays. Par exemple, conformément au modèle OLI, l'installation par la firme Toyota d'une filiale automobile à Valenciennes renforce la compétitivité du groupe japonais du fait de la diminution des coûts de transaction. En effet, les coûts de transport du Japon vers l'Europe n'interviennent pas et le tarif douanier commun de l'Union européenne ne s'applique pas ; de plus, la présence d'une filiale est pour Toyota facteur d'une meilleure connaissance du marché européen, etc. Par conséquent, les avantages induits par la production d'automobiles en France diminuent l'intérêt d'en exporter du Japon.

C'est une situation comparable que le Canadien Robert Mundell analyse à la fin des années 1950 pour évaluer les conséquences de l'accroissement des IDE destinés à contourner les obstacles douaniers érigés par un ou plusieurs pays. Dans ce cas, les investissements des firmes se substituent aux échanges commerciaux. Cette approche perd de sa pertinence du fait de la tendance libre-échangiste depuis cette époque mais la constitution de zones régionales d'échanges et la persistance de certaines pratiques protectionnistes autorisent qu'il y soit encore fait référence.

Les options stratégiques des FMN peuvent conduire à la réduction des échanges du fait de l'essor de leurs IDE. Par exemple, contrairement au schéma de Vernon, les FMN peuvent, par prévention, accélérer leurs IDE avant même de perdre les avantages de leur avance technique. Dans les pays d'accueil, les filiales peuvent alors nuire à l'activité des entreprises n'ayant pas achevé le processus d'imitation qui devait les amener à un niveau de compétitivité viable. Les courants d'échanges noués entre ces firmes locales sont donc détruits.

Par ailleurs, l'implantation d'une filiale accentue la concurrence dans le pays d'accueil au point de nuire aux échanges extérieurs : la production de véhicules Clio en Espagne permet à la firme Renault d'accroître sa part de marché au détriment de Seat dont le recul de l'activité induit une baisse de ses importations d'intrants. De plus, une partie des véhicules Clio fabriquées en Espagne se substitue à d'autres véhicules jusqu'alors importés, par exemple de Grande-Bretagne.

Néanmoins, croissance des IDE et croissance des échanges internationaux sont compatibles.

■ **L'IDE, facteur de commerce international**

Sur longue période, l'essor des IDE est concomitant de celui des échanges. Il est certes possible de soutenir que sans IDE, l'accroissement du commerce international aurait été plus marqué. Mais cet essor est lui-même favorisé par celui des IDE. Ceux-ci ouvrent en effet des opportunités d'exportations pour les pays d'accueil : les filiales peuvent exporter une partie de leur production et, en outre, dopent l'activité économique locale, induisant par conséquent des importations d'intrants et/ou de biens de consommation finale. Par ailleurs, l'intensification de la concurrence incite les producteurs locaux à accroître l'efficience de leur appareil productif et/ou à le redéployer vers de nouvelles activités. Plus généralement, l'appareil productif local peut être réorienté vers des activités correspondant à des avantages comparatifs, sources d'exportations. Parallèlement, l'essor des FMN conforte leur position, tant au niveau national qu'international, et leur croissance du groupe alimente de nouveaux courants d'exportations et d'importations (mais aussi d'IDE).

■ **IDE et échanges intragroupes**

L'accroissement des IDE des FMN contribue au développement du commerce intragroupe. La division ou décomposition internationale des processus productifs (DIPP) spécialise les filiales sur des segments de production en fonction des avantages liés à la localisation. Ainsi, l'implantation de filiales-ateliers dans les pays à bas salaires et de filiales-relais dans les pays à fort pouvoir d'achat, impulse des flux d'échanges intragroupes qui, aujourd'hui, représentent 35 à 40 % du commerce mondial. Ce processus est amplifié dès lors que le périmètre des FMN est défini au sens large, c'est-à-dire en y incluant les sous-traitants (voir *supra*, III, A, 1, b). Par exemple, les firmes américaines d'automobiles font appel à des sous-traitants mexicains (et à des filiales spécialisées) pour alimenter leurs chaînes de montage aux États-Unis et vendre leurs véhicules au sein de l'Alena. Les échanges se multiplient ainsi.

Par conséquent, la multinationalisation des firmes et l'essor de leurs IDE contribuent à l'internationalisation des économies d'autant plus que les échanges internationaux en sont favorisés.

B LES FMN CONTRIBUENT À LA DÉLOCALISATION DE LA PRODUCTION

La délocalisation initiée par les FMN pose un problème de définition. En outre, les effets de ce processus suscitent de nombreuses interrogations.

1. – Le processus de délocalisation est induit par les stratégies de réduction de coûts des FMN

a. — La définition du processus de délocalisation fait l'objet de débats

Au sens le plus large, la délocalisation couvre tous les cas d'IDE puisque, par définition, les FMN localisent leur production hors de leur pays d'origine. Cependant, les débats autour de cette question réduisent le champ des délocalisations, sans parvenir à le délimiter de manière indiscutable (voir tableau ci-dessous).

Ce débat sur la définition du champ des délocalisations n'est pas sans importance : le champ retenu implique une appréciation spécifique du processus. Ainsi, en 1993, dans un rapport d'information sur l'incidence fiscale et économique des délocalisations, le sénateur français Jean Arthuis définit ce processus de la manière suivante : « *la délocalisation consiste pour des produits qui pourraient être fabriqués et consommés dans une même aire géographique, à séparer les lieux de production des lieux de leur consommation. En d'autres termes, il s'agit pour le gestionnaire de fabriquer là où c'est le moins cher et de vendre là où il y a du pouvoir d'achat* ». Cette définition correspond à la première approche recensée dans le tableau ci-dessous. Elle amplifie les effets négatifs des délocalisations, notamment sur l'emploi (Arthuis chiffrait à plusieurs millions les emplois supprimés et menacés par les délocalisations). Une définition plus stricte conduit à une position plus mesurée.

Tableau 2 - Deux définitions de la délocalisation

Délimitation du champ de la délocalisation	Exemples
A. Produire dans un pays, vendre dans un autre, alors qu'il serait techniquement possible de produire dans ce dernier pays.	Produire des chaussures en Asie et les importer en France. Le fournisseur étranger peut être : – une filiale d'une FMN ; – un sous-traitant étranger, juridiquement mais non économiquement indépendant d'une FMN, donneur d'ordre ; – un fournisseur étranger totalement indépendant.
B. Une filiale d'une FMN produit dans un pays pour vendre dans un autre alors qu'il est techniquement possible d'y produire. De plus, une filiale équivalente est fermée dans le pays devenant importateur (ce que ne prévoit pas le cas précédent). Certains auteurs incluent également le recours à la sous-traitance internationale seulement quand elle fait suite à la fermeture d'une unité de production dans le pays devenant importateur.	En France, des entreprises fabriquaient des chaussures. Pour réduire les coûts de production, les propriétaires de certaines de ces entreprises les ferment et implantent des unités de production à l'étranger, par exemple en Asie (ou recourant à un sous-traitant à l'étranger). Les chaussures sont ensuite importées en France. Le champ de la délocalisation est plus restreint que dans les cas précédents.

Par ailleurs, l'effet des délocalisations sur l'emploi dans le pays d'origine des firmes délocalisatrices n'est pas forcément négatif : les suppressions d'emplois directs provoquées par la fermeture des unités de production sont limitées car l'ampleur des délocalisations au sens strict du terme est elle-même limitée. De plus, la réduction des effectifs peut être compensée par des créations d'emplois liés à la localisation d'entreprises étrangères sur le territoire national ; en outre, les filiales délocalisées peuvent importer des intrants de leur maison mère, ce qui induira des créations d'emplois dans le pays d'origine, etc.

b. — Les facteurs de délocalisation

La délocalisation, entendue au sens le plus restreint (voir B. dans le tableau p. 404), est commandée par la nécessité d'abaisser les coûts de production. Le niveau trop élevé de ces coûts, en particulier salariaux, dans une zone donnée, induit la délocalisation des entreprises. Mais de quels coûts s'agit-il ? Les coûts salariaux, c'est-à-dire les salaires et les charges sociales, ne représentent pas l'intégralité des coûts supportés par les entreprises ; les coûts des consommations intermédiaires, les coûts d'usage du capital fixe, sont autant de charges qui souvent l'emportent sur les coûts salariaux. Toutefois, l'économiste français Gérard Lafay soutient que tous les coûts sont salariaux : une machine est fabriquée grâce à du travail occasionnant un coût salarial ; les matières premières utilisées dans la fabrication des machines sont elles-mêmes les produits du travail, etc. Dès lors, les produits sont coûteux quand le travail l'est aussi.

Mais le coût du travail n'est pas un critère totalement satisfaisant. Si le coût d'une heure de travail en France est trente fois plus important qu'aux Philippines, une partie de cette différence est compensée par une productivité du travail largement supérieure en France qui réduit l'écart de coûts unitaires entre les deux pays. En outre, la compétitivité des produits français peut être dopée (ou freinée) par la variation du taux de change de l'euro.

Néanmoins l'avantage compétitif des Philippines subsiste. Il faut alors faire intervenir d'autres éléments pour affirmer que l'avantage des coûts unitaires est décisif. Par exemple, la localisation d'une filiale-atelier française aux Philippines et la réexportation des produits vers la France imposent des frais de transport et l'application du tarif extérieur commun de l'Union européenne. D'autre part, les infrastructures philippines sont peut-être défaillantes au point de grever les coûts de production. Ensuite, l'instabilité politique et économique de ce pays est de nature à atténuer l'avantage-coûts de sa main-d'œuvre, etc. De plus, la compétitivité des produits français ne relève pas que de leur prix mais aussi de leur adaptation à la demande mondiale : les firmes françaises peuvent donc produire à coûts élevés des produits de bonne qualité.

Un autre facteur incitatif à la délocalisation correspond aux avantages offerts par les pays d'accueil. Ces avantages peuvent porter sur une dotation factorielle particulière, par exemple une main-d'œuvre abondante et disciplinée, qui renvoie à la problématique des coûts précédemment évoquée. Mais, le caractère attractif des certaines régions peut aussi résulter des mesures volontaristes prises par les États. Ainsi, la création de zones franches offre aux firmes étrangères plusieurs avantages : exonérations ou réductions fiscales, allégements de charges sociales, facilité d'importation d'intrants, possibilité d'expatrier les profits, accès au marché intérieur du pays d'accueil… Globalement, dans les pays en développement, l'importance des zones franches ne cesse de croître depuis les années 1970.

Ainsi, au Mexique, le long de la frontière avec les États-Unis, plusieurs zones franches accueillent des filiales de FMN, pour une large part américaines, et des sous-traitants mexicains. Ces unités de production (les *maquiladoras*) sont des usines d'assemblage (composants électroniques, TV, ordinateurs, pièces détachées d'automobiles…) dont les produits sont destinés pour l'essentiel à l'exportation. Outre le coût attractif de la main-d'œuvre, les maquiladoras bénéficient des avantages traditionnels des zones franches. La même logique prévaut en Chine où, depuis la fin des années 1970, plusieurs zones économiques spéciales (ZES) ont été mises en place. De plus, au cours des années 1980, le gouvernement chinois a ouvert plusieurs villes côtières aux investissements étrangers et, aujourd'hui, le territoire chinois est devenu l'une des zones les plus attractives pour les IDE à destination des pays en développement.

La délocalisation est d'autant plus envisageable que les pays d'accueil offrent non seulement des avantages en termes de réduction des coûts mais également des perspectives de forte croissance de leur marché intérieur. La zone asiatique, dont singulièrement la Chine, correspond à cette éventualité. La stratégie de rationalisation des coûts (filiales-ateliers) se combine avec une stratégie de marché (filiales-relais). De ce point de vue, la constitution d'une zone régionale d'échanges est un atout. Par exemple, l'entrée en vigueur du Mercosur en 1995 ouvre aux filiales des FMN installées au Brésil, en Argentine, au Paraguay, en Uruguay et, depuis 2006, au Venezuela, l'ensemble de ces marchés ainsi que ceux de la Bolivie, du Chili, du Pérou, de la Colombie et de l'Équateur, du fait des accords de libre-échange entre ces pays et le Mercosur.

2. – Les effets des délocalisations suscitent des craintes et des espoirs

a. — Les effets des délocalisations dans les pays développés

À 85 %, les IDE des FMN proviennent des pays développés. Une partie relève du processus de délocalisation. Les entreprises délocalisent pour acquérir un avantage de compétitivité. Dès lors, à la perte d'emplois attachée à la délocalisation entendue au sens strict (voir *supra*, II) s'ajoute celle consécutive à la réaction des firmes nationales concurrentes. Si Renault accroît sa compétitivité en délocalisant, Peugeot fera de même. La chute de l'emploi déprime la demande intérieure d'autant plus que la montée du chômage pèse sur les salaires. En outre, la délocalisation agit comme une menace à l'encontre des salariés invités à modérer leurs revendication salariales. L'atonie de la demande interne nourrit le processus de délocalisation qui permet aux firmes de doper leur compétitivité-prix, etc.

La délocalisation induit la montée du chômage, notamment des travailleurs les moins qualifiés mis en concurrence avec les salariés des PED. Selon l'Américain Robert Reich, les « travailleurs routiniers » affectés à des tâches répétitives sont les perdants de la mondialisation. Il sont les premières victimes des délocalisations et de la concurrence internationale. C'est aussi le cas des « aides aux personnes » (employés de commerce, de restaurant…, chauffeurs de taxi, vigiles, infirmières…) mis en concurrence avec les travailleurs migrants venant des pays à bas salaires. En revanche, les « manipulateurs de symboles » (ingénieurs, cadres de gestion, avocats, journalistes, chercheurs…) sont les gagnants de la mondialisation. Ils développent des stratégies individualistes en terme de carrière et de mode de vie. Par conséquent, les délocalisations et plus généralement la mondialisation accentuent les inégalités sociales au sein des pays développés et mettent aussi en danger leur cohésion sociale.

Ces craintes doivent être modérées. Les firmes délocalisatrices bénéficient d'un accroissement de leur rentabilité qui leur permet de financer des activités nouvelles et d'embaucher. D'ailleurs, les études empiriques cherchant à vérifier l'impact macroéconomique des délocalisations sur l'emploi ne confirment pas la vision pessimiste précédemment décrite. En revanche, microéconomiquement, l'impact des délocalisations peut être négatif : la fermeture d'une usine de fabrication de chaussures ou textile dans une ville de 30 000 habitants peut en effet déclencher des effets dévastateurs.

Par ailleurs, les pays d'accueil bénéficient de l'implantation de filiales qui dopent la croissance. Ainsi, des firmes textiles françaises ont été délocalisées au Maroc. Les exportations de textile permettent au Maroc d'importer davantage de France. Il n'est d'ailleurs pas anormal que le spécialisation d'un pays développé comme la France évolue en abandonnant la production de biens de consommation courante, de produits intermédiaires… pour se consacrer davantage aux produits à plus haute valeur ajoutée (biens d'équipement…).

Enfin, la perspective pessimiste de R. Reich, n'est pas inéluctable. Reich lui-même en convient en promouvant une intervention de l'État dont les dépenses doivent être orientées vers la formation, les infrastructures, les politiques d'incitation en faveur des entreprises pour favoriser l'essor de nouveaux secteurs.

b. — Les effets des délocalisations sur les pays en développement qui en sont destinataires

Les PED peuvent espérer des retombées positives des IDE issus de la délocalisation des FMN sur leur territoire. L'implantation d'une filiale-atelier génère des emplois qui ne nécessitent pas forcément des qualifications élevées, y compris dans les secteurs des nouvelles technologies. Par exemple, les usines de composants électroniques emploient une main-d'œuvre féminisée occupée à des tâches répétitives (soudure, assemblage…). Par ailleurs, ces filiales-ateliers peuvent s'approvisionner auprès de fournisseurs locaux, constituant une nouvelle source de créations d'emplois.

L'implantation de filiales favorise les transferts de technologie, source d'externalités positives pour l'ensemble du tissu industriel des pays d'implantation. C'est particulièrement le cas, lorsque les FMN constituent des joint-ventures avec des partenaires du pays d'accueil. La volonté de bénéficier de transferts de technologies est souvent une des motivations de la constitution de zones franches. Les filiales constituent en outre un modèle pour les entreprises locales tant au plan organisationnel qu'à celui des savoir-faire en matière de vente, d'apprentissage des normes internationales, etc.

Les filiales-ateliers alimentent un courant d'exportations et des flux de capitaux entrants, consolidant la balance des paiements des pays d'accueil. L'entrée de capitaux liée à l'implantation d'une filiale ne constitue pas une source d'endettement comme l'aurait été un emprunt sur les marchés financiers internationaux.

Cependant, la délocalisation n'est pas toujours favorable aux pays en développement. La littérature tiers-mondiste des années 1960-1970 a fortement dénoncé la désarticulation des économies des PED liée à l'implantation des entreprises étrangères. L'essor d'un secteur moderne extraverti n'exerce pas d'effets d'entraînement sur l'ensemble de l'économie et perpétue le sous-développement. Par exemple, la présence de firmes étrangères ne garantit pas qu'elles feront appel à des fournisseurs locaux ; elles peuvent même, dans certains cas, entrer en concurrence avec des entreprises locales et les condamner à la faillite. L'emploi créé par les filiales-ateliers reste limité quantitativement et le volant de main-d'œuvre potentiellement disponible dans le secteur traditionnel de l'économie fait pression sur les salaires. En outre, l'essor du secteur moderne accentue les inégalités sociales et régionales au sein des PED. Finalement, l'implantation de filiales étrangères maintient le dualisme au sein des PED (*cf.* chapitre 12) au bénéfice des pays développés : les FMN sont donc l'instrument du néocolonialisme (domination sans colonisation) dont pâtissent les PED.

Par ailleurs, les maisons mères des filiales implantées dans les PED rapatrient tout ou partie des bénéfices occasionnant par la même une sortie de capitaux. En outre, les filiales privilégient leur pays d'origine pour leurs importations d'intrants dont les termes (prix et quantités) sont fixés au sein du groupe multinational (commerce intragroupe), échappant ainsi à tout contrôle du pays d'accueil. De plus, les transferts de technologies ne sont pas à la hauteur des espoirs qu'ils suscitent : les entreprises locales des PED ne sont pas toujours capables d'adopter les techniques mises en œuvre par les filiales des FMN.

Les critiques fortes à l'adresse du rôle des FMN – et singulièrement des délocalisations – sur la croissance et le développement des PED sont excessives. L'essor des nouveaux pays industrialisés d'Asie, en particulier de Singapour ou de Hongkong, la forte croissance de la Chine depuis la fin des années 1970, doivent partiellement à la présence de filiales de FMN. Il est cependant exact qu'elles creusent les inégalités internes et peuvent induire une spécialisation pas toujours profitable sur le long terme aux PED.

Cependant, certains pays en particulier dans la région asiatique, montrent que ce scénario n'est pas inéluctable contrairement à ce que soutiennent les thèses tiers-mondistes. La Corée du Sud par exemple, a pu contrôler et canaliser l'essor des filiales étrangères dans le cadre d'une stratégie d'industrialisation impulsée par l'État. Au cours des années 1960, une stratégie de promotion des exportations de produits de consommation courante est adoptée. À partir de la décennie suivante, ce pays met en œuvre une politique de substitution d'exportations (exportations de produits à plus haute valeur ajoutée), et maintient un régime protecteur en faveur des industries naissantes. Une fois encore, l'action des pouvoirs publics est fondamentale pour faire évoluer une spécialisation en partie déterminée par les FMN.

L'essor du commerce international et la multinationalisation des firmes impliquent l'internationalisation des économies. Mais d'autres facteurs sont également à prendre en compte : les migrations internationales, d'une part, et les mouvements de capitaux autres que les IDE (investissements de portefeuille, prêts…) d'autre part.

CHRONOLOGIE

1833. — Signature du traité instituant le *Zollverein*. Cette union douanière entre en vigueur l'année suivante.

Années 1840. — Mesures libre-échangistes en Grande-Bretagne dont l'abrogation des corn laws en 1846 et de l'acte de navigation de 1651, en 1849.

1857. — Adoption du libre-échange par la Russie.

1860. — Traité franco-britannique de libre-échange.

1860. — Relèvement des tarifs douaniers aux États-Unis.

Années 1870-1890. — Relèvements des droits de douane en Russie (1877), en Allemagne (1879), en France (1881), aux États-Unis (1890 : tarifs Mac Kinley), en Russie (1891 : tarifs Mendeleïv), en France (1892 : tarifs Méline), aux États-Unis (1897 : tarifs Dingley)…

Années 1910. — Renforcement de l'arsenal protectionniste du Japon.

1913. — Abaissement des tarifs douaniers américains (tarifs Underwood).

1915. — Tarifs protectionnistes Mac Kenna, en Grande-Bretagne, sur les produits de luxe.

Début des années 1920. — Mesures protectionnistes dans plusieurs pays, y compris la Grande-Bretagne.

1930. — Relèvement des tarifs douaniers aux États-Unis (tarifs Hawley-Smoot) qui provoque la hausse des tarifs dans de nombreux pays.

1931-1932. — La Grande-Bretagne abandonne l'étalon-or et adopte plusieurs mesures protectionnistes, dont le principe de la préférence impériale.

1947. — Signature du GATT.

1951. — Traité de Paris instituant la CECA.

1957. — Traité de Rome instituant la CEE.

1960. — Création de l'AELE.

1987. — Mise en œuvre de l'Acte unique européen.

1989. — Fondation de l'APEC.

1991. — Signature du traité d'Asunción instituant le Mercosur au 1er janvier 1995.

1992. — Signature de l'Alena entré en vigueur au 1er janvier 1994.

1992. — Traité de Porto qui crée l'Espace économique européen, en vigueur depuis 1994.

1992. — Traité de Maastricht.

1993. — Entrée en vigueur du marché unique européen.

1993. — Signature de l'AFTA, zone de libre-échange de l'ASEAN (échéance 2003).

1994. — Conférence de Marrakech concluant l'*Uruguay round* (1986-1993).

1995. — Entrée en vigueur de l'OMC.

1997. — Signature du traité d'Amsterdam entré en vigueur en mai 1999.

1999. — Échec de la Conférence ministériel de l'OMC, à Seattle.

2000. — Sommet européen de Nice qui confirme l'élargissement de l'UE à l'Est et adopte une charte des droits sociaux.

2001. — Signature du traité de Nice, entré en vigueur en 2004 ; conférence ministérielle de l'OMC à Doha.

2005. — Résultat mitigé de la conférence ministérielle de l'OMC à Hong Kong.

2004 et 2007. — Adhésion de 10 PECO, de Chypre et de Malte à l'UE.

2009. — Échec de la Conférence ministériel de l'OMC à Genève.

2009. — Ratification du traité de Lisbonne.

BIBLIOGRAPHIE

ADDA (J.), *La Mondialisation de l'économie*, La Découverte, coll. Grands Repères, 2006.

D'AGOSTINO (S.), *La mondialisation*, Bréal, coll. Thèmes & Débats, 2008.

EL MOUHOUD (M.), *Mondialisation et délocalisation des entreprises*, La Découverte, coll. Repères, 2006.

MONTOUSSÉ (M.), *100 fiches pour comprendre la mondialisation*, Bréal, 2006.

SIROEN (J.-M.), *La régionalisation de l'économie mondiale*, La Découverte, coll. Repères, 2004.

« Mondialisation et commerce international », *Cahiers français*, n° 325, mars-avril 2005 (La Documentation française).

Pour approfondir

BHAGWATI (J.), *Éloge du libre-échange*, Éditions d'organisation, 2005.

KRUGMAN (P.), *La Mondialisation n'est pas coupable. Vertus et limites du libre-échange*, La Découverte, 2000.

LETESSIER (J.Y.), SILVANO (J.) et SOIN (R.), *L'Europe économique et son avenir*, Armand Colin, coll. cursus, 2008.

MAZEROLLES (F.), *Les Firmes multinationales*, Vuibert, coll. Dyna'sup, 2006.

MUCCHIELLI (J.-L.) et MAYER (Th.), *Économie internationale*, Dalloz, 2005.

SUAREZ (A.), *Intégration régionale, évolution d'un concept*, Hachette, coll. Les fondamentaux, 2009.

SUJETS CORRIGÉS

SUJET I

*La globalisation de l'économie mondiale : mythe ou réalité ?
L'étude du sujet sera menée à partir de 1945.*

Remarques
– Définir le terme de globalisation et expliquer qu'il correspond à celui de mondialisation ou de transnationalisation. Il s'agit de l'effacement des frontières nationales et de la création d'un grand marché mondial.
– Signaler que la globalisation concerne les échanges de marchandises, mais aussi les échanges de capitaux.
– Montrer la différence entre évolution et situation : l'économie mondiale subit effectivement une tendance de globalisation, mais elle n'est pas « globale ».

I La globalisation est une tendance réelle de l'économie mondiale depuis 1945…

A. — La tendance à la libéralisation des échanges et à l'ouverture des économies…

1. — La libéralisation des échanges durant les Trente glorieuses…
– Volonté des institutions internationales de l'après-guerre de favoriser la mondialisation (FMI et GATT)…
– … légitimée par la théorie économique qui considère que le libre-échange est un facteur de croissance (Smith et Ricardo et la très grande majorité des théories du commerce international).
– Tendance progressive au recul du protectionnisme et à l'effacement des frontières nationales.

2. — … provoque une forte croissance des échanges internationaux qui se poursuit malgré la crise
– Accroissement des échanges.
– Internationalisation des économies et ouverture croissante.
– Économies de plus en plus interdépendantes : contrainte extérieure, « l'international commande, le national suit » (L. Stoléru). Le national semble s'effacer par rapport à l'international.

B. — … mène à l'organisation de la production au niveau mondial

1. — La décomposition internationale des processus de production (DIPP) représente une étape de plus dans le processus de mondialisation
– La DIT permettait déjà d'optimiser la production des produits au niveau international.
– Le commerce entre semblables permet de gagner en « savoir-faire » (demande représentative de Linder) et de satisfaire les besoins de diversité des consommateurs (Lassudrie-Duchêne).
– La DIPP permet d'optimiser les processus de production au niveau mondial (Lassudrie-Duchêne).

2. — De nombreuses entreprises se multinationalisent et même se transnationalisent
– Tendance à la multinationalisation et à la transnationalisation (Michalet).
– De nombreuses entreprises seraient devenues globales et apatrides, élaborant leur stratégie au niveau mondial :
  • stratégie de marché ;
  • stratégie de production : de tout le processus de production (Vernon) ou d'une partie (DIPP).

C. — La tendance à la globalisation concerne aussi les capitaux : c'est la globalisation financière

1. — Les mouvements de capitaux se sont amplifiés depuis 1945
– Durant la première partie des Trente glorieuses, les échanges de capitaux ont augmenté (d'une façon modérée) et ont participé à la transmission de la croissance.

– Puis ils augmentent plus fortement avec la multi-plication des eurodollars et le recyclage des pétro-dollars.

– Forte croissance à partir du début des années 1980. L'importance des échanges de capitaux est sans commune mesure avec les échanges de marchandises.

• de plus en plus de capitaux flottants ;

• de plus en plus d'investissement direct à l'étranger (IDE).

2. — La croissance des échanges de capitaux résulte d'une globalisation financière

– Déréglementation.

– Décloisonnement.

– Désintermédiation.

L'effacement des frontières nationales ne concerne plus seulement les marchandises, mais aussi les capitaux.

Le monde est-il devenu un « village planétaire » pour reprendre l'expression de Mac Luhan ?

II ... mais l'économie est loin d'être « globale »

A. — Les frontières nationales sont loin de dis-paraître...

1. — La liberté des échanges n'est pas parfaite

– Le libre-échange de marchandises presque total, mais des restrictions demeurent :

• tentations protectionnistes avec la crise débutée au milieu des années 1970 ;

• protectionnisme non tarifaire.

– La libéralisation des échanges de services et de produits agricoles est loin d'être aboutie.

2. — Les politiques nationales conservent une marge de manœuvre

– Les politiques économiques peuvent agir sur les mouvements de capitaux (politique de change et politique de taux d'intérêt).

– Elles peuvent agir sur la compétitivité (dépréciation ou désinflation compétitive par exemple).

– Elles peuvent aider les producteurs nationaux à se développer pour s'insérer favorablement dans le commerce mondial ; exemple du Japon ou de la CEE (politique commerciale stratégique préconisée par P. Krugman).

B. — ... et de nouvelles frontières apparaissent

1. — La régionalisation semble s'opposer à la globalisation

– Même si elle permet de développer les échanges entre certains pays (*trade creating*)...

– ... la régionalisation crée de nouvelles frontières et s'oppose à la globalisation :

• elle est une réaction aux dangers de la globalisation (préférence communautaire, protectionnisme modéré européen préconisé par Jeanneney ou par Allais) ;

• elle provoque un *trade diverting* ;

• elle s'oppose au multilatéralisme et tend à créer une structure oligopolistique dans les échanges (P. Krugman).

2. — La tripolarisaton des échanges crée une nouvelle frontière qui exclut toute une partie du monde

– La plus grande partie des échanges s'effectue entre les pays de la Triade (Ohmae)...

– ... et une grande partie des PED sont exclus du mouvement de globalisation.

C. — Les FMN sont loin d'être globales et apa-trides

1. — Les entreprises globales et apatrides sont rares...

– Les entreprises qui bâtissent leur stratégie de production au niveau mondial sont rares.

– L'internationalisation s'effectue surtout par les exportations et seules les entreprises des petits pays semblent vraiment mondiales.

2. — ... car elles ont généralement intérêt à profiter de la « politique commerciale straté-gique » de leur pays d'origine (P. Krugman)

– Les entreprises peuvent profiter d'un « protection-nisme éducateur ».

– Elles peuvent profiter d'aides et de subventions (exemple d'Airbus).

Conclusion

– La tendance à la globalisation est réelle, mais la globalisation est loin d'être une réalité.

– Elle fournit des arguments aux entreprises et parfois aux États qui, mettant en avant les contraintes qu'elle impose, espèrent souvent faire accepter à la population une mise en cause de leurs acquis sociaux.

SUJET II

Vous essaierez de dégager les caractères du commerce internatio-
nal depuis 1945 : peut-on parler du passage d'un déséquilibre à un
autre ou plutôt d'un rééquilibrage permanent ? (ESCO, 1990)

Introduction :

L'ancien déséquilibre représenterait le commerce international du milieu des années 1940 : peu d'échanges, protectionnisme important, suprématie américaine…

Le nouveau déséquilibre serait le commerce international que nous vivons actuellement.

En réalité, le premier déséquilibre n'a pas été durable et la situation actuelle n'est pas vraiment déséquilibrée car le commerce ne s'est pas contracté. On peut donc parler d'un rééquilibrage permanent.

I À l'après-guerre, le commerce international est très déprimé, mais la suprématie américaine lui offre un nouvel équilibre

A. — Le commerce mondial est déprimé et les échanges sont asymétriques

1. — Un commerce déprimé suite à :
– la guerre ;
– la contraction des échanges due à la crise des années 1930.

2. — Les échanges sont asymétriques car marqués par l'hégémonie américaine
Pas de libre-échange. Tous les pays industrialisés autres que les États-Unis sont ruinés par la guerre. Les PED sont aussi exclus du commerce.

B. — Les États-Unis jouent un rôle de régulateur et mettent en place les bases du développement du commerce mondial

1. — Les États-Unis donnent l'impulsion néces-saire aux échanges mondiaux
Ils ont un rôle de locomotive ; ils sont au centre du commerce mondial et permettent aux autres pays de participer aux échanges, notamment grâce au plan Marshall (1947)

2. — Les États-Unis impulsent la mise en place des institutions qui favoriseront le développe-ment des relations économiques internatio-nales : FMI et GATT

II De nouveaux principes de fonctionnement fournissent de nouveaux équilibres qui favorisent la croissance des échanges durant les Trente Glorieuses

A. — Une forte croissance et une redéfinition des échanges

1. — Forte croissance des échanges mondiaux durant les Trente Glorieuses
– internationalisation des économies ;
– augmentation des taux d'ouverture.

2. — Une redéfinition des échanges
– perte de l'hégémonie américaine ;
– émergence du Japon ;
– augmentation de la part des produits manufactu-rés et des services dans les échanges.

B. — De nouveaux principes fournissent de nou-veaux équilibres

1. — La transnationalisation modifie les règles du commerce, mais contribue à sa croissance
2. — La régionalisation modifie les règles du commerce, mais contribue à sa croissance

III Le commerce international fait preuve d'une certaine adaptabilité face au ralentissement de la croissance depuis 1975

A. — Malgré l'apparition de certains déséqui-libres…

1. — Apparition de déséquilibres conjonctu-rels…
– chocs pétroliers ;

– crise du SMI ;
– crise de l'endettement.

 2. — … *mais aussi de déséquilibres structurels*
– concurrence accrue des NPI d'Asie du Sud-Est ;
– plus largement : nouvelle division internationale du travail (NDIT) ;
– échange inégal avec les PED les plus pauvres.

B. — … le commerce mondial ne se contracte pas et fait preuve d'un rééquilibrage permanent

 1. — Malgré la crise débutée au milieu des années 1970, pas de contraction du commerce mondial…
– le regain de protectionnisme est limité ;

– la croissance des échanges perdure et les économies s'internationalisent encore.

 2. — … car
– la régionalisation se poursuit et est souvent considérée comme une parade à la crise ;
– le discours dominant demeure favorable au libre-échange (OMC) ;
– de nombreux pays veulent sortir de la crise par le biais de leurs exportations en menant des politiques visant à augmenter la productivité.

SUJET
III

Analyser l'accélération de l'internationalisation des firmes depuis le milieu des années 1980. (ESC, 2001)

Remarque :
L'internationalisation des firmes revêt trois aspects :
– Insertion dans le commerce international.
– Internationalisation de la production d'où des investissements directs à l'étranger (IDE).
– Recours aux marchés financiers mondiaux.

I L'accélération de l'internationalisation des firmes depuis le milieu des années 1980 est favorisée par la libéralisation de l'économie mondiale

A. — Le libre-échange progresse malgré les tentations protectionnistes

 1. — Au cours des années 1980, l'Uruguay Round (1986-1993)
Il aboutit à la création de l'OMC en 1995, approfondit la libéralisation du commerce mondial.

 2. — La régionalisation des échanges
Elle progresse avec notamment le renforcement de l'intégration européenne et l'émergence de nouveaux blocs régionaux (Alena, Mercosur, Afta…).

 3. — Dès lors, les firmes peuvent plus facilement accéder aux marchés étrangers tant pour y écouler leurs produits que pour se procurer les intrants qui leur sont nécessaires

De plus, l'ouverture des marchés contribue à l'essor de firmes globales qui tendent à considérer le monde comme un marché unique tout en prenant en compte certaines spécificités nationales (glocalisation).

B. — La libéralisation financière participe aussi à l'internationalisation des firmes

 1. — Depuis les années 1980, la libéralisation financière progresse
Les obstacles à la libre circulation des capitaux sont progressivement éliminés (déréglementation) ; les marchés financiers sont davantage interdépendants et ouverts (globalisation financière).

 2. — Les firmes
Elles peuvent donc élargir leurs sources de financement à l'échelle mondiale, placer leur trésorerie sur des marchés monétaires internationalisés, émettre des titres négociables dont les formes se diversifient du fait d'innovations financières, recourir aux marchés dérivés pour réduire les risques financiers inhérents à leur activité…

 3. — La globalisation financière
Elle facilite les montages financiers attachés aux opérations de fusions-acquisitions internationales, notamment lorsque les firmes rachètent des entreprises étrangères lors des opérations de privatisations

qui se sont multipliées depuis le milieu des années 1980 dans le monde.

II. L'internationalisation des firmes relève de leurs propres choix

A. — La pression de la concurrence incite les firmes à s'internationaliser

1. — Les firmes cherchent à réduire leurs coûts
– en dégageant des économies d'échelle du fait de l'accroissement de leur production liée à leurs exportations ;
– en implantant des unités de production à l'étranger pour se rapprocher de leur clientèle (stratégie de marché) ou pour bénéficier d'une main-d'œuvre peu coûteuse (stratégie de rationalisation) ;
– en recourant aux marchés financiers mondiaux pour financer les investissements leur permettant de diminuer leurs coûts unitaires.

2. — Les firmes cherchent à accroître leur compétitivité hors prix
– en différenciant leurs produits
– en mettant en œuvre des campagnes publicitaires mondiales
– en nouant des alliances avec d'autres firmes autour de projets communs de recherche-développement ou de constitution d'unités de production communes.

B. — Le modèle OLI de John Dunning synthétise les déterminants microéconomiques de l'internationalisation des firmes

1. — Le modèle, établi à la fin des années 1980 et au début des années 1990 fonde le choix d'internationalisation de toute firme sur un calcul économique prenant en compte certains critères
– La possession d'avantages spécifiques à la firme (Ownership advantages), les avantages liés à la localisation dans tel ou tel pays (Localisation advantages) et ceux liés à la production au sein de la firme plutôt que de recourir à la sous-traitance (Internalisation advantages).

2. — Le modèle OLI permet de comprendre les choix des dirigeants d'une firme qui doivent juger de l'intérêt à internationaliser leur activité et sous quelle forme
– Dès lors qu'une firme possède un avantage spécifique (par exemple, la propriété d'un brevet, une main-d'œuvre qualifiée, un produit nouveau…), ses dirigeants peuvent préférer exporter vers certains pays plutôt que de s'y implanter, alors que le choix sera inverse pour d'autres pays en fonction du rapport coût/avantage des IDE vers ces pays.

III. Les conséquences pour les économies nationales de l'accentuation de l'internationalisation des firmes sont discutées

A. — Les effets de l'internationalisation des firmes sont contrastés

1. — Des effets bénéfiques
Les économies nationales peuvent tirer profit de l'internationalisation des firmes dont l'activité participe à la croissance économique nationale, génère des flux d'exportations, fait croître le nombre d'emplois, contribue à la diffusion du progrès technique, dynamise les marchés financiers…

2. — Des effets négatifs
L'internationalisation des firmes peut aussi se traduire par des pertes d'emplois du fait des délocalisations par exemple, un déficit de la balance courante consécutif à l'accroissement des importations d'intrants, une sensibilité aux mouvements de capitaux, source d'une instabilité financière préjudiciable à l'activité économique laquelle dépend en outre plus ou moins fortement de la conjoncture des autres pays.

B. — L'internationalisation des firmes peut affaiblir les États

1. — En s'internationalisant, les firmes se renforcent et bénéficient d'un pouvoir de négociation plus important face aux pouvoirs publics nationaux
Elles peuvent alors s'opposer plus efficacement aux décisions des responsables politiques qu'elles jugeraient ne pas être conformes à leurs intérêts, elles mettent les territoires nationaux en concurrence conduisant les États à réduire la protection sociale dont bénéficie leur population…

2. — Toutefois, les États ne sont pas totalement démunis
Face aux firmes qui s'internationalisent notamment en coopérant au sein des organisations internationales (OMC, FMI) ou au niveau régional, lorsqu'ils constituent des blocs qui, à l'instar de l'Union européenne, constituent un bon niveau de coopération entre États géographiquement proches.

Étudier l'influence des échanges internationaux sur la croissance depuis le milieu du XIXᵉ dans le cadre des PDEM au programme. (Ecricome, 1991)

Remarques
– Il faut justifier la période : le milieu du XIXᵉ correspond au début de la forte croissance des échanges motivée par le libre-échangisme.
– Attention à ne pas confondre le sujet avec « libre-échange et croissance ».
– Définir échanges : ne pas oublier les échanges de capitaux.

I Les échanges internationaux sont globalement facteurs de croissance depuis le milieu du XIXᵉ siècle…

A. — La croissance des échanges internationaux accompagne la croissance des PDEM… (cela se vérifie lors de chaque période de croissance économique importante)

1. — Du milieu du XIXᵉ jusqu'aux années 1880, la croissance économique a été favorisée par la croissance des échanges…
– Le libre-échange favorise la croissance des échanges.
– Cela a favorisé le développement de la Grande-Bretagne et de la France (dans une moindre mesure).
– Cela a favorisé le développement des pays à industrialisation plus tardive.

2. — … ainsi que de 1890 à 1913…
– Période de regain de protectionnisme mais toujours de croissance des échanges car :
• colonialisme ;
• croissance des échanges de capitaux ;
• de nouveaux pays prennent part au commerce mondial.
– Période de deuxième révolution industrielle et de marche vers la maturité pour de nombreux pays.
– Rattrapage des pays à industrialisation tardive souvent grâce au commerce international (cas du Japon).
– Forte croissance souvent harmonieuse et équilibrée.

3. — … et durant les Trente Glorieuses
– Internationalisation des économies et développement de nouvelles formes d'échanges (régionalisation et transnationalisation).
– Croissance économique sans précédent.
– Développement de nouveaux pays à partir du début des années 1950 (les NPI).

B. — … car ils sont des facteurs non négligeables de croissance économique

1. — Ils sont sources de croissance par le biais des importations et des exportations
– Par le biais des importations (Smith) :
• baisse des prix et croissance de la consommation ;
• baisse des coûts de production grâce aux importations de biens intermédiaires et de biens d'équipement ;
• transferts de technologie.
– Par le biais des exportations :
• elles constituent une demande (motivation de la production) ;
• effet multiplicateur.

2. — Ils conduisent théoriquement à la spécialisation qui favorise la croissance
– Théorie des avantages absolus et comparatifs et théorème de HOS.
– La spécialisation est source de croissance :
• économies d'échelle ;
• optimisation des avantages de chacun.

3. — Les échanges de capitaux permettent une transmission de la croissance
– Théorie de la croissance transmise (Cairnes).
– Ils permettent la croissance des pays emprunteurs qui ainsi se procurent les capitaux nécessaires à leur développement.
– Ils favorisent la croissance des pays prêteurs :
• grâce aux revenus provenant des capitaux placés (cas de la Grande-Bretagne) fin du XIXᵉ début du XXᵉ) ;
• soutien aux exportations (exemple des États-Unis au début des Trente Glorieuses) ;
• satisfaction des besoins en orientant la production des pays emprunteurs.

II ... mais ils peuvent de façon ponctuelle, sectorielle ou en période de crise, constituer un frein à la croissance

A. — Les échanges internationaux sont souvent les vecteurs de diffusion des crises

1. — Les crises se diffusent par le biais des échanges internationaux
– Diffusion de la surproduction (exemple de la crise des années 1930)
– Diffusion des problèmes financiers (exemple du rapatriement des capitaux américains au début des années 1930).
– Diffusion de la déflation (années 1930) ou de l'inflation (années 1970).

2. — Afin de se protéger de la crise, les pays ont tendance à mettre en place des mesures protectionnistes qui, au contraire, l'amplifient
– Tendance à se protéger de façon à ne pas importer le chômage des autres pays :
  • regain de protectionnisme durant la grande dépression ;
  • quasi-isolationnisme durant la grande crise ;
  • regain modéré de protectionnisme face à la crise actuelle.
– Ce repli est facteur de renforcement de la crise car il conduit à une contraction des échanges qui a sur la croissance les effets symétriques de ceux de l'accroissement des échanges.

3. — Le commerce international semble aujourd'hui, au contraire, pour de nombreux gouvernements, le moyen de sortir de la crise, ce qui là encore peut avoir des effets pervers
– De nombreux pays veulent sortir de la crise grâce à la croissance des exportations, et pour cela, mènent des politiques de rationalisation et de désinflation compétitives.
– Ces politiques ont des effets pervers :
  • exacerbation de la concurrence internationale ;
  • diminution des coûts salariaux, licenciements, modération de la demande intérieure.
– Elles ne permettent pas d'augmenter sensiblement la demande mondiale car chaque pays cherche à exporter plus sans augmenter sa demande intérieure.

B. — Quoique globalement facteurs de croissance, les échanges internationaux peuvent parfois être source de difficultés et de déséquilibres

1. — Les échanges internationaux peuvent mettre en difficulté certains secteurs des économies nationales
– Nuire au développement des industries naissantes (List). Dans ce cas, certaines mesures de protection ou de soutien peuvent se révéler nécessaires (ex. d'Airbus).
– Poser des difficultés aux industries vieillissantes (Kaldor) comme le textile ou la sidérurgie.

2. — En fonction de leur spécialisation, tous les pays ne profitent pas de la même façon des échanges
– La spécialisation dans les produits progressifs est source de croissance, pas dans les produits régressifs (cas de nombreux pays du Tiers Monde).
– Degré plus ou moins important de contrainte extérieure en fonction du type de spécialisation (en créneaux ou en filière, et si en créneaux à l'amont ou à l'aval). Ex. du Japon, de l'Allemagne et de la France.

3. — Les échanges internationaux peuvent être source de déséquilibres extérieurs et financiers
– Risque de comptes extérieurs déficitaires qui peuvent nuire à la situation monétaire ainsi qu'à la production et nécessiter la mise en place de politiques d'austérité préjudiciables à la croissance.
– Les échanges de capitaux peuvent conduire au surendettement de certains pays et donc à la mise en place de politiques d'ajustement préjudiciables à la croissance.

Conclusion

– Le commerce mondial est un jeu à somme positive mais tous les pays ne sont pas pareillement gagnants.
– Le repli protectionniste est toujours un facteur d'aggravation de la crise.
– En revanche, la libéralisation à outrance des économies peut aussi, en période de crise, se révéler dangereuse.

QUELQUES SUJETS DE CES DERNIÈRES ANNÉES

L'évolution des relations commerciales depuis 1947 dans le monde peut-elle être considérée comme une simple extension progressive du libre-échange ? (ESC, 2002)

Le libre-échange, mythe ou réalité depuis 1947 ? (ESC, 1997)

À quels changements les grandes entreprises capitalistes ont-elles dû procéder pour se développer dans l'économie mondiale ? (Ecricome, 2006)

Échanges internationaux de marchandises et développement économique depuis le milieu du XIXᵉ siècle jusqu'à nos jours. (ESC, 1998)

L'internationalisation des entreprises représente-t-elle une réponse aux évolutions du marché ? (ISC-ESLSCA, 1999)

Le GATT et la montée des protectionnismes. (ESSEC, 2001)

L'importance croissante des accords commerciaux régionaux. (ESC, 2005)

Ouverture commerciale à l'international et croissance économique. (ESP-EAP, 2004)

Le libre-échange, tel qu'il est conçu par l'Accord général sur les tarifs et le commerce (GATT), est-il un facteur de croissance économique depuis 1947 ? (Ecricome, 2004)

Les conséquences de la mondialisation sur les inégalités économiques depuis les années 1970 dans les pays développés et dans les pays en développement. (ESC, 2005)

La dotation en facteurs explique-t-elle l'évolution de la spécialisation internationale des nations ? (Ecricome, 2007)

Comparez le protectionnisme de la fin du XIXᵉ siècle à celui que l'on a constaté dans le monde depuis les années 1970. (ESC, 2008)

LES PAIEMENTS
INTERNATIONAUX

Jusqu'au début des années 1970, les relations économiques entre les nations étaient caractérisées par l'internationalisation, c'est-à-dire l'ouverture croissante des économies aux échanges de biens, de services, et de capitaux. Avec cette notion, on reste dans le contexte d'un échange de biens et services par des firmes essentiellement centrées sur leurs marchés nationaux. Comme le dit François Rachline : « *La logique de l'économie internationale est celle de foyers toujours localisés, attachés aux terres de leur naissance* ».

C'est dans ce cadre d'une économie internationale, comprise comme communauté de nations, que les économistes classiques, Smith et Ricardo dès la fin du XVIIIe siècle et au début du XIXe siècle ont posé les fondements de l'analyse libérale du commerce international et c'est dans ce cadre d'États nations que ce « bien commun » qu'est le système monétaire international se structure progressivement, de l'étalon-or du XIXe siècle au système de Bretton Woods.

Mais, depuis les années 1970, le système économique mondial s'est considérablement modifié sous l'effet de la mondialisation. Ce terme désigne un mouvement d'ouverture croissante des économies les unes sur les autres, à travers des acteurs et des stratégies mondiales, s'apparentant à la notion braudélienne d'« économie-monde ». Elle implique deux éléments essentiels :

– En premier lieu, une montée et un approfondissement du processus d'ouverture des économies à travers une forte mobilité internationale des ressources et des facteurs de production et une concurrence croissante. Cette évolution s'est accompagnée de profonds bouleversements monétaires (passage aux changes flottants, tendance au polycentrisme monétaire, etc.).

– En second lieu, la mondialisation s'accompagne d'un processus de globalisation économique et financière, caractérisé par l'émergence d'acteurs (les firmes multinationales ou FMN) et de stratégies mondiales. La globalisation apparaît fondée sur une logique de firmes dont la délocalisation de plus en plus forte des unités productives et des actifs financiers transcende les frontières nationales ou régionales.

Sur le plan financier, la globalisation désigne la situation créée par l'extrême mobilité des capitaux entre les pays dans un contexte de déréglementation et d'intensification de ces mouvements de capitaux. Elle s'appuie sur un processus continu d'innovation financière particulièrement dynamique. Ce phénomène est devenu une composante essentielle de l'économie internationale au cours des années 1980. S'il correspond à un développement des besoins des entreprises et des États, il pose également de redoutables problèmes de régulation des flux financiers qui n'ont pas encore trouvé de réponse satisfaisante.

I

LE SYSTÈME MONÉTAIRE INTERNATIONAL : DE L'ÉTALON-OR AUX CHANGES FLOTTANTS

Le système monétaire international est un ensemble de mécanismes et de règles qui assurent les relations entre les monnaies et permet ainsi le développement des échanges commerciaux entre pays. Ces règles résultent soit d'un accord international, soit d'un état de fait comme dans le cas de l'étalon-or.

Il y a donc une relation étroite entre la montée du commerce international au XIXᵉ siècle et surtout après 1945, et la nécessité de fixer les principes d'un système monétaire international. Cette montée du commerce international s'explique, certes, par la croissance économique, la spécialisation internationale et la recherche de débouchés extérieurs, mais aussi par la conviction, défendue par le courant libéral, que le libre échange est un facteur de paix entre les nations. Ainsi, pour David Ricardo, *« l'échange lie entre elles toutes les nations du monde civilisé par les nœuds communs de l'intérêt, par des relations amicales, et en fait une seule et grande société »*.

En fait, loin de cette vision quelque peu idyllique, la définition et la gestion de ce « bien commun » que constitue la monnaie internationale a été, de tout temps, un enjeu de luttes et de conflits. Le système monétaire international du XIXᵉ siècle, centré formellement sur l'or, était, en réalité un système d'étalon-sterling, reflet de la puissance industrielle et commerciale de la Grande-Bretagne. Après 1945, le dollar régna sans partage dans le système de Bretton Woods qui consacre l'hégémonie économique et politique des États-Unis.

La situation contemporaine est, quant à elle, marquée par plusieurs évolutions fondamentales :

– Le libre-échange s'est désormais solidement implanté, reléguant de plus en plus le protectionnisme au rang de maladie infantile de l'économie. Le flux des investissements directs à l'étranger n'a jamais été aussi important, et les firmes multinationales, plus que les États, sont les acteurs de la globalisation économique. Le cadre de l'État nation semble de moins en moins le cadre pertinent de la régulation macroéconomique.

– Ce mouvement s'est accompagné d'un vaste processus de globalisation financière dont on n'a pas encore mesuré l'ampleur et les conséquences possibles, et dont les frontières ne cessent de reculer. L'instabilité et le risque qui en découlent sont au cœur de l'économie mondiale et conditionnent les anticipations et les comportements des acteurs économiques.

Reflet de cette situation, le système monétaire international (SMI) actuel est en pleine phase de recomposition. Le flottement des monnaies qui a suivi l'effondrement du système de Bretton Woods n'a pas donné les résultats escomptés par ses promoteurs. Il a abouti finalement à un « non-système international », et nous vivons une situation de polycentrisme monétaire qui exige un niveau élevé de coopération entre les différentes parties, celle-ci étant loin d'être parfaite.

Après avoir analysé le fonctionnement du marché des changes, centre névralgique du SMI, et les théories économiques qui le sous-tendent, on étudiera l'évolution des diverses formes historiques du SMI, de l'étalon-or du XIXᵉ siècle au système de Bretton Woods, puis la situation actuelle de recomposition du SMI. Enfin, sera analysé le cas de l'Europe monétaire qui, avec le traité de Maastricht et la mise en œuvre de l'euro depuis 1999, forme à maints égards une construction originale mais problématique.

A LA BALANCE DES PAIEMENTS, LE MARCHÉ DES CHANGES ET L'ORGANISATION DES PAIEMENTS INTERNATIONAUX

En premier lieu, la mesure et l'étude des échanges d'un pays avec le reste du monde sont possibles par l'analyse de la balance des paiements, cadre comptable de l'échange international d'un pays décrivant les mouvements de biens, de services et de capitaux.

En second lieu, sauf à prendre en compte le commerce de compensation, qui est une forme internationale du troc, les échanges internationaux ne peuvent se réaliser que si les monnaies nationales peuvent être converties les unes dans les autres. L'opération de change est donc, de ce point de vue, essentielle.

Parce qu'il représente pour les États une variable macroéconomique fondamentale, qui contribue à la compétitivité des produits exportés, le taux de change est un élément essentiel de la politique monétaire. Cet aspect s'est trouvé renforcé par la véritable explosion du marché des changes depuis les années 1980, à la fois en volume et en valeur. La fin du régime de changes fixes de Bretton Woods et le flottement des monnaies se sont traduits par une grande volatilité des taux de change. À cette mutation s'ajoute aussi le processus de globalisation financière et la mondialisation des échanges, ce qui rend bien plus complexe, aujourd'hui, l'analyse des déterminants du taux de change.

Le taux de change se détermine selon deux modalités :

– il peut être administré, dans le cadre d'un régime de changes fixes ; le taux de change devient alors une parité officielle définie par rapport à un étalon de mesure internationalement reconnu (or, dollar…) ;

– il se détermine librement sur le marché des changes, par la confrontation de l'offre et de la demande de monnaie sur le plan international ; c'est le système des changes flottants pur, particulièrement intéressant à étudier parce qu'il constitue un véritable idéal type à partir duquel dérivent, dans la pratique actuelle, les autres situations de change.

1. – La balance des paiements

a. — Définition

La balance des paiements est un document qui retrace sous forme comptable l'ensemble des échanges de biens, de services et de capitaux pendant une période donnée entre les agents économiques résidents d'un pays et le reste du monde.

Toutes les opérations de nature économique et financière effectuées entre résidents et non-résidents sont prises en compte dans la balance des paiements : opérations sur marchandises (exportations et importations de biens), échanges de services, mouvements de capitaux à court, moyen et long terme.

L'établissement de la balance des paiements se fait selon le principe de la comptabilité à partie double : chaque opération fait l'objet de deux inscriptions. La première retrace l'opération elle-même, l'autre son financement. La présentation de la balance des paiements fait désormais l'objet d'une harmonisation internationale selon les directives du 5e manuel du FMI.

Tableau 1 - Principaux soldes de la balance des paiements

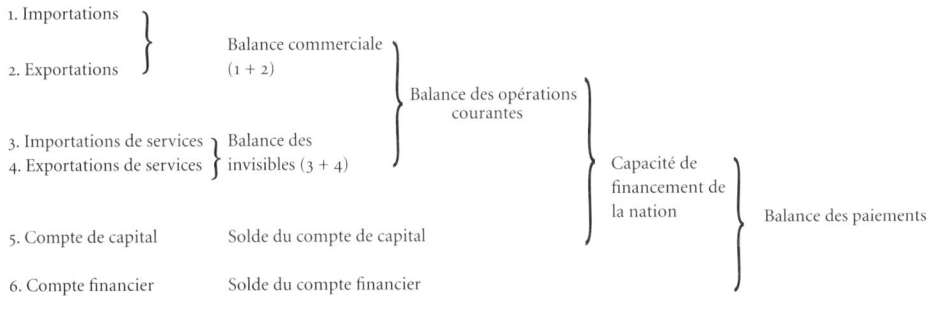

Source : FMI, 2000.

b. — Analyse de la balance des paiements

La balance commerciale dégage un solde particulièrement important : le solde commercial. Elle comprend les ventes et achats de marchandises (produits matériels) ainsi que le négoce international ; il s'agit des opérations de courtage rémunérées à la commission.

La balance des invisibles comptabilise les opérations concernant les services, essentiellement composées de :

– transports, assurances, services de gestion, services bancaires ;

– brevets, licences, royalties ;

– transferts unilatéraux (dons, transferts d'économies de travailleurs étrangers, coopération) ;
– tourisme.

Le compte de capital retrace essentiellement des acquisitions d'actifs non financiers (achats et ventes de brevets, par exemple).

Le compte financier comprend l'ensemble des crédits commerciaux, les placements financiers et les investissements directs à l'étranger. On peut distinguer quatre groupes :

– les crédits commerciaux, qui sont des prêts liés à des ventes ;

– les prêts et crédits ordinaires ;

– surtout, les investissements directs à l'étranger (IDE), destinés à créer une filiale à l'étranger, racheter une entreprise étrangère ou réaliser une prise de participation dans le capital d'une entreprise étrangère ;

– les investissements de portefeuille (ou opérations sur titres) qui sont des placements en actions, obligations, sans qu'il y ait prise de participation majoritaire.

Si on considère que l'équilibre comptable macroéconomique d'une économie est donné par l'identité suivante :

PIB + Importations = Consommation + Investissement + Exportations

Alors on peut écrire :

Exportations – Importations = PIB – Consommation – Investissement = Épargne – Investissement

Donc, le solde de la balance des opérations sur biens et services correspond à l'écart entre le PIB et les dépenses intérieures, c'est-à-dire finalement à un excédent ou une insuffisance de l'épargne par rapport à l'investissement. En cas de besoin de financement (le solde du compte financier est négatif), le pays peut avoir recours au financement externe, ce qui ne pose aucun problème dans le cadre de globalisation financière actuel. Ce qui est problématique, en revanche, c'est l'accumulation de dettes par quelques pays qui peut mener à l'apparition d'un risque systémique.

2. – Le marché des changes, un idéal-type

a. — Fonctionnement du marché des changes

Le marché des changes correspond assez bien à la définition d'un marché parfait au sens néoclassique : forte concurrence, information quasi parfaite, extrême rapidité des transactions et des ajustements, fonctionnement en continu, successivement sur chacune des places financières du globe.

Le marché des changes n'est pas localisé ; il est constitué du flux permanent des offres et des demandes transitant en continu par les réseaux d'information spécialisés (systèmes Reuter et Telerate notamment), grâce aux puissants moyens de transmission et aux systèmes informatiques interconnectés par satellite. Il a donc un caractère de marché-réseau planétaire.

Trois groupes d'agents économiques agissent sur le marché des changes :

– Les entreprises qui, avec le développement du libre-échange et l'expansion du commerce mondial sont de plus en plus concernées par les activités d'exportation et d'importation ; par exemple, le taux d'ouverture de l'économie française (rapport de la moyenne des exportations et des importations sur le PIB) atteint désormais 25 %. Le marché des changes leur permet de se procurer les devises nécessaires, mais aussi de se couvrir contre le risque de change.

– Les intermédiaires financiers, banques et courtiers, assurent la fluidité du marché et mettent en contact l'offre et la demande. En fait, l'importance des banques est telle que le marché des changes est, très largement, un marché interbancaire.

– Les banques centrales assurent une fonction de régulation et de réglementation; elles appliquent également les choix de politique de change décidés par les gouvernements.

Concrètement, la formation du cours du change étant essentiellement le fait des banques, le rôle des salles de change des établissements bancaires est déterminant.

b. — La gestion du risque de change

Tout agent économique réalisant une opération de commerce international est confronté au risque de change; les paiements au comptant sont relativement rares et l'existence de délais de paiement, surtout dans un contexte d'instabilité monétaire, se traduit par un risque de change. Un agent économique s'y trouve exposé lorsque sa position est dite ouverte : il est soit créditeur par rapport à un agent économique d'un autre pays (on parle alors de position longue), soit débiteur (position courte).

Soit, par exemple, le cas d'une opération libellée en dollars, la matrice des situations est la suivante :

	Position longue	Position courte
Appréciation du dollar	Gagne	Perd
Dépréciation du dollar	Perd	Gagne

Il y a donc une incertitude qui fonde le risque de change. Face à ce risque, deux attitudes sont possibles : soit l'agent économique cherche à se couvrir, soit il s'expose volontairement au risque de change dans le but de rechercher un gain : c'est la spéculation.

La gestion du risque de change est une préoccupation permanente des entreprises confrontées au marché international. Elle repose sur une gestion active de la trésorerie, qui peut se faire selon deux modalités. La première est la gestion interne du risque de change. Il s'agit de méthodes de gestion dynamique du change par les entreprises, essentiellement par la technique du termaillage consistant à modifier les termes de paiement d'une dette ou de recouvrement d'une créance dans le sens le plus favorable, par exemple, une société française exportant des marchandises aux États-Unis et devant être payée en dollars à une échéance donnée peut avoir intérêt à faire reculer l'échéance si elle anticipe une appréciation du dollar. La seconde – la couverture externe du risque de change – passe par le système financier (banques et intermédiaires financiers) qui propose des instruments de couverture adaptés.

La couverture externe du risque de change

On peut distinguer trois modalités de couverture :

– Les opérations à terme auprès des banques : cette technique de couverture consiste, pour une entreprise qui, par exemple, importe du matériel payable en dollars à une échéance de trois mois, à passer un ordre d'achat de dollars à trois mois de gré à gré auprès de sa banque. L'entreprise est sûre d'obtenir, au bout des trois mois, des dollars au taux de change convenu, ce qui élimine le risque de change ou, plutôt, le reporte sur la banque.

– Les contrats à terme sur devises (*currency futures*) se sont beaucoup développés depuis les années 1970. À la différence des opérations de change à terme, il ne s'agit pas de contrats de gré à gré, mais de contrats standardisés quant à l'échéance et au montant.

– Les marchés d'options sur devises : une option est un instrument financier qui donne le droit, mais pas l'obligation, d'acheter (ou de vendre) à une date donnée et à un prix fixé à l'avance, un montant donné de devises. Contrairement aux deux autres instruments de couverture, l'option présente le grand avantage d'être « conditionnelle » : si l'évolution du marché des changes lui est favorable, le souscripteur de l'option peut ne pas exercer son droit. Une option est donc, en quelque sorte, une assurance.

3. – Les théories du change

En première analyse, le taux de change représente le prix d'une monnaie par rapport à une autre. À partir de cette définition simple, deux types de théories ont proposé une analyse des taux de change. La première, la plus ancienne, consiste en une approche par les marchés de biens et services qui se justifiera car le commerce international était essentiellement un commerce de marchandises. Il reste que sur le long terme, l'évolution des taux de change est surtout déterminée par ces fondamentaux que sont la situation de la balance courante et la parité de pouvoir d'achat (PPA). La seconde est une approche financière du change dont l'importance ne cesse de croître avec l'explosion des mouvements de capitaux. Aujourd'hui, le motif financier est à l'origine de la majorité des transactions : le volume quotidien échangé sur le marché des changes équivaut à cinquante fois celui des transactions courantes. L'évolution des taux à court terme est due essentiellement à ces variables financières.

Enfin, il conviendra d'analyser, en sens inverse, les effets de la variation du taux de change sur la balance des opérations courantes.

a. — *L'approche de long terme par les marchés de biens et services : la théorie de la parité de pouvoir d'achat*

La théorie de la parité de pouvoir d'achat constitue l'approche théorique la plus importante, largement reprise par le courant monétariste. Elle fait dépendre le taux de change du rapport entre les prix domestiques des différents produits et repose sur la loi du prix unique : sur des marchés compétitifs exempts de coûts de transport et de barrières protectionnistes, des biens identiques vendus dans des pays différents doivent se vendre au même prix lorsque ces prix sont exprimés dans une même monnaie : la théorie de la PPA absolue détermine alors un change théorique qui est le taux de change vrai.

Formule : $e = \dfrac{P_A}{P_B}$

où e est le taux de change, P_A est le prix d'un panier de biens dans le pays A, P_B est le prix du même panier de biens dans le pays B.

Par exemple, si une somme de 1 000 € permet d'acheter un panier de biens en France, cette somme convertie en dollars doit permettre d'acheter le même panier de biens aux États-Unis.

Une autre version de l'analyse consiste à étudier la PPA relative consistant à mesurer les différentiels d'inflation entre les deux pays analysés. Dans ce cas, ce sont les écarts de taux d'inflation qui gouvernent le taux de change :

Taux d'appréciation de la monnaie étrangère par rapport à la monnaie nationale	=	Taux d'inflation du pays	–	Taux d'inflation du pays étranger

Cependant la théorie de la PPA suppose des conditions de validité très restrictives qui rendent son application assez difficile : les marchés doivent respecter les conditions de la concurrence pure et parfaite, sans barrières protectionnistes notamment ; la comparaison entre les paniers de biens doit porter sur des produits homogènes, ce qui est difficile à concevoir, et les consommateurs ne doivent pas avoir de préférence pour les produits nationaux, etc.

b. — Les approches financières du taux de change : les déterminants à court terme des taux de change

L'une des principales limites de l'analyse des taux de change fondée sur les échanges internationaux de marchandises (outre les difficultés théoriques expliquées ci-dessus) est que celle-ci sous-estime fortement l'importance des flux financiers. La raison est historique ; ces analyses sont nées dans les années 1950 alors que les transactions financières étaient encore peu importantes. Actuellement, ce n'est plus vrai ; au contraire, les transactions financières sont nettement plus importantes que les échanges de marchandises, ce qui, évidemment influe sur la détermination des taux de change. On peut même dire qu'aujourd'hui, les déterminants financiers du taux de change l'emportent nettement.

■ La théorie de la parité de taux d'intérêt (PTI)

On doit à Keynes une première approche de la détermination des taux de change par les mouvements internationaux de capitaux. Si on considère une situation de mobilité internationale des capitaux, alors il devrait y avoir une égalisation permanente des taux de rendement des placements financiers entre les différents pays. En effet, les agents économiques, toutes choses égales par ailleurs, arbitreraient systématiquement en faveur du pays où les taux d'intérêt sont les plus élevés.

Supposons, par exemple, un écart de taux d'intérêt entre la France et les États-Unis, les taux français étant supérieurs aux taux américains. Les investisseurs américains cherchent alors à effectuer des placements sur la place de Paris, d'où deux phénomènes concomitants, un accroissement de l'offre de dollars et un accroissement de la demande de francs se traduisant par une appréciation du taux de change du franc vis-à-vis du dollar. Ce résultat peut se résumer par la formule suivante :

Taux d'appréciation de la monnaie étrangère par rapport à la monnaie nationale	=	Taux d'intérêt des placements en monnaie nationale	−	Taux d'intérêt des placements en monnaie étrangère

Le processus se poursuit jusqu'à l'égalisation des taux d'intérêt.

Deux conséquences découlent de cette analyse : les écarts de taux d'intérêt influent sur le taux de change et le marché des changes ne peut être équilibré que si les taux de rendement des placements dans les différents pays tendent à s'égaliser.

Les approches financières du taux de change en termes de parité de taux d'intérêt restent fondées sur les hypothèses de fluidité de la circulation des capitaux et d'ajustement instantané des taux de change. D'autres analyses, plus récentes, prennent en compte l'imperfection des marchés de capitaux, ainsi que l'importance des anticipations des agents et des comportements spéculatifs sur la formation des taux de change, présentant ainsi un caractère plus réaliste. Ces analyses permettront de décrire et analyser des phénomènes particulièrement actifs depuis les années 1980 : bulles spéculatives et surréaction du taux de change.

■ Bulles spéculatives et taux de change

Les phénomènes de bulles spéculatives sont une conséquence directe de l'extraordinaire expansion des mouvements internationaux de capitaux issue de la déréglementation financière des années 1980. Ces mouvements de capitaux ont pris une importance croissante et désormais primordiale dans les balances des paiements. Selon la Banque des règlements internationaux, les flux de transactions financières internationales sont actuellement cinquante fois plus importants que ceux générés par le commerce des biens et services.

Ce développement des marchés financiers n'a pas manqué d'influer fortement sur la formation des taux de change, en raison des comportements d'anticipation et de spéculation propres aux agents économiques présents sur ces marchés, générant des phénomènes connus sous le nom de « bulles spéculatives ».

Le phénomène de bulle spéculative repose largement sur la « logique spéculative », déjà décrite par Keynes dans un célèbre passage de la *Théorie Générale*, et qui se traduit par l'existence d'un écart, souvent considérable, entre la valeur réelle d'une monnaie déterminée par ses fondamentaux (balance des opérations courantes et surtout parité de pouvoir d'achat) et la valeur sur le marché. En fait, cet écart repose sur l'existence d'anticipations autoréalisatrices : les spéculateurs continuent à miser sur l'appréciation du taux de change, même en sachant qu'il ne correspond plus aux fondamentaux, mais parce qu'ils imaginent que les autres spéculateurs vont jouer dans le même sens ; la montée des cours de change trouve ainsi son aliment dans le caractère autoréalisateur des comportements spéculatifs.

De plus, ces comportements sont mimétiques, car les spéculateurs forment leurs anticipations non pas toujours à partir des fondamentaux, qui restent un simple arrière-plan théorique, mais des opinions moyennes, voire des rumeurs suivies par tous. C'est la myopie du marché.

■ **La théorie de la surréaction**

Le modèle élaboré par R. Dornbusch en 1976 fournit un cadre théorique utile pour appréhender les phénomènes de volatilité des cours du change. Cette analyse associe, dans un même modèle, l'approche en termes de parité de pouvoir d'achat, fondée sur le long terme, et l'approche en termes de parité de taux d'intérêt, de court terme. Autrement dit, elle suppose que les marchés financiers s'ajustent plus rapidement que les marchées de biens et services, supposés rigides à court terme. C'est cette différence de vitesse d'ajustement qui est à l'origine des phénomènes de surréaction.

Supposons un pays dont le taux de change d'équilibre se situe au niveau e_0 (voir graphique). Ce pays connaît, à la période t, un choc exogène se traduisant par un accroissement de la masse monétaire :

– À long terme, les prix augmentent et le taux de change se déprécie en conséquence, selon la théorie de la PPA (passage de e_0 à e_1).

– À court terme, cependant, les grandeurs réelles restent inchangées et les prix restent constants, ainsi que le niveau de production. L'accroissement de la masse monétaire se traduit alors par une baisse du taux d'intérêt qui augmente la demande de monnaie et les sorties de capitaux, conformément à la théorie de la parité de taux d'intérêt. Le taux de change se déprécie, selon Dornbusch, au-delà de sa valeur de long terme, il « surréagit » (passage de e_1 à e_2).

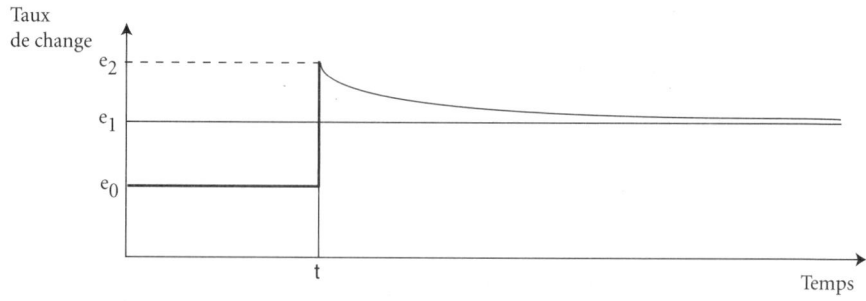

Figure 1 - Le phénomène de surréaction

L'ajustement de long terme se fait ensuite selon le mécanisme suivant :

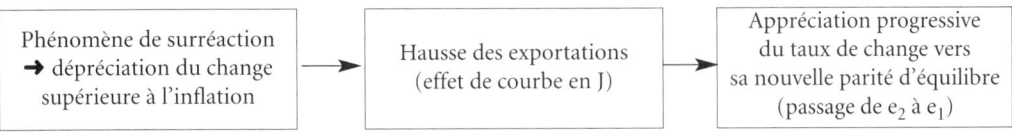

| Phénomène de surréaction ➜ dépréciation du change supérieure à l'inflation | → | Hausse des exportations (effet de courbe en J) | → | Appréciation progressive du taux de change vers sa nouvelle parité d'équilibre (passage de e_2 à e_1) |

c. — Les effets de la variation du taux de change sur la balance des transactions courantes

Il s'agit là de la théorie de la courbe en J et du théorème des élasticités critiques (Marshall, Lerner, Robinson). En principe, une dévaluation a un effet positif sur la balance des transactions courantes : elle rend les produits du pays plus compétitifs et décourage les importations. En réalité, ce gain de compétitivité attendu n'est pas immédiat ; la dévaluation va avoir deux effets successifs :

– Un effet de valorisation d'abord (phase 1). Les flux commerciaux ont une certaine inertie ; ils ne se modifient pas du jour au lendemain ; il faut trouver de nouveaux marchés et que les agents économiques intègrent dans leurs calculs les effets de la dévaluation. Surtout, certaines importations restent indispensables car le pays soit n'en produit pas (pétrole…) soit n'est pas du tout compétitif. Donc les importations vont coûter plus cher et les exportations rapportent moins.

– Un effet de substitution ensuite (phase 2). Les changements de parité sont pris en compte, il y a modification des flux commerciaux et amélioration du solde commercial. C'est la courbe en J.

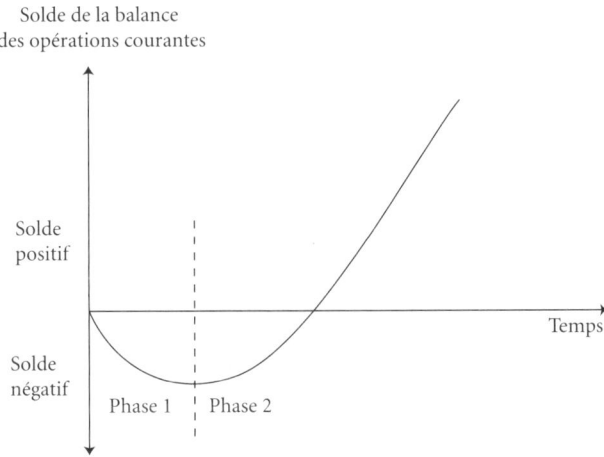

Figure 2 - La courbe en J

Cependant, l'effet de substitution recherché ne se produira que si certaines conditions sont respectées :

– Il faut qu'une production nationale puisse se substituer aux importations.

– Il ne doit pas y avoir de mesures de rétorsion de la part des pays partenaires. En effet, une dévaluation consiste, en quelque sorte, à « exporter son chômage » (on emploie parfois l'expression « dévaluations de combat »).

– Pour être efficaces, les mesures de dévaluation doivent être accompagnées de moyens de lutte contre l'inflation. En l'absence de mesures coordonnées de lutte contre l'inflation, une dévaluation peut générer des mécanismes économiques débouchant sur l'annulation des effets positifs attendus.

Dans un tel cas, la dévaluation est un échec, elle devient subie et risque de déboucher sur un enchaînement de dévaluations cumulatives : c'est le cercle vicieux des monnaies faibles.

Les conditions de succès d'une dévaluation sont données par le théorème des élasticités critiques ou théorème de Marshall-Lerner-Robinson.

Le théorème de Marshall-Lerner-Robinson

Situation de départ : soit B la balance commerciale : $B = p_x X - p_m M$; (avec p_x et p_m les indices de prix des exportations et des importations) ; soit le taux de change : $t = \dfrac{P_m}{P_x}$ alors :

$$B = p_x \left(X - \frac{P_m}{P_x} M \right) = p_x \, (X - tM)$$

Si une variation du taux de change apparaît, quelle sera son impact sur la balance commerciale ? Cela revient à calculer $\dfrac{dB}{dt}$; $\dfrac{dB}{dt} = p_x \left(\dfrac{dX}{dt} - t \, \dfrac{dM}{dt} - M \right)$

Or : soit e_x l'élasticité des exportations par rapport au taux de change :

$$e_x = \frac{dX/X}{dt/t} \Rightarrow \frac{dX}{X} = e_x \frac{dt}{t} \Rightarrow dX = X.e_x \frac{dt}{t}$$

et soit e_m l'élasticité des importations par rapport au taux de change :

$$e_m = \frac{dM/M}{dt/t} \Rightarrow \frac{dM}{M} = -e_m \frac{dt}{t} \Rightarrow dM = -Me_m \frac{dt}{t} \quad \text{donc, il vient :} \quad \frac{dB}{dt} = p_x.M \left[\frac{X}{t.M}.e_x + e_m - 1 \right]$$

Supposons que, au départ, la balance est équilibrée (donc : $p_x.X = p_m.M \Rightarrow X = t.M$). Alors :

$$\frac{dB}{dt} = p_x.M \left[e_x + e_m - 1 \right]$$

Pour que la balance s'améliore (c'est-à-dire $\dfrac{dB}{dt} > 0$) lorsque le taux de change varie, alors il faut que :

$$e_x + e_m > 1$$

C'est la condition de Marshall-Lerner-Robinson.

4. – L'espace des régimes de change

Le taux de change pouvant être libre (c'est-à-dire déterminé par le jeu du marché) ou administré (défini par des règles précises de parité par rapport à un étalon de mesure donné), il existe donc deux régimes de change encadrant toute une gamme de situations intermédiaires.

– Le régime de changes fixes est caractérisé par l'existence d'une parité officielle de référence : l'or dans le régime monétaire du XIXe siècle, une ou plusieurs monnaies clés (dollar, livre sterling) au XXe siècle. Dans ce cas, la banque centrale est chargée de faire respecter la parité officielle en intervenant sur le marché des changes grâce à ses réserves de devises. Seule une bande de fluctuation minime est tolérée : elle était de ± 1 % dans le système de Bretton Woods par exemple.

Lorsqu'une monnaie tend à s'écarter durablement de la parité officielle et que l'action de la banque centrale s'avère inefficace, un réaménagement monétaire est possible sous la forme d'une dévaluation ou d'une réévaluation.

Le régime de change fixes se présente donc ainsi :

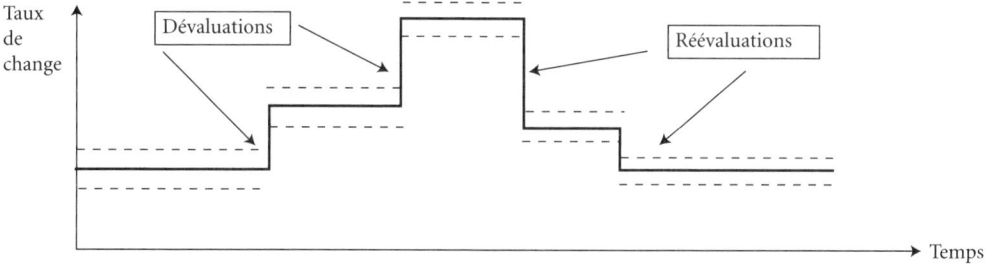

Figure 3 - Régime de change fixe

– En régime de changes flottants, il n'existe pas de parité officielle, les fluctuations du marché sont libres. On parle alors de dépréciation et d'appréciation.

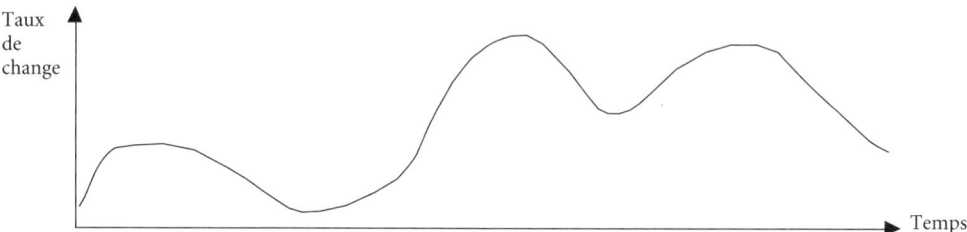

Figure 4 - Régime de change flottant

– Les régimes de change intermédiaires : il s'agit de régimes de change à flottement limité, à l'exemple du système issu des accords de Washington en décembre 1971 ou du Système monétaire européen jusqu'au 31 décembre 1998. Dans un tel système, il existe toujours un étalon de référence (dollar, écu…), mais les monnaies disposent d'une marge de fluctuation plus ou moins forte (± 2,25 % dans le cas du SME, marge portée à ± 15 % depuis 1993).

Ces régimes, souvent adoptés dans les phases de transition, visent à conserver les avantages des changes fixes, tout en permettant la flexibilité et l'adaptabilité des systèmes de change flottant.

L'étude des divers régimes de change se fait essentiellement à travers le modèle de Mundell et Flemming qui constitue un cadre de référence lorsqu'il s'agit d'analyser les problèmes liés à l'ouverture d'une économie sur le reste du monde, et plus particulièrement les effets macroéconomiques des variations du taux de change.

Il s'agit d'un prolongement du modèle IS-LM, intégrant l'ouverture extérieure, développé dans les années 1960 par J. M. Fleming et R. A. Mundell.

Le modèle IS-LM de base, développé par les travaux fondateurs de J. Hicks en 1937, propose, dans le cadre de la synthèse néoclassique-keynésienne une modélisation de la politique économique en économie fermée, qui a connu ses lettres de noblesse dans les années d'après-guerre.

L'intérêt des travaux de Mundell et Fleming est d'avoir démontré, en intégrant l'ouverture internationale dans le modèle IS-LM, l'importance du régime de changes (fixe ou flexible), et du degré de liberté de circulation des capitaux, pour la conduite de la politique économique, et notamment la possibilité de mener des politiques monétaires autonomes. Les conclusions auxquelles parviennent Mundell et Flemming peuvent être résumées dans le tableau suivant :

	Faible mobilité des capitaux	**Forte mobilité des capitaux**
Taux de change fixes	La conduite de politiques monétaires autonomes est possible, mais peu efficace. En effet, une politique monétaire expansive, se traduisant par une dépréciation de la monnaie, entraîne une intervention de la banque centrale pour défendre la parité monétaire, ce qui annihile les effets de la politique de relance.	La conduite de politiques monétaires autonomes est totalement inefficace. Une politique de relance se traduirait, en effet, par une baisse des taux d'intérêt et une sortie de capitaux, d'où une contraction de la masse monétaire et de l'activité économique.
Taux de changes flexibles	Le déficit ou l'excédent de la balance des opérations courantes se traduit par une dépréciation ou une appréciation monétaire qui permettent de résorber le déséquilibre. La politique monétaire est efficace. Par exemple, une politique monétaire de relance se traduit par une baisse du taux d'intérêt stimulant l'investissement et la production (1er effet expansif) mais aussi entraîne une dépréciation du change qui contribue à renforcer les exportations (2e effet expansif).	Le modèle de Mundell-Fleming montre que la politique monétaire sera d'autant plus efficace que le degré de liberté de circulation des capitaux sera élevé. C'est l'inverse pour la politique budgétaire.

Les conséquences en matière de politique économique peuvent être résumées ainsi :

– En régime de changes fixes, la politique budgétaire apparaît plus efficace que la politique monétaire, quel que soit le degré de liberté de circulation des capitaux.

– La flexibilité des taux de change, en revanche, rend les politiques économiques plus indépendantes : c'est le phénomène d'insularisation. La politique monétaire devient plus efficace, alors que la politique budgétaire est contrainte et peu efficace. En principe, la flexibilité des changes permet de mieux absorber les chocs exogènes (renchérissement du prix des matières premières par exemple), par la dépréciation du change notamment.

Une présentation pratique de ces résultats a été réalisée sous la forme du « triangle des incompatibilités ». Selon les résultats des travaux de Mundell et Flemming, il n'est pas possible, dans un contexte de liberté de circulation des capitaux, de mener des politiques monétaires autonomes tout en préservant la fixité des changes. Ces trois éléments ne sont compatibles que deux par deux.

– Si les gouvernements désirent conserver l'autonomie des politiques monétaires dans un contexte de fixité des taux de change, alors, la liberté de circulation des capitaux doit être remise en cause (instauration du contrôle des changes par exemple) : le système de Bretton Woods, dans sa première phase, correspond assez bien à cette situation (➜ côté 1).

– Si, dans un contexte de liberté de circulation des capitaux, les gouvernements désirent conserver l'autonomie de leur politique monétaire, les changes doivent pouvoir fluctuer librement ; la période 1973-1985 illustre cette situation (➜ côté 2).

– Si la fixité des changes est conservée dans un contexte de liberté de circulation des capitaux, la conduite de politiques monétaires autonomes n'est pas possible : la convergence des politiques monétaires (ou la coopération) est indispensable ; c'est, approximativement, la situation actuelle, caractérisée par une coopération monétaire assez souple destinée à stabiliser les changes, la liberté de circulation de capitaux faisant de plus en plus figure de véritable « ancre » du système monétaire international (➜ côté 3).

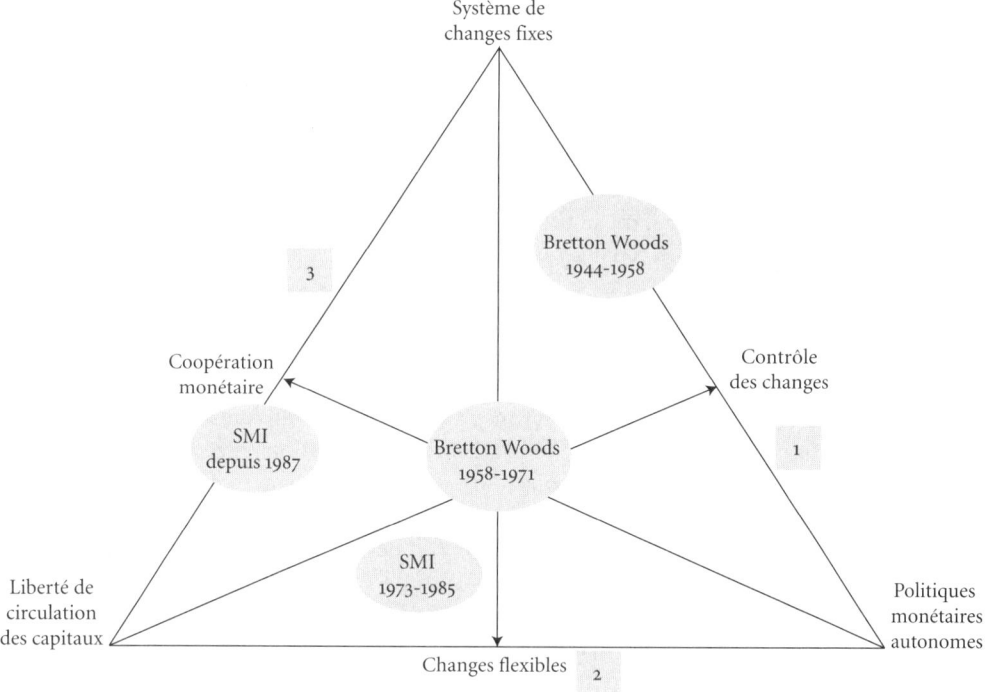

Figure 5 - Le triangle des incompatibilités

B DE L'ÉTALON-OR AUX CHANGES FLOTTANTS : L'ÉVOLUTION DU SYSTÈME MONÉTAIRE INTERNATIONAL

Du XIXᵉ siècle à aujourd'hui, plusieurs régimes de change se sont succédé. L'étalon-or, du XIXᵉ siècle à l'entre-deux-guerres cède la place au *Gold Exchange Standard* (GES) issu de la conférence de Gènes en 1922, emporté par la crise des années 1930. L'après-guerre voit l'avènement d'un GES (Bretton Woods, 1944) centré sur le dollar. Depuis 1973, l'économie mondiale est soumise à une certaine variété de systèmes de change dominés par le régime de flottement des monnaies.

1. – L'étalon-or : la préférence pour la stabilité

Le système monétaire international, du XIXe siècle jusqu'à l'entre-deux-guerres, est placé sous le régime de l'étalon-or, reposant sur un ensemble de règles implicites et de mécanismes qui lui confèrent une remarquable stabilité. Sa mise en place a été progressive : elle s'est étalée sur plus d'un siècle, de l'adoption de l'étalon-or par la Grande-Bretagne en 1717 jusqu'au dernier tiers du XIXe siècle, marqué par l'abandon du bimétallisme.

L'étalon-or repose sur quatre caractéristiques :
– l'existence de monnaies nationales dont l'unité est définie par un poids d'or. Par exemple, le franc germinal (1803) vaut 322,5 mg d'or à 90 %, soit 0,29 g d'or fin, la livre sterling vaut 7,32 g d'or fin ;
– la convertibilité à vue de la monnaie fiduciaire ;
– la libre circulation interne et externe de l'or ;
– la fixation des taux de change des différentes monnaies par la comparaison de leur poids d'or respectif : le pair ou parité métallique ; par exemple, le taux de change entre le franc et la livre s'établit ainsi : $1\ £ = 7,32/0,29 = 25,22\ F$

a. — Les origines de l'étalon-or et les controverses monétaires du XIXe siècle

Du début du XVIIIe siècle à la fin du XIXe siècle, deux régimes monétaires coexistent :
– Le monométallisme : un seul métal précieux sert d'étalon monétaire et possède les attributs de la monnaie (intermédiaire des échanges, équivalent général et réserve de valeur) ; il s'agit, en général, de l'or.
– Le bimétallisme : deux métaux (or et argent le plus souvent) se partagent les fonctions monétaires, un rapport fixe s'établissant entre eux.

En 1717, la Grande-Bretagne choisit le régime du monométallisme or et assure la convertibilité des billets en or. La fin du XVIIIe siècle est marquée par les tensions diplomatiques puis la guerre avec la France révolutionnaire (les *French Wars*). En 1797, la situation exige la suspension de la convertibilité du billet en or : c'est le *Bank Restriction Act* qui génère aussitôt des tensions inflationnistes. Un débat s'engage alors sur les conditions du retour à la convertibilité. Cette controverse, fondamentale pour l'histoire monétaire, voit deux thèses s'affronter :
– Les anti-bullionnistes, économistes libéraux comme Tooke et Fullarton, considèrent que la circulation monétaire doit essentiellement reposer sur le crédit : c'est le *banking principle*. La contrepartie de la masse monétaire en circulation ne peut se limiter au stock d'or détenu par la banque centrale mais doit être étendue aux moyens de paiement, qui, à travers le crédit, permettent le financement de l'activité économique. Il s'agit donc d'un principe de liberté d'émission, fondé sur le système préconisé par le banquier suédois Palmstruch : le billet n'est plus un simple reçu de dépôt d'un quantité d'or mais devient un instrument de crédit et un moyen de prêt au commerce et à l'industrie. Défendu en France par J.-B. Say, le *banking principle*, parfois assorti d'un plafond d'émission, devient le régime monétaire de la France au XIXe siècle.
– Les bullionnistes, menés par Ricardo, défendent une approche strictement quantitative de la monnaie : le *currency principle*. La circulation monétaire doit être entièrement couverte par le stock d'or. L'inflation provient de la non-observation de ce principe et d'une émission de papier-monnaie au-delà de la couverture en or.

Le débat est finalement conclu par la victoire de la *currency school* : le *Bank Charter Act* (appelé aussi *Peel Act*) de 1844 consacre la victoire des thèses ricardiennes.

Après cette date, le système d'étalon-or se généralise progressivement, non par l'effet d'accords internationaux, mais grâce à son adoption par un nombre croissant de pays, au détriment du bimétallisme or-argent – l'Allemagne y viendra en 1875, la France en 1878.

b. — Les mécanismes de stabilisation : points d'or et ajustement automatique des balances des paiements

L'étalon-or, en raison de ses caractéristiques, est doté d'un mécanisme de régulation automatique des taux de change : c'est le mécanisme des *gold points* (points d'or).

Le règlement des créances et des dettes au niveau international s'effectue habituellement par lettre de change. Si un déficit commercial apparaît entre un pays A et un autre pays partenaire, la monnaie du pays A se déprécie. Il devient donc plus coûteux, pour les entreprises du pays A de payer avec la monnaie du pays partenaire. Mais cette dépréciation ne peut dépasser un plancher rapidement atteint : plutôt que de subir une perte de change, les débiteurs du pays A ont intérêt à payer directement en or. La dépréciation de la monnaie du pays A se limite donc à une marge correspondant aux frais d'acheminement et d'assurance de l'or ; les frais ont été estimés à 0,2 % des montants en or transférés. La situation inverse (le pays A est excédentaire) déclenche un phénomène d'ajustement symétrique.

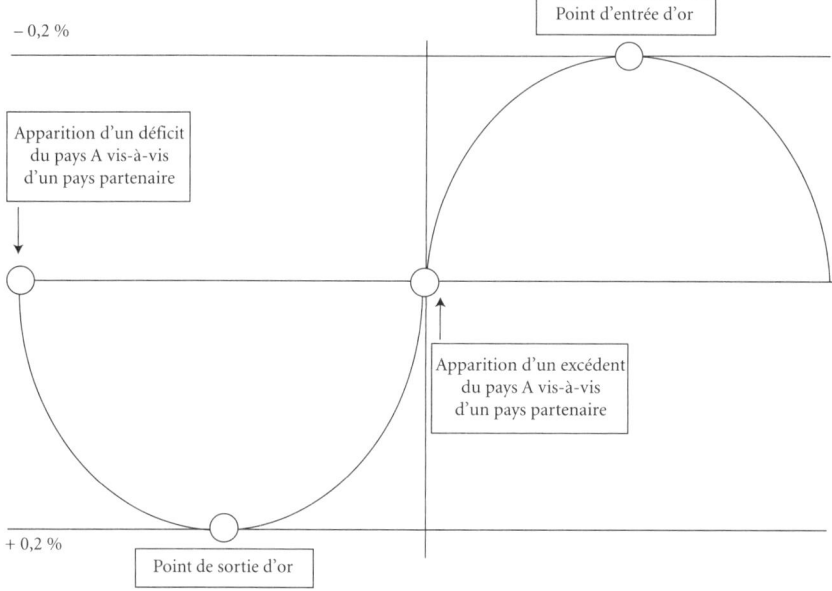

Figure 6 - Le mécanisme des points d'or

En théorie, les caractéristiques de l'étalon-or permettent un équilibrage automatique des balances des paiements. En effet, un pays commercialement déficitaire subit une sortie d'or, donc une baisse de sa masse monétaire. Compte tenu des enseignements de la théorie quantitative de la monnaie, il y aura donc baisse du niveau des prix qui stimulera les exportations et rétablira l'équilibre. Inversement, un pays excédentaire connaît une entrée d'or qui renchérit les prix, ce qui pénalise les exportations.

Ce mécanisme, décrit par les classiques comme Ricardo ou Say, permettrait donc, par le libre jeu du marché, d'équilibrer les balances des paiements. Il suppose une libre circulation des biens et des moyens de paiement, condition indispensable peu respectée au XIXᵉ siècle où le protectionnisme est la règle, notamment durant les périodes de crise.

Outre le mécanisme des points d'or, le rééquilibrage automatique est assuré par deux autres éléments :

– la variation des prix en fonction de la variation de la masse monétaire (principe présenté par la théorie quantitative de la monnaie) ;

– la contrainte de convertibilité (ou discipline de l'or), la circulation fiduciaire étant intégralement couverte par un stock d'or.

L'ensemble du mécanisme d'ajustement, mis en lumière par Hume au XVIIIᵉ siècle, et par Ricardo au début du XIXᵉ siècle, et décrit par J. Rueff comme étant « *d'une efficacité absolue* », peut être schématisé ainsi :

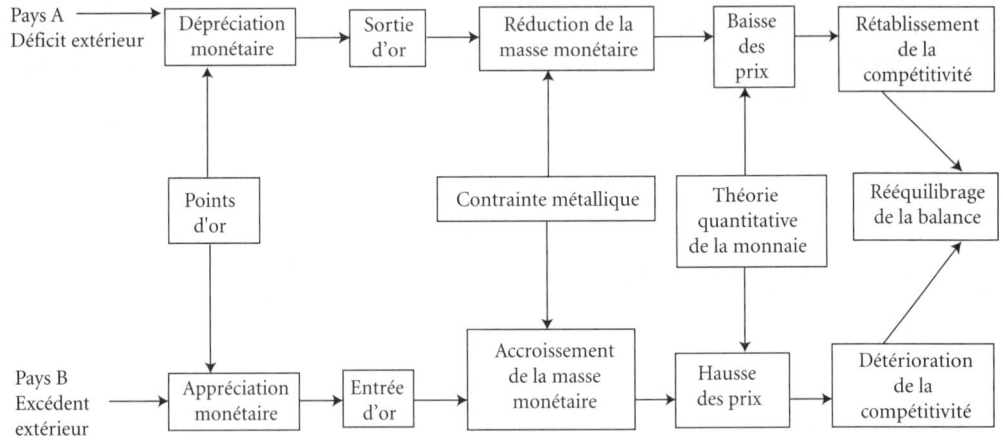

Source : J.-P. Delas, *Les relations monétaires internationales*, Vuibert, 1994.

Figure 7 - Mécanisme d'ajustement de l'étalon-or

c. — La réalité de l'étalon-or : étalon-sterling de facto et tendances déflationnistes

En fait, loin d'être un système neutre et égalitaire, l'étalon-or est centré sur la puissance économique et monétaire de la Grande-Bretagne. De par le rôle central de la livre, il est devenu évident de considérer que la période d'étalon-or 1880-1914 est, en fait, une période d'étalon-sterling. La Grande-Bretagne est, en effet, la grande place économique et financière de la planète. Première puissance industrielle, exportant ses produits et ses machines dans le monde entier, elle est aussi, avec la City, le centre de la compensation financière internationale et le principal marché de l'or. La présence britannique sur les cinq continents, grâce à une politique systématique de colonisation, fait de la livre une véritable monnaie internationale. Les règlements des échanges commerciaux se font le plus souvent en lettres de change libellées en livres. Dans ce contexte, l'action de la banque centrale britannique joue un rôle fondamental. Son taux d'escompte est devenu après 1870 le véritable taux directeur du marché. La place de la Grande-Bretagne dans le commerce et les flux de capitaux fait que la variation de ce taux entraîne des répercussions sur le reste du monde. Loin d'être un régulateur neutre, cet instrument discrétionnaire est utilisé dans le seul souci des intérêts britanniques.

Le principal avantage de l'étalon-or est la stabilité. Le XIXe siècle est caractérisé par une grande stabilité des taux de change et d'intérêt, et des prix à long terme. L'inflation, en tant que phénomène structurel, est inconnue ; le terme, d'ailleurs, n'existe pas encore. De ce fait, les anticipations des agents économiques, base de toute activité, se forment dans un contexte de faible incertitude qui réduit considérablement la prise de risque. Mais cette stabilité a aussi son revers. Les contraintes pesant sur le système monétaire sont telles que chaque dépréciation du change, aussi minime soit-elle, impose une politique de déflation, fondée sur la réduction de l'offre de monnaie et la hausse des taux d'intérêt. La conséquence est double : la dépréciation est jugulée, mais, en même temps, l'activité économique est contractée, l'investissement diminue, le chômage progresse. En d'autres termes, la stabilité monétaire se paie par l'instabilité économique, qui explique, en partie, le caractère très cyclique de la conjoncture du XIXe siècle.

À la veille de la Première Guerre mondiale, le système de l'étalon-or est en déclin. Deux évolutions irréversibles ont entraîné cette dégénérescence :

– La contestation du leadership britannique est sensible dès le troisième quart du XIXe siècle, avec la montée en puissance des États-Unis et de l'Allemagne, deux économies rivales de la Grande-Bretagne. La seconde révolution industrielle (électricité, chimie, sidérurgie, pétrole…) s'est traduite par une forte progression de ces deux pays, alors que la Grande-Bretagne apparaît comme une économie liée à la première révolution industrielle (textile, machine à vapeur…). La place de la Grande-Bretagne dans le commerce international reste dominante, mais n'est plus exclusive.

– Cette remise en cause économique nourrit une contestation du pouvoir financier : le recul de la Grande-Bretagne sur les marchés industriels se traduit par un recul de la livre au bénéfice du franc et du mark qui deviennent progressivement des monnaies de réserve.

Le financement de la Première Guerre mondiale porte un coup décisif à l'étalon-or. Les pays en guerre furent, en effet, contraints d'engager toutes leurs ressources et de les augmenter par des moyens inflationnistes :

– L'émission de billets détachée de toute contingence met fin au dogme de la couverture en or de la monnaie fiduciaire. Ainsi, dans le cas français, la couverture en or passe de 69,4 % en 1914 à 21,5 % en 1919.

– La certitude, largement partagée par les belligérants, que la guerre serait de courte durée, a entraîné une multiplication des emprunts.

Le niveau atteint à la fin de la guerre rendait illusoire le retour à la convertibilité. Le cours forcé, instauré durant la guerre, ne sera pas levé.

2. – L'étalon de change-or (*Gold Exchange Standard*) et la crise financière de l'entre-deux-guerres

Les pays belligérants ont supporté l'effort de guerre en recourant massivement aux importations (armes, produits alimentaires…) en provenance des États-Unis. Ainsi, les déficits commerciaux des pays européens et l'excédent américain se sont-ils fortement accrus durant la guerre, les déficits ayant entraîné des mouvements financiers ayant eu deux conséquences principales :

– D'une part, les années 1914-1918 ont vu une redistribution mondiale des actifs et des engagements à long terme : les États-Unis sont devenus créancier net alors qu'ils étaient débiteur net à l'égard de l'étranger.

– D'autre part, le rôle international du dollar s'est fortement accru par l'accumulation de « balances dollar » détenues par de nombreux pays (ensemble des avoirs monétaires libellés en dollars détenus par des non-résidents hors des États-Unis.), d'où l'émergence d'une « dollarisation » de l'économie mondiale.

La question qui prédomine à la fin de la guerre est celle du retour à l'étalon-or. En 1919, l'opinion mondiale croit en un rapide rétablissement de la stabilité monétaire par un retour pur et simple à l'étalon-or, symbole de pérennité et de stabilité. Un tel retour est-il possible ? Peut-on revenir à la situation du XIXe siècle ? L'évolution de l'entre-deux-guerres montrera que non.

a. — Crises monétaires des années 1920 et la conférence de Gênes

Au sortir de la guerre, la Grande-Bretagne n'a qu'un objectif : revenir le plus rapidement possible à l'étalon-or du XIXe siècle. C'est ce que préconise le rapport Cunliffe de 1919. Cet objectif, très ambitieux, semble toutefois possible, la livre n'ayant perdu que 20 % de sa valeur d'avant-guerre, contre 60 % pour le franc français. Ce sont surtout des considérations de restauration de la confiance internationale et de prestige financier qui motivent ce retour à l'étalon-or.

Mais se pose cependant le problème de l'énorme volume de « balances sterling » acquises par les autres pays (notamment les États-Unis) durant la guerre. De plus, la livre reste une monnaie internationale : il faut donc protéger sa parité et rester au niveau d'avant-guerre. Pour cela, une sévère politique de déflation est menée. Le schéma suivant en décrit la logique :

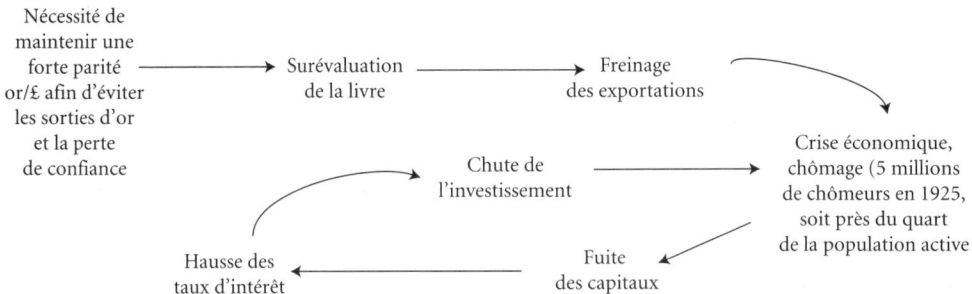

En mai 1925, la Grande-Bretagne parvient à rétablir la parité d'avant-guerre, mais au prix d'une récession sans précédent sacrifiant durablement l'appareil industriel au prestige financier. Cette politique est sévèrement critiquée par Keynes qui, dans *Economic Consequences of Sterling Parity* (1925), estime que le régime d'étalon-or appartient désormais au passé et que l'or n'est plus qu'une « relique barbare ».

En France, au lendemain de la guerre, les partis de droite, unis dans la coalition du Bloc national, vivent dans l'illusion que « l'Allemagne paiera ». Dans la perspective des réparations allemandes, le laxisme budgétaire s'installe. L'arrivée au pouvoir du cartel des gauches est marquée par de nombreux dépassements des avances de la Banque de France qui, étant de statut privé, finit par opposer un refus : c'est le « mur d'argent ». Le gouvernement aux abois démissionne, provoquant un effondrement du franc : en juillet 1926, une livre vaut 235 F.

Seul le retour au gouvernement de Raymond Poincaré en juillet 1926 rétablit la confiance. Par la loi de juin 1928, il modifie la parité du franc germinal, inchangée depuis 1803 : c'est le franc Poincaré, correspondant à 65,5 mg d'or, soit une dévaluation de 79,69 %. Ce choix permet à la

France d'éviter la déflation. Poincaré entérine ainsi la perte de valeur du franc. La France se trouve donc avec une monnaie assainie et stabilisée qui favorise une expansion économique rapide.

Face au problème des réparations imposées par le traité de Versailles (132 milliards de marks-or), l'Allemagne réagit par la fuite en avant. Le pays, totalement exsangue, doit, en plus du paiement des annuités au titre des réparations, se procurer à l'extérieur l'essentiel de ses ressources. De cette situation nait l'hyperinflation des années 1922-1923. La dépréciation atteint des niveaux considérables : fin 1923, il fallait 1 000 milliards de marks-papier pour représenter la valeur d'un mark-or de 1914. Cette catastrophe monétaire marque durablement les esprits et explique en grande partie la véritable aversion des Allemands pour l'inflation après 1945.

Face à cette situation, la conférence de Gênes (1922) tente de reconstituer un SMI sur de nouvelles bases :

– L'étalon reste toujours l'or ; il existe toujours un rapport fixe entre l'or et les monnaies (système de change fixe), mais la convertibilité n'est plus obligatoire. Seuls les grands pays ayant des réserves d'or peuvent garantir une convertibilité, selon deux modalités : soit la convertibilité totale, soit le plus souvent (cas de la France et de la Grande-Bretagne) limitée au lingot de 400 onces (*Gold Bullion Standard*).

– Les monnaies convertibles en or sont, de fait, des instruments de réserve. L'émission monétaire est donc fondée désormais sur les réserves d'or ainsi que sur les réserves en devises des pays centre-or.

b. — L'échec du Gold Exchange Standard et son effondrement

La construction monétaire issue de la conférence de Gênes ne résistera pas à la crise de 1929. Cet échec illustre les deux principaux handicaps de ce système : l'absence de réelle coopération entre les pays centre-or et, surtout, l'absence de véritable arbitre supranational capable à la fois de faire respecter les règles du jeu monétaire et d'être une instance de régulation, à l'instar de ce que sera le Fonds monétaire international dans le système de Bretton Woods.

La crise de 1929 se traduit, en effet, par un fort repli sur les politiques purement nationales de sortie de crise (New Deal aux États-Unis, politiques d'autarcie et de préparation à la guerre en Allemagne ou en Italie, libéralisme prolongé en France et en Grande-Bretagne…), et dont le protectionnisme constitue un instrument privilégié.

Le 20 septembre 1931, la livre devient inconvertible : une des monnaies clés ne peut plus tenir ses engagements internationaux. Cette décision sonne la fin du GES. La Grande-Bretagne forme une zone sterling avec les pays du Commonwealth, récemment constitué (Statut de Westminster, 1931), puis lors de la conférence d'Ottawa (août 1932) met fin au libre-échange en instaurant le principe de la préférence impériale au sein du Commonwealth.

La conférence de Londres (juin 1933, soixante-six pays participants) a pour objectif de rétablir la stabilité monétaire, mettre fin au repli protectionniste et trouver une solution concertée à la crise économique. L'échec de cette conférence aboutit à la création d'une zone dollar regroupant les États-Unis et quelques pays d'Amérique latine.

La France et cinq autres pays (Suisse, Belgique, Italie, Pays-Bas, Pologne) se déclarent fidèles à la parité or et forment le Bloc or. Cette zone devient ainsi un véritable refuge, qui attire des capitaux, mais exige le maintien de parités élevées, donc érode la compétitivité alors que la crise économique sévit. Ce choix, pertinent au début, devient de plus en plus difficile à assumer : déficit commercial, ralentissement de l'activité, chômage… Le Bloc or ne pourra tenir au-delà de 1936.

À partir de cette date, on assiste donc à une véritable « balkanisation » économique et monétaire, consacrant ainsi l'échec d'une sortie de crise négociée et préparant le chemin de la confrontation entre pays.

À quoi peut être attribué l'échec du GES ? Il est possible d'avancer trois explications complémentaires. D'une part, la Grande-Bretagne, économie encore dominante mais en déclin, n'avait sans doute plus la capacité de remplir sa fonction de pays leader ; les États-Unis, fidèles à une doctrine encore nettement non interventionniste, n'avaient pas encore occupé la place qui sera la leur en 1945 : il y a donc eu certainement vacance du pouvoir monétaire. D'autre part, le GES ne comportait pas d'instance de régulation et de contrôle dotée de moyens financiers pour remplir sa mission et capable d'imposer des règles. Enfin, il apparaît clairement que la stabilité monétaire ne peut se concevoir dans un contexte de protectionnisme exacerbé et de dévaluations compétitives. L'après-Seconde Guerre mondiale en tirera d'ailleurs la leçon en associant stabilité monétaire et promotion du libre-échange.

3. – Le système de Bretton Woods

La crise économique des années 1930, la dépression du commerce international et l'effondrement du SMI ont profondément marqué les esprits. Ces événements, qui ont eu leur part dans la marche vers la guerre, ont révélé les conséquences de l'incapacité à élaborer des règles monétaires communes et de mettre sur pied un organisme de supervision et de contrôle des politiques nationales en matière monétaire. Le déclin de la puissance britannique, l'isolationnisme américain des années 1920-1930, la prééminence des intérêts nationaux sur la coopération internationale expliquent en grande partie la crise monétaire de l'entre-deux-guerres.

D'autre part, la crise des années 1930 et la guerre ont provoqué un renouvellement de la pensée économique qui a accompagné l'émergence de politiques économiques actives. La *Théorie générale de l'emploi, de l'intérêt et de la monnaie* de Keynes (1936) trace de nouvelles perspectives à l'action de l'État, la lutte contre le chômage devenant la priorité. Dans ce contexte, la rigidité du système d'étalon-or n'est plus adaptée.

Un consensus assez large existe donc en 1944 sur les origines de la crise des années 1930 et sur la nécessité de mettre en place un cadre international de coopération monétaire. C'est à cet effet que se tient à Bretton Woods, station climatique du nord-est des États-Unis, du 1er au 22 juillet 1944, une conférence chargée d'élaborer un nouveau SMI, d'où naîtra un système monétaire centré sur le dollar, qui durera jusqu'en 1971.

a. — Le contenu des accords

Les accords de Bretton Woods sont le résultat d'un compromis entre les délégations américaine et britannique. Si les deux pays s'accordent largement sur l'analyse de la situation économique et monétaire de l'entre-deux-guerres, les divergences sont assez importantes quant au système monétaire international à construire. Les États-Unis, représentés par H. D.White, ont comme objectif principal d'éviter la reproduction des désordres internationaux des années 1920 ayant résulté de l'instabilité des taux de change et des pratiques protectionnistes. Ils sont donc favorables à une politique de fixité des changes et de suppression des barrières protectionnistes. Le Royaume-Uni est plutôt préoccupé par les problèmes de chômage et de déflation. La délégation britannique, conduite par Keynes, préconise des taux de change révisables (ajustables), un recours limité au contrôle des échanges commerciaux afin de favoriser les politiques nationales, enfin la possibilité de poursuivre les liens commerciaux privilégiés au sein du Commonwealth. Ces deux approches sont reprises dans les deux plans en compétition (la France ne présente pas de plan mais est représentée à Bretton Woods par Pierre Mendès-France).

Défendu par la délégation britannique, le plan Keynes (*Proposals for an international clearing union*) repose sur deux éléments essentiels. On créerait une banque centrale internationale, affranchie de toute puissance nationale, et émettant dans des limites définies sa propre monnaie, le Bancor, qui serait la monnaie de référence internationale. Puis on mettrait en place un mécanisme international de compensation (*Clearing union*) dont le rôle serait d'assurer le financement des déséquilibres des balances des paiements par une mise en connexion quasi automatique entre pays déficitaires et pays excédentaires, les seconds finançant les premiers par des crédits en Bancor. Cette *Clearing union* représente l'exemple parfait d'une banque centrale supranationale.

Le plan White est un plan beaucoup plus modeste. Il propose, en fait, un nouvel étalon de change or (un GES) mais avec une seule devise clé : le dollar. Ainsi, les pays choisiraient une définition de la parité de leur monnaie soit en or, soit dans la devise clé qui aurait donc un rôle de monnaie internationale et d'instrument de réserve. Ce plan prévoit également la création d'un fonds de stabilisation monétaire (pour aider les pays ayant des difficultés à assurer la stabilité de leur monnaie), financé par des dépôts des pays membres.

Bien que moins ambitieux, le plan White l'emporte. Cette victoire entérine la perte d'influence de la Grande-Bretagne dans l'économie mondiale et la prééminence des États-Unis sur la scène internationale : le dollar est le symbole de la puissance américaine et d'un leadership incontestable.

Dès 1947, le secrétaire américain au Trésor, J. Snyder, informe le FMI que les États-Unis achètent et vendent de l'or contre du dollar à 35 $ l'once ; la devise américaine devient *de facto* la monnaie clé : c'est la lettre de Snyder, qui marque la naissance du système de Bretton Woods tel qu'il fonctionnera concrètement par la suite. La clé de voûte du système est la parité du dollar vis-à-vis de l'or : les États-Unis détiennent 70 % du stock d'or mondial : la parité est fixée à 35 $ l'once (1 once = 28,35 g, donc 1 $ = 0,81 g d'or).

C'est donc un système de change fixe, admettant une faible marge de fluctuation de + ou − 1 %. Comme l'écrit H. Bourguinat, « *le dollar de 1944 est le soleil autour duquel s'organisent les autres monnaies satellites* ».

Afin de contrôler et gérer ce système, un organisme international a été créé, le Fonds monétaire international (FMI) chargé de gérer les dépôts et de faire respecter un code de bonne conduite monétaire. Créée également en 1944, pour favoriser la reconstruction en Europe, la Banque mondiale s'est orientée, dès les années 1950, vers le financement du développement des anciens pays colonisés accédant à l'indépendance. Elle est aujourd'hui la principale institution internationale de financement du développement, spécialisée dans les projets d'infrastructure à long terme. Les prêts distribués sont conditionnés par la rentabilité des investissements.

Le Fonds monétaire international (FMI)

Le FMI est, selon l'expression de J. Denizet, une « société de secours mutuel ». Chaque membre participe au Fonds selon une quote-part proportionnelle à son poids dans l'économie mondiale et qui détermine ses droits d'emprunts. Tout membre en difficulté (déficit persistant de sa balance des paiements, qui se répercute sur la stabilité monétaire) peut bénéficier des ressources du FMI à raison de 125 % de sa quote-part, voire au-delà sous réserve de l'accord des autres membres.

Actuellement, le FMI regroupe 184 pays (29 en 1945).

Dès sa création et jusqu'au début des années 1970, le FMI a joué le rôle de garant du système monétaire international. Ses statuts lui donnent le pouvoir réglementaire de faire respecter le système de changes fixes : les États membres doivent maintenir les parités vis-à-vis de l'or ou du dollar dans une marge de fluctuation de ± 1 %. Les changements de parité supérieurs à 10 % sont soumis à l'approbation du Fonds. Jusqu'en 1957, les difficultés de la reconstruction rendent difficile la stabilité monétaire ; mais de 1957 à 1967, celle-ci est acquise. Surtout, avec la création des droits de tirage spéciaux (DTS) en 1969, le FMI se dote du pouvoir de créer des liquidités internationales.

Les véritables difficultés commencent à la fin des années 1960. Le FMI ne peut empêcher le déclin accéléré du système de Bretton Woods, puis son effondrement en 1971. Le passage aux changes flottants en 1973 constitue pour le Fonds une rupture fondamentale ; désormais, la fonction de régulation et de surveillance du système monétaire international n'a plus d'objet. Cette nouvelle situation nécessite une refonte des statuts, opérée lors des accords de la Jamaïque en 1976, qui entérinent le passage aux changes flottants et consacrent ainsi le droit pour les États membres de mener les politiques de change de leur choix.

b. — Asymétrie et « déficit sans pleurs »

Loin d'être un système neutre, Bretton Woods consacre la suprématie américaine. Celle-ci se traduit par une asymétrie qui en révèle la nature profonde. Deux éléments le montrent clairement. En premier lieu, le SMI est asymétrique en vertu du principe théorique appelé « principe $N - 1$ » : dans un ensemble constitué de N pays avec N monnaies, dont une devient la monnaie de référence, il y a seulement $N - 1$ taux de changes, par rapport à la monnaie dominante. En conséquence, le pays centre n'a pas de taux de change à respecter, ce qui lui donne une grande autonomie en matière de politique monétaire (cas des États-Unis). D'autre part, cette asymétrie favorise le financement à crédit de la société de consommation américaine et le financement du développement des entreprises américaines à l'étranger par le canal des investissements directs à l'étranger (IDE), à charge pour les banques centrales des autres pays d'assumer les conséquences de ces sorties de dollars sur les marchés des changes.

Si on prend, par hypothèse, le cas des relations France-États-Unis, la situation peut être résumée par le schéma suivant :

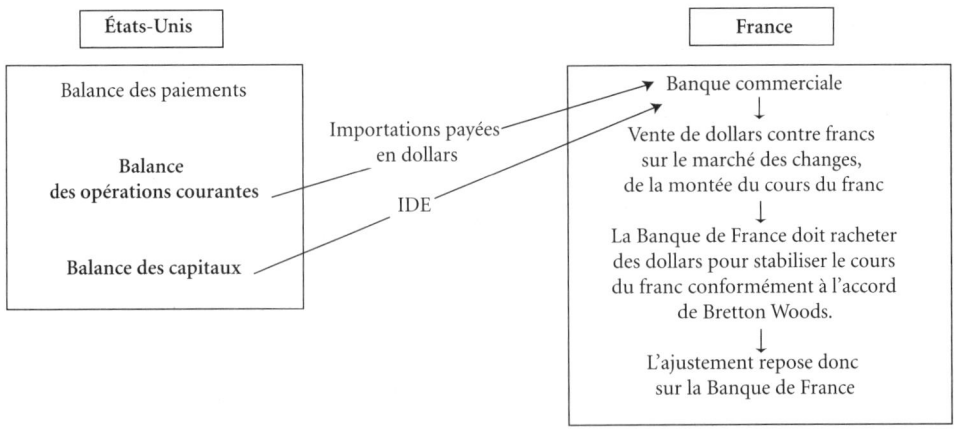

Cette situation privilégiée des États-Unis, exonérés de toute contrainte hors celle de la convertibilité du dollar en or au cours de 35 dollars l'once, a été qualifiée de « douce négligence » (*benign neglect*) et de « *déficit sans pleurs* » par J. Rueff.

c. — *Les deux phases du système de Bretton Woods*

Les débuts du système de Bretton Woods sont marqués par une situation de pénurie de dollars (ou *dollar gap*). Les réserves de devises des pays européens étant au plus bas, la circulation du dollar comme monnaie internationale ne peut venir que de deux origines : de la balance commerciale américaine en premier lieu (le fait que les États-Unis importent des biens permet de faire sortir des dollars hors des États-Unis) et les prêts et dons dans le cadre de l'aide Marshall. Cette sous-liquidité du SMI, liée à la rareté du dollar, fait de celui-ci le véritable maître du jeu : le dollar est *as good as gold*. La domination est totale : la tentative britannique de rendre la livre convertible en or et d'en faire une devise clé, en 1947, est un échec. Enfin, la situation de dépendance économique et surtout technologique de l'Europe face aux États-Unis accentue encore le besoin de dollars et renforce le prestige de la monnaie américaine.

Dans un contexte encore fortement marqué par le protectionnisme et le contrôle des changes (d'où une faible circulation internationale des capitaux), cette configuration tend à « isoler » ou « insulariser » les économies, ce qui rend possible la mise en place de politiques de type keynésien centrées sur la stimulation de la demande interne sans forte contrainte extérieure.

De la fin des années 1950 à 1971, le SMI de Bretton Woods connaît une série de secousses qui finirent par l'emporter.

La première a pour raison la montée en puissance de l'Europe, puis à partir du milieu des années 1960, du Japon. En 1957, est signé le traité de Rome qui institue la CEE. Les économies européennes connaissent une période de forte croissance (5,5 % pour la France, 4,5 % pour la RFA entre 1950 et 1970) ; leur part dans les exportations mondiales progresse, leur niveau de productivité dépasse nettement celui des États-Unis. Ce développement économique sape les bases sur lesquelles reposent les relations monétaires internationales : l'Europe devient progressivement moins dépendante des États-Unis et les concurrence désormais au niveau industriel et commercial. Les excédents commerciaux américains ne cessent de se réduire, les États-Unis connaissent leur premier déficit commercial du XXe siècle en 1971. Le Japon, qui retrouve sa souveraineté en 1952 après la signature du traité de paix avec les États-Unis, bénéficie, lui, des effets économiques de la guerre de Corée et entame une période de croissance particulièrement forte : son PIB triple durant la décennie 1960. Il devient un acteur économique de premier plan. Cette évolution des rapports de force économiques ne peut manquer d'avoir des répercussions monétaires. À la fin des années 1950, le dollar n'exerce plus le même pouvoir d'attraction.

L'accélération des sorties de dollars hors des États-Unis concourt également à la crise. Ce phénomène est dû à la conjonction de trois évolutions. C'est d'abord l'émergence rapide du marché des eurodollars, qui affranchit partiellement la création de monnaie internationale de la tutelle américaine et rend possible la constitution d'énormes masses de capitaux flottants spéculatifs libellés en dollars (*hot money*) devant lesquelles les banques centrales sont de plus en plus désarmées. C'est ensuite le développement des IDE américains en Europe, notamment pour contourner les barrières protectionnistes du Marché commun et profiter d'un marché en pleine expansion. C'est enfin l'accroissement des dépenses extérieures de l'État américain dû essentiellement à l'engagement militaire au Vietnam (envolée des dépenses militaires et important déficit budgétaire de l'État facteur d'inflation, donc de perte de compétitivité).

Eurodollars et euromarchés

Les eurodollars sont des dollars circulant hors des États-Unis et échappant aux réglementations fiscales et monétaires américaines.

Les euromarchés sont des marchés internationaux de capitaux sur lesquels se réalisent des opérations de prêts et d'emprunts libellés en devises (majoritairement des dollars). Comme l'écrira Friedman, « *l'eurodollar, comme le dollar est produit par la plume du comptable* ».

Le préfixe euro ne doit pas induire en erreur : ces marchés débordent largement le cadre européen et ne concernent pas exclusivement le dollar. D'où l'usage fréquent des expressions xénodevises et xénomarchés.

Le développement des euromarchés date des années 1950 ; il est lié à deux phénomènes. D'abord, la situation monétaire et financière américaine : les restrictions réglementaires appliquées aux États-Unis et datant dans certains cas des années 1930 ne permettaient pas une valorisation suffisante des dépôts : les banques américaines étaient ainsi incitées à s'implanter hors des États-Unis. Il s'agit notamment de la Réglementation Q (plafonnement du niveau des taux d'intérêt créditeurs pour les dépôts bancaires) et du *Glass Steagall Act* (stricte séparation des activités bancaires, mise en place en 1933). Le facteur décisif a toutefois été, à partir de 1973, le recyclage des pétrodollars provenant des excédents de balance des paiements des pays de l'OPEP.

L'euromarché a atteint une taille considérable et joue un rôle important dans le financement des pays développés. Deux compartiments de l'euromarché sont particulièrement actifs :

– Le marché des euro-obligations où sont émis et échangés des titres obligataires en eurodevises.

– Le marché des eurocrédits, notamment sous forme de prêts bancaires « syndiqués », c'est-à-dire effectués par un pool bancaire.

En 1959, le système de Bretton Woods connaît sa première crise ; certains pays, dont la France, demandent la conversion de leurs encaisses en dollars en or (on parle d'hémorragie de l'or), signe d'une baisse de confiance dans le dollar qui provoque une chute du stock d'or américain. Pour contrecarrer cette évolution, diverses mesures palliatives sont prises et notamment la création du pool de l'or, en 1960 : huit banques centrales (CEE, États-Unis, Grande-Bretagne) organisent un stock régulateur d'or pour éviter les fluctuations de cours en vendant notamment de l'or sur le marché libre et maintenir ainsi la parité du dollar. D'autre part, on crée les *bons Roosa*, titres du Trésor fédéral émis à des taux avantageux qui sont proposés aux banques centrales afin de les inciter à placer leurs dollars aux États-Unis plutôt que de les convertir en or.

À l'occasion de ces premières crises, le caractère contradictoire du SMI de Bretton Woods apparaît de plus en plus nettement. C'est le dilemme de Triffin, mis en évidence en 1960 : soit les États-Unis présentent un déficit extérieur structurel, ce qui permet aux autres pays de se procurer des dollars ; mais risque aussi de nuire à la confiance dans le dollar car une discordance apparaîtra tôt ou tard entre le volume de dollars détenus hors des États-Unis et le stock d'or, soit les États-Unis disposent d'une balance excédentaire, dans ce cas la valeur du dollar en or est bien maintenue, mais le commerce international risque d'être freiné par manque de liquidités. Autrement dit, le régime monétaire de Bretton Woods apparaît contradictoire ; pour que le système fonctionne, il faut que les États-Unis acceptent une balance des paiements déficitaire, ce qui, à terme, remet en cause la convertibilité du dollar, c'est-à-dire les fondements même du système.

La crise de confiance prévue par le dilemme de Triffin éclate au grand jour en 1967-1968 lorsque la spéculation contre le dollar s'intensifie : les banques centrales changent systématiquement les dollars contre de l'or. Le stock d'or américain ne cesse de fondre. Le Congrès américain décide alors de voter en mars 1968 la suspension de la convertibilité externe du dollar en or sauf pour les banques centrales au taux de 35 $ l'once. C'est le double marché de l'or, constitué par un marché officiel réservé aux banques centrales et un marché libre sur lequel le cours de l'or fluctue en fonction de l'offre et de la demande. Cela ne suffit pas. La situation exige des mesures draconiennes ; le 15 août 1971, Nixon déclarant que « *les États-Unis ne peuvent plus continuer à se battre avec une main attachée dans le dos* », décide de suspendre la convertibilité du dollar en or (en fait, elle ne sera plus rétablie), de dévaluer le dollar et d'instaurer une taxe de 10 % sur les importations, mesures qui signent la fin du système de Bretton Woods.

4. – L'ère des changes flottants

La fin du système de changes de Bretton Woods plonge le monde dans une situation d'incertitude monétaire. Selon l'économiste américain B. Eichengreen, « *la transition vers le flottement ressemblait à une plongée dans l'inconnu* ».

De fait, les pays développés ne sont pas prêts, en 1971, à passer directement à un système de changes flottants. La période 1971-1973 est donc une période transitoire, marquée par la mise en place d'un système de changes semi-fixes. L'année 1973 apparaît comme une année charnière : le basculement dans une récession durable et générale, accentuée par le choc pétrolier de fin d'année, rend caduc le système de changes semi-fixes et favorise le passage aux changes flottants. Ceux-ci seront officialisés par les accords de la Jamaïque de 1976, entérinant ainsi l'émergence d'un « *non-système monétaire international* », selon l'expression de J. Williamson. Dans ce nouveau contexte, loin de rentrer dans le rang, le dollar continue, plus que jamais, à influencer les évolutions monétaires des années 1980 et 1990.

a. — La dérive du SMI vers les changes flottants (1971-1976)

La décision de Nixon de mettre fin à la convertibilité du dollar fait peser un risque sérieux de reprise de la guerre commerciale et monétaire évitée depuis 1944 grâce à Bretton Woods et aux efforts du GATT (à partir de 1947) pour promouvoir le libre-échange. Mesurant le risque, les grands pays industrialisés entament des négociations qui, en décembre 1971, aboutissent à la signature des accords de Washington (appelés également accords du Smithsonian Institute). Il s'agit d'un compromis ménageant une transition entre SMI fixe et flexible et dont le mécanisme est le suivant :

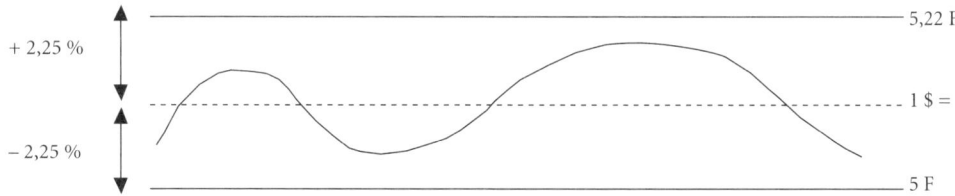

Figure 8 - Le mécanisme de change issu des accords de Washington

Il s'agit donc d'un système de tunnel censé donner plus de souplesse et une meilleure capacité d'adaptation au SMI.

Ces accords allaient-ils pouvoir constituer une base solide ? Dès 1972, le système ne satisfait pas les Européens. Il autorise, en effet, une variation totale relative de deux monnaies (autres que le dollar) entre elles de 9 % (deux fois 4,5 %, soit la largeur totale du tunnel). Or le début des années 1970 et marqué par de nombreuses initiatives visant à relancer la construction européenne : il faut dépasser le simple cadre agricole pour donner un projet à l'Europe, ce qui est impossible si les monnaies varient trop les unes par rapport aux autres. Enfin, se pose le problème des prix agricoles. Le mécanisme central de la politique agricole commune, c'est-à-dire le prix unique, ne peut être maintenu qu'à l'aide du dispositif très complexe des montants compensatoires monétaires. Pour régler cette question, les Européens décident de créer le Serpent monétaire européen lors des accords de Bâle en 1972.

Les marchés des changes ne sont pas pour autant stabilisés. En février 1973, le dollar est de nouveau dévalué, sans concertation. Les Européens choisissent donc le flottement concerté. Leurs monnaies sortent du tunnel de Washington mais restent groupées ; le Serpent sort du tunnel.

Enfin, le choc pétrolier de fin 1973 et ses premières conséquences (inflation, déficits commerciaux…) font sortir les monnaies européennes du Serpent : le flottement est alors général, l'abandon du système de Bretton Woods est donc total.

b. — Les accords de la Jamaïque et leurs conséquences

Le monde entre *de facto* dans le système de changes flottants en 1973. Ses règles (ou plutôt, ses non-règles) sont officialisées lors de la conférence de la Jamaïque (7-8 janvier 1976).

Trois décisions fondamentales y sont prises. En premier lieu, l'or est démonétisé, achevant ainsi son rôle officiel ; les monnaies ne sont plus désormais définies par rapport à un poids d'or et sont donc totalement dématérialisées. D'autre part, l'accord confirme la liberté de choix du régime de change pour chaque pays. Trois catégories de régime se distinguent : fixité (ou semi-fixité) par rapport à une référence qui peut être le dollar, le franc, la livre, les droits de tirage spéciaux (DTS)…, le flottement pur, ou le flottement concerté (cas du Serpent monétaire européen dans les années 1972-1973). Enfin, les statuts du FMI sont remaniés de façon à permettre une extension du rôle des DTS.

Les droits de tirage spéciaux (DTS)

L'origine des DTS doit être recherchée dans les difficultés du système monétaire international de Bretton Woods au début des années 1960 et notamment la mise en lumière du principal défaut structurel de ce système, connu sous l'expression de dilemme de Triffin. Les mesures palliatives destinées à résoudre ce dilemme s'avèrent des échecs : pool de l'or en 1960, Bons Roosa, double marché de l'or en 1968. La nécessité de rééquilibrer durablement le SMI par rapport à l'hégémonie du dollar conduit, dans les années 1963-1964, le groupe des Dix (États-Unis, Grande-Bretagne, RFA, France, Italie, Pays-Bas, Belgique, Suède, Canada et Japon) à étudier la possibilité de créer un instrument de réserve international. Deux conceptions vont s'affronter :

– La France, par la voix du général de Gaulle, conseillé par J. Rueff, défend le projet d'un retour à l'étalon-or.

– Les États-Unis présentent un projet censé mettre un terme à l'insuffisance de liquidités internationales par la création d'un nouvel actif, dont l'émission et la gestion seraient confiées au FMI. Il s'agit des droits de tirage spéciaux.

En dépit des réticences françaises (selon J. Rueff, « *le DTS, c'est du néant habillé en monnaie* »), le 1er amendement aux statuts du FMI institue, en 1969, la création des DTS. On peut considérer, d'un certain point de vue, que la création des DTS confirme la justesse de vue de Keynes qui, en 1944, préconisait l'utilisation d'une monnaie internationale autonome, le Bancor. Créés *ex nihilo* (sans contrepartie d'un versement en devises, contrairement aux droits de tirage normaux), l'allocation de DTS aux pays membres du FMI se fait au prorata des quotes-parts. Originellement, la valeur du DTS, initialement fixée en référence à l'or et au dollar, a été, à partir de 1974, définie par rapport à un panier de monnaies de référence. Aujourd'hui, ces monnaies, les plus utilisées dans le commerce international sont le dollar, l'euro, la livre sterling et le yen. Fin avril 2010, la composition du DTS est la suivante :

Figure 9 - Panier d'évaluation du DTS

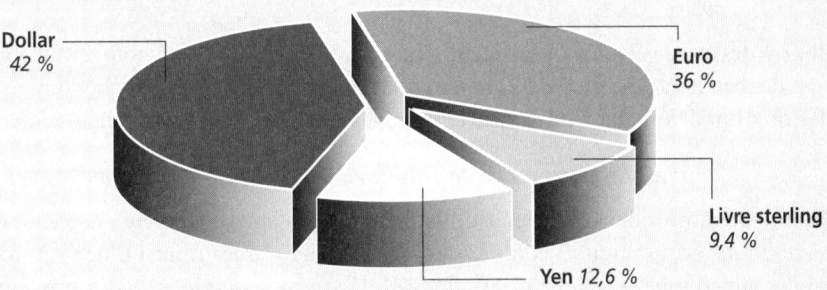

Source : FMI, 2010.

Destiné, dans l'esprit de ses concepteurs, à devenir une véritable monnaie internationale, le DTS n'a, en fait, connu qu'un développement limité et est resté cantonné au statut de monnaie de compte du FMI. Lors de la conférence de la Jamaïque, le statut du DTS avait pourtant été réformé et le FMI comptait en faire le principal actif de réserve, orientant ainsi le SMI vers un système d'étalon-DTS. Il ne représente aujourd'hui qu'une faible part des réserves de change et n'a jamais constitué une menace pour l'hégémonie du dollar.

Sur le plan théorique, les accords de la Jamaïque instituent une véritable marchéisation du change, le marché jouant désormais un rôle prépondérant dans la définition du taux de change d'une monnaie, non plus la banque centrale et/ou le gouvernement. Certes, ceux-ci peuvent toujours avoir un objectif de change, mais il ne pourra durablement aller contre la logique du marché. Cette situation porte en germe un risque évident de volatilité du change et donc d'instabilité. La couverture contre ce risque de change est à l'origine d'un vaste mouvement d'innovations financières.

La théorie veut qu'en changes flottants, aucun déséquilibre ne soit durable, car tout déséquilibre entraîne une modification automatique des taux de change qui ramène nécessairement l'équilibre extérieur : les pays sont libérés de la contrainte externe et pourraient donc se consacrer aux objectifs internes (chômage, inflation…). Les changes flottants permettent ainsi une véritable insularisation de la conjoncture permettant d'échapper au risque protectionniste. Ces marges de manœuvre nouvelles apportées par les changes flottants à la politique monétaire ont été analysées par la théorie de la parité de pouvoir d'achat (PPA) : tout différentiel d'inflation entre deux pays entraînant une tendance au déséquilibre commercial, les changes flottants permettent une correction quasi immédiate de ce déséquilibre. Ce plaidoyer en faveur des changes flottants peut être schématisé ainsi :

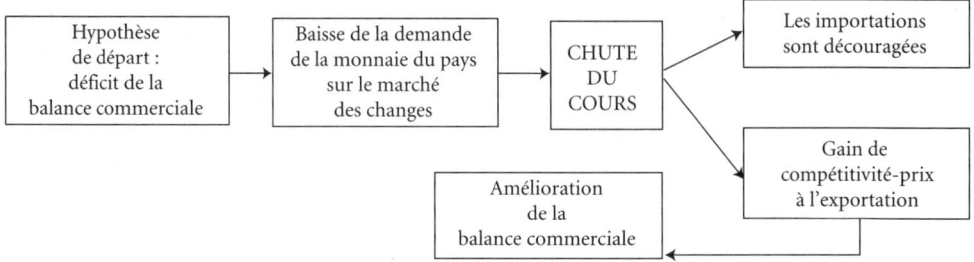

L'évolution des années 1980 va largement démentir la validité de ce plaidoyer flexibiliste : les déséquilibres des balances des paiements atteignent des sommets, générant un phénomène de polarisation des flux financiers dans un contexte de forte volatilité des taux de change et d'intérêt.

c. — Changes flottants ou étalon-dollar : le vécu du flottement

En fait, loin de rentrer dans le rang, le dollar est plus que jamais au cœur du SMI. Les revirements de la politique économique – et notamment monétaire – américaine influencent fortement, par le canal des taux d'intérêt, les évolutions du SMI. L'évolution depuis 1976 montre que la stabilité attendue a été très largement illusoire ; en fait, le dollar a largement mené le jeu et on peut distinguer trois étapes :

■ **1976-1980 : abondance monétaire et dépréciation considérable du dollar**

Cette période correspond au cœur de la crise ; elle est caractérisée par la véritable explosion des liquidités internationales (notamment à la suite du phénomène de recyclage des pétrodollars) ainsi que par la montée de l'euromarché. Ces phénomènes de *hot money* contribuent de plus en plus à accentuer les déséquilibres. Inflation et chômage se conjuguent, et cette stagflation rend illusoire toute politique de relance. La faiblesse du dollar constitue une des grandes caractéristiques de cette période ; en 1977, il perd 20 % de sa valeur par rapport au yen pour atteindre un plancher historique en octobre 1978. C'est un dollar de combat destiné à améliorer la compétitivité-prix des États-Unis dont la balance des paiements est déficitaire. L'absence de contrainte extérieure est donc un atout pour les États-Unis : la croissance économique est forte grâce à ce bas niveau du dollar. Il est clair que le double statut du dollar favorise les États-Unis et les maintient dans une position de *benign neglect*. De plus, une telle attitude constitue une des origines des tensions croissantes sur le marché pétrolier, qui mèneront au second choc pétrolier, l'OPEP cherchant à compenser par la hausse des prix la forte dépréciation du dollar, monnaie de facturation pour les pays producteurs.

■ **1980-1985 : restriction de la liquidité internationale, envol du dollar et des taux d'intérêt**

C'est sans doute cette période qui illustre le mieux le rôle central du dollar dans le nouveau système de changes flottants : toute l'économie mondiale est suspendue aux prises de décisions de la Banque fédérale américaine. Or, depuis 1979, c'est le tournant monétariste ; l'objectif de stabilité l'emporte et ce choix s'impose progressivement à l'ensemble des pays développés. Après une récession brutale en 1981-1982, les États-Unis retrouvent une forte croissance (+ 6,8 % en 1984) qui les rapproche du plein emploi. La politique monétariste, impulsée par Paul Volcker, à la tête de la Banque fédérale américaine depuis 1979, renforce le dollar qui atteint le niveau record de 10,61 F en février 1985.

Cette évolution s'accompagne d'un vaste mouvement de polarisation des flux financiers. Attirés par les taux d'intérêt élevés et l'expansion du marché financier américain, les capitaux des pays structurellement excédentaires (Allemagne et Japon notamment) cherchent des placements aux États-Unis, finançant ainsi les déficits jumeaux (déficit budgétaire et déficit de la balance commerciale). Ainsi, la balance des paiements américaine a accumulé un déficit courant de 672 milliards de dollars sur la période 1982-1988. Cette situation, par l'effet d'éviction qu'elle provoque, tend à généraliser les taux d'intérêt élevés.

Dollar fort et taux élevés se combinent pour alimenter une crise de la dette touchant les pays du Tiers Monde : la crise mexicaine de l'été 1982 illustre parfaitement l'effet massue de l'endettement.

■ **Depuis 1985 : « zones cibles » et stabilisation laborieuse du système monétaire**

L'année 1985 marque un tournant à plusieurs égards. Les États-Unis, plus que jamais au cœur du système monétaire international, veulent prolonger la croissance économique des années 1983-1984. Or, devant l'ampleur des déficits jumeaux, l'instrument budgétaire ne peut plus être sollicité : avec la loi Gramm-Rudman-Hollings, le Congrès obtient même l'engagement d'un retour à l'équilibre budgétaire à l'horizon 1993. De plus, des pans entiers de l'industrie américaine sont sinistrés par la politique de dollar surévalué, induisant la montée de velléités protectionnistes au sein du Congrès. La relance ne peut plus être obtenue que par la baisse des taux d'intérêt et la baisse du dollar ne pouvant être que concertées au niveau international afin d'éviter un *crash landing* (effondrement brutal) du dollar. C'est le sens de l'accord du Plazza (1985) et surtout de l'accord du Louvre (1987) : les évolutions sont reprises en main grâce à l'instauration de « zones cibles » (*Target Zones*), grilles de parités bilatérales, donnant aux banques centrales des repères d'intervention.

La théorie des zones-cibles

La réflexion sur les zones cibles part de la constatation de la grande instabilité induite par les changes flottants, mais aussi de l'impossibilité de revenir à des taux de changes fixes dans le contexte actuel marqué par le fort ancrage de la liberté de circulation des capitaux. L'analyse par le triangle des incompatibilités montre que la stabilisation des cours du change implique la nécessité de recourir à une forme de coopération monétaire dont le principe des zones cibles constitue une modalité, assez peu contraignante par ailleurs. Cette approche a été proposée et définie par J. Williamson et H. Miller (1985) et développée par les travaux de P. Krugman (1987).

Selon ces auteurs, une zone cible consiste en un encadrement des taux de change dans une bande de fluctuation. Si le taux de change effectif d'une monnaie s'éloigne de son cours de référence (fondé par exemple sur la théorie de la parité de pouvoir d'achat) et se rapproche d'une des bornes de la bande de fluctuation, les opérateurs, supposés rationnels, anticipent une intervention des autorités monétaires. C'est cette anticipation qui modifie l'évolution du taux de change.

Supposons, par exemple, une dépréciation du change : le taux de change va tendre vers la borne supérieure de la bande de fluctuation : les opérateurs anticipent une intervention des autorités monétaires qui peuvent agir par les taux d'intérêt ou par des interventions sur le marché des changes.

Les agents économiques vont donc modifier leur comportement en tenant compte de la probable intervention de la banque centrale et vont cesser d'anticiper une hausse du taux de change, qui suit donc une courbe en S (figure 1). Ce modèle repose sur deux hypothèses fondamentales :

– la capacité d'anticipations rationnelles des opérateurs sur le marché des changes ;

– l'hypothèse forte de crédibilité de l'engagement des autorités à faire respecter les marges de fluctuation de la zone cible, l'absence de cette dernière hypothèse réduisant à néant l'effet de stabilisation recherché (figure 2).

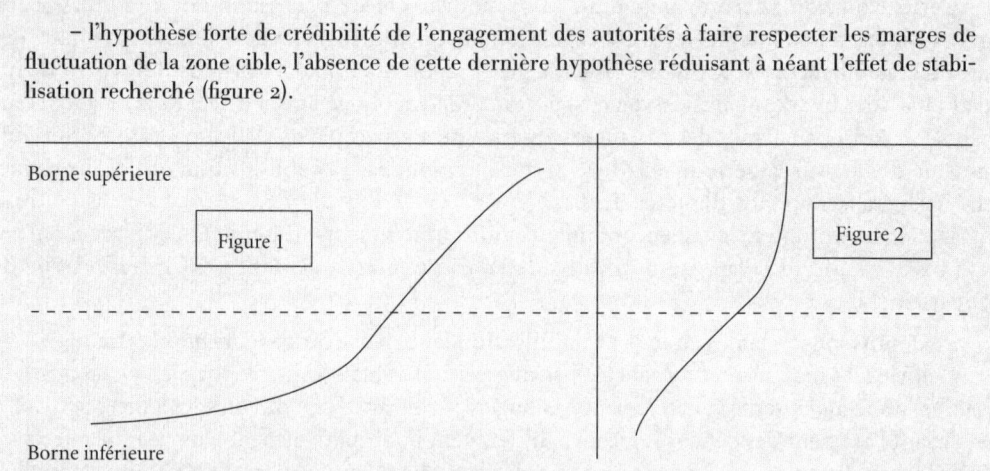

Le succès est très mitigé : la stabilité monétaire, notamment pour le dollar, est loin d'être acquise, même si les évolutions du dollar paraissent moins erratiques que durant la période 1973-1987. C'est donc bien le retour à une certaine forme de coopération monétaire, à une gestion concertée des taux de change qui a permis cette relative stabilisation depuis 1987. Ne faut-il pas voir là un échec patent du flottement pur et un démenti cinglant aux tenants de ce principe ?

d. — Quelles orientations pour le SMI d'aujourd'hui ?

Les années 1980 se sont traduites par deux évolutions conjointes : le processus de globalisation financière et l'« *exubérance irrationnelle* » des marchés (A. Greenspan, président de la Banque fédérale américaine) ont accompagné, sur le plan monétaire, la mise en place des changes flottants. Il est tout à fait artificiel, actuellement, de traiter séparément du SMI et du système financier comme l'illustre l'analyse des crises récentes montrant bien le haut degré d'interpénétration des dimensions financière et monétaire de l'économie internationale.

Par ailleurs, il apparaît aujourd'hui que l'ampleur de la globalisation financière, la masse considérable des capitaux en jeu, l'interconnexion des places financières constituent un processus irréversible qui contraint la régulation monétaire internationale et forment, au sens du triangle des incompatibilités, le principal ancrage du SMI.

Autre évolution récente, le SMI tend de plus en plus vers un polycentrisme monétaire. On constate, en effet, que si le dollar reste encore en position dominante, il est désormais concurrencé par l'euro. L'évolution des réserves officielles de change en constitue un bon indicateur : en 1982, les réserves officielles de changes étaient constituées à 70,5 % de dollars, 12,3 % de marks et de 4,7 % de yens. Début 2010, les proportions passent respectivement à 61,5 % (dollar), 27,8 % (euro) et 3,2 % (yen).

Avec l'avènement de l'euro, on assiste à une bipolarisation monétaire internationale dollar-euro dont il faudra gérer les déséquilibres potentiels comme la forte dépréciation du dollar en cours depuis 2001.

C L'EUROPE MONÉTAIRE

L'Europe monétaire constitue aujourd'hui le projet le plus abouti d'intégration économique dans le monde. L'entrée dans l'euro, le 1er janvier 1999 et l'utilisation d'une monnaie fiduciaire unique à l'horizon 2002, constituent une étape fondamentale vers la mise en place d'un ensemble intégré de plus de 380 millions d'habitants, principale zone économique de la planète.

Le projet d'Europe monétaire est relativement ancien. Son origine remonte aux années d'après-guerre et à l'Union européenne de paiements. Dès les années 1960, Jacques Rueff estimait que « *l'Europe se fera par la monnaie ou ne se fera pas* ». Le traité de Rome en évoque la possibilité à terme, mais il faudra attendre le traité de Maastricht, signé en février 1992, pour qu'une démarche volontariste et un calendrier précis soient définis.

L'union monétaire de l'Europe est, au départ, une réponse à l'instabilité des changes qui a suivi l'effondrement du système de Bretton Woods. Le Système monétaire européen cherchait, en son temps, à préserver l'Europe des conséquences de la volatilité des monnaies des années 1980. Mais d'autres problèmes sont apparus, que le passage à l'euro n'a pas entièrement résolus : quels avantages attendre d'une monnaie unique, quelles politiques économiques et notamment monétaires doit-on mettre en œuvre, quelles prérogatives pour la banque centrale européenne ? C'est, semble-t-il, en allant de l'avant que l'Europe trouve progressivement des réponses.

1. – Les prémices de l'Europe monétaire : de l'UEP au SME

a. — *La lente progression de l'idée d'unification monétaire*

L'Union européenne de paiements (UEP), qui constitue une première forme de coopération monétaire est un organisme de compensation entre pays européens. Dans un contexte marqué par la pénurie de devises et l'absence de convertibilité des monnaies européennes, elle a permis le financement des échanges par un mécanisme de compensation des dettes et des créances. Elle a été dissoute en 1958 avec le retour à la convertibilité des monnaies européennes. Par ailleurs, l'adhésion européenne à l'accord de Bretton Woods, système de changes fixes centré sur le dollar, exerce un effet stabilisateur sur les monnaies européennes.

Cependant, dès la fin des années 1960, la poussée inflationniste en France entraîne une dévaluation du franc en août 1969 ; une réévaluation du mark a lieu en octobre de la même année. Ces perturbations monétaires posent le problème de la coordination des politiques européennes, notamment dans le domaine agricole où la politique agricole commune est régie par le principe du prix unique. Les mise en place des montants compensatoires monétaires a pour but de corriger les distorsions de concurrence dues aux fluctuations monétaires, mais au prix d'une complexité accrue.

Ces difficultés ont cependant le mérite de faire progresser l'idée d'unification monétaire. Le plan Werner (1970), ambitieux et novateur, prévoit la mise en place d'une union économique et monétaire fondée sur une monnaie commune et un système commun de banque centrale. Mais ce projet restera lettre morte. L'effondrement du système de Bretton Woods (août 1971) et l'entrée dans la crise économique vont obliger le marché commun à adopter, dans l'urgence, des solutions transitoires.

Cette période est marquée par les tentatives de relance de la construction européenne : il faut dépasser le simple cadre agricole pour donner un projet à l'Europe, ce qui serait impossible si les monnaies varient trop les unes par rapport aux autres. Pour régler cette question, les Européens décident de créer le Serpent monétaire européen lors des accords de Bâle en 1972. Les monnaies européennes évoluent dans le tunnel de manière groupée, ce qui divise par deux la marge théorique de fluctuation entre elles.

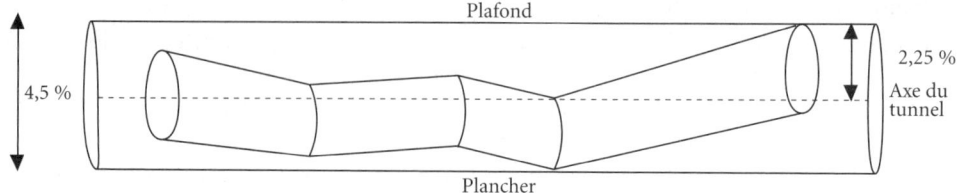

Figure 10 - Le Serpent monétaire européen

Les marchés des changes ne sont pas pour autant stabilisés. En février 1973, le dollar est à nouveau dévalué, sans concertation ; les Européens choisissent donc le flottement concerté : leurs monnaies sortent du tunnel de Washington, mais restent groupées ; le Serpent sort du tunnel. Enfin, le choc pétrolier de fin 1973 et ses premières conséquences (inflation, déficits commerciaux…) font sortir les monnaies européennes du Serpent : le flottement est donc général fin 1973.

b. — Le Système monétaire européen : un bilan contrasté

La solution du Serpent monétaire, adoptée lors des accords de Bâle de 1972 ne fut guère durable : elle ne résista pas aux effets du choc pétrolier de 1973. C'est pour remédier aux imperfections de ce système et établir une coopération monétaire durable et étroite mais aussi pour parer aux effets néfastes pour la construction européenne du flottement des monnaies effectif depuis 1973 que le Système monétaire européen (SME) est adopté à la suite du sommet de Brême en juillet 1978.

Le SME repose sur trois principes essentiels :

1) Rattachement des monnaies européennes à un étalon commun, l'Ecu (*European Currency Unit*), défini à partir des monnaies des pays membres, la part de chaque monnaie étant pondérée par le poids économique du pays au sein de la CEE. C'est donc une monnaie composite, servant à déterminer les cours pivots de référence pour chaque monnaie.

2) Chaque banque centrale qui adhère au mécanisme de change doit s'engager à maintenir le taux de change dans les marges définies ; une bande de fluctuation de plus ou moins 2,25 % autour du cours pivot est instaurée.

3) L'écu est une unité de compte et un moyen de paiement entre banques centrales. Son émission est gérée par le Fonds européen de coopération monétaire (FECOM) en contrepartie du dépôt par les banques centrales d'une partie de leurs réserves en or et en devises.

Quel a été le bilan du SME ? Il s'est bien comporté dans la tempête monétaire des années 1980. Certes, il y a eu de nombreux réaménagements de parité – dix-sept entre 1979 et 1994 – mais leur ampleur est restée limitée par rapport aux fortes variations du dollar ou du yen. De plus, en matière de lutte contre l'inflation, le SME a été un succès évident, agissant, dans ce domaine, comme un levier de convergence. En baisse constante depuis 1991, l'inflation atteint aujourd'hui, avec 1,3 % en moyenne annuelle pour l'Union européenne, son plus bas niveau de l'après-guerre.

Ce succès ne saurait cacher, toutefois, d'incontestables faiblesses. Les performances en matière de croissance et de lutte contre le chômage ont été médiocres ; les choix de politiques monétaires restrictives ont fait de l'Union européenne une zone de basse pression économique. Surtout, la convergence dans ce domaine est restée faible, avec des taux de chômage compris en 1998 entre 2,5 % au Luxembourg et 16 % en Espagne. C'est sans doute le principal échec du SME.

Le fonctionnement du SME a été d'autre part excessivement asymétrique : l'influence de la politique monétaire allemande et le rôle central du mark ont fait qualifier le SME de véritable zone mark. Cette asymétrie a été particulièrement sensible au début des années 1990 dans le contexte de la réunification allemande. La récession économique qui touchait alors les pays européens aurait exigé une politique de relance basée sur une détente des taux d'intérêt. En fait, la plupart des pays européens, et en particulier la France, ont dû s'aligner sur les taux d'intérêt allemands, élevés du fait des besoins en capitaux nés de la réunification.

Le SME n'a pas été à l'abri de la spéculation et des crises monétaires. En 1993, il a fallu porter les marges de fluctuation du SME à plus ou moins 15 % pour éviter une explosion du système. Cette situation est illustrée par le triangle des incompatibilités. La libéralisation des mouvements de capitaux au sein de l'ensemble européen est désormais une réalité depuis juillet 1990 (abolition du contrôle des changes). Cette liberté de circulation des capitaux est, selon les enseignements de Mundell et Flemming, incompatible avec l'autonomie des politiques monétaires et la stabilité des taux de change. La coopération est donc indispensable : l'évolution « naturelle » du SME amenait nécessairement à l'approfondissement de la convergence économique et monétaire. La question de l'unification monétaire est donc posée à la fin des années 1980. En avril 1989, le plan Delors pose les jalons du passage à l'intégration monétaire. Ses propositions servent de base au traité de Maastricht, signé le 7 février 1992.

c. — Le traité de Maastricht et l'UEM

Le traité de Maastricht définit le processus de transition vers l'Union économique et monétaire (UEM). Cette transition se fera en trois phases. Une première phase, qui s'est achevée fin 1993, concerne la libéralisation des mouvements de capitaux en Europe. La deuxième phase, très importante, vise une préparation active à l'entrée dans l'UEM : les pays membres sont tenus de mener des politiques économiques permettant de satisfaire à cinq critères de convergence macroéconomiques : stabilité des prix, déficit budgétaire limité à 3 % du PIB, dette publique inférieure à 60 % du PIB, respect des marges de fluctuation définies par le SME et réduction des taux d'intérêt à long terme. Un embryon de future banque centrale européenne est créé : l'Institut monétaire européen (IME).

Plusieurs décisions fondamentales pour l'avenir de l'UEM ont jalonné cette étape :

– Décembre 1995 : le Conseil européen de Madrid décide du nom de la future monnaie unique : l'euro. Un scénario de passage à la monnaie unique est adopté, avec trois périodes clés : en mai 1998, les chefs d'État et de gouvernements fixent la liste des pays remplissant les conditions de convergence vers la monnaie unique ; le 1er janvier 1999, fixation irrévocable des taux de change entre les monnaies de la zone euro, véritable acte de naissance de l'euro ; au plus tard le 1er juillet 2002, pièces et billets en euros devront avoir remplacé la circulation des monnaies fiduciaires nationales.

– Décembre 1996 : le Conseil européen de Dublin adopte un projet de résolution sur un *Pacte de stabilité et de croissance en Europe*. Les pays de la zone euro doivent parvenir à l'équilibre budgétaire ; le déficit budgétaire ne devra plus être utilisé comme instrument de relance économique.

– Juin 1997 : le Conseil européen d'Amsterdam entérine le Pacte de stabilité et de croissance.

La troisième phase, qui a débuté le 1er janvier 1999, marque l'entrée en vigueur de l'UEM : gel des taux de change (1 euro = 6,55957 F), unification de la politique monétaire, transactions interbancaires en euros. La circulation fiduciaire en euros, prévue pour le 1er juillet 2002 au plus tard, va parachever l'unification monétaire de l'Europe.

En mai 1998, le sommet des chefs d'État et de gouvernement a arrêté la liste des pays qualifiés pour le passage à l'euro : Allemagne, Autriche, Belgique, Espagne, Finlande, France, Irlande, Italie,

Luxembourg, Pays-Bas, Portugal. La Grèce ne remplissait pas les critères. Quant à la Grande-Bretagne, au Danemark et à la Suède, ils ont fait jouer la clause d'*opting out*, prévue par le traité de Maastricht, et ne participent pas encore à l'UEM. La Grèce a rejoint la zone euro en 2001 et, au 1er janvier 2007, la zone euro compte désormais 13 membres avec l'entrée de la Slovénie.

2. – La politique économique dans la zone euro

L'adoption d'une monnaie unique présente de nombreux avantages, en particulier, la suppression du risque de change entre monnaies européennes et la suppression des coûts de transaction résultant de la conversion des monnaies représentant chaque année entre 0,3 et 0,4 % du PIB européen. Au-delà, les options de politique monétaire et le choix d'une banque centrale européenne indépendante du pouvoir politique devraient favoriser une inflation très basse sur le long terme. De plus, la monnaie unique devrait permettre une meilleure transparence des prix et donc favoriser la concurrence dans la zone euro.

a. — Les marges de manœuvre du policy-mix

Se pose donc la question de la nature du *policy-mix* dans la zone euro. Les modalités de la troisième phase du traité de Maastricht conduisent à une perte d'autonomie des politiques économiques des pays membres, déjà engagée par le processus de convergence. La responsabilité de la politique monétaire est désormais transférée à la Banque centrale européenne (BCE).

Quelles sont alors les marges de manœuvre du *policy-mix* dans la zone euro ? La politique monétaire est du ressort de la BCE et l'article 105 du traité de Maastricht en définit le principe essentiel : l'objectif assigné à la BCE est la stabilité des prix. La politique monétaire ne peut donc, *a priori*, être utilisée comme instrument de lutte contre le chômage : elle n'est pas « accommodante ». Le principe de l'indépendance de la BCE est censé garantir la pérennité de la poursuite de cet objectif, ce qui renvoie aux conceptions libérales de la politique monétaire fondée sur les hypothèses d'anticipations rationnelles des agents et la notion de crédibilité au sens de Kydland et Prescott.

Le pivot du *policy-mix* est donc la BCE : toutes les règles ont été définies de façon à assurer la prééminence de ses arbitrages : le Pacte de stabilité place les politiques budgétaires sous la tutelle de la politique monétaire. Dans ce contexte, les marges de manœuvre de la politique budgétaire deviennent singulièrement étroites. La signature du Pacte de stabilité et de croissance lors du Conseil européen d'Amsterdam impose même un système de sanctions pour les pays dont le déficit budgétaire dépasse 3 % du PIB. Ces contraintes imposent la recherche d'une coordination de plus en plus étroite des politiques budgétaires par le moyen de la concertation.

Enfin, dernier aspect du *policy mix*, l'Union monétaire implique naturellement une politique unique de change vis-à-vis des monnaies extérieures à la zone euro, et notamment du dollar et du yen. La responsabilité du taux de change de l'euro est partagée entre la BCE et le Conseil Ecofin. C'est également le Conseil qui décide de l'adoption de systèmes formels de taux de change (zones cibles par exemple), alors que la BCE assure la gestion au jour le jour dans le cadre de sa mission de stabilité des prix. Ainsi, si la BCE considère que des risques inflationnistes existent à l'échelle de l'Union, elle pourra augmenter les taux d'intérêt, même si l'un des États considère que cette mesure est inopportune en raison de sa situation de récession et de sous-emploi.

b. — L'Union européenne est-elle une zone monétaire optimale ?

Les avantages liés à l'existence d'une union économique et monétaire n'existent que si celle-ci forme une zone monétaire optimale. Face à un choc asymétrique, l'absence de possibilité de régulation par la variation du taux de change, caractéristique principale de l'UEM (celle-ci peut être fondée sur une monnaie unique ou sur une fixité irrévocable des taux de change), oblige le gouvernement d'un pays touché par le choc asymétrique à reporter les moyens de régulation sur la flexibilité salariale ou la réduction de la protection sociale (*dumping* social). Mundell montre, à travers la théorie des zones monétaires optimales, qu'une solution alternative réside dans la mobilité élevée des facteurs de production. Il faut également citer les travaux de R. McKinnon (1963) qui considère que l'Union monétaire est d'autant plus souhaitable que les économies ont un taux d'ouverture élevé et qu'elles sont de petite dimension, et les analyses de P. B. Kenen (1969) qui montre que les économies fortement diversifiées sont de meilleures candidates à l'Union que les économies très spécialisées, la diversification permettant d'atténuer les effets de certains chocs asymétriques.

Selon Mundell, une zone monétaire optimale (ZMO) est un ensemble de régions dont la propension à migrer est suffisamment grande pour assurer le plein emploi lorsque l'une d'entre elles est soumise à un choc asymétrique. Selon ces critères, l'Europe est-elle une ZMO ? Plusieurs éléments permettent de répondre. Concernant le facteur capital, le principe de liberté de circulation des capitaux est posé dès le traité de Rome où il est un des objectifs fondamentaux, au même titre que la libre circulation des personnes, des marchandises et des services. La mise en œuvre de ce principe s'est effectuée en plusieurs étapes ; en fait, le contrôle des mouvements de capitaux est resté important jusqu'au milieu des années 1980. Avec l'Acte unique, qui réaffirme le principe de liberté de circulation des capitaux, la libération totale des mouvements de capitaux a été mise en œuvre par la directive du 24 juin 1988, qui abroge, à partir du 1er juillet 1990, toutes les restrictions dans ce domaine. Il apparaît donc que le facteur capital circule librement en Europe. Concernant le facteur travail, l'Europe ne constitue pas une ZMO. On évoque souvent les barrières culturelles et linguistiques. Toutefois, on peut penser qu'une telle situation n'est pas irréversible et que, justement, le passage à la monnaie unique pourrait favoriser les flux migratoires intra-européens.

Si un choc se produit, comment les pays pourront-ils réagir sur le plan conjoncturel puisqu'ils sont privés de l'instrument de la politique monétaire et du taux de change ? C'est tout le débat actuel sur le passage à un fédéralisme budgétaire ou, *a minima*, la définition de principes communs de politique conjoncturelle. Le débat sur la nécessité de disposer d'un budget européen est ancien. Dès les années 1970, le rapport McDougall avait conclu à la nécessité d'un développement significatif des finances publiques communautaires, en préconisant un fédéralisme budgétaire afin d'assurer des fonctions de régulation de la conjoncture et de redistribution. Ce n'est pas cette voie qui a été suivie (on se rappelle les exigences britanniques du temps de M. Thatcher : « *I want my money back* ») ; en conséquence, le budget européen est actuellement de 1,27 % du PIB communautaire, dont près de la moitié consacrée à la politique agricole commune (PAC). Or, un budget fédéral permettrait de financer des politiques communes autres que la PAC : lutte contre les retards de développement notamment, ce qui réduirait le risque d'un choc asymétrique.

La crise grecque, qui débute en octobre 2009 avec la dégradation de la note financière de la dette souveraine par les agences de notation, illustre les limites et les impasses de la construction monétaire européenne, et notamment celles du pacte de stabilité qui apparaît clairement procyclique. Aux prises avec un déficit public considérable (plus de 13 % du PIB), confronté à un risque majeur de défaut de paiement, la Grèce a été obligée de recourir à l'aide financière des autres pays membres ainsi qu'à celle du FMI. Un plan d'aide d'un montant de 110 milliards de dollars est mis en place, sans lever toutes les incertitudes touchant notamment au risque d'extension de la crise à d'autres pays aux finances publiques fragilisées par la crise comme l'Espagne ou le Portugal.

II

LA GLOBALISATION FINANCIÈRE

La globalisation financière peut être définie comme la mise en place, à l'échelle de la planète, d'un marché unifié des capitaux par l'intégration de plus en plus poussée des marchés financiers nationaux. Ce processus, conséquence naturelle de l'ouverture économique née du libre-échange, s'en distingue toutefois par sa croissance extrêmement rapide depuis les années 1980 et son caractère potentiellement instable.

Le développement des marchés internationaux de capitaux a été rendu possible par le démantèlement des barrières réglementaires parfois anciennes comme le contrôle des changes et le décloisonnement des marchés, facilité par les avancées technologiques dans le domaine des télécommunications et de l'informatique. Il devait permettre, en théorie, une meilleure allocation des ressources en capital entre pays et secteurs d'activité, et une forte baisse des coûts de financement par la substitution du financement direct au financement intermédié.

Mais cette globalisation financière génère également de nouveaux risques, et en particulier le risque systémique. Les crises récentes (Mexique en 1994, sud-est asiatique en 1997-1998) en illustrent certains aspects.

Plus que jamais, la définition et la mis en place de règles prudentielles et d'une concertation internationale sont à l'ordre du jour.

A ÉMERGENCE ET DÉVELOPPEMENT DE LA SPHÈRE FINANCIÈRE INTERNATIONALE

En principe, le domaine de la finance internationale concerne les opérations de mouvements de capitaux et de devises destinées à assurer le financement des balances des paiements. En effet, certains pays produisent plus qu'ils ne dépensent et dégagent ainsi une capacité de financement. D'autres pays sont, au contraire, en situation de besoin de financement. Les flux financiers internationaux traduisent cet état de fait.

1. – L'internationalisation des mouvements de capitaux : une perspective historique

a. — L'évolution jusqu'aux années 1980

De 1870 à 1914, les pays industrialisés dégagent des capacités de financement qui alimentent des flux de capitaux à grande échelle vers les pays neufs à fort potentiel de croissance : Amérique du Nord et du Sud, Australie… Selon le FMI, les sorties nettes de capitaux de Grande-Bretagne atteignent à leur apogée 9 % du PNB (fin du XIXᵉ siècle), chiffre pratiquement atteint également par la France, l'Allemagne et les Pays-Bas. Ces mouvements de capitaux sont fondés essentiellement sur des valeurs tangibles, comme les titres des lignes de chemin de fer et autres infrastructures, ainsi que sur les titres de la dette publique, peu risqués. Plusieurs éléments expliquent cette forte internationalisation des mouvements de capitaux. En premier lieu, une grande liberté de circulation des capitaux (peu ou pas d'entraves sur les mouvements de capitaux privés), corrélée à l'adhésion quasi générale à l'étalon-or et à ses principes : la forte crédibilité de l'engagement des pays à assurer la convertibilité en or de leur monnaie facilite l'essor de la circulation de capitaux. En second lieu, la place centrale de la Grande-Bretagne dans le commerce mondial et le rôle prépondérant de la place financière de Londres qui, grâce à une livre sterling solidement ancrée à l'or (adoption du *currency principle* par le *Bank Act* de 1844) et à une omniprésence bancaire internationale, constitue la plaque tournante de l'activité financière mondiale. Une structuration du commerce international et des flux de capitaux selon une problématique de centre/périphérie se dessine dans le dernier tiers du XIXᵉ siècle.

La guerre de 1914-1918 marque une rupture très nette avec l'évolution des cinquante années précédentes. L'instauration du cours forcé, puis les difficultés pour reconstruire un ordre monétaire stable, la généralisation du contrôle des changes et des mouvements de capitaux, ont entraîné une véritable désintégration des marchés internationaux de capitaux, surtout dans les années 1930. La faible crédibilité de l'étalon de change-or (GES issu de la conférence de Gênes de 1922), l'absence d'instances de régulation internationale et surtout le repli protectionniste et la division du monde en zones monétaires, ont tari les flux de capitaux à la veille de la Seconde Guerre mondiale.

Les choix opérés en 1944 lors de la conférence de Bretton Woods vont, dans une large mesure, confirmer les restrictions aux mouvements de capitaux. Celles-ci constituent même un élément clé du système de changes fixes mais ajustables voulu par les négociateurs, Keynes et White, en réponse aux dévaluations compétitives des années 1920 et 1930. Le système de Bretton Woods privilégie, en effet, la possibilité de mener des politiques économiques autonomes. L'analyse par le triangle des incompatibilités montre que la fixité des changes et l'autonomie des politiques économiques suppose la limitation de la circulation internationale des capitaux.

Cette situation, ainsi que d'autres éléments (existence d'une inflation structurelle, en particulier) favorisent l'émergence d'une économie d'endettement : les marchés financiers sont donc caractérisés par une forte segmentation et une activité réduite.

Dès la fin des années 1950, deux éléments vont progressivement remettre en cause cette configuration. En premier lieu, le fort développement des échanges internationaux et l'émergence des firmes multinationales (FMN) s'accommodent mal de la segmentation des marchés financiers : le système bancaire doit s'internationaliser. En second lieu, la fin des années 1950 est marquée par le développement des euromarchés qui vont jouer un rôle décisif dans le processus de financiarisation de l'économie mondiale.

b. — La situation actuelle : de nouvelles modalités de financement de l'économie

La fin des années 1970 et le début des années 1980 marquent le passage à une économie de marchés financiers, qui ont connu depuis lors une croissance considérable, suscitant un développement extraordinaire d'innovations financières dans un contexte de concurrence accrue. Il est difficile de donner un ordre de grandeur plausible. Une étude de la BRI indique que le volume des transactions journalières atteint, en 1999, 1 500 milliards de dollars, soit près de cinquante fois le montant quotidien du commerce mondial de biens et services. Dans les années 1970, ce chiffre n'était que de 10 à 20 milliards de dollars.

L'ensemble des compartiments du marché financier a connu une forte expansion.

■ **Le marché des actions**

La capitalisation boursière est passée, dans le monde, de 1 400 milliards de dollars en 1975 à 17 000 milliards de dollars en 1995, soit un taux de croissance moyen annuel de 13,25 %. Le tableau suivant indique l'évolution de la capitalisation des principales places boursières (en milliards de dollars) :

Places	1975	1980	1985	1990	1995	2006
New York	704	1237	2013	2794	6918	21 200
Tokyo	142	379	948	2928	3667	4 600
Londres	86	205	353	850	1347	3 100
Francfort	51	72	178	355	577	1 100
Paris	35	55	79	312	500	2 295

La forte concurrence qui règne désormais a favorisé l'émergence de marchés d'actions réservés aux entreprises récentes à fort potentiel de croissance : le Nasdaq, créé aux États-Unis dès 1971, ou le Nouveau marché en France en 1996. En Europe, on constate une tendance au regroupement des places financières ; ainsi, Euronext est née de la fusion des Bourses de Paris, Amsterdam, Bruxelles et Lisbonne, ce qui en fait la seconde place boursière européenne.

■ **Le marché obligataire**

Ce marché représente environ 15 300 milliards de dollars en 1995, soit un volume assez comparable à celui des actions. Il est caractérisé par la forte prégnance des titres publics. Ainsi, l'encours du marché obligataire américain était en 1995 de 2 758 milliards de dollars, dont 88 % de titres d'État.

■ **Le marché des produits dérivés**

C'est le compartiment du marché financier qui a connu, et de loin, la croissance la plus spectaculaire. Les marchés de produits dérivés sont apparus dans les années 1970 aux États-Unis avec l'ouverture à Chicago de l'*International Monetary Market* en 1972. En Europe, les plus importants sont le *London International Financial Future Exchange* (LIFFE, 1982) et le Marché à terme international de France (MATIF, 1986).

Le développement des marchés de produits dérivés correspond à de nouveaux besoins et à l'apparition de nouveaux risques. Ils sont nés des réactions du marché face à l'instabilité des changes flottants et des taux d'intérêt des années 1980 : l'abandon du système de changes fixes de Bretton Woods en 1971 et l'entrée dans la crise qui s'est traduite par d'importantes fluctuations de taux d'intérêt ont accru l'incertitude et accentué les risques de taux d'intérêt et de change. Les produits dérivés répondent d'abord à un besoin de couverture contre ces risques. Ils ont cependant très vite donné prise aux comportements spéculatifs, notamment à travers l'activité des *hedge funds*.

Les produits dérivés

Ce sont des instruments financiers permettant des opérations de couverture contre le risque de volatilité de taux d'intérêt ou de taux de change, des opérations d'arbitrage ou des prises de position spéculatives. Ils s'échangent sur des marchés à terme et leur valeur dépend (ou « dérive ») de celle d'un actif (emprunt d'État, matière première...) ou d'un indice (indice boursier CAC 40 par exemple) appelés sous-jacent. Les produits dérivés sont caractérisés par un fort effet de levier : avec une mise de fonds faible, il est possible de lever d'importantes masses de capitaux et de réaliser des gains (ou des pertes) importants.

Il existe trois grandes familles de produits dérivés qui s'échangent soit sur des marchés dits organisés qui traitent les produits dérivés sous leur forme standardisée, soit sur des marchés de gré à gré traitant des produits « sur mesure » ou faiblement standardisés.

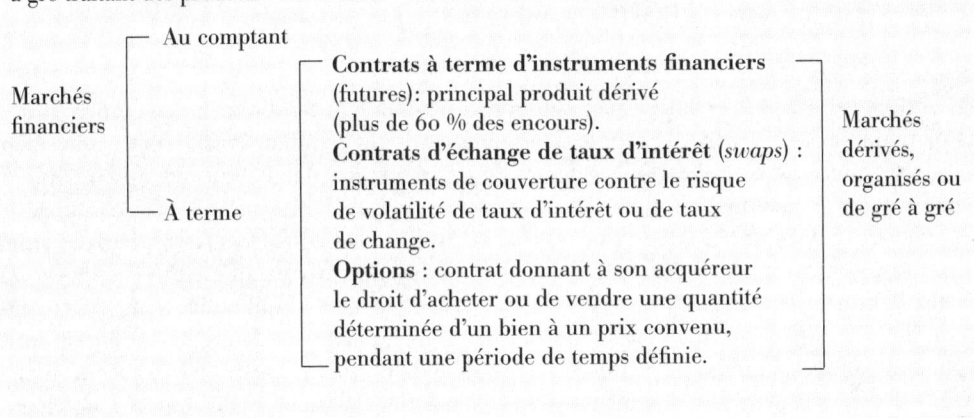

Enfin, le développement de ces marchés s'est accompagné de deux phénomènes connexes :

– La montée des marchés émergents : on entend par ce terme les marchés financiers des pays en développement rapide (ou « pays émergents ») disposant d'un fort potentiel de croissance et, de ce fait, particulièrement attractifs pour les investissements et les placements financiers. La capitalisation de ces marchés a connu une croissance très rapide : 4 % de la capitalisation boursière mondiale en 1986 contre 14 % actuellement, soit près de 2 000 milliards de dollars. Certaines places boursières de ce pays émergents ont désormais atteint une taille comparable à celle des pays développés, Taiwan ou la Corée du Sud par exemple.

– L'apparition de nouveaux acteurs : il s'agit des investisseurs institutionnels, structurellement en capacité de financement car ils collectent l'épargne placée par les particuliers. Parmi les investisseurs institutionnels, deux ont acquis une place prépondérante :

■ Les fonds de pension

Ce sont des organismes gérant l'épargne des ménages et les cotisations des employeurs dans le cadre des systèmes de retraite par capitalisation. Très présents aux États-Unis, les fonds de pension ont connu une expansion considérable. Ils constituent aujourd'hui le premier intermédiaire financier dans le monde (6 900 milliards de dollars dont 3 900 pour les États-Unis). Le poids financier des fonds de pension les amène à s'impliquer de plus en plus activement dans la gestion des entreprises, ce qui renforce le processus de contrôle des actionnaires sur les dirigeants des grandes firmes : c'est le *corporate governance* (ou gouvernement d'entreprise) qui constitue une véritable révolution managériale.

■ **Les fonds mutuels ou organismes de placement en commun de valeurs mobilières (OPCVM)**

Ce sont des gestionnaires de portefeuilles collectifs constitués de paniers d'actifs (actions, obligations). Ils se présentent sous la forme de SICAV (société d'investissement à capital variable) et de FCP (fonds communs de placement), qui ont connu un grand succès en France notamment avec la loi Monory.

2. – La nature de la globalisation financière

Depuis les travaux de H. Bourguinat (*Finance internationale*, PUF, 1995) la globalisation financière est analysée à partir de ses trois composantes : décloisonnement, déréglementation et désintermédiation (d'où l'expression 3D).

a. — Décloisonnement et déréglementation

Le décloisonnement et la déréglementation correspondent à l'abolition des frontières entre des marchés financiers jusque là séparés et segmentés. Il s'agit en fait d'un double mouvement :

– Une ouverture vers l'extérieur des marchés nationaux par l'abolition du contrôle des changes et des restrictions aux mouvements de capitaux. Aux États-Unis, par exemple, le décloisonnement s'est traduit par l'abolition, au cours des années 1980, des lois restrictives des années 1920 et 1930 comme le *Mac Fadden Act* de 1927, qui interdisait aux banques américaines de créer des filiales hors de leur État d'origine et le *Glass Steagall Act* de 1933 qui oblige à une stricte séparation entre banques commerciales (spécialisées dans les activités de crédit et de gestion des dépôts) et banques d'affaires (spécialisées dans les activités financières). En Europe, un marché unifié des capitaux a été créé depuis 1990 avec l'abolition des mesures de contrôle des changes par les pays membres.

– Un éclatement des compartiments à l'intérieur des marchés nationaux, mettant fin à la séparation classique entre marché monétaire (financement de court terme) et marché financier (financement de long terme). Désormais, les opérateurs agissent sur un marché unifié des capitaux, du très court terme (quelques jours) au très long terme, offrant ainsi un continuum d'échéances, ouvert aujourd'hui à l'ensemble des agents économiques alors qu'il était réservé jusqu'en 1986 aux seuls ENBAMM (entreprises non bancaires admises au marché monétaire).

b. — Désintermédiation et titrisation du marché

La désintermédiation est le recours direct au marché financier par les agents ayant besoin de financement, sans passer par les intermédiaires financiers et bancaires. Il s'agit donc d'un financement de haut de bilan, par émission de titres (on parle alors de « titrisation » du marché), plutôt qu'un financement de bas de bilan (par endettement auprès du système bancaire), caractéristique d'une économie d'endettement. Le circuit court du financement direct a donc supplanté le circuit long de l'intermédiation par le crédit bancaire. Ce rôle accru des marchés financiers dans le financement de l'économie entraîne un déclin des activités traditionnelles des banques (collecte de l'épargne par exemple) qui doivent se repositionner dans le nouvelles activité (« bancassurance » par exemple).

B   LES EFFETS DE LA GLOBALISATION FINANCIÈRE : EFFICIENCE DES MARCHÉS MAIS RISQUE SYSTÉMIQUE

D'une manière générale, la globalisation financière s'entend comme une extension au niveau mondial du paradigme du marché. La création d'un tel marché unique des capitaux est censée générer une allocation optimale des ressources en capital. Mais, par ailleurs, la globalisation financière fait peser de nouveaux risques sur l'économie mondiale et, en particulier, un risque systémique aux conséquences difficiles à estimer. Les exemples des crises mexicaine (1994) et du sud-est asiatique (1998) montrent l'exposition particulièrement forte des pays émergents à ce risque. La nécessité d'un contrôle plus étroit du système financier international est donc plus que jamais à l'ordre du jour.

1. – Les effets attendus de la globalisation financière

a. — Globalisation financière et fluidité du financement

Pour les tenants de la théorie libérale, la globalisation financière constitue une avancée considérable vers la fluidité des mécanismes de marché. Trois aspects favorables de la globalisation financière sont systématiquement mis en avant : la fluidité du financement de l'économie est permise par la plus grande efficience des marchés financiers en termes d'allocation des ressources en capital et de circulation de l'information ; la globalisation financière favorise la diffusion d'un modèle global de gestion – le modèle anglo-saxon – censé être plus efficient ; une fonction de discipline salutaire est exercée par le jugement permanent des marchés financiers sur les politiques économiques menées par les États.

b. — Globalisation financière et efficience

On admet généralement que la globalisation financière se traduit par une plus grande efficience dans l'allocation des ressources en capital. Cette efficience tient à trois éléments :
– une réduction du coût de l'intermédiation financière du fait des possibilités d'accès direct aux sources de financement et de la concurrence entre places financières et entre intermédiaires financiers, ce qui tend à laminer les rentes de situation ;
– un élargissement de la gamme des possibilités de placement, d'où une plus grande diversification des portefeuilles d'actifs, ce qui permet une meilleure répartition du risque ;
– le fonctionnement intrinsèque des marchés financiers, où l'information circule très vite et sous une forme très concentrée (le prix des actifs constitue l'essentiel de l'information) conduit à une efficience informationnelle fondée sur les anticipations jugées rationnelles des opérateurs. Il y aurait beaucoup à redire sur cette notion de rationalité appliquée aux marchés financiers. Allan Greenspan, directeur de la Banque fédérale américaine, a récemment évoqué l'« *exubérance irrationnelle des marchés* ».

2. – Risques et limites de la globalisation financière

a. — La notion de risque systémique

Le risque systémique se définit comme un risque de déséquilibre majeur touchant l'ensemble du système financier et résultant de dysfonctionnements liés au fait que les interactions des anticipations et des comportements individuels, au lieu de déboucher sur des ajustements correcteurs, tendent à s'éloigner de l'équilibre.

Dans le domaine financier, le risque systémique est lié à deux phénomènes : le processus de contagion d'une place financière à une autre par une véritable réaction en chaîne, facilitée par l'interconnexion des places financières mondiales et la volatilité des capitaux et, un risque d'« illiquidité », voire d'insolvabilité qui, de la sphère financière et bancaire finit par atteindre l'ensemble de l'activité économique.

De plus, les relations interbancaires étant au cœur du système financier, les établissements de crédit sont à la fois les causes potentielles des crises systémiques et, du fait de leur intermédiation, les propagateurs et les canaux de transmission de l'onde de choc. Cependant, le choc financier de 1987, qui avait pourtant beaucoup inquiété à l'époque, n'a pas eu les effets dévastateurs que l'on aurait pu craindre. Comme l'écrit M. Aglietta, « *le monde, hanté par la mémoire de 1929, a découvert avec étonnement qu'au krach pouvait succéder autre chose que la crise* ».

b. — La crise financière actuelle et ses répercussions

Depuis l'avènement de la globalisation financière, force est de constater une récurrence des crises financières, liées à l'un ou l'autre aspect de la finance internationale, jusqu'à la grande crise qui s'est déclenchée au cours de l'été 2007, qui semble les résumer toutes. Toutes ces crises répondent à la typologie désormais classique proposée par Ch. Kindleberger (*Manias, panics and crashes*, 1978) qui montre un enchaînement en cinq phases : une phase d'essor ou de sortie de crise, caractérisée par la reprise de l'investissement et du crédit ; une phase d'euphorie marquée par l'emballement du crédit du fait des mécanismes d'effet de levier et par la constitution d'une bulle spéculative sur les prix des actifs ; la troisième phase, critique, est celle du paroxysme et du retournement conjoncturel ; elle est marquée par la prise de conscience par les agents économiques du caractère irrationnel de la phase d'euphorie et par un retournement des anticipations, désormais à la merci d'un évènement politique ou économique imprévu ; puis vient la phase de crise proprement dite, marquée par le « *flight to quality* » ou aversion pour le risque des agents qui cherchent à tout prix à restaurer leur liquidité. C'est également le moment où la crise se diffuse au système productif *via* la contraction du crédit par assèchement du marché interbancaire (« *credit crunch* ») ; enfin, vient la phase finale de restructuration des bilans bancaires, avec l'aide éventuelle des pouvoirs publics, dans le but de désendetter les banques et de les purger des stocks de créances douteuses, étape nécessaire à la reprise économique.

La crise actuelle apparaît donc clairement comme la plus grave crise financière et économique depuis les années 1930. Elle a cependant été précédée de plusieurs crises et de scandales financiers (en particulier l'emblématique affaire Enron), qui apparaissent aujourd'hui comme relativement mineurs, mais qui ont été autant de prodromes des dysfonctionnements de la finance globale. Ainsi, la crise japonaise des années 1990, qui, elle aussi, trouve son origine dans l'éclatement d'une bulle immobilière, ou la crise asiatique de 1997/1998, qui, en son temps, a illustré le risque systémique inhérent à la finance globale.

La crise actuelle est cependant d'une toute autre ampleur. Elle est le résultat de la conjonction d'éléments fondamentaux liés à la structure d'endettement des agents économiques, et d'évènements conjoncturels, en particulier le retournement du marché immobilier américain au cours de l'année 2006.

Les causes structurelles de la crise : endettement et titrisation

La titrisation est au cœur de la crise financière ; technique financière issue du vaste mouvement de déréglementation des années 1980, la titrisation a accéléré le volume des crédits distribués dans l'économie, mais en a singulièrement réduit la qualité. Elle consiste à transférer à des investisseurs des actifs financiers tels que des créances (créances *subprimes*, par exemple), en transformant ces créances, par le passage à travers une société financière *ad hoc* appelée SIV (*structured investment vehicle*), en titres financiers émis sur le marché des capitaux.

La titrisation combine trois mécanismes :

– Le *pooling* (compactage): assemblage d'un portefeuille composé de titres de créance divers, bancaires ou immobiliers (comme les créances *subprimes*) et de divers instruments financiers négociables. La complexité de ces assemblages est devenue telle que la mesure du risque en devient quasiment impossible.

– Le *backing* (adossement) consiste en la création d'un produit financier structuré, comme les CDO (*collaterised debt obligation*), en français, « obligation adossée à des actifs ». Le CDO est donc une structure de titrisation d'actifs financiers de natures diverses.

– Le *tranching* (découpage) de ce produit titrisé en tranches correspondant à des niveaux de risque différent, de la tranche « *Equity* » la plus risquée mais à rapport élevé, à la tranche « *Senior* », moins risquée et généralement assurée par des sociétés de rehaussement de crédit (*monolines*) qui lui permettent d'obtenir une bonne notation financière par les agences de rating.

La titrisation a donc joué un rôle décisif dans la crise financière dans la mesure où elle a conduit à une mutualisation du risque donc une possibilité de contagion très rapide en cas de retournement conjoncturel, et à une perte de traçabilité qui empêche une évaluation satisfaisante du risque encouru par les détenteurs de ces produits financiers. S'ajoutent à cela l'appât du gain (le « *greed* »), le mirage de l'argent facile, du gain continuel, qui fait perdre de vue les risques potentiels et surtout le sentiment que le système est parfaitement maîtrisé et contrôlé, ce qui génère un phénomène d'alea moral.

Tout ceci se déroule dans un contexte général d'endettement croissant des agents économiques, qui constitue probablement une des grandes caractéristiques des années 2000. La politique de bas taux d'intérêts qui a suivi les évènements du 11 septembre 2001 a généré une bulle spéculative dans le secteur de l'immobilier, amplifiée par les phénomènes de levier d'endettement et ce d'autant plus que le système bancaire n'est plus le seul à offrir du crédit et de la liquidité. À côté de la liquidité traditionnelle, que l'on mesure par les agrégats monétaires ou de crédit, se développe une seconde composante formée de sociétés financières et immobilières ayant peu ou prou les mêmes activités que les banques sans en supporter les (modestes) contraintes prudentielles. Cette politique d'argent facile a conduit à une véritable excroissance financière qui capte une partie de plus en plus importante de la richesse globale ; comme l'écrit Martin Wolf, chroniqueur célèbre du *Financial Times* : « Aucune industrie n'a le même talent que l'industrie financière pour privatiser les gains et socialiser les pertes ».

Le déroulement de la crise

La crise se déroule en trois temps.

Dans un premier temps, elle se déclenche à partir de l'effondrement du marché hypothécaire américain qui génère des tensions très fortes sur les produits structurés (CDO). Le marché immobilier américain a connu une bulle spéculative très marquée au cours de la période 2001-2006. De par ses caractéristiques (notamment le rôle central des prêts assis sur des hypothèques, et l'accès de catégories sociales peu solvables aux prêts immobiliers dits « *subprimes* »), la bonne tenue du marché immobilier dépend de deux conditions essentielles : des taux d'intérêt stables et peu élevés et une appréciation régulière de l'immobilier ; ces deux conditions ne sont plus réunies à partir de la fin 2006 : la hausse des taux d'intérêt est rendue inéluctable par les tensions inflationnistes, et le marché immobilier connaît ses premiers signes de surcapacité. Dès lors, on assiste aux premiers déclassements des titres adossés à l'immobilier ; la plupart des organismes de crédit hypothécaire connaissent de graves difficultés : American Home Mortgage ou Countrywide par exemple, entraînant dans la crise les agences de régulation du marché hypothécaire Fanny Mae et Freddie Mac. Or, les plus grandes banques (Bank of America, Lehman Brothers…) ont acheté beaucoup de ces titres adossés à l'immobilier, notamment sous la forme de CDO. La crise se transmet alors au secteur bancaire et prend une nouvelle dimension

La seconde phase est la transmission de la crise au secteur bancaire. Celui-ci avait largement investi dans les produits titrisés au cours des années fastes. Certaines banques avaient d'ailleurs créé des filiales dédiées à la gestion de ces produits, dont le niveau de risque avait été mal évalué. Le retournement du marché immobilier, en entraînant une dégradation de la notation des CDO, va enclencher une spirale dépressive extrêmement violente, aggravée par :

– l'effondrement des notes attribuées par les agences de notation aux produits titrisés ;
– des règles comptables anglo-saxonnes (normes IFRS) qui impliquent une comptabilisation immédiate des dépréciations d'actifs à la valeur du marché ;
– l'insuffisance du capital des monolines, incapables de jouer leur rôle de garantie du système.

La faillite de Lehman Brothers, le 15 septembre 2008, marque un tournant majeur dans la crise, à la suite duquel les tensions sur les marchés financiers ont atteint leur paroxysme et installé un climat de défiance généralisée sur l'ensemble du secteur, caractérisé par une forte progression de la volatilité, une forte aversion au risque et un blocage des marchés monétaires. On peut alors parler d'une crise de confiance profonde dans la solvabilité des institutions financières. Cette crise de confiance se traduit par un véritable assèchement du marché interbancaire : la contraction du crédit, très sensible depuis septembre 2008, touche désormais l'activité économique, *via* le circuit du financement : c'est le *credit crunch*, qui favorise une transmission de la crise à l'économie réelle.

La troisième phase est en cours actuellement et probablement pour une durée assez longue.

En premier lieu, la crise a nécessité une véritable prise en charge du secteur bancaire par les États, selon des modalités diverses. Les États-Unis choisissent l'option de la structure de défaisance à travers le plan Paulson de rachat en masse des créances douteuses accumulées par les banques, et doté de 700 milliards de dollars. Les réactions ont été plus longues à se dessiner en Europe, dans la mesure où il n'existe pas d'autorité européenne en matière de supervision bancaire. Les réponses ont donc été différentes selon les pays : la crise a révélé une lacune sérieuse dans la construction européenne, où le chacun pour soi a dominé.

Sur le plan conjoncturel, en première analyse et dans les très grandes lignes, la crise actuelle est liée à la conjonction de deux phénomènes : une crise de la demande liée à l'apparition de nouveaux comportements des ménages lié à un effet richesse négatif, les ménages cherchant à reconstituer leur patrimoine, et une crise de l'offre liée aux anticipations pessimistes des entreprises en matière de demande effective. Cette situation a conduit les États à procéder à des politiques budgétaires actives qui, associées à de fortes baisses de recettes publiques, ont généré d'importants dérapages budgétaires alimentant un véritable emballement des dettes publiques : le déficit français atteint 8,5 % du PIB en 2009, la Grèce aborde l'année 2010 dans une situation critique avec un déficit estimé à 12,5 %.

Au total, alors que cette crise aurait pu être l'occasion d'une reprise en mains d'une finance livrée à tous les débordements, force est de constater que les avancées dans ces domaines ont été limitées. Si la lutte contre les paradis fiscaux a été engagée, les mesures en matière de réglementation prudentielle ou d'encadrement des bonus des traders ont été de faible envergure, ce qui pose le problème récurrent de la maîtrise des marchés financiers.

3. – La difficile maîtrise des marchés financiers

La tendance à l'instabilité des changes flottants et des marchés financiers a suscité dès le début des années 1980 une réflexion sur les voies et les moyens d'un renforcement des mécanismes de surveillance et de prévention des risques.

La mise en place d'instances de contrôle et de régulation soulève toutefois de nombreuses difficultés. Le rapport Davanne (*Rapport au Conseil d'analyse économique auprès du Premier ministre*, 1998) relève trois difficultés majeures :

– L'ampleur des mouvements de capitaux est telle qu'il est devenu très difficile de contrer les paniques financières. Les réserves des banques centrales sont désormais insuffisantes pour s'opposer à une attaque spéculative de grande envergure.

– Il n'est pas facile de concilier le souci de la sécurité financière collective et le respect de la souveraineté nationale.

– Le traitement des crises nécessite une politique de prévention des facteurs de vulnérabilité très en amont.

Tout le problème est donc de parvenir à une coordination satisfaisante. Les trois grandes voies suivantes sont explorées pour renforcer l'efficacité du contrôle du système financier international.

a. — L'élaboration de règles prudentielles internationales

Suite à une initiative de P. Volcker (président de la FED) en 1984, le Comité de Bâle, réuni sous l'égide de la Banque des Règlements Internationaux et présidé par M. Cooke, a défini en 1988 un ratio de capitalisation (dit « ratio Cooke »). Ce ratio, qui constitue une norme prudentielle internationale applicable à tous les établissements bancaires, permet de vérifier que les banques disposent de réserves proportionnelles à leurs engagements à hauteur d'au moins 8 %. Cette mesure a représenté un intérêt indiscutable en matière de régulation financière internationale. Mais elle s'avère nettement insuffisante en regard de l'évolution des marchés financiers. La multiplication des innovations financières donne en effet la possibilité aux intermédiaires financiers d'échapper dans une large mesure au contrôle prudentiel, d'où la mise en place en 1998 d'un nouvel indicateur, le « ratio MacDonough ». Ce ratio conserve le seuil de 8 % de fonds propres du « ratio Cooke », mais il prend désormais en compte le niveau de risque des engagements à l'actif du bilan des banques, calculé par les agences de notation, ce qui conduit, en théorie, à un véritable autocontrôle du système financier par ses propres acteurs. La « gouvernance » mondiale des marchés financiers serait ainsi constituée de l'effet de composition des « gouvernances d'entreprises ».

b. — La taxation des mouvements de capitaux

Dès 1978, l'économiste keynésien James Tobin a suggéré l'idée d'une taxation des transactions de change dans le but de freiner les mouvements de capitaux purement spéculatifs. Selon son expression, il s'agissait de « *jeter un peu de sable dans les rouages trop bien huilés de la finance internationale* ». Le montant de cette taxe devrait être très faible, de l'ordre de 0,5 % au maximum. En France, une proposition de loi sur l'instauration d'une telle taxe de 0,05 % a été rejetée le 23 octobre 1999.

L'intérêt de la taxe Tobin est double :

– Selon les enseignements du triangle des incompatibilités, la limitation des mouvements de capitaux permettrait de renforcer l'autonomie des politiques économiques.

– Elle pénaliserait la spéculation de très court terme, mais ne devrait pas freiner les mouvements de capitaux de long terme, moins déstabilisants et liés au financement des investissements. La volatilité des taux de change serait ainsi réduite.

Cependant, la faisabilité pratique de cette taxe pose de nombreux problèmes. Le rapport Davanne, par exemple, en distingue deux. D'abord, la difficulté, voire l'impossibilité, de distinguer les opérations purement spéculatives des opérations assurant une contrepartie d'une transaction sur biens et services ; ces dernières risquent donc d'être indûment taxées. En outre, pour être efficace, cette taxe devrait être prélevée sur l'ensemble des places financières de la planète. Une telle perspective est peu probable ; les États-Unis, notamment, ayant toujours été opposés à ce projet.

c. — Instaurer une fonction de prêteur en dernier ressort au niveau international

Il s'agirait en fait d'un élargissement des moyens d'action du FMI et de la BRI. Selon M. Aglietta, « *le prêteur en dernier ressort interagit avec des marchés qui sont temporairement soumis à des cascades de ventes à sens unique les rendant incapables de se rééquilibrer* ». Une telle situation ferait du FMI un véritable embryon de banque centrale mondiale et lui donnerait un pouvoir considérable.

Trois critiques peuvent être faites. D'une part, le FMI ne dispose pas de l'assise financière suffisante pour résoudre les problèmes d'illiquidité des pays en crise. D'autre part, une telle mesure qui mettrait en place un véritable filet de sécurité conduirait les agents à prendre des risques accrus. C'est, encore une fois, le problème de l'aléa moral. Enfin, l'accès de plus en plus important des pays émergents à risque élevé aux marchés de capitaux privés rend inopérant le principe de conditionnalité de l'aide du FMI qui contraint les États demandeurs à une discipline économique à travers les plans d'ajustement structurel.

Les crises récentes du système financier international, pour tragiques qu'elles soient pour les pays touchés, ont du moins le mérite de montrer les dangers et les limites de la globalisation financière. L'économie internationale est, en effet, passée d'un système régulé par les États et leurs banques centrales à un système reposant essentiellement sur les mécanismes de marché. Si les théoriciens du libéralisme insistent sur les avantages – par ailleurs indéniables – de la libéralisation des mouvements de capitaux, force est de constater que celle-ci rend largement caduques les formes traditionnelles de la politique économique.

Le défi des prochaines années pourrait donc bien être le suivant : comment parvenir à conserver les avantages de la globalisation financière tout en en maîtrisant les risques ? La réponse passe certainement par une réactivation de la coopération internationale en matière monétaire.

CHRONOLOGIE

1800. — Création de la Banque de France par Napoléon Bonaparte, Premier consul.

1844. — En Grande-Bretagne, le *Bank Act* met en œuvre le *currency principle* en limitant strictement la création monétaire.

1871. — Le mark devient la monnaie du nouvel empire allemand.

1914-1918. — Cours forcé du franc : la convertibilité des billets en or est suspendue.

1919. — Le rapport Cunliffe préconise le retour de la convertibilité-or de la livre, dans les conditions du XIXe siècle.

1922. — La conférence de Gènes tente de reconstituer un SMI.

1931. — La livre devient inconvertible, ce qui met fin au SMI issu de la conférence de Gènes.

1er au 22 juillet 1944. — Conférence de Bretton Woods. Un nouveau SMI centré sur le dollar est adopté, et le FMI est créé.

1957. — Signature du traité de Rome créant la Communauté économique européenne.

1968. — Mise en place du double marché de l'or.

15 août 1971. — Le président Nixon annonce la fin du système de Bretton Woods.

Décembre 1971. — Accords de Washington mettant en place un système de change semi-fixes, compromis ménageant une transition entre SMI fixe et flexible.

1976. — Accords de la Jamaïque : les taux de change flottants sont désormais officialisés. L'or perd son statut officiel.

1979. — Mise en place du Système monétaire européen.

7 février 1992. — Signature du traité de Maastricht posant les jalons de l'intégration monétaire de l'Europe.

Décembre 1995. — Le Conseil européen de Madrid adopte la dénomination « euro » pour la future monnaie européenne.

Juin 1997. — Le traité d'Amsterdam entérine le Pacte de stabilité et de croissance.

1er janvier 1999. — Entrée en vigueur de l'Union économique et monétaire. L'euro est désormais la monnaie officielle de l'Union européenne.

1er janvier 2002. — Circulation des billets et des pièces en euro.

Été 2002. — Après avoir atteint son point le plus bas en octobre 2000, début de la montée de l'euro et de l'affaiblissement du dollar. L'euro atteint un maximum de 1,6038 $ le 15 juillet 2008.

2002-2006. — Constitution d'une bulle immobilière aux États-Unis, portée par les taux d'intérêt historiquement très bas et une forte spéculation.

Février 2007. — Apparition des premiers signes de défaillance des crédits *subprimes*. Les principaux indices boursiers sont au plus haut (environ 6 100 mi-juin 2007 pour le CAC 40; le Dow Jones franchit les 14 000 points pour la première fois de son histoire en juillet 2007).

Été 2007. — Début de la chute boursière.

15 septembre 2008. — Faillite de Lehman Brothers. La crise financière atteint son paroxysme.

Octobre 2008. — Adoption du plan Paulson destiné à renflouer le système bancaire américain. Mise en place d'un plan de sauvetage européen par l'Eurogroupe.

Novembre 2009. — Réunion du G20 visant une réforme en profondeur du système financier mondial.

Avril 2010. — Crise de la dette grecque. L'euro recule face au dollar.

BIBLIOGRAPHIE

Ouvrages généraux

Aglietta, (M.), Brender (A.) et Coudert (V.), *Globalisation financière, l'aventure obligée*, Economica, 1990.

Allégret (J.-P.), *Économie monétaire internationale*, Hachette, 1997.

Allégret (J.-P.) et Courbis (B.), *Monnaies, finance et mondialisation*, Vuibert, 2003.

Bourguinat (H.), *Finance internationale*, PUF, Thémis, 1995.

Chesnais (F.), *La mondialisation du capital*, Syros, 1997.

Delas, (J.-P.), *Les relations monétaires internationales*, Vuibert, 1994.

Généreux (J.), *Économie politique*, tome III, Hachette, 1996.

Lelart (M.), *Le système monétaire international*, La Découverte, coll. Repères, 1991.

Plihon (D.), *Les taux de change*, La Découverte, coll. Repères, 1991.

Sur l'euro et l'Union économique et monétaire

Besson (J.-L.), *Monnaie et finance en Europe*, Presses universitaires de Grenoble, 2000.

Cahen (D.), *L'euro 1997-1999*, Les Éditions d'organisation, 1997.

Devoluy (M.), *L'Europe monétaire*, Hachette, 1997.

Perrut (D.), *L'Europe financière et monétaire*, Nathan, coll. Circa, 1993.

Trotignon (J.), *Économie européenne*, Hachette, 1997.

Revues et ouvrages divers

La revue *Problèmes économiques*, éditée par la Documentation française a publié de nombreux numéros consacrés au SMI et à l'Europe monétaire. À signaler : n° 2623 (« La politique économique dans la zone euro »), n° 2597 (« À l'heure de l'euro »), n° 2573 (« Euro et convergence économique »), n° 2547 (« Théorie des zones monétaires optimales »). Le n° 2669 (juin 2000) est entièrement consacré à la réforme du SMI.

Cahiers Français, n° 319, mars 2004 « Euro et gouvernance économique ».

À signaler également la publication du rapport Davanne (Conseil d'analyse économique auprès du Premier ministre) : *Instabilité du système financier international*, La Documentation française, 1998.

SUJETS CORRIGÉS

SUJET I

Taux de change et compétitivité extérieure.

I **Le taux de change est un déterminant important de la compétitivité extérieure…**

A. — Les variations de taux de change influent sur la compétitivité extérieure…

1. — Un taux de change élevé nuit à la compétitivité extérieure…
– Plus le taux de change est élevé plus les exportations sont chères et les importations bon marché. Ainsi une politique de monnaie surévaluée nuit à la compétitivité et aux soldes commerciaux.
– Exemples : Grande-Bretagne durant les années 1920 ; États-Unis entre 1979 et 1985.

2. — … alors qu'un taux de change faible la favorise.
– Symétriquement, un taux de change faible favorise la compétitivité extérieure ; les exportations deviennent moins coûteuses et donc, le pays, plus compétitif.
– Exemples : Grande-Bretagne à partir des années 1930 ; Grande-Bretagne après 1992 (la livre quitte le SME).

B. — … d'où les dévaluations compétitives qui, à terme, permettent une amélioration des soldes commerciaux

1. — Les dévaluations et dépréciations compétitives…
– Le rééquilibrage automatique des soldes extérieurs par le biais de la flexibilité des taux de change (Ricardo puis Friedman) n'est pas une réalité.
– D'où la volonté de certains gouvernements de mener des politiques de dévaluation compétitive (dans le cadre d'un système de taux de change fixes) ou de dépréciation compétitive (dans le cadre d'un système de taux de change flottants).

2. — … ont pour objet d'améliorer, à terme, la compétitivité et les comptes extérieurs (courbe en J)
– Dans un premier temps : effet prix. Pas d'amélioration et même une dégradation des comptes extérieurs car la baisse du taux de change renchérit les importations et diminue les recettes d'exportation.
– Dans un deuxième temps : effet volume. Les importations devraient diminuer et les exportations augmenter.

II **… mais il est loin de la déterminer totalement…**

A. — Il n'est qu'un des déterminants de la compétitivité-prix

1. — Le taux de change n'est pas le seul déterminant monétaire de la compétitivité-prix
L'inflation, ou plus exactement le différentiel d'inflation, c'est-à-dire la différence de la hausse des prix entre celle d'un pays et celle de ses partenaires est un déterminant monétaire important de la compétitivité-prix. La course à la désinflation s'explique par cette recherche de la compétitivité-prix.

2. — La compétitivité-prix ne dépend pas essentiellement de facteurs monétaires
Le premier déterminant de la compétitivité-prix est le coût de production. Le coût du travail en représente une part importante mais le coût du capital doit aussi être pris en compte ainsi que l'efficacité du travail. Plus le travail est productif, moins son coût relatif sera important.

B. — La baisse du taux de change n'améliore pas toujours sensiblement la compétitivité extérieure

1. — Une baisse du taux de change peut n'avoir que peu d'effets sur la compétitivité et les soldes extérieurs

Les effets d'une baisse du taux de change peuvent être en partie neutralisés lorsque :
– les entreprises profitent de la baisse du taux de change pour augmenter leurs marges bénéficiaires ;
– une partie importante des importations sont incompressibles.

2. — La compétitivité extérieure ne dépend pas uniquement de la compétitivité-prix. Elle résulte aussi de la compétitivité structurelle :
– qualité et renommée des produits ;
– efficacité de la force commerciale et du service après-vente ;
– spécialisation dans des produits porteurs, non seulement des produits pour lesquels la demande mondiale est forte mais aussi des produits dans lesquels l'avantage comparatif sera élevé, c'est-à-dire pour les pays industrialisés des produits à haute intensité capitalistique et exigeant savoir-faire et main-d'œuvre qualifiée ;
– une production ayant une assez forte adaptabilité à la demande mondiale…

III   … il résulte, en revanche, en grande partie de celle-ci

A. — Les taux de change ne dépendent que marginalement de la politique des États…

1. — La politique économique a difficilement des effets durables sur les taux de change

Les gouvernements disposent de deux moyens principaux pour agir sur la valeur de leur monnaie : la politique des changes et l'action sur les taux d'intérêt. Mais ils ne peuvent maintenir durablement un taux de change artificiellement surévalué ou sous-évalué ; ainsi, par exemple, une politique de taux d'intérêt élevé risque-t-elle de nuire à l'investissement, et trop d'interventions sur le marché des changes risquent d'épuiser les réserves de change.

2. — Une variation artificielle du taux de change ne peut être menée durablement car elle génère des effets pervers

Lorsque, du fait d'interventions étatiques, le taux de change s'éloigne de son taux normal (celui qui résulte des lois du marché), il y a un risque d'effets pervers :
– un taux de change sous-évalué est inflationniste et peut créer une défiance vis-à-vis de la monnaie ;
– un taux de change surévalué risque de générer une détérioration des échanges extérieurs qui nuit à la croissance (cas des États-Unis entre 1979 et 1985) et la politique restrictive mise en place pour obtenir une devise forte peut être coûteuse en termes d'emploi et de croissance (cas de la France dans les années 1980-1990).

B. — … mais principalement de leur santé économique et de leur compétitivité

1. — Le taux de change résulte de l'offre et de la demande de monnaie

Une monnaie appréciée est une monnaie plus largement demandée qu'offerte ; elle est le signe d'une balance des paiements excédentaire. Au contraire, une monnaie dépréciée est le signe d'une balance des paiements déficitaire.

La valeur de la monnaie a donc plusieurs déterminants ; les deux principaux sont le solde de la balance des transactions courantes et celui du compte financier.

2. — Le taux de change est fortement dépendant du solde des transactions courantes et donc de la compétitivité

Le déterminant le plus stable est le solde des transactions courantes ; en effet, les mouvements de capitaux sont très fluctuants et dépendent en grande partie de la politique de taux d'intérêt des États (exemple du dollar).

C'est donc la compétitivité extérieure qui est le déterminant principal du taux de change. Ainsi, le Japon et l'Allemagne ont des monnaies plutôt fortes grâce à leurs excédents extérieurs dus à leur productivité et donc à leur compétitivité.

Conclusion

La valeur de la monnaie reflète la santé économique d'un pays ; celle-ci ne dépend que marginalement de la valeur de sa monnaie. C'est donc davantage le taux de change qui résulte de la compétitivité que l'inverse.

SUJET II

Jacques Rueff déclarait que « l'Europe se fera par la monnaie ou ne se fera pas ». Commenter cette phrase à la lueur de l'histoire de la construction européenne.

I — L'intégration monétaire est une étape naturelle de la construction européenne

A. — L'adoption de la monnaie unique résulte normalement du processus d'intégration régionale

1. — Bela Balassa considère que l'Union économique et monétaire est l'aboutissement d'un processus d'intégration régional

– La zone de libre-échange et l'union douanière sont les premières phases des processus d'intégration.
– La formation d'un marché commun constitue un pas supplémentaire dans le processus d'intégration.
– L'union économique est la forme la plus élaborée d'intégration commerciale. Elle ajoute à l'existence d'un marché commun la mise en œuvre commune de politiques économiques. Ainsi, les politiques tant conjoncturelles (monétaires, budgétaires, des changes…) que structurelles (industrielles, aménagement du territoire…) sont définies et appliquées en commun. L'union économique se double d'une union monétaire si les différents pays membres optent pour une monnaie commune. Ainsi, l'Union économique et monétaire prévue par le traité de Maastricht en février 1992 représente aujourd'hui le projet le plus abouti d'intégration régionale.

2. — La libre circulation des marchandises, des capitaux et des individus rend nécessaire une monnaie unique

– Lorsque les marchandises et les capitaux circulent librement, aucun pays ne peut agir sur les soldes des comptes extérieurs. Les déficits créent alors une dépréciation du taux de change accentuée par la spéculation et les excédents créent une appréciation du taux de change accentuée par la spéculation. La libre circulation provoque donc, en l'absence de monnaie unique, des divergences incompatibles avec les processus d'intégration régionale.

– L'union économique signifie la mise en œuvre de politiques monétaires communes qui, dans le cadre de la liberté des mouvements de capitaux, risquent d'affaiblir les pays les moins solides et d'accentuer la spéculation contre leurs monnaies en anticipant un décrochage avec la politique monétaire commune (exemple de la spéculation de 1992). La monnaie unique est alors nécessaire.

B. — Elle ne semblait pas nécessaire lors des débuts de la construction européenne qui se sont réalisés dans un contexte de monnaie stable…

1. — Lors de la construction européenne, la solidarité monétaire n'était pas exclue…

– Présentation des principales étapes de la construction économique européenne.
– La construction monétaire n'est pas exclue : la création de la CEE s'effectue dans un contexte de monnaie stable ; le traité de Rome n'aborde pas précisément des questions monétaires.

2. — … mais n'était pas considérée comme une priorité

– Une Union européenne des paiements (UEP) avait toutefois été créée en 1950, pour compenser le manque de devise des pays européens. L'UEP disparaîtra en 1958.
– Le contexte monétaire international est stable jusqu'au milieu des années 1960. Le système de Bretton Woods offre à tous les pays participant au SMI une stabilité des taux de change ; un système monétaire européen semble donc tout à fait inutile. Seul de Gaulle, conseillé par Rueff, contestait le SMI et la suprématie du dollar.

C. — ... mais elle s'est vite révélée incontournable à la suite des désordres monétaires internationaux

1. — Les désordres monétaires internationaux, à partir du milieu des années 1960, montrent la nécessité de construire une Europe monétaire

– La crise du système de Bretton Woods crée une instabilité monétaire qui conduit à la volonté de mettre en œuvre une solidarité européenne.

– 1968 : R. Barre, alors vice-président de la Commission européenne, présente le premier plan destiné à créer des liens monétaires étroits entre les pays de la communauté.

– 1969 : au sommet de La Haye, les « six » décident la création par étape d'une Union économique et monétaire.

– 1971 : le plan Werner annonce le Serpent monétaire européen.

2. — Après l'échec du Serpent monétaire, le SME organise la solidarité monétaire européenne

– 1972 : le Serpent monétaire européen est créé ; mais le système est trop contraignant. De ce fait, le Serpent monétaire échoue (dès 1973, la livre quitte le Serpent) et le Système monétaire européen (SME) est créé en décembre 1978 à la conférence de Brême ; il entrera en application à partir de 1979.

– Bilan du SME :

• Jusqu'en 1992, le SME est une relative réussite monétaire. Il a résisté aux désordres monétaires internationaux et aux variations de forte amplitude du dollar. Il a été très certainement un facteur de modération de l'amplitude des fluctuations. Il a contribué à la désinflation que connaissent les pays européens et a permis de diminuer les différentiels d'inflation entre les pays membres.

• Le SME a aussi été un facteur de dysfonctionnements ; il a pesé sur la croissance et a réduit la marge de manœuvre des politiques économiques (triangle d'incompatibilité de Mundell). Il n'a pas été capable de faire face aux désordres monétaires qui se sont produits en 1992 et 1993.

II L'Europe monétaire est nécessaire, mais elle n'est pas suffisante et ses conditions de mise en œuvre peuvent être critiquées

A. — L'Europe monétaire offre de nombreux avantages...

1. — Le traité de Maastricht définit l'Europe monétaire

– Le rapport Delors de 1989 a annoncé le traité de Maastricht.

– Il a été décidé à Maastricht d'instaurer « la fixation irrévocable des taux de change conduisant à l'instauration d'une monnaie unique, l'écu, ainsi que la définition et la conduite d'une politique monétaire et d'une politique de change uniques dont l'objectif principal est de maintenir la stabilité des prix » (art. 3 A). D'autre part « la Banque centrale européenne est seule habilitée à autoriser l'émission de billets de banque dans la communauté » (art. 105 A). La politique monétaire sera du ressort de la Banque centrale européenne qui sera indépendante des gouvernements.

– L'application du traité se fait en plusieurs phases : libération totale des mouvements de capitaux, création d'un Institut monétaire européen, définition de critères de convergence, instauration « des taux de change irrévocablement fixes » et d'une politique monétaire commune afin de pouvoir mettre en place la monnaie unique à partir du 1er janvier 2000.

2. — La monnaie unique présente de nombreux avantages

– La monnaie unique permet de supprimer les inconvénients liés au besoin de conversion de la monnaie nationale en devises. Cela permet de supprimer les coûts de conversion (commission des banques) et les risques liés à la variation des taux de change, et ainsi rendre plus crédibles les prévisions des entreprises tournées vers l'extérieur.

– La monnaie unique permet avant tout de diminuer la contrainte extérieure ; un déficit de la balance des paiements avec les pays membres de la communauté n'est plus à craindre puisqu'il ne risque pas de provoquer de dépréciation monétaire. Les échanges des pays européens répondront ainsi à de nouvelles règles et seront comparables à ceux qu'effectuent aujourd'hui les régions d'un même pays. Ce projet de monnaie unique est donc une réponse au triangle d'incompatibilité de Mundell : les pays européens renoncent à l'autonomie de leurs politiques monétaires et optent pour la stabilisation de leurs taux de change.

– La monnaie unique rend les pays européens solidaires face au reste du monde, l'entité économique n'est plus la nation mais l'Europe ; elle constitue ainsi une suite logique au marché unique et semble être une étape incontournable dans le processus d'intégration des économies européennes, d'autant plus qu'il est impossible d'harmoniser parfaitement les politiques économiques de pays disposant de monnaies différentes.

B. — … mais l'Europe monétaire présente aussi des inconvénients

1. — La critique des critères de Maastricht et du Pacte de stabilité et de croissance

– La critique des critères budgétaires : les critères de déficit budgétaire et de dette publique ne sont pas des critères de convergence, mais des critères de situation car ils ne sont pas définis en termes relatifs (situation d'un pays par rapport aux autres pays de l'Union), mais en termes absolus ; ils sont parfois accusés de brider la croissance. Le risque est que pour satisfaire ces critères, les États optent pour une rigueur budgétaire et sociale.

– La critique des critères monétaires : ils sont parfois accusés de conduire à la mise en œuvre de politiques très restrictives qui, non seulement sont coûteuses en termes d'emploi et de croissance, mais sont aussi la cause principale de la dérive budgétaire. Une politique monétaire restrictive limite la croissance, ce qui ralentit les recettes fiscales et crée des déficits budgétaires. Cela incite les gouvernements à réduire leurs dépenses, d'où une aggravation du ralentissement de la croissance. On peut entrer alors dans un cercle vicieux.

2. — Les risques de l'Union économique et monétaire

– Le risque lié aux chocs asymétriques : un inconvénient majeur de la monnaie unique est la perte d'un instrument important d'ajustement : le taux de change. Cet instrument pourra encore être utilisé lors des chocs qui touchent toute l'Union, mais pas lors des chocs (accident naturel, mouvement social…) qui ne concernent qu'un seul pays. Pour que l'Europe soit une zone monétaire optimale (Mundell), il faudrait une parfaite mobilité des facteurs de production et notamment du travail. Or pour des raisons liées aux différences linguistiques et culturelles, le travail est encore peu mobile au sein de l'Union.

– Les problèmes liés à la coordination des politiques monétaires et budgétaires : l'indépendance de la Banque centrale européenne (BCE) pose un problème politique de mise en cause des principes démocratiques et un problème économique puisque la BCE a pour mission principale la stabilité des prix et non la lutte contre le chômage. Il est d'autre part nécessaire, pour une bonne efficacité de la politique économique de coordonner les politiques budgétaires et les politiques monétaires.

– Le risque de la surévaluation : la volonté d'opter, comme l'ont fait l'Allemagne ou la France, pour une monnaie surévaluée risque de poser des problèmes de chômage et de faiblesse de la croissance aux pays participant à l'Union européenne.

C. — L'Europe monétaire n'est pas suffisante ; l'Europe fédérale et sociale est l'aboutissement de la construction européenne

1. — Une Europe sociale serait nécessaire

– La logique de la construction européenne actuelle considère que le chômage provient essentiellement d'une trop forte réglementation sur le marché des biens et des services et sur le marché du travail, de salaires minimaux trop élevés qui créent un déséquilibre entre ce que gagne la main-d'œuvre peu qualifiée et la valeur de ce qu'elle crée, et de prélèvements trop élevés qui grèvent le coût du travail. Prenant comme prétexte les contraintes liées à la mondialisation, on peut craindre que l'Union européenne aille à l'encontre des acquis sociaux.

– Les sociaux-démocrates considèrent que l'Europe monétaire ne peut pas être un aboutissement ; il serait nécessaire de définir une réelle Europe sociale qui proposerait une homogénéisation par le haut des conditions sociales. Mais pour cela, l'État-providence (qui peut être État européen-providence) devrait être réhabilité.

2. — Une politique fiscale commune semble nécessaire

– Les politiques budgétaires relèvent encore des différents États. Elles sont difficiles à coordonner, d'autant plus que pour attirer les entreprises, les différents États peuvent se lancer dans une course à la baisse de la fiscalité qui risque de conduire à des impasses financières ou bien à des coupes dans les dépenses budgétaires et dans les dépenses de protection sociale. Une solution serait alors d'opter pour un budget fédéral qui permettrait de doubler la politique monétaire commune d'une politique budgétaire commune.

– Il faut consolider le lien politique unissant les peuples européens et développer une solidarité supranationale.

Analyser l'évolution du système monétaire international des accords de Bretton Woods au flottement des monnaies. (ESSEC, 2002)

I **Les accords de Bretton Woods visent à stabiliser le système monétaire international après le chaos monétaire de l'entre-deux guerres**

A. — Un nouveau Gold Exchange Standard centré sur le dollar…

1. — Rappeler brièvement les grandes étapes de l'évolution monétaire de l'entre-deux-guerres, notamment l'effondrement des années 1930 et le phénomène de « balkanisation monétaire » qui a contribué à aggraver la crise et à renforcer le protectionnisme
2. — Le contexte de Bretton Woods : volonté de tirer les leçons des années 1930, mais aussi de lutter contre le protectionnisme
3. — Les plans en présence : le plan Keynes contre le plan White

Les accords de Bretton Woods sont le fruit d'un compromis entre les délégations américaine et britannique. Les États-Unis ont comme objectif fondamental d'éviter la reproduction des désordres internationaux de l'entre-deux-guerres qui ont résulté de l'instabilité des taux de change et des pratiques protectionnistes. Ils sont donc favorables à une politique de fixité des changes et de suppression des barrières protectionnistes. Le Royaume-Uni est plutôt préoccupé par les problèmes de chômage et de déflation. La délégation britannique préconise des taux de change ajustables, un recours limité au contrôle des échanges commerciaux afin de favoriser les politiques nationales. Présenter les mesures principales préconisées par les deux plans.

4. — Le compromis final
Un accord qui reprend l'essentiel du plan White, mais qui admet la possibilité de recourir à la dévaluation en dernière extrémité. De plus, le système se dote d'un « organe de secours mutuel », le FMI. Expliquer ici son rôle.

B. — … qui reflète l'hégémonie politique, économique et monétaire des États-Unis

1. — Ce système devient, à partir de 1947, nettement dominé par les États-Unis
En vertu du principe théorique dit N – 1 (à expliquer) : le pays-centre n'a pas de taux de change à respecter. Deux conséquences en découlent : le pays-centre, en l'occurrence les États-Unis, a une autonomie totale en matière de politique monétaire et le pays-centre n'a pas la charge de financer sa balance des paiements : il s'agit d'une situation de *benign neglect* (« douce négligence ») dénoncée notamment par J. Rueff, conseiller du général de Gaulle en matière économique et monétaire (« déficit sans pleurs »), ce qui permet aux États-Unis de financer leur croissance à crédit, notamment les IDE.

2. — Ces marges de liberté considérables ont toutefois une limite

Le stock d'or par rapport aux engagements officiels extérieurs : le pays centre, en l'occurrence les États-Unis, doit pouvoir garantir la convertibilité à tout moment.

II Du dollar *gap* au dollar *glut* : l'échec du système de Bretton Woods et ses conséquences

A. — Les contradictions du système : le dilemme de Triffin

1. — Montrer ici les deux étapes de l'évolution du système de Bretton Woods

Jusqu'en 1958, dollar roi, et « fringale de dollars » (dollar *gap*), puis de 1958 à 1971, dégradation du système. En 1959, le système de Bretton Woods connaît sa première crise : certains pays dont la France demandent la conversion de leurs encaisses en dollars en or (on parle d'hémorragie de l'or) : c'est le signe d'une baisse de confiance dans le dollar : le stock d'or américain diminue de plus en plus.

2. — Pour contrecarrer cette évolution, diverses mesures palliatives sont prises

On peut en distinguer deux : la création du *pool* de l'or en 1960 et les « bons Roosa ».

3. — À l'occasion de ces premières crises, le caractère contradictoire du SMI de Bretton Woods apparaît de plus en plus nettement

C'est le dilemme de Triffin, mis en évidence en 1960 (à expliquer). Autrement dit, le SMI de Bretton Woods est contradictoire : pour que le système fonctionne, il faut que les États-Unis acceptent une balance des paiements déficitaire, ce qui, à terme, remet en cause la convertibilité du dollar, c'est-à-dire les fondements mêmes du système. L'analyse par le triangle des incompatibilités permet de montrer les évolutions du système depuis 1944.

B. — L'échec de 1971 : vers les changes flottants

1. — La création du double marché de l'or en 1968 ne suffit pas à résoudre les contradictions du système

Devant la véritable « hémorragie de l'or » et les difficultés de la balance commerciale américaine, qui connaît son premier déficit d'après-guerre, le président Nixon, le 15 août 1971, décide de suspendre la convertibilité du dollar en or (en fait, elle ne sera plus rétablie), de dévaluer le dollar et d'instaurer une taxe de 10 % sur les importations. Ces mesures signent la fin du système de Bretton Woods.

2. — Cependant, l'abandon du système de Bretton Woods montre clairement que les Américains veulent continuer à faire du dollar un instrument de leur hégémonie, en affranchissant de plus en plus celui-ci des contraintes liées à la situation de la monnaie internationale

Il faut expliquer ici le passage d'un système N − 1 impur (les États-Unis étant encore, jusqu'en 1971, obligés de respecter leur engagement portant sur la convertibilité or), vers un système N − 1 pur : les États-Unis ne sont plus du tout contraints.

3. — Le système dérive progressivement vers les changes flottants, qui fonctionnent de facto dès 1973

Expliquer ici les accords de Washington et leur portée.

III Le passage aux changes flottants : un système censé combattre les difficultés nées de la crise, mais qui s'avère instable

A. — Le sens des accords de la Jamaïque

1. — Expliquer en premier lieu les principales mesures prises

Démonétisation de l'or, adoption du flottement généralisé des monnaies…

2. — Les fondements théoriques : le plaidoyer flexibiliste de M. Friedman (à expliquer)

3. — Ces nouvelles règles de fonctionnement instituent une véritable marchéisation du change

C'est désormais le marché qui joue un rôle prépondérant dans la définition du taux de change d'une monnaie et non plus la banque centrale et/ou le gouvernement. Certes, ceux-ci peuvent toujours avoir un objectif de change, mais il ne pourra durablement aller contre la logique du marché. Les changes flottants permettent donc une véritable insularisation de la conjoncture permettant d'échapper au risque protectionniste. Analyser ici les avantages attendus des changes flottants (notamment taux de change vrai à partir de la théorie PPA).

4. — Cette situation porte cependant en germe un risque évident de volatilité du change et donc d'instabilité

La nécessaire couverture contre ce risque de change constitue une des origines du vaste mouvement de globalisation financière.

B. — Un fonctionnement instable : vers une gestion concertée des taux de change

1. — Les évolutions des années 1976-1985 montrent que le système né des accords de la Jamaïque n'a guère tenu ses promesses

Loin d'avoir développé leur autonomie, les économies nationales sont soumises, plus que jamais, à la contrainte extérieure. Les États-Unis, notamment, continuent à bénéficier d'un *benign neglect* lié à la position toujours hégémonique du dollar.

2. — Surtout, les fluctuations monétaires ont été considérables pendant cette période, perturbant l'économie mondiale

3. — D'où, à la suite des risques de chute du dollar, la signature des accords du Plazza (1985) et du Louvre (1987), qui marquent l'entrée dans une phase de gestion concertée des taux de change, fondée sur la théorie des zones-cibles (à expliquer)

Ne faut-il pas voir là un échec patent du flottement pur et un démenti cinglant adressé aux tenants de ce principe ?

SUJET IV

Un SMI à taux de change fixes est-il un mal nécessaire ?

I **Quoiqu'un SMI à taux de change fixes risque de fausser les lois du marché et de contraindre les politiques économiques…**

A. — Les SMI à taux de change fixes faussent les lois du marché et peuvent créer des déséquilibres

1. — Un SMI à taux de change fixes, en instaurant des rigidités, fausse le libre jeu du marché
– Selon Friedman, il est facteur de déséquilibres.
– Il risque de perturber les mécanismes autorégulateurs, comme l'équilibrage automatique de la balance des paiements (Ricardo).
Le maintien d'une parité trop élevée peut ainsi diminuer la compétitivité d'un pays de façon artificielle.

2. — Les SMI à changes fixes créent des relations monétaires internationales asymétriques et peuvent être l'instrument de la domination d'une monnaie sur les autres

– Domination de la livre au XIXe siècle et domination du dollar dans le cadre du SMI de Bretton Woods.
– Le SMI devient fortement dépendant de l'économie et de la monnaie d'un seul pays. C'est la cause principale de la crise du SMI de Bretton Woods (paradoxe de Triffin).

B. — Un SMI à changes fixes est une contrainte pour les politiques nationales et peut peser sur la croissance

1. — Dans le cadre d'un SMI à changes fixes, les États, par l'intermédiaire de leurs banques centrales sont tenus de défendre leurs parités…
– Les crises monétaires de l'entre-deux-guerres sont liées à la difficulté pour de nombreuses monnaies de maintenir leur parité avec l'or.
– Cela a aussi provoqué des difficultés dans le cadre du SME (ainsi pour s'affranchir de ces contraintes, la livre sterling a quitté le SME en 1992).

2. — … ce qui peut peser sur la croissance

La défense d'une parité peut avoir des effets pervers sur la croissance, surtout lorsqu'une monnaie est plutôt faible :

– Pas de possibilité de dépréciation compétitive.
– Les politiques restrictives pour maintenir les parités peuvent être coûteuses en emploi et en croissance (exemple de la France durant les années 1980 et 1990).

II ... Les SMI à taux de change fixes sont nécessaires car ils garantissent une certaine stabilité monétaire que le SMI à taux de change flottants n'a pas pu instaurer

A. — Les SMI à taux de change flottants ne sont pas facteurs de stabilité

1. — Les SMI a changes flottants ne sont pas de vrais systèmes monétaires, mais ils se mettent en place spontanément en cas de crise de la coopération monétaire internationale

– Quasi-flottement des changes de certaines monnaies pendant l'entre-deux-guerres (exemple type du mark en 1923 mais aussi de nombreuses monnaies dès 1930 et à la suite de l'échec de la conférence de Londres en 1933).
– Mise en place du SMI à taux de change flottants à la suite de la crise du SMI de Bretton Woods (accords de la Jamaïque en 1976).

2. — Contrairement à ce que pouvaient espérer certains libéraux comme M. Friedman, le SMI actuel n'a pas été en mesure de restaurer la stabilité

– Pas de rééquilibrage automatique des soldes extérieurs.
– Forte instabilité des taux de change (exemple du dollar) qui entame la confiance et fausse les prévisions des entreprises.

B. — Seul un SMI à changes fixes semble pouvoir instaurer la stabilité monétaire nécessaire aux relations économiques internationales et à la croissance

1. — Malgré ses inconvénients, un SMI à parités fixes est nécessaire car il permet d'instaurer une certaine stabilité qui est une condition à la croissance économique internationale

– Très grande stabilité monétaire de l'étalon-or au XIXe (J. Rueff considérait qu'il fallait retourner à ce système).
– Stabilité monétaire relative du SMI de Bretton Woods pendant les vingt premières années de son fonctionnement.

2. — En cas de crise monétaire, si le SMI à parités fixes ne peut plus assurer une réelle stabilité, il n'en demeure pas moins nécessaire

– Il favorise la coopération internationale.
– Il permet de limiter, contrairement aux changes flottants, l'intensité des fluctuations.

Ainsi, le SME, malgré de nombreux réajustements, a-t-il résisté aux fortes variations du dollar, et a certainement favorisé la stabilité monétaire en Europe.

QUELQUES SUJETS DE CES DERNIÈRES ANNÉES

Dans quelle mesure les expériences conduites au xxe siècle dans les pays capitalistes développés et la situation actuelle peuvent-elles justifier la politique de franc fort ? (Ecricome, 1997)

La place particulière du dollar dans le système monétaire international après 1944 a-t-elle favorisé et favorise-t-elle encore la croissance de l'économie mondiale ? (ESCP, 1998)

Pour les pays capitalistes développés et les pays en voie de développement, l'endettement extérieur est-il un obstacle à la croissance économique ? (ISC-ESLSCA, 1998)

Processus d'intégration économique et monétaire et croissance économique des États membres de la communauté puis de l'Union européenne de 1957 à nos jours.
N.B. : on pourra privilégier dans les exemples les cas allemand et français. (ESCP, 1999)

L'internationalisation financière a-t-elle accru les inégalités de développement ? (Ecricome, 2006)

Système de change et croissance économique au xxe siècle. (Ecricome, 2005)

L'ouverture internationale a-t-elle modifié fondamentalement la nature des crises financières ? (ESCP, 2008)

Concurrence monétaire et compétitivité des nations. (Ecricome, 2008)

DÉSÉQUILIBRES
ET POLITIQUES ÉCONOMIQUES
ET SOCIALES EN ÉCONOMIE
OUVERTE

L'exemple des principaux pays développés à économie de marché depuis 1945

Depuis 1945, plusieurs déséquilibres caractérisent la croissance des principaux pays développés à économie de marché (PDEM) :

– Au cours des Trente glorieuses, l'inflation est permanente et le plein emploi est préservé.

– La situation de l'emploi se dégrade à partir des années 1970 et les déséquilibres inflationnistes se résorbent depuis les années 1980.

– Depuis les années 1950, les PDEM s'insèrent davantage dans l'économie mondiale en étant confrontés à des déséquilibres externes.

Pour résorber ces différents déséquilibres, les États ont mis en œuvre des politiques économiques et sociales dont les résultats n'ont pas toujours été favorables.

I

LES GRANDS DÉSÉQUILIBRES ET LES POLITIQUES ÉCONOMIQUES ET SOCIALES DESTINÉES À Y FAIRE FACE

Des déséquilibres macroéconomiques internes et externes conduisent les États à adopter des politiques économiques et sociales appropriées.

A DEPUIS 1945, LA CROISSANCE S'EST TRADUITE PAR PLUSIEURS DÉSÉQUILIBRES

La croissance des pays capitalistes avancés est marquée par trois grands déséquilibres : l'inflation, le chômage et des déséquilibres au sein de leurs balances des paiements.

1. – Le déséquilibre inflationniste

a. — Qu'est-ce que l'inflation ?

L'inflation est un déséquilibre macroéconomique qui, dans une économie de marché, induit une hausse générale et auto-entretenue des prix. Trois sources d'inflation sont traditionnellement repérées :

– un accroissement des coûts de production ;

– la supériorité de la demande sur l'offre ;

– un excès de création monétaire en regard du volume des transactions à financer.

Ces trois déséquilibres proviennent de causes diverses : par exemple, le surplus de demande peut résulter de modalités de fixation des salaires permettant aux salariés de bénéficier de hausses de salaires dépassant les gains de productivité ; ce processus provoque également un accroissement des coûts de production impliquant une réaction des entrepreneurs qui haussent leurs prix pour préserver leurs profits. Ces déséquilibres peuvent résulter d'un événement particulier (par exemple, les deux chocs pétroliers des années 1970), aux effets passagers : l'inflation est alors conjoncturelle et relève du court terme. En revanche, dès lors qu'elle persiste sur longue période, elle revêt un caractère structurel : les causes profondes des déséquilibres résident dans les structures de la société.

b. — La hausse des prix, un indicateur incomplet de l'inflation

L'inflation est fréquemment, assimilée à son effet, la hausse des prix : une forte hausse des prix est synonyme de forte inflation ; une faible hausse des prix est assimilée à une faible inflation. Il n'est alors pas possible de percevoir des déséquilibres inflationnistes dans les pays où les prix ne dépendent pas, à un degré ou un autre, des mécanismes du marché. Ainsi, dans l'ex-URSS, l'inflation n'existait pas officiellement : les prix planifiés étaient généralement stables. Or, la longueur des files d'attente devant les magasins d'État indiquait le niveau d'insatisfaction de la demande qui ce serait traduit par une hausse des prix dans une économie de marché. C'est d'ailleurs ce qu'il advint lors du passage au capitalisme de ce pays au début des années 1990. Il y avait donc bien un déséquilibre inflationniste dans l'ex-URSS.

Les déséquilibres inflationnistes n'influent pas à l'identique sur l'ensemble des prix : certains augmentent beaucoup ; d'autres moins. Les évolutions comparées des prix des biens déterminent leurs prix relatifs. Par exemple, en France entre 1950 et 2009, la moyenne des prix est multipliée par presque 19. Mais, les prix des produits manufacturés ont été multipliés par 11 et ceux des services par presque 50. Ainsi, l'inflation s'est-elle traduite par une élévation de prix relatifs des services (leurs prix augmentent plus que la moyenne) et une baisse des prix relatifs des produits manufacturés (leurs prix augmentent moins que la moyenne).

2. – Le chômage, un déséquilibre sur le marché du travail

a. — Définition et mesure du chômage

Sur le marché du travail, l'offre de travail est constituée des travailleurs offrant leur force de travail pour un salaire donné (il ne faut pas la confondre avec l'offre d'emplois des employeurs) ; la demande de travail correspond à la demande de force de travail par les employeurs pour un salaire donné (il ne faut pas la confondre avec la demande d'emplois des travailleurs). Lorsque l'offre dépasse la demande, une partie de la main-d'œuvre, démunie d'emploi, est au chômage.

La résolution de 1982 de la conférence internationale des statisticiens du travail explicite la définition du chômage établie dès 1954 par le Bureau international du travail (BIT). Au sens du BIT, les chômeurs comprennent tous ceux qui, au cours d'une période de référence, cumulent les trois caractéristiques suivantes :
– Être sans travail, c'est-à-dire sans emploi salarié ou non salarié.
– Être disponible pour travailler.
– Être à la recherche d'un emploi, c'est-à-dire avoir pris des dispositions particulières au cours d'une période récente pour chercher un emploi salarié ou non salarié.

Chaque pays procède à une ou des enquêtes permettant de produire des données supposées autoriser les comparaisons internationales en matière d'emploi et de chômage.

La mesure du chômage en France

L'Insee et le ministère de l'Emploi établissent deux statistiques du chômage :

– L'Insee effectue chaque trimestre une enquête emploi par sondage sur 45 000 ménages pour mesurer le chômage au sens du BIT. Le taux de chômage au sens du BIT est estimé chaque trimestre.

– Le ministère de l'Emploi, par l'intermédiaire de Pôle emploi, établit sa propre statistique du chômage. Il s'agit des demandes d'emploi inscrits à Pôle emploi. Les données sont brutes ou corrigées des variations saisonnières (CVS) : dans ce cas, la courbe des demandes d'emploi est lissée pour n'enregistrer que la tendance en enlevant les pics (décembre-janvier) et les creux (juin-juillet) saisonniers. Un demandeur d'emploi est pris en compte dès lors qu'il est inscrit à Pôle emploi, qu'il est sans emploi, disponible et qu'il recherche un emploi (demandes d'emploi catégorie A).

b. — La définition du BIT laisse subsister d'importantes difficultés méthodologiques

Le chômeur doit être à la recherche d'un emploi. Or il est difficile d'apprécier la réalité de l'effort de recherche d'emploi, dans de nombreux cas. Il en est ainsi, par exemple, quand cette recherche s'effectue par relations personnelles. L'existence de « travailleurs découragés » illustre le même type de problème. Selon l'OCDE, il s'agit des personnes « *qui souhaiteraient travailler mais qui ne cherchent pas d'emploi parce qu'elles pensent qu'il n'y a pas d'emploi disponible* ». Officiellement, ces personnes sont inactives puisque ne recherchant pas d'emploi. Pourtant, elles sont sans emploi et désireraient en occuper un.

Le chômeur doit être disponible. Dans certains cas, l'indisponibilité peut être discutée comme l'illustre ces deux exemples :

– Des chômeurs peuvent être indisponibles du fait de stages dont le seul objet est de réduire la statistique du chômage.

– Comment interpréter la politique répressive américaine à l'égard des déviances qui conduit à un taux d'incarcération double de la moyenne OCDE et égal à 8 fois celui de la France ? La population masculine, issue des milieux pauvres, est particulièrement concernée. De fait, une partie de la population américaine est indisponible (et ne demande pas d'emploi), ce qui dégonfle le taux de chômage (d'autant plus que de nombreux emplois sont créés en raison de l'extension des prisons).

Le chômeur ne doit pas avoir d'emploi. Il suffit de travailler une heure au cours de la semaine de référence pour ne plus figurer dans la catégorie « chômeurs ». Pourtant, faut-il vraiment considérer qu'une occupation de quelques heures par semaine soit un critère suffisant ? Aux États-Unis, par exemple, le nombre de *working poors*, occupant des emplois à raison de quelques heures par semaine, s'est accru. Bien que travaillant, leur sort n'est pas forcément plus enviable que celui des chômeurs.

c. — L'imprécision de la mesure du chômage provient de l'ambiguïté de certaines situations

La distinction entre chômage et activité prête parfois à discussions : le sous-emploi en est l'illustration. Le sous-emploi visible comprend les personnes pourvues d'un emploi à temps partiel subi et celles qui, bien qu'embauchées à plein temps, travaillent involontairement moins que la durée normale.

Selon l'Insee, près de 1 300 000 personnes (principalement des femmes) étaient dans cette situation en 2008, en France.

Par ailleurs, le sous-emploi invisible désigne la situation de personnes dont la qualification n'est pas pleinement exploitée dans l'emploi qu'elles occupent (par exemple, le titulaire d'un BTS occupant un emploi d'ouvrier). Sa mesure est très délicate.

Le clivage inactif/actif n'est pas toujours sans ambiguïté. Ainsi, le « halo » du chômage correspond-il, selon l'Insee, à la situation d'une frange de la population inactive gravitant autour du « noyau dur » du chômage au sens du BIT. Il est composé des personnes déclarant chercher un emploi sans être disponibles ou sans effectuer de réelles recherches, de ceux qui n'ont pas encore commencé leur recherche mais disent souhaiter avoir un emploi, et de ceux qui ont renoncé alors qu'ils souhaitaient avoir un emploi (le renoncement a plusieurs raisons : âge, santé…). En France, le « halo » pourrait concerner plusieurs centaines de milliers de personnes.

Le taux de flexion compare la réduction du chômage en valeur absolue aux créations nettes d'emplois (créations - suppressions). Un taux de 50 % signifie qu'il faudrait créer deux cents emplois nets pour faire baisser le chômage de 100.

Un faible taux de flexion signifie que parmi les inactifs, des individus souhaitaient travailler. Dès que le rythme de créations d'emplois s'élève, ils se portent demandeurs d'emploi et, par conséquent, gonflent la population active : le nombre de chômeurs était donc sous-estimé (voir *supra*, le « halo » du chômage et les « travailleurs découragés »). C'est ainsi qu'à la fin des années 1980, la France connaît une forte augmentation du nombre d'emplois mais une baise modérée du chômage : des femmes inactives et des jeunes en cours d'études se sont présentés sur le marché du travail.

Les formes de chômage

Le chômage frictionnel résulte du délai qui sépare le moment où un individu quitte son emploi et le moment où il en trouve un autre ; le chômage consécutif au temps d'attente du premier emploi est inclus dans le chômage frictionnel. Les causes d'un tel chômage peuvent être structurelles, impliquant un allongement du délai d'attente d'un nouvel emploi : dans ce cas, il est préférable d'assimiler cette forme de chômage au chômage structurel (voir ci-dessous).

Le chômage conjoncturel est temporaire. Il est la conséquence d'un ralentissement de l'activité économique.

Le chômage structurel est durable. Il résulte des structures socio-économiques du pays (déséquilibres démographiques, vieillissement de l'appareil productif, réglementation inefficiente, inadaptation des qualifications de la main-d'œuvre à celles qu'exigent les employeurs...).

Dans une économie de plein emploi, le chômage n'est pas nul : le chômage frictionnel est permanent. Certains auteurs y ajoutent le **chômage volontaire** qui provient du refus des chômeurs de travailler pour le salaire qui assurerait l'équilibre entre offre et demande de travail. Chômage volontaire et chômage frictionnel constituent alors le **chômage naturel**. Cette perspective est plutôt celle des libéraux. Keynes, en revanche, retenait l'hypothèse d'**un chômage involontaire**, liée à l'insuffisance de la demande effective. Pour d'autres auteurs, le chômage involontaire est le résultat des rigidités sur le marché du travail.

3. – Les déséquilibres externes

a. — Les principaux PDEM ne constituent pas des économies autarciques

Ces pays sont insérés dans les échanges mondiaux de biens et de services ; ils sont à l'origine des flux d'investissements des firmes multinationales (FMN) et en sont aussi les principaux destinataires ; enfin, les flux de capitaux monétaires et financiers traversent leurs frontières. Ces divers mouvements occasionnent des déséquilibres recensés dans la balance des paiements. S'agissant des échanges commerciaux, le solde de la balance commerciale et celui de la balance des biens et des services (et plus largement, de la balance des transactions courantes) établissent l'ampleur des déséquilibres. Les mouvements de capitaux, qu'ils soient la traduction des investissements des FMN ou des opérations monétaires ou financières des agents économiques, donnent lieu à une comptabilité au niveau du compte financier de la balance des paiements.

Les balances au sein de la balance des paiements courants (ou comptes courants)

La balance commerciale enregistre les exportations et importations de marchandises.

La balance des biens et des services inclut à la précédente les échanges de services.

La balance courante (ou compte des transactions courantes) ajoute à la balance des biens et des services, les flux de revenus des facteurs de production (revenus du travail, intérêts, dividendes) transfrontaliers ainsi que les transferts unilatéraux (contribution au budget européen, dons aux pays en développement…).

---

b. — Les déséquilibres externes peuvent intervenir au niveau des balances commerciale ou courante

De tels déséquilibres résultent d'un différentiel de compétitivité ou d'un différentiel de croissance (les deux facteurs jouent en fait conjointement). Les pays dont les firmes sont les moins compétitives enregistreront, toute chose égale par ailleurs, un déficit. Réciproquement, les pays dont les firmes sont les plus compétitives seront excédentaires. La compétitivité portant sur les prix, les déficits commerciaux ou courants menacent les pays les plus inflationnistes : le différentiel d'inflation (mesuré par l'écart entre les hausses des prix des pays) provoque les déséquilibre externes ; toute politique destinée à contrer ces déficits est en même temps une mesure anti-inflation et réciproquement.

Mais la compétitivité n'est pas seulement une question de prix : elle consiste également en une capacité à répondre à la demande ce qui implique la prise en compte de facteurs plus qualitatifs (fiabilité du produit, service après-vente efficace, délais de livraison réduits…). Améliorer cette forme de compétitivité (compétitivité structurelle) requiert des mesures plus spécifiques, nécessitant des transformations profondes des structures socio-économiques.

La croissance du PIB induit un flux d'importations dont l'importance dépend du degré de dépendance des pays pour leur approvisionnement en produits primaires ou en produits semi-finis, et de la compétitivité de leurs firmes. Pour produire davantage, il est nécessaire de mobiliser de la main-d'œuvre, des machines et des produits primaires… En France, la production pétrolière est infime, or ce produit est nécessaire à la production : la croissance économique induira un accroissement des importations de pétrole (sauf à y substituer d'autres produits, et donc d'accroître l'indépendance énergétique de la France). De plus, si les firmes françaises sont incapables de répondre à la demande de machines du fait d'une compétitivité moindre, les importations seront d'autant plus élevées.

c. — Les déséquilibres externes portent également sur les mouvements de capitaux

Toute chose égale par ailleurs, les capitaux se dirigent vers les pays où ils sont le mieux rémunérés (taux d'intérêt et/ou profitabilité plus élevés). D'autres facteurs interviennent : par exemple, la présence de barrières douanières incite les FMN à investir dans les pays protégés (dès lors que leur marché est suffisamment attractif) puisque les exportations y sont plus difficiles ; la constitution de zones régionales d'échanges (par exemple, l'Union européenne) offre des débouchés aux firmes qui s'y localisent ; des infrastructures efficientes, un système éducatif d'un bon niveau, la paix sociale…, sont des facteurs d'attraction des capitaux. La solidité d'une monnaie rassure les détenteurs de capitaux à la recherche de placements rémunérateurs. Mais la dépréciation monétaire offre aussi un avantage pour les FMN qui peuvent acquérir à meilleur compte des entreprises dans le pays dont la monnaie se déprécie ; etc.

Les PDEM sont confrontés à d'autres déséquilibres

Les inégalités socio-économiques

La croissance ne fait pas disparaître les inégalités de revenus et de patrimoines. L'inégale répartition des revenus (avant et après redistribution) impliquant d'autres inégalités (consommation, épargne et donc patrimoine), l'accès socialement différencié à l'éducation…

Les déséquilibres régionaux

Au sein d'un pays, les régions bénéficient inégalement de la croissance ; certaines disposent d'infrastructures, d'un tissu industriel dense, d'une population nombreuse, qualifiée…, d'autres enregistrent la désertification de certaines parties de leur territoire, disposent d'infrastructures déficientes… Cette inégalité entre régions vaut à l'échelon international : au sein des pays développés, certains pays sont mieux dotés que d'autres. Par exemple, dans l'Union européenne, l'écart de développement est important entre la Bulgarie ou la Roumanie et l'Allemagne ou le Luxembourg. Enfin, entre pays développés et pays en développement, les inégalités peuvent être extrêmes.

Les déséquilibres environnementaux

Au début des années 1970, le rapport Meadows, établi à la demande du club de Rome, dresse un tableau alarmiste des conséquences à long terme de la poursuite de la croissance des Trente Glorieuses : celle-ci induit en effet une élévation des pollutions et un épuisement des ressources naturelles, aboutissant à une crise économique et écologique de grande ampleur. Bien que les prédictions du rapport Meadows aient été démenties par les faits, les dangers pesant sur l'environnement et sur les ressources naturelles demeurent.

B LES POLITIQUES ÉCONOMIQUES ET SOCIALES DESTINÉES À RÉDUIRE LES DÉSÉQUILIBRES

La résorption des déséquilibres macroéconomiques nécessite la mise en œuvre de politiques économiques et sociales par l'État (voire, plus largement, par les administrations publiques). Ces politiques interviennent à différents niveaux.

1. – Les politiques économiques conjoncturelles

a. — *Les politiques conjoncturelles relèvent du court terme*

Bien qu'elles soient le plus souvent complémentaires, il est fréquent de distinguer politiques économiques conjoncturelles et politiques économiques structurelles. Les politiques économiques conjoncturelles relèvent du court terme. Elles mobilisent le budget de l'État (politique budgétaire) et les instruments de contrôle de la création monétaire (politique monétaire) pour réguler l'activité économique ; les objectifs finals de ces politiques économiques sont ceux du carré magique formalisé par Nicholas Kaldor : croissance du PIB, hausse des prix, taux de chômage et solde de la balance commerciale ou de la balance courante.

b. — *La politique monétaire*

La politique monétaire mobilise différents instruments. Par exemple, le soutien de l'activité économiques appelle les mesures suivantes :

– Le desserrement de l'encadrement du crédit : l'État accroît le montant des crédits que les banques sont autorisées à accorder au cours d'une période donnée. Dans certains cas, le montant autorisé varie selon les secteurs (politiques sélective du crédit). Cette forme de contrôle est abandonnée depuis les années 1980.

– La baisse des taux directeurs : en diminuant certains taux d'intérêt sur des opérations qu'elle noue avec les banques, la banque centrale réduit leur coût de refinancement (le taux qu'elles doivent supporter lorsqu'elles empruntent des liquidités) et dope ainsi la création monétaire et donc l'activité.

– Les interventions de la banque centrale sur le marché monétaire interbancaire : la banque centrale peut emprunter aux banques ou leur prêter des liquidités sur le marché monétaire interbancaire (opérations d'open market). La confrontation de l'offre et de la demande de liquidités établit un taux d'intérêt (par exemple, le taux d'intérêt au jour le jour) qui influe sur le coût de refinancement des banques. Une politique de relance monétaire suppose une offre de monnaie accrue de la banque centrale pour faire baisser les taux d'intérêt.

– La diminution du taux de réserves obligatoires : les banques déposent sur un compte non rémunéré à la banque centrale et bloqué pour une période donnée, une fraction des dépôts qu'elles reçoivent (et jadis, des crédit qu'elles octroyaient). La baisse du taux de réserves obligatoires favorise la création monétaire par les banques et réduit leur besoin de refinancement sur le marché monétaire interbancaire.

– L'accroissement de la base monétaire (émission de billets) par la banque centrale stimule l'activité bancaire par le mécanisme du multiplicateur de crédit. Cette forme de contrôle est peu utilisée dans les pays développés. En revanche, dans certains pays en développement (ou en transition, comme la Bulgarie), l'émission monétaire est calée sur les réserves en devises (par exemple des dollars) de la banque centrale.

c. — La politique budgétaire

La politique budgétaire influe sur l'activité économique par la variation des dépenses et des recettes (essentiellement les impôts) de l'État : le solde budgétaire résulte de la comparaison de ces dépenses et de ces recettes. Il peut être déficitaire. Dans ce cas, il contribue à relancer l'économie (par effet multiplicateur) : l'effet des dépenses sur la demande n'est pas totalement compensé par l'effet de freinage des impôts ; en revanche, un moindre déficit diminue la pression de la demande globale et, par conséquent, la croissance ralentit.

Un excédent budgétaire freine l'activité ; un excédent en réduction diminue l'effet de freinage. Cette perspective interventionniste est contestée par les libéraux. Ceux-ci promeuvent en effet la neutralité budgétaire. Concrètement, le principe de neutralité se traduit par :

– La limitation des interventions de l'État : celles-ci doivent être au plus proche de ses fonctions régaliennes.

– La promotion de l'impôt proportionnel (par exemple, un taux d'imposition sur le revenu identique pour tous) et le rejet de l'impôt progressif ou dégressif. L'impôt forfaitaire (le même montant d'impôt – et non pas le même taux d'imposition – pour tous) serait pourtant préférable. En effet, l'impôt finance la production de biens publics, réputés être consommés à part égale par chaque contribuable. Cependant, cette conception de l'impôt se heurte à une forte résistance sociale.

– Le souci de préserver l'équilibre entre dépenses et recettes. Toutefois, sur ce plan, le Norvégien Trygve Haavelmo (prix Nobel d'économie en 1989) a établi, en 1945, un théorème indiquant qu'une hausse des dépenses publiques financée par une hausse des impôts équivalente pour maintenir l'équilibre budgétaire, exerçait un effet d'entraînement sur l'économie.

La mise en œuvre de la politique budgétaire commande d'opérer des distinctions entre différents soldes budgétaires.

■ **Solde conjoncturel et solde structurel**

Une partie du montant (ou de la variation) du solde budgétaire dépend des choix explicites des gouvernements (que les parlements doivent valider) : il s'agit de la composante structurelle du solde (ou de sa variation).

Mais, la conjoncture exerce aussi une influence. L'accélération de la croissance induit celle du revenu national et donc des recettes fiscales : le déficit diminue et/ou l'excédent augmente. Dans les deux cas, la croissance ralentit. En revanche, si la croissance décélère ou si le PIB recule, les recettes fiscales augmentent moins : le déficit augmente ou l'excédent diminue. Dans ce cas, la croissance est dopée. Par conséquent, ces mécanismes constituent des stabilisateurs automatiques de la conjoncture.

En cas de récession ou de surchauffe, le gouvernement peut décider de laisser jouer les stabilisateurs automatiques avec ou sans intervention sur la composante structurelle. Par exemple, en 1993, le Premier ministre français Édouard Balladur est confronté à une importante récession. Il laisse jouer les stabilisateurs automatiques et ne prend aucune mesure qui réduirait la composante structurelle du déficit. Celui-ci se creuse et contribue au redémarrage de la croissance.

■ **Solde effectif et solde primaire**

Le solde primaire du budget de l'État est calculé sans prendre en compte des dépenses afférentes au paiement des intérêts de la dette. La détermination de ce solde est un instrument de la gestion de la dette de l'État. Celle-ci résulte des déficits budgétaires qui, depuis les années 1980 ou 1990 selon les États, ne peuvent plus être financés par création monétaire mais seulement par l'emprunt.

Dans un contexte, qui est celui des principaux PDEM depuis les années 1980, de taux d'intérêt réels plus élevés que le taux de croissance du PIB, le ratio d'endettement de l'État (dette/PIB) tend à s'accroître en cas de déficits budgétaires (effet boule de neige). En effet, à taux d'imposition donné, les recettes fiscales tendent à augmenter comme le PIB alors que la charge de paiement des intérêts s'alourdit davantage du fait du haut niveau des taux d'intérêt réels.

Dans ce contexte, au-delà d'un seuil, le poids de la dette devient insupportable. Les pays membres de l'Union européenne ont décrété que ce niveau était de 60 % du PIB (en fait, il s'agit de l'endettement des administrations publiques et pas seulement de l'État). Dès lors, la gestion des finances publiques commande de prendre des mesures de rigueur. Les dépenses autres que celles affectées au paiement des intérêts de la dette, doivent être réduites (et/ou le taux d'imposition augmenté). Le solde primaire doit alors être excédentaire : s'il ne l'était pas, la dette s'alourdirait d'une part, du montant des charges d'intérêt qui augmentent plus que le PIB en raison du niveau des taux d'intérêt réels et, d'autre part, du montant du déficit primaire. Le solde primaire doit être d'autant plus excédentaire que les taux d'intérêt réels sont supérieurs au taux de croissance du PIB.

Cette contrainte n'existe pas si le solde effectif est un excédent ou si le seuil maximal du ratio d'endettement est plus élevé (aucune étude n'a pu déterminer de manière incontestable un seuil optimal). En outre, si les taux d'intérêt réels devenaient inférieurs au taux de croissance du PIB, la contrainte d'un solde primaire positif ne s'imposerait plus. Pour les économistes d'inspiration keynésienne, une politique monétaire plus accommodante irait dans ce sens.

Les politiques conjoncturelles depuis 1945

Jusqu'aux années 1970, ces politiques économiques soutiennent la croissance (politiques monétaire et budgétaire expansionnistes). En cas de surchauffe se traduisant par une accélération de la hausse des prix (et des déséquilibres externes), des politiques de refroidissement sont mises en œuvre (freinage des dépenses publiques et/ou hausse des impôts ; freinage de la création monétaire). Ces politiques de rigueur ou d'austérité tendent à durer plus longtemps au cours des années 1960 du fait d'une hausse des prix plus élevée qu'au cours de la décennie précédente.

Depuis les années 1970, les choix des autorités publiques ont évolué. Au cours des années 1970, les pouvoirs publics hésitent entre politiques de refroidissement qui induit une hausse du chômage, atteignant des niveaux alarmants à cette époque, ou politique de relance qui aggrave les déséquilibres inflationnistes alors que la hausse des prix est forte. À la fin des années 1970, la priorité est donnée à la lutte contre l'inflation : les politiques monétaire et budgétaire se tendent. Le choix d'éradiquer l'inflation (et de résorber les déséquilibres externes excessifs) étant permanent, les politiques conjoncturelles destinées à atteindre cet objectif sont appliquées avec constance, constituant de fait une politique structurelle. Cependant, lorsque le chômage croît fortement, certains États appliquent des politiques de relance en combinant les instruments des politiques conjoncturelles (*policy mix* ; voir *infra* I, B, 2). C'est notamment le cas depuis 2008-2009 : pour faire face à la crise économique et financière, les États ont mis en œuvre des politiques monétaires et budgétaires de relance.

2. – La coordination des politiques économiques conjoncturelles : le *policy mix* (ou politique mixte)

a. — Les modalités du policy mix

Le *policy mix* est une politique économique conjoncturelle combinant les instruments de la politique budgétaire et ceux de la politique monétaire. Ses modalités varient selon le régime de change.

■ Le *policy mix* en régime de changes fixes

Au début des années 1950, l'économiste néerlandais Jan Tinbergen (1903-1994, prix Nobel d'économie en 1969) étudie les conditions d'efficacité des politiques économiques conjoncturelles, définies comme un ensemble d'instruments mobilisés pour atteindre plusieurs objectifs macro-économiques. Il démontre mathématiquement que le nombre d'instruments (dépenses publiques, recettes fiscales, taux d'intérêt…) doit être égal au nombre d'objectifs (stabilité des prix, plein emploi, équilibres externes).

Au début des années 1960, l'économiste canadien Robert Mundell (prix Nobel d'économie en 1999) approfondit l'analyse de Tinbergen en s'intéressant à l'adéquation des instruments aux objectifs : il ne suffit pas que le nombre d'objectifs égale celui des instruments, il faut également choisir parmi ces instruments celui qui est le plus adapté à chaque objectif. Pour Mundell, « *chaque instrument doit être affecté à l'objectif qu'il influence le plus relativement* » : dans un régime de changes fixes, la politique budgétaire doit réguler les déséquilibres internes (inflation et chômage) et la politique monétaire doit être affectée au rétablissement des déséquilibres externes. Quatre situations sont envisageables dans ce cas de figure :

	Chômage sans inflation	Inflation et plein emploi
Excédent de la balance globale	Relance budgétaire	Rigueur budgétaire
	Relance monétaire	Relance monétaire
Déficit de la balance globale	Relance budgétaire	Rigueur budgétaire
	Rigueur monétaire	Rigueur monétaire

Par exemple, en situation de plein emploi et d'inflation, la rigueur budgétaire freinera la demande et ainsi réduira l'inflation, mais accroîtra le chômage. La baisse des taux d'intérêt en présence d'un excédent extérieur atténuera les effets restrictifs de la politique budgétaire et réduira l'excédent du fait des sorties de capitaux. En présence d'un déficit extérieur, la hausse des taux d'intérêt attirera les capitaux et contribuera au recul de l'inflation en freinant la demande. Ces différents effets exigent un dosage précis dans la mise en œuvre des différents instruments du *policy mix*.

■ Le *policy mix* en régime de changes flexibles

La position de Mundell évolue au début des années 1970, prenant en compte d'une part la conjonction du chômage et de l'inflation (stagflation) et, d'autre part, la plus grande mobilité des capitaux et la flexibilité des changes. Mundell avait montré, au début des années 1960, que les pouvoirs publics ne pouvaient conduire une politique monétaire autonome dans un contexte de mobilité des capitaux et de changes fixes. En revanche, ils retrouvent leur autonomie si les changes deviennent flexibles (*voir* chap. 9, I. A. 4).

Dans un tel contexte, l'affectation des politiques économiques conjoncturelles est libérée du souci de rétablissement des déséquilibres externes : la variation des taux de change y pourvoit. Par exemple, en cas de déficit commercial, la baisse du taux de change dope les exportations et freine les importations.

Mundell préconise alors d'affecter la politique budgétaire à la préservation du plein emploi et de réserver la politique monétaire à la stabilité des prix. Par exemple, en cas de chômage, la relance budgétaire actionne le mécanisme du multiplicateur keynésien qui élève le revenu national et l'emploi. Dans le même temps, la hausse des taux d'intérêt (politique monétaire de rigueur), limite l'impact inflationniste de la relance budgétaire en freinant la hausse de la demande (s'il s'agit de faire baisser le chômage, le dosage du *policy mix* doit faire en sorte que l'effet restrictif de la politique monétaire n'annule pas l'effet de relance de la politique budgétaire).

La mise en œuvre de *policy mixes* très différents depuis les années 1970 (voir *infra*, I, B, 2, b) ne permet pas d'établir un diagnostic indiscutable sur la meilleure combinaison des politiques conjoncturelles. Ainsi, l'expérience américaine montre qu'un mix relance budgétaire/rigueur monétaire (début des années 1980) a eu des effets aussi positifs sur l'emploi et la croissance que la conjonction d'une double relance (1989-1991) ou d'une rigueur budgétaire couplée à une politique monétaire accommodante (1992-1993 et 1996-1997).

Ce qui semble ressortir de l'expérience américaine (et celle d'autres pays comme la France), c'est l'importance, d'une part, du pragmatisme de l'État et de la banque centrale et, d'autre part, de la qualité de leur coordination. Le *policy mix* doit être modifié selon les circonstances par nature changeantes. Ainsi, dès lors que l'endettement de l'État est trop lourd, la relance doit passer par une politique monétaire plus souple. En revanche, si cet endettement est « soutenable », relance budgétaire et freinage monétaire peuvent être envisagés. La prise en compte de ces éléments suppose alors que les instances décisionnelles (banque centrale et État) collaborent pour dissiper tout malentendu et éviter le choix d'un *policy mix* sous-optimal.

b. — *Quelques exemples de* policy mix *depuis les années 1970*

Le tableau ci-dessous repère (sans exhaustivité) plusieurs *policy mixes* appliqués par les pays du G 5.

Tableau 1 - Quelques exemples de *policy mixes*

	Politique monétaire expansionniste	Politique monétaire de rigueur
Politique budgétaire expansionniste	Relance Chirac en France (1975) Japon depuis 1992 États-Unis au début des années 1990 et au début des années 2000	Relance Mauroy en France (1981-1982) États-Unis (première moitié des années 1980) France (1993-1994)
Politique budgétaire de rigueur	Plans Barre en France (1977…)	Plan Barre en France (1976) Grande-Bretagne (1979-1983) France (1983-1990) France (1995…)

En France, en 1975, la relance Chirac (Premier ministre du président Valéry Giscard d'Estaing de 1974 à 1976) résulte d'une politique budgétaire expansionniste, fondée principalement sur l'aide à l'investissement, et une politique monétaire accommodante. La reprise de l'activité est forte (5 % en 1976) mais le chômage n'est que stabilisé tandis que l'inflation et les déficits externes s'aggravent.

En 1976, le premier plan d'austérité de Raymond Barre (successeur de J. Chirac) combine rigueur monétaire et budgétaire. Par la suite, les taux d'intérêt réels à court terme se réduisent au point de devenir négatifs à peu près continûment de 1978 au début de 1981, du fait de la hausse des prix. En revanche, le déficit budgétaire diminue. Le chômage continue à croître et l'inflation reste élevée, dopée par le second choc pétrolier.

La relance Mauroy de 1981-1982 ne se fonde pas sur une politique monétaire accommodante. Les taux d'intérêt réels à court terme sont nettement positifs (alors qu'ils étaient auparavant négatifs). La volonté de ne pas dévaluer le franc, puis de le stabiliser après la dévaluation d'octobre 1981, et la nécessité de contenir les pressions inflationnistes, expliquent ce choix. Dans le même temps, le déficit budgétaire se creuse du fait de l'augmentation de certaines allocations et de la création d'emplois publics. Les résultats de cette politique sont décevants : le chômage continue à croître ; l'inflation est toujours présente.

Les taux d'intérêt réels à court terme se tendent aux États-Unis à compter de 1979. La FED privilégie très nettement la lutte contre l'inflation. La récession qui suit est renforcée par une politique de rigueur budgétaire. Le chômage augmente et tend vers un taux à deux chiffres que les Américains refusent. En 1982, la rigueur budgétaire s'amoindrit du fait, d'une part, de la récession qui creuse le déficit et, d'autre part, de la politique volontariste du président Ronald Reagan. Arrivé au pouvoir en 1981, il réduit les impôts et prône officiellement la rigueur budgétaire. Mais il argue de sa volonté de contrer la puissance soviétique pour augmenter les dépenses militaires en 1982 et 1983. Combinée avec la baisse des impôts, cette mesure accentue le déficit budgétaire dont l'effet de relance est remarquable. Dans le même temps, les taux d'intérêt réels sont réduits mais restent élevés. Le taux de chômage recule comme l'inflation.

En 1993-1994, en France, les taux d'intérêt réels à court terme diminuent après la crise monétaire sur les marchés des changes. Ils sont cependant élevés pour contrer les pressions inflationnistes conformément aux contraintes imposées par le traité de Maastricht. En revanche, le nouveau Premier ministre, Édouard Balladur, laisse le déficit budgétaire se creuser du fait de la récession afin de générer un effet de relance (stabilisateurs automatiques). L'inflation reste faible et le chômage diminue en 1995 du fait de la reprise. Cette dynamique est stoppée par le programme mis en œuvre par le nouveau Premier ministre, Alain Juppé, qui renoue avec la rigueur budgétaire ; celle-ci est combinée à la rigueur monétaire pour respecter les contraintes imposées par le traité de Maastricht. Le chômage croît de nouveau dans un contexte d'inflation maîtrisée.

Aux États-Unis, la récession du début des années 1990 creuse le déficit budgétaire. La FED adopte une politique monétaire très accommodante qui annule les taux d'intérêt réels à court terme en 1993. La relance économique qui s'ensuit et des mesures fiscales adoptées par Bill Clinton réduisent le déficit budgétaire (dont le solde devient positif à partir de 1999). Alors que les taux d'intérêt réels à court terme sont relevés pour juguler les pressions inflationnistes liées à la reprise de la croissance. Cette période correspond pour les États-Unis, à une phase de croissance, de plein emploi et d'inflation modérée (en revanche, le déficit de la balance courante est préoccupant). Au début des années 2000, la récession creuse le déficit budgétaire qui, combiné à une politique monétaire plus accommodante, contribue à la reprise en 2003-2004.

En Grande-Bretagne, M. Thatcher, le nouveau Premier ministre désigné en 1979, met en œuvre une double politique de freinage dont les résultats sont mitigés. La rigueur budgétaire est poursuivie au cours des années 1980 se traduisant par un recul du déficit (lié aux recettes pétrolières ainsi qu'à celles des privatisations et au freinage des dépenses publiques) ; la politique monétaire, sauf entre 1983 et 1985, reste rigoureuse. L'inflation recule mais reste plus élevée que dans les autres pays ; le chômage diminue de 1987 à 1990.

Depuis le début des années 1990, le Japon est confronté aux conséquences de l'effondrement des cours boursiers et du prix de l'immobilier, induisant un effet d'appauvrissement des Japonais (diminution de la valeur de leur patrimoine) qui les incite à freiner leurs dépenses. La politique monétaire est de plus en plus accommodante au point où les taux d'intérêt réels s'annulent à partir de 1996 ; plus d'une dizaine de plans de relance budgétaire sont appliqués depuis 1992, portant l'endettement public à plus de 100 % du PIB, sans effets notables sur le taux de croissance de l'économie. L'inflation est très faible mais le chômage croît.

Les politiques économiques conjoncturelles face à la crise entamée en 2007

La crise financière entamée aux États-Unis en 2007 (crise des *subprimes*) s'est propagée ensuite au reste du monde et a provoqué une crise économique de grande ampleur. Les États et les banques centrales sont alors largement intervenus pour éviter que ne se reproduise un scénario comparable à celui du début des années 1930.

– Les banques centrales ont abaissé leurs taux directeurs pour permettre aux banques de se refinancer à moindre coût et de maintenir leur activité de prêts à l'économie. Des banques centrales, à l'instar de la FED américaine, ont également mis en œuvre des politiques monétaires « non conventionnelles » en monétisant des bons du Trésor émis par les États pour couvrir leurs besoins de financement ou en acceptant de prendre en pension des titres douteux lors des opérations de refinancement des banques. Enfin, les pouvoirs publics ont élaboré des programmes de soutien au système bancaire : prêts à des conditions favorables aux banques et/ou garantie de l'État accordée à certaines de leurs opérations de refinancement, participation au capital et même nationalisation de certaines d'entre elles, comme en Grande-Bretagne.

– Les États ont creusé leur déficit budgétaire au delà des effets des stabilisateurs automatiques. Ils ont accru leurs dépenses et/ou réduit les impôts. La plupart ont privilégié des politiques budgétaires de soutien à l'investissement (infrastructure, investissements des entreprises publiques...) mais ont cependant plus ou moins stimulé la consommation dans le même temps (par exemple, en France, versement d'une allocation aux ménages modestes et prime à la casse pour l'achat d'une automobile) ; d'autres, bien que mettant plutôt l'accent sur la relance de la consommation (par exemple : baisse de la TVA et de l'impôt sur le revenu en Grande-Bretagne), ont également prévu un soutien à l'investissement (par exemple : programme de construction de logements sociaux en Grande-Bretagne).

3. – Les politiques structurelles

Ces politiques relèvent du long terme. Elles correspondent à un vaste domaine d'interventions de l'État destinées à faire évoluer les structures de la société, à modifier les conditions qui président aux évolutions de fond de la société, pour améliorer durablement les performances macroéconomiques.

a. — Les politiques structurelles économiques

Sur le plan économique, les politiques structurelles concernent différents domaines :
– l'activité réglementaire de l'État (par exemple, la réglementation des prix, celle de l'activité financière et monétaire, celle fixant les conditions de la concurrence, celle déterminant le fonctionnement du marché du travail...) ;
– la modernisation de l'agriculture (politique agricole) ;
– la modernisation de l'industrie (politique industrielle) ;
– la planification ;
– la mise à niveau des infrastructures ;
– la politique de change qui, dès lors qu'elle s'inscrit dans la durée, est une politique structurelle. Par exemple, la volonté de valoriser durablement le cours du change peut avoir pour but d'alléger le coût des importations incompressibles d'intrants pour réduire les coûts de production et ralentir la hausse des prix... Paradoxalement, l'absence d'objectif de change est une politique

structurelle : le gouvernement opte pour les changes flexibles afin de bénéficier des avantages de ce régime de change. D'ailleurs, conformément aux thèses de Mundell, le choix des changes flexibles dans un contexte de libre circulation des capitaux est tout à fait compatible avec le fait de mener une politique monétaire nationale autonome (triangle d'incompatibilité).

b. — Les politiques structurelles de l'État peuvent être des politiques sociales

Ces politiques correspondent aux actions mises en œuvre par l'État pour cantonner les inégalités dans des limites socialement acceptables et afin de garantir à la population l'accès aux biens et au services jugés indispensables. La protection sociale constitue l'élément essentiel des politiques sociales. Celle-ci est destinée à résoudre durablement un certain nombre de difficultés que rencontrent les individus : chômage, maladie, accidents du travail, vieillesse, grossesse… Le caractère structurel de ces politiques est donc marqué. Parfois, l'État décide, à titre temporaire, de verser une allocation supplémentaire ou d'augmenter une prestation sociale. Cette mesure ne constitue pas vraiment une politique sociale mais relève des politiques conjoncturelles budgétaires.

La distinction entre politiques économiques structurelles et politiques sociales n'est pas toujours aisée ni pertinente. Par exemple, l'indemnisation du chômage est destinée à préserver un niveau de vie jugé socialement nécessaire aux chômeurs ayant déjà travaillé. Celles-ci contribuent à limiter le degré d'inégalité de la répartition des revenus et, à ce titre, tentent de réduire un déséquilibre social. De plus, elles exercent des effets sur la conjoncture : le versement des indemnités de chômage compense une partie de la perte du revenu d'activité et évite ainsi un effondrement de la consommation préjudiciable à l'emploi. Par conséquent, les politiques sociales interviennent pour faire face à des déséquilibres économiques et sociaux.

Les politiques de revenus, par l'organisation de négociations salariales entre patronat et syndicats avec un arbitrage éventuel de l'État, par la redistribution (prélèvements fiscaux et sociaux/distribution de revenus de transfert, d'allocations), sont destinées, sur un plan social, à limiter les inégalités. Mais, sur un plan économique, elles ont aussi été mises en œuvre dans le cadre de politiques anti-inflation (limitation de la hausse de la demande et des coûts).

c. — Les politiques de l'emploi

Les politiques de l'emploi correspondent aux mesures destinées à influer sur l'offre et la demande de travail et à améliorer le fonctionnement du marché du travail. Elles sont incluses dans les politiques structurelles et revêtent un caractère social mais aussi économique. Elles induisent un ensemble de dépenses (les dépenses pour l'emploi) qui représentent en France, 4 % du PIB contre moins de 1 % au début de années 1970 (les mesures relevant des politiques conjoncturelles et la diminution des charges sociales appliquées de manière générale ne sont pas comprises dans les dépenses pour l'emploi).

Ces dépenses sont dites actives quand elles sont destinées à agir plutôt sur la demande de travail des employeurs et ainsi à favoriser l'insertion des individus sur le marché du travail (exonérations de charges sociales pour l'emploi de publics ciblés, aides au maintien de l'emploi, dépenses de formation professionnelle…). Les dépenses pour l'emploi sont dites passives lorsqu'elles agissent plutôt sur l'offre de travail en incitant au retrait d'activité (préretraites) ou en palliant les effets négatifs du chômage sur les revenus (indemnisation).

Depuis une vingtaine d'années, les principaux pays développés tendent à promouvoir des politiques de l'emploi qui soient davantage incitatives à la recherche d'emploi (indemnités-chômage moins généreuses, obligation de participer à des stages de formation ou d'accepter des emplois d'intérêt général…) ou à l'embauche par les employeurs (allègement de charges ciblées).

LES CAUSES DES DÉSÉQUILIBRES MACROÉCONOMIQUES DANS LES PDEM DEPUIS 1945

Inflation, chômage et déséquilibres externes résultent de causes diverses, parfois communes. Elles font l'objet de nombreux débats théoriques.

A DE L'INFLATION À LA DÉSINFLATION

Jusqu'aux années 1970, la croissance des PDEM s'inscrit dans un contexte inflationniste. En revanche, depuis les années 1980, s'ouvre une période de désinflation.

1. – De 1945 à 1973, l'inflation de croissance

a. — L'inflation conjoncturelle

L'inflation d'après-guerre est due aux pénuries et à la désorganisation des appareils productifs. Ceux-ci ont subi des destructions dont l'importance varie selon les pays ; de plus, la reconversion des industries de guerre est plus ou moins rapide. En outre, la pression de la demande s'accentue après les années de privation et de frustration qu'avait provoqué l'effort de guerre. L'augmentation de la circulation monétaire qu'implique l'usage des fonds accumulés par les ménages au cours du conflit (notamment ceux liés aux trafics) et d'importants déficits budgétaires amplifient l'écart inflationniste entre la demande et l'offre. Partout sa résorption repose sur l'efficience retrouvée de l'appareil productif qui permet d'accroître l'offre, mais aussi sur la réussite de politiques économiques destinées à lutter contre l'inflation. Par exemple, en 1949, les Américains imposent au Japon un plan d'austérité (le plan Dodge) prévoyant un excédent budgétaire (réduction importante des dépenses publiques), la diminution des crédits accordés aux entreprises ; en Allemagne, une politique déflationniste de grande ampleur est activée en 1948 pour éponger les surplus monétaires générateurs de déséquilibres entre offre et demande.

Tableau 2 - Croissance annuelle moyenne des prix à la consommation (en %)

	France	Allemagne	Japon	Grande-Bretagne	États-Unis
1945-1949	45	8	240	4,6	6,3
1950-1954	6,5	2	8,3	5,6	2,8
1955-1959	5,4	1,9	0,6	3,3	1,6
1960-1964	4	2,4	5,6	2,8	1,3
1965-1969	3,8	2,6	5,3	4,3	3,4
1970-1974	7,5	5,6	10,7	9,6	6,1
Moyenne 1950-1974	5	2,7	5,2	4,6	2,7

Source : d'après Angus Maddison, *Les phases du développement capitaliste*, Economica, 1981.

Au début des années 1950, la hausse des prix est revenue à des rythmes plus modestes qu'à la fin de la décennie 1940, sauf en Grande-Bretagne. Ce pays avait en effet appliqué une politique anti-inflation dès la fin du conflit : sur le plan budgétaire, la pression fiscale est relevée mais, en revanche, la politique monétaire est plus accommodante (baisse des taux d'intérêt) pour faciliter le financement des investissements. La crise de la livre au cours de l'été 1947 et sa dévaluation en 1949 commandent le maintien de l'austérité budgétaire et le relèvement des taux d'intérêt pour alléger les pressions à la baisse sur les cours du change.

La recrudescence de l'inflation au début des années 1950 résulte de la guerre de Corée (1950-1953) : le prix des produits primaires augmentent du fait de l'accroissement de la demande destinée à alimenter les stocks stratégiques (un processus analogue intervient en 1956 à la suite de la crise de Suez). De plus, les industries d'armement et celles qui lui sont liées (métallurgie, sidérurgie, transports...) doivent faire face à des commandes accrues ; l'offre y répond avec délai et les coûts de production augmentent, d'autant plus que les salaires augmentent puisque la demande de travail s'accroît.

Partout, dès que les pressions inflationnistes sont jugées trop fortes, les États interviennent par la mise en œuvre de politiques d'austérité (réduction du déficit budgétaire et/ou ralentissement de la création monétaire). Par exemple, en France, en 1952, Antoine Pinay, alors président du Conseil, met en œuvre une politique d'austérité : réduction des dépenses publiques, emprunt dont les titres sont indexés sur l'or et bénéficient d'une exonération des droits de succession. Ce plan intervient à un moment où les prix mondiaux des produits primaires reculaient (après avoir beaucoup augmenté) et l'activité était déjà en cours de ralentissement. Ces éléments contribuent largement à la réussite du plan.

Au cours des années 1960 et 1970, d'autres chocs conjoncturels créent des déséquilibres inflationnistes. C'est par exemple le cas du quadruplement du prix du pétrole en 1973-1974. Cette évolution du prix du baril (et de celui de plusieurs produits primaires) induit la croissance des coûts de production qui influe sur l'évolution des prix à la consommation (avec d'autres facteurs). En France, la hausse des prix passe de 6 % en 1972 à 14 % en 1974, de 4 % à plus de 10 % aux États-Unis, de près de 6 % à plus de 20 % au Japon, d'un peu plus de 5 % à 7 % en Allemagne et d'un peu plus de 6 % à plus de 15 % en Grande-Bretagne.

Comme le montrent les deux exemples ci-dessous, les gouvernements ne sont pas restés inertes face à cette situation, en mobilisant les instruments habituels des politiques économiques conjoncturelles (des politiques structurelles sont par ailleurs élaborées).

Ainsi, en France, le plan de refroidissement Fourcade (ministre de l'Économie et des Finances du gouvernement Chirac, sous la présidence de Valéry Giscard d'Estaing) combine une politique monétaire restrictive (hausse des taux d'intérêt) et une politique budgétaire de rigueur (hausse des impôts) ; les prix sont encadrés. Les résultats sont décevants : la hausse des prix reste élevée, la croissance ralentit et le chômage augmente vivement (il atteint la barre symbolique du million de chômeurs en septembre 1975).

En Allemagne, une politique de rigueur monétaire et budgétaire est appliquée dès 1972 pour juguler une inflation jugée excessive (un peu plus de 5 %). Lors du choc pétrolier, le gouvernement accentue sa politique restrictive jusqu'à la fin de 1974 : la croissance est fortement ralentie, le taux de chômage progresse (moins de 1 % en 1972 et 1973, 1,4 % en 1974, 3,5 % en 1975) mais l'inflation reste modérée comparée à celle des partenaires commerciaux de l'Allemagne : 5,5 % en 1972, 6,4 % en 1973, 7 % en 1974.

b. — L'inflation structurelle

Au-delà des péripétie conjoncturelles, l'inflation est permanente (voir tableau ci-dessus). Dès lors, les politiques conjoncturelles de l'État ne peuvent l'endiguer que temporairement. Les déséquilibres inflationnistes résultent des modalités de la croissance des Trente Glorieuses, en particulier, de l'intervention croissante des pouvoirs publics dans l'économie.

■ **Des causes internes et externes à l'inflation structurelle**

Jusqu'aux années 1970, l'inflation est la conséquence de la croissance. L'offre répond avec retard à la pression permanente de la demande, alimentée à la fois par les agents privés et publics : les prix augmentent sur des marchés dominés par quelques grandes firmes (oligopoles). De plus, l'expansion monétaire et celle du crédit entretiennent l'écart inflationniste entre la demande et l'offre. En outre, le secteur tertiaire occupe une place de plus en plus importante dans l'économie. Or, les gains de productivité y sont en moyenne plus faibles que dans l'industrie et l'agriculture : la croissance des prix relatifs des services favorise la hausse globale des prix.

La hausse des prix résulte également des conflits pour la répartition du revenu national et permet de les résoudre : les salariés bénéficiant d'un rapport de force favorable à l'égard des employeurs du fait du plein emploi obtiennent des hausses de salaires ; les employeurs répercutent ces hausses sur les prix de vente. Cette analyse de l'inflation est développée par des auteurs marxistes ou d'inspiration keynésienne (le courant postkeynésien, en particulier). Elles sont aussi retenues par les économistes régulationnistes : les hausses de salaires réclamées et obtenues par les travailleurs des branches les plus productives sont ensuite appliquées dans les autres branches. Dès lors, celles-ci subissent une hausse des coûts unitaires qui les conduit à accroître leurs prix. Les salariés réagissent et réclament des hausses de salaires compensatrices…

Sur le plan international, le fonctionnement du SMI issu de l'accord de Bretton Woods se traduit par un gonflement considérable de la masse de dollars détenue par les agents économiques hors des États-Unis. Ces eurodollars participent au financement des échanges et favorisent la croissance mondiale. Mais les banques centrales non américaines émettent de la monnaie en contrepartie de leurs réserves en dollars et les banques interviennent sur le marché de l'eurodollar, à Londres, accordant des crédits en dollars selon un mécanisme analogue à celui qui préside à la création monétaire nationale : la masse monétaire mondiale s'accroît favorisant l'inflation et l'activité économique.

■ **L'intervention permanente de l'État**

Selon A. Maddison, « *au niveau des objectifs politiques d'après-guerre, la décision de pleinement utiliser les ressources constitue une innovation fondamentale* ». Cette attitude commande une intervention de l'État plus ample que par le passé, conduisant à « *un abandon général de la doctrine si répandue avant guerre, selon laquelle l'équilibre budgétaire devait être réduit quel que fût par ailleurs l'état général de l'économie* ». Pour autant le rythme de hausse des prix reste dans la plupart des pays dans des limites acceptables. Comme l'indique Maddison, « *le glissement très modéré des prix à la hausse fut considéré* [au cours des Trente Glorieuses] *comme un compromis raisonnable dans le contexte de bas niveau du chômage* ». La priorité jusqu'alors accordée à la stabilité des prix est supplantée par celle d'assurer le plein emploi.

Le fondement théorique de cette perspective est nettement keynésien. Toutefois, Keynes considérait que l'intervention de l'État passait prioritairement par la politique monétaire, la politique budgétaire n'intervenant que lorsque l'expansion monétaire était sans effet. Sur ce plan, l'essor du crédit et la faiblesse des taux d'intérêt réels (la hausse des prix dépasse ou est légèrement inférieure aux taux d'intérêt nominaux) durant les Trente Glorieuses répond aux préoccupations de Keynes.

Depuis les années 1950, l'intervention de l'État s'inscrit dans le cadre du modèle théorique que développent les économistes du courant de la synthèse. À la suite d'un article de John Hicks (prix Nobel d'économie en 1972), paru en 1937 (« *Mister Keynes and the Classics* »), ces économistes formalisent leur approche dans un modèle (modèle IS/LM) qui domine la pensée économique aux cours des années 1950 et 1960. Sans entrer dans les détails, ce modèle montre que l'activisme monétaire et budgétaire permet de porter le niveau du revenu national à celui qui assure le plein emploi.

Au début des années 1960, le modèle IS/LM est complété par les Américains Robert Solow (prix Nobel d'économie en 1987) et Paul Samuelson (prix Nobel d'économie en 1970) qui s'inspirent des travaux du Néo-Zélandais William Phillips. À la fin des années 1950, celui-ci constate, en Grande-Bretagne au cours de la période 1861-1957, une corrélation négative entre variation annuelle des salaires nominaux et taux de chômage : plus le taux de chômage est élevé, moins la hausse des salaires est forte. Ce constat donne lieu à la construction d'une courbe, testée sur l'économie américaine par Samuelson et Solow, pour la période 1900-1958. Les résultats ne sont pas probants. Les deux auteurs substituent la variation des prix à celle des salaires. Ils font alors apparaître la possibilité d'un arbitrage entre inflation et chômage :

– Aux États-Unis, le plein emploi (taux de chômage proche de 3 %) s'accompagnerait d'une hausse des prix de l'ordre de 5%.

– Une inflation nulle correspondrait à un taux de chômage de l'ordre de 5 ou 6 %.

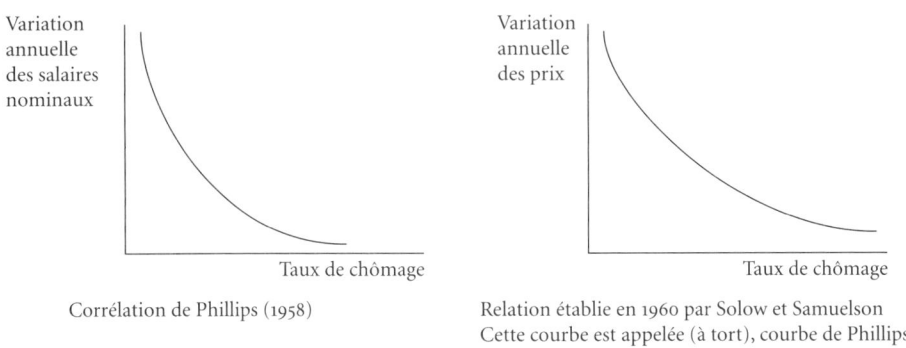

Corrélation de Phillips (1958)

Relation établie en 1960 par Solow et Samuelson
Cette courbe est appelée (à tort), courbe de Phillips.

Figure 1 - La courbe de Phillips

■ Les débats autour de la courbe de Phillips

Cette analyse a été vivement critiquée par Milton Friedman (prix Nobel d'économie en 1976) : « *je ne pense pas qu'il y ait à choisir entre l'inflation et le chômage. Le problème se pose entre l'aggravation de l'inflation et le chômage , ce qui signifie que le véritable enjeu est de savoir si l'on préfère le chômage tout de suite ou plus tard* ». Pour cet auteur, la relance dope la croissance à court terme, fait baisser le chômage et croître les prix.

Cependant, le salariés, victimes de l'illusion monétaire, réclament avec retard une hausse de leurs salaires quand ils se rendent compte de la baisse du pouvoir d'achat ; dès lors, les employeurs licencient un personnel devenant trop coûteux. Le chômage revient à son niveau initial (taux de chômage naturel ; voir *infra* I, B, 2, b). Il faut alors une relance plus importante que la précédente pour faire de nouveau baisser le chômage. À long terme, le chômage est toujours à son niveau naturel (ou structurel) et la hausse des prix est plus élevée : la courbe de Phillips est verticale. Pour Milton Friedman, il convient de pratiquer une politique monétaire qui cale la progression de la masse monétaire sur la croissance anticipée du PIB en volume et de mettre en œuvre une politique budgétaire refusant le déficit. Il s'agit donc d'imposer des règles aux pouvoirs publics dont les interventions sont alors bridées (politiques de règles ; *voir* chap. 5, II, B, 2 et 3).

L'économiste américain Edmund Phelps (prix Nobel d'économie en 2006) ajoute un effet d'hystérésis tel que, après dissipation de l'illusion monétaire, le chômage dépasse son niveau initial afin de ramener la hausse des salaires nominaux à un rythme compatible avec celui des gains de productivité : le nouveau taux de chômage naturel (ou structurel) est plus élevé que le précédent. À long terme, non seulement l'inflation est plus élevée mais le chômage également.

Renouant avec la théorie quantitative de la monnaie selon laquelle la création monétaire induit une hausse des prix mais n'a aucun effet sur les grandeurs réelles de l'économie, des économistes libéraux américains (dont Robert Lucas, prix Nobel d'économie en 1995) développent, au début des années 1970, une critique plus radicale : contrairement à ce qu'énonce Friedman qui évoque les anticipations adaptatives des agents, ces économistes (constituant le courant de la nouvelle économie classique) retiennent l'hypothèse d'anticipations rationnelles, exposées par l'Américain John Muth en 1961. Les agents, étant rationnels, ne sont pas victimes d'illusion monétaire et ajustent sans délais leurs comportements. Anticipant les effets inflationnistes de la relance, ils exigent immédiatement des hausses de salaires compensatrices ; les employeurs licencient sans délai une main-d'œuvre devenant trop coûteuse... Le chômage ne diminue pas et les prix augmentent.

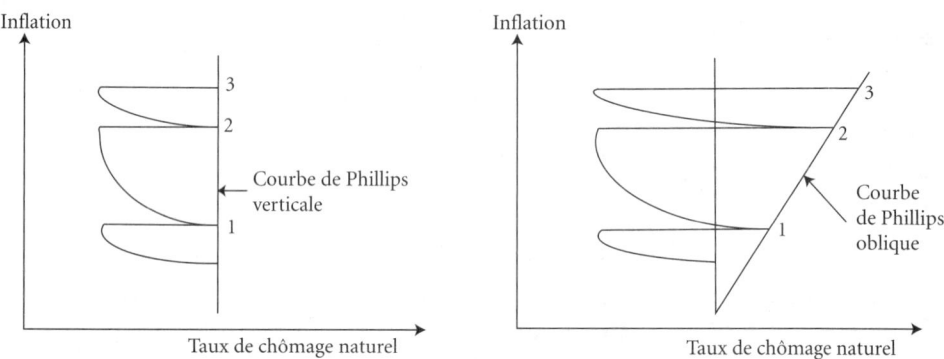

1 : Les effets de la relance sur le taux de chômage se sont dissipés après un délai d'adaptation des comportements des agents économiques. Le chômage revient à son niveau naturel (Friedman) ou le dépasse (Phelps). 2 : Une nouvelle relance a fait baisser le taux de chômage dans un premier temps, avec un niveau d'inflation plus élevé que précédemment ; mais, le chômage revient à son niveau naturel (ou le dépasse). 3 : Même processus, à un niveau d'inflation plus élevé. Pour Friedman, la courbe de Phillips est verticale. Pour Phelps, la courbe de Phillips est oblique.

Figure 2 - La courbe de Phillips selon Friedman et Phelps

Les politiques structurelles peuvent contribuer à la lutte contre l'inflation (et le chômage) : l'exemple français au cours de la reconstruction et durant les années 1980-1990

La résorption durable des déséquilibres inflationnistes repose sur des réformes structurelles. En 1945, du fait de la désorganisation de l'économie, l'offre ne peut répondre à la demande, notamment en raison de la destruction de nombreuses infrastructures (routes, ponts…). Le secteur énergétique est sinistré et les banques ne paraissent pas à la hauteur des défis du financement de la reconstruction. L'État constitue un vaste ensemble d'entreprises publiques et institue une planification indicative, finance les investissements dans les secteurs de base… Les pénuries disparaissent progressivement et la croissance économique est dopée.

Au cours des années 1980-1990, les politiques structurelles contribuent à libéraliser l'économie. En France, mais aussi en Grande-Bretagne, en Allemagne…, les privatisations se multiplient. Selon les libéraux, ce processus contribue à la désinflation par différents canaux :

– Les privatisations accentuent le caractère concurrentiel de l'économie et incitent les entreprises à innover, à réduire leurs coûts…

– Elles réduisent les dépenses publiques puisque l'État n'a plus à prendre en charge le financement des investissements des entreprises publiques.

2. – De la stagflation à la désinflation

a. — Les effets négatifs de l'inflation en économie ouverte

Au cours des années 1970, la stagflation, c'est-à-dire la conjonction d'un accroissement concomitant du chômage et des prix alors que la croissance ralentit, tend à rendre inopérantes les politiques conjoncturelles traditionnelles. Cette situation conforte le courant libéral dans sa critique des théories d'inspiration keynésienne jusqu'alors largement dominantes.

Progressivement, la perception des méfaits de l'inflation incite les gouvernements à privilégier l'objectif de stabilité des prix. Cette option est officialisée au sommet du G7 à Tokyo, en 1979.

L'inflation génère des effets négatifs dès lors qu'elle atteint un niveau trop élevé. En effet, elle nuit aux titulaires de revenus fixes ou de revenus non indexés sur les prix (par exemple, les retraités) ; elle peut provoquer une fuite devant la monnaie qui aboutit à une hausse des prix hors de tout contrôle, d'autant plus qu'elle alimente la course prix/salaires. De plus, elle réduit la compétitivité des firmes dans des économies plus ouvertes et génère des mouvements de capitaux qui déstabilisent les changes. En outre, les prêteurs accroissent la prime de risque qu'ils exigent de leurs débiteurs afin de compenser les effets de l'inflation sur leur épargne : les taux d'intérêt s'accroissent et finissent par saper l'investissement

Pour les économistes appartenant au courant de la nouvelle économie classique (voir *supra*, II, A, 1, b), la réussite des politiques anti-inflation repose sur la crédibilité des autorités politiques qui les mettent en œuvre. Pour cela, il faut que les gouvernements respectent leurs engagements avec constance. C'est d'autant plus nécessaire lorsque, du fait de leurs pratiques antérieures, les gouvernants ont acquis la réputation de préférer le laxisme monétaire ou budgétaire à la rigueur. C'est pour cette raison que les gouvernements français, ayant engagé des politiques de rigueur à partir de 1983, ont dû prendre des mesures très restrictives (en particulier sur le plan monétaire) dont les effets sur l'inflation ont été efficaces au prix d'une forte croissance du chômage.

Tableau 3 - Hausse annuelle moyenne des prix à la consommation (en %)

	1970-1979	1980-1984	1985-1989	1990-1994	1995-1999	2000-2009
États-Unis	7,2	7,4	3,6	3	2,3	2,6
Japon	9,1	3,9	1,1	2	0,4	− 0,2
Allemagne	5	4,5	1,3	3,7	1	1,5
France	9,2	11,2	3,6	2,6	1,3	1,5
Grande-Bretagne	13,2	9,5	5,2	4,6	2	1,8

Source : d'après les données de l'OCDE.

b. — Les causes de la désinflation interviennent à plusieurs niveaux

La désinflation résulte des politiques économiques conjoncturelles des États et de plusieurs autres facteurs.

■ Le rôle des politiques conjoncturelles

L'application de politiques conjoncturelles restrictives constitue une explication pertinente de la désinflation (dès lors qu'elles sont appliquées de manière récurrente, elles constituent *de facto* une politique structurelle).

Le Japon constitue cependant un cas spécifique : depuis le début des années 1990, les autorités publiques ont adopté plusieurs politiques de relance tant au niveau monétaire que budgétaire : confrontés à l'effondrement des cours boursiers depuis 1989 et à celui des prix de l'immobilier depuis 1991-1992, les Japonais subissent un effet de richesse négatif qui les incite à épargner davantage. La désinflation provient alors nettement (et durablement puisque le marasme boursier et immobilier persiste) du ralentissement conséquent de la demande.

Dans certains pays, les politiques de rigueur ont été appliquées avec pragmatisme. Ainsi, le rejet américain d'un taux de chômage à deux chiffres et la position hégémonique du dollar expliquent que les gouvernements transigent parfois avec la rigueur : par exemple, le président Reagan opte, en 1982-1983, pour une politique de relance budgétaire sans stopper le freinage monétaire qui relève de choix de la banque centrale, la Fed (les taux d'intérêt baissent cependant légèrement). Au début des années 1990, la Fed fait baisser les taux d'intérêt (taux d'intérêt réels nuls) et le déficit budgétaire de l'État se creuse du fait de la récession, exerçant ainsi un effet de relance (stabilisateurs automatiques). La crise économique et financière entamée en 2007-2008 ne s'est pas non plus transformée en crise déflationniste majeure du fait notamment de la mise en œuvre par les États et les banques centrales des politiques budgetaires et monétaires de soutien à l'activité. Toutefois, au début 2010, la menace déflationniste n'a pas totalement disparu.

■ Les autres facteurs explicatifs de la désinflation

La diminution du prix du pétrole (et d'autres produits primaires), intervenue dès le début des années 1980 mais compensée jusqu'à 1985 par la hausse du cours du dollar, a largement contribué à la désinflation à partir du milieu des années 1980 et jusqu'à la fin des années 1990, en Europe et au Japon (dès le début de la décennie pour les États-Unis).

La modération des hausses de salaires induite par la croissance du chômage et la flexibilisation du marché du travail au sein des pays capitalistes développés (voir *infra*, II, B, 2), amoindrissent les coûts et ralentissent la demande, donc freinent la hausse des prix. Toutefois, cette explication de la désinflation est ambiguë. Le ralentissement des hausses de salaires peut être une conséquence et non une cause de la désinflation.

Par ailleurs, l'accentuation du processus de mondialisation contribue nettement à la désinflation. La globalisation financière pénalise les pays inflationnistes qui subissent des sorties de capitaux, sauf à accroître les taux d'intérêt au détriment de l'investissement ; l'internationalisation des échanges nuit aux firmes les moins compétitives en terme de prix et les incite à comprimer leurs coûts, notamment salariaux.

Enfin, l'historien français Jacques Marseille ajoute une dimension socioculturelle à l'explication de la désinflation. Celle-ci traduirait « *la victoire du rentier* » et un retour aux valeurs dominantes du XIXᵉ siècle, privilégiant l'épargne au détriment de la dépense. Cette évolution expliquerait l'application des politiques restrictives dans certains pays, en particulier en Europe, même lorsque le chômage atteint un haut niveau : des taux d'intérêt réels élevés favorisent les prêteurs. En outre, le pouvoir d'achat de leurs capitaux est préservé du fait de la désinflation.

c. — Les risques de déflation

La déflation est un déséquilibre macroéconomique se traduisant par une baisse cumulative et généralisée des prix. Elle peut résulter de plusieurs facteurs :
– la contraction de la masse monétaire (déflation monétaire) ;
– la contraction des crédits (déflation financière ou *crédit crunch*) ;
– la contraction de l'activité, en particulier de la demande (déflation réelle).

En 1933, l'Américain Irving Fisher analyse le processus déflationniste en relevant les cercles vicieux qui l'entretiennent : le surendettement ou un krach boursier conduisent les agents économiques à vendre des titres (ce qui aggrave la crise boursière), à vendre à moindre prix leurs produits ou leurs actifs (par exemple, les ménages bradent leur logement ; les entreprise écoulent à bas prix leurs marchandises…). La réduction de la demande de capitaux fait chuter les taux d'intérêt nominaux mais, le plus fréquemment, moins que les prix : les taux d'intérêt réels augmentent, ce qui accentue le surendettement des agents et entretient la baisse des prix des actifs et des produits. La déflation ne permet pas de réunir les sommes suffisantes au remboursement des dettes dont la valeur réelle s'accroît (puisque les prix diminuent). D'où, la multiplication des ventes de titres, d'actifs. L'intervention de l'État est nécessaire pour stopper la spirale déflationniste.

Depuis les années 1990, l'économie mondiale a été soumise à des pressions déflationnistes qui ne se sont pas réellement concrétisées sauf peut-être au Japon dans la deuxième moitié des années 1990. La crise économique et financière entamée en 2007-2008 ne s'est pas non plus transformée en crise déflationniste majeure du fait notamment de la mise en œuvre par les États et les banques centrales des politiques budgétaires et monétaires de soutien à l'activité. Toutefois, au début 2010, la menace déflationniste n'a pas totalement disparue.

B APRÈS UNE LONGUE PÉRIODE DE PLEIN EMPLOI, LE CHÔMAGE ATTEINT DES NIVEAUX ÉLEVÉS À PARTIR DES ANNÉES 1970

Après une période de plein emploi au cours des Trente Glorieuses, la situation de l'emploi se dégrade dans les PDEM, à partir des années 1970. D'importants débats opposent les économistes sur les causes de cette dégradation et sur les moyens d'y faire face.

1. – Pour les auteurs d'inspiration keynésienne, la hausse du chômage résulte de la défaillance de la demande

a. — L'évolution de la demande agit, conjointement à d'autres facteurs, sur le chômage

Les analyses d'inspiration keynésienne attribuent l'évolution du chômage à celle de la demande (consommation, investissements, exportations) qui agit sur le taux de croissance du PIB et donc sur l'emploi. Keynes centre son approche sur la demande effective ou anticipée, dans un contexte d'incertitude, tandis que de nombreux auteurs se réclamant du keynésianisme font référence à la demande globale au cours d'une période donnée.

Jusqu'à la fin des années 1960, les principaux pays capitalistes avancés connaissent une situation de plein emploi. La forte croissance de la demande implique celle du PIB. De plus, les politiques économiques conjoncturelles donnent priorité au maintien du plein emploi et tendent à soutenir l'activité. Cette dynamique s'interrompt au début des années 1970 (voire, pour certains auteurs, dès la fin des années 1960) : la demande ralentit et freine la croissance du PIB ; le niveau du taux de chômage devient préoccupant (sauf au Japon jusqu'au début des années 1990).

Tableau 4 - Taux de chômage moyen par période au sens du BIT (en % de la population active)

	1950-1954	1955-1959	1960-1964	1965-1969	1970-1974	1975-1979	1980-1984	1985-1989	1990-1994	1995-1999	2000-2008
États-Unis	3,9	4,9	5,6	3,8	5,4	7,3	8	6,2	6,6	4,9	5
Japon	1,9	2,2	1,4	1,2	1,1	2	2,4	2,6	2,3	3,7	4,6
Allemagne	6,9	3,1	0,7	0,9	1,1	3,5	5,6	6,4	5,9	9	8,5
France	2,4	1,8	1,4	1,8	2,6	4,9	7,9	10	10,6	11,9	8,9
Grande-Bretagne	2,5	2,5	2,6	2,9	3,4	5,4	9,9	9,9	9,2	7,3	5,1

D'après A. Maddison (1950-1975) à partir des données OCDE, et d'après l'OCDE (1975-2008).

Toutefois, pour estimer le véritable impact du ralentissement de la croissance de la demande et celle du PIB sur le chômage, il faut tenir compte d'autres facteurs : les évolutions de la durée du travail, de la productivité du travail, de la population active et l'ajustement entre qualifications des travailleurs et celles qu'exigent les employeurs. Ainsi, la baisse de la durée du travail pourrait préserver l'emploi, même en cas de recul de la demande. En outre, à durée du travail égale, dès lors que la croissance du produit national dépasse celle de la productivité, le nombre d'emplois augmente même si la croissance est moins forte. De ce point de vue, il serait approximatif d'accuser, systématiquement et isolément, le progrès technique qui, parce qu'il est facteur de gains de productivité, détruirait des emplois et contribuerait à la hausse du chômage. Il induit également des créations d'emplois et autorise une réduction de la durée du travail sans diminution des salaires. Par exemple, depuis la révolution industrielle du xixe siècle, en France, la durée du travail a été divisée par plus de deux et le pouvoir d'achat du salaire moyen a décuplé. Dans le même temps, des millions d'emplois ont été supprimés et créés, le solde ayant été le plus souvent positif (créations nettes) au point de dépasser la croissance du nombre d'actifs.

Par ailleurs, même si la hausse du nombre d'emplois fléchit à la suite d'un ralentissement de la demande, le chômage peut ne pas augmenter du fait d'une moindre croissance de la population active. De même, l'accroissement de la population active n'est pas en soi source de chômage : cela dépendra en fait de l'évolution du nombre d'emplois. Par exemple, au cours des années 1990, aux États-Unis, l'accroissement de la population active s'est accompagné d'une baisse du chômage alors qu'en Allemagne, le chômage a augmenté malgré un accroissement très modeste de la population active. Ce constat questionne sur l'efficacité des politiques de l'emploi lorsqu'elles tentent de réduire la croissance de la population active : depuis le début des années 1980, en France, les préretraites et l'abaissement de l'âge de la retraite n'ont pas stoppé la hausse du chômage. Les libéraux dénoncent ces mesures qui pèsent sur les comptes publics et occasionnent la hausse des prélèvements obligatoires au point de désinciter les entreprises à produire davantage.

Enfin, l'adaptation des qualifications doit être prise en compte : l'évolution de la demande pourrait être suffisante pour créer suffisamment d'emplois et faire baisser le chômage. Cependant, ces emplois doivent correspondre aux qualifications de la population active disponible.

b. — Pour expliquer la montée du chômage depuis les années 1970, il n'est pas concevable d'isoler l'un de ces facteurs en omettant les autres

Le tableau 5 (voir page suivante) résume la situation des pays capitalistes avancés depuis les années 1970. Le recul de la croissance entre 1973 et 1980 et le maintien de taux de croissance inférieurs à ceux des années 1960 sont nettement perceptibles et permettent ainsi d'expliquer la montée du chômage dans une perspective keynésienne.

Le freinage de la demande relève de plusieurs causes : prélèvement sur le revenu national opéré par l'OPEP, mise en œuvre de politiques économiques restrictives, ralentissement de la consommation du fait de la hausse des prix et de l'incertitude croissante face à l'avenir, recul de l'investissement en raison du ralentissement de la consommation (effet accélérateur), hausse du chômage déprimant la demande... Cependant, la prise en compte d'autres éléments complexifie l'analyse.

■ **La variation de la durée du travail (qui n'apparaît pas explicitement dans le tableau *supra*) intervient**

De la fin des années 1960 au début des années 1980, la durée annuelle du travail des salariés décroît dans les principaux pays capitalistes avancés. De 1983 à 2008, elle diminue de 2 % aux États-Unis (mais elle augmentait pendant les années 1990) de 9 % en France, de 17 % en Allemagne, de 13 % au Japon. En Grande-Bretagne, elle augmente au cours des années 1980 et 1990 et diminue ensuite s'établir 2 % en dessous de son niveau du début de la décennie 1980. Les effets négatifs du fléchissement du taux de croissance sur l'emploi sont compensés partiellement par la baisse de la durée du travail.

La baisse de la durée du travail est le résultat dans la plupart des pays où elle intervient de l'extension du travail à temps partiel. En France, s'y ajoute une politique volontariste de réduction de la durée légale du travail : en 1982, elle passe à 39 heures et, à partir de 2000, à 35 heures. Cette mesure est vivement critiquée par les libéraux en raison du surcoût qu'elle occasionne du fait du maintien des salaires malgré la baisse du temps de travail (compensation salariale). De plus, elle limite l'offre face à la reprise de la demande même si des heures supplémentaires (dont le contingent est cependant limité) sont prévues. Enfin, l'État réduit les charges sociales des entreprises pour alléger le surcoût induit par la réduction de la durée du travail : le financement de cette mesure commande l'accroissement des prélèvements et/ou le creusement des déficits publics, ce qui n'est ni souhaitable ni possible dans le cadre de l'Union économique et monétaire européenne.

■ **La prise en compte des gains de productivité**

L'effet du ralentissement de la demande sur le taux de chômage n'est pas le même lorsque les gains de productivité sont plus ou moins importants et que la population active croît plus ou moins fortement. Par exemple, le rythme de croissance de l'emploi aux États-Unis entre 1973 et 1980 (+2,2 % par an) est à peine inférieur à celui des années 1965-1973 (+2,3 % par an). Pourtant, le chômage s'accroît car la population active a augmenté davantage (+2,5 % par an). Mais le chômage aurait été plus important au cours de cette période si la durée du travail n'avait pas diminué et si les gains de productivité n'avaient pas été aussi faibles. En effet, si la productivité avait maintenu sa croissance antérieure (+1,6 % par an entre 1965 et 1973), le nombre d'emplois aurait augmenté de moins de 1 % par an – à comparer avec la croissance du nombre d'actifs (+ 2,5 % par an).

**Tableau 5 - Taux de croissance annuels moyens
de quelques variables macroéconomiques**

	1973-1980	1980-1990	1990-1999	2000-2007
États-Unis				
PIB en volume	2,4 (3,9)*	3,2	3,1	2,9
Productivité par tête	0,1	1,3	1,8	2,1
Emploi total	2,2	1,8	1,3	0,8
Population active	2,5	1,5	1,1	1
Japon				
PIB en volume	3,4 (9,5)*	4	1,3	1,8
Productivité par tête	2,6	2,7	0,9	1,9
Emploi total	0,7	1,2	0,4	− 0,1
Population active	0,8	1,5	0,8	0,1
Allemagne				
PIB en volume	2,1 (4,1)*	2,4	1,8	1,5
Productivité par tête	2,6	2	2,1	1,1
Emploi total	− 0,5	0,3	− 0,3	0,4
Population active	0	0,8	0,1	0,1
Grande-Bretagne				
PIB en volume	0,9 (3,2)*	2,7	2	2,5
Productivité par tête	0,9	2	1,9	1,8
Emploi total	0,1	0,7	0,2	0,7
Population active	0,6	0,7	0	0,4
France				
PIB en volume	2,6 (5,2)*	2,4	1,6	1,9
Productivité par tête	2,2	2,1	1,2	0,1
Emploi total	0,4	0,3	0,4	1,8
Population active	0,8	0,4	0,5	0,3

Source : d'après l'OCDE. Les gains de productivité indiqués ici intègrent la variation du temps de travail : il s'agit des gains de productivité à durée du travail constante.

* Entre parenthèses, taux de croissance annuels moyens du PIB en volume entre 1965 et 1973.

Le ralentissement des gains de productivité depuis 1970

Les causes du ralentissement

– Pour certains auteurs, les économies développées atteignent un stade de maturité : le niveau élevé de la productivité ne peut plus augmenter aussi nettement que par le passé. Cette thèse renvoie aux analyses, très débattues, centrées sur un essoufflement du progrès technique.

– Au cours des années 1960, le postkeynésien Nicholas Kaldor, établit que la croissance de la productivité (PIB par travailleur) est la conséquence de celle du PIB (loi de Kaldor-Verdoorn). Cette relation paraît valide au cours des Trente Glorieuses ; les travaux effectués sur la période suivante sont moins probants sans totalement disqualifier cette approche.

– Un autre groupe d'auteurs (dont les régulationnistes) attribue le fléchissement des gains de productivité au poids croissant qu'occupe le secteur tertiaire au sein duquel les gains de productivité sont modestes.

– Des auteurs libéraux attribuent le ralentissement des gains de productivité aux conséquences de nombreuses entraves au fonctionnement du marché qui amoindrit la profitabilité des investissements et donc l'incitation à investir.

Les conséquences sur l'emploi

Le plein emploi au cours des Trente Glorieuses correspond à une période de forts gains de productivité ; la montée du chômage correspond au contraire à un net ralentissement des ces gains. Leur recul semble *a priori* favorable à l'emploi. En fait, il n'en a rien été. D'une part, les effets négatifs du ralentissement de la demande sur le nombre d'emplois n'ont été que partiellement compensés par le recul des gains de productivité ; d'autre part, les gains de productivité plus faibles induisent une moindre croissance des revenus qui pèse sur la croissance de la demande.

■ L'ajustement des qualifications

Il reste à prendre en compte l'inadaptation des qualifications. La conjonction d'une part croissante d'emplois vacants et de la hausse du chômage révèle une situation d'inadéquation entre « offre et demande de qualifications ». Ce cas est en fait transitoire : une part élevée d'emplois vacants est en général corrélée à un faible taux de chômage. Dès que celui-ci s'accentue, l'importance des emplois vacants diminue (voir schéma ci-dessous : la courbe de Beveridge).

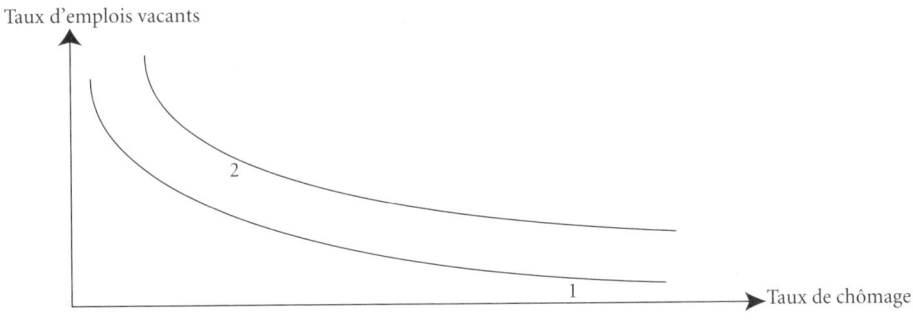

Figure 3 - La courbe de Beveridge

Les courbes 1 et 2 indiquent que la part des emplois vacants diminue quand le taux de chômage augmente. Mais la courbe 2 traduit un ajustement qui s'effectue à des taux de chômage et d'emploi vacants plus élevés : le passage de la courbe 1 à la courbe 2 entre deux périodes révèle une dégradation du marché de l'emploi. Ainsi, l'ajustement peut être opéré à des niveaux différents du chômage (déplacement de la courbe de Beveridge). Pour les libéraux, le déplacement de la courbe vers le haut lorsque le chômage augmente révèle les dysfonctionnements du marché du travail du fait de rigidités (voir *infra*, II, B, 2, b). En revanche, la flexibilisation du marché provoque le déplacement de la courbe vers le bas à gauche, comme ce fut les cas aux États-Unis dans la deuxième partie des années 1980.

L'inadéquation des qualifications peut provenir des évolutions techniques. Dans ce cas, le chômage des moins qualifiés s'accroît parce que leur qualification est inadaptée aux postes générés par le progrès technique. Ce décalage provient d'une carence du système de formation. Cependant, celui-ci ne peut jamais répondre à court terme à l'évolution des techniques. En outre, le niveau du chômage autorise les employeurs à sélectionner les candidats les plus qualifiés pour un poste donné. Les moins qualifiés sont alors repoussés au bout de « la file d'attente » des demandeurs d'emplois, même si leur qualification correspond aux postes offerts.

2. – Pour les libéraux, la croissance du chômage est provoquée par le non-respect des mécanismes de marché

a. — Les dysfonctionnements du marché du travail ne permettent pas l'ajustement entre offre et demande de travail

En cas de chômage, l'offre de travail dépasse la demande ; la diminution des salaires (ou plus globalement du coût salarial, incluant les charges) doit conduire à un accroissement de la demande de travail (les employeurs embauchent une main-d'œuvre devenant moins coûteuse) et à une réduction de l'offre (la baisse des salaires incite certains actifs à se retirer du marché du travail). La flexibilité des salaires (et/ou des coûts salariaux) à la baisse assure la résorption du chômage. Mais, ce processus d'ajustement est enrayé par les interventions excessives de l'État. Par exemple, la fixation d'un salaire minimal ou le renforcement du pouvoir syndical ne permettent pas la baisse des salaires nécessaire au rééquilibrage entre offre et demande de travail.

Flexibilité et rigidités sur le marché du travail

Les rigidités recouvrent toutes les situations qui perturbent la résorption des déséquilibres sur le marché du travail et nuisent à l'adaptation de l'offre aux fluctuations de la demande sur le marché des biens : l'existence d'un salaire minimal, d'allocations de chômage généreuses, de coalitions ouvrières ou patronales, de limites à la durée du travail… sont des rigidités.

La flexibilité du marché du travail est un processus permettant la résorption des déséquilibres entre offre et demande de travail et assurant l'adaptation rapide de l'offre aux fluctuations de la demande sur le marché des biens. La flexibilité intervient à plusieurs niveaux :
– la flexibilité des effectifs (embauches/licenciements) ;
– celle des horaires et de la durée du travail ;
– celle de la rémunération des salariés (salaires, primes…) et plus globalement du coût salarial (incluant les charges) ;
– celle des fonctions exercées par les salariés qui sont alors davantage polyvalents ;
– le recours à la sous-traitance (externalisation).
Les facteurs qui s'opposent à la flexibilité constituent des rigidités.

Pour les libéraux, la montée du chômage à partir des années 1970 est la conséquence d'une institutionnalisation très forte du marché du travail intervenue à partir de 1945, qui a multiplié les rigidités.

■ **Un marché du travail plus rigide de la fin des années 1940 aux années 1970**

À l'issue du second conflit mondial, les gouvernements donnent la priorité au plein emploi et mettent en œuvre des politiques économiques et sociales de grande ampleur : protection sociale, régulation de la demande, essor des consommations collectives… Les pouvoirs publics interviennent dans le monde du travail par une réglementation dans plusieurs domaines : conventions collectives, durée du travail, hygiène et sécurité, droit syndical, limitation des licenciements…

La plupart des emplois sont statutaires : plein temps, à durée indéterminée, salaire minimal fixé par des conventions collectives et/ou une réglementation nationale (en France, SMIG en 1950 ; SMIC en 1970), grille hiérarchique fixant, pour chaque poste, le montant de la rémunération… Les chômeurs peu nombreux sont de mieux en mieux indemnisés entre les années 1960 et 1970, en Europe particulièrement. Ces évolutions rigidifient davantage le marché du travail.

■ **Depuis la fin des années 1970, le recul des rigidités**

Au cours des années 1970, les échecs des thérapies keynésiennes face à la montée du chômage renforcent le courant libéral dénonçant les rigidités. Il en résulte un relatif désengagement de l'État de l'économie, une libéralisation des législations du travail (par exemple suppression de l'autorisation administrative de licenciement en France, en 1986), une limitation des droits syndicaux (notamment aux États-Unis et en Grande-Bretagne), la réduction de l'indemnisation du chômage… L'individualisation des salaires est plus fréquente ; les formes d'emplois précaires sont en plein essor… Le marché du travail se segmente : comme le montrent les Américains Michaël Piore et Charles Sabel, le marché du travail est flexible pour une catégorie de main-d'œuvre (les jeunes, en particulier les femmes, peu ou pas qualifiés…) ; ce marché constitue le « marché secondaire » dont l'importance est croissante. Pour la partie de la main-d'œuvre plus qualifiée, moins féminisée, plus âgée et plus stable que la précédente, le marché du travail n'est pas flexible ou l'est moins (« marché primaire »). Cette segmentation résulte de la rationalisation de la gestion de la main-d'œuvre par les entreprises qui recourent au « marché secondaire » pour faire face aux à-coups de la conjoncture alors que la partie stable des salariés, recrutée sur le « marché primaire », assure la continuité de l'entreprise.

Pour les libéraux, la flexibilisation des marchés du travail explique la réduction du chômage dans certains pays (États-Unis, Grande-Bretagne…). Cette position est contestée par les auteurs keynésiens : en France, par exemple, le chômage persiste malgré la flexibilisation incontestable du marché du travail. Pour les libéraux, cette critique n'est pas recevable : la persistance du chômage est le signe du maintien de certaines rigidités.

Les libéraux dénoncent par ailleurs le chômage volontaire. Celui-ci est la conséquence du refus de certains chômeurs de travailler pour le salaire qui assurerait l'équilibre entre l'offre et la demande de travail. Les facteurs qui ont permis aux chômeurs de refuser de travailler pour des salaires plus bas ont donc contribué à la hausse du chômage depuis les années 1970. Les systèmes d'indemnisation du chômage sont dénoncés d'autant plus qu'ils alourdissent les coûts de production des entreprises du fait des charges sociales nécessaires à leur financement. Cette critique est d'ailleurs étendue à l'ensemble des prélèvements obligatoires. C'est pour cette raison que, dans de nombreux pays, l'indemnisation des chômeurs tend à se réduire, les États optant davantage pour une réduction des charges patronales afin d'alléger le coût salarial.

Au début des années 1960, l'Américain George Stigler (prix Nobel d'économie en 1982) expose sa théorie du *job search*, en expliquant en partie le chômage volontaire. Le chômeur mobilise ses ressources pour maximiser sa satisfaction (obtenir un emploi correspondant à sa qualification) sous contrainte budgétaire : le chômage est en effet une période au cours de laquelle le chômeur cherche l'emploi qui lui correspond le mieux ; or, la recherche d'emploi (*job search*) a un coût (temps, frais de téléphone, de transport…). Le système d'indemnisation du chômage réduit le coût du chômage (la perte de revenu d'activité est en partie compensée) : le chômeur peut donc refuser de travailler pour un salaire moindre qui assurerait l'équilibre entre offre et demande de travail. La période de recherche d'emploi s'allonge et le chômage ne recule pas. Toutefois, un tel raisonnement ne disqualifie pas totalement le système d'indemnisation : supprimer les allocations (ou les diminuer fortement) inciterait peut-être les chômeurs à raccourcir leur période de recherche, mais au prix d'un gaspillage de ressources puisque certains d'entre eux occuperaient un poste exigeant une qualification moindre que celle qu'ils possèdent. *A contrario*, l'indemnisation permet une meilleure utilisation de la main-d'œuvre disponible.

b. — Le chômage structurel est au cœur des analyses libérales

Une des modalités du chômage structurel est le chômage naturel. Même en situation de plein emploi, le chômage n'est jamais nul, d'une part du fait du chômage frictionnel, d'autre part en raison du chômage volontaire. La conjonction de ces deux type de chômage constitue le chômage naturel que Friedman prend en considération dans sa critique de la courbe de Phillips (voir *supra*, II, A, I, b). Seule une politique structurelle améliorant sur longue période l'ajustement entre qualifications de la main-d'œuvre et celle qu'exigent les employeurs et faisant reculer le chômage volontaire (en supprimant ou en diminuant les allocations de chômage et en les remplaçant par un revenu minimal d'un montant limité pour préserver l'incitation à travailler) permet d'abaisser le chômage naturel.

Plusieurs indicateurs tentent d'évaluer le chômage naturel :

– Le NAWRU (*non accelerating wages rate of unemployment*) est le taux de chômage qui, en pesant sur les salaires, permet que leur hausse ne dépasse pas celle de la productivité du travail, assurant ainsi la stabilité des coûts et donc des prix. Si le taux de chômage effectif est moins élevé que le Nawru, les tensions sur le marché du travail s'accentuent et les salaires augmentent plus que la productivité ; les coûts unitaires augmentent, les prix également. La décélération de la hausse des prix exige donc une hausse du taux de chômage.

– Le NAIRU (*non accelerating inflation rate of unemployment*) est le taux de chômage qui, en pesant sur les salaires et donc sur les coûts et la demande, n'accélère pas la hausse des prix (la hausse des prix est constante). Si le taux de chômage effectif est inférieur au Nairu, les salaires augmentent du fait des tensions sur le marché du travail ; la hausse des prix s'accélère ensuite du fait de la hausse des coûts et de celle de la demande. Dans cette optique, une décélération de la hausse des prix exige que le taux de chômage effectif dépasse le Nairu. Cette conception est la plus fréquemment utilisée.

Les politiques sociales d'inspiration libérale pour lutter contre le chômage. La réforme de l'aide sociale aux États-Unis depuis les années 1970

Depuis le *Social security act* de 1935, l'aide sociale est organisée au seins de programmes d'assistance aux indigents (en particulier les familles pauvres ayant des enfants, dont les familles monoparentales).

Au cours des années 1970, les critiques libérales à l'adresse de l'État-providence (*welfare state*) s'intensifient. Par exemple, l'aide sociale attribuée au pauvres est considérée comme une source de gaspillage des fonds publics et désincitatrice à la recherche d'emploi. Les libéraux exigent que l'attribution des allocations soit conditionnelle, notamment que les bénéficiaires acceptent toute activité ou programme de formation qui leur seraient proposés. Le *workfare state* doit se substituer au *welfare state*. Cette conception préside à plusieurs réformes au cours des années 1980 et 1990 ; en 1996, une loi fédérale modifie radicalement l'aide aux familles indigentes. L'État fédéral détermine une enveloppe budgétaire limitée, destinée à participer au financement des programmes d'assistance aux familles pauvres définis par les États de l'Union (par exemple, ils peuvent refuser ou diminuer les aides en cas de famille monoparentale pour inciter les bénéficiaires à se marier et/ou pour les désinciter à avoir trop d'enfants).Par ailleurs, les bénéficiaires des aides aux pauvres doivent accepter tout emploi offert ou participer aux programmes de formation. Chaque bénéficiaire ne peut bénéficier de telles mesures que pour une durée de 5 ans jusqu'à l'âge de la retraite.

La mise en place de cette réforme a induit un recul du nombre de familles bénéficiaires (5 millions en 1994 ; 1,9 million en 2006). Cette évolution résulte d'une plus forte incitation à la recherche d'emploi, consécutive à la réforme, mais aussi à la croissance qui a permis d'accroître de manière importante le nombre d'emplois, sans qu'il soit possible de déterminer avec certitude l'importance relative de chacune des deux causes.

Pour le courant libéral, la lourdeur des charges sociales et plus généralement des prélèvements obligatoires, permet d'expliquer deux phénomènes qui spécifient la hausse du chômage naturel (ou structurel) depuis les années 1970 : le taux de chômage naturel s'est accru et les travailleurs peu ou pas qualifiés sont davantage touchés par le chômage que les catégories plus qualifiées.

■ La hausse tendancielle du taux de chômage naturel

La hausse du chômage effectif s'est traduite par celle du taux de chômage naturel (effet d'hystérésis). Le tableau ci-dessous illustre cette évolution.

Tableau 6 - NAIRU (en % de la population active)

	1980	1985	1990	1995	2000	2008
France	5,8	6,5	9,3	10,3	9,4	8,2
Allemagne	3,3	4,4	5,3	6,7	7,3	8,2
Japon	1,9	2,7	2,2	2,9	3,8	4,1
Grande-Bretagne	4,4	8,1	8,6	6,9	5,8	5,4
États-Unis	6,1	5,6	5,4	5,3	5,2	4,9
Zone euro	5,5	7,1	8,8	9,2	8,3	8

Source : OCDE.

Les économistes de l'OCDE attribuent l'effet d'hystérésis à une profitabilité insuffisante de l'investissement, imputable en particulier à la lourdeur des coûts salariaux : lors des reprises, la pleine utilisation du capital est alors rapidement atteinte, stoppant la chute du taux de chômage. En outre, le système d'indemnisation allonge la période de recherche d'emploi et les entraves aux licenciements incitent les employeurs à limiter leurs embauches et à privilégier les investissements de productivité (destructeurs d'emplois) au détriment des investissements de capacité (créateurs d'emplois).

Cette explication a été critiquée par Jean-Paul Fitoussi et Pierre-Alain Muet qui attribuent l'effet d'hystérésis à la préférence constante accordée à la lutte contre l'inflation. Alors que les Américains et les Japonais ont fait preuve de pragmatisme, les Européens ont appliqué des politiques économiques qui ont accru le taux de chômage structurel. Les récessions creusant les déficits publics ont commandé trop souvent des politiques de rigueur destinées à réduire les déficits : la phase de sortie de récession est alors retardée et le chômage croît. La reprise accentuant les pressions inflationnistes, une politique d'austérité est destinée à y faire face : la baisse du chômage du fait de la reprise est donc modeste. Les politiques d'austérité finissent par provoquer une récession qui creuse les déficits publics ; etc. La croissance du taux de chômage structurel traduit alors la tendance à la croissance du chômage effectif (et non l'inverse). C'est donc les choix des politiques économiques qui est dénoncé par les deux auteurs et non les dysfonctionnements du marché du travail.

■ Le chômage des travailleurs peu ou pas qualifiés

Selon les libéraux, le chômage touche davantage les travailleurs non qualifiés du fait d'un coût salarial trop élevé en regard de la productivité de ces travailleurs. Le salaire minimal est ainsi un frein à l'emploi, notamment celui des jeunes peu diplômés. Cette position doit être cependant nuancée. Le chômage des travailleurs non qualifiés résulte de trois catégories de causes : un coût salarial trop élevé (« chômage d'inadéquation salariale ») ; une qualification inadaptée à la demande de travail des employeurs (« chômage d'inadéquation des qualifications ») ; la rareté des emplois disponibles qui permet aux employeurs d'être plus sélectifs en embauchant des travailleurs disposant d'une qualification supérieure à ce qu'exige le poste proposé (« chômage de file d'attente »). De nombreuses études destinées à tester l'effet du salaire minimal ou du coût du travail sur l'embauche des travailleurs les moins qualifiés aboutissent à des conclusions contradictoires : l'effet du coût du travail sur l'emploi est particulièrement difficile à évaluer sur le plan macroéconomique.

Depuis les années 1980, l'approche libérale du chômage structurel s'articule autour du modèle de chômage d'équilibre, incluant pour certains auteurs la possibilité d'un chômage involontaire, alors que le modèle canonique du marché du travail est plutôt celui du chômage volontaire.

En l'absence de chocs temporaires (par un exemple, une forte hausse du prix du pétrole), l'économie tend à long terme vers un taux de chômage d'équilibre (ou structurel). Ce taux est déterminé selon les modalités suivantes :

– Lorsque le salaire réel augmente, les employeurs enregistrent une diminution de leur taux de marge (part de l'excédent brut d'exploitation dans la valeur ajoutée) : ils sont désincités à embaucher et incités à licencier ; le taux de chômage augmente (courbe PS ou *price-setting* dans le graphique ci-dessous).

– Plus le taux de chômage diminue, plus les salariés peuvent imposer des hausses de salaires, d'autant plus que les rigidités sur le marché du travail sont grandes (courbe WS ou *wage-setting*).

Le taux de chômage d'équilibre résulte de la confrontation des ces comportements. Le modèle inclut le déplacement des courbes (non représenté ici) : par exemple, lorsque le taux de syndicalisation diminue, les salariés s'inscrivent dans un rapport de force moins favorable. Dès lors, pour tout taux de chômage, le salaire réel baisse : la courbe WS se déplace vers le bas à gauche. Toute chose égale par ailleurs (courbe PS stable), le taux de chômage d'équilibre diminue . De manière générale, toute mesure de libéralisation du marché du travail (politique structurelle) abaisse le taux de chômage d'équilibre qui tend vers le taux de chômage frictionnel.

Certaines versions du modèle entrevoient la possibilité d'un chômage involontaire en raison des rigidités : les chômeurs veulent travailler pour un salaire plus bas mais les rigidités ne le permettent pas. Diverses explications ont été mobilisées par des économistes dont plusieurs se réclament de Keynes qui raisonnait également en prenant en compte les rigidités. Ils constituent le courant de la nouvelle école keynésienne (de nombreux économistes keynésiens récusent cette appellation en raison du caractère microéconomique des analyses de ce courant).

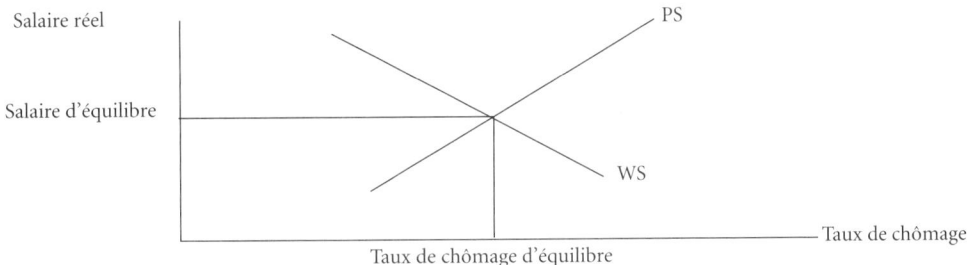

Figure 4 - Le modèle de chômage d'équilibre

■ Les contrats implicites

Au milieu des années 1970, l'Américain Costas Azariadis élabore une thèse pour expliquer le chômage involontaire : au sein des entreprises, les salariés et leur employeur nouent un « contrat implicite » (non officiel). Il garantit le maintien du niveau du salaire pour les travailleurs (et dans une certaine limite, l'emploi) en cas de mauvaise conjoncture en échange d'une hausse des rémunérations inférieure aux gains de productivité lorsque l'activité de l'entreprise reprendra. Ce contrat offre à l'employeur l'avantage de stabiliser son personnel et de limiter le coût des licenciements ; les salariés bénéficient d'une sécurité plus grande. Mais, les salaires étant alors rigides, des chômeurs disposés à travailler pour un salaire plus bas ne le peuvent pas. Au début des années 1980, le Suédois Assar Linbeck et l'Anglais Dennis Snower développent une approche similaire dans leur modèle *insiders* (ceux qui ont un emploi)/*outsiders* (ceux qui sont au chômage, en particulier de longue durée) : les premiers ne permettent pas la baisse des salaires, ce qui nuit à l'emploi des seconds.

■ Les salaires d'efficience

L'Américain Joseph Stiglitz expose au milieu des années 1970, une première version de ce qui constitue la théorie des salaires d'efficience qui sera développée par d'autres auteurs. Malgré l'excès d'offre de travail, les salaires peuvent rester supérieurs au niveau de salaire qui assurerait l'égalité entre l'offre et la demande de travail. Les chômeurs disposés à travailler pour un salaire plus bas ne le peuvent pas. L'entrepreneur a intérêt à ne pas diminuer les salaires pour plusieurs raisons :

– Un salaire élevé attire les meilleurs candidats à l'embauche.

– Il incite les travailleurs à être plus productifs. Alors que pour les néoclassiques, le salaire se cale sur la productivité, ici, le salaire détermine la productivité. De fait, cette approche constitue un critique à la proposition de diminuer les salaires pour relancer l'emploi. En effet, cette mesure serait désincitative et diminuerait la productivité des travailleurs.

– Il incite les travailleurs à rester dans leur entreprise ce qui rentabilise les dépenses de formation.

Ces différentes analyses ont le mérite de fournir une explication rationnelle aux rigidités. Les différentes études menées dans ce domaine ne permettent pourtant pas d'en attester indiscutablement la validité.

c. — Quelles politiques économiques faut-il mettre en œuvre face au chômage structurel ?

L'approche libérale tend à expliquer la montée du chômage depuis les années 1970 par les dysfonctionnements du marché du travail et l'intervention excessive de l'État dans l'économie. Cette optique conduit à définir les modalités de l'intervention publique. D'une part, les politiques conjoncturelles doivent contribuer à stabiliser les prix. Des politiques structurelles doivent être mises en œuvre pour accentuer le caractère concurrentiel des économies (déréglementation des prix, réduction des barrières douanières, promotion de la concurrence…). D'autre part, la mise en œuvre de politiques conjoncturelles de relance est concevable lorsque le taux de chômage effectif est supérieur au taux de chômage structurel. En revanche, si le taux de chômage effectif est inférieur au taux de chômage structurel, toute relance accélérera la hausse des prix. Seule une politique structurelle peut diminuer durablement le taux de chômage en libéralisant davantage le marché du travail.

Cette analyse est logiquement rejetée par les auteurs keynésiens (voir *supra*, II, B, 1, b). En outre, le taux de chômage structurel est très difficile à évaluer.

Dans un rapport du Conseil d'analyse économique (n° 30, 2000), Edmond Malinvaud doute de la pertinence des évaluation du chômage d'équilibre : « *à mon avis, ces soi-disantes* (sic) *évaluations du taux de chômage d'équilibre* […] *ne sont pas, pour notre objet, plus pertinentes que celles du NAIRU* […]. *Comment,* […] *pourrait-il exister une mesure fiable reposant sur quelques-uns de nos indicateurs familiers, qui ferait pour nous automatiquement la synthèse de multiples caractéristiques de nos structures et qui donnerait à cette synthèse la forme du taux de chômage structurel ?* ». Cependant, Malinvaud admet que les politiques conjoncturelles destinées à faire baisser le chômage sont nécessaires mais pas suffisantes : elles nécessitent en effet l'assistance de politiques structurelles de manière à pérenniser la diminution du taux de chômage effectif. Par exemple, il préconise un allégement « *à titre définitif* » des cotisations patronales sur les bas salaires d'autant plus élevé que le salaire est faible et éventuellement une modulation de ces cotisations en fonction de la fréquence des licenciements effectués par les entreprises (plus les licenciements sont fréquents, plus les cotisations seraient élevées).

Par ailleurs, Edmond Malinvaud établit au cours des années 1980, sa théorie sur la double nature du chômage.

■ Chômage keynésien et chômage classique

Le chômage keynésien résulte d'une insuffisance de la demande sur le marché des produits, d'où un excès d'offre de travail sur le marché du travail. Ce type de chômage se décèle lorsque les capacités de production sont sous-utilisées et que le chômage augmente, situation rencontrée en France, immédiatement après les deux chocs pétroliers, au cours des années 1990, au début des années 2000 et au cours de la crise entamée en 2007-2008.

Le chômage classique est dû à une profitabilité insuffisante qui dissuade les chefs d'entreprises d'investir, ce qui limite l'offre de produits. Ce type de chômage se constate lorsque les capacités de production sont pleinement utilisées ou que leur taux d'utilisation s'accroît alors que le chômage recule peu, voire augmente, le cas en France entre les deux chocs pétroliers, au cours des années 1980 et à la fin des années 1990.

■ **Les politiques économiques face au chômage**

Les deux types de chômage coexistent mais l'un domine à chaque époque. Il faut donc identifier le chômage dominant pour appliquer des politiques économiques efficaces (relance en cas de chômage à dominante keynésienne ; baisse du coût du travail et rigueur salariale, en cas de chômage à dominante classique). Il serait encore plus efficace de combiner différentes mesures destinées à faire face aux deux types de chômage. J.-P. Fitoussi préconise par exemple, de diminuer les charges sur les bas salaires tout en élevant le salaire net : d'une part le coût du travail est allégé pour lutter contre le chômage classique, d'autre part la demande est dopée pour lutter contre le chômage keynésien. Néanmoins, la baisse des charges accroissant les déficits publics, ceux-ci étant résorbés par le surplus de recettes que génèreront la reprise de l'activité et la baisse du chômage, cette mesure revient à mettre en œuvre une politique de relance budgétaire.

■ **Une analyse de portée limitée**

Sur moyenne ou longue période, la distinction entre chômage keynésien et chômage classique n'est pas pertinente : si l'investissement dépend de la profitabilité escomptée, celle-ci dépend des recettes anticipées qui sont donc liées aux prévisions sur la demande future. La double dimension des salaires, à la fois déterminant de la demande et de la profitabilité (puisque les salaires sont à la fois du pouvoir d'achat et des coûts) pose également problème quant à la distinction des deux types de chômage. L'analyse de Malinvaud peut donc être mobilisée pour déterminer les causes du chômage conjoncturel. Elle révèle en outre que les causes du chômage peuvent évoluer et qu'il est alors nécessaire d'y adapter les politiques économiques.

C   DEPUIS 1945, LA CROISSANCE S'ACCOMPAGNE DE DÉSÉQUILIBRES EXTERNES

Depuis 1945, les pays capitalistes avancés s'insèrent davantage dans l'économie mondiale. Cette tendance s'affirme plus nettement à compter des années 1970. De ce fait, les PDEM sont confrontés à plusieurs déséquilibres externes qui influent de plus en plus sur l'élaboration des politiques économiques nationales.

1. – Les déséquilibres interviennent au sein de la balance courante et de celle des capitaux

a. — Le rythme de croissance et celui de la hausse des prix qui en découle, déséquilibrent la balance courante

Le rythme de croissance du PIB influe sur le solde de la balance commerciale et sur celui de la balance courante. Par exemple, au cours des années 1950-1960, la balance courante japonaise reflète les oscillations du taux de croissance de l'économie. Ainsi, en 1960-1961, une nette accélération de la croissance déséquilibre la balance courante qui devient largement déficitaire en raison de l'accroissement des importations d'intrants ; le ralentissement de la croissance en 1962 permet un rééquilibrage mais, dès que la croissance s'intensifie, le déficit réapparaît. L'État met alors en œuvre une politique économique conjoncturelle, calquée sur celles qu'il adopte face aux déséquilibres inflationnistes. En effet, ceux-ci se développent en période de forte croissance . En 1963 et 1964, la politique monétaire japonaise devient restrictive (hausse du taux de réserves obligatoires, encadrement du crédit, hausse des taux d'intérêt), la politique budgétaire également (réduction des dépenses publiques). Le ralentissement de la croissance (et de la hausse des prix) qui en résulte, freine les importations et la décélération des prix dope les exportations. En 1964-1965, la balance courante est alors excédentaire autorisant un assouplissement de la régulation conjoncturelle.

Les politiques conjoncturelles ne peuvent suffire à rétablir durablement les déséquilibres externes : il est nécessaire de recourir à de politiques structurelles. Ainsi, au Japon, le MITI (*ministry of internatioional trade and industry*) œuvre pour la réduction des coûts unitaires au sein des entreprises exportatrices. Il peut par exemple susciter les alliances entre firmes pour accroître le volume de production et dégager des économies d'échelle ; il peut orienter les aides publiques vers ces entreprises prioritaires dont il protège le marché intérieur par des mesures protectionnistes.

b. — Les conséquences des chocs externes sur la balance courante

Les économies nationales peuvent être confrontées à des chocs externes déstabilisant la balance courante. Par exemple, les deux chocs pétroliers de 1973-1974 et 1979-1980, ont déséquilibré les comptes extérieurs des pays consommateurs (ils ont également influé sur les rythmes d'inflation, de croissance et le taux de chômage).

Face à ces déséquilibres, les États ne sont pas restés inactifs. Ainsi, lors du premier choc pétrolier, les États-Unis sont moins touchés par la forte hausse des prix du baril que les autres pays développés du fait d'une moindre dépendance à l'égard des importations d'hydrocarbures. Celles-ci sont cependant renchéries. En 1974, les Américains renforcent les politiques monétaire et budgétaire d'austérité qu'ils avaient mises en œuvre en 1973 et qui provoquent un recul du PNB en 1974 et 1975, une modération de la hausse des prix (11 % en 1974 ; 9 % en 1975, 5 % en 1976), un fort excédent de la balance courante mais aussi, la hausse du chômage.

Sur le plan structurel, ils adoptent tardivement (1977) et pour des raisons essentiellement stratégiques (préserver la sécurité des approvisionnements en pétrole), un programme d'économies d'énergie, dont la portée est partiellement réduite par la chambre des Représentants. Ce programme prévoyait de taxer davantage les carburants et les automobiles fortement consommatrices d'énergie, de subventionner les véhicules à faible consommation, de constituer un stock stratégique... Dans d'autres pays, les politiques sont plus interventionnistes : au Japon, l'État accompagne les mutations du système productif en promouvant l'essor des industries à fort contenu technologique.

c. — La compétitivité des firmes à la source des déséquilibres externes

Les déséquilibres de la balance des biens et des services résultent de la compétitivité des appareils productifs nationaux. Une Compétitivité-prix et/ou hors prix déficiente freine les exportations et favorise les importations. Les politiques conjoncturelles de lutte contre l'inflation contribuent à la restauration de la Compétitivité-prix des firmes ; les politiques de changes également (par exemple, la dévaluation amoindrit les prix des produits nationaux pour les acheteurs étrangers).

Le rétablissement de la compétitivité hors prix relève des politiques structurelles. Celles-ci peuvent également contribuer à l'amélioration durable de la Compétitivité-prix. Ainsi, des politiques de l'emploi fondées sur une exonération de charges sociales à destination de publics en difficulté sur le marché du travail, réduit le coût du travail et permet de diminuer les prix de vente ; une valorisation constante du taux de change (comme ce fut le cas en Allemagne, jusqu'à la fin des années 1990) diminue le coût des importations d'intrants et incite les entreprises à élever leur compétitivité hors prix : pour vendre sur les marchés extérieurs des produits chers (du fait de la valorisation du taux de change) comme l'ont fait les firmes allemandes, il faut qu'ils soient adaptés qualitativement à la demande mondiale.

d. — Les causes des déséquilibres au sein de la balance des capitaux (ou compte financier) occasionnent de nombreux débats

Depuis le début des années 1980, la libre circulation des capitaux rencontre de moins en moins d'entraves. Les déséquilibres externes qui en résultent commandent la mise en œuvre de politiques économiques et sociales spécifiques.

Par exemple, la France enregistre, au cours des années 1990 et 2000, un vaste mouvement de sorties de capitaux (non compensé par des entrées équivalentes) du fait des investissements à l'étranger des firmes françaises. Des auteurs libéraux y voient la conséquence d'une profitabilité insuffisante des entreprises françaises, liée à des coûts salariaux et des prélèvements fiscaux trop élevés. Pour ces auteurs, il est donc nécessaire de maintenir les politiques de rigueur salariale, de poursuivre la libéralisation du marché du travail, de développer les infrastructures nécessaires à l'activité des firmes...

Toutefois, d'autres auteurs (y compris libéraux) soulignent que les sorties de capitaux liées aux investissements des firmes françaises à l'étranger ne sont pas des signes de faiblesse de l'économie française ; il est normal que les firmes cherchent à conquérir de nouveaux marchés en y implantant des filiales. Les profits qu'elles en tirent alimentent des flux de revenus qui participent à l'excédent de la balance courante. Les placements financiers à l'étranger (investissements de portefeuille), liés par exemple à l'attrait de la bourse américaine et des taux d'intérêt pratiqués aux États-Unis, génèrent des revenus (intérêts, dividendes) qui entretiennent l'excédent courant.

2. – Les déséquilibres externes et la contrainte extérieure

a. — Qu'est-ce que la contrainte extérieure ?

Un pays est contraint dès lors que l'État ne peut mettre en œuvre librement les politiques économiques et sociales de son choix, du fait de l'interdépendance des économies nationales. Un pays est d'autant plus contraint que ses échanges de biens et de services représentent une part significative de son PIB, que les entrées et sorties de capitaux ne rencontrent que peu d'entraves, que sa dépendance est grande pour son approvisionnement en produits primaires (par exemple, le pétrole), voire en produits semi-finis, et que la compétitivité-prix et/ou hors prix (compétitivité structurelle) des firmes de ce pays est faible. Ce dernier aspect révèle la mauvaise spécialisation de l'appareil productif national.

Une accélération de la croissance consécutive à une politique de relance dope les importations d'intrants et accroît les pressions inflationnistes (inflation par la demande). Une forte dépendance externe et une faible compétitivité des firmes risquent alors de conduire à un déficit élevé de la balance courante, source d'endettement extérieur. En outre, les sorties de capitaux risquent de s'accroître du fait de l'inflation, contribuant au déficit de la balance globale des paiements. La contrainte extérieure va alors imposer la mise en œuvre de politiques de rigueur. De plus, elle commande de recourir à des politiques structurelles économiques (politique industrielle...) ou sociales (abaissement durable des charges...) pour accroître l'efficience de l'appareil productif. En outre, ces politiques structurelles doivent améliorer l'attractivité du territoire pour favoriser les investissements des firmes étrangères, ces entrées de capitaux n'étant pas directement source d'endettement (mais, elles pourrait y contribuer indirectement si les filiales des firmes multinationales sont à l'origine de flux d'importations d'intrants, gonflant le déficit courant). La relance française de 1981-1982 montre comment un pays contraint peut être amené à renoncer à la mise en œuvre de politiques économiques de son choix.

■ **De la relance à la rigueur**

La relance intervient à un moment où les firmes françaises souffrent d'un handicap de Compétitivité-prix (du fait d'une forte inflation par les coûts) et hors prix (les produits français sont inadaptés à la demande mondiale en raison d'une mauvaise spécialisation de l'appareil productif). De plus, les principaux partenaires de la France appliquent à cette époque des politiques de freinage de la demande qui impliquent un ralentissement de leurs importations et donc des exportations françaises. Le déficit courant se creuse malgré la dévaluation du franc en octobre 1981. Depuis juin 1982, et plus nettement mars 1983, l'État met en œuvre des politiques conjoncturelles de rigueur destinées à éradiquer l'inflation et à réduire les importations en freinant la croissance.

■ **L'évolution des politiques structurelles**

Dès qu'elles sont pratiquées avec constance, les politiques conjoncturelles de rigueur sont alors les éléments d'une véritable politique structurelle destinée à restaurer la compétitivité des firmes, d'autant plus que la progression des coûts salariaux est freinée par la désindexation des salaires sur les prix et l'allégement des charges patronales. En outre, le choix d'arrimer le franc au mark confère au franc le statut de monnaie forte et ainsi, contribue à la désinflation en réduisant les coûts des importations d'intrants. La hausse des prix français à l'exportation est compensée par un redressement de la compétitivité structurelle des entreprises françaises.

Par ailleurs, les politiques industrielles deviennent moins interventionnistes : politique de rigueur salariale, réductions fiscales, aides à la recherche et développement, flexibilisation du marché du travail..., tiennent lieu d'aides aux entreprises. Aux nationalisations du début des années 1980 succèdent les privatisations à partir de 1986-1987 ; les marchés monétaires et financiers sont libéralisés et les firmes peuvent satisfaire leurs besoins de financement par un recours accru à l'émission de titres (actions, titres de créance négociables...).

Enfin, l'internationalisation de l'économie est accentuée : le marché unique européen est créé en 1993 et la France, signataire des accords du GATT depuis 1947, est membre de l'OMC depuis 1995... Ces évolutions contraignent l'État à redéfinir ses interventions pour qu'elles contribuent à la libéralisation de l'économie nationale.

b. — Le régime de change et la contrainte extérieure

En régime de changes fixes, la nécessité de stabiliser les taux de change autour des parités officielles commande de pratiquer des politiques conjoncturelles agissant sur la variation de la hausse des prix et les déséquilibres externes. En cas de baisse des taux de change, il convient de lutter contre la hausse des prix, le déficit de la balance courante et la fuite des capitaux, c'est-à-dire de mettre en œuvre des politiques d'austérité. En cas de hausse des taux de change, il convient d'opter pour des politiques de relance. Une pression permanente sur les taux de change commande de réévaluer ou de dévaluer la monnaie ou d'opter pour un régime de changes flottants.

Ainsi, au cours des Trente Glorieuses, l'économie française enregistre des déficits courants qui résultent à la fois d'une croissance soutenue et d'une hausse des prix relativement élevée entamant la compétitivité des firmes. Pour réduire les déficits en dopant les exportations et en freinant les importations, l'État recourt à la dévaluation : quatre interviennent entre 1948 et 1969. Après une phase de dépréciation entre 1972 et 1979 (changes flottants), le franc est de nouveau dévalué à trois reprises en 1981,1982 et 1983.

Généralement, chaque dévaluation est accompagnée d'une politique conjoncturelle d'austérité destinée à concrétiser l'avantage de compétitivité-prix conféré par la dévaluation. Parallèlement, des politiques structurelles (planification indicative, politique industrielle, contrôle des prix…) tentent d'accroître l'efficience de l'appareil productif. Les résultats des ces politiques ont souvent été critiqués : les dévaluations restaurent la compétitivité-prix des entreprises mais les dispensent d'approfondir leur modernisation ; l'inflation est entretenue par la dévaluation (ou la dépréciation) du franc puisqu'elle renchérit le coût des importations d'intrants… Cependant, la croissance de l'économie française au cours des Trente Glorieuses est certes inflationniste mais relativement élevée ; les déficits courants alternent avec des excédents qui les compensent.

En régime de changes flexibles, les États peuvent mettre en œuvre les politiques monétaires de leur choix, dans le contexte de libre circulation des capitaux qui caractérise les années 1980 (voire, les années 1970). Une politique de relance creuse le déficit de la balance des biens et des services (incluse dans la balance courante) et renforce l'inflation ; la baisse du taux de change compense la perte de compétitivité-prix et permet de résorber le déséquilibre externe. Cependant, la réalité est plus complexe : la flexibilité des taux de change ne résorbe pas toujours les déséquilibres externes. Par exemple, depuis 2001, le déficit de la balance commerciale étatsunienne se creuse (comme celui de la balance des biens et des services et de la balance courante). Le dollar se déprécie sans réduire ce déséquilibre qui équivaut à presque 5 % du PIB étatsunien en 2008. En effet, la croissance étatsunienne dope les importations alors que les exportations ne croissent pas d'autant malgré la baisse du dollar (en partie parce que les firmes étatsuniennes ont implanté des filiales à l'étranger produisant sur place plutôt que d'exporter des États-Unis). Les placements et investissements sur le territoire américain effectués par les non-résidents réduisent sans les éliminer les effets baissiers sur le dollar du déficit courant et l'endettement externe des États-Unis s'accroît.

Quelques indicateurs d'insertion dans le commerce international et de déséquilibres extérieurs au début des années 2000
(d'après les données de l'OCDE)

Taux d'ouverture (moyenne des importations et des exportations de biens et services par rapport au PIB) en 2008.
– Pays ouverts : Allemagne : 43 % ; Grande-Bretagne : 29 % ; France : 27 %
– Pays peu ouverts : Japon : 17 % ; États-Unis : 15 %
Soldes de la balance courante en pourcentage du PIB en 2008.
– Pays déficitaires : États-Unis : – 5 % ; Grande-Bretagne : – 1,5 % ; France : – 2,3 %
– Pays excédentaires : Allemagne : 6,5 % ; Japon : 3,2 %

Source : OCDE.

La résorption des déséquilibres rencontrés par les principaux pays capitalistes avancés passent par la mise en œuvre de politiques économiques et sociales aux modalités très variables. Leur réussite n'est jamais assurée d'autant que la mondialisation économique tend à limiter le pouvoir d'intervention des États nations. Pourtant, l'histoire montre que l'intervention de l'État peut être efficace lorsqu'elle intègre un pragmatisme permettant de prendre en compte la variabilité du contexte dans lequel ces politiques sont appliquées.

CHRONOLOGIE

1945. — Ordonnances sur la Sécurité sociale et le contrôle des prix en France.

1944-1946. — Nationalisations en France.

1946. — Nationalisations et *National health service* en Grande-Bretagne.

1947-1953. — Premier plan français (ce plan est suivi de onze autres jusqu'au début des années 2000).

1948. — Création du deutschemark et déflation monétaire en République fédérale allemande.

1949. — Plan Dodge d'assainissement économique au Japon, constitution du MITI, fixation d'une parité du yen favorable aux exportations. Aux États-Unis, *fair deal* (protection sociale) promu par le président Truman. Institution de « l'économie sociale de marché » en Allemagne.

1950. — Conventions collectives et salaire minimum en France.

1952. — Plan Pinay anti-inflation en France.

1953. — Dénationalisation de la sidérurgie et début des politiques de *stop and go* en Grande-Bretagne.

1955. — Premier plan indicatif au Japon.

1956. — Dénationalisation des transports routiers en Grande-Bretagne.

1953-1961. — Le républicain D. Eisenhower, président des États-Unis, privilégie la lutte contre l'inflation.

1958. — En France, plan Pinay-Rueff anti-inflation et dévaluation du franc.

1961. — Aux États-Unis, programme « nouvelle frontière » conduit par le président démocrate J. F. Kennedy (lutte contre le chômage, conquête de l'espace...).

1963. — Le démocrate L. B. Johnson succède à Kennedy et met en œuvre le programme de « grande société » (lutte contre le chômage et la pauvreté). Plan de stabilisation Giscard d'Estaing en France.

1965. — *Medicaid* (couverture maladie des indigents) et *medicare* (couverture maladie des retraités) aux États-Unis.

1966. — Renationalisation de la sidérurgie en Grande-Bretagne.

1967. — Dévaluation de la livre et politique d'austérité en Grande-Bretagne.

1969. — En France, politique de stabilisation accompagnant la dévaluation du franc.

Années 1970. — Recrudescence de l'inflation et montée du chômage dans les PDEM (stagflation).

1976. — Crise de la livre. Politique d'austérité imposée par le FMI à la Grande-Bretagne.

1979. — Austérité monétaire aux États-Unis. Le nouveau Premier ministre britannique, Margaret Thatcher, applique son programme de libéralisation de l'économie.

1981. — Relance Mauroy en France. Élection de R. Reagan aux États-Unis, promouvant la libéralisation de l'économie.

1982. — En France, nationalisations, durée légale du travail abaissée à 39 heures, retraite à 60 ans... En juin, premières mesures de freinage de l'activité.

1982-1983. — Relance budgétaire aux États-Unis.

1983. — Politique de rigueur en France.

Années 1980. — En Allemagne, politiques économiques d'inspiration libérale menées par le chancelier H. Kohl depuis 1982.

1985. — Privatisations au Japon, dont Nippon Telegraph and Telephon et Japan Air Lines. Début de la libéralisation des marchés monétaire et financier en France.

1986-1988. — En France, avec l'alternance politique, privatisations, abrogation du contrôle des prix et de l'autorisation administrative de licenciement.

Depuis 1991. — Malgré plusieurs plans de relance, la croissance japonaise ne redémarre pas ; mesures limitées de libéralisation de l'économie et restructurations bancaires.

1990-1991. — Récession aux États-Unis ; une politique monétaire très accommodante et les stabilisateurs automatiques font redémarrer durablement la croissance.

1990-1997. — En Allemagne, réunification entre la RFA et la RDA (1990) ; privatisations à l'Est ; politiques économiques de maîtrise de l'inflation et d'assainissement des finances publiques.

Depuis 1991-1992. — Plusieurs plans de relance au Japon.

Depuis 1992-1993. — Poursuite des privatisations en France.

1997. — Après la victoire des travaillistes en Grande-Bretagne, autonomie de la banque centrale.

Depuis 1998. — En Allemagne, le nouveau chancelier social-démocrate, G. Schöder, relance l'économie dans un premier temps, puis met en œuvre une politique d'assainissement des finances publiques.

1999. — Onze pays de l'Union européenne adoptent l'euro. La Grèce les rejoint en 2001 et la Slovénie en 2007.

2000. — Loi Aubry sur les 35 heures en France.

2001 à 2003. — Relance budgétaire et politique monétaire expansionniste aux États-Unis.

2002-2003. — Nouveau plan antidéflation au Japon.

Depuis 2002. — Assouplissement de l'application de la loi des 35 heures en France.

Depuis 2003. — Différentes mesures budgétaires en France et en Allemagne pour réduire le déficit budgétaire et le ramener dans la limite de 3 % du PIB.

2003. — Réforme Hartz en Allemagne pour accroître l'incitation à la recherche d'emploi des chômeurs (indemnisation moins généreuse, obligation d'accepter des offres d'emploi…) et développer les emplois de proximité par des exonérations de charges.

2005. — Création du Contrat nouvelle embauche en France, nouveau contrat de travail destiné aux entreprises d'au plus 20 salariés et prévoyant une période d'essai de 2 ans.

2005. — En Allemagne, Angela Merkel devient chancelière. Programme de réduction du déficit budgétaire (en 2007 hausse de la TVA en compensation d'une baisse des charges sociales).

2007. — Défiscalisation des heures supplémentaires et allègement des charges sociales en France.

Depuis 2007. — Assouplissement des politiques monétaires et plans de relance budgétaire face à la crise économique et financière.

BIBLIOGRAPHIE

BEZBAKH (P.), *Inflation et désinflation*, La Découverte, coll. Repères, 2006.

FERRANDON (B.) (dir.), *La Politique économique et ses instruments*, La Documentation française, coll. Les notices de la Documentation française, 2004.

L'HORTY (Y.), *Les Nouvelles Politiques de l'emploi*, La Découverte, coll. Repères, 2006.

POURCEL (P.), *Le chômage*, Bréal, coll. Thèmes & Débats, 2009.

« Les politiques économiques », *Les Cahiers français*, n° 335, novembre-décembre 2006.

« Travail, emploi, chômage », *Les Cahiers français*, n° 353, novembre-décembre 2009.

Pour approfondir

AGHION (PH.), COHEN (E.) et PISANI-FERRY (J.), *Politique économique et croissance*, rapport n° 59 du Conseil d'analyse économique, 2006.

BÉNASSY-QUÉRÉ (A.), COEURÉ (B.) et JACQUET (P.), *Politique économique*, de Boeck, coll. Ouvertures économiques, 2009.

CAHUC (P.) et ZYLBERBERG (A.), *Le chômage, fatalité ou nécessité?*, Flammarion, coll. Champs, 2009.

DUFRENOT (G.), LORENZI (J.-Y.), et SAND-ZANTMAN (A.), *Les Politiques économiques dans le monde*, Economica, 2009.

SUJETS CORRIGÉS

SUJET I

« Mieux vaut l'inflation que le chômage ». Que pensez-vous de cette réflexion de M. Georges Pompidou ?
L'étude portera sur les économies de marché depuis 1945. (EME-IESC, 1989)

I **Durant les Trente Glorieuses, le problème du choix entre inflation et chômage ne se pose pas**

A. — Les politiques économiques conjoncturelles ne peuvent lutter simultanément contre l'inflation et le chômage

1. — La courbe de Phillips montre qu'il existe une symétrie entre l'inflation et le chômage
– Phillips établit une relation inverse entre le taux de croissance des salaires et le chômage.
– Les keynésiens interprètent cette relation et considèrent qu'il existe une symétrie entre l'inflation et le chômage.

2. — Les politiques économiques conjoncturelles doivent effectuer un choix entre la lutte contre l'inflation et la lutte contre le chômage
– Il n'est pas possible (tout au moins à court terme) de diminuer l'inflation tout en favorisant l'emploi.
– Les politiques de relance (baisse des taux d'intérêt, augmentation de la consommation et déficit budgétaire) agissent pour la croissance et donc la baisse du chômage, mais elles sont inflationnistes.
– Les politiques de rigueur (hausse des taux d'intérêt, modération de la consommation et du déficit budgétaire) luttent contre l'inflation mais sont récessionnistes et aggravent le sous-emploi.

B. — De 1945 à 1973, la décision de suivre une politique de relance ou une politique de rigueur résulte de la conjoncture économique

1. — Durant les Trente Glorieuses, la symétrie entre l'inflation et la hausse du chômage est effectivement remarquable
– Les Trente Glorieuses sont globalement une période de croissance mais certaines inflexions conjoncturelles peuvent être remarquées.

– À certaines périodes, l'économie connaît une surchauffe : de forts taux de croissance induisent une inflation importante (en 1963 en France par exemple).
– À d'autres moments, plus rares, la croissance s'essouffle alors que l'inflation est faible (1966 en France par exemple).

2. — Les politiques économiques résultent donc de la conjoncture
– Ce sont, lorsque la conjoncture l'exige, des politiques de rigueur et de stabilisation qui luttent contre l'inflation quitte à détériorer l'emploi (en France : 1952, 1957, 1958, 1963, 1969).
– Ce sont, lorsque la conjoncture l'exige, des politiques de relance qui luttent pour la croissance et l'emploi quitte à être source d'inflation (en France : 1953, 1966, 1968, 1972).

II **Au cours des années 1970, la stagflation impose un arbitrage de la part des gouvernements, mais contrairement à ce que préconisait G. Pompidou, ce fut la lutte contre l'inflation qui fut choisie à partir du début des années 1980**

A. — La stagflation oblige les gouvernements à opérer un choix entre la lutte contre l'inflation et la lutte contre le chômage…

1. — La stagflation…
– À partir de 1973, une nouvelle situation économique apparaît : la stagflation c'est-à-dire la concomitance entre l'inflation et la stagnation et le chômage.
– La courbe de Phillips est mise en cause ou réinterprétée : Phelps considère qu'elle se déplace vers la droite et Friedman qu'elle est verticale sur le long terme.

2. — ... oblige les gouvernements à opérer des choix entre les deux politiques différentes : ce n'est plus la conjoncture qui dicte les choix

– Les gouvernement peuvent opter pour une lutte contre le chômage par une politique de relance, mais ils doivent dans ce cas accepter encore plus d'inflation (ce que conseille G. Pompidou) : politiques menées en France en 1975 et surtout en 1981. Ils peuvent opter pour une lutte contre l'inflation, mais ils doivent, dans ce cas, accepter une hausse du chômage : politiques menées en France en 1974 et de 1976 à 1980.

– Lorsque les effets pervers d'une politique ne semblent plus supportables, la politique inverse est mise en œuvre...

B. — Mais contrairement à ce que G. Pompidou préconisait, à partir du début des années 1980, la lutte contre l'inflation devient prioritaire

1. — Les gouvernements ont tendance à suivre la théorie monétariste qui considère que toute lutte contre le chômage est illusoire...

– La lutte contre le chômage ne peut être efficace...

• car il existe un taux de chômage naturel ;

• car les politiques de relance sont neutralisées par les anticipations inflationnistes des agents économiques (théorie des anticipations rationnelles développée par R. Lucas).

– ... mais elle est inflationniste ; selon Friedman, le choix des gouvernements s'articule en réalité entre plus ou moins d'inflation.

2. — ... et qu'il est nécessaire de combattre l'inflation

– L'inflation a de nombreux effets pervers (fuite devant la monnaie, détérioration de la balance commerciale...) qui, à terme, seraient récessifs.

– La priorité des gouvernements est donc depuis le début des années 1980 (1979 pour la Grande-Bretagne et les États-Unis, 1983 pour la France) la lutte contre l'inflation. Cette lutte porte ses fruits : désinflation depuis le milieu des années 1980.

– Depuis le milieu des années 1990, la stabilité des prix reste la priorité, mais la politique économique est moins restrictive. Ainsi, la politique monétaire cherche à fixer les taux d'intérêt les plus faibles respectant la condition de stabilité des prix.

SUJET II

À la lumière de l'expérience historique, pensez-vous que l'équilibre budgétaire doive être un objectif des politiques économiques ? (Ecricome, 2002)

I Pour le courant libéral, les déficits budgétaires sont préjudiciables aux économies nationales

A. — Les effets des déficits budgétaires sont négatifs

1. — Le financement monétaire des déficits est inflationniste (Friedman, nouvelle école classique) et le financement par une hausse des impôts a des effets désincitatifs (Laffer)

2. — Le financement par l'emprunt provoque un effet d'éviction au détriment des entreprises et conduit les contribuables à accroître leur épargne en prévision d'une augmentation

future des impôts (théorème d'équivalence ricardienne de R. Barro)

3. — La récurrence des déficits peut provoquer un effet boule de neige de la dette de l'État dont la charge sera assumée par les générations futures (exemple, France des années 1980-1990)

B. — Les politiques budgétaires fondées sur les déficits sont inefficaces

1. — Pour Friedman et les économistes de la NEC il est illusoire de vouloir faire baisser le chômage en mettant en œuvre des politiques de relance budgétaire qui exerceraient un effet multiplicateur sur le revenu national

2. — Ainsi, au cours des années 1970, les politiques de relance budgétaire échouent (exemple du plan de relance Chirac en France en 1975); au cours de cette période chômage et inflation coexistent rendant inopérantes les politiques budgétaires d'autant plus que les taux de change deviennent flexibles (Mundell)

3. — En France, en 1981-1982, échec de la relance Mauroy par le déficit budgétaire qui creuse le déficit courant, le taux de chômage n'étant que stabilisé alors que l'inflation persiste

II Il paraît donc préférable de faire de l'équilibre budgétaire une règle imposée à l'État

A. — Les politiques économiques de l'État doivent être recentrées sur certaines missions

1. — L'État doit assumer ses fonctions régaliennes

2. — Il doit également financer certaines dépenses pour pallier les défaillances de l'économie de marché dès lors que les acteurs privés ne peuvent eux-mêmes le faire

3. — Le financement de ces dépenses doit être le plus neutre possible : recours limité à l'emprunt, impôts forfaitaires ou à défaut proportionnels et d'un montant juste suffisant pour couvrir les dépenses indispensables

B. — Toutefois, la règle de l'équilibre budgétaire peut être aménagée sous certaines conditions

1. — L'équilibre budgétaire peut être recherché sur le moyen terme : déficits tolérés en phase de récession et compensés par des excédents en phase de reprise (stabilisateurs automatiques dont les effets peuvent être amplifiés par l'État lors de récessions ou de surchauffes d'ampleur inhabituelle)

2. — Un déficit limité peut être justifié par des dépenses d'investissements publics, garants d'une croissance future et donc de la résorption du déficit budgétaire (règle d'or des finances publiques en Grande-Bretagne)

3. — Le déficit budgétaire est d'autant plus toléré qu'il est modéré et que l'endettement de l'État reste à un niveau soutenable (par exemple, dette nette proche de 30 ou 40 % du PIB)

III En fait, l'objectif d'équilibre budgétaire est discutable

A. — La règle de l'équilibre budgétaire est mal fondée

1. — Si, conformément aux thèses keynésiennes, le déficit a pour fonction de relancer la croissance en phase de récession, l'effet inflationniste du financement monétaire du déficit sera modéré et l'effet d'éviction peu probable

2. — Les agents économiques peuvent anticiper une reprise consécutive au déficit budgétaire qui ferait croître le revenu national (effet multiplicateur) et donc l'épargne dans le futur ; par ailleurs, la pression fiscale croissante peut inciter les entreprises à produire plus et les individus à travailler davantage pour préserver leurs revenus après impôts

3. — L'effet boule de neige de la dette n'intervient que si les taux d'intérêt réels sont supérieurs au taux de croissance imposant alors à l'État de dégager un solde primaire positif pour éviter cet effet

B. — La règle d'équilibre budgétaire n'est pas un objectif pertinent

1. — Une politique budgétaire de rigueur bride la croissance de la demande interne et stimule par ses effets désinflationnistes la demande externe (exportations)

2. — Les pays très ouverts sur l'extérieur (en général des petits pays) bénéficient d'une politique budgétaire rigoureuse alors que les pays moins ouverts (souvent des grands pays) dont l'activité dépend pour la plus grande part de la demande intérieure vont pâtir de la règle de l'équilibre budgétaire

3. — La politique monétaire doit être prise en compte : le modèle IS/LM et les travaux de Mundell mettent en avant la possibilité d'un policy mix *combinant par exemple rigueur budgétaire et politique monétaire accommodante (exemple : les États-Unis à la fin des années 1990) ou un déficit budgétaire croissant et une politique monétaire rigoureuse (exemple : la France en 1993), pour préserver ou rétablir la croissance*

SUJET III

La politique conjoncturelle dans les grands pays d'Amérique du Nord et d'Europe occidentale au XXᵉ siècle.

Remarques préalables

Durant l'entre-deux-guerres :
– Politiques divergentes selon les pays durant les années 1920.
– Puis face à la crise des années 1930 :
  • politiques de déflation dans un premier temps ;
  • politiques de relance ensuite.

Durant les Trente Glorieuses :
– Politiques de relance ou de rigueur selon la conjoncture (parfois mouvement de *stop and go* comme dans les pays anglo-saxons).
– Politiques globalement expansionnistes.
– Différents moyens (politiques monétaires budgétaires, des revenus, des prix et du taux de change).

Durant les années 1970 :
– Hésitations entre politique de relance et politique de rigueur ;
– Les politiques demeurent plutôt expansionnistes.

Durant les années 1980 :
– Politique restrictive.
– Politique de l'offre.
– Politique plutôt libérale avec prédominance de la politique monétaire (même si indépendance de la banque centrale).
– L'État à tendance à se décharger de sa politique conjoncturelle, il n'est plus maître de la politique monétaire (cas des pays membres de l'Union européenne) et les politiques budgétaires, des revenus et des prix sont de moins en moins utilisées avec la recherche de l'équilibre budgétaire et la déréglementation.
– De nouvelles formes de politiques apparaissent marginalement (politiques mixtes, politiques pro-cycliques).

Depuis le début des années 1990 :
– Politique toujours globalement restrictive (mais de façon moins rigoureuse : l'objectif est de mettre en œuvre les politiques les moins restrictives possible, mais qui satisfont à l'impératif de stabilité des prix).
– Petites relances ciblées.

Références théoriques incontournables : Keynes, Friedman, Laffer, Hicks (IS-LM).
Références théoriques conseillées : Mundell, Lucas, Barro…

Proposition de plan :

I Après son succès relatif durant l'entre-deux-guerres, la politique conjoncturelle globalement expansionniste est poursuivie durant les Trente Glorieuses…

A) Après des politiques divergentes durant les années 1920 et des politiques de déflation vouées à l'échec au tout début des années 1930, le milieu des années 1930 semble marquer la réussite des politiques de relance.

B) La politique conjoncturelle est globalement expansionniste et modulée selon la conjoncture durant la période de croissance et de relative stabilité des Trente Glorieuses.

II … mais les échecs de ce type de politique face à la crise actuelle conduisent à une inflexion de la politique conjoncturelle

A) Les années 1970 marquent l'échec des politiques conjoncturelles de relance et de *stop and go* qui se révèlent incapables de surmonter la stagflation.

B) Globalement restrictive durant les années 1980, la politique conjoncturelle semble de nouveau hésiter au début des années 1990.

L'importance que l'on peut accorder au taux d'intérêt dans la détermination des grands équilibres économiques a-t-elle évolué depuis le début du xxᵉ siècle ? (ESCP, 1996)

I Du début du xxᵉ siècle à la fin des Trente Glorieuses : le taux d'intérêt devient progressivement l'outil principal de la politique économique

A. — Le taux d'intérêt n'est que marginalement utilisé comme instrument de politique économique durant l'entre-deux-guerres…

1. — Les autorités monétaires interviennent peu dans sa détermination (pourtant Wicksell considère qu'un taux d'intérêt trop faible conduit à un processus cumulatif d'endettement)

2. — Les autorités monétaires l'utilisent essentiellement dans le cadre de la politique de change ; c'est ce que critique Keynes

B. — … mais, conformément aux préconisations keynésiennes, il devient l'outil principal de l'intervention conjoncturelle des États durant les Trente Glorieuses

1. — Le taux d'intérêt est déterminé en grande partie par l'État, grâce à sa politique monétaire et au secteur bancaire public
Le taux de change et le solde de la balance des paiements résultent en grande partie du solde de la balance des transactions courantes (certaine tendance au rééquilibrage automatique). La détermination du taux d'intérêt ne subit donc pas trop la contrainte extérieure.

2. — Le taux d'intérêt est un instrument de la politique conjoncturelle : hausse du taux en cas de surchauffe et baisse en cas de ralentissement
Les autorités monétaires optent pour un taux d'intérêt assez faible pour soutenir la croissance, conformément à la théorie keynésienne.

II Depuis les années 1980, le rôle du taux d'intérêt dans la détermination des grands équilibres s'accroît, mais son utilisation par les autorités monétaires est de plus en plus contrainte

A. — Le taux d'intérêt prend une importance croissante : en plus de son impact sur l'équilibre économique interne, il devient le principal déterminant du solde de la balance des paiements et du niveau du taux de change

1. — Avec la globalisation financière, le taux d'intérêt a une forte influence sur le solde de la balance des paiements et sur le taux de change
En raison de l'importance des capitaux flottants, le taux d'intérêt à court terme devient le principal déterminant des mouvements de capitaux.

2. — La politique monétaire est contrainte (triangle d'incompatibilité de Mundell)
En régime de change fixe (ou lorsque les autorités monétaires souhaitent une certaine stabilité du taux de change), la mobilité des capitaux et l'autonomie de la politique monétaire sont incompatibles. La politique monétaire doit être utilisée en priorité pour résorber les déséquilibres extérieurs

B. — L'action sur les taux d'intérêt est limitée car elle subit la contrainte extérieure et l'exigence de stabilité des prix

1. — Le taux d'intérêt est utilisé dans les années 1980 pour lutter en priorité contre l'inflation (politique monétariste)
Il n'est plus utilisé pour relancer la croissance. À la suite des États-Unis, les différents pays développés augmentent fortement les taux d'intérêt.

2. — *Depuis les années 1990, les taux d'intérêt sont déterminés par le double objectif de maintien du taux de change et de stabilité des prix* Les autorités monétaires optent pour les taux les plus bas satisfaisant ces exigences. Des politiques de baisse des taux d'intérêt ayant pour objectif de relancer la croissance sont parfois menées pour contrer une récession.

QUELQUES SUJETS DE CES DERNIÈRES ANNÉES

À la lumière de l'histoire récente des économies occidentales, en quoi la montée du chômage peut-elle être considérée comme un déséquilibre? (HEC, 1996)

Alors que pendant les quarante années qui ont suivi la Seconde Guerre mondiale, la plupart des pays capitalistes développés ont connu de fortes tendances inflationnistes, à l'heure actuelle, la déflation paraît de nouveau possible. Comment expliquez-vous cette évolution? (Ecricome, 1999)

Les dépenses publiques peuvent-elles être considérées comme un soutien à la croissance économique en période de crise (1929 à nos jours)? (ISC-ESLSCA, 1999)

Dans quelle mesure la hausse progressive du chômage observée après 1970 résulte-t-elle d'une hausse du taux de chômage d'équilibre ou de la lenteur et de la complexité des dynamiques d'ajustement enclenchées par une succession de chocs négatifs? (ESSEC, 2000)

La déréglementation du marché du travail a-t-elle eu des effets sur l'emploi? (Ecricome, 2005)

Les controverses relatives au mixage des politiques conjoncturelles dans les pays de la zone euro depuis les années 1980. (ESC, 2003)

Peut-on parler d'un apprentissage des politiques économiques de la part des gouvernements depuis le début du XXᵉ siècle ? (HEC, 2009)

L'inflation est-elle toujours et partout un frein à la croissance économique ? (ESCP, 2007)

Les banques centrales ont-elles eu et ont-elles aujourd'hui une influence décisive sur l'activité économique ? (ESCP, 2009)

LE CHANGEMENT SOCIAL CONTEMPORAIN DANS LES PAYS DÉVELOPPÉS À ÉCONOMIE DE MARCHÉ

Depuis la Seconde Guerre mondiale, les sociétés des pays développés à économie de marché ont connu de profondes transformations. Celles-ci constituent, dans leur diversité, un objet d'étude des sciences sociales. En effet, toute transformation observable dans le temps, qui affecte de façon durable la structure ou le fonctionnement de l'organisation sociale renvoie à la notion de changement social. Déjà les pères fondateurs de la sociologie se sont interrogés sur l'évolution des sociétés en proposant des typologies opposant, par exemple, communauté et société, sociétés traditionnelles et société modernes, sociétés à solidarité mécanique et société à solidarité organique... Les analyses contemporaines restent empreintes de ces problématiques, cherchant à comprendre le sens des mutations observées. Ainsi, des années 1960 aux années 1980, toute une série d'auteurs considèrent que les sociétés développées ont suivi ou suivent des évolutions similaires dans leur passage de l'état préindustriel à l'état industriel et postindustriel. L'industrialisation, et sa suite la postindustrialisation, correspondent à la généralisation à des sphères de plus en plus nombreuses de la rationalité technique et économique. La thèse du développement des sociétés postmodernes est la plus récente en date ; ces sociétés se caractériseraient par une plus grande flexibilité et une plus grande importance des aspects culturels et subjectifs affectant tous les domaines de l'activité économique et sociale, des pratiques démographiques aux comportements de consommation. Mais la spécificité de ces changements oppose les sociologues : loin d'être de véritables nouveautés, ces changements peuvent aussi s'interpréter comme une radicalisation des traits qui caractérisent usuellement les sociétés modernes. L'étude des mutations démographiques, de la transformation des niveaux et des modes de vie et de la mobilité sociale témoigneront des ruptures et des permanences à l'œuvre.

I

DÉVELOPPEMENT ÉCONOMIQUE
ET MUTATIONS DÉMOGRAPHIQUES

Les mutations économiques se sont accompagnées de transformations démographiques. Historiquement, la coïncidence entre la croissance économique et la transition démographique en atteste, même si la relation entre les deux variables suscite des débats (*cf.* chapitre 1). Ces évolutions montrent que les comportements démographiques s'inscrivent dans un environnement socio-économique dont il faut tenir compte pour en révéler les logiques. Mais en retour, les mutations démographiques contribuent à transformer la société. La multiplication des modèles familiaux en constitue une illustration révélatrice.

A LES COMPORTEMENTS DÉMOGRAPHIQUES DEPUIS 1945

Dans les pays développés, le fait majeur, révélé par les indicateurs démographiques, est la diminution simultanée de la mortalité et de la natalité. Par ailleurs, les flux migratoires, tant internes qu'externes, se sont modifiés.

1. – L'évolution des indicateurs révèle de nouvelles pratiques

a. — La mortalité chute puis se stabilise

■ **Les indicateurs**

Si on excepte les deux guerres mondiales, la diminution de la mortalité a été régulière et rapide. De 19 pour mille au début du siècle, le taux de mortalité en France a chuté à 17 dans les années 1920, à 12,5 dans les années 1950, pour se situer autour de 9 aujourd'hui (8,4 pour mille en 2007). Ce recul est encore plus spectaculaire lorsqu'on observe l'espérance de vie à la naissance. De 46 ans pour les hommes et 49 pour les femmes au début du siècle, cette espérance de vie est passée en 2008 à 77,6 ans pour les hommes (légèrement supérieur à la moyenne européenne) et à 84,4 ans pour les femmes (une des plus élevées d'Europe). Cette espérance de vie moyenne continue de s'accroître : ces cinquante dernières années, elle augmentait en moyenne de trois mois par an. En 2004, elle dépasse pour la première fois 80 ans, hommes et femmes réunis (80,2). La mortalité infantile (décès avant l'âge d'un an) baisse fortement depuis la fin de la Seconde Guerre mondiale. De 51,9 pour mille en 1950, il est passé sous le seuil de 3,6 pour mille en 2007. La France se situe en dessous de la moyenne européenne (4,5 pour mille) et se rapproche des pays du Nord de l'Europe. La mortalité infantile ne représente plus désormais qu'une part infime de la mortalité et, même si son recul se poursuit, elle n'a quasiment plus d'effet sur l'espérance de vie moyenne.

■ **L'évolution de la mortalité différentielle**

La chute de la mortalité n'a pas affecté de la même manière l'ensemble de la population. L'écart d'espérance de vie entre les sexes s'est creusé dans les pays industrialisés jusqu'aux années 1970. Ainsi, on observe une surmortalité masculine : depuis la Seconde Guerre mondiale, alors que les comportements professionnels et sociaux des femmes et des hommes tendent à se rapprocher, l'écart de longévité selon le sexe se creuse le plus fortement. La surmortalité masculine renverrait à trois séries de facteurs qui se conjugueraient : l'éducation, l'environnement et le comportement. Néanmoins, la surmortalité masculine tend à se réduire. En France l'écart d'espérance de vie entre homme et femmes s'est stabilisé à la fin des années 1970 ; depuis 1992, il diminue. Il n'était plus que de 6,8 ans en 2008 alors qu'il avait culminé à 8,2 ans dans les années 1980. Il a fallu attendre qu'avec les maladies cardiovasculaires, puis les morts violentes, les pathologies liées au tabagisme, et surtout les cancers broncho-pulmonaires, régressent pour que l'écart rétrécisse enfin. La législation anti-tabagique depuis la fin des années 1970 semble porter ses fruits (loi Veil, 1976, loi Evin 1991).

Par ailleurs, l'inégalité sociale devant la mort perdure. L'allongement de l'espérance de vie moyenne depuis 1960 n'a pas profité au même degré à toutes les catégories sociales. Entre le début des années 1980 et le milieu des années 1990, l'espérance de vie à 35 ans a augmenté de 3 ans pour les femmes comme pour les hommes et atteint 48 ans pour les premières et 41 ans pour les seconds. La baisse de la mortalité a profité à toutes les catégories socioprofessionnelles. Mais les cadres et les membres des professions intellectuelles supérieures ont l'espérance de vie la plus longue alors que les ouvriers sont les moins avantagés. Sur la période 1991-1999, les hommes cadres ou exerçant une profession intellectuelle supérieure ont une espérance de vie à 35 ans de 46 ans contre 39 ans pour les ouvriers. Pour les femmes, ces chiffres sont de 50 ans pour les cadres et 47 ans pour les ouvrières. Chez les hommes, les écarts de mortalité entre milieux sociaux se sont accrus au fil du temps alors que ces écarts sont stables chez les femmes. Pour les catégories à faible mortalité, on rencontre une liaison étroite entre mortalité et niveau d'instruction : les diplômés d'études supérieures et bacheliers ont la plus forte probabilité de longévité. Des risques propres au métier expliquent en partie la surmortalité de certains groupes surtout en milieu ouvrier. Toutefois la diversité des modes de vie et des comportements qui en résultent contribuent aussi aux inégalités et sont à rapprocher de l'évolution des disparités entre femmes et hommes.

b. — *Du baby-boom à la réduction de la fécondité*

■ **Les tendances récentes**

Après la Seconde Guerre mondiale se déroulera le baby-boom, caractérisé par une forte augmentation de la fécondité jusqu'en 1964. Dès 1965, le niveau de la fécondité connaît une chute marquée. Toutefois, la baisse s'est stabilisée en France depuis 1975, oscillant entre 1,66 (point bas en 1994) et des niveaux légèrement supérieurs à 1,9 (1,99 en 2009).

Les familles nombreuses disparaissent quasiment : quand on dit que les femmes ont moins d'enfants, c'est surtout du fait de la réduction des naissances de rang élevé, à partir du troisième. La fécondité des enfants de rang 1 et 2 ne diminue pas réellement. On assiste plutôt à l'évolution vers un modèle de la famille à deux enfants. La diminution de la fécondité est surtout forte aux jeunes âges. Aussi, l'indice de fécondité se maintient-il à un niveau sensiblement constant.

La fécondité hors mariage se développe dans les années 1980 en France, parallèlement à l'augmentation du nombre de cohabitants. La part des naissances hors mariage dans le total des naissances est passée de 11,4 % en 1980 à 53 % en 2009. La France connaît une situation originale dans la communauté européenne, cumulant une fécondité élevée et une position dans le peloton de tête des pays avec une part importante des naissances hors mariage. L'enfant naturel est aujourd'hui un enfant désiré, reconnu par ses deux parents dans la quasi-totalité des cas avant l'âge de 1 an. La proportion de naissances hors mariage atteint des niveaux comparables à Paris et dans les grandes villes de province et est légèrement moins élevée dans les communes rurales (1 naissance sur 4).

■ L'évolution et les facteurs de la fécondité

Le comportement de fécondité est lié à un ensemble complexe de facteurs sociaux, psychologiques, culturels et économiques. Une relation peut être observée entre le lieu de résidence et la fécondité : elle est plus élevée à la campagne que dans les villes. Mais cette relation est indirecte : il faut tenir compte du poids différentiel de la religion, des difficultés de logement moindres à la campagne, voire des coûts de l'enfant moins élevés quand l'autoconsommation joue un rôle important. Le niveau de revenu ne détermine pas de relation linéaire : à revenu égal, la relation revenu/fécondité varie selon la catégorie socioprofessionnelle ; il s'agit alors de l'influence de la culture, du mode de vie, du milieu social… Longtemps, la fécondité la plus forte a caractérisé les groupes situés aux extrémités de la hiérarchie des revenus. Depuis quelques années, on note une uniformisation des comportements et des mentalités. La contrainte financière intervient certainement en partie pour limiter le nombre d'enfants souhaité. Par exemple, le fait de nécessiter un second salaire rend parfois difficile une seconde ou une troisième maternité. Les formes de l'union des couples influent sur leur fécondité : le recul de l'âge au mariage a historiquement correspondu à une baisse de la natalité. La réduction du nombre des mariages et l'augmentation des divorces déterminent également un mouvement de baisse. L'évolution moderne de la fécondité renvoie aussi à la transformation des modèles et des comportements féminins : le report du mariage et celui de la naissance des enfants traduit le refus d'une inscription trop précoce dans la division traditionnelle des rôles sexuels. L'allongement de la scolarité et le développement de l'activité professionnelle féminine modifient profondément le rapport à la reproduction et atténue la dimension traditionnelle du rôle des femmes. L'efficacité croissante des méthodes contraceptives facilite les choix de vie. Quant à l'influence de la législation, elle doit être relativisée : la baisse de la natalité précède nettement la date où on commence à débattre de l'avortement (1970-1972) ; elle débute en 1964, période du sommet de fécondité de l'après-guerre (2,9 enfants par femme). Cette tendance s'accélère en 1972-1973, puis, au-delà de 1975, on constate une nette stabilisation à un niveau plus faible que le précédent. Toutefois une politique pro-nataliste, si elle est réellement incitative et pratiquée sur le long terme, détermine sans doute des effets favorisants. L'influence de la crise économique doit être nuancée : la raréfaction des familles nombreuses est bien antérieure à la crise, tandis que la fréquence de naissance du troisième enfant ne régresse plus malgré la crise. Si le nombre d'enfants n'est pas vraiment affecté par la crise, le rythme de constitution de la descendance s'en ressent, certaines naissances étant retardées par la montée du chômage, de l'incertitude et de l'absence de perspectives. Le travail féminin n'entretient pas de relation directe avec le taux de fécondité. En réalité, la contraction de la famille est souvent conforme à des projets d'ascension sociale qui imposent à la fois une double activité des conjoints et une diminution des dépenses potentielles. Ce n'est pas la charge de travail supplémentaire liée à l'arrivée de l'enfant qui provoque l'arrêt salarié de la mère : il y a d'emblée anticipation des carrières professionnelle et maternelle. Dès la première naissance, les mères qui auront par la suite le plus grand nombre d'enfants sont déjà professionnellement moins actives que celles qui en feront peu.

2. – Les flux migratoires

a. — Les migrations intérieures et le processus d'urbanisation

Sur la longue période, on observe une croissance du taux d'urbanisation (rapport entre la population urbaine et la population totale) : en 1799, 18 % vivait en ville ; en 2006, 76 % de la population est urbaine (au sens de l'Insee). Pour autant, ce phénomène n'est pas linéaire.

■ De l'urbanisation

Entre 1846 et 1975, on constate une émigration permanente des campagnes vers les villes. Le taux d'urbanisation passe de 25 % à 70 % en 130 ans. La trame urbaine qui en résulte est déséquilibrée avec un poids écrasant de l'agglomération parisienne : en France existent trois unités urbaines de plus de 1 million d'habitants, 7 unités urbaines de plus de 500 000 habitants ; la taille de la capitale est donc disproportionnée par rapport au petit nombre des autres grandes villes comparativement aux autres pays européens.

Jusqu'en 1960, l'industrialisation est le moteur de l'urbanisation surtout dans l'est du pays. Depuis 1968, les grandes régions urbaines continuent d'augmenter leur poids relatif dans l'espace national. Toutefois, depuis cette époque, la géographie des dynamismes démographiques tend à se modifier : de nouvelles régions connaissent une forte croissance (Languedoc, Corse, Bretagne, Centre) tandis que les régions industrielles du nord-est stagnent ou déclinent (Lorraine) et que les régions Rhône-Alpes et PACA maintiennent leur croissance.

■ À la « rurbanisation » et à la périurbanisation

Depuis 1968, cette évolution est terminée et depuis 1975, la population rurale a connu une progression plus rapide que celle des communes urbaines. Entre 1982 et 1990 la tendance se poursuit : la croissance moyenne de l'ensemble des communes rurales est de 0,73 % par an contre 0,44 % pour l'ensemble des communes urbaines et concerne surtout les gros villages de plus de 500 personnes ainsi que les petites villes de moins de 10 000 habitants. Entre 1990 et 1999, le taux de croissance des communes rurales est passé de 0,1 % en moyenne annuelle à 0,7 % pour la période 2000-2004. En apparence, la ruralité reste donc forte dans la France contemporaine. Sur ses 36 000 communes, 34 000 sont considérées comme rurales dans la mesure où elles ont moins de 2 000 habitants.

Mais les différences villes-campagnes tendent à se réduire du fait de la diffusion du mode de vie urbain dans les campagnes avec l'expansion des zones de peuplement urbain. Villes et villages, zones urbaines et zones rurales se développent parallèlement : le dynamisme des villes fait croître la population des zones rurales qui l'environnent. Ainsi, celles-ci sont très souvent des zones périurbaines qui, avec les banlieues se développent beaucoup plus vite que les centres. Autrement dit, la croissance urbaine se fait par celle des zones péri-urbaines et des banlieues et non par l'extension des villes à proprement parler. Ces espaces permettent d'éviter les nuisances des grandes villes tout en bénéficiant d'un niveau élevé d'infrastructures et de commerces. Mais ils sont aussi le refuge des classes populaires contraintes d'abandonner les centres urbains.

b. — Les migrations internationales : solution ou problème démographique ?

■ Les « cycles » de l'immigration : de l'appel de main-d'œuvre à son reflux

L'immigration en France au XXᵉ siècle présente les caractères d'un cycle dont les fluctuations dépendent de l'évolution de la conjoncture et des prises de position des gouvernements.

Pendant la guerre de 1914-1918 est organisé un afflux de migrants tel que la France n'en a jamais connu. Plusieurs centaines de milliers de travailleurs étrangers sont recrutés par des organismes gouvernementaux pour remplacer les ouvriers français. Le mouvement se poursuit après 1918 en raison des pertes de la guerre, de l'adoption, en 1919, de la journée de travail de 8 heures qui ont considérablement accru les besoins de main-d'œuvre. De 1921 à 1931, près de 2 millions d'étrangers sont ainsi attirés en France (qui devient, après les États-Unis, le deuxième pays d'immigration au monde).

Avec la crise sont prises les premières mesures sélectives contre l'immigration. En 1932, le gouvernement réglemente la proportion d'étrangers dans de nombreuses activités et incite certains d'entre eux à partir (en particulier les Polonais). De 1940 à 1944, la xénophobie et le racisme constituent une des bases théoriques de l'État français. Après la Seconde Guerre mondiale, les difficultés du ravitaillement et la peur de relancer la xénophobie limitent le recours à l'immigration pour la reconstruction.

En revanche, au cours des années suivantes, la nécessité de remplacer les jeunes Français mobilisés en Algérie, l'importance de la croissance économique impulsent un mouvement sans précédent. Le troisième plan (1955) considère l'immigration comme un facteur permanent d'expansion économique. Le nombre d'étrangers résidant en France s'accroît de 1,6 million en 1955 à 3,4 millions en 1975 (c'est la période de l'arrivée massive d'immigrés maghrébins). Dans le même temps, la France a accueilli 1,4 million de rapatriés de ses anciennes colonies d'Afrique du Nord.

À partir de la fin des années 1960, une série de mesures de plus en plus strictes a été prise pour contrôler, limiter puis interdire l'immigration en France (elle est effectivement interdite depuis 1974, sauf aux « cas particuliers » et aux ressortissants de la Communauté européenne). Le flux migratoire, autorisé et clandestin, semble s'être effectivement beaucoup ralenti. Ainsi, comme le souligne F. Héran, la France n'est plus une « terre d'immigration ». Néanmoins, le solde migratoire progresse à nouveau passant de 30 000 à 50 000 personnes par an dans la décennie 1990 à environ 70 000 à la fin des années 2000 (+75 090 en 2008). Quant à la proportion d'immigrés dans la population totale, elle est caractérisée par une quasi stabilité depuis 1975 : 7,4 % de la population totale au recensement de 1999, 8,2 % en 2006 (soit 5 millions d'immigrés résidant en France métropolitaine selon l'INSEE).

■ Une solution aux déséquilibres démographiques ?

Si pendant les périodes de crise et/ou de ralentissement économique, les immigrés sont victimes de la xénophobie et du racisme, leur contribution positive à la croissance et leur rôle démographique alimente les interrogations. Ainsi, dans leur rapport sur les « migrations de remplacement » publié en mars 2000, les experts des Nations Unies se sont demandés si on pouvait compter sur l'immigration pour remédier au vieillissement accentué de la population dans les pays du Nord et rééquilibrer leur pyramide des âges.

Si l'argument paraît être de bon sens, relayé par certains hommes politiques ou responsables économiques, les études démographiques démentent cette possibilité. D'une part, les flux d'immigrants ne pourront pas empêcher le déclin des populations à l'avenir, et ne parviendront pas à rajeunir la structure d'une population, sauf à envisager des volumes de migration relativement élevés. D'autre part, la migration internationale ne peut contribuer que partiellement à réduire les effets du vieillissement entraînés par une fécondité inférieure au seuil de remplacement des générations. Si les migrations peuvent contribuer à compenser une croissance démographique naturelle trop faible, c'est seulement pendant un temps limité : il faut ensuite que la fécondité remonte.

B LES EFFETS DES MUTATIONS DÉMOGRAPHIQUES

Les transformations démographiques affectent la proportion des différents groupes au sein de la société. Ils peuvent alors se doter d'une visibilité sociale nouvelle. Il en est ainsi de la « jeunesse » et de la « vieillesse », des « nationaux » et des « immigrés » ; ils font l'objet d'une redéfinition et leurs rapports se transforment.

1. – Des nouveaux groupes émergent et s'affirment

a. — La jeunesse : un nouvel âge de la vie

■ **Des comportements et attitudes spécifiques**

Les spécificités des pratiques et des représentations de la jeunesse s'observent dans différents domaines et tout d'abord au niveau de la consommation : quantitativement, elle est liée à la relative faiblesse du revenu des jeunes ; qualitativement, elle est très dépendante des pratiques de sociabilité et de loisir et accorde une grande place aux transports et à l'équipement du logement pour les jeunes ménages. La croissance du nombre de jeunes dans les années 1960 et 1970 a constitué un énorme levier pour la demande (vêtements, magazines, livres, disques, transports…). La jeunesse est un marché important, comme en témoignent les ressources financières de nombreux adolescents. La sous-culture juvénile a été très influencée par les diktats d'industriels cherchant à développer une demande grâce aux modes et à la publicité en plein essor durant la période de croissance fordiste des Trente Glorieuses. Cette manne de la croissance semble quelque peu tarie de nos jours sous l'effet de l'allongement des études et de la montée du chômage. La jeunesse insouciante, grande consommatrice de loisirs n'a certes pas disparu, mais on constate maintenant qu'elle est de moins en moins « le plus bel âge de la vie ».

Les pratiques culturelles et de sociabilité témoignent également d'une spécificité de cet âge de la vie, Galland qualifie la jeunesse de « *temps des amis* », « *temps des loisirs* ». Mais les pratiques restent surdéterminées par l'origine sociale, par le début ou non de la vie professionnelle et par l'habitat (solitaire ou non). Il est intéressant de constater que cela s'explique autant par un effet de période que par un effet d'âge : l'évolution des pratiques des jeunes suit plus ou moins celle des pratiques de l'ensemble de la population depuis les années 1960 (en forte augmentation : le restaurant, l'écoute de la TV, les réceptions de parents et amis, les sorties ; en forte diminution : la lecture des quotidiens, le théâtre, les spectacles sportifs). Subsistent toutefois des pratiques spécifiquement juvéniles comme l'écoute ou la pratique de musique, le sport, le cinéma ou la fréquentation de concerts rock. Les loisirs restent malgré tout différenciés en fonction du sexe et de l'origine sociale. Les jeunes des classes dites supérieures éviteraient les lieux ouverts à tous et leurs loisirs seraient plus souvent tournés vers la sphère privée (TV et vidéo pour les garçons, davantage de lecture pour les filles).

Enfin, on observe des spécificités au niveau des attitudes et des comportements politiques. Le jeune âge influence d'abord le taux d'inscription sur les listes électorales qui croit avec l'âge. Nonna Meyer et Annick Percheron remarquent que « *Qui dit marginalisation sociale dit probabilité de non-inscription et d'abstention* ». Or chez les jeunes, actuellement, les conditions d'insertion sont plus souvent précaires. Les jeunes sont moins inscrits sur les listes, mais quand ils le sont, ils s'abstiennent plus rarement. Le taux de participation est bien sûr lié au type d'élection comme pour l'ensemble des Français, ainsi qu'à la mobilité géographique, au statut patrimonial (propriétaire/locataire), à la pression sociale et familiale (les jeunes habitant seuls sont plus abstentionnistes), à l'adhésion à des normes collectives et au positionnement sur un axe gauche-droite. Ces éléments neutralisent donc en partie l'effet âge. Quant à l'orientation politique, le vote à gauche n'est plus la norme et l'électorat semble plus volatile. Même si ce phénomène touche toutes les classes d'âge, les jeunes n'ont pas une opinion favorable des hommes et des partis politiques et peu nombreux sont ceux qui souhaitent s'engager dans un parti ou un syndicat. Par contre, la perspective d'un éventuel engagement dans une organisation humanitaire (SOS Racisme, Restos du Cœur, Amnesty International, protection de l'environnement…) séduit de nombreux jeunes. Toutefois, il s'agit plus souvent d'une disponibilité d'esprit que d'une réelle participation à ces organismes. La mobilisation des jeunes semble être plus ponctuelle (mais elle peut être très forte à l'occasion). On assiste à une nouvelle forme de civisme, davantage basée sur une « *adhésion à éclipses* » que sur un engagement définitif.

■ **Une difficile entrée dans l'âge adulte**

Si on caractérise l'âge adulte par l'accès à certains « attributs », l'établissement professionnel, le départ de chez les parents, la vie en couple et la création d'une famille apparaissent comme les signes d'une certaine maîtrise de son destin par l'individu. On assisterait alors actuellement à un retard et à une déconnexion des seuils de franchissement de ces étapes pour la plupart des jeunes. La première étape, de la fin des études au départ du domicile familial, se prolonge pour tous, mais différemment : chez les jeunes hommes diplômés, le départ est plus précoce, souvent dû à l'éloignement du lieu d'études, alors que chez les moins diplômés, le modèle selon lequel un homme doit d'abord trouver un emploi stable avant de quitter ses parents, surtout pour vivre en couple, est toujours en vigueur. La deuxième étape concerne la vie de couple : outre le phénomène de cohabitation juvénile bien connu, s'intercale de plus en plus souvent un nouveau mode de vie intermédiaire solitaire d'autant plus répandu que le niveau de formation est élevé. Quant à l'entrée dans le rôle parental, l'âge à la naissance du premier enfant est relativement homogène selon le niveau de formation et les milieux sociaux pour les hommes, alors que les femmes les moins diplômées ont en moyenne leur premier enfant beaucoup plus tôt que celles qui ont poursuivi des études.

b. — *L'émergence du 3ᵉ âge dans la société française*

■ **Les coûts économiques du vieillissement (*cf.* chap. 1)**

Une conséquence de ces évolutions démographiques est la progression très rapide des dépenses de retraite. Selon l'Insee, le rapport de dépendance (ratio des personnes âgées de 65 ans et plus sur les personnes âgées de 20 à 64 ans) va passer de 274 pour mille en 2000 à 571 pour mille en 2050, soit un doublement en 50 ans. De nombreuses mesures visent à réduire cette charge ; il en est ainsi des réformes de 1993 (Balladur) et de 2003 (Fillon).

Pour autant, le niveau de vie des retraités s'est fortement accru et aujourd'hui la vieillesse n'est plus obligatoirement synonyme de pauvreté. Certes le groupe des personnes âgées présente de nombreux caractères d'hétérogénéité selon la situation matrimoniale, la profession occupée auparavant, le niveau de diplôme ainsi que le lieu d'habitat. Loin d'atténuer les inégalités, la vieillesse les reproduit par un système de retraite qui, d'un actif pauvre, en fait un inactif pauvre. Mais si le système de retraite par répartition engage davantage la solidarité nationale que le système par capitalisation, proposé de plus en plus comme financement de complément et parfois de substitution. Les dernières réformes risquent d'aggraver ces inégalités ; elles vont se traduire par la baisse des pensions et la pauvreté des personnes âgées peut redevenir une question d'actualité sans que, pour autant, les problèmes financiers soient résolus.

Le vieillissement pose aussi incontestablement le problème de la prise en charge de la dépendance des personnes âgées, notamment du « quatrième âge ». La solvabilisation du besoin d'emplois de proximité qui en découle constitue un autre défi pour la politique sociale de ces prochaines années.

■ De la vieillesse au 3ᵉ âge

Avec la croissance du nombre de personnes âgées, une nouvelle représentation de la vieillesse s'affirme. La retraite est parfois représentée comme « les grandes vacances » de la vie. Considérer cet âge comme une nouvelle classe d'âge active, comme un nouvel âge du loisir, à l'image de la jeunesse, permet de mettre en avant le potentiel économique représenté par ce nouveau marché : tourisme, clubs et associations, institutions spécialisées dans le loisir et le bien-être… En créant des services spécifiquement destinés à ce 3ᵉ âge, certains agents économiques renforcent l'idée selon laquelle cette tranche d'âge ressent des besoins particuliers devant être satisfaits par des spécialistes. Des compagnies de tourisme et d'aviation pratiquent des tarifs attirants aux périodes creuses. Se diffuse l'idée d'une retraite active et consommatrice de services d'animation (et non d'assistance). La propagation de cette image n'a pas eu que des effets symboliques dans les esprits : elle a surtout permis de créer de nouveaux besoins et de multiplier les spécialistes chargés d'en assurer la satisfaction.

Les retraités s'engagent de plus en plus dans des associations où ils deviennent eux-mêmes prestataires de services, souvent non-marchands : soutien scolaire, visites aux malades, cours dans les prisons, défense de l'écologie, collectes de biens pour les plus démunis. Selon l'Insee, les personnes de 60 à 69 ans détiennent la palme de la participation associative : en 2002, 55 % d'entre elles adhèrent à une association, soit nettement plus que l'ensemble des Français de 15 ans ou plus (44 %).

2. – La transformation des rapports entre générations

a. — Les conflits de génération comme facteur de changement social

■ La construction d'une génération

La génération est une construction sociale, souvent réalisée a posteriori, qui contribue à classer les individus et à repérer historiquement les temps forts du changement social. On considérera ainsi une génération comme un ensemble de personnes ayant environ le même âge et ayant vécu des expériences historiques communes dont elles ont tiré des modes de pensée, d'analyse, une vision du monde communs. En ce sens, les conflits de génération ne se limitent pas aux relations parents/enfants, mais relèvent de l'ordre du macrosocial : ils sont un enjeu autour de la perte de légitimité des normes et des valeurs de la génération précédente. Les générations n'apparaissent plus comme une succession continue de stades du cycle de vie (selon l'approche fonctionnaliste, à chaque âge, ses rôles et ses fonctions), mais comme des processus discontinus, émergeant lors d'événements historiques précis. La conscience de génération, pouvant amener un conflit, se construit par différenciation d'avec la génération précédente, à la fois par référence et par opposition. Elle est le moteur du changement social car elle permet de passer d'un sentiment individuel à un niveau de destinée collective.

■ Une lutte des âges ?

Après le conflit de générations – d'ordre culturel – des années 1960, un autre conflit entre groupes d'âges – d'ordre économique cette fois-ci – est-il envisageable ? Certains éléments peuvent le laisser supposer. D'une part, la situation financière des personnes âgées s'est fortement améliorée depuis vingt ans même si subsistent des personnes âgées isolées et aux faibles ressources.

Leur revenu moyen, globalement, a augmenté. Les personnes âgées bénéficient d'un patrimoine supérieur à celui des autres catégories d'âges et elles sont moins endettées. Ils possèdent un tiers du patrimoine total des ménages : par exemple, 70 % d'entre eux sont propriétaires de leur logement contre 55 % pour l'ensemble de la population. Par ailleurs, on observe une discrimination par l'âge au sein du monde du travail : le chômage d'insertion des jeunes et celui d'exclusion des plus âgés fait reposer le marché du travail en grande partie sur les 25-55 ans ; ainsi, tout se passe comme si les personnes d'âge intermédiaire barraient la route aux plus jeunes. L'emploi révélerait donc un autre « conflit de générations ». De plus, un conflit entre l'expérience et la compétence, qui s'exprime déjà dans les annonces d'emplois des journaux, peut opposer les deux groupes d'âges. Enfin, les retraités peuvent représenter un poids politique important et orienter les décisions publiques (ils constituent 25 % du corps électoral et 30 % des votants aujourd'hui). D'aucuns peuvent ainsi prévoir l'émergence de nouveaux conflits intergénérationnels face à une gérontocratie orientant l'économie et la société au mieux de ses intérêts. Ainsi, la thèse de l'opposition entre générations peut s'alimenter de l'évolution divergente des situations économiques et sociales. Les travaux de Louis Chauvel permettent de révéler, selon les termes de l'auteur, une « fracture générationnelle ».

Depuis la fin des années 1990, il semble également possible d'observer un certain clivage générationnel en matière de valeurs. Si la génération du baby-boom est caractérisée par sa grande tolérance en matière de mœurs, certaines de ces valeurs semblent remises en cause par les jeunes générations, qui se montrent moins tolérantes et plus rigoristes que leurs parents en matière de liberté sexuelle (valorisation de la fidélité) ou de respect de l'ordre et de l'autorité (demande de régulation étatique des institutions fondée sur un principe de justice et de défense de l'égalité des chances). L'approfondissement du libéralisme moral s'accompagne d'un double mouvement : une limitation de son exercice sur le plan individuel et une demande de régulation de ses effets sur le plan institutionnel.

■ L'âge : une variable de classification prééminente ?

La tentation est forte, au regard de ces évolutions, de conclure à la substitution de « la lutte des générations » à la « lutte des classes ». Une telle affirmation se heurte à une double difficulté. D'une part, celle de circonscrire des générations homogènes et mobilisées. La hiérarchisation des critères de différenciation sociale peut reléguer l'âge à un rang secondaire. Ainsi, dans un article de 1984, P. Bourdieu dénonçait l'illusion consistant à amalgamer sous un vocable unique, « les jeunes », des individus dont les positions et les origines sociales sont plus diverses que semblables ; de même, le terme « vieillesse » renvoie à des réalités sociales fort diverses. Par ailleurs, l'affirmation de l'existence d'une « conscience générationnelle commune » reste problématique.

D'autre part, parler de « lutte des âges » suppose de considérer leurs rapports comme conflictuels, tant au niveau microsociologique qu'au niveau macrosociologique. Or, il convient aussi de signaler des rapports de génération plus souples au sein de la famille. La généralisation actuelle du salariat et les nouvelles formes de solidarités économiques intergénérationnelles ont fortement atténué les conflits pour la transmission du patrimoine. Sur le plan des normes et valeurs, en dépit de certaines mutations récentes, on peut néanmoins considérer que la logique de la continuité prévaut sur celle de la rupture générationnelle. Avec la fragilisation du statut économique juvénile, due à la prolongation des études et l'allongement de la cohabitation parents/enfants, on aboutit à une situation inverse de la fin des années 1960 : une plus grande dépendance économique, mais une autonomie et un respect des valeurs mutuelles plus importants. La solidarité familiale intergénérationnelle est forte : l'aide financière, le rendu de services des parents et des grands-parents à leurs enfants et petits-enfants est fréquent. Tout se passe comme si le « cocooning » atténuait les conflits familiaux. Mais cette entraide diffère de manière importante selon les milieux sociaux et contribue à maintenir les inégalités au niveau global. Ainsi, la réalité microsociologique n'est actuellement pas aussi conflictuelle que certains le prévoient pour demain au niveau macrosociologique. Il reste que l'effet d'hystérésis de l'habitus au sens de Pierre Bourdieu ou celui de la dyssocialisation au sens de Louis Chauvel, notions traduisant toutes deux un désajustement entre les conditions de la socialisation et les conditions réelles d'existence, dans un environnement marqué par le discours libéral tendant à transmuer les difficultés sociales en défaillances individuelles, risquent de produire des individus désenchantés. La traduction de ce désenchantement dans les pratiques sociales et les orientations politiques reste largement indéterminée : mobilisations sociales violentes ? Comportements anomiques au sens de Merton ? Replis communautaires ?

b. — L'intégration des immigrés

■ Des modèles variés d'intégration

La France est historiquement un pays d'immigration. Un Français sur trois a des ascendances étrangères, ce qui montre que la France intègre, de longue date, des immigrés. Selon Dominique Schnapper (*La France de l'intégration, sociologie de la nation*, Gallimard, 1991), l'intégration est le « *processus par lequel les individus participent à la vie collective par l'activité professionnelle, l'apprentissage de normes de consommation, l'adoption de comportements familiaux et sociaux, l'établissement de relations avec les autres* ». La France a intégré les immigrés en les assimilant, c'est-à-dire en faisant progressivement disparaître les spécificités de l'individu étranger. L'objectif de ce mode d'intégration à la française, appelé républicain, est que l'immigré se comporte comme un « Français de souche ». De nombreuses institutions contribuent à cette assimilation : principalement l'école, mais aussi les syndicats, l'armée, les clubs sportifs. Ainsi, les traits centraux modèle reposent sur une intégration individuelle (et non communautaire), l'entrée dans la citoyenneté et le respect du principe d'égalité. Ce modèle s'oppose ainsi au mode d'intégration communautaire américain et britannique et au modèle ségrégatif allemand ; le premier tend à faire reconnaître l'appartenance à une communauté ethnique, religieuse ou culturelle comme un droit aboutissant à la reconnaissance publique des minorités et de leurs cultures spécifiques, notamment des minorités ethniques (Noirs, Asiatiques, Indiens…) ; le second limite l'intégration à la nation aux seuls individus ayant des ancêtres allemands ou à ceux qui sont de langue allemande.

■ Crise ou adéquation du modèle français ?

La thèse d'une crise du modèle se développe à partir des années 1970.

Elle se révèle d'abord dans l'écart entre les affirmations de principe et les réalités : les populations immigrées et leur descendants, notamment originaires des anciennes colonies, loin d'être des populations comme les autres, même après de longues périodes d'installation en France, subissent de multiples discriminations qui contredisent le principe républicain d'égalité : concentrations spatiales dans des espaces urbains défavorisés, inégalités des chances à l'école, face à l'emploi, etc. Par ailleurs, la visibilité de certaines fractions des populations immigrées s'accroît et leurs discours remettent en cause le « pacte » républicain : émergence et affirmation de l'Islam, contestation des normes et valeurs républicaines (*cf.* la question du « voile islamique »), révision de l'histoire et des mémoires (débat sur le « bilan » de la colonisation). Sans doute peut-on voir dans ces affirmations identitaires une des conséquences des discriminations. Dès lors, les discriminations contrarient indéniablement les processus d'intégration sur le long terme : elles enferment ces populations dans leur singularité et contribuent à la production des « minorités ethniques ».

Ce constat alimente les débats sur la pertinence du modèle et sur ces remises en cause, explicites ou implicites. De fait, la politique de l'immigration en France a toujours tenté de concilier la philosophie de l'intégration caractérisée par l'attachement à l'égalité et le rôle central dévolu à la personne dans le processus, et une réalité sociale qui impose de reconnaître que certains groupes ethniques sont plus défavorisés que d'autres. Faute de cette reconnaissance, la politique de l'immigration s'est muée en politique de ville, évitant d'afficher la logique de « discrimination positive » à l'égard des populations immigrées. Mais ce faisant, elle alimente le sentiment de non prise en compte des difficultés spécifiques de ces populations et leur dénie une reconnaissance identitaire au nom du principe républicain. Parallèlement, la défense du modèle « français » semble contradictoire avec les décisions européennes de lutte contre les discriminations. De fait, la France a transposé en partie les directives européennes de 2000 ; or celles-ci sont inspirées du modèle britannique. Mais d'un autre côté, elle a instauré le contrat d'intégration pour les nouveaux arrivants, inspiré de l'exemple néerlandais. L'originalité du modèle français semble ainsi aujourd'hui illusoire.

C   LA MULTIPLICATION DES MODÈLES FAMILIAUX

Considérée comme la cellule de base de la société, les transformations de la famille ont suscité l'intérêt des observateurs. À côté du modèle conjugal traditionnel, de nouvelles configurations ont émergé. Pourtant, si les indicateurs révèlent de profondes mutations, leur interprétation diverge.

1. – Les indicateurs

a. — Des familles moins institutionnalisées

■ **La « norme conjugale » jusqu'aux années 1960-1970**
Pendant la plus grande partie de l'époque contemporaine, le mariage, pratiquement indissoluble, était considéré comme la clé de voûte de la famille. Une famille elle-même tenue pour la cellule de base de la société. Cette représentation de la famille a brutalement perdu son caractère universel au cours des années 1970.

Le taux de nuptialité mesurant le nombre annuel de nouveaux mariés pour mille habitants reste à un niveau élevé et étonnamment constant de 1801 à 1975. À l'exception de certaines années marquées par des circonstances particulières, il ne s'écarte guère du niveau de 15 à 16 pour mille.

Ce mariage est inégalitaire et défini par le Code civil de 1804 comme un contrat idéalement indissoluble. Deux arguments majeurs fondent le contrat conjugal comme « perpétuel par destination » : la nature des femmes et la hiérarchie des sexes. Selon l'argument de la hiérarchie des sexes, la famille demande à être dirigée, et cette direction ne se partageant pas, l'homme est « naturellement » désigné. La femme mariée, juridiquement incapable, est soumise à la puissance maritale. L'argument de la nature des femmes vient conforter le précédent : la vocation première de la femme à la maternité transforme le contrat en institution. La femme reste avant tout assujettie aux travaux ménagers et, lorsqu'elle travaille à l'extérieur, ce ne peut être qu'à titre complémentaire. Si l'élément masculin est toujours perçu comme l'apporteur prioritaire des ressources, l'obtention d'un salaire d'appoint (rendu possible par la tertiarisation des activités) répond le plus souvent à des nécessités financières et n'implique pas pour autant un allégement significatif des occupations domestiques les plus usuelles.

Le choix du conjoint a longtemps été soumis à l'autorité parentale (jusqu'en 1907, le consentement paternel est exigé pour le mariage d'un homme de moins de 25 ans). L'amour ne pouvait être qu'un obstacle à cette règle, générateur de désordres et, presque inévitablement, de catastrophes. Ce n'est pourtant qu'avec le développement du salariat que les jeunes obtiennent l'indépendance nécessaire au choix de leurs conjoints. Alors, au cours du xxᵉ siècle, les mariages dits « d'amour » supplantent les mariages dits « de raison ». D'une manière générale, le modèle familial dominant devient la famille nucléaire qui ne regroupe que le couple et ses enfants, tout en conservant des relations souvent étroites mais épisodiques avec le reste de sa parenté.

■ **Les remises en cause**

Les transformations de la famille s'observent d'abord à travers un certain nombre d'indicateurs. Depuis 1972, le nombre des mariages a fortement diminué et l'âge moyen au mariage est remonté, redevenant le même qu'au début du xixᵉ siècle (33,3 ans pour les femmes et 36 ans pour les hommes en 2008). Parallèlement, on observe une multiplication des divorces : de 1972 à 2007, le nombre annuel de divorces a presque triplé, passant de 45 000 à 131 320 (45,5 % du nombre de mariage célébrés). Enfin, on note une banalisation de la cohabitation : dans le milieu des années 1960, 15 % des couples commençaient leur vie commune sans être mariés, le mariage survenant moins de cinq ans plus tard pour 70 % d'entre eux. Parallèlement, on assiste à un développement de la fécondité hors mariage. C'est essentiellement le développement des couples non mariés qui explique cette évolution. L'essor de la fécondité hors mariage accompagne donc celui de l'union libre.

b. — Des structures familiales multiples

■ **La diversité des configurations**

Quand il y a moins de mariages, des mariages plus tardifs et moins d'enfants, la taille des familles et des ménages diminue. Le nombre moyen de personnes par ménage n'est plus que de 2,3 en 2006. Par ailleurs, 14 % des Français vivent seuls et le nombre des célibataires augmente depuis le milieu des années 1970. Ainsi, en 2005, 8,7 % des femmes de 35 ans vivent seules alors qu'elles n'étaient que 4,5 % dans ce cas en 1982. Le type de ménage le plus répandu reste le couple, notamment le couple vivant avec deux enfants. Néanmoins, on observe une relative désaffection à l'égard des modes « traditionnels » de cohabitation. Alors qu'en 1982, 83 % des hommes de 35 ans vivaient en couple, ils ne sont plus que 71 % en 2005 ; chez les femmes, les proportions correspondantes sont de 85 % et 74 %. Ainsi, depuis vingt ans, la vie en couple cède du terrain ; c'est la tranche d'âge 25-50 ans qui est la plus concernée par ce phénomène. Par ailleurs, parmi les couples, les couples non mariés sont de plus en plus nombreux.

On observe un accroissement de la part des familles monoparentales. La catégorie « famille monoparentale » permet de nommer la situation de nombre de ménages où un seul des parents vit en permanence avec ses enfants, que ce soit dans le cadre du célibat avec naissance hors mariage, du fait d'un veuvage ou à la suite d'un divorce. En 2005, à 35 ans, 11,3 % des femmes sont à la tête d'une famille monoparentale alors qu'elles n'étaient que 6,7 % en 1982. Ces parents « isolés » sont ainsi plus jeunes qu'autrefois, chargés d'enfants eux aussi plus jeunes. Ils sont surtout dans une position dont la notion de famille nucléaire ne rend pas bien compte : d'une part, dans les cas de rupture d'union, le foyer d'origine est divisé en deux « noyaux », celui du parent gardien et celui du parent non gardien et, d'autre part, de nouveaux liens conjugaux peuvent se constituer pour l'un comme pour l'autre, que ce soit dans le cadre du mariage ou non. Que l'un ou l'autre retrouve un conjoint et la famille devient « composée », « recomposée », « complexe » ou encore « reconstituée », le remariage n'en constituant que la forme conjugale la plus visible et pas forcément la plus répandue.

■ La question de la parentalité : sociale et/ou biologique

Ces nouvelles unions et désunions posent de façon inédite la question de la filiation. Autrefois, les droits et les devoirs qui y étaient attachés relevaient du mariage, qui confondait le lien biologique et le lien social. Les filiations sont aujourd'hui dissociées, puisqu'on peut être élevé par le compagnon de sa mère tout en maintenant des liens avec son père biologique.

D'un côté, certains pères sociaux souhaiteraient voir reconnu dans la loi un lien avec les enfants qu'ils ont élevés, de l'autre, un puissant mouvement a abouti à l'émergence dans le droit civil français du critère de vérité biologique (loi de 1972). Cette loi a ouvert la possibilité de récuser la paternité d'un enfant, soit par le mari de la mère, soit par la mère elle-même après dissolution de son union. En même temps, le développement des techniques de reproduction assistée et les progrès de la biologie ouvrent des débats sur la filiation, elle aussi tendue entre le social et le biologique. Les procréations médicalement assistées, depuis le banal don de sperme jusqu'au don d'ovule, brouillent les parentés, qui se situent à mi-chemin entre les filiations charnelle et adoptive.

Ainsi, les interrogations autour de la question de la parentalité se multiplient ; les notions de coparentalité, de monoparentalité ou d'homoparentalité font l'objet de débats où se mêlent jugements psychologiques, sociologiques, juridiques, politiques et éthiques.

Tableau 1 - Quelques indicateurs sociodémographiques relatifs à la famille

Années	Indicateur conjoncturel de fécondité	Âge moyen des mères à la naissance	Naissances hors mariage (%)	Mariages (milliers)	Âge moyen au premier mariage (femmes)	Divorces (milliers)	% de familles mono-parentales (sur le total des familles)
1960	2,72		6,1	320	23	30,2	
1965	2,83		5,9	346	22,7	34,9	
1970	2,47	27,2	6,8	394	22,6	38,9	9,3 (1968)
1975	1,93	26,7	8,5	387	22,5	55,6	9,4
1980	1,94	26,8	11,4	334	23	81,1	10,2(1982)
1985	1,81	27,5	19,6	269	24,2	107,5	
1990	1,78	28,3	30,1	287	25,5	105,8	13,2
1995	1,7	29	37,6	254	26,9	121	
1996	1,73	29,1	39	280	27,4	117,4	
1997	1,73	29,2	40	284	27,6	116,2	
1998	1,76	29,3	41,7	285	27,8	116,8	12,3
1999	1,79	29,3		285			11,6
2000	1,88	29,4	42,6	297	28	114	
2005	1,94	29,8	47,4	272	29,1	152	
2007	1,96	29,8	50,5	273	29,5	134,4	12,9
2008	2,02	29,8	52,0	273	29,6	131,3	
2009 (P)	1,99	29,9	53,0	256	29,7		

P : prévisions.

Source : Insee, INED.

2. – Les interprétations divergent

a. — Un processus d'individualisation croissante

■ **Entre conjoints**

Un rôle fondamental dans l'évolution de la famille tient à l'indépendance acquise par les femmes. En effet, on peut relever la corrélation entre la généralisation du travail féminin et les changements familiaux. La généralisation du modèle du couple bi-actif est l'un des traits fondamentaux de la mutation de la famille. Leur autonomie financière les conduit à être plus exigeantes à l'égard du couple. C'est en grande partie sous leur impulsion que les divorces et l'union libre ont progressé. Trois fois sur quatre, c'est à leur initiative que le divorce est prononcé. De même, le célibat féminin a augmenté, notamment parmi les femmes actives très diplômées. Quant au report des naissances, s'il résulte de la maîtrise croissante des méthodes contraceptives, il est surtout dû à la prolongation des études et à l'insertion professionnelle des femmes. Cette autonomisation des femmes a aussi un coût. Les personnes seules à la tête d'une famille sont à plus de 80 % des femmes.

En accédant massivement à l'emploi, les femmes se sont certainement affranchies des contraintes les plus pesantes attachées à leur rôle d'épouse et de mère et ont imposé de nouvelles relations entre conjoints. Ainsi, on assiste à un déclin de l'autorité du mari, qui se manifeste en premier lieu dans une égalité plus grande dans les décisions en matière d'éducation des enfants, de choix du lieu d'habitat, des vacances, des amis. En matière de rôles parentaux, l'autorité est de plus en plus partagée et le rôle éducatif n'incombe plus seulement à la femme. Cette évolution de la répartition des tâches est à rapprocher du nouveau modèle familial de type associatif où les deux membres du couple sont actifs et dont le ciment est constitué par le lien affectif volontaire.

Parallèlement, les valeurs ont évolué : on note ainsi la mise en cause de l'interdit social de relations affectives et sexuelles hors du mariage, une plus grande tolérance. Ces transformations se sont inscrites dans la législation comme en atteste la création du Pacte civil de solidarité (PACS) en 1999. Ce contrat privé, répertorié au registre du tribunal d'instance pour officialisation, confère des droits aux couples non mariés, homo ou hétérosexuels : droit à signer un bail en commun, droit à la protection sociale, imposition commune sur les revenus et droits de succession moins élevés. Le nombre total de PACS signés depuis 1999 s'élève à 525 665 en 2008 pour un nombre total de 81 710 dissolutions. En 2008, près de 95 % des PACS signés l'ont été par des couples hétérosexuels.

Pour autant, ces évolutions font l'objet de débats vivaces en France, où la question des valeurs resurgit avec force. Il en va ainsi du mariage homosexuel (reconnu dans certains pays européens tels que les Pays-bas, la Belgique ou l'Espagne) ou de celle de l'homoparentalité, qu'il s'agisse d'enfants nés d'un parent homosexuel l'élevant avec son conjoint du même sexe ou d'enfants adoptés.

■ **Entre générations**

Les rapports pédagogiques dans la famille se sont profondément transformés. L'image des parents, notamment celle du père, et les relations d'autorité ont évolué sous l'effet de plusieurs facteurs. Les relations d'autorité étant moins prégnantes dans le couple, les modèles d'identification évoluent également aux yeux des enfants pendant le processus de socialisation. Dans la société, le recours à l'autorité est de moins en moins accepté : l'obéissance à un supérieur hiérarchique, dans l'entreprise par exemple, prend des formes moins directes, moins visibles qu'auparavant. Le développement de la scolarisation à tous les niveaux s'accompagne d'une multiplicité des agents de référence pour les enfants qui tendent de plus en plus à être socialisés par leurs pairs. De plus, en

France, les enfants sont scolarisés plus jeunes que dans la plupart des pays européens, par l'accès massif à l'école maternelle, où la pédagogie est davantage axée sur l'éveil que sur la relation d'autorité et les sanctions. Avec l'allongement de l'espérance de vie, les jeunes sont de plus en plus longtemps et souvent en contact avec leurs grands-parents, avec lesquels ils entretiennent des relations affectives fortes et même de complicité à l'adolescence.

Cette atténuation de l'autorité des parents sur les enfants ne se limite pas à la période de l'enfance ou de l'adolescence. L'allongement de l'espérance de vie, retardant l'héritage, et la salarisation croissante, diminuant son importance, ont contribué à réduire l'emprise des parents sur les enfants adultes. Ce déclin se manifeste également par la diminution de l'homogamie professionnelle, religieuse et ethnique : les parents influencent de moins en moins leurs enfants sur leurs choix en matière de mariage ou de relations.

b. — Des permanences

■ Homogamie

Le libre choix du conjoint ne s'affranchit pas des contraintes sociales, comme le révèlent les études sur l'homogamie. Les sociologues comparent les milieux sociaux du père et du mari des femmes mariées ; si ces milieux sont semblables, il y a homogamie et s'ils sont différents, hétérogamie. Or, l'homogamie l'emporte sur l'hétérogamie. Le fait de se marier ou de vivre avec quelqu'un du même milieu social, en France comme dans les autres sociétés industrielles avancées, reste une donnée structurelle. C'est parmi les catégories sociales les plus favorisées et chez les agriculteurs que l'homogamie est la plus forte, les employés développant les comportements matrimoniaux les plus mobiles. Pourtant, l'homogamie devient plus liée aux statuts « acquis » qu'aux « statuts » hérités. Le diplôme, comme caractéristique du milieu social, joue un rôle de plus en plus net. Toutefois, deux résultats complètent la conclusion d'homogamie. D'abord, les maris ressemblent moins aux pères de leurs femmes qu'à leurs propres pères, ce qui signifie que la destinée sociale des femmes, mesurée par ce critère, est un peu plus ouverte que celle des hommes. Ensuite, les couples hétérogames, en majorité hommes cadres et femmes professions intermédiaires ou employées et hommes ouvriers et femmes employées renvoient à la forte différenciation des emplois selon le sexe. Enfin, les modalités et les lieux de rencontre ont changé : l'endogamie (proximité géographique entre les conjoints au moment de leur union) s'est fortement réduite du fait de la déruralisation et de l'accroissement global de la mobilité résidentielle. Les lieux de rencontre directement soumis au contrôle social exercé par les parents (rencontres de voisinage, présentation par des amis) ont fortement décru au profit de lieux plus collectifs de socialisation – soirées entre amis, associations, lieux d'étude. Des mécanismes moins visibles mais tout aussi efficaces de segmentation sociale se sont ainsi substitués aux stratégies matrimoniales traditionnelles.

■ Rôles sexués

Le partage des tâches domestiques n'a pas beaucoup évolué. Alors que les femmes travaillent professionnellement presque autant que les hommes, elles conservent le quasi-monopole des tâches ménagères et domestiques. Les femmes actives ayant des enfants effectuaient en moyenne 5 heures de travail domestique par jour en 1975. En 1999, elles y consacrent 3 h 30 en moyenne, alors que pour les hommes, ces activités s'élèvent à 1 h 15 en moyenne selon l'enquête « emploi du temps » de l'Insee. Si on s'intéresse au « temps parental », on observe que les mères consacrent deux fois plus de temps à leurs enfants que les pères : 25 h 30 hebdomadaires contre 12 h 41.

Or, les inégalités entre les sexes s'engendrent et se cumulent mutuellement, en multipliant les avantages au profit des uns et les handicaps au détriment des autres. Ainsi, la division inégalitaire du travail domestique dresse un sérieux obstacle à l'activité et à l'investissement dans une carrière professionnelle des femmes. Réciproquement, les grandes difficultés rencontrées lors de la recherche ou de la conservation d'un emploi normal (à durée indéterminée et à plein temps), répondant au désir d'accomplissement personnel et de promotion sociale, les incitent fréquemment à se replier sur la sphère conjugale et familiale, au profit du travail domestique.

Si les femmes ont su conquérir une certaine autonomie dans les familles, notamment grâce à leurs revenus propres, c'est au prix d'une « double journée » tant les servitudes domestiques restent inégalement partagées. Et quand le couple vient à se défaire, souvent à leur initiative, elles sont confrontées à de nouvelles difficultés liées à la garde des enfants et à leur dévalorisation sur le « marché matrimonial ».

■ Des mutations à relativiser

Les transformations familiales ne touchent pas identiquement tous les milieux sociaux. Elles sont plus urbaines que rurales même si elles tendent à se diffuser à l'ensemble du territoire national. Pour certaines d'entre elles (union libre, célibat, report des naissances), les étudiants ont eu un rôle pionnier. Le niveau d'instruction introduit de sensibles différences pour tout ce qui a trait aux naissances : baisse de la fécondité et report des naissances sont plus marqués pour les femmes les plus diplômées. D'une façon générale, les nouveaux comportements familiaux sont plus courants parmi les membres des couches moyennes salariées à l'exception des familles monoparentales et recomposées plus fréquentes dans le bas de l'échelle sociale, c'est-à-dire parmi les femmes pas ou peu diplômées.

Si la diversification des modes de vie familiale est réelle, elle ne contraste pas si radicalement avec le passé. Certes, le couple marié avec enfants, présenté comme la famille « traditionnelle », est ébranlé. Mais les historiens expliquent que ce type de famille n'a constitué un modèle dominant que durant une courte et récente période allant des années 1920 aux années 1960 (Segalen, 2004). C'est à cette époque que se sont forgées les images de la femme au foyer et de la famille dite « traditionnelle ». Elles exprimaient un idéal bourgeois de la famille conjugale où mari et femme tiennent des rôles très différenciés. Auparavant, qu'il s'agisse de la société d'Ancien Régime ou de la société industrielle naissante, la diversité familiale a toujours été la norme. Elle découlait des traditions et coutumes successorales, ou encore des clivages régionaux ou de classes. En ce sens, le pluralisme familial des deux dernières décennies marque la fin d'une parenthèse historique exceptionnelle. Loin d'annoncer un plongeon dans l'inconnu, il traduit sur le long terme un certain retour à la normale.

LES TRANSFORMATIONS DES NIVEAUX DE VIE ET DES MODES DE VIE

« Consommation de masse », « société d'abondance », autant de métaphores évocatrices de la forte croissance de la consommation qui s'est déroulée depuis les années 1960 dans les pays développés. L'élévation des niveaux de vie apparaît dès lors comme le phénomène central et structurant de l'évolution des modes de vie. Mais la notion de mode de vie ne se résume pas aux aspects matériels ; elle implique également de tenir compte des opinions et des valeurs. Or celles-ci semblent de plus en plus structurées par l'individualisme.

A UNE ÉLÉVATION DES NIVEAUX DE VIE

L'élévation des niveaux de vie a été rendue possible par l'accroissement des revenus. Mais les ressorts de la consommation sont multiples : aux mutations structurelles s'adjoignent des stratégies de certains groupes sociaux.

1. – L'accès généralisé à la société de consommation

a. — L'évolution des revenus et des niveaux de vie

■ Croissance des revenus et du pouvoir d'achat

Le niveau de vie est constitué par l'ensemble des biens et services qu'un individu ou un groupe de personnes peut consommer : le niveau de vie est donc apprécié en termes monétaires et correspond aux dépenses de consommation des ménages. Alors que le salaire réel des Français avait connu une relative stagnation entre 1914 et 1954, la France a depuis 1959 été caractérisée par une forte croissance économique qui s'est traduite par une progression forte et régulière des revenus.

Le pouvoir d'achat du revenu disponible brut des ménages fait plus que tripler entre 1959 et 1993 et son rythme de croissance atteint un maximum entre les années 1959 et 1973, période durant laquelle il double, soit une hausse moyenne annuelle de 5,8 %. Le premier choc pétrolier de 1973 ralentit la croissance des revenus : le pouvoir d'achat n'augmente plus que de 2,1 % par an en moyenne entre 1973 et 2008. Depuis 1980, la croissance du revenu disponible des ménages est beaucoup plus lente et irrégulière. Dans l'ensemble, le fléchissement de la hausse des revenus a été en partie masqué par une forte progression des prestations sociales versées aux ménages.

■ Mais inégalement au cours du temps et des milieux sociaux

La profession des individus exerce une influence déterminante sur le montant moyen et la structure des revenus qu'ils perçoivent. Un premier clivage est relatif au statut de l'activité exercée. Le revenu disponible moyen d'un ménage d'indépendants est supérieur à celui d'un ménage de salariés. De plus, les professions indépendantes cumulent un revenu élevé et d'importantes ressources d'origine patrimoniale. Un second clivage a trait au secteur d'activité au sein duquel travaillent les salariés : les salaires sont en moyenne plus élevés dans le secteur privé que dans le secteur public, mais surtout pour les hommes et parmi les professions les plus qualifiées. Enfin, il faut souligner le pouvoir redistributif des revenus de transfert : les ouvriers sont les principaux bénéficiaires des prestations sociales, du fait d'un nombre moyen d'enfants plus élevé qui ouvre des droits aux prestations familiales, mais aussi de par leur plus grande vulnérabilité au chômage et aux accidents du travail. Leur position au bas de la hiérarchie des salaires explique que les ouvriers et employés soient les deux catégories socioprofessionnelles qui retirent l'apport le plus élevé des revenus de transfert, même si les employés reçoivent peu de prestations familiales car leurs ménages sont de taille réduite.

b. — Une modification de la consommation

■ Sur le plan quantitatif

En France, de 1959 à 2007, la consommation totale des ménages en volume est multipliée par plus de 4,5. Compte tenu de l'augmentation de la population, la quantité moyenne de biens et services consommés par chaque Français est 3,3 fois plus élevée en 2007 qu'en 1959. Entre 1960 et 2007, la hausse des dépenses de consommation des ménages a été de + 3,2 % par an en moyenne. Cependant, après des taux un peu supérieurs à 5 % par an dans les années 1960, le rythme de croissance de la consommation diminue progressivement au cours du temps : 3,5 % en moyenne et en volume de 1970 à 1980, 2,6 % de 1980 à 1990 et 1,3 % de 1990 à 1996. Après une quasi-stagnation en 1997, les dépenses de consommation des ménages ont augmenté de 3,3 % en 1998, de 2,1 % en 1999 et de 3,6 % en 2000 ; depuis 2001, elles augmentent d'un peu plus de 2 % chaque année (mais seulemnt de 1 % en 2009).

■ Sur le plan qualitatif : évolution des structures de la consommation

L'analyse des différents coefficients budgétaires (part d'une catégorie de dépenses dans le budget des ménages) montre que les dépenses alimentaires n'ont cessé de reculer pour représenter moins d'un cinquième du budget des ménages aujourd'hui, confirmant les prédictions énoncées un siècle plus tôt par l'Allemand Engel. Une autre catégorie de dépenses voit sa part décliner simultanément : l'habillement. Il faut y voir les effets des changements d'habitudes vestimentaires, comme l'atteste le développement du prêt-à-porter ou des tenues plus décontractées (le triomphe du jean) ou sportives, mais aussi la baisse relative des prix des produits liée aux modifications de l'industrie textile (les délocalisations permettant d'offrir des produits « bas de gamme » bon marché sur le territoire national). C'est au début des années 1970 que les dépenses liées à l'habitation et à son équipement deviennent le premier poste budgétaire. La politique du logement qui a poussé une majorité de Français à acquérir sa résidence principale, quitte à s'endetter dans un premier temps, et la volonté d'aménager celle-ci de manière confortable se sont traduites par une montée générale des charges en ce domaine. Avec les années 1980 et le début des années 1990, cette catégorie de dépenses semble marquer le pas mais leur progression est à nouveau forte depuis le milieu des années 2000 (premier poste de dépense en 2006). Les dépenses de santé, en liaison avec la mise en place d'une protection sociale étendue au lendemain de la guerre, ont aussi fait un bond considérable : la demande de soins s'est accrue avec une meilleure couverture sociale et les progrès effectués en matière d'espérance de vie ont abouti aussi à accroître le nombre de personnes âgées fortes consommatrices de biens et services médicaux. Parmi les autres dépenses significatives, les dépenses liées au poste culture-loisirs ont connu à leur tour une évolution favorable, mais en leur sein, des évolutions contrastées se sont produites : la demande de biens audiovisuels et de nouvelles technologies (télévision, radio, baladeur, magnétoscope, écrans plats, appareils photos numériques), autres biens caractéristiques de l'ère de la consommation de masse, a constitué le moteur essentiel de cette croissance, alors que les biens ou services traditionnels (presse, édition, cinéma, spectacle) ont décliné ou stagné.

2. – Les déterminants sociaux de la consommation

a. — Les transformations structurelles

■ **Urbanisation, salarisation et féminisation**

Les transformations dans la structure des consommations sont étroitement liées à la forte décroissance de la population agricole et au déclin progressif des travaux de force. Le mode de vie urbain transforme l'usage du vêtement : sa fonction de protection contre les intempéries s'atténue avec la généralisation du confort des logements – mieux chauffés et isolés – et la moindre fréquence des déplacements à pied.

L'extension du salariat va de pair avec l'accroissement de la durée du temps de transport entre le domicile et le lieu de travail : les salariés y consacrent en moyenne une heure par jour en 1990, plus d'une heure pour 18 % d'entre eux. Aussi la part des repas pris à l'extérieur augmente fortement au début des années 1970, plus lentement depuis le ralentissement de la croissance. La généralisation du salariat favorise également la croissance du temps « libre » : le modèle des congés payés concerne un nombre accru de travailleurs. Cette évolution contribue aussi à l'essor des dépenses de loisir et de tourisme.

Le développement du travail des femmes affecte la consommation : la réduction du temps de préparation des repas favorise la forte croissance des ventes de produits alimentaires à forte valeur ajoutée (plats préparés ou surgelés) et indirectement celle de biens durables (congélateurs et fours à micro-ondes) ; la multimotorisation des ménages d'actifs augmente ainsi que la consommation de services (alimentation à domicile, pressing, gardes d'enfants). Les dépenses d'habillement des femmes actives, plus attachées à leur apparence, sont en moyenne plus élevées que celles des femmes au foyer. Enfin, l'indépendance financière accroît le poids des femmes dans les décisions de consommation et les préoccupations traditionnellement féminines – équilibre, sécurité, santé – gagnent l'ensemble du corps social.

■ **Mutations démographiques et consommation**

Le mouvement de baisse de la nuptialité et de la fécondité, la fragilisation de la famille et la croissance du nombre de familles monoparentales ont favorisé une réduction de la taille moyenne des ménages. Cette évolution s'est par exemple traduite dans le secteur du logement : après un maximum atteint entre 1968 et 1976 (arrivée à l'âge adulte de la génération du baby-boom), la croissance du parc s'est ralentie par la suite. La diffusion des biens électroménagers, fortement dépendante de la mise en chantier de nouveaux logements, a également subi un fort ralentissement et la part des achats de renouvellement a progressé.

L'allongement de la durée moyenne de vie et l'augmentation de la part de personnes âgées dans la population ont contribué à dynamiser la consommation médicale dans la mesure où les personnes âgées consomment plus que la moyenne. Il faut aussi souligner que le vieillissement correspond à l'arrivée à des âges élevés de populations ayant acquis des comportements et habitudes de soins beaucoup plus développés.

b. — *Consommation, ostentation et distinction*

■ Baudrillard

Dans *La société de consommation*, publié en 1970, J. Baudrillard critique la logique de la consommation, qui enserre les individus dans des rapports de domination et une forme d'aliénation.

Baudrillard analyse la consommation non pas par les objets, mais par les fonctions – signes qu'elle représente (notamment le besoin de reconnaissance sociale, souvent exploité par les publicitaires). Ainsi, la consommation a une double fonction. Les objets sont des symboles qui permettent au consommateur d'afficher son revenu et ses goûts. « *La consommation est ici un système d'échange, et l'équivalent d'un langage.* » C'est, ensuite, un mode de différenciation puisque les objets sont des « *signes qui vous distinguent soit en vous affiliant à votre propre groupe pris comme une référence idéale, soit en vous démarquant de votre propre groupe par référence à un groupe de statut supérieur* ». Il parvient ainsi à décomposer l'achat d'une voiture, par exemple, en motivations biographiques, techniques, utilitaires, psycho-symboliques (surcompensation, agressivité), sociologiques (normes de groupe, désir de prestige, de conformisme ou d'originalité). Parfois, elles peuvent être contradictoires : besoin de sécurité/besoin de risque, besoin de conformité/besoin de distinction. La mode peut également s'analyser comme un renouvellement permanent de la « *production sociale de signes, de valeurs et de relations* ».

■ Bourdieu

P. Bourdieu montre, dans *La Distinction* (1979), comment l'*habitus* (ensemble des dispositions acquises depuis l'enfance, intériorisées au point qu'elles apparaissent comme naturelles) influence les goûts et les comportements des individus. Le consommateur n'est pas autonome : ses moindres goûts (alimentaires, musicaux, esthétiques…) sont influencés par son appartenance sociale. Ainsi, il montre que les différences dans les styles de vie se maintiennent. Par exemple, en milieu populaire, le repas est placé sous le signe de l'abondance, les convives ne sont pas soucieux de manger dans les formes. En revanche, dans les milieux aisés, il y a une recherche dans la succession des plats, les convives attendent que le dernier d'entre eux soit servi pour commencer à manger, le raffinement des plats est plus important que l'abondance. La satisfaction des besoins obéit à des rituels et à une mise en scène qui varient selon les groupes sociaux. Le goût en matière alimentaire dépend aussi de l'idée que chaque catégorie sociale se fait du corps et des effets de la nourriture sur le corps.

Par ailleurs, les biens s'inscrivent dans une hiérarchie culturelle allant du légitime au moins légitime. Bourdieu montre ainsi que la différence entre la bourgeoisie et la classe ouvrière ne se situe pas essentiellement dans leurs moyens financiers respectifs, mais dans une domination culturelle exercée par la première sur la seconde. Les classes populaires reconnaissent pour légitime la consommation de champagne, mais n'achètent elles-mêmes que du mousseux. Cette consommation de substituts au rabais est l'indice d'une « *dépossession de la classe ouvrière qui se laisse imposer la définition des biens dignes d'être possédés* ». Dès lors, les différences dans les modes de consommation sont désormais moins quantitatives que qualitatives : ainsi, le taux d'équipement en postes de télévision atteint un maximum, mais la sélection des programmes varie beaucoup selon l'appartenance socioculturelle.

B UNE ÉVOLUTION CONTRASTÉE DES MODES DE VIE : HOMOGÉNÉISATION ET DIVERSIFICATION

Incontestablement, on observe une homogénéisation des modes de vie, fondée sur la diffusion massive des biens de consommations durables. Pour autant, il convient de souligner que l'accès aux biens n'a jamais été totalement généralisé et qu'une partie de la population s'est trouvée écartée de la société de consommation.

1. – De la logique du rattrapage social à l'individualisation des consommations

a. — La logique du rattrapage social

■ Le modèle de la diffusion en courbe logistique

Dans un premier temps, le taux d'équipement croît lentement : le bien n'est pas encore convoité et son prix est élevé. C'est le cas du téléviseur jusqu'en 1960 du lecteur de disques compacts jusqu'en 1990 ou du téléphone portable jusqu'en 2000. Le seuil de départ une fois dépassé, le taux d'équipement croît plus vite, dopé par une évolution favorable du prix du bien (magnétoscope, four à micro-ondes, ordinateurs…). Quand la diffusion se rapproche d'un seuil de saturation, variable selon les biens, la croissance du taux d'équipement se ralentit et la part des achats destinés au renouvellement s'accroît (automobile, téléviseur, réfrigérateur). Les achats de renouvellement peuvent être stimulés par de nouvelles innovations qui améliorent la qualité du bien, par exemple les équipements favorisant une meilleure sécurité automobile. Toutefois, certains biens n'obéissent pas à cette logique de diffusion dans la mesure où le besoin qu'ils satisfont est spécifique à certains modes de vie : c'est le cas du lave-vaisselle – encore conditionné par la taille des familles – ou du congélateur individualisé, fortement diffusé parmi les agriculteurs, dont les approvisionnements sont moins fréquents et l'autoconsommation plus importante.

■ Une diffusion inégale selon les milieux

Le fort accroissement des consommations débutant dans les années 1950 ne se déroule pas de façon homogène ; d'importantes disparités de consommation se maintiennent entre les groupes sociaux. Elles s'observent dans le domaine des consommations alimentaires. En 1972, un agriculteur exploitant consacre 43,2 % de son budget à se nourrir, contre 26,4 % pour un cadre supérieur. La part dans le budget alimentaire des repas pris à l'extérieur est de 19,4 % pour les cadres contre 9,8 % pour les ouvriers. Des différences importantes existent également au niveau de l'équipement en biens durables. L'automobile constitue un bien durable dont la diffusion est très inégalitaire. En 1953, 8 % des ouvriers en sont équipés, contre 56 % des cadres supérieurs. En 1970, le taux d'équipement des ouvriers (63,6 %) se rapproche de celui des cadres de 1953. Ce n'est qu'à partir de 1975 que ces disparités tendent à régresser. Par ailleurs, les ménages à bas revenu font plus fréquemment appel au marché de l'occasion, ont plus souvent recours au crédit, et sont moins nombreux à posséder plusieurs véhicules par ménage. Les nouvelles technologies de l'information et de la communication révèlent également d'importantes inégalités d'accès (en 2007, la moitié de la population française n'a pas accès à Internet) ; âge, diplômes et revenus se conjuguent pour les expliquer. En décembre 2009, 66 % de la population est connectée mais les usages d'Internet restent très différenciés selon les milieux sociaux.

Dans un article publié en 1999 dans la *Revue française de sociologie*, Louis Chauvel s'interroge sur l'homogénéisation des consommations des cadres et des ouvriers entre 1985 et 1995. Il constate

« *que les structures de la consommation révèlent les différences de position sociale* » et que, « *l'examen de l'évolution sur dix ans des différences des consommations des cadres et des ouvriers montre la permanence des différences de structure : l'indifférenciation totale est loin d'être réalisée* ».

b. — Une nouvelle logique de consommation ?

■ **Un consommateur rationnel ?**

Selon Robert Rochefort, la consommation est passée par trois phases. Dans les années 1950 et 1960, la consommation de masse s'affirme. Les produits qui dominent sont des biens durables et standardisés ayant une utilisation collective (la voiture, le téléviseur…). Les individus se définissaient avant toute chose par l'appartenance à des groupes : la famille, la classe sociale. De 1970 à 1990, la consommation s'individualise. Les appartenances collectives sont délaissées au profit d'achats personnalisés. La production de masse d'objets indifférenciés rentre en crise. La consommation est relancée grâce à la segmentation des marchés et à l'individualisation des produits. Dans les années 1990, avec le ralentissement économique, ils recherchent des consommations susceptibles de leur apporter une plus grande sécurité. Cette inquiétude est liée à la mondialisation des économies et à l'extension du chômage.

Parallèlement, des transformations structurelles provoquent des changements dans la consommation. Le niveau de formation de la population s'élève et les connaissances en économie se diffusent. Dès lors, certains auteurs considèrent que le consommateur est désormais capable de comprendre des concepts qui étaient dans le passé hors de sa portée ; il fait des arbitrages de plus en plus subtils et des calculs proches de la rationalité décrite par la théorie microéconomique du consommateur. Parallèlement, la compréhension des logiques et des stratégies des publicitaires et du marketing limite relativement leur efficacité. Ainsi, la fidélité aux marques décline : le consommateur se considère capable de choisir lui-même les produits, sans avoir besoin d'une caution. Dès lors, la société de consommation évolue vers une société de l'information.

■ **Consommation et valeurs**

Néanmoins, la logique utilitariste semble contrecarrée par des facteurs sociaux. L'acte de consommation incorpore également une dimension symbolique qui fait appel à l'imaginaire et aux valeurs du consommateur.

D'un côté, on peut relever des logiques de consommation individualistes. Elles se traduisent par un repli sur le foyer et le développement de l'espace privé et corrélativement par la forte croissance des dépenses consacrées au logement, ainsi que le développement des pratiques de bricolage et de jardinage, tandis que les loisirs à domicile se multiplient. De même, l'autonomie croissante des membres de la famille favorise la multiplication des achats individualisés, par exemple en matière automobile ou des matériels audiovisuels. Ensuite, le souci du corps et de la santé se développe, principalement dans les couches moyennes salariées, avec un impact direct sur les dépenses d'alimentation et de soin du corps, les pratiques sportives, la consommation de médicaments.

D'un autre côté, on observe la montée des préoccupations écologiques, humanitaires ou « citoyennes ». L'évolution des pratiques de consommation s'est accompagnée de la mise en place d'un nouveau système de valeurs, organisé autour de l'idée de préservation de la planète. Les Français consomment de plus en plus de lessives sans phosphates, de produits biologiques, de papier recyclable ou de produits cosmétiques transparents (sans colorants) et la plupart des entreprises s'intéressent aujourd'hui à l'environnement. Les causes humanitaires et sociales tiennent également une place croissante dans les préoccupations des consommateurs. Le « commerce équitable », soucieux du respect de l'environnement et de la défense des intérêts des petits producteurs des pays en développement, progresse. Quoique minoritaires, ces tendances s'affirment ; mais elles témoignent surtout des préoccupations des catégories aisées et urbaines.

2. – Pauvreté et exclusion dans la société française

a. — Le phénomène de pauvreté

■ Un phénomène multidimensionnel

Le concept de pauvreté renvoie traditionnellement à deux dimensions. La pauvreté absolue correspond à l'impossibilité de satisfaire ses besoins élémentaires de survie. La pauvreté relative, concept le plus utilisé pour décrire la situation dans les pays développés, est l'impossibilité d'accéder à une norme de consommation majoritaire, hors de laquelle l'individu se sent exclu et socialement déconsidéré. Les principaux indicateurs de la « pauvreté relative » ont été mis au point, en France, grâce à l'Insee qui distingue trois modes de mesure essentiels. L'approche monétaire consiste tout d'abord à établir une échelle de revenus et à déterminer le revenu médian (qui désigne le revenu tel que la moitié des individus ou des ménages étudiés gagne moins et l'autre moitié plus) : par convention, sera considéré comme pauvre tout ménage gagnant moins, annuellement et par unité de consommation, que 50 % de ce revenu médian (60 % du revenu médian dans le cadre de l'Union Européenne). À partir de cette approche, le nombre de pauvres en France s'élève à 4,3 millions de personnes soit un taux de pauvreté de 7,2 % (au seuil de 50 % du revenu médian) ou à 8 millions de personnes soit 13,4 % de pauvres (au seuil de 60 % du revenu médian). La deuxième approche passe par l'étude des conditions d'existence : après avoir défini les biens et services dont la consommation est jugée indispensable, dans l'environnement social actuel, on définit comme pauvre toute personne n'accédant pas à ce niveau-là. Enfin, la troisième possibilité de mesure est dite « subjective » : est pauvre l'individu qui déclare que son revenu ne lui permet pas de parvenir à ce qu'il pense être le minimum nécessaire.

La pauvreté, dont on vient de présenter la mesure, signifie non seulement un affaiblissement du revenu, mais aussi un accès de plus en plus difficile au logement, aux soins et à diverses dépenses de consommation courante. Cette précarité des conditions professionnelles et de vie est accentuée dans de nombreux cas par un affaiblissement concomitant de la sociabilité, tant familiale qu'amicale ou de voisinage. Depuis les années 1980, la structure de la pauvreté n'est plus la même et on peut observer des poches de pauvreté absolue amenant à s'interroger sur l'existence d'une « nouvelle pauvreté ».

■ Une « nouvelle pauvreté » ?

Du point de vue économique et social, la montée des situations précaires et du chômage explique en grande partie le développement d'une pauvreté dite « nouvelle » parce qu'elle touche depuis les années 1980 des catégories de travailleurs devenus très vulnérables alors qu'ils étaient auparavant assurés d'une situation matérielle, sinon enviable, du moins relativement acceptable. Ainsi naîtrait une « nouvelle question sociale ». Comme aux États-Unis, on commence à parler en France de *working poors* pour désigner les salariés pauvres, c'est-à-dire les personnes actives ayant travaillé au moins un mois sur les 12 mois de la période de référence et vivant dans un ménage dont le niveau de vie est inférieur au seuil de pauvreté. L'Insee évaluait leur nombre à 1,3 million de personnes en 1996, un peu plus d'un million en 2000 (avec un seuil de pauvreté correspondant à 50 % du revenu médian). En 2005 leur nombre, au seuil de pauvreté de 60 % du revenu médian, serait de 1,7 millions de salariés, soit environ 7 % de l'ensemble des travailleurs. Mais si l'on raisonne au niveau des individus (et non des ménages), ils sont 3,7 millions, soit 15 % des actifs, à être pauvres.

Plusieurs facteurs se conjuguent dans l'émergence de cette pauvreté. Une cause essentielle est le développement du temps partiel contraint. Le chômage de longue durée et la baisse de l'employabilité qu'il induit représentent un autre facteur important de la pauvreté. En effet, la dégressivité de l'allocation chômage et le fait que pour la percevoir, il faut, au préalable, avoir cotisé, font que la moitié environ des chômeurs ne sont pas indemnisés et vivent ainsi dans des conditions financières très précaires. Le chômage crée donc une insuffisance de revenus, mais il est aussi responsable de l'isolement des individus qui, souvent, se trouvent coupés de leurs anciennes relations sociales. Le chômage « désaffilie » – pour reprendre l'expression de Robert Castel (*Les Métamorphoses de la question sociale*, Fayard, 1995) – les individus en rompant des liens sociaux qu'ils entretenaient.

b. — L'exclusion

■ Un concept ambigu

Le terme d'exclusion n'a pas de fondement théorique en sociologie. Les sociologues classiques ont utilisé d'autres notions ou des concepts : anomie chez Durkheim ou Merton, désorganisation sociale dans les travaux de l'école de Chicago, déviance chez les auteurs fonctionnalistes, stigmatisation chez Goffman et les interactionnistes… De fait, l'utilisation du terme s'avère ambiguë. Il renvoie à des situations forcément plus complexes : tel individu « exclu » du monde du travail sera peut-être très bien « intégré » dans divers réseaux de sociabilité. De plus, l'exclusion elle-même ne signifie pas toujours absence totale de liens sociaux. Enfin, l'exclusion ne tombe pas du ciel : elle ne peut se manifester que par l'entremise d'acteurs sociaux dont il est nécessaire de repérer précisément les comportements, sauf à faire œuvre abstraite et désincarnée. Pour toutes ces raisons, nombreux sont les auteurs à avoir ancré leurs recherches sur des aspects très précis des phénomènes d'exclusion.

■ Un processus

Dans la plupart des cas, il ressort une dimension fondamentale : il n'y a pas de mise à l'écart totale et définitive, pas de véritable exclusion physique, mais bien plutôt un mode particulier d'inclusion, une relation mineure à la vie sociale. Ainsi, sur le plan historique, R. Castel (1995) a bien montré que les situations de vulnérabilité, si elles aboutissaient assez souvent à la marginalité, ne débouchaient que rarement sur l'exclusion. D'un autre point de vue, Bourdieu développe une analyse des conditions dans lesquelles une certaine structure sociale se reproduit, par la naturalisation du social et l'usage stratégique de divers types de « capital » (culturel, social, économique et symbolique). Revenant sur le champ scolaire, Bourdieu et Champagne (1993) parlent des « *exclus de l'intérieur* », désignant ainsi les élèves qui, exclus des filières « nobles », n'en sont pas pour autant rejetés à l'extérieur de l'école, mais relégués dans des sections aux ambitions réduites dont ils intériorisent rapidement les limites. Cette exclusion qui est en fait une forme d'inclusion par défaut, d'intégration obligée et dévalorisée, peut être caractéristique également d'autres situations, qu'il s'agisse de certains groupes d'âge (les jeunes, les personnes âgées), de catégories d'actifs (les actifs proches de la retraite, les chômeurs), ou encore de minorités (populations immigrées, personnes handicapées, SDF…).

Mais plus qu'un état, l'exclusion apparaît comme un processus amenant à la redéfinition de l'identité sociale. S. Paugam distingue trois types de situations, qui sont autant de phases successives du processus d'exclusion. La fragilité provient de difficultés diverses, qu'il s'agisse de la perte d'un emploi ou d'un logement, ou encore de l'impossibilité de s'insérer dans le monde du travail ; ces individus « déclassés » font « l'apprentissage de la disqualification sociale » mais cherchent à sortir d'une situation qu'ils considèrent comme provisoire. La dépendance constitue quant à elle une phase d'intériorisation de l'échec et de l'impossibilité de le conjurer ; renonçant progressivement à chercher un emploi, ces personnes s'installent dans une identité nouvelle, celle des assistés. La rupture correspond enfin aux situations de graves difficultés matérielles et de forte stigmatisation.

c. — La fin du travail intégrateur?

■ Le salariat fragilisé

La société salariale se caractérisait par trois traits : le travail permettait à chacun d'accéder à une place reconnue, il était organisé sur des bases collectives et correspondait peu ou prou à un ordre méritocratique. Ces trois dimensions sont de moins en moins vérifiées, et cette stabilité est de plus en plus remise en cause. Il y a une véritable « *déstabilisation des stables* » (Castel, 1995), c'est-à-dire un processus graduel réintroduisant une définition locale de la tâche, en déterminant sa durée et son contenu au plus près des besoins de l'employeur, qui retrouve ainsi une grande marge d'action dans le cadre d'un contrat dont les contraintes juridiques s'assouplissent en une multitude de cas différents.

Le développement rapide des formes particulières d'emploi touche de préférence des individus fragilisés sur le marché du travail : femmes peu qualifiées, jeunes sans expérience professionnelle et peu diplômés, travailleurs plus âgés sans espoir de reconversion. Tous sont en proie à une nouvelle insécurité sociale. Pour ces populations, l'intégration dans la profession devient plus délicate qu'autrefois : le marché du travail privilégie aujourd'hui des compétences multidimensionnelles qui peuvent être à l'origine de processus d'exclusion cumulatifs.

■ Le débat sur la « fin du travail »

Si l'intégration par le travail apparaît plus difficile, certaines thèses, loin de considérer ce phénomène comme un problème, invitent à reconsidérer la place du travail dans la société. En observant la relation entre travail et exclusion, deux types de question se posent.

D'une part, on peut se demander si l'absence d'exclusion sociale passe obligatoirement par l'insertion professionnelle. L'observation de la réduction du temps passé sur le lieu de travail et l'accroissement du temps de loisir pourrait faire croire que la sociabilité ne passe plus principalement par la pratique d'une activité professionnelle. Ainsi, pour certains, est-on véritablement en présence de la « fin du travail », de sa désacralisation, au sens où il peut s'agir pour certains actifs de gagner simplement leur vie, sans accorder un intérêt démesuré à leur emploi, surtout si celui-ci est précaire ou peu gratifiant. Or, il semble que le droit au travail soit toujours revendiqué comme le moyen essentiel pour participer à la vie économique autrement que par la seule consommation.

D'autre part, on peut s'interroger sur la capacité du travail à éviter l'exclusion. Les emplois de proximité, les « petits boulots » peuvent être jugés positivement et non comme des palliatifs dégradants, à condition qu'ils procurent des revenus suffisants dans des sociétés où l'intégration passe aussi par la consommation. Le risque d'une société duale a souvent été évoqué, même si les clivages entre emplois protégés et emplois précaires, entre secteur public et secteur privé ont tendance à s'estomper sous l'influence de la précarisation croissante dans de nombreux secteurs et domaines d'activité.

C DES VALEURS OSCILLANT ENTRE L'INDIVIDUEL ET LE COLLECTIF

Si les conditions matérielles ont connu une certaine convergence, les valeurs semblent avoir suivi un processus identique : l'individualisme est devenu une valeur centrale dans les sociétés développées. Mais elle suscite parallèlement une quête identitaire qui, paradoxalement, remobilise les valeurs liées à l'appartenance à des communautés primaires telles que la famille, l'ethnie, le local, le groupe de pairs.

1. – La transformation des valeurs

a. — Le processus d'individualisation

■ Les valeurs en mutation

Les structures sociales ont été sensiblement modifiées depuis 1945. En témoigne la part relative des agriculteurs, des ouvriers ou des employés. En d'autres termes, de la classe populaire aux classes dirigeantes en passant par les classes moyennes, la France a changé. On assisterait ainsi à la fin des « cultures de classes ». Parallèlement, les cultures localisées dans les milieux de travail (l'usine, pour la classe ouvrière, le métier pour l'artisanat, le milieu naturel pour les paysans) ont décliné. Villes et campagnes se sont fondues dans une civilisation urbaine plus ou moins marquée selon les lieux, mais toujours présente au moins par les moyens de transport et les médias. Aux sous-cultures se serait substituée une « culture de masse » véhiculée par les médias. Mais on peut mettre en évidence une tendance contraire : celle qui consiste dans l'exacerbation du « moi », de l'« individu souverain ». Cette culture s'ancre aussi fortement sur une idéologie : celle des couches moyennes.

■ Individualisme et émancipation des comportements à l'égard des institutions

L'individualisation peut se définir comme l'accroissement de l'autonomie des individus par rapport aux groupes et aux institutions. Il affecte les choix en matière d'éducation, de relations au sein du couple ou de la famille, d'adhésion à des normes ou des valeurs religieuses, politiques… Il permet donc de fournir un des facteurs explicatifs des attitudes à l'égard des institutions. Ainsi, depuis les années 1970, les syndicats ont-ils perdu leur force symbolique de revendication basée sur la défense du pouvoir d'achat des salariés sous l'effet de facteurs économiques, politiques, sociaux et organisationnels. Cette dévalorisation relative a conduit de nombreux salariés à se situer hors du champ syndical lors des mobilisations collectives et des conflits. De même, il a affecté les comportements face aux institutions religieuses. On peut évoquer un double mouvement significatif du processus de sécularisation, montrant la différenciation croissante entre la religion et la société : une autonomisation croissante des institutions politiques, scolaires et de la famille vis-à-vis de l'institution religieuse ; une perte d'influence relative de la religion sur les individus à travers la diminution de leurs pratiques religieuses et une modification de leurs croyances (en France, la proportion de personnes qui se disent croyantes est passée de 62 % en 1981 à 53 % en 2008).

b. — Le libéralisme culturel

■ Ses caractéristiques : tolérance et permissivité

L'essor de l'individualisme assure l'émergence d'un nouveau système de valeurs que l'on peut résumer sous l'expression de « libéralisme culturel ». Forgé par les politologues Gérard Grundberg et Etienne Schweisguth, il se caractérise par un ensemble de valeurs anti-autoritaires caractéristiques du mouvement de Mai 68 centrées sur la liberté et l'épanouissement individuel (hédonisme). L'individu est érigé comme une valeur en soi. Cet individualisme présente deux facettes : la première, rejetée dans ce cadre, associe l'individualisme à un certain « égoïsme », au sens où *ego* l'emporte sur *alter*, la seconde, au contraire, tend vers un nouvel universalisme de tolérance où la liberté individuelle est liée à la reconnaissance de la liberté de l'autre, jamais *ego* sans *alter*.

■ Ses effets

On constate une relation ambivalente entre l'individu et les formes instituées de la vie sociale car la volonté de développement du « moi » ne peut pas nier la nécessité des institutions. Mais celles-ci changent en ce sens qu'elles sont de plus en plus au service de l'individu. Cette articulation entre l'individu et l'institution est bien illustrée par l'exemple de la famille : un mouvement de sécularisation et de privatisation affecte la vie conjugale. F. de Singly (1996) montre aussi que la famille est devenue un lieu privilégié de construction de soi. Il lui attribue, dans une société individualiste, la fonction centrale de consolider en permanence le « soi » des adultes et des enfants. La famille serait ainsi devenue un lieu social où l'individu, à travers la définition de valeurs, se crée une identité. Les mutations des institutions et des comportements politiques s'inscrivent aussi dans ce mouvement d'évolution des valeurs. La France connaît, avec un certain décalage dans le temps, le mouvement d'abstentionnisme électoral commun aux démocraties. Les institutions traditionnelles, comme les partis ou les syndicats, deviendraient des institutions de « services ». L'instrumentalisation de ces institutions et l'utilitarisme qui lui est lié gagneraient d'autres institutions comme l'école, l'entreprise…

2. – La reconstruction du lien social

a. — La famille plébiscitée

■ Une valeur centrale

La communication entre parents et enfants apparaît de nos jours comme relativement bonne. Les jeunes Français quittent le domicile de leurs parents de plus en plus tard. À 20 ans, ils sont encore 75 % à vivre sous le toit familial, et à 25 ans, 29 %. On peut évoquer les facteurs économiques et sociaux, tels que l'allongement de la durée des études, l'insertion professionnelle rendue plus difficile par le chômage, la diminution du nombre d'enfants par foyer et l'amélioration des conditions de logement. On peut également interpréter ce phénomène comme le résultat d'une amélioration des rapports entre les générations.

■ Le renforcement de la parentèle

Actuellement, de plus en plus, parents et enfants adultes vivent dans des domiciles séparés, mais ils sont le plus souvent à moins d'une demi-heure les uns des autres. Si la promiscuité disparaît, la proximité se maintient. L'aide entre parents et enfants varie peu depuis une dizaine d'années, malgré les changements connus par ces sociétés. L'idée que la famille est toujours le soutien principal persiste, même si l'État apparaît souvent comme un « père » de substitution. Or, actuellement, un Français sur quatre âgé de 45 à 64 ans appartient à une parentèle où coexistent quatre générations. L'évolution démographique a consolidé la parenté en ligne directe et les relations se sont renforcées avec la famille proche (parents et grands-parents). Ces relations passent d'abord par des échanges de biens et de services. L'information circulant dans les réseaux de parenté peut être utile pour trouver un logement ou un emploi, quand l'enfant devient un jeune adulte ou qu'il fonde une famille. Lorsque les parents deviennent très âgés, le sens des relations a tendance à s'inverser.

b. — Le retour du « communautaire »

■ De nouveaux corporatismes dans le travail : néocorporatisme et coordinations

Une communauté peut se définir comme un groupement humain, souvent de taille assez restreinte, fondé sur une grande solidarité et sur la croyance en des mêmes valeurs avec une forte interdépendance entre les membres, une vision de la vie et un mode de vie assez proches. Les liens peuvent être institutionnels et formels, mais ils sont le plus souvent informels et d'ordre affectif. Alors que le chômage et la précarité croissante des emplois créent une incertitude chez de nombreux salariés, parfois à la marge de l'exclusion, on observe paradoxalement chez certains un repli sur la valeur travail, comme si sa rareté lui donnait un sens nouveau. Le travail apporte certes une satisfaction par les possibilités de dépenses offertes par le revenu qu'il procure, mais l'activité professionnelle peut procurer une satisfaction en elle-même : se réaliser dans la production d'un bien ou d'un service et entretenir des relations dans l'entreprise, qui contribuent à la construction de sa propre identité.

En France, l'idée de corporatisme renvoie à celle de corporation professionnelle du Moyen Âge. Le néocorporatisme est défini par P. Schmitter comme « *un système de représentation des intérêts par les acteurs, en nombre limité, obligatoires, hiérarchisés. Reconnus et admis par l'État, ils bénéficient d'un monopole de représentation si, en échange, ils réussissent à garantir un relatif contrôle sur la sélection de leurs dirigeants, sur le type de revendications exprimées par la base et le soutien dont elles font l'objet.* »

En période de crise économique, ce néocorporatisme a tendance à évoluer vers la défense d'intérêts catégoriels. La fin des années 1980 a vu l'émergence de nouveaux mouvements sociaux attachés à des professions ou des statuts particuliers, les plus remarqués étant les coordinations d'infirmières ou d'étudiants. Une coordination se distingue d'un syndicat, d'une intersyndicale et d'un comité de grève par différents points : elle est basée sur la valorisation ou la revalorisation d'une profession victime d'attaques et exprime une forte demande de reconnaissance professionnelle ; elle est ponctuelle, non permanente, car elle émerge à l'occasion d'un conflit ; il s'agit d'une structure informelle, élue lors d'assemblées générales ; elle n'a pas qu'une action de grève, mais elle organise des actions symboliques et profite d'une forte médiatisation ; ses figures emblématiques ne revendiquent aucune autre appartenance que la profession ou le statut et affirment une volonté d'autonomie face aux syndicats et aux partis politiques ; elle comprend des syndiqués et des non-syndiqués.

■ Sociabilité et tissu associatif

Alors que les associations de type « militant » (syndicales, politiques, de défense des droits des citoyens…) rassemblent moins d'adhérents, celles liées aux loisirs, au sport et à la culture sont en plein essor. « *S'associer, c'est réunir en faisceau les volontés individuelles pour défendre une conviction commune* », affirmait Tocqueville dans *De la démocratie en Amérique*. Ainsi, la participation aux associations est généralement considérée comme un signe d'intégration sociale. Or, rien n'est moins évident. L'extension du mouvement associatif peut être aussi dans certains cas le signe d'une volonté de se distinguer des autres (*cf.* les nombreuses associations d'un sport comme l'aïkido comportant de multiples écoles) ou d'un repli d'un petit groupe de personnes préférant rencontrer leurs semblables. L'hétérogénéité du contenu du mouvement associatif est telle qu'il est difficile d'évaluer son pouvoir intégrateur.

■ Les nouveaux mouvements religieux

Si les individus semblent s'émanciper des institutions religieuses, si on observe une autonomisation des différentes sphères de l'activité sociale par rapport à la religion, on voit parallèlement émerger de nouveaux mouvements religieux ou la résurgence de pratiques intégristes au sein des religions traditionnelles, qui s'opposent à l'idée de l'individualisation de la foi et de la pratique. Au contraire, cette « nouvelle » religiosité passe par des pratiques communautaires et contribue à renforcer certains liens sociaux. L'idée que les sociétés modernes évoluent vers la rationalisation et la sécularisation (un glissement du religieux au profane) est à relativiser. L'observation de ces nouveaux mouvements religieux a débuté dans les années 1970 aux États-Unis avec plusieurs phénomènes : le développement rapide de sectes protestantes évangélistes et pentecôtistes ; l'intérêt croissant pour les religions et philosophies orientales, en particulier le bouddhisme ; l'apparition de sectes et de mouvements basés sur le culte de la personnalité d'un leader charismatique ; la recherche de l'épanouissement personnel à travers certaines pratiques mentales et corporelles (méditation, yoga, jeûne…). Ces phénomènes ont connu une diffusion élargie au cours des années 1970 et 1980, sur l'ensemble des pays européens. Parallèlement, de nouveaux modes de sociabilité passent également par des mouvements de renouveau dans le catholicisme, le protestantisme, le judaïsme et l'islam.

LA MOBILITÉ SOCIALE
(ILLUSTRÉE À PARTIR DU CAS FRANÇAIS)

La mobilité sociale, qui désigne la circulation des individus entre catégories ou classes sociales, offre un double visage. D'un côté, elle constitue un objet d'étude de la sociologie; ainsi, son analyse repose sur un certain nombre d'indicateurs et d'outils forgés pour en rendre compte. D'un autre côté, l'idéal républicain en fait un enjeu : dans une société démocratique, au sens tocquevillien, l'égalité des chances doit permettre aux plus méritants de s'extraire de leur condition. Cette double approche témoigne de l'importance des interrogations sur les facteurs de la mobilité. Plus récemment, le questionnement s'est déplacé vers les effets de la mobilité.

A L'ANALYSE DE LA MOBILITÉ SOCIALE

Afin d'analyser les flux de mobilité, les sociologues se heurtent à un certain nombre de difficultés méthodologiques et fondent leurs approches sur des concepts spécifiques. Ils permettent ainsi de décrire les différentes composantes de la mobilité.

1. – Les difficultés méthodologiques

a. — Les conventions retenues dans l'étude de la mobilité sociale

■ **La distinction des différentes formes de mobilité**

Afin de rendre compte de la mobilité sociale, on distingue la mobilité intragénérationnelle ou mobilité professionnelle, qui est le passage des individus d'une catégorie à l'autre durant la même génération, de la mobilité intergénérationnelle qui est la circulation d'un individu du groupe social auquel appartient sa famille à un autre groupe. On compare donc la situation de deux générations : celle des parents et celle des enfants. Selon le sens de la circulation, on distingue la mobilité verticale quand elle correspond à une mobilité ascendante (ascension sociale) ou descendante (déclin social ou régression sociale) le long de l'échelle sociale ; la mobilité horizontale correspond à un changement de profession ou/et de PCS sans effet sur le statut social ; dans ce cas, on parle également de mobilité professionnelle.

Par ailleurs, on peut décomposer la mobilité sociale totale (ou brute) observée en mobilité sociale structurelle (imposée par l'évolution des structures sociales) et en mobilité sociale nette (différence entre mobilité totale et mobilité structurelle).

Enfin, on peut distinguer la mobilité individuelle de la mobilité collective, cette dernière désignant les trajets de groupes sociaux dans la hiérarchie sociale. Ces distinctions témoignent de la nécessité d'étudier les flux de mobilité en relation avec les modifications du cadre dans lequel ils se déroulent : les déplacements individuels sont dépendants de l'évolution des structures sociales.

■ **Le choix des critères de la stratification sociale : classes et/ou strates**

Les résultats issus l'étude de la mobilité sociale diffèrent selon le regroupement des individus que l'on opère. Une classification en PCS donne une plus grande impression de mobilité puisqu'il y a six catégories entre lesquelles les individus peuvent se distribuer. Ainsi, un fils de paysan devenant ouvrier connaît une mobilité sociale dans cette nomenclature. En revanche, une classification en trois grandes classes sociales minore les mouvements et donne une impression de plus grande rigidité sociale ; ainsi, un fils de paysan devenant ouvrier ne connaîtra pas de mobilité sociale puisque avec cette classification, il reste dans la classe populaire.

En France, les tables de mobilité sont constituées à partir de la nomenclature des catégories socioprofessionnelles (CSP), puis de celle des professions et catégories socioprofessionnelles (PCS) à partir de 1982. Or, leur utilisation se heurte à un certain nombre de difficultés méthodologiques : il est difficile d'établir une échelle hiérarchique claire entre les PCS ; les mouvements observés entre les six PCS risquent de masquer certaines permanences structurelles, comme le maintien dans une position sociale dominée ; la position relative d'une catégorie socioprofessionnelle évolue dans le temps : ainsi les « distances » sociale et économique entre les ouvriers et les employés deviennent de plus en plus réduites, tandis que les agriculteurs basculent dans la catégorie des classes moyennes.

b. — L'analyse des tables de mobilité

■ **Tables de destinées/recrutement**

Une table de mobilité est un tableau statistique à double entrée croisant la position sociale d'un individu à un moment donné à celle de son père. C'est donc un instrument de mesure permettant d'étudier la transmission ou le changement de statut social d'une génération à l'autre : elles permettent donc d'analyser la mobilité intergénérationnelle. Ainsi, si on considère une société constituée de deux groupes sociaux notés G1 et G2, une table fictive se présenterait de la manière suivante :

Tableau 2 - Table de mobilité sociale fictive

		Génération des fils		
		G1	G2	Ensemble
Générations	G1	250	50	300
des	G2	150	550	700
pères	Ensemble	400	600	1 000

Dans les faits, la construction d'une table de mobilité repose sur des conventions statistiques. D'abord, ne sont pris en compte que les hommes : il n'existe pas de tables de mobilité portant sur les femmes car on suppose que le statut social des ménages est lié à la profession de l'homme ; pour le père comme pour le fils, la position sociale est définie à partir de la profession exercée entre 40 et 59 ans car on considère qu'à cet âge, les individus ne changeront plus de statut social. Cela permet d'éviter que les résultats soient faussés par des phénomènes de mobilité intragénérationnelle. Les tables ne prennent en compte que les catégories d'actifs, les inactifs (retraités ou préretraités) sont classés dans la dernière profession qu'ils ont exercée.

L'étude de la mobilité intergénérationnelle se fonde sur les données des enquêtes FQP (Formation qualification professionnelle) de l'Insee réalisées en 1970, 1977, 1985, 1993 et 2003. Les tables de mobilité qui en résultent peuvent être construites selon deux points de vue : pour évaluer l'« hérédité sociale », la lecture se fait dans la direction père/fils (tables de destinées) ; afin de mesurer le « recrutement social », la lecture se fait dans la direction fils/pères (tables de recrutement).

À partir de la table fictive ci-dessus, on obtient deux tables distinctes :

Table des destinées (en %)

		Génération des fils		
		G1	G2	Ensemble
Générations	G1	83,33	16,67	100
des	G2	21,43	78,57	100
pères	Ensemble	40	60	100

Table des recrutements (en %)

		Génération des fils		
		G1	G2	Ensemble
Générations	G1	62,5	8,33	30
des	G2	37,5	91,67	70
pères	Ensemble	100	100	100

■ Les indices d'immobilité et de mobilité parfaite

L'indice d'immobilité fournit une mesure synthétique et une vision d'ensemble de la mobilité permettant les comparaisons relatives de situations de mobilité dans le temps et dans l'espace. Raymond Boudon propose le rapport suivant :

$$\frac{\text{immobilité observée} - \text{immobilité minimale}}{\text{immobilité maximale} - \text{immobilité minimale}}$$

L'immobilité observée est inscrite en diagonale du tableau 1 : elle s'élève à 250 + 550 = 800. L'existence d'une mobilité structurelle impose une immobilité maximale inférieure à 100 % L'immobilité maximale est donc le complémentaire de la mobilité structurelle. Elle s'élève à 1 000 - 100 = 900. On suppose une immobilité dont le minimum est égal à 0. On obtient alors un indice s'élevant à 800/900 soit 0,88. L'indice peut varier entre 0 et 1. Plus il se rapproche de 1 et plus le degré d'immobilité de la structure sociale analysée est élevé.

L'indice d'immobilité calculé ci-dessus ne permet pas de mesurer l'évolution de la mobilité nette entre deux périodes. On construit dans ce but une table de mobilité à partir de la situation observée qui rend compte de l'hypothèse de mobilité théorique parfaite. Dans cette hypothèse, la répartition globale des pères et des fils demeure inchangée, c'est-à-dire que les marges ligne et colonne ne varient pas. Mais on suppose que tous les fils ont connu une probabilité identique d'accéder à chaque groupe social.

Tableau 3 - Table de mobilité parfaite

| | | **Génération des fils** | | |
		G1	**G2**	**Ensemble**
Générations	G1	$300 \times 0,4 = 120$	$300 \times 0,6 = 180$	300
des	G2	$700 \times 0,4 = 280$	$700 \times 0,6 = 420$	700
pères	Ensemble	400	600	1 000

On peut alors déterminer un indice de mobilité brute représentant le poids de la position transmise sur la position acquise, en rapportant la mobilité observée à la mobilité théorique parfaite.

La mobilité observée dans le tableau 1 est de 1 000 - 800 = 200

La mobilité théorique parfaite est de 1 000 - 540 = 460

L'indice de mobilité parfaite s'élève à 0,43.

S'il y avait mobilité parfaite, l'indice serait égal à 1. Plus l'indice est faible, plus la probabilité de rester dans son groupe d'origine est forte.

■ Les « odds ratios » et la fluidité sociale

Le « odds ratios » permet de calculer la mobilité sociale « nette » ou fluidité sociale dans la mesure où il annule les effets des modifications de la taille des différentes catégories sociales au cours du temps (transformations structurelles). Il correspond aux rapports des chances des deux catégories pour accéder aux « bonnes » situations plutôt qu'aux « mauvaises » ; c'est donc un rapport des chances relatives d'accès aux différentes positions sociales. Plus le résultat est proche de 1 (ou de 100 si l'on raisonne en pourcentage), plus la société est fluide. Ainsi, en reprenant la table fictive ci-dessus, et en supposant que le groupe G1 soit dans une position sociale supérieure au groupe G2, le ratio s'élèverait à (150/50) / (150/500) = 11. Ainsi, dans cet exemple, un fils de G1 a 11 fois plus de chances d'être dans le groupe G1 qu'un fils issu du groupe G2 n'a de chances d'appartenir au groupe G1 lui-même.

2. – L'évolution de la mobilité sociale en France depuis 1950

a. — L'évolution des groupes socioprofessionnels

■ L'évolution d'ensemble

Les tables suivantes permettent de rendre compte de l'évolution de la mobilité sociale en France depuis 1993.

Table 1 - Les destinées sociales en 1993 et 2003 (en %)

Catégorie socioprofessionnelle (CSP) du fils

CSP du père	1 (1993)	1 (2003)	2 (1993)	2 (2003)	3 (1993)	3 (2003)	4 (1993)	4 (2003)	5 (1993)	5 (2003)	6 (1993)	6 (2003)	
1. Agriculteur exploitant	24,6	22	7,7	6	10,3	9	14,6	17	8	9	34,8	37	100
2. Artisan, commerçant, chef d'entreprise	1,7	1	29,6	21	21,7	22	20,2	24	6,7	9	20,1	24	100
3. Cadre et profession intellectuelle supérieure	0,6	0	10,7	6	52,9	52	20,7	26	8,3	6	6,8	9	100
4. Profession intermédiaire	0,8	0	8,8	8	35,5	33	30	33	9,6	9	15,3	17	100
5. Employé	0,1	0	7,3	7	22,2	22	32,2	28	11,2	17	27	26	100
6. Ouvrier	0,8	1	8,7	8	9,6	10	24,3	23	10,7	12	45,7	46	100
ENSEMBLE	5	4	11,5	9	19,2	19	23,2	24	9,4	11	31,7	34	100

Insee, Enquête FQP, 1993 et 2003.

Table 2 - Les origines sociales en 1993 et 2003 (en %)

Catégorie socioprofessionnelle (CSP) du fils

CSP du père	1 (1993)	1 (2003)	2 (1933)	2 (2003)	3 (1993)	3 (2003)	4 (1993)	4 (2003)	5 (1993)	5 (2003)	6 (1993)	6 (2003)	7 (1993)	7 (2003)
1. Agriculteur exploitant	86	88	11,7	12	9,4	9	10,9	11	14,8	13	19,1	18	17,4	16
2. Artisan, commerçant, chef d'entreprise	4,7	2	35,7	29	15,6	14	12	12	9,9	10	8,7	9	13,8	12
CSP du père	1	1	2	2	3	3	4	4	5	5	6	6	7	7
3. Cadre et profession intellectuelle supérieure	1	1	7,8	6	23	24	7,4	9	7,4	5	1,8	2	8,4	8
4. Profession intermédiaire	1,7	1	8,1	10	19,5	20	13,6	16	10,7	9	5,1	6	10,5	11
5. Employé	0,3	1	7,1	7	12,8	14	15,4	11	13	14	9,4	7	11,1	9
6. Ouvrier	6,3	7	29,6	36	19,7	23	40,6	41	44,2	46	55,9	58	38,8	43
7. ENSEMBLE	100	100	100	100	100	100	100	100	100	100	100	100	100	100

Source : Insee, Enquête FQP, 1993 et 2003.

La rigidité sociale s'est assouplie entre 1953 et 2003, c'est-à-dire que les fils ont moins de probabilité de faire partie de la même catégorie que leur père.

En 1953, 50 % des hommes âgés de 40 à 59 ans occupaient un emploi semblable (au sens de la catégorie socioprofessionnelle en six postes) à celui qu'avait occupé leur père, taux qui est descendu à 38 % en 1977 et à 35 % en 1993 ; en 2003, la situation est identique à celle de 1993. La mobilité globale augmente donc fortement. Une partie importante de cette mobilité est non hiérarchique, mais quel que soit l'instrument de mesure, la mobilité brute (hiérarchique ou non) a significativement augmenté. Sans que l'on puisse parler d'immobilité sociale, la société française reste encore éloignée d'une situation de mobilité parfaite. Toutes les PCS recrutent en priorité leurs propres enfants. Ainsi, en 2003, près de neuf agriculteurs sur dix sont fils d'agriculteurs (88 %), plus de la moitié des ouvriers sont fils d'ouvriers (58 %). Cependant, depuis l'après-guerre, les changements de positions sociales sont fréquents entre les fils et les pères. En 2003, près des deux tiers des Français âgés de 40 à 59 ans ont changé de catégorie sociale (65 %), alors qu'ils n'étaient qu'un peu plus de la moitié dans cette situation en 1977 (57 %).

Il faut deux ou trois générations pour parcourir le chemin qui mène des catégories paysannes ou ouvrières aux catégories supérieures. La mobilité du grand-père au petit-fils montre un effet non négligeable de parcours oscillatoires : parmi les enfants des professions intermédiaires, le petit-fils d'un cadre conserve plus de chances de devenir cadre que le petit-fils d'un ouvrier. Si les cadres viennent de tous les horizons sociaux, leur recrutement tend à se rigidifier avec le ralentissement de la croissance économique depuis la fin des années 1970, et les fils et petits-fils de cadres ont plus de chances que les autres de maintenir leur position sociale.

Les flux de mobilité font apparaître, depuis les années 1960, un « courant » qui fait se succéder au fil des générations agriculteurs, ouvriers, employés, professions intermédiaires, cadres supérieurs. Les catégories « moyennes » employés et professions intermédiaires en termes de PCS, sont les plus mobiles, véritable plaque tournante permettant, en deux générations, d'aller d'une extrémité à l'autre de l'échelle socioprofessionnelle, mais par des « trajets courts », c'est-à-dire en franchissant les frontières des PCS voisines.

Toutefois cette évolution globale cache des évolutions très variées au sein des différentes catégories sociales.

■ Groupes peu mobiles et groupes mobiles

La proportion de fils appartenant à la même catégorie que leur père, l'immobilité sociale, a décru parmi les indépendants, les agriculteurs et chez les ouvriers. Cette proportion est stable parmi les fils d'employés et augmente parmi les fils de cadres moyens et supérieurs. Les agriculteurs sont caractérisés par un fort autorecrutement ; il se conjugue à une mobilité sociale importante pour les fils d'agriculteurs : pour 46 % d'entre eux, la destinée la plus fréquente est aujourd'hui de devenir ouvrier ou employé. L'autorecrutement est également important parmi les ouvriers : 49 % avaient un père ouvrier en 1953, 58 % sont dans le même cas en 2003. L'autorecrutement des ouvriers a fortement crû, ils demeurent en 2003 l'un des groupes sociaux les plus rigides, puisque presque un fils d'ouvrier sur deux devient lui-même ouvrier (46 %). Les cadres supérieurs dépassent les ouvriers en termes de reproduction sociale et cette tendance s'est renforcée. Les cadres supérieurs sont dans une situation de mobilité de même nature mais inverse à celle des agriculteurs : immobiles en termes de destinées, mobiles en termes de recrutement, puisqu'en 2003, 24 % des cadres avaient un père cadre. Parmi les indépendants non agricoles, la fluidité croissante peut résulter d'un processus croissant de salarisation des fils de patrons en tant que cadres supérieurs, ce qui réduit la mobilité réelle, dans la mesure où ces mouvements correspondent à des glissements fictifs, en conduisant à des positions équivalentes. Les deux catégories les plus mobiles sont les employés et les professions intermédiaires.

b. — Une société plus « fluide » ?

■ **Mobilité nette et structurelle *versus* mobilité observée et fluidité sociale**

Les emplois évoluent en relation avec les transformations des structures productives. D'une part, des tendances de long terme affectent les parts des différentes catégories socioprofessionnelles dans la population active : déclin des agriculteurs, des ouvriers, croissance des cadres, des professions intermédiaires et des employés. D'autre part, les changements de technologies, les conditions de la concurrence modifient la structure professionnelle de chaque catégorie. Les places offertes sont donc différentes d'une génération à l'autre et déterminent ainsi une nouvelle donne socio-économique. Ce type de mobilité est qualifié de mobilité structurelle. Ainsi, selon l'Insee, 40 % de la mobilité sociale observée en 2003 s'explique par les mutations structurelles. Mais un changement de profession entre deux générations, le passage d'une position d'ouvrier à une position d'employé, ne signifie pas mécaniquement un déplacement dans l'espace hiérarchisé des positions sociales. La mobilité structurelle peut être autant horizontale (changement de statut socioprofessionnel sans modification de position sociale) que verticale (changement de statut socioprofessionnel impliquant un changement de position sociale).

La distinction entre mobilité structurelle et mobilité nette suscite des critiques qui amènent, depuis la fin des années 1970, à lui substituer une distinction entre mobilité observée (ou taux absolus de mobilité) et fluidité sociale (ou taux relatifs de mobilité). Cette distinction consiste à reconnaître que les phénomènes de mobilité sociale doivent être étudiés selon deux points de vue, différents et complémentaires. D'un côté, celui de la mobilité observée consiste à analyser cette dernière telle qu'elle est affectée par l'état de la distribution socioprofessionnelle des pères et de celle des fils. Le poids total de l'immobilité, l'examen des destinées comme celui des recrutements sont les outils de cette appréhension. D'un autre côté, le point de vue de la fluidité sociale consiste en l'étude de la force du lien entre origine et position sociales, envisagée indépendamment de l'état de la distribution socioprofessionnelle des pères et de celle des fils. Ainsi les tables de mobilité obtenues dans une même société à deux dates différentes peuvent différer sous l'angle de la mobilité observée, mais être semblables du point de vue de la fluidité sociale.

■ **Des analyses nuancées**

Claude Thélot, dans *Tel père, tel fils ?* (2004), analyse les destinées sociales des hommes de 40 à 59 ans qui occupent un emploi. Il avait mis en évidence, pour le troisième quart du siècle, une forte croissance de la mobilité observée. Dans une nomenclature distinguant huit positions sociales, 50,5 % des hommes étaient classés dans la même catégorie sociale que leur père en 1953 ; ils n'étaient plus que 37,8 % en 1977 ; en 2003, avec une nomenclature en 6 positions (PCS), ils sont 35 % en 2003 dans ce cas. Si l'essentiel de cette évolution tenait aux transformations de la société française, il avait mis en évidence qu'un quart environ de la chute de l'immobilité sociale entre générations tenait à une certaine ouverture du régime de mobilité. Ce qui l'amenait à conclure que « *La société française s'est légèrement assouplie : d'une génération à la suivante, toutes choses égales d'ailleurs, la tendance à la reproduction s'est atténuée dans la plupart des groupes sociaux* ».

Dans une étude de 1999, L.-A. Vallet rappelle tout d'abord que la mobilité observée a beaucoup augmenté en quarante ans au sein de la société française. La proportion d'individus qui restent dans le même milieu, durant toute leur existence, ne cesse de diminuer. Cela peut faire naître l'impression que les barrières entre catégories sociales se sont abaissées et que l'égalité des chances progresse. Rejetant la distinction entre mobilité nette et mobilité structurelle, il adopte l'optique de l'analyse de la fluidité sociale ou du régime de mobilité pour confirmer ce sentiment. Or, premier indice favorable, selon l'enquête FQP de 1977 et pour la population retenue, les chances d'être cadre ou profession intellectuelle supérieure plutôt qu'ouvrier étaient 100 fois plus fortes pour les fils de cadres que pour les fils d'ouvriers ; le même ratio vaut 76 dans les données de 1985 et 39 dans celles de 1993. La force du lien qui unit le milieu d'origine des individus à la position sociale qu'ils occupent du fait de leur profession aurait donc connu une lente érosion depuis le milieu du siècle. S'agissant de la variation du niveau général de la fluidité sociale, la fluidité sociale s'est accrue au rythme annuel de 0,5 % durant toute la période étudiée. La société française se caractérise donc par un régime de mobilité où l'ascension sociale continue de l'emporter sur le déclassement social.

Louis Chauvel, en adoptant une approche générationnelle, nuance ces résultats globaux. Certes, il révèle que la mobilité s'est accrue entre les générations des années 1920 et celle des années 1950 : un enfant de cadre né entre 1920 et 1925 avait 53,5 % de chances de devenir cadre et 6,6 % de devenir ouvrier. Le fils d'ouvrier, quant à lui, avait 5,6 % de chances de devenir cadre et 53,0 % de devenir ouvrier. Le « odds ratio » vaut 76,5 et signifie que les enfants de cadres ont 76 fois plus de chances que ceux d'ouvriers d'accéder à une « meilleure situation ». Pour la génération née entre 1950 et 1955, cette mesure des inégalités vaut 51 : à 30 ans de distance, le « odds ratio » a diminué d'un tiers. Mais ces constats semblent liés à un contexte particulier : celui des Trente Glorieuses. De fait, les chances de mobilité ne sont donc pas les mêmes selon les cohortes. Ainsi, les générations nées entre 1935 et 1950 ont pleinement profité de l'expansion de la catégorie des cadres et professions intermédiaires et ont connu une indéniable mobilité sociale ascendante, la structure sociale de leurs parents étant caractérisée par l'importance des catégories modestes. Le destin des générations des années 1940-1950 semble exceptionnel. En revanche, leurs descendants ont peu de chance de connaître un tel mouvement ascendant. Il y a donc fort à parier que si la mobilité totale reste à un niveau équivalent au passé, elle sera le fruit de déclassements sociaux des cohortes les plus récentes (et non plus de l'ascension).

À cet égard, les conclusions de la dernière enquête emploi de l'Insee ne peuvent que retenir l'attention : certes, la mobilité totale progresse, mais si la mobilité structurelle a constamment augmenté entre 1977 et 2003, la mobilité nette, après avoir crû entre 1977 et 1993, diminue de 1993 à 2003. Par ailleurs, l'inégalité d'accès aux statuts supérieurs s'accroît : « en considérant deux hommes pris au hasard, l'un issu d'une famille de cadres, l'autre d'origine ouvrière, le premier a huit chances sur dix d'occuper une position sociale supérieure ou égale à celle du second ». Enfin, comparativement à 1993, la part relative de la mobilité sociale descendante entre groupes de salariés s'est accrue. C. Peugny évalue entre 22 % et 25 % la proportion de trentenaires et quadragénaires qui se trouveraient aujourd'hui plus bas dans l'échelle sociale que ne l'étaient leurs parents, contre environ 18 % au début des années 1980. Ainsi, le nouveau régime de la mobilité sociale se caractériserait non seulement par un ralentissement des flux de mobilité, mais aussi par un risque de déclassement plus élevé. La thématique médiatique de la « panne de l'ascenseur social » s'avère peu fondée empiriquement ; au contraire, il fonctionne toujours, mais plus souvent dans les deux sens.

B FACTEURS ET EFFETS DE LA MOBILITÉ SOCIALE

Quelle que soit l'intensité de la mobilité, il convient d'en rechercher les facteurs explicatifs. Parmi ceux-ci, les différentes instances de socialisation, telles que la famille ou l'école, jouent un rôle central, mais non exclusif. Par ailleurs, si la mobilité implique une rupture avec son milieu d'origine, il convient également d'en mesurer les effets sur les individus et sur la société globale.

1. – Des facteurs multiples

a. — La famille

■ L'influence de la socialisation familiale

La socialisation consiste en la transmission de normes, de valeurs, de croyances et de savoirs qui varient toutefois selon les milieux sociaux. La famille a donc un rôle délicat à jouer, qu'elle partage avec l'école : elle doit différencier les individus tout en homogénéisant la société, favoriser la construction d'un être social tout en préparant chacun à la place qui sera la sienne dans la division sociale du travail. Des divergences apparaissent entre les sociologues sur les mécanismes de transmission : s'opposent des analyses en terme de conditionnement – les normes et valeurs s'imposent de l'extérieur aux individus – et celles en termes d'interaction, de transaction entre l'individu et la société.

Selon B. Bernstein, l'enfant intériorise sa place dans la structure sociale dès le moment où il apprend à parler. Constatant que certains milieux sociaux sont plus propices au développement linguistique, Bernstein fait l'hypothèse que ces différences résultent du discours dominant spécifique à chaque classe sociale. D'un côté, un code restreint, privilégiant les phrases courtes, grammaticalement simples, et une grande proportion d'éléments implicites, caractériserait les familles populaires. De l'autre, un code plus élaboré contenant une plus grande variété de choix lexicaux, une structure syntaxique développée et une utilisation plus réfléchie et abstraite du langage, dominerait dans les familles des classes moyennes. Il en résulterait une plus grande difficulté pour les enfants issus des milieux défavorisés à s'adapter au système impersonnel de relations caractérisant l'école, à réussir des apprentissages largement conditionnés par le maniement préalable d'un code linguistique élaboré.

Par ailleurs, la famille transmet également une relation à l'institution scolaire. Il apparaît que les conditions de l'apprentissage, dès la maternelle, sont, selon les familles, en affinité ou en contradiction avec les dispositions mentales requises par l'école. On peut schématiquement distinguer deux catégories de parents : les parents à faible capital économique et peu instruits qui tendent à se replier sur la famille et développent une démarche négative à l'égard de l'école ; les parents à stabilité professionnelle plus grande, plus instruits et ouverts à des groupes extérieurs, qui inscrivent l'école dans des projets de mobilité sociale. Cette relation socialement différenciée à l'égard de l'école traduit la plus ou moins grande distance entre les valeurs familiales et celles de l'institution scolaire.

Enfin, les familles se distinguent par leurs styles éducatifs : au cours du processus de socialisation, les parents peuvent insister prioritairement sur certaines acquisitions spécifiques. Certains valorisent surtout le développement de l'autonomie chez l'enfant, par exemple à travers la capacité à définir des objectifs et à les suivre. D'autres mettent plutôt l'accent sur l'aptitude à se plier à des rythmes et conventions sociales. Certaines qualités se voient davantage encouragées dans certaines familles : la coopération – aptitude à élaborer des relations à autrui – ou bien la sensibilité, à travers l'expression de l'imagination et de la créativité. Par ailleurs, les techniques d'influence et les styles d'autorité peuvent être multiples, allant de la contrainte à la négociation. Certains styles éducatifs seraient plus efficaces que d'autres en matière de réussite scolaire. Mais, quel que soit l'enfant, plus il y a de différence entre le style éducatif de la maison et celui de l'enseignant, plus les notes enregistrent une baisse sensible.

■ La transmission du capital économique et du capital social

Selon Bourdieu, le cadre familial et social inscrit son empreinte sur l'ensemble des actes de la vie quotidienne dès le plus jeune âge, à travers l'imprégnation et l'inculcation des conditionnements spécifiques à des conditions d'existence données. L'*habitus*, c'est ce que l'on a acquis, ce qui s'est incarné de façon durable dans le corps sous forme de dispositions permanentes, de schèmes de perception, de pensée et d'action. Même si aujourd'hui la construction de l'identité professionnelle passe de façon croissante par la certification scolaire, l'héritage social n'est pas seulement culturel et incorpore aussi la transmission d'un capital économique et de relations sociales.

Le capital économique comprend les outils de production et toutes les formes de revenu et de patrimoine. Par exemple, si les fils d'indépendants sont le plus souvent indépendants eux-mêmes, c'est parce qu'ils reprennent l'affaire de leur père. De plus, les salariés du secteur privé ont un patrimoine moyen plus élevé que les salariés du secteur public, ce qui facilite leur installation à leur compte. Même si l'héritage tend aujourd'hui à se diffuser même parmi les classes moyennes, il continue néanmoins à accroître les inégalités de patrimoine. En 2004, un héritage sur quatre provenant de membres de professions libérales et de chefs d'entreprise a une valeur supérieure à 100 000 euros, contre un sur dix chez les enfants d'artisans et de cadres. Mais il existe également une grande disparité chez les salariés : les enfants de cadres qui déclarent avoir reçu un héritage de plus de 60 000 euros sont quatre fois plus nombreux que les enfants d'ouvriers. L'héritage porte aujourd'hui essentiellement sur les biens de jouissance, et sept successions sur dix comprennent un logement. Les transferts intergénérationnels concernent aussi des dons en nature – voiture, jouissance d'une résidence secondaire sans en assumer les charges – qui représentent des éléments difficiles à chiffrer et participant pourtant de la transmission du statut social. Il en est de même des services rendus entre générations : par exemple, le travail professionnel des filles est souvent rendu possible grâce à la participation assidue des grands-mères à la garde de leurs petits-enfants.

Le capital social est un ensemble de ressources actuelles et potentielles, liées à la possession d'un réseau durable de relations sociales, produit d'un travail d'instauration et d'entretien et de stratégies d'investissement social. La reproduction du capital social est étroitement liée à l'ensemble des institutions qui tendent à produire des occasions et des lieux de rencontre légitimes (rallyes, réceptions, quartiers, clubs…). La détention d'un capital social facilite l'insertion professionnelle : par exemple, travailler dans une entreprise ou une administration données, favorise une meilleure connaissance des opportunités d'embauche et permet d'en faire profiter ses enfants. Dans certaines entreprises, certains stages sont réservés en priorité aux enfants des membres de l'entreprise. Plus généralement, si le développement des emplois tertiaires fait qu'un nombre croissant d'emplois est soumis à des conditions de diplôme, d'autres conditions ou critères d'appréciation des employeurs, parfois implicites, différencient les titulaires d'un même diplôme. À ces dimensions peuvent être associées différentes formes de « pistons », mais aussi certaines attitudes révélatrices d'une forte confiance en soi, qui montrent que l'origine sociale a des effets propres indépendants de l'école ou du diplôme sur le destin social.

b. — Le rôle de l'école : une relation controversée

■ **Démocratisation de l'enseignement et mobilité**

L'école apparaît depuis le début du siècle comme l'instrument privilégié de la démocratisation de la société, au sens où elle permettrait, par un système méritocratique, d'offrir à toutes les catégories de populations la possibilité d'accéder à des diplômes et à des emplois valorisants pour les plus compétents. Or, se confondent trop souvent démocratisation de l'enseignement et égalité des chances : la démocratisation de l'enseignement passe par l'accès de toutes les catégories sociales à tous les niveaux scolaires et universitaires, mais surtout par l'égalité des chances de réussite. Le premier point s'illustre par une mesure de la part des enfants d'origine populaire dans les différents niveaux, comparée à leur proportion dans une classe d'âge ou à celle de leurs parents dans la population active. La mesure de l'égalité des chances compare la réussite d'enfants de catégories sociales différentes en termes de diplômes. Si l'accès aux études s'est indéniablement démocratisé, la capacité de l'école à favoriser la mobilité sociale ascendante ne s'est pas révélée absolue.

Différents courants sociologiques ont tenté d'expliquer et d'interpréter l'inégalité des chances.

D'un côté, Bourdieu considère que la reproduction des inégalités traduit des différences de dispositions vis-à-vis de l'école, de ses exigences et de son fonctionnement. D'un autre coté, pour Boudon, la reproduction des inégalités est le produit de décisions, différentes d'un milieu social à l'autre, faites par les familles à chaque étape du cursus scolaire (poursuivre/renoncer). Dans différents articles, D. Goux et É. Maurin reprennent ces problématiques. Ils constatent « *la victoire de Bourdieu sur Boudon* » : le lien entre l'origine culturelle et le diplôme est deux fois plus important que le lien entre l'origine sociale et le diplôme. La hiérarchie des diplômes des enfants est beaucoup plus proche de la hiérarchie des diplômes des parents aujourd'hui qu'en 1970. Il y a donc baisse des inégalités sociales et augmentation des inégalités culturelles. Par ailleurs, ils montrent que l'origine sociale a un impact direct aussi important sur les destinées sociales que sur les parcours scolaires. Au-delà de l'école, le devenir des individus porte encore la marque de leurs origines. À diplôme donné, les individus ont notamment une nette tendance à reproduire la situation sociale de leurs parents. La tendance à l'hérédité sociale perdure et malgré l'expansion du système éducatif, la société française n'est ni plus ni moins méritocratique aujourd'hui qu'il y a quelques décennies.

■ La réussite scolaire : une interaction entre le milieu social d'origine et le système éducatif

Si la théorie de la reproduction a marqué les problématiques en sociologie de l'éducation au cours des années 1960 et 1970, les années 1980 marquent une rupture, prolongeant ainsi les réorientions de la sociologie générale. Elle se traduit d'abord par une multiplication des paradigmes, qui vise à rompre à la fois avec la logique de l'habitus celle de l'acteur rationnel, en tentant de rechercher de nouveaux fondements aux théories de l'action ; elle s'incarne ensuite dans l'émergence de nouveaux objets d'étude, délaissés par les approches antérieures : les élèves, les parents, les administrations locales. De plus, pour comprendre la genèse de phénomènes comme l'échec (ou la réussite) scolaire, il faut pénétrer dans l'espace privé de la classe. Les contenus et les méthodes d'enseignement, les attitudes des maîtres face à des sous-groupes d'élèves originaires de milieux différents, les réponses des enseignés sont appréhendées comme autant de facteurs influant quotidiennement sur les « résultats » scolaires. Ces acteurs et ces institutions se caractérisent par des habitudes et des objectifs propres, par une conscience ou une méconnaissance variable de leurs buts et de leurs intérêts. Dès lors, les relations entre école et mobilité sociale semblent plus complexes que celles révélées par les modèles macrosociologiques.

Ainsi, la massification de l'enseignement a incité les sociologues à déplacer leur regard des « héritiers » vers les « boursiers ». Certes, les enfants arrivent à l'école avec des atouts inégaux et des conditions de socialisation plus ou moins favorables, permettant de rendre compte des échecs des enfants de milieu populaire. Mais il est également possible de chercher à identifier les conditions éducatives favorables à la réussite dans ces milieux. Des sociologues ont voulu réagir face à des approches qui décrivent les rapports des classes populaires à l'école en termes de déficit, de carences éducatives, de langage pauvre, de manque d'ambition et de « handicap socioculturel ». Les réussites scolaires « paradoxales » d'enfants de milieu défavorisé supposent, dans la plupart des familles, une forte mobilisation autour d'un projet scolaire pour l'enfant. Ainsi, Jean-Pierre Terrail, dans *Destins ouvriers. La fin d'une classe ?* (PUF, 1990), analyse « *quelques histoires de transfuges* » d'origine ouvrière et montre que, dans ces familles populaires où un enfant a réussi, il existe un projet qui trouve son origine dans une ambition de promotion sociale, d'émancipation par rapport à la condition socialement dévalorisée des parents ou dans un désir d'ouverture des possibilités de choix professionnels ou culturels. La priorité à l'acquisition d'un métier, privilégiée dans la culture ouvrière traditionnelle, fait place, à partir des années 1980, à une forte mobilisation autour de la scolarité. Les ouvriers ont pris conscience de la centralité de l'enjeu scolaire sans pour autant que les capacités réelles de s'en saisir se soient améliorées, amenant un malaise et une « désorientation » chez les plus démunis d'entre eux.

c. — Des modifications structurelles

■ **La fécondité différentielle et l'immigration**

La proportion des différents groupes sociaux dans la population totale est fonction des flux nets qui viennent les alimenter. Ainsi, faut-il tenir compte des mouvements naturels et des mouvements migratoires qui affectent les conditions de la mobilité sociale.

La mortalité différentielle n'a plus, de nos jours, qu'un impact très modeste sur la rotation des emplois : la libération des postes de travail s'effectue par départ à la retraite et non par décès de l'actif qui l'occupait. À l'inverse, la fécondité différentielle, correspondant à la fécondité dans les divers groupes sociaux, peut encore avoir un impact sur l'évolution de la structure sociale. Sa forme de courbe en U révèle que le nombre moyen d'enfants par femme est plus élevé dans les catégories sociales situées aux deux extrêmes de la hiérarchie sociale que dans les catégories moyennes. La dimension moyenne des familles variait beaucoup avec la catégorie sociale pour les femmes nées vers 1900 : les agriculteurs mariés avaient en moyenne 2,9 enfants, les ouvriers 2,3 et les autres salariés 1,9. Cela implique qu'en moyenne, à deux agriculteurs correspondent environ trois enfants d'agriculteurs, tandis qu'à chaque employé ne correspond pas un enfant d'employé. Il y aurait donc une mobilité structurelle des enfants d'agriculteurs même si la part de cette catégorie restait stable dans la population. Mais les comportements tendent à s'homogénéiser au fil du temps. Parmi les femmes nées dans les années 1950, les femmes d'agriculteur ou d'ouvrier ont 2,4 enfants en moyenne, contre 2,1 au sein des autres catégories socioprofessionnelles. Les effets sur la mobilité sociale s'en trouvent donc réduits.

Les mouvements migratoires affectent la structure sociale car ils se concentrent sur des catégories sociales spécifiques : l'occupation par des travailleurs immigrés des postes les plus dévalorisés socialement dans les pays développés permet de « libérer » ceux qui, dans le pays d'arrivée, auraient occupé ces emplois. L'immigration apparaît ainsi comme un facteur de mobilité sociale ascendante structurelle pour les autochtones. Son ralentissement depuis les années 1970 réduit donc également les opportunités.

■ **Le rôle des femmes**

La féminisation de la population active liée à une segmentation des emplois selon le sexe a eu un impact sur la mobilité sociale masculine. La segmentation du marché du travail, définie comme la division du marché du travail en différents « sous-marchés » relativement étanches, s'opère également selon la variable « sexe ». Ainsi, la structure des emplois masculins et féminins se révèle différente : la main d'œuvre féminine est sur-représentée dans les emplois tertiaires, non qualifiés, précaires ou à temps partiel. Dans ces conditions, la féminisation de la population active implique une modification de la structure des emplois masculins.

Le mariage a des effets sur la mobilité sociale des hommes. À diplôme égal, les hommes mariés auraient un meilleur rendement de leur diplôme que les hommes célibataires. Cette tendance croît avec le diplôme de l'épouse et quand l'épouse est au foyer. À l'inverse, les femmes célibataires ont un meilleur rendement de leur diplôme que les femmes mariées. Ces inégalités dériveraient d'une plus grande participation des femmes aux travaux ménagers et éducatifs, tandis que les hommes consacreraient leurs investissements à la sphère professionnelle. Dans cette perspective, les femmes se retireraient de la compétition pour les emplois les plus valorisés, rendant ainsi possible l'ascension sociale de leurs conjoints. Le mariage doit alors être interprété comme l'un des instruments de la mobilité ascendante des hommes.

2. – Les effets de la mobilité sociale

a. — L'influence de la mobilité sur les comportements et attitudes

Il est possible de mettre en relation les comportements sociaux des individus et des groupes aux trajectoires sociales passées et anticipées.

■ Mobilité et attitudes politiques

Les sociologues se sont interrogés sur les effets de la mobilité non seulement sur la stabilité de l'ordre social mais aussi sur les comportements des individus en situation de mobilité, et notamment dans le domaine politique : on s'est demandé par exemple si leur expérience personnelle de la diversité des situations sociales les rendait plus libéraux (au sens politique du terme) ou au contraire plus conservateurs, soit par rancœur en cas de mobilité descendante, soit par fixation sur des privilèges tout neufs en cas de mobilité ascendante. Sans doute ne faut-il pas raisonner ainsi globalement en termes de mobilité ou non, mais analyser ce que les comportements sociaux peuvent devoir à la fois à la catégorie d'origine et à la catégorie de destination. Ainsi, l'origine ouvrière, et non seulement l'appartenance au groupe des ouvriers, semble-t-elle un facteur prédisposant au vote de gauche. Inversement, le sentiment de ne pas appartenir tout à fait à un groupe social dans lequel on n'a pas été socialisé peut produire des mécanismes d'adaptation excessifs, générant un hyperconformisme ; ainsi en va-t-il, par exemple, du purisme linguistique des autodidactes, du patriotisme des immigrants et, plus généralement, de l'ardeur des néophytes.

Plus généralement, des travaux de sociologie politique tendent à montrer que le mobile social, quel que soit le sens de ses déplacements, adopterait des comportements intermédiaires entre ses groupes d'origine et d'accueil. C'est le modèle d'acculturation de type additif : par l'appartenance successive à deux groupes sociaux, le mobile est socialisé dans chacun des groupes, les acquis « s'additionnant » pour aboutir à un comportement « intermédiaire ».

■ Mobilité et comportements démographiques et sociaux

La descendance finale des couples est étroitement dépendante de la catégorie socioprofessionnelle des conjoints, les paysans et ouvriers étant plus féconds que les classes moyennes, les cadres occupant une position intermédiaire. Les couches moyennes salariées ont un nombre d'enfants peu élevé qui ne dépend pas de leur origine sociale, tandis que les cadres supérieurs ont d'autant plus d'enfants qu'ils sont ancrés depuis longtemps dans leur position sociale. En effet, dans les entreprises familiales, les enfants supplémentaires peuvent facilement être associés à la gestion de l'entreprise et la richesse en enfants représente un capital d'alliances futures hautement valorisé.

L'influence de l'origine sociale sur les pratiques de fécondité est également médiatisée par une relation différenciée aux études en fonction de la trajectoire sociale. Les ouvriers fils de « cols blancs » font des études plus longues, entrent plus tard sur le marché du travail et se marient plus tard que les ouvriers d'origine agricole, les ouvriers fils d'ouvriers ou d'artisans occupant une position intermédiaire. Il en résulte une descendance moyenne plus nombreuse pour les ouvriers fils de paysans. Cette influence se retrouve aussi parmi les fils de cadres supérieurs : ceux dont l'origine est populaire finissent leurs études, entrent sur le marché du travail cinq ans plus tôt et se marient deux ans plus tôt que les cadres supérieurs fils de cadres supérieurs, tandis que les cadres supérieurs fils de cols blancs ou de commerçants développent des pratiques intermédiaires.

Il est donc difficile de tirer des conclusions générales en matière de relation entre fécondité et origine sociale : si certains cas de fécondité paraissent héréditaires, dans d'autres interviennent une influence dominante de la catégorie sociale à laquelle le couple appartient.

■ Les coûts sociaux et psychologiques de la mobilité

La mobilité ascendante est à la fois source de satisfaction personnelle et de souffrance, liée à un sentiment de culpabilité généré par la rupture nécessaire avec le milieu d'origine et avec le sentiment d'être doublement étranger : au groupe qu'on a quitté et plus ou moins trahi, au groupe qu'on a rejoint sans y être totalement intégré. Les relations sociales en sont affectées aussi bien avec les membres de la famille ou les amis d'enfance qu'avec les relations du nouveau milieu. Cette situation est comparable à celle des migrants tiraillés entre deux pays et deux cultures. Cette position d'étranger, le sentiment de marginalité et les difficultés d'adaptation peuvent aussi constituer un facteur de lucidité et produire des individus plus portés au regard sociologique sur le fonctionnement des groupes sociaux.

Il en est ainsi des enfants de milieux populaires qui poursuivent leur scolarité : une rupture s'opère avec les valeurs communautaires de la classe d'origine. De même, L. Boltanski constate l'ambiguïté du statut de l'autodidacte : l'importance des investissements économiques et psychologiques réalisés, la mise en œuvre d'un mode de vie entièrement « organisé » autour du projet de carrière, génèrent un comportement rigide et austère, particulièrement attaché au respect des titres, des statuts, à l'obéissance à la lettre des directives. Coupé de ses racines, sans intégration réelle dans son milieu d'accueil, l'autodidacte devient souvent un homme solitaire dont on peut relever l'importance du taux de célibat.

Les cas de déclassement social produiraient dans certaines circonstances des effets moins dommageables au plan psychologique. De nombreuses situations peuvent être dissimulées, des stratégies familiales déployées pour soutenir les enfants qui ne réussissent pas. Mais il faut distinguer entre les situations individuelles de déclassement et le déclassement d'un groupe social dans sa globalité : ils ne produisent pas une remise en question personnelle et incitent souvent la génération future à retrouver les positions antérieures. Néanmoins, la croissance des cas de déclassement, dans un contexte de crise économique, alimente les débats publics et intellectuels sur ses effets potentiels : d'une part, les « déclassés » remettraient en question la méritocratie et la justice sociale, d'autre part ils développeraient des comportements et des valeurs spécifiques (conservatisme, intolérance vis-à-vis des minorités ethnoculturelles, repli sur soi et faible participation politique avec, à terme, un potentiel de mobilisation collective).

b. — Le brouillage des classes

Les interprétations des évolutions de la mobilité sociales peuvent être rangées en deux grandes familles, opposant les sociologues sur la nature de la stratification sociale (cf. chapitre 7).

■ Vers une vaste classe moyenne

Les changements qui sont intervenus confirment en longue période l'évolution dans un sens plus égalitaire de la stratification sociale rendue possible par la croissance économique. Ils conduisent à des rapprochements entre les catégories sociales : consommation de masse et diffusion du modèle scolaire ont renforcé une culture commune manifeste dans les attitudes, même si de nombreux sociologues ont souligné que cela ne signifiait pas pour autant une homogénéité sociale absolue. Le renouvellement parfois profond qui a affecté certaines d'entre elles a confirmé l'augmentation de la circulation sociale dans le sens d'une « moyennisation » de la société. Dès lors, les interprétations habituelles en termes de conflits entre groupes sociaux antagonistes (conflits de classes) n'ont plus lieu d'être, puisque l'augmentation de la mobilité sociale vient faire obstacle à l'existence de classes sociales consistantes. Le nivellement (que suppose la disparition progressive de certaines catégories sociales) et l'homogénéisation des modes de vie ont donné une impression d'embourgeoisement, même si des écarts considérables dans l'accès aux biens se maintiennent.

Dans ce cadre, le cas des employés, catégorie en expansion rapide, semble particulièrement illustratif. D'une part, on assisterait à un rapprochement entre les employés et les ouvriers. La distinction entre ces deux catégories était basée sur le type de tâches : celles des employés concernent les services celles des ouvriers sont manuelles. La différenciation entre tâches manuelles et non manuelles paraît de moins en moins pertinente avec l'automatisation dans l'industrie et l'informatisation du travail de bureau : la surveillance d'une machine-outil ne diffère guère de celle d'un programme de gestion. D'autre part, on observe également un rapprochement de certains employés avec les membres des professions intermédiaires, qui voient leur statut être revalorisé grâce à une qualification et des diplômes plus élevés. Ainsi, la catégorie des employés témoigne de l'évolution de la mobilité structurelle depuis une trentaine d'années ; plus généralement, elle vient alimenter la montée des « classes » moyennes.

■ **Des changements superficiels**

Les modifications observables n'affectent que superficiellement les structures sociales. Prenant appui sur les tables de mobilité sociale intergénérationnelle qui montrent d'abord une viscosité sociale, les tenants de cette approche mettent en regard les changements internes à certaines catégories qui ne vont pas dans le sens d'une amélioration : le travail de bureau se modifie radicalement au cours du temps et rapproche les conditions de travail des employés de celles des ouvriers (taylorisation des tâches) ; les distances entre catégories sont subtilement maintenues dans l'accès aux biens ; la mobilité ascendante des parents, quand elle existe, est remise en cause par des phénomènes inverses pour les catégories situées en bas de la hiérarchie sociale… Bref, ce à quoi on assiste depuis 1945, et qui d'ailleurs n'est pas propre à la société française, c'est à une translation vers le haut des indices d'appartenance à chacune des catégories, mais les rapports entre groupes privilégiés et groupes défavorisés persistent : les exclus d'aujourd'hui sont aussi les exclus d'hier… et les interprétations en termes de classes et conflits de classes restent toujours pertinentes.

Incontestablement, les transformations observées en France s'inscrivent dans un ensemble de mutations ayant affecté l'ensemble des sociétés développées. Elles ont touché toutes les dimensions de la vie sociale : pratiques et représentations ont été modifiées. Mais deux observations méritent attention. D'une part, il semble illusoire de déterminer une logique unique permettant de rendre compte et de donner un sens univoque à l'ensemble des mutations observées. Certes, des principes explicatifs tels que la rationalisation, l'individualisme, l'homogénéisation fournissent des grilles de lecture stimulantes. Mais elles ne prennent sens qu'en relation avec d'autres variables. Par ailleurs, il semble vain de considérer ces mutations comme inéluctables et orientées, s'inscrivant dans un hypothétique « sens de l'histoire » : nombre de tendances peuvent faire l'objet de contre-tendances.

CHRONOLOGIE

1939. — Allocations familiales.

1945. — Code de la nationalité (équilibre entre « droit du sol » et « droit du sang »).

1947. — Plan Langevin-Wallon qui vise à l'égalité des chances dans l'enseignement.

1950. — Création du SMIG.

1959. — Prolongation de la scolarité obligatoire jusqu'à 16 ans.

1963. — Premier hypermarché en France.

1965. — Début du déclin de la fécondité.

1967. — Loi Neuwirth sur la contraception.

1968. — Mai 68 : mouvement étudiant et conflits sociaux.

1970. — P. Bourdieu et J.-C. Chamboredon publient *La Reproduction*.

1972. — Début de la baisse de la nuptialité.

1973. — R. Boudon publie *L'inégalité des chances*.

1974. — Fermeture des frontières à l'immigration.

1974. — Rémi Lenoir publie *Les exclus, un Français sur dix*.

1975. — Loi Veil autorisant l'IVG.

1975. — Loi Haby créant le collège unique.

1981. — Création des ZEP.

1982. — Loi sur la décentralisation.

1985. — Création des baccalauréats professionnels.

1989. — L'objectif des 80 % d'une classe d'âge au niveau du bac est inscrit dans la loi d'orientation.

1990. — Création du Haut Conseil à l'intégration.

1993. — Nouveau code de la nationalité : obligation de manifester la volonté de devenir français entre 16 et 21 ans.

1993. — Autorité parentale conjointe.

1999. — Création du Pacte civil de solidarité (PACS).

2000. — Loi sur la parité hommes-femmes aux élections politiques.

2002. — Loi sur l'autorité parentale instituant la coparentalité.

2002. — Jean-Marie Le Pen, candidat de l'extrême droite, arrive au second tour des élections présidentielles.

2003. — Canicule provoquant une surmortalité des personnes âgées et débat médiatique sur la solidarité intergénérationnelle et les responsabilités étatiques.

2003. — Réforme constitutionnelle et approfondissement de la décentralisation.

2005. — Émeutes dans les banlieues.

2004. — Loi interdisant le port du voile dans les écoles.

2006. — Loi CESEDA (Code de l'entrée et du séjour des étrangers et du droit d'asile) sur l'immigration en France.

2006. — Loi renforçant la prévention et la répression des violences au sein du couple.

BIBLIOGRAPHIE

GALLAND (O.) et LEMEL (Y.), *La Société française. Pesanteurs et mutations*, Armand Colin, 2006.

MAURIN (L.), *Déchiffrer la société française*, La Découverte, 2009.

MENDRAS (H.) et DUBOYS FRESNEY (L.), *Français comme vous avez changé. Histoire des Français depuis 1945*, Tallandier, 2004.

TRÉMOULINAS(A.), *Sociologie des changements sociaux*, La Découverte, coll. « Repères », 2006.

Sous la direction de CULPEPPER (P. D.), HALL (P. A.) et PALLIER (B.), *La France en mutation, 1980-2005*, Presses de la fondation nationale des sciences politiques, 2006.

Pour approfondir

BOURDIEU (P.), *La Distinction*, Minuit, 1979.

BRECHON (P.) et TCHERNIA (J.-F.), *La France à travers ses valeurs*, Armand Colin, 2009.

CASTEL (R.), *Les métamorphoses de la question sociale. Une chronique du salariat*, Fayard, 1999, 2e édition.

CASTEL (R.), *La montée des incertitudes : Travail, protections, statut de l'individu*, Le Seuil, 2009.

DECHAUX (J.-H.), *Sociologie de la famille*, La Découverte, 2009.

GALLAND (O.), *Les jeunes*, La Découverte, 2009.

HERPIN (N.) et VERGER (D.), *Consommation et mode de vie en France. Une approche économique et sociologique sur un demi-siècle*, La Découverte, Paris, 2008.

MERLLIÉ (D.) et PRÉVOT (J.), *La mobilité sociale*, La Découverte, 1997.

PAUGAM (S.), *L'exclusion, l'état des savoirs*, La Découverte, 1996.

PAUGAM (S.), *Les Formes élémentaires de la pauvreté*, 2005.

PEUGNY (C.), *Le déclassement*, Grasset, 2009.

SINGLY (F. DE), *Sociologie de la famille contemporaine*, Armand Colin, 2004.

SUJETS CORRIGÉS

Croissance démographique, croissance économique.

I Si les autres conditions nécessaires à la croissance économique sont réunies, la croissance démographique la favorise, dans le cas contraire, elle en constitue un frein

A. — La croissance démographique favorise la croissance économique lorsque les autres conditions de croissance sont réunies…

1. — La croissance démographique peut fournir des débouchés à la production et ainsi opérer une « pression créatrice » (E. Boserup)
– Exemple des pays européens au xixe et de la période des Trente Glorieuses.
– Mais pour cela des conditions sont nécessaires :
• la population doit disposer d'un pouvoir d'achat suffisant ;
• la production doit pouvoir répondre à la demande (nécessité de capitaux, d'individus voulant entreprendre…).

2. — La croissance démographique peut fournir une main-d'œuvre bon marché à l'industrie
– Exemple des pays européens au début de leur industrialisation et NPI depuis les années 1970.
– Mais pour cela des conditions sont nécessaires :
• la production doit disposer de débouchés soit internes (exemple des pays européens lors de leur révolution industrielle), soit externes (exemple des NPI) ;
• la production doit disposer de capitaux car la main-d'œuvre ne suffit pas pour produire.

B. — … dans le cas contraire, la croissance démographique constitue un frein à la croissance économique

1. — À elle seule, la croissance démographique ne peut pas provoquer une croissance économique
Si les autres conditions de croissance économique ne sont pas réunies : risque de déséquilibre entre la population et la production. Théorie de T. R. Malthus.

2. — Dans ce cas la croissance démographique constitue un frein à la croissance économique
– Exemple de nombreux PED.
– En effet :
• pour une croissance réelle de la richesse par habitant, il est nécessaire que la croissance économique soit supérieure à la croissance démographique ;
• la croissance démographique neutralise une partie des investissements ; on les appelle les investissements démographiques ;
• des déséquilibres liés à la malnutrition et à la sous-nutrition apparaissent.

II La croissance économique est structurellement un facteur de ralentissement démographique, mais elle peut, conjoncturellement, provoquer une accélération démographique

A. — La tendance lourde et séculaire de la croissance économique est le ralentissement démographique…

1. — Malgré une baisse de la mortalité dans un premier temps (alimentation, santé, hygiène…) et donc un accroissement démographique, la tendance lourde de la croissance économique est le ralentissement de la croissance démographique
– Fin de la transition démographique dans les PDEM.
– Ralentissement actuel de l'accroissement démographique dans les NPI.

2. — La croissance économique est en effet source de développement et celui-ci modifie les comportements natalistes

– Changement des mentalités : instruction et donc moindre dépendance vis-à-vis de la religion et des traditions, comportements moins fatalistes, diffusion des moyens contraceptifs…

– Développement économique : augmentation des revenus, urbanisation, augmentation du taux d'activité féminin…

B. — … mais d'une façon conjoncturelle et avec des effets plus limités, la croissance économique favorise parfois la croissance démographique

1. — Une période de croissance économique, surtout lorsqu'elle suit une période noire de guerre ou de dépression peut conduire à des anticipations favorables

– La confiance en l'avenir provoque des comportements natalistes (exemple du baby-boom).

– Inversement, le manque de confiance en l'avenir ralentit la natalité (exemple de la faible fécondité des années 1970-1980 dans les pays économiquement développés).

2. — Une conjoncture favorable peut provoquer un appel à l'immigration

– Corrélation au XIXᵉ siècle entre les cycles Kondratiev et les mouvements migratoires : les phases ascendantes correspondent à des immigrations et les phases descendantes à des émigrations.

– Exemple de la période des Trente Glorieuses.

SUJET II

Que révèlent les transformations récentes de l'institution familiale ?

I   Les transformations de la famille révèlent de profondes mutations sociales

A. — Dans les modalités de constitution des unions

1. — Le triomphe de « l'amour »

– Les unions contemporaines placent le sentiment amoureux au fondement de la constitution de la famille ; les intérêts patrimoniaux sont relégués au second rang.

– Mais cette « tyrannie de l'amour » fragilise simultanément l'union et la rend plus précaire.

2. — L'évolution des mœurs permet le développement de nouvelles formes familiales

– Le déclin de « l'ordre moral » traditionnel (notamment fondé sur des références religieuses) et la reconnaissance de l'épanouissement individuel permettent un pluralisme normatif.

– De multiples configurations familiales émergent : de la cohabitation juvénile à l'union libre ; du mariage au divorce ; des familles monoparentales aux familles recomposées.

B. — Dans l'émergence de nouveaux rapports sociaux

1. — Entre conjoints

– L'évolution des rôles conjugaux et la transformation des rapports entre sexes.

– Fécondité et redéfinition de la place de l'enfant dans le couple.

2. — Entre générations

– Le développement de la postadolescence et les nouvelles modalités d'entrée dans la vie adulte modifient les conditions de constitution des couples.

– L'invention de nouveaux âges de la vie : la jeunesse.

II   Mais les transformations de la famille s'accompagnent aussi de permanences

A. — La prégnance de la socialisation et de la reproduction sociale

1. — Un rôle primordial dans la socialisation

– La socialisation primaire : la famille demeure, quelles que soient les transformations qui l'affectent, la principale instance de socialisation.

– La socialisation secondaire : les travaux d'A. Per-cheron et ceux d'A. Muxel confirment la « marque » laissée par les parents sur leurs enfants dans l'élaboration de leurs choix politiques et idéologiques.

2. — Dans la reproduction des positions sociales
– Entre genres : la répartition des tâches entre conjoints révèle la permanence des rôles sociaux, voire des « rapports sociaux de sexe ». Le mariage est une institution inégalitaire.
– Entre groupes sociaux : l'homogamie perdure, notamment l'homogamie culturelle.

B. — L'économie cachée de la parenté

1. — Les fonctions économiques de la famille
– Toute famille est une unité de production et d'autoconsommation de biens et de services produits dans la sphère domestique.
– La famille est aussi un lieu de consommation : le développement des « familles à double carrière » permet une augmentation du niveau de vie.

2. — La famille comme source de solidarité
– Les échanges (monétaires, de biens et de services) au sein de la parenté sont nombreux et importants.
– Cette solidarité présente cependant des particularités telles qu'il est difficile de l'envisager comme un substitut satisfaisant aux solidarités étatiques.
– Elle diffère selon les milieux sociaux : les plus aidés sont ceux qui en ont le moins besoin !

III Les transformations de la famille révèlent également les modifications du rôle de l'État dans la régulation familiale : le développement de la privatisation de la sphère familiale conduit à une réorientation des interventions de l'État

A. — L'état émancipateur

1. — De la condition féminine
– En matière de natalité et de sexualité, l'État entérine le mouvement des mœurs en faveur des naissances désirées : de la loi Neuwirth à la loi Veil.
– Dans la reconnaissance de l'égalité entre conjoints.

2. — La reconnaissance du pluralisme familial
– Entre enfants issus d'unions de formes différentes.
– Entre types d'unions : le Pacte civil de solidarité.

B. — La réorientation des logiques d'intervention

1. — La politique familiale :
– De la logique familialiste : une orientation nataliste…
– … à la logique sociale : le recentrage sur les familles en difficultés.

2. — L'évolution de la norme juridique
– La promotion d'un modèle familial : autrefois, les règles juridiques visaient à orienter les choix des individus en défendant un modèle familial normatif.
– La prise en compte des effets sociaux des choix individuels : les règles juridiques visent désormais à résoudre les problèmes sociaux issus des choix familiaux individuels.

SUJET III

La démocratisation scolaire a-t-elle influé sur la mobilité sociale ? Vous appuierez votre argumentation sur le cas de la France. (ESC, 2004)

I Une démocratisation scolaire facteur de mobilité sociale

A. — La formation est l'un des déterminants de la position sociale des individus

1. — Une société fondée sur le capital culturel (Bourdieu)

– Dans une société salariale, l'accès aux positions sociales valorisées résulte en grande partie des diplômes obtenus durant les trajectoires scolaires.
– Bon nombre de professions exigent une formation qui est acquise le plus souvent à l'école ou une reconversion du capital économique en capital culturel.

2. — Une société où le principe méritocratique existe

– L'histoire sociale et politique de la IIIᵉ République a conféré à la méritocratie scolaire un rôle central dans la mise en œuvre du principe d'égalité des droits et la justification de la hiérarchie sociale.
– Les tables de mobilité intergénérationnelle française montrent que 50 % des fils interrogés en 1953 occupent une position différente de celle de leur père ; ils sont 65 % dans ce cas en 2003.
– L'école est nécessairement l'un des instruments de cette mobilité croissante.

B. — La démocratisation de l'école a rendu possible la forte mobilité structurelle

1. — L'importance de la mobilité structurelle en France depuis la Seconde Guerre mondiale
– La mobilité structurelle s'explique par les transformations de la structure sociale.
– Elle se caractérise par l'augmentation numérique de certaines catégories socioprofessionnelles (notamment les groupes les plus qualifiés et occupant majoritairement le secteur tertiaire) et la diminution numérique d'autres PCS (notamment les groupes les moins qualifiés et les indépendants) liée aux transformations économiques.

2. — L'école a contribué aux transformations de la structure sociale
– Pour rendre possible cette mobilité structurelle, surtout ascendante, la démocratisation quantitative de l'école (A. Prost) a permis la formation d'un nombre croissant d'individus.
– Après 1945, l'enseignement secondaire se massifie ; puis c'est au tour, à partir des années 1980, de l'enseignement supérieur, ce qui permet de répondre aux besoins de l'économie en emplois qualifiés.

C. — La démocratisation scolaire est aussi un facteur de fluidité sociale

1. — L'école est un instrument d'ascension sociale individuelle
– La mobilité brute s'explique également par la mobilité nette : 60 % en 2003 selon l'Insee.
– Raisonnant en termes de fluidité sociale, Louis-André Vallet conclut qu'elle s'est accrue légèrement mais continûment en France durant quatre décennies (0,5 % par an environ de 1953 à 1993).
– Dans une société salariale, l'école est un facteur important de fluidité sociale ; elle est un « ascenseur social » dont ont profité de nombreux enfants issus des classes populaires.

2. — La démocratisation « qualitative » rend l'ascension sociale possible
– La démocratisation qualitative renforce le principe méritocratique en permettant aux meilleurs de réussir.
– Pour favoriser l'égalité des chances, l'école met en œuvre des stratégies permettant de réduire les inégalités initiales : différentes mesures de discrimination positive existent.
– Vallet considère que l'élévation générale du niveau d'éducation peut à elle seule affaiblir, par un effet de composition, la relation entre origine et position sociale.

II   Mais une démocratisation aux effets sur la mobilité moins intenses qu'espérés

A. — La corrélation entre performance scolaire et origine familiale des élèves est forte

1. — La mobilité sociale est loin d'être parfaite
– C. Thélot dans son ouvrage *Tel père, tel fils*, montre que l'immobilité sociale est importante et que la mobilité reste une mobilité de proximité.
– De plus, la mobilité nette, après avoir crû entre 1977 et 1993, diminue de 1993 à 2003 et l'inégalité d'accès aux statuts supérieurs s'accroît.

2. — Les inégalités face à l'école sont importantes
– Les inégalités initiales se mesurent dès l'école primaire.
– L'« effet maître » et l'« effet établissement » sont importants mais les élèves défavorisés fréquentent les établissements les moins efficaces et les professeurs les moins expérimentés.
– Des inégalités d'accès selon l'origine sociale s'observent à tous les niveaux de l'enseignement.

B. — Des dotations et des stratégies différentes

1. — L'analyse de Pierre Bourdieu
– Les inégalités face à l'école s'expliquent par des dotations différentes en capital économique, culturel et social.
– La proximité entre la culture de l'école et celle des catégories dominantes favorise la réussite scolaire des enfants de ces dernières. L'école serait un facteur de reproduction sociale.

2. — Les choix stratégiques
– Pour R. Boudon, les inégalités face à l'école s'expliquent par des stratégies individuelles.
Van Zanten souligne que l'attitude consumériste des parents favorise ou renforce un désir de l'« entre-soi social » et des stratégies de placement dans les établissements les plus attrayants par les choix des options ou du lieu de résidence.

C. — Le rendement du diplôme est inégal et se réduit

1. — Inégalités et paradoxe d'Anderson
– Il n'y a pas d'égalité des jeunes diplômés face à l'emploi.

– Le paradoxe d'Anderson révèle le rendement inégal des diplômes selon les individus.

2. — Démocratisation de l'enseignement et dévaluation des diplômes
– La démocratisation scolaire s'est accompagnée d'une diminution du rendement des diplômes.
L'augmentation des postes de diplômés, pour un niveau de diplôme donné, a été inférieure à la croissance des diplômés.
– Seuls les systèmes de titres régulés par un *numerus clausus* ou différentes formes de concours sélectifs sont en mesure de conserver la valeur de leur titre.

QUELQUES SUJETS DE CES DERNIÈRES ANNÉES

En quoi a-t-on assisté à l'affirmation de la classe ouvrière en France des années 1930 à la fin des années 1960 ? (Question de cours, ESC, 1999)

Caractériser la composition et l'évolution des classes dominantes en France du début du XIXᵉ siècle à 1945. (Question de cours, ESC, 1999)

Mobilité sociale et croissance économique en France depuis 1945. (Ecricome, 2001)

Peut-on dire que la mobilité sociale s'est accrue en France depuis les années 1960 ? (ESC, 2002)

Les déséquilibres démographiques mondiaux et leurs conséquences sur le développement. (Ecricome, 2002)

Les changements démographiques conditionnent-ils le changement social ?
NB : vous appuierez principalement vos assertions sur des exemples tirés de l'histoire économique et sociale de la France après 1945. (ESCP-EAP, 2002)

Les freins à la mobilité sociale dans les pays industrialisés aujourd'hui. (Question de cours, ESC, 2005)

La lutte contre la pauvreté depuis le début du XXᵉ siècle dans les pays développés. (HEC, 2007)

LES STRATÉGIES
DE DÉVELOPPEMENT

François Perroux définit le développement comme « *la combinaison des changements mentaux et sociaux d'une population qui la rendent apte à faire croître le produit réel global de façon cumulative et durable* ». Dans la logique de cet auteur, les caractères du sous-développement induisent l'incapacité des peuples à engendrer et à perpétuer la croissance. Dès lors, il s'agira de mettre en œuvre des stratégies de développement appropriées.

CARACTÈRES ET CAUSES
DU SOUS-DÉVELOPPEMENT

Caractériser le sous-développement implique de repérer les spécificités des pays qui en pâtissent. Il est alors nécessaire de s'interroger sur les causes d'une telle situation.

A LES CARACTÈRES DU SOUS-DÉVELOPPEMENT

Les pays sous-développés ou en développement représentent plus des 4/5 de la population mondiale. Ces pays ne constituent pas pour autant un groupe homogène.

1. – Comment traduire le sous-développement ?

a. — Des pays sous-développés aux pays en développement

Dans son discours sur l'état de l'Union de janvier 1949, le président américain Harry Truman, soucieux d'endiguer la progression du communisme dans le monde, assigne à son pays la mission de favoriser « *l'amélioration des conditions de vie et la croissance économique des régions sous-développées* ». Ces propos fondent la notion de sous-développement telle qu'elle sera utilisée par la communauté internationale, jusqu'aux années 1960 : les « *régions sous-développées* » souffrent d'un niveau de développement insuffisant ; l'aide au développement et des politiques inspirées de l'expérience des pays avancés le feront progresser.

En 1952, dans un article publié par *L'Observateur*, Alfred Sauvy singularise les pays pauvres qui constituent un troisième monde aux côtés des sociétés capitalistes et socialistes. Il les assimile au Tiers-État d'avant la Révolution française de 1789 : représentant la plus grande partie de l'humanité, « *Ce Tiers Monde ignoré, exploité, méprisé comme le Tiers-État, veut lui aussi être quelque chose* ». Le terme Tiers Monde renvoie alors à une situation spécifique de pays marginalisés sur la scène mondiale.

Jusqu'à la fin des années 1960, les expressions Tiers Monde et pays sous-développés sont utilisées conjointement. Au cours des années 1970, le vocabulaire évolue : les organismes internationaux privilégient l'expression pays en voie de développement (PVD) qui met en avant un processus positif en cours de réalisation, alors que le sous-développement est un état que le préfixe « sous » dévalorise. Depuis les années 1980, l'expression pays en développement (PED) est préférée à pays en voie de développement.

Durant les années 1970, le vocabulaire du développement s'enrichit : l'opposition pays développés/PVD est centrée sur son aspect géographique : le Nord – incluant l'Australie et la Nouvelle-Zélande pourtant localisées dans l'hémisphère sud – recouvre les pays industrialisés confrontés aux revendications du Sud, c'est-à-dire les PVD. La référence géographique à laquelle renvoie l'expression Nord/Sud atténue, sans le faire disparaître, le caractère conflictuel des relations entre les pays développés et les PVD (ou PED) : le Nord et le Sud constituent les deux éléments d'un même monde. En cela, le couple Nord/Sud se différencie du couple centre/périphérie : cette dernière distinction est établie, au cours des années 1950, par l'Argentin Raùl Prebisch pour dénoncer la domination exercée par les pays développés (le centre) sur les pays sous-développés (la périphérie).

b. — Le faible niveau du PNB/habitant pour caractériser le sous-développement

Il a été longtemps d'usage d'évaluer le niveau de développement des pays par le PNB/habitant. Le faible niveau de cet indicateur traduisait alors le sous-développement. Dans cette optique, la Banque mondiale distingue plusieurs catégories de pays :
– les pays à faible revenu (PNB/habitant inférieur à 975 $ en 2008) ;
– les pays à revenu intermédiaire (PNB par habitant compris entre 976 et 11 905 $, en distinguant une tanche inférieure (de 976 à 3 855 $) et une tranche supérieure (de 3 856 à 11 905 $) ;
– les pays à revenu élevé (PNB par habitant supérieur à 11 905 $).

Si les pays à faible revenu appartiennent bien à la catégorie des PED, il n'est pas possible d'assimiler les pays à revenu intermédiaire de la tranche supérieure à des PED. Par exemple, la Pologne et la Russie appartiennent à cette catégorie… Par ailleurs, parmi les pays à revenu élevé figurent la Corée du Sud, Singapour…, classés dans la catégorie PED par le Programme des Nations Unis pour le développement (PNUD).

Le PNB/habitant est un indicateur partiel, imparfait. Par exemple, son niveau ne révèle rien du degré d'inégalité des revenus qui diffère grandement selon les pays : très élevée en Amérique latine, l'inégalité des revenus est plus modérée en Asie de l'Est… En outre, le PNB/habitant prend mal en compte les revenus en nature pourtant très fréquents dans les PED. Par ailleurs, il est établi sur la base des taux de change courants du dollar. Or, un dollar en Éthiopie n'a pas le même pouvoir d'achat qu'un dollar à Singapour. C'est pourquoi les statistiques de la Banque mondiale sont également établies sur la base de taux de change fondés sur le principe de la parité de pouvoir d'achat (PPA) : la comparaison de la valeur en monnaies nationales du même panier de biens permet d'établir un taux de change qui est ensuite appliqué aux PNB nationaux. Cette approche modifie les niveaux apparents de développement des pays et réduit leurs écarts.

Tableau 1 - PNB/habitant en 2007

	PNB/habitant au taux de change courant	PNB/habitant au taux de change PPA
Pays à faible revenu	524 $	1 407 $
Pays à revenu intermédiaire	3 260 $	6 154 $
Pays à revenu élevé	39 345 $	37 141 $

Source : Banque mondiale, 2009.

2. – Le sous-développement doit être apprécié par des indicateurs plus complexes que le PNB/habitant

a. — Les caractères du sous-développement relèvent de ce que François Perroux appelle la « non-couverture des coûts de l'homme »

Dans de nombreux PED, l'accès à l'eau potable, à l'éducation de base, à la santé et aux biens destinés à satisfaire les besoins physiologiques, n'est pas assuré pour un grand nombre d'habitants. En 2008, selon le PNUD, 17 % de la population des PED souffrent de sous-nutrition, c'est-à-dire d'un nombre de calories insuffisant (34 % de la population des pays les moins avancés).

Par ailleurs, même si l'espérance de vie progresse dans les PED, la mortalité reste élevée, en particulier la mortalité infantile. En 2007, pour 1 000 naissances, 51 décès interviennent dans l'année qui suit, dans les PED (5 dans les pays développés).

La « non-couverture des coûts de l'homme » (la non-satisfaction des besoins fondamentaux) résulte en partie de revenus trop faibles. Par conséquent, le PNB/habitant (ou le revenu par habitant) n'est pas sans importance. Mais cette perspective est trop restrictive. C'est pourquoi depuis 1990, le PNUD élabore de nouveaux indicateurs de développement. Par exemple, l'indicateur de développement humain (IDH), établi à la suite des travaux d'Amartya Sen (prix Nobel d'économie en 1998), synthétise plusieurs indicateurs : PIB par habitant, espérance de vie à la naissance, taux d'alphabétisation des adultes et taux de scolarisation. La valeur maximale de cet indicateur est de 1. En 2007, l'IDH des pays du Tiers Monde est d'environ 0,7 (0,96 pour les pays développés) mais pour les pays moins avancés, il est inférieur à 0,5 tandis qu'il dépasse 0,9 dans les pays les plus avancés d'Asie de l'Est.

Depuis 1990, d'autres indicateurs ont été élaborés pour prendre davantage en compte le caractère humain du développement (voir encadré ci-dessous).

Les indicateurs de développement humain

1 : **Indicateur de développement humain (IDH)**. Créé en 1990, il synthétise plusieurs indicateurs : PIB par habitant, taux d'alphabétisation des adultes, taux de scolarisation, espérance de vie à la naissance. La valeur maximale de cet indicateur est 1, sa valeur minimale est 0.

2 : **Indicateur sexo-spécifique de développement humain (ISDH)**. Également créé en 1990, il corrige l'IDH en fonction des inégalités hommes/femmes.

3 : **Indicateur de participation des femmes (IPF)**. Il est créé en 1995 afin d'évaluer le contrôle qu'exercent les femmes sur leur destinée dans les domaines économique et politique. Il prend en compte la part des femmes exerçant une fonction de direction ou d'encadrement supérieur, une profession technique ou libérale, une fonction parlementaire. Il intègre également le niveau de revenu disponible des femmes en regard de celui des hommes. Cet indicateur synthétique vaut 1 lorsque la participation des femmes est la plus grande et 0 dans le cas contraire. En 2007, l'IPF, calculé pour 109 pays, varie entre 0,14 (Yemen) et 0,91 (Suède).

4 : **Indicateur de pauvreté humaine dans les PED (IPH1)**. Cet indicateur, créé en 1997, synthétise plusieurs données : longévité (probabilité de décéder avant 40 ans), instruction (taux d'alphabétisation des adultes), indicateur composite de satisfaction des besoins essentiels (difficultés d'accès à l'eau potable, à la santé, malnutrition des enfants de moins de 5 ans). Il évalue la part de la population touchée par la pauvreté : sa valeur est donc comprise entre 0 et 100 %. En 2007, 3 % de la population uruguayenne est pauvre ; c'est le cas de 56 % de celle du Niger.

---

5 : **Indicateur de pauvreté humaine dans les pays développés (IPH2).** Élaboré en 1998, il synthétise, comme le précédent, plusieurs données : longévité (probabilité de décéder avant 60 ans), instruction (part des illettrés dans la population), difficulté d'accès aux conditions de vie décentes (pauvreté économique), mesurée par un revenu disponible individuel inférieur ou égal à la moitié du revenu médian, exclusion (part des chômeurs de longue durée, c'est-à-dire de plus d'un an dans la population active). Comme l'IPH1, sa valeur est comprise entre 0 et 100 %. Établi pour 25 pays en 2007, l'IPH2 indique que la pauvreté touche 6 % des Suédois et 30 % des Italiens, 15 % des Américains, 16 % des Irlandais… La France se situe à un niveau intermédiaire avec 11 % de pauvres.

b. — Le dualisme de l'économie des PED

Au plan économique, il est fréquent de caractériser les pays sous-développés par le déficit d'épargne intérieure, la faible productivité des facteurs, un chômage endémique, la dépendance extérieure, la faiblesse du taux d'investissement… Plus globalement, F. Perroux relie le sous-développement à la désarticulation (ou « *inarticulation* ») résultant du dualisme de l'économie : un secteur moderne côtoie un secteur traditionnel. À la frontière des deux secteurs s'insère une économie informelle : activités de réparation, de transformation et de ventes de biens industriels… Ces activités sont très peu capitalistiques et faiblement productives (cireurs, vendeurs de lacets, de cigarettes à l'unité…).

La désarticulation provient du fait que l'essor du secteur moderne, lié aux échanges commerciaux et financiers avec l'étranger, n'exerce aucun effet d'entraînement (ou très peu) sur le secteur traditionnel. En effet, les pays développés dominent les PED du fait même de leur niveau de développement ; cette domination est involontaire mais réelle. L'essor des pays dominés est alors commandé par les pays dominants qui induisent l'expansion du secteur moderne. En revanche, le secteur traditionnel reste en retrait dans la mesure où il ne répond pas (ou partiellement) aux besoins des pays avancés. C'est pourquoi, selon F. Perroux, « *l'économie sous-développée est, pour des raisons structurelles, exposée continuellement à des blocages de développement ou de croissance* ».

D'autres auteurs, notamment d'inspiration marxiste, perçoivent le dualisme comme le fruit d'une domination intentionnelle et non pas involontaire exercée par les pays développés. Ils dénoncent le néocolonialisme (domination sans colonisation) ou l'impérialisme des pays avancés qui explique « *le développement du sous-développement* » selon l'expression de l'auteur tiers-mondiste, Andé Gunder Franck. Le secteur traditionnel fournit de la main-d'œuvre bon marché ; il abaisse la valeur de la force de travail en prenant en charge une partie de l'entretien de celle-ci (éducation, vieillesse…), et en produisant des biens alimentaires à des coûts très bas ; une partie des terres du secteur traditionnel peut être utilisée pour les cultures d'exportation, la production étant alors commercialisée avec profit par le secteur moderne sans retombées positives sur le secteur traditionnel. Finalement, il est de l'intérêt des classes dominantes des PED, inféodées le plus souvent à celles des pays développés, de perpétuer le dualisme et donc le sous-développement.

D'autres auteurs ne perçoivent pas le dualisme comme frein au développement. La thèse d'Arthur Lewis (prix Nobel d'économie en 1979) mérite alors d'être exposée. Cet auteur établit son analyse sur les hypothèses suivantes : l'économie comporte deux secteurs : un secteur capitaliste moderne et un secteur de subsistance où la main-d'œuvre abonde, est peu coûteuse et forme une réserve de main-d'œuvre pour le secteur moderne. Par ailleurs, l'investissement est financé par les profits des industriels : l'épargne des travailleurs est trop faible du fait de leurs bas revenus et celle des classes moyennes est utilisée surtout au maintien de leur standing. C'est pourquoi, la répartition des revenus doit favoriser les industriels (l'État peut ici intervenir).

Le développement se traduit par l'extension progressive du secteur moderne. Ce dernier crée des emplois et absorbe le surplus de main-d'œuvre rurale. Progressivement, ce surplus de main-d'œuvre disparaît et les salaires augmentent. L'embauche sera maintenue tant que la productivité marginale de chaque travailleur supplémentaire dépasse ou égalise le salaire. Or, les profits réalisés étant réinvestis, la productivité marginale s'accroît et induit de nouvelles embauches jusqu'à ce que le salaire égalise de nouveau la productivité marginale, etc. Le dualisme va ainsi petit à petit disparaître.

Plusieurs critiques ont été adressées à cette analyse. Le transfert de main-d'œuvre du secteur de subsistance vers le secteur moderne peut provoquer une baisse de la production agricole en raison de la diminution de la main-d'œuvre disponible dans le secteur traditionnel. Comment alors nourrir ceux qui travaillent dans le secteur moderne ? De plus, la main-d'œuvre du secteur moderne est en moyenne plus qualifiée que celle du secteur traditionnel : la demande de travail émanant du secteur moderne peut ne pas être satisfaite. En outre, le niveau modeste des salaires, même s'il s'accroît, peut limiter les débouchés. Si la demande intérieure augmente, il n'est pas certain qu'elle se porte sur des produits locaux. De plus, les débouchés sur les marchés étrangers peuvent être limités… Enfin, les profits seront-ils bien réinvestis sur place ? Si tel n'est pas le cas, le processus décrit par Lewis est rapidement entravé.

c. — Les caractères du sous-développement relèvent également de spécificités politiques et culturelles

Pour Amartya Sen, « *la liberté politique est un élément constitutif du développement* ». Ainsi, les PED sont-ils marqués par la corruption et/ou l'incompétence de leurs dirigeants politiques (et plus généralement de leurs élites) ; le non-respect des Droits de l'homme et des principes démocratiques qui y sont attachés caractérisent les régimes en place dans ces pays ; l'instabilité politique (par exemple, la conquête du pouvoir par coup d'État), l'apathie des populations menacée en permanence par des mesures répressives, la priorité donnée aux dépenses militaires…, contribuent à perpétuer le sous-développement. Ces caractéristiques ne sont cependant pas partagées à l'identique par tous les PED : par exemple, l'Inde est qualifiée de « plus grande démocratie du monde ». En outre, les régimes évoluent : en Amérique latine, depuis les années 1980, plusieurs dictatures militaires ont été remplacées par des régimes démocratiques.

L'absence de démocratie et les limites aux libertés ne sont pas toujours perçues comme des freins au développement : par exemple, c'est un régime militaire, ayant accédé au pouvoir par un coup d'État en 1961, qui a mis en œuvre une stratégie de développement évolutive en Corée du Sud. Celle-ci a propulsé ce pays au niveau de développement des pays d'Europe du Sud, voire au-delà, sans que les règles de la démocratie aient été toujours respectées. Toutefois, selon Amartya Sen, rien n'indique avec certitude qu'une stratégie plus soucieuse des règles démocratiques n'aurait pas également réussi en Corée du Sud.

Plus globalement, le sous-développement est caractérisé par un système de valeurs refusant le changement et prônant la soumission aux traditions, à la nature, aux dieux… Par exemple, la valorisation du rôle procréateur des femmes dans les sociétés traditionnelles implique une fécondité élevée qui pèse sur les revenus et l'épargne des familles. Bien qu'elle soit présente chez d'autres auteurs, cette thèse, inscrivant le développement dans un contexte culturel, trouve d'importants développements dans les travaux du sociologue allemand Max Weber (1864-1920).

La thèse de Max Weber

Dans son livre, *Le capitalisme et l'éthique protestante* (1905), Weber montre comment la religion protestante, plus précisément le calvinisme, favorise l'apparition et l'essor du capitalisme. Pour Calvin (1509-1564), l'homme est prédestiné sans qu'il le sache : le salut ou la damnation relève de la seule volonté de Dieu (d'où l'angoisse existentielle de l'homme). Toutefois, le croyant peut trouver le signe de son appartenance aux élus de Dieu, dans la réussite de ses activités terrestres. Son ardeur au travail, son esprit d'entreprise, ses capacités à gérer son patrimoine, l'incitent à réaliser des « investissements intramondains » dont le succès est peut être un signe de Dieu. L'éthique protestante est alors un ensemble de valeurs et de règles qui déterminent des comportements reposant sur l'espoir d'un profit par l'exploitation des possibilités d'échanges. Toutefois, pour Weber, ce n'est pas la religion qui est à l'origine du capitalisme. Il y a plutôt des affinités électives entre religion et industrialisation capitaliste : « *Il est hors de question de soutenir une thèse aussi déraisonnable et doctrinaire qui prétendrait que l'esprit du capitalisme ne saurait être que le résultat de certaines influences de la Réforme* [le calvinisme] *jusqu'à affirmer que le capitalisme en tant que système économique est une création de celle-ci* ».

Comme le montre Amartya Sen à propos de la réussite des pays d'Asie de l'Est, il est aujourd'hui prouvé que le développement est lié au contexte culturel mais de manière non systématique : les valeurs européennes ne sont pas les seules à favoriser le développement et dans certains cas, elles ont pu le ralentir ; les réussites de plusieurs pays d'Asie ne doivent pas pour autant valoriser à l'excès l'efficience des valeurs asiatiques. D'ailleurs, il n'y a pas si longtemps, ces valeurs étaient dénoncées du fait des blocages au développement qu'elles étaient supposées occasionner.

3. – L'éclatement du Tiers Monde

a. — *Dès les années 1950, le Tiers Monde n'est pas un ensemble homogène*

À l'origine de l'expression Tiers Monde, Alfred Sauvy laisse entendre que ce groupe de pays est relativement homogène : le « troisième monde » est censé regrouper des pays pauvres et dominés. L'unité du Tiers Monde est d'abord politique. Des années 1950 aux années 1970, ces pays cherchent à s'affirmer sur la scène internationale. Ainsi, en 1955, la conférence de Bandoeng (Indonésie) permet aux leaders de ces pays (Nasser, Nehru, Zou Enlaï…) d'affirmer leur volonté d'indépendance à l'égard des grands blocs (non alignement). En outre, ils en appellent au droit des peuples à disposer librement de leurs richesses et de leurs ressources naturelles. L'unité apparente des pays du Tiers Monde est également fondée sur leur faible niveau de développement. Regroupant pour une grande part d'anciennes colonies des pays développés, ils héritent d'une spécialisation sur les produits primaires qui leur est préjudiciable et leur économie est désarticulée. En outre, ils subissent une croissance démographique excessive qui freine la croissance du PIB par habitant. Disposant d'une épargne nationale trop faible, ils ne peuvent financer les investissements nécessaires à leur décollage. Enfin, ces pays connaissent la malnutrition ou la sous-nutrition (famines), une mortalité infantile élevée, etc.

En fait, dès les années 1950, le « troisième monde » est diversifié. En effet, il regroupe des pays dissemblables par leurs cultures, l'étendue de leur territoire, leur démographie… Ainsi, la Chine et l'Inde sont très différentes de la Libye, du Liberia ; le Brésil et Haïti n'appartiennent pas au même monde… L'unité politique du Tiers Monde n'est pas assurée. L'option socialiste de certains pays est claire (Chine, Nord Viêt-nam, Cuba…). D'autres sont soutenus par l'URSS et ses alliés (Égypte de Nasser, Algérie de Boumediene…) ou le bloc occidental (Thaïlande, Côte d'Ivoire…). Le conflit Est/Ouest traverse donc le Tiers Monde. Les niveaux de développement de ces pays sont contrastés. Ainsi, en 1950, selon A. Maddison, le PIB par habitant du Venezuela équivaut à presque 25 fois celui de l'Éthiopie, celui du Brésil à plus du double de celui de la Chine et de l'Inde. Certains de ces pays ont déjà réuni les conditions préalables au développement, d'autres décollent. Selon Rostow (voir *infra* I, B, 1, b), c'est le cas de l'Argentine et du Mexique à la fin des années 1940 et de la Chine et l'Inde au milieu des années 1950. En revanche, un grand nombre d'entre eux sont encore au stade de la société traditionnelle.

b. — Depuis les années 1970, l'éclatement du Tiers Monde est encore plus net

Les indicateurs traditionnels de développement confirment l'hétérogénéité du Tiers Monde. Ainsi, selon la Banque mondiale, le PIB par habitant de l'Éthiopie est de 280 $ environ en 2008. Il atteint 35 000 $ à Singapour. Les indicateurs de développement humain confirment la diversité du Tiers Monde. Par exemple, en 2007, l'IDH de ces pays est d'environ 0,7 (0,96 pour les pays développés) mais pour les pays moins avancés (PMA), il est inférieur à 0,5 tandis que qu'il dépasse 0,9 dans les pays les plus avancés d'Asie de l'Est.

PMA et NPI

Les PMA ou pays moins avancés (actuellement 49 pays dont 33 en Afrique), dont la situation a été mise en avant par la CNUCED en 1968, sont caractérisés par un faible niveau de leur PNB/habitant (moins de 905 $ en 2009). Le taux de mortalité infantile est très fort et l'espérance de vie courte, le taux de fécondité est élevé. La part de l'industrie manufacturière dans le PNB est modeste comme celle des actifs occupés dans ce secteur. En revanche, celle des agriculteurs, éleveurs… est très forte ; le taux d'alphabétisation est bas (inférieur à 40 % de la population), la malnutrition est endémique… L'IDH des PMA est donc faible.

Au cours des années 1980, le terme nouveaux pays industrialisés (NPI) – l'OCDE utilise plutôt l'appellation pays nouvellement industrialisés (PNI) – s'impose progressivement pour décrire la situation des PED connaissant une industrialisation marquée : les produits manufacturés représentent une part élevée de leurs exportations, la production industrielle enregistre une croissance élevée (ce qui n'exclut pas des phases de crises), l'écart avec les pays développés se réduit… La liste des NPI varie selon le auteurs ou organisations internationales. Toutefois, une série de pays revient le plus fréquemment : le Brésil, le Mexique, la Thaïlande, Singapour, Hong-Kong, la Chine, Taiwan, la Corée du Sud, le Chili…

Certains auteurs préfèrent l'appellation pays émergents. Cette appellation s'applique aux pays ouvrant des perspectives de débouchés aux firmes exportatrices du reste du monde, des opportunités d'investissements aux FMN et de placements aux capitaux mondiaux sur de nouveaux marchés financiers en forte expansion. La liste des NPI et celle de pays émergents se recoupent très largement.

L'éclatement du Tiers Monde est amplifié du fait de stratégies de développement différentes (voir *infra*, III). Au cours des années 1970, le Tiers Monde comprend essentiellement trois groupes de pays : les nouveaux pays industrialisés (NPI) comme le Brésil, le Mexique, la Corée du Sud… ; les pays spécialisés sur l'exportation de produits primaires bénéficiant d'une forte croissance de la demande mondiale (principalement les membres de l'Organisation des pays exportateurs de pétrole (OPEP) qui connaissent une situation favorable; les pays les plus pauvres (les PMA) qui sont marginalisés dans l'économie mondiale). Depuis les années 1980, la diversification des pays du Tiers Monde s'amplifie. Des NPI ayant adopté des stratégies de développement plutôt autocentrées – en Amérique latine notamment – ont subi un endettement extérieur excessif: la hausse des taux d'intérêt et du dollar au début des années 1980 ont accru considérablement la charge de la dette (voir *infra*, III, C). D'autres NPI, principalement en Asie de l'Est, se sont insérés dans les échanges mondiaux en valorisant le contenu de leurs exportations. Ils rattrapent les pays développés. Toutefois, la crise asiatique de 1997-1998 a révélé la fragilité de certains d'entre eux comme l'Indonésie. Parmi les pays exportateurs de produits primaires, la situation des PMA s'est aggravée jusqu'au début des années 2000: leur marginalisation s'accentuait. Les pays de l'OPEP ont souffert des effets de dissensions politiques internes graves et de la baisse quasi continue du prix du pétrole du début des années 1980 à la fin des années 1990.

B   LES CAUSES DU SOUS-DÉVELOPPEMENT

Pourquoi un pays est-il sous-développé? Certaines approches théoriques n'attribuent pas systématiquement le sous-développement au développement des pays avancés; cet aspect est en revanche privilégié par d'autres analyses.

1. – Les causes ne relevant pas de la domination des pays avancés

a. — Les explications du sous-développement fondées sur la culture et les institutions

Ce type d'approche développe l'idée que le sous-développement provient de l'organisation du système socio-économique, du système des croyances et de valeurs, qui le caractérisent; il résulte de l'inefficience des institutions, de l'incompatibilité entre la culture traditionnelle et celle que nécessite et véhicule le développement. Par exemple, l'absence d'un droit réel de propriété privée de la terre en Afrique noire n'incite pas aux progrès agricoles, le fatalisme dissuade d'innover, les dysfonctionnements de l'État déstabilisent l'économie nationale et ne favorisent pas l'essor des infrastructures, etc. L'intérêt de cette approche est de montrer que le développement n'est pas seulement économique : il nécessite des institutions (dont l'État) et des caractéristiques socioculturelles qui le favorisent.

Cependant, il convient de faire preuve de circonspection face à ce type d'analyse. Le freinage du développement ne résulte pas obligatoirement des caractères socioculturels spécifiques aux PED. Ainsi, l'Américain, Theodore Schultz (prix Nobel d'économie en 1979 avec Arthur Lewis), développe une thèse fondée sur le calcul rationnel tel qu'il est pratiqué au sein des pays développés. L'investissement, les innovations, sont générateurs de gains futurs incertains. Cette incertitude est d'autant plus angoissante que les moyens financiers disponibles sont modestes : le risque de perdre un dollar pour un pauvre n'a pas la même signification que pour un riche. Le paysan pauvre rationnel du Tiers Monde a donc toutes les bonnes raisons de ne pas moderniser son exploitation, de ne pas investir davantage, de ne pas adopter de nouvelles techniques culturales… Ainsi, le maintien d'une pauvreté endémique dans les PED risque d'être attribué à la culture des peuples alors qu'il s'agit du résultat d'un calcul rationnel comme le ferait n'importe quel Occidental.

De plus, les cultures évoluent. L'acculturation est un processus qui peut freiner la modernisation en détruisant une culture locale sur laquelle était ancré un système productif cohérent. Mais l'acculturation peut aussi permettre la modernisation comme le montrent l'expérience des pays développés depuis le xixe siècle, et celle de certains pays asiatiques, plus récemment. D'ailleurs, les peuples semblent dotés d'une forte capacité à réinventer les cultures étrangères pour les adapter aux réalités locales ou nationales.

Enfin, il est délicat de réduire l'explication d'un phénomène complexe comme le développement à un seul facteur (ici, la culture). Par exemple, Braudel montre que le développement des pays d'Europe du Nord aux xvie et xviie siècles tient davantage aux bas coûts de la main-d'œuvre, à la capacité à fabriquer des bateaux à bas prix grâce à une certaine standardisation et à une organisation du travail faisant songer au taylorisme… qu'au calvinisme : « *que le sort se décide pour le Nord [...], cela vient d'abord de causes matérielles qui relèvent du doit et avoir, de coûts concurrentiels* ».

b. — Le sous-développement comme retard de développement

Cette analyse est très largement d'inspiration libérale. Les PED en sont à l'étape où en étaient les actuels pays développés, il y a deux siècles. Ils doivent adopter un schéma de développement similaire et s'insérer dans les échanges mondiaux en fonction des facteurs de production disponibles. L'Américain Walt Whitman Rostow (1910-2003) développe une telle thèse au cours des années 1960. Pour cet auteur, le développement est un processus linéaire en cinq étapes. La première est celle de la société traditionnelle : les actuels PMA en sont encore à ce stade. Au cours de la deuxième étape, sont réunies les conditions préalables au décollage (émergence d'une classe d'entrepreneurs, d'un État dont les interventions favorisent le développement, modernisation de l'activité agricole…) : certains PED intermédiaires ont atteint ce niveau. Puis intervient la phase du *take-off* (ou décollage), au cours de laquelle le taux d'investissement s'accroît et la croissance s'accentue. Dès lors, « *la société finit par renverser les obstacles et les barrages qui s'opposaient à sa croissance régulière* ». Plusieurs pays nouvellement industrialisés connaissent ce processus qui les conduira à la quatrième étape, le stade de la maturité, à laquelle sont parvenus les NPI d'Asie. L'ultime étape, celle que les pays développés ont atteinte, correspond à la société de consommation de masse.

Cette analyse, fortement critiquée, suscite d'importants débats. L'Américain Alexander Gerschenkron (1904-1988) soutient que le développement ne suit pas les étapes décrites par Rostow : les pays en retard mettent en œuvre des stratégies spécifiques leur permettant de rattraper, voire de dépasser les pays en avance. Mais, Rostow n'exclut pas non plus la spécificité du développement de chaque pays. Il relève qu'au sein de chaque étape, les trajectoires nationales peuvent être très différentes. Par exemple, au cours du take-off, dans certains pays, la demande extérieure a joué un rôle important tandis que dans d'autres, ce fut plutôt la demande interne, celle-ci pouvant être d'origine privée ou publique.

Pour Paul Bairoch (1930-1999), l'idée que suggère Rostow, selon laquelle les PED doivent imiter les pays développés sur le plan technique, n'est pas recevable du fait de la complexité croissante des techniques. Pourtant, les NPI ont montré leur capacité à le faire. Par ailleurs, Bairoch considère que la baisse des coûts de transport internationaux intervenue depuis le xixe siècle équivaut, par ses effets, à une réduction des tarifs douaniers qui renforce la capacité concurrentielle des pays développés au détriment des PED. Ainsi, la diminution du coût des biens d'équipement importés du fait des moindres frais de transport enferme les PED dans « *un de ces multiples cercles vicieux qui caractérisent les pays sous-développés. On importe des machines parce que l'on ne possède pas un potentiel* technique suffisant et l'on ne peut pas développer facilement ce potentiel car il n'y a pas d'incitation locale favorisant ces secteurs industriels ». En outre, la division internationale du travail (DIT) défavorise les PED, spécialisés sur les produits primaires alors que les pays du Nord exportent des produits manufacturés. Ainsi, la proposition de Rostow, favorable à l'insertion des PED dans les échanges, n'est pas sans risque. Pourtant, certains PED ont réussi leur insertion dans le commerce international.

Enfin, les auteurs tiers-mondistes ne manquent pas d'opposer à la thèse de Rostow, les réalités de l'histoire : le schéma de développement des actuels pays développés présente un caractère spécifique qui ne permet pas de l'appliquer aux PED. Selon Samir Amin (né en 1931), « *la structuration des étapes de Rostow ne tient pas compte de l'histoire des pays actuellement sous-développés ni des relations commerciales qui ont existé depuis des siècles entre ceux-ci et les pays actuellement développés* ». Par exemple, au XIXᵉ siècle, les pays avancés n'ont pas été colonisés à la différence de la plupart des PED dont les potentialités de développement ont alors été détruites. Malgré la décolonisation, la domination néocoloniale du Nord se perpétue et bloque le développement des pays dominés. Cette critique est également sujette à discussions (voir *infra*, III, B, 2).

Finalement, la thèse de Rostow ne semble pas avoir la portée générale que cet auteur souhaitait lui conférer. Toutefois, les critique lui ayant été adressées sont elles-mêmes à nuancer.

c. — Les théories fondées sur le dualisme

Arthur Lewis développe une analyse autorisant à interpréter le dualisme comme une étape du développement. Mais, cette approche repose sur des hypothèse très contestables (voir *supra*, 2 b). D'autres auteurs soulignent les blocages du développement liés au dualisme. Ainsi, l'Américain Ragnar Nurske (1907-1959) développe, au cours des années 1950, son analyse des cercles vicieux du sous-développement. Par exemple, la faiblesse des revenus au sein des PED génère une épargne modeste, voire nulle, d'autant plus que la pression démographique est forte du fait d'une fécondité élevée ; les investissements sont alors bridés faute de financement et les gains de productivité sont très faibles, la hausse des revenus est par conséquent modérée ou nulle (voire négative), etc. La faiblesse des revenus induit une consommation insuffisamment incitative à l'investissement ; la croissance économique est ralentie comme celle des revenus, etc.

L'apport informatif de l'analyse de Nurske est en apparence limité : les pays pauvres sont pauvres car ils sont pauvres. Cependant, cet auteur montre bien l'ampleur des difficultés auxquelles sont confrontés les PED. Il voit une possibilité de briser les cercles vicieux dans l'aide internationale et le choix d'une stratégie de croissance équilibrée : en investissant d'abord dans les infrastructures économiques et sociales (rôle de l'État), puis, ensuite, en développant les investissements productifs tous azimuts (*big push* selon l'expression de Paul Rosenstein-Rodan), il sera possible d'enclencher le processus de développement.

Critiquant Nurske, l'Américain Albert Otto Hirschman (né en 1915) voit dans le dualisme une possibilité de développement (théorie de la croissance déséquilibrée) : en lançant des investissements directement productifs, des goulets d'étranglement apparaissent et nécessitent de nouveaux investissements (y compris en infrastructures). F. Perroux défendait dès les années 1950 une thèse semblable en préconisant la création par l'État de pôles de croissance, générateurs d'effets d'entraînement. Ces approches sont confrontées au difficile problème de la dépendance extérieure, tant pour l'écoulement de la production et l'acquisition d'intrants, que pour le financement de la croissance.

2. – Les théories du développement centrées sur la domination exercée par les pays développés sur les PED

a. — Ces approches affirment que les blocages du développement proviennent des structures des PED, résultant de la domination du Nord sur le Sud

Dans cette optique, le dualisme de l'économie est le fruit de la colonisation et, depuis l'indépendance, du néocolonialisme. Par exemple, les firmes du Nord implantent leurs filiales dans les PED pour bénéficier des faibles coûts de la main-d'œuvre, sans induire d'effets d'entraînement significatifs sur le reste de l'économie. Cette désarticulation de l'économie se perpétue tant que la domination subsiste.

Une logique analogue attribue les blocages d'origine culturelle et institutionnelle à la domination des pays développés. Ainsi, les classes dominantes des PED adoptent le modèle culturel des pays développés (en cela, elles sont dominées) et imposent alors à leur pays des techniques inadaptées aux réalités socioculturelles locales, par exemple, des usines clés en mains ultramodernes nécessitant une main-d'œuvre qualifiée inexistante. Les défaillances de l'État au plan réglementaire ou celui des infrastructures s'expliquent par le fait que les gouvernants, inféodés aux classes dominantes du Nord, n'assurent pas la fonction d'accompagnement et/ou d'impulsion du développement national puisque leurs intérêts sont ailleurs.

Ce type d'analyse s'oppose à la thèse de Rostow, soutenant que le sous-développement est un retard de développement. En raison de la domination des pays développés, il ne faut pas espérer que les PED puissent accéder au stade de la consommation de masse (sauf exceptions). En effet, franchir les étapes décrites par Rostow suppose une autonomie des stratégies de développement mises en œuvre par les PED que les théories de la domination invalident.

b. — Les théories de la domination non marxistes

Pour l'Argentin Raùl Prebisch (1901-1987), les pays du Nord (le centre), et plus précisément les firmes multinationales (FMN), cantonnent le Sud (la périphérie) à l'exportation de produits primaires. Or, ces produits ne bénéficient pas d'une demande mondiale très dynamique ; leurs cours sont très instables d'où, le plus souvent, une détérioration des termes de l'échange (c'est-à-dire la baisse du prix relatif des exportations), préjudiciable au développement des PED (voir *infra*, II, B, 2). Pour Prebisch, la domination exercée par le centre est volontaire. En revanche, Perroux, relayé par Bairoch, développe l'hypothèse d'une domination involontaire : un pays A domine un pays B quand « *abstraction faite de toute intention particulière de A, A exerce une influence déterminée sur B, sans que la réciproque soit vraie ou qu'elle soit du même degré* ». L'avance technologique et le niveau de développement du Nord sont tels que, de fait, sans volonté particulière, il domine le Sud.

L'approche de Prebisch n'est pas sans faille. Par exemple, le Brésilien Celso Furtado (1920-2004), pourtant proche de cet auteur, a stigmatisé certains effets pervers des stratégies de développement autocentrées destinées à contrer les pays du Nord dans l'économie mondiale : il dénonce l'inefficacité des combinaisons productives mises en œuvre, les gaspillages de ressources, l'aggravation de la dépendance (importations de biens d'équipement financées par des exportations de produits primaires et l'endettement)… La domination ne peut donc suffire à expliquer le sous-développement. Par ailleurs, certains PED sont devenus exportateurs de produits industriels et leur insertion dans les échanges mondiaux a été bénéfique malgré la domination des pays du Nord. En outre, la détérioration des termes de l'échange est difficile à établir avant 1950 (voir *infra*, II, B, 2).

c. — Les théories de la domination marxistes et néomarxistes

Les théories attribuant le sous-développement à l'impérialisme des pays développés proposent une analyse voisine de la précédente, le plus souvent d'inspiration marxiste (voir chapitre 8). Par exemple, pour Lénine, la baisse tendancielle des taux de profit dans les pays capitalistes incite les firmes à étendre leur domination sur le monde entier. L'impérialisme, « *stade suprême du capitalisme* » se traduit notamment par la formation de FMN et le partage du globe par les grandes puissances : leur domination bloque le développement des pays dominés.

Cette approche est critiquée sur le plan des faits par l'historien Jean Bouvier : l'impérialisme peut ne pas être cause mais conséquence du sous-développement. En effet, c'est l'écart de puissance entre pays développés et PED qui conduit les premiers à dominer les seconds : le stade du sous-développement est donc antérieur et non postérieur au développement des pays avancés.

Pour les auteurs tiers-mondistes ou dépendantistes (Paul Baran, Samir Amin…), souvent qualifiés de néomarxistes, le Nord exploite le Sud comme les capitalistes exploitent les travailleurs. Pour Samir Amin, la périphérie (les PED) joue un double rôle : elle fournit des produits bon marché au centre (les pays développés) et offre des opportunités de taux de profit élevés aux capitaux du Nord, en particulier du fait de l'exploitation d'une main-d'œuvre peu coûteuse. La bourgeoisie nationale des PED ne peut en aucun cas jouer un rôle positif dans le développement car elle est inféodée aux intérêts étrangers (bourgeoisie *comprador* selon la formule de Paul Baran). L'extraversion des PED les insère dans un « *échange inégal* » (Arghiri Emmanuel) et l'exploitation de la périphérie par le centre conduit alors au « *développement du sous-développement* » (André Gunder Franck). Pour ces auteurs, « *le sous-développement a été engendré […] par le même processus historique qui a également engendré le développement économique : le développement du capitalisme lui-même* » (André Gunder Franck).

Selon ces économistes, le sous-développement est un produit de l'ordre capitaliste international qu'il faut transformer radicalement, en instaurant le socialisme. Celui-ci ne doit pas être une imitation du modèle soviétique. Ils s'opposent aux théoriciens non marxistes de la domination pour lesquels la remise en cause de la domination du Nord ne passe pas forcément par le renversement du capitalisme mondial : l'émergence d'une bourgeoisie industrielle nationale et une action énergique de l'État peuvent suffire.

Ces analyses, comme les précédentes, se heurtent à plusieurs limites. Par exemple, les stratégies socialistes et autocentrées, destinées à soustraire les PED de la domination des pays développés, ont échoué. A contrario, les stratégies de développement conduites par les NPI d'Asie, fondées sur l'ouverture, semblent réussir. Par conséquent, la domination ne peut suffire à expliquer le sous-développement d'autant plus que l'exportation de capitaux du Nord vers le Sud a contribué au développement de certains PED.

En outre, les libéraux dénoncent plusieurs facteurs de sous-développement qui exonèrent la domination des pays développés. Ainsi, sont dénoncés la corruption, les gaspillages de ressources dans des projets somptuaires sans utilité économique durable et/ou des dépenses militaires hors de proportion, destinées à assurer le maintien au pouvoir de dictateurs peu soucieux des intérêts de leur pays… L'incompétence des dirigeants des PED est stigmatisée. Elle se traduit par des choix erronés, préjudiciables au développement de leur pays : nationalisations plutôt que privatisations, priorité accordée à l'industrie lourde au détriment de l'agriculture et l'industrie légère…

Le sous-développement est donc un état dont les causes sont sujettes à d'âpres débats. Depuis les années 1980, ceux-ci paraissent tourner à l'avantage des approches libérales, les thèses d'inspiration marxistes étant en net recul. Par ailleurs, l'analyse du sous-développement laisse aujourd'hui plus de place au pragmatisme en soulignant la pluralité des causes des blocages du développement.

LA PLACE DES PED DANS L'ÉCONOMIE MONDIALE

L'émergence des concepts de Tiers Monde et de sous-développement au début des années 1950 implique une remise en cause de l'ordre économique international afin de prendre en compte les spécificités des PED. Toutefois, l'insertion de ces pays dans l'économie mondiale n'est pas garante de leur développement, d'autant plus qu'elle peut se traduire par un endettement extérieur excessif.

A DEPUIS LES ANNÉES 1950, LES PED RÉCLAMENT UN NOUVEL ORDRE ÉCONOMIQUE INTERNATIONAL QUI LEUR SOIT PLUS FAVORABLE

La revendication des pays du Tiers Monde d'un nouvel ordre économique international (NOEI) semble aboutir au cours des années 1970 ; la stratégie des pays de l'OPEP imposant aux pays développés des prix plus élevés pour l'usage des ressources naturelles des PED en est un exemple. Pourtant, au cours des années 1980, les difficultés auxquelles se heurtent les PED révèlent les ambiguïtés de ce NOEI.

1. – La contestation de l'ordre économique (et politique) mondial, entamée dans les années 1950, atteint ses limites depuis les années 1980

a. — Vers un nouvel ordre économique international

En 1945, la charte des Nations Unies promeut l'égalité des droits des peuples. S'ouvre alors une ère de décolonisation qui durera une trentaine d'années. À la suite de la conférence de Bandoeng en 1955, les pays issus de la décolonisation contestent l'ordre économique et politique mondial et fondent le mouvement des non-alignés, officialisé à la conférence de Belgrade en 1961. Ces événements marquent la volonté du Tiers Monde de contrer la domination des pays avancés, capitalistes et socialistes.

La décolonisation

À la fin du XVIIIe siècle (émancipation des treize colonies nord-américaines de la Grande-Bretagne) et au début du XIXe (indépendance de la plupart des possessions espagnoles et portugaises en Amérique latine), une première phase de décolonisation intervient mais n'interrompt pas le processus de colonisation : celle-ci s'accélère dans le dernier quart du XIXe siècle. En revanche, à partir de 1945, s'ouvre une phase de décolonisation de grande ampleur qui dure une trentaine d'années. Plusieurs facteurs expliquent ce processus. Les deux guerres mondiales sont des moments favorables à l'émergence de mouvements nationalistes au sein des colonies : ayant participé à l'effort de guerre de leurs métropoles, les peuples colonisés attendent en retour plus d'autonomie, voire l'indépendance. Ils y sont encouragés par les Américains qui promeuvent, à l'issue des deux conflits mondiaux, le droit des peuples à disposer d'eux-mêmes. Ce droit est inscrit dans les textes fondateurs de l'ONU, en 1945. La révolution russe de 1917 alimente les revendications émancipatrices des peuples dominés. Ceux-ci reçoivent le soutien du camp socialiste après 1945. Par ailleurs, au sein même des métropoles, les mouvements anticolonialistes se développent notamment au sein des forces de gauche. À cela s'ajoute l'idée que les colonies coûtent plus qu'elles ne rapportent. Enfin, la perspective de pertes militaires et civiles élevées, du fait des opérations de maintien de l'ordre dans les colonies, inquiète les opinions publiques.

Au début des années 1960, au sein de l'ONU, soixante-dix-sept pays du Tiers Monde constituent le « groupe des 77 » qui œuvre pour la prise en compte des besoins spécifiques des pays sous-développés. Par exemple, ces pays revendiquent leur droit à disposer librement de leurs ressources naturelles. Sous l'impulsion du « groupe des 77 », est instituée en 1964, au sein de l'ONU, la conférence des Nations Unies sur le commerce et le développement (CNUCED). Elle est chargée de promouvoir des relations commerciales plus équitables entre pays développés et pays en développement (*Fair trade*) en prenant en compte les intérêts spécifiques de ces derniers. Malgré les difficultés liées aux oppositions au sein même du Tiers Monde, l'action revendicatrice de ces pays aboutit, en 1974, à plusieurs résolutions de l'ONU prônant l'instauration d'un nouvel ordre économique international (NOEI) plus favorables aux pays en développement.

b. — L'ordre économique international est finalement resté peu favorable aux PED

Les résultats des politiques destinées à favoriser l'intégration des PED dans l'économie mondiale sont mitigés. Par exemple, les programmes de stabilisation des prix des produits de base non pétroliers, conduits par la CNUCED, n'éliminent pas les fluctuations des cours. Le système généralisé de préférence (SGP), qui exonère de droits de douane (ou en allège le montant selon les produits) les importations des pays développés en provenance des PED, bénéficie surtout aux plus avancés d'entre eux. De nombreux PED qui, jusqu'au début des années 1980 s'étaient endettés auprès de banques et d'États des pays développés, ainsi que d'institutions internationales (FMI, Banque mondiale), au sein desquelles les pays développés disposent du pouvoirs de décision, ont dû appliquer des politiques de rigueur qui ont bridé leur croissance (voir *infra*, II, c).

L'aide publique au développement est limitée et les pays les plus riches sont loin de respecter l'objectif fixé par la CNUCED en 1968 : l'aide devait représenter au moins 1 % du PNB des pays développés (objectif ramené à 0,7 % par l'OCDE). Ce taux n'est que de 0,31 % en 2009 ; cependant, il augmente depuis 2001 après une longue phase de baisse depuis le début des années 1960. Par ailleurs, cette aide au développement est conditionnelle : son octroi est soumis au respect de contraintes économiques (la mise en œuvre de politiques économiques orthodoxes) et sociopolitiques (respect des règles de la démocratie, de l'État de droit…) ; dans le même temps, l'action de la CNUCED en direction des PED s'est orientée progressivement vers la promotion du libre-échange, des investissements des firmes multinationales et de l'aide privée des ONG. Toutefois, depuis le début des années 2000, la CNUCED et les pays développés paraissent davantage vouloir prendre en compte les effets négatifs de la mondialisation sur les PED et ces derniers constituent des coalitions pour faire valoir leurs intérêts, par exemple au sein de l'OMC : ils souhaitent notamment que les pays développés réduisent leurs barrières protectionnistes, en particulier sur les produits agricoles.

Les PED ne représentent encore que 37 % du commerce mondial en 2008, mais cette part est croissante (22 % en 1990). Ils dépendent des pays développés pour leurs débouchés et leurs approvisionnements (60 % de leurs échanges extérieurs) mais la CNUCED souhaite que la tendance à l'accroissement de la part des échanges entre PED, entamée depuis le début des années 1990, se poursuive et à cette fin invite les PED à constituer des blocs régionaux ou à renforcer ceux qui existent.

2. – Un exemple emblématique des limites de la contestation de l'ordre économique international par les PED : l'Organisation des pays exportateurs de pétrole

L'OPEP, l'Organisation des pays exportateurs de pétrole, est créée en janvier 1960 à Bagdad par cinq pays : le Venezuela, l'Iran, l'Irak, Koweït et l'Arabie Saoudite. Il s'agissait de réagir à la baisse du prix du baril initiée par les FMN occidentales (dont la plus importante, Exxon), en harmonisant les politiques pétrolières des pays membres. D'autres producteurs rejoignent l'organisation : Qatar (1961), la Libye et l'Indonésie (1962), les Émirats arabes unis (1967), l'Algérie (1969), le Nigeria (1971), l'Équateur (1973) qui quitte l'OPEP en 1992 et y revient en 2007, le Gabon (1975) qui quitte l'organisation en 1995 et l'Angola (2007).

Au début des années 1970, les risques d'épuisement des réserves pétrolières qu'implique la forte croissance de la demande des pays développés induit la perspective de la hausse des prix du baril. De plus, la détérioration des termes de l'échange du pétrole (soit une baisse des prix relatifs du pétrole, voir *infra*, II, B, 2) consécutive à la hausse des prix des produits importés par les membres de l'OPEP, incite ces derniers à profiter de leur situation dominante dans les exportations mondiales. Enfin, en octobre 1973, la guerre du Kippour entre Israël et l'Égypte conduit l'OPEP à utiliser le pétrole comme un instrument de pression sur les alliés d'Israël. Entre octobre 1973 et juillet 1974, l'OPEP quadruple le prix du baril (premier choc pétrolier) ; en 1979-1980 (deuxième choc), le prix du pétrole vaut 12 fois celui d'avant le premier choc. Outre, la justification politique évoquée précédemment, les membres de l'OPEP inscrivent cette évolution dans le contexte de l'époque : la valorisation des ressources naturelles du Tiers Monde doit leur permettre de financer leur développement et d'instaurer un NOEI plus favorable à leur égard.

La réussite de cette stratégie au cours des années 1970 repose sur un certain nombre de facteurs dont l'efficacité va progressivement s'étioler.

a. — Les facteurs de domination de l'OPEP

L'OPEP bénéficiait d'une forte unité interne autour des pays arabes exportateurs de pétrole, hostiles à Israël et aux FMN pétrolières occidentales. En outre, l'organisation détenait les deux tiers des réserves mondiales et contrôlait 55 % de la production : elle était donc en position dominante sur le marché mondial. L'Arabie saoudite, le Koweït et les Émirats arabes unis pouvaient réduire leur production, et donc leurs exportations, pour faire monter les prix sans dommage pour leur économie interne (l'Arabie saoudite assure à elle seule 1/6 de la production mondiale en 1979). En effet, les besoins de financement de ces trois pays sont rapidement couverts. Enfin, les pays développés étaient très fortement dépendants à l'égard du pétrole et de l'OPEP : la croissance des Trente Glorieuses s'est en effet appuyée sur le pétrole.

b. — Les limites de l'OPEP

Au cours des années 1980, la stratégie de cartel de l'OPEP rencontre des limites. De fortes dissensions internes (Iran/Irak, Irak/Koweït…) minent l'unité du groupe d'autant plus que les situations économiques des pays membres divergent. Par ailleurs, la hausse du prix du pétrole a conduit à la mise en production de nouveaux champs pétrolifères, jusqu'alors non rentables, chez des producteurs non membres de l'OPEP (en mer du Nord par exemple). Au début des années 2000, ces pays (les NOPEP) représentent plus de 60 % de la production mondiale alors qu'en 1973, ils n'en représentaient que 45 %. De plus, les pays du Nord trouvent des substituts au pétrole (nucléaire), économisent l'énergie.

Cependant, l'OPEP occupe encore une place importante sur le marché mondial (35 à 40 % de la production mondiale, 75 à 80 % des réserves, dont la quasi totalité des réserves à très bas coûts) ; depuis la fin des années 1990, la remontée des prix du baril – qui était tombé à 10 $, soit en dollars constants, autant qu'avant le « Premier Choc » – s'est redressé : il atteint 75 $ au début 2006. La position de l'OPEP au sein de l'économie mondiale semble donc se renforcer. Toutefois, la dépendance des pays consommateurs est aujourd'hui moindre qu'elle ne l'était au cours des années 1970 et le prix du pétrole est instable : moins de 50 $ au début 2007, près de 150 $ en août 2008, 35 $ fin 2008, 70 $ fin 2009.

B L'INSERTION DES PED DANS L'ÉCONOMIE MONDIALE

L'intégration des PED dans les courants d'échanges commerciaux et financiers internationaux reste encore problématique. L'insertion dans l'économie mondiale n'a pas été bénéfique a tous ces pays.

1. – Une insertion dont les effets sont contrastés

La part des PED dans le commerce mondial fluctue, depuis les années 1950, entre 20 et 30 %. Elle est donc limitée.

Tableau 2 - Part des PED dans les exportations mondiales

1950	1970	1980	1990	2008
environ 30 %	environ 20 %	environ 30 %	environ 20 %	environ 37 %

Source : d'après les données du secrétariat du GATT et de l'OMC.

Les produits primaires représentaient plus de 90 % des exportations des PED au milieu des années 1950. Depuis les années 2000, cette part oscille entre 20 et 30 % au gré des variations du cours des produits de base. La part des produits manufacturés a donc beaucoup augmenté. Toutefois, plus de 80 % de ces exportations de produits manufacturés sont assurés par une dizaine de NPI. Ainsi, la plupart des PED sont encore exportateurs de produits primaires.

Les échanges des pays du Sud sont largement orientés vers la Triade. Le commerce Sud/Sud, qui s'est accru ces dernières années, ne représente que 10 % des échanges mondiaux et concerne, pour la plus grande part, les PED d'Asie du Sud-Est et de l'Est.

a. — L'ouverture peut être facteur de croissance et de développement mais n'est pas exempte de dangers

■ **Les avantages des stratégies d'ouverture aux échanges**

Les vertus du libre-échange sont largement développées par l'analyse libérale, fondée sur les thèses d'Adam Smith et de David Ricardo. Les exportations comme les importations génèrent des externalités positives pour les entreprises nationales, exportatrices ou non. Par exemple, les importations de biens d'équipement dynamisent l'appareil productif ; les exportations imposent une rationalisation de méthodes productives que peuvent imiter les entreprises locales non exportatrices, elles dopent la croissance interne dont peuvent bénéficier les entreprises locales… L'OMC atteste de l'efficacité de l'insertion dans le commerce international : « *un large éventail d'études très différentes les unes des autres arrivent toutes à la même conclusion fondamentale, à savoir qu'un régime de commerce extérieur ouvert stimule la croissance… Les pays en développement ouverts ont des résultats nettement meilleurs que les pays en développement fermés* » (Rapport annuel, 1998).

■ **Les limites des stratégies d'ouverture**

Aux études référencées par l'OMC s'opposent de nombreux travaux qui montrent que les effets positifs de l'ouverture et de la libéralisation des échanges sur le développement des PED ne sont pas assurés, notamment du fait des coûts d'ajustement induits par la libéralisation des échanges : faillites, exclusion d'une partie de la main-d'œuvre, perte de recettes pour l'État du fait de la disparition des droits de douane, creusement des inégalités de revenus… sont difficilement supportables pour un grand nombre de PED. Il en est de même des coûts que suppose la mise en œuvre des politiques macroéconomiques qui conditionnent la réussite de l'ouverture : comme l'indique l'OMC, « *un régime de commerce extérieur ouvert ne suffit pas à éviter la marginalisation. Il faut que les autres politiques nationales y contribuent aussi. Parmi ces autres politiques, les plus importantes sont celles qui contribuent à créer un environnement macroéconomique favorable. Une inflation modérée, un système financier efficace, des infrastructures suffisantes, la primauté du droit et la stabilité politique sont nécessaires pour pouvoir récolter tous les avantages découlant d'une politique commerciale tournée vers l'extérieur* ».

Tableau 3 - Exportations de marchandises de quelques PED (en % du PIB)

	1980	1998	2005	2008
Algérie	34	29	43	45
Arabie saoudite	71	45	58	70
Argentine	5	9	22	22
Brésil	9	7	15	13
Chili	23	25	34	40
Chine	6	22	34	33
Hong Kong	90	125	164	172
Corée du Sud	34	38	36	45
Côte d'ivoire	35	43	45	43
Inde	6	12	11	15
Indonésie	34	28	30	27
Iran	13	13	30	30
Malaisie	58	118	108	101
Maroc	17	28	20	23
Mexique	11	31	28	27
Philippines	24	56	42	29
Sénégal	27	32	19	18
Singapour	215	153	197	245
Thaïlande	24	47	62	68
Tunisie	40	42	37	48
Venezuela	29	17	40	30

Source : Banque mondiale, 2009.

De plus, la nature de la spécialisation n'est pas neutre quant au effets de l'insertion dans les échanges mondiaux : l'exportation de produits primaires est peu propice au développement (voir *infra*, II, B). En outre, l'ouverture sur l'extérieur accentue les interdépendances entre les pays et donc accroît les risques attachés aux chocs externes provoqués par une crise chez un partenaire commercial… Enfin, la réussite exemplaire des stratégies d'insertion dans le commerce international de certains pays asiatiques est fondée sur des modalités constituant de nombreuses entorses aux principes du libéralisme (voir *infra*, III). Ainsi, au cours des années 1960, les firmes sud-coréennes exportent des biens de consommation courante, en bénéficiant de différentes aides de l'État (notamment aides financières grâce à la nationalisation des banques). Puis, durant les années 1970, les autorités publiques mettent en œuvre une stratégie de protection des industries lourdes pour substituer une production locale aux importations, tout en maintenant les exportations de produits manufacturés courants. À partir de la décennie suivante, les exportations sud-coréennes évoluent en incluant des produits plus élaborés issus des industries jusqu'alors protégées, qui sont davantage confrontées à la concurrence.

b. — L'ouverture des PED aux flux de capitaux internationaux peut induire de graves difficultés

Les flux de capitaux en direction des PED ont considérablement augmenté depuis une trentaine d'années. Les capitaux privés (investissements des FMN, placements, prêts bancaires…) l'emportent aujourd'hui largement sur les capitaux publics. Ces apports participent au financement du développement des PED, mais une partie contribue aussi à leur endettement dont le poids peut s'avérer excessif (voir *infra*, II, C).

De plus, les investissements directs à l'étranger (IDE) des FMN sont pourvoyeurs d'emplois, de transferts de technologie et alimentent un courant d'exportations. Mais ces effets bénéfiques sont incertains : les emplois créés peuvent être inadaptés à la main-d'œuvre disponible des PED ; les transferts de technologie ne sont pas garantis, d'abord du fait de la réticence des firmes, ensuite, parce qu'ils nécessitent des capacités locales, financières, humaines… qui ne sont pas toujours réunies. En outre, l'implantation de FMN génère des exportations mais également des importations en provenance de la maison mère et/ou d'autres filiales. Elle peut aussi conduire à des faillites de producteurs locaux. Ces capitaux privilégient les zones les plus dynamiques : par exemple, en 2006, l'Asie de l'Est et du Sud-Est reçoit près de la moitié des IDE entrant dans les PED. En revanche, les zones les moins avancées (Afrique subsaharienne en particulier) sont délaissées.

Si les investissements de portefeuille (placements) ont répondu aux besoins de financements des PED, ils ont également contribué à leur instabilité. Par exemple, en 1994, le Mexique est confronté à une grave crise consécutive à la sortie de capitaux volatils. En 1997, la crise asiatique débute en Thaïlande à la suite des sorties massives de capitaux résultant des mauvais résultats économiques de ce pays. Par ailleurs, les interdépendances liées à la globalisation financière, induisent un processus de propagation des crises qui peuvent être préjudiciable aux PED. Ainsi, la crise asiatique s'est-elle traduite par une fuite des capitaux de nombreux pays de la région, induisant la défiance des détenteurs de capitaux à l'égard d'autres PED, notamment le Brésil. Les sorties de capitaux de ce pays ont imposé aux autorités brésiliennes une dépréciation du réal puis sa dévaluation de 40 % au début de 1999.

2. – La question des termes de l'échange

a. — L'évolution des termes de l'échange avant 1945 est incertaine

Pour un pays ou un groupe de pays, les termes de l'échange sont les prix relatifs des produits exportés en regard des prix des produits importés (indice des prix des exportations/indice des prix des importations). Une dégradation des termes de l'échange signifie, soit que les prix des produits exportés diminuent davantage que les prix des importations, soit qu'ils augmentent moins. Dans les deux cas, il faut exporter davantage pour obtenir le même volume d'importation. L'évolution des termes de l'échange des pays participant au commerce mondial dépend de leur spécialisation, c'est-à-dire de la nature des produits échangés.

Jusqu'aux années 1940, l'évolution des termes de l'échange est incertaine. S'appuyant sur des données statistiques de la Société des nations (SDN), Raùl Prebisch et Hans Singer dénoncent, dans les années 1950, la détérioration des termes de l'échange subie par les pays du Tiers Monde : entre 1876-1880 et 1926-1938, leur dégradation est de 50 %. Les prix relatifs des produits primaires exportés par les pays pauvres ont donc diminué. Pour Prebisch, ces évolutions permettent de comprendre « *la nature, les causes et la dynamique des inégalités internationales* » et d'expliquer comment « *le système de relations internationales* [accentue] *la mesure avec laquelle la richesse de la périphérie* [est] *aspirée par le centre* ».

Cette approche est contestée. Pour Paul Bairoch, la détérioration des termes de l'échange avant 1940 constitue « *le prototype des mythes entretenus sur la question du développement du Tiers Monde* ». Cet auteur récuse les fondements statistiques des thèses de Prebisch et de Singer. En outre, le calcul des termes de l'échange pose problème du fait de la nature des produits pris en compte : par exemple, les machines des années 1930 sont plus performantes que celles des années 1900 tandis que le cacao est resté du cacao. Même s'il faut fournir plus de cacao pour se procurer une machine, celle-ci étant de qualité supérieure, la détérioration des termes de l'échange n'est alors qu'apparente. L'évolution des termes de l'échange des produits primaires est donc incertaine ce qui fragilise les analyses du sous-développement fondées sur leur dégradation avant 1940. Cependant, si globalement il n'est pas possible de conclure sur l'évolution des termes de l'échange, il reste que pour certains pays et à certaines époques, elle a été réelle : c'est le cas, selon Bairoch, des pays d'Amérique latine, exportateurs de sucre entre 1830 et 1910.

b. — Depuis 1945, l'évolution des termes de l'échange est globalement défavorable à un grand nombre de PED

Depuis la Seconde Guerre mondiale, l'évolution des termes de l'échange est défavorable aux pays exportateurs de produits primaires non pétroliers. Tendanciellement, depuis la fin des années 1940, les termes de l'échange des pays en développement exportateurs de produits primaires non pétroliers se dégradent. Au milieu des années 1990, leur niveau est inférieur à celui de la fin des années 1950 et équivaut à celui de 1938. La situation des pays exportateurs de pétrole est plus contrastée : après une période de dégradation tendancielle jusqu'en 1970, leurs termes de l'échange se relèvent très fortement jusqu'au milieu des années 1980, puis, ils chutent de nouveau. Mais, au milieu des années 1990, ils sont encore supérieurs à leur niveau des années 1950-1960.

Tableau 4 - Termes de l'échange nets (1963 = 100 ; moyennes annuelles)

	PED non exportateurs de pétrole	PED exportateurs de pétrole	Ensemble des PED	Pays développés à économie de marché	Monde (produits bruts par rapport aux produits manufacturés)
1950-1954	115	100	111	91	118
1960-1964	101	101	101	101	100
1965-1969	101	89	91	102	94
1970-1972	104	98	90	103	89
1973-1975	107	236	147	96	113
1976-1978	116	300	171	93	115
1979-1981	111	486	225	85	102
1982-1984	106	549	235	84	99
1985-1987	100	365	189	91	97
1988-1990	95	288	172	95	98
1991-1993	88	261	151	96	92
1994-1995	73	244	151	99	99

Source : Paul Bairoch, *Victoires et déboires*, Gallimard, 1997.

Selon la CNUCED, les termes de l'échange des PED sont stabilisés depuis la fin des années 1990 du fait de la remontée des cours des produits primaires liée, notamment, à la forte demande des pays émergents d'Asie.

Ces évolutions traduisent les difficultés auxquelles peuvent être confrontés les pays se spécialisant sur la production et l'exportation de produits primaires et de certains produits industriels.

■ La spécialisation sur les produits primaires

Les pays spécialisés dans la production et l'exportation de produits primaires ne bénéficient pas d'une demande mondiale très dynamique. Cette demande est faiblement élastique, c'est-à-dire qu'elle s'accroît peu lorsque les prix diminuent. Pour faire face à la baisse des prix relatifs des produits primaires, les pays producteurs du Tiers Monde accroissent souvent leur offre, ce qui abaisse davantage les cours. Comme le montre Jagdish Bhagwati (1958), l'insertion dans les échanges peut conduire à l'appauvrissement des pays enregistrant une détérioration de leurs termes de l'échange dès lors que trois conditions sont réunies : le secteur d'exportation représente une part importante du PIB, les importations augmentent fortement quand le PIB s'accroît (forte élasticité des importations) et la hausse du volume des exportations ne compense pas la baisse de leurs prix (diminution du pouvoir d'achat des exportations ou termes de l'échange revenu).

Par exemple, la croissance du PIB induite par celle des exportations conduit à une augmentation importante des importations du fait de leur forte élasticité. Si le prix relatif des exportations chute (dégradation des termes de l'échange), il est nécessaire d'augmenter fortement le volume des exportations pour préserver le pouvoir d'achat des recettes d'exportations. Si tel n'est pas le cas (détérioration des termes de l'échange revenu), l'augmentation des importations doit être freinée, ce qui commande le ralentissement, voire la baisse, de la demande intérieure (puisque par hypothèse, la demande extérieure augmente) et donc du revenu par habitant. C'est précisément ce risque qui menace les PED exportateurs de produits primaires. La croissance tirée par les exportations peut donc être appauvrissante.

■ La spécialisation sur les produits manufacturés

Les pays exportateurs de produits manufacturés sont moins exposés à la croissance appauvrissante : la demande de ce type de produits est plus dynamique que celle des produits primaires, surtout lorsque la spécialisation se traduit non seulement par une compétitivité-prix élevée mais aussi par une capacité à répondre à la demande mondiale (compétitivité hors prix ou structurelle). Par exemple, depuis 1995, les PED d'Asie de l'Est, exportateurs de produits manufacturés ont subi une détérioration de leurs termes de l'échange. Cependant, ils ont pu augmenter fortement le volume de leurs exportations au point d'accroître le pouvoir d'achat de leurs recettes d'exportation (termes de l'échange revenu).

Néanmoins, une spécialisation sur les produits semi-finis ou les biens de consommation courante peut induire des conséquences négatives semblables à celles de la spécialisation sur les produit primaires. La Thaïlande, par exemple, a connu une nette évolution de sa spécialisation depuis les années 1970 : les exportations fortement orientées sur les produits primaires ont laissé place aux exportations de produits manufacturés et de semi-produits (dont les composants électroniques). Or, ce type de produits se heurte rapidement à la saturation des marchés et à la concurrence des autres PED ayant la même spécialisation. Les dirigeants thaïlandais n'ont pas su ou pas pu faire évoluer la spécialisation de leur pays, ce qui a contribué pour une part non négligeable au déclenchement de la crise asiatique de 1997-1998 et à un vif recul de l'activité du pays à cette époque.

C LA DETTE EXTÉRIEURE DES PED

Depuis les années 1970, l'endettement des PED a connu une forte croissance au point de déboucher, au début des années 1980, sur une crise majeure : de très nombreux PED sont alors incapables de faire face à leurs engagements. C'est pourquoi plusieurs plans de gestion de la dette ont été mis en œuvre ; ils ont contribué à une amélioration relative de la situation des PED dont certains sont encore confrontés à de grandes difficultés.

1. – Les caractéristiques de la dette extérieure des PED

a. — La composition de la dette extérieure des PED et ses fonctions

Les éléments ci-dessous résument les différents aspects de la dette extérieure des PED qui représente en 2008 environ 2 800 milliards de dollars.

Dettes extérieures publique et privée

La dette publique au sens strict correspond à la dette contractée par les autorités gouvernementales ou par des organismes publics.

La dette publique au sens large ajoute à la précédente, la dette contractée par des résidents du pays, avec garantie gouvernementale.

La dette privée est contractée par les résidents sans garantie gouvernementale.

Les prêteurs

Secteur privé (surtout des banques), États et organismes internationaux (Banque mondiale, FMI…) accordent des prêts.

Le club de Paris (créé au cours des années 1950), regroupe les créanciers publics (États).

Le club de Londres (créé au cours des années 1970) regroupe les créanciers privés (banques).

Les termes de l'endettement

Les taux d'intérêt peuvent être des taux variables (le plus souvent) ou des taux fixes. Il peut s'agir des taux du marché ou de taux préférentiels.

Les délais de remboursement sont, en moyenne, de 20 ans pour les prêts publics et de 10 ans pour les prêts privés. Ces durées sont des ordres de grandeur.

Les indicateurs d'endettement

Le taux d'endettement exprime la dette en pourcentage du PNB. Le FMI considère qu'un pays est peu endetté lorsque le taux d'endettement est inférieur à 30 % ; au-delà de 50 %, il est fortement endetté.

Le ratio de la dette exprime la dette en pourcentage des exportations annuelles de biens et services. Le FMI considère qu'un ratio de la dette inférieur à 165 % est soutenable.

Le ratio du service de la dette exprime le versement des intérêts annuels et la part du capital remboursée par an, en pourcentage des exportations annuelles de biens et services. Le FMI considère qu'un ratio inférieur à 18 % représente une situation saine ; au-delà de 30 %, la situation devient difficile.

La dette extérieure répond aux besoins de financement des PED. Dès lors qu'au niveau macro-économique, le volume d'épargne intérieure est inférieur à celui des investissements, le besoin de financement de la nation que cette inégalité exprime, est couvert par un recours aux financements internationaux. L'état de besoin de financement ne préjuge en rien du volume de l'épargne ou de celui de l'investissement. Par exemple, un fort taux d'épargne (en pourcentage du PIB) peut ne pas suffire à financer des investissements eux aussi très élevés (cas en Asie de l'Est). Inversement, un faible taux d'épargne peut financer des investissements intérieurs très modestes et dégager une capacité de financement. Dès lors qu'apparaît un besoin de financement (qui correspond à un déficit de la balance courante), il pourra être couvert de différentes façons. Certaines n'impliquent aucun endettement externe : c'est le cas d'une partie de l'aide publique au développement (dons), des annulations de dettes antérieures accordées par les créanciers, des investissements des FMN, des investissements de portefeuille sous formes de placements en actions, et de certains apports des organisations non gouvernementales (ONG). D'autres impliquent un endettement externe : il s'agit des prêts à taux préférentiels compris dans l'aide au développement, des investissements de portefeuille en obligations ou autres titres de créances, et de différents prêts, notamment bancaires.

b. — Depuis les années 1950, la dette extérieure des PED a considérablement augmenté

Jusqu'aux années 1960, la dette extérieure des PED reste d'un montant limité et correspond à des financements (des prêts) publics provenant d'États (financements bilatéraux) ou d'institutions internationales comme la Banque mondiale (financements multilatéraux). Cet endettement s'inscrit dans la logique des théories du développement fondées sur l'idée qu'un apport massif de capitaux peut dynamiser les économies du Tiers Monde (Nurske, Rostow…).

À partir des années 1970, les prêteurs se diversifient : la part du secteur privé s'accroît. Les banques du Nord disposent de liquidités à la suite des chocs pétroliers qui induisent un net accroissement des avoirs en dollars des pays exportateurs de pétrole. Plusieurs d'entre eux (Arabie saoudite, Koweït…) « recyclent » une partie de leurs avoirs sur les marchés financiers occidentaux et auprès des banques occidentales. Parallèlement, les PED les plus dynamiques mettent en œuvre des programmes d'investissements de grande ampleur alimentant leur besoin de financement à un moment où les taux d'intérêt réels sont bas (et parfois négatifs) du fait d'une forte inflation et où le cours du dollar s'affaiblit. De nombreux PED enregistrent par ailleurs une détérioration de leur balance courante du fait de la hausse du prix de leurs importations (pétrole, mais aussi biens d'équipement en provenance du Nord). Enfin, le ralentissement de la croissance des pays développés freine leurs importations dont une partie correspond aux exportations des PED, ce qui pèse d'autant sur la balance courante de ces derniers. Au début de années 1970, la dette extérieure des PED atteint 80 milliards de dollars (10 milliards au milieu de années 1950). En 1980, elle dépasse 400 milliards de dollars.

À la fin des années 1970, la priorité accordée à la lutte contre l'inflation par les pays du G7, réunis à Tokyo en 1979, se traduit par une hausse importante des taux d'intérêt, notamment américains. La dette extérieure des PED s'alourdit alors du fait de l'indexation des taux d'intérêt de cette dette sur les taux américains. En outre, la montée du dollar consécutive au relèvement des taux américains et au recul de l'inflation, alourdit la dette des PED, exprimée en monnaie nationale. La perpétuation des déséquilibres courants du fait du renchérissement des importations et du freinage des exportations, analysés précédemment, alimente la dette. Enfin, le coût de la dette (taux d'intérêt réel) dépasse le rendement des investissements financés par les capitaux empruntés mettant à mal la solvabilité des pays emprunteurs : ceux-ci subissent à la fois un alourdissement du montant de la dette (plus de 800 milliards de dollars au milieu des années 1980) et du ratio du service de la dette qui a triplé depuis 1970 et atteint 25 % en 1985. La dette devient un fardeau au point où de nombreux PED ne peuvent en supporter la charge. En 1982, le Mexique, puis le Brésil, l'Argentine, le Chili, le Maroc…, se déclarent incapables d'assurer le remboursement de leur dette extérieure ; moins d'un tiers des PED endettés peuvent encore respecter leurs engagements. Les prêteurs privés se dérobent mettant en difficulté non seulement les PED, mais aussi les prêteurs publics (organismes internationaux et États) sur qui repose la charge d'alimenter en liquidités les PED surendettés.

Dans la deuxième partie des années 1980, des programmes de gestion de la dette sont mis en œuvre (voir *infra*, II, C, 3) : le montant de la dette continue de croître (près de 2 800 milliards en 2008) mais le ratio du service de la dette s'améliore pour l'ensemble des PED. Par ailleurs, le ratio du service de la dette des PMA est inférieur à la limite fixée par le FMI. Mais, c'est souvent le résultat du désintérêt des banques à leur égard. Ils ne peuvent alors compter que sur les prêts à taux préférentiels de l'aide publique au développement, dont les montants sont limités, et sur les mesures d'allégement et d'annulation de dettes pratiquées depuis la fin des années 1980.

2. – Dettes vertueuses, dettes dangereuses

a. — *La dette extérieure peut favoriser la croissance*

L'endettement n'est pas forcément un frein à la croissance en raison de l'effet de levier de l'endettement mis en lumière par le Suédois Knut Wicksell (1851-1926), à la fin du XIXᵉ siècle. Cet auteur distingue le taux d'intérêt monétaire (taux d'intérêt réel) et le taux d'intérêt naturel (taux de profit). Dès lors que le taux monétaire est inférieur au taux naturel, les entreprises sont incitées à investir. Ainsi, pour que l'endettement soit bénéfique aux PED, l'usage des capitaux empruntés devrait générer une rentabilité supérieure au taux d'intérêt réel.

Par ailleurs, selon l'Américain Paul Samuelson (prix Nobel d'économie en 1970), le taux de croissance du PNB devrait être supérieur au taux d'intérêt réel (avec, selon le FMI, un ratio de la dette inférieur à 50 % ou mieux inférieur à 30 %) de façon à ce que le poids des remboursements s'allège. Ajoutons que le service de la dette devrait s'accroître moins que les exportations (sauf si le ratio du service de la dette est inférieur à 30 % ou mieux à 18 % selon le FMI).

Au XIXᵉ siècle, l'endettement extérieur a permis à certains pays de combler le déficit d'épargne nationale. Selon Alexander Gerschenkron, au XIXᵉ siècle, les pays attardés ont pu ainsi rattraper les pays avancés. C'est ainsi que les États-Unis ont financé en partie les chemins de fer, les plantations du Sud, les canaux des Grands-Lacs… La Russie a pu également financer son chemin de fer, les mines du Donetz… Au Japon, l'emprunt extérieur a financé le quart des investissements, au début du XXᵉ siècle.

Si l'endettement a donc été utile, il faut cependant ajouter que son rôle a été supplétif : l'essentiel a été assuré par l'épargne nationale. De plus, à cette époque, les taux d'intérêt étaient faibles et les échéances longues. C'est ainsi que les ratios d'endettement étaient parfois très élevés sans trop de risques.

Un scénario similaire explique la croissance de certains PED : la Corée du Sud, par exemple, a bénéficié de l'aide américaine (dont la moitié était des prêts à taux préférentiels) jusqu'aux années 1960-1970 (au cours des années 1970, la part des dons tombe à 15 % de l'aide). Durant les années

1980, la stratégie d'industrialisation coréenne porte ses fruits (voir *infra*, III) et la croissance économique parvient à réduire la dette qui représente 20 % du PIB en 2004 (33 % en 1997, avant la crise asiatique) contre 130 % en 1960.

b. — *Mais, l'endettement peut être aussi un fardeau*

Il en est ainsi lorsque les taux d'intérêt réels dépassent le taux de croissance ou lorsqu'ils sont supérieurs à la rentabilité tirée de l'usage des capitaux empruntés, impliquant alors une crise de solvabilité. Cette situation caractérise les PED au début des années 1980. En outre, l'usage des ressources provenant de l'endettement extérieur peut être contestable puisque contribuant à réduire la rentabilité des capitaux empruntés : financement des dépenses courantes de l'État (salaires des personnels…), de projets d'investissement dont les coûts ont été sous-estimés et les recettes (ou la rentabilité) surestimées, de dépenses somptuaires sans utilité économique durable, de dettes antérieures…

Par ailleurs, l'excès d'endettement nécessite la mise en œuvre de plans destinés à le réduire. Leurs effets peuvent être négatifs : par exemple, les politiques d'austérité destinées à freiner les importations (en freinant la demande) et doper les exportations (grâce à une moindre inflation) induisent une montée du chômage et l'extension de la pauvreté.

3. – La gestion de la dette extérieure des PED

a. — *Les mesures appliquées avant 1985*

Avant 1985, les mesures destinées à endiguer la croissance de la dette extérieure des PED s'avèrent insuffisantes : il s'agit pour l'essentiel de mesures de rééchelonnement (allongement de la période de remboursement) assorties de politiques d'ajustement structurel (PAS) par les PED auxquels les institutions internationales, mais aussi des banques, accordent de nouveaux prêts.

Les PAS, promues par le FMI depuis les années 1970, ont pour objectif la réduction des déficits externes, sources d'endettement. Elles comportent un volet conjoncturel, correspondant à la mise en œuvre de politiques d'austérité classiques. Sur le plan structurel, les PAS visent à instaurer une économie de marché assainie propre à garantir une croissance durable : il s'agit alors de libéraliser l'économie (liberté des prix, réduction des subventions…) et donc de désengager l'État (diminution du nombre de fonctionnaires, privatisations…), de promouvoir l'épargne comme moyen privilégié de financement des investissements, de promouvoir le libre-échange… Ainsi, les PAS s'inscrivent nettement dans une perspective libérale.

Cinq catégories de critiques ont été émises à l'encontre des PAS :

– Elles induisent la montée du chômage, de la pauvreté et de l'exclusion.

– Les politiques d'austérité, fondées sur des taux d'intérêt élevés et le freinage de la demande intérieure, brident l'investissement.

– Les PED ayant réussi leur décollage n'ont pas appliqué les principes libéraux promus par le FMI.

– La réussite des PAS dépend de l'adaptation des structures des PED aux règles de fonctionnement de l'économie de marché, ce qui est loin d'être toujours le cas : l'économie de marché ne se décrète pas.

– Les PAS génèrent une valorisation du taux de change du fait du freinage de l'inflation et de la hausse des taux d'intérêt. À terme, la compétitivité-prix des produits exportés par les PED est freinée, d'où une tendance au déficit sauf à dévaluer suffisamment la monnaie (ou à faire en sorte qu'elle se déprécie).

Le FMI et la Banque mondiale récusent ces critiques : d'une part, les PAS sont nécessaires du fait des dysfonctionnements majeurs des économies des PED ; d'autre part, elles ont contribué à l'allégement du poids de la dette. Depuis la crise asiatique (1997-1998), ces deux institutions internationales, la Banque mondiale tout particulièrement, semblent cependant vouloir prendre davantage en compte les effets négatifs (en particulier sociaux) des PAS.

Sur le plan théorique, les PAS sont dénoncées, dès les années 1970, par un courant néostructuraliste qui stigmatise le décalage entre ces politiques et la situation réelle des PED. Par exemple, l'un des représentants de ce courant, l'Américain Lance Taylor, distingue les PED en situation « stagnationniste » et les PED en situation « exhilarationiste » (terme forgé sur le verbe anglais *exhilarate* signifiant stimuler). La croissance des premiers est bloquée du fait d'une demande déficiente se traduisant par le sous-emploi des capacités productives ; les seconds subissent un blocage de l'offre alors que la demande est présente, par exemple, des goulots d'étranglement limitent la croissance de la production. Ainsi, les PAS traditionnels ne peuvent améliorer la situation économique des pays en situation « stagnationniste » ; il est même possible, qu'elles soient inefficaces pour les pays « exhilarationistes » dans la mesure où elles ne sont pas toujours capables de desserrer les contraintes d'offre. En outre, au sein des PED peuvent coexister les deux types de situation (rigidités de l'offre et existence de ressources sous-utilisées).

b. — *Les mesures appliquées depuis 1985*

En 1985, le plan Baker (du non du secrétaire au Trésor de R. Reagan) offre aux PED les plus endettés la perspective de nouveaux prêts leur permettant de faire face à leurs engagements. Il leur est également demandé de mettre en œuvre une PAS pour assainir leur économie et assurer les conditions d'un retour à la croissance. Cependant, la reprise des prêts n'a pas vraiment eu lieu. Chaque banque a en effet intérêt à ce que le débiteur reçoive de nouveaux prêts mais aussi à ce que ce ne soit pas elle qui les accorde (paradigme du passager clandestin). En outre, plutôt que d'accorder de nouveaux prêts, les banques préfèrent provisionner leurs créances douteuses, c'est-à-dire réserver une partie de leur profit à la compensation du non-remboursement éventuel de leurs créances (ce qui diminue le montant du bénéfice imposable). Enfin, les PAS se sont traduites par des coûts sociaux élevés et ont freiné la croissance. Les États ont alors desserré les contraintes et les importations ont augmenté creusant les déficits externes.

En 1989, un autre secrétaire au Trésor américain, Nicholas Brady (sous la présidence de G. Bush), promeut un nouveau plan destiné à réduire l'endettement et le ratio du service de la dette des pays les plus lourdement endettés auprès des banques. Ces pays peuvent emprunter des fonds au FMI et à la Banque mondiale (sous condition d'appliquer une PAS). Ces fonds permettent à ces pays de racheter les titres représentatifs de leur dette auprès des banques, à un coût moindre que leur valeur nominale (décote) ; les PED peuvent également échanger ces titres contre des obligations (soit avec décote, soit portant un taux d'intérêt inférieur à celui qu'ils devaient jusqu'alors supporter), dont le remboursement est garanti par le Trésor américain. Dans tous les cas, les banques acceptent donc d'annuler partiellement leurs créances (décote et/ou réduction des taux d'intérêt). De nombreux pays en ont bénéficié : le Venezuela, le Mexique, les Philippines, l'Uruguay…

D'autres programmes d'allégement et d'annulation de dettes interviennent par la suite, y compris hors du plan Brady lorsqu'elles ont impliqué des créanciers publics (les États). Depuis 1996, un plan de cette nature, soutenu par le G7, est conduit par la Banque mondiale et le FMI afin d'annuler une grande partie de la dette de certains pays pauvres très endettés (sous réserve d'application et de réussite de PAS). Fin 2006, 29 pays sur les 42 pouvant être concernés bénéficient de cette mesure.

Sur le plan théorique, la justification de l'annulation d'une partie de la dette est fournie par Paul Krugman (prix Nobel d'économie en 2008) dans son modèle de « courbe de Laffer de la dette ».

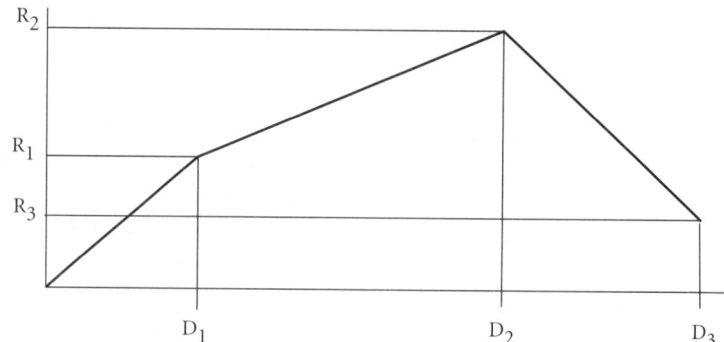

Figure 1 - Le modèle de Krugman

Les points D représentent des montants nominaux de la dette. Les points R représentent les valeurs actualisées des remboursements de la dette. Au-delà de D_2, la charge de remboursement est telle que tout accroissement de la dette implique une impossibilité croissante de la rembourser qui se traduit par la réduction du montant des remboursements (passage de R_2 à R_3). Les créanciers peuvent comprendre que l'allégement de la dette (passage de D_3 à D_2) augmente la probabilité d'être remboursés. Le problème provient alors du *free riding* (passager clandestin) : tous les créanciers ont intérêt à ce que la dette soit allégée mais chacun ne souhaite pas diminuer ses créances, d'où la nécessité d'un accord collectif qui engage tous les protagonistes.

Les plans Baker et Brady interviennent dans un contexte de multiplication des innovations financières qui autorisent une gestion financière de la crise de la dette et ont contribué à une relative amélioration de la situation globale des PED (les difficultés subsistent dans certains pays : Brésil, Argentine, Pakistan…). Par exemple, le rachat de la dette (*debt buy back*) se décline en plusieurs modalités : outre le processus déjà décrit dans le cadre du plan Brady, le rachat-conversion en actifs réels (*debt equity swap*) permet au pays emprunteur d'échanger une partie des titres de sa dette (à l'égard d'une banque en général) contre une participation dans une ou des entreprises publiques du pays (à l'occasion de privatisations), ou contre de la monnaie locale, avec laquelle le créancier rachètera tout ou partie d'une entreprise publique ou privée. Une autre modalité offre aux FMN la possibilité de racheter aux banques leurs créances sur un PED. Ces titres de créance sont alors rachetés par le PED (avec une décote) et payés en monnaie locale à la firme. Celle-ci acquiert alors des sociétés locales ou finance la construction d'une nouvelle usine.

Au début du XXIe siècle, la dette des PED est encore un sujet de préoccupation mais elle ne présente pas le même caractère de gravité qu'au début des années 1980. La situation de certains

PED reste fragile et les soubresauts conjoncturels ne sont pas rares comme le démontrent la crise asiatique (1997-1998) et les difficultés auxquelles se sont heurtés le Mexique, le Brésil, l'Argentine… La crise financière mondiale entamée en 2007 fait également craindre une nouvelle crise de la dette dans les PED.

L'insertion des PED dans l'économie mondiale n'est donc pas sans risque pour ces pays : marginalisés au sein du commerce international, fortement dépendants du Nord pour leurs débouchés comme pour le financement de leur développement, les PED ont dû également subir les effets négatifs d'un endettement excessif.

LES STRATÉGIES DE DÉVELOPPEMENT

Le développement commande la mise en œuvre de stratégies d'industrialisation. Celles-ci révèlent un enjeu majeur quant au rôle dévolu respectivement à l'État et au marché.

A   LA MISE EN ŒUVRE DE STRATÉGIES D'INDUSTRIALISATION : UNE CONDITION NÉCESSAIRE MAIS NON SUFFISANTE DU DÉVELOPPEMENT

L'industrialisation des PED résulte de stratégies dont les modalités varient selon les pays et les périodes. Rétrospectivement, il apparaît que la mise en œuvre des ces stratégies ne doit pas sacrifier l'agriculture ni négliger les contraintes démographiques.

1. – Réussites et échecs des stratégies d'industrialisation

a. — *Certaines stratégies d'industrialisation, fondées sur le marché intérieur, connaissent des difficultés*

L'industrialisation par substitution d'importations consiste, pour des pays disposant d'un marché national suffisant, à remplacer les importations par des productions locales, à l'abri de barrières protectionnistes. Celles-ci peuvent inciter les FMN à implanter des filiales dans ces pays. La substitution s'applique, dans un premier temps, aux biens de consommation. Dans un second temps, les biens d'équipement sont à leur tour concernés (remontée de filières). Cette stratégie, mise en œuvre dès les années 1930 en Amérique latine, est appliquée après la Seconde Guerre mondiale dans un grand nombre de PED : Corée du Sud et Taiwan (au cours des années 1950), Égypte, Inde… Dans la plupart de ces pays, l'industrie progresse : au Brésil, la production industrielle représente près de 40 % du PIB en 1975 contre 10 % en 1929.

Cette stratégie rencontre plusieurs limites à partir des années 1960 : le protectionnisme réduit la concurrence et favorise l'inflation. Les fruits de la croissance bénéficient peu aux salariés, la demande intérieure est alors insuffisamment dynamisée ; la remontée de filières se heurte au manque de capitaux et/ou à un endettement extérieur croissant qui s'alourdit, à partir de la fin des années 1970, du fait de la hausse du dollar et des taux d'intérêt. Par ailleurs, l'implantation des filiales des FMN conduit à des sorties de capitaux (rapatriement des profits vers la maison mère) et des importations d'intrants qui peuvent déséquilibrer les comptes extérieurs et accroître excessivement l'endettement.

L'industrialisation par industries industrialisantes promeut l'industrie lourde en raison des effets d'entraînement qu'elle est supposée exercer. Elle est adoptée en Algérie (à partir de 1966), en Inde et en Chine à la fin des années 1940. Elle est fortement inspirée de l'exemple soviétique des années 1930. Le rôle de l'État est très actif (planification, entreprises publiques) dans des pays qui adoptent souvent un mode de développement ouvertement socialiste (Chine, Algérie…). Cette stratégie enregistre des résultats satisfaisants dans un premier temps : par exemple, en Algérie, la part de l'industrie dans le PIB passe de 38 % en 1965 à 56 % en 1981. Cependant elle connaît plusieurs limites. Ainsi, en Algérie, le financement des investissements est fondé sur l'exportation de pétrole et de gaz dont les prix diminuent au cours des années 1980, posant un redoutable problème d'endettement au pays. En outre, la priorité accordée à l'industrie lourde bride la croissance de l'industrie légère et de l'agriculture. Celle-ci étant sacrifiée, il faut importer des biens alimentaires, ce qui induit une dépendance forte à l'égard de l'extérieur.

b. — Les stratégies d'industrialisation extraverties, fondées sur les marchés extérieurs, ont connu des fortunes diverses

L'exportation de produits primaires favorise rarement l'industrialisation des PED (voir *supra*, II, B). De nombreux PED privilégient l'exportation de produits primaires, éventuellement transformés sur place, pour financer les investissements dans l'industrie et les importations de biens d'équipement. De plus, l'exportation de produits primaires non agricoles permet de développer une industrie extractive dont les effets d'entraînement pourraient impulser une industrialisation plus diversifiée. La dégradation des termes de l'échange des pays exportateurs de produits primaires non pétroliers a réduit l'impact de cette stratégie : la baisse des prix relatifs des produits primaires a accru le coût des importations de biens d'équipement et accentué la dette extérieure ; les PED exportateurs de pétrole comme l'Algérie, l'Irak, le Nigeria… ont pâti, au cours des années 1980, de la chute du dollar et du prix du pétrole. Globalement, la transformation sur place des produits primaires n'a pas suffi à enrayer les conséquences de la dégradation des termes de l'échange et les effets d'entraînement ont été modestes.

L'industrialisation par substitution d'exportations paraît plus efficace. Cette stratégie correspond à la promotion des exportations de produits manufacturés en remplacement des exportations de produits primaires. Ainsi, en 1975, 70 % des exportations thaïlandaises étaient composées de produits primaires agricoles ; en 2004, elles sont composées à 75 % de produits manufacturés. Cette stratégie prévoit également la substitution de produits manufacturés à fort contenu technique aux produits à fort contenu de main-d'œuvre.

La Corée du Sud est l'exemple emblématique de cette stratégie. Le nouveau régime issu du coup d'État militaire de 1961 adopte une stratégie extravertie fondée sur l'exportation de biens de consommation courante (textile…) ; en 1970, 85 % des exportations sud-coréennes sont constituées de biens manufacturés contre 30 % en 1962. Au cours des années 1970, la production d'acier, de navires, de machines (industrie lourde) bénéficie de mesures protectionnistes et d'aides de l'État et alimente un nouveau courant d'exportations. De plus, les exportations de biens de consommation concernent des biens plus élaborés (automobiles, biens d'équipement ménagers). Cet exemple montre que l'efficacité de la stratégie d'industrialisation par substitution d'exportations est conditionnée par la capacité des pays à faire évoluer leur spécialisation surtout lorsqu'ils recourent à l'endettement extérieur pour financer la croissance (ce qui fut le cas de la Corée du Sud) : la substitution d'exportations permet de dégager les moyens nécessaires au remboursement de la dette.

La crise asiatique de 1997-1998 révèle la fragilité de cette stratégie, en particulier dans les pays comme la Thaïlande, la Malaisie…, qui n'ont pas su faire évoluer leur spécialisation (biens de consommation courante et sous-traitance électronique). Ces pays ont notamment souffert du ralentissement des débouchés au sein des pays développés. En revanche, Taiwan, Singapour et Hong-Kong (réunifié à la Chine en 1997) traversent la crise avec moins de difficultés ; la Corée du Sud connaît également une forte reprise mais doit encore réduire l'endettement des conglomérats (*chaebols*) et améliorer le fonctionnement de son système financier.

Les stratégies d'industrialisation dans les PED

– **La valorisation des exportations de produits primaires** : la transformation plus ou moins poussée des produits bruts permet aux PED de valoriser leurs exportations. Plusieurs pays exportateurs de pétrole ont adopté cette stratégie dans les années 1970. C'est aussi le cas de nombreux pays latino-américains (Brésil, Argentine…) – sans que cela soit leur stratégie prioritaire – et africains (Côte d'Ivoire, Sénégal…), depuis les années 1960. Cette spécialisation place les PED sous dépendance de la demande des pays du Nord et ne résout pas le problème de la dégradation des termes de l'échange.

– **La promotion des exportations** : les PED privilégient dans ce cas l'exportation de produits de consommation courante ou de semi-produits, bénéficiant d'un avantage de compétitivité prix du fait du faible coût de leur main-d'œuvre. La réussite d'une telle stratégie dépend de l'évolution de la demande des pays du Nord et de la capacité des PED à faire évoluer leur spécialisation vers des produits à plus forte valeur ajoutée (**stratégie de substitution d'exportations**). Elle a été particulièrement adoptée par les pays d'Asie de l'Est et du Sud-Est depuis les années 1960-1970.

– **L'industrialisation par substitution d'importations** : adoptée dès les années 1930 par plusieurs pays d'Amérique latine, cette stratégie est appliquée au cours des années 1950 par un grand nombre de pays du Tiers Monde disposant d'un marché intérieur de taille significative. Celui-ci est protégé par des barrières douanières afin de promouvoir la production locale de biens de consommation durable, voire de biens d'équipement (remontée de filière) jusqu'alors importés. Pour financer les importations d'intrants nécessaires, les PED ont dû fréquemment exporter des produits primaires plus ou moins transformés. Malgré quelques réussites, cette stratégie a connu plusieurs défaillances : la protection des marchés a créé des rentes de situation et alimenté les pressions inflationnistes ; la remontée de filière n'a pas toujours été possible.

– **Les industries industrialisantes** : inspirée du modèle soviétique des années 1930, cette stratégie privilégie l'essor des industries lourdes provoquant, par des effets d'entraînement, le développement des industries légères et de l'agriculture. Adoptée au cours des années 1950 en Inde et en Chine (conjointement à la stratégie de substitution d'importations), par l'Algérie au cours des années 1960, cette stratégie s'est heurtée à de nombreuses limites : appareils productifs surdimensionnés, dépendance extérieure pour l'approvisement en intrants et biens de consommation, absence d'effets d'entraînement ; sous-équipement du secteur agricole…

– Certaines stratégies d'industrialisation **combinent les trois stratégies précédentes** (voire, les quatre). Ainsi, la Corée du Sud développe depuis les années 1970 une stratégie perpétuant la promotion des exportations mise en œuvre depuis les années 1960, promouvant l'essor d'industries lourdes et de biens durables (à l'abri de barrières douanières) pour faire évoluer le contenu des exportations (substitution d'exportations). Cette stratégie a connu un net succès jusqu'à la fin des années 1990 et connaît actuellement une phase d'ajustement.

2. – Quelle place faut-il donner à l'agriculture ?

a. — La modernisation de l'agriculture est nécessaire

La réussite des stratégies de développement ne résulte pas seulement de celle de leur industrialisation. Elle repose également sur l'importance accordée aux transformations de l'agriculture afin, d'une part, d'accroître l'efficience de ce secteur pour réduire la dépendance alimentaire et, d'autre part, d'intégrer le monde rural à la dynamique du développement. Cette perspective est celle de nombreux auteurs dont Simon Kuznets (1966). Pour celui-ci, l'agriculture doit nourrir l'ensemble de la population et fournir des intrants à l'industrie (laine, lin, viande de boucherie…) ; elle initie une demande adressée à l'industrie (et au secteur tertiaire) grâce à la croissance du revenu des paysans générée par les gains de productivité dans les campagnes. Les exportations de produits agricoles peuvent permettre de gagner les devises nécessaires au paiement des importations de biens d'équipement et autres intrants pour l'industrie (et/ou l'agriculture). De plus, elle fournit une main-d'œuvre aux autres secteurs du fait des progrès de la productivité permettant de produire davantage avec moins de travailleurs. Enfin, la hausse des revenus des paysans génère une épargne qui trouve à s'employer dans l'industrie.

Cette approche, largement inspirée de l'exemple britannique au XVIIIe siècle, laisse en suspend les interrelations agriculture/industrie : la croissance et le développement bénéficient en fait de l'essor simultané des deux secteurs qui interagissent l'un sur l'autre. En outre, les transformations agricoles ne constituent pas seulement un problème technique mais aussi socioculturel et institutionnel. Les mentalités traditionnelles associent le niveau de production agricole au nombre de bouches à nourrir. Par exemple, sans transformation des mentalités, les transferts de main-d'œuvre de l'agriculture vers l'industrie aboutissent à la réduction de la production agricole. De même, le paysan pauvre peut tout à fait rationnellement s'accommoder de sa pauvreté plutôt que de risquer de perdre ses quelques biens dans la modernisation de son activité dont le résultat n'est pas assuré. En outre, le régime de propriété des terres n'est pas neutre : comment envisager la modernisation des *latifundias* d'Amérique latine, dont les propriétaires résident en ville, sans une redistribution des terres à ceux qui la cultivent ? Si tel est le cas, comment les paysans cultivateurs peuvent-ils travailler sans recourir à des emprunts auprès d'institutions financières adaptées n'exigeant pas des taux d'intérêt prohibitifs ? Par conséquent, les transformations et la modernisation de l'agriculture sont nécessaires mais leur mise en œuvre est particulièrement délicate.

b. — La modernisation de l'agriculture implique la transformation des structures agricoles

La modernisation de l'agriculture est un processus difficile qui se heurte à l'ordre établi. Par exemple, les réformes agraires visent à redistribuer les terres au bénéfice des paysans qui les cultivent. Les grands propriétaires fonciers perdent alors une partie ou la totalité de leurs domaines. Plusieurs types de réformes agraires peuvent être distingués :

– Dans certains cas, comme en Inde en 1948 ou à Taiwan en 1953, les paysans doivent acheter leurs terres à l'État qui indemnise les grands propriétaires fonciers expropriés.

– La redistribution peut s'opérer sans indemnisation et sans rachat par les paysans : c'est le cas en Corée du Sud à partir de 1947 ou en Chine entre 1949 et 1954.

– Les réformes agraires socialistes imposent la collectivisation du sol (propriété d'État ou/et propriété coopérative). Il en est ainsi en Chine de 1956, aux années 1970.

Les résultats des réformes agraires sont souvent décevants. La redistribution gratuite des terres crée des microexploitations peu propices à la mécanisation et ne concerne parfois que les terres les moins fertiles ; l'obligation de racheter les terres créent *de facto* des inégalités dans les campagnes entre paysans riches et paysans pauvres. Enfin, les réformes fondées sur la collectivisation du sol échouent du fait de la démotivation des paysans. C'est pour cela, qu'en Chine, depuis 1978, la propriété du sol reste collective mais est disjointe de son usage : les paysans disposent de baux de location de la terre. En outre, une fois livrée une partie de leur production à l'État, ils peuvent disposer des surplus en les vendant sur les marchés locaux.

Les expériences passées de réformes agraires révèlent l'importance du rôle de l'État. Celui-ci doit contribuer à ce que les prix des produits agricoles soient suffisamment rémunérateurs pour les paysans et que le prix des intrants (engrais, machines agricoles…) et les taux d'intérêt ne soient pas trop élevés. La concurrence des produits agricoles importés doit être limitée, des infrastructures (silos, réseaux de transport…) destinées à faciliter l'écoulement de la production sont indispensables. Enfin, une politique de formation des paysans est requise. La réforme agraire de la Corée du Sud est emblématique : au cours des années 1950-1960, l'État organise le marché du riz pour maintenir un prix bas, notamment en important du riz des États-Unis. Il fallait limiter le niveau des salaires (fondé en partie sur le prix du riz) et préserver la compétitivité-prix des produits coréens ; les paysans, pourtant propriétaires de leurs terres à la suite de la réforme agraire, ne sont donc pas incités à accroître leur production. Au cours des années 1970-1980, l'État cesse de faire baisser le prix du riz et préfère subventionner les agriculteurs pour que ce prix ne pèse pas trop sur les salaires. Les paysans, mieux rémunérés, produisent davantage.

c. — Les transformations des techniques culturales et l'essor des cultures d'exportation

La modernisation de l'agriculture implique l'évolution des techniques culturales. La « révolution verte » en est un exemple qui, au cours des années 1960, ouvre des perspectives de forte croissance de la production agricole au sein des PED alors que la production vivrière par habitant plafonne du fait de l'expansion démographique. Fruits des recherches conduites par le professeur Norman Borlaug (qui a reçu le prix Nobel de la paix en 1970), des variétés de céréales à hauts rendements (blé, maïs, riz), nécessitant l'usage d'engrais, de pesticides et des terres suffisamment arrosées ou irriguées, laissent espérer une forte hausse des rendements en quelques années. Adoptée au Mexique, aux Philippines, en Inde…, la « révolution verte » s'est en effet traduite par un accroissement de la production même si la croissance ralentit depuis les années 1980. Elle a provoqué dans certains cas un déficit commercial (importations d'intrants comme les engrais, les pesticides…) et le creusement de la dette extérieure (en Inde, notamment). Dans d'autres pays, les importations d'intrants ont été compensées par les exportations de céréales. Enfin, elle a bénéficié davantage aux paysans riches, capables de payer les intrants nécessaires.

La modernisation de l'agriculture offre la possibilité d'exporter. Il en résulte des recettes pouvant être mobilisées pour la croissance. Mais, les effets de la spécialisation sur les produits primaires ne sont pas toujours bénéfiques : les termes de l'échange des PED exportateurs de produits primaires non pétroliers ont eu tendance à se dégrader depuis les années 1950 jusqu'à la fin des années 1990, depuis ils se stabilisent. Les prix relatifs des produits agricoles exportés par les PED ont baissé mais la demande des pays riches n'a que peu augmenté. Aussi, les recettes d'exportation ne suffisent-elles plus au financement des importations de biens d'équipement destinés à dynamiser la croissance.

Il est fréquent d'opposer cultures d'exportation (arachide, coton…) et cultures vivrières. La promotion des cultures d'exportation pourrait retirer les meilleures terres aux cultures vivrières et nuire, de ce fait, au bien-être des populations. Pourtant, globalement, les faits montrent que cultures d'exportation et cultures vivrières ne sont pas exclusives mais se développent simultanément. En outre, certaines cultures vivrières (les céréales, par exemple) sont aussi des cultures d'exportation. Enfin, il convient de ne pas exagérer l'emprise des cultures d'exportation non vivrières ; selon Paul Bairoch, elles n'occupent que 4 % des surfaces cultivées dans les PED.

3. – Prendre en compte la démographie

a. — La relation croissance démographique/développement donne lieu à débats

Le développement peut-être entravé par une trop forte croissance démographique : les thèses malthusiennes lient les difficultés économiques des PED à une croissance trop importante de leur population. Celle-ci résulte de plusieurs facteurs : un taux de natalité élevé (même s'il baisse), une forte fécondité féminine (celle-ci diminue cependant depuis les années 1950 ; voir le tableau ci-dessous) et un net recul du taux de mortalité (notamment infantile) provoqué par la diffusion des progrès médicaux.

Tableau 5 - Indicateur synthétique de fécondité
(nombre moyen d'enfants par femme en âge de procréer)

	1950	1970	2005	2008
Afrique	6,64	6,55	5,5	4,8
Amérique latine	5,87	4,98	2,6	2,2
Asie	5,86	5,06	2,4	2,3

Source : d'après l'ONU.

Selon Paul Bairoch, la population du Tiers Monde augmente de 2,2 % par an entre 1950 et 1995 contre 0,8 % entre 1900 et 1950. Pour l'ensemble des PED, la croissance démographique s'est accélérée au cours des années 1950 et 1960 puis s'est ralentie, en restant forte. En Amérique latine, la décélération intervient dès le début des années 1960. En Asie, elle est perceptible à la fin de la même décennie. Il faut attendre la fin des années 1990 pour qu'il en soit ainsi en Afrique.

Une telle évolution renvoie au concept de transition démographique : celle-ci intervient entre une période caractérisée par un régime démographique traditionnel (les taux de natalité et de mortalité sont élevés et de valeurs très proches ; le taux de natalité est plus élevé que celui de mortalité), et une autre période au cours de laquelle les deux taux sont faibles. Comparée à celle qu'ont connue les pays développés de la fin du XVIIIᵉ siècle aux années 1930, la transition démographique des PED est plus courte (mais elle n'est pas encore achevée) et plus brutale : la croissance démographique atteint des niveaux inégalés au cours des années 1950-1960 (explosion démographique) et dépasse de loin celle des actuels pays développés au XIXe siècle (États-Unis exceptés) : par exemple, la population britannique croit en moyenne de 1 % par an au XIXe siècle ; celle de l'Allemagne de 0,8 % par an, celle de la France de 0,3 % par an, celle des États-Unis, de 2,5 % par an…

Les conséquences de cette forte croissance démographique donnent lieu à débats. Le tableau ci-dessous en résume les grandes lignes.

Tableau 6 - Démographie et développement : les principaux courants d'analyse

Le courant malthusien	Le courant populationniste	La pression créatrice de la population	Le courant marxiste
Dans son livre *Essai sur le principe de population* (1798), Malthus dénonce les méfaits d'une croissance démographique excessive : celle-ci perpétue la pauvreté, nuit à l'épargne et par conséquent à l'investissement. La théorie malthusienne de la population est un des piliers de la théorie de l'état stationnaire de Ricardo.	Ce sont les mercantilistes qui initient ce courant. Ils reprennent la formule de Jean Bodin selon laquelle « *il n'est de richesse que d'hommes* ». La croissance de la population a une influence positive par plusieurs canaux : elle accroît la demande, incite à une organisation plus efficace de la production d'où des gains de productivité ; une population plus grande permet d'étaler les frais généraux d'une société.	Selon Ester Boserup, la pression démographique entraîne une réorganisation de la production agricole. La pression démographique a obligé par exemple les pays du Nord à adopter la charrue afin d'augmenter la productivité des terres agricoles. À l'inverse, une population clairsemée n'incite pas la société à changer le système d'exploitation du sol.	Pour Marx, les capitalistes ont intérêt à avoir des hommes en trop qui constitueront l'armée de réserve industrielle. Cette dernière permet le maintien d'un taux de chômage élevé et bloque le niveau de salaire. Ce dernier reste ainsi au minimum vital et permet l'augmentation de la plus-value.

D'après *Problèmes économiques*, n° 2456-2457, 15-22 mars 2000 (le tableau original est ici simplifié).

b. — *Depuis les années 1970-1980, les PED tendent à privilégier le freinage de leur croissance démographique*

Plusieurs données laissent entrevoir une corrélation entre niveau de développement et démographie (voir tableau ci-dessous) : les pays à développement humain élevé se caractérisent par une croissance démographique plus modérée que dans les autres pays. Toutefois, corrélation ne vaut pas causalité : le développement résulte-t-il du moindre dynamisme démographique ou celui-ci est-il la conséquence du développement ?

Tableau 7 - Démographie et développement : quelques données

	Pays à développement humain très élevé (IDH ≥ 0,9)	Pays à développement humain élevé (IDH compris entre 0,8 et 0,9)	Pays à développement humain moyen (IDH compris entre 0,5 et 0,8)	Pays à faible développement humain (IDH < 0,5)
Espérance de vie à la naissance (2007)	80,1 ans	72,4 ans	66,9 ans	51 ans
Taux de croissance annuel moyen de la population (1990-2007)	0,6 %	1,3 %	2,2 %	4,5 %
Indicateur synthétique de fécondité (2005)	1,7 enfant par femme	2 enfants par femme	2,6 enfants par femme	5,6 enfants par femme
Taux de croissance annuel moyen du PNB par habitant (1990-2007)	1,8 %	2,1 %	4,8 %	0 %

Source : d'après le PNUD.

En admettant que le freinage démographique contribue au développement, celui-ci ne saurait être attribué à ce seul facteur. Ainsi, sur la base de nombreux travaux empiriques, le démographe Jacques Véron constate qu'une croissance démographique élevée « *n'assure pas une croissance économique positive et une croissance démographique rapide est conciliable avec une certaine croissance économique. Rien ne prouve cependant qu'il y ait une relation de causalité, car les pays en développement sont souvent durement frappés par la crise (dont l'origine est bien loin d'être purement démographique)* ». Finalement, le débat entre malthusiens et natalistes n'est pas statistiquement fondé. Mais, au cas par cas, pays par pays, il n'est pas sans intérêt. La même croissance démographique, le même niveau de fécondité… peuvent ne pas entraver le développement de tel pays ou freiner celui d'un autre puisque le développement ne dépend pas d'un seul facteur (ici la démographie).

Les PED ont mis en œuvre des politiques démographiques pour réduire la croissance de leur population. Par exemple, dans le courant des années 1970, plusieurs pays asiatiques adoptent des mesures destinées à limiter la fécondité : les autorités indonésiennes encouragent l'allaitement et la contraception, favorise la scolarisation des filles… ; la Chine adopte une politique démographique destinée à relever l'âge au mariage et à limiter le nombre d'enfant par femme (1 en ville, 2 dans les campagnes) en encourageant la contraception et en appliquant des sanctions sévères à ceux qui ne respectent pas les nouvelles règles : l'indicateur synthétique de fécondité en Chine passe de 6 enfants par femme en 1970 à 1,8 enfant par femme en 2008 ; en Inde, la stérilisation est très répandue.

Cette stratégie antinataliste se généralise dans les PED au cours des années 1980. L'extension de l'usage des moyens contraceptifs et le développement de la scolarisation des filles constituent les deux axes principaux de telles politiques. Si les PED, notamment les plus avancés d'entre eux, ont cherché à réduire leur croissance démographique, c'est précisément parce que son niveau pouvait leur être préjudiciable. Cependant, une population croissante n'est pas sans avantage. Il convient alors de déterminer le taux de croissance optimal de la population, celui-ci variant pour un même pays, selon les époques.

L'option de plus en plus fréquente des PED en faveur du freinage de la croissance démographique est aussi le reflet de l'évolution des rapports Nord/Sud. Cela est particulièrement net lors des conférences internationales sur la population. La première a lieu à Bucarest en 1974 dans un contexte où semble se construire un nouvel ordre économique international. À cette époque, les PED soutiennent que le développement économique bénéficie de la forte croissance démographique (alors même que certains d'entre eux ont déjà engagé des politiques de freinage). Cette croissance démographique ralentit grâce au développement économique.

Les pays développés promeuvent en revanche le préalable d'un freinage de la croissance de la population du Tiers Monde, aussi bien dans l'intérêt de ces pays que dans celui de la communauté internationale. En, effet, la surpopulation (« la bombe P » selon le titre de l'ouvrage de l'Américain Paul Ehrlich, paru en 1968) conduit à l'épuisement des ressources naturelles, au développement des pollutions… Cette idée est reprise par le rapport Meadows (1972) qui décrit les effets catastrophiques d'une part, de la poursuite de la croissance économique, et d'autre part, de la surpopulation.

Cet affrontement entre le Nord et le Sud s'atténue lors de la deuxième conférence internationale sur la population, organisée à Mexico, en 1984. Le contexte mondial a changé : les PED supportent le fardeau de la dette et adoptent la position des pays du Nord, favorables à la limitation de la fécondité dans les pays du Sud. La troisième conférence qui se tient au Caire en 1994 confirme cette orientation. Toutefois, les oppositions tant au sein des PED que des pays développés se multiplient : certains mouvements religieux (islamistes et chrétiens) contestent le choix antinataliste ; les États-Unis adoptent une attitude très critique à l'égard de l'avortement… La conférence du Caire fait néanmoins apparaître une nette convergence vers l'idée que la maîtrise de la croissance démographique et le développement passe par l'amélioration du statut des femmes et notamment par l'élévation de leur niveau d'éducation. Cette évolution est congruente avec les positions du PNUD, promouvant le concept de développement humain depuis le début des années 1990.

La réduction de la pression démographique peut également résulter de l'émigration. Celle-ci génère en outre un flux de ressources en faveur des PED par l'envoi de fonds par les travailleurs émigrés à leurs familles. De plus, le retour de ces émigrés offre une main-d'œuvre mieux formée qu'à leur départ. En fait, ces effets sont largement atténués par plusieurs facteurs : les bénéficiaires des fonds envoyés par les émigrés peuvent acheter des produits importés et non nationaux. Les émigrés quittant les PED peuvent être qualifiés (« fuite des cerveaux ») et leur retour n'est pas garanti. Lorsqu'ils acquièrent une qualification à l'étranger, il n'est pas certains qu'elle corresponde aux besoins des PED en cas de retour… Enfin, le départ des émigrés peut réduire la force de travail disponible dans l'agriculture locale et donc se traduire par une baisse de la production agricole, imposant d'accroître les importations… La résultante des ces différents effets positifs et négatifs de l'émigration est indéterminée.

B — LES STRATÉGIES DE DÉVELOPPEMENT ET LE DILEMME ÉTAT/MARCHÉ

La mise en œuvre des stratégies de développement dans les PED semble renvoyer à une opposition entre libéraux et interventionnistes. En fait, ces deux approches peuvent être complémentaires.

1. – Marché et État constituent deux formes de coordination qui connaissent d'importantes limites

a. — Les avantages du marché contribuent à disqualifier l'État

Le marché permet un meilleur ajustement entre agents économiques ce qu'aucun organisme central de planification ne saurait ou n'a pu faire (Hayek). Dès lors que les relations interbranches se développent et que les productions se diversifient, l'économie devient plus complexe. S'il est possible de concevoir une impulsion étatique au stade d'une économie peu diversifiée, ce n'est plus le cas par la suite : par exemple, les stratégies d'inspiration socialiste mises en œuvre dans certains PED, comme l'Algérie des années 1960-1970, ont pu favoriser l'émergence d'une industrie lourde. Mais, elles ont été incapables d'aller au-delà sans de graves dysfonctionnements.

Le libre-échange, promu notamment par Ricardo, est facteur de croissance pour les participants au commerce mondial (*cf.* chapitre 8) et justifie les stratégies de développement d'extraversion. Suivant la même logique, la libre circulation des capitaux, qui n'est pas envisagée dans les théories libérales traditionnelles du commerce international, assure un ajustement optimal entre besoins et capacités de financement et favorise ainsi l'investissement. Les PED ne doivent donc mettre aucune entrave à l'entrée et la sortie des capitaux (IDE, investissements de portefeuille…) : ces capitaux combleront le déficit d'épargne nationale (comme le préconisent Nurske, Rostow…) et seront d'autant plus attirés que leurs détenteurs seront assurés de pouvoir les rapatrier ou de disposer de leurs gains à leur guise. C'est sur ces bases que s'établissent par exemple, les politiques d'ajustement structurel mises en œuvre dans les PED au cours des années 1980-1990.

En outre, le marché favorise la diffusion des innovations, la mobilité des facteurs de production, le changement. Les PED ont donc tout à redouter de stratégies protectionnistes, notamment celles visant à substituer des productions nationales aux importations : à l'abri des barrières douanières, les producteurs nationaux ou les filiales des FMN installées sur place ne sont pas incités à innover… Par ailleurs, le marché développe l'esprit d'initiative et commande la décentralisation des processus décisionnels. Il permet aussi un meilleur exercice de la démocratie, facteur de développement selon des auteurs comme Amartya Sen. Or, les États interventionnistes ont souvent été des États dictatoriaux (l'Inde mise à part).

b. — Cependant, le développement peut être entravé du fait des dysfonctionnements du marché

Les thèses ricardiennes ne résistent pas à l'existence de rendements d'échelle croissants et à la mobilité des facteurs de production (*cf.* chapitre 8). De plus, la spécialisation sur les produits primaires place les PED concernés dans une instabilité économique et une position de dépendance à l'égard des pays développés, dénoncée par les économistes tiers-mondistes. La globalisation financière déstabilise les PED : la crise asiatique de 1997 en est une illustration.

Le marché ne permet pas aux PED de développer une industrie nationale car elle serait rapidement concurrencée par celles des pays plus avancés. En cas de crise, des pans entiers d'une industrie trop fragile peuvent être détruits, comme au Chili à la fin des années 1970. Il en va de même de l'agriculture. Ainsi l'insertion du Mexique dans l'ALENA met à mal les cultures traditionnelles (c'est d'ailleurs une des raisons de la révolte du Chiapas depuis 1994). Or, l'appauvrissement des agriculteurs restreint les débouchés de l'industrie.

Les externalités négatives ne sont pas prises en compte par le marché : des PED connaissent l'épuisement de leurs ressources naturelles, la destruction de leurs forêts (Amazonie)… du fait de l'activité économique, mettant en péril le bien-être des générations futures. Il en est de même des effets des nuisances (dont la pollution) créées par les entreprises, souvent étrangères, qui y sont implantées. Par ailleurs, la mise en place d'infrastructures est coûteuse et ne peut être assumée dans une logique marchande. Or, la déficience des infrastructures dans beaucoup de PED renchérit les coûts, freine la circulation des informations ainsi que la mobilité des facteurs dont l'efficience est par ailleurs entamée.

2. – Les défaillances du marché impliquent l'intervention de l'État mais n'excluent pas pour autant toute régulation marchande

a. — Le marché et l'État peuvent se compléter

Dans son rapport annuel sur le développement humain de 1993, le PNUD dénonce les trois mythes concernant les rôles respectifs du secteur public et du secteur privé. Le premier stipule que le secteur public est trop important dans les PED. Il n'en est rien : « *en proportion du PNB, les dépenses publiques dans les PED sont moins élevées que celles dans les pays industrialisés* ». D'ailleurs, s'il faut garantir l'accès aux soins, à l'éducation… du plus grand nombre, il faudra accroître les dépenses publiques. Le deuxième mythe est de s'imaginer que les privatisations modifient en profondeur l'équilibre entre secteurs public et privé. En effet, l'expansion des entreprises privées nécessitent des investissements publics (infrastructures physiques et sociales). Enfin, le troisième mythe est de croire que les activités de l'État doivent être réduites au minimum. En fait, la véritable question est de sélectionner les activités relevant du secteur privé et celle relevant du secteur public et non de minimiser systématiquement le second. Au postulat ancien qui oppose l'État au marché, le PNUD substitue celui de la complémentarité entre ces deux mécanismes.

C'est aussi la position que promeut la Banque mondiale depuis le milieu des années 1990 : « *l'État joue un rôle clé dans le développement économique et social, non en tant qu'intervenant direct, mais comme partenaire, catalyseur et promoteur de la croissance* » (1997). Il revient à l'État d'établir les fondements d'un régime de droit, de stabiliser la situation macroéconomique (maîtrise de l'inflation, des déséquilibres externes…), de développer les investissements en infrastructures, de protéger les populations les plus vulnérables et l'environnement. En même temps, la Banque mondiale développe l'idée que dans un grand nombre de ces domaines, l'État ne doit pas disposer d'un monopole : par exemple, dans le domaine de la protection de la nature, l'État dispose d'un pouvoir réglementaire mais le principe des droits à polluer montre qu'il est possible de mobiliser les forces du marché… Pour la Banque mondiale, marché et État sont complémentaires.

Par conséquent, le développement relève d'un bon équilibre entre État et marché, celui-ci n'étant pas forcément le même selon les pays et les époques. Pour l'économiste régulationniste Robert Boyer, « *aucune stratégie pure, c'est-à-dire fondée, soit sur le tout État, soit sur le tout marché, n'a réussi et la théorie confirme les limites inhérentes à un régime économique fondé sur un seul de ces mécanismes de coordination* ». Aussi, convient-il de compenser les défaillances du marché par un activisme public et réciproquement de « *dépasser les limites de l'État grâce à des processus mimant la concurrence du marché* ». Pour Boyer, il faut dépasser le dilemme État/marché en fondant davantage le développement sur leur complémentarité tout en valorisant l'action des institutions intermédiaires entre État et marché (associations, communautés…) permettant de concilier souci de justice social (limiter les inégalités) et celui de l'efficacité (croissance de la productivité).

b. — Le développement des pays d'Asie de l'Est depuis les années 1970 offre l'illustration de cette complémentarité État/marché

Dans les pays d'Asie de l'Est, l'État a agi avec le marché et non contre lui. Leur expérience montre qu'il n'y a pas un *mix* unique État/marché. Par exemple, la participation des FMN à l'industrialisation de Taiwan et de la Corée du Sud est beaucoup plus faible qu'à Singapour ou à Hong-Kong (alors colonie britannique). Dans ces deux pays, l'intervention de l'État a surtout concerné l'environnement des firmes tandis que dans les deux premiers, l'intervention était plus marquée.

À titre d'exemple, le tableau ci-dessous résume les différentes étapes qui jalonnent l'essor industriel de la Corée du Sud. L'État a joué un rôle fondamental mais depuis les années 1980, la régulation marchande prend une place plus grande du fait de l'essor des classes moyennes, en particulier les cadres du secteur privé, qui privilégient des valeurs plus libérales et des contraintes qu'impose la mondialisation sur les politiques nationales. Comme le souligne l'auteur de ce tableau, « *le modèle de la République de Corée n'est pas facile à suivre* […]. *Le cas de ce pays laisse penser néanmoins que les dirigeants des États nations doivent rechercher les stratégies économiques les plus fructueuses, compte tenu de leurs ressources et de leurs capacités, puis construire un consensus social et politique à l'appui de ces stratégies. Celles-ci peuvent exiger à un moment donné une intervention importante des pouvoirs publics pour renforcer le secteur privé, alors qu'à un autre, il peut être préférable que l'État cesse d'intervenir directement dans la vie économique* ».

Tableau 8 - La Corée du Sud : quarante ans d'interventionnisme de l'État.
Évolution des grandes politiques industrielles en République de Corée (1962-1998)

Phases successives de l'intervention de l'État	Grandes politiques industrielles
Promotion des exportations des produits manufacturés (1962-1971)	Nationalisation des banques commerciales. Octroi de subventions et de prêts à l'exportation Développement de l'infrastructure.
Campagne en faveur de l'industrie lourde et chimique (1972-1979)	Promotion des industries lourde et chimique. Octroi de crédits à des entreprises privées et appui à des industries ciblées.
Abandon progressif de la politique de promotion industrielle (1980-1987)	Privatisation des banques commerciales. Nouveau désengagement gouvernemental de la campagne HCI* et retour à des initiatives privées. Ouverture aux capitaux étrangers.
Déréglementation et ouverture de l'économie (1988-1998)	Déréglementation et ouverture des marchés financiers intérieurs. Libéralisation du marché des devises.

*HCI : industrie lourde et industrie chimique

Source : d'après I. J. Kim, H. Hong, *Revue internationale des sciences sociales*, n° 163, mars 2000 (le tableau original est ici simplifié).

Remarque : Depuis le début des années 2000, l'État coréen est engagé dans un processus de réformes destinées à prendre davantage en compte le marché intérieur, à améliorer les infrastructures, à promouvoir la recherche-développement et l'innovation, à assainir et à libéraliser le système bancaire et financier et les conglomérats (chaebols) dont certains sont partiellement démantelés et/ou vendus à des firmes étrangères (par exemple, Renault a pris le contrôle de 70 % du capital de Samsung Motors).

La mise en œuvre de stratégies de développement adaptées a permis à certains PED de se hisser au niveau des pays avancés. Elle a également réactivé un débat sur le rôle de l'État dans le développement : marché et État sont en fait complémentaires ; la réussite des stratégies de développement relève d'un *mix* entre ces deux formes de coordination selon des modalités spécifiques à chaque pays.

Pour l'historien Immanuel Wallerstein, le Tiers Monde a subi depuis les années 1970 « *un net déclin économique. Il survit à la lisière du système-monde, plus polarisé que jamais, où les écarts de revenus et de conditions de vie ont atteint un niveau inégalé dans l'histoire de l'humanité* » (*Le Monde diplomatique*, août 2000). Cette perspective pessimiste mérite d'être nuancée : comme l'écrit Paul Bairoch, dans *Victoires et déboires*, les PED ont enregistré certains résultats positifs (hausse de l'espérance de vie, baisse de la mortalité infantile, baisse du taux d'illettrés…) et certains d'entre eux ont connu un décollage industriel (Corée du Sud, Taiwan, Singapour, Hong-Kong, Brésil, Mexique…). « *Toutes ces victoires compensent en partie les déboires économiques* [des PED], *pour l'instant encore plus nombreux que les victoires* ». La question du développement reste donc l'une des plus importante à laquelle est confrontée la communauté internationale.

CHRONOLOGIE

1945. — La charte des Nations unies promeut l'égalité des peuples.

1952. — L'expression Tiers Monde est utilisée par Alfred Sauvy.

1955. — Conférence afro-asiatique de Bandoeng.

1960. — Création de l'OPEP.

1963. — Constitution du « groupe des 77 » au sein de l'ONU.

1964. — Première conférence des Nations unies sur le commerce et le développement (CNUCED).

1973-1974. — Premier choc pétrolier.

1974. — Première conférence sur la population mondiale à Bucarest.

1974. — Plusieurs résolutions de l'ONU proclament la nécessité d'un nouvel ordre économique international plus favorable aux PED.

1979-1980. — Second choc pétrolier.

1982. — Crise financière mexicaine (d'autres PED sont également impliqués).

1984. — Deuxième conférence sur la population mondiale à Mexico.

1985. — Plan Brady pour résoudre le problème de la dette des PED.

1989. — Plan Baker de gestion de la dette des PED.

1990. — Premier rapport annuel du PNUD sur le développement humain.

1994. — Troisième conférence sur la population mondiale au Caire.

1997-1998. — Crise asiatique.

2000. — Conférence du millénaire organisée par l'ONU qui définit des objectifs de développement humain pour 2015.

2002. — Conférence de Monterrey promouvant l'aide aux PED.

2003. — Émergence d'un G20 et d'un G90 à la conférence ministérielle de l'OMC à Cancun.

Les réunions de la CNUCED

1964. — **Genève** : promotion du *fair trade*.

1968. — **New Delhi** : fixation d'un niveau minimal pour l'aide publique au développement (1 % du PNB des pays riches ; ramené à 0,7 % par l'OCDE) ; système généralisé de préférence (SGP) et accord sur les produits de base (principe de la stabilisation des cours).

1972. — **Santiago** : aides en faveur des PMA.

1976. — **Nairobi** : programme intégré sur les produits de base (fonds régulateurs) ; aménagement de la dette ; codes sur transferts de technologies.

1979. — **Manille** : constat d'échec.

1983. — **Belgrade** : aide aux PMA ; stabilisation des recettes d'exportation (mais réticences des États-Unis et de la Grande-Bretagne…).

1987. — **Genève** : aménagement de la dette des PMA.

1992. — **Carthagène (Colombie)** : promotion du libre-échange ; réformes techniques de la CNUCED (quatre commissions permanentes et cinq groupes de travail aident le Conseil du commerce et de développement, l'organe délibérant permanent).

1996. — **Johannesburg** : promotion du libre-échange, rôle des FMN, vecteur du développement.

1998. — **Lyon** : promotion de « l'aide privée » (investissements directs des FMN ; microcrédits, c'est-à-dire des crédits d'un faible montant – et parfois forts taux d'intérêt – accordés aux pauvres pour lancer une « affaire ». Ces crédits sont accordés par des banques ou des institutions spécialisées).

2000. — **Bangkok** : « plan d'action de Bangkok » dans lequel les pays développés reconnaissent la nécessité de prendre en compte les effets négatifs de la mondialisation sur les PED (mais pas d'actions concrètes allant dans ce sens) et envisagent la suppression des taxes et quotas qu'ils appliquent aux produits qu'ils importent en provenance des PMA.

2004. — **Sao Paulo** : déclaration d'intention exprimant la volonté de la communauté internationale d'intensifier le commerce Sud/Sud et de prendre davantage en compte les difficultés des PED, en particulier des PMA, en cohérence avec l'OMC et l'ONU. Nécessité de stabiliser les prix des produits de base, d'atténuer la volatilité des flux de capitaux et de viabiliser la dette à long terme des PED.

2008. — **Accra** : réaffirmation de la nécessité d'intensifier le commerce Sud/Sud. Encouragement à la constitution de blocs régionaux entre PED et à la diversification de leur économie. Mieux prendre en compte les spécificités des PMA.

BIBLIOGRAPHIE

ASSIDON (E.), *Les théories économiques du développement*, La Découverte, coll. Repères, 2002.

HUART (J.-M.), *Croissance et développement*, Bréal, coll. Thèmes et débats, 2003.

Pour approfondir

BRASSEUL (J.), *Introduction à l'économie du développement*, Armand Colin, coll. cursus, 2008.

DUFLO (E.), *Lutter contre la pauvreté*, Le Seuil, coll. République des Idées, 2 volumes, 2010.

EASTERLY (W.), *Les pays pauvres sont-ils condamnés à le rester ?*, Éditions d'organisation, 2006.

PERKINS (D. H.), RADELET (S.) et LINDAUER (D. L.), *Économie du développement*, De Boeck, 2008.

STIGLITZ (J.) et MEIER (G.), coord., *Aux frontières de l'économie du développement, le futur en perspective*, Eska, 2002.

TREILLET (S.), *L'Économie du développement*, Nathan, coll. Circa, 2006.

Rapports annuels du PNUD sur le développement humain (depuis 1990).

SUJETS CORRIGÉS

SUJET I

Pour favoriser le développement, faut-il moins d'État (prendre l'exemple des PED depuis 1945)? (ESCP, 2001)

I — L'économie du développement a, jusqu'aux années 1970, placé l'État au cœur des stratégies de développement

A. — Les PED doivent affronter des obstacles spécifiques

1. — Leurs structures internes bloquent le développement, enfermant ces pays dans des cercles vicieux du sous-développement (Nurkse)

2. — La domination qu'exercent les pays développés sur les PED, qu'elle soit volontaire (Prebisch, Amin) ou involontaire (Perroux, Bairoch), entrave leur développement

3. — Dès lors, il revient à l'État de mettre en œuvre des réformes radicales permettant de briser les cercles vicieux du sous-développement et de s'affranchir de la domination des pays riches

B. — Des stratégies d'industrialisation autocentrées sont alors privilégiées

1. — Les stratégies par industries industrialisantes (Bernis)
Essor des industries lourdes et effets d'entraînement sur les autres secteurs de l'économie (Algérie, Inde, Chine); forte intervention de l'État (planification, créations d'entreprises publiques ou nationalisations, protectionnisme).

2. — Les stratégies d'industrialisation par substitution d'importations
Production locale de biens de consommation, voire de biens d'équipement, en remplacement des importations (Brésil, Mexique, Chine, Inde); l'État très présent (protectionnisme, aides aux entreprises locales, créations d'entreprises publiques).

3. — Ces stratégies ont connu une certaine réussite: dans la plupart des PED ayant mis en œuvre ces stratégies la part de l'industrie augmente et le PNB par habitant s'accroît

C. — Les stratégies autocentrées se sont heurtées à certaines limites qui ont alimenté les critiques contre une intervention excessive de l'État

1. — L'État est aux mains d'une élite locale dont les comportements prédateurs et la corruption nuisent au bien-être de la population en détournant des ressources à son profit

2. — Le contrôle exercé par l'État sur l'économie provoque de nombreux dysfonctionnements
Le protectionnisme réduit la concurrence et freine l'innovation, les ressources disponibles sont mal utilisées, les produits ne sont pas adaptés à la demande locale…

3. — Souvent, l'agriculture est négligée alors qu'elle occupe une place importante dans un grand nombre de PED et que son essor aurait pu dynamiser l'industrie qui, en retour, aurait pu contribuer au développement agricole (Kuznets)

II — À partir des années 1980, le rôle de l'État est remis en cause

A. — Au début des années 1980, la crise de la dette à laquelle sont confrontés les PED participe à la remise en cause de l'État

1. — L'alourdissement du poids et du service de la dette externe des PED devient insoutenable et inquiète la communauté internationale

2. — La dette externe des PED étant en grande partie publique (État et autres administrations publiques), les critiques libérales contre l'intervention excessive de l'État qui se traduit par des dépenses inconsidérées, se multiplient

3. — Plusieurs programmes de gestion de la dette sont mis en œuvre (dont le plan Baker en 1985 et le plan Brady en 1989) pour réduire l'endettement des PED

B. — La gestion de la dette externe des PED s'articule autour de politiques d'ajustement structurel (PAS) qui commandent le désengagement de l'État

1. — Les PAS : des politiques conjoncturelles d'austérité visant à réduire les pressions inflationnistes et à rééquilibrer la balance courante par une diminution des déficits publics et par une politique monétaire restrictive

2. — Sur le plan structurel, les PAS promeuvent l'économie de marché et le désengagement de l'État (réduction du nombre de fonctionnaires, privatisations, abrogation des contrôles sur les prix…)

3. — Les PAS exigent aussi d'opter pour des politiques commerciales libre-échangistes, la libre circulation des capitaux et l'établissement d'un taux de change réaliste pour rassurer les marchés financiers internationaux

C. — La mise en œuvre de ces politiques libérales a été source de difficultés pour les PED, ce qui fait douter des vertus de l'économie de marché

1. — Les PED (à l'instar des PMA) ne disposent pas toujours des structures adaptées au bon fonctionnement des mécanismes de marché
Niveau insuffisant des infrastructures portuaires, routières, sanitaires, scolaires… ; absence d'une classe d'entrepreneurs ; système juridique embryonnaire…

2. — Les effets pervers des PAS
Extension de la pauvreté dans les PED les plus fragiles ; valorisation du taux de change réel freinant les exportations et commandant des politiques plus restrictives pour réduire le déficit courant ; freinage de la demande dans certains PED et de l'offre dans d'autres, du fait du relèvement des taux d'intérêt…

3. — Une instabilité financière dans plusieurs PED malgré les politiques libérales : Mexique en 1994-1995 ; pays de l'Asie de l'Est en 1997-1998

III **Depuis la fin des années 1990, l'économie du développement semble rechercher un nouvel équilibre entre État et marché**

A. — L'économie de marché ne peut se passer de l'intervention de l'État et réciproquement

1. — À la fin des années 1950, le néokeynésien Richard Musgrave montre que l'intervention de l'État est indispensable pour répondre aux défaillances du marché (production de biens collectifs, lutte contre les externalités et contre les inégalités excessives, régulation conjoncturelle de l'activité économique)

2. — Des économistes libéraux contemporains, promoteurs de la théorie de la croissance endogène (R. Barro, P. Romer, R. Lucas), montrent que l'intervention de l'État est essentielle dans certains domaines fondamentaux pour la croissance et le développement (infrastructures, éducation-formation et recherche-développement)

3. — Mais l'État aussi connaît des défaillances qu'un recours plus marqué aux mécanismes de marché peut solutionner ; par exemple, l'ouverture à la concurrence des marchés sur lesquels interviennent des monopoles publics peut renforcer l'incitation à innover de leurs dirigeants

B. — La réussite des stratégies de développement des pays émergents est-asiatiques et de la Chine illustre les vertus de l'intervention de l'État sans pour autant nier celles du marché

1. — Ces pays ont opté pour des stratégies d'industrialisation extraverties, fondées sur leur insertion dans le marché mondial et la promotion de leurs exportations à fort contenu de main-d'œuvre, conformément à ce que souhaitent les économistes libéraux

2. — Leurs élites dirigeantes politiques et économiques ont su en fait élaborer un mixage pragmatique et efficace des coordinations marchande et publique, comme l'illustre le cas de la Corée du Sud depuis les années 1960

3. — Pour Stiglitz, ce n'est pas en mettant en œuvre des stratégies libérales orthodoxes cherchant à désengager totalement l'État, ni en étatisant leur économie que ces pays ont pu enclencher un processus de développement qui les place parmi les grandes puissances industrielles mondiales : il s'agit donc pour chaque PED de déterminer un mixage État/marché qui lui est spécifique

C. — Les grandes institutions internationales semblent vouloir promouvoir le mixage État/marché

1. — Au « consensus de Washington », qui, depuis les années 1980 conduisait le FMI et la Banque mondiale à promouvoir le désengagement de l'État, succède un nouveau consensus :

l'extension de la pauvreté du fait des politiques de libéralisation conduites dans les PED doit être contrée par des programmes destinés à y faire face mis en œuvre par les États…

2. — Il est dorénavant reconnu que les PED les plus pauvres peuvent pâtir de leur insertion dans l'économie mondiale et de la libéralisation de leur économie : le renforcement des institutions publiques devient une priorité pour instaurer progressivement, graduellement, une économie de marché performante

3. — La position de la Banque mondiale est de ce point de vue emblématique : elle reconnaît depuis la fin des années 1990 que, sans exclure la régulation marchande, l'État joue un rôle essentiel dans le processus de développement ; la CNUCED développe la même approche

SUJET II

Le rôle joué par l'agriculture dans le développement des pays du Tiers Monde est-il comparable à celui qu'il a eu dans les PDEM lors de la révolution industrielle ?

I L'agriculture des PDEM s'était développée relativement harmonieusement, or un développement agricole sans déséquilibres est difficile à effectuer dans les pays du Tiers Monde

A. — Des stratégies de développement agricole sont difficiles à mettre en place dans la plupart des PED

1. — Alors que dans les PDEM à industrialisation précoce, l'agriculture s'était développée d'elle-même, sans intervention forte de l'État, dans les PED, ce développement ne se produit généralement pas. Les États doivent donc mettre en place des stratégies :
– réformes agraires ;
– révolution verte (ou agricole).

2. — Mais ces stratégies de développement agricole sont difficiles à mettre en place et se heurtent à des difficultés :

– la réforme agraire se heurte souvent au pouvoir des grands propriétaires fonciers ;
– la révolution verte nécessite beaucoup de capitaux ;
– réforme agraire et révolution verte sont souvent incompatibles : la révolution verte s'exerce surtout dans le cadre de la grande propriété alors que la réforme agraire morcelle la propriété.

B. — La désarticulation freine le développement agricole

1. — L'agriculture dans les PDEM n'était pas désarticulée, ni même duale. Au contraire, dans les PED, l'agriculture est le plus souvent désarticulée (F. Perroux) : agriculture relativement moderne pour les cultures d'exportation/agriculture souvent archaïque pour les cultures vivrières
Cette désarticulation peut constituer un frein à un développement agricole harmonieux.

2. — Le secteur de l'agriculture qui se développe le plus dans les PED est celui des cultures d'exportation, mais ce développement n'a que peu d'effets d'entraînement sur les cultures vivrières et s'opère même souvent à leur détriment :

– pas d'effet d'imitation parce que les cultures sont très différentes et que l'agriculture vivrière ne dispose pas de capitaux ;

– les meilleures terres sont généralement utilisées pour les cultures d'exportation.

Mais le développement des cultures d'exportation n'est pas forcément facteur de croissance car il se heurte à la baisse des prix des produits de base et à la détérioration des termes de l'échange, et peut parfois mener à une croissance appauvrissante (J. Bhagwati).

II **Contrairement au cas des PDEM à la fin du XVIIIe et au début du XIXe, le développement agricole dans les PED n'a souvent que peu d'effets d'entraînement sur le reste de l'économie**

A. — Peu d'effets d'entraînement du fait d'une mauvaise insertion dans l'économie mondiale

1. — Le développement des PDEM au XIXe siècle s'est réalisé de façon quasi endogène, les échanges internationaux étaient peu importants. Au contraire, les PED sont confrontés à la concurrence d'économies plus mures et compétitives que les leurs

2. — La domination économique (F. Perroux) subie par les PED contrarie les effets d'entraînement de l'agriculture

– Alors que, dans les PDEM actuels, les profits dégagés par l'agriculture ont été, en partie, placés dans l'industrie, dans les PED, ils sont souvent expatriés afin d'être placés dans les pays riches.

– Alors que, dans les PDEM, la mécanisation agricole et l'utilisation d'engrais ont fourni des débouchés aux industries nationales, dans les PED, ils en fournissent surtout aux industries des pays riches.

– Plutôt que de nourrir une population croissante, l'augmentation de la production agricole dans les PED sert parfois à satisfaire les besoins des pays riches.

B. — Peu d'effets d'entraînement car d'autres conditions de développement ne sont souvent pas réunies

1. — La révolution agricole n'a pas été le seul facteur de la révolution industrielle et du développement en Europe au XIXe siècle. D'autres facteurs sont nécessaires (W. W. Rostow) : existence d'une épargne, mentalités propices au développement, existence d'une demande, conditions politiques favorables au développement… Or, souvent ces conditions ne sont pas réunies dans les PED

2. — Lorsque les autres conditions au développement ne sont pas réunies, le développement de l'agriculture peut non seulement n'avoir aucun effet d'entraînement sur le développement économique global, mais peut en plus créer des difficultés. Ainsi, par exemple, les gains de productivité dans l'agriculture, loin de favoriser l'essor de l'industrie grâce à des disponibilités de main-d'œuvre, génèrent un exode rural qui fait parfois gonfler les bidonvilles et sont donc des facteurs de problèmes économiques et sociaux

SUJET III

Du Tiers Monde aux Tiers Mondes, une évolution s'est opérée depuis l'apparition de ce vocable.
Vous analyserez le rôle des différentes stratégies de développement sur la transformation graduelle du concept de Tiers Monde.
(ESCP, 1990)

Introduction
– Il est nécessaire de situer l'apparition du terme de Tiers Monde (A. Sauvy en 1952), de rappeler éventuellement la disparition du deuxième monde (bloc socialiste) ;
– Si, maintenant, le Tiers Monde est éclaté c'est parce que les pays ont suivi différentes stratégies de développement et ont subi la conjoncture internationale de façon différente ;
– La Cnuced différencie les pays les moins avancés (PMA), des nouveaux pays industrialisés (NPI) et des pays exportateurs de pétrole (PEP), mais chacun de ces groupes a éclaté (sauf peut-être celui des PMA) depuis le début des années 1980.

I Les différentes stratégies de développement mises en place dans les années 1960 ont contribué à faire éclater le Tiers Monde en trois groupes : les NPI, les PEP et les PMA

A. — Certains pays se sont industrialisés et ont connu un certain développement économique

1. — Mise en place de diverses stratégies d'industrialisation : substitution aux importations, industries industrialisantes, industrialisation par valorisation des exportations
2. — Le bilan est globalement positif dans les années 1970. On considère alors que les NPI sont sur la voie du développement

B. — Les pays producteurs de pétrole se sont développés grâce à la rente pétrolière

1. — Création de l'OPEP (en 1960) qui contrôle les prix à partir du début des années 1970

2. — Premier choc pétrolier en 1973 qui a de nombreux effets :
– enrichissement des pays exportateurs de pétrole ;
– industrialisation (surtout pour les pays à forte population comme l'Iran) ;
– rôle financier international considérable : recyclage des pétrodollars (surtout pays de la péninsule arabique).

C. — Certains pays demeurent sous-développés

1. — Du fait d'une insertion défavorable dans la DIT (produits de base par exemple), certains pays demeurent sous-développés
2. — Il peut s'agir d'erreur de stratégie (privilégier un avantage actuel à une possibilité future d'industrialisation par exemple), de gouvernements préférant les dépenses somptuaires au financement du développement, mais le plus souvent la cause du non-développement réside dans des blocages à la croissance (causes démographiques, manque de capitaux et situation peu favorable pour attirer les capitaux étrangers, marché trop restreint…)

II Dans les années 1980, un éclatement interne de chacun de ces groupes s'est produit

A. — Les différentes insertions des NPI dans la DIT les scindent en deux groupes

1. — L'industrialisation par le marché intérieur se heurte à des problèmes de financement qui conduisent à une crise et même parfois à un appauvrissement de certains NPI (pays d'Afrique du Nord ou d'Amérique du Sud par exemple)

2. — Les stratégies de développement extraverti et progressif des pays d'Asie du Sud-Est semblent réussir et permettent des taux de croissance importants

B — Les PEP ont différemment subi le contre-choc pétrolier

1. — Les recettes pétrolières des PEP à forte population devenant insuffisantes pour couvrir les importations induites par l'industrialisation, ces pays doivent surmonter des déficits extérieurs importants et une montée de l'endettement induisant la mise en œuvre de politiques d'austérité (situation proche de celle du premier groupe de PNI)

2. — Malgré une diminution de leur rôle financier international, les PEP à faible population n'ont pas connu de détérioration notable de leur situation économique

C. — La crise mondiale et la nouvelle division internationale du travail (NDIT) contribuent à appauvrir certains PMA

1. — Les échanges de certains PMA se détériorent; cela est dû à plusieurs causes :
– ralentissement des importations de matières premières des PDEM ;
– concurrence accrue des PDEM sur le marché des produits agricoles ;
– accentuation depuis le milieu des années 1980 de la détérioration des termes de l'échange ;
– crise économique et financière mondiale.

2. — Cela induit des difficultés accrues pour certains PMA, malgré une amélioration de la situation économique de ceux qui suivent le modèle des NPI d'Asie en devenant des «pays ateliers» (la Thaïlande ou la Malaisie par exemple)

Conclusion

Le Tiers Monde a éclaté. La classification en NPI, PEP et PMA n'est plus opératoire. La BIRD préfère une classification beaucoup plus neutre : pays en développement à haut revenu, à revenu moyen et à faible revenu.

QUELQUES SUJETS DE CES DERNIÈRES ANNÉES

La croissance des pays en développement nuit-elle à la prospérité des pays industrialisés? (ESSEC, 2004)

L'émergence de nouveaux pays industrialisés est-elle un frein à la croissance des pays avancés? Vous répondrez en vous aidant de l'analyse économique et historique et en donnant des exemples précis. (HEC, 2006)

Quel rôle les institutions doivent-elles jouer dans le développement des pays ? (Ecricome, 2008)

Les ressources naturelles : obstacles ou moteurs de la croissance économique ? (HEC, 2008)

Comment expliquer la croissance des pays émergents dans les trente dernières années ? (HEC, 2009)

INDEX DES AUTEURS

INDEX DES NOTIONS

R

S

T

Imprimé en Italie par
«La Tipografica Varese S.p.A.» - Varese
Dépôt légal : mai 2011
1702006/02